Rüdiger Trimpop, Jana Kampe, Moritz Bald, Iris Seliger,
Georg Effenberger (Hrsg.)

20. Workshop Psychologie der Arbeitssicherheit und Gesundheit

Voneinander lernen und miteinander
die Zukunft gestalten!

Gemeinsam veranstaltet vom
Fachverband Psychologie für Arbeitssicherheit
und Gesundheit (FV PASiG e.V),
dem Lehrstuhl für Arbeits- und Organisationspsychologie
der Friedrich Schiller Universität Jena und
der Allgemeinen Unfallversicherungsanstalt (AUVA) Österreich.

Rüdiger Trimpop, Jana Kampe, Moritz Bald,
Iris Seliger, Georg Effenberger (Hrsg.)

Unter Mitarbeit von Thomas Strobach,
Ursula Hogn und Jennifer Konecky

20. Workshop Psychologie der Arbeitssicherheit und Gesundheit

Voneinander lernen und
miteinander die Zukunft gestalten!

Asanger Verlag • Kröning

Die Herausgeber

Rüdiger Trimpop, Prof. Dr.
Jana Kampe, M.Sc.
Moritz Bald, M.Sc.
Iris Seliger, Dipl.-Psych.
Lehrstuhl Arbeits-, Betriebs- und Organisationspsychologie
Friedrich-Schiller Universität Jena
Humboldtstr. 27, 07743 Jena

Georg Effenberger, Dipl.-Ing.
Allgemeine Unfallversicherungsanstalt (AUVA)
Adalbert-Stifer-Str. 65
A-1200 Wien

Umschlaggestaltung: Angelika Krikava, liveo grafikdesign, www.liveo.de

Layout: Wolfgang Wohlers, einsatz.berlin

Druck: PBtisk, a.s., Czech Republic

Bibliographische Informationen der Deutschen Nationalbibliothek:
Die Deutsche Nationalbibliothek verzeichnet diese Publikation in der Deutschen Nationalbibliographie; detaillierte bibliographische Daten sind im Internet über http://dnb.d-nb.de abrufbar.

Das Werk einschließlich aller seiner Teile ist urheberrechtlich geschützt. Jede Verwertung außerhalb der engen Grenzen des Urheberrechtsgesetzes ist ohne Zustimmung des Verlags unzulässig und strafbar. Das gilt insbesondere für Vervielfältigungen, Übersetzungen, Mikroverfilmungen und die Einspeicherung und Verarbeitung in elektronischen Systemen.

© 2018 Asanger Verlag GmbH Kröning • www.asanger.de
ISBN 978-3-89334-633-2

Vorwort der Herausgeber und Veranstalter 1

- **Vorträge im Plenum** 3

  Conny H. Antoni, Eva Bamberg, Annekatrin Hoppe, Rainer Wieland,
  Stefan Schulz-Hardt & Rüdiger Trimpop
  Fachpsychologieausbildung Arbeit:
  Sicherheit und Gesundheit (ASG) 5

  Gabriele Elke
  Präventionskultur: Erfolgsfaktor für nachhaltige Sicherheit
  und Gesundheit bei der Arbeit? 12

  Rüdiger Trimpop
  Bedarfsgerecht optimierte Betreuung:
  Die Nützlichkeit der Integration weiterer Professionen
  in Betreuung – Forschung – Beratung 21

  Rainer Wieland
  Gefährdungsbeurteilung psychischer Belastung –
  Chance zur Gestaltung der Arbeit von morgen? 30

  Dieter Zapf
  Mobbing am Arbeitsplatz: Abgrenzung des Konstrukts und
  Implikationen für Prävention und Intervention 38

- Arbeitskreis
  Psychische Belastung und Beanspruchung:
  Verfahren und Fallbeispiele 43

  Sophie Härder, Udo Keil & Katrin Neuheuser
  Kardiale und subjektive Beanspruchung
  von Ärztinnen und Ärzten in der präklinischen Notfallmedizin 45

  Martina Molnar
  Gefährdungsbeurteilung psychischer Belastung von A bis Z:
  Praxis eines Deutschen Industrieunternehmens an vier Standorten . . 49

Stephan Sandrock
**Das KPB im betrieblichen Einsatz – von der Erhebung
psychischer Belastung bis zur Ableitung von Maßnahmen** 53

Heidi Wegner & Andreas Glatz
**Was ist bei der Wirksamkeitsanalyse von Maßnahmen
zur Gefährdungsbeurteilung psychischer Belastungen
bei der Berufsgenossenschaft ETEM zu optimieren?** 57

Sonja Wittmann
**Tea(m) Time – Evaluation eines organisationsspezifischen Verfahrens
zur Gefährdungsbeurteilung psychischer Belastung** 61

● Arbeitskreis
**Gesundheitsförderung und Gesundheitsschutz:
Evaluierte betriebliche Präventionsarbeit** 65

Arne Bastian Damrath & Christian Schwennen
Workshop zur Gesundheitskompetenz 67

Jasmine Kix, Rüdiger Hitzemann & Thomas Illger
**Betriebliches Gesundheitsmanagement in der Zeitarbeit –
Erfahrungen und Empfehlungen aus Modellprojekten** 71

Lotte Schwärzel, Katrin Neuheuser, Ulrike Schmidt, Alina Stöver,
Leonie Trimpop & Gabriele Elke
**Prävention chronischer Rückenschmerzen bei Produktions-
mitarbeitenden im Schichtdienst – Ein Pilotprojekt der BG RCI** 75

Bernhard Zimolong
**Welche betrieblichen Interventionen können Rücken- und
Schulterschmerzen verbessern?** 79

- Arbeitskreis
  **Präventions-, Sicherheits- und Gesundheitskultur:
  Führung und Organisation** 83

  Reinhard Lenz
  Zeitgemäße Personalführung in Kulturprozessen unter
  Berücksichtigung der Totalkommunikation –
  Ein anwendungsorientierter Beratungsansatz aus der Praxis 85

  Rainer Oberkötter, Jasmin Brands & Carolin Wolf
  Führung und Personalentwicklung als Präventionskultur:
  Beratungsansätze aus der Praxis 89

  Thorsten Uhle
  „Sicher im Team" – Ein verhaltenspsychologisches
  Präventionsprogramm 93

  Jana Kampe
  Prävention als Teil des betrieblichen Wertesystems:
  Erfassung von Präventionskultur in Klein- und Kleinstbetrieben 97

- Arbeitskreis
  **Mobilität, Transport und Verkehr:
  Mobile Arbeit** 101

  Juliane Brachwitz, Tobias Ruttke & Rüdiger Trimpop
  Risikokompensation in der Mobilität 4.0 103

  Gudrun Gericke, Julia Preußer, Rüdiger Trimpop, Jochen Lau,
  Kay Schulte & Peter Schwaighofer
  Die GUROM Interventionsdatenbank 107

  Anne M. Wöhrmann & Susanne Gerstenberg
  Mobiles Arbeiten in Deutschland: Ein repräsentativer Überblick 111

  Alzbeta Jandova, Katrin Höhn, Martin Schmauder, Tobias Ruttke,
  Rüdiger Trimpop, Philip Ashton, Christof Barth & Martin Templer
  Berufsbedingte Mobilität: Gefährdungen, Belastungen und
  Präventionsmöglichkeiten 115

Bettina Schützhofer & Joachim Rauch
**Prävention für jugendliche Berufseinsteiger –
der sichere Weg zur Arbeit** 119

- Arbeitskreis
  **Führung und Organisation:
  Führung und Gesundheit** 123

  Brigitta Gruber, Gernot Loitzl, Manuela Ritter, Birgit Kriener,
  Markus Feigl & Wilhelm Baier
  **Wertschätzende Dialoge der Führungskräfte mit Beschäftigten
  in der betrieblichen Gesundheitsförderung (BGF)** 125

  Jochen Gurt
  **Gesundheit? Chefsache! – Die Auswirkungen gesundheitsspezifischer
  Führung auf die Gesundheitskultur, Akzeptanz und Teilnahme
  an BGM-Maßnahmen und Gesundheitsverhalten** 129

  Kerstin Rother
  **Führungskräfte – die vergessene Zielgruppe
  in puncto psychosoziale Belastung** 133

  Amelie Wiedemann & Daniel Fodor
  **Unternehmensübergreifendes Wissensmanagement
  im betrieblichen Gesundheitsmanagement** 137

- Arbeitskreis
  Arbeitssystemgestaltung: Arbeitsprozesse und -orte 141

  Martina Bockelmann, Peter Nickel & Friedhelm Nachreiner
  **Gestaltung von Alarmsystemen und Alarmmanagement:
  normative Vorgaben, Gestaltungsempfehlungen und deren
  Umsetzung in der Praxis – Ergebnisse einer Bestandsaufnahme** 143

  Monika Eigenstetter
  Reinigung im Krankenhaus: eine Befragung 147

Franziska Eisenmann, Nicolas Feuerhahn & Ines Kohl
**Schöne neue Bürowelt!? Trendanalyse Open Space:
Neue Chancen – Neue Risiken** 151

Patrik Fröhlich & Sebastian Beitz
**Kommunikation von Tätigkeitsmerkmalen
zur Personalgewinnung – vollständige Tätigkeiten im Kontext
von Generation X und Y** 155

Sophie Schaffernicht, Andreas Gronauer, Karl Moder &
Elisabeth Quendler
**Beschäftigungstherapie für Menschen mit Behinderung
im kommerziellen Zierpflanzenbau – dargestellt anhand
der Anforderungen an die Schlüsselqualifikationen
eines ausgewählten Arbeitsprozesses** 159

- Arbeitskreis
**Interdisziplinäre und internationale
Kooperationen** 163

Johanna Bunner & Christian Korunka
**Wie beeinflussen Sicherheits- und Gesundheitsmanagement-
systeme die Zusammenarbeit von Sicherheitsfachkräften
mit KooperationspartnerInnen?** 165

Veronika Jakl, Christiane Heider, Claudia Oldenburg &
Mario Dobernowsky
**EU-Projekt „Psychische Gesundheit am Bau" –
Wie ist der Stand der Dinge in Österreich und Deutschland?** 169

Arno Weber
Interdisziplinäre Zusammenarbeit 173

Arno Weber
**Sicherheitsingenieure – Thesis-Themenschwerpunkte
mit interdisziplinärem Ansatz** 177

Rafaël Weissbrodt, Margot Vanis, Marc Arial, David Giauque, Maggie Graf,
Samuel Iff & Stephanie Lauterburg Spori
Prävention psychosozialer Risiken am Arbeitsplatz: Eine Evaluationsstudie zur Wirkung der Arbeitsinspektion in der Schweiz 181

Wolfgang G. Weber, Konrad Wolfgang Kallus, Roman Prem
& Peter Hoffmann
Zwischen Ethik und Profit – Gesellschaftliche Konflikte in der gesundheits- und persönlichkeitsförderlichen Arbeitsforschung 185

- Arbeitskreis
Psychische Belastung und Beanspruchung: Intervention und Instrumente 189

Lara Bianchi & Christian Schwennen
Implementierung einer Telefonberatung in der Gesunden Arbeitswelt: Hintergründe – Modelle – Umsetzung 191

Jörg Heu & Christian Schwennen
„Achtsam durch den Arbeitstag" – Ein Werkstattbericht zur Entwicklung eines betriebsinternen Achtsamkeitstrainings 195

Jasmine Kix, Rüdiger Hitzemann, Carsten Zölck & Julia Clasen
Entwicklung eines Verfahrens zur Beurteilung psychosozialer Belastungen in der Zeitarbeit 199

Katja Schuller
Schwierigkeiten bei der Entwicklung und Umsetzung von Maßnahmen zur Vermeidung von Gefährdungen durch psychische Belastung 203

- Arbeitskreis
Gesundheitsförderung und Gesundheitsschutz: Arbeitsbezogene Ressourcen 207

Severin Hornung & Thomas Höge
Neue Perspektiven der Arbeitsgestaltung: Berücksichtigung von Selbstausgestaltung und individuellen Aushandlungen 209

Julia Krampitz, Jürgen Glaser & Marco Furtner
Self-Leadership and Self-Management – a meta-analytic review of intervention effects on leaders' capacities 213

Christian Seubert, Yannick Klein & Jürgen Glaser
Das Zusammenspiel arbeitsbezogener und personaler Ressourcen . . 217

Cornelia Strecker, Thomas Höge & Stefan Höfer
Wirkungen von Soziomoralischem Klima und Burnout auf Patientensicherheit am Arbeitsplatz Krankenhaus 221

- Arbeitskreis
Präventions-, Sicherheits- und Gesundheitskultur: Neue Herausforderungen 225

Ratri Atmoko Benedictus
Fatalism and Occupational Risk Behavior in Religious Country: A Study in Indonesia 227

Anna Borg, Claas Digmayer, Jonathan Reinartz & Eva-Maria Jakobs
Sicherheitskultur: Wegbereiter für Digitalisierung 231

Pia Keysers & Petia Genkova
Selbsterfahrung – eine Antwort auf Diversity-sensible Einstellungen? Ein Vergleich zwischen Mitarbeitern mit und ohne Migrationshintergrund 235

Frauke Füsers, Peter Krauss-Hoffmann & Jana-Madeline Staupe
Diversity im Arbeitsschutz? Explorative Befragung zu den Erfahrungen von Arbeitsschutzakteuren mit Migrantinnen und Migranten in der Arbeitswelt 239

- Arbeitskreis
  **Mobilität, Transport und Verkehr:
  Besondere Gefährdungen** 243

  Julia Preußer, Gudrun Gericke, Ria Stangneth, Rüdiger Trimpop,
  Jochen Lau, Kay Schulte & Peter Schwaighofer
  **Erfassung des innerbetrieblichen Verkehrsgeschehens bei der
  Gefährdungsbeurteilung organisationaler Mobilität (GUROM)** 245

  Karl-Friedrich Voss & Amanda Voss
  **Empirische Untersuchungen zum Beitrag allgemeiner
  und verkehrsspezifischer Einstellungen auffälliger LKW-Fahrer
  für die Arbeits- und Verkehrssicherheit** 249

  Jürgen Walter & Tabea Plum
  Einstellung Jugendlicher zum Tragen eines Fahrradhelms 253

  Verena Zimmermann, Olena Shevkova, Udo Keil,
  Maureen Schneider & Corinna Baum
  **Psychische Belastung/Beanspruchung, Irritation und Beinahe-Unfälle
  bei Straßenbahn- und Stadtbahnfahrern/innen** 257

- Arbeitskreis
  Führung und Organisation: Interventionen 261

  Anke Frieling, Oliver Korn & Frank Steinhoff
  Führung verbessern durch stresspräventive Maßnahmen 263

  Petia Genkova
  **Diversity Management – eine Frage der Führung?
  Eine explorative Untersuchung über die Diversity Einstellungen
  von Führungskräften und Mitarbeitern** 267

  Sabine Gregersen, Sylvie Vincent-Höper & Albert Nienhaus
  **Zusammenhang zwischen Führungsverhalten, Arbeitsmerkmalen
  und psychischer Gesundheit der Beschäftigten –
  eine umfassende Studie aus dem Gesundheits- und Sozialwesen** 271

Sabine Gregersen, Sylvie Vincent-Höper, Maie Stein & Albert Nienhaus
**Messung gesundheitsfördernder Führung im Gesundheits-
und Sozialwesen** 275

Waltraud Sawczak & Eva Plaschke
**Zusammenführen was zusammen gehört – Evaluierung psychischer
Belastungen: Gefährdungsbeurteilung und Qualitätsmanagement –
ein Mehrwert für das Unternehmen** 279

● Arbeitskreis
Arbeitssystemgestaltung: Arbeitszeitgestaltung 281

Ufuk Altun
**Ort- und zeitflexibles Arbeiten mithilfe eines Selbstbewertungs-
instrumentes erfolgreich und gesundheitsgerecht gestalten** 283

Gudrun Faller & Ralf Pieper
**Menschengerechte Gestaltung von Arbeitssystemen
im Kontext von Flexibilisierung** 287

Nicolas Feuerhahn & Jana Kühnel
**Arbeitszeiten-Gestaltung: Biologische Rhythmen des Menschen
berücksichtigen und nutzen** 291

Melanie Göllner & Renate Rau
**Ist ständige Erreichbarkeit ein zusätzliches Arbeitsmerkmal
oder Symptom veränderter Arbeitsinhalte?** 295

Susanne Roscher, Jan Dettmers, Elisa Bradtke & Monika Keller
**Gesundheitsförderliche Gestaltung von erweiterter Verfügbarkeit
bei der Arbeit** 299

● Arbeitskreis
Netzwerkbildung: GDA Psyche 303

Andreas Horst
**„Gemeinsame Deutsche Arbeitsschutzstrategie – GDA"
Stand und weitere Entwicklung des Arbeitsprogramms „Psyche"** 305

Torsten Kunz
Die Zukunft der betrieblichen Betreuung – Einbindung weiterer Professionen in die Betreuung der Betriebe 309

Martina Morschhäuser & David Beck
Gefährdungsbeurteilung bei psychischer Belastung: Rückblick und Perspektiven 313

Bettina Splittgerber & Christian Pangert
Gefährdungsbeurteilung psychischer Belastung – Einblicke in die Praxis: Ergebnisse der Betriebsbesuche der Aufsichtspersonen von Ländern und Unfallversicherungsträgern 317

● Arbeitskreis
Psychische Belastung und Beanspruchung: Evaluierte Ergebnisse 319

Simone Brandstädter, Elisa Feldmann, Nadine Seiferling & Karlheinz Sonntag
Gefährdungsbeurteilung psychischer Belastungen in kleinen und mittleren Unternehmen: die ergänzende Mitarbeiterbefragung GPB-KMU 321

Wolfgang Fischmann & Amanda Voss
Psychische Belastungen von Führungskräften bei Regulierung der Erreichbarkeit in der Freizeit 325

Roland Polacsek-Ernst
Reduktion der psychischen Belastungen in 25 Unternehmen 329

Mike Hammes & Rainer Wieland
Wuppertaler Screening Instrument psychische Beanspruchung: Konvergenz dreier Beurteilungen psychischen Belastungspotenzials .333

Tobias Reuter, Anja Liebrich & Marianne Giesert
Arbeitsfähigkeit messen und fördern – Methoden und Instrumente rund um das Arbeitsfähigkeitskonzept 337

- Arbeitskreis
  **Gesundheitsförderung und Gesundheitsschutz:
  Dienstleistungsarbeit** 341

Sebastian Beitz
**Emotionsarbeit im Jobcenter und die Rolle
des Authentizitätsklimas im Team** 343

Sebastian Beitz
**Modell multipler (Selbst-)Regulationserschwernisse zur Beurteilung
der Beanspruchung von Dienstleistungstätigkeiten** 347

Stefan Diestel
**Das Zusammenspiel zwischen ethischer Integrität der Führung
und mehreren Stressoren in der Vorhersage von psychischer
Beanspruchung im Dienstleistungskontext** 351

Elvira Radaca & Stefan Diestel
**Romantische Beziehung als schützende Ressource
bei der Bewältigung emotionaler Dissonanz** 355

- Arbeitskreis
  Wirksamkeit in der Arbeitssicherheit und Gesundheit 359

Inga Bacher, Ellen Schwinger-Butz, Gabriele Biernath
& Constanze Nordbrock
Sicherheit und Gesundheit im Kleinbetrieb 361

Anna-Maria Hessenmöller & Annekatrin Wetzstein
Evaluation von Kampagnen – Mehr als ein Wirksamkeitsnachweis! .365

Maria Klotz & Petra Kemter-Hofmann
**Everest 2.0: Weiterentwicklung des Standards zur Evaluation
von Großveranstaltungen** 369

Esther Foege, Annekatrin Wetzstein & Christoph Meili
**Evaluation der Qualifizierungsplattform „Sicheres Arbeiten
mit Nanomaterialien"** 373

Marlen Rahnfeld & Annekatrin Wetzstein
**Erfahrungen mit der Anwendung der DGUV Vorschrift 2 –
Erkenntnisse aus der Evaluation** 377

- Arbeitskreis
Arbeit und Mobilität 4.0: Strukturen und Gestaltung 381

Martina Frost
Führung 4.0 sicher, gesund und produktiv gestalten 383

Sabine Sommer
**(Wirkungsvolle) Arbeitsschutz-Strukturen in der digitalen Welt:
Ist- und Sollbestimmung** 387

Catharina Stahn
Bewältigungskompetenzen für die Arbeitswelt 4.0 391

Alexander Tirpitz, Deike Schlütter & Angelique Zessin
Entwicklung organisationaler Resilienz in der Arbeitswelt 4.0 395

- Arbeitskreis
**Arbeitssystemgestaltung: Ambivalenzen
moderner Arbeit** 399

Thomas Höge, Christine Unterrainer & Wolfgang G. Weber
**Entgrenzung als unerwünschte „Nebenwirkung" partizipativer,
sinnerfüllter Arbeit?** 401

Lisa Hopfgartner, Christian Seubert & Jürgen Glaser
**Massenphänomen oder Randerscheinung?
Prekäre Beschäftigung – was ist das und wozu führt es?** 405

Severin Hornung, Thomas Höge, Jürgen Glaser & Matthias Weigl
**Zuviel des Guten? Mitarbeiterorientierte Personalpraktiken,
berufliche Identifikation und Arbeitsfähigkeit** 409

Laura Klara Schoofs & Jürgen Glaser
Selbstverwirklichung in der Arbeit 413

- Arbeitskreis
  Aus- und Weiterbildung: Erfolgreiche Beispiele 417

  Maren Kersten, Sylvie Vincent-Höper, Heidi Krampitz & Albert Nienhaus
  Entwicklung und Evaluation eines berufsspezifischen
  Qualifizierungskonzepts für Dialyse-Beschäftigte 419

  Sebastian Roth & Wolfgang Kötter
  Agile Methoden und psychische Belastung 423

  Nadine Seiferling, Christine Sattler, Simone Brandstädter & Karlheinz Sonntag
  Evaluation eines webbasierten Trainings zur Förderung der
  Selbstregulation im Umgang mit neuen Technologien und zur
  Verbesserung der Life-Balance 427

  Sonja Wittmann
  Psychische Belastung beurteilen – Entwicklung einer
  Fachinformation für Aufsichtspersonen 431

- Arbeitskreis
  Gefahrenstoffe: Schutz vor Gefährdungen 435

  Ursula Berger
  Casemanagement und psychologische Beratung
  in der Asbestnachsorge der AUVA in Österreich 437

  Jeannette Büchel
  UV-Schutz bei Outdoor-Workern: psychosoziale Determinanten
  des protektiven Verhaltens 439

  Clarissa Eickholt, Friedhelm Wojak, Christian Müller,
  Sabine Schreiber-Costa & Klaus Lahme
  Psychische Belastung bei Tätigkeiten mit KMR-Stoffen –
  ein Praxisbeispiel 443

  Marie Jelenko, Julia Steurer & Thomas Strobach
  Umgang mit kanzerogenen Arbeitsstoffen –psychologische und
  soziologische Aspekte im ArbeitnehmerInnenschutz 445

- Arbeitskreis
  Psychische Belastung und Beanspruchung: Überblick 449

  Martina Molnar & Tuulia Ortner
  Die Glaubwürdigkeit von Ist-Analysen psychischer Belastung in Organisationen – Qualitätssicherung der Diagnostik 451

  Anton Prettenhofer & Micha Strack
  Der Blick unter die Decke – 5 Jahre Evaluierung psychischer Belastung/Reflexionen zum Einsatz der Verfahren PsyBePLUS und ABS Gruppe 455

- Arbeitskreis
  Gesundheitsförderung und Gesundheitsschutz: Fortschritte im Betrieblichen Gesundheitsmanagement ... 459

  Patricia Bothe & Christian Schwennen
  Systematisches Vorgehen und Partizipation im BGM am Beispiel eines Produktionsbetriebes und dem Thema Stress 461

  Anne-Lena Göpfert & Christian Schwennen
  BGM mit Qualität? Entwicklung eines Konzepts zur Qualitätssicherung eines Betrieblichen Gesundheitsmanagements 465

  Claudia Kardys & Michael Falkenstein
  Integration kognitiver Aspekte in die BGF 469

  Waltraud Sawczak & Susanne Mulzheim
  Betriebliches Gesundheitsmanagement in der Praxis am Beispiel der FH Campus Wien und der Alpen-Adria-Universität Klagenfurt ... 473

- Arbeitskreis
  KMU: Neue Herausforderungen 475

  Anja Cordes & Andreas Ihm
  Die digitale Zukunft des Handwerks gestalten – Digitale Technologien und ihre Auswirkungen auf den Arbeits- und Gesundheitsschutz im Handwerk 477

Alexander Purbs, Philipp Lechleiter & Karlheinz Sonntag
**HR- und Gesundheitsmanagement in der Arbeitswelt 4.0 –
Studie und Bedarfsanalyse in KMU** 481

Hans-Peter Oberdorfer
**Die Situation der Arbeitspsychologie in den Klein- und
Kleinstbetrieben in Österreich** 485

Jochen Prümper, Thomas Strobach & Julia Vowinkel
**Motivation von KleinunternehmerInnen zur Teilnahme an der
Entwicklung eines Verfahrens zur Evaluierung psychischer
Belastung** 489

- Arbeitskreis
KMU: Management in der Forstarbeit 493

Henrik Habenicht, Jana Kampe & Rüdiger Trimpop
**Mobilitätssicherheit in forstlichen Klein und Kleinstbetrieben:
Analyse von Belastungen, Beanspruchungen
und Managementansätzen** 495

Jana Kampe, Henrik Habenicht & Rüdiger Trimpop
**Präventionskultur multimodal erfassen und gestalten:
Ergebnisse und Evaluation eines praxisnahen Konzepts** 499

Edgar Kastenholz, Joachim Morat, Andrea Teutenberg & Ute Seeling
**Prävention in Kleinstbetrieben: eine Herausforderung für Forschung
und Praxis** 503

Edgar Kastenholz, Andrea Teutenberg, Francesca Zahnreich,
Monika Niemeyer, Joachim Morat & Ute Seeling
**Organisationale und personelle Faktoren für wirksame Prävention
in Kleinstbetrieben** 507

Karl Klöber & Carolin Kreil
**Einsatz eines Inertialsensormesssystems in Verbindung
mit einem digitalen Menschmodell zu Körperhaltungsanalysen
in der Waldarbeit** 511

Moritz Bald, Rüdiger Trimpop, Henrik Habenicht & Jana Kampe
Entwicklung eines Gesundheitsmanagementsystems für KKU in der Forstwirtschaft 515

- Arbeitskreis
  Arbeit und Mobilität 4.0: Entwicklungsprozesse 519

  Cornelia Gerdenitsch, Johanna Bunner & Manfred Tscheligi
  Digitale Assistenz in der Produktion: Empfehlungen aus der Perspektive des Arbeitnehmer-Innenschutzes 521

  Michael Niehaus & Anita Tisch
  Digitalisierung und Arbeit 4.0 – Was uns die Klassiker der arbeitswissenschaftlichen Technikgestaltung auch heute noch zu sagen haben 525

  Sonja Gaukel & Stephan Huis
  Smartphone, Tablet, Roboter und Co. 529

- Arbeitskreis
  Arbeitssystemgestaltung 4.0 533

  Alexander Bendel & Erich Latniak
  Soziotechnische Systemgestaltung revisited? Nutzen soziotechnischer Konzepte vor dem Hintergrund der Industrie 4.0 535

  Markus Glassl
  Design Thinking: Prinzipien und Möglichkeiten am Beispiel einer interdisziplinären Umgestaltung von Arbeitsräumen eines Service-Centers 539

  Markus Glassl & Ulrike Amon-Glassl
  Ein praxistaugliches Konzept für die Implementierung von Kurzpausen am Bildschirmarbeitsplatz 543

  Paulino Jiménez & Anita Bregenzer
  Arbeitsplatzgestaltung in der Arbeitswelt 4.0 547

Peter Nickel & Katrin Gomoll
**Das Gestalten von Mensch-System-Interaktionen
unterstützen mit virtueller Realität** 551

● Arbeitskreis
Gewalt am Arbeitsplatz und besondere Belastungen 555

Birgit Pavlovsky, Sonja Berger, Karin Schumacher, Milena Barz & Ute Pohrt
**Einschüchterungsversuche und Übergriffe auf Beschäftigte der
Prävention der BG BAU** 557

Andrea Fischbach & Philipp W. Lichtenthaler
Gefährdungsanalyse in der Emotionsarbeit 561

Alexander Herrmann, Christian Seubert & Jürgen Glaser
**Arbeitsbezogene Gewalt bei privatem Sicherheitspersonal:
Wer ist besonders gefährdet und was ist der Preis?** 565

Judith Darteh
Sichere Arbeit im ambulant betreuten Wohnen 569

● Arbeitskreis
Psychische Belastung und Beanspruchung: Trainings 573

Ulrike Amon-Glassl & Markus Glassl
**Durch „Gesunde Führung" die Herausforderungen
von Arbeit 4.0 meistern** 575

Lena Kieseler
**Das Studium ist die schönste Zeit im Leben? –
Studienbedingungen auf dem psychologischen Prüfstand** 579

Anja Limmer & Astrid Schütz
**Determinanten von Gesundheit im Arbeitskontext:
Zufrieden heißt nicht unbedingt gesund** 583

Christoph Kabas & Konrad Tamegger
**Anforderungen an die Beurteilung der Gefährdungen
durch psychische Belastungen** 587

Christoph Kabas & Konrad Tamegger
**Evaluierung psychischer Belastungen am Arbeitsplatz
mit Blick auf Besonderheiten im Bundesdienst in Österreich** 593

- Arbeitskreis
**Gesundheitsförderung und Gesundheitsschutz:
Herausforderungen der Digitalisierung im
Gesundheitswesen** 597

Bernhard Breil
Digitalisierte Prozesse im Gesundheitswesen 599

Monika Eigenstetter
Technologien im Gesundheitswesen und veränderte Interaktionen ..603

Lisanne Kremer
**Psychische Belastungen und Beanspruchungen durch (medizinische)
Informationssysteme: Stand des Wissens** 607

Johannes Pfeifer, Verena Schürmann & Barbara Stoberock
**Empfehlungen zur Verbesserung der Nutzerfreundlichkeit
medizinischer Informationssysteme** 611

- Arbeitskreis
**Gewalt am Arbeitsplatz und besondere Belastungen:
Mobbing und besondere Gefahren** 615

Regina Bauer
**Sicherheit am Arbeitsplatz –
Umgang mit Übergriffen am Arbeitsplatz** 617

Maik Holtz, Vera Hagemann, Jessika Freywald & Corinna Peifer
**Teamarbeit in der Brandbekämpfung – Anforderungen an und
Ressourcen für erfolgreiche Teamarbeit** 621

Maria Klotz, Franziska Jungmann & Irmgard Hell-Heyland
**Erprobung transferförderlicher Methoden in einem Seminar zum
Thema „Raubüberfälle und Ladendiebstahl"** 625

Maike Niggemann & Christian Schwennen
**Krisenintervention in der psychosozialen Beratung –
Implikationen für die Praxis** 629

Dieter Zapf
Mobbing am Arbeitsplatz 633

● Arbeitskreis
Nachhaltigkeit und Evaluation 637

Monika Eigenstetter, Werner Hamacher, Udo Keil & Frank Watz
Evaluation von Präventionskultur – Evaluation als Präventionskultur? ..639

Dietmar Elsler
Cost of work-related accidents and diseases in the EU and globally ..643

Ulrike Pietrzyk, Kai-Michael Kleinlercher, Anne Steputat & Reingard Seibt
Unfallrisiko unter 18-Jähriger in Groß- und Einzelhandel 647

Britta Schmitt-Howe
**Typische betriebliche Orientierungsmuster zu Sicherheit und
Gesundheitsschutz** 651

● Arbeitskreis
Aus- und Weiterbildung: Kampagnen und Programme ...655

Marlen Cosmar, Jörg Marschall & Marlen Rahnfeld
Nutzen von Präventionskultur und Möglichkeiten ihrer Gestaltung ..657

Marlen Rahnfeld & Marlen Cosmar
**Sicherheit und Gesundheit einen hohen Stellenwert geben: Die
Kampagne „kommmitmensch" der gesetzlichen Unfallversicherung** .661

Werner Hamacher, Clarissa Eickholt, Anja Winkelmann & Gabriele Riering
**Entwicklung einer Arbeitsschutzdidaktik – Kompetenz-
orientierte Ausbildung zur Fachkraft für Arbeitssicherheit** 665

Helmut Nold
Sicher und gesund arbeiten! Vision Zero – das Präventionsangebot
der BG RCI 669

● Arbeitskreis
Führung und Organisation: Organisation –
Integrative Ansätze 673

Jella Heptner & Kurt-Georg Ciesinger
Integrative Prävention durch individuelles Belastungsmonitoring 675

Anja Gerlmaier & Laura Geiger
Psycho-soziale Gesundheit stärken durch organisationale Gestaltungskompetenz: das integrative Qualifizierungskonzept „SePIAR" 679

Anja Gerlmaier
Gestaltungskompetenz und arbeitsbezogene Gestaltungspotenziale:
Wie beeinflussen sie den Belastungs-/Beanspruchungs-
zusammenhang? 683

Dirk Marrenbach, Martin Braun & Oliver Scholtz
Multiperspektivische Prävention in der Intralogistik 687

Michael Niehaus & Susanne Bartel
Tätigkeitswechsel als präventives Instrument zur Vermeidung
gesundheitsbedingter Brüche in der Erwerbsbiografie 693

● Arbeitskreis
Präventions- und Sichheits- und Gesundheitskultur:
Überblick und Verfahren 697

Imme Gerke
Cross Culture Individuals 699

Wolfgang Höfling
Narrative als Bedingung für eine nachhaltige
Entwicklung der Sicherheitskultur 703

Roland Portuné & Günter Klesper
**Aufsichtspersonen und Arbeitspsychologie
Hand in Hand - ein Erfolgsfaktor** 707

Laura Buchinger & Felix Klapprott
**Die Gefährdungsbeurteilung psychischer Belastung als Fundament
eines strategischen Betrieblichen Gesundheitsmanagements** 711

● **Markt der Möglichkeiten und Posterausstellung** 715

Anna Arlinghaus, Johannes Gärtner & Friedhelm Nachreiner
**Belastungsausgleich durch Arbeitszeitreduktion -
der Time Compensation Calculator 1.0** 717

Kai Breitling
**Wer ist hier der Boss? Macht- und Verteilungsfragen als Stolpersteine
für die Gefährdungsbeurteilung psychischer Belastung** 721

Friedrich Englisch
**MABO - Ein ganzheitliches Verfahren zur Gefährdungsanalyse
von psychischer Belastung am Arbeitsplatz** 725

Brigitta Gruber
**Arbeitsbewältigung ist kein Zufall, sondern muss immer wieder
erschaffen werden: Arbeitsbewältigungs-Coaching® unterstützt!** 729

Karin Hagenauer & Johanna Klösch
**Arbeitsbedingte psychische Belastung - Entwicklungsbedarf im
österreichischen ArbeitnehmerInnenschutz** 733

Oliver Hasselmann & Kristina Büttenbender
Prävention 4.0 für Kleine und mittlere Unternehmen (KMU) 737

Holger Muehlan, Sandra Lemanski, Jan Vitera & Silke Schmidt
**Technologischer Wandel in der Windenergiebranche: Gesundheitliche
Auswirkungen und betriebliche Versorgungsstrukturen** 741

Cornelia Schmon & David Steindl
**Betriebliche Gesundheitsförderung (BGF) - mehr als der Obstkorb
in der Eingangshalle?** 745

Michaela Höfer & Samuel Strunk
**Stärkung der Sicherheitskultur durch gehirngerechte
Sicherheitstrainings** 749

Sonja Berger & Gudrun Wagner
**Ideen-Treffen – ein Workshop-Verfahren nicht nur für
Kleinstbetriebe** 753

Martin Weßel & Paulino Jiménez
Arbeitsplatzevaluierung psychischer Belastung 757

Melanie Wicht
**Arbeitszeitregelungen im digitalen Zeitalter und mögliche
alternative Schutzmechanismen** 761

Petra Zander
**Systemische Betrachtung und Erfahrung zur Gefährdungsbeurteilung
psychischer Belastung mit dem Fokus Maßnahmenumsetzung** 765

Martina Brandt, Antje Ducki & Daniela Kunze
**Arbeitsschutz von Anfang an: Ein Online-Training für Existenzgründer
und junge Unternehmen** 769

Anita Bregenzer, Paulino Jiménez & Michaela Höfer
Gesunde Arbeitsplätze durch Gesundheitsförderliches Führen 773

Reinhard Lenz
**Hebe- und Trageparcours: Aktivierung zwischen Wissenschaft
und Praxis** 777

Gudrun Wagner
**GDA MSE – Seminarmodul „Gelebte Gesundheit am Arbeitsplatz:
Auf das WIE kommt es an"** 779

● Fishbowl 783

Werner Hamacher
**Bedarf an Fachkräften für Arbeitssicherheit – Haben wir genug?
Haben wir für die Zukunft die Richtigen? Wie muss die Kooperation
mit anderen Professionen gestaltet werden?** 785

Waltraud Sawczak
**Das Netzwerk Gesundheitsfördernde Hochschulen Österreich –
Networking als Strategie für erfolgreiches Setting-orientiertes
Gesundheitsmanagement** 789

Tamara Hammer & Bruno Zwingmann
**Professionen für Sicherheit und Gesundheit bei der Arbeit:
Entwicklung, Einteilung, Kooperation** 791

Boris Ludborzs
**Gefährdungsbeurteilung zur psychischen Belastung –
Schein und Sein der gesetzlichen
und untergesetzlichen Aktivitäten** 797

● Verzeichnis der Autorinnen und Autoren 799

Vorwort der Herausgeber und Veranstalter | 1

PASIG wird zum 20. Jubiläumsworkshop nach fast 40 Jahren Workshopgeschichte international

Die Organisatoren des 20. Workshops, der Fachverband Psychologie für Arbeitssicherheit und Gesundheit (FV PASiG), der Lehrstuhl für Arbeits- und Organisationspsychologie der Friedrich Schiller Universität Jena sowie die Allgemeine Unfallversicherungsanstalt Österreichs (AUVA) stellen den 20. Workshop vom 10. – 12. September 2018 in Salzburg unter das Leitbild

„Voneinander lernen und miteinander die Zukunft gestalten!".

Internationale und interdisziplinäre Kooperation zwischen Wissenschaft und Praxis, zwischen verschiedenen mit Sicherheit und Gesundheit befassten Institutionen und Interessengruppen zeichnet seit bald 40 Jahren unsere Workshops aus und trägt wesentlich dazu bei, dass der Faktor Mensch im Kontext der Organisation und externer Faktoren, in seinen Prozessen, Denken, Handeln und Fühlen die notwendige Aufmerksamkeit erhält. Präventions-, Sicherheits- und Gesundheitskultur, „Psychische Belastung", aber auch Schutz vor kanzerogenen Stoffen, Arbeitssystemgestaltung für die Zukunft, Mobilität und mehr prägen unsere Zeit und auch diesen Workshop.

Dieses Mal haben wir einen besonderen Fokus auf die Möglichkeit zum Dialog in den Arbeits-Dialog-Kreisen gelegt und genügend Zeit eingeräumt, damit alle Experten und Expertinnen ihre Expertise diskutierend einbringen können. Die Umsetzung der Erkenntnisse in die betriebliche Praxis ist sowohl bei ForscherInnen als auch Multiplikatoren längst gegeben, kann aber noch verfeinert werden, insbesondere im Bereich kleinerer Unternehmen. Wir stellen dazu eine Reihe neuer Befunde und Best-Practice-Modelle vor.

Ein weiterer Schwerpunkt liegt auf der Neugestaltung des Betreuungsansatzes. In Österreich ist schon lange umgesetzt, woran Deutschland gerade noch arbeitet. Die Betriebe sollen zum Schutz der Gesundheit und zur Förderung die Betreuung von den Professionen erhalten, die dafür die beste Erfahrung und das höchste Know-How haben. Beispielhaft seien hier die psychischen Gefährdungen genannt, die gegenwärtig für einen hohen Anteil an Fehlzeiten verantwortlich sind.

Welche Aus- und Weiterbildungsmodelle es dazu gibt und wie wir mit anderen Organisationen, z. B. Verband für Sicherheit, Gesundheit und Umweltschutz bei der

Arbeit (VDSI), Deutscher Verkehrssicherheitsrat (DVR), Deutsche Gesetzliche Unfallversicherung (DGUV), Schweizerische Unfallversicherungsanstalt (SUVA) etc. kooperieren, wird auf dem Workshop vorgestellt. Der Präsident der Deutschen Gesellschaft für Psychologie (DGPs) stellt erstmals auf einem Kongress die Konzeption der Fachpsychologin/des Fachpsychologen für Arbeit, Sicherheit und Gesundheit vor.

Schließlich haben wir dank der AUVA die Möglichkeit, einen Jubiläumsabend im angenehmen Ambiente zu erleben und die Erkenntnisse aus den interaktiven Teamelementen des Workshops dort bei gutem Essen zu reflektieren oder allen anderen zum Besten zu geben – einiges davon auch humoristisch und als Teamprodukt.

Plenarvorträge werden gehalten von Conny H. Antoni, Bernad Batinic, Georg Effenberger, Walter Eichendorf, Gabriele Elke, Thomas Ellwart, Andrea Fischbach, Rüdiger Trimpop, Peter-Oliver Villwock, Wolfgang Weber, Rainer Wieland, Dieter Zapf und Bruno Zwingmann.

Es sind 35 Arbeits-Dialog-Kreise mit mehr als 150 Beiträgen, ein Markt der Möglichkeiten und eine Postersession mit 16 Beiträgen sowie ein kontinuierliches Begleitprogramm durch z.B. den Deutschen Verkehrssicherheitsrat (DVR) und das Kuratorium für Waldarbeit und Forsttechnik (KWF). In den Arbeits-Dialog-Kreisen werden wir gesundheitsförderliche Pausen integrieren.

Wir freuen uns auf unsere gemeinsame Teilnahme!

Ihre Organisatoren Rüdiger Trimpop, Georg Effenberger, Jana Kampe und unsere Teams, insbesondere Thomas Strobach, Ursula Hogn, Jennifer Konecky, Moritz Bald und Iris Seliger.

Vorträge im Plenum

Conny H. Antoni, Eva Bamberg, Annekatrin Hoppe, Rainer Wieland,
Stefan Schulz-Hardt & Rüdiger Trimpop
**Fachpsychologieausbildung
Arbeit: Sicherheit und Gesundheit (ASG)**

Gabriele Elke
**Präventionskultur: Erfolgsfaktor für nachhaltige Sicherheit
und Gesundheit bei der Arbeit?**

Rüdiger Trimpop
**Bedarfsgerecht optimierte Betreuung:
Die Nützlichkeit der Integration weiterer Professionen
in Betreuung – Forschung – Beratung**

Rainer Wieland
**Gefährdungsbeurteilung psychischer Belastung –
Chance zur Gestaltung der Arbeit von morgen?**

Dieter Zapf
**Mobbing am Arbeitsplatz:
Abgrenzung des Konstrukts und Implikationen
für Prävention und Intervention**

Conny H. Antoni, Eva Bamberg, Annekatrin Hoppe, Rainer Wieland,
Stefan Schulz-Hardt & Rüdiger Trimpop
DGPs Kommission Arbeitsschutz und betriebliche Gesundheitsförderung

Fachpsychologieausbildung Arbeit: Sicherheit und Gesundheit (ASG)

1. Nutzen und Notwendigkeit

Eine valide umfassende Gefährdungsbeurteilung in Betrieben erfordert neben den technischen, medizinischen und organisatorischen Faktoren zwingend die Einbeziehung psychischer Belastungsfaktoren und damit fundierte psychologische Fachkenntnisse. Zum einen stellen unangemessene psychische Belastungen und Fehlbeanspruchungen (z. B. durch den Wandel der Arbeitswelt aufgrund technischer Innovationen wie der Digitalisierung der Arbeit oder der arbeitsbedingten ständigen Erreichbarkeit) selbst eine direkte Gefährdung der Gesundheit und Sicherheit arbeitender Menschen dar. Zum anderen resultieren Gefährdungen bei der Arbeit aus Handlungsfehlern, die neben persönlichen Faktoren (z. B. Persönlichkeits-, kulturelle, demographische Merkmale) vor allem durch ungünstig gestaltete Arbeitsbedingungen hervorgerufen oder begünstigt werden. Fachpsychologinnen und Fachpsychologen für Arbeit: Sicherheit und Gesundheit (FP ASG) empfehlen fachkundig geeignete Analyseverfahren zur Abschätzung solcher Gefährdungen aus, beraten fachkundig bei der Beurteilung psychischer Belastung, bei der Entwicklung von Veränderungen und Maßnahmen zur Prävention, Reduktion von Gefährdungen oder Schadensvermeidung und können diese initiieren, begleiten und evaluieren. Auch der Erhalt und Förderung der Gesundheit und Leistungsfähigkeit Beschäftigter über die gesamte Spanne ihres Erwerbslebens sind unverzichtbar. FP SG kennen Konzepte zur Ressourcenstärkung und können geeignete verhältnis- und verhaltensbezogene Interventionen auf Arbeitsplatz-, Personen-, Team- und Organisationsebene fachkundig beratend begleiten, entwickeln, durchführen und evaluieren. Dabei nutzen und ergänzen sie Erkenntnisse von anderen Akteuren im organisationalen Umfeld wie Sicherheitsfachkräften, Arbeitsmedizinern, Führungskräften oder Betriebsräten. Die interdisziplinäre Zusammenarbeit ist ein wesentlicher Bestandteil der Kernkompetenzen.

2. Ziele

Der berufsbegleitende modulare Fachpsychologie-Weiterbildungsstudiengang „Arbeit: Sicherheit und Gesundheit (Occupational Safety and Health Psychology)" vermittelt, aufbauend auf dem M.Sc. (oder Diplom) in Psychologie, eine wissenschaftlich fundierte theoretische und praktische berufsbegleitende Qualifikation für psychologische Tätigkeiten im Bereich Sicherheit und Gesundheit bei der Arbeit, Sicherheit bei der beruflich bedingten Mobilität sowie der betrieblichen Gesundheitsförderung und des Managements von Sicherheit und Gesundheit bei der Arbeit. Für den erfolgreichen Abschluss der Fachpsychologie-Weiterbildung ist der Nachweis psychologischer Berufserfahrung mit arbeits- und organisationspsychologischem Tätigkeitsschwerpunkt im Umfang von mindestens zwei Jahren erforderlich. Voraussetzung für die Teilnahme ist ein Diplom- oder B.Sc.- und Masterabschluss in Psychologie oder ein gleichwertiger Abschluss. Bei Absolventen eines psychologischen Bachelor- und Masterstudiengangs ist in der Regel der Nachweis eines Studienumfangs von mindestens 210 Leistungspunkten (LP bzw. ECTS) in psychologischen Grundlagen-, Methoden- und Anwendungsfächern und einer wissenschaftlichen Masterarbeit mit psychologischer Fragestellung erforderlich. Die dort vermittelten Kenntnisse in den psychologischen Grundlagen- (Allgemeine, Biologische, Entwicklungs-, Persönlichkeits- und Differentielle, Sozialpsychologie) und Methodenfächern (Psychologische Diagnostik (Fragebogen-, Interview- und Beobachtungverfahren), Forschungsmethoden und Evaluation, Gesprächsführung und Moderation) werden für den Fachpsychologiestudiengang vorausgesetzt.

Ausgehend vom den Wechselbeziehungen zwischen Mensch, Technik und Organisation integriert die Fachpsychologie-Weiterbildung arbeits-, organisations-, ingenieur- und gesundheitspsychologische Inhalte. Sie schließt Wissenserwerb zu rechtlichen und institutionellen Rahmenbedingungen des Berufsfelds ebenso ein wie Kenntnisse über Konzepte und Methoden der relevanten Nachbardisziplinen Arbeitsmedizin, Arbeitssicherheit, Epidemiologie, Arbeitswissenschaft und Betriebswirtschaftslehre. In supervidierter Fallarbeit und Praxisprojekten wird die sachgemäße Anwendung des erworbenen theoretischen Fachwissens geübt und systematisch reflektiert.

Auf Antrag können Teile der theoretischen Weiterbildung durch einschlägige Lehrinhalte aus dem Studium (insbesondere aus dem Bereich Arbeits- und Organisationspsychologie) anerkannt werden. Gleiches gilt für absolvierte Fort- und Weiterbildungsseminare (z. B. SIFA, Arbeitshygiene, Gesundheitswissenschaft) anderer Anbieter für die theoretische und praktische Fachpsychologie-Weiterbildung anerkannt werden, sofern sie den Inhalten der Fachpsychologie-Weiterbildung entsprechen. Nachweispflichtig ist der oder die Antragstellende, die Entscheidung über die Anerkennung obliegt dem Fachgremium, das vom Vorstand der DGPs eingesetzt wird.

Die Fachpsychologie-Weiterbildung befähigt zum eigenständigen wie interdisziplinären Handeln im Bereich Sicherheit und Gesundheit bei der Arbeit, der betrieblichen Mobilität und Verkehrssicherheit, der betrieblichen Gesundheitsförderung (BGF) und des Managements von Sicherheit und Gesundheit (BGM). Sie umfasst aufbauend auf den grundlegenden Kenntnissen des Arbeitsschutzes (z. B. rechtliche Grundlagen und Organisation des Arbeitsschutzes, Aufgaben der verschiedenen Akteure im Betrieb, Vergleich Deutschland und andere Länder) all diejenigen Merkmale der Arbeit, die sich aus den Wechselbeziehungen der Arbeitsbedingungen (Verhältnisprävention), des Verhaltens der Beschäftigten (Verhaltensprävention) sowie der Sicherheits- und Gesundheitskultur eines Unternehmens (Kultur der Prävention) sowie der Arbeitsumwelt (z. B. Dienstwege, Familie) ergeben. Die Teilnehmerinnen und Teilnehmer der Fachpsychologie-Weiterbildung erwerben bzw. vertiefen ihre Kompetenzen zur Diagnostik und Intervention auf Personen-, Arbeitsplatz- und Organisationsebene sowie in der Arbeitsumwelt als auch zur formativen und summativen Evaluation des Effekts dieser Interventionen. Die Fachpsychologie-Weiterbildung vermittelt die hierzu erforderlichen Fach-, Methoden- und Anwendungskompetenzen

Die Fachpsychologie-Weiterbildung wird mit einer Prüfung abgeschlossen, die zur Führung des Titels „Fachpsychologe bzw. Fachpsychologin für Arbeit: Sicherheit und Gesundheit" berechtigt. Titel und Zertifikat dokumentieren gegenüber Auftraggebern den Erwerb fundierter Kenntnisse und Kompetenzen in diesem Berufsfeld und gewährleisten die Einhaltung fachlicher und ethischer Qualitätsstandards

3. Kompetenzanforderungen

Für eine Tätigkeit im Bereich Sicherheit und Gesundheit bei der Arbeit sind spezifische Kenntnisse und Kompetenzen erforderlich. Dazu gehören (1) fachpsychologische Kenntnisse in der Arbeits-, Organisations-, Mobilitäts-, Ingenieur- und Gesundheitspsychologie, (2) betriebliche, überbetriebliche und interdisziplinäre Kenntnisse, (3) methodische Kompetenzen und (4) Soziale, Prozessberatungs- und -steuerungskompetenzen.

Insgesamt gilt: Umfassender Gesundheits- und Arbeitsschutz ist nur interdisziplinär zu leisten. Dies erfordert zwingend die Grundkompetenz und Bereitschaft bei allen Akteuren zur interdisziplinären Kooperation und zur Förderung der Kompetenzen zur Erkennung, wann die jeweilige Fachkompetenz zwingend einzuholen ist.

4. Struktur und Inhalte

Der Fachpsychologie-Weiterbildungsstudiengang hat einen Gesamtumfang von mind. 400 Unterrichtseinheiten (UE; 1 UE = 45 Minuten). Er teilt sich auf in Grundlagen- (A-Module) und Anwendungsseminare (B-Module) mit mind. 240 UE sowie praktischer Weiterbildung (C-Module) mit mind. 150 UE und einer Abschlussarbeit zu einem weiteren Praxisprojekt (D-Modul).

Vermittlungsform	Kompetenzen	Mind. UE
1. Seminare Grundlagen ASG Module A 1-6*	1. Arbeits- und Ingenieurpsychologie 2. Führung, PE & OE 3. Klinisch-psychologische 4. Organisationswissen & Recht 5. Arbeitsmedizin & -epidemiologie 6. Betriebswirtschaftslehre	60
2. Seminare Anwendung Module B 1-4*	1. ASG: Handlungsfelder 2. Grundlagen und Instrumente von Gefährdungsbeurteilung 3. Management von ASG 4. Rehabilitative Maßnahmen	180
3. Supervidierte Projektarbeit	Drei eigene Praxisprojekte	150
4. Abschlussarbeit (Supervision)	Eigenes Praxisprojekt (6 Monate)	10
Gesamt		400
Fortbildung (alle 5 Jahre)	Praxis mit Fachteamintervision, Literaturarbeit, Fortbildungsveranstaltungen	200

* Anerkennung von Seminaren / Modulen bei entsprechenden BSc/MSc Psychologie Schwerpunkten

4.1 A-Module

Die A-Module sind Seminare zur Erarbeitung der theoretischen und methodischen Grundlagen in der Arbeits-, Sicherheits- und Gesundheitspsychologie und relevanter Nachbardisziplinen sowie des „Organisationswissen" im Bereich Sicherheit und Gesundheit bei der Arbeit (mind. 60 UE). Sie vermitteln Wissen zu zentralen Konzepten, Theorien und Methoden sowie Rahmenbedingungen der Sicherheit und Gesundheit bei der Arbeit, der betrieblichen Gesundheitsförderung und des Managements von Sicherheit und Gesundheit bei der Arbeit. Folgende Module sind vorgesehen:

Grundlagen der Arbeits- und Ingenieurpsychologie (z.B. Konzepte zu Arbeit und Gesundheit und zu gesundheitsförderlichen Arbeits- und Mobilitätsbedingungen, Belastungs- und Beanspruchungskonzepte inkl. zugehöriger Interventionsansätze, Grundlagen der Arbeits-/Systemanalyse und -gestaltung, Mensch-Technik-Interaktion)

Grundlagen der Führung, Personal- und Organisationsentwicklung (z. B. Sicherheits- und gesundheitsbezogene Organisationsdiagnostik, Change Management und Organisationsberatung, Gruppenprozesse und -interventionen, Konfliktmanagement, Führung, Motivation zu sicherheits- gesundheitsgerechtem Verhalten).

Klinisch-psychologische Grundlagen der Gesundheitsförderung in Organisationen (z.B. relevante klinisch-psychologische Störungsbilder im Arbeitskontext, Gewalt, Mobbing, Deeskalation, Notfälle und Traumatisierung. Bedeutung der Arbeit im therapeutischen Prozess).

Organisationswissen (Organisation, Strategien und Akteure, Duales Arbeitsschutzsystem) und rechtliche Grundlagen im Bereich Sicherheit und Gesundheit bei der Arbeit (z. b. ArbSchG, ASiG, DGUV Vorschrift 2, BetrVG, Institutionen der Arbeitssicherheit und der Gesundheitsförderung wie Unfallkassen, Berufsgenossenschaften, DGUV, Krankenkassen, Rentenversicherung, GDA, Nationale Präventionsstrategie; Aufgaben des Arbeitsmedizinischen Dienstes und der Fachkräfte für Arbeitssicherheit; TOP-Prinzip).

Grundlagen der Arbeitsmedizin und -epidemiologie (z. B. Wirkung von physischen, physikalischen und chemischen Belastungen, Berufskrankheiten, arbeitsmedizinische Prävention und Intervention, ArbMedVV).

Grundlagen der Betriebswirtschaftslehre für den Bereich Sicherheit und Gesundheit bei der Arbeit (z. B. gesundheitsbezogene Kosten, Abschätzung und Prognoseansätze von Kosten im Bereich Sicherheit und Gesundheit bei der Arbeit und in der betrieblichen Gesundheitsförderung)

4.2 B-Module
Die B-Module sind Seminare in vier Themenbereichen. Sie dienen zur Vertiefung der theoretischen und methodischen Kenntnisse und zur Entwicklung der methodischen und Prozessberatungs- und -steuerungskompetenzen in den Anwendungsbereichen (180 UE). Die Module befassen sich mit der bedingungs- und personenbezogenen Analyse von Belastungen, Kombinationen von bedingungs- und personenbezogenen Verfahren sowie bedingungsbezogenen und personenbezogenen Interventionen als auch deren kontinuierlicher Wirkungsmessung. Die vier Themenbereiche sind:

Sicherheit und Gesundheit bei der Arbeit: Handlungsfelder (z.B. ergonomische Gestaltung von Mensch-Maschine-Schnittstellen und (sozio-technischen/cyber-physischen) Arbeitssystemen, Arbeit 4.0, Gestaltung eines Arbeitsschutzmanagementsystems, Sicherheit und Gesundheit bei arbeitsbedingter Mobilität).

Grundlagen und Instrumente von Gefährdungsbeurteilung: Prozess, Diagnostik, Intervention und Evaluation: Arbeitsplatz- und personenbezogene Maßnahmen (z.B. Gesamtkonzept der Gefährdungsbeurteilung und insbesondere Integration psychischer Belastung, Arbeits- und Gefährdungsanalyse, Beratung der betrieblichen Akteure bei der Analyse und Beurteilung psychischer Belastung, Diagnose von Sicherheits- und Gesundheitskultur bzw. Präventionskultur, Vision Zero)

Management von Sicherheit und Gesundheit: Arbeitsplatz-, personen- und organisationsbezogene Maßnahmen (z.B.: Strategien und Instrumente des betrieblichen Gesundheitsmanagements; Maßnahmen der Verhältnis- und Verhaltensprävention, Prozessberatung und -steuerung)

Rehabililtative Maßnahmen (Tertiäre Prävention; z.B. Betriebliches Eingliederungsmanagement, berufliche Rehabilitation, Zusammenarbeit mit den Integrationsämtern)

4.3 C-Module
Die C-Module umfassen als praktische Weiterbildung mindestens drei eigene (dokumentierte) Praxisprojekte mit Fachteam-Intervision und -Supervision durch eine/n in dem Bereich erfahrene/n Psychologen/in (mind. 150 UE). Sie dienen dem Erwerb von Fertigkeiten und professioneller Erfahrung bei der Prozessberatung und -steuerung sowie der Entwicklung, Anwendung und Evaluation diagnostischer Verfahren und Interventionen. Ferner soll der Umgang mit inter- und supervidierter Rückmeldung und die Selbstreflexion und -optimierung erlernt werden. Mindestens zwei sollten sich auf unterschiedliche Themen und Phasen der Gefährdungsbeurteilung beziehen. Die Fälle sollen in ausgeglichenem Umfang Analyse und Intervention, sowie Verhaltens- und Verhältnisbezug haben. Jede Teilnehmerin und jeder Teilnehmer muss im Rahmen der Fachteamarbeit mindestens drei selbst bearbeitete Fälle vorstellen und besprechen. Fachteams sind selbstkonstituierend. Einem Fachteam sollten mindestens vier und höchstens acht Personen angehören, die in der Mehrzahl aus Teilnehmerinnen und Teilnehmern der Fachpsychologie-Weiterbildung bestehen. Es muss von seinen Sitzungen Protokolle erstellen. Zur Selbstorganisation soll sich das Fachteam eine/n Sprecher/in wählen, der/die die ordnungsgemäße Protokollierung der Sitzungen überwacht, die Bestätigung der Protokolle durch Supervisoren/innen organisiert und als Mittler und Ansprechperson für das Fachgremium bei Anfragen und Anträgen des Fachteams und in Konfliktfällen der Nichtanerkennung von Fachteamarbeit durch den/die Supervisor/in zur Verfügung steht

4.4 D-Modul
Das D-Modul dient dazu, zu prüfen, inwieweit die Teilnehmenden in der Lage sind, Probleme der Sicherheit und Gesundheit bei der Arbeit, der betrieblichen Gesundheitsförderung, des Sicherheits- und Gesundheitsmanagements sowie der tertiären Prävention kompetent zu bearbeiten und kritisch zu reflektieren (Dauer von 6 bis 12 Monate). Hierzu erstellt die Teilnehmerin bzw. der Teilnehmer eine schriftliche Abschlussarbeit zu einem weiteren Praxisprojekt, das unterschiedliche Phasen einer Gefährdungsbeurteilung oder einer rehabilitativen Maßnahme im Rahmen eines integrativen BEM-, Arbeitsschutz- und BGM-Ansatzes umfasst (mind. 10 UE mit Einzelsupervision). Hierbei können auch Projekte und deren Dokumentation aus dem Modul C einbezogen werden, um alle Phasen einer Gefährdungsbeurteilung oder einer rehabilitativen Maßnahme abzudecken. Die Teilnehmerin bzw. der Teil-

nehmer zeigt, dass er/sie in der Lage ist, die Bearbeitung einer betrieblichen Fragestellung zu planen, Erhebungsinstrumente auszuwählen, die Analyse durchzuführen, zielorientiert zu bewerten und, darauf aufbauend, Interventionen auszuwählen, zu entwickeln und durchzuführen sowie die Evaluation zu planen und durchzuführen und Unternehmen bei diesen Aufgaben und den damit verbundenen Veränderungsprozessen zu beraten.

5. Fortbildung

Inhaber und Inhaberinnen des Zertifikats verpflichten sich zur kontinuierlichen Fortbildung in ihrem Fachbereich, um ihre Kompetenzen auf dem aktuellen Stand der Wissenschaft zu halten und an zukünftige Weiterentwicklungen anzupassen. Es bestehen in der weiteren Berufstätigkeit Fortbildungsanforderungen im Umfang von mindestens 200 UE im Zeitraum von fünf Jahren, davon max. 50 % = 100 UE durch Fachteamintervision in anerkannten Fachteams; max. 20 % = 40 UE durch Selbsterklärung über entsprechende Literaturarbeit, und mind. 30 % = 60 UE durch den Besuch anerkannter Fortbildungsveranstaltungen.

Gabriele Elke
Ruhr-Universität Bochum

Präventionskultur: Erfolgsfaktor für nachhaltige Sicherheit und Gesundheit bei der Arbeit?

1. Problemstellung

Sicherheit und Gesundheit bei der Arbeit können nachhaltig nur durch einen präventiv ausgerichteten, organisationsumfassenden und integrativen Managementansatz erreicht werden.

Es ist auf der einen Seite heute sowohl von der Wirksamkeit als auch der Praktikabilität von entsprechenden Managementsystemen auszugehen. Auf der anderen Seite gibt es bezogen auf den Arbeitsschutz, schwerpunktmäßig in Unternehmen kleiner und mittlerer Größe, ein Umsetzungsdefizit, so dass sich die Gemeinsame Deutsche Arbeitsschutzstrategie als ein Schwerpunktziel in der 2. Periode (2013–2018) die Verbesserung der Organisation, d. h. der strukturellen Verankerung des Arbeitsschutzes in den Betrieben gesetzt hat (GDA; https://www.gda-portal.de). Auf die Überwindung des Umsetzungsdefizits und die nachhaltige Förderung von Sicherheit und Gesundheit bei der Arbeit zielt auch die in 2017 gestartete Kampagne „kommmitmensch" zur Förderung einer Präventionskultur der deutschen gesetzlichen Unfallversicherer ab (DGUV; http://www.dguv.de).

Im Beitrag soll werden, dass beide Ansätze, die Verfestigung von Strukturen als auch die Förderung einer entsprechenden Kultur für das Erreichen von Nachhaltigkeit grundlegend sind.

2. Verhaltenssteuerung

Im Kern geht es um die Frage, wie Handeln in und von Organisationen erfolgreich gesteuert werden kann. Hale und Borys (2013 a, b) fokussieren in ihrem Übersichtsartikel zum Forschungsstand des Arbeitsschutzmanagements zum einen „Regeln" als das empirisch fundierte Kernkonzept und zum anderen die „Modelle 1 und 2". Die Modelle stehen für zwei prinzipiell unterschiedliche Wirkweisen, Bedingungen oder auch Steuerungsformen von Handeln. Die Unterscheidung beider Formen und ihre Bedeutung für sicherheits- und gesundheitsgerechtes Handeln in Organisationen werden mittlerweile von einer Vielzahl von Autoren nicht nur beschrieben, wenn auch mit unterschiedlichen sprachlichen Etiketten, und hervorgehoben, sondern konnten auch empirisch vielfach untermauert werden. Elke (2000) spricht von expliziter und impliziter Verhaltenssteuerung im Arbeitsschutz. Handeln kann auf der einen Seite durch explizite Regeln und Konditionierung ausgerichtet und verändert werden. Auf der anderen Seite zielt implizite Steuerung nicht direkt auf die Änderung des Verhaltens ab, sondern setzt beim Bewusstsein, den handlungssteuernden Werten und Normen an. Auf Organisationsebene kann die Handlungsausrichtung und Koordination explizit durch vorgegebene Standards und Strukturen und/oder implizit durch eine entsprechende Kultur gesteuert werden. DeJoy (2005) nutzt zur Beschreibung des Forschungsstandes zum Arbeitsschutzmanagement ebenfalls diese Unterscheidung und macht das Spanungsfeld „Verhaltensänderung versus Kulturwandel" auf.

2.1 Explizite Regeln: Strukturen und Systematik
Die Vorgabe oder Vereinbarung von Zielen, die Festlegung von Standards, die Festschreibung von Zuständigkeiten und Abläufen etc. stellen explizite Regelungen dar, die die Grundlage für eine effiziente (Zusammen-)Arbeit schaffen. Regeln beschreiben beispielsweise, wie mit Risiken im Arbeitsalltag umzugehen ist, damit eben kein Unfall oder eine Beeinträchtigung der Gesundheit erfolgen. Regeln bündeln das gesammelte und bewährte Wissen und bringen auf den Punkt, was sicherheits- und gesundheitsgerechtes Verhalten ausmacht und wie man sich entsprechend „richtig" zu verhalten hat. Für ihre Umsetzung ist ein systematisches Regelmanagement notwendig, d. h. ein konsequentes Vorgehen, das die kontinuierliche Überwachung und Rückmeldung der Regelumsetzung ebenso wie das Ziehen und Setzen von positiven oder negativen Konsequenzen in Abhängigkeit von der Einhaltung oder Verletzung der Regeln beinhaltet.

Regeln sind aber keine Selbstläufer. Im Alltag können immer wieder Regelabweichungen beobachtet werden. Die Formen und Gründe sind vielfältig. Zum einen verweisen sie auf ein mangelhaftes Regelmanagement. Zum anderen spielen das Bewusstsein, Wertorientierungen sowie soziale und implizite Lernprozesse eine Rolle. Mitarbeiter sind keine reaktiven Regelanwender. Des Weiteren ist in komplexen Situationen die Risikokontrolle nicht nur regelgesteuert zu erreichen, sondern für erfolgreiche Problemlösungen ist zumeist auch implizites Erfahrungswissen erforderlich (vgl. Hale & Borys, 2013a).

2.2 Implizite Regeln: Kultur
In Organisationen haben sich meist über Jahre bestimmte Selbstverständlichkeiten entwickelt, u. a. wie man zusammenarbeitet, wie man Probleme angeht oder auch wie Menschen zu führen sind. Es gibt in jeder Organisation unausgesprochene Regeln und Normen. Die Grundgesamtheit dieser gemeinsamen Wert- und Normvorstellungen, die grundlegenden Basisannahmen über den Menschen in einer Organisa-

tion sowie die geteilten Denk-, Problemlösungs- und Verhaltensmuster bilden die Kultur eines Unternehmens. Durch die Kultur wird das Handeln in einem Unternehmen indirekt ausgerichtet und koordiniert. Sie bildet einen impliziten Handlungscode, der von der Mehrheit der Organisationsmitglieder als verpflichtend erlebt und gelebt wird (vgl. Schein, 1992). Für eine nachhaltige Förderung von Sicherheit und Gesundheit bei der Arbeit ist die Frage zentral, welcher Stellenwert Sicherheit und Gesundheit im Handlungskodex einer Organisation zukommt: Wird z. B. Sicherheit im Vergleich zu anderen Zielen als unwichtig angesehen oder wird von einem engen Zusammenhang zwischen der Sicherheit und Gesundheit der Beschäftigten und ihrer Leistungsfähigkeit und damit auch mit dem Unternehmenserfolg ausgegangen. In beiden Fällen hat sich eine Sicherheits- und Gesundheitskultur entwickelt, d.h. ein „Muster von sicherheits- und gesundheitsbezogenen Normen und Werten, die sich im Laufe der Zeit im Umgang mit Fragen der Sicherheit in einer Organisation als bedeutsam erwiesen haben und von der Mehrheit der Organisationsmitglieder geteilt und als Selbstverständlichkeiten angesehen und gelebt werden" (Elke, 2001).

In Abhängigkeit von der Ausprägung kann die vorherrschende Sicherheits- und Gesundheitskultur die Umsetzung von Sicherheit und Gesundheit im betrieblichen Alltag entweder fördern oder einschränken. So konnten z. B. Christian, Bradley, Wallace und Burke (2009) in ihrer Metaanalyse hohe Zusammenhänge zwischen der Ausprägung des Sicherheitsklimas[1] und Unfällen sowie Verletzungen nachweisen. Nach Zohar (2010, S. 1517) liegt die Höhe der korrigierten Korrelationskoeffizienten für den Zusammenhang zwischen der Ausprägung des Sicherheitsklimas und unterschiedlichen Indikatoren für das betriebliche Sicherheits- und Gesundheitsniveau im Durchschnitt bei -0.38 bzw. -0.42. Er kommt, ausgehend von der zusammenfassenden Analyse von 30 Jahren Forschung zum Sicherheitsklima, zu dem Schluss, dass der entscheidende Einfluss der impliziten Verhaltenssteuerung für einen erfolgreichen Arbeitsschutz mittlerweile eindeutig als empirisch belegt angesehen werden kann. Cooper (2016) verweist allerdings in seinem Review darauf, dass die Stärke der nachgewiesenen Zusammenhänge in Abhängigkeit von der Operationalisierung und Erhebung des Sicherheitsklimas erheblich variieren können.

3. Präventionskultur
3.1 Kulturkern
Wenn grundlegende sicherheits- und gesundheitsbezogene Annahmen, Normen und Wertorientierungen den Kern einer Sicherheits- und Gesundheitskultur bilden, dann

---

[1] Sicherheitskultur und -klima werden als äquivalente Konzepte angesehen und genutzt.

ist die Frage zu stellen, was denn die zentralen Überzeugungen, Normen und Werte sind, die sich im Laufe der Zeit im Umgang mit Fragen der Sicherheit und Gesundheit für ihre nachhaltige Förderung und Sicherung als bedeutsam erwiesen haben. Das Arbeitsschutzgesetz (ArbSchG) von 1996 beantwortet diese Frage bereits sehr eindeutig, in dem es das Leitbild, den Rahmen und die Eckdaten für einen nachhaltigen Arbeitsschutz festschreibt. Die entsprechenden normativen Anforderungen lassen sich inhaltlich zusammenfassend mit dem Konzept „Prävention" charakterisieren. Insofern ist es angemessener statt von einer positiven Sicherheits- und Gesundheitskultur oder Sicherheitsklima von Präventionskultur zu sprechen.

Zu den Basisannahmen einer Präventionskultur gehören neben einem Menschenbild, das von Eigenverantwortung geprägt ist, eine umfassende, auf das Ganze gerichtete Sichtweise sowie ein integrativer, vorbeugender Gestaltungsansatz. Formuliert werden im ArbSchG u.a. normative Standards, die sowohl den Schutz und die Förderung von Sicherheit, Gesundheit und Umwelt sowie die Berücksichtigung aller Aspekte der Arbeit und aller Ebenen und Bereiche einer Organisation sowie als Zielgruppe alle betrieblichen Akteure umfassen. Gefordert sind weiter ein systematisches, auf Integration und Verbesserung ausgerichtetes Handeln, aktive und vorbeugende Problembewältigung, Kooperation und Eigenverantwortung. (vgl. Elke, 2000, S. 38ff)

3.2 Indikatoren und Messung
Die Basisannahmen, die den Kern einer Kultur bilden, sind nicht direkt beobachtbar und zumeist unbewusst. Sie manifestieren sich in Form von Handlungsrichtlinien, Normen und Standards, die ebenfalls nur zum Teil beobachtbar und bewusst sind. Auch die konkreteren Ausdrucksformen von Kulturen wie Sprache, Rituale, Umgangsformen oder materielle Symbole bedürfen der Interpretation. Zur Entschlüsselung des impliziten Handlungscodes können eine Vielzahl von Verfahren und Indikatoren herangezogen werden. Der Erfassung der Kultur in ihrer Gesamtheit stehen allerdings ihre Vielschichtigkeit und ihr impliziter Charakter entgegen (vgl. Elke, 2001).

Im Rahmen der GAMAGS-Studie (Zimolong, 2001) wurde eine Methodenkombination aus qualitativen und quantitativen Erhebungs- und Auswertungsverfahren zur Kulturanalyse genutzt. Beispielsweise wurden als Indikatoren für die impliziten Regeln im Umgang mit Sicherheit und Gesundheit Metaphern (Spielregeln) herangezogen. Die Erhebung von wechselseitigen Beeinflussungsprozessen (u.a. der Einfluss von Sicherheit und Gesundheit auf den Unternehmenserfolg im Beeinflussungsgeflecht mit anderen Faktoren oder das Zusammenwirken der verschiedenen betrieblichen Akteure) erfolgte mit Hilfe von Cross-Impact-Analysen. Dagegen wurden die individuellen Wertorientierungen der Mitarbeiter mit einem Fragenbogen zum Arbeits- und Gesundheitsschutz erhoben (vgl. Elke, 2001). Es konnte gezeigt werden, dass die Sicherheits- und Gesundheitskultur u.a. ein guter Prädiktor für die Motivation, sich sicherheitsgerecht zu verhalten als auch das entsprechende Wissen der Beschäftigten ist. In Unternehmen mit einer Präventionskultur werden Sicherheit und Gesundheit gleichrangig mit anderen Leistungszielen umgesetzt. Der Mensch wird als zentrale Ressource für den Erfolg eines Unternehmens angesehen. Leitlinien und Führung unterstreichen, dass die Sicherung und Förderung der Gesundheit der Beschäftigten und Kunden grundlegend für ein hohes individuelles und betriebliches Leistungsniveau und damit den Unternehmenserfolg sind (vgl. Zimolong & Elke, 2001).

Einen Überblick über Operationalisierungen zur Beschreibung und Messung der Sicherheitskultur sind u.a. bei Cooper (2016) zu finden. Er bündelt die gefundenen Indikatoren zu sechs Merkmalsgruppen: „Management/ Supervision", „Safety Systems", „Risk", „Work Pressure", „Competence" und „Procedures/ Rules". Generell ist davon auszugehen, dass die zur Messung der Kultur herangezogenen Indikatoren und Merkmale inhaltlich den Gestaltungsfeldern eines integrativen Arbeitsschutzmanagementsystems zuzuordnen sind. Sie verweisen damit zugleich auf Ansätze und Stellschrauben zur Förderung einer Präventionskultur (vgl. Elke & Gurt, 2013).

3.3 Stellschrauben und Steuerungsprinzipien
Eine zentrale Stellschraube stellt beispielsweise die Einführung expliziter Regeln dar. Wird ihre Anwendung über eine längere Zeit systematisch gefordert und gefördert, so ist die Wahrscheinlichkeit sehr hoch, dass die Mitarbeiter die Regeln verinnerlichen und sie auf Dauer als selbstverständlich im Alltag er- und gelebt werden. Kulturentwicklung ist ein Sozialisationsprozess. Aus gelebten expliziten Regeln werden, allerdings nur unter bestimmten Bedingungen, implizite Handlungsnormen. Für eine erfolgreiche Internalisierung und das Leben der Regeln im betrieblichen Alltag ist nicht nur entscheidend, welche Regeln oder Managementsysteme eingeführt werden, sondern, wer sie einführt und vor allem, wie die Vermittlung erfolgt.

Vielfach empirisch belegt ist, dass Führungskräfte die entscheidenden Kulturpromotoren sind. Sie nehmen z.B. durch ihren Führungsstil, ihr Verhalten und Commitment, die Gestaltung der Arbeit etc. in vielfältiger Weise einen direkten und indirekten Einfluss auf die Wahrnehmung, das Denken und Handeln ihres Teams (vgl. Gurt & Elke, 2015).

Neben dem Verhalten und Commitment der Promotoren kommt der Art der Umsetzung eine entscheidende Rolle zu. So verweist bereits das Arbeitsschutzgesetz u.a. auf die Notwendigkeit, kooperativ vorzugehen, die Akteure zu beteiligen und die Eigenverantwortung zu fördern. Eine Vielzahl von Studien zeigen zudem, dass Beteiligung und Kommunikation zentrale Erfolgsfaktoren sowohl im Kontext von Veränderungsprojekten generell als auch von Interventionen im Bereich des Arbeitsschutzes und der Gesundheitsförderung darstellen (vgl. Elke, Gurt, Möltner & Externbrink, 2015).

Die sogenannte A-B-C Strategie bündelt die entsprechenden Ergebnisse und bringt sie für die Praxis auf den Punkt. Sie steht für die Erfolgsfaktoren: *A*ustausch, d. h. Information, Transparenz und Kommunikation, *B*eteiligung und Einbindung sowie das *C*ommitment der Führung und ihr sichtbares Engagement für Sicherheit und Gesundheit im Betrieb. (vgl. Elke & Gurt, 2013)

3.4 Kulturentwicklung
Bezogen auf die Entwicklung und Förderung einer Präventionskultur ist zwischen der Beschreibung von bestimmten Kulturausprägungen oder -stufen und dem Einführungs- oder Verstetigungsprozess zu unterscheiden.

Stufenmodelle
Die DGUV-Kampagne stellt den Unternehmen ein „5 Stufenmodell" zur Einschätzung, wo ihr Unternehmen bezogen auf die Entwicklung einer Präventionskultur steht und welche Veränderungen angestrebt werden sollten, zur Verfügung. Die Zuordnung erfolgt in Abhängigkeit davon, ob Unternehmen ihren Umgang mit Sicherheit und Gesundheit eher als „gleichgültig"(1), „reagierend"(2), „regelorientiert"(3), „proaktiv"(4) oder „wertschöpfend"(5) einschätzen. Zwischen der Stufe 3 und 4 wird von einem grundlegenden Perspektivenwechsel ausgegangen. Mit Stufe 5 wird „eine noch weiter entwickelte Sicherheits- und Gesundheitskultur, in die kontinuierlich investiert wird und die den Betrieb insgesamt leistungsfähiger macht" erreicht. (https://www. kommmitmensch.de/toolbox/5-stufen-modell/ 29.04.2018)

Das Reifemodell der Sicherheitskultur (SCMM; Fleming, 2001) beschreibt ebenfalls 5 Stufen bzw. Kulturlevel und skizziert zugleich zentrale Ansatz- oder Anhaltspunkte für das Erreichen der nächsten Stufe. So ist z.B. für den Fortschritt von Level 1 zu 2 das Commitment des Managements zu entwickeln. Um Stufe 3 zu erreichen muss die Wichtigkeit der Beschäftigten auf der operativen Ebene erkannt und die Übernahme von Verantwortung forciert werden. Auf dem Weg von Stufe 3 zu 4 stehen die Befähigung zur Zusammenarbeit und das Commitment mit der Verbesserung der betrieblichen Sicherheit aller Beschäftigten im Fokus. Verstetigung und „fight complacency" führen zum Ziellevel, der Etablierung von kontinuierlichen Verbesserungsprozessen von Sicherheit bei der Arbeit.

Hudson (2007, S. 703), der mit dem Konzept der „HSE Culture Ladder" die Grundlage für das DGUV-Modell lieferte, verweist darauf, dass Stufenmodelle zwar die Richtung vorgeben, aber nicht den eigentlichen Weg bzw. Prozess von einer Stufe zur nächsten aufzeigen. Erforderlich ist demnach neben der Angabe von Indikatoren für das Erreichen eines bedeutsamen Entwicklungsfortschrittes ein Modell für die Implementierung.

Changemanagement
Letztlich handelt es sich bei der Entwicklung und Förderung einer Präventionskultur um einen tiefgreifenden organisationalen Veränderungsprozess. Entsprechend werden auch, wie das Review von Elke et al. (2015, S. 225 ff) zeigt, für die Gestaltung dieses Prozesses erfolgreiche Ansätze und Strategien des Changemanagements und/oder der Organisationsentwicklung genutzt.

Die meisten Prozesstheorien organisationalen Wandels basieren auf dem 3-Phasenmodell von Lewin (1963). Danach sind zunächst die aktuellen bzw. alten Herangehensweisen infrage zu stellen, um Motivation für Veränderungen zu erzeugen (unfreezing). Die im Anschluss auf Ebene des Individuums sowie auf Ebene des gesamten Systems durchgeführten Interventionen („moving") müssen in der dritten abschließenden Phase verfestigt, d.h. in Strukturen und die Kultur überführt werden, um so das gewünschte neue Verhalten und Vorgehen zu stabilisieren (re-freezing).

Ein exemplarisches Beispiel für eine weitergehende Differenzierung des 3-Phasenmodells ist das „Eight-Stage Process for Successful Organisational Transformation" von Kotter (2008) mit den Schritten: 1 „Bewusstmachen der Dringlichkeit der Veränderung", 2 „Bildung von Koalitionen", 3 und 4 „Entwicklung und Kommunikation einer Vision und Strategie", 5 „Empowerment des Handelns und Abbau von Barrieren", 6 „Schaffung kurzfristiger Erfolge", 7 „Konsolidierung der Fortschritte und Umsetzung weiterer Veränderungen" sowie 8 „Verankerung der neuen Ansätze in der Kultur".

Hudson (2007) kombiniert im Rahmen seines Ansatz zur nachhaltigen Entwicklung einer Präventionskultur das „HSE Ladder Model" mit dem transtheoretischen (Change-)Modell von Prochaska und Velicer (1997). Elke (2000) integriert in ihren ganzheitlichen Managementansatz des Arbeitsschutzes Vorgehen und Prinzipien der Organisationsentwicklung.

4. Fazit

Die nachhaltige Förderung von Sicherheit und Gesundheitsbei bei der Arbeit zeichnet sich gleichermaßen durch die Etablierung von auf Prävention ausgerichteten

Strukturen und Systematiken als auch die Entwicklung einer Präventionskultur aus. Explizite und implizite Handlungssteuerung sind untrennbar miteinander verwoben. Auf der einen Seite fördert die systematische unternehmensweite Umsetzung expliziter Vorgaben und Regelungen im Alltag die Entwicklung einer Präventionskultur, auf der anderen Seite ist sie langfristig von einer gelebten Kultur der Prävention abhängig. Erfolgreiches Handeln in und von Organisationen zeichnen sich dadurch aus, dass explizite und implizite Steuerungsformen ineinandergreifen und sich auf allen Unternehmenseben wechselseitig stützen (vgl. Bleicher, 1992).

Entsprechend bilden die Modellierung und Gestaltung des Zusammenwirken von expliziter und impliziter Steuerung und ihrer Entwicklungsdynamik auch den Kern aller Managementansätze, die auf die Nachhaltigkeit von Sicherheit und Gesundheit bei der Arbeit abzielen (u.a. Elke, 2000; DeJoy, 2005; Hudson, 2007; Zohar, 2010; Hale & Borys, 2013b, Cooper, 2016, siehe auch Zimolong, Elke & Bierhoff, 2008).

Literatur
Bleicher, K. (1992). Das Konzept Integriertes Management. Frankfurt a.M.: Campus.
Christian, M. S., Bradley, J. C., Wallace, J. C., & Burke, M. J. (2009). Workplace safety: A meta-analysis of the roles of person and situation factors. Journal of Applied Psychology, 94(5).
Cooper, D. (2016). Navigating the Safety Culture Construct: A Review of the Evidence. https://www.researchgate.net/publication/305636897_ Navigating the_ safety_culture_construct_a_review_of_the_evidence_July_2016 17.06.2017
DeJoy, M.D. (2005). Behavior change versus cultur change: Divergent approaches to managing workplace safety. Safety Science, 43 (2), 105 – 129.
Elke, G. (2000). Management des Arbeitsschutzes. Wiesbaden: DUV.
Elke, G. (2001). Sicherheits- und Gesundheitskultur I - Handlungs- und Wertorientierung im betrieblichen Alltag. In B. Zimolong (Ed.), Management des Arbeits- und Gesundheitsschutzes (S. 171-200). Wiesbaden: Gabler.
Elke, G. & Gurt, J. (2013). Betriebliche Gesundheitsförderung. In A. Schäfer (Hrsg.) mehrWert – Mitarbeiter in der Pflege (S. 8 – 27). Hamburg: BEHR`S Verlag.
Elke, G., Gurt, J., Möltner, H. & Externbrink, E. (2015). Arbeitsschutz und betriebliche Gesundheitsförderung - vergleichende Analyse der Prädiktoren und Moderatoren guter Praxis. Dortmund: BAuA.
Fleming, M. (2001). Safety culture maturity model. Offshore Technology Report 2000/049. UK: HSE Books.
Gurt, J. & Elke, G. (2015). Successful management and leadership in occupational safety and health: interaction of explicit and implicit behavior management. In Helmut Nold & John Dony (Eds.). Journey to vision zero. Documentation (S.65 – 84). Kröning: Asanger Verlag.
Hale, A. & Borys, D. (2013a). Working to rule, or working safety? Part 1: A state of the art review. Safety Science, 55, 207 – 221.
Hale, A. & Borys, D. (2013b). Working to rule, or working safety? Part 2: The management of safety rules and procedures. Safety Science, 55, 222 - 231.
Hudson, P. (2007). Implementing a safety culture in a major multi-national. Safety Science, 45, 697-722.

Lewin, K. (1963). Feldstudien in den Sozialwissenschaften. Bern: Huber.
Prochaska, J. O., & Velicer, W. F. (1997). The transtheoretical model of health behavior change. American Journal of Health Promotion, 12(1), 38–48.
Schein, E. H. (1992). Organizational culture and leadership. San Francisco: Jossey-Bass.
Zimolong, B. (Hrsg) (2001). Management des Arbeits- und Gesundheitsschutzes. Die erfolgreichen Strategien der Unternehmen. Wiesbaden: Gabler.
Zimolong, B. & Elke, G. (2001). Die erfolgreichen Strategien und Praktiken der Unternehmen. In B. Zimolong (Hrsg), Management des Arbeits- und Gesundheitsschutzes. (S. 235–268). Wiesbaden: Gabler.
Zimolong, B., Elke, G. & Bierhoff, H.-W. (2008). Den Rücken stärken. Grundlagen und Programme der betieblichen Gesundheitsförderung. Göttingen: Hogrefe.
Zohar, D. (2010). Thirty years of safety climate research: Reflections and future directions. Accident Analysis and Prevention, 42 (5), 1517–1522.

Rüdiger Trimpop
PASIG und Friedrich-Schiller Universität Jena

Bedarfsgerecht optimierte Betreuung: Die Nützlichkeit der Integration weiterer Professionen in Betreuung – Forschung – Beratung

1. Hintergrund der Bedarfsänderung[1]

Das Arbeitssicherheitsgesetz (ASIG) wurde Anfang der 1970er Jahre für eine fachliche Unterstützung der Unternehmen im Arbeitsschutz geschaffen. Die gemäß ASiG zu bestellenden Fachdisziplinen haben zusammengefasst die Aufgabe, den Arbeitgeber bei der Sicherstellung von Sicherheit und Gesundheit bei der Arbeit einschließlich deren menschengerechter Gestaltung zu unterstützen. Die konkreten Inhalte und die Erforderlichkeit der Unterstützung ergeben sich aus dem Bedarf und den Bedürfnissen des Betriebes und der zu beratenden Person, dem Arbeitgeber. Die DGUV Vorschrift 2 führt diesen bedarfsorientierten Ansatz aus und legt die Gefährdungsbeurteilung -inkl. psychischer Fehlbelastungen und Beanspruchungen zugrunde. Historisch betrachtet, waren Betriebsärzte/innen einerseits und Fachkräfte für Arbeitssicherheit mit technikorientierten Eingangsvoraussetzungen (Ingenieur, Techniker, Meister oder äquivalente Qualifikationen) andererseits als besonders geeignet benannt. Viele technisch bedingte Unfälle und technische Lösungen sowie das oftmals erst anhand von Krankheiten, Unfallfolgen und Symptomatiken erkannte Gefährdungsgeschehen, z.B. bei Gefahrstoffen wie Silikose zeigen auf, warum dies eine sinnvolle Entscheidung war. Beide warfen einen Blick aus verschiedenen Disziplinen auf dasselbe Geschehen und die Mediziner/innen ergänzten durch Vorsorgeuntersuchungen. Weitere Professionen wurden durch die Gesetzesformulierung jedoch weitgehend ausgeschlossen.

Nachdem über viele Jahre die Unfallzahlen und Krankheiten auch durch die erfolgreiche Beratung dieser und anderer Akteure im innerbetrieblichen Tätigkeitsbereich sanken, treten jetzt jedoch seit etlichen Jahren Verschiebungen in den Gefährdungsprofilen auf. So machen Mobilitätsunfälle mehr als die Hälfte der tödlichen Unfälle aus und rechnet man die Fußmobilität im Betrieb hinzu, so sind es auch mehr als die Hälfte der meldepflichtigen Unfälle. Technische Ursachen jedoch sind im Bereich von ca. 2% und die Feststellung in Vorsorge- oder Behandlungsuntersuchungen stellt hier keinen ausreichenden Präventionsnutzen dar. Gleiches gilt für den enormen, echten und prozentualen Anstieg der Fehlzeiten durch psychische Fehlbelas-

---

[1] z.T. basierend auf PASIG-Positionspapier des Vorstands

tungen. Auch hier gilt eher, dass Stress (psychomentale Fehlbeanspruchung), Ablenkung und die Interaktionen aus Arbeit-Freizeit-Familie-Person gekoppelt mit organisationalen Variablen die meisten Ursachen abdecken. Diese Themen sind allerdings Kernkompetenzen von Arbeitspsychogen/innen und eben nicht von den anderen Professionen. Gleichermaßen zeigt sich, dass das Gesundheitsgeschehen einer wesentlichen Beeinflussung von Arbeitszeitgestaltung und -verdichtung unterliegt, was die Arbeitswissenschaften intensiv bearbeiten. Schließlich sind Allergien, Reaktionen auf Schadstoffe, Mikrostoffe, Umweltverschmutzung usw. sehr viel weiter in den Vordergrund gerückt als in den 70er Jahren. Hier wiederum sind die Kernkompetenzen der Arbeitshygieniker/innen unabdingbar.

Statt auf rein technische Lösungen sind wir/ist man im modernen Arbeitsschutz, wie auch die Sifa-Langzeitstudie (Trimpop et al., 2012) sehr deutlich zeigte, in erster Linie auf kommunikative und motivationale Kompetenzen gegenüber Führungskräften und Mitarbeitenden angewiesen. Auch hier handelt es sich um/dieses sind Kernkompetenzen von Pädagogen und Arbeitspsychologen/innen. Dementsprechend werden Weiterbildungen mit diesen Ansätzen angeboten. Selbstredend ist jedoch eine 8-stündige Weiterbildung eines Betriebsmediziners nicht einem 5-7 jährigen Studium eines Fachpsychologen für Sicherheit und Gesundheit auch nur annähernd qualitativ gleichwertig, ebenso wenig wie umgekehrt. Jedoch fördern diese interdisziplinären Weiterbildungsanteile das notwendige wechselseitige Verständnis im Arbeitsschutz ungemein. Ein sehr guter, bedarfsgerechter Arbeitsschutz kann also derzeit von den begrenzten Professionen bei weitem nicht so wirksam sein, wie wenn die exzellent ausgebildeten weiteren Professionen ihre Expertise ergänzen – nicht ersetzen – würden.

Dafür gibt es auch eindeutige empirische Daten aus einer Längsschnittstudie über ca. 10 Jahre mit mehr als 2000 Sicherheitsfachkräften und mehr als 500 Betriebsärzten, Betriebsräten und Führungskräften insgesamt. Die Sifa-Langzeitstudie (Trimpop et al., 2012) zeigt auf, dass insbesondere das Thema psychische Belastung von den im ASiG benannten Professionen nicht mit der erforderlichen Intensität und Wirksamkeit bearbeitet wird. Die menschengerechte Gestaltung der Arbeit als wichtiges Wirksamkeitsfeld weist hier die geringste Berücksichtigung auf. Die Wirksamkeit wird besonders gering hinsichtlich älterer Beschäftigter und der Vereinbarkeit von Familie und Beruf eingeschätzt. Der bisherige Weg, solcherart umfassende neue Themen- und Wissensgebiete einfach den beiden bisher im ASiG benannten Professionen „dazuzuschreiben", obgleich es dafür fachlich spezialisierte Professionen gibt, ist gescheitert. Die Akteure selbst schätzen ihre Kompetenzen deutlich unter mittelmäßig ein und es zeigt sich über die fast 10 Jahre Laufzeit, dass der Erfahrungsgewinn im Betrieb dazu annähernd Null ist. Die zu erwartenden weiteren Veränderungen mit verstärkter/voranschreitender/sich stetig weiterentwickelnder Digitalisierung sind dabei noch nicht einmal berücksichtigt. Hatte die Konzentration auf Sicherheitstechnik und Arbeitsmedizin in Bezug auf das Profil von Unfall- und Gesundheitsgefahren seit Beginn der Industrialisierung bis vor rund 40 Jahren noch eine gewisse Plausibilität, so gilt dies ganz sicher nicht mehr vor dem Hintergrund des grundlegenden Wandels der Arbeit seit Inkrafttreten des ASiG und in der sich abzeichnenden Zukunft in einer dienstleistungs- und digital–global-orientierten Gesellschaft.

Fachkräftemangel
Hinzu kommt eine kritische demographische Entwicklung bei den Betriebsärzten: Gemäß einer Studie der BAuA (BAuA, 2014), die auf Zahlen der Bundesärztekammer basiert, waren 2011 bereits 56 % der Betriebsärzte über 60 Jahre alt. Die Altersgruppe der Betriebsärzte unter 40 Jahre war mit 2 % hingegen sehr gering vertreten. Zur flächendeckenden Versorgung insbesondere der Beschäftigten in Klein- und Mittelbetrieben fehlten bereits 2011 mehr als 4,7 Mio. betriebsärztliche Einsatzstunden zur vollständigen Erfüllung der Anforderungen der DGUV Vorschrift 2. Statt der erforderlichen 600 Neuanerkennungen pro Jahr die die Studie als erforderlich sieht, um den (bereits unbefriedigenden) Status quo zu halten konnten z. B. 2016 nur ca. 230 Personen Ihre Zusatzausbildung erfolgreich abschließen. Eine flächendeckende arbeitsmedizinische Betreuung der Betriebe sowie die damit verbundene mögliche Beratung zu psychischen Belastungen am Arbeitsplatz, die oftmals als Aufgabe neu dazukommen, sind somit aktuell nicht gegeben. Weiterbildungsbestrebungen und Verkürzungen der Ausbildungszeit sowie verstärkte Werbung für die Arbeitsmedizin der betriebsmedizinischen Verbände sind lobens- und unterstützenswert, werden aber weder die fehlende Kompetenz in den anderen Professionen ausgleichen, noch innerhalb der nächsten 10 Jahre wirksam werden können. Im Gegensatz dazu erweitert die Gruppe der Sicherheitsfachkräfte bereits heute ihr berufliches Spektrum enorm. Hier ist Interdisziplinarität deutlich besser gegeben, wird aber ebenfalls noch von einer antiquierten Gesetzgebung behindert. So vertreten einige Akteure in den Ländern immer noch die Auffassung, dass z. B. ein promovierter Chemiker nicht automatisch zur Sifa-Ausbildung zugelassen wird, ein technischer Facharbeiter jedoch schon. Gleiches gilt für Physiker, Arbeitswissenschaftler, Arbeitspsychologen/innen, die alle ein 5–7 jähriges Studium aufweisen, was ihnen mindestens dieselbe Beratungskompetenz ermöglicht, wie einem Ingenieur, Techniker oder Meister. Es gibt keinerlei nachvollziehbaren sachlichen Grund, diese Gesetzeslage nicht schnellstens zu ändern und alle geeigneten Akteure zur Sifa-Ausbildung und Tätigkeit zuzulassen.

Betrieblicher Unterstützungsbedarf und Beratungskompetenzen
Der betriebliche Unterstützungsbedarf hat sich mit der ihm zugrundeliegenden Arbeitswelt maßgeblich gewandelt und tut dies fortwährend:
- Der technische Wandel, vor allem die Digitalisierung, verändert das Belastungsprofil mit einem wachsenden Anteil unspezifischer, psychischer Belastungen und Fehlbeanspruchungen.
- Die Zusammensetzung und Struktur des Arbeitskräftekörpers verändern sich im Zuge des demographischen Wandels durch Alterung, Feminisierung, Migration und insgesamt einer zunehmenden Diversität - mit tiefgreifenden Folgen für die Belastungssituation, Arbeitsplanung und Prävention. Damit werden u. a. Forderungen nach Vereinbarkeit von Beruf und Familie wie auch nach Inklusion an die Betriebe herangetragen.
- In vielen Berufen gehören emotionale Belastungen durch Gewalt und Belästigung, ständiges Konfliktmanagement oder Rollenkonflikte im Kundenkontakt sowie wachsende Ansprüche und Aufgaben aus der Gesellschaft zum grundständigen Arbeitsalltag.
- Der Faktor „Mensch" tritt, in Wechselwirkung mit Technik und Organisation, immer mehr in den Vordergrund des Arbeits- und Gesundheitsschutzes mit Themen wie Stress, Gesundheitsmotivation, Eigenverantwortung, gesunde Führung, Sicherheits- und Gesundheitsmanagementsysteme, Präventionskultur. Immer mehr Unternehmen verzeichnen auch negative wirtschaftliche Folgen durch Fehlbeanspruchungen, schlechte Kommunikation, fehlendes Gesundheitsbewusstsein und fehlende Motivation zu sicherheits- und gesundheitsbewusstem Verhalten.
- Im Zuge der genannten Entwicklungen hat zudem eine auch heute noch fortschreitende räumliche, zeitliche und soziale Entgrenzung der Erwerbsarbeit stattgefunden verbunden mit dem Entstehen neuer Formen abhängig-selbstständiger Arbeit wie „Crowdwork" und anderen sog. „Plattformarbeiten". Die Arbeitsschutzgesetzgebung wie auch das ASiG müssen sich umfassend auf alle Beschäftigtengruppen erstrecken, aber z. B. auch auf ehrenamtliche Kräfte sowie Schülerinnen und Schüler.

Daher sollten dort von vorneherein die Professionen eingesetzt werden, die sich auf diese Themen spezialisiert haben. Nach einer lediglich kurzen Weiterbildung werden die wesentlichen Elemente solcher komplexen Gefährdungen oftmals nicht erkannt. Zusammengefasst ist heute mehr denn je ein umfassendes und differenziertes Kompetenzprofil zur Unterstützung und Beratung der Betriebe erforderlich, das nicht von Sifas und Betriebsmedizinern allein abzudecken ist. Dies belegen in analoger

Weise auch die heutige professionelle Ausstattung der Arbeitspolitik in den Unternehmen wie auch des überbetrieblichen Arbeitsschutzes:
- Die fachliche Differenzierung, u. a. in Ergonomie, Arbeitspsychologie, Gesundheitsförderung und eben auch Sicherheitstechnik und Arbeitsmedizin, ist in großen Betrieben selbstverständlich einschließlich der funktional gleichberechtigten Zusammenarbeit im BGM. Niemand käme auf die Idee, z. b. die menschengerechte Gestaltung der Arbeit/Ergonomie als Anhängsel in die Sicherheitstechnik „hinein zu wünschen" oder die Arbeitspsychologie in die Arbeitsmedizin.
- Vergleichbar sind auch die Präventionsabteilungen der gesetzlichen Unfallversicherung und ebenso die Arbeitsschutzbehörden einschließlich ihrer Leitungsfunktionen heute immer stärker multiprofessionell aufgestellt. Ein Wandlungsprozess der anhält und z. B. in Ländern wie Dänemark noch erheblich weiter vorangeschritten ist als bei uns.
- Überbetriebliche Dienste, sind bereits interdisziplinär besetzt und beraten bedarfsgerecht mit den geeigneten Professionen.

Neben Sicherheitstechnik und Arbeitsmedizin sind vor allem Kompetenzen in der Arbeitspsychologie, Arbeitswissenschaft/Ergonomie, Arbeitshygiene und Gesundheitswissenschaft erforderlich. Dabei ergibt sich verstärkt die Notwendigkeit von Kooperation und Kooperationsfähigkeit der Professionen. Die Vermittlung von Grundkenntnissen über die anderen Akteure beim Schutz der Beschäftigten, die gegenseitige Anschlussfähigkeit, muss für alle Professionen Gegenstand in der Aus- und Fortbildung sein. Damit kämen als Ergänzung mehrere Tausend potentieller Kandidaten/innen hinzu, die Bedarfslücken mit spezifischen Kompetenzen schließen könnten, ohne die bestehenden Strukturen und Berufsfelder zu gefährden.

Qualifikation der Arbeitspsychologinnen und -psychologen
Arbeitspsychologinnen und Arbeitspsychologen erbringen schon heute in breitem Umfang wichtige Beratungsleistungen im Sinne des modernen Arbeitsschutzes und brauchen hierzu einen rechtlich abgesicherten Handlungsrahmen, wie eine Verankerung in einem überarbeiteten ASiG sowie in der grund- und betriebsspezifischen Betreuung gem. DGUV Vorschrift 2. Eine Einbeziehung in die Beratung der Grundbetreuung bietet sich an, da die oben angesprochenen Themen und Problemstellungen der modernen Arbeitsschutzberatung definitiv schon Teil der Grundbetreuung sind, bspw. augenscheinlich in der Gefährdungsbeurteilung sowie in der Verhaltens- und Verhältnisprävention. Genau diese Themen gehören zu den Kerngebieten der ca. 6-jährigen Ausbildung von Arbeits- und Organisationspsycholog/innen. Diese besitzen dadurch Kompetenzen und Wissen, welches sie für die betriebliche Unter-

stützung auch im Hinblick auf die Anforderungen der DGUV Vorschrift 2 einbringen können. Dies sind z. B.:

- Gefährdungsbezogen: Einbeziehung der psychischen Belastungen in die Gefährdungsbeurteilung, Umgang mit Fehlbelastungen und der angemessenen Gestaltung von Anforderungen (z. B. Belastbarkeit, Stress, Monotonie, Überforderung), umfassende Methodenkenntnisse bzgl. Interventionen, Evaluationen für eine wirksame und evidenzbasierte Beratung.
- Organisationsbezogen: Organisationsformen, und -analysen sowie -entwicklungsmethoden, Unterstützung bei der Schaffung einer geeigneten Organisation und der Integration in die Führungstätigkeit, Berücksichtigung der Arbeitsschutzbelange in betrieblichen Prozessen und der Integration in die Aufbauorganisation.
- Technikbezogen: Gestaltung der Mensch-Maschine-Schnittstelle unter den Aspekten kognitiver Grenzen, der Consumer Integration im Sinne einer abgestimmten Verhaltens- und Verhältnisprävention.
- Personenbezogen: Motivations- und Volitionskonzepte, u. A. für die Beratung von Führungskräften und Beschäftigten zur Motivation, zu sicherheits- und gesundheitsgerechtem Verhalten, allgemein verhaltensbezogene Analyse- und Maßnahmenkenntnisse, die in der Untersuchung von Ereignissen (z. B. Unfällen) und bei der Erarbeitung von Verbesserungsvorschlägen notwendig sind.
- Kooperation und Kommunikation: Kenntnisse und Kompetenzen zum Teamverhalten in Gruppen (z. B. Sicherheitszirkel, interkulturelle Zusammenarbeit), Verbesserung von Teamarbeit, Konfliktbewältigung, bis hin zur Mitgestaltung von Präventionskultur.
- Qualitätsbezogen: Mit einem Weiterbildungsansatz der Deutschen Gesellschaft für Psychologie (DGPS) zum Fachpsychologen Arbeit, Sicherheit und Gesundheit wird ein lebenslanger Qualitätssicherungsprozess vorangetrieben, der insbesondere die praxisbezogenen Elemente im interdisziplinären Prozess der Beratung ergänzt.

Anpassung von ASiG und DGUV Vorschrift 2
Alle Beschäftigten müssen umfassend vor den Gesundheitsgefahren und Fehlbelastungen bei der Arbeit geschützt werden. Daher müssen das ASIG und die DGUV Vorschrift 2 so angepasst werden, dass mehr Professionen Zugang haben und nicht zum vermeintlichen Berufsstandschutz die verbesserte Betreuung geopfert wird. Dazu gehört natürlich auch eine (berufs- und) lebenslange Weiterqualifizierung aller Akteure, was derzeit im ASIG ebenfalls nicht zwingend gefordert ist. Wohingegen die Fachverbände dies für ihre Zertifizierungen bereits seit Langem verlangen.

2. Mobilität als Beispiel des notwendigen Wandels
Gefährdungsbeurteilung als Basis betrieblichen Handelns
Ein wesentliches Gebiet der modernen Arbeitswelt stellt die Mobilität dar. Hier ist der Rückgang der Unfallzahlen bei weitem nicht so hoch wie bei Arbeitsunfällen. Außerdem werden viele Mobilitätsunfälle gar nicht als solche betrachtet, was für eine Prävention weitere Hürden aufstellt. Eine Gefährdungsbeurteilung der Mobilität in Organisationen, von Schule bis zum Großbetrieb, findet nur selten statt. Sie geht auch nur unter Einbeziehung der Mitarbeiter/innen, da kein Vorgesetzter die Gefährdungen kennen kann, die situativ bei der Ausübung der Berufstätigkeit im Verkehr auftauchen. Hinzu kommt, dass Führungsverhalten selbst, die Organisation und auch personale Faktoren durch Ablenkung oder Stressempfinden, eine personenorientierte Analyse der Fehlbeanspruchungen und Gefährdungen zwingend erforderlich machen. Dies alles wird in den meisten Betrieben genauso unzureichend umgesetzt, wie die Analyse psychischer Gefährdungen. Diesem Mangel wirkt das von DVR, DGUV, AUVA geförderte Projekt GUROM (www.gurom.de) entgegen. Hier werden seit vielen Jahren von der FSU Jena alle mobilen Gefährdungen adaptiv und interaktiv auf ihre technischen, organisatorischen, personalen und situativen (TOPS) Komponenten untersucht. Die dazu notwendigen Module reichen von Schulwegen, Dienstwegen allgemein, Wegeunfällen, über Gabelstapler, LKW, Sonderfahrzeuge, Rettungsdienste bis hin zum Stolpern, zur Zweiradmobilität und zu Mobilitätsmanagementsystemen. Passgenau werden aus der Interventionsdatenbank mit mehr als 1000 Verkehrssicherheitsmaßnahmen die ausgesucht und an die Betriebe vermittelt, die zur Gefährdung passen und möglichst mit einem Qualitätssiegel des DVR versehen sind. Einige BGen, wie die BGRCI bettet die Analyse in ihre Vision Zero ein. Eine Verbreitung dieses für Betriebe kostenlosen Angebots wäre sehr wünschenswert. Die Daten zeigen, dass in sehr vielen Unfallsituationen, sowohl betriebliche als auch private Belastungen und Ablenkungsfaktoren hinzukamen, so dass Interventionen ganzheitlich gestaltet werden sollten.

Fahrerassistenz und Automatisiertes Fahren
Hier besteht zurzeit ein ungeheurer Aufschwung an Systemen, Förderungen und Forderungen. Diese kommen aus der Industrie, die jede technische Neuheit vermarkten will, aus der Politik, weil sich das gut anbringen lässt, aus der Bevölkerung, weil es mehr Bequemlichkeit und ggfls. sogar mehr Sicherheit verspricht. Allerdings werden in dem HYPE wesentliche Faktoren bewusst oder aus Unwissenheit schlichtweg nicht beachtet. Unsere Forschungen im Projekt FRAMES, das ein Frühwarnsystem entwickelt, welches über GPS die Fahrer und schwächeren Verkehrsteilnehmer miteinander verbindet und beide warnt, konnten jedoch sehr deutliche, unerwartete

Effekte aufzeigen/beweisen. Verhaltensanpassung, oder Risikokompensation findet permanent in allen Situationen statt!

Zwar zeigen sich bei der Nutzung des Systems weniger Unfälle, aber die Geschwindigkeiten sind höher und die Bremsvorgänge seltener, womit die Unfallschwere durchaus ansteigen kann. Fußgänger zeigen dieselben Effekte, ja sogar eine Fremdkompensation. Wissen Fußgänger im Betrieb, dass die Fahrzeuge ein Frühwarnsystem haben, verlassen sie sich darauf und bewegen sich deutlich unvorsichtiger. Mehr als 1000 Wiederholungen in verschiedenen Simulationen und Realverhalten zeigen immer wieder das gleiche: Menschen verändern ihr Risikoverhalten in Abhängigkeit von Technik und Umfeld! Hinzu kommt ein ungeheuer Kompetenzverlust. Als Passagier in einem „Taxi" kann ich weder die räumliche noch die gefährdungsbedingte Situation erfassen und Notfallfähigkeiten gehen verloren. Weiterhin wird derzeit kaum jemand auf die Fülle an ergonomischen Umsetzungen in jedem Fahrzeug, die Grenzen der Systeme oder die Anpassungen vorbereitet oder darin betrieblich geschult. Hier besteht ein sehr hoher Forschungs- vor allem aber Vermittlungsbedarf als Unfallverhütung der Zukunft in solchen Systemen. Erneut müssen psychologische und technische sowie organisationale Akteure zusammenarbeiten, um einen umfassenden Schutz bieten zu können. Wir Forscher stehen dazu gerne zur Verfügung.

3. Fazit

Zusammengefasst lässt sich konstatieren:
1. Die bestehenden Gesetze und Vorschriften berücksichtigen die Gefährdungen der modernen Arbeitswelt und mögliche Präventionen nur unzulänglich und sollten angepasst werden.
2. Bestehende Professionen (Sifa, Betriebsmedizin) sind dazu nur unzulänglich ausgebildet und personell vorhanden.
3. Die verschiedenen – auch die neuen – Professionen sollten in ihre Ausbildungen Sicherheit und Gesundheit integrieren und stärker präventionsorientiert aus- und weiterbilden, besonders dann, wenn das Berufsfeld nicht mehr für sie verboten ist.
4. Die Aufsichtsorgane sollten eine Qualitätssicherung der Akteure mit einem besonderen Fokus der Kompetenz für KMU sicherstellen.
5. Mobilität ist eines der gefährlichsten und notwendigsten Handlungsfelder und sollte deutlich mehr in Gefährdungsbeurteilungen und ganzheitlichen Interventionsansätzen berücksichtigt werden. Gleiches gilt für neue Felder, wie Mensch-Roboter-Interaktion, Digitalisierung, Gewaltbelastungen, etc.

Mit unseren gemeinsamen Bestrebungen auf diesem Workshop und mit den jeweiligen Organisationen, können wir die Arbeitswelt besser schützen, die Gesundheit fördern und Beiträge leisten, die bis in unser aller Privatleben hineinreichen.

Make it so!

Rainer Wieland
*Wuppertaler Institut für Unternehmensforschung und Organisationspsychologie
(WIFOP) der Bergischen Universität Wuppertal*

Gefährdungsbeurteilung psychischer Belastung – Chance zur Gestaltung der Arbeit von morgen?

1. Psychische Belastung in der Arbeitswelt – Wo stehen wir?

Das Thema „Gefährdungsbeurteilung Psychischer Belastung" (GBU-Psyche) hat in den letzten Jahren einen Boom erlebt, wie kaum ein anderes Thema des Arbeits- und Gesundheitsschutzes. Der Forschungsstand dazu, der umfassend in den Scope-Reviews auf der Homepage der Bundesanstalt für Arbeitsschutz und Arbeitsmedizin (BAuA) abgerufen werden kann, ist ermutigend. Er zeigt auf: es gibt zahlreiche wissenschaftlich fundierte Erkenntnisse, welche Arbeitsmerkmale psychisch wirksame Belastungsfaktoren darstellen, die positiv, d. h. als Ressourcen bzw. die negativ, d. h. als Fehlbelastungen, einzustufen sind. In zahlreichen, inzwischen kaum mehr überblickbaren Regularien, Vereinbarungen oder Leitfäden (s. dazu z. B. die Homepage der GDA [Gemeinsame Deutsche Arbeitsschutzstrategie] und der BAuA) wurden diese Erkenntnisse rezipiert und in Handlungsleitfäden umgesetzt. In der betrieblichen Praxis sind diese Informationen bisher noch nicht sehr wirksam. Eine systematische Auseinandersetzung mit psychischer Belastung findet bisher eher selten statt. Vielmehr findet sich, wie Lenhardt (2017) in seiner Untersuchung „Psychische Belastung in der betrieblichen Praxis" feststellt, eine „große Unsicherheit, wie der Gegenstand zu verstehen und wie damit adäquat umzugehen ist". Häufig wird das Thema „Psyche" unter dem Gesichtspunkt psychischer Störungen und Erkrankungen abgehandelt. Dass arbeitsbedingte psychische Belastungen bzw. die damit verbundenen Reaktionen (Beanspruchungen) die „Psyche" des Menschen tagtäglich tangieren, wird dabei oft nicht gesehen.

Psychische Belastung wird in der Arbeitswelt der Zukunft auch aus zwei weiteren Gründen noch weitaus stärker in den Vordergrund rücken: dem demografischen Wandel und der Digitalisierung. Ersterer erfordert von den Unternehmen vor allem eine stärkere Fokussierung auf die Erhaltung und Förderung der Humanressourcen durch präventive Maßnahmen. Der Fachkräftemangel zwingt die Wirtschaft zunehmend dazu, die Arbeitsfähigkeit der Älteren (Leistungsträger) möglichst lange zu erhalten. Psychische Fehlbeanspruchungen durch psychische Fehlbelastungen müssen deshalb durch geeignete Präventionsstrategien möglichst vermieden, und ressourcenförderliche Arbeitsgestaltungsmaßnahmen geschaffen werden.

Die Digitalisierung der Arbeitswelt ist durch zwei Entwicklungslinien gekennzeichnet: Zum einen finden wir viele Jobs mit sehr partialisierten, einseitigen, wenig anspruchsvollen Tätigkeiten – man spricht inzwischen von „digitalisierter Taylorisierung". Anderseits ist die Arbeitswelt 4.0 durch eine zunehmende Komplexität und Dynamik digital gesteuerter Arbeitsprozesse und Vernetzungen innerhalb und zwischen Unternehmen gekennzeichnet. Der rasche Wechsel von Produkten, Produktions- und Dienstleistungsprozessen macht dabei ein hohes Maß an räumlicher und zeitlicher, vor allem aber auch inhaltlicher, auf die Arbeitsaufgaben bezogener Flexibilität erforderlich. Durch die „Industriebasierte Digitalisierung" und „smart services" entstehen neuartige Organisationsstrukturen, Arbeitsprozesse und Aufgaben, d.h. Anforderungen, für deren Bewältigung die Beschäftigten durch ihre Ausbildung noch nicht hinreichend qualifiziert sind. Psychische Überforderungen und Fehlbelastungen sind oft die Folge. Zahlreiche nationale, europäische und internationale Studien belegen: Das Stressempfinden, d.h. die negativen psychischen Beanspruchungen während und nach der Arbeit wie Nervosität, Schlaflosigkeit, Aufmerksamkeits- und Konzentrationsstörungen oder auch Burnout-Syndrome wie Leistungseinbußen, Zynismus und emotionale Erschöpfung nehmen kontinuierlich zu. Damit einher geht, wie die Krankenkassen seit Jahren berichten, eine enorme Zunahme psychisch bedingter Fehlzeiten: in den letzten 11 Jahren sind sie um mehr als 97 Prozent gestiegen.

2. Die GBU-Psyche als Mittel zur breitenwirksamen Gestaltung gesunder und erfolgreicher Arbeit

Die seit Ende 2013 vorgeschriebene GBU-Psyche bietet eine hervorragende Möglichkeit, die zukünftig zu erwartenden psychischen Anforderungen und Belastungen in der Arbeits- und Lebenswelt zu meistern. Die Vorgehensweise, die die GDA (vgl. dazu Beck, Berger, Breutmann, et al, 2016) zur Umsetzung der GBU-Psyche (verbindlich) vorschlägt, ist im Grunde genommen nichts anderes als eine Vorgehensweise, wie sie in Managementmodellen zum Veränderungsmanagement propagiert werden. Die sieben von der GDA festgelegten Schritte zur Umsetzung der GBU-Psyche umfassen den folgenden Zyklus: Schritt 1 Vorbereitung (Festlegen von Tätigkeiten/Bereichen); Schritt 2 Analyse (Ermittlung der psychischen Belastung der Arbeit), Schritt 3 Bewertung (Beurteilung der psychischen Belastung der Arbeit); Schritt 4 Gestaltung (Entwicklung und Umsetzung von Maßnahmen), Schritt 5 Evaluation (Wirksamkeitskontrolle); Schritt 6 (Aktualisierung / Fortschreibung); sowie Schritt 7 Dokumentation. Im Folgenden werde ich vor allem auf den ersten Schritt ausführlich eingehen. Seine Qualität ist m. E. entscheidend in diesem siebenstufigen Vorgehensmodell der GDA für den Erfolg und den Nutzen, die das Unternehmen aus der Umsetzung der GBU-Psyche ziehen kann.

2.1 Vorbereitung

Die Qualität der Vorbereitungsphase ist entscheidend für den Erfolg der GBU-Psyche. Welche Inhalte hier Berücksichtigung finden sollten, wird im Folgenden deshalb so ausführlich beschrieben, da in dieser Phase die entscheidenden Weichen gestellt werden, die für den Erfolg und den Nutzen bzw. den Mißerfolg und die Kosten bei der Umsetzung der GBU-Psyche verantwortlich sind. Eine gelungene Vorbereitung besteht vor allem darin, eine gemeinsame Ziel- und Aufgabenorientierung bei den Entscheidern und Beteiligten herzustellen. Gemeinsam getragene Ziele und Aufgaben strukturieren und steuern alle nachfolgenden Prozesse und Aktivitäten. Im Einzelnen geht es darum:

(a) Klarheit und Konsens in der Steuerungsgruppe darüber herstellen, was unter „psychischer Belastung" zu verstehen ist. Gemäß EN ISO 10075-1 werden darunter „... alle Einflüsse, die von außen auf den Menschen zukommen und psychisch auf ihn einwirken" verstanden. Übersetzt in gestaltbare Merkmale der Arbeitssituation geht es dabei darum, welche Wirkungen Arbeitsinhalte/Arbeitsaufgaben, Arbeitsorganisation, soziale Beziehungen (Führung und Zusammenarbeit) sowie die Arbeitsumgebung auf die *psychische Beanspruchung während der Arbeit,* und damit auch die Wahrnehmung, das Denken, Fühlen und Handeln des Menschen hat. Zudem geht es um die Verständigung darüber, welche Verfahrensweise der drei möglichen, genutzt werden soll: (a) standardisierte Mitarbeiterbefragungen (MAB), (b) Beobachtung/Beobachtungsinterview und (c) moderierte Analyseworkshops. In der Praxis bewährt hat sich folgende kombinierte Vorgehensweise: 1. Schritt: MAB, 2. Schritt: moderierte Workshops auf der Basis der Ergebnisse der MAB, und als 3. Schritt: Beobachtung bzw. Beobachtungsinterviews. Letztere kommen dann zum Tragen, wenn sich für bestimmte Arbeitsplätze/-bereiche herausgestellt hat, dass dort ein weitreichender Gestaltungsbedarf besteht. Außerdem müssen in dieser Phase die Tätigkeitsbereiche bzw. betrieblichen Einheiten festgelegt werden, die als Analyseeinheiten der GBU-Psyche genutzt werden sollen.

(b) Die *„Psyche" des Menschen als Unternehmensressource* ernst nehmen, und die GBU-Psyche nicht nur als gesetzliche Pflichtübung betrachten. Gesundheit ist nicht allein die Abwesenheit von Krankheit. Die WHO, die Arbeitspsychologie und andere Fachdisziplinen definieren Gesundheit als einen Zustand des psychischen, körperlichen und sozialen Wohlbefindens. Auf die täglich zu verrichtende Arbeitstätigkeit bezogen ist damit der entsprechende Zustand *während der Arbeit* gemeint. Verschiebt sich dieser Zustand tagtäglich oder über einen längeren Zeitraum in Richtung körperlichen, psychischen und sozialen Missempfindens, dann ist zu vermuten, dass (auch) psychische Fehlbelastungen während der Arbeit dafür verantwortlich sind. Die Arbeitspsychologie betrachtet subjektives Wohlbefinden deshalb als zentrales Bestimmungsstück von Gesundheit (vgl. z.B. Wieland, 2010; Hammes & Wieland, 2017). Wenn wir etwas über die *Wirkung der Arbeit auf die Gesundheit* der MitarbeiterInnen erfahren wollen, müssen wir die *psychische Beanspruchung der MitarbeiterInnen während der Arbeit* ernst nehmen. Die psychische Beanspruchung während der Arbeit hat Einfluss auf unsere Denk- und Gedächtnisleistungen, Emotionen, Motive und unsere Handlungsplanung und Ausführung – sie ist damit eine zentrale Größe dessen, was wir gewöhnlich mit dem Begriff „Humanressource" bezeichnen. Ebenso werden Lernprozesse in der Arbeit („Learning on the Job") bei optimaler Beanspruchung gefördert; Fehlbeanspruchungen sind dagegen ein Lernhindernis.

(c) Kriterien für die *Auswahl eines Verfahrens* für die Mitarbeiterbefragung (MAB). Die Verfahrenswahl bestimmt in vielerlei Hinsicht den gesamten GBU-Prozess. Leider herrscht in Bezug auf die Auswahl eines geeigneten MAB-Verfahrens oft Ratlosigkeit und Unkenntnis. Zwar nennt die EN ISO 10075-1 eine Reihe von Gütekriterien, die ein Verfahren erfüllen sollte. Was sie im Einzeln bedeuten, welchen Mehrwert sie besitzen, kann der/die Anwender/in oft nicht nachvollziehen. Verfahren zur Gefährdungsbeurteilung psychischer Belastung (GBU-Psyche) erfüllen dann ihren Zweck, wenn sie vier grundlegende Eigenschaften aufweisen: (1) arbeitspsychologisch/wissenschaftlich fundiert; (2) mitarbeiter-orientiert und ökonomisch; (3) in Wirkungsanalysen geprüft; sowie (4) Benchmarkfähigkeit.

Zu (1) *Arbeitspsychologische und -wissenschaftliche Fundierung.* Verfahren zur GBU sollten einen eindeutigen und nachvollziehbaren Bezug zu bewährten arbeitspsychologischen Theorien aufweisen sowie Inhaltsbereiche (Items/Fragen) bzw. Merkmale potenzieller Gefährdungsquellen erfassen, deren Risiko- bzw. Ressourcenpotentiale hinreichend nachgewiesen sind. Welches Ausmaß psychischer Belastung ist gesundheitsgefährdend? Verbindliche Grenzwerte dafür gibt es nicht. Umso wichtiger ist es, bei der Erstellung von Kennwerten theoretisch fundierte Konzepte heranzuziehen, aus denen sich Beurteilungskriterien bzw. entsprechende Kennwerte ableiten lassen. Auf der Handlungsregulationstheorie basierende Verfahren benutzen z. B. als Beurteilungskriterium wissenschaftlich fundierte und praktisch relevante Mindestprofile von psychisch wirksamen Merkmalen der Arbeitsgestaltung. Verfahren mit diesen Qualitätskriterien liefern für das Unternehmen in der Regel auch erste Hinweise dafür, welche Maßnahmen sich aus den Ergebnissen einer GBU ableiten lassen.

Zu (2) *Mitarbeiterorientierung und Ökonomie.* Die Mitarbeiter-Orientierung bezieht sich auf den Sachverhalt, ob ein Verfahren zur GBU die Möglichkeit bietet, abzuschätzen, in welchem Maße die bei der Analyse eines Arbeitsplatzes ermittelten Belastungskennwerte Rückschlüsse auf die Erfüllung von Humankriterien zulassen.

Welche Belastungsstufen sind z. B. mit positiven, funktionalen Beanspruchungen (Ressourcen), welche mit negativen, dysfunktionalen Beanspruchungen (Risiken) verbunden. Unternehmensbezogene Bewertungskriterien, die Verfahren erfüllen sollten sind: Praktikabilität (nicht zu lange Fragebogen), Zweckmäßigkeit (Effektivität) und Ökonomie (Effizient). Damit sind z.b. gemeint: die Verfügbarkeit von online Versionen, und standardisierte und nachvollziehbare Auswertungsprozeduren, die auch Hinweise auf Gestaltungsmaßnahmen geben.

Zu (3) *In Wirkungsanalysen geprüft*. In der EN ISO 10075-1 wird das 3B-Modell zugrunde gelegt: Psychische Belastungen als Einwirkungsgrößen führen als unmittelbare Auswirkungen zu psychischen Beanspruchungen während der Arbeit und zu längerfristigen Beanspruchungsfolgen (Gesundheit, psychische Erkrankung). Ein Verfahren zur Beurteilung der psychischen Belastung bzw. Fehlbelastung sollte deshalb für die von ihm ermittelten Belastungsfaktoren auch hinreichend viele Wirkungsanalysen in verschiedenen Kontexten (Branchen, Tätigkeiten) aufweisen, die den Prozess des 3B-Modells abbilden. In der Beschreibung eines Verfahrens sollten die Ergebnisse solcher Wirksamkeitsstudien vorhanden sein.

Zu (4) *Benchmarkfähigkeit*. Kennwerte für Belastungen oder Fehlbelastungen, die für den Arbeitsinhalt und die Arbeitsaufgabe, die Arbeitsorganisation, die soziale Situation (Führung und Zusammenarbeit) und die Arbeitsumgebung durch einen Fragebogen für ein Unternehmen ermittelt werden, lassen sich in ihrer absoluten Ausprägung oft nicht eindeutig bewerten. Für psychische Belastungsfaktoren gibt es keine spezifischen rechtlichen Festsetzungen, außer der grundlegenden Forderung, die Sicherheit und den Gesundheitsschutz der Beschäftigten zu gewährleisten. Deshalb sollte ein Verfahren Benchmarkwerte für verschiedene Branchen und Tätigkeiten zur Verfügung stellen, um dem Unternehmen Anhaltspunkte für die Beurteilung zu geben.

2.2 Analyse

Um eine hohe Beteiligungsquote zu sichern, sind folgende Maßnahmen geeignet: (a) ausdrückliche bzw. explizite Unterstützung der GBU-Psyche durch die Unternehmensleitung, Führungskräfte, Personal- oder Betriebsrat und Sicherheitsfachkraft bzw. den/die Arbeitsschutzbeauftragte; (b) aussagekräftige und motivierende Information für die MitarbeiterInnen über den Sinn und Zweck der GBU-Psyche, sowie (c) Auswahl einer geeigneten Situation (z.B. Betriebsversammlung) und eines Zeitpunktes und –raumes (z.B. eine oder max. zwei Wochen) für die MAB. Ebenso sollte den Beschäftigten auch mitgeteilt werden, wann die zweite Erhebung zur Evaluation stattfinden soll. Dieser Hinweis, so unsere Erfahrung, hat bedeutsame Effekte auf die Motivation und Bereitschaft der Beschäftigten, die GBU-Psyche aktiv mit zu tragen, da damit deutlich wird, dass auch tatsächlich Maßnahmen geplant sind und nicht nur eine Statuserhebung vorgesehen ist. Wesentlich ist die Sicherung der Anonymität, die durch entsprechende Vorgehensweisen bei der Datenerhebung zu gewährleisten ist.

2.3 Bewertung
Die Beurteilung der psychischen Belastung (oder Fehlbelastung) sollte auf wissenschaftlich begründeten und standardisierten Auswertungsprozeduren beruhen. Hilfreich ist, die Bewertung mittels einer Ampeldiagnostik nach definierten, theoretisch fundierten und empirisch abgesicherten Grenzwerten vorzunehmen. Die Beurteilung muss für alle Betroffenen nachvollziehbar sein und verdeutlichen, warum die Überschreitung eines Grenzwertes im Rahmen einer Ampeldiagnostik ein Gesundheitsrisiko darstellt. Für die gezielte Ableitung von Maßnahmen müssen die MAB-Ergebnisse differenziert nach Auswertungseinheiten (Tätigkeiten, Arbeitsgruppen, Abteilungen, Gesamtunternehmen) ausgewertet und interpretiert werden. Die adäquate *Rückmeldung der Ergebnisse* stellt den *Kern der Bewertungsphase* dar. Dazu haben sich Rückmeldeworkshops auf verschiedenen Ebenen als sehr wirksam erwiesen: Führungskräfte-Workshops, MitarbeiterInnen-Workshops und sogenannte Kombi-Workshops, in denen die MitarbeiterInnen und Führungskräfte eine gemeinsame Beurteilung vornehmen.

2.4 Gestaltung
In „Gestaltungsworkshops" sollten auf der Grundlage der Befragungsergebnisse Maßnahmen abgeleitet und priorisiert, Zeitpläne erstellt sowie Meilensteine festgelegt werden. Der Gestaltungsprozess selbst sollte durch eine „Formative Evaluation" unterstützt werden, in der die Erreichung der gesteckten Ziele und Aufgaben kontinuierlich überprüft wird. „Umsetzungsverantwortliche" für die einzelnen Schritte zu bestimmen ist eine wichtige Voraussetzung im gesamten Umsetzungsprozess. Patentrezepte für die Gestaltung gibt es allerdings nicht. Gesundheitsförderliche Gestaltungsmerkmale der Arbeit werden von der BAuA (s. Richter, Henkel & Rau et al., 2014) umfassend und verständlich beschrieben.

2.5 Evaluation
Nach ca. einem Jahr erfolgt (im Fall der MAB als Mittel zur Umsetzung der GBU-Psyche) der erneute Einsatz des Befragungsinstruments, das für die Analyse benutzt wurde. Die Erfassung der erzielten Wirkungen der Maßnahmen erfolgt anhand der Messung der Effekte, die zwischen der ersten Erhebung und der zweiten Erhebung zu beobachten sind. Inwieweit damit der Gestaltungsprozess vorerst abgeschlossen ist, hängt von den vereinbarten Zielen bzw. Kriterien ab.

2.6 Schritt 6 und 7
Aktualisierung und Fortschreibung (Schritt 6) wird dann notwendig, wenn sich die Bedingungen im Betrieb durch Restrukturierungsmaßnahmen oder Reorganisationen von Tätigkeiten und Arbeitsabläufen verändern. Die *Dokumentation* (Schritt 7) sollte nach den Empfehlungen der GDA bzw. ArbSchG mindestens folgende Punkte enthalten: Beurteilung der Gefährdungen, Festlegung konkreter Arbeitsschutzmaßnahmen einschließlich Terminen und Verantwortlichkeiten, Durchführung der Maßnahmen, Überprüfung der Wirksamkeit, sowie das Datum der Erstellung.

3. Ausblick

Eine erfolgreiche und dem Arbeitsschutzgesetz genügende Umsetzung der Gefährdungsbeurteilung psychischer Belastung erfordert qualitätsgesicherte, d.h. wissenschaftlich fundierte Verfahren und Prozesse. Für Instrumente zur Erfassung von Lärm, Lufttemperatur, Staub oder Beleuchtungsstärke ist unmittelbar einleuchtend, dass sie wissenschaftlich, ingenieurmäßig fundiert und geeicht sind, und nicht in einer Garage zusammengebastelt wurden. Dies gilt ebenso für arbeitspsychologisch fundierte und wissenschaftlich validierte Verfahren zur Beurteilung psychischer Belastung am Arbeitsplatz. Items in einem wissenschaftlich qualitätsgesicherten Fragebogen zur Gefährdungsbeurteilung sind dabei vergleichbar mit einer Schraube in einem Automotor: fehlt sie oder wird sie verändert, läuft der Motor nicht mehr. So sorgsam, wie bei Konstruktion eines Motors vorgegangen wird, geschieht die Entwicklung von Fragebögen zur Gefährdungsbeurteilung psychischer Belastung.

Die Gefährdungsbeurteilung psychischer Belastung kann dann zu einem für das Unternehmen (und die Gesellschaft) mehrwertschöpfenden Projekt werden, wenn sie sich nicht nur auf die gesetzlich geforderte Beurteilung der *Belastungsfaktoren* beschränkt, sondern sich (a) an einem ganzheitlichen Modell (3B Modell, s.o) orientiert, und (b) die „Psyche des Menschen" im alltäglichen Arbeitsprozess wirklich ernst nimmt. So kann die GBU-Psyche zum einen als Mittel zur Stärkung der Gesundheit und Leistungsbereitschaft fungieren, und zum anderen einen Beitrag dazu leisten, die Herausforderungen für die „Psyche des Menschen" zu meisten, die auf die Unternehmen und die Gesellschaft durch die demografische Entwicklung und die Digitalisierung in Zukunft verstärkt zukommen werden.

Ausgewählte Literaturhinweise

Beck, D., Berger, S., Breutmann, N., Fergen, A., Gregersen, S., Morschhäuser, M., Reddehase, B., Ruck, Y. R., Sandrock, S., Splittberger, B. & Theiler, A. (2016). Empfehlungen zur Umsetzung der Gefährdungsbeurteilung psychischer Belastung. Berlin: Leitung des GDA-Arbeitsprogramms Psyche.

Hammes, M. & Wieland, R. (2017). Von Wirkungen auf Ursachen schließen – Psychische Beanspruchung und die Gefährdungsbeurteilung. Journal Psychologie des Alltagshandelns/Psychology of Everyday Activity, Vol. 10, S. 30–50.

Hammes, M. (2016). Psychische Beanspruchung in der Arbeit. Theoretische Begründung, ökonomische Messung und praxisnahe Anwendung. Beiträge zur Arbeitspsychologie. Herausgegeben von Pierre Sachse und Eberhard Ulich. Lengerich: Pabst Science Publisher.

Lenhardt, U. (2017). Psychische Belastung in der betrieblichen Praxis. Erfahrungen und Sichtweise präventionsfachlicher Berater. Zeitschrift für Arbeitswissenschaft, 71, S. 6–13.

Richter, G., Henkel, D., Rau, R. & Schütte, M. (2014). Infoteil A: Beschreibung psychischer Belastungsfaktoren bei der Arbeit. In: Gefährdungsbeurteilung psychischer Belastung. Erfahrungen und Empfehlungen. Hrsg: Bundesanstalt für Arbeitsschutz und Arbeitsmedizin (BAuA) (S. 163–186). Berlin: Erich Schmidt Verlag.

Wieland, R. & Hammes, M. (2014). Wuppertaler Screening Instrument psychische Beanspruchung (WSIB) – Beanspruchungsbilanz und Kontrollerleben als Indikatoren für gesunde Arbeit. *Journal Psychologie des Alltagshandelns, 7,* 30–50.

Wieland, R. (2010). Gestaltung gesundheitsförderlicher Arbeitsbedingungen. In: U. Kleinbeck & K.-H. Schmidt (Hrsg.). Enzyklopädie der Psychologie. Sonderdruck. Serie Wirtschafts-, Organisations- und Arbeitspsychologie. S. 869–919. Göttingen: Hogrefe Verlag.

Der Autor stellt gerne weitere Literatur zur Umsetzung der GBU-Psyche zur Verfügung.

Dieter Zapf
Goethe-Universität Frankfurt

Mobbing am Arbeitsplatz: Abgrenzung des Konstrukts und Implikationen für Prävention und Intervention

Mobbing hat in den letzten Jahrzehnten in Deutschland in der Öffentlichkeit immer wieder sehr viel Aufmerksamkeit gefunden, in der Forschung jedoch sind die Forschungsbeiträge aus Deutschland im Vergleich zur weltweiten Entwicklung eher unbedeutend. Im Folgenden sollen einige Aspekte, die die aktuelle Diskussion beherrschen, dargestellt werden.

1. Definition und Abgrenzung von Mobbing

Unter Mobbing wird üblicherweise verstanden, dass jemand häufig und über eine lange Zeit negativen sozialen Handlungen ausgesetzt ist. Am häufigsten zitiert wird die Definition von Einarsen, Hoel, Zapf und Cooper (2019): „Mobbing bei der Arbeit bedeutet belästigen, beleidigen, jemanden sozial ausschließen oder die Arbeitsaufgaben von jemandem negativ beeinflussen. Um den Begriff Bullying (oder Mobbing) für eine bestimmte Aktivität, Interaktion oder Prozess in Anspruch nehmen zu können, muss dies wiederholt und regelmäßig (z. B. wöchentlich) und über einen längeren Zeitraum auftreten (z. B. etwa sechs Monate). Mobbing ist ein eskalierender Prozess, in dessen Verlauf die betroffene Person in eine unterlegene Position gerät und zum Ziel systematischer negativer sozialer Handlungen wird. Ein Konflikt kann nicht als Mobbing bezeichnet werden, wenn der Vorfall ein isoliertes Ereignis ist oder wenn zwei Parteien von ungefähr gleicher ‚Stärke' im Konflikt stehen" (Übersetz. d. Verfasser).

Die in Deutschland verbreiteten Kriterien von Leymann (1993), dass Mobbing mindestens sechs Monate andauern und mindestens wöchentlich auftreten muss, haben sich international nicht durchgesetzt, insbesondere nicht die Dauer von mindestens sechs Monaten. Einhellig jedoch ist, dass ein Mobbingkonflikt langanhaltend sein muss, und dass es eine gewisse Häufigkeit der Handlungen geben muss. Mobbing im Sinne Leymanns wird oft als „schwerwiegendes Mobbing" bezeichnet (Zapf et al., 2019). Die Definition hat natürlich Auswirkungen auf das Auftreten. In der Meta-Analyse von Zapf et al. (2019) zeichnen sich folgende Prävalenzraten ab (Auswertung bis 2016): wöchentliches Mobbing ohne Angabe einer längeren Zeitdauer: 10,3 %; wöchentliches Mobbing mindestens über 6 Monate: 8,0 % und wöchentliches Mobbing mindestens über 6 Monate plus Selbstbezeichnung als Mobbingbetroffene/r: 3,3 % (N > 160.000). Versuche zu unterscheiden zwischen Bullying als eskalierten Konflikt mit einem Täter und Mobbing als eskaliertem Konflikt mit mehreren Tätern haben sich nicht durchgesetzt. International hat sich der Begriff Bullying durchgesetzt und letzlich werden die Begriffe Bullying und Mobbing von den meisten Forschern synonym verwendet (Einarsen et al., 2019; Zapf & Einarsen, 2005).

In einer Tagebuchstudie konnten Baillien, Escartín, Gross und Zapf (2017) zeigen, dass sich die Mobbingdefinition im alltäglichen Erleben von Mobbingbetroffenenen wiederspiegelt. In der standardisierten Tagebuchstudie wurden die täglichen Konflikte von Mobbingbetroffenen und nicht Betroffenen über einen Zeitraum von 40 Tagen berichtet, wobei das Wort Mobbing in dem Tagebuch nicht vorkam. Es zeigte sich, dass Mobbingbetroffene deutlich mehr Konflikte erleben, dass diese Konflikte häufiger Fortsetzungen anhaltender Konflikte sind, dass sie die Konflikte seltener lösen können, dass die Konflikte häufiger mit negativem Sozialverhalten der Gegenseite einhergehen und man sich häufiger in einer unterlegenen Position fühlt.

Bei der Sichtung der Mobbingliteratur ist zu berücksichtigen, dass Mobbing sehr häufig lediglich über das Auftreten negativer Handlungen gemessen wird, also die anderen Kriterien der Mobbingdefinition gar nicht berücksichtigt werden, am häufigsten unter Anwendung des ‚Negative Acts Questionnaires' (Einarsen, Hoel & Notelaers, 2009). Da auch keine cut-offs zur Unterscheidung zwischen Mobbingbetroffenen und Nichtbetroffenen verwendet werden, machen diese Studien Aussagen über die Ursachen und Wirkungen von negativen sozialen Handlungen im Allgemeinen, jedoch nicht notwendigerweise über Mobbing. Dies hat sicher dazu beigetragen, dass Mobbing oft nicht von anderen Konzepten wie Beziehungskonflikten, Aggression am Arbeitsplatz, „social undermining" oder „workplace incivility" abgrenzbar ist (Hershcovis, 2011), alles Konstrukte, die unterschiedliche Schattierungen weniger eskalierten negativen Sozialverhaltens am Arbeitsplatz beschreiben (Keashly & Jagatic, 2019).

2. Ursachen und Auswirkungen von Mobbing

Die praktische Erfahrung, dass Mobbing massive negative gesundheitliche Wirkungen hat, ist inzwischen durch zahlreiche wissenschaftliche Studien belegt (Høgh, Mikkelsen & Hansen, 2019). Nielsen und Einarsen (2012) konnten in zwei Meta-Analysen für Querschnitts- und Längsschnittstudien die Wirkungen von Mobbing auf psychische und körperliche Gesundheitsprobleme, Symptome von posttraumatischem Stress, Burnout, erhöhte Absichten, die Organisation zu verlassen und verringerte Arbeitszufriedenheit und organisatorisches Engagement nachweisen.

In Bezug auf verursachende Faktoren ist die empirische Lage nicht so überzeugend. Querschnittliche Evidenz gibt es für alle Ursachenbereiche: Organisation und Führung, Gruppenprozesse sowie Täter- und Opferverhalten (Einarsen et al., 2019). Mehr Längsschnittstudien sind hier wünschenswert. Eine einseitige Ursachenzuschreibung in dem Sinn, dass hauptsächlich Organisations- und Führungsversagen für das Auftreten von Mobbing verantwortlich ist, wie es Leymann (1993) vertreten hat, lässt sich jedenfalls nicht aufrechterhalten.

3. Prävention und Intervention von Mobbing

Wie in vielen anderen Bereichen auch gibt es in Bezug auf Mobbing zwar erste empirische Evidenz für Präventions-. und Interventionsverfahren, allerdings ist hier noch sehr viel Forschungsarbeit nötig (Zapf, Vartia & Notelaers, 2019). Prävention kann auf gesellschaftlicher Ebene (z.B. rechtliche Verfahren; Beschwerdeeinrichtungen, Yamada, 2019), organisationaler Ebene (z.B. Dienst- oder Betriebsvereinbarungen gegen Mobbing; ‚Anti-bullying policies'; Rayner & Lewis, 2019) und individueller Ebene stattfinden. Hervorzuheben ist hier z.B. das verhaltenstherapeutische Programm zur Psychotherapie von Mobbingbetroffenen von Schwickerath und Holz (2012), welches auch überzeugend evaluiert wurde. Es hat sich inzwischen vielfach gezeigt, dass Ansätze zu Konfliktmediation wegen des Machtungleichgewichtes der beteiligten Parteien in der Regel scheitern, weil die Mediatoren ihre neutrale Haltung kaum aufrecht erhalten können und bei Parteinahme für das Opfer die Täterseite die Lösungen meist nicht akzeptiert (z.B. Jenkins, 2011). Dagegen spricht durchaus einiges dafür, dass die überwiegend ehrenamtlich betriebenen Mobbing-Hotlines für viele Mobbingbetroffene hilfreich sind (Zapf, 2015). Mobbingbezogene organisationale Maßnahmen sind Organisationsentwicklungsmaßnahmen. Diese können erfolgreich sein, wenn sie die Voraussetzungen für eine erfolgreiche Organisationsmaßnahme berücksichtigen (z.B. Unterstützung durch das Top-Management oder weitreichende Partizipation). Wegen der mobbingbedingten Zerrüttetheit der sozialen Beziehungen am Arbeitsplatz gibt es in Übereinstimmung mit Glasls (1994) Konflikteskalationsmodell zum Verlassen der Organisation - meist betrifft es das Opfer – oft keine Alternativen (Zapf et al., 2019).

Literatur

Baillien, E., Escartín, J., Gross, C., & Zapf, D. (2017). Towards a conceptual and empirical differentiation between workplace bullying and interpersonal conflict. European Journal of Work and Organizational Psychology, 26 (6), 870–881.

Einarsen, S., Hoel, H., & Notelaers, G. (2009). Measuring exposure to bullying and harassment at work: Validity, factor structure and psychometric properties of the Negative Acts Questionnaire-Revised. Work and Stress, 23, 24–44.

Einarsen, S. E., Hoel, H., Zapf, D., & Cooper, C. L. (2019). The concept of bullying at work: the European tradition. In S. Einarsen, H. Hoel, D. Zapf, & C. L. Cooper, (Eds.). Bullying and harassment in the workplace: Developments in theory, research, and practice (3rd ed.). Boca Raton: CRC Press

Glasl, F. (1994). Konfliktmanagement. Ein Handbuch für Führungskräfte und Berater (4. Aufl.). Bern: Haupt.

Hershcovis, M. S. (2011). "Incivility, social undermining, bullying… oh my!": A call to reconcile constructs within workplace aggression research. Journal of Organizational Behavior, 32(3), 499–519.

Høgh, A., Mikkelsen, E. G., & Hansen, A. M. (2019). Individual consequences of workplace bullying/mobbing. In S. Einarsen, H. Hoel, D. Zapf, & C. L. Cooper (Eds.), Bullying and harassment in the workplace. Developments in theory, research, and practice (3rd ed.). Boca Raton: CRC Press.

Jenkins, M. (2011). Practice note: Is mediation suitable for complaints of workplace bullying?. Conflict Resolution Quarterly, 29(1), 25–38.

Keashly, L., & Jagatic, K. (2011). North American perspectives on hostile behaviors and bullying at work. Bullying and harassment in the workplace: Developments in theory, research, and practice (2nd ed., pp. 41–74). Boca Raton: CRC Press.

Leymann, H. (1993). Mobbing - Psychoterror am Arbeitsplatz und wie man sich dagegen wehren kann. Reinbeck: Rowohlt.

Nielsen, M. B., & Einarsen, S. (2012). Outcomes of exposure to workplace bullying: A meta-analytic review. Work & Stress, 26, 309–332.

Rayner, C., & Lewis, D. (2019). Managing workplace bullying: the role of policies. In S. Einarsen, H. Hoel, D. Zapf, & C. L. Cooper, (Eds.). Bullying and harassment in the workplace: Developments in theory, research, and practice (3rd ed.). Boca Raton: CRC Press.

Schwickerath, J., & Holz, M. (2012). Mobbing am Arbeitsplatz – Trainingsmanual für Psychotherapie und Beratung. Weinheim: Beltz.

Yamada, D. (2019). Legal remedies against workplace bullying: an overview. In S. Einarsen, H. Hoel, D. Zapf, & C. L. Cooper, (Eds.). Bullying and harassment in the workplace: Developments in theory, research, and practice (3rd ed.). Boca Raton: CRC Press.

Zapf, D. (2015). Mobbing: Psychoterror am Arbeitsplatz - Ursachen, Folgen und Handlungsmöglichkeiten. 10 Jahre Mobbing-Hotline Frankfurt – Rhein – Main. Frankfurt, 11. März 2015, Frankfurt: Haus am Dom. http://mobbing-frankfurt.de/wp-content/uploads/2016/03/Zapf-Mobbing-Frankfurt-2015.pdf

Zapf, D., & Einarsen, S. (2005). Mobbing at work: Escalated conflicts in organisations. In S. Fox and P. E. Spector (Eds.). Counterproductive work behaviour. Investigations of actors and targets (pp. 271–295). Washington, DC: American Psychological Association.

Zapf, D., Escartín, J., Scheppa, M., Einarsen, S., Hoel, H., & Vartia, M. (2019). Empirical findings on the prevalence and risk groups of bullying in the workplace. In S. Einarsen, H. Hoel, D. Zapf, & C. L. Cooper, (Eds.). Bullying and harassment in the workplace: Developments in theory, research, and practice (3rd ed.). Boca Raton: CRC Press.

Zapf, D., Vartia, M. & Notelaers (2019). Prevention and intervention of workplace bullying. In S. Einarsen, H. Hoel, D. Zapf, & C. L. Cooper, (Eds.). Bullying and harassment in the workplace: Developments in theory, research, and practice (3rd ed.). Boca Raton: CRC Press.

Arbeitskreis
Psychische Belastung und Beanspruchung: Verfahren und Fallbeispiele
Leitung: Martina Molnar

Sophie Härder, Udo Keil & Katrin Neuheuser
Kardiale und subjektive Beanspruchung von Ärztinnen und Ärzten in der präklinischen Notfallmedizin

Martina Molnar
Gefährdungsbeurteilung psychischer Belastung von A bis Z: Praxis eines Deutschen Industrieunternehmens an vier Standorten

Stephan Sandrock
Das KPB im betrieblichen Einsatz – von der Erhebung psychischer Belastung bis zur Ableitung von Maßnahmen

Heidi Wegner & Andreas Glatz
Was ist bei der Wirksamkeitsanalyse von Maßnahmen zur Gefährdungsbeurteilung psychischer Belastungen bei der Berufsgenossenschaft ETEM zu optimieren?

Sonja Wittmann
Tea(m) Time – Evaluation eines organisationsspezifischen Verfahrens zur Gefährdungsbeurteilung psychischer Belastung

Sophie Härder, Udo Keil & Katrin Neuheuser
Technische Universität Darmstadt

Kardiale und subjektive Beanspruchung von Ärztinnen und Ärzten in der präklinischen Notfallmedizin

1. Ausgangssituation

Die psychische Beanspruchung, die für Hilfskräfte aus ihren Einsätzen resultiert, wurde bis vor einigen Jahren wenig beachtet. Potenzielle Belastungen im Rettungs- bzw. Notarztdienst wurden dabei zu den regulären Anforderungen subsummiert, die es bei der Ausübung des Berufes ohne Beeinträchtigungen der eigenen Gesundheit und des eigenen Wohlbefindens zu bewältigen gilt. Insbesondere das ICE-Unglück von Eschede am 03. Juni 1988 wird diesbezüglich als Schlüsselereignis beschrieben, da es offenlegte, dass Einsatzkräfte in ihrem beruflichen Umfeld insbesondere mit psychischen Belastungen konfrontiert werden, unter welchen sie häufig leiden (Mitchell & Everly, 2002; Schönherr, Juen, Brauchle, Beck & Kratzer, 2005).

Der medizinische Fortschritt sowie die zunehmende Erwartung an die Leistungserbringung führen zu einer stetigen Verdichtung der Arbeitsprozesse, wobei ein simultaner Anstieg der psychischen Beanspruchung denkbar ist (Gothe, Köster, Storz, Nolting & Häussler, 2007). Es gibt wohl kaum ein anderes Berufsfeld, in dem die wiederholte Konfrontation mit komplexen und kritischen Situationen so wahrscheinlich ist. Das persönliche Befinden von Ärzten ist außerdem mitverantwortlich für die Qualität ihrer Patientenversorgung und stellt im Zuge dieser eine kritische Größe dar (Angerer, Petru, Weigl & Glaser, 2010; Mache, Vitzthum, Klapp & Groneberg, 2012). Befindensbeeinträchtigungen von Ärzten gehen mit einem erhöhten Risiko einher, dass Patienten unzureichend oder fehlerhaft behandelt werden (Fahrenkopf et al., 2008; West et al., 2006). Treten kognitiv-affektive Beeinträchtigungen auf, werden psychische Ressourcen wie etwa Konzentration, Aufmerksamkeit und Ausgeglichenheit gegebenenfalls nicht ausreichend regeneriert. In der Folge können Defizite in der Anforderungsbewältigung entstehen (Mohr, Müller & Rigotti, 2005). Dies macht das Interesse aus gesellschaftlicher Perspektive verständlich, den psychischen Gesundheitszustand von Notärzten in ökonomischer Form zu erfassen und Zusammenhänge zur individuellen Beanspruchung im Einsatz zu erforschen.

2. Untersuchungsgegenstand

Auf Grundlage des kardialen Beanspruchungsparameters Herzfrequenz und subjektiven Beanspruchungsangaben wurde das Ziel verfolgt, sequenzielle Beanspruchungsunterschiede im Einsatzverlauf zu identifizieren sowie Einflussgrößen auf die einsatzbedingte Beanspruchung der Notärzte ausfindig zu machen. Dazu wurden zehn Notärzte der NAG Bad Soden GmbH in 72 Notfalleinsätzen mittels Kurzfragebögen einsatzspezifisch befragt und kontinuierlich physiologisch untersucht. Zusätzlich wurde einmalig das persönliche Befinden eines jeden Notarztes mittels Irritationsskala (Mohr, Müller & Rigotti, 2007) erfasst. Irritation ist dabei als Frühwarnindikator psychischer Fehlbeanspruchung in Folge von Belastungen durch Erwerbsarbeit zu verstehen, wobei die Skala eine zusätzliche Differenzierung zwischen emotionaler und kognitiver Irritation erlaubt.

3. Analyseergebnisse
3.1 Kardiale Beanspruchung
Kardial zeigten sich die Notärzte im Zeitraum der Alarmierung (Phase I) am meisten beansprucht. Auf der Anfahrt (Phase II) und während der Phase der Patientenversorgung (Phase III) war die Herzfrequenz wesentlich niedriger und dabei annähernd gleich. Mit dem Versorgungsende am Einsatzort bzw. der Übergabe der Patienten in die Kliniken (Phase IV) fiel die Herzfrequenz in Relation deutlich ab und näherte sich bis zum erfassten Herzfrequenzwert fünfzehn Minuten nach Rückkehr auf der Notarztaufwache (Phase i) stetig dem gemessenen Herzfrequenzwert eine Minute vor der Alarmierung (Phase 0) an (Abbildung 1).

In Relation zu allen anderen Einsatzsequenzen zeigten die Notärzte während der Phase der Alarmierung mit deutlichem Abstand einen signifikant höheren mittleren Herzfrequenzwert auf. Weiterhin zeigte sich die Herzfrequenz der Notärzte während der Patientenversorgung nicht signifikant höher als auf der Anfahrt zur Einsatzstelle. Genauer bewegte sich die Herzfrequenz dabei in beiden Phasen im Mittel oberhalb des normofrequenten Bereichs sowie unterhalb des tachykarden Bereichs. In Anlehnung an das Yerkes-Dodson-Gesetz spricht dieses Erregungslevel für optimale Voraussetzungen, maximale Leistung zu erbringen und hohe Versorgungsqualität zu erreichen. Die Herzfrequenz erwies sich auch fünfzehn Minuten nach Einsatzende nicht höher als eine Minute vor Alarmierung. Die Notärzte scheinen somit über eine gute und rasche Adaptionsfähigkeit an potenziell beanspruchende Einsatzereignisse zu verfügen. Es fand sich jedoch ein Unterschied in den Herzfrequenzwerten zwischen der Anfahrt und der Rückfahrt, wobei deutliche höhere Werte während der Phase der Anfahrt gemessen wurden. Dieses Ergebnis veranschaulicht, dass die Notärzte vor der Begegnung mit den Patienten relativ mehr beansprucht waren als nach der Patientenversorgung.

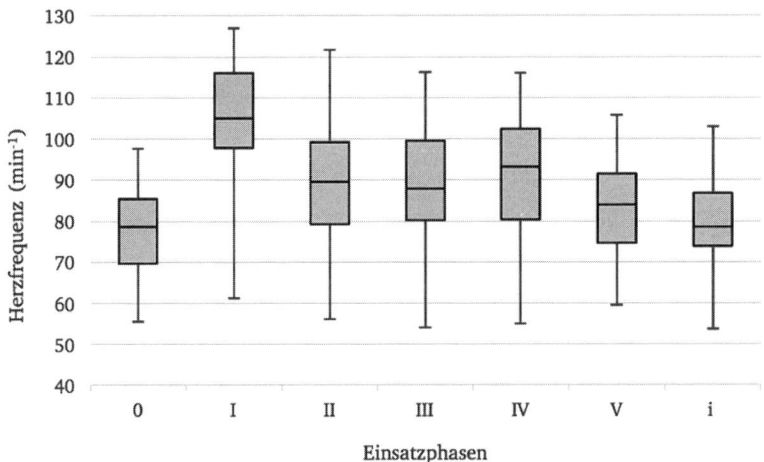

Abb. 1: Boxplots der gemessenen Herzfrequenzen der Notärzte im Einsatz.

3.2 Subjektive Beanspruchung

Im Hinblick auf die subjektiv erfasste Beanspruchung wurde ersichtlich, dass die Notärzte zu den drei Befragungszeitpunkten insgesamt relativ konstant von geringen wahrgenommenen Beanspruchungen berichteten.

Jedoch fällt auf, dass die erwartete Beanspruchung am Einsatzort tendenziell höher ausfiel als die auf der Anfahrt wahrgenommene und die am Einsatzort rückwirkend erlebte Beanspruchung. Dies könnte darauf hindeuten, dass auf der Anfahrt eher von Szenarien im Sinne des „Worst-Case" anstelle des „Best-Case" ausgegangen und somit befürchtet wurde, im Einsatz mehr leisten zu müssen, als rückblickend abverlangt wurde.

Insgesamt zeigten sich die Notärzte in ihrem psychischen Gesundheitszustand nicht merklich beeinträchtigt, da unter Anwendung der Irritationsskala nur durchschnittliche Ausprägungsgrade an Irritation festgestellt wurden. Somit liegen keine Hinweise auf erhebliche soziale Fehlbelastungen bzw. auf Einschränkungen der Qualität sozialer Interaktionen (emotionale Irritation) sowie auf eminente Fehlbelastungen durch Charakteristika der Tätigkeit (kognitive Irritation) vor.

Zusätzlich wurden Hinweise darauf gefunden, dass die Beanspruchung bei der Behandlung vital bedrohter Patienten höher ist als bei geringeren Notfallschweren und durch die individuelle Selbstsicherheit bei der Behandlung verschiedener Verletzungs- und Erkrankungsarten mitbestimmt wird.

Die Auswertung der beanspruchenden Faktoren im Einsatz verdeutlicht, dass der Gesundheitszustand der Patienten mit 29 Nennungen subjektiv am häufigsten ursächlich für Beanspruchungen war. Nach 23 Einsätzen wurde überdies angegeben, dass keine beanspruchenden Faktoren auf die Notärzte gewirkt haben. Am dritthäufigsten (10 Nennungen) wurden die Angehörigen der Patienten als relevanter Beanspruchungsfaktor im Einsatz genannt.

4. Fazit

Die vorliegende Untersuchung lieferte einen ersten umfassenden Überblick über die im Einsatz stattfindende Beanspruchung von Notärzten und ermöglicht das Ableiten zahlreicher Desiderate für zukünftige Forschungsvorhaben. Die Erfassung des psychischen Gesundheitszustands der Notärzte lieferte Hinweise auf einen guten Umgang mit potentiellen Fehlbelastungen im Notarztdienst. Auch in Anbetracht der starken Einflüsse von Physician Factors auf die Patientensicherheit erscheint es überaus positiv, dass sich die Notärzte in ihrem psychischen Gesundheitszustand nicht beeinträchtigt zeigten.

Literatur

Angerer, P., Petru, R., Weigl, M., & Glaser, J. (2010). Arbeitsbedingungen und Befinden von Ärztinnen und Ärzten. In F. W. Schwartz & P. Angerer (Hrsg.), *Arbeitsbedingungen und Befinden von Ärztinnen und Ärzten. Befunde und Interventionen. Report Versorgungsforschung* (S. 175–184). Köln: Deutscher Ärzte-Verlag.

Fahrenkopf, A. M., Sectish, T. C., Barger, L. K., Sharek, P. J., Lewin, D., Chiang, V. W., ... & Landrigan, C. P. (2008). Rates of medication errors among depressed and burnt out residents: prospective cohort study. *British Medical Journal, 336*(7642), 488–491.

Gothe, H., Köster, A. D., Storz, P., Nolting, H. D., & Häussler, B. (2007). Arbeits- und Berufszufriedenheit von Ärzten. *Deutsches Ärzteblatt, 104*(20), 1394–1399.

Mache, S., Vitzthum, K., Klapp, B. F., & Groneberg, D. A. (2012). Improving quality of medical treatment and care: are surgeons' working conditions and job satisfaction associated to patient satisfaction?. *Langenbeck's archives of surgery, 397*(6), 973–982.

Mitchell, J. T., & Everly, G. S. (2002). CISM: *Stressmanagement nach kritischen Ereignissen*. Wien: Facultas Universitätsverlag.

Mohr, G., Müller, A., & Rigotti, T. (2005). Normwerte der Skala Irritation: Zwei Dimensionen psychischer Beanspruchung. *Diagnostica, 51*(1), 12–20.

Mohr, G., Rigotti, T., & Müller, A. (2007). *Irritations-Skala zur Erfassung arbeitsbezogener Beanspruchungsfolgen: IS*. Göttingen: Hogrefe.

Schönherr, C., Juen, B., Brauchle, G., Beck, T., & Kratzer, T. (2005). *Belastungen und Stressverarbeitung bei Einsatzkräften*. Innsbruck: Studia Verlag.

West, C. P., Huschka, M. M., Novotny, P. J., Sloan, J. A., Kolars, J. C., Habermann, T. M., & Shanafelt, T. D. (2006). Association of perceived medical errors with resident distress and empathy: a prospective longitudinal study. *Jama, 296*(9), 1071–1078.

Martina Molnar
Humanware GmbH, Wien

Gefährdungsbeurteilung psychischer Belastung von A bis Z: Praxis eines Deutschen Industrieunternehmens an vier Standorten

1. Ein gutes Beispiel

Oft wird über Schwierigkeiten bei der Umsetzung der Gefährdungsbeurteilung psychischer Belastung berichtet. Dieses Industrieunternehmen mit ca. 1.200 Beschäftigten an vier Standorten in Deutschland ist ein Positivbeispiel, bei dem Geschäftsführung und der Betriebsrat an einem Strang zogen, um einen guten Prozess von A bis Z umzusetzen: Sowohl Führungskräfte als auch Mitarbeiter waren bei der Arbeitsanalyse und bei der Entwicklung von Maßnahmen aktiv beteiligt.

Schon erledigt und noch offen im Projekt „Gefährdungsbeurteilung PLUS"

13.11. – 05.12.2017 – **Befragung:** Bewerten Sie Ihre Arbeitsbedingungen online mit dem IMPULS-Test|2 (25 Fragen) ✓

Ab 12/2017 – **Auswertung:** Die Ergebnisse werden ausgewertet und in den lokalen Steuerkreisen präsentiert. Sie erhalten *Info-Blatt 2* mit ersten Ergebnissen. ✓

Ab 02/2018 – **Maßnahmen entwickeln:** In Workshops mit Mitarbeitern und Gesprächen mit Führungskräften werden konkrete Ideen zur Verbesserung der Arbeitsbedingungen entwickelt. Wir berichten Ihnen darüber im *Info-Blatt 3*.

04/2018 – **Maßnahmen festlegen:** Die zuständigen Steuerkreise beschließen auf Basis Ihres Inputs, welche Maßnahmen umgesetzt werden. Sie werden mit *Info-Blatt 4* darüber informiert. ✓

Ab 04/2018 – **Maßnahmen umsetzen:** Die Maßnahmen werden umgesetzt. Wir sammeln Beispiele und beschreiben sie im *Info-Blatt 5*.

10/2018 – **Maßnahmen-Umsetzung prüfen:** Zuerst fragen wir Mitarbeiter im Rahmen von Feedback-Workshops, ob und welche Verbesserungen wahrgenommen wurden. Danach besprechen wir den aktuellen Stand mit den Führungskräften und der Geschäftsführung und prüfen in den Steuerkreisen, wie viele und welche Maßnahmen schon umgesetzt wurden und was noch offen ist. Sie bekommen dazu *Info-Blatt 6*.

2. Projektorganisation und Information

2.1 Projektorganisation

Alle Prozess-Schritte wurden von Beginn an fixiert und an allen Standorten parallel umgesetzt. Dazu gab es ein zentrales Steuergremium und lokale Steuergruppen, die für die Koordination zuständig waren. Beteiligte an diesen Steuergremien waren die Geschäftsführung, Führungskräfte, Betriebsräte sowie Arbeitssicherheit und Arbeitsmedizin. Es war wesentlich für den Projekterfolg, dass das Vorhaben von Beginn an aktiv und zielorientiert von der Geschäftsführung und dem Betriebsrat betrieben wurde.

Abb. 1: Meilensteine des Prozesses, Auszug aus Info-Blatt 3

2.2 Information am Beginn und laufend

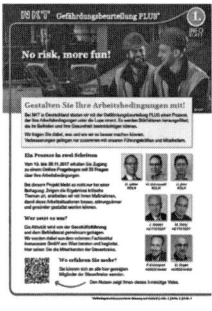

Alle Beschäftigten wurden vor dem Start und während des Prozesses laufend mit insgesamt sechs Info-Blättern informiert (Abb. 2).

Dieses Medium wurde deshalb gewählt, weil die Beschäftigten in Produktionsunternehmen oftmals keinen Zugang zu digitalen Information haben (z. B. PC, Intranet, Mails, etc.). Die Info-Blätter wurden an allen Standorten von den Führungskräften und Betriebsräten verteilt. Die Führungskräfte und Betriebsräte haben außerdem persönliche Informations- und Kommunikationsarbeit geleistet.

Abb. 2: Laufende Info-Blätter für alle Beschäftigten an allen Standorten. Hier ist Info-Blatt 1 mit der Start-Information.

3. Befragung, Auswertung und Ergebnispräsentation

3.1 Vorbereitung und Durchführung der Erhebung

Das zentrale Steuergremium hat mit uns Externen den Erhebungs- und Auswertungsplan erstellt. Dabei ging es um die Klärung der Erhebungs- und Auswertungsgruppen, also um die Frage, für welche Unternehmensbereiche und Tätigkeitsgruppen am Ende spezifische Aussagen zu Belastungsprofilen vorliegen sollten. Vor dem Start der Online-Erhebung mit dem IMPULS-Test|2® wurden noch organisatorische und technische Fragen abgestimmt.

3.2 Überblicksauswertungen insgesamt und pro Standort

Die Auswertung der Ergebnisse erfolgte zuerst als Überblicksauswertung über die gesamte Organisation. Das ist sozusagen eine „Luftaufnahme", mit deren Hilfe rasch und gut erkennbar ist, in welchen Abteilungen oder Tätigkeitsgruppen mehr oder weniger psychische Gefährdungen zu spezifischen Merkmalen vorliegen (Umgebungsbedingungen, Arbeitsaufgaben, soziales Umfeld, Arbeitsanforderungen, Perspektiven). Solche Überblicksauswertungen wurden jeweils für alle vier Standorte gesondert erstellt und präsentiert. Wir haben den einzelnen Standorten aus den Überblicksauswertungen abgeleitete Handlungsschwerpunkte empfohlen (Abb. 3).

IMPULS-Test I2® Professional			Anzahl: amount:	5	3	5	4	5		
Tätigkeitsgruppen	Anzahl Befragte	Komm. pro Befr.		A Umg.- bed.	B Aufgaben u. Abläufe	C Arbeits- anf.	D Soziales Umfeld	E Persp. und Beteiligung	Subjektive Verb.- Priorität	Fachliche Handlungs- Priorität
Tätigkeitsgruppe 7	94	4,6		75	51	59		53	E	◐
Tätigkeitsgruppe 1	53	5,6		60	63	63	64	79	E	●
Tätigkeitsgruppe 3	35	4,7		62	69	67	61	81	E	●
Tätigkeitsgruppe 8	14	4,0		84		68	58	67	E	◑
Tätigkeitsgruppe 2	9	5,9		68		75	51	87	D,E	◕

Abb. 3: Muster einer Überblicksauswertung (die Daten stammen *nicht* vom hier dargestellten Unternehmen)

Diese empfohlenen Handlungsschwerpunkte (Priorität 1 = voller schwarzer Punkt bis Priorität 4 = Viertelpunkt) und die Ansatzpunkte für die Maßnahmenentwicklung bezogen sich auf bestimmte Gruppen (z. B. Abteilungen, Tätigkeitsgruppen) und auf bestimmte Gefährdungsthemen.

4. Maßnahmen entwickeln

Es wurde bereits am Beginn des Prozesses für jeden Standort ein Kontingent von Maßnahmen-Workshops mit anschließenden Führungskräfte-Gesprächen festgelegt, deren Verteilung von den Standort-Steuergruppen entschieden wurde. Der kleinste Standort hatte zwei, der größte 11 Workshops. Es gab auch standortübergreifende Workshops für Tätigkeitsgruppen wie z. B. „Meister und Vorarbeiter" bzw. „Teamleiter" und Workshops für bestimmte Abteilungen mit spezifischen Belastungsprofilen oder Themen, von denen Mitarbeiter mehrerer Abteilungen übergreifend betroffen und daher auch beteiligt waren.

4.1 Mitarbeiter-Workshops und Führungskräfte-Gespräche

Zur Vorbereitung der Workshops haben wir zuerst die ausführlichen Detailauswertungen der jeweils festgelegten Workshop-Gruppen studiert. Daraus sind die spezifischen Gefährdungen einer konkreten Gruppe ersichtlich, die zusätzlich noch durch frei eingegebene Kommentare zu den einzelnen Items sehr konkret werden (z. B. Beschreibungen vorliegender Schwierigkeiten, Vorschläge für Verbesserungsmaßnahmen).

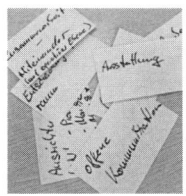

Am Vormittag fanden jeweils die Mitarbeiter-Workshops statt. Wir haben die Gruppen-Ergebnisse präsentiert, mit den Teilnehmenden konkretisiert und gewichtet und danach Ideen für Verbesserungsmaßnahmen gesammelt. Nach dem Workshop haben wir die Flipchart-Ergebnisse protokolliert und am Nachmittag ein Rückmelde-Gespräch mit den zuständigen

Führungskräften dazu geführt. Dabei wurden lokale Maßnahmen der Führungskräfte fixiert und übergreifende Themen für die lokale bzw. zentrale Steuergruppe festgehalten.

5. Maßnahmen festlegen: Beschluss-Sitzungen

Nach Durchführung aller Mitarbeiter-Workshops und Führungskräfte-Gespräche haben sich die Steuergruppen und Führungskräfte jeweils an den Standorten mit den lokalen Ergebnissen auseinandergesetzt und Entscheidungen zu jeweils zwei bis drei übergreifenden Maßnahmen getroffen.

Dem Geschäftsführer wurde ein Gesamtergebnis über alle Standorte präsentiert. Er hat vier zentrale Maßnahmen-Schwerpunkte zu Themen festgelegt, die an allen Standorten sichtbar wurden. Dabei ging es z. B. um verbesserte Kommunikation und Information quer über Prozesse und Abteilungen und um Strategien zur Personalentwicklung.

6. Maßnahme prüfen: Bilanz-Sitzungen

Ein halbes Jahr nach den Beschluss-Sitzungen finden Feedback-Workshops mit den Mitarbeitern an jedem Standort statt, um deren Wahrnehmungen zur Umsetzung der beschlossenen Maßnahmen zu hören.

Mit diesen Feedback-Ergebnissen finden Bilanz-Sitzungen für die vier Steuergruppen der Standorte statt. Hier wird der Zwischenstand evaluiert und die nächsten Aktivitäten vereinbart.

Literatur

BAuA – Bundesanstalt für Arbeitsschutz und Arbeitsmedizin (Hrsg.) (2014). Gefährdungsbeurteilung psychischer Belastung. Erfahrungen und Empfehlungen. Erich Schmidt-Verlag.

Molnar, M. (2018): Gefährdungsbeurteilung psychischer Belastung. Aus der Praxis für die Praxis. Kröning: Asanger.

Leitung des GDA-Arbeitsprogramms Psyche (2017): „Empfehlungen zur Umsetzung der Gefährdungsbeurteilung psychischer Belastung" unter http://www.gda-psyche.de/SharedDocs/Publikationen/DE/broschuere-empfehlung-gefaehrdungsbeurteilung.pdf?__blob=publicationFile&v=11 (abgerufen am 03.05.18)

Stephan Sandrock
ifaa – Institut für angewandte Arbeitswissenschaft e. V.

Das KPB im betrieblichen Einsatz – von der Erhebung psychischer Belastung bis zur Ableitung von Maßnahmen

1. Einleitung

Im Rahmen seiner Fürsorgepflicht kommen dem Arbeitgeber verschiedene Aufgaben des Arbeitsschutzes zu. Das Arbeitsschutzgesetz verpflichtet Arbeitgeber in Deutschland neben der Organisation des Arbeitsschutzes im Betrieb auch zu einer Beurteilung der Arbeitsbedingungen, um zu prüfen, ob Maßnahmen des Arbeits- und Gesundheitsschutzes erforderlich sind.

Bei der Beurteilung der Arbeitsbedingungen hinsichtlich möglicher Gefährdungen für die Beschäftigten, sind mit der Änderung des Arbeitsschutzgesetzes seit 2013 explizit auch sogenannte psychische Belastungen bei der Arbeit zu berücksichtigen. In den letzten Jahren hat der Verordnungsgeber auch weitere Regelungen wie die Arbeitsstättenverordnung oder die Betriebssicherheitsverordnung dahingehend konkretisiert.

Durch die weitere Konkretisierung beispielsweise auch des technischen Regelwerks sowohl für Arbeitsstätten (ASR) als auch Betriebssicherheit (TRGS) sind weitere spezifische Regelungen zur psychischen Belastung obsolet. Da nicht vorgeschrieben ist, wie der Arbeitgeber die Beurteilung der Gefährdungen durch psychische Belastung vorzunehmen hat, ist im Rahmen der Gemeinsamen Deutschen Arbeitsschutzstrategie (GDA) eine Handlungshilfe erstellt worden (GDA 2018), in der verschiedene Vorgehensweisen genannt werden. Grundsätzlich handelt es sich dabei um Beobachtungsverfahren, Mitarbeiterbefragungen und Workshopkonzepte. Dabei ist festzustellen, dass auch Kombinationen der unterschiedlichen Verfahren eingesetzt werden können. Letztlich ist die Entscheidung für eine Vorgehensweise immer auch von den betrieblichen Rahmenbedingungen anhängig.

2. Methode

Das Kompaktverfahren Psychische Belastung – KPB – (Sandrock et al. 2017) stellt eine Weiterentwicklung des Kurzverfahren Psychische Belastung dar (Neuhaus 2013; Sandrock 2014). Es handelt sich dabei um ein bedingungsbezogenes Instrument, mit dem psychische Belastung am Arbeitsplatz erfasst werden kann. Das KPB gehört, als Beobachtungsinterview konzipiert, zu den sogenannten Beobachtungsverfahren. Im Rahmen der Anwendung des KPB ist ein prozessorientiertes gestuftes Vorgehen vorgesehen. Dies hat sich in der Praxis bewährt. Zunächst ist zu empfehlen, eine Bestandsaufnahme durchzuführen, um festzustellen, ob überhaupt schon Informationen zum Thema psychische Belastung im Betrieb vorliegen. Mögliche Indikatoren, die auf ungünstige Belastungskonstellationen hindeuten können, sind z. B. Fehlzeiten oder auch ein vermehrtes Auftreten von Ausschuss. Aber auch Hinweise von Beschäftigten oder dem Betriebsrat können wertvolle Informationsquellen sein. Werden bestehende Daten bereichsbezogen aufbereitet, können ggf. Unternehmensbereiche aufgedeckt werden, in denen es Probleme gibt, die sich auch auf die psychische Belastung der Beschäftigten auswirken. In diesen Bereichen kann dann mit einer tätigkeitsbezogenen Beurteilung begonnen werden, die mit Hilfe von Checklisten durchgeführt wird. Das Ermitteln der konkreten Gefährdungen erfolgt sinnvollerweise vor Ort im Rahmen von Beobachtungsinterviews mit Beschäftigten bzw. Führungskräften.

Modifikation des Verfahrens
Aufgrund der Evaluation des Verfahrens, Hinweisen aus der Praxis und aus Gesprächen mit Experten der Bundesanstalt für Arbeitsschutz und Arbeitsmedizin wurden die Items des KPB arbeitspsychologisch neu bewertet, teilweise umformuliert und ergänzt. Die Zuordnung zu kurzfristigen Beanspruchungsfolgen wurde in den Itemlisten aufgegeben, das formale Belastungs-Beanspruchung-Konzept nach DIN EN ISO 10075-1 ist allerdings weiterhin die Grundlage des Verfahrens. Vielmehr wurden die Items den Merkmalsbereichen der GDA zugeordnet (Sandrock & Stahn 2017). Dies erlaubt dem Anwender im Betrieb und ggf. auch der Aufsicht zu überprüfen, ob alle relevanten Kriterien psychischer Arbeitsbelastung berücksichtigt wurden. Weiterhin wurden Vorlagen für die Beurteilung ergänzt, um den Einsatz im Betrieb zu erleichtern.

Um zu evaluieren, ob die Änderungen des Verfahrens auch zu einer besseren Verständlichkeit sowie Handhabbarkeit in der Praxis beitrugen, wurde das KPB in der neuen Form in mehreren Unternehmen unterschiedlicher Branchen eingesetzt. Nach entsprechenden Anwenderschulungen wurde das KPB vor Ort von den betrieblichen Akteuren wie Fachkräften für Arbeitssicherheit, Betriebsärzten, Betriebsräten und Vertretern des Arbeitgebers und auch von Vertretern der Arbeitgeberverbände der Metall- und Elektroindustrie angewendet. Im Anschluss wurden die zunächst getrennt vorgenommenen Erhebungen verglichen und diskutiert. Im Ergebnis ließ sich in der Regel eine hohe Übereinstimmung der Bewertungen feststellen.

3. Einsatz im Betrieb
Im Folgenden wird der betriebliche Einsatz am Beispiel eines Unternehmens mit 150 Beschäftigten der Metall- und Elektroindustrie skizziert. Das Unternehmen existiert

seit Ende des 18. Jahrhunderts und fertigt Maschinenelemente in Klein- und Großserie. Über den regionalen Arbeitgeberverband wurde eine betriebliche Informationsveranstaltung initiiert, um die betrieblichen Akteure – Arbeitgeber, Betriebsrat, Fachkraft für Arbeitssicherheit und Personalabteilung – über das Thema psychische Belastung und mögliche Vorgehensweisen im Rahmen der Gefährdungsbeurteilung zu informieren.

Nach interner Abstimmung entschied die Geschäftsführung gemeinsam mit dem Betriebsrat, die Arbeitsplätze mit Hilfe eines objektiven Verfahrens zu beurteilen. Die Wahl fiel dann auf das Kompaktverfahren Psychische Belastung (KPB). Entsprechend wurde durch das ifaa gemeinsam mit dem Arbeitgeberverband eine eintägige Schulung im Unternehmen durchgeführt, die auch Übungen vor Ort, z.B. zu Fragetechniken beinhaltete. In diesem Kontext wurden zwei beispielhafte Arbeitsplätze begutachtet. Anschließen wurden von den dafür vorgesehenen Teilnehmern unter Anleitung Arbeitsplätze in kleinen Beurteilerteams begangen und entsprechende Beobachtungsinterviews durchgeführt. Die Ergebnisse wurden gemeinsam besprochen und falls erforderlich Maßnahmen festgelegt.

Das Unternehmen bekam „Hausaufgaben" auf, und zwar sollten in Eigenregie weitere Arbeitsplätze begutachtet werden. In einem Audit durch das ifaa und die Verbandsvertreterwurde dann überprüft, inwieweit die betrieblichen Akteure zu plausiblen Beurteilungen gekommen waren. Dafür wurden in einem Folgetermin die Ergebnisse der bislang begangenen Arbeitsplätze besprochen.

Am Beispiel eines Arbeitsplatzes im internen Transportdienst werden im Folgenden die Aspekte dargestellt, die die betrieblichen Praktiker mit dem KPB einvernehmlich festgestellt hatten. Es handelt sich dabei um eine einfache, ausführende Tätigkeit ohne großen Handlungsspielraum und ohne einen Einfluss auf die zeitliche Verteilung, da den Mitarbeitern Aufgaben aus unterschiedlichen Bereichen zugewiesen werden. Oft ist unklar, wie die Aufträge zu priorisieren sind, was bei den Beschäftigten möglicherweise zu Unsicherheit oder auch zu Stress führen kann. Absprachen zwischen den Auftraggebern finden in der Regel nicht statt. Die Tätigkeit beinhaltet zum Teil auch Transporte von Gegenständen mit einem hohen Sachwert. Diesem Umstand wurde zwar bereits vor der Beurteilung Rechnung getragen und die Mitarbeiter wurden entsprechend qualifiziert bzw. unterwiesen. Allerdings wurde in diesem Kontext auch festgestellt, dass die Transportmittel nicht geeignet waren, was zu einer erhöhten körperlichen Belastung der Beschäftigten führt, bzw. auch die Sicherheit des Transports beeinflusst. Entsprechenden Hinweisen der Beschäftigten wurde bislang nicht nachgegangen. Ferner werden Transportmittel, wenn diese von anderen Unternehmensbereichen verwendet werden, nicht an die vorgesehenen Stellen zurückgebracht. Dies führt dazu, dass die betroffenen Beschäftigten die Arbeitsmittel zunächst zusammensuchen und dann an den entsprechenden Ort verbringen müssen. Dieser Mehraufwand kostet entsprechend Zeit und beeinflusst damit nachgelagerte Prozesse.

Im Ergebnis zeigen die Befunde, dass das KPB ein praktisches Instrument ist, und die betrieblichen Akteure damit in der Lage sind, relevante Aspekte der psychischen Belastung zu entdecken und entsprechend zu bewerten. Als Maßnahmen wurden unter anderem eine Neuanschaffung der Transportmittel, Festlegung von Arbeitsbereichen, Absprachen der Auftraggeber für die jeweiligen Transportdienste vorgeschlagen. Diese Maßnahmen müssen nun zeitnah umgesetzt und entsprechend auch auf Wirksamkeit überprüft werden. Die organisatorischen Maßnahmen verlangen zudem ein konsequentes Einfordern seitens der Führungskräfte, die entsprechend noch zu schulen sind.

Literatur
DIN EN ISO 10075-1:2018-01 Ergonomische Grundlagen bezüglich psychischer Arbeitsbelastung – Teil 1: Allgemeine Aspekte und Konzepte und Begriffe (ISO 10075-1:2017); Deutsche Fassung EN ISO 10075-1:2017, Beuth, Berlin.
Leitung des GDA-Arbeitsprogramms Psyche (2018) Empfehlungen zur Umsetzung der Gefährdungsbeurteilung psychischer Belastung. http://www.gda-psyche.de/SharedDocs/Publikationen/DE/broschuere-empfehlung-gefaehrdungsbeurteilung.pdf?__blob=publicationFile&v=14. Zugriff: 05. März 2018.
Neuhaus, R. 2013, Psychische Belastungen im Rahmen der Gefährdungsbeurteilung – Fachlicher Hintergrund und Vorgehensweisen. In BPUVZ 05.13, 304-310.
Sandrock S (2017) Weiterentwicklung des KPB zur Gefährdungsbeurteilung psychischer Belastung. In Gesellschaft für Arbeitswissenschaft (Hrsg) Soziotechnische Gestaltung des digitalen Wandels – kreativ, innovativ, sinnhaft. Dokumentation des 63. Frühjahrskongresses der Gesellschaft für Arbeitswissenschaft e.V. Beitrag A 1.8
Sandrock S, Stahn C, Institut für angewandte Arbeitswissenschaft (Hrsg) (2017) KPB – Kompaktverfahren Psychische Belastung. Werkzeug zur Durchführung der Gefährdungsbeurteilung. Springer, Berlin
Sandrock S & Stahn C (2017) Das Kompaktverfahren Psychische Belastung (KPB) Weiterentwicklung eines Instruments zur Gefährdungsbeurteilung psychischer Belastung. Technische Sicherheit Juli/August 2017: 48-53
Sandrock S (2014) Erfassung psychischer Belastung mit dem KPB. In: Eigenstätter M et al (Hrsg) Psychologie der Arbeitssicherheit und Gesundheit. Psychologie der gesunden Arbeit, 18. Workshop. Asanger, Kröning, S 121–124.

Heidi Wegner[1] & Andreas Glatz[2]
[1] BG ETEM, [2] Universität zu Köln

Was ist bei der Wirksamkeitsanalyse von Maßnahmen zur Gefährdungsbeurteilung psychischer Belastungen bei der Berufsgenossenschaft ETEM zu optimieren?

1. Projektziel

Das Arbeitsschutzgesetz § 5 ff verlangt die Durchführung der Gefährdungsbeurteilung psychischer Belastung. Diese wurde von der BG ETEM 2012 mit Unterstützung Dritter im eigenen Haus realisiert. Angestoßen durch die Ergebnisse wurden von 2012 bis 2016 entsprechende Arbeitsschutzmaßnahmen entwickelt und durchgeführt. Außerdem erfolgte 2016–2017 – wieder mit Unterstützung Dritter – eine Wirksamkeitskontrolle der Maßnahmen (i.d.B.).

Im Sinne eines kontinuierlichen Verbesserungsprozesses stellt sich die Frage, wie dieses Vorgehen effektiver gestaltet werden kann. Ziel des vorliegend skizzierten Projekts ist die Evaluation der Wirksamkeitskontrolle der Maßnahmen. In diesem Zusammenhang wird auch danach gefragt, was daran zu optimieren ist. Die Kritik der Wirksamkeitskontrolle soll die Effektivität der Maßnahmen verbessern, außerdem soll sie dazu beitragen, dass die Teilnahmebereitschaft der Beschäftigten an der Gefährdungsbeurteilung psychischer Belastung steigt und die Vertrauenskultur wächst.

2. Gefährdungsbeurteilung Psychische Belastung – Entwicklung und Bewertung der Arbeitsschutzmaßnahmen bei der BG ETEM

Die im obigen Kapitel angesprochene Gefährdungsbeurteilung psychischer Belastung, wurde an allen Standorten der BG ETEM mit insgesamt 1823 Mitarbeitern durchgeführt. Dabei wurde das zweistufige Verfahren „Checklisten zur Erfassung der Fehlbeanspruchungsfolgen" (ChEF) verwendet. In diesem Zusammenhang fanden Begehungen, Beobachtungen und Befragungen statt – letztere online.

Die Gefährdungsbeurteilung psychischer Belastung mithilfe von Begehung bzw. Beobachtung: Im Zuge der Begehung zeigt sich, dass bei den beurteilten Gefährdungsgruppen „Arbeitsaufgabe", „Arbeitsorganisation", Soziale Bedingungen" und „Arbeitsumgebung" die Mehrzahl der zu prüfenden Gefährdungspunkte als unkritisch einzuschätzen war. Dennoch konnten vor allem in den Bereichen Arbeitstätigkeitsgestaltung, Widersprüche in der Aufgabenausführung, quantitative Überforderung und fehlende zeitliche Spielräume Risiken identifiziert werden. Außerdem wurden im Bereich Arbeitsumgebungsbedingungen an den Punkten „Arbeitsabläufe", „Lärm" und „Klima" Risiken festgestellt.

Die anonyme Gefährdungsbeurteilung psychischer Belastung per Online-Befragung hatte eine Beteiligungsquote von ca. 55 Prozent. Foki waren die Gefährdungsgruppen „Stress", „Psychische Ermüdung", „Monotonie" und „Psychische Sättigung". Die Ermittlung der Risiken orientierte sich an der Nohl-Matrix zur Risikoeinschätzung – siehe Gruber, Kittelmann et al. 2010. Die Risiken wurden den Potenzialen „klein", „mittel" und „groß" zugeordnet. In den 333 untersuchten Tätigkeitsfeldern wurden 2098 Risiken identifiziert, also Belastungen mit kritischer Ausprägung.

Die Entwicklung der Schutzmaßnahmen: die oben angesprochenen 2098 Risiken wurden von einem Lenkungskreis hinsichtlich des Handlungsbedarfs bewertet. Nach Streichung der Doubletten und klärenden Rücksprachen mit den Abteilungen blieben 1907 Risiken mit Handlungsbedarf übrig. Der Lenkungskreis leitete außerdem erforderliche Maßnahmen ab. Die Kommunikation dieser Ergebnisse in die Fläche war suboptimal. Etwa 70 Prozent der Schutzmaßnahmen konnten umgesetzt werden. In erster Linie handelte es sich um Maßnahmen zur Arbeitsaufgabe (44 %), in zweiter Linie um solche zu Arbeitsplatz- und Umgebungsbedingungen (15 %), in dritter und vierter Linie wurden Maßnahmen zur Arbeitsorganisation (5 %) und zu Sozialen Bedingungen (6 %) umgesetzt etc. Größtenteils ging es dabei um die Optimierung der Verhältnisebene. Dies wurde jedoch häufig durch Maßnahmen auf Verhaltensebene flankiert.

Die Wirksamkeitskontrolle: ein bis vier Jahre nach der Veränderung/dem Maßnahmenende erfolgte im Jahr 2017 durch den Lenkungskreis die Beurteilung der umgesetzten Maßnahmen. Dieser Kreis bestand zu diesem Zeitpunkt überwiegend aus Führungskräften und Mitgliedern des Personalrates. Außerdem gehörte ihm die Leitung des Bereichs Management Sicherheit und Gesundheit (MSG) an. Von den Schutzmaßnahmen waren 58 % wirksam, 31 % teilweise wirksam und 11 % nicht wirksam.

3. Ergebnisse der Evaluation

Mit Blick auf die Empfehlungen des Expertenkreises Evaluation, Wirksamkeit und Nachhaltigkeit des Fachverbandes Psychologie für Arbeitssicherheit und Gesundheit (Hamacher, Watzl et al. 2017) soll die Evaluation der Arbeitsschutzmaßnahmen künftig an dem CIPP-Modell orientiert werden. Dieses Rahmenkonzept wendet sich gegen eine Verkürzung des Evaluationsbegriffs und deckt alle Evaluationsphasen ab, von der Kontextevaluation über die Inputevaluation, die Prozessevaluation und die Produktevaluation. Im Zuge des vorliegenden Artikels wird jedoch lediglich die Produktevaluation – das heißt, die oben skizzierte Wirksamkeitskontrolle von 2017 – bewertet. Es handelt sich sozusagen um eine Evaluation der Evaluation.

Für die Auswahl des Verfahrens zur Wirksamkeitskontrolle wurden 2016 Vorschläge der BAUA herangezogen (GBU psychischer Belastung, Erich Schmidt Verlag). Unter mehreren dort skizzierten Verfahren wurde die „Kurzbefragung der Beschäftigten und Führungskräfte" ausgewählt. Die Umsetzung erfolgte mit Unterstützung Dritter vonseiten des Bereichs MSG der BG ETEM durch ein Gespräch mit dem Lenkungskreis. Dort wurde jede Maßnahme bewertet und – wie oben bereits angesprochen – den Kategorien „nicht wirksam", „teilweise wirksam" bzw. „wirksam" zugeordnet.

Die Evaluation der Wirksamkeitskontrolle stützt sich in erster Linie auf eine ausführliche Aktenanalyse. Analysiert wurden insbesondere die Zeiträume zwischen der Veränderung/dem Maßnahmenende und der Wirksamkeitskontrolle. Außerdem wurde das Gespräch im Lenkungskreis betrachtet. Neben dem Zusammenspiel von Mitarbeitern und Führungskräften wurden insbesondere die Begründungen für oder wider die Maßnahmenwirksamkeit in den Blick genommen. Darüber hinaus wurden jenseits dieses Gesprächs die Rückmeldungen der Beschäftigten zu Maßnahmen und den Ergebnissen der Wirksamkeitskontrolle berücksichtigt.

Der Zeitraum zwischen Maßnahmenende und Wirkungskontrolle war bei einigen Maßnahmen wesentlich größer als bei anderen. Dadurch war es lange Zeit nicht möglich ein Gesamtbild der Wirkungen zu erstellen. Das hat negative Folgen, denn die Verbesserung einer unwirksamen Maßnahme wird dadurch erschwert, dass über die Wirksamkeit anderer Maßnahmen im gleichen Kontext Unklarheit besteht. In vielen Fällen war der Zeitraum zwischen der Veränderung und Ihrer Bewertung viel zu groß, teilweise verstrichen vier Jahre bis zur Wirkungskontrolle. Dadurch entgeht im Fall der lediglich teilweise bzw. nicht wirksamen Maßnahmen für lange Zeit der positive Beitrag, der durch ein rechtzeitiges Nachsteuern entstanden wäre. Außerdem untergraben wirkungslose Maßnahmen und ihr Aufrechterhalten das Vertrauen der Beschäftigten in die Gefährdungsbeurteilung psychischer Belastung.

Der Wirksamkeitskontrolle nach oben genanntem Verfahren fehlte es an Kriterien. Dadurch ist die sachliche Richtigkeit der Bewertung fraglich. Auch besteht die Gefahr, ähnliche Maßnahmen uneinheitlich zu beurteilen. All dies führt zu einer vergleichsweise geringen Nachvollziehbarkeit. Dies gibt einer wenig Sachbezogenen, von sonstigen Interessen geleiteten Bewertung, mehr Raum. Die Beteiligung der Mitarbeiter an der Wirkungskontrolle war gering, zum Lenkungskreis gehörten überwiegend Führungskräfte. Die geringe Mitarbeiterbeteiligung hatte zur Folge, dass wenige Informationen zur Maßnahmenwirkung vonseiten der Adressaten vorlagen. Das ist für eine angemessene Bewertung suboptimal. So wird die Nachricht vom ernsthaften Bemühen um Verbesserung dann von weniger Mitarbeitern in die Belegschaft getragen.

Die Anwesenheit der Führungskräfte hat vermutlich das Phänomen der sozialen Wünschbarkeit verstärkt. Es kann angenommen werden, dass Mitarbeiter in Anwesenheit der Führungskräfte dazu tendierten sozial erwünschte Antworten zu geben und gegebenenfalls Informationen zur mangelnden Maßnahmenwirkung zurückzuhalten. Die an der Wirkungskontrolle beteiligten Führungskräfte befanden sich gegebenenfalls in einem Interessenkonflikt. Einerseits sollte die Führungskraft einen bestehenden Mangel, z. B. bei der Umsetzung der geplanten Veränderung, angeben um die gesundheitsförderlichen Effekte zu realisieren, andererseits könnte sie glauben, dass die mangelnde Umsetzung einen negativen Eindruck von ihrer Kompetenz gibt. Selbst wenn die Umsetzung angemessen erfolgt, kann es sein, dass die angestrebte Wirkung unbefriedigend bleibt. In solchen Fällen kann die Sorge, dass weitere Veränderungen auf Kosten von Performanz gehen, zu geringer Auskunftsbereitschaft führen.

Generell lässt sich sagen, dass die geringe Anonymität der Wirksamkeitsermittlung die sachliche Richtigkeit der Maßnahmenbewertung untergräbt und damit zu Lasten der Prävention geht. Außerdem sind Umstände, die eher zu sozial erwünschten Antworten als zu sachlich angemessenen Auskünften führen, tendenziell abträglich für die Bildung einer Vertrauenskultur.

Was ist zu optimieren? Zunächst sollte die Maßnahmenkontrolle unbedingt wesentlich zeitnäher erfolgen. Dann sollte angestrebt werden den Mitarbeiteranteil bei der Wirkungskontrolle zu erhöhen. Vor dem Hintergrund der Erfahrungen sollten Mitarbeiter und Führungskräfte in getrennten Gruppen befragt werden. Auch ist darauf zu achten, dass bei der Auswahl der teilnehmenden Mitarbeiter möglichst wenig Einflussnahme vonseiten der Führungskräfte erfolgen kann. Hinsichtlich der Ergebnisse ist darauf zu achten, dass keine Mitarbeiternamen dokumentiert werden. Bezüglich der Führungskräftegruppe muss mit Blick auf einen potenziellen Interessenkonflikt im Vorfeld für Offenheit geworben werden. Es bleibt die Aufgabe, die Kriterienentwicklung weiter voranzutreiben um sachgerechte und nachvollziehbare Bewertung realisieren zu können.

Literatur
Hamacher, Watzl et al 2017 Evaluation oder Tun wir die richtigen Dinge? – Tun wir die Dinge richtig
BAUA, Gefährdungsbeurteilung psychischer Belastung, Erich Schmidt Verlag.
Gruber, Mierdel, Kittelmann (2010) Leitfaden für die Gefährdungsbeurteilung
Wegner, Heidi (2018) BGM Handbuch für die Einführung der DIN SPEC 91 020
Debitz, Gruber, Richter et al 2004, Psychische Gesundheit am Arbeitsplatz – Teil 2 Psychische Faktoren in der Gefährdungsbeurteilung

Sonja Wittmann
Unfallkasse Rheinland-Pfalz

Tea(m) Time – Evaluation eines organisationsspezifischen Verfahrens zur Gefährdungsbeurteilung psychischer Belastung

1. Ausgangsfrage

Das Landeskrankenhaus (AÖR) ist mit ca. 3600 Beschäftigten der größte Krankenhausträger im psychiatrisch-psychotherapeutischen und neurologischen Bereich in Rheinland-Pfalz. Mit Tea(m) Time hat der Lenkungskreis Betriebliches Gesundheitsmanagement ein eigenes moderiertes Workshop-Verfahren entwickelt, mit dem dauerhaft systematisch die psychische Belastung der Beschäftigten erfasst und Lösungen gefunden werden sollen (Landeskrankenhaus, 2015).

Die Unfallkasse Rheinland-Pfalz wurde gebeten, das Projekt dahingehend zu evaluieren, ob das Verfahren die Anforderungen an eine Gefährdungsbeurteilung psychische Belastung erfüllt.

2. Das Konzept Tea(m)-Time

Abbildung 1 stellt den Ablauf und die Grundlagen der Tea(m) Times in einer Übersicht dar.

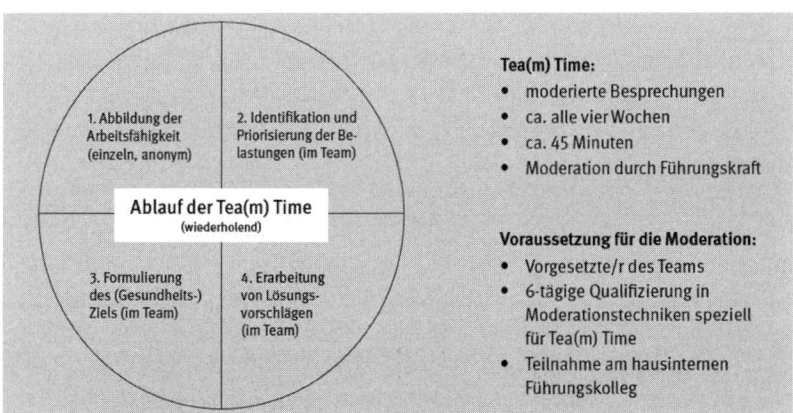

Abb. 1: Ablauf und Grundlagen der Tea(m) Times (Wittmann, 2017a)

Ein Jahr lang wurde in verschiedenen Einrichtungen des Landeskrankenhauses Tea(m) Time als Pilotprojekt durchgeführt und begleitend evaluiert.

3. Evaluationsgrundlage und -kriterien

Als Evaluationsgrundlage wurde das Arbeitsschutzgesetz (ArbSchG) sowie Veröffentlichungen der Deutschen Gesetzlichen Unfallversicherung (DGUV), der Gemeinsamen Deutschen Arbeitsschutzstrategie (GDA) und der Bundesanstalt für Arbeitsmedizin und Arbeitsschutz (BAuA) herangezogen. In Tabelle 1 sind beispielhaft Evaluationskriterien und ihre Quelle dargestellt.

Tab. 1: Beispiele für die Bewertungskriterien und ihre Quelle

	Evaluationskriterien	Quelle
Inhaltsbezogen	Erfassung Psychische Belastung	ArbSchG
	Erfassung Psychischer Belastung in allen Merkmalsbereichen: • Arbeitsinhalt/Arbeitsaufgabe Arbeitsorganisation • Soziale Beziehungen • Arbeitsumgebung • Neue Arbeitsformen* * nicht Gegenstand des Aufsichtshandelns	Nationale Arbeitsschutzkonferenz (2012): Leitlinien Beratung und Überwachung bei psychischer Belastung am Arbeitsplatz
	Erfassung und Beurteilung von Tätigkeiten und Ausführungsbedingungen	Qualitätsgrundsätze für Instrumente/Verfahren zur Gefährdungsbeurteilung psychischer Belastung der GDA-Träger. Leitung des GDA-Arbeitsprogramms Psyche (2014)
Prozessbezogen	Aufgabe des Arbeitsgebers/ Führungsaufgabe	ArbSchG
	Tätigkeitsbezogene Beurteilung	ArbSchG
	Dokumentation	ArbSchG
	Gefährdungsbeurteilung als Prozess	Leitung des GDA-Arbeitsprogramms Psyche (2014): Empfehlungen der GDA Träger
	Anwendungsvoraussetzungen sind beschrieben	Qualitätsgrundsätze
	Einbeziehung der Beschäftigten	Qualitätsgrundsätze

4. Methodik und Ergebnisse

Die gesamte Evaluation beinhaltete die Auswertung der konzeptionellen Grundlage, der kontinuierlich erhobenen Daten nach jeder Tea(m) Time-Sitzung in Dokumentationsbögen, Hospitationen von Tea(m) Times, Gesprächsrunden mit dem Führungskräften und Teilnehmenden sowie den Ergebnissen aus dem Abschlussfragebogen nach der einjährigen Pilotphase.

Bereits durch die Konzeption wurden die meisten der zu Grunde gelegten Kriterien erfüllt. Die Daten in den Dokumentationsbögen lieferten Informationen darüber, dass der konzeptionelle Wunsch auch in der Realität gelebt wurde. Beispielsweise wurden in den Tea(m) Times Belastungen in allen Merkmalsbereichen – Arbeitsinhalt/Arbeitsaufgabe, Arbeitsorganisation, Soziale Beziehungen und Arbeitsumgebung – gesammelt. Die gefundenen Lösungen ließen sich den verschiedenen Bereichen des T-O-P-Modells (Technik-Organisation-Personal) zuordnen.

Die Ergebnisse zur Nützlichkeit aus dem Abschlussfragebogen vervollständigen das Gesamtbild, dass Tea(m) Time neben der Konzeption auch in der Durchführung als erfolgreich mit Blick auf die Gefährdungsbeurteilung psychische Belastung zu bewerten ist (vgl. Abb.2)

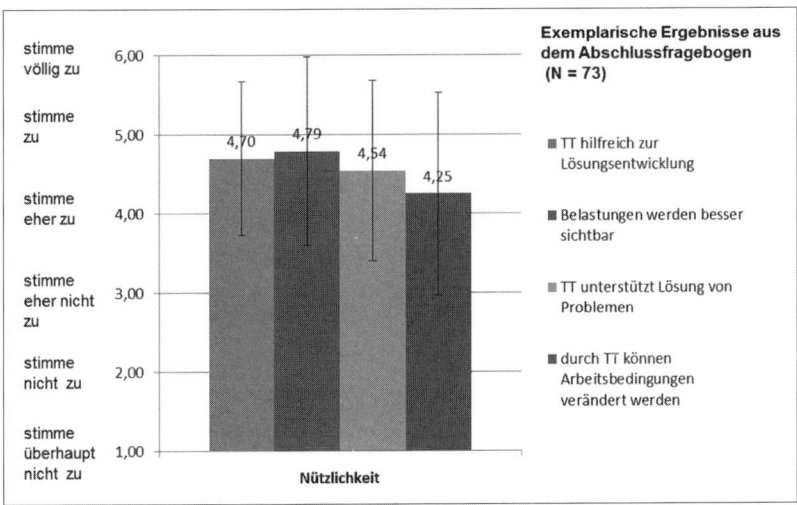

Abb. 2: Nützlichkeit von Tea(m) Time aus Sicht der Teilnehmenden (Wittmann, 2017b)

Das Verfahren wurde von den Pilotgruppen als hilfreich zur Lösungsentwicklung und als Unterstützung zur Lösung von Problemen eingeschätzt. Ebenso wurden die Belastungen besser sichtbar und die Arbeitsbedingungen konnten verändert werden.

Eigene Beobachtungen während der Durchführung von Tea(m) Time, Gespräche mit den Moderatorinnen und Moderatoren sowie den Projektleitungen bestätigten den positiven Eindruck. So fanden die Moderatorinnen und Moderatoren die vorbereitende Qualifizierung hilfreich. Davon insbesondere die Moderationstechniken, Kenntnisse über Gruppenprozesse und die Klärung der unterschiedlichen Rollen als Vorgesetzter bzw. Moderator. Diese Kompetenzen würden ihnen generell bei ihren Führungsaufgaben helfen. Die Führungskräfte zeigten sich überrascht über den Ideenreichtum der Beschäftigten und darüber, dass konstruktiv nach umsetzbaren Lösungen gesucht wird.

Zusammenfassend betrachtet ist Tea(m) Time aus Sicht der Unfallkasse Rheinland-Pfalz ein gelungener Versuch eines Mitgliedsbetriebes, die Gefährdungsbeurteilung psychische Belastung passend zur eigenen Organisation umzusetzen. Der aus der Evaluation ermittelte Optimierungsbedarf wurde in der zweiten Pilotphase aufgenommen.

Literatur

Gesetz über die Durchführung von Maßnahmen des Arbeitsschutzes zur Verbesserung der Sicherheit und des Gesundheitsschutzes der Beschäftigten bei der Arbeit (Arbeitsschutzgesetz – ArbSchG)

Landeskrankenhaus (AöR) (2015): Konzept Tea(m)Time

Leitung des GDA-Arbeitsprogramms Psyche c/o Bundesministerium für Arbeit und Soziales (2014): Empfehlungen der GDA-Träger zur Umsetzung der Gefährdungsbeurteilung psychischer Belastung

Nationale Arbeitsschutzkonferenz (2012): Leitlinien Beratung und Überwachung bei psychischer Belastung am Arbeitsplatz

Wittmann, S. (2017a): Tea(m) Time – Evaluation eines organisationsspezifischen Verfahrens zur Gefährdungsbeurteilung psychischer Belastung. Posterbeitrag auf dem DGUV Forum Forschung, Juni 2017

Wittmann, S. (2017b): Erfüllt das Projekt Tea(m)-Time die Anforderungen der Unfallkasse Rheinland-Pfalz bezüglich der Gefährdungsbeurteilung Psychische Belastung?, Interner Evaluationsbericht, Unfallkasse Rheinland-Pfalz, 2017

Arbeitskreis
Gesundheitsförderung und Gesundheitsschutz: Evaluierte betriebliche Präventionsarbeit
Leitung: Bernhard Zimolong

Arne Bastian Damrath & Christian Schwennen
Workshop zur Gesundheitskompetenz

Jasmine Kix, Rüdiger Hitzemann & Thomas Illger
Betriebliches Gesundheitsmanagement in der Zeitarbeit – Erfahrungen und Empfehlungen aus Modellprojekten

Lotte Schwärzel, Katrin Neuheuser, Ulrike Schmidt, Alina Stöver, Leonie Trimpop & Gabriele Elke
Prävention chronischer Rückenschmerzen bei Produktionsmitarbeitenden im Schichtdienst – Ein Pilotprojekt der BG RCI

Bernhard Zimolong
Welche betrieblichen Interventionen können Rücken- und Schulterschmerzen verbessern?

Arne Bastian Damrath & Christian Schwennen
Currenta GmbH & Co. OHG

Workshop zur Gesundheitskompetenz

1. Ausgangssituation

In der Praxis sind häufig Trainingsangebote zur Gesundheitskompetenz zu finden, die sich im Schwerpunkt auf die Themen Bewegung und Ernährung beziehen und meist eine fundierte theoretische Herleitung vermissen lassen. Darüber hinaus ist das Konstrukt der Gesundheitskompetenz weit aus umfassender, als dass es sich auf zwei Themen reduzieren ließe:

Gesundheitskompetenz beinhaltet das Suchen, Finden und Verstehen von Gesundheitsinformationen. Auf Basis dieser Informationen sollen das Risikoverhalten gesenkt und gesundheitsförderliche Strategien abgeleitet werden. Man ist in der Lage, neben dem eigenen Verhalten, seine Umwelt in den verschiedenen Lebenswelten (u. a. Arbeit & Freizeit) gesundheitsförderlich zu gestalten. (Kickbusch et al. 2005; Eickholt et al. 2015). Eine hoch ausgeprägte Gesundheitskompetenz der Belegschaft ist für den Erfolg von BGM-Aktivitäten essentiell. Sie ist eine Voraussetzung dafür, dass Beschäftigte in der Lage sind, ihren eigenen Gesundheitszustand wahrzunehmen, zu reflektieren, effektive Handlungsstrategien abzuleiten und entsprechende Krankheitsbewältigungs- Präventions- und/oder Gesundheitsförderungsangebote anzunehmen, um letztlich die Eigenverantwortung gegenüber der individuellen Gesundheit tragen zu können (Eickholt et al. 2015).

Der Erarbeitung des Workshop-Konzepts ging eine Kundenanfrage aus der chemischen Industrie voraus. Diese beinhaltete folgende Themen:

- Sensibilisierung der Wahrnehmung der psychischen & körperlichen Signalen und Belastungsreaktionen; Schwerpunkt Stress: Verständnis, Warnsignale, Reaktionen, Optimierung der Belastungen
- Persönliches Risikoverhalten: Einflussfaktoren & Folgen
- Erlernen von gesundheitsförderlichen Handlungsstrategien
- Früherkennung & Prävention (u. a. Vorsorge)

Die Inhalte lassen sich unter dem Modell zur Gesundheitskompetenz des European Health Literacy Surveys (EU-HLS) fassen (Sorensen et al. 2012).

Um diesen komplexen Prozess bei Mitarbeitern fördern zu können, wurde ein Tagesworkshop konzipiert, der weniger themenspezifisch als vielmehr handlungsorientiert gestaltet ist.

2. Konzeptentwicklung

Die Ziele des Workshops liegen in den drei Ebenen des Wissenserwerbs, der Einstellung und Bereitschaft sowie dem Streben nach einer Verhaltensänderung. Der Wissenserwerb erfolgt in ausgewählten Gesundheitsthemen, Gesundheit als gestaltbaren Prozess zu verstehen sowie in Ansatzpunkten, Handlungsoptionen und Unterstützungsinstrumente der Krankheitsbewältigung, Prävention und Gesundheitsförderung. Im Bereich der Einstellung und Bereitschaft soll die Motivation zur Verhaltensänderung gefördert und berufliche wie private Hilfssysteme erarbeitet werden. Eine Verhaltensänderung soll insofern erfolgen, als dass die Mitarbeiter sensibler mit Signalen des Körpers umgehen können, um frühzeitig angemessene Handlungsstrategien zu wählen und somit zur Eigenverantwortung und Selbstfürsorge beitragen.

Konzeptionell liegt der Schwerpunkt auf der Motivationsentwicklung zur Verhaltensänderung. Dafür wurde als theoretische Grundlage das sozial-kognitive Prozessmodell gesundheitlichen Handelns (HAPA) heran gezogen (Schwarzer 2004). Auf motivationaler Ebene sollen die drei Einflussfaktoren der Risikowahrnehmung (RW), Handlungsergebniserwartung und Selbstwirksamkeitserwartung (SWE) im Rahmen des Workshops positiv beeinflusst werden. Die RW soll überwiegend durch die Wissensvermittlung zu den Themen im Workshop stattfinden. Weiter wird auch bzgl. Risiken wie einer subjektiven, verzerrten RW, wie z. B. durch den optimistischen Fehlschluss, sensibilisiert und Informationsstrukturen für gesicherte Gesundheitsformationen aufgezeigt. Die SWE nimmt im HAPA wie auch in der individuellen Gesundheitskompetenz eine zentrale Rolle ein (Wieland/Hammes 2010). Im Workshop werden sowohl persönliche Ressourcen zur Gesundheitskompetenz gefördert, als auch externale in Form betrieblicher und privater Hilfssysteme zur Krankheitsbewältigung, Prävention und Gesundheitsförderung um den Teilnehmern Werkzeuge an die Handzugeben, gesundheitliche Anforderungssituationen bewältigen zu können.

Mit einer Zielsetzung einer neuen Handlungsstrategie und der Planung der Umsetzung soll der Transfer in die volitionale Phase geschaffen werden.

Die Inhalte des Workshops ergeben sich aus den Kundenanforderungen, ganzheitlich den Ebenen der Gesundheitsdefinition der WHO, dem Modell zur Gesundheitskompetenz des EU-HLS und sind in vier Themenbereiche gefasst. Um den Inhalten ausreichend Zeit einzuräumen und gleichzeitig für den Kunden einen umsetzbaren zeitlichen Rahmen zu halten, wurde der Workshop für einen Werktag begrenzt.

3. Inhalte des Workshops

3.1 Gesundheit als gestaltbarer Prozess
Im ersten von vier Themenbereichen erarbeiten die Teilnehmer die Gesundheitsdefinition der WHO und lernen die Ebenen von sowie die Einflussfaktoren auf Gesundheit kennen. Das bisherige Gesundheitsverhalten, mögliche Handlungsstrategien der Teilnehmer werden reflektiert. Es werden zum einen Gründe für mögliches Nicht-Handeln erarbeitet und anhand von Leitfragen die aktuelle Einschätzung zu den Fähigkeiten in der Risikowahrnehmung, der Handlungsergebniserwartung und der Selbstwirksamkeitserwartung erörtert.

3.2 Psychische Gesundheit und Stress
In Themenbereich 2 werden zum einen grundlegende Inhalte zu den Themen Stress und psychische Gesundheit vermittelt, wie z. B. Stresstheorie, -reaktion, -symptomen und Folgen von (chronischem) Stress. Der Fokus liegt auf dem individuellen Erleben und der Wahrnehmung von Stress, den Reaktionen und Folgen. Neben einer Kleingruppenarbeit zur Stresswahrnehmung auf den Ebenen der Gedanken, Gefühle und des Körpers, kommt als Instrument auf individueller Ebene die Stress-Warnsignal-Liste (Kaluza, 2011) zur Eigenanalyse zum Einsatz, um die Teilnehmer für ihr individuelles Stresslevel zu sensibilisieren.

Zum anderen werden Handlungsmöglichkeiten zur Stressreduktion und Stressvermeidung mit Fokus auf dem Eigenanteil an Stresssituationen vorgestellt (z. B. Stressverstärker & innere Antreiber).

3.3 Körperliche Gesundheit
Der Themenbereich 3 ist der körperlichen Gesundheit gewidmet. Neben aktuellen Volkskrankheiten (Warnsignale, Symptome & Epidemiologie) und Einflussmöglichkeiten werden wichtige Vitalparameter und auch verbreitete „Gesundheitslifestyles" thematisiert. Der Schwerpunkt in diesem Modul findet sich im Bereich der Vorsorge. Neben den Fragen welche Untersuchungen für wen, ab wann, für welche Erkrankungen sinnvoll sind, soll auch das „bei wem" vermittelt werden, sodass ein erster Ansatz für ein privates Hilfssystem im Bereich der Gesundheitsversorgung entsteht.

3.4 Gesundheitsförderliche Ansätze und Transfer
Im vierten und letzten Themenbereich werden übergeordnete Handlungsstrategien in Verhaltens- und Verhältnisprävention abgeleitet. Der erste Schwerpunkt liegt in der Erarbeitung beruflicher und privater Hilfssysteme:

Den Teilnehmern werden die vorhandenen betrieblichen Hilfssysteme wie das BGM, die betriebsärztliche Versorgung, die psychosoziale Beratung und Ansprechpartner (z.B. BR) vorgestellt und Gestaltungsmöglichkeiten seitens der Teilnehmer aufgezeigt. Die privaten Hilfssysteme beziehen sich zum einen auf individuelle Präventions- und Bewältigungsstrategien. Einen Punkt stellt dabei das Suchen und Finden von gesicherten Gesundheitsinformationen dar. Zum anderen sollen Möglichkeiten in der privaten Gesundheitsversorgung erörtert werden.

Im zweiten Teil erfolgt ein Transfer aus einem in Themenbereich 1 aufgenommenen Problem/Grund für Nicht-Handeln hin zu einem neuen gesundheitsförderlichen Verhalten. Dafür sollen die Teilnehmer in Kleingruppen einen Aktionsplan zu einem bisherigen Verhalten entwickeln, das für relevant ist.

4. Ausblick

Zum Zeitpunkt des Artikels liegen noch keine Evaluationsergebnisse vor. Aktuell wird die Evaluationsmethodik erarbeitet, die eine Vorher-Nachher-Erhebung mittels eines Fragebogens beinhaltet. Dieser setzt sich aus bestehenden validen Instrumenten in gekürzter Form, wie z.b. dem HLS-EU-Q16, sowie einer Erweiterung um eigene Items zur Erfassung themenspezifischer Inhalte zusammen. Die Pilotdurchführung ist im zweiten Quartal 2018 geplant, sodass auf dem Kongress erste Ergebnisse vorgestellt werden können.

Literatur
Eickholt, C., Hamacher, W. & Lenartz, N. (2015). Gesundheitskompetenz im Betrieb fördern – aber wie? Berlin/Heidelberg: Springer.
Kaluza, G. (2011). Stressbewältigung. Trainingsmanual zur psychologischen Gesundheitsförderung. Berlin/Heidelberg: Springer.
Kickbusch, I., Maag, D. & Saan, H. (2005). Enabling healthy choices in modern health societies. Paper for the. European Health Forum, Bad Gastein.
Schwarzer, R. (2004). Psychologie des Gesundheitsverhaltens. Eine Einführung in die Gesundheitspsychologie. Göttingen: Hogrefe Verlag.
Sorensen, K., Van den Broucke, S., Fullam, J., Doyle, G., Pelikan, J., Slonska, Z. & Brand, H. (2012). Health literacy and public health: a systematic review and integration of definitions and models. *BMC Public Health* 12:80.

Jasmine Kix, Rüdiger Hitzemann & Thomas Illger
Verwaltungs-Berufsgenossenschaft (VBG)

Betriebliches Gesundheitsmanagement in der Zeitarbeit – Erfahrungen und Empfehlungen aus Modellprojekten

1. Rahmenbedingungen für BGM in der Zeitarbeit

In der Zeitarbeit besteht permanent hoher Arbeitskräftebedarf, zum einen aufgrund der großen Dynamik und zum anderen aufgrund deutlichen Fachkräftemangels. Unternehmen und Branchenverbände der Zeitarbeit nutzen gezielt Maßnahmen zur Verbesserung dieser Situation. Dazu gehört u. a. die Qualifizierung von Zeitarbeitnehmer/-innen, die gezielte Integration älterer Arbeitnehmer/-innen und Ansätze des Betrieblichen Gesundheitsmanagements.

Bei der Betrachtung der Zusammenhänge von Arbeit und Gesundheit in der Zeitarbeit und möglicher Maßnahmen sind einige Besonderheiten zu beachten:

- Die Zeitarbeitnehmer/innen sind in den Kundenbetrieben eingesetzt. Personaldisponenten sind für die Betreuung der Beschäftigten zuständig. Diese dezentrale Struktur und vergleichsweise hohe „Führungsspannen" der Disponenten stellen die wichtigste Herausforderung für BGM in der Zeitarbeit dar. Die Motivation und Unterstützung der Führungsebene bestätigt sich auch in der Zeitarbeit wie in jeder anderen Branche als der zentrale Faktor für den Erfolg der Prozesse im BGM.
- Aufgrund des breiten Spektrums der Einsatzbereiche, sind auch die Belastungen der Zeitarbeiternehmer/innen, je nach Tätigkeit, verschieden. Dies erfordert von den Zeitarbeitsunternehmen umfassende Kenntnisse zu unterschiedlichsten Schutz- und Gesundheitsförderungsmaßnahmen. Dabei können Zeitarbeitsunternehmen durchaus Einfluss nehmen, indem sie mit den Kunden über Maßnahmen ins Gespräch gehen. Bedingungen, auf die das Zeitarbeitsunternehmen noch eher Einfluss hat, sind Bedingungen die aus der Art der Beschäftigung selbst resultieren. Faktoren wie die wahrgenommene oder erwartete Beschäftigungssicherheit, die soziale Anbindung/Unterstützung, Kommunikation und Anerkennungsmöglichkeiten sind dabei beispielhaft zu nennen. Bemerkenswert ist, dass die AU-Quoten in der Zeitarbeit häufig unter dem Schnitt der Gesamterwerbsbevölkerung liegen.
- Nicht zuletzt spielen soziodemografische Besonderheiten eine große Rolle, wie z. B. Gesundheitskompetenz, Bildungsgrad, Erwerbsbiografieverläufe, Diversität.

2. Erfahrungen aus BGM-Modellprojekten in der Zeitarbeit

Die VBG begleitet seit 2014 im Rahmen von Modellprojekten drei Zeitarbeitsunternehmen bei Aktivitäten des Betrieblichen Gesundheitsmanagements.

Bestandsaufnahme

Die Unternehmen haben bereits vor Beginn der Zusammenarbeit mit der VBG einzelne Maßnahmen der Gesundheitsförderung umgesetzt. Es zeigt sich hier ein ähnliches Bild wie in anderen Branchen auch: die meisten Unternehmen bieten mehr oder weniger viele Einzelmaßnahmen der Betrieblichen Gesundheitsförderung an. Diese werden allerdings nicht immer explizit als Arbeitsschutz- oder Gesundheitsförderungsmaßnahmen bezeichnet. Eine Bestandsaufnahme in einem ersten Schritt ist wichtig. Es zeigt sich im weiteren Prozessverlauf, dass häufig auf bestehende Aktivitäten und Maßnahmen zurückgegriffen werden kann. Bestehende Aktivitäten, Angebote und Maßnahmen sind aber häufig nicht bekannt oder organisatorisch oder inhaltlich verbesserungswürdig, so dass die Nutzung des Angebotes gesteigert werden kann.

Analyse

Die Frage nach den geeigneten Analysemethoden und die Abwägung von Vor- und Nachteilen stellt sich in der Zeitarbeit genauso wie in anderen Branchen. Einige Besonderheiten der Zeitarbeit kommen hinzu.

Befragungen

Bei Befragungen ist intensive Information, Motivation und Vertrauensbildung im Vorfeld besonders wichtig und der Bedarf kann auch noch einmal je nach Tätigkeitsgruppen in der Zeitarbeit variieren. So konnten Rücklaufquoten bei Mitarbeiterbefragungen durch intensive Vertrauensbildung und zusätzliche Motivationsverstärkung z. B. Werbung bei Gesundheitstagen, Verteilung/Versendung kleiner Aufmerksamkeiten und Gimmicks, Kopplung an Gewinnspiele etc. erhöht werden. Paper/Pencil – Befragungen führen in den meisten Bereichen der Zeitarbeit zu etwas höheren Rücklaufquoten als online-Befragungen. Fragebögen sollten zudem so kurz wie möglich sein. Auch Online-Befragungen konnten durchgeführt werden. Hier ist der Aufwand in die Vertrauensbildung bzgl. der Anonymität der Befragung deutlich höher. Insgesamt sind die Beschäftigten der Zeitarbeit zurückhaltender bei der Beteiligung an Mitarbeiterbefragungen als Beschäftigte anderer Branchen. Bezüglich der Anonymität und des vertrauenswürdigen Umgangs mit Daten gab es viele Rückfragen. Als weitere Gründe für geringe Beteiligung sind u.a. Verständigungsschwierigkeiten, fehlende Zeit, Verständlichkeit und Nachvollziehbarkeit anzunehmen. Es ist dem entsprechend auch von Selektionseffekten bei den Teilnehmern auszugehen.

Insgesamt sind mit Rücklaufquoten von 20 bis 40 % in der Branche zu rechnen. Voraussetzung für diese Rücklaufquoten ist intensive Vorabbetreuung der Befragungsteilnehmer/innen und Prüfung des Fragebogens auf notwendigen Umfang, gute Verständlichkeit und Nachvollziehbarkeit, dies sollte unter Beteiligung der Teilnehmer/innen erfolgen. Fällt diese intensive Begleitung weg, liegen die Rücklaufquoten deutlich niedriger.

Ein größerer Nutzen kann erzielt werden, wenn zusätzlich spezifische Fragebögen je nach Branche eingesetzt werden. Bei den hier begleitenden Modellprojekten wurden Konstrukte zu Tätigkeiten in der Pflege und im Fahrdienst berücksichtigt. Weiterer Anpassungsbedarf entsteht, wenn die Kenntnis und die Nutzung bestehender Gesundheitsförderungsangebote abgefragt werden sollen. Soweit vorhanden wurden validierte Verfahren zur Erhebung eingesetzt. Zum Teil wurden Eigenentwicklungen eingesetzt, die im Rahmen des Projektes auf ihre Güte hin erprobt wurden. Hierbei benötigen die Unternehmen in der Regel beratende Unterstützung.

Abschließend lässt sich feststellen, dass die Anonymität von Befragungen in der Zeitarbeit ein wichtiger Vorteil ist, so dass von den Teilnehmern/innen mehr als bei anderen Methoden ein direktes Feedback zu erwarten ist.

Workshopverfahren
Auch bei Workshopverfahren spielt Information und Vertrauensbildung eine große Rolle. Teilnehmer/innen haben häufig Sorge, direkt Rückmeldung zu geben, auch wenn im Workshop gemeinsam festgelegt wird, welche Informationen an das Unternehmen weitergegeben werden. Insgesamt empfiehlt es sich, externe Moderatoren einzusetzen, damit eine offene Diskussion und Rückmeldung erfolgen kann.

Workshops bringen andere organisatorische Herausforderungen mit sich. Es ist wünschenswert, dass die Teilnahme im Rahmen der bezahlten Arbeitszeit stattfindet, dies war allerdings in den Modellprojekten nicht in allen Fällen möglich oder von Seiten der Unternehmen erwünscht. Die Motivation zur Teilnahme sinkt bei den Beschäftigten dadurch deutlich, zumal Anfahrtswege anfallen und Workshops bei Beschäftigten im Schichtdienst zum Teil in die Erholzeit fallen. Bei Workshop-Teilnehmer/innen ist ebenfalls von Selektionseffekten auszugehen.

Je nach Qualifikation der Zeitarbeitnehmer/innen bewährt es sich bei Workshops, eine strikte, systematische Struktur, wie z. B. bei der Arbeitssituationsanalyse zwecks „Abarbeitung" von Belastungsfaktoren oder Arbeitsmerkmalen etwas aufzulockern und eine eher offene Workshopform bedarfsgerecht zu wählen.

Handlungsfelder und Maßnahmen
Zeitarbeitnehmer/innen
Wie bereits dargelegt sind Gesundheitsförderungsmaßnahmen bei Zeitarbeitnehmer/innen häufig nicht ausreichend bekannt. Hier gibt es nahezu immer Optimierungsmöglichkeiten. Die Nutzung von Angeboten ist im Vergleich mit anderen Branchen unterdurchschnittlich. Hier sollten Unternehmen einen langen Atem haben, denn die Investition lohnt sich, vorausgesetzt die Initiative des Unternehmers wird wahrgenommen und als authentisch und unterstützend bewertet. Beispiele für Maßnahmen sind Gesundheitstage, Ausflüge, Mitarbeiterfeste, Sportfeste, Einladung zum Austausch/informelle Gespräche in der Geschäftsstelle. Des Weiteren können Zeitarbeitsunternehmen grundsätzlich die Teilnahme an Gesundheitsaktionen des Entleihers unterstützen. Großer Bedarf besteht bei arbeitsorganisatorischen Fragen und Unterstützung bei alltäglichen Problemen beim Kunden. Überbeanspruchung, Überforderung und Leistungsdruck sind wichtige Problemfelder. Hier gilt es die Kommunikation und die Beziehung zum Zeitarbeitnehmer immer aufrecht zu halten. Disponenten benötigen dafür die entsprechenden Ressourcen.

Führungskräfte und Disponenten
Die Erfahrungen in den Modellprojekten bestätigen die hohe Bedeutung der individuellen Betreuung und Unterstützung durch die Führungskräfte (Disponenten). So bestätigt sich, dass die Disponenten für die Beschäftigten eine zuverlässige Anlaufstelle bei Konflikten und Problemen darstellen. Um das hohe gesundheitsförderliche Potential der Führungskräfte stärker zu nutzen, wurden durch die VBG in zwei Unternehmen Schulungen der Disponenten zum Thema „gesundheitsförderndes Führen" durchgeführt. Die Inhalte und organisatorischen Hinweise werden derzeit für die Branche aufbereitet.

Ausblick
Derzeit werden in den Modellprojekten weitere Maßnahmen umgesetzt und bewertet. Die Ergebnisse der Projekte werden aufbereitet und als Good-Practice-Beispiele in Schriften, anderen Medienformaten und in den Seminaren der VBG vor allem bei Unternehmen und Führungskräften der Branche verbreitet.

Literatur
Sicherheit und Gesundheit bei der Arbeit 2015 – Unfallverhütungsbericht Arbeit. 1. Auflage. Dortmund: Bundesanstalt für Arbeitsschutz und Arbeitsmedizin 2016.
DGUV Regel 115-801 Branche Zeitarbeit: Anforderungen an Einsatzbetriebe und Zeitarbeitsunternehmen

Lotte Schwärzel[1], Katrin Neuheuser[2], Ulrike Schmidt[3], Alina Stöver[2], Leonie Trimpop[4] & Gabriele Elke[5]

[1]BG RCI; [2]TU Darmstadt; [3]DGUV; [4]Uni Witten/Herdecke; [5]RU Bochum

Prävention chronischer Rückenschmerzen bei Produktionsmitarbeitenden im Schichtdienst – Ein Pilotprojekt der BG RCI

1. Hintergrund

„Rückhalt für den Alltag – in 7 Schritten" (RfA) ist ein präventives, im Arbeitsalltag einsetzbares, zielgruppenspezifisches Verhaltensprogramm zur Reduzierung von Chronifizierungsrisiken für Rückenschmerzen. Das Programm basiert auf kognitiv-behavioralen Techniken sowie Methoden der modernen Schmerztherapie, deren Wirksamkeit in einer randomisierten Kontrollgruppenstudie nachgewiesen werden (vgl. Günther, et al., 2012).

Im Rahmen eines Pilotprojekts der BG RCI wurde das Verhaltensprogramm, welches ursprünglich für den Verwaltungskontext entwickelt wurde, bei Produktionsmitarbeitenden im Schichtdienst erprobt. Zwar ist die Wirkung kognitiv-behavioraler Strategien nach dem vorliegenden Forschungsstand kontextunabhängig, wurde jedoch inhaltlich angepasst um es in den Tätigkeitsfeldern zu evaluieren (Elke, Zimolong & Nold, 2014).

2. Methode

Das Pilotprojekt wurde 2016 in zwei Mitgliedsbetrieben der BG RCI mit laufendem Schichtdienst durchgeführt. Seitens der BG RCI gab es eine Anschubberatung für Führungskräfte und betrieblichen Akteure für Sicherheit und Gesundheit zur Sensibilisierung für den multidimensionalen Entstehungsprozess von Rückenschmerzen sowie die Gefährdungsbeurteilung, insbesondere psychischer Belastung. Im nächsten Schritt wurde das Verhaltensprogramm RfA für je 8-12 Teilnehmende in sieben wöchentlichen Sitzungen in den Betrieben während der Arbeitszeit durchgeführt. Kernelemente des Trainings waren Inhalte zur Anatomie des Rückens und psychoedukative Einheiten zur Schmerzentstehung- und Wahrnehmung sowie zum Selbstmanagement. Darüber hinaus wurden Copingstrategien zur Aufmerksamkeitslenkung, Kognitive Umstrukturierung, Emotionsregulation sowie Stressmanagement vermittelt. Die Teilnehmenden lernten zudem einfache, alltagstaugliche Bewegungs- und Entspannungsübungen und erhielten ein begleitendes Telefoncoaching. Die Zielgruppe waren Produktionsmitarbeitende, die in den letzten 12 Monaten Rückenschmerzen erlitten, dadurch Einschränkungen im Alltag erfahren hatten und gefährdet waren, chronisch daran zu erkranken.

Während der Phase des Gruppenprogramms fanden im Rahmen der Verhältnisprävention Begehungen mit den Führungskräften, Mitarbeitenden, Fachkräften für Arbeitssicherheit sowie zuständigen Aufsichtspersonen statt. Hierbei wurden Belastungsfaktoren identifiziert und bewertet sowie geeignete Maßnahmen zur Förderung der Rückengesundheit abgeleitet.

Die Evaluation des Pilotprojekts erfolgte nach dem Vier-Ebenen-Modell von Kirkpatrick (1998). Auf Ebene 1 wurde die Bewertung und Zufriedenheit der 24 Teilnehmenden mit dem Programm evaluiert. Auf Ebene 2 wurden der subjektiv eingeschätzte Lernerfolg sowie die Transfermotivation der Teilnehmenden erhoben. Für beide Ebenen wurde ein selbstkonstruierter Feedbackfragebogen am Ende des Gruppenprogramms eingesetzt. Ebene 3 diente der Wirksamkeitsmessung. In einem Prä-Post- Follow-Up Design ohne Kontrollgruppe, wurde überprüft, inwiefern die Teilnahme an RfA die Schmerzintensität und das schmerzbedingte Beeinträchtigungserleben (Pain Disability Index (PDI)) reduzieren. Weiterhin wurden Fear Avoidance Beliefs, Selbstwirksamkeit, katastrophisierende Gedanken, die kognitive Schmerzbewertung, Depressivität, Schonverhalten sowie sportliche Aktivität erhoben (vgl. Günther, Lehnhoff, Elke & Zimolong, 2012). Hierfür wurde ein standardisierter Fragebogen zur Rückengesundheit eingesetzt. Ebene 4 diente der Erhebung von betrieblichen Veränderungen sowie der Sensibilisierung der Führungskräfte. Die Daten wurden mittels der Begehungen sowie teilstrukturierter Interviews erhoben. Im Rahmen der Prozessevaluation wurde ermittelt, welche Erfolgsfaktoren und Hindernisse bei der Ein- und Durchführung von RfA im Betrieb eine Rolle spielten.

3. Ergebnisse

Die 24 männlichen Teilnehmer (13 in Betrieb 1, 11 in Betrieb 2) waren durchschnittlich 40,05 Jahre (SD = 8,95) alt. Prä- und Post-Messungen wurden in beiden Betrieben durchgeführt. Die Follow-up-Messung 3 Monate später konnte aufgrund fehlender Rückläufe nur in Betrieb 2 ausgewertet werden.

Ebene 1 – Zufriedenheit. 16 Teilnehmende wurden nach ihrer Zufriedenheit befragt. Sie gaben an, ausreichend Informationen zum Thema Rückengesundheit (MW 4,56; SD 0,51) sowie genügend praktische Tipps und Methoden zur Umsetzung im Arbeitsalltag (MW 4,50; SD 0,52) erhalten zu haben. Die Mehrheit schätzte die Trainingsinhalte als relevant für sich einschätzte (MW 4,31; SD 0,70) und mit dem Training insgesamt sehr zufrieden war (MW 4,75; SD 0,45).

Ebene 2 – Lernerfolg. Die meisten Teilnehmenden gaben an, sie könnten, die Übungen auch selbständig durchführen (MW 4,87; SD 0,34) und planten, die Übungen auch nach Abschluss des Trainings weiterhin auszuüben (MW 4,31; SD 0,79).

Tab. 1: Deskriptive Werte der Prä- und Post-Messung (Betrieb 1 und 2) sowie der Follow-up-Messung (Betrieb 2)

Skala	Prä-Messung MW (SD) N = 24 *23 **19	Post-Messung MW (SD) N = 8	Follow-up-Messung MW (SD) N = 10
Schmerzintensität	4,21 (2,23)	4,13 (2,23)	2,60 (1,58)
Pain Disability Index	4,55 (1,99)	4,18 (2,12)***	2,78 (1,79)
Angst, sich zu bewegen	4,30 (2,65)*	3,13 (2,59)	3,90 (2,92)
Allgemeine Depressivitätsskala	0,88 (0,50)	0,94 (0,39)	0,67 (0,38)
Körperliches Schonverhalten	5,17 (2,76)	4,75 (3,28)	5,70 (3,06)
Allgemeine Bewegungsaktivität	6,63 (2,04)	7,75 (1,83)	8,10 (1,37)
Sport/Woche (in Minuten)	116,05 (119,98)**	207,50 (130,79)	171,67 (115,00)***
Fear-Avoidance-Beliefs	2,20 (0,94)*	1,76 (1,06)	2,08 (1,03)***
Selbstwirksamkeit	2,70 (0,67)*	3,36 (0,43)	2,91 (0,42)

*N = 23 **N = 19 ***N = 7 ****N = 9

Ebene 3 – Verhaltens- und Einstellungsänderung. In der Post-Messung ist eine Abnahme der Schmerzintensität, des PDI, der Angst sich zu bewegen und des körperlichen Schonverhaltens zu verzeichnen (Tabelle 1). Sowohl die allgemeine Bewegungsaktivität, als auch die Selbstwirksamkeit sind angestiegen. Die Follow-up-Messung zeigt einen weiteren Abfall der Schmerzintensität und des PDI sowie eine weitere Erhöhung der Allgemeinen Bewegungsaktivität und der Selbstwirksamkeit. *Ebene 4 – Veränderung auf betrieblicher Ebene.* Interviews mit den Akteuren sowie Begehungen zeigten, dass Verbesserungen der ergonomischen und organisatorischen Arbeitsbedingungen, wie z. B. die Anschaffung von Hubtischen oder Ergonomieschulungen für Mitarbeitende erzielt werden konnten. Des Weiteren wurde die Umsetzung der Gefährdungsbeurteilung psychischer Belastung vorangetrieben.

Prozessevaluation. Die Interviews ergaben außerdem, dass förderliche Rahmenbedingungen für eine erfolgreiche Rückenschmerzprävention die Unterstützung des Managements, eine vollständige Gefährdungsbeurteilung sowie die Motivation der Beschäftigten waren. Als hinderlich stellten sich wirtschaftliche Probleme, Personalmangel, Arbeitsplatzunsicherheit und fehlende Unterstützung der Führungskräfte dar.

4. Diskussion und Fazit

In dem Pilotprojekt konnte aufgezeigt werden, dass RfA als Gruppenprogramm auch im Produktionskontext erfolgreich eingesetzt werden kann. Dabei stellt RfA lediglich einen Baustein einer nachhaltigen Strategie zur Förderung der Rückengesundheit dar. Unter Berücksichtigung der Gefährdungsbeurteilung gilt es, langfristig angelegte Maßnahmen der Verhaltens- und Verhältnisprävention zu kombinieren. Es konnte gezeigt werden, dass die Unterstützung des Managements, das Einbeziehen der Führungskräfte sowie die Partizipation der Mitarbeitenden maßgeblich zum Erfolg von betrieblicher Prävention beitragen. Im Sinne einer Sicherheits-und Gesundheitskultur müssen Betriebe zur Veränderung bereit sein und ein wirkliches Interesse haben, die Situation für ihre Mitarbeitenden zu verbessern. Hierfür bedarf es der Bereitstellung entsprechender Ressourcen sowie einer entsprechenden Arbeitsschutzorganisation und Strukturen der betrieblichen Gesundheitsförderung. Werden diese Bedingungen nicht berücksichtigt, können auch einzelne Programme nicht nachhaltig wirken (vgl. Elke, Gurt, Möltner & Externbrink, 2015, Nold, Jansen & Schwärzel, 2016).

Literatur
Elke, G., Gurt, J., Möltner, H., & Externbrink, K. (2015). *Arbeitsschutz und betriebliche Gesundheitsförderung – vergleichende Analyse der Prädiktoren und Moderatoren guter Praxis.* Dortmund: BAUA.
Elke, G., Zimolong, B., & Nold, H. (2014). Rückhalt für den Alltag in sieben Schritten: Ein Verhaltensprogramm zur Prävention chronischer Rückenschmerzen. In M. Eigenstetter, T. Kunz, R. Portune & R. Trimpop (Hrsg.), *Psychologie der Arbeitssicherheit und Gesundheit. Psychologie der gesunden Arbeit* (S. 457–460). 18. Workshop 2014. Kröning: Asanger Verlag.
Günther, G., Lehnhoff, B., Elke, G. & Zimolong, B. (2012). Evaluation eines Verhaltensprogramms zur Prävention chronischer Rückenschmerzen im Verwaltungskontext. In G. Athanassiou, S. Costa-Schreiber, & O. Sträter (Hrsg.), *Psychologie der Arbeitssicherheit und Gesundheit.* 17. Workshop Gesundheit und Arbeitssicherheit, 2012. Kröning: Asanger Verlag.
Kirkpatrick, D. L. (1998). *Evaluation training programs: the four levels.* San Francisco: Berrett-Koehler Publishers.
Nold, H., Jansen, U., & Schwärzel, J. (2016). *Was Sie schon immer über Rückengesundheit wissen wollten: Dokumentation der Kampagne „Denk an mich. Dein Rücken".* Kröning: Asanger Verlag.

Bernhard Zimolong
Ruhr-Universität Bochum/Fakultät für Psychologie

Welche betrieblichen Interventionen können Rücken- und Schulterschmerzen verbessern?

1. Einleitung

Der Artikel stützt sich auf Systematische Reviews (SYSR) und Metaanalysen (MA) von Randomized Controlled Trials (RCT) und prospektiven Studien mit Kontrollgruppen der Jahre 2007 bis 2017 (Zimolong, 2018). Die höchste Evidenzbewertung von „1" des vierstufigen Graduierungssystems verfügt über mindestens drei hochwertigen Studien oder mindestens 75 % aller verfügbaren Interventionsstudien, die innerhalb einer Kategorie die gleiche Wirkungsrichtung haben. Für alle Belege unter dem moderaten Niveau „3" lautet die einheitliche Botschaft: ‚Nicht genügend Beweise aus der Forschung um Empfehlungen für die Praxis abzuleiten'. Dies bedeutet aber nicht, dass die Interventionen mit niedriger oder sehr niedriger Evidenzqualität nicht wirksam oder ungeeignet sind. Es gibt nur nicht genügend wissenschaftliche Beweise um daraus Empfehlungen abzuleiten.

Nach ihrem Verlauf werden Rückenschmerzen in akute (Dauer weniger als 6 Wochen), subakute (6 bis 12 Wochen) und chronische Formen (mehr als 12 Wochen) eingeteilt. Bis zu 60 % der Rückenschmerzfälle nehmen einen rezidivierenden Verlauf. Innerhalb weniger Wochen verbessern sich die Schmerzen bei der großen Mehrzahl der Betroffenen (75 % – 90 %) mit akuten Rückenschmerzen. Chronische Rückenschmerzen können auch mit schmerzfreien Phasen einhergehen, in denen gar keine Beschwerden auftreten. In einer repräsentativen Studie des Robert Koch-Instituts aus dem Jahr 2009 gaben 20,7 % der Befragten an, im letzten Jahr unter mindestens drei Monate oder länger anhaltenden, d.h. chronischen Rückenschmerzen (fast täglich), gelitten zu haben. Insbesondere gering qualifizierte Beschäftigte in manuellen und Dienstleistungsberufen tragen ein hohes Risiko für Arbeitsunfähigkeit durch MSE Erkrankungen. Andererseits besteht nicht nur in den typisch physisch belastenden, sondern auch in den körperlich geringer belastenden Berufen ein höheres Risiko für MSE, u.a. bei Verwaltungstätigkeiten oder Bildschirmarbeitsplätzen. Das Ziel der Prävention muss daher die Unterbrechung der Chronifizierung von MSE durch ergonomische, arbeitsorganisatorische und verhaltensorientierte Interventionen am AP sein.

2. Interventionen am Arbeitsplatz

Arbeitsgestaltungsmaßnahmen zur Prävention von Rückenbeschwerden zielten bislang auf die Verringerung von biomechanischen Fehlbelastungen durch ergonomische und/oder arbeitsorganisatorische Veränderung der Arbeit und der Arbeitsumgebung (Tab. 1). Von biomechanischen Belastungen wurde lange angenommen, dass sie die alleinige kausale Rolle bei Rückenschmerzen spielen. Die psychologische Forschung zeigte indes frühzeitig, dass der akute Rücken- und Nackenschmerz und der Übergang von akutem zu chronischem Schmerz mit einer erhöhten Ausprägung von Depressivität, Angst, beruflichem Distress und allgemeinem Stress verbunden sein kann.

Tab. 1: Evidenzbewertung von Interventionen am Arbeitsplatz (2007–2017)

Interventionsgruppe	Interventionsart	Kriterien: Schmerzen, Beeinträchtigungen, Fehlzeiten; Reviews R
Verringerung biomechanische Fehlbelastungen	Manueller Lastentransport, repetitive Arbeit, Hand-Arm-Vibration, Rumpfbeugung oder -drehung in beengten Verhältnissen, Überkopfarbeit	Nachweise, 4 R
Ergonomische Interventionen Psychosoziales Umfeld	Ergonom. Arbeitsgestaltung, u.a. Aufgabenveränderung, Qualitätszirkel, Arbeitszeiten, Lärm, Beleuchtung, Vibration. Vorgesetzte, Mitarbeiter	Keine Nachweise, 3 R Keine Übereinstimmung über psychosoziale Risikofaktoren, 4 R
Einweisungen, Schulungen	Umgang mit Arbeits- und Betriebsmitteln	Keine Nachweise, 3 R
Ergonomie + Schulung	z.B. Hebehilfe, Schulung	Keine Nachweise, 1 R
Kognitive Verhaltensinterventionen	Kognitives Verhaltens-Training, Stressvermeidung, Entspannung, Meditation	Nachweise Reduzierung von Stress, 2 R; keine Nachweise für MSE, 3R
Bewegungsprogramme Bewegung + edukative Begleitung	Aerobe Übungsformen, Kräftigungs-, Koordinations-, Mobilisierungsübungen, u.a. Krafttraining mit Hanteln, Stretching	Nachweise bei chronischen RS, (1 R), für Verringerung Rezidivrate in Nachbehandlungsphase (1R)

Für den Zusammenhang zwischen psychosozialen Belastungsfaktoren und MSE gibt es jedoch widersprüchliche Ergebnisse sowohl über die Wirkung einzelner Faktoren als auch über ihren Evidenzgrad. Sie wurden als Risikofaktoren für Rücken- und Schulterschmerzen in vier aktuellen Reviews mit niedrigen Evidenzgraden identifiziert (Tab.1). Es gibt keine mehrheitlichen Übereinstimmungen zwischen den Faktoren aus den Gestaltungsfeldern Arbeitsorganisation, physikalisches und psychosoziales Arbeitsumfeld. Daher bleibt offen, welche der psychosozialen Belastungen im Einzelnen einen Einfluss hat. Die Effektstärken der psychosozialen Arbeitsbelastungen sind geringer als bei den biomechanischen Belastungen, deren Odd Ratios (OR) zwischen 1,4 und 5,1 liegen. Sie erreichen bei hohen Anforderungen Werte von 1,7 bis 3,19 und bei monotonen Tätigkeiten OR Werte von 1,7 im Vergleich mit der Referenzgruppe. In der epidemiologischen Interventionsforschung zu MSE bezieht sich der Begriff "Arbeitsplatzintervention" sowohl auf ergonomische, arbeitsorganisatorische als auch verhaltensorientierte Veränderungen. Einweisungen und Schulungen im Umgang mit den Arbeits- und Betriebsmitteln werden den ergonomischen Interventionen zugeordnet (Tab. 1). Die Wirksamkeit von ergonomischen, arbeitsorganisatorischen und verhaltensorientierten Interventionen am Arbeitsplatz (AP) zur Reduzierung von Schmerzen und funktionellen Beeinträchtigungen konnten für akute und subakute Schmerzen nicht nachgewiesen werden. Werden die arbeitsorganisatorischen Veränderungen allerdings individuell mit dem Beschäftigten im Rahmen eines Wiedereingliederungsprogramms vereinbart, sind Verbesserung der Schmerzen (hohe Evidenz; 1/4) und der Funktionsbeeinträchtigungen zu erwarten (moderate Evidenz; 2/4). Primärstudien finden regelmäßig eine hohe (1/4) bis moderate Evidenz (2/4) für die Verringerung der Schmerzstärke und Aktivitätseinschränkungen durch Bewegungsprogramme am AP, eine moderate Evidenz (2/4) zur Reduzierung von RS-Episoden sowie für die Verringerung der Rezidivrate in der Folgephase. Die Effektgrößen liegen im mittleren Bereich und sind den Effektstärken von Arbeitsplatzinterventionen deutlich überlegen. In Kombination mit anderen Verfahren wie der kognitiven Verhaltensintervention, Entspannungsübungen oder der Förderung von Stressbewältigungsfähigkeiten erzielen Bewegungsprogramme eine höhere Wirksamkeit. Stress trägt zur Schmerzchronifizierung bei. Kognitive Verhaltensinterventionen und Entspannungsübungen können wirksam Stress reduzieren und so die Rückengesundheit verbessern. Die Prävention der Chronifizierung in der subakuten Phase wird durch arbeitsbezogene Interventionen, Bewegungsprogramme und durch prozessbegleitende Rückkehrmaßnahmen nachweislich unterstützt. Medizinische Interventionen allein zeigten keine positiven Auswirkungen auf Fehlzeiten und schnellere Rückkehr zur Arbeit. Wenn die Ursache der Arbeitsunfähigkeit mit den Tätigkeiten am Arbeitsplatz zusammenhängt, dann führt eine Rückkehr zu einem unveränderten AP längerfristig eher zu Rezidiven. Spezifische, auf den Arbeitsplatzinhaber ausgerichtete Interventionen begleitet durch ein Eingliederungsmanagement scheinen eine effektive Kombination für eine raschere Rückkehr zu Arbeit zu sein (Tab. 2). Drei aktuelle Reviews kommen zu übereinstimmenden Ergebnissen mit geringen Unterschieden in der Evidenzbewertung (gering 3/4 und moderat 2/4). Ein Wiedereingliederungsmanagement verbunden mit einer kognitiven Verhaltensintervention wurde mit moderater Evidenz (2/4) bewertet. Die Beteilung der Akteure in allen Phasen des Wiedereingliederungsprozesses ist eine weitere Bedingung.

Tab. 2: Evidenzbasierte Interventionen Rückkehr zur Arbeit

Arbeitsplatz Auf Einzelperson ausgerichtete Risikobewertungen und Veränderungen; Einbeziehung der betriebl. Akteure	Ergonomische Interventionen Arbeitsorganisation Physikalisches Arbeitsumfeld Psychosoziales Umfeld
Verhaltensorientierte Interventionen	Bewegungstherapie, Physiotherapie und kognitive Verhaltenstherapie, begleitet von edukativen Ansätzen
Betriebliche/lokale Gesundheitsversorgung	Umsetzung eines koordinierten Aktionsplans für Wiedereingliederung, Konsultation mit Betriebsarzt, Information und Weiterbildung von niedergelassenen und Betriebsärzten

3. Fazit

Physische und psychosoziale Risikofaktoren tragen zu MSE bei. Mit Ausnahme von Bewegungsübungen konnte die Wirksamkeit von verhaltensorientierten, ergonomischen und arbeitsorganisatorischen Interventionen am AP zur Verbesserung von akuten und subakuten Schmerzen nicht nachgewiesen werden. Die Unterbrechung der Chronifizierung in der subakuten Phase wird durch arbeitsbezogene Interventionen, Bewegungsprogramme und durch prozessbegleitende Rückkehrmaßnahmen unterstützt. Kognitive Verhaltensinterventionen und Entspannungsübungen können wirksam Stress reduzieren.

Die in den Reviews analysierten hochwertigen Primärstudien kommen überwiegend aus nordwesteuropäischen Ländern mit hohem Arbeitsschutzniveau. Hinzu kommt die Beschränkung auf leicht zugängliche Berufsgruppen, u.a. aus dem Gesundheitswesen oder Verwaltungstätigkeiten. Manuelle Tätigkeiten in geringer qualifizierten Berufen sind deutlich unterrepräsentiert. Für die Durchführung von SYSR und MA müssen regelmäßig heterogene Interventionsgruppen gebildet werden, die für Gestaltungsempfehlungen ungeeignet sind. Wegen der geringen Zahl von RCT Studien zu Interventionen am AP bleibt die Evidenz der bisherigen Ergebnisse fraglich. Weitere prospektive Längsschnittuntersuchungen sind nötig, um Aufklärung zu bringen.

Literatur:
Zimolong B. (2018). Berufliche Prävention von Rücken- und Schulterschmerzen. Eine Auswertung systematischer Reviews. Internistische Praxis. 59(1), 161–177.

Arbeitskreis
Präventions-, Sicherheits- und Gesundheitskultur: Führung und Organisation
Leitung: Gabriele Elke

Reinhard Lenz
Zeitgemäße Personalführung in Kulturprozessen unter Berücksichtigung der Totalkommunikation – Ein anwendungsorientierter Beratungsansatz aus der Praxis

Rainer Oberkötter, Jasmin Brands & Carolin Wolf
Führung und Personalentwicklung als Präventionskultur: Beratungsansätze aus der Praxis

Thorsten Uhle
„Sicher im Team" – Ein verhaltenspsychologisches Präventionsprogramm

Jana Kampe
Prävention als Teil des betrieblichen Wertesystems: Erfassung von Präventionskultur in Klein- und Kleinstbetrieben

Reinhard Lenz
Institut Input GmbH · Beratung, Qualifizierung, Mediengestaltung

Zeitgemäße Personalführung in Kulturprozessen unter Berücksichtigung der Totalkommunikation – Ein anwendungsorientierter Beratungsansatz aus der Praxis

1. Kulturentwicklung mit und durch Führungskräfte

Die „Kultur der Prävention" in Unternehmen und Organisationen ist immer auch ein Abbild der Kultur in einer Gesellschaft. Die Sicherheitskultur kann als Teilmenge der Unternehmenskultur verstanden werden. Voraussetzung für die Entwicklung einer Teilmenge ist Widerspruchsfreiheit.

Beratungsansätze zur Weiterentwicklung einer vorhandenen Sicherheitskultur beschäftigen sich im Schwerpunkt mit strukturellen und strategischen Anpassungen, die eine gewünschte Reaktion der Belegschaften nach sich ziehen. Ob überhaupt, in welcher Richtung und in welchem Maße eine Anpassung erfolgt, ist zwar prognostizierbar, aber nie sicher.

Die Steuerung und Durchsetzung von Change-Prozessen kann nur durch und mit den Führungskräften der einzelnen Hierarchieebenen erfolgen. Voraussetzung ist, dass die Mehrheit aller Führungskräfte veränderungsbereit ist und neue Strategien authentisch vertritt.

Aus der Perspektive einer Metaebene muss eine Erkenntnis und Entscheidung vorausgegangen sein, dass eine Entwicklung notwendig ist. In der Weiterentwicklung einer Sicherheits- und Gesundheitskultur liegt die Hoffnung, damit auf sicherheits- und gesundheitsgerechtes Verhalten der Belegschaften Einfluss nehmen zu können und sogenannte verhaltensbasierte Unfälle und Ausfalltage durch Krankheit zu reduzieren.

Wenn bei derartigen Vorhaben Belegschaften als rein reaktive Elemente betrachtet werden, die schließlich an Weisungen gebunden sind, werden deren Wünsche und Bedürfnisse nicht unbedingt berücksichtigt. Mitarbeiter als die ausschließliche Zielgruppe zu betrachten, deren Verhalten gesteuert und verändert werden muss, ist eine Sichtweise, die vor der Verbreitung sozialer Vernetzung erfolgreich war.

Alltagssprachliche Varianten zur Definition einer (Sicherheits-)Kultur schließen eine verordnete Kultur als „Anweisung von oben" aus. Erzwungene „Kulturen", die überwacht und bei Nichteinhaltung sanktioniert werden müssen, sind durch nachfolgende Kulturdefinitionen ausgeschlossen.

- Gesamtheit der geistigen Lebensäußerungen
- Summe der persönlichen Einstellungen

- Gelebte Selbstverständlichkeiten
- Ungeschriebene Gesetze/Muster
- Wie man das bei uns so macht
- Was man wirklich meint/denkt

Eine Version liegt darin, Kulturprozesse in einem Unternehmen gesteuert aus der Zufälligkeit zu holen. Es wird kaum gelingen, einer vorhandenen Kultur, die aus den Bedürfnissen der beteiligten Akteure gewachsen ist, eine andersgeartete Kultur überzustülpen. Es bedarf Geduld und langem Atem, um erfolgreich sein. Akzeptanz für Change-Prozesse wird erreicht, bei ausreichender …

- *Prägnanz:*
  Widerspruchsfreie Klarheit der Orientierungsmuster und Werthaltungen.

- *Verbreitungsgrad:*
  Große Anzahl Mitarbeiter richtet ihr Verhalten danach aus.

- *Verankerungstiefe:*
  Grad der Verinnerlichung.

2. Totalkommunikation

> *Wenn sich die Medien ändern, ändert sich die Gesellschaft!*
> (Walter Benjamin)

In den letzten Jahren haben sich viele Menschen verstärkt vernetzt (WhatsApp, Facebook usw.). Jeder findet Gleichgesinnte. Im Netz existieren Beweise für alles (Selbsterleuchtung). Jeder kann sich eine ihm genehme Welt erschaffen. Das Gesummse der Masse! Jeder, der will, brummt mit.

Aus einer erhöhten Kopplungsdichte in einem Netz ergibt sich eine Komplexitätssteigerung. Die Anzahl der Knotenpunkte eines Netzes erhöht die Nichtlinearität und mindert die Vorhersagbarkeit von Ergebnissen. Gesellschaftliche Entwicklungen zeigen, dass mit erhöhter Spontanaktivität und mit Aufschaukelungstendenzen gerechnet werden muss (Pegida, Flüchtlingsströme, Arabischer Frühling, IS usw.). Derartige Veränderungen machen nicht am Eingangstor halt. Eine Resonanzbildung auf Arbeitsanweisungen erfolgt nicht mehr einzig durch die Führungskraft (Hat der Chef gesagt!), sondern vermehrt durch Netzwerke (Da frag ich meine WhatsApp-Gruppe!). Aus diesem Grunde muss in Betrieben und Organisationen mit einer Machtverschiebung gerechnet werden.

Es ist nicht verwunderlich, wenn aufgrund dieser Veränderungen Konzepte, die vor diesen gesellschaftlichen Veränderungen entwickelt wurden, an Wirksamkeit verlieren.

3. Handlungsoptionen

Handlungsoptionen, um in Kulturprozessen auf gesamtgesellschaftliche Veränderungen zu reagieren:

- *Komplexität:* Arbeitsprozesse sind komplex geworden. Zur Durchdringung hilft eine Reduzierung auf wiederkehrende und identifizierbare Muster. Hilfreich ist, wenn komplexe Systeme aus unterschiedlichen Perspektiven betrachtet werden (Empathie). Auf umfängliche Vernetzung kann mit Vernetzung reagiert werden.
- *Differenzierung:* Arbeitsschutz steht in der Tradition, ein isoliertes Verhaltensmuster zu favorisieren und alle anderen auszuschließen. Unter den veränderten Umständen ist eine Differenzierung zielführend (weniger Gießkannenprinzip).
- *Sinnempfinden:* Die Frage nach dem „Warum", fremdbestimmte Arbeit, wird in erster Linie mit „Geldverdienen" beantwortet. Zunehmend gewinnt an Bedeutung: „Was macht das gemeinsame Handeln in meinem Kontext sinnvoll?"
- *Kontext:* Besuche und Gespräche in vor- und nachgeschalteten Abteilungen geben Antworten auf die Fragen: „Welche Gefahren entstehen durch meine Arbeit in der Folgeabteilung?", „Welche Gefahren durch die Arbeit der vorgelagerten Abteilung beherrsche ich?"
- *Resonanzfähigkeit:* Vor der vielfachen Vernetzung hat es ausgereicht, Entscheidungen des Managements lediglich bekanntzugeben. Unter den aktuellen Bedingungen müssen Entscheidungen in Netzwerken resonanzfähig sein, um Akzeptanz zu erreichen. Das Management muss akzeptieren, Beschlüsse vermehrt zu erklären und zu begründen.

Wenn den Entwicklungen und den daraus folgenden Thesen zugestimmt wird, welche Aufgaben kommen dann auf das Management und den Führungskräften zu, wenn eine „Kultur der Prävention" weiterentwickelt werden soll?

- Bedürfnisse und Wünsche der Belegschaften einbeziehen (hinhören, zuhören, evaluieren).
- Qualifikation der Führungskräfte zur Kompetenzentfaltung der Mitarbeiter.
- Potentialen Raum geben (Rahmenbedingungen schaffen, Ressourcen zur Verfügung stellen).
- Entfaltungskonkurrenz statt Ausschlusskonkurrenz.
- Hindernisse erkennen und aus dem Weg räumen.

- Fähigkeiten unterstützen, sich in die Handlungszwänge und Motive anderer Personen, Hierarchien und Abteilungen hineinzudenken (Empathie).
- Individualisierung nach Kompetenz zulassen.
- Korridore definieren statt ausschließliche Linien.
- Partizipation verstärken, Beschlüsse in überschaubaren Sinneinheiten favorisieren und zulassen.
- Verkraftbare Demokratisierung, wo immer es möglich ist.

> *Es ist nicht gesagt, dass es besser wird, wenn es anders wird. Wenn es aber besser werden soll, muss es anders werden.*
> (Georg Christoph Lichtenberg, Deutscher Physiker und Schriftsteller 1742–1799).

Wenn alles so bleibt, wie es war, werden die Verhältnisse zementiert. Um etwas zu verbessern, müssen die Beratungsansätze und Sichtweisen den veränderten gesellschaftlichen Bedingungen angepasst werden.

Literatur
Nieschmidt. P. Arbeiten und Führen unter veränderten gesellschaftlichen Bedingungen
Kruse P. Zukunft der Führung: kompetent, kollektiv oder katastrophal?
next practice. Erfolgreiches Management von Instabilität. 6. Auflage. Gabal, Offenbach 2011

Rainer Oberkötter, Jasmin Brands & Carolin Wolf
Wolf & Oberkötter Personal- und Organisationsentwicklung

Führung und Personalentwicklung als Präventionskultur: Beratungsansätze aus der Praxis

1. Einleitung

Gesunde, kompetente und motivierte Arbeitnehmende sind essentiell für die Sicherung der Wettbewerbsfähigkeit und der Innovationskraft eines Unternehmens (Kraus-Hoffmann, 2016). Insofern sind Erhalt und Förderung guter Arbeitsbedingungen, der Gesundheit und des Wohlbefindens der Beschäftigten auch Fragen der wirtschaftlichen Logik (ebd.). Ein breit getragener Konsens darüber, dass die Stärkung von Gesundheitsförderung und Prävention zur ökonomischen Stabilisierung unserer Gesellschaft und unseres Gesundheitswesens unverzichtbar ist, besteht auch in der öffentlichen Diskussion (Drexler, Letzel & Nesseler, 2016).

Dort, wo Menschen zusammenkommen, entsteht Kultur. Diese „etabliert sich bekanntlich nach innen, indem Gruppen über gruppendynamische Prozesse für sie gültige Bewältigungsstrategien als bindend anerkannt haben und leben und von neuen Mitgliedern eine Anpassung verlangen" (Ludborzs, 2012, S. 39). Auf Unternehmen übertragen, werden die dort gebildeten Gewohnheiten und Regeln als *Unternehmenskultur* bezeichnet. Sowohl in der Forschung als auch in der betrieblichen Praxis wird darauf verwiesen, dass hierbei verschiedenen Teilkulturen eine zentrale Bedeutung zukommt (ebd.). Es hat sich beispielsweise die *Sicherheitskultur*[1] von einem „Newcomer" hin zu einem weitgehend etablierten Konzept entwickelt, welche im Überwiegenden jedoch erst nachträglich zur Erklärung von Unfällen oder Ereignissen herangezogen wird (Fahlbruch & Schöbel, 2009). Da die jeweilige *Sicherheits- und Gesundheitskultur* in einem engen Zusammenhang mit dem Erfolg von Präventionsarbeit steht und diese in ihrer Praxis kontinuierlich Bezug auf die Wirkgröße „Kultur" nimmt, trägt der Begriff *Präventionskultur* diesen Erkenntnissen Rechnung (vgl. Ludborzs, 2012).

2. Präventionskultur

Gemäß Elke (2016, S. 479) verdeutliche die explizite Setzung von Prävention als „neue" Zielsetzung, dass ein präventiver Arbeitsschutz noch nicht in den Köpfen angekommen sei und im Alltag gelebt würde. Mittels des Begriffs *Präventionskultur* wird jedoch „Klarheit sowie eine Vision und Orientierung" geschaffen, „wo es in-

---

[1] „Hauptannahme ist, dass ein ‚mehr' von Sicherheitskultur auch zu einem ‚mehr' an Sicherheit führt" (Fahlbruch & Schöbel, 2009, S. 51).

haltlich hingehen soll" (ebd., S. 477). Angestrebt wird die inhaltliche Ausrichtung einer *Sicherheits- und Gesundheitskultur,* die von einem durch Eigenverantwortung geprägten Menschenbild ausgeht und sich einer umfassenden, auf das Ganze gerichteten Sichtweise sowie eines integrativen, vorbeugenden Gestaltungsansatzes, der bei den Gefährdungen und Ressourcen ansetzt, bedient (ebd.).

Ebenso wie „Kultur" im Allgemeinen oder *Unternehmenskultur* im Speziellen folgt auch Präventionskultur den Regeln von Dynamik und Veränderung. Die bloße Zielsetzung führt somit „nicht automatisch dazu, dass eine *Präventionskultur* gelebt und zentral für das Handeln im Alltag wird" (ebd. S.479). Stattdessen ist weitgehend unklar, wie die Entwicklung einer von allen Akteuren geteilten *Präventionskultur* vorangetrieben und mittels welcher Maßnahmen diese gefördert, verbessert und nachhaltig implementiert werden kann (vgl. Elke, 2016; vgl. Fahlbruch & Schöbel, 2009). Führungskräfte, die einen wesentlichen Einfluss auf die Beschäftigten haben und somit auch deren Gesundheit und Wohlbefinden beeinflussen können, sollten daher, als Promotoren und Vorbilder, eine besondere Verantwortung übernehmen (vgl. Krauss-Hoffmann, 2016).

3. Führung, Personalentwicklung, Prävention

Ausgehend von dem Gedanken, dass die drei Elemente „Führung", „Personalentwicklung" und „Organisationsentwicklung" essentiell für eine wirksame *Präventionskultur* sind und den bisherigen Ausführungen, liegt der Fokus dieses Beitrags auf den ersten zwei Elementen.

Führung lässt sich hierbei unterteilen: in die strukturelle Ebene, die Mitarbeiterführung und die Selbstführung. Demzufolge haben Führungskräfte drei verschiedene Zugangswege zu den Beschäftigten, um gesundheitsförderliche Effekte zu erzielen. Empirische Untersuchungen konnten belegen, dass mitarbeiter- und aufgabenorientierte Verhaltensweisen der Führungskräfte, Wohlbefinden und Gesundheit der Beschäftigten fördern (Göpfert et al., 2012). Eine Möglichkeit in diesem Zusammenhang ist das Schaffen von Arbeitsbedingungen, die es ermöglichen, den Arbeitsalltag effektiv zu bewältigen und zugleich das eigene Wohlbefinden zu schützen (ebd.). Hierfür müssen die Führungskräfte jedoch nicht nur bei der Entwicklung entsprechender Führungskompetenzen unterstützt und im Hinblick auf ihren gesundheitsbezogenen Einfluss sensibilisiert werden, sondern zunächst organisationale Bedingungen und Strukturen geschaffen werden, die entsprechendes Verhalten überhaupt ermöglichen (ebd.).

4. Praxisbeispiele

Unsere Schilderungen beziehen sich auf Erfahrungen, die wir seit 2001 mit und in Unternehmen machen. Unabhängig davon, ob es sich um KMUs oder Großkonzerne handelt, wird auch im Themenfeld der Präventionskultur mit einer Analyse der Verhältnisse vor Ort begonnen, um im weiteren Verlauf Strukturen zu schaffen, die gesundheitsförderliche Arbeit ermöglichen. Weiterhin ist es auf Ebene der Mitarbeiterführung zentral, Ressourcen und Belastungen zu erkennen, Sinn als zentrale Variable zu vermitteln sowie zu motivieren und Leistungsträger zu würdigen. Eng verbunden ist hiermit die Selbstführung, da das persönliche Verhalten der Führungskraft großen Einfluss auf das Verhalten der Mitarbeitenden ausübt. Es geht z. B. darum, wie Entscheidungen getroffen und reflektiert, wie Pausen eingeteilt und ob E-Mails an Wochenenden bearbeitet werden, sowie um den Umgang mit Fehlern und Arbeitsverdichtung.

Besonders bewährt haben sich folgende Formate: Einführung von Betrieblichen Gesundheitsmanagement (BGM); Gefährdungsbeurteilungen „Psychische Belastung", einschließlich der Ableitung passgenauer Interventionen mit den Prinzipien des Effectuation; Maßnahmen zum Themenkomplex „Gesund führen" sowie *Workshops ohne Agenda,* aber mit dem Ziel der partizipativen Entwicklung von Verbesserungsideen. Zwar handelt es sich im Falle von BGM und Gefährdungsbeurteilungen in erster Linie um strukturelle Maßnahmen, dennoch ist deren Einfluss auf die anderen beiden Ebenen nicht zu unterschätzen. Direkt auf die Mitarbeiterführung und die Selbstführung zielen zumeist Workshops ab. Diese können in ihrer Form stark variieren und sind den jeweiligen Gegebenheiten im Unternehmen anzupassen.

Grundsätzlich und insbesondere bei der Überführung einer Gefährdungsbeurteilung in Interventionen, ist zu beachten, dass das sichtbare Erleben ein wesentlicher Hebel für Kulturveränderungen ist. Der Blick auf die Prinzipien des Effectuation ermöglicht es, kurzfristig in erlebbares Handeln zu kommen und ist demzufolge als „Game-Changer" zu verstehen. Ungeachtet dessen ist zu berücksichtigen, dass die Wirkung von Interventionen nicht ohne weiteres Zutun andauert. Dies kann nur gelingen, wenn die Gesamtheit der Maßnahmen in eine *Präventionskultur,* die konsequent gefordert und gefördert wird sowie einem kontinuierlichen Verbesserungsprozess unterliegt, überführt wird.

5. Fazit

Drexler, Letzel und Nesseler (2016, S.23) betonen, dass der Prävention in einer „Arbeitswelt 4.0 [...] eine ganz herausragende Bedeutung zukommen" muss. Dieser Einschätzung schließen wir uns an. Eine wirksame *Präventionskultur* lebt vom gelungen Zusammenspiel aus Führung, Personal- und Organisationsentwicklung. Wobei insbesondere Austausch, Beteiligung und Commitment der Führung, als Erfolgsprinzipien verstanden werden können (vgl. Elke, 2016). Denn Führungskräfte übernehmen für die Beschäftigten eine Vorbildfunktion und verfügen[2] zudem über die notwendigen Freiheitsgrade und Gestaltungsspielräume, um gesundheitsförderliche Arbeitsbedingungen zu schaffen (vgl. Göpfert et al., 2012).

Solche Veränderungen sind jedoch fragil. Um ihren Bestand zu sichern, bedarf es der Umsetzung zielgenauer Interventionen und der Überführung in einen kontinuierlichen (Verbesserungs-)Prozess. Auch Kulturansätze gehen zumeist von einem Prozesscharakter aus und unterscheiden „mit hoher Sensibilität zwischen Schein und Sein" (Ludborzs, 2012, S. 40). Führung und Personalentwicklung als *Präventionskultur* zu nutzen, erscheint demzufolge notwendig, um beschlossene Standards/Regeln auch langfristig als verpflichtend zu empfinden und im Arbeitsalltag zu leben (vgl. Elke, 2016).

Literatur

Athanassiou, G., Schreiber-Costa, S. & Sträter, O. (Hg) (2012): Psychologie der Arbeitssicherheit und Gesundheit. Sichere und gesunde Arbeit erfolgreich gestalten – Forschung und Umsetzung in die Praxis. 17. Workshop 2012. Kröning: Asanger Verlag.

Göpfert, A.-L., Zimolong, B., Elke, G. & Gurt, J.: Die Führungskraft als Ressourcen-Manager – Einflusswege des Führungsverhaltens auf das Wohlbefinden der Mitarbeiter. S. 123–126.

Ludborzs, B.: Sicherheits- und Gesundheitskultur – zur Umsetzung von Theorie in Praxis. S. 37–40

Fahlbruch, B. & Schöbel, M. (2009): Vom „Newcomer" zur Selbstverständlichkeit: Rück-, Ein- und Ausblicke zur Sicherheitskultur. In Ludborzs, B. & Nold, H. (Hg.). Psychologie der Arbeitssicherheit und Gesundheit: Entwicklungen und Visionen 1980 – 2008 – 2020. Kröning: Asanger Verlag. S. 48 – 60.

Wieland, R., Seiler, K. & Hammes, M. (Hg) (2016): Psychologie der Arbeitssicherheit und Gesundheit. Dialog statt Monolog. 19. Workshop 2016. Kröning: Asanger Verlag.

Drexler, H., Letzel, S. & Nesseler, T. (2016). DGAUM: 14 Thesen zum Stand und zum Entwicklungsbedarf der betrieblichen Prävention und Gesundheitsförderung in Deutschland. S. 20 – 27.

Elke, G. (2016). Grundlagen, Chancen und Herausforderungen einer Kultur der Prävention. S. 477–480.

Krauss-Hoffmann, P. (2016). Die gesellschaftspolitische Dimension: Ansätze zur Förderung der Kulturentwicklung in Unternehmen. S. 481–484.

---

[2] Nach Schaffung entsprechender Bedingungen und Strukturen (vgl. Göpfert et al., 2012).

Thorsten Uhle
Bayer AG

„Sicher im Team" – Ein verhaltenspsychologisches Präventionsprogramm

1. Kurze Geschichte der Arbeitssicherheit in der Bayer AG

Bayer wurde im Jahre 1863 in Wuppertal-Elberfeld gegründet und startete mit einem übersichtlichen Portfolio: der Entwicklung und Produktion von Fuchsin- und Anilin-Farbstoffen. In den ersten 20 Jahren entwickelte sich die Mitarbeiterzahl von einer knappen Handvoll auf über 300. Heute hat der Konzern rund 100.000 Beschäftigte in 300 Gesellschaften über den Globus verteilt. Schon zu einem sehr frühen Zeitpunkt in der Unternehmensgeschichte spielte auch das Thema „Arbeitssicherheit" eine Rolle. Meilensteine waren u. a. die erste Unfallstatistik (1930), die erste computergestützte Datensammlung über Unfallereignisse auf Lochkarten (1964) oder der erste Sicherheitswettbewerb für Mitarbeiter (1975). Die Arbeitssicherheit bei Bayer lässt sich drei Epochen zuordnen:

1. Der Fokus innerhalb der ersten Dekaden war ausschließlich reaktiv und konzentrierte sich auf das technische System. Hier ging es um die richtigen Werkzeuge und Maschinen, mit denen im tayloristischen Sinne nicht nur effizient, sondern darüber hinaus auch sicher gearbeitet werden konnte.
2. In den 1970er und 80er Jahren wurden neben der Optimierung des technischen Systems immer mehr auch organisationale Schwerpunkte gesetzt: Sicherheitsmanagementsysteme (wenngleich noch sehr rudimentär), Humanisierung der Schichtarbeit, Arbeitszeitgestaltung und auch schon erste Schritte in Richtung sicherheitsorientierte Führung. Punktuell gab es auch schon Seminare und Trainings zu „Sicherem Verhalten", jedoch nur vereinzelt und nicht als zentrales und systematisches Programm.
3. Dies änderte sich im Jahr 2014: Die Ereigniszahlen (Recordable Incident Rate, RIR) hatten sich seit einigen Jahren auf einem guten Niveau stabilisiert und man gelangte zu dem Schluss, dass die Verbesserungspotenziale im technischen und organisationalen System ausgeschöpft waren. Die unternehmenseigenen Experten wurden beauftragt, das Arbeitssicherheitskonzept zu überarbeiten. Ihrem Vorschlag folgend beschloss das Bayer Safety Council im Jahr 2014, Behavioral Safety als dritte Säule neben Technik und Organisation aufzubauen, das Konzept zu pilotieren und anschließend global auszurollen. Aktuell befinden wir uns im zweiten Jahr des Roll-outs.

2. Präventionsverhalten und Präventionskultur

Wie können wir sicherheits- und gesundheitsgerechtes Verhalten fördern, unternehmenskulturell verankern und so nachhaltig eine gute Sicherheits- und Gesundheitsperformance erzielen? Elke (2000) empfiehlt dazu zwei Umsetzungsstrategien: Zum einen das „Lenken durch explizite Regeln" – z. B. durch Sicherheitsmanagementsysteme, Entwicklung von Standards und Regularien sowie systematische Personalführung –, und zum anderen das „Gestalten und Entwickeln durch implizite Regeln", die der Kulturentwicklung dienen. Während die Installation expliziter Regeln in hierarchischen Organisationsformen noch relativ einfach möglich ist, da hier von oben nach unten gesteuert wird, bedarf es bei der Anwendung impliziter Regeln des Aufbaus eines kontinuierlichen Sicherheitsdialogs und einer partizipativen Einbindung aller Beteiligten (Steuerung von oben nach unten und vice versa).

In den vergangenen Jahren wurden die Themen „Sicherheit" und „Gesundheit" in den Unternehmen künstlich getrennt behandelt, was sicher auch der deutschen Gesetzgebung geschuldet ist, in der die Arbeitssicherheit in den zurückliegenden Jahrzehnten deutlich stärker fokussiert wurde als die betriebliche Gesundheitsförderung. Wenn wir in den Betrieben in Sachen Gesundheitsmanagement oder Behavioral Safety unterwegs sind, stellen wir immer wieder fest, dass die Gemeinsamkeiten zwischen beiden Themenfeldern um ein Vielfaches größer sind als die Unterschiede. Wir tragen diesen „betrieblichen Gesetzmäßigkeiten" dadurch Rechnung, indem wir die Themen in unseren Regularien verknüpfen, immer mehr Maßnahmen für Sicherheit und Gesundheit im Verbund anbieten und auch den Kulturbegriff so definieren, dass wir von einer „Präventionskultur" sprechen und diese wie folgt übersetzen: „Alles, was wir sagen und tun, erhöht oder verringert die Gesundheits- und Sicherheitsrisiken."

Den Transfer der stuktur- und kulturgestaltenden expliziten und impliziten Regeln haben wir in unserem Behavioral-Safety-Programm „Sicher im Team" (SiT) konkret operationalisiert:

1. *Explizite Regeln:* Setzen klarer Ziele, Definieren von Verantwortlichkeiten und Befähigung der Verantwortungsträger, Monitoring von Maßnahmen sowie Feedbackgeben – mit vorrangig positiven, ggf. aber auch mit negativen Konsequenzen.
2. *Implizite Regeln:* Trainings für Führungskräfte und Mitarbeiter zum Aufbau eines kontinuierlichen Präventionsdialogs: regelmäßiger Austausch, Feedbackgeben im Team zur positiven Verstärkung. Alle Mitarbeiter werden eingebunden und die Führungskräfte werden hinsichtlich ihrer Führungsrolle sensibilisiert.

3. „Sicher im Team" – Vorgehen und Erfahrungen

3.1 Struktur

Von 2014 bis 2016 wurde das Programm „Sicher im Team" (SiT) geplant und vorbereitet (Konzeptplanung, Pilotierung in repräsentativen Subgruppen mit ca. 100 ausgebildeten internen Trainern und 1.700 involvierten Mitarbeitern, Konzeptanpassung und Vorbereitung des Roll-outs), und seit 2017 findet der globale Roll-out statt, der 2019 abgeschlossen sein soll. Mit dem Ende der Implementierung planen wir ab 2020 aus dem „Projekt SiT" einen festen Bestandteil der Präventionsarbeit bei Bayer zu machen. Die hierfür notwendigen Konsolidierungsstrategien werden aktuell vorbereitet. Im Rahmen einer wissenschaftlich begleiteten Evaluation werden Treiber- und Barrierefaktoren an den Standorten identifiziert, um daraus lernen und das SiT optimieren zu können. Die Frage nach den Zusammenhängen zwischen SiT und objektiven Kennzahlen wie RIR und subjektiven Kennzahlen wie Einstellungs- und Verhaltensparameter werden in der Evaluation mitbetrachtet (vgl. Uhle & Treier, 2015).

Die Projektsteuerung erfolgt zentral, die Operationalisierung vor Ort dezentral: In einem quartärlich tagenden Steering Committee werden die strategische und inhaltliche Richtung nachverfolgt und ggf. korrigiert. Ein Projektleiter koordiniert und überwacht im monatlichen Turnus mit Unterstützung der regionalen HSE-Leiter den globalen Fortschritt des SiT-Programms. Über ein internes Trainernetzwerk (Train-the-Trainer-Konzept) wird die Implementierung und Konsolidierung gewährleistet.

3.2 Inhalte

Der gewählte SiT-Ansatz entspricht einem systematischen Vorgehen. In fünf Schritten wird SiT an jedem Standort eingeführt:

1. *Safety Culture Assessment:* Zu Beginn wird die vorhandene Präventionskultur am Standort über Assessments erfasst und bewertet. Methodisch kommen hier Interviews, Begehungen und Audits zum Einsatz. Die Bewertung findet über elf Dimensionen statt – u.a. Führungskultur, Vertrauenskultur oder die Erhebung proaktiver Indikatoren. Das Bewertungsergebnis der Präventionskultur kann „in den Anfängen", „in der Entwicklung" oder „voll ausgereift" lauten, was einen sofortigen Programmstart bedeutet oder die Erledigung einiger Aufgaben zuvor verlangt.
2. *Design Workshop:* Der Standortleitung, lokalen HSE-Akteuren und Arbeitgeber- und Arbeitnehmervertretern werden die Assessmentergebnisse präsentiert und das weitere Vorgehen wird gemeinsam diskutiert und festgelegt.
3. *Qualifizierungsprogramm:* Für unterschiedliche Zielgruppen werden passende Informations- und Trainingsprogramme angeboten – u.a. „Executive & Senior

Leadership" für das Senior Leadership und „Behavioral Safety Lone Workers" für Beschäftigte, die ihre Arbeitsaufgabe größtenteils in Einzelarbeit erledigen. Zwischen 15 und 25 % der Beschäftigten eines Standorts werden für die konkrete Umsetzung des SiT qualifiziert: Führungskräfte werden befähigt, das sichere Verhalten der Mitarbeiter zu unterstützen. In sog. „Touchpoints" findet täglich in nur 2–3 Minuten eine kurze Betrachtung zuvor definierter Verhaltensweisen statt und in wöchentlichen „Debrief Sessions" werden gute Beispiele aus den Touchpoints vorgestellt und im Feedback positiv verstärkt. Die involvierten Mitarbeiter werden in Core Teams zusammengefasst, in denen sicherheitsrelevante Verhaltensweisen definiert werden und das positive und konstruktive Feedbackgeben trainiert wird, um aus riskantem Verhalten positive Gewohnheiten zu machen.
4. *Umsetzung:* Die Core Teams wählen zu Beginn max. drei sicherheitsrelevante Verhaltensweisen aus – z. B. „Trage beim Staplerfahren Sicherheitsgurte!" oder „Bleibe stehen, wenn Du auf Dein Smartphone schaust!" –, deren Umsetzung dann täglich in Fremd- oder Selbstbeobachtung per Strichliste oder App kontrolliert werden. Ziel ist es, sicherheitsgerechtes Verhalten durch positives Feedback zu verstärken und zu Gewohnheitsroutinen zu machen.
5. *Evaluation:* Monatlich werden zentral der Trainingsfortschritt sowie die Effekte des SiT in Form der Safe-Habit-Rate erfasst.

3.3 Fazit und Erkenntnisse

Das SiT wurde in den Gesundheits- und Sicherheitsprogrammen fest verankert. In den thematisch relevanten Unternehmensregularien wurden klare Verhaltenserwartungen definiert, ebenso finden sich Verhaltensaspekte in den Methoden zur Gefährdungsbeurteilung. So wichtig die Verstärkung eines sicherheitsgerechten Verhaltens ist, was auch den Schwerpunkt des SiT ausmacht, so wichtig ist es auch, sicherheitswidriges Verhalten konsequent zu sanktionieren. Ein relevanter Erfolgsfaktor ist die Flexibilität in der Programmumsetzung: Aufgrund verschieden ausgeprägter Kulturen, unterschiedlichen Arbeitsschwerpunkten und lokaler Spezifika muss das SiT-Programm den Bedarf unterschiedlicher Zielgruppen berücksichtigen.

Literatur
Elke, G. (2000). Management des Arbeitsschutzes. Wiesbaden: DUV.
Uhle, T. & Treier, M. (3. Aufl.), (2015). Betriebliches Gesundheitsmanagement. Heidelberg: Springer.

Jana Kampe
Friedrich-Schiller-Universität Jena

Prävention als Teil des betrieblichen Wertesystems: Erfassung von Präventionskultur in Klein- und Kleinstbetrieben

1. Werte im dynamischen Präventionskulturprozess

Die Erfassung von „Kultur" anhand von Wertedimensionen stellt ein klassisches Vorgehen in der „Kulturforschung" dar (u. a. House et al., 2004, GLOBE-Studien; Hofstede, 2008). Als Rahmenmodell dient das revidierte „Reciprocal Safety Culture Model" von Cooper (2016). In diesem Modell werden psychologische, situative und behaviorale Faktoren von Sicherheitskultur unterschieden, die miteinander in Interaktion stehen. Zu den internalen psychologischen Faktoren zählen Werte, Einstellungen, Normen und Wahrnehmungen. Kluckhohn (1951) beschreibt, dass Werte als eine Konzeption des Wünschenswerten maßgeblich für die Selektion vorhandener Arten, Mittel und Ziele des Handelns sind. Werte bezogen auf Sicherheits-, Gesundheits- und somit auch Präventionsaspekte stellen demnach einen Teil von Präventionskultur dar, der in seiner Betrachtung deshalb sinnvoll ist, da Art, Ausprägung und Konfiguration von Werten die tatsächlich gelebte Kultur der Prävention beeinflussen können. Diesen Punkt unterstreicht auch Schwartz (2012), indem er feststellt, dass Werte nach ihrer Wichtigkeit geordnet und in ihrer relativen Wichtigkeit handlungsweisend sind. Werte können somit als ein Muster *für* Verhalten (vgl. Neuberger & Kompa, 1987) gesehen werden.

In Anlehnung an Cooper (2016) wird Präventionskultur in einer dynamischen Struktur konzipiert (Abb. 1). Bezogen auf Verhaltenssteuerung werden die dargestellten Wechselwirkungen zwischen psychologischen und situationsbezogenen Faktoren mitunter auch als explizite und implizite Vorgehensweise beschrieben (u.a. Elke, 2000; Hale & Borys, 2013 a, b) – dies bildet die Verknüpfung zur gelebten Präventionskultur, also dem täglichen Muster *von* Verhalten, welches positiv beeinflusst werden soll. Die Interaktion aller Bereiche steht schließlich mit den Erfolgsindikatoren von Sicherheit und Gesundheit in Zusammenhang: das können Unfall- und Krankenstatistiken sein oder auch Zufriedenheitswerte, Indikatoren zu Produktivität und Qualität, etc. Insgesamt wird Präventionskultur in diesem Beitrag als ein dynamischer Prozess betrachtet, der unsichtbare, sichtbare und gelebte Präventionskulturaspekte umfasst und sich mit verschiedenen Perspektiven ausschnittsweise beleuchten lässt. Das Rahmenmodell ermöglicht es, sowohl reaktive als auch proaktive Indikatoren des „Präventionsmanagement-Erfolgs" zu erfassen.

PRÄVENTIONSKULTUR

Erfolgsindikatoren
Sicherheit - Gesundheit - Produktivität - Qualität

UNSICHTBAR (psychologisch)	SICHTBAR (situationsbezogen)	GELEBT (verhaltensbezogen)
Werte Einstellungen Grundüberzeugungen Normen etc.	Führungsstil Kommunikation Strukturen & Prozesse Qualifikation Wissen Technik etc.	Fokus der präventionsbezogenen Aufmerksamkeit Ausmaß an präventionsbewusstem Verhalten Bezug auf eigene Person Bezug auf andere Personen
»Muster *für* Verhalten«	»Rahmenbedingungen *für* Verhalten«	»Muster *von* Verhalten«

Abb. 1: Präventionskultur als dynamischer Prozess (orientiert an Cooper, 2016)

2. Forschungsfragen und Methodik

In einem aktuellen Review stellen Tremblay & Badri (2018) fest, dass die meisten Studien den Besonderheiten von KMU nicht zufriedenstellend gerecht werden und häufig ein zu enges Spektrum möglicher Erfolgsindikatoren gewählt wird. Dieser Beitrag soll die identifizierte Lücke füllen, indem Sicherheit und Gesundheit anhand des umfassenden Konzepts der Präventionskultur betrachtet werden. Dabei wurde ein kontextspezifisch adaptiertes Instrument zur Erfassung von Werten eingesetzt (orientiert u. a. an Kotter & Heskett, 1992). Im Rahmen des BMBF-Projekts pro-SILWA (2016–2019) wurden Betriebe mit durchschnittlich acht Angestellten ($SD = 9.65, d = 34$) untersucht, die sich über das Bundesgebiet verteilen und alle der Forstbranche angehören. Die Unternehmer beurteilten 14 Werteorientierungen in Bezug auf deren Ausprägung im Betrieb auf einer Skala und brachten dieselben Werte anschließend in eine Rangreihe. Ergänzend wurden weitere subjektive und objektive Daten von dem interdisziplinären Projektteam auf einer fünfstufigen Skala aggregiert, um die aktuelle Leistung und den einhergehenden Handlungsbedarf verschiedener Aspekte des Modells (Abb. 1) zu indizieren. Explorativ sollen – neben der Beschreibung der berichteten Werteorientierungen – solche Zusammenhänge betrachtet werden, die durch das Modell angenommen werden:

1. Welche absoluten und relativen Werteorientierungen werden von den Unternehmern berichtet?
2. Inwiefern hängen die Werteorientierungen zusammen mit:
   a) allgemeinen organisatorischen Strukturen und Prozessen?
   b) der Organisation von betrieblicher Gesundheitsförderung?
   c) der Führung?
   d) sicherheits- und gesundheitsbewusstem Verhalten?

3. Ergebnisse

3.1 Absolute und relative Werteorientierungen

Die Tabelle fasst die deskriptive Statistik zusammen, wobei zwischen den Ergebnissen basierend auf der fünfstufigen Skaleneinschätzung (*„Bitte geben Sie Ihre Einschätzung dazu an, wie stark diese Werte in Ihrem Betrieb aktuell ausgeprägt sind.", 1 = überhaupt nicht bis 5 = voll und ganz*) und den Ergebnissen basierend auf der Rangreihenbildung differenziert wird (*„Bitte bringen Sie diese 14 Werte in eine Reihenfolge, von der Sie denken, dass sie für Ihren Betrieb zutrifft. Bitte vergeben Sie links in der Tabelle also die Rangplätze 1 [am wichtigsten] bis 14 [weniger wichtig im Vergleich zu den anderen Werten]"*). Die präventionsbezogenen Werte sind grau hinterlegt.

Tab. 1: Lageparameter und Streuung der 14 Werteorientierungen

Wert	Skala[a]				Rangreihe[b]	
	M	SD	Median	Modus	M	SD
Kernkompetenz	4.90	0.32	11	12	10.89	1.45
Auftraggeber	4.80	0.42	2	1	2.78	2.54
Mitarbeiter	4.78[b]	0.44	1	1	2.89	4.23
Technik	4.50	0.71	8	8	8.00	4.06
Kommunikation	4.20	0.79	7	3	7.56	3.47
Sicherheit & Gesundheit schützen	4.10	0.74	5	5	6.56	2.51
Innovation	4.00	1.05	8	10	7.56	3.09
Ergebnisse & Leistung	3.90	1.20	4	3	4.56	1.81
Gewinn	3.70	1.06	4	2	4.22	2.22
Sicherheit & Gesundheit auch im Privaten	3.67[b]	1.32	11	13	9.78	4.18
Wachstum	3.30	1.25	13	14	10.78	3.83
Gesundheit fördern	3.22[b]	1.39	8	5	8.33	2.87
Beständigkeit	3.20	1.14	7	7	7.89	2.76
Gesellschaftliche Verantwortung	3.00	1.70	12	12	12.56	1.01

Anmerkungen: a. $n = 10$ b. $n = 9$

Hier zeigt sich, dass die Antwortformate durchaus unterschiedlichen Ergebnissen hervorbringen. Absolut gesehen, geben die Unternehmer im Schnitt an, dass die Werte Kernkompetenz, Auftraggeber und Mitarbeiter am höchsten in ihrem Betrieb ausgeprägt seien. Zwischen den Lageparametern Median, Modus und Mittelwert weicht die Rangreihe leicht voneinander ab, wobei Schützen und Fördern höher in der Wertehierarchie verortet sind als die ganzheitliche Sicht auf Sicherheit und Gesundheit. Außerdem variiert das Ausmaß der Streuung zwischen den verschiedenen Werteorientierungen – höhere Streuungen liegen z.B. hinsichtlich der präventionsbezogenen Werte vor und einheitlichere Angaben wurden zu den Werten Kernkompetenz und Auftraggeber gemacht.

3.2 Werte im Zusammenhang mit sichtbarer und gelebter Präventionskultur
In der Tabelle 2 sind solche Kultur-Werte abgebildet, die sich als signifikant zusammenhängend mit mind. zwei Präventionskulturmerkmalen erwiesen. Das gilt, im Gegensatz zu den 11 übrigen Werteorientierungen, für explizit präventionsbezogenen Werte. Die Spalten der Tabelle reflektieren die Präventionskulturaspekte der 2. Fragestellung (a – d).

Tab. 2: Korrelationsmatrix der Werteorientierungen mit signifikanten Zusammenhängen

Muster *für* Verhalten (Kulturwerte):	Rahmenbedingungen *für* Verhalten:			Muster *von* Verhalten:
	a. Strukturen + Prozesse	b. BGF-Orga	c. Führungsverhalten	d. Tägliches Verhalten
Sicherheit & Gesundheit schützen	0.70*	0.84**	0.74*	0.74*
Sicherheit & Gesundheit auch im Privaten	0.03	0.76*	0.69*	0.61
Gesundheit fördern	0.36	0.93**	0.83**	0.73*

**. Die Pearson-Korrelation ist auf dem Niveau von 0,01 (2-seitig) signifikant.
*. Die Pearson-Korrelation ist auf dem Niveau von 0,05 (2-seitig) signifikant.

Hohe Präventionskultur-Werte gehen einher mit eher präventionsförderlichen Rahmenbedingungen (Arbeitsorganisation allgemein, BGF-Organisation speziell, Führungsstil) sowie mit eher präventionsorientierten Verhaltensweisen im Arbeitsalltag.

4. Diskussion und Ausblick

Die Ergebnisse liefern Erkenntnisse hinsichtlich des Instruments an sich sowie hinsichtlich der betrieblichen Präventionskultur und bieten gleichermaßen eine Interventionsgrundlage im Rahmen des Projekts, indem die Ergebnisse an die Betriebe gespiegelt werden und so Reflexions- und Handlungsimpulse setzen sollen. Der Fragebogen wurde von den meisten Forstunternehmern als verständlich erlebt, wobei einzelne Items nicht immer zu den Begebenheiten der heterogenen Betriebe passten (etwa: Alleinunternehmer). So heterogen wie die Betriebe selbst zeigt sich auch die Verankerung präventionsbezogener Werte anhand der absoluten und relativen Relevanz. Die Zusammenhänge deuten auf eine Konstruktvalidität hin. Insgesamt zeigt sich auch anhand dieser Ergebnisse, wie betriebsspezifisch Präventionskultur in KKU gestaltet werden muss, da die Ausgangslage und somit Gestaltungsansätze der unsichtbaren, sichtbaren und gelebten Präventionskulturaspekte häufig sehr unterschiedlich ausfallen.

Literatur
Kann bei der Autorin angefordert werden

Arbeitskreis
Mobilität, Transport und Verkehr: Mobile Arbeit
Leitung: Gudrun Gericke

Juliane Brachwitz, Tobias Ruttke & Rüdiger Trimpop
Risikokompensation in der Mobilität 4.0

Gudrun Gericke, Julia Preußer, Rüdiger Trimpop, Jochen Lau, Kay Schulte & Peter Schwaighofer
Die GUROM Interventionsdatenbank

Anne M. Wöhrmann & Susanne Gerstenberg
Mobiles Arbeiten in Deutschland: Ein repräsentativer Überblick

Alzbeta Jandova, Katrin Höhn, Martin Schmauder, Tobias Ruttke, Rüdiger Trimpop, Philip Ashton, Christof Barth & Martin Templer
Berufsbedingte Mobilität: Gefährdungen, Belastungen und Präventionsmöglichkeiten

Bettina Schützhofer & Joachim Rauch
Prävention für jugendliche Berufseinsteiger – der sichere Weg zur Arbeit

Juliane Brachwitz, Tobias Ruttke & Rüdiger Trimpop
Friedrich-Schiller-Universität Jena

Risikokompensation in der Mobilität 4.0

1. Hintergrund

Um den wissenschaftlichen und praktischen Fortschritt technischer Unterstützungssysteme im Verkehr zum Nutzen des Menschen zu gestalten, sind Untersuchungen zum Umgang und den möglichen negativen Verhaltensanpassungen von größter Bedeutung. Insbesondere unter Berücksichtigung der durch den Fokus auf die Automobilbranche oft vernachlässigten Interaktion zwischen unterschiedlichen Verkehrsteilnehmern – (Fahrer von unterstützten und automatisierten Fahrzeugen, Fahrradfahrer, Fußgänger) und des auch zukünftig immer bestehenden Mischverkehrs (von nicht-, teil- und vollunterstützten Mobilitätsformen) wurde in dem Projekt FRAMES analysiert, in welcher Art und welchem Ausmaß bei Einführung eines adaptiven Frühwarnsystems zur Kollisionsvermeidung zwischen motorisierten und nicht-motorisierten Verkehrsteilnehmern mit unerwünschten Verhaltensanpassungen zu rechnen ist.

2. Untersuchungsdesign

In einer Serie von computerbasierten Simulationsstudien und Feldversuchen im kontrollierten Setting wurden anhand von vielfältigen Untersuchungen mit mehr als 250 Teilnehmern einige der Ursachen und Auswirkungen erforscht. In den Experimenten wurde die Funktionsweise eines Kollisionsvermeidungssystems simuliert und in verschiedenen Szenarien überprüft, welche Veränderungen zwischen den Systembedingungen nachzuweisen sind und welchen Einfluss verschiedene Rahmenbedingungen (u. a. Stress, Ablenkung) haben. Um die Referenzszenarien für die Probanden weitestgehend realistisch und plausibel zu gestalten, wurde eigens ein Fußgängersimulator entwickelt, der unter Zuhilfenahme einer elektrischen Zugseilkonstruktion und mehrerer Sensorsysteme den Test des Systemeffektes ermöglichte und in einer zweiten Ausbaustufe sogar ein kompetitives Szenario zwischen zwei menschlichen Teilnehmern (Fußgänger und Fahrzeug) abbilden konnte. Dabei wurden Risikowahrnehmungen und Verhaltensanpassungen von Fahrern und Fußgängern separat sowohl als auch von beiden in ihrer Interaktion erfasst.

3. Ergebnisse

Die Ergebnisse zeigen einerseits auf, dass unter Einsatz des Systems weniger Kollisionen verursacht werden als ohne Assistenz. Damit kann resümiert werden, dass das entwickelte Warnsystem durchaus ein Sicherheitspotenzial bezüglich des Kriteriums des Unfallaufkommens aufweist. Bezüglich der Beantwortung der Fragestellung nach dem Auftreten möglicher Risikokompensationseffekte durch einen Systemeinsatz zeigen jedoch die über die Unfallzahl hinausgehend untersuchten Kompensationskriterien deutliche Verhaltensanpassungseffekte auf, die in der Konsequenz das mögliche Sicherheitspotenzial des Systems verringern oder unter spezifischen Umständen sogar zu einem gegenteiligen Effekt (Erhöhung der Unfallzahl) führen können.

Zusammengefasst ist festzustellen, dass einerseits trotz aktiven Warnsystems nicht vorsichtiger gefahren wird als ohne und andererseits, dass das Sicherheitsverhalten immer dann auf ein wesentlich geringeres Niveau abfällt, wenn die Personen sich auf das System verlassen und glauben, dass keine Gefahr droht. In diesen Fällen wird sowohl weniger häufig als auch weniger stark gebremst und mit einer höheren Geschwindigkeit gefahren. Dass dies nicht nur an Hand der objektiven Verhaltensdaten nachweisbar war, sondern Kompensationseffekte zum Teil von den Nutzern auch selbst bewusst wahrgenommen werden, zeigten die Ergebnisse der direkten Kompensationsbefragung. Die Personen geben an, „Mit System" riskanter, schneller und unaufmerksamer zu fahren. Des Weiteren bewerten die Teilnehmer die Situation „Mit System" weniger gefährlich als „Ohne System". Dieses Bild zeigt sich sowohl aus Fahrer- als auch aus Fußgängerperspektive. So kann festgehalten werden, dass davon auszugehen ist, dass auch nicht-motorisierte Verkehrsteilnehmer bei Unterstützung durch ein technisches Assistenzsystem in gleicher Weise ihr Verhalten in unerwünschte Weise anpassen, wie es bereits aus Fahrerperspektive nachgewiesen wurde.

Ein entscheidender Einflussfaktor, ist insbesondere beim vorliegenden *interaktiven bzw. adaptiven* Warnsystem von Relevanz, nämlich die Interaktivität und die daraus potenziell resultierende „Verantwortungsdiffusion". Diese beschreibt das Phänomen, das auftreten kann, wenn mehrere Akteure in einer Interaktion stehen und jeweils Handlungsmöglichkeiten besitzen. So kann dies zu der Folge führen, dass die Verantwortung für Tätigkeiten (wie das Einleiten/Durchführen von Vorsichtsreaktionen im Falle kritischer Situationen/Warnungen) auf den oder die jeweils anderen Akteure übertragen wird und so nicht durch die eigene Person ausgeführt werden. So könnten sich z.B. Fußgänger blind auf das Frühwarn-Bremssystem der PKW Fahrer verlassen.

Im Ergebnis zeigen sich signifikante Wechselwirkungseffekte für die verhaltensbezogenen Kompensationsvariablen *Kollisionsanzahl, Punkte, Bremshäufigkeiten, Bremsstärke* sowie die *Risikobewertung*. Hierbei wird deutlich, dass allein die Information, dass die potenziellen Kollisionsgegner auch reagieren können, zu einer Verringerung der Systemwirkung führt. Bezüglich der weiteren verhaltensbezogenen Variablen sind die negativen Kompensationseffekte besonders stark, wenn die Probanden nicht allein in der Verantwortung sind. So zeigen sich in den Interaktivitätsbedingungen beispielsweise weiter reduzierte Bremshäufigkeiten und -stärken.

In einer zusätzlichen Bedingung wurde zudem die Frage untersucht, ob eine weitere Form der Verantwortungsabgabe durch das Assistenzsystem zu erwarten ist, nämlich ob und inwiefern auch dann Risikokompensationseffekte auftreten, wenn lediglich der potenzielle Kollisionsgegner durch ein Warnsystem unterstützt wird. Die Probanden selbst fuhren hierbei ohne System, der Gegenspieler mit. Bezüglich aller verhaltensbezogener Risikokompensationsvariablen zeigt sich, dass das allein das Wissen um die Systemunterstützung anderer Verkehrsteilnehmer bei eigener Nicht-Unterstützung bereits zu unerwünschten Verhaltensanpassungen führt (Abbildung 1).

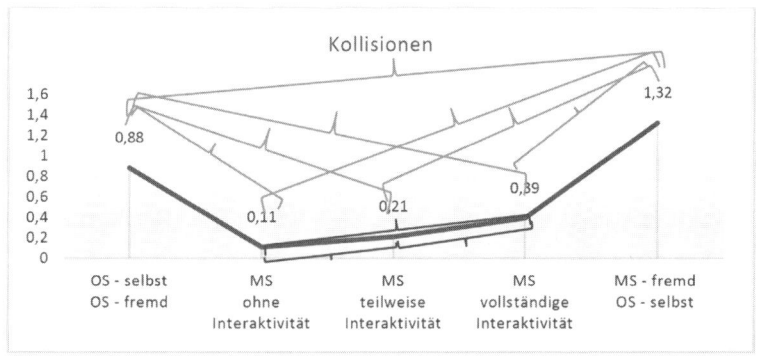

OS = Versuchsblock ohne System; MS = Versuchsblock mit System; Werte entsprechen den Mittelwerten (M)

Abbildung 1: Mittelwertunterschiede der variierten Interaktivitäts-Verantwortungsarten für die Kollisionsanzahl

Somit ist auch mit einer Art „Fremdkompensation zu rechnen. Allein das Wissen um die Systemunterstützung anderer Verkehrsteilnehmer bei eigener Nicht-Unterstützung führt zu unerwünschten Verhaltensanpassungen und einer gleichzeitigen Verringerung des Systemnutzens. Es kann sogar ein Anstieg der Unfallzahlen festgestellt werden.

4. Diskussion

Die Ergebnisse stützen bisherige Annahmen und empirische Untersuchungen, die aufzeigen, dass Unfälle allein kein hinreichendes Kriterium zur Messung der Verkehrssicherheit darstellen und sich Kompensationseffekte in den verschiedensten Aspekten zeigen können, zu denen nicht nur schnelleres und unaufmerksameres Fahren gehören, sondern auch Veränderungen zu Grunde liegender Einstellungen, Wahrnehmungen und Bewertungen. Während in wissenschaftlichen Untersuchungen und praktischen Feldern der Fokus möglicher Anpassungseffekte auf motorisierten Verkehrsteilnehmern liegt, gibt es für Fußgänger und Fahrradfahrer nur wenige Studien. Dass jedoch auch im Falle eines Assistenzsystems zum Fußgängerschutz mit unerwünschten Verhaltensanpassungen im gleichen Maße wie für motorisierte Nutzer gerechnet werden muss, wird hier deutlich. In der Konsequenz muss nicht nur die für die Seite der Fahrer geforderte Vertiefung und Beachtung solcher Effekte in der Konzeption, Entwicklung und Anwendung berücksichtigt werden, sondern auch für die vulnerabelste Verkehrsteilnehmergruppe.

Die Untersuchung der interaktiven Funktionsweise des Systems zeigt, dass diese zu der Folge führen kann, dass die Verantwortung auf den oder die jeweils anderen Akteure übertragen wird. So wie die beidseitige Warnung ein doppeltes Potenzial zur Unfallvermeidung birgt, welches sich aus der Möglichkeit ergibt, dass beide Verkehrsteilnehmer frühzeitig reagieren können, so birgt die beidseitige Warnung ebenso ein erhöhtes Gefahrenpotenzial.

Das Auftreten von *Fremdkompensationseffekten* zeigt die bereits mit heutigem Verbreitungsstand technischer Unterstützungssysteme bestehenden Gefahrenpotenziale auf. So ist damit zu rechnen, dass nicht unterstützte Fußgänger ihr Verhalten bei einer entsprechenden Anzahl assistierter Fahrzeuge anpassen. Eine Berücksichtigung der Folgen des Technikeinsatzes sollte damit über den Kontext des Nutzers hinausgehen. Aufgrund der ergebnisbasierten Prognosen ist von einer grundlegenden Verlagerung der Unfallarten und deren jeweiliger Häufigkeiten auszugehen, was unmittelbare Relevanz für die Ausrichtung und inhaltliche Relevanz von Präventionskonzepten haben wird. Die hier gefundenen unerwünschten Nebeneffekte von technischen Assistenzsystemen können auch bei vielen weiteren Systemen eintreten und deren erhofften Sicherheitsgewinn einerseits reduzieren und andererseits den Unfalltyp gegebenenfalls verändern. Die Untersuchungen erlauben jedoch auch Rückschlüsse darüber, wie diese Probleme bei vielen der technischen Ansätze reduziert werden könnten. Frühwarnsysteme können also zwar die Unfallmenge meistens verringern, aber durch die Erhöhung der Unfallschwere und die Kompensationseffekte bei anderen Verkehrsteilnehmern wird die Unzulänglichkeit einer reinen Techniklösung ohne Berücksichtigung des menschlichen Denkens und Verhaltens sehr deutlich.

Literatur
Pfafferott, I., & Huguenin, D. (1991). Adaptation nach Einführung von Sicherheitsmaßnahmen – Ergebnisse und Schlußfolgerungen aus einer OECD-Studie. *Zeitschrift für Verkehrssicherheit, 73*(1), 71–83.
Trimpop, R.M. (1994a). *The Psychology of Risk-Taking Behavior*. New York, Amsterdam: North Holland, Elsevier.
Wilde, G.J.S. (2001) Target Risk 2: A New Psychology of Safety and Health

Gudrun Gericke[1], Julia Preußer[1], Rüdiger Trimpop[1], Jochen Lau[2],
Kay Schulte[2] & Peter Schwaighofer[3]
[1]*Friedrich-Schiller-Universität Jena (FSU Jena)*, [2]*Deutscher Verkehrssicherheitsrat (DVR)*, [3]*Allgemeine Unfallversicherungsanstalt (AUVA)*

Die GUROM Interventionsdatenbank

Im Rahmen von GUROM, dem Instrument zur Gefährdungsbeurteilung für die beruflich bedingte Mobilität, wurde im Auftrag des DVR durch die FSU Jena auch eine Datenbank mit Präventions- bzw. Interventionsmaßnahmen erstellt, die direkt oder indirekt die Verkehrssicherheit erhöhen können (vgl. Beitrag zum PASIG-Workshop Gericke, Trimpop, Lau & Schulte, 2016). Den Unternehmen, die an GUROM teilnehmen, werden daraus – je nach Gefährdungsschwerpunkten – Maßnahmen vorgeschlagen. Was zunächst als einfache Sammlung begann, bedurfte aufgrund der Fülle bald einer stärkeren Strukturierung. Dazu wurde eine Kategorisierung nach strukturellen und inhaltlichen Merkmalen vorgenommen. Um die Eignung und die Wirksamkeit besser bestimmen zu können, wurde darüber hinaus ein Schema zur Bewertung der Maßnahmen („Gütesiegel") entwickelt. Durch die Kooperation mit der AUVA steht GUROM seit 2014 auch österreichischen Unternehmen und ihren Beschäftigten offen, so dass auch Präventions- und Interventionsmaßnahmen österreichischer Anbieter in der Datenbank enthalten sind.

1. Quellen

Die Recherche bzw. Aktualisierung erfolgt auf drei Ebenen:
1. Die Maßnahmen und Angebote des DVR, der AUVA und der DGUV und der einzelnen Gesetzlichen Unfallversicherungsträger bilden die Grundlage der Datenbank. Hinzu kommen Maßnahmen weiterer öffentlicher und privater Anbieter, wie den Verkehrswachten, Automobil- und Mobilitätsclubs etc. Aber auch Angebote, die im Rahmen von Projekten pilotiert wurden und keinen direkten Anbieter aufweisen, gehen in die Datenbank ein, da sie ggf. neu aufgelegt oder zumindest als Ideengeber von Unternehmen genutzt werden können.
2. Die bisherigen Erfahrungen zeigen, dass trotz der Angebotsfülle für einige Gefährdungsfaktoren, die nachweislich in Zusammenhang mit Verkehrssicherheit stehen, nur wenige Maßnahmen angeboten werden. Dies betrifft beispielsweise die Auswirkung psychischer Belastung auf die Verkehrssicherheit oder trivialerweise die Exposition. Für diese unterrepräsentierten Faktoren wird aktiv nach Maßnahmen gesucht, die auch über die Fokussierung auf Verkehrssicherheit hinausgehen.

3. Über die reine Maßnahmenrecherche hinausgehend werden auch Fachdatenbanken nach Informationen zu Wirksamkeit, notwendigen Bedingungen etc. genutzt, um Hinweise zu sinnvollen Maßnahmen (auch aus dem internationalen Kontext) zu erfassen. Diese Quellen werden in einer Literaturdatenbank separat aufgenommen und kategorisiert.

2. Aufbau der Datenbank

Neben Titel, einer Kurzbeschreibung, der Art der Maßnahme, den Ansprechpersonen, Informationen zu Kosten und Dauer werden die Maßnahmen hinsichtlich ihrer Präventionsorientierung (verhaltens- oder verhältnisorientiert), dem Bereich, in dem die Maßnahme ansetzt (Technik, Organisation, Person oder Situation) sowie der Zielgruppe kategorisiert. Der inhaltliche Fokus liegt auf der Eignung der Maßnahmen für die einzelnen Gefährdungsfaktoren: Sie werden den Gefährdungsfaktoren (GF) zugeordnet, bei denen sie (hauptsächlich) eine optimierende Wirkung erzielen sollen. Die GF sind die in der Gefährdungsanalyse in GUROM verwendeten Faktoren.

3. Vorgehen bei der Kategorisierung/Qualitätssicherung

1. Aufnahme, Kategorisierung und Bewertung: Das GUROM-Team recherchiert Maßnahmen anhand der Online-Informationen der Anbietenden, Literaturanalysen, Expertengesprächen usw. Die Kategorisierung und Bewertung erfolgt anhand der zur Verfügung stehenden Dokumente und Quellen.
2. Verifikation durch Anbieter: Als Qualitätssicherung dient eine Korrekturschleife durch die Anbietenden dazu, die Angaben zu verifizieren bzw. durch Übermittlung von Zusatzinformationen zu verändern. Eine Erläuterung des Vorgehens, inkl. eines Glossars zu den einzelnen Elementen der Datenbank, dient der Transparenz. Die Anbietenden werden gebeten, durch ihre Zuarbeit zur korrekten Darstellung und Kategorisierung ihrer Maßnahmen beizutragen.
3. Überarbeitung: Auf der Basis der Korrekturen durch die Anbietenden werden die Datenblätter durch das GUROM-Team angepasst.

4. Gütesiegel

Die Bewertung der Maßnahmen erfolgt in drei Stufen: Zunächst wird entschieden, ob eine Bewertung sinnvoll ist. Unabhängig von der Qualität der Inhalte und ihrer Darstellung werden reine Informationsmedien nicht bewertet, da ihre (Zielgruppen-)Spezifität so hoch ist, dass sich (bislang) keine allgemeingültigen Kriterien bestimmen lassen konnten, die Hinweise für die Eignung geben. Beinhalten diese jedoch auch interaktive Elemente, gehen sie in die Bewertung ein. In dieser zweiten Stufe werden die Maßnahmen auf die in Tabelle 1 ausgeführten Kriterien geprüft. Diese wurden in

Kooperation zwischen dem DVR, dem GUROM-Team und externen Experten diskursiv entwickelt. Wenngleich aus wissenschaftlicher Perspektive ein elaborierterer Zugang sinnvoller gewesen wäre, ist eine praktikable Variante notwendig. Diese Notwendigkeit ergibt sich einerseits aus dem Umstand, dass die Datenbank derzeit insgesamt etwa 1500 Maßnahmen enthält, die mit machbarem Aufwand eingeschätzt werden müssen; andererseits sollen die Ergebnisse auch für Praktiker übersichtlich und aufwandsarm nutzbar sein.

Bei der dritten Bewertungsstufe wird geprüft, inwiefern Quellen für Evaluationen eine Wirksamkeit der Maßnahmen nahelegen, entsprechende Publikationen werden zusammengetragen und – sofern mehrere vorhanden – eine zusammenfassende Publikation in die Datenbank eingepflegt.

Zusätzliche Informationen, die auf Besonderheiten hinweisen, können ebenfalls in die Datenbank eingeführt werden, z. B. wenn Maßnahmen bislang keiner Evaluation unterzogen wurden, nach Expertenmeinung jedoch als hochwirksam eingeschätzt werden.

5. Fazit

Bislang ist kein vergleichbares Instrument zur Aufbereitung und Bewertung von Präventionsmaßnahmen bekannt. Daher ist die GUROM-Datenbank auch so angelegt, dass bei entsprechendem Erfahrungsschatz oder Weiterentwicklungen die Kriterien und Kategorien verändert werden können. Inzwischen ist auch die Rückmeldeschleife durch die Anbietenden so angepasst, dass die Qualität durch die Bereitstellung relevanter Informationen gesichert werden kann.

Aufgrund der bisherigen Erfahrungen und Fortschritte soll diese Datenbank auch auf weitere Arbeitsschutzmaßnahmen der Unfallversicherungsträger ausgeweitet werden.

Auf dem Workshop werden die Erfahrungen mit der Datenbank und dem Bewertungsschema vorgestellt und diskutiert.

Weitere Informationen zu GUROM und der Datenbank: www.gurom.de und Gericke, G. (2017) Mobilität sicher gestalten: GUROM. Die Entwicklung eines adaptiven Instrumentes zur Gefährdungsbeurteilung für die beruflich bedingte Mobilität. Unveröffentlichte Dissertation. Friedrich-Schiller-Universität Jena.

Tabelle 1: Kriterien des Gütesiegels

Kriterium und Leitfrage	Bewertung
Hintergrund der Maßnahme: Informationen, warum es diese Maßnahme gibt	0: keine Information
	1: allgemein formulierter Hintergrund
	2: spezifische/begründete Fundierung
Maßnahmenziele: Informationen zu Maßnahmenzielen; Veränderungen an welchen GF werden angestrebt?	0: keine Ziele formuliert
	1: allg. Zielformulierung (z. B. Einstellungsänderung)
	2: spezif. Zielformulierung, Nennung von GF (z. B. Veränderung der Risikowahrnehmung)
Zielgruppe: Informationen zur Zielgruppe der Maßnahme	0: unklar
	1: Kernzielgruppe benannt, keine Differenzierung
	2: explizite Beschreibung, auch Abgrenzung zu Nicht-Zielgruppe
Präventions-/Interventionsorientierung: Informationen darüber, welche Verhaltensweisen bzw. Verhältnisse optimiert werden sollen	0: unklar
	1: implizit erschließbar
	2: konkrete Nennung von Verhalten/Verhältnissen, bei denen Änderung erzielt werden sollen, ggf. Nennung der Multiplikatoren
Theoretische Grundlage: Gibt es eine theoretische Grundlage? Lassen sich Maßnahmenziele daraus ableiten?	0: nein oder unklar
	1: implizit erschließbar
	2: explizite Formulierung der theoretischen Grundlage
Qualifikation der Durchführenden: Informationen zur Qualifikation/-erfordernissen der Durchführenden	0: unklar oder Qualifikation nicht sichergestellt
	1: allgemeine Qualifikationskriterien (z. B. durchführende Person ist Polizist)
	2: Qualifikation ist explizit dokumentiert (z. B. zertifizierte Fachkraft)
Durchführungsdokumentation: Gibt es Dokumentationen über notwendige Rahmenbedingungen, Materialien, Ablauf etc.?	0: nein
	1: Dokumentation vorhanden, jedoch unvollständig
	2: transparente, vollständige Dokumentation
Externe Nutzung: Gibt es die Möglichkeit, Maßnahme anderen Akteuren zur Verfügung zu stellen?	0: nein
	1: Möglichkeit besteht, Bedingungen unklar
	2: Klarheit, wie (Umfang/Bedingungen) Maßnahme zur Verfügung gestellt wird
Nachhaltigkeit: Informationen zur erwarteten/tatsächlichen Dauer und Intensität der Änderungswirkung	0: nein
	1: unspezifische Aussagen (z. B. „… sollen für langfristige Umsetzung sorgen")
	2: konkrete Angaben, ggf. Bedingungen, die gegeben sein müssen
Erfassung der Wirksamkeit: Gibt es Wirksamkeitsnachweise?	0: nein
	1: unspezif. Aussagen, Akzeptanzabfragen
	2: Dokumentation einer Evaluation bzw. belegte Prä-Postvergleiche etc.

Anne M. Wöhrmann & Susanne Gerstenberg
Bundesanstalt für Arbeitsschutz und Arbeitsmedizin (BAuA, Dortmund)

Mobiles Arbeiten in Deutschland: Ein repräsentativer Überblick

In vielen Berufen gehört der häufige Wechsel des Arbeitsorts zum Alltag. Dazu zählen z. B. Tätigkeiten im Baugewerbe oder im Außendienst. Gleichzeitig lassen sich Tätigkeiten, die vor einigen Jahren nur an einem festen Ort ausgeführt werden konnten, aufgrund der Digitalisierung und Technologisierung mittlerweile an flexibel selbst gewählten Orten erledigen. In diesem Beitrag berichten wir basierend auf Daten der BAuA-Arbeitszeitbefragung 2017 repräsentative Ergebnisse zur Verbreitung berufsbedingter Mobilität, die dadurch gekennzeichnet ist, dass Mobilität Bestandteil der Arbeitsaufgabe ist (Ducki & Nguyen, 2016). Dabei betrachten wir verschiedene Mobilitätsformen von Arbeitsorten im Überblick und gesondert das Thema Dienstreisen. Darüber hinaus geben wir einen ersten Überblick über die Rolle berufsbedingter Mobilität für die Work-Life Balance und die selbsteingeschätzte Gesundheit von Beschäftigten.

1. Verbreitung berufsbedingter Mobilität
1.1 Mobilitätsformen von Arbeitsorten

Arbeitsorte können durch einen unterschiedlichen Grad an Mobilität gekennzeichnet sein. Ein Angestellter, der meistens an seinem Büroarbeitsplatz sitzt, hat zum Beispiel einen festen Arbeitsort. Verschiedene Berufe erfordern dagegen den Wechsel des Arbeitsortes in unterschiedlicher Häufigkeit – z. B. wöchentlich, mehrmals pro Woche oder auch mehrmals am Tag. Der Arbeitsort wieder anderer Beschäftigter ist selbst mobil, wie bei LKW-Fahrern oder Zugbegleitern. Diese verschiedenen Mobilitätsformen von Arbeitsplätzen wurden in der BAuA-Arbeitszeitbefragung 2017 erfasst. Im Folgenden ist dargestellt, welche Mobilitätsform den Arbeitsplatz bzw. -ort der jeweiligen Person am besten beschreibt.

Einen Überblick darüber, wie weit diese unterschiedlichen Formen mobiler Arbeit bei abhängig Beschäftigten in Deutschland verbreitet sind, gibt Tabelle 1. Drei Viertel der Beschäftigten arbeiten überwiegend an einem festen Arbeitsort, während ein Viertel der Beschäftigten angibt, an verschiedenen Orten bzw. mobil zu arbeiten. So haben 8 % der Beschäftigten mehrere Einsatzorte am Tag, und 6 % haben jede Woche mehrere Einsatzorte. Bei 5 % der Beschäftigten ist der Arbeitsplatz selbst mobil. Jeweils 3 % der Beschäftigten arbeiten an wochen- oder monatsweise wechselnden Arbeitsorten oder sind in ihrer Arbeit nicht an bestimmte Orte gebunden.

Es zeigen sich einige Unterschiede in den Mobilitätsformen der Arbeitsorte zwischen verschiedenen Beschäftigtengruppen. Zum Beispiel arbeiten Männer deutlich seltener überwiegend an einem festen Arbeitsort (66 %) als Frauen (86 %). Beschäftigte mit einem niedrigen Bildungsniveau haben häufiger mehrere Arbeitsorte innerhalb einer Woche (12 %) als Beschäftigte mit mittlerem oder hohem Bildungsniveau (jeweils 6 %). Mit zunehmender Betriebsgröße nimmt die Arbeitsortmobilität insgesamt ab. Beschäftigte in Kleinbetrieben mit bis zu 49 Mitarbeitern bzw. Mitarbeiterinnen haben am häufigsten mehrere Arbeitsorte in der Woche (10 %) oder auch am Tag (11 %). Dieses Bild spiegelt sich auch bei der Betrachtung der Wirtschaftsbereiche wider. Am seltensten wird in der Industrie mobil gearbeitet (15 %) und am häufigsten im Handwerk (48 %) mit häufig mehreren Arbeitsorten am Tag (14 %), in der Woche (18 %) oder wochen- oder monatsweise wechselnden Einsatzorten (11 %).

Tab. 1: Mobilitätsformen von Arbeitsorten

	Arbeitsort überwiegend fest	Arbeitsort wochen- oder monatsweise wechselnd	mehrere Arbeitsorte in einer Woche	täglich mehrere Arbeitsorte	nicht an bestimmte Orte gebunden	Arbeitsplatz selbst ist mobil
gesamt	75	3	6	8	3	5
Geschlecht						
Männer	66	5	9	10	4	8
Frauen	86	1	4	5	2	2
Bildungsniveau (IS-CED)						
niedrig	73	*	12	*	*	*
mittel	73	4	6	8	3	7
hoch	79	2	6	6	4	2
Betriebsgröße						
bis 49 Mitarbeiter	68	3	10	11	2	6
50 bis 249 Mitarbeiter	76	4	5	7	3	5
ab 250 Mitarbeiter	82	2	3	4	4	4
Wirtschaftsbereiche						
Öffentlicher Dienst	79	1	4	8	4	4
Industrie	85	*	3	2	3	*
Handwerk	52	11	18	14	*	*
Dienstleistungen	74	2	6	9	3	7
anderer Bereich	74	*	*	*	*	*

n = 8459; alle Angaben in Zeilenprozent; Rundungsfehler möglich; Datenquelle: BAuA-Arbeitszeitbefragung 2017

1.2 Dienstreisen

Trotz der zunehmenden Möglichkeiten digitaler Kommunikation verlangen viele Arbeitstätigkeiten immer noch Reisetätigkeiten von Beschäftigten. Tabelle 2 gibt einen Überblick über die Verbreitung und Verteilung von Dienstreisen bei abhängig Beschäftigten in Deutschland. Knapp zwei Drittel der Beschäftigten unternehmen keine Dienstreisen (64 %). Ein weiteres Viertel der Beschäftigten unternimmt maximal eine Geschäftsreise pro Monat (26 %). Jeder zehnte Beschäftigte reist zweimal oder häufiger pro Monat (10 %). Insgesamt sind Dienstreisen häufiger Teil der Arbeitstätigkeit von Männern (42 %) als von Frauen (29 %). Vor allem mehrere Dienstreisen pro Monat kommen bei Männern (14 %) häufiger vor als bei Frauen (5 %). Dienstreisen sind bei Beschäftigten mit hohem Bildungsniveau deutlich häufiger Teil der Tätigkeit (59 %) als bei Beschäftigten mit mittlerem (23 %) oder niedrigem Bildungsniveau (9 %). Fast ein Fünftel (18 %) der Beschäftigten mit hohem Bildungsniveau ist mindestens zweimal im Monat auf einer Dienstreise. Die Wahrscheinlichkeit, dass Beschäftigte dienstlich reisen steigt mit zunehmender Größe des Betriebs in dem sie arbeiten. So kommen Dienstreisen im Handwerk am seltensten vor (15 %) und am häufigsten in der Industrie (42 %) und im Öffentlichen Dienst (45 %).

Tab. 2: Dienstreisen

	keine Dienstreisen	maximal eine Reise im Monat	zwei oder mehr Reisen im Monat
gesamt	64	26	10
Geschlecht			
Männer	58	28	14
Frauen	71	24	5
Bildungsniveau (ISCED)			
niedrig	91	*	*
mittel	77	18	5
hoch	41	41	18
Betriebsgröße			
bis 49 Mitarbeiter	73	20	7
50 bis 249 Mitarbeiter	61	28	11
ab 250 Mitarbeiter	56	32	12
Wirtschaftsbereiche			
Öffentlicher Dienst	55	35	10
Industrie	58	30	12
Handwerk	85	11	4
Dienstleistungen	67	22	11
anderer Bereich	67	24	9

n = 8767; alle Angaben in Zeilenprozent; Rundungsfehler möglich; Datenquelle: BAuA-Arbeitszeitbefragung 2017

2. Berufsbedingte Mobilität und Wohlbefinden

Beschäftigte, die überwiegend an einem festen Arbeitsort arbeiten und Beschäftigte, die in ihrer Arbeit nicht an bestimmte Arbeitsorte gebunden sind, schätzen ihren

Gesundheitszustand häufiger als gut oder sehr gut ein (71 % bzw. 75 %) als Beschäftigte in anderen Arbeitsort-Arrangements und sind auch häufiger zufrieden oder sehr zufrieden damit, wie ihr Arbeits- und Privatleben zusammenpassen (82 % bzw. 84 %). Beschäftigte, deren Arbeitsort sich wochen- oder monatsweise ändert sind seltener zufrieden mit ihrer Work-Life Balance (72 %) als Beschäftigte mit anderen Arbeitsort-Arrangements und schätzen auch ihren Gesundheitszustand seltener als gut oder sehr gut ein (61 %). Verschiedene Faktoren, wie z. B. die Möglichkeiten der Gestaltung der Grenzen von Arbeit und Privatleben (vgl. Nies, Roller & Vogl, 2015), können zur Erklärung dieses Zusammenhangs beitragen. Dies und welche Rolle die Mobilitätsanforderungen, die sich aktuell an Beschäftigte stellen, auch unter Berücksichtigung der oben beschriebenen soziodemografischen und betrieblichen Merkmale, für das Wohlbefinden von Beschäftigten spielen, sollte zukünftig noch spezifischer untersucht werden.

Tab. 3: Subjektive Gesundheit und Work-Life Balance bei berufsbedingter Mobilität

	(sehr) guter subjektiver Gesundheitszustand	(sehr) zufrieden mit der Work-Life Balance
Mobilitätsformen von Arbeitsorten		
Arbeitsort überwiegend fest	71	82
Arbeitsort wochen- oder monatsweise wechselnd	61	72
mehrere Arbeitsorte in einer Woche	63	81
täglich mehrere Arbeitsorte	64	75
nicht an bestimmte Orte gebunden	75	84
Arbeitsplatz selbst ist mobil	69	76
Dienstreisen		
keine	65	81
maximal eine im Monat	78	81
zwei oder mehr im Monat	77	78

Mobilitätsformen von Arbeitsorten: n = 8459; Dienstreisen: n = 8767; alle Angaben in Spaltenprozent; Rundungsfehler möglich; Datenquelle: BAuA-Arbeitszeitbefragung, 2017

Literatur
Ducki, A & Nguyen, H. T. (2016). Psychische Gesundheit in der Arbeitswelt – Mobilität. Dortmund: Bundesanstalt für Arbeitsschutz und Arbeitsmedizin.
Nies, S., Roller, K & Vogl, G. (2015). Räumliche Mobilität rund um die Arbeit. Working Paper Forschungsförderung. Düsseldorf: Hans-Böckler-Stiftung

Alzbeta Jandova[1], Katrin Höhn[1], Martin Schmauder[1], Tobias Ruttke[2], Rüdiger Trimpop[2], Philip Ashton[3], Christof Barth[3] & Martin Templer[3]
[1]*Technische Universität Dresden, Institut für Technische Logistik und Arbeitssysteme;*
[2]*Friedrich-Schiller Universität Jena, Lehrstuhl für Arbeits-, Betriebs- und Organisationspsychologie;* [3]*systemkonzept Gesellschaft für Systemforschung und Konzeptentwicklung mbH Köln*

Berufsbedingte Mobilität: Gefährdungen, Belastungen und Präventionsmöglichkeiten

1. Ausganglage

Ein Viertel der Vollzeitbeschäftigten in Deutschland ist berufsbedingt mobil (mobile Tätigkeit, Wochenendpendeln und Fernpendeln; Hüffmeier & Windel, 2014), was u.a. auf die steigende Notwendigkeit einer Kunden- bzw. Dienstleistungsorientierung oder Nachfrage nach mobiler Altenpflege zurückzuführen ist. Sie nehmen die Herausforderungen aus dem Betrieb mit in den häufig hektischen Verkehr – diese komplexe Situation stellt hohe Anforderungen an die mobil Tätigen. Mit der Folge, dass es bei berufsbedingter Mobilität immer häufiger zu Unfällen mit schweren Verletzungen oder Todesfolge kommt. In 2016 fanden 112 Personen ihren Tod im Straßenverkehr, während sie ihren beruflichen Verpflichtungen nachgegangen sind (BAuA, 2017). Verkehrsunfälle haben deutlich schwerere Folgen und längere Ausfallzeiten als andere Arbeitsunfälle, und sie stellen gleichzeitig eine besondere Herausforderung für die Prävention dar, da sie nur zu einem kleinen Teil bei innerbetrieblichen Wegen und Tätigkeiten geschehen (Vollrath & Krems, 2011). Weder die Belastungen der mobil Beschäftigten noch die Wirksamkeit von Maßnahmen zur Vermeidung solcher Unfälle sind genauer untersucht.

2. Projekt BestMobil

Ziel des DGUV-geförderten Projekts „BestMobil – Berufsbedingte Mobiliät: Identifizierung und Erprobung von Präventionsansätzen" ist es, wissenschaftlich fundierte und empirisch überprüfte Präventionsmaßnahmen bei berufsbedingten mobilen Tätigkeiten zu ermitteln und Empfehlung für Unternehmen und Institutionen, insbesondere Unfallversicherungsträger abzuleiten.

Im Projekt werden Berufe fokussiert, deren Ausübung zunächst eine Fahrt zum Kunden erfordert, Berufsfahrer sind daher ausgeschlossen. Zunächst wurde in den teilnehmenden Unternehmen eine Online-Befragung zur Gefährdungsbeurteilung psychischer Belastung (Instrument GUROM) durchgeführt. Im Anschluss daran wurden über tätigkeitsbezogene Arbeitssystemanalysen die verkehrsbezogenen Rahmenbedingungen der Tätigkeit eruiert. Vertiefende belastungsbezogenen Informationen lieferte schließlich ein Tagebuch-Einsatz (über fünf Arbeitstage), ergänzt um erhobene physiologische Stressmarker (Fahrbegleitung). Die in diesem Artikel vorgestellte Tagebuchstudie stellt somit einen Teil des Prätests dar, auf dessen Grundlage geeignete Maßnahmen in teilnehmenden Unternehmen ausgewählt und anschließend evaluiert werden.

3. Tagebuchstudie
3.1 Stichprobe und Befragungsmodus
Im Zeitraum 01 – 04/2018 wurden N= 31 mobile Mitarbeiter und Mitarbeiterinnen mittels eines Tagebuchs befragt. Tabelle 1 fasst die Berufszugehörigkeit der Befragten zusammen.

Tab. 1: Teilnehmer der Tagebuchstudie und deren Berufs- und Unternehmenszugehörigkeit

Berufsrichtung	Ambulante Pflege	Service/ Montage	Beratung/ Außendienst
N Unternehmen	3	3	3
Unternehmensgröße	3x KMU	2x Großunternehmen, 1x Kleinstunternehmen	1x Einzelunternehmerin, 1x Kleinstunternehmen, 1x KMU
N Teilnehmer	12	13	9

Die Teilnehmer der Tagebuchstudie wurden gebeten, an fünf zusammenhängenden Tagen jeweils vor der Arbeit sowie zum Schichtende einen knapp gehaltenen Fragebogen auszufüllen. Somit liegen insgesamt Daten über 31 x 5 = 155 Arbeitstage vor. Die gestellten Fragen bezogen sich auf die Rahmenbedingungen des Arbeitstages, persönliche sowie organisationelle Ressourcen, eigenes Wohlbefinden, wahrgenommene bzw. erlebte Belastung und deren negativen Folgen.

Im Fall der Einzelunternehmerin sowie der Kleinstunternehmen handelt es sich um eine Vollbefragung, in allen anderen Unternehmen wurden jeweils fünf ausgewählte/ freiwillige Mitarbeiter und Mitarbeiterinnen befragt (die Rücklaufquote liegt deshalb bei 97%). Insgesamt handelt es sich um 12 Frauen und 13 Männer, bei 6 Personen stand die Geschlechtsangabe nicht zur Verfügung. Eine befragte Person gab an, zwischen 18–27 Jahren alt zu sein. Vier Personen gehören der Altersgruppe 28–37 an, fünf der Altersgruppe 38–47 Jahre. Das Alter der meisten Personen (n= 15) lag zwischen 48–57 Jahren, eine Person war älter. Bei 5 Personen stand die Altersangabe leider nicht zur Verfügung.

3.2 Ausgewählte Ergebnisse

Die Befragten gaben vor der Arbeitsaufnahme an, in der vorausgegangenen Nacht im Durchschnitt 6:25 Std. geschlafen zu haben (Durchschnitt min. 5:40 Std. – max. 7:05 Std.). Die Meisten haben ihren Schlaf als erholsam bezeichnet (M= 2,2[1]; min. 1,0 – max. 4,2), und sahen dem Arbeitstag entspannt entgegen (M= 1,98; min. 1,0 – max. 4,0). Ebenso gut fühlten sich die Meisten für den Tag vorbereitet (M= 1,72; min. 1,0 – max. 3,4).

Zum Ende des Arbeitstages gaben die Befragten an, im Durchschnitt 8:30 Std. gearbeitet zu haben (min. 3 – max. 15 Std.). Geringfügig länger (8:30 – 10 Std.) hat ein Fünftel von ihnen (n=6) gearbeitet, deutlich länger (> 10 Std.) war im Dienst mehr als ein Drittel der befragten Personen (n=11). Diese Arbeitszeit wurde durch Pausen unterbrochen, die im Durchschnitt 30 min. lang waren. Wichtig ist hier die separate Betrachtung der Teilzeit- und Vollzeit-Arbeitskräfte. Bei Personen in Teilzeitbeschäftigung (= durchschnittliche tägliche Arbeitszeit < 8 Std.; n= 6) betrug die durchschnittliche Pausenlänge min. 0 – max. 45 min. Bei Personen in Vollzeitbeschäftigung betrug die max. durchschnittliche Pausenlänge 210 min., jedoch gaben auch in dieser Gruppe vier Befragte (13 %) an, im Durchschnitt der fünf Tage keine Pause gemacht zu haben.

Durchschnittlich haben die befragten Personen am Tag 3 Std. im Auto verbracht (min. 0 – max. 7:15 Std.). Ein Drittel (n=10) gab an, länger als 5 Std. im Auto unterwegs zu sein, weitere acht Personen verbrachten zwischen 3 bis 5 Std. am Steuer.

Gefragt nach eingehenden Anrufen oder Nachrichten während der Verkehrsteilnahme gaben sechs Personen (19 %) keine Störungen während der gesamten Arbeitswoche an. Im Durchschnitt wurde von zwei Störungen am Tag berichtet – ein Studienteilnehmer hat jedoch an mehreren Tagen von 6–10 eingehenden Anrufen oder Mitteilungen berichtet.

Im Durchschnitt haben die Befragten den Zeit- bzw. Termindruck des gerade beendeten Arbeitstages als mittelmäßig bezeichnet (M=2,5[2]; min. 1,6 – max. 4,0). Die Meisten hielten die körperliche Belastung ihrer Arbeitstage im Schnitt für gering (M= 2,11; min. 1 – max. 3,6).

Des Weiteren wurden die Studienteilnehmer nach Konflikten gefragt. Am häufigsten kamen Konflikte mit anderen Verkehrsteilnehmern sowie Konflikte mit Kollegen oder Vorgesetzten vor (insgesamt jeweils 13 berichtete Konflikte). Probleme

---

[1] Eine 5-stufige Skala: 1 „trifft zu" – 3 „weder noch" – 5 „trifft nicht zu"
[2] Eine 5-stufige Skala: 1 „sehr gering" – 3 „mittelmäßig" – 5 „sehr groß"

mit Kunden wurden nur selten berichtet (insgesamt 5 Nennungen). Als Gründe für belastende, unerwartete Veränderungen im Tagesablauf wurden am häufigsten zusätzliche Aufgaben/ Kundenanfragen genannt (6 Nennungen) und Schwierigkeiten mit dem Terminplan („Terminänderung", „zu spät losgefahren", „Termin dauerte länger als geplant"; 5 Nennungen).

Gute Terminplanung (ausreichend Zeit für einzelne Kundentermine), gute eigene Vorbereitung sowie auch seitens des Kunden und die Möglichkeit zur freien Zeiteinteilung sind die am häufigsten genannten organisationsbezogenen Aspekte (n = 34), die die Arbeit der mobil Tätigen erleichtern. Des Weiteren wurden 27 Momente genannt, in denen Kollegen/Praktikanten/Hilfskräfte mit Hilfe oder Rat den Befragten zur Seite standen. In 17 Fällen war es eine angenehme/konstruktive/lösungsorientierte Interaktion mit dem Kunden sowie sein Verständnis und Flexibilität, die den Tag des Respondenten leichter gemacht haben.

Unter den möglichen Folgen einer Fehlbeanspruchung waren es die Verspannungen, die in der Stichprobe am häufigsten vorkamen (15 Nennungen, bei 5 Personen eine durchgehende Belastung – mindestens „belastend" – vorhanden[3]). An zweiter Stelle folgt Erschöpfung (11 Nennungen) und als drittschwerste Folge werden Rückenschmerzen eingestuft (18 Nennungen bei geringerer Ausprägung). Von 31 Befragten berichten 8 Personen (26 %) bei mindestens einer Folge psychischer Fehlbeanspruchung über konstant erhöhten Leidensdruck („belastend"). Bei den restlichen 23 Befragten sind keine Beschwerden vorhanden oder beschränken sich vereinzelt auf das geringste Ausmaß („etwas belastend").

Aus den Ergebnissen geht hervor, dass ein gutes Terminmanagement, das sowohl gute Vorbereitung, feste Pausenzeitfenster sowie auch Zeitpuffer einbezieht, ein hohes Präventionspotenzial aufweist.

Literatur
Bundesanstalt für Arbeitsschutz und Arbeitsmedizin [BAuA] (2017). Sicherheit und Gesundheit bei der Arbeit 2016. Unfallverhütungsbericht Arbeit. Dortmund/Berlin/Dresden: BAuA.
Hüffmeier, J. & Windel, A. (2014). Emotionsarbeit, Restrukturierung und Mobilität. BAUA Aktuell, 3, 13-14.
Vollrath, M. & Krems, J. (2011). Verkehrspsychologie. Kohlhammer.

---

[3] Eine fünfstufige Skala: 1 „etwas belastend" bis 5 „äußerst belastend"

Bettina Schützhofer[1] & Joachim Rauch[2]
[1] sicher unterwegs – Verkehrspsychologische Untersuchungen GmbH
[2] Allgemeine Unfallversicherungsanstalt AUVA

Prävention für jugendliche Berufseinsteiger – der sichere Weg zur Arbeit

1. Einleitung

Jugendliche Verkehrsteilnehmer/innen und Fahranfänger/innen sind im Straßenverkehr einem besonders hohen Verunfallungsrisiko ausgesetzt. Die 15- bis 24-Jährigen decken zwar nur einen Bevölkerungsanteil von 12 % ab, sind aber mit rund 28 % aller Verletzten und 17,4 % aller Getöteten in der Unfallstatistik überrepräsentiert (vgl. z.B. Statistik Austria, 2015). Nichtsdestotrotz wurden Mindestaltersgrenzen für den Erwerb einer Lenkberechtigung in den letzten Jahren international gesenkt, wobei sie in Österreich vergleichsweise besonders niedrig sind. So erlaubt der Gesetzgeber eine motorisierte Straßenverkehrsteilnahme als Mopedlenker/in (Klasse AM) ab dem vollendeten 15. Lebensjahr, als A1 Motorradlenker/in ab dem vollendeten 16. Lebensjahr und den Beginn der Führerscheinausbildung für die Klasse B ab 15,5 Jahren.

Besonders hervorzuheben sind in diesem Zusammenhang die sehr hohen Unfallzahlen bei den 15-jährigen Mopedlenker/innen. Bringt man diese in Relation mit den Zulassungs- und Führerscheinerwerbszahlen, so zeigt sich in einem Beobachtungszeitraum von 2006 bis 2014, dass die Erwerbszahlen mehr als doppelt so stark zurückgingen wie die Zahl der Verunglückten (Kaltenegger, 2016). Unfallkausal sind dabei einerseits Fahrverhaltensdefizite und andererseits entwicklungsbedingte Reifungsdefizite, 15-Jährige sind zu 40 % in Alleinunfälle verwickelt. Nach Einschätzung der Polizeiorgane zählen neben Ablenkung/Unaufmerksamkeit (37,6 %), Vorrangverletzungen (24,3 %) und nicht angepasster Geschwindigkeit (13,6 %) auch nicht angepasster Sicherheitsabstand (6,6 %) und Alkohol/Suchtmittel/Medikamente (4,6 %) zu den Hauptunfallursachen bei Straßenverkehrsunfällen mit Personenschaden (Statistik Austria, 2016).

Um den Anteil der Wegunfälle von Lehrlingen und Berufseinsteiger/innen zu reduzieren und präventiv vorbeugen zu können, bieten die AUVA und die sicher unterwegs – Verkehrspsychologische Untersuchungen seit 2016 gemeinsam das Verkehrssicherheitsprogramm trafficsafety4you an, welches auf die wesentlichen Unfallursachen in der Altersgruppe (Ablenkung, Drogen- und Alkoholkonsum) fokussiert sowie auf die entwicklungsbedingten Reifungsprozesse Heranwachsender Bezug nimmt (vgl. z.B. Schützhofer, Rauch & Banse, 2017).

2. Theorie

Während der Adoleszenz, die bis ins junge Erwachsenenalter reicht (ca. 22 Jahre), kommt es zu massiven alterstypischen Umbauprozessen im Gehirn. Diese wirken sich nicht nur auf das Sicherheitsbewusstsein am Arbeitsplatz aus, sondern auch auf das Verkehrsverhalten. Die Umbauprozesse während der Phase der Adoleszenz bedingen ein Ungleichgewicht zwischen Belohnungs- und Kontrollsystem. Das Belohnungssystem, welches dem limbischen System zugeordnet wird, entwickelt sich rascher als das im präfrontalen Cortex angesiedelte Kontrollsystem. Daraus resultiert, dass die Verhaltenssteuerung durch Selbst-, Handlungs- und Impulskontrolle nicht immer stark genug ist, um sich rational und sicher zu verhalten. Schon die Aussicht auf Belohnung führt zu so starker Aktivierung des Belohnungszentrums, dass es mitunter zu riskanten Entscheidungen kommt. „Durch die ausgeprägte Dominanz des limbischen Systems in dieser Lebensphase steht die Suche nach Abwechslung, neuen Erlebnissen und starken Emotionen, oftmals gepaart mit einem hohen Gesundheitsrisiko, für Jugendliche im Vordergrund. Risikoreiches und spontanes Verhalten sind demnach auf den ungleichen Entwicklungsstand von limbischem System und präfrontalem Cortex sowie noch nicht ausreichender Verbindungen zwischen cortikalen und subcortikalen Systemen zurückzuführen. Roth und Hammelstein (2003) sowie Galvan, Hare, Voss, Glover und Casey (2007) sehen darin auch eine Erklärung für das jugendtypische Risikoverkehrsverhalten." (Schützhofer et al., 2017, S. 217). Möchte man Heranwachsende zu sicherem Arbeits- und Verkehrsverhalten motivieren, benötigt es ein Verständnis dieser Reifungsprozesse.

3. Programmvorstellung trafficsafety4you

Im Verkehrssicherheitsprogramm trafficsafety4you werden unter Bezugnahme auf die altersgemäße Entwicklung nach dem Prinzip „Erleben – Begreifen – Durchdringen" interaktiv Verkehrssicherheitsinhalte nähergebracht und auf die berufliche (alltägliche) Verkehrspraxis heruntergebrochen, so dass jeder Jugendliche unter fachgerechter verkehrspsychologischer Anleitung seine persönlichen Konsequenzen für den sicheren Weg vom und zum Arbeitsplatz ziehen kann und der Transfer in den Verkehrsalltag gelingt.

Das Verkehrssicherheitsprogramm trafficsafety4you umfasst drei Module (eines für Ablenkungs-, eines für Drogen- und eines für Alkoholfreiheit im Straßenverkehr), welche getrennt, aber auch gemeinsam absolviert werden können. Ziel der Verkehrserziehungsmodule besteht in einer Einstellungs- und Verhaltensänderung hin zu ablenkungs-, drogen- und alkoholfreier Verkehrsteilnahme bzw. einer Festigung und Bekräftigung von bereits vorhandenen diesbezüglichen verkehrssicherheitsförderlichen Einstellungen und einer dementsprechenden Verkehrspartizipation. Abwechslungsreiche und interaktive Informations-, Diskussions- und Reflexionseinheiten wechseln einander ab und sind gepaart mit praktischen Übungen aus der Erlebniswelt der Teenager. Diese werden dadurch zu einer adäquaten Risikoeinschätzung befähigt und zu verantwortungsvollem Handeln auch im Straßenverkehr angeleitet. Besonderes Augenmerk wird dabei auf das Schließen der Lücke zwischen Selbst- und Fremdeinschätzung und mit der eigenen Selbsteinschätzung oft nicht übereinstimmender objektiver Leistung gelegt (Schützhofer, 2017).

4. Evaluation

Um die Wirksamkeit der Maßnahme überprüfen zu können, wurde ein mehrstufiges Vorgehen gewählt. In einem ersten Schritt erfolgte eine qualitative Konzeptevaluation nach dem integrativen Baukastensystem für Evaluationen in der AUVA-Prävention (Spiel, Finsterwald, Popper & Hesse, 2013). Auf Manual- und Trainer/innenebene zeigte sich qualitativ eine hohe Durchführungsintegrität, die didaktischen Ziele konnten gut umgesetzt werden. Dies legt den theoretischen Schluss nahe, dass dieses Programm wesentliche Voraussetzungen für eine Verhaltensänderung hin zu mehr Sicherheitsorientierung liefert (Koppehele-Gossel & Banse, 2017). Überprüft wird dies in einer weiteren quantitativen Evaluationsphase, welche längsschnittlich mit einer Wirksamkeitsmessung zu drei Erhebungszeitpunkten geplant wurde und derzeit umgesetzt wird. Die Ergebnisse der aufwendigen Längsschnittevaluation werden Anfang 2019 erwartet.

Literatur
Galvan, A., Hare, T., Voss, H., Glover, G. & Casey, B.J. (2007). Risk-taking and the adolescent brain: who is at risk? *Developmental Science* 10:2, pp F8-F14. DOI:10.1111/j.1467-7687.2006.00579.x
Kaltenegger, A. (2016). *Reduktion des Unfallrisikos junger Mopedlenker*. Vortrag auf der Fachtagung Sicheres Biken in Wien.
Koppehele-Gossel, J. & Banse, R. (2017). Evaluationsbericht zum Präventionsprogramm „Trafficsafety 4 you". *AUVA Report Nr. 76*. Wien: Allgemeine Unfallversicherungsanstalt AUVA.
Roth, M. & Hammelstein, Ph. (2003). *Sensation Seeking – Konzeption, Diagnostik und Anwendung*. Göttingen, Bern, Toronto, Seattle: Hogrefe-Verlag.
Schützhofer, B., Rauch, J. & Banse, R. (2017). Verkehrssicherheitsarbeit mit Jugendlichen an der Schwelle zur motorisierten Straßenverkehrsteilnahme – welchen Beitrag kann die Verkehrspsychologie dazu leisten? *Zeitschrift für Verkehrssicherheit*, 5, 215–224.
Schützhofer, B. (2017). *Verkehrsreife – Theoretische Fundierung, Entwicklung und Erprobung der Testbatterie zur Erfassung der Verkehrsreife TBVR 14+*. Bonn: Kirschbaum Verlag GmbH.
Spiel, G., Finsterwald, M., Popper, V. & Hesse, N. (2013). Darstellung des integrativen Baukastensystems für Evaluationen im Präventionsbereich der AUVA. *AUVA Report Nr. 63*. Wien: Allgemeine Unfallversicherungsanstalt AUVA.
Statistik Austria (2015). *Straßenverkehrsunfälle Jahresergebnisse 2014*. Wien: Statistik Austria.
Statistik Austria (2016). *Straßenverkehrsunfälle Jahresergebnisse 2015*. Wien: Statistik Austria.

Arbeitskreis
Führung und Organisation: Führung und Gesundheit
Leitung: Jochen Gurt

Brigitta Gruber, Gernot Loitzl, Manuela Ritter, Birgit Kriener, Markus Feigl & Wilhelm Baier
Wertschätzende Dialoge der Führungskräfte mit Beschäftigten in der betrieblichen Gesundheitsförderung (BGF)

Jochen Gurt
Gesundheit? Chefsache! – Die Auswirkungen gesundheitsspezifischer Führung auf die Gesundheitskultur, Akzeptanz und Teilnahme an BGM-Maßnahmen und Gesundheitsverhalten

Kerstin Rother
Führungskräfte – die vergessene Zielgruppe in puncto psychosoziale Belastung

Amelie Wiedemann & Daniel Fodor
Unternehmensübergreifendes Wissensmanagement im betrieblichen Gesundheitsmanagement

Brigitta Gruber, Gernot Loitzl, Manuela Ritter, Birgit Kriener,
Markus Feigl & Wilhelm Baier
Kompetenzzentrum BGF-UnternehmerInnenmodell Gesundes Führen, Salzburg

Wertschätzende Dialoge der Führungskräfte mit Beschäftigten in der betrieblichen Gesundheitsförderung (BGF)

1. Gesundheitsförderung durch Führung mit dem Faktor Anerkennung

Es kann als ausreichend belegt gelten, dass Führungsverhalten in einem Zusammenhang steht mit Arbeitsfähigkeit und gesundheitlichem Befinden unselbstständig Beschäftigter. Dies gilt für das Wohlbefinden, aber auch für Beeinträchtigungen. Das Research Project F2199 der BAuA fasste den Wissensstand wie folgt zusammen: „Die Rolle sogenannter ‚positiver' Führungsarten ... ist nicht ganz so eindeutig wie die der ‚negativen' Führung, z. B. der destruktiven bzw. abusiven Führung. In der Regel werden Zusammenhänge berichtet; wenig bekannt ist über die vermittelnden Prozesse." (Rigotti et al., 2014, 9). Im Folgenden fokussieren wir als einen möglichen „vermittelnden Prozess" das „BGF-UnternehmerInnenmodell Gesundes Führen (BGF-UMo GF)" als Leuchtturmprozess mitarbeiterInnenorientierter, gesundheitsfördernder Führung. MitarbeiterInnenorientierung ist eine der zwei Komponenten wirksamen Führungshandelns nach der sogenannten „Ohio-Schule" (vgl. Fleishman & Harris, 1962; zitiert nach Prümper & Becker, 2011, S. 38). Fittkau-Garthe & Fittkau (1971) ermittelten MitarbeiterInnenorientierung auf den Dimensionen: a) Freundliche Zuwendung und Respektierung und b) Mitbestimmung und Beteiligung ermöglichend.

Korrespondierend dazu sind im BGF-UMo GF wertschätzende Dialoge – eingeladen und geleitet von unmittelbaren Vorgesetzten im 4-Augen-Gespräch mit ihren Mitarbeitenden und anschließend im Maßnahmenentwicklungsworkshop mit der Arbeitsgruppe – das zentrale Mittel dieser betrieblichen Gesundheitsförderung. Zum Einsatz kommt dabei der „Anerkennende Erfahrungsaustausch" (Geißler et al., 2007) nach dem Motto „Meine Mitarbeitenden sind meine/unsere internen BeraterInnen für Arbeitsfähigkeit und Gesundheit bei der Arbeit". In dieser Form soll *An-Erkennung* und Wertschätzung gesundheitswirksam werden.

2. BGF-UnternehmerInnenmodell Gesundes Führen®

Diese Führungsstrategie entspricht den bewährten und anerkannten BGF-Qualitätskriterien. Die Umsetzung ist in diesem Sinne in Österreich „BGF-gütesiegeltauglich". Es zeichnet sich durch folgende Besonderheiten aus:

a) UnternehmerIn, Führungskraft, Leitungskraft, Vorgesetzte/r sind die eigentlichen UmsetzerInnen des BGF-Programms.

In jedem Fall wird BGF vom Arbeit- bzw. Dienstgeber und seinen beauftragten Führungskräften genehmigt bzw. beauftragt. Sie werden daher gern als BGF-Schlüsselpersonen bezeichnet. Für die Durchführung des BGF-Programms werden zumeist interne oder externe Fachleute betraut. Zu regelmäßigen Meilensteinen werden die AuftraggeberInnen bzw. die Betriebsführung wieder über den Umsetzungsstand informiert und zur weiteren Entscheidungsfindung eingebunden. Wählt nun ein Unternehmen das BGF-UMo GF, so gibt es die Absicht oder die interessierte Bereitschaft des Arbeitgebers bzw. der Führungskräfte, die Umsetzung eines qualitätsgesicherten BGF-Programms direkt selbst in die Hände zu nehmen. Sie sind optimalerweise nach Befähigung und Empowerment diejenigen, die

- das BGF-Programm an ihre MitarbeiterInnen kommunizieren,
- die IST-Analyse unter Einbindung ihrer MitarbeiterInnen durchführen und die Arbeitsfähigkeits-Stärken und -Schwächen im Betrieb identifizieren,
- gleichzeitig mit der IST-Analyse eine wirkmächtige Intervention der Beziehungspflege setzen,
- eine partizipative Maßnahmenentwicklung durchführen,
- die erarbeiteten BGF-Ergebnisse wieder an die MitarbeiterInnen kommunizieren und die Maßnahmenumsetzung veranlassen und
- in einem sinnvollen Zeitabstand diesen BGF-Prozess zur Evaluation wiederholen.

b) Das wesentliche Mittel des BGF-UMo GF ist der Dialog. Dialoge, zu denen die Führungskraft einlädt, welche die Führungskraft durch Fragen und Zuhören führt und in denen sich die MitarbeiterInnen aktiv einbringen. Der Dialog ermöglicht die Erkundung der Faktoren, die die Arbeitsfähigkeit unterstützen oder behindern. Gleichzeitig ist der Dialog selbst eine wirkmächtige Form, die Beziehung am Arbeitsplatz zu pflegen.

Führungskräfte bringen mit dem einfachen Dialoginstrument „Anerkennenden Erfahrungsaustausch" und einer offenen Dialoghaltung Anerkennung und Wertschätzung gegenüber dem/der Einzelnen zum Ausdruck. Das wesentliche Signal der Führungskraft an seine MitarbeiterInnen dabei ist: „Sie sind meine/unsere interne BeraterIn in Sachen Arbeitsfähigkeit, Wohlbefinden und Gesundheit am Arbeitsplatz." Diese potenzielle Dialogwirkung ist *nur* von Vorgesetzten als Gesprächsführende zu erzielen.

c) Mit der Auswertung der und den Schlussfolgerungen aus den Gesprächshinweisen der MitarbeiterInnen/der internen BeraterInnen an ihre Führungskraft gewinnt das BGF-UMo GF Glaubwürdigkeit und praktische Relevanz. Es gilt vom Reden gemeinsam ins Tun zu kommen und Förder- oder Verbesserungsmaßnahmen entlang der als auffällig erkannten Schwächen, aber auch der Stärken der Arbeit und des Unternehmens zu entwickeln und umzusetzen.

d) Das BGF-UMo GF ist durch den Einsatz von betrieblichen Eigenmitteln (die Zeit und die Einsatzbereitschaft der Führungskraft) in relativ einfacher Art und Weise in sinnvollen Zeitabständen wiederholbar. Wirkungsüberprüfung und anhaltendes Betriebliches Gesundheitsmanagement sowohl in kleinen als auch großen Betrieben, für ein einzelnes Team oder ein ganzes Unternehmen, sind damit möglich.

e) Da die Führungskräfte die zentralen Motoren des BGF-UMo GF sind, sorgt die Führungskraft für sich selbst oder das Unternehmen für die Führungskräfte für entsprechende Ressourcen. Das umfasst Empowerment durch eine kompakte Einführung in den Dialogprozess und die Einschulung in ihre Werkzeuge sowie durch Angebote für persönlich-vertrauliches Coaching oder Supervision zum Wohlergehen der Führungskraft selbst.

3. Einführungsberatung/Capacity Building für BGF-UMo GF im Betrieb

Die Prozess-Kompetenz der Führungskräfte und die betriebsspezifische Organisationsentwicklung für das BGF-UMo GF kann insbesondere während der Einführungsphase im Betrieb unterstützt werden. Die Befugnis zur Vermittlung des wortbildmarkengeschützten UnternehmerInnenmodells in bzw. an Betriebe/Organisationen wird in einer einmaligen 2-tägigen Ausbildung und mit wiederkehrender Qualitätssicherung beim Kompetenzzentrum BGF-UMo erworben bzw. aufrechterhalten.

4. Evaluation Einführungsberatung

In einem Anwendungsforschungsprojekt in Zusammenarbeit mit der Niederösterreichischen Gebietskrankenkasse und mit Mitteln des Fonds Gesundes Österreich wurde die Einführungsberatung für das BGF-UMo GF erprobt und evaluiert (Feigl et al., 2011 und Kriener et al., 2011). Seit damals wird die diesbezügliche Einführungsberatung in Österreich – gefördert von Gebietskrankenkassen – in kleinen Unternehmen bis 50 Mitarbeitende angeboten.

Eine 5-Jahres-Evaluation (Ritter, 2016) des diesbezüglichen Förderprogramms unter dem Namen „Gesundes Führen in Klein- und Kleinstbetrieben" der NÖGKK basiert auf 155 Betrieben, die die Einführungsberatung im Zeitraum von 2011 bis 2015 in Anspruch genommen haben. Befragt wurden 179 Führungskräfte und 917 Beschäftigte. Insgesamt spiegeln die Daten eine sehr hohe Zufriedenheit der Führungskräfte und der MitarbeiterInnen mit dem Prozess und den erzielten Veränderungen wider. Gesundheitsbewusstsein in der Führung und der Kontakt zu den MitarbeiterInnen wurden gestärkt. 27 % der MitarbeiterInnen berichten von einer Verbesserung ihres Wohlbefindens, für 71 % ist es gleich geblieben, oft auf sehr hohem Niveau. Es wurden im Durchschnitt 11,6 Maßnahmen pro Unternehmen entwickelt und 62 % waren zwei bis drei Monate später umgesetzt. Befragte berichten von Verbesserungen, wie z. B. bei der Arbeitsorganisation, beim Zusammenhalt, in der Kommunikation, bei den Arbeitsmitteln. 98 % der MitarbeiterInnen sind zufrieden, dass das Unternehmen am Programm teilgenommen hat. 92 % der Führungskräfte wollen den „Anerkennenden Erfahrungsaustausch" in ihrem Unternehmen weiter einsetzen. 100 % der Führungskräfte und 89 % der MitarbeiterInnen würden das Programm anderen Unternehmen weiterempfehlen.

Literatur
Feigl, Loitzl, Gruber, Kriener (2011): Gesundheitsförderndes Führen durch gesunde(te) Führungskräfte. Abschlussbericht. In Zusammenarbeit mit der NÖGKK und gefördert aus Mittel des Fonds Gesundes Österreich (Projektnr. 1561). Download 4.6.2018: https://www.bgf-unternehmermodell.at/wp-content/uploads/ Gesundheitsfoerderndes_Fuehren_Endbericht.pdf
Fittkau-Garthe, H. & Fittkau, B. (1971): FVVB-Fragebogen zur Vorgeetzten-Verhaltens-Beschreibung. Göttingen, Hogrefe.
Geißler, Bökenheide, Schlünkes, Geißler-Gruber (2007): Faktor Anerkennung. Betriebliche Erfahrungen mit wertschätzenden Dialogen. Frankfurt/Main, Campus.
Kriener, B. & Gruber, B. (2011): Gesundheitsförderndes Führen durch gesunde(te) Führungskräfte. Evaluationsbericht. Gefördert durch Mittel des Fonds Gesundes Österreich (Projektnr. 1561). Download 4.6.2018: https://www.bgf-unternehmermodell.at/wp-content/uploads/Gesundheitsfoerderndes_Fuehren_ Evaluationsbericht.pdf
Prümper J. & Becker M. (2011): Freundliches und respektvolles Führungsverhalten und die Arbeitsfähigkeit von Beschäftigten. In Baduara et al. (Hg.): Fehlzeiten-Report 2011 – Führung und Gesundheit. Heidelberg, Springer, S. 37–48.
Rigotti et al. (2014): Rewarding and sustainable health-promoting leadership. Hrsg. von BAuA: Research Project F 2199. Dortmund/Berlin/Dresden.
Ritter, M. (2016): Wirksamkeit des BGF-UnternehmerInnenmodells Gesundes Führen®, Daten 2011–2015. Im Auftrag der NÖGKK. Unveröffentlichter Bericht.

Jochen Gurt
Hochschule für Ökonomie und Management (FOM)

Gesundheit? Chefsache! – Die Auswirkungen gesundheitsspezifischer Führung auf die Gesundheitskultur, Akzeptanz und Teilnahme an BGM-Maßnahmen und Gesundheitsverhalten

1. Führungsverhalten, Vorbildverhalten und Gesundheit

Führungskräfte haben durch ihre Rolle als täglicher Interaktionspartner und Arbeitsgestalter einen erheblichen direkten und indirekten Einfluss auf das Wohlbefinden und das Stresslevel der Mitarbeiter. Zahlreiche Studien konnten diesen Einfluss mittlerweile gut belegen (vgl. Meta-Analysen und Reviews z.B. von Gregersen et al., 2011 oder Montano et al., 2017). Darüber hinaus zeigen Kranabetter und Niessen (2017), dass Führungskräfte auf die Mitarbeitergesundheit Einfluss nehmen können, indem sie selbst mehr Gesundheitsbewusstsein entwickeln. Sie konnten zeigen, dass die Sensibilität für die eigene Gesundheit, den Zusammenhang zwischen transformationaler Führung und Burnout moderierte, i.e. nur im Zusammenspiel stellten sich positive gesundheitliche Effekte für die Mitarbeiter ein.

Wird ein solches Führungsverhalten, d.h. die Berücksichtigung von Gesundheit im Führungsalltag von den Mitarbeitern wahrgenommen, so könnte sich auch dies direkt auf die Sensibilität der Mitarbeiter für und Interesse an Gesundheitsthemen auswirken. Dies lässt sich lerntheoretisch von der sozialkognitiven Lerntheorie nach Bandura (1969) ableiten: Als erfolgreich eingeschätztes Verhalten (insbesondere sofern es mit den eigenen Intentionen übereinstimmt) wird übernommen, abgeleitete oder geäußerte Einstellungen adaptiert. Führungskräfte fungieren also als Rollenvorbilder. Die herausgehobene Stellung der Führungskräfte als Rollenvorbilder hat damit zu tun, dass solche Modelle mehr Aufmerksamkeit bekommen, die als erfolgreich und mächtig eingeschätzt werden. Führungskräfte stehen genau für diese Attribute. Generelle Hinweise für diesen Einfluss finden sich in der organisationalen Klima- und Kulturforschung. Führungskräfte prägen die kollektive Wahrnehmung der Mitarbeiter, welchen Stellenwert z.B. der Sicherheit oder der Qualität in Unternehmen zukommt. Doch gilt dies auch für das Thema Gesundheit? Hinweise bezüglich solcher Effekte finden sich bei Studien zur gesundheitsorientierten Führung von Franke, Felfe und Pundt (2014) oder der gesundheitsspezifischen Führung von Gurt, Schwennen und Elke (2011). Interessant ist, wie weit der Einfluss eines solchen Vorbildverhaltens reicht. Zielsetzung dieser Untersuchung war es, dies näher zu beleuchten. Folgende Fragen standen im Zentrum der Untersuchung.

1. Einfluss im Arbeitskontext: Sind Führungskräfte in der Lage z.B. die Akzeptanz der Mitarbeiter zur betrieblichen Gesundheitsförderung (BGF) zu beeinflussen und das Gesundheitsklima zu prägen? Welche Rolle spielen sie, wenn es darum geht, Mitarbeiter für die Teilnahme an BGF-Maßnahmen zu begeistern?
2. Einfluss über den Arbeitskontext hinaus: Gelingt es, auf allgemeine gesundheitliche Einstellungen Einfluss zu nehmen und das Gesundheitsverhalten auch außerhalb des Arbeitskontextes zu beeinflussen?
3. Welcher Natur ist der Zusammenhang zwischen Rollenverhalten und abhängigen Variablen? Modelllernen findet vor allem dann statt, wenn das Verhalten „auffällig" ist. Gilt dies auch für das Führungsverhalten?

2. Methode

Die Untersuchung wurde im Rahmen einer Gesundheitsbefragung bei einem Unternehmen der chemischen Industrie durchgeführt. Von ursprünglich 3850 eingegangenen Fragebögen wurden nur Mitarbeiter mit der prinzipiellen Möglichkeit zur Teilnahme an BGF-Maßnahmen berücksichtigt, sodass sich eine finale Stichprobe von 1975 Teilnehmern ergab. Das Rollenverhalten der Führungskräfte wurde über das gesundheitsspezifische Führungskonzept von Gurt und Kollegen (2011) operationalisiert (7 Items, $\alpha=0,94$, „Mein direkter Vorgesetzter spricht mit anderen über ihre Überzeugungen und Werte bezüglich Gesundheit."). Das Gesundheitsklima wurde mit der FAGS-BGM Skala (Gurt, Uhle & Schwennen, 2010) gemessen (10 Items, $\alpha=0,93$, „Insgesamt betrachtet besitzt die Gesundheit der Mitarbeiter einen hohen Stellenwert im Unternehmen."). Die Akzeptanz von BGF wurde über das Einzelitem „Ich finde es gut, dass mein Unternehmen BGF-Maßnahmen anbietet." erhoben, die Beteiligung an Maßnahmen mit der Frage „Nehmen Sie an betrieblichen gesundheitsförderlichen Aktivitäten teil?". Gesundheitsförderliche Einstellungen und Verhalten allgemein wurde über die Skalen Gesundheitsbezogene Achtsamkeit (3 Items, $\alpha=0,70$, „Im Allgemeinen nehme ich die Signale meines Körpers ernst."), Proaktiver Umgang mit Gesundheit (4 Items, $\alpha=0,78$, „Im Allgemeinen informiere ich mich über Gesundheitsthemen) und Erholungsverhalten in Anlehnung an den Fragebogen von Sonnentag und Fritz (2007) (9 Items, $\alpha=0,83$, „Am Feierabend unternehme ich Dinge, bei denen ich mich entspanne."). Die Messung erfolgt mittels 6-stufien Likert Skalen, im Falle der Teilnahme an BGF-Maßnahmen wurde das Transtheoretische Modell (Prochaska & DiClemente, 1983) genutzt (keine Teilnahme/geplante Teilnahme/Teilnahme).

3. Ergebnisse

Zunächst wurden korrelative Zusammenhänge berechnet und es zeigte sich, dass gesundheitsspezifische Führung in einem positiven Zusammenhang mit dem Gesundheitsklima (r=,62**), der Akzeptanz des BGF (r=,14**), dem proaktiven Umgang mit Gesundheit (r=,12**) Erholungsverhalten (r=,12**) stand. Keine Zusammenhänge zeigten sich zur Teilnahme an BGF-Maßnahmen und der gesundheitsbezogenen Achtsamkeit.

Um zu überprüfen, ob Rollenverhalten erst ab einer gewissen Intensität und damit auch Auffälligkeit wirksam wird, wurden drei Gruppen der Intensität des gesundheitsspezifischen Führungsverhaltens gebildet: niedrig (1 Standardabweichung unter dem Mittelwert); hoch (1 Standardabweichung über dem Mittelwert) und mittel (dazwischen). Mittels einer MANOVA wurde überprüft, ob sich die drei Gruppen hinsichtlich der oben genannten Variablen unterschieden. Abbildung 1 zeigt die Verteilung der Einstellung der MAs zur BGF und die Teilnahme für die drei Gruppen.

Abb. 1: Einstellung und Beteiligung an BGF nach Intensität von ges-spez. FK

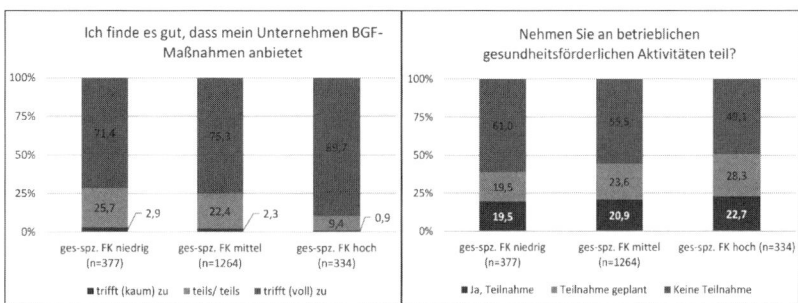

Unterschiede zeigten sich vor allem in der Gruppe der Führungskräfte mit hoch ausgeprägtem gesundheitsspezifischen Führungsverhalten. Hier wiesen knapp 90 % der Mitarbeiter eine hohe Akzeptanz für BGF-Maßnahmen auf, während dies bei den anderen beiden Gruppen nur 70 % bzw. 75 % waren. Bezüglich der Teilnahme an BGF-Maßnahmen fällt die Interpretation nicht ganz so eindeutig aus. Hier nahm zumindest die Absicht, sich zu beteiligen bei 19,5 % in der niedrigen Gruppe gegenüber 23,6 % in der mittleren und 28,3 % in der hohen Gruppe zu. Die tatsächliche Teilnahme hingegen unterschied sich kaum.

Deutlicher fallen die Ergebnisse für das Gesundheitsklima aus. Hier lagen die Mittelwerte der FK mit gering und hoch ausgeprägtem gesundheitsspezifischem Führungsverhalten mehr als 1,5 Skalenpunkte auseinander. Im Post-hoc Test (Scheffé) der MANOVA zeigten sich signifikante Unterschiede zwischen allen drei Gruppen.

Weiterhin zeigen die Ergebnisse, dass (mit Ausnahme der gesundheitsbezogenen Achtsamkeit) auch Einstellungen und Verhalten außerhalb des Arbeitskontextes beeinflusst wurden. Bei den beiden Skalen proaktiver Umgang und Erholungsfähigkeit zeigten die Post-hoc Tests jedoch, dass sich nur die Gruppe mit hoch ausgeprägtem gesundheitsspezifischem Führungsverhalten von den anderen unterschied, d.h. dass das Führungsverhalten ausreichend hoch ausgeprägt sein musste, damit mit diesem auch höhere Werte im Gesundheitsverhalten einhergingen.

Tab. 1: Unterschiede des Gesundheitsklimas und gesundheitsbezogener Variablen außerhalb des Arbeitskontextes

		1- ges-spz. FK niedrig (n=377)	2. ges-spz. FK mittel (n=1264)	3. ges-spz. FK hoch (n=334)
Gesundheitsklima	M	3,16	3,99	4,87
	SD	(,92)	(,77)	(,67)
Achtsamkeit	M	4,19	4,11	4,22
	SD	(1,04)	(,94)	(1,03)
Proaktiver Umgang	M	3,80	3,73	4,10
	SD	(1,18)	(,98)	(,97)
Erholungsfähigkeit	M	3,56	3,62	3,80
	SD	(,73)	(,62)	(,65)

4. Praktische Implikationen und Einschränkungen

Die Ergebnisse zeigen, dass Führungskräfte wichtige Partner für das Betriebliche Gesundheitsmanagement sind, da sie Einfluss auf die Akzeptanz von BGF-Maßnahmen und (zumindest tendenziell) auch auf die Beteiligung daran nehmen. Der Einfluss ist jedoch nicht auf den betrieblichen Kontext beschränkt. Sie scheinen auch einen Einfluss auf generelle gesundheitliche Einstellungen und Verhaltensweisen Einfluss nehmen zu können. Allerdings nur dann, wenn ihr gesundheitsspezifisches Führungsverhalten hoch genug ausgeprägt, d.h. auffällig genug ist. Für Unternehmen bedeutet dies, dass sie über ihre Führungskräfte einen bedeutsamen Einfluss auch auf nicht-arbeitsbezogene Gesundheitseinstellungen und -verhalten ihrer Mitarbeiter haben. Es sollte ihnen aber bewusst sein, dass dieses nur gelingen wird, wenn die Führungskräfte diese (neue) Rolle auch vollumfänglich annehmen.

Einschränkend ist zu erwähnen, dass es sich hierbei um vorläufige Ergebnisse handelt. Weiterhin können z.B. aufgrund des Querschnittsdesigns keine Aussagen über die Kausalität gemacht werden. Es könnte genauso gut sein, dass gesundheitsbewusste Mitarbeiter den Vorgesetzten dazu ermuntern, Gesundheit im Rahmen seiner Führung vermehrt zum Thema zu machen. Weiterhin müssen die Ergebnisse mit statistisch strengeren Methoden abgesichert werden und bezüglich ihrer Generalisierbarkeit in weiteren Kontexten auf ihre Replizierbarkeit überprüft werden.

(Die Literaturangaben sind auf Anfrage beim Autor erhältlich)

Kerstin Rother
ADIXUM GmbH

Führungskräfte – die vergessene Zielgruppe in puncto psychosoziale Belastung

1. Psychosoziale Belastungen am Arbeitsplatz

1.1 Einführung

Psychische Belastungen am Arbeitsplatz nehmen mittlerweile einen festen Stellenwert in der betriebsärztlichen Beratungspraxis ein. Die Ursachen sind vielfältig, angefangen von der Arbeitsmenge, schlechter Qualifikation, Fehlentscheidungen bis hin zu Konflikten, ständigen Unterbrechungen, Technostress, Lärm und schlechter Ergonomie. Auch ist unumstritten, dass ein schlechter Führungsstil von Vorgesetzten wesentlich dazu beiträgt, Mitarbeiter zu demotivieren und ihr Stresslevel zu erhöhen, was letztlich zu einer Erhöhung von Krankheitstagen und Fehlzeiten führt.

1.2 Der Einfluss von Führung auf die Mitarbeitergesundheit

Weil schlechte Führung sich negativ auf die Mitarbeitergesundheit auswirkt, wird nun gerne der Umkehrschluss gezogen, dass gute Führung automatisch zu motivierten und gesunden Mitarbeitern führen würde. Dieser Umkehrschluss ist offensichtlich falsch, denn eine Verbesserung der Führung kann nur dann zu gesünderen Mitarbeitern führen, wenn deren Belastungen tatsächlich durch Führungsmängel ausgelöst wurden. Ist dies nicht der Fall, so ist eine genaue Ursachenforschung und eine andere Herangehensweise angezeigt. Insbesondere können Führungskräfte nur bedingt auf die psychische Situation ihrer Mitarbeiter Einfluss nehmen, z. B. auf die vom Unternehmen vorgegebenen Rahmenbedingungen oder auf private Sorgen und Probleme.

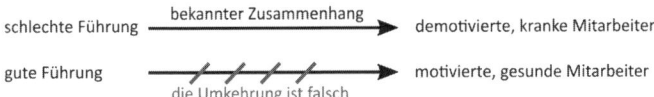

Abb. 1: Der Einfluss von Führung auf die Mitarbeitergesundheit

Selbst eine gute Führungskraft kann also psychisch belastete Mitarbeiter haben. Trotzdem wird bei der Suche nach Ursachen psychischer Belastungen oft vorschnell auf die Führungskraft fokussiert, wobei die eigentlichen Ursachen übersehen werden. Die Gründe dafür sind vielfältig und reichen von unzureichendem oder falsch eingesetztem Instrumentarium zur Beurteilung psychischer Belastungen bis zum Willen, einen vermeintlich Schuldigen für vorhandene Probleme finden zu wollen. Und nicht zuletzt liegt hierin auch ein Geschäftsmodell, denn das Management ist vermutlich eher geneigt, Führungskräftetrainings einzukaufen, wenn es glaubt, damit Fehlzeiten auf Grund psychischer Belastungen der Mitarbeiter reduzieren zu können.

2. Psychische Belastungen von Führungskräften
2.1 Sandwichposition der Führungskräfte

Führungskräfte in Unternehmen sehen sich unterschiedlichen, und teils divergierenden Erwartungen ausgesetzt. Die Geschäftsführung erwartet von ihnen die Umsetzung unternehmerischer Entscheidungen mit Organisation, Planung, Zielsetzung, Information und Kontrolle der Ergebnisse. Die Mitarbeiter dagegen wünschen sich neben fachlicher Kompetenz vor allem eine Führung mit Wertschätzung, Unterstützung, Vertrauen und Handlungsspielräumen. Die Führungskraft hat dann die Aufgabe, den Ausgleich zwischen diesen Sach- und Beziehungsaufgaben herzustellen.

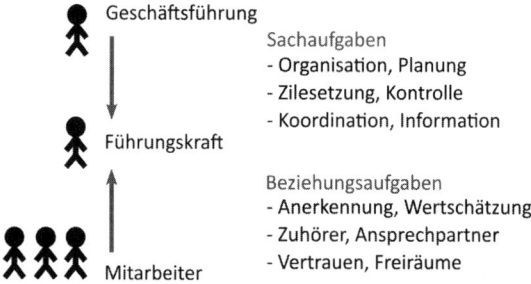

Abb. 2: Führungskräfte in der Sandwichposition

2.2 Ursachen psychischer Belastungen von Führungskräften

Die Führungskraft befindet sich natürlicherweise in einer Sandwichposition. Der Ausgleich der von verschiedenen Seiten an sie herangetragenen Erwartungen ist ihre berufliche Aufgabe und noch keine psychische Belastung per se. Aus ihrer besonderen Position resultieren jedoch spezifische Ursachen psychischer Belastungen. Die im betriebsärztlichen Alltag am häufigsten beobachteten lassen sich den nachfolgend beschriebenen Kategorien zuordnen.

Unerfüllbare Erwartungen

Führungskräfte sehen sich immer wieder unerfüllbaren Erwartungen gegenüber. Ein Zielkonflikt kann beispielsweise ausgelöst werden, wenn die einer Führungskraft unterstellten Mitarbeiter bereits voll ausgelastet sind und ein weiteres Zusatzprojekt ansteht. Beauftragt die Führungskraft nun einen ihrer Mitarbeiter damit, so erzeugt sie bei ihm eine Zusatzlast. Darüber hinaus entsteht möglicherweise zusätzliches Konfliktpotential, denn bei einem attraktiven Projekt fühlen sich die nicht beauftragten Mitarbeiter zurückgesetzt, und bei einem unattraktiven Projekt der ausgewählte Mitarbeiter gedemütigt. Übernimmt die Führungskraft dagegen das Projekt selbst, so übernimmt sie eine Last zusätzlich zu ihren sonstigen Aufgaben, und Mitarbeiter fühlen sich übergangen und unterschätzt.

Belastend sind auch Erwartungen an die Führungskraft, die über das reine Arbeitsverhältnis hinausgehen und beispielsweise verlangen, das Unternehmen und seine Mitarbeiter als „Familie" zu begreifen. „Lebt" die Führungskraft diese Unternehmensphilosophie überzeugend vor, so verliert sie ihre Work-Life-Balance zugunsten des Unternehmens. Trennt sie dagegen Beruf und Privatleben, so wird sie schnell zum Außenseiter und Störenfried.

Die beiden Beispiele illustrieren, wie leicht eine Führungskraft in belastende Situationen geraten kann, wenn sie unvereinbare Erwartungen erfüllen möchte.

Mangel an Ressourcen
Bei den Vorgesetzten der Führungskraft stehen Sachaufgaben und der Geschäftsbetrieb meist im Vordergrund, auch hinsichtlich der Erwartung an die Führungskräfte. Mitarbeiterführung wird erwartet, aber nicht als eigenständige und wesentliche Aufgabe gesehen. Das führt jedoch zu einem eklatanten Mangel an Zeit, insbesondere wenn andererseits die Mitarbeiter den Austausch mit der Führungskraft über rein fachliche Themen hinaus erwarten. Wiederum kann sich die Führungskraft zwischen einem Zeitmangel fürs Tagesgeschäft und intensivem Kümmern um die Mitarbeiter entscheiden, die sich ansonsten vernachlässigt und schlecht geführt fühlen. Oder sie erledigt beide Aufgaben durch zusätzlichen Zeiteinsatz, mit den bekannten Folgen.

Unsichere Position
Die Position einer Führungskraft ist naturgemäß exponiert und sie muss immer mit Konkurrenz rechnen. Starker Rückhalt aus dem Management ist von entscheidender Bedeutung, um die psychische Belastung der Führungskraft in Grenzen zu halten.

Fatal kann sich jedoch eine unzureichende Fehlerkultur im Unternehmen auswirken, bei der die Suche nach Schuldigen im Vordergrund steht. Durch die auch arbeitsrechtlich exponierte Stellung kann sich eine Führungskraft oft nur unzureichend gegen unberechtigte Vorwürfe zur Wehr setzen und gibt damit den idealen Schuldigen ab. Es ist dann ein Leichtes, Probleme durch die Trennung von einem vermeintlichen Verursacher zu „lösen", was für den oberflächlichen Betrachter auch nach einer Lösung aussieht.

Verstärkt wird dies in vielen Fällen noch durch den Glauben des Managements, Stärke und Konsistenz dadurch demonstrieren zu müssen, an einer einmal getroffenen Entscheidung festzuhalten, selbst wenn für den aufmerksamen Beobachter offensichtlich ist, dass die Entscheidung falsch ist und unter Umständen gar zu einem Schaden für das Unternehmen führt.

Gerät eine Führungskraft hier hinein oder beobachtet sie derartige Vorgänge in ihrer Peergroup, so sind hieraus resultierende psychische Belastungen vorprogrammiert. Dazu kommt, dass das vorherrschende Selbst- und Fremdbild einer Führungskraft keine Schwäche zulässt, insbesondere auch keine psychischen Belastungen. Allenfalls Burn-Out wird akzeptiert, typische Anzeichen psychischer Überforderung wie Gereiztheit, Nervosität und Depression werden jedoch häufig nicht als Resultat psychischer Belastung erkannt, sondern im Gegenteil als schlechtes Führungsverhalten missinterpretiert, womit sich der Kreis schließt. Gerade betroffene Führungskräfte unterdrücken und negieren daher häufig ihre psychischen Belastungen und verwehren sich dadurch selbst die Chance auf adäquate Behandlung.

3. Die Rolle des Betriebsarztes

Erster Ansprechpartner für eine adäquate Beratung psychisch belasteter Führungskräfte ist der Betriebsarzt. Er besitzt die fachliche Qualifikation und kennt das Unternehmen meist langjährig und „von innen", eine Perspektive, die Freunden oder externen Beratern in den meisten Fällen fehlt.

Zusätzlich denkt und handelt er im Stil eines Arztes, d. h. erst diagnostizieren, dann therapieren, anstatt nach vorschnellen vermeintlichen Lösungen zu suchen. Er ist neutral und unterliegt der ärztlichen Schweigepflicht. Er kann betroffenen Führungskräften eine „Erste Hilfe" in der betriebsärztlichen Sprechstunde bieten, an Führungskräfteschulungen mitwirken, Supervisionsgruppen moderieren und bei Bedarf weitere Fachexperten hinzuziehen. Er kennt das Management und kann hier Aufklärungsarbeit leisten und für das Thema sensibilisieren. Er kennt die Gefährdungsbeurteilungen und kann darauf hinwirken, dass die Gefährdungsbeurteilung psychischer Belastungen auch bei Führungskräften regelmäßig durchgeführt wird.

4. Zusammenfassung

Psychische Belastungen haben viele Ursachen, schlechte Führung ist nur eine davon. Führungskräfte tragen jedoch selbst besondere Risiken für psychosoziale Belastungen, resultierend unter anderem aus unerfüllbaren Erwartungen, Ressourcenmangel und unsicherer beruflicher Position. Dem Betriebsarzt kommt im Umgang mit psychisch belasteten Führungskräften eine besonders wichtige Rolle zu, denn er ist für sie ein glaubwürdiger interner Ansprechpartner und Fachexperte.

Amelie Wiedemann & Daniel Fodor
DearEmployee GmbH, Freie Universität Berlin

Unternehmensübergreifendes Wissensmanagement im betrieblichen Gesundheitsmanagement

Um die Leistungsfähigkeit der Beschäftigten zu erhalten und zu fördern, setzen Unternehmen verschiedene Maßnahmen des betrieblichen Gesundheitsmanagements (BGM) ein. Die Auswahl dieser Maßnahmen basiert zumeist auf dem impliziten Wissen von BGM-Experten – das heißt subjektiven Annahmen darüber, welche Maßnahme bei einer bestimmten betrieblichen Ausgangslage am wirksamsten ist. Aufgrund der vielfältigen Nachteile dieses Vorgehens möchte das Projekt „Unternehmensübergreifendes Wissensmanagement für betriebliches Gesundheitsmanagement" mit dem Aufbau einer Wissensdatenbank zur Wirksamkeit von BGM-Maßnahmen zu einem evidenzbasierten betrieblichen Gesundheitsmanagement beitragen.

1. Maßnahmenempfehlungen in der betrieblichen Praxis

In der betrieblichen Praxis werden vermehrt arbeitspsychologische Verfahren eingesetzt, um die Gesundheit und Leistungsbereitschaft der Beschäftigten zu beurteilen: Mit wissenschaftlich validierten und praxistauglichen Instrumenten (z.B. COPSOQ, DearEmployee Survey) können zuverlässig Handlungsfelder für eine gesunde Arbeitsgestaltung identifiziert werden. Die Herausforderung vieler Akteure im BGM bleibt jedoch die anschließende Auswahl konkreter Maßnahmen, zum Beispiel aus den Bereichen der betrieblichen Gesundheitsförderung, BEM, Arbeitsschutz, der Organisations- oder der Personalentwicklung. Dies liegt unter anderem daran, dass es aktuell keine wissenschaftlichen Entscheidungshilfen gibt, anhand derer wirksame BGM-Maßnahmen zur Anwendung unter den jeweiligen betrieblichen Bedingungen ausgewählt werden können (s. dazu Pfaff & Huber, 2016). Dies ist nicht verwunderlich, denn solche Entscheidungshilfen können nur entwickelt werden, wenn genug Erkenntnisse über die Wirksamkeit einzelner BGM-Maßnahmen unter bestimmten betrieblichen Voraussetzungen vorliegen. Standardisierte Evaluationen von BGM-Maßnahmen werden in Deutschland jedoch nur relativ selten durchgeführt (Latza, 2011).

Folglich können BGM-Experten aktuell Maßnahmenempfehlungen nur auf Basis der wenigen zur Verfügung stehen Studien (z.B. systematischen Reviews der Cochrane Collaboration) und dem eigenen, impliziten Wissen aussprechen. *Implizites Wissen* ist jedoch subjektiv, nicht übertragbar, oft beschränkt auf einzelne Wissensbereiche und lässt sich in seiner Gültigkeit nur schwer überprüfen. Mit einer zunehmenden Anzahl an Maßnahmenangeboten und Dienstleistern im BGM-Bereich steigt der Bedarf an *explizitem Wissen* über effektive Maßnahmen für verschiedene Handlungsfelder. Denn nur so kann garantiert werden, dass den Beschäftigten die Maßnahmen zukommen, die ihrem Bedarf optimal entsprechen und gleichzeitig den betriebswirtschaftlichen Interessen der Unternehmen (z.B. dem Return-on-investment) gerecht werden. Nicht zuletzt dienen erfolgreich umgesetzte BGM-Projekte auch oft als Legitimation für den Einsatz weiterer notwendiger Ressourcen für die betriebliche Gesundheitsförderung und Prävention.

Gemäß dem Ansatz der evidenzbasierten Medizin wird explizites Wissen über Maßnahmen generiert, in dem die Erkenntnisse aus vielen Wirksamkeitsstudien durch Meta-Analysen kumuliert wird. Idealerweise sollten diese Wirksamkeitsstudien als randomisierte Kontrollstudien in verschiedenen Unternehmen und unter verschiedenen betrieblichen Voraussetzungen durchgeführt und repliziert werden. Die Varianz in Arbeitsbedingungen und im Unternehmensumfeld ist jedoch groß, die Handlungsfelder und Maßnahmenangebote komplex und die Vorteilsargumentation für eine umfassende Evaluation von durchgeführten Maßnahmen bleibt für viele Unternehmen eher abstrakt. So ist es bisher schwierig gewesen, eine ausreichende Datenmenge für wissenschaftlich solide Aussagen über die Wirksamkeit einzelner BGM-Maßnahmen zu gewinnen. Ein umfangreiches Vorhaben, wie es der Aufbau einer Wissensdatenbank zur Wirksamkeit von BGM-Maßnahmen darstellt, kann demzufolge nur realisiert werden, wenn verschiedene Akteure sich zusammenschließen und im Verbund unternehmensübergreifend Daten über effektive Maßnahmen sammeln, aufbereiten und verfügbar machen.

2. Projekt „Unternehmensübergreifendes Wissensmanagement für betriebliches Gesundheitsmanagement"

Das Projekt „Unternehmensübergreifendes Wissensmanagement für betriebliches Gesundheitsmanagement" (UW BGM; DearEmployee GmbH, Freie Universität Berlin, Charité-Universitätsmedizin Berlin) erprobt ein Konzept zur Wissensgenerierung mittels einer unternehmensübergreifenden Wissensdatenbank über die Wirksamkeit von BGM-Maßnahmen.

2.1 Projektziel

Welche BGM-Maßnahme wirkt, wie gut, mit welcher Umsetzung, unter welchen betrieblichen Bedingungen, für welche Ziele, für welche Zielgruppe, und auf welche Art und Weise? UW BGM zielt darauf ab, die Qualitätssicherung im BGM voranzutreiben, um (1) neue Erkenntnisse über wirksame BGM-Methoden zu generieren und (2) der betrieblichen Praxis eine objektive Entscheidungshilfe bei der BGM-

Maßnahmenauswahl bereitzustellen. Operatives Ziel von UW BGM ist es somit, eine kritische Anzahl an Daten über erfolgte BGM-Maßnahmen, deren Wirksamkeit und Umsetzung, den betrieblichen Kontext und die angesprochene Zielgruppe zu sammeln.

2.2 Methode
Um die vorgenannten Ziele zu erreichen, wird

1. eine Taxonomie grundlegender Typen von Maßnahmen und Umsetzungsformen entwickelt. Diese klassifiziert im Bereich Maßnahmentypen u. a. nach Informationen zu Handlungsbereichen (z. B. Arbeitssicherheit vs. betriebliche Gesundheitsförderung etc.), Ansatzpunkt (z. B. personenbezogen vs. bedingungsbezogen), der Zielrichtung (z. B. Aufbau von Ressourcen vs. Abbau von Risiken), sowie nach Informationen zur Umsetzungsform, wie beispielsweise der Regelmäßigkeit (einmalig vs. in Zeitintervallen), der Darbietungsform (z. B. live vs. blended learning) und der Zielgruppe (Einzelperson vs. Gruppe). Darüber hinaus wird eine Klassifikation der unterschiedlichen betrieblichen Bedingungen, Ziele und Kennzahlen erstellt.
2. ein Datenbankmodell zur Organisation der erhobenen Daten genutzt, in dem durch die Kennzeichnung von Attributen und Beziehungen die verschiedenen Daten strukturiert werden für die Ablage, für Analysen und für Anfragen aus dem betrieblichen Kontext.
3. ein statistischer Ansatz zur Analyse der vorliegenden Daten entwickelt. Dieser wird die Prinzipien des maschinellen Lernens nutzen, um neue Muster und Gesetzmäßigkeiten in den vorliegenden Daten zu erkennen und so erweiterte Erkenntnisse zu ermöglichen (z. B. Effekte auf Wirksamkeitsindikatoren, die nicht dem Zielindikator entsprechen).
4. das Netzwerk an Akteuren zur Unterstützung des Projekts ausgeweitet. Das Netzwerk ist interdisziplinär aufgebaut und profitiert von Akteuren aus diversen wissenschaftlichen Disziplinen (z. B. Informatik, Gesundheitswissenschaften), aus dem Bereich des betrieblichen Gesundheitsmanagements (z. B. Dienstleister von BGM-Maßnahmen im weitesten Sinne) und aus den Betrieben (z. B. Geschäfts- oder Personalführung, Personalvertretung).
5. eine Online-Plattform für Anfragen zu BGM-Maßnahmen aus dem betrieblichen Setting erstellt werden. Diese soll unter Angabe verschiedener Parameter (u. a. Unternehmensgröße, Handlungsbereich und Unternehmensziel) das Identifizieren wirksamer Maßnahmen unterstützen.

2.3 Herausforderungen

Die wesentlichsten Herausforderungen des Projekts liegen einerseits darin, die Taxonomie von BGM-Maßnahmen zu entwickeln, da diese sehr heterogen umgesetzt werden, nicht immer trennscharf zu beschreiben sind und oft eine Vielzahl von wirksamen Techniken beinhalten, und andererseits darin, die erforderlichen Daten in ausreichender Breite (z. B. Vielzahl von betrieblichen Bedingungen) und Tiefe (z. B. Langzeitmessung im Unternehmen) zu erheben. Eine Umfrage der Handelskammer Hamburg (2014) zeigte beispielsweise, dass nur ca. 30 % der Unternehmen eine Evaluation ihrer BGM-Maßnahmen durchführen, und die Mehrzahl (ca. 75 %) die Evaluationsdaten durch Mitarbeiterinterviews oder Gespräche erfasst. Dies deutet daraufhin, dass in vielen Unternehmen zunächst ein Bewusstsein für die Notwendigkeit einer systematischen Evaluation geschaffen werden muss.

2.4 Umsetzung

Über einen Zeitraum von 3 Jahren wird die Methode zunächst am Anwendungsfall „psychische Gefährdung" pilotiert: Die Gefährdungsbeurteilung psychischer Belastung (PGB) ist gesetzlich vorgeschrieben und erfordert nicht nur eine Durchführung von gesundheitsfördernden und präventiven Maßnahmen bei gefährdenden Arbeitsbedingungen, sondern ebenso die Dokumentation und Wirksamkeitskontrolle von erfolgten Maßnahmen. Als erstes Projektziel konnte vor dem Hintergrund der PGB mit dem Aufbau der Datenbank und der Taxonomie der BGM-Maßnahmen und einer Klassifikation der betrieblichen Bedingungen, Ziele und Kennzahlen begonnen werden.

3. Ausblick

Perspektivisch soll die Wissensdatenbank über effektive BGM-Maßnahmen öffentlich zugänglich gemacht werden und somit einerseits im angewandten Setting zur Auswahl bedarfsgerechter Maßnahmen dienen und andererseits zu neuen wissenschaftlichen Erkenntnissen über die Wirkung von BGM-Maßnahmen beitragen. So möchte das Projekt zu einer humanen Arbeitsgestaltung beitragen, die nicht nur die Maßgaben der Schädigungs- und Beeinträchtigungsfreiheit berücksichtigt, sondern auch nachhaltig Aspekte der Gesundheitsförderung verfolgt.

Literatur

Latza, U. (2011). Wie können Maßnahmen der betrieblichen Prävention und Gesundheitsförderung evaluiert werden? *Zentralblatt für Arbeitsmedizin, Arbeitsschutz und Ergonomie, 61* (3), 88–92. doi.org/10.1007/BF03344986

Pfaff, H. & Huber, M. (2016). Praxis braucht Wissenschaft. *Personalmagazin, 04,* 58–61.

Arbeitskreis
Arbeitssystemgestaltung: Arbeitsprozesse und -orte
Leitung: Peter Nickel

Martina Bockelmann, Peter Nickel & Friedhelm Nachreiner
Gestaltung von Alarmsystemen und Alarmmanagement: normative Vorgaben, Gestaltungsempfehlungen und deren Umsetzung in der Praxis – Ergebnisse einer Bestandsaufnahme

Monika Eigenstetter
Reinigung im Krankenhaus: eine Befragung

Franziska Eisenmann, Nicolas Feuerhahn & Ines Kohl
Schöne neue Bürowelt!? Trendanalyse Open Space: Neue Chancen – Neue Risiken

Patrik Fröhlich & Sebastian Beitz
Kommunikation von Tätigkeitsmerkmalen zur Personalgewinnung – vollständige Tätigkeiten im Kontext von Generation X und Y

Sophie Schaffernicht, Andreas Gronauer, Karl Moder & Elisabeth Quendler
Beschäftigungstherapie für Menschen mit Behinderung im kommerziellen Zierpflanzenbau – dargestellt anhand der Anforderungen an die Schlüsselqualifikationen eines ausgewählten Arbeitsprozesses

Martina Bockelmann, Peter Nickel & Friedhelm Nachreiner
Gesellschaft für Arbeits-, Wirtschafts- und Organisationspsychologische Forschung (GAWO) e.V.

Gestaltung von Alarmsystemen und Alarmmanagement: normative Vorgaben, Gestaltungsempfehlungen und deren Umsetzung in der Praxis – Ergebnisse einer Bestandsaufnahme

1. Einleitung

Kritische Ereignisse in der Prozessindustrie und deren potentiell schwerwiegenden Folgen für die Mitarbeiter, das Unternehmen, die Umwelt und die Bevölkerung machen deutlich, welche Bedeutung der Gestaltung von Alarmsystemen und des Alarmmanagements beigemessen werden sollte (vgl. Bockelmann, Nachreiner & Nickel, 2016). Untersuchungsberichte zu derartigen Vorfällen (vgl. z. B. Kemeny et al., 1979; HSE, 2000; CSB, 2007) weisen u. a. auf folgende ergonomische Gestaltungsdefizite hin:

- Alarmschauer
- schlechte Priorisierung von Alarmen
- falsche/keine angemessenen Informationen
- kritische Alarme sprachen nicht an
- deaktivierte Alarme
- keine angemessenen Trainings und Trainingskonzepte für den Umgang mit kritischen Situationen

Anforderungen und Empfehlungen zur Gestaltung von Alarmsystemen und des Alarmmanagements sind – basierend auf vorliegenden Erfahrungen und Erkenntnissen – u. a. in nationale und internationale Normen und Leitfäden eingegangen. Ein von der Forschungsgesellschaft für angewandte Systemsicherheit und Arbeitsmedizin (FSA) e.V. gefördertes Forschungsprojekt sollte klären, inwieweit diese Erkenntnisse und Empfehlungen in der betrieblichen Praxis umgesetzt werden.

2. Methode

Zu diesem Zweck wurde eine in einer Machbarkeitsstudie entwickelte Checkliste (Bockelmann, 2009) aktualisiert, ergänzt und weiterentwickelt und in 14 Leitwarten in 12 Unternehmen aus den Bereichen Energie, Nahrungsmittel und Chemie in der BRD eingesetzt. Insgesamt wurde mithilfe der weiterentwickelten Checkliste (n = 148 Merkmale) die Gestaltungsgüte von 15 Alarmsystemen analysiert und beurteilt (zu Details vgl. Bockelmann, Nickel & Nachreiner, 2017).

3. Ergebnisse

Die Ergebnisse dieser Studie deuten aus arbeitspsychologischer Sicht auf z. T. erhebliche Abweichungen von Anforderungen und Empfehlungen zur ergonomischen Gestaltung von Alarmsystemen und des Alarmmanagements hin. Keiner der Arbeitsplätze erfüllte alle abgeleiteten Gestaltungsanforderungen und -empfehlungen. Für die untersuchten Alarmsysteme fanden sich ergonomisch gute Gestaltungslösungen bei ca. 9 bis 34 % der Beurteilungsmerkmale. Akzeptable, aber verbesserungsfähige Gestaltungszustände zeigten sich für 15 bis 32 % der Merkmale. Der Anteil defizitärer Gestaltungszustände lag bei den beurteilten Systemen zwischen 38 und 76 %. Gestaltungsbedarf zeigte sich u. a. hinsichtlich der Alarmpriorisierung, Handlungsanweisungen und verfügbarer Hilfen durch das System, eines kontinuierlichen Verbesserungsprozesses sowie systematischer Trainingskonzepte und Trainings im Umgang mit Alarmen und dem Alarmsystem (Bockelmann et al., 2017). Ausgewählte Ergebnisse dieser Studie werden hier kurz vorgestellt.

Gemäß Aufzeichnungen des Alarmgeschehens war an den untersuchten Arbeitsplätzen die durchschnittliche Alarmrate im Normalbetrieb nicht selten zu hoch. Auch waren Alarmschauer in den ersten 10 Minuten nach einer größeren Anlagenstörung nach Aussagen der Operateure und der Führungskräfte eher die Regel als die Ausnahme. Mehrere Leitwartenoperateure gaben an, dass sie aufgrund hoher Alarmraten mitunter „gezwungen" seien, Alarme „blind" zu quittieren.

Eine Priorisierung der Alarme entsprechend ihrer Wichtigkeit und Dringlichkeit fehlte bei gut zwei Drittel der untersuchten Systeme. Die Operateure entschieden in diesen Fällen daher auf Basis ihrer jeweiligen Erfahrung, welche Alarme in der jeweiligen Situation vorrangig zu bearbeiten waren.

Zur Identifizierung eines Alarms und dessen Ursache standen den Leitwartenoperateuren meist nur einzeilige, mitunter kryptisch kodierte Alarmmeldungen zur Verfügung. Hilfesysteme mit detaillierten, alarmbezogenen Informationen gab es nur vereinzelt und dann auch nur für ausgewählte Alarme. Auch hier mussten die Operateure folglich wieder auf ihr Wissen und ihre Erfahrung zurückgreifen.

An keinem der untersuchten Arbeitsplätze, an denen eine manuelle Alarmunterdrückung durch das Schichtpersonal möglich war, gab es eine automatische Reaktivierung dieser Alarme durch das System (z. B. nach einer vordefinierten Zeit). Es erfolgte auch keine Erinnerung durch das System. Dadurch kann nicht ausgeschlossen werden, dass deaktivierte Alarme in Vergessenheit geraten und ggf. dauerhaft unterdrückt bleiben.

Die Leitwartenoperateure erhielten üblicherweise ein Anlagentraining und eine Einweisung in die Bedienfunktionen des verwendeten Prozessleitsystems. Spezielle, systematische Trainings im Umgang mit Alarmen, hohen Alarmraten und kritischen

Situationen usw. gab es jedoch nur sehr selten. Die Untersuchung zeigte, dass dem Schichtpersonal mitunter nützliche Funktionen des Prozessleitsystems nicht bekannt bzw. nicht geläufig waren.

Eine Gegenüberstellung der aktuellen Studienergebnisse mit den in Untersuchungsberichten zu Ereignissen genannten mitverursachenden Faktoren weist auf das Fortbestehen derselben Problembereiche hin (s. Tabelle 1). Vorliegende Anforderungen und Empfehlungen zur ergonomischen Gestaltung von Alarmsystemen und des Alarmmanagements wurden zumindest in vielen der untersuchten Systeme nicht systematisch umgesetzt.

Tab. 1: Vergleich eigener Studienergebnisse (2016/2017) mit in vorliegenden Untersuchungsberichten genannten Faktoren (Auswahl)

Eigene Studie (2016/2017)	Aus Untersuchungsberichten
durchschnittliche Alarmraten im Normalbetrieb nicht selten zu hoch (bis zu mehreren Hundert Alarmen pro Schicht)	Alarmschauer
berichtete Alarmraten nach einer größeren Anlagenstörung meist im Bereich „wahrscheinlich überfordernd/schwer zu bewerkstelligen" bis „übermäßig hoch/exzessiv".	
in nahezu 2/3 der Fälle keine Priorisierung	schlechte Priorisierung von Alarmen
meist nur einzeilige Alarmmeldung zur Identifizierung von Ursachen	falsche/keine angemessenen Informationen
keine automatische Reaktivierung (oder Erinnerung) manuell unterdrückter Alarme	kritische Alarme sprachen nicht an
	deaktivierte Alarme
keine (regelmäßigen) systematischen Trainings und Trainingskonzepte	keine angemessenen Trainings und Trainingskonzepte für den Umgang mit kritischen Situationen

4. Diskussion

Die Ergebnisse dieser Studie lassen aus arbeitspsychologischer Sicht z. T. erhebliche Gestaltungsdefizite und damit ein erhöhtes Risikopotential erkennen. Es scheint – trotz vorliegender und in normativen Vorgaben und Leitfäden dokumentierter Erkenntnisse und Empfehlungen – (noch) großen Informations- und Gestaltungsbedarf zu geben.

Daher gilt es, Lobbyarbeit zu betreiben. Dem Management entsprechen der Unternehmen muss die Bedeutsamkeit eines auch nach ergonomischen Gesichtspunkten gut gestalteten Alarmsystems und eines angemessenen Alarmmanagements für die Gewährleistung eines sicheren, störungsfreien Anlagenbetriebs bewusst werden, damit die notwendigen zeitlichen, personellen und finanziellen Ressourcen seitens der Unternehmensführung zur Verfügung gestellt werden. Des Weiteren sind auch die Aufsichtsbehörden zu sensibilisieren, informieren und trainieren, um verstärkt das Augenmerk (wieder) auf dieses Thema lenken und Unterstützung anbieten zu können.

Die Beschäftigung mit der Gestaltung von Alarmsystemen und des Alarmmanagements setzt ein fundiertes, spezifisches Wissen in diesem Bereich sowie ein tiefes Verständnis für Abläufe und Problembereiche voraus – bei Herstellern, bei Betreibern und bei Aufsichtsbehörden. Es werden hier mehr Experten in den Bereichen Human Factors und ergonomische Gestaltung von Mensch-Maschine-Schnittstellen in Prozessleitsystemen benötigt.

Literatur

Bockelmann, M. (2009). Entwicklung und Überprüfung eines Prototyps eines Instrumentes zur Beurteilung und Optimierung des Gestaltungszustandes von Alarmsystemen – eine Machbarkeitsstudie (Unveröffentlichte Diplomarbeit). Oldenburg: Carl von Ossietzky Universität.

Bockelmann, M., Nachreiner, F. & Nickel, P. (2016). Gestaltung von Alarmsystemen in der Prozessführung: Umsetzung von ergonomischen Erkenntnissen und Gestaltungsempfehlungen. In R. Wieland, K. Seiler, & M. Hammes (Hrsg.), Psychologie der Arbeitssicherheit und Gesundheit. Dialog statt Monolog. 19. Workshop 2016 (S. 417-420). Kröning: Asanger.

Bockelmann, M., Nickel, P. & Nachreiner, F. (2017). Alarmmanagement – Überprüfung des Gestaltungszustandes von Alarmsystemen mittels einer Checkliste (Abschlussbericht für die FSA e.V.). Oldenburg: GAWO e.V. [https://www.fsa.de/ fileadmin/user_upload/newsletter/ newsletter_2017/Abschlussbericht_FSA_ Alarm_2017-11-22_FDV-.pdf, 12.04.2018]

CSB (U.S. Chemical Safety and Hazard Investigation Board) (2007). Investigation report: refinery explosion and fire (15 killed, 180 injured). BP, Texas City, Texas; March 23, 2005. Report no. 2005-04-I-TX, March 2007.
[http://www.csb.gov/bp-america-refinery-explosion, 12.04.2018].

HSE (Health & Safety Executive) (2000). Chemical information sheet 6. Better alarm handling. [http://www.hse.gov.uk/pubns/chis6.pdf, 12.04.2018].

Kemeny, J. G., Babbitt, B., Haggerty, P. E., Lewis, C., Marks, P. A., Marrett, C. B. et al. (1979). Report of The President's commission on the accident at Three Mile Island. [http://large.stanford.edu/courses/2012/ph241/tran1/docs/188.pdf, 12.04.2018]

Monika Eigenstetter
A.U.G.E.-Institut der Hochschule Niederrhein

Reinigung im Krankenhaus: eine Befragung

1. Reinigungsdienstleistungen im Krankenhaus

1.1 Einführung: Reinigungskräfte werden wenig beachtet
Während über die Arbeitsbedingungen der Ärzte und Pflegekräfte Daten vorliegen, sind arbeitspsychologische Untersuchungen bei Reinigungskräften im Krankenhaus eher rar. Die Beschäftigten in der Reinigung bilden eine der größten Beschäftigtengruppe in Deutschland, viele arbeiten ohne die formale Qualifikation des Berufs Gebäudereiniger (dazu umfassend Eigenstetter et al. 2015). Dafür könnten mehrere Faktoren ursächlich sein: Reinigung ist eine eher unsichtbare Arbeit, die häufiger an den Randzeiten des Tages ausgeführt wird. Die Personen, die reinigen, sind oft des Deutschen kaum mächtig, was die Erhebungen bei Reinigungskräften schwierig macht. Die öffentliche Berichterstattung skandalisiert augenscheinliche Mängel, die vielschichtige Ursachen haben. Das führt dazu, dass sich die Branche externen Forschern eher verschließt, obwohl sie selbst intensiv an Verbesserungen arbeitet.

1.2 Organisation der Reinigung im Krankenhaus
Hygiene und der Reinigung im Krankenhaus
Krankenhäuser sind im Regelfall nach einem Dreisäulenmodell organisiert, der Säule der ärztlichen Dienste, der Säule der Pflegedienste und der Säule mit den hauswirtschaftlichen Diensten. Die Reinigungskräfte gehören zu den hauswirtschaftlichen Diensten. Die Hygiene wiederum, die die Vorgaben für die Reinigung in Art und Häufigkeit anhand eines Hygieneplans organisiert, gehört zum ärztlichen Dienst. Reinigungskräfte gehören zumeist einem externen Reinigungsunternehmen oder aber auch klinikeigenen Servicegesellschaften an. Nur noch selten sind sie selbst direkte Angestellte im Krankenhaus (Eigenstetter et al. 2018).

Anforderungen an Wissen und Verhalten
Reinigungsabläufe im Krankenhaus sind streng geregelt. Es bestehen Hygienepläne mit Vorgaben für Räume, die gereinigt oder desinfiziert werden müssen. Für verschiedene Bereiche müssen unterschiedliche Reinigungs- und Desinfektionsmittel zur Verfügung, die richtig angewendet werden müssen (Weber, 2017). Es bestehen damit im Krankenhaus hohe Anforderungen an Wissen und Können der Reinigungskräfte: z.B. Vorgaben zur Händedesinfektion, Wissen über Infektionsrisiken in

speziellen Räumen, Einhaltung von bestehenden Hygieneplänen oder -maßnahmen. Auf einer Normalstation sind für den Eigenschutz bei biologischen Stoffen Schutzmaßnahmen der Stufe 1 und bei Isolierzimmern der Stufe 2 zu beachten (TRBA 250). Reinigungskräfte sollten Gefahrstoffsymbole kennen und gegenüber den Reinigungs- und Desinfektionsmitteln flüssigkeitsdichte, mechanisch stabile Schutzhandschuhe mit längerem Schaft zum Stulpen verwenden (AWMF, 2011; Weber, 2017). Zudem müssen sie vorgegebene Reinigungsabläufe anhand der Hygienepläne einhalten. arbeiten die meisten Reinigungskräfte ohne formale Ausbildung.

2. Organisation von Sicherheit

Reinigung leistet einen wichtigen Beitrag zur Sicherheit in Krankenhäusern. Auf Reason (2008) geht das so genannte Schweizer Käse Modell zurück, eine Visualisierung eines Multibarrierensystem. Sicherheit lässt sich aufrechterhalten, wenn über Technik, Ablauforganisation und individuelle Verhalten „Barrieren" errichtet werden, die gegen Gefahren wirken. Situativ können lokale Auslösesituationen, untypische Bedingungen, aber auch geplante fehlerhafte Verhaltensweisen zu einem Ausfall der Barrieren führen. Als manifester Fehler würde ein Einsatz von Personen gelten, die keine Einweisung in die Arbeitsprozesse erhalten haben; ein latenter Fehler wäre es, wenn die Inhalte der Unterweisung allmählich vergessen werden. Ein Multibarrieren-System erzeugt eine Redundanz, um Sicherheit zu gewährleisten. So kann es an der einen oder anderen Stelle mal zu einem Sicherheitsproblem kommen. Dieses führt aber in der Regel nicht dazu, dass es zu einem Schaden oder einem Unfall kommt da die anderen Barrieren ausreichend Schutz bieten. Über Redundanz wird „Resilienz" im System erzeugt. Organisation von Sicherheit bedeutet auch, dass der Sinn hygienischen und sicheren Arbeitens erzeugt werden muss. Sinnhaftigkeit" ermöglicht eine angemessene Verarbeitung von Informationen und vorsorgenden Verhaltensweisen (Weick et al. 2005).

Angewendet auf sichere Reinigungsdienstleistungen bedeutet das u.a.
- Die Reinigungskräfte sind in besonderen und sicheren Arbeiten unterwiesen. Sie kennen die wesentlichen Gefährdungen und wissen wie diese zu vermeiden sind.
- Führungskräfte achten systematisch darauf, dass die vorgegebenen Standards angemessen umgesetzt werden. Sie geben Feedback über die Einhaltung der Sacharbeit und geben angemessene Verbesserungsvorschläge.

3. Empirische Erhebung bei Reinigungskräften im Krankenhaus

3.1 Methode

Mit Hilfe eines Online-Fragebogens in deutsch und acht weiteren Sprachen (einfache Sprache und vielfach bebildert) wurden 212 Reinigungskräfte in 25 Krankenhäusern nach ihren Arbeitsbedingungen befragt. 79,7 % der befragten Reinigungskräfte arbeiteten in krankenhauseigenen Service-Gesellschaften, in externen Reinigungsunternehmen arbeiteten 17,9 % der befragten Reinigungskräfte. Nur ein kleineres Krankenhaus hatte seine Reinigungskräfte als eigene Mitarbeitende angestellt (2,4 %). Die Befragten waren zu 81,1 % Frauen, typisch für die Gruppe der Reinigungskräfte. 63,1 % gaben an, außerhalb von Deutschland geboren zu sein. Die deutsche Version des Fragebogens wurde von 63,3 % genutzt; die am zweithäufigste Sprache war türkisch mit 16,4 %.

3.2 Ausgewählte Ergebnisse

Eine umfangreiche Ergebnisdarstellung findet sich in Eigenstetter et al. (2018). Nach der Qualität von Unterweisungen befragt, erklärte die Mehrheit der Befragten (88,4 %) „gut verständlich unterwiesen" zu sein, nur 3,7 % antworteten „nicht unterwiesen" zu sein. Auch geben die meisten Reinigungskräfte an, ausreichend Handlungsspielraum für ihre Arbeit zu haben. Fragt man nach der Bedeutung von Gefahrstoffsymbolen allerdings, wird deutlich, dass kaum ausreichend Wissen für einen Selbstschutz vorahnden ist. Beim Gefahrstoffsymbol „ätzend" nannten z. B. 36 % die richtige Lösung und 20,8 % wählten die Antwortkategorie „hautschädigend". Beim Gefahrstoffsymbol „umweltgefährlich" benannten 56,6 % die richtige Lösung.

Der gegen Reinigungs- und Desinfektionsmittel flüssigkeitsdichte, mechanisch stabile Schutzhandschuhe mit längerem Schaft wird von den Arbeitgebern zwar mit 66,5 % mit Abstand am häufigsten bereitgestellt, allerdings nicht immer von den Reinigenden genutzt. 21 % Reinigungskräfte geben an, einen anderen Handschuhtyp zu nutzen. Wenn Reinigungskräfte nicht die angemessenen Schutzhandschuhe tragen, werden sie in ca. einem Drittel der Fälle nicht von Führungskräften darauf angesprochen; ca. ein Drittel berichtet, dass Führungskräfte auf den Eigenschutz verweisen, ca. ein Drittel wird auf die Möglichkeit von Keimverschleppung hingewiesen. Hautbeschwerden werden von 15 % der Reinigungskräfte berichtet. Es gibt keinen Zusammenhang von Hautbeschwerden und Nutzung von Hautpflegemitteln.

4. Schlussfolgerungen

Reinigungskräfte wissen nur wenig über die Gefährdungen ihrer Arbeit. Damit besteht sowohl eine hohe Selbstgefährdung, aber auch eine hohe Fremdgefährdung. Reinigungskräfte im Krankenhaus benötigen mehr Ausbildung, um ihre Arbeit gut und sicher ausüben zu können. Feedback Führungskräfte sollte systematisch eine Rückbindung auf Sicherheit und Hygiene verbunden sein. Insgesamt sollte ein größeres Augenmerk auf die Gruppe der Reinigungskräfte gelegt werden; nicht nur, weil die Reinigung und Hygiene eng verknüpft sind. Die Reinigungskräfte sind eine vulnerable Arbeitnehmergruppe, überwiegend weiblich, oft mit Migrationshintergrund, wenig beachtet – und damit oft a priori diskriminiert (Intersektionalität).

Literatur
AWMF, Arbeitsgemeinschaft der Wissenschaftlichen Medizinischen Fachgesellschaften (2011). Anforderungen an Handschuhe zur Infektionsprophylaxe im Gesundheitswesen. Verfügbar unter: http://www.awmf.org/uploads/tx_szleitlinien/029-021l_S1_Handschu-he_zur_In¬fektions¬prophylaxe_im_Gesundheitswesen.pdf [22.02.2018].
Eigenstetter, M., Galusko, L., Olesch, S., Jäger, E. & Blaszk, A. (2018). Reinigung im Krankenhaus an der Schnittstelle zwischen Arbeitssicherheit und Hygiene:
Befunde zu Handhygiene und Hautschutz. Arbeitsmedizin, Sozialmedizin, Umweltmedizin – Zeitschrift für Prävention, 53, 256-263. doi:10.17147/ASU.2018-04-05-03.
Reason, J. (2008). The Human Contribution. Unsafe Acts, Accidents and Heroic Recoveries. Farnham: Ashgate.
TRBA 250. Biologische Arbeitsstoffe im Gesundheitswesen und in der Wohlfahrtspflege. Letzte Änderung 2016. Verfügbar unter: https://www.baua.de/DE/Angebote/Rechtstexte-und-Technische-Regeln/Regelwerk/TRBA/[10.10.2017].
Weber, L. (2017). Reinigungsdienste und Hygiene in Krankenhäusern und Pflegeeinrichtungen (2. Auflage). Berlin/Heidelberg: Springer-Verlag.
Weick, K.E.,Sutcliffe, K. M & Obstfeld, D. (2005). Organizing and the Process of Sensemaking. Organization Science, 16 (4), 409–421.

Franziska Eisenmann, Nicolas Feuerhahn & Ines Kohl
Verwaltungs-Berufsgenossenschaft (VBG)

Schöne neue Bürowelt!? Trendanalyse Open Space: Neue Chancen – Neue Risiken

1. Definition von und Gründe für Open Space

Die Ergebnisse einer Trendanalyse zeigen, dass Unternehmen immer häufiger ihre Büros als Open Space gestalten (Kratzer & Lütke Lanfer, 2017). Dabei wird die zur Verfügung stehende offene Bürofläche in verschiedene Zonen aufgeteilt, beispielsweise in offene Bereiche mit mehreren Arbeitsplätzen, Besprechungszellen, Think Tanks sowie Begegnungs- und Pausenbereiche. Ein weiteres Merkmal sind die vermehrt non-territorial genutzten Arbeitsplätze (DGUV, 2016). „An Stelle fester Arbeitsplätze tritt in Open-Space-Büros eine Vielzahl unterschiedlicher Arbeitsszenarien, die entsprechend den jeweiligen Arbeitsaktivitäten von den Mitarbeitern ausgewählt werden können" (Kohlert, 2016, S. 128). Gedacht wird weniger in Arbeitsplätzen als vielmehr in Arbeitsräumen oder eben Arbeitswelten, die sowohl Flächen für konzentrierte als auch kooperative Arbeit sowie Erholungsräume oder -zonen einschließen können (Kratzer & Lütke Lanfer, 2017).

Die Ziele bei der Einführung von Open-Space-Strukturen sind vielfältig. Neben einer Steigerung der Flächen- und Kosteneffizienz sehen Unternehmen vor allem auch kürzere Kommunikations- und Entscheidungswege sowie eine höhere Arbeitgeberattraktivität als relevante Faktoren für eine Umgestaltung. Kratzer und Lütke Lanfer (2017) beobachten ergänzend dazu auch eine höhere Flexibilität bei Restrukturierungen und eine Demokratisierung als wesentliche Faktoren für eine Einführung von Open Space. Damit einhergehend verändern sich Arbeitsabläufe, Tätigkeiten und soziale Beziehungen, welche die Unternehmenskultur maßgeblich prägen.

2. Aktueller Forschungsstand

Büroräume haben einen entscheidenden Einfluss sowohl auf das psychische Wohlbefinden als auch auf das Arbeitsengagement der Beschäftigten (Schanné, et al., 2018). Für die Gestaltung gesundheitsförderlicher Büroräume sind folgende drei Aspekte zu beachten: 1) *durchdachte Räumlichkeiten,* 2) ein *partizipativer Veränderungsprozess* und 3) die *passende Kompetenzentwicklung* der Mitarbeiter und Mitarbeiterinnen sowie der Führungskräfte.

In einer Reihe von Studien wurde gezeigt, dass die Arbeitsumgebung ein wichtiger Einflussfaktor für Wohlbefinden, Leistungsfähigkeit und Gesundheit von Beschäftigten ist und die Arbeit in offenen Büroumgebungen mit einer stärkeren akustischen Belastung verbunden ist (vgl. Kratzer & Lütke Lanfer, 2017). Wackernagel (2017) identifizierte in einer aktuellen umweltpsychologischen Untersuchung drei Faktoren der Arbeitsumgebung, die für die Raumgestaltung relevant sind: die *positive Stimulation* durch den Raum, die Kohärenz und die *Kontrolle* des Raumes. Diese Faktoren hängen in der Studie positiv mit den Outputvariablen Gesundheit, Wohlbefinden sowie Gesamtzufriedenheit mit der Arbeitsplatzgestaltung zusammen. Für eine positive Stimulation sind klare und vielfältige Strukturen sowie eine Reduktion von Lärm und Störungen wichtig. Für Kohärenz sorgen vor allem ein logischer Aufbau und eine nachvollziehbare Anordnung von Objekten und Räumlichkeiten. Ein Raum sollte darüber hinaus dem menschlichen Bedürfnis nach Kontrolle nachgehen, indem beispielsweise Einflüsse auf Umweltreize, wie Licht, Klima und Privatheit, ausgeübt werden können.

Bei der Einführung neuer Bürostrukturen entstehen Erwartungen, aber auch Sorgen und Ängste bei den Beschäftigten. Dabei ist der Ansatz, mit dem offenen Büro auch den eigenen Schreibtisch aufzugeben („Desk Sharing"), bei den Mitarbeitern und Mitarbeiterinnen am umstrittensten. Alle Beschäftigten sollten frühzeitig die Möglichkeit erhalten, sich mit den Veränderungen auseinanderzusetzen. Dafür ist eine regelmäßige Kommunikation, Möglichkeiten der Beteiligung und ein erstes Ausprobieren der neuen Umgebung unerlässlich. Die Führung spielt dabei eine zentrale Rolle, da sie über die Ressourcen, wie Zeit, Person und Budget, entscheidet, die für die Einführung und nachhaltige Umsetzung der neuen Büroform eingesetzt werden.

Die unterschiedlich gestalteten Funktionsbereiche können für verschiedene Tätigkeiten genutzt werden (DGUV, 2016). Eine Kompetenzentwicklung für Beschäftigte hat dabei die richtige Nutzung der Büroräume als Ziel. Diese können so qualifiziert entscheiden, welcher Ort sich für welche Tätigkeit am besten eignet (Schanné, et al., 2018).

Es zeigt sich, dass sich einige Zeit nach der Einführung von Open Space sowohl die Befürchtungen als auch die Hoffnungen der Beschäftigten und Unternehmen relativieren: Konstatiert wird in der Regel, dass sich tatsächlich einiges verbessert habe, vor allem die Kommunikation und die Transparenz. Aber eben auch, dass im Open Space konzentriertes Arbeiten schwieriger sei (Kratzer & Lütke Lanfer, 2017). Es wird deutlich, dass sich die Belastungsfaktoren im Vergleich zu anderen Büroformen nicht aufheben, sondern verschieben.

3. Psychische Belastungsfaktoren
Für die Büroform Open Space stellen sich einige Belastungsfaktoren als besonders relevant dar, wenngleich die folgende Darstellung nicht abschließend ist. So kann es

neben vermehrten Störungen bei der Tätigkeit, die schlecht kontrollierbar sind, zu einem erhöhten Geräuschpegel (oft bei hoher Sprachverständlichkeit) und einer ungleichen Versorgung der Bürofläche mit Tageslicht kommen (DGUV, 2016). Untersuchungen aus klassischen Großraumbüros (die zumindest für einen Teil der Open-Space-Bürofläche übertragbar sind) zeigen beispielsweise, dass die wahrgenommene Belastung durch Lärm, Arbeitsunterbrechungen, visuelle Reize und Klimaanlage höher ist, als im Kleinraumbüro. Dabei sind Ablenkungen durch Gespräche besonders problematisch, da das Hintergrundsprechen sich störend auf mentale Arbeitsleistungen auswirkt, die das sprachliche Arbeitsgedächtnis beanspruchen. Jedoch gab es keine Unterschiede im Wohlbefinden (cf. Windlinger & Zäch, 2007). Darüber hinaus gibt es im Open Space weniger individuellen Einfluss auf die Klimatisierung sowie den Sonnenschutz und die Beleuchtung. Weitere Faktoren die regelmäßig berichtet werden, sind mangelnde Privatheit, wenig Rückzugsmöglichkeiten und Möglichkeiten für vertrauliche Gespräche sowie erhöhte Sichtbarkeit und damit einhergehender permanenter Beobachtungsdruck. Wird die Open-Space-Lösung mit Homeoffice kombiniert, werden für diesen Teil der Arbeitszeit zusätzlich unsichtbare Leistung und unregulierte Arbeit sowie ständige Erreichbarkeit berichtet (Kratzer & Lütke Lanfer, 2017).

Die offene Struktur bietet allerdings auch bessere Kommunikationsmöglichkeiten, insbesondere für den informellen Austausch. Hiervon erhoffen sich Unternehmen positive Auswirkungen auf die soziale Unterstützung durch Kollegen und Kolleginnen sowie den sozialen Zusammenhalt. Hinzu kommt, dass durch diese Büroform sowohl der Handlungsspielraum als auch die Eigenverantwortung zunehmen. Die hohe Flexibilität der Beschäftigten ermöglicht diesen, sich je nach Tätigkeit und individuellen Bedürfnissen den passenden Arbeitsplatz zu wählen.

4. Handlungsansätze und Forschungsbedarf

Grundsätzlich sollte bei der Einführung von Open Space der Veränderungsprozess partizipativ und systematisch gestaltet werden. Im Rahmen dieses Veränderungsprozesses gilt es herauszufinden, welche Einflussfaktoren im Unternehmen relevant sind (Schanné, et al., 2018). Für diesen Veränderungsprozess ist es wichtig, ausreichend Zeit und Ressourcen einzuplanen und die Mitarbeiter und Mitarbeiterinnen sowie die Führungskräfte auf allen Ebenen mitzunehmen. Auch nach dem Bezug der neuen Bürolandschaft ist mit weiteren Anpassungen und Nachbesserungen zu rechnen. Anhand der zuvor beispielhaft aufgeführten Belastungsfaktoren lassen sich weiterführende Handlungsansätze ableiten. Beispielsweise stellt diese Büroform höhere Anforderungen an die akustische Gestaltung (DGUV, 2016). Die Ansprüche an die Akustik richten sich dabei nach den Tätigkeiten und in deren Abhängigkeit sollten unterschiedliche Arbeitsorte geschaffen werden (Verhältnisprävention). Ferner ist die Einführung eines Verhaltenskodex, wie ein Open-Space-Knigge, und eine Einführung in die Nutzung der Räumlichkeiten ratsam (Verhaltensprävention). Dabei sollten die Beschäftigten beteiligt werden, da so die Akzeptanz und das Commitment für dessen Umsetzung gesteigert wird.

In weiterer Forschung sollten relevante Einflussfaktoren und deren Zusammenwirken in Abhängigkeit der konkreten Gestaltung auf ihre Wirkung hin untersucht werden. In der Beratungspraxis können dann erfolgsversprechende Faktoren sowie Stolpersteine in die Planung neuer Bürokonzepte auf Grundlage der konkreten Anforderungen der Unternehmen einfließen.

Wesentlich ist, dass es kein Standardrezept für die Gestaltung eines Open Space gibt. Es gibt verschiedene Konzepte zur Gestaltung, die passend zum Unternehmen, dessen Kultur und vor allem der Tätigkeit der Beschäftigten gewählt werden müssen.

Literatur
Deutsche Gesetzliche Unfallversicherung e.V. (DGUV) (2016) (Hrsg.). Büroraumplanung. Hilfen für das systematische Planen und Gestalten von Büros. Online unter: http://publikationen.dguv.de/dguv/pdf/10002/215-441.pdf (23.03.2018)
Kohlert, C. (2016). Büro-Flächen-Gestaltung – Trends und Ansätze. In: Klaffke, M. (Hg.), 2016. Arbeitsplatz der Zukunft. Wiesbaden: Springer, S. 119–139.
Kratzer, N. & Lütke Lanfer, S. (2017). Open-Space-Büros und psychische Gesundheit – Eine Trendanalyse. Zeitschrift für Arbeitswissenschaft, 71.
Schanné, F., Windlinger, L., Konkol, J., Weichbrodt, J., Schläppi, M., Gisin, L., Meier, G. & Degenhardt, B. (2018). Einfluss des Büroraums und des begleitenden Veränderungsprozesses auf die psychische Gesundheit. Gesundheitsförderung Schweiz, Faktenblatt 31.
Wackernagel, S. (2017). Wie die Gestaltung der Büroarbeitsumgebung unser Befinden beeinflusst. In: Soziotechnische Gestaltung des digitalen Wandels – kreativ, innovativ, sinnhaft, 63. Kongress der Gesellschaft für Arbeitswissenschaft, FHNW Brugg-Windisch, Schweiz. Dortmund: GfA-Press, S. 1–6.
Windlinger, L. & Zäch, N. (2007). Wahrnehmung von Belastungen und Wohlbefinden bei unterschiedlichen Büroformen. Zeitschrift für Arbeitswissenschaft, 61(2), 77–85.

Patrik Fröhlich & Sebastian Beitz
Bergische Universität Wuppertal

Kommunikation von Tätigkeitsmerkmalen zur Personalgewinnung – vollständige Tätigkeiten im Kontext von Generation X und Y

1. Ausgangslage und Problemstellung

Unternehmen stehen häufig vor der Herausforderung, geeignete Maßnahmen zu ergreifen, um Bewerber in ausreichender Qualität und Quantität zu akquirieren und somit ihren Personalbedarf zu decken. Im Rahmen des Personalmarketings soll dabei sichergestellt werden, dass Organisationen attraktiv wirken und die vorgenannten Bedarfe durch ausreichende Bewerbungen und Einstellungen gedeckt werden können. Eine Herausforderung, die Organisationen hierbei neben möglicher fehlender Bekanntheit des eigenen Unternehmens oder fehlender Praxiserfahrung seitens der Bewerber sehen, sind unter anderem die Ansprüche der Generation Y (hierzu u.a. Kanning, 2017). Hierbei stellt sich die generelle Frage, welche Aspekte ein Unternehmen besonders attraktiv erscheinen lassen (Organisationsattraktivität). Vor diesem Hintergrund wird im Rahmen dieses Beitrags die Wirkung der Kommunikation von extrinsisch-materiellen Anreizen (in Form finanzieller Anreize) gegenüber intrinsisch-immateriellen Anreizen (in Form vollständiger Tätigkeiten) im Rahmen der Personalgewinnung untersucht. Im Laufe des Beitrags sollen dabei nach einer Einführung der relevanten Konstrukte zunächst die Methodik sowie ausgewählte Ergebnisse dargestellt werden, sowie abschließend ein Resümee in Bezug auf deren Relevanz für Personalmarketing bzw. -gewinnung gezogen werden.

2. Theoretischer Hintergrund
2.1 Vollständige Tätigkeiten und Materielle Anreize
Vollständige Tätigkeiten stellen an eine Arbeitstätigkeit den Anspruch, dass diese sowohl hierarchisch als auch sequentiell vollständig ist; d.h. sie umfasst sämtliche Phasen der sequentiell-hierarchischen (zyklischen) Handlungsregulation und beinhaltet gleichzeitig mentale und physische Prozesse aller drei Ebenen der (hierarchischen) Ausführungsregulation nach Hacker (2015). Es besteht laut Hacker (2015) bei vollständigen Tätigkeiten tätigkeitsimmanentes, intrinsisches Motivationspotenzial, wodurch dies von extrinsischen, entgeltgestützten (materiellen) Aspekten abgegrenzt werden kann. Im Gegensatz zu intrinsischen Anreizen beziehen sich extrinsische Anreize auf Anreize aus der Umwelt (nicht aus der Tätigkeit selbst). Sind diese messund greifbar, so spricht man von materiellen Anreizen. Diese sind stets extrinsischer

Natur und werden deswegen teilweise auch aus materiell-extrinsische, bzw. finanzielle Anreize bezeichnet. Direkte finanzielle Anreize wirken dabei unmittelbar auf die monetäre Entlohnung (z.b. Festgehalt, variable Gehaltsanteile, Gewinnbeteiligungen, etc.), wohingegen indirekte finanzielle Anreize (z.b. Firmenwagen, -wohnungen, Reisen, Vorsorge- und Sicherungssysteme, etc.) nicht unmittelbar auf das Gehalt wirken, jedoch monetär messbar sind (Gerding, 2015). Materielle Anreize können sowohl für Gruppen (gruppenbezogen) als auch für Individuen (individuell) gestaltet werden und die wahrgenommene Attraktivität von Organisationen beeinflussen.

2.2 Organisationsattraktivität

Eine Organisation kann aus unterschiedlichen Blickwinkeln und somit durch Individuen aus verschiedenen Perspektiven (z.B. als Konsument, Mitarbeiter, Bewerber, etc.) bewertet werden. Relevant ist hier die Bewertung im bzw. vor einem Bewerbungsprozess durch (potentielle) Bewerber. Auf Grundlage der Arbeit von Highhouse et al. (2003) wird unter der Attraktivität einer Organisation ein multidimensionales Konstrukt verstanden, welches sich aus drei Komponenten zusammensetzt: (1) Attractiveness: Wahrgenommene Attraktivität (Arbeitgeber); (2) Intentions: Allgemeine Absichten gegenüber dem Unternehmen; (3) Prestige: Wahrgenommenes Prestige des Unternehmens. Die Bewertung der Organisationsattraktivität ergibt aus einer holistischen Betrachtung; sie bezieht sich jedoch stets auf Elemente bzw. wahrgenommenen Eigenschaften der Organisation. Mit der Betrachtung relevanter Elemente für die Attraktivitätsbewertung beschäftigt sich die Recruiting- bzw. Personalmarketing-Forschung intensiv. Man unterscheidet instrumentale Attribute (materiell-bezogene Merkmale, hier: Materielle Anreize) von symbolischen Attributen (immaterielle Merkmale, hier: Vollständige Tätigkeiten). Somit liegen die im Rahmen der Studie manipulierten Elemente als Merkmale der Bewertung von Organisationsattraktivität zugrunde.

2.3 Materielle und immaterielle Anreize im Kontext wahrgenom-mener Organisationsattraktivität zwischen Generationen

Die Generation X (Gen X) wird mit geringen Abweichungen durchweg den Geburtsjahrgängen 1965 bis 1980 zugeordnet. Zeitlich folgt der Generation X die Generation Y (Gen Y), welcher nahezu einheitlich die Geburtsjahre ab 1981-2000 zugeordnet werden, sodass auch häufig der Begriff Millennials verwendet wird (Holste, 2012). Genannte Einordnungen liegen dieser Studie zugrunde. Nach intensiver Literaturrecherche ist festzustellen, dass Gen Y spezifische Merkmale zugesprochen werden, wodurch folgende Anforderungen an eine Stelle besonders stark ausgeprägt sein müssten: Erkennen der Sinnhaftigkeit und Sinnstiftung; eine herausfordernde, interessante und abwechslungsreiche Tätigkeit; das Bedürfnis nach Feedback; Möglichkeit zur persönlichen Entwicklung und Selbstverwirklichung. Hieraus folgt *Hypothese 1:* Organisationen, die mit vollständigen Tätigkeiten werben, werden von der Gen Y als attraktiver wahrgenommen. Vertretern der Gen X wird eher zugesprochen, nach materiellen Werten zu streben, Wert auf Karriere, Wohlstand sowie Sicherheit zu legen, und durch eine starke Rationalität gekennzeichnet zu sein. Karriere, Prestige, Gehalt und Zusatzleistungen erscheinen dabei als zentrale Aspekte der Arbeitgeberwahl. Hierauf begründet sich *Hypothese 2:* Organisationen, die mit materiellen Anreizen werben, werden von der Gen X als attraktiver wahrgenommen. Weiterhin werden die vorgenannten Merkmale häufig als Argument genutzt, um die Gen Y von der Gen X und anderen Generationen abzugrenzen. Aufgrund dessen postuliert Hypothese 3: Vertreter der Gen Y und der Gen X unterscheiden sich in ihrer Präferenz bezüglich materieller Anreize und immaterieller Aspekte in Form vollständiger Tätigkeiten.

3. Methodik

Die Datenerhebung fand mittels Onlinefragebogen statt. Es wurde ein Between-Subjects Design mit randomisierter Zuordnung gewählt, sodass zwei Experimentalgruppen sowie eine Kontrollgruppe vorhanden waren. Die Generationen waren entlang der drei Gruppen nahezu gleich verteilt. Alle Gruppen erhielten als Treatment-Material realitätsnahe Stellenanzeigen eines fiktiven Unternehmens. Hierin wurden die unabhängigen Variablen (materielle Anreize und vollständige Tätigkeiten) im Abschnitt „Was wir Ihnen bieten:" manipuliert. Die Darstellung vollständiger Tätigkeiten erfolgte dabei als Synthese der fünf Merkmale nach Hacker (2015) sowie nach Ulich (2011); als materielle Anreize wurden direkte und indirekte finanzielle Anreize dargestellt. Es wurde ein Manipulation-Check durchgeführt. Die Studie umfasst nach Datenbereinigung 328 Probanden, davon 55,6 % weiblich, Durchschnittsalter 31,18 Jahren *(SD= 9,46)* und mittlere Berufserfahrung von 6,79 Jahren *(SD= 8,72).* Der Gen X gehörten 90, der Gen Y 238 Probanden an. Die zu untersuchende Organisationsattraktivität wurde mithilfe der dreidimensionalen 15-Item-Skala nach Highouse et al. (2003) gemessen. Die Hypothesenprüfungen wurden mittels T-Test bzw. ANOVA durchgeführt.

4. Ergebnisse

Hypothese 1: Entgegen in der Literatur weit verbreiteter Annahmen bezüglich Merkmalen und Präferenzen der Gen Y konnte keine höhere wahrgenommene Attraktivität bei Darstellung vollständiger Tätigkeiten festgestellt werden *(F[2;235]= 0,379; p= 0,685).*

Hypothese 2: Die Darstellung von materiellen Anreizen (M = 3,89) führt gegenüber jener von vollständigen Tätigkeiten (M = 3,35; Kontrollgruppe: M = 3,32), gemäß der Annahme, bei Vertretern der Gen X zu einer höher wahrgenommenen Organisationsattraktivität *(F[2;87]= 5,215; p= 0,007).*

Hypothese 3: Trotz in der Literatur häufig postulierter Unterschiede bezüglich der Merkmale und Präferenzen von Generationen war im Rahmen dieser Studie zwischen den Generationen X und Y weder bei Darstellung materieller Anreize *(t(112)=1,724 ; p= 0,087)* noch bei Darstellung vollständiger Tätigkeiten *(t(108)= -1,802 ; p= 0,074)* ein Unterschied bezüglich der Organisationsattraktivität festzustellen.

5. Fazit

Es ist festzuhalten, dass die in der Literatur zur Gen Y häufig als generationsimmanent gesehene dominante Fokussierung auf Tätigkeitsaspekte, Sinnhaftigkeit der Arbeit sowie Selbstentfaltung auf Basis der Ergebnisse dieser Studie keine Bestätigung finden. Ein Rückschluss könnte hier sein, dass die Gen Y indifferent zwischen materiellen Anreizen und vollständigen Tätigkeiten im Rahmen der Kommunikation von Stellenangeboten im Bewerbungsprozess ist. Ebenfalls sind die Unterschiede zu anderen Generationen (hier der Gen X) weitaus weniger extrem, als man aufgrund der exzessiven Behandlung der Gen Y, insbesondere in Praxispublikationen, vermuten mag. So findet sich einzig innerhalb der Gen X eine Präferenz materieller Anreize. Gerade die Heterogenität innerhalb von Generationen scheint eine pauschalisierte Generationsabgrenzung in Bezug auf deren Werte und Präferenzen sehr zu erschweren. Die Ergebnisse dieser Studie legen deshalb nahe, die Bedeutung von Personenmerkmalen sowie Lebensphasen in Forschung und Praxis zu Personalmarketing stärker zu fokussieren als Generationsunterschiede.

Literatur
Gerding, S. (2015). *Variable Vergütung: Ein Mittel zur Motivations- und Leistungssteigerung von Mitarbeitern?.* Hamburg: Igel.
Hacker, W. (2015). *Psychische Regulation von Arbeitstätigkeiten.* Kröning: Asanger.
Highhouse, S., Lievens, F. & Sinar, E. F. (2003). Measuring attraction to organizations. *Educational and Psychological Measurement, 63*(6), 986–1001.
Holste, J. H. (2012). *Arbeitgeberattraktivität im demographischen Wandel: Eine multidimensionale Betrachtung.* Wiesbaden: Springer.
Kanning, U. P. (2017). *Personalmarketing, Employer Branding und Mitarbeiterbindung: Forschungsbefunde und Praxistipps aus der Personalpsychologie.* Berlin, Heidelberg: Springer.
Ulich, E. (2011). *Arbeitspsychologie* (7., neu überarbeitete und erweiterte Auflage). Stuttgart: Schäffer-Poeschel.

Sophie Schaffernicht, Andreas Gronauer, Karl Moder &
Elisabeth Quendler
Universität für Bodenkultur Wien

Beschäftigungstherapie für Menschen mit Behinderung im kommerziellen Zierpflanzenbau – dargestellt anhand der Anforderungen an die Schlüsselqualifikationen eines ausgewählten Arbeitsprozesses

1. Problemstellung

Ein nachhaltiges und bestmögliches Teilhabenlassen von Menschen mit Behinderung (MmB) an beruflichen Tätigkeiten in einer inklusiven Gesellschaft zu ermöglichen, entspricht sowohl dem nationalen Aktionsplan zur Umsetzung der inklusiven Gesellschaft als auch den Forderungen der UN-Konvention über die Rechte von MmB. Gartentherapie bietet den Vorteil, dass die vorkommenden Arbeitsvorgänge Stress, Angst und Depression mildern und das Wohlgefühl sowie die Arbeitsqualität, bedingt durch den Naturkontakt, stärken (Kam et al., 2011). Gärtnerische Tätigkeiten in Gruppen steigern das Selbstwertgefühl, verbessern die Gesundheit und das Gemeinschaftsgefühl (Elings 2006). Prozesse in diesem Bereich haben demnach das Potential zur Gesundheitsförderung beizutragen. Das Ziel dieser Studie ist es daher die Methode IMBA für den Zierpflanzenbau zu evaluieren, um eine nachhaltige Inklusion zu ermöglichen.

2. Material und Methode

Der untersuchte Pilotbetrieb wurde aufgrund seiner guten fachlichen Praxis ausgewählt. Der Garten war sechs Hektar groß und hatte insgesamt 36 MitarbeiterInnen sowie acht Lehrlinge.

Bei der Stecklingsproduktion wurde an einem Pikiertisch gearbeitet. Es war zweimal pro Phasendauer notwendig den Pikiertisch zu verlassen. Für eine Produktionseinheit wurden sechs Töpfe mit Vermehrungssubstrat und mehreren Kopfstecklingen in eine Pikierkiste gestellt. Diese wurden anschließend gegossen und auf einen Tisch mit Bodenheizung platziert. Dazu war es notwendig, in einen anderen Raum zu gehen. Den höchsten Zeitanteil hatte das stehende Arbeiten an einem Tisch. Der Gärtnermeister arbeitete mit Hilfsmitteln sowie Produktionsmaterial, die bereits vorbereitet waren: einem Pikiertisch, mehreren Töpfen (10 cm), Vermehrungssubstrat, mehreren Pikierkisten, einem Schlauch mit Wasserhahn, mehreren Kopfstecklingen, einem Veredlungsmesser sowie einem Pikierstab.

Zur Erhebung der Daten für diese Arbeit wurde einerseits ein strukturierter Frageboden verwendet. Andererseits wurde im Betrieb auch mit Videoaufnahmen gearbeitet. Das Filmen der verschiedenen Arbeitselemente diente zur Erhebung der Anforderungen mit anschließender Auswertung nach IMBA. Der Arbeitsvorgang der Stecklingsproduktion der Dreimasterblume wurde für das Erstellen der Anforderungsprofile anhand der Filmszenen ermittelt, im Tabellenkalkulationsprogramm Excel dokumentiert, kategorisiert und ausgewertet. In Anlehnung an die Arbeitselementmethode wurde der Arbeitsvorgang der Stecklingsproduktion in zwanzig Arbeitselemente unterteilt, um diese anschließend nach IMBA für MmB zu bewerten. Für die Dateneingabe und -auswertung wurden das Tabellenkalkulationsprogramm Excel sowie die zu IMBA gehörige Software MARIE verwendet. Nach der Erhebung wurden die Anforderungsprofile erstellt.

Die Anforderungen, die nach 70 verschiedenen Merkmalen erfasst und auf der Skala eingestuft wurden, ergaben schließlich ein Anforderungsprofil, das Auskunft über die Anforderungen an diesen Arbeitsprozess gibt. In dieser Untersuchung wurden alle 70 Merkmale bewertet. Für das Bewerten wurden die Profilwerte 0 bis 5 nach IMBA vergeben. Die zu IMBA gehörige Software MARIE wurde parallel zum Tabellenkalkulationsprogramm Excel für das Erstellen der Anforderungsprofile verwendet, um die Usability (Gebrauchstauglichkeit) dieser für den Gartenbau zu evaluieren.

3. Ergebnisse und Schlussfolgerungen

Die Ergebnisse beziehen sich auf das ausgewählte Hauptmerkmal der Schlüsselqualifikationen.

Hohe Anforderungen bestanden in der Stecklingsproduktion für das Problemlösen. So mussten die einzelnen Stecklinge nach Größenklassen geordnet und ausgewählt werden. Allerdings kamen hohe Anforderungen im Problemlösen nur einmal während des gesamten Arbeitsprozesses vor. Hohe Anforderungen wurden auch an Konzentration, kritische Kontrolle, Ordnungsbereitschaft und Sorgfalt gestellt. Das Veredlungsmesser zu nehmen und den Kopfsteckling unter dem Nodium abzuschneiden, erforderte zum Beispiel hohe Konzentration. Das Abschneiden unter dem Nodium verlangte auch ein hohes Maß an kritischer Kontrolle, da in jedem einzelnen Fall entschieden werden musste, wie gehandelt werden sollte und ein eventuell auftretender Schaden bei mehreren Stecklingen von Bedeutung für den gesamten Produktionsprozess der Stecklingsproduktion gewesen wäre.

Die Stecklinge nach Größenklassen auszuwählen, beansprucht ein hohes Maß an Ordnungsbereitschaft, da die Arbeitsmittel in einer vereinbarten Anordnung zu nutzen waren. Das gleiche Arbeitselement verlangte zusätzlich viel Sorgfalt, weil bestimmte Vorgaben erfüllt werden mussten. Überwiegend gab es durchschnittliche Anforderungen bei Antrieb, Pünktlichkeit, Kritisierbarkeit und Umstellung. Der Antrieb sollte durchschnittlich sein, da der zeitliche Ablauf variierbar war. Pünktlichkeit galt generell als Voraussetzung in der Arbeit im Pilotbetrieb. Die Fähigkeit zur Kritisierbarkeit lag vor, weil der Stelleninhaber in einen größeren Zusammenhang eingebunden war und eine Kooperation mit KollegInnen zum Teil notwendig ist.

Durch die überschaubare Anzahl der Arbeitsaufgaben und das Stattfinden des Wechsels der Arbeitsaufgaben in angemessener Zeit bestand eine durchschnittliche Anforderung an die Schlüsselqualifikation der Umstellung. Durchschnittliche Anforderungen in geringerem Maße galten auch für Aufmerksamkeit, Reaktionsgeschwindigkeit, Selbständigkeit und Verantwortung. Aufmerksamkeit wurde einmal beim Angießen der Töpfe in durchschnittlicher Intensität benötigt, da mehrere Signale zu beachten waren.

Folglich war bei diesem Arbeitselement auch die Reaktionsgeschwindigkeit von durchschnittlicher Bedeutung. Selbständigkeit kam insbesondere beim Angießen der Töpfe und beim Abschneiden der Kopfstecklinge als durchschnittlich wichtig zum Tragen, da einige Entscheidungsfreiräume bestanden. Verantwortung erforderten mehrere Arbeitselemente, bei denen die Qualität des Arbeitsergebnisses von der StelleninhaberIn abhängig war. Dies bedarf beispielsweise das Gießen. Geringe Anforderungen waren bei der Arbeitsplanung, der Ausdauer und der Teamarbeit erforderlich. Nur geringe Anforderungen bestanden an die Arbeitsplanung, weil die Reihenfolge der Tätigkeiten genau vorgeschrieben war. Die Ausdauer musste in diesem Arbeitsprozess ebenfalls nur gering sein, wegen der wiederholend zu erledigenden Teilaufgaben.

Teamarbeit wurde höchstens zwei Mal eingesetzt, beim Gehen mit der Pikierkiste und beim Gehen mit dem Schlauch, weshalb die Anforderungen an die Schlüsselqualifikation der Teamarbeit gering waren. Sehr geringe Anforderungen gab es für Auffassung, Durchsetzung, Führungsfähigkeit, Kontaktfähigkeit, Kritikfähigkeit, Lernen und Merken, Misserfolgstoleranz und Vorstellung. Die Schlüsselqualifikation der Auffassung war nicht sehr wichtig für die Stecklingsproduktion, da die Arbeitselemente gleichbleibend sind, neue oder gefährliche Situationen nicht zu erwarten und gefährliche Situationen üblicher Weise nicht aufgetreten sind. Sehr geringe Anforderungen bestanden an die Schlüsselqualifikation der Durchsetzung, weil kaum Kontakte zu KollegInnen existierten und sich so selten Konflikte ergeben konnten. Es waren keine Weisungsbefugnisse gegeben, weshalb die Führungsfähigkeit nicht erforderlich war. Bei diesem Arbeitsvorgang existierten keine Außenkontakte, so dass die Kontaktfähigkeit ebenso mit dem Profilwert 1 bewertet wurde. Aus dem gleichen Grund und wegen des separaten Arbeitens von anderen ArbeitskollegInnen an einem eigenen Pikiertisch war die Kritikfähigkeit keine wichtige Schlüsselqualifikation für die Stecklingsproduktion.

Lernen und Merken war für den Arbeitsprozess deswegen nicht so wichtig, weil es wenige, sich stetig wiederholende Arbeitselemente gab, die durch Nachahmung erlernbar waren. An die Misserfolgstoleranz bestanden sehr geringe Anforderungen, da eine erneute Bearbeitung der Aufgabe bei Misserfolg nur geringen Aufwand bedeutete. Außerdem setzte sich die Teiltätigkeit aus kurzen, relativ einfachen Arbeitselementen zusammen. Der Arbeitsablauf war vollkommen festgelegt, weshalb auch die Schlüsselqualifikation der Vorstellung nicht bedeutend war.

Die Arbeitselementmethode und IMBA erwiesen sich als probate Methode, um die Inklusionsmöglichkeiten von MmB in die Arbeitswelt des Gartenbaus zu analysieren. Für die künftigen Untersuchungen wird empfohlen nur jene Merkmale auszuwählen, die für den Gartenbau relevant sind, um unnötige Datengenerierung zu vermeiden.

Literatur
Adenauer, S. (2004). Die (Re-)Integration leistungsgewandelter Mitarbeiter in den Arbeitsprozess. Ford-Werke AG.
Auernhammer, H. (1976). Eine integrierte Methode zur Arbeitszeitanalyse. Darmstadt: KTBL-Schrift.
Elings, M. (2006). "People-plant interaction, the physiological, psychological and sociological effects of plants on people" in Farming for Health, 43-55. Springer Niederlande.
Kam, M. C. Y., Siu, A. M. H. (2010). „Evaluation of a horticultural acitivity programme for Persons with persons with psychiatric Illness".
REFA. (1984). Methoden des Arbeitsstudiums im Landbau – REFA-Buch Landwirtschaft Teil 1; Hrsg. Verband für Arbeitsstudien und Betriebsorganisation e.V./REFA Institut Darmstadt, 01/1984. Darmstadt: REFA Institut.

Arbeitskreis
Interdisziplinäre und internationale Kooperationen
Leitung: Arno Weber

Johanna Bunner & Christian Korunka
Wie beeinflussen Sicherheits- und Gesundheitsmanagementsysteme die Zusammenarbeit von Sicherheitsfachkräften mit KooperationspartnerInnen?

Veronika Jakl, Christiane Heider, Claudia Oldenburg & Mario Dobernowsky
EU-Projekt „Psychische Gesundheit am Bau" – Wie ist der Stand der Dinge in Österreich und Deutschland?

Arno Weber
Interdisziplinäre Zusammenarbeit

Arno Weber
Sicherheitsingenieure – Thesis-Themenschwerpunkte mit interdisziplinärem Ansatz

Rafaël Weissbrodt, Margot Vanis, Marc Arial, David Giauque, Maggie Graf, Samuel Iff & Stephanie Lauterburg Spori
Prävention psychosozialer Risiken am Arbeitsplatz: Eine Evaluationsstudie zur Wirkung der Arbeitsinspektion in der Schweiz

Wolfgang G. Weber, Konrad Wolfgang Kallus, Roman Prem & Peter Hoffmann
Zwischen Ethik und Profit – Gesellschaftliche Konflikte in der gesundheits- und persönlichkeitsförderlichen Arbeitsforschung

Johanna Bunner & Christian Korunka
Universität Wien

Wie beeinflussen Sicherheits- und Gesundheitsmanagementsysteme die Zusammenarbeit von Sicherheitsfachkräften mit KooperationspartnerInnen?

1. Sicherheits- und Gesundheitsmanagementsysteme und ihre Auswirkungen auf die Arbeit von Sicherheitsfachkräften

Sicherheits- und Gesundheitsmanagementsysteme (SGMS) unterstützen ArbeitgeberInnen darin, Rechtsvorschriften und andere Regelungen zum Schutz der Sicherheit und Gesundheit von ArbeitnehmerInnen einzuhalten und darüber hinaus Maßnahmen zu setzen. Ein Teil des SGMS-Prozesses befasst sich explizit mit der Gestaltung der internen und externen Kommunikation. SGMS verbessern Strukturen der betriebsinternen Sicherheitskommunikation und führen dazu, dass die Belegschaft besser über Sicherheitsthemen informiert ist und sich bei Probleme eher an Vorgesetzte wendet (Ghahramani, 2017; Santos, Barros, Mendes, & Lopes, 2013). In Österreich strukturieren Vorgaben der SGMS die interne Zusammenarbeit von Führungskräften, Sicherheitsfachkräften (SFK), der Belegschaft und Sicherheitsvertrauenspersonen sowie die Kommunikation mit externen Fachpersonen und Einrichtungen (BMWA, 2004).

Bisher bekannte Auswirkungen von SGMS betreffen einzelne Tätigkeiten von SFK sowie ihre generelle Wirksamkeit. Laut einer deutschen Studie verbringen SFK durch das Vorhandensein von SGMS bis zu 70 % mehr Zeit mit Arbeitsorganisation, Personalentwicklung und Unterstützung in Planungs- Investitions- und Beschaffungsaufgaben. Zeitgleich nehmen aber Tätigkeiten wie das Erarbeiten von Betriebsanweisungen und die Durchführung von Unterweisungen ab. Ebenso verringert sich der zeitliche Aufwand für die eigene Büroorganisation. Im Bereich der internen Kommunikation zeigt sich, dass SFK in Betrieben mit SGMS verstärkt Geschäftsleitungen und Führungskräfte beraten und unterstützen (Winterfeld, Trimpop, & Forschungsgemeinschaft Sifa-Langzeitstudie, 2012). In Österreich ist der Zusammenhang von SGMS und die Zusammenarbeit von SFK mit internen und externen KooperationspartnerInnen bisher nicht untersucht. Obwohl SFK laut AschG mit ArbeitsmedizinerInnen, anderen Fachkräften und Institutionen zusammenarbeiten sollen, ermutigen SGMS Betriebe bisher nicht, diese Form der externen Kommunikation bewusst zu integrieren. Aus diesem Grund untersucht diese Studie die Auswirkungen von SGMS auf die Zusammenarbeit von SFK mit internen und externen KooperationspartnerInnen.

2. Methode

Es wurde eine Längsschnittstudie über den Zeitraum von einem Jahr durchgeführt. Online-Fragebogen wurden direkt per Mail an die SFK gesendet oder auf einschlägigen Websites, Newslettern und sozialen Netzwerken bereitgestellt. Als Incentive wurde für jeden ausgefüllten Fragebogen 1€ an den Österreichischen Behindertensportverband gespendet.

In der ersten Befragung im Herbst 2016 wurden 374 SFK befragt. Die SFK waren im Schnitt 49,3 Jahre alt und zu 93,4 % männlich (6,6 % weiblich). 46,9 % der SFK hatten einen Matura- oder HTL-Abschluss, 26,9% wiesen einen Universitäts- oder FH-Abschluss auf. 26,3 % der SFK hatten einen Abschluss unter Maturaniveau. Im Durchschnitt arbeiteten sie seit 9,8 Jahren als SFK, 55,6 % davon als interne und 44,4 % als externe SFK.

In der zweiten Befragung im Herbst 2017 nahmen insgesamt 299 SFK teil, von denen 162 bereits in der ersten Befragung teilgenommen hatten und deren Daten für die Längsschnittauswertung verbunden werden konnten. Diese waren im Schnitt 49,4 Jahre alt und 89,1 % waren Männer (10,9 % Frauen). Hier hatten 40 % der SFK einen Matura– oder HTL-Abschluss, 26,2 % hatten einen FH- oder Universitätsabschluss und 33,8 % waren geringer qualifiziert. Im Schnitt waren die 59,7 % internen und die 40,3 % externen SFK seit 10,4 Jahren als SFK aktiv. Die Frage nach dem Vorhandensein eines SGMS konnte mit 1 (ja) oder 2 (nein) beantwortet werden. Der Erfolg der Zusammenarbeit mit KooperationspartnerInnen wurde von 1 (Es gibt keine Zusammenarbeit) bis 5 (sehr erfolgreich) beantwortet. Die Daten wurden mit binärlogistische Regressionen ausgewertet und für die Betriebsgröße kontrolliert. Umfasst ein 95%iges Konfidenzintervall den Wert 1, so ist das Odd Ratio nicht signifikant

3. Ergebnisse

Eine Übersicht der Ergebnisse ist in Tabelle 1 abgebildet. Die erfolgreiche Zusammenarbeit von SFK mit internen KooperationspartnerInnen wurde durch das Vorhandensein von SGMS überwiegend positiv beeinflusst. Mit der Geschäftsführung war die erfolgreiche Zusammenarbeit in Betrieben mit SGMS im Querschnitt um 67 % wahrscheinlicher und im Längsschnitt über doppelt so wahrscheinlich. Eine erfolgreiche Zusammenarbeit der SFK mit der Belegschaft war im Quer- und Längsschnitt mehr als doppelt so wahrscheinlich wie in Betrieben ohne SGMS. Im Querschnitt war in Betrieben mit SGMS die erfolgreiche Kooperation von SFK und der Belegschaftsvertretung 59 % wahrscheinlicher als in Betrieben ohne SGMS. Das Vorhandensein eines SGMS hatte keine Auswirkungen auf den Erfolg der Zusammenarbeit von SFK mit anderen Führungskräften oder Sicherheitsvertrauenspersonen. Der Erfolg der Zusammenarbeit von SFK und externen KooperationspartnerInnen wie ArbeitsmedizinerInnen, ArbeitspsychologInnen und dem Arbeitsinspektorat war vom Vorhandensein eines SGMS weitgehend unabhängig. Nur der Erfolg der Zusammenarbeit von SFK und AUVA war in Betrieben mit SGMS im Querschnitt um 68 % wahrscheinlicher als in Betrieben ohne SGMS.

Tab. 1: Ergebnisse der logistischen Regressionen. OR = Odd Ratio. KI = Konfidenzintervall. Signifikante OR sind fettgedruckt.

	Erfolg der Zusammenarbeit mit...	Querschnitt (n= 374)		Längsschnitt (n=162)	
		OR	KI	OR	KI
Interne KooperationspartnerInnen	Geschäftsführung	**1.67**	**[1.06; 2.62]**	**2.28**	**[1.13; 4.60]**
	Andere Führungskräfte	1.54	[0.96; 2.46]	1.29	[0.62; 2.67]
	Belegschaft	**2.09**	**[1.31; 3.36]**	**2.29**	**[1.16; 4.52]**
	Belegschaftsvertretung	**1.59**	**[1.04; 2.43]**	1.39	[0.72; 2.68]
	Sicherheitsvertrauenspersonen	1.14	[0.74; 1.77]	1.13	[0.57; 2.24]
Externe KooperationspartnerInnen	ArbeitsmedizinerInnen	1.10	[0.72; 1.68]	1.01	[0.53; 1.91]
	ArbeitspsychologInnen	1.03	[0.67; 1.59]	1.48	[0.78; 2.80]
	Arbeitsinspektorat	1.28	[0.84; 1.97]	1.75	[0.91; 3.36]
	AUVA	**1.68**	**[1.09; 2.57]**	1.31	[0.69; 2.48]

4. Diskussion

Das Vorhandensein von SGMS hat sowohl kurz- als auch langfristig positive Effekte auf die Zusammenarbeit von SFK mit internen Akteuren. Insbesondere die Belegschaft profitiert von einer erfolgreicheren Zusammenarbeit mit der SFK. Dieses Ergebnis unterstreicht die Wichtigkeit und Wirksamkeit von SGMS, da das Wissen der Belegschaft über die SFK und ihr Kontakt zur SFK einen maßgeblichen Einfluss auf den Schutz der Belegschaft hat (Ollé-Espluga et al., 2015). Durch das Vorhandensein eines SGMS erhöhte sich auch die erfolgreiche Zusammenarbeit von SFK und Geschäftsführungen. Das kann zum einen auf die Sensibilisierung der Geschäftsführungen durch das SGMS zurückgeführt werden, aber auch auf durch das SGMS geschaffene Strukturen, die einen intensiveren Kontakt vorgeben. Auf jeden Fall ist diese Entwicklung als positiv zu betrachten, da der Erfolg der Arbeit von Sicherheitsfachkräften maßgeblich von ihrer Unterstützung durch die Geschäftsführung abhängt (Trimpop et al., 2012).

Erfolg in der Zusammenarbeit mit externen KooperationspartnerInnen zeigte sich, wenn überhaupt, nur im Querschnitt. SGMS führen kurzfristig zu einer erfolgreichen Zusammenarbeit mit der AUVA. Eine Erklärung dafür ist, dass die AUVA eine aktive Rolle bei der Implementierung und Zertifizierung von SGMS in Österreich einnimmt. Auf die Zusammenarbeit mit anderen externen KooperationspartnerInnen hatte das SGMS weder kurz- noch langfristig Einfluss. Möglicherweise wird die Zusammenarbeit mit diesen Akteuren durch andere als die SFK übernommen. Eine andere Erklärung ist, dass SGMS noch nicht ausreichend Strukturen schaffen, um auch die Zusammenarbeit von SFK mit anderen Präventivkräften und dem Arbeitsinspektorat zu verbessern.

Bei der Interpretation der Ergebnisse ist zu beachten, dass ausschließlich die Perspektive der Sicherheitsfachkräfte erhoben wurde. Und obwohl es sich teilweise um Längsschnittdaten handelt, kann nicht unterschieden werden, wie lange die SGMS bereits in den untersuchten Betrieben vorhanden sind.

Abschließend kann festgehalten werden, dass SGMS eine langfristige, positive Wirkung haben, von der vor allen Dingen die Belegschaft profitiert. Ebenso fördern SGMS die Einbindung von SFK, in dem sie ihren Kontakt zur Geschäftsführung und zur AUVA verbessern. Eine Verbesserung der SGMS hinsichtlich der Kommunikation von SFK mit externen Fachkräften und Institutionen ist wünschenswert.

Literatur

BMWA: Bundesministerium für Wirtschaft und Arbeit, Sektion Arbeitsrecht und Arbeitsinspektion, "Ö-SGMS Österreichischer Leitfaden für SGMS zur Auswahl und zum Einsatz von Sicherheits- und Gesundheitsmanagementsystemen in Betrieben."

Ghahramani, A. (2017). Assessment of Occupational Health and Safety Management Systems status and effectiveness in Manufacturing Industry.

Ollé-Espluga, et al. (2015). What is the impact on occupational health and safety when workers know they have safety representatives? Safety Science, 74, 55–58.

Santos-Reyes, J., & Beard, A. N. (2002). Assessing safety management systems. Journal of Loss Prevention in the Process Industries, 15(2), 77–95. https://doi.org/10.1016/S0950-4230(01)00066-3

Trimpop, R., Hamacher, W.; Lenartz, N.; Ruttke, T.; Riebe, S.; Höhn, K.; Kahnwald, N.; Kalveram, A.; Schmauder, M. Köhler, T.; 2013. Sifa-Langzeitstudie 2004-2012 Tätigkeiten und Wirksamkeit der Fachkräfte für Arbeitssicherheit, Endbericht, 2013.

Veronika Jakl[1], Christiane Heider[1], Claudia Oldenburg[2] & Mario Dobernowsky[2]
[1]*Arbeitspsychologie Jakl*, [2]*Kooperationsstelle Hamburg IFE GmbH*

EU-Projekt „Psychische Gesundheit am Bau" – Wie ist der Stand der Dinge in Österreich und Deutschland?

1. Die Baubranche und psychische Belastungen

Beschäftigte im Bauwesen sind sehr spezifischen psychischen Gefährdungen ausgesetzt. Das wohl offensichtlichste Spezifikum folgt aus dem Einfluss der Arbeit im Freien und der hohen Unfallgefahr. Die Umwelteinflüsse wie Sommerhitze und der oft herrschende Lärm stressen nicht nur körperlich, sondern auch psychisch. Bauarbeiter sind auch oft Wochenpendler mit langen Arbeitstagen oder haben lange Anfahrtswege zur jeweiligen Baustelle. Zusätzlich belasten Nacht- und Schichtarbeit die Gesundheit der Beschäftigten. Weitere Gefährdungen ergeben sich aus der Tätigkeit, welche einerseits körperlich sehr belastend ist und andererseits auch psychische Belastungen mit sich bringt von monotonen Aufgaben bis hin zu viel notwendiger Interaktion mit KollegInnen, anderen AuftragnehmerInnen auf der Baustelle, AuftraggeberInnen und PassantInnen. Der Umgangston am Bau wird oft als rau beschrieben, wobei gleichzeitig eine hohe Abhängigkeit voneinander herrscht. Dies kann u.a. bei sprachlichen Barrieren zu einem belastenden Sozialklima führen. Es muss jedoch berücksichtigt werden, dass es im Bauwesen sehr heterogene Arbeitsplätze gibt, vom Asphaltierer bis hin zum Manager, welche jeweils sehr unterschiedlichen psychischen Belastungen ausgesetzt sind.

2. Gefährdungen in der Zukunft

Auch, wenn eine Zukunftsvorhersage schwierig ist, kann man dennoch mit einigen Änderungen im Bauwesen aufgrund der fortschreitenden Digitalisierung rechnen. Digitale Dokumentation, Building Information Modelling, Beton-3D-Druck und GPS-basierter Straßenbau sind nur einige Veränderungen die ExpertInnen wahrnehmen. Dies wird auch mit veränderten Qualifikationsanforderungen einhergehen und der Notwendigkeit für Beschäftigte sich lebenslang an Veränderungen anzupassen. Die fortschreitende Internationalisierung führt zu mehr Mobilität der Beschäftigten und kann dazu führen, dass der Preiskampf intensiver wird. Beides hat auch Folgen für die Psyche durch geringere Work-Life-Balance, kürzere Ruhezeiten und vermehrte Arbeitsplatzunsicherheit. Österreich ist aufgrund seiner geographischen Lage mit vielen Nachbarstaaten mit geringerem Lohnniveau besonders betroffen von ArbeitsmigrantInnen.

3. Gesetze, Normen und Richtlinien
3.1 Nationaler Rahmen und Interpretation der Aufsichtsbehörden

Österreich
2013 wurde das ArbeitnehmerInnenschutzgesetz konkretisiert und die psychische Gesundheit explizit erwähnt. Alle Arbeitgeber sind nun verpflichtet die psychischen Belastungen zu evaluieren, Maßnahmen zu setzen und deren Wirksamkeit zu überprüfen. Es gelten hier die gleichen Regularien wie für physische Gefahren. Das Zentralarbeitsinspektorat als oberste Aufsichtsbehörde definiert vier grundlegende Dimensionen psychischer Belastung:
1. Aufgabenanforderung und Tätigkeiten
2. Sozial- und Organisationsklima
3. Arbeitsumgebung
4. Arbeitsabläufe und Arbeitsorganisation

Weiters wird viel Wert auf den Einsatz testtheoretisch überprüfter Messverfahren und auf die Festlegung kollektiv wirksamer, an der Quelle ansetzender Maßnahmen gelegt.

Deutschland
Neue Impulse im betrieblichen Arbeitsschutz gab 1996 das deutsche Arbeitsschutzgesetz mit der umfassenden Gefährdungsbeurteilung das zentrales Instrument. Durch den Wandel der Arbeitswelt bestimmen zunehmend Stress und psychische Belastungen die Realität in den Betrieben. Bereits 2001 haben einzelne Arbeitsschutzbehörden darauf reagiert und Handlungskonzepte zur Unterstützung der Betriebe entwickelt um die psychischen Belastungen in die allgemeine Gefährdungsbeurteilung zu integrieren.

Die Länderbehörden definieren dabei fünf psychische Belastungsfaktoren:
1. Arbeitsorganisation und auszuführende Arbeitsaufgabe
2. Gestaltung der Arbeitsaufgabe
3. Schnittstelle zwischen Mensch und Maschine
4. Führungsverhalten und soziale Unterstützung im Team
5. Persönliche Ressourcen

Diese Bedingungen sind im engeren Sinne als arbeitsplatzbezogene psychische Belastungsfaktoren zu verstehen. Auch in Deutschland werden überprüfbare, standardisierte Messverfahren empfohlen und eingesetzt. Dabei ist es jedoch den Unternehmen generell selbst überlassen, welche Verfahren und Methoden sie zur Anwendung bringen.

3.2 Stand der Dinge: Österreich

ArbeitspsychologInnen sehen eine erhöhte Sensibilisierung innerhalb der Baubranche für arbeitsbedingte psychische Belastungen, jedoch mit einem langen Weg ist bis zur flächendeckenden Evaluierung aller Unternehmen. Vor allem für die Klein- und Mittelbetriebe wird großer Nachholbedarf gesehen. Die ArbeitsinspektorInnen erhalten regelmäßige Fortbildungen zu dem Thema. Bereits 2012 hatten 35% spezifische Kompetenzen. Man kann annehmen, dass die Zahlen nun deutlich gestiegen sind auch weil die Anzahl der Überprüfungen der Evaluierung psychischer Belastungen sich zwischen 2012 und 2016 mehr als verdoppelt hat. 2015 lag bereits bei 11% aller Inspektionen der Fokus auf psychischen Arbeitsbedingungen (Zentralarbeitsinspektorat, 2017).

Deutschland

In der Bauindustrie, insbesondere in Großunternehmen, wächst die Sensibilisierung für arbeitsbedingte psychische Belastungen langsam (Kass, 2014). In KMU ist davon bisher wenig angekommen. Das zweigeteilte Aufsichtssystem in Deutschland (Berufsgenossenschaft (BG) und Gewerbeaufsicht der Länder (AfA)) trägt auch wenig dazu bei, dass sich die Situation den realen Anforderungen anpassen wird. Während die branchenbezogene BG mit einigen Broschüren versucht, aufklärerisch tätig zu sein, haben die AfA nur punktuelle Kontrollmöglichkeiten und sehen die Unternehmen meist nur im Rahmen der Systemkontrolle oder wenn es zu schweren Unfällen kommt. Da die Systemkontrolle nur risikoorientiert durchgeführt wird, sind hiervon nur wenige Betriebe regelmäßig betroffen. Viele Betriebe erhalten nie einen Besuch der zuständigen Aufsichtsbehörden. Auf Grund der Personalausstattung sowohl der BG als auch der AfA ist eine systematische und flächendeckende Überwachung meist kaum möglich. Stattdessen wird auf die gesetzlich vorgeschriebene Gefährdungsbeurteilung gesetzt. Hierzu gibt es eine Vielzahl von brachenunspezifischen Broschüren und Instrumenten. Wenn jedoch nur bei 20% der Gefährdungsbeurteilungen insgesamt psychische Belastungen einfließen (Nahles, 2015), ist es fraglich, ob dieses Instrument ausreichend ist. Ein weiteres problematisches Thema ist die Ausbildung der Aufsichtspersonen (AP) von AfA und BG. Traditionell mit einem technischen Hintergrund ausgestattet, werden zwar Weiterbildungskurse angeboten, jedoch ist das Verständnis für psychische Belastungen noch sehr gering ausgeprägt. Jedoch haben auch die Aufsichtsbehörden und BG begonnen vermehrt psychologisches Know-how einzustellen.

4. Projekt „Mental Health in Construction Work"

Auftraggeber und Teilnehmer

Das Projekt „Mental Health in Construction Work" (2017–2018) wird organisiert durch FIEC (Verband der europäischen Bauwirtschaft) und EFBWW (Europäische Föderation der Bau- und Holzarbeiter) und finanziert durch die Europäische Kommission.

In acht nationalen Forschungsberichten (Österreich, Deutschland, Finnland, Belgien, Spanien, Polen, Dänemark, Frankreich) wurde die psychische Gesundheit in der Baubranche analysiert. Zusätzlich wird mit Ende 2018 ein Handbuch in acht Sprachen und ein europäischer Report erstellt. Diese Produkte sollen Unternehmen und Stakeholder unterstützen das Thema der psychischen Belastungen in den Präventionsalltag zu integrieren.

5. Gute Praxis

Es gibt viele österreichische Broschüren, die ArbeitgeberInnen und andere Stakeholder bei der Durchführung der Evaluierung unterstützen von den Sozialpartnern. Für das Bauwesen sind vor allem das Merkblatt für das Bauhaupt- und Baunebengewerbe und das Merkblatt für das Bauhilfsgewerbe zu erwähnen, in welchen jeweils spezialisiert Messverfahren empfohlen werden und auch bauspezifische Beispiele genannt sind (WKO, 2014). Als gutes Beispiel aus Deutschland ist die Branchenlösung „Gipser-MalerInnen: Reduktion von Stress – Checkliste und Maßnahmenplanung" zu nennen. Die Offensive „Gutes Bauen" der Initiative Neue Qualität der Arbeit (INQA) hat darüber hinaus eine Reihe von Instrumenten geschaffen, die auch die Prävention im Bereich psychische Belastungen betreffen. Weiters gibt es relevante Checklisten und Broschüren u.a. vom Deutschen Handwerksinstitut und der Deutschen gesetzliche Unfallversicherung.

Literatur

Behörde für Gesundheit u. Verbraucherschutz Hamburg (2013), Psychische Belastungen – Handlungskonzept zur Gefährdungsbeurteilung (M41).

DGUV IGA-Report 1/2013 (2015), Gefährdungsbeurteilung psychische Belastungen – Tipps zum Einstieg.

Kass, B. (2014) Psychische Belastungen durch veränderte Arbeitssysteme vermeiden, S.7 Bauindustrie aktuell 2.Quartal, Schwerpunktthema Arbeitssicherheit und Gesundheitsschutz.

Nahles, A. (2015) in einem Interview der Zeitschrift „BAU-BG Aktuell".

Oldenburg, C. Stautz, A. (2018) Ergebnisse des Modellprojekts: „Psychische Gesundheit am Arbeitsplatz. Starten Sie jetzt mit Ihrer Gefährdungsbeurteilung psychischer Belastung!" Abschlussbericht.

WKO. (2014). Merkblatt zur Evaluierung arbeitsbedingter psychischer Belastungen im Bauhaupt- und Baunebengewerbe.

WKO. (2014). Merkblatt zur Evaluierung arbeitsbedingter psychischer Belastungen im Bauhilfsgewerbe

Zentralarbeitsinspektorat. (2017). Die Tätigkeit der Arbeitsinspektorate in den Jahren 2015/2016.

Arno Weber
Hochschule Furtwangen | Furtwangen University

Interdisziplinäre Zusammenarbeit

Um Arbeit sicher und gesund zu machen, bedarf es motivierte Arbeitgeber und Führungskräfte, die jedoch alleine mit den vielfältigen fachlichen Aspekten des Arbeits- und Gesundheitsschutzes schnell überfordert sein können. Daher stehen schon seit Jahrzehnten betriebliche Berater zur Unterstützung zur Verfügung. Neben den Akteuren aus dem Arbeitssicherheitsgesetz, Betriebsarzt und Fachkraft für Arbeitssicherheit, gehören auch Arbeits- und Organisationspsychologen, Ergonomen, Gesundheitsmanager etc. dazu. Zusätzlich gibt es Schnittstellen zum Umweltmanagement, Qualitätsmanagement, Risikomanagement und zur Krisenvorsorge. Interdisziplinäre Zusammenarbeit ist daher bei den beratenden Akteuren geboten.

1. Konkurrenz oder gemeinsam?

Je nach der Perspektive, aus der die Beratung für den Arbeitsschutz erfolgt, ergibt sich eine unterschiedliche Sprache, mit der auf den Unternehmer/Arbeitgeber, die betrieblichen Interessenvertreter und die Beschäftigten eingewirkt wird. Alleine daraus können sich schon mögliche Missverständnisse ergeben.

Hinzu kommt, dass jeder mit seiner persönlichen Sozialisation, Kompetenzentwicklung und Erfahrungshintergrund unter Umständen unterschiedliche Prioritäten setzt. Das kann schon bei ganz einfachen Fachfragen z. B. zum gesunden Arbeiten am Bildschirm, zu unterschiedlichen Handlungsempfehlungen führen: Wieviel cm unter Augenhöhe sollte der Bildschirm aufgestellt werden?

Entwickelt sich daraus ein offener Disput oder gar Schlagabtausch, geht die Glaubwürdigkeit gegenüber den betrieblichen Ansprechpartnern und Beschäftigten verloren. Um derartiges zu vermeiden sind daher zwei Kernpunkte zu berücksichtigen:

- Man sollte die Sprache des jeweiligen Arbeitsschutzpartners kennen. Das eigene Qualifikationsprofil sollte also über den Tellerrand der reinen Fachdisziplin hinausschauen und auch Themen der anderen Fachrichtungen beinhalten.
- Unterschiedliche Standpunkte sollten intern geklärt werden, um gegenüber den betrieblichen Akteuren ein möglichst geschlossenes Bild abzugeben.

Gegenseitiger Respekt vor der jeweiligen anderen Fachdisziplin sind hierfür unabdingbar. Nur auf gleicher Augenhöhe lässt sich ein gemeinsames „einnorden" ermöglichen.

Ist dieser Schritt geschafft, verschwindet auch schnell das gegenseitige Konkurrenzdenken – was ohnehin überflüssig ist: ein Sicherheitsingenieur wird keinen Betriebsarzt und auch keinen Arbeitspsychologen ersetzen können.

Aber es lassen sich gegenseitige Anker setzen. Anlässe, wann die andere Profession hinzugezogen werden sollte, werden schneller erkannt. Das stärkt das gemeinsame Auftreten und die Stellung gegenüber den Verantwortlichen – ein wichtiger Schritt auf dem Weg zum Manager für Sicherheit und Gesundheit. Wenn jetzt noch ein harmonisiertes Präventionsverständnis hinzukommt, steht einer erfolgreichen Beratung nur noch wenig im Wege.

Typische positive Beispiele einer interdisziplinären Zusammenarbeit finden sich

- bei Fragen der Persönlichen Schutzausrüstung (PSA): insbesondere, wenn es um angepasste PSA geht, sind sowohl Arbeitsmedizin wie Sicherheitstechnik gefragt. Erst recht, wenn Arbeitnehmer Atteste ihrer Hausärzte mitbringen, deren Inhalt das Nicht-Tragen von bestimmter PSA zum Gegenstand hat (z.B. keine Sicherheitsschuhe). Ohne gemeinsamen agieren lässt sich das Problem nicht lösen
- bei Fragen der Wiedereingliederung: Neben der Sicherheitstechnik und der Arbeitsmedizin ist auch die Einbindung der Sozialberatung, sofern vorhanden, zweckdienlich.
- bei der vertiefende Ermittlungen auf dem Gebiet der psychischen Belastungen: Diese sollten an den Arbeits- und Organisationspsychologen verwiesen werden. Ob eine vertiefende Ermittlung nötig ist, muss von allen Beteiligten im ersten Screening erkannt und empfohlen werden
- im Bereich der Suchtprävention: hier sind ebenfalls mehrere Fachdisziplinen gefragt. Aufgrund der besonderen Sensibilität des Themas ist erst recht geschlossenes Auftreten wichtig.
- bei der Kultur: Die Unternehmenskultur ist ohnehin nur im großen Zusammenwirken ermittelbar, bewertbar und beeinflussbar zu gestalten. Es empfiehlt sich hier, neben der Psychologie, der Sicherheitstechnik und der Arbeitsmedizin auch Fachexperten aus dem Geschäftsmodell des Unternehmens hinzuzuziehen (z.B. Chemiker im Chemie-Unternehmen). Die Interaktionskompetenz mit den Führungskräften und Mitarbeitenden wird zudem zwingend.
- im Kontext künftiger Arbeitsplätze: Neue industrielle Entwicklungen (Industrie 4.0) erfordern noch mehr verzahnte Zusammenarbeit. Die IT-Sicherheit, der Datenschutz und die Security kommen als weitere interagierende Fachdisziplinen hinzu.

2. Grenzen erkennen

Niemand ist allwissend, niemand kann alle Fachgebiete im Arbeits- und Gesundheitsschutz abdecken. Das gilt schon alleine für die klassischen Gefährdungsfaktoren. Nicht jeder Sicherheitsingenieur wird auf Anhieb die Bewertung eines cancerogenen Stoffes im Rahmen des ERB-Konzeptes am Arbeitsplatz durchführen können. Neben den technischen Voraussetzungen müssen auch fachliche Spezialkenntnisse vorliegen.

Ähnliches gilt es für anderen Fachdisziplinen im Arbeitsschutz. Als Sicherheitsingenieur wird man die Notwendigkeit einer Bildschirmarbeitsplatzbrille nicht feststellen können, aber sehr wohl ein Verdachtsmoment an den Betriebsarzt weiterleiten können.

Es kann nur davor gewarnt werden, als Nicht-Psychologe selber einen Fragebogen über psychische Belastungen zu entwickeln. Aber anhand einer einfachen Überlegung von Rüdiger Trimpop („Es gibt ein zu viel, es gibt ein zu wenig oder es gibt das Falsche") kann ein Anlass hierfür festgestellt werden.

Jeder muss sich also im Klaren sein, dass er Grenzen hat, die er möglichst nicht überschreiten sollte. Auch das gehört zu einem respektvollen Umgang mit den anderen Fachdisziplinen, nicht nur im Arbeits- und Gesundheitsschutz.

Literatur
Bauer, M.; Borg, A.; Otto, W.; Walter, M.; Weber, A (2012) Sicherheitskultur – gelebte Sicherheit bei der BASF SE, Ludwigshafen. In: Athanassiou, G.; Schreiber-Costa, S.; Sträter, O. (Hg.): Psychologie der Arbeitssicherheit und Gesundheit, Sichere und gute Arbeit erfolgreich gestalten – Forschung und Umsetzung in die Praxis, 17. Workshop 2012 (Tagungsband), S. 41–44, Kröning: Asanger-Verlag,
Drexler, H.; Schwemmle, H.; Weber, A. (2003-2018): Nordbayerisches Forum "Gesundheit und Sicherheit bei der Arbeit". Jährliche Gemeinschaftsveranstaltung des Bayerischen Staatsministeriums für Arbeit und Soziales, Familie und Integration, der Deutschen Gesellschaft für Arbeits- und Umweltmedizin e.V. und des VDSI-Verband für Sicherheit, Gesundheit und Umweltschutz bei der Arbeit e.V. (Veranstalter: RG GmbH) Erlangen
Weber, A. (2016): Ein Vieles kann mehr als viel Eines – Ein Plädoyer gegen Einzelkämpfertum. In: Wieland, R.; Sailer, K.; Hammes, M. (Hg.): Psychologie der Arbeitssicherheit und Gesundheit, Dialog statt Monolog, 19. Workshop 2016 (Tagungsband), S. 28–32, Kröning: Asanger-Verlag
Zittlau, K., Große, K. (2017). Arbeitswelt 4.0, VDSI aktuell 2.2017, S. 6–9

Arno Weber
Hochschule Furtwangen | Furtwangen University

Sicherheitsingenieure – Thesis-Themenschwerpunkte mit interdisziplinären Ansatz

1. Interdisziplinäres Sicherheitsingenieursstudium

Seit über zehn Jahren gibt es an der Hochschule Furtwangen den Studiengang „Security & Safety Engineering". Die Studierenden lernen die verschiedenen Aspekte der Vermeidung inhärenter und intentionalen Gefahren kennen. Bei den inhärenten Gefahrenpotenzialen glaubt man zunächst an das Gute im Menschen und geht davon aus, dass niemand eine Störung, die zu einem Schaden führen kann, herbeiführen will. Jedoch sind technische, organisatorische und/oder personenbezogene Unzulänglichkeiten vorhanden, die einen solchen verursachen können. Intentionale Gefahren bedingen grundsätzlich, dass jemand „etwas Böses" will, entweder, um sich selbst einen Vorteil zu verschaffen (z. B. Raubüberfall), bewusst einen Schaden zuführen möchte (Sabotage, z. B. durch Computervirus) oder einfach nur sinnlose Zerstörungswut (Vandalismus, z.B. Scheiben einschlagen). Die Übergänge zwischen den Formen sind fließend. Schon alleine aus der Konstellation des Studiengangs, der Betrachtung beider Aspekte der Sicherheit, ergeben sich interdisziplinäre Schnittstellen: Eine Brandstiftung zerstört nicht nur Sachmittel, auch Mitarbeiter werden gefährdet. Der Kassierer an einer Tankstellen-Kasse kann nicht nur durch Benzin-Dämpfe geschädigt werden, sondern erleidet auch physische und psychische Schäden, wenn er überfallen und gar verletzt wird. Im Falle der Katastrophenabwehr fließt nicht nur die akute Schadenslage mit ein, Entfluchtung, Evakuierung, Panik-Reaktionen, kritische Infrastrukturen etc. müssen betrachtet werden.

Unvermeidlich ist es dabei, Verknüpfungen zu anderen Fachdisziplinen herzustellen, sei es im Kontext von Managementsystemen, psychischen Belastungen, Arbeitsorganisationsaspekten, Motivationsmaßnahmen, Gesundheitsförderungen oder anderen fachübergreifenden Themen, zu beleuchten.

In der Fakultät Gesundheit, Sicherheit, Gesellschaft an der Hochschule Furtwangen sind nicht nur die Studiengänge Security & Safety Engineering (B.Sc.) und Risikoingenieurwesen (M.Sc.) angesiedelt, sondern auch Angewandte Gesundheitswissenschaften (B.Sc.), Angewandte Gesundheitsförderung (M.Sc.) und Physiotherapie (B.Sc.). Studiengangsübergreifend ergaben sich dadurch schon Kooperationen auf den Gebieten der assistiven Systeme, der Ergonomie und des Gesundheitsmanagements. Der Austausch Arbeitsschutz und Gesundheitsmanagement findet sogar in der Lehre in den diesbezüglichen Pflichtvorlesungen der Studiengänge Security &

Safety Engineering und Angewandte Gesundheitswissenschaften statt. Die interdisziplinäre Ausrichtung des Studiengangs auf gleichzeitiger ingenieurwissenschaftlicher Basis versucht damit auch den Anforderungen an das vom VDSI geprägte moderne Bild des „Managers für Sicherheit und Gesundheit" gerecht zu werden. Im Folgenden soll eine Auswahl verschiedener Thesis-Themenstellungen mit interdisziplinären Ansatz im Studiengang Security & Safety Engineering vorgestellt werden. Daraus ergeben sich auch Ansatzpunkte für künftige Kooperationsprojekte.

2. Interdisziplinäre Thesis-Themen

Die Möglichkeiten die Abschlussarbeiten im Studiengang Security & Safety Engineering interdisziplinär zu gestalten, sind vielfältig. Grundsätzlich unterscheidet sie sich darin, ob die Thesis an der Hochschule oder in einer Firma geschrieben werden. Letzteres ist meist auf die Problemlage der Firma zugeschnitten, entweder auf eine besondere betriebliche Situation (z. B. Sicherheitskonzept für den Turm der Sinne in Nürnberg), eine Managementproblematik (sowohl Security-, Arbeitsschutz- als auch Gesundheitsmanagement) oder Generierung aufwendig zu ermittelnder Daten und Erkenntnissen (z. B. zu Kennzahlen oder psychischen Belastungen).

An der Hochschule geschriebene Thesen können einige wissenschaftliche Erkenntnisse bringen. Je nach Thema kooperieren die Studierenden dann mit verschiedenen Fachexperten, um auch deren Expertise einfließen zu lasse. Hier nun eine Auswahl interdisziplinärer Themen:

- Belastungen bei Schichtarbeit
- Ergonomie an Arbeitsplätzen und Maschinen einschließlich funktionaler Aspekte, verschiedene Fragestellungen
- Gesundheitsmanagement – verschiedene Fragestellungen
- Innerbetrieblicher Verkehr
- Maßnahmen im Rahmen des Präventionsgesetzes
- Müdigkeit und Schlaf-/Wachverhalten
- Neue ISO 45001 – Arbeitsschutzmanagement
- Nichtraucherschutz
- Physische Belastungen
- Produktsicherheit
- Psychische Belastungen durch Update-Vorgänge
- Psychische Belastungen in der See-Schifffahrt
- Psychosoziale Notfallversorgung
- Reisesicherheit
- Rollenprofil betrieblicher Akteure
- Sicherheitskultur

- Telearbeit
- Unterweisungen (auch unter dem Aspekt von Migrationshintergrund)

3. Themenpräsentation

Bereits jetzt ist absehbar, dass in naher Zukunft mögliche Themen in Verbindung mit IT-Sicherheit im Kontext von Industrie 4.0 bzw. Arbeit 4.0 zunehmen werden. Hier wächst die Security mit der Safety immer stärker zusammen. Einmal im Semester, immer zu Beginn des Prüfungszeitraums, werden die Themen der zuletzt vergebenen Thesis-Arbeiten präsentiert. Das genaue Programm ist vorher auf der Homepage der Hochschule Furtwangen (www.hs-furtwangen.de) beim Studiengang Security & Safety Engineering und Risikoingenieurwesen, aber auch bei den beiden Studiengängen der Gesundheitswissenschaften (bei überlappenden Thesis-Arbeiten), einsehbar.

Literatur

Al Baasi, B. Koschützki, D., Weber, A. (2016) Psychische Belastungen durch Update-Vorgänge. In: Wieland, R.; Sailer, K,; Hammes, M. (Hg.): Psychologie der Arbeitssicherheit und Gesundheit, Dialog statt Monolog, 19. Workshop (Tagungsband), S. 537–540, Kröning: Asanger-Verlag

Arbeitskreis „Fachkräfte für Arbeitssicherheit" des VDSI – Verband für Sicherheit, Gesundheit und Umweltschutz bei der Arbeit (Hrsg.) (2008). VDSI-Information 01/2008 „Von der Fachkraft zum Manager für Sicherheit und Gesundheit". Wiesbaden: VDSI

Kories, J.; Johnson, D.; Weber, A. (2016): Benchmark Psychosoziale Notfallversorgung: Beispielhafte Untersuchung der Entwicklung, der Struktur und der Maßnahmen der Psychosozialen Notfallversorgung in Rheinland-Pfalz. In: Wieland, R.; Sailer, K.; Hammes, M. (Hg.): Psychologie der Arbeitssicherheit und Gesundheit, Dialog statt Monolog, 19. Workshop 2016 (Tagungsband), S. 567–570, Kröning: Asanger-Verlag

Stienen, L. (2014) Sicherheitswissenschaft, Studiengang Security& Safety Engineering an der Hochschule Furtwangen. DSD – Der Sicherheitsdienst, Nr. 2, 10–12

Weber, A. (2015/2016) Sicherheit auf höchstem Niveau. Sonderheft Aus- und Weiterbildung von BPUVZ, Zeitschrift für betriebliche Prävention und Unfallversicherung und sicher ist sicher.

Weber, A. (2018): Security und Safety: Schnittstellen und Zielkonflikte. In: Eigenstetter, M.; Darlington, S.; Klingels F. (Hg.) im Auftrag der Plattform „Menschen in komplexen Arbeitswelten" e.V.: Verantwortlich Denken und Handeln in komplexen Umwelten, S. 102-116, Frankfurt: Verlag für Polizeiwissenschaft

Weber, U., Lambotte, St. & Döbbeling, E.-P. (2010). Security goes Safety – Wächst zusammen, was zusammengehört? DSD – Der Sicherheitsdienst, 1, 19–21

Zittlau, K., Große, K. (2017). Arbeitswelt 4.0, VDSI aktuell 2.2017, S. 6–9

Rafaël Weissbrodt, Margot Vanis, Marc Arial, David Giauque, Maggie Graf,
Samuel Iff & Stephanie Lauterburg Spori
Staatssekretariat für Wirtschaft (SECO), Bern

Prävention psychosozialer Risiken am Arbeitsplatz: Eine Evaluationsstudie zur Wirkung der Arbeitsinspektion in der Schweiz

1. Einführung

Die Studie evaluiert die Wirkung einer Schwerpunktaktion zur Förderung der Prävention psychosozialer Risiken am Arbeitsplatz, welche die Arbeitsinspektion während der Jahre 2014–2018 in der Schweiz durchführte. In der Schweiz gibt es ca. 140 Kantonale Arbeitsinspektorinnen und -inspektoren (KAI), welche das Arbeitsgesetz in den rund 500'000 Betrieben der Schweiz vollziehen. Das SECO hat als Bundesbehörde eine Aufsichts- und Unterstützungsfunktion gegenüber den Kantonalen Arbeitsinspektionen. Die KAI wurden mit Hilfsmitteln (z.B. Broschüren) sowie Ausbildungsangeboten dabei unterstützt, bei ihren Betriebsbesuchen die psychosozialen Risiken systematisch anzugehen, indem sie die Unternehmen informieren, sensibilisieren und beraten. Sie wurden auch aufgefordert, zu überprüfen, welche Prozesse und Maßnahmen die Unternehmen zum Schutz vor psychosozialen Risiken umsetzen. Die Fachliteratur beschreibt zahlreiche Schwierigkeiten der Arbeitsinspektionen im Umgang mit psychosozialen Risiken, da deren Komplexität den Druck auf die ohnehin begrenzten Ressourcen der Arbeitsinspektionen verstärkt (Bruhn et Frick, 2011; Jespersen et al., 2016; Quinlan, 2007; Weissbrodt et Giauque, 2017). Insgesamt gibt es erst sehr wenige Studien über die Wirkung der Inspektionstätigkeit auf psychosoziale Risiken. Die vorliegende Studie ermittelt die Interventionspraktiken der KAI und deren Wirkung in kontrollierten Betrieben.

2. Vorgehen und Methodik

Die Studie basierte auf einem quasi-experimentellen Design und wurde mit qualitativen Daten ergänzt. Die Untersuchung der Wirksamkeit der Betriebsbesuche erfolgte durch Befragung zweier Gruppen von Unternehmen: Die Interventionsgruppe bestand aus 185 Unternehmen, die einige Tage vor einem geplanten Betriebsbesuch befragt wurden. In der Kontrollgruppe waren 161 zufällig ausgewählte, vergleichbare Unternehmen, in denen keine Betriebsbesuche vorgesehen waren. Die Befragung erfolgte telefonisch und wurde nach einem Jahr wiederholt, um die Entwicklung zu untersuchen. Der Fragebogen umfasste 120 Fragen, die primär das Management von Gesundheitsschutz und Sicherheit, die Mitwirkung der Mitarbeitenden, die Bereitschaft der Arbeitgeber, psychosozialen Risiken vorzubeugen, ihre Kompetenzen in diesem Bereich sowie die bereits umgesetzten Maßnahmen erkundeten. Die (statistische) faktorenanalytische Überprüfung hat zur Unterscheidung zweier Arten von Maßnahmen geführt: prozessorientierten, die speziell auf das Management der psychosozialen Risiken abzielen wie Unternehmensleitbild, Vorgehen bei auftretenden Konflikten, Gewalt und dergleichen, und aktivitätsorientierten Maßnahmen, die allgemeiner auf die Verbesserung der Arbeitsbedingungen abzielen (Veränderungen der Organisationsstruktur, der Arbeitszeiten oder der Umgebung des Arbeitsplatzes). Die Wirkung der Inspektionstätigkeit wurde mittels multipler Regressionsanalysen gemessen, wobei der Einfluss von Betriebsgröße und Wirtschaftssektor kontrolliert wurde. Die Zusammensetzung der Stichprobe entspricht den von den KAI besuchten Betrieben ist aber nicht repräsentativ für die Schweizer Wirtschaftsstruktur, welche einen viel größeren Anteil kleiner Unternehmen aufweist. Befragt wurde jeweils die Person im Betrieb, welche über das größte Wissen bezüglich Arbeitssicherheit und Gesundheitsschutz am Arbeitsplatz verfügt. Mehrheitlich waren das der Firmeninhaber oder ein Kadermitglied.

Zudem wurde nach jedem Betriebsbesuch die Einschätzung des KAI von diesem Besuch mittels Fragebogen erhoben Dieser umfasste: seine oder ihre Wahrnehmung des Gesprächspartners (Einstellung, Kenntnisstand über psychosoziale Risiken), den verwendete Inspektionsstil (beratend/ kontrollierend direktiv), das eigene Befinden beim Ansprechen psychosozialer Risiken, die Beschreibung allfälliger Maßnahmen, die er oder sie von den Betrieben verlangt hat. Von den 287 Betriebsbesuchen welche die KAI durchgeführt haben, wurde für 275 Betriebe der Fragebogen zur Einschätzung des Betriebsbesuchs ausgefüllt. Um einen vertieften Einblick in die Herangehensweise der Inspektoren zu gewinnen, begleiteten die Forscher 9 Arbeitsinspektoren bei 11 Betriebsbesuchen. Beobachtungen und Interviews mit diesen Personen trugen zu den qualitativen Daten dieser Studie bei.

3. Ergebnisse
3.1 Wirkung der Inspektionstätigkeit
Eine signifikante Wirkung der Inspektion ($p<.05$) zeigte sich bezüglich mehrerer Dimensionen: Zunahme von Maßnahmen zum systematischen Management von Arbeitssicherheit und Gesundheit (mittlerer Anstieg von 1.6 bis 2 Punkten je nach Wirtschaftssektor und Betriebsgröße auf einer Skala von 0 – 12), erhöhte Kenntnisse bezüglich psychosozialer Risiken (+1.4 bis 2.3 Punkte von 12), erhöhte Bereitschaft, Maßnahmen zu treffen (+ ca. 1 Punkt von 12, signifikant nur für den Wirtschaftssektor Dienstleistungen). Im Allgemeinen war in Betrieben mit mehr als 100 Mitarbeitenden des tertiären Sektors die Wirkung am stärksten, gefolgt von den übrigen

Betrieben des tertiären Sektors. Keine signifikante Wirkung wurde festgestellt bezüglich Mitwirkung der Beschäftigten und bei aktivitätsorientierten Maßnahmen. Bei den prozessorientierten Maßnahmen wurde eine Wirkung festgestellt, allerdings nur in den Unternehmen des tertiären Sektors mit mehr als 100 Mitarbeitenden (+1.4 Punkt von 12). Schließlich hatte die Inspektionstätigkeit eine signifikante Wirkung auf folgende Maßnahmen: Vorhandensein einer Charta oder eines Reglements indem sich die Führung verpflichtet, psychosozialen Risiken vorzubeugen, Definition der Rollen und Verantwortungsbereiche im Umgang mit psychosozialen Risiken, Anpassung der Tätigkeiten oder des Pflichtenhefts gewisser Mitarbeiter um Stress vorzubeugen, Benennen einer Kontaktperson außerhalb der Hierarchie, die den Mitarbeitenden für vertrauliche Gespräche bei arbeitsbezogenen Problemen zur Verfügung steht, Beschreibung des Vorgehens bei Konflikten und Arbeitszeiterfassung.

3.2 Eindrücke vom Betriebsbesuch
Auswertung der Einschätzung der Betriebsbesuche durch die KAI
Psychosoziale Risiken wurden in 96 % der Betriebsbesuche thematisiert und in 50.8 % der Fälle wurden Maßnahmen verlangt. In der Mehrheit der Betriebsbesuche haben sich die KAI beim Ansprechen des Themas psychosoziale Risiken wohl gefühlt (Medianwert 87 auf einer Skala von 0 bis 100). Die Haltung ihres Gesprächspartners wurde von ihnen im Allgemeinen aufrichtig (85/100), und seltener abwehrend (13/100) eingeschätzt. Die KAI attestierten ihren Ansprechpartnern mittelmäßig gute Kenntnisse bezüglich psychosozialer Risiken (67/100) und hatten den Eindruck, dass diese über genug Entscheidungsspielraum verfügen, um die nötigen Maßnahmen treffen zu können (85/100).

Die KAI verwendeten einen sehr beratenden Inspektionsstil (85/100) und weniger ein kontrollierend direktives Vorgehen (30/100). Die verlangten Maßnahmen waren überwiegend formaler Natur (77/100) wie systemorientierte Maßnahmen, Verfahren, Unterlagen usw. Seltener waren es praktische Maßnahmen (41/100) oder solche, die mit dem Arbeitsinhalt oder der Organisation der Arbeit (55/100) verbunden waren. Generell wurde von den KAI angegeben, eher allgemein zu Maßnahmen angeregt zu haben (77/100) als detailliert und genau beschriebene Maßnahmen formuliert (61/100) zu haben.

Beobachtungen bei der Begleitung von Betriebsbesuchen
Die KAI überprüften das System zum Gesundheitsschutz und stellten Fragen zu den Arbeitsbedingungen (Arbeitszeiten, Arbeitsklima, Organisation usw.). Die von ihnen verlangten Maßnahmen betrafen vor allem formale Prozesselemente oder Unterstützungsangebote für Mitarbeitende. Keiner der KAI hat eine Ermittlung der Ge-

fährdung durch psychische Belastung gefordert. Argumentiert wurde mit Risiken für Beeinträchtigungen der Gesundheit und Vorteilen gesunder und leistungsfähiger Mitarbeiter für das Unternehmen. Eine rechtliche Argumentation wurde nur wenig verwendet. Die KAI zeigten sich flexibel, gaben Ratschläge und haben eher unterstrichen welche Maßnahmen bereits getroffen wurden als auf Lücken verwiesen. Sie haben sich ihrem Gesprächspartner angepasst, Beispiele gegeben und offene Fragen gestellt. Sie haben versucht eine Beziehung aufzubauen, die Gründe für die Kontrolle psychosozialer Risiken erläutert und mögliche Gesprächskonflikte mit ihren Ansprechpartnern vermieden. Die KAI setzten auf ein längerfristig gutes Einvernehmen und Erreichen der Ziele.

4. Schlussfolgerung

Die Resultate dieser Studie sollten die Verantwortlichen ermutigen, ihre Anstrengungen auf diesem Gebiet fortzusetzen. Die Wahl einer mehrheitlich beratenden und systemorientierten Strategie und das seltene Thematisieren der Ursachen psychosozialer Risiken lassen sich mit der Komplexität dieser Risiken (Jespersen et al., 2016) sowie durch den sozialen, politischen und wirtschaftlichen Kontext des Handelns der KAI erklären. Damit werden mit dieser Studie Ergebnisse anderer Länder bestätigt (Bruhn et Frick, 2011; Quinlan, 2007). Um die Prävention psychosozialer Risiken zu verstärken, sollte man vermehrt organisatorische Maßnahmen fördern, beispielsweise eine systematische Integration psychosozialer Risiken in die Gefährdungsermittlung. Gleichermaßen geht es darum die Beschäftigten in die Prävention sowie bei Betriebsbesuchen der KAI stärken einzubeziehen. Diese Aspekte könnten in der Fortbildungen und dem Erfahrungsaustausch der KAI verstärkt aufgegriffen werden.

Literatur

Bruhn, A. & Frick, K. (2011). Why it was so difficult to develop new methods to inspect work organization and psychosocial risks in Sweden. Safety Science, 49(4), 575–581.

Jespersen, A. H., Hasle, P. & Nielsen, K. T. (2016). The wicked character of psychosocial risks: Implications for regulation. Nordic Journal of Working Life Studies, 6(3), 23–42.

Quinlan, M. (2007). Organisational restructuring/downsizing, OHS regulation and worker health and wellbeing. International Journal of Law and Psychiatry, 30(4), 385–399.

Weissbrodt, R. & Giauque, D. (2017). Labour inspections and the prevention of psychosocial risks at work: A realist synthesis. Safety Science, 100, 110–124.

Wolfgang G. Weber[1], Konrad Wolfgang Kallus[2], Roman Prem[3]
& Peter Hoffmann[4]
[1]Universität Innsbruck, [2]Universität Graz, [3]Universität Wien, [4]AK Wien

Zwischen Ethik und Profit – Gesellschaftliche Konflikte in der gesundheits- und persönlichkeitsförderlichen Arbeitsforschung

1. Ethische Grundlagen

Ein erheblicher Teil der in Praxis oder Forschung und Lehre tätigen Arbeits- und Organisationspsychologinnen/-psychologen fühlt sich in den deutschsprachigen Ländern einer humanistischen Fachkultur verbunden (siehe Positionsbeiträge in Busch et al., 2017; Clases et al., 2014; Wieland et al., 2015). Empirisch validierte Kriteriensysteme zur Analyse, Bewertung und Gestaltung menschlicher Arbeit unter Gesichtspunkten der Persönlichkeitsförderlichkeit, Gesundheitsförderlichkeit oder (neuerdings) Sinnhaftigkeit beruhen deshalb häufig (mindestens implizit) auf Humanismus als ethischer Leitidee. Diese geht „vom unbedingten Wert des Menschen, von seiner Freiheit und Würde als unhintergehbaren Fluchtpunkt allen persönlichen, sozialen und politischen Bemühens aus" (Höffe, 2002, S.120). Auf Basis dieser drei Grundnormen entwickelten sich Leitvorstellungen der Bildungs- und Entwicklungsfähigkeit des Menschen, der vielseitigen Ausbildung und freien Betätigung seiner schöpferischen Kräfte sowie der Fähigkeit zur Menschenliebe und Solidarität. Humanismus als universalistisches System ethischer Gebote prägt die Verfassungen der republikanischen Demokratien. Er ist nicht teilbar und erstreckt seinen Geltungsanspruch auf die Arbeitswelt ebenso wie auf andere Lebensbereiche. Die Grundnorm der Menschenwürde dient dabei „als Achtung gebietender Wert, der ihm [jedem Menschen] innewohnt und der Respekt, Achtung, Wertschätzung und Schutz erfordert, der nicht verletzt werden darf und der das Selbstwertgefühl und Lebensgefühl maßgeblich mitbestimmt" (Quaas, 2008, S.67). Der vorliegende psychologische Wissensfundus zur betrieblichen Gesundheitsförderung belegt eindrücklich die gerade benannten, bereits früh in der Geschichte der humanistischen Philosophie erkannten, Zusammenhänge zwischen Anerkennung in der Arbeit und Gesundheit (Ulich & Wülser, 2018; Weber & Huter, 2015).

Aus der Grundnorm Menschenwürde leitet sich das Kant'sche Instrumentalisierungsverbot ab, welches besagt, dass das Individuum stets so handeln soll, dass durch sein Handeln betroffene andere Menschen jederzeit zugleich als Zweck und niemals bloß als Mittel für die eigenen Handlungsziele dienen sollen (Tugendhat, 1993). Diese 2. Formel des kategorischen Imperativs unterliegt (wiederum teilweise implizit) einem Großteil der Argumentationen, die von wissenschaftlich humanistischer Seite in Diskussionen zum Selbstverständnis und zur fachethischen Begründung der A&O-Psychologie vorgetragen wurden (siehe oben) und beeinflusste auch die – mehr oder weniger adäquate – Entwicklung zahlreicher Methoden zur Analyse der Ethikkultur, des Ethikklimas oder ethischer Führungsformen in Organisationen (Überblicke: Eigenstetter & Trimpop, 2009; Peus et al., 2010). In der humanistisch orientierten Fachkultur scheint man sich, dem Instrumentalisierungsverbot folgend, einig darüber, dass die Zieldyade der persönlichkeits- und gesundheitsförderlichen Arbeitsgestaltung in der a&o-psychologischen Forschung und Praxis betriebswirtschaftlichen Zielen zumindest gleichrangig gelten solle. Finanzspekulativen, bloßen betriebswirtschaftlichen oder rein technologischen Zielen kann im Konfliktfall aus humanistischer Sicht kein ethisch gehaltvoller Vorrang gebühren. Vielmehr sollen betriebliche Gestaltungsvorhaben nachweislich als Mittel für Zwecke einer menschengerechten und menschenwürdigen Gestaltung von Arbeit und Organisation dienen, selbst in einer Krisensituation (in welcher z. B. eine kurzfristige Belastungssteigerung zu Gunsten einer nachhaltigen Sicherung der Beschäftigung durch Implementierung organisatorischer Innovationen akzeptabel erscheinen kann).

2. Problemfragen eines künftigen ethischen Diskurses in der gesundheits- und persönlichkeitsförderlichen Arbeitsforschung

Nicht nur für die in der Praxis tätigen A&O-Psychologinnen/Psychologen und weitere im Arbeitnehmerschutz involvierte Berufsgruppen wird es zunehmend schwieriger, wissenschaftlich bewährte, aus genannten ethischen Überlegungen ableitbare, Kriterien persönlichkeits- und gesundheitsförderlicher Arbeit in der betrieblichen Gestaltung umzusetzen. Dies ist deshalb der Fall, weil turbulente weltwirtschaftliche Entwicklungen immer stärker den internen Gestaltungsspielraum des einzelnen Unternehmens einschränken. Manche Gesellschafts- bzw. Wirtschaftswissenschaftler sehen diese Entwicklungen gekennzeichnet durch die radikale, aber einseitig an ökonomischer Stärke orientierte, Globalisierung von Güter- und Dienstleistungsmärkten, die Machtverschiebung zugunsten von „virtuellem" Spekulationskapital der Finanzindustrie gegenüber wertschöpfendem Produktionskapital sowie ressourcenschonenden Wirtschaftsweisen und die an den Manchester-Kapitalismus erinnernde Rückkehr gesundheitsschädlicher und menschenunwürdiger Arbeitsbedingungen unterhalb des Existenzminimums für viele Beschäftigte in den Produktionsfabriken innerhalb globaler Zulieferketten (einen breiten Überblick geben die Beiträge in Brenner et al., 2009). Den politischen Hintergrund bildet die von internationalen Kapitalakteuren, bestimmten politischen Verantwortungsträgern und spezifischen

Medien vorangetriebene Deregulierung der Wirtschaftsgesetze, Arbeitsbedingungen und sozialen Sicherungssysteme.

Wir, stellvertretend für die Gründungsmitglieder der seit 2002 aktiven interuniversitären Plattform AOW-Psychologie in der Österreichischen Gesellschaft für Psychologie (ÖGP), halten es angesichts der beschriebenen aktuellen Bedrohungen für erforderlich, in einem breiten Diskurs zu treten. Dieser soll die Erkenntnisse aus Forschung und Praxis des Arbeitnehmerschutzes, der Gesundheitsförderung und ihrer a&o-psychologischen Grundlagen berücksichtigen, ethisch virulente Zukunftsfragen wie die Folgenden behandeln, Lösungskonzepte entwickeln und in die Öffentlichkeit tragen:

- Wie beurteilen wir als (direkt oder indirekt) für Gesundheitsförderung und Arbeitnehmerschutz Tätige gesellschaftliche Veränderungen und deren aktuelle Folgen für den sozialen Zusammenhalt, das psychosoziale Wohlbefinden und die psycho-physiologische Gesundheit der Beschäftigten? Gemeint sind z. B. die Erosion des Normalarbeitsverhältnisses, die Ausweitung prekärer Beschäftigungsformen, die Bedrohung der institutionalisierten betrieblichen Mitbestimmung (z. B. der Arbeiter- und Angestelltenkammern in Österreich) und des Gesundheitsschutzes (z. B. der österreichischen AUVA), der Aufbau transnationaler, hochvernetzter Überwachungs- und Disziplinierungstechnologien in und außerhalb der Arbeitswelt.
- Welche Kriterien persönlichkeitsförderlicher und gesundheitsförderlicher Arbeit, Führung und Organisation sind zukünftig besonders wichtig und für welche Problemphänomene fehlen noch Kriterien und entsprechende Analyseinstrumente? Hierbei geht es auch um arbeitswissenschaftlich zu entwickelnde und ethisch zu reflektierende Kriterien und Methoden, die geeignet sind, die vielfältigen Wirkpotenziale der „Digitalisierung" und deren gesellschafts- und wirtschaftsverändernde Folgen zu evaluieren.
- Wie wirkt es sich auf unsere Forschung und Praxis aus, wenn von bestimmten Kapitaleignern, Managementvertretern, aber auch Ökonomen Beschäftigte zunehmend in „neoliberalem" Jargon einseitig als „Humankapital", „Ich-Aktien", effizienzgetriebene „Zulieferer" oder „Best Practice"-Träger betrachtet werden, die ihren betriebswirtschaftlichen „Wert" permanent in der innerbetrieblichen oder internationalen Konkurrenz unter Beweis zu stellen haben? Viele gängige Konzepte der A&O-Psychologie sollten daraufhin überprüft werden, inwieweit sie eine Schattenseite aufweisen, die dazu verhilft, die psychosozialen und gesundheitlichen Interessen von abhängig oder (häufig prekär-)selbstständig Beschäftigten einseitig für Profitinteressen zu instrumentalisieren, vom Schutz durch kollektive Interessensvertretung abzulenken und ethisch bedenkliche Folgen des

Handelns in Arbeit und Wirtschaft auszublenden (siehe Bal & Dóci, 2018; Quaas, 2008). Um nur ein paar beispielhafte „Kandidaten" für eine solche, bislang kaum erfolgte, Ethikprüfung zu nennen: Zu denken wäre etwa an die Individualisierung (z. B. des Gesundheitsschutzes), Gesundheitskompetenz, Beschäftigungsfähigkeit, Flexibilität, Proaktivität, Autonomie, Selbstführung, -management, -präsentation, Work Engagement, Compliance und Commitment, Organizational Citizenship Behavior, Job Crafting, I-Deals, Kundenzufriedenheit.

- Welche Rolle spielen prekär Beschäftigte in unserer gegenwärtigen Forschung und Praxis der betrieblichen Gesundheitsförderung? Es geht auch um Diejenigen, die unter hoch gesundheitsgefährdenden Bedingungen in Sweat Shops von Zulieferern in globalen Wertschöpfungsketten arbeiten müssen.

Praktisch-moralischen Sinn macht ein solcher Diskurs dann, wenn seine Erkenntnisse zur Entwicklung einer zukunftsgerichteten Strategie der gesellschaftlich verantwortlichen, reflektierten Einmischung (Wieland et al., 2015) beitragen, die diesen Problemen langfristig und sozial nachhaltig begegnet.

Literatur

Bal, P. M. & Dóci, E. (2018). Neoliberal ideology in work and organizational psychology. European Journal of Work and Organizational Psychology. https://doi.org/10.1080/1359432X.2018.1449108.

Brenner, R. P., Dahn, D., Hengsbach, F., Sassen, S. et al. (2009). Kapitalismus am Ende? Hamburg: VSA.

Busch, C., Ducki, A., Dettmers, J. & Witt, H. (Hrsg.) (2017). Der Wert der Arbeit. Festschrift zur Verabschiedung von Eva Bamberg. Augsburg: Hampp.

Clases, C. Dick, M., Manser, & Vollmer, A. (Hrsg.) (2014). Grenzgänge der Arbeitsforschung. Eine Festschrift für Theo Wehner. Lengerich: Pabst.

Eigenstetter, M. & Trimpop, R. (2009). Ethisches Klima in Organisationen: Ansätze und Messinstrumente. Wirtschaftspsychologie, 11 (4), 63–70.

Höffe, O. (2002). Lexikon der Ethik (6. neubearb. Aufl.). München: Beck.

Peus, C., Kerschreiter, R., Frey, D., & Traut-Mattausch, E. (2010). What is the value? Economic effects of ethically-oriented leadership. Zeitschrift für Psychologie/Journal of Psychology, 218 (4), 198–212.

Quaas, W. (2008). Eine Kultur der Menschenwürde in der Arbeit – Herausforderungen an eine zeitgerechte humanistische Arbeitswissenschaft. Magdeburg: Otto-von-Guericke-Universität.

Tugendhat, E. (1993). Vorlesungen über Ethik. Frankfurt/M.: Suhrkamp.

Ulich, E. & Wülser, M. (2018). Gesundheitsmanagement im Unternehmen (6. Aufl.). Wiesbaden: Gabler.

Weber, W. G. & Huter, B. (2015). Humanisierung des Arbeitslebens, menschliche Würde und Anerkennung in Organisationen – zur Zukunft der Arbeitspsychologie. Profile – Internationale Zeitschrift für Veränderung, Lernen, Dialog, 15 (24), 74–93.

Wieland, R., Strohm, O., Hacker, W. & Sachse, P. (Hrsg.) (2015). Wir müssen uns einmischen – Arbeitspsychologie für den Menschen. Jubiläumsband zum 85. Geburtstag von Eberhard Ulich. Kröning: Asanger.

Arbeitskreis
Psychische Belastung und Beanspruchung: Intervention und Instrumente

Leitung: Christian Schwennen

Lara Bianchi & Christian Schwennen
Implementierung einer Telefonberatung in der Gesunden Arbeitswelt: Hintergründe – Modelle – Umsetzung

Jörg Heu & Christian Schwennen
„Achtsam durch den Arbeitstag" – Ein Werkstattbericht zur Entwicklung eines betriebsinternen Achtsamkeitstrainings

Jasmine Kix, Rüdiger Hitzemann, Carsten Zölck & Julia Clasen
Entwicklung eines Verfahrens zur Beurteilung psychosozialer Belastungen in der Zeitarbeit

Katja Schuller
Schwierigkeiten bei der Entwicklung und Umsetzung von Maßnahmen zur Vermeidung von Gefährdungen durch psychische Belastung

Lara Bianchi & Christian Schwennen
Currenta GmbH & Co. OHG, Leverkusen

Implementierung einer Telefonberatung in der Gesunden Arbeitswelt: Hintergründe – Modelle – Umsetzung

1. Hintergründe

In Deutschland wird Menschen mit einer psychischen Erkrankung eine aufwendige und oft auch vergebliche Suche nach einem Therapieplatz zugemutet. Auf ein Erstgespräch bei einem in einer Praxis niedergelassenen Psychotherapeuten warten Patienten laut der Psychotherapeutenkammer NRW im Durchschnitt 13,8 Wochen. Es vergehen im Schnitt weitere drei Monate, bis die Behandlung beginnen kann. Bis dahin haben die meisten psychisch kranken Menschen bereits entmutigt aufgegeben und verzichten auf eine notwendige Behandlung (Psychotherapeutenkammer NRW, 2012). Dies erhöht das Risiko einer Verschlechterung des Zustands sowie einer Chronifizierung der Erkrankung immens.

1.1 Ausgangssituation

Das Team der Psychosozialen Beratung in der Gesunden Arbeitswelt der Currenta GmbH & Co. OHG[1] schließt diese Versorgungslücke, indem es Informationen, Beratung und Hilfestellung für psychisch belastete Mitarbeiter und deren Angehörige anbietet. Im Team befinden sich Psychotherapeuten sowie Sozialpädagogen und Suchtberater.

Aufgrund des steigenden Klientenaufkommens wird im Team der Gesunden Arbeitswelt intensiv nach Lösungen gesucht, die hohe Anzahl an Klienten adäquat und effektiv beraten zu können. Das Konzept einer Telefonberatung korrespondiert mit einer generellen Neuorientierung in der Psychotherapie, die zunehmend Informations- und Kommunikationstechnologien als unterstützendes Element therapeutischer Arbeit begreift.

1.2 Technologie und Therapie: ein Überblick

Um mehr Kapazitäten für die Behandlung von psychisch erkrankten Menschen zu schaffen, rückt im Zeitalter der Digitalisierung auch immer mehr eine mögliche *Digitalisierung von Psychotherapie* ins Zentrum der Aufmerksamkeit.

Hinter dem Begriff Digitalisierung von Psychotherapie verbirgt sich zumeist eine Online-Therapie, die keine spezifische Methode darstellt, sondern eher eine Vielzahl

---

[1] Im Folgenden wird die Schreibweise „Currenta" verwendet.

von Möglichkeiten abbildet. Dazu zählen beispielsweise Online-Kurse, Therapie via Telefon bzw. als video-call, Mailberatung uvm.

Die Wirksamkeit von technologiegestützter Therapie wurde in einer Vielzahl von internationalen Studien nachgewiesen. Forscher der University of Cambridge (Jones et al., 2012) haben bspw. herausgefunden, dass Verhaltenstherapie über das Telefon genauso effektiv ist, wie das traditionelle, direkte Gespräch mit dem Therapeuten. Auch eine Metastudie der World Psychiatric Association (Andersson et al. 2014, S. 288ff.) kam zu dem Ergebnis, dass neuere Therapieformate gleichwertige oder sogar bessere Behandlungsergebnisse erzielen konnten.

Während technologiegestützte Therapien im Ausland (z. B. England oder Schweden) bereits ein fester Bestandteil der Gesundheitsversorgung sind, werden diese in Deutschland bislang noch nicht von den Krankenkassen anerkannt und finanziert. Auf privater Basis existieren jedoch bereits einige Beratungsangebote, wie beispielsweise „Mentavio" (Mentavio, 2018). Allerdings führen einige deutsche Krankenkassen in Kooperation mit Universitäten Modellprojekte zum Thema durch. Solche Programme, wie beispielsweise der „DepressionsCoach" der Techniker Krankenkasse, vermitteln dem Patienten internetbasiert und mit Hilfe von Informationstexten, Videos und Aufgaben, Wissen über Symptome und Lösungsstrategien.

1.3 Projektziele der Telefonberatung in der Gesunden Arbeitswelt
Der vorliegende Bericht beschäftigt sich mit der Implementierung einer Telefonberatung für psychisch belastete Mitarbeiter. Diese wird derzeit als zusätzliches Angebot zur face-to-face Beratung umgesetzt.

Eine sechsmonatige Testphase hat Anfang des Jahres 2018 begonnen. Ziel ist es zu klären, inwieweit die Telefonberatung zu einer schnelleren Versorgung der Mitarbeiter und zu einer höheren Kundenzufriedenheit führt. Erste Eindrücke, deren Bedeutung für die Psychosoziale Beratung und die Möglichkeiten eines konzeptionellen Ausbaus werden vorgestellt und diskutiert.

2. Modell der Telefonberatung in der Gesunden Arbeitswelt

Die Kernmerkmale der Telefonberatung sind folgende: Alle Berater (verteilt über derzeit vier Standorte) bieten pro Woche zu insgesamt zwei festen Zeitpunkten eine einstündige Telefonsprechstunde an. Mit Hilfe dieses Angebots können auch dringliche Fälle kurzfristig noch in den Kalender der Berater eingepflegt werden. Der Klient hat so die Möglichkeit, zumeist noch am selben Tag telefonischen Kontakt mit einem Berater aufzunehmen und umgeht so die Wartezeiten von derzeit zwei bis drei Wochen. Es wurden somit 10 zusätzliche Beratungsstunden pro Woche geschaffen.

2.1 Pilotierung und Evaluation der Telefonberatung in der Gesunden Arbeitswelt
Die Terminvergabe erfolgt in der Regel über die zentrale Rufnummer der Abteilung. Mitarbeiter mit Beratungsbedarf haben hier die Wahlmöglichkeit zwischen einem ersten Beratungsgespräch via Telefon oder einer face-to-face Beratung.

Der Evaluationsbogen umfasst fünf Themenbereiche: Zugangsweg zur Telefonberatung, Dauer des Gesprächs, Grund für die Beratung, Zufriedenheit mit dem Beratungsmedium Telefon und schließlich, ob Folgetermine (telefonisch oder face-to-face) geplant sind.

Überdies werden qualitativ im Rahmen einer Teamsitzung einmal pro Monat die subjektiven Erfahrungen der Berater mit dem neuen Angebot erhoben (s. 2.2).

2.2 Erste Ergebnisse
In einem Zeitraum von drei Monaten konnten von 130 möglichen Telefonterminen insgesamt 37 Termine vergeben werden.

Der Evaluationsbogen: Der Bogen wird voraussichtlich ab Mai 2018 von dem jeweiligen Berater nach dem Telefonkontakt ausgefüllt und einmal pro Quartal ausgewertet.

Teamerfahrungen: Das Beraterteam berichtet, dass die Kapazitäten der Telefonberatung bislang noch nicht ausgeschöpft seien. Die bislang gelaufenen Gespräche seien für beide Parteien angenehm gewesen. In vielen Fällen sei nach dem telefonischen Erstgespräch ein weiteres (face-to-face Gespräch) vereinbart worden. Spezielle Zielgruppen, wie beispielsweise Mitarbeiter in Elternzeit, seien bislang selten hinzugekommen. Allerdings konnten auf diese Weise auch Klienten von nicht besetzten Standorten beraten werden. Zumeist seien Klienten über den Zugangsweg der zentralen Abteilungsrufnummer auf die telefonische Beratung Aufmerksam geworden. Die Intention sei vor allem gewesen, Wartezeiten zu verkürzen.

3. Ausblick und Diskussion

Das Kontingent der telefonischen Beraterstunden ist bislang noch nicht vollends ausgeschöpft. Trotzdem konnten in der Kürze der Zeit (insgesamt drei Monate der Erprobung) fast ein Drittel aller möglichen Termine vergeben werden. Das Angebot wurde bis dato noch nicht beworben, so dass es auch im Unternehmen wenig bekannt ist. Sollte festgestellt werden, dass die Telefonberatung die Wartezeiten weiter verkürzt und die Kunden zufrieden mit dem Angebot sind, könnte man mit Hilfe von gezielter Werbung die Anzahl der Beratungstermine vermutlich erhöhen.

Schon jetzt zeigt sich, dass die Vorgehensweise vor allem den Einstieg in die Beratung erleichtert: Der Großteil der Klienten nutzte das telefonische Beratungsgespräch als Erstkontakt. Nach dem ersten Gespräch wurde in der Mehrzahl der Fälle, möglicherweise durch den Vertrauensaufbau zum Berater, der zweite Termin als face-to-face- Kontakt vereinbart (s. 2.2).

Für die Zukunft könnte man einen konzeptionellen Ausbau der Telefonberatung in Betracht ziehen, z. B. eine online Beratung via Skype for Business oder per Mail. Überlegenswert ist außerdem die Entwicklung von themenspezifischen online-Kursen, z.B. zur Burnout Prophylaxe, Schlafcoach o.ä.

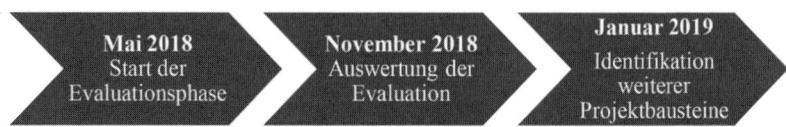

Abb. 1: Geplanter Prozess der Implementierung einer Telefonberatung in der Gesunden Arbeitswelt

Literatur

Andersson, G.; Cuijpers, P.; Carlbring, P.; Riper, H.; Hedman, E. (2014). Guided Internet based vs. face-to-face cognitive behavior therapy for psychiatric and somatic disorders: a systematic review and meta-analysis. World Psychiatry 2014;13:288–295. Zuletzt abgerufen am 16.April 2018 unter: http://onlinelibrary.wiley.com/doi/10.1002/wps.20151/full.

Jones, Peter et al. (2012): Therapy over the phone as effective as face- to-face. Zuletzt abgerufen am 16.April 2018 unter: http://www.cam.ac.uk/research/news/therapy-over-the-phone-as-effective-as-face-to-face.

Menatvio. 2018. Unternehmenswebsite. Zuletzt abgerufen am 16. April 2018 unter: http://www.mentavio.com.

Psychotherapetuenkammer NRW. 2012. Vergebliche Suche nach einem Psychotherapeuten. Zuletzt abgerufen am 16.April 2018 unter: https://www.ptk-nrw.de/de/mitglieder/publikationen/ptk-newsletter/archiv/ptk-newsletter-32011/vergebliche-suche-nach-einem-psychotherapeuten.html.

Jörg Heu & Christian Schwennen
CURRENTA GmbH & Co.OHG – Gesunde Arbeitswelt

„Achtsam durch den Arbeitstag" – Ein Werkstattbericht zur Entwicklung eines betriebsinternen Achtsamkeitstrainings

1. Ausgangslage

Die Abteilung „Gesunde Arbeitswelt" der CURRENTA GmbH & Co.OHG bietet für Unternehmen Präventionsangebote auf allen drei Präventionsebenen (primär, sekundär und tertiärpräventive Ebene) an, zu denen neben der klassischen individuellen psychosozialen Beratung, auch Angebote im Betrieblichen Gesundheitsmanagement und der Psychologie der Arbeitssicherheit gehören. In den letzten Jahren haben die Aufwendungen der gesetzlichen Krankenkassen und die Ausfalltage von Arbeitnehmern aufgrund von Stressbelastungen deutlich zugenommen. Laut der TK-Stressstudie (2016) fühlt sich mehr als die Hälfte der Befragten „gestresst", insbesondere die berufstätigen Altersgruppen. In der eigenen betrieblichen Beratungspraxis ist die individuell erlebte Stressbelastung ein häufiger Anlass, unser Angebot in Anspruch zu nehmen. Die Psychoedukation zum Thema Stress und die Vermittlung von alternativen Strategien zu individuellen Stressbewältigung stellt daher eine Hauptaufgabe in unseren sekundär- und tertiärpräventiv angelegten Beratungsgesprächen dar. Das Thema Stress und Möglichkeiten der Stressbewältigung wird zudem häufig in Form von Vorträgen für unterschiedliche Zielgruppen und Gruppengrößen angefragt, woraus sich auch immer wieder der Wunsch nach entsprechenden Trainings zur Vertiefung und praktischen Umsetzung der Stressbewältigungsstrategien ergeben.

Neben den klassischen Entspannungsverfahren wie z.B. dem Autogenen Training (AT) oder der Progressiven Muskelrelaxation (PMR) kann mit Hilfe von Achtsamkeitsübungen der subjektiven Stressbelastung entgegengewirkt werden (Kabat-Zinn, 2013). Der Vorteil von Achtsamkeitstechniken gegenüber anderen Entspannungsverfahren liegt hier besonders in der Möglichkeit, diese in den Arbeitsalltag zu integrieren (Thich Nath Hanh, 2013). Ziel der Entwicklung des unten beschriebenen Trainingskonzepts war es ein Programm zu entwickeln, das zu einer hohen Compliance in der individuellen Umsetzung der Lerninhalte ermutigt, indem gemeinsam Übungen entwickelt werden, die während des Arbeitsalltags durchgeführt werden und nicht zwingend zusätzliche Zeiteinheiten erfordern, die für die Übung der Techniken eingerichtet werden müssen, wie es bei den klassischen Entspannungsverfahren der Fall ist.

2. Trainingskonzept

Das Achtsamkeitstraining umfasst sechs aufeinanderfolgende Sitzungen, in denen theoretische Inhalte mit praktischen Achtsamkeitsübungen verbunden werden. Im Anschluss erfolgen mit drei Monaten Abstand zwei Boostersitzungen. Diese dienen dem Transfer des Gelernten in den Arbeitsalltag, dem Erfahrungsaustausch und der erneuten gemeinsamen Übung. Die Gruppengröße umfasst zwölf Teilnehmer. Besonderes Augenmerk wurde in der Trainingskonzeption darauf gelegt, dass die Teilnehmer lernen im Arbeitsalltag Situationen zu identifizieren, die sie als Achtsamkeitsübung nutzen können. Ziel des Trainings ist es, Achtsamkeit, als mentalen Zustand, so weit zu verinnerlichen, dass dieser nicht nur während formaler Übungen angestrebt wird, sondern ihn als integralen Bestandteil des Arbeitslebens zu etablieren, um ständig auftretenden „Stressauslösern" konsequent entgegenzuwirken. Das Training wird flankiert von vorangehenden Impulsvorträgen im Zeitrahmen von 60 Minuten in denen Grundinformationen zum Thema Stress vermittelt werden und eine Sensibilisierung für den Nutzen von einer achtsamen Gestaltung des Arbeitsalltags erfolgt. Zudem sind Impulsworkshops für Führungskräfte im Rahmen von 60 bis 120 Minuten optional verfügbar. Durch die flankierenden Vorträge und Workshops für Mitarbeiter und Führungskräfte wird zum Einen angestrebt, Interesse und Neugier für das Thema Achtsamkeit zu wecken und damit Teilnehmer für das Training zu gewinnen, zum Anderen die Grundlage dafür zu schaffen, dass achtsames Arbeiten im Unternehmen insgesamt als sinnvoll und erstrebenswert angesehen wird und somit von den Vorgesetzten nicht nur getragen sondern auch entsprechend supported wird.

Die ersten sechs Sitzungen sind so aufgebaut, dass zu Beginn der Einheit eine aufeinander aufbauende Vermittlung von theoretischen Inhalten erfolgt. Diese Informationsvermittlung erfolgt durch Erläuterungen des Trainers in Kombination mit der Methode des geleiteten Entdeckens. Sie erfolgt ausdrücklich ohne den Einsatz von Beamerpräsentationen. Zur graphischen Unterstützung kommt lediglich ein Flipchart zum Einsatz. Auf diese Weise soll der Eindruck eines Frontalunterrichts vermieden und eine rege Beteiligung der Teilnehmer auch gerade in dieser Anfangsphase gefördert werden. Zudem dient der Verzicht auf digitale Medien der Schaffung einer Atmosphäre der Entschleunigung. Die im theoretischen Teil vermittelten Informationen können in einem begleitenden Handout individuell nachgearbeitet werden.

Die theoretischen Inhalte beziehen sich auf Informationen zur körperlichen Stressreaktion, ihre Entstehung, Bedeutung und ihre Auswirkungen auf körperliche Prozesse, das Wahrnehmen und Denken. Es wird vermittelt, dass es sich bei Stress um eine Anpassungsreaktion des Körpers auf eine Bedrohungssituation handelt, die bei realen physischen Bedrohungen sehr wichtig und erfolgreich ist, um schnell fliehen oder kämpfen zu können, bei Stress durch Gedanken jedoch zu einer Situation führt, die auf Dauer eine größere Belastung als Ressource darstellt. Es werden Zusammenhänge zwischen dem Stresserleben und Verarbeitungsprozessen in verschiedenen Gehirnregionen erarbeitet. Hier wird besonderes Augenmerk auf die unterschiedlichen Arbeitsweisen des limbischen Systems und des Frontallappens gelegt und deren Auswirkungen auf das eigene Erleben und Verhalten besprochen.

Der Hauptwirkmechanismus von Entspannungsverfahren und Achtsamkeit liegt in der bewussten Lenkung der Aufmerksamkeit auf ein bestimmtes Erleben. Sei es auf den Unterschied zwischen Anspannung und Entspannung in der PMR, den Fokus auf bestimmte Wirkformeln wie im AT oder z.B. auf den Atem bei einer Achtsamkeitsübung. Die Wirkung der Aufmerksamkeitsfokussierung ist allen genannten Methoden gemein und führt automatisch zu einer Fokussierung auf das was gerade geschieht und weg von stressauslösenden Gedanken. Ein Nebenprodukt dieser Konzentration auf ein bestimmtes Erleben ist, dass man sich des gegenwärtigen Momentes gewahr wird und feststellt, dass es keine Bedrohung gibt, auf die der Körper mit Stress reagieren müsste. Ein weiteres Nebenprodukt ist ein Gefühl der Entspannung und mit zunehmender Dauer der eigenen Übungserfahrung eine Verringerung der Grundanspannung.

Im Anschluss an die Wissensvermittlung erfolgen erste Übungen. Diese sind bewusst sehr einfach gehalten, so dass sie auch ohne verbale Anleitung rasch erlern- und anwendbar sind. Auf diese Weise sollen die Teilnehmer zur eigenständigen Übung motiviert werden. Eine Durchführung von langen individuellen Übungseinheiten wird nicht verlangt. Kürzere Einheiten die regelmäßig durchgeführt, den eigenen Bedürfnissen angepasst werden und keine zusätzlichen Zeiträume erfordern, haben unserer praktischen Erfahrung nach eine höhere Wahrscheinlichkeit im Alltag beibehalten zu werden. Schwerpunkt der gemeinsamen Übungen liegt auf dem Erlernen von Atembeobachtungsübungen, dem Gewahrwerden von körperlichen Spannungszuständen, Gedanken und Gefühlen sowie dem Erlernen einer Variante des Bodyscans. Im Bodyscan richtet man seine Aufmerksamkeit auf eigene Körperregionen, in die man sich während der Übung nach und nach einfühlt, bis man den ganzen Körper wahrgenommen hat. Mit zunehmender Praxiserfahrung werden die Teilnehmer motiviert eigene, auf sie und ihren Arbeitsalltag zugeschnittene Achtsamkeitsübungen zu entwickeln und umzusetzen. Dies könnte z.B. das achtsame Gehen zwischen zwei Meetings auf dem Weg zwischen den entsprechenden Räumlichkeiten sein, das achtsame zum Drucker gehen oder das achtsame Tee- oder Kaffeetrinken. Diese eigenen Übungen werden im Rahmen der Boostersitzungen miteinander besprochen und damit der Transfer in den eigenen Arbeitsalltag gefördert.

3. Evaluation

Die beiden bisher geplanten Durchführungstermine des Achtsamkeitstrainings mussten aus betrieblichen Gründen verschoben werden, sodass zum Zeitpunkt der Veröffentlichung noch keine Evaluationsdaten zur Verfügung standen. Die Darstellung beschränkt sich daher auf das geplante Evaluationskonzept.

Die Evaluation des Trainings erfolgt zu drei Messzeitpunkten. Zu Beginn der Sitzungen wird eine Selbsteinschätzung der eigenen Kompetenzen im Bereich Achtsamkeit erfragt, sowie eine leicht gekürzte Fassung des Freiburger Fragebogens zur Achtsamkeit (FFA) (Walach et. al., 2004) eingesetzt.

Nach den ersten sechs konsekutiv aufeinanderfolgenden Sitzungen wird die Veranstaltung allgemein evaluiert (Fragen zur Verständlichkeit der Inhalte, der Rahmenbedingungen und der/dem Dozentin/Dozenten), die Selbsteinschätzung wiederholt, wie auch die gekürzte FFA-Version. Zudem wird mit vier Items die Eigeneischätzung zum Transfer in den Alltag erfragt.

Zum dritten Messzeitpunkt (nach den Boostersitzungen) wird noch einmal abschließend nach der Selbsteinschätzung der Achtsamkeitskompetenzen, dem Transfer in den beruflichen Alltag, einer Einschätzung, inwiefern das Training hilfreich für die Bewältigung im Arbeitsalltag und dem Wohlbefinden war gefragt und die gekürzte FFA-Version wiederholt. Abgeschlossen wird die Evaluation mit der Frage, ob die Teilnehmer das Training ihren Kolleginnen und Kollegen weiterempfehlen würden.

Literatur
Kabat-Zinn, Jon (2013): Gesund durch Meditation. Knaur.
Thich Nath Hanh (2013): Achtsam arbeiten, achtsam leben. Der buddhistische Weg zu einem erfüllten Tag. O.W. Barth.
Walach, Harald, Buchheld, Nina, Buttenmüller, Valentin, Kleinknecht, Normann, Grossmann, Paul und Schmidt, Stefan (2004): Empirische Erfessung der Achtsamkeit – Die Konstruktion des Freiburger Fragebogens zur Achtsamkeit (FFA) und weitere Validierungsstudien. In Heidenreich, T. & Michalak, J. (729–772): Achtsamkeit und Akzeptanz in der Psychotherapie. Ein Handbuch. Tübingen: dgvt-Verlag.

Jasmine Kix[1], Rüdiger Hitzemann[2], Carsten Zölck[3] & Julia Clasen[4]
[1]*VBG*, [2]*VBG*, [3]*VBG*, [4]*University of Applied Sciences Europe*

Entwicklung eines Verfahrens zur Beurteilung psychosozialer Belastungen in der Zeitarbeit

1. Psychosoziale Belastungen und Gesundheit in der Zeitarbeit

Zeitarbeit ist dadurch gekennzeichnet, dass die Beschäftigten ihre Arbeit in verschiedensten Einsatzbetrieben ausführen. Das Spektrum der Einsätze reicht von Helfertätigkeiten, über den Einsatz von Fachkräften bis hin zu Beschäftigten in Dienstleistungsbereichen und sozialen und pflegerischen Berufen. Auch Arbeitskräfte wie Ingenieure, Manager oder Ärzte werden im Rahmen der Arbeitnehmerüberlassung tätig. Die Branche hat einen permanent hohen Arbeitskräftebedarf.

Seit einiger Zeit kommen vermehrt Zeitarbeitsunternehmen auf die VBG zu, um Instrumente und Vorgehensweisen nachzufragen, mit denen umfassend psychische Belastungen im Rahmen der Arbeitnehmerüberlassung in die Gefährdungsbeurteilung integriert werden können.

Die Gefährdungen, denen Zeitarbeitnehmer ausgesetzt sind resultieren zum einen aus den Bedingungen des jeweiligen Einsatzes sowie aus der besonderen Art des Beschäftigungsverhältnisses (z. B. wahrgenommene oder erwartete Beschäftigungsunsicherheit, soziale Integration, Anerkennung). Dazu kommen soziodemografische Besonderheiten, wie Gesundheitskompetenz, Bildungsgrad, Erwerbsbiografieverläufe, Diversität, die für die Gefährdungsbeurteilung auch eine Rolle spielen können.

Zur theoretischen Beschreibung der Wirkung zeitarbeitsspezifischer psychosozialer Belastungen auf die Gesundheit der Zeitarbeitnehmer/innen müssen ergänzend zu den üblicher Weise betrachteten Tätigkeitsmerkmalen zusätzliche potenziell befindensrelevante Merkmale des besonderen Beschäftigungsverhältnisses betrachtet werden. Diese betreffen z. B. den Wechsel des Einsatzortes und -betriebs und damit verbundene Unsicherheiten.

Zur Beschreibung der Wirkung zeitarbeitsspezifischer Belastungen und Ressourcen auf die Gesundheit von Zeitarbeitnehmer/innen wird eine Kombination des Job Demands-Resources Modells mit Konstrukten des Employment Strain (Lewchuk, 2005; vgl. Vahle-Hinz, 2015) vorgeschlagen. Dabei wird angenommen, dass Belastungen im Sinne der Anforderungen im JD-R Modell auf der Ebene der Tätigkeit und des Beschäftigungsverhältnisses Anstrengung erfordern und physische und psychische Kosten verursachen, die langfristig zu Erschöpfungszuständen und psychischen Beeinträchtigungen führen können. Ressourcen sind ebenfalls auf Ebene der Tätigkeit sowie des Beschäftigungsverhältnisses zu finden. Diese unterstützen die Zielerreichung, reduzieren Anforderungen und fördern die Entwicklung. Mangelt es an Ressourcen, resultieren auf Dauer Demotivation und Rückzug von der Arbeit (Bakker & Demerouti, 2007). Dieser Mechanismus trägt ebenfalls langfristig zur Entwicklung von psychischen Befindensbeeinträchtigungen und Burnout bei.

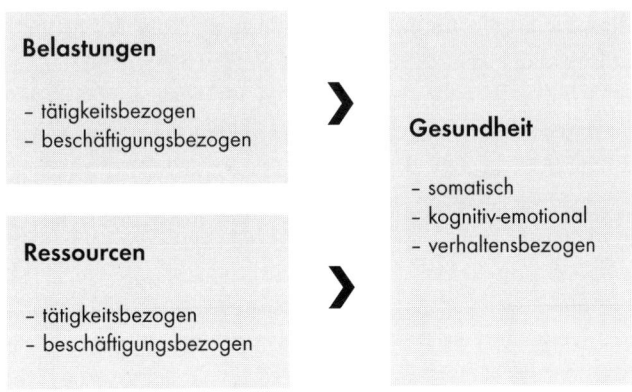

Ab. 1: Modell der Belastungen und Ressourcen in der Arbeitnehmerüberlassung

2. Entwicklung eines Verfahrens zur Beurteilung psychosoziale-Belastungen in der Zeitarbeit

Ziel des VBG-Projektes ist es,
1. die zentralen befindensrelevanten Konstrukte der Arbeitnehmerüberlassung herauszuarbeiten (Welche zeitarbeitsspezifischen Faktoren haben einen relevanten Einfluss auf Gesundheit und Wohlbefinden und sind durch Interventionen im Unternehmen beeinflussbar?)
2. ein Verfahren zu entwickeln, dass Unternehmen dabei unterstützt, diese Faktoren bei der Gefährdungsbeurteilung und bei der Arbeitsgestaltung zu berücksichtigen.

2.1 Literaturrecherche
Im ersten Schritt wurde eine Literaturrecherche durchgeführt. Diese ergab, dass zahlreiche Studien sich insgesamt mit verschiedenen atypischen Beschäftigungsformen (Befristung, Solosebstständigkeit, Teilzeitarbeit, Zeitarbeit) und ihrem Einfluss auf Wohlbefinden und v.a. Commitment der Arbeitnehmer beschäftigen. Diese Studien kommen häufig zu uneinheitlichen Ergebnissen, da sehr heterogene Formen atypi-

scher Beschäftigung einbezogen werden (De Cuyper et al., 2008). Andere vergleichen Arbeitsmerkmale zwischen Zeitarbeitnehmern und Festangestellten. In diesen Studien werden vor allem Merkmale der Tätigkeitsebene untersucht, die im Kontext des Normalarbeitsverhältnisses als befindensrelevant bekannt sind, weniger jedoch die Besonderheiten der Beschäftigungssituation von Zeitarbeitnehmer/innen betrachtet. Die Recherche zeigt, dass es bisher nur relativ wenige Studien gibt, die explizit Zeitarbeit in Bezug auf ihre befindensrelevanten Charakteristika und deren Zusammenhänge mit psychischem und physischem Befinden untersuchen. Folgende Merkmale sind dabei in Studien in Bezug auf ihren Einfluss auf Gesundheit, Wohlbefinden, Arbeitszufriedenheit und Commitment von Beschäftigten in der Arbeitnehmerüberlassung analysiert worden:

- Aufgaben/Arbeitsinhalte
- Arbeitsorganisation
- Soziale Beziehungen bei der Arbeit
- Organisation
- Soziale Aspekte der Beschäftigungssituation
- Beschäftigungs- und Einkommenssituation
- Flexibilitätsanforderungen der Beschäftigungssituation
- Flexibilität der Beschäftigungssituation
- Qualifikation und Laufbahnentwicklung

2.2 Qualitative Vorstudie

In einem zweiten Schritt wurde eine qualitative Interviewstudie durchgeführt. Dies diente dem Ziel, die Ergebnisse der Literaturrecherche zu vertiefen und zu ergänzen, sowie Material für die Instrumentenentwicklung zu generieren (O-Töne), so dass die Akzeptanz des Verfahrens bei Anwendern (Zeitarbeitsunternehmen und Zeitarbeitnehmerinnen) erhöht würde. Nicht zuletzt sollten erste Ideen für Gestaltungsempfehlungen entwickelt werden.

Zum einen wurde eine leitfadengestützte Gruppendiskussion (Fokusgruppe) durchgeführt mit acht Vertreter/innen der Branchen (Geschäftsführer/innen, Fachkraft für Arbeitssicherheit, Betriebsarzt mit Expertise in der Zeitarbeit, Vertreter der VBG aus dem Präventionsfeld Zeitarbeit). Zentrale Fragestellungen waren typische und herausfordernde Situationen in der Zeitarbeit, Hilfsmittel und Strategien zum Umgang mit Belastungen in der Zeitarbeit, weitere Ansätze zum Umgang mit den Anforderungen.

Des Weiteren wurden halbstrukturierte Interviews (N=11) mit Zeitarbeitnehmer/innen verschiedener Tätigkeitsbereiche geführt. Zentrale Fragestellungen hierbei waren positive und negative Aspekte der Arbeit, typische schwierige Situationen bei der Arbeit, Bewältigungsstrategien, Unterstützungsangebote/-möglichkeiten und Verbesserungsideen und Zukunftswünsche.

2.3 Entwicklung des Verfahrens

Die Auswertungen der Literaturrecherche sowie der qualitativen Interviews mündeten in die Entwicklung eines ersten Fragenbogenentwurfs. Dieser wird derzeit an einer Stichprobe von Zeitarbeitnehmer/innen (N=144) zur Überprüfung von Wording und Verständnis sowie zur Itemreduktion eingesetzt. Im nächsten Schritt wird der angepasste, gekürzte Fragebogen wiederum in Zeitarbeitsunternehmen erprobt.

3. Methodische Betrachtungen zur Beurteilung psychischer Belastungen in der Zeitarbeit

Im Rahmen des Projektes wurden Überlegungen zu den Vor- und Nachteilen verschiedener Methoden der Arbeitsanalyse intensiv erörtert (Fragebogen, Interview, moderierte Gruppenanalyse/ Workshop). Dabei wurden auch die Anforderungen und Vorstellungen der Branchenvertreter/innen berücksichtigt. Demnach sind Anonymität, Praktikabilität, Verständlichkeit und einfache Integration in andere Unternehmensprozesse (auch technisch) wichtige Aspekte. Ziel ist, einen Fragebogen zu entwickeln, der die herausgearbeiteten zentralen Konstrukte erfasst und auch im Rahmen eines Workshops eingesetzt werden könnte.

Der aktuelle Stand des Vorhabens wird vorgestellt und diskutiert.

Literatur

Bakker, A.B. & Demerouti, E. (2007). The Job Demands-Resources model: state of the art. Journal of Managerial Psychology, 22 (3), 309–328. doi:10.1108/02683940710733115.

De Cuyper, N., De Jong, J., De Witte, H., Isaksson, K., Rigotti, T. & Schalk, R. (2008). Literature review of theory and research on the psychological impact of temporary employment: Towards a conceptual model. International Journal of Management Reviews, 10 (1), 25–51. doi:10.1111/j.1468-2370.2007.00221.x.

Demerouti, E., Bakker, A.B., Nachreiner, F. & Schaufeli, W.B. (2001). The Job Demands-Resources Model of Burnout. Journal of Applied Psychology, 86 (3), 499–512. doi:10.1037//0021-9010.86.3.499.

Lewchuk, W. (2005). Beyond Job Strain : Employment Strain and the Health Effects of Precarious Employment Work in a Global Society Working Paper Series. Labour Studies Programm, 1.

Vahle-Hinz, T. (2015). Stress in Nonregular Work Arrangements: A Longitudinal Study of Task- and Employment-Related Aspects of Stress. Journal of Occupational Health Psychology, 21 (4), No Pagination Specified. doi:10.1037/a0039567.

Katja Schuller
Bundesanstalt für Arbeitsschutz und Arbeitsmedizin (BAuA)

Schwierigkeiten bei der Entwicklung und Umsetzung von Maßnahmen zur Vermeidung von Gefährdungen durch psychische Belastung

1. Ausgangssituation und Projektziele

Das Arbeitsschutzgesetz (ArbSchG) verpflichtet Arbeitgeber, die Arbeit „so zu gestalten, dass eine Gefährdung für das Leben sowie die physische und die psychische Gesundheit vermieden und die verbleibende Gefährdung möglichst gering gehalten wird" (ArbSchG § 4, Ziff. 1) wobei auch die psychische Belastung zu berücksichtigen ist (ArbSchG §5, Abs. 3).

Die Liste der in der Literatur beschriebenen Barrieren bei der Umsetzung betrieblicher Interventionen ist lang: z.B. fehlendes Management-Commitment, fehlende Veränderungsbereitschaft auf Organisations- und Beschäftigtenebene, fehlende Kompetenzen des mittleren Managements, geringe Bedeutsamkeit der Interventionen u.a. (z.B. LaMontagne, Noblet & Landsbergis, 2012). Wenig Literatur gibt es jedoch zu konkreten Schwierigkeiten bei der Entwicklung und Umsetzung von Gestaltungsmaßnahmen zur Vermeidung von Gefährdungen durch psychische Belastung. Betriebliche Akteure äußern großen Bedarf an Empfehlungen zu dieser Phase.

In dem von der Bundesanstalt für Arbeitsschutz und Arbeitsmedizin (BAuA) durchgeführten Feldforschungsprojekt „Gefährdungsbeurteilung psychischer Belastung in der betrieblichen Praxis" wurden betriebliche Vorgehensweisen zum Erkennen und Vermeiden von Gefährdungen durch psychische Belastung (insbesondere in KMU) untersucht (Beck et al., 2017). In 35 betrieblichen Fallstudien wurden sowohl Schwierigkeiten beim Übergang von der Analyse zu Entwicklung und Umsetzung von Maßnahmen als auch jeweilige Lösungsansätze betrieblicher Akteure herausgearbeitet. In diesem Beitrag werden beispielhaft erste Ergebnisse dieser Analysen berichtet.

2. Probleme und Schwierigkeiten bei der Entwicklung und Umsetzung von Maßnahmen

Die Transkripte der teilstrukturierten Interviews aus Einzel- und Gruppeninterviews mit insgesamt 84 betrieblichen Akteuren wurden zusammenfassend inhaltsanalytisch eine große Bandbreite von Problemen und Schwierigkeiten identifiziert und herausgearbeitet welche Lösungsansätze betriebliche Akteure beschreiben. Für drei ausgewählte, zentrale Aspekte werden in diesem Beitrag Problemfacetten beschrieben und

Auswirkungen auf den Prozess der Entwicklung und Umsetzung von Maßnahmen herausgearbeitet.

2.1 Fehlende reflektierte Auseinandersetzung mit der Phase der Maßnahmenentwicklung und -umsetzung

In den Interviews stellten die betrieblichen Akteure ihr Vorgehen beim Ermitteln von Gefährdungen durch psychische Belastung differenziert dar. Dagegen nahmen die Schilderungen von Prozessen der Maßnahmenentwicklung und -umsetzung im Interviewverlauf nur einen geringeren Raum ein, sie waren weniger detailreich und blieben eher oberflächlich. Die Interviewpartner begründeten dies zum einen damit, dass der Prozess noch nicht so weit fortgeschritten, die Maßnahmenentwicklung erst in Planung sei oder Verzögerungen vorlägen, so dass sie zum Zeitpunkt des Interviews nicht ausführlicher über diese Phase berichten könnten. Zum anderen begründeten betriebliche Akteure ihr fehlendes Wissen zu diesen Prozessen damit, dass die Maßnahmenentwicklung und -umsetzung dezentral organisiert sei. Offenbar informierten sich die federführenden Akteure in diesen Fällen nur wenig zu den genauen Abläufen dieser Prozesse. In anderen Fällen wurden keine Gründe reflektiert. Insgesamt scheinen sich federführende Akteure im Vergleich zur Phase der Gefährdungsermittlung nur wenig reflektiert mit der Maßnahmenentwicklung und -umsetzung auseinanderzusetzen. Die Ergebnisse zeigen, dass zwar durchaus (erfolgreiche) Prozesse der Maßnahmenentwicklung (und -umsetzung) stattfinden, jedoch weniger organisiert, begleitet und gezielt gesteuert werden als Prozesse der Ermittlung psychischer Belastung.

2.2 Hohe (wahrgenommene) Komplexität des Gestaltungsgegenstandes „Psychische Belastung"

Als Schwierigkeiten bei der Ableitung und Umsetzung von Maßnahmen werden insbesondere Aspekte thematisiert, die die zu gestaltenden Probleme als hoch komplex charakterisieren (vgl. Merkmale komplexer Probleme; Dörner, Kreuzig, Reither und Stäudel (1983)). 1) In den Interviews findet sich wiederholt das Bild der vielen verschiedenen „Stellschrauben" für die Gestaltung psychischer Belastung und die Aussage, dass in diesem Themenfeld „alles mit allem zusammenhinge". Hiermit verbunden ist die Unsicherheit der Akteure, ob sie „die richtige Stellschraube gefunden haben". Hinzu kommt, dass von den Interviewpartnern eine der „Stellschrauben" als besonders schwer gestaltbar wahrgenommen wird, nämlich Einstellungen und Verhalten der Mitarbeiter, die aus Sicht der Akteure insbesondere bei der Gestaltung sozialer Beziehungen, aber auch bei Aspekten der Arbeitsorganisation eine große Rolle spielen *(hohe Menge an Variablen und Verknüpfungen)*. 2) Darüber hinaus wird beschrieben, dass umgesetzte Maßnahmen nicht nur die intendierten Effekte haben, sondern auch teils unerwünschte, nicht vorhersehbare Nebeneffekte *(starke Vernetzung und damit verbundene Neben- und Fernwirkungen von Maßnahmen und Intransparenz)*. Diese Erfahrungen erhöhen die Zweifel am Erfolg der Maßnahmen und bremsen so den Optimismus bei der Maßnahmenentwicklung. 3) Darüber hinaus schildern Interviewpartner, dass die betrieblichen Prozesse, in die sie mit Maßnahmen eingreifen müssen, u.U. sehr dynamisch sind *(Eigendynamik)*, sich also Voraussetzungen für Interventionen bereits verändert haben, bevor die Intervention überhaupt implementiert ist. Dies kollidiert stark mit der Erfahrung einiger Akteure, dass Arbeitsgestaltungsprozesse eher schleppend verlaufen. 4) Darüber hinaus wird das Finden eines angemessenen Weges für die Gestaltung als eine große Herausforderung gesehen, wenn gleichzeitig verschiedene, teils konfligierende Gestaltungsziele verfolgt werden müssen (z.B. Patientensicherheit vs. Mitarbeitersicherheit; Verschiebung der Risiken von einer Beschäftigtengruppe auf die nächste; konfligierende Interessen der beteiligten Akteure) *(Polytelie)*.

Betriebliche Akteure gehen mit der hohen Komplexität des Gestaltungsprozesses unterschiedlich um: Für die einen ist es eine Herausforderung, andere nehmen sie hin und passen entsprechend ihre Erwartungen an den Erfolg der Prozesse an, bei wieder anderen löst sie Angst aus, mit diesen Prozessen „die Büchse der Pandora zu öffnen".

2.3 Fehlende Verantwortungsübernahme der Beschäftigten
In ihrer Schilderung von betrieblichen Problemen im Themenfeld „psychische Belastung" beschreiben betriebliche Akteure, dass aus ihrer Sicht Einstellungen und Verhalten der Beschäftigten einen wesentlichen Anteil an der Entstehung bzw. Aufrechterhaltung der Probleme haben (z.B. Telefonkette für nächtliche, bedrohliche Situationen in der Jugendhilfe funktioniert nicht, da Mitarbeiter Hemmungen haben, ihre Kollegen nachts anzurufen). Für die Gestaltung dieser Faktoren, bedeutet dies, dass der Erfolg stark von der engagierten Mitarbeit der Beschäftigten abhängt, da Problemlösungen hier Einstellungs- und Verhaltensänderungen der Beschäftigten einschließen.

Darüber hinaus sind Prozesse zur Ableitung und Umsetzung von Maßnahmen sehr unterschiedlich organisiert. Beschäftigte werden unterschiedlich stark beteiligt. Je nachdem, wie stark die Mitarbeit der Beschäftigten erforderlich ist, ist der Erfolg der entsprechenden Prozesse abhängig davon, wie stark sich die Beschäftigten für den Prozess verantwortlich fühlen und in welchem Maße sie ihre Verantwortung wahrnehmen. Die Interviewpartner thematisieren Auswirkungen fehlender Verantwortungsübernahme (z.B. fehlende Beteiligung an Workshops zur Maßnahmenableitung, keine Mitarbeit bei der Diskussion der Ergebnisse, fehlende Umsetzung von Maßnahmen, die die Mitarbeit der Beschäftigten erfordern) und beschreiben ihre Annahmen darüber, wie es zur fehlenden Verantwortungsübernahme kommt: z. B. negative Gestaltungserfahrungen, fehlende Autonomie, kulturelle Aspekte (z. B. die Überzeugung, dass Verantwortung für betriebliche Prozesse allein beim Arbeitgeber liegt) und organisatorische Aspekte (z. B. fehlende Zeit, Mitarbeit bei Gestaltungsprozessen kein Bestandteil der Arbeitsaufgabe). Einige Interviewpartner berichteten Versuche, die Verantwortungsübernahme der Beschäftigten zu fördern, z. B. durch organisatorische Maßnahmen (z. B. Beschäftigte für Workshops freistellen), Gewährung von Autonomie für Entscheidungen über Maßnahmen (dezentrale Organisation der Gestaltungsprozesse mit hohem Maß an entgegengebrachtem Vertrauen), Drängen auf Umsetzung der Maßnahmen, damit Mitarbeiter positive Gestaltungserfahrungen sammeln und merken, dass ihr Engagement sich lohnt.

3. Schlussfolgerungen und Implikationen

Die Entwicklung und Umsetzung von Maßnahmen sind das Herzstück der Aktivitäten zur Vermeidung von Gefährdungen durch psychische Belastung. Die vorgelegten Ergebnisse zeigen, dass ein Bedarf an konkreten Handlungshilfen für betriebliche Akteure besteht, die sie unterstützen, die Phase der Maßnahmenentwicklung und -umsetzung zu organisieren, zu steuern und so zu reflektieren, dass Erfahrungen für die Weiterentwicklung dieser Prozesse nutzbar gemacht werden können. Neben Versuchen, die Komplexität zu reduzieren, könnte dabei auf Ansätze des organisationalen (komplexen) Problemlösens und der Steuerung offener komplexer Systeme, zurückgegriffen werden, da diese Konzepte der betrieblichen Wirklichkeit sehr nahe kommen. Die Auseinandersetzung mit Prozessen zum Erkennen und Vermeiden von Gefährdungen durch psychische Belastung sollte auch Rahmenbedingungen betrieblichen Handelns und betrieblich-kulturelle Aspekte berücksichtigen (z. B. nicht nur Partizipation ermöglichen, sondern auch Bedingungen schaffen, in denen Beschäftigte zur Übernahme von Verantwortung für diese Prozesse motiviert und befähigt werden).

Literatur
Beck, D.; Schuller, K.; Schulz-Dadaczynski, A. (2017). Aktive Gefährdungsvermeidung bei psychischer Belastung. Möglichkeiten und Grenzen betrieblichen Handelns. *Prävention und Gesundheitsförderung,* DOI: 10.1007/s11553-017-0615-0
Dörner, D., Kreuzig, H.W., Reither, F. & Stäudel, T. (1983) (Hrsg.). *Lohausen. Vom Umgang mit Unbestimmtheit und Komplexität.* Bern u.a.: Huber.
LaMontagne, A., Noblet, A. & Landsbergis, P. (2012). Intervention development and implementation: understanding and addressing barriers to organizational-level interventions, In: *Improving organisational interventions for stress and well-being: addressing process and context,* Routledge, Hove, England, pp. 21–38.

Arbeitskreis
Gesundheitsförderung und Gesundheitsschutz: Arbeitsbezogene Ressourcen
Leitung: Christian Seubert

Severin Hornung & Thomas Höge
Neue Perspektiven der Arbeitsgestaltung: Berücksichtigung von Selbstausgestaltung und individuellen Aushandlungen

Julia Krampitz, Jürgen Glaser & Marco Furtner
Self-Leadership and Self-Management – a meta-analytic review of intervention effects on leaders' capacities

Christian Seubert, Yannick Klein & Jürgen Glaser
Das Zusammenspiel arbeitsbezogener und personaler Ressourcen

Cornelia Strecker, Thomas Höge & Stefan Höfer
Wirkungen von Soziomoralischem Klima und Burnout auf Patientensicherheit am Arbeitsplatz Krankenhaus

Severin Hornung[1,2] & Thomas Höge[2]
[1]*Carnegie Mellon University, Heinz College,*
[2]*Universität Innsbruck, Institut für Psychologie*

Neue Perspektiven der Arbeitsgestaltung: Berücksichtigung von Selbstausgestaltung und individuellen Aushandlungen

1. Einleitung

Gesundheits- und persönlichkeitsförderliche Auswirkungen von Einfluss und Kontrolle in der Arbeit sind eindrücklich belegt (z.B. Parker, Morgeson & Johns, 2017; Sauter, Hurrel & Cooper, 1989). Neben klassischen Konstrukten der Autonomie bzw. des Tätigkeitsspielraums hat die neuere Forschung zum proaktiven Arbeitsverhalten Einflussmöglichkeiten beschrieben, die sich die Beschäftigten durch eigenmächtige Selbstausgestaltung („job crafting") und Aushandlungen mit Vorgesetzten („idiosyncratic deals") selbst erschließen (Grant & Parker, 2009). Über das Zusammenspiel dieser drei Formen von Kontrolle ist nur wenig bekannt (Hornung, Rousseau, Glaser, Angerer & Weigl, 2010). Vor diesem Hintergrund wird ein Modell der Selbstgestaltung von Arbeit vorgeschlagen, das drei Ansätze integriert: a) *Tätigkeitsspielraum:* Arbeitsgestalterische Autonomiepotentiale; b) *Selbstausgestaltung:* Eigenmächtige Modifikation von Arbeitsaufgaben; c) *Aushandlungen:* Soziale Einflussnahme durch individuelle Vereinbarungen mit Vorgesetzten.

Die theoretische Basis bilden zentrale Annahmen der Arbeitspsychologie (z.B. Büssing, 1992; Ulich, 2011): a) *Primat der Arbeitsaufgabe:* Arbeitstätigkeit als primäre vermittelnde Instanz zwischen Organisation und Individuum; b) *Person-Umwelt Dialektik:* Arbeitstätigkeit als Veränderung von Objekten, durch die sich die handelnden Subjekte selbst verändern; c) *Streben nach Entfaltung:* Grundlegendes menschliches Bedürfnis nach Wachstum, Kontrolle und Selbstverwirklichung; d) *Soziale Einbettung:* Arbeit als sozial vermittelte Tätigkeit in organisationalen Strukturen und Kooperationsbeziehungen; e) *Systemische Emergenz:* Herausbildung qualitativ neuartiger Eigenschaften durch Zusammenspiel der Komponenten eines Systems. Das Prinzip der Emergenz, vereinfacht im Diktum, dass das Ganze mehr ist als die Summe der Teile, lässt komplexe Wechselwirkungen zwischen den Ebenen der Selbstgestaltung vermuten. Entsprechend lautete die Globalhypothese, dass der Tätigkeitsspielraum, die Selbstausgestaltung und individuelle Aushandlungen sowohl positive Haupt- als auch synergistische Interaktionseffekte auf mitarbeiterbezogene Arbeitswirkungen ausüben. Eine explorative Testung erfolgte mittels Regressionsanalysen für eine Palette von Indikatoren der Qualität des Arbeitslebens und Mitarbeitergesundheit.

2. Methoden

2.1 Stichprobenbeschreibung
Eine heterogene Stichprobe von N = 279 Beschäftigten (z.B. Gesundheitswesen, Dienstleistungen, Verwaltung, Management, kreative, technische und handwerkliche Berufe) wurde im Rahmen studentischer Qualifikationsarbeiten rekrutiert. Der Frauenanteil betrug 58.8 %; das Durchschnittsalter 35.70 (SD = 11.64), die Beschäftigungsdauer 8.86 Jahre (SD = 9.32) und die reguläre wöchentliche Arbeitszeit 35.54 h (SD = 8.47; die tatsächliche wurde auf 39.11 h geschätzt, SD = 9.97); 84.2 % hatten unbefristete Verträge; 35.5 % führten einen Hochschulabschluss und 30.1 % trugen Führungsverantwortung.

2.2 Fragebogeninstrumente
Insgesamt 13 Konstrukte wurden mit validierten Fragebogeninstrumenten erhoben (Quellenangaben von den Autoren erhältlich). Kernvariablen waren der *Tätigkeitsspielraum* (4 Items, Skala: 1–5, α = .81, MW = 3.62, SD = 0.84), die *Selbstausgestaltung* (4 Items, Skala: 1–5, α = .89, MW = 2.93, SD = 0.96) sowie aufgabenbezogene *Aushandlungen* (4 Items, Skala: 1–5, α = .88, MW = 2.81, SD = 1.09). Neben Geschlecht und Alter fungierten als Kontrollvariablen die *Aufgabeninterdependenz* (4 Items, Skala: 1–5, α = .81, MW = 4.08, SD = 0.81), *Aufgabenkomplexität* (3 Items, Skala: 1–5, α = .78, MW = 2.82, SD = 0.98) und *Arbeitsintensität* (2 Items, Skala: 1–5, α = .79, MW = 3.10, SD = 0.93). Die sieben abhängigen Variablen fallen in drei Kategorien. Positive Indikatoren umfassen affektive *organisationale Bindung* (5 Items, Skala: 1–5, α =.88, MW = 3.57, SD = 1.06), berufliche *Sinnerfüllung* (6 Items, Skala: 1–6, α =.94, MW = 4.33, SD = 1.18) und *Wohlbefinden* (5 Items, Skala: 1–6, α =.87, MW = 3.90, SD = 0.95). Die Schnittstelle zum privaten Lebensvollzug beschreiben *Arbeit-Privatleben Bereicherung* (4 Items, Skala: 1–4, α =.78, MW = 1.86, SD = 0.67) und *Arbeit-Privatleben Konflikte* (6 Items, Skala: 1–4, α =.83, MW = 1.82, SD = 0.54). Negative gesundheitliche Arbeitswirkungen beinhalten *emotionale Erschöpfung* (5 Items, Skala: 1–6, α =.90, MW = 3.06, SD = 01.11) und *psychosomatische Beschwerden* (12 Items, Skala: 1–6, α =.83, MW = 2.35, SD = 0.81).

3. Ergebnisse

3.1 Skalenanalysen
Kern- und Kontrollvariablen wurden getrennt explorativen (EFA) und konfirmatorischen (CFA) Faktorenanalysen unterzogen. In der EFA bildeten Aufgabenvereinbarungen den stärksten Faktor, gefolgt von Selbstausgestaltung, und Tätigkeitsspielraum. Anpassungsindizes bestätigten das CFA Messmodell. Für Kontrollvariablen ergab die EFA ebenfalls eine 3-faktorielle Struktur. Das CFA Modell

wurde zur Verbesserung der Anpassungsgüte geringfügig modifiziert. Kriteriumsvariablen wurden einzeln mittels EFA überprüft. Abgesehen von der 2-faktoriellen Arbeit-Privatleben Skala und dem mehrdimensionalen Index zu psychosomatischen Beschwerden, wurde die Eindimensionalität der Messung demonstriert.

3.2 Zusammenhangsanalysen
Haupt- und Interaktionseffekte der drei Selbstgestaltungsdimensionen wurden in sieben Regressionsmodellen getestet. Kontrollvariablen, unabhängige Konstrukte und Interaktionsterme wurden blockweise aufgenommen. Dargestellt werden die Ergebnisse des letzten Schrittes. Geschlechts- und Alterseffekte zeigten sich in je zwei Modellen; Frauen berichteten weniger positive Übertragungen ins Privatleben (β = -.13, $p < .05$) und mehr somatische Symptome (β = .25, $p < .01$); Alter korrelierte mit Sinnerfüllung (β = .14, $p < .01$) und Wohlbefinden (β = .19, $p < .01$). Interdependenz zeigte keine nennenswerten Effekte. Aufgabenkomplexität war mit organisationaler Bindung (β = .13, $p < .05$) und Sinnerfüllung assoziiert (β = .19, $p < .01$). Überfordernde Arbeitsintensität war verbunden mit reduziertem Sinnerleben (β = -.15, $p < .01$) und Wohlbefinden (β = -.20, $p < .01$) sowie gesteigerten Arbeit-Privatleben Konflikten (β = .50, $p < .01$), Erschöpfung (β = .48, $p < .01$) und psychosomatischen Beschwerden (β = .17, $p < .01$). Von den Kernvariablen zeigte der Tätigkeitsspielraum das klarste Zusammenhangsmuster – positiv mit Sinnerfüllung (β = .15, $p < .05$) und Wohlbefinden (β = .19, $p < .05$), negativ mit Privatleben-Konflikten (β = -.13, $p = .052$), Erschöpfung (β = -.23, $p < .01$) und körperlichen Beschwerden (β = -.24, $p < .01$). Selbstausgestaltung zeigte nur einen, der Erwartung entgegengerichteten Effekt, der verstärkte Konflikte von Arbeit und Privatleben andeutete (β = .18, $p < .01$). Förderliche Effekte individueller Aushandlungen wurden im Hinblick auf organisationale Bindung (β = .14, $p < .05$), Sinnerfüllung (β = .25, $p < .01$) und Privatleben-Bereicherung (β = .16, $p < .05$) unterstützt. Synergistische 3-fach Interaktionen wurden in drei Modellen bestätigt – für organisationale Bindung (β = .19, $p < .05$), Sinnerfüllung (β = .17, $p < .05$) und Privatleben-Bereicherung (β = .20, $p < .05$); 2-fach Interaktionen zwischen Aushandlungen und Selbstausgestaltung erklärten zusätzliche Varianz in organisationaler Bindung (β = .14, $p < .05$), Wohlbefinden (β = .13, $p < .05$), emotionaler Erschöpfung (β = -.12, $p < .05$) und psychosomatischen Beschwerden (β = -.16, $p < .05$). Unterstützt durch Plots und Zusatzauswertungen wurden den Interaktionseffekte als positive Wechselwirkungen interpretiert.

4. Diskussion

Basierend auf konzeptuellen Entwicklungen liefert diese Studie neue Impulse für die Arbeitsgestaltungsforschung (Grant, & Parker, 2009). Das Muster der berichteten

Haupteffekte und interaktiven Zusammenhänge mit Indikatoren der Qualität des Arbeitslebens und Gesundheit eröffnet Einsichten in die psychosozialen Auswirkungen des Zusammenspiels arbeitsorganisatorischer, eigenmächtig erschlossener und individuell ausgehandelter Freiheitsgrade zur Selbstgestaltung (Hornung et al., 2010). Die Ergebnisse untermauern die Ressourcenfunktion des Tätigkeitsspielraums, während Aushandlungen nur selektiv mit positiven Arbeitswirkungen zusammenhingen (Parker et al., 2017). Bemerkenswert ist die Prävalenz synergistischer Dreifachinteraktionen, die sich in organisationaler Bindung, Sinnerfüllung und Arbeit-Privatleben-Bereicherung niederschlagen. Zudem resultierten positive Auswirkungen auf gesundheitsbezogene Indikatoren aus der Kombination von Selbstausgestaltung und Aushandlungen. Weiterer Untersuchung bedarf die ambivalente Rolle von Selbstausgestaltung, die nur in Kombination mit anderen Kontrollformen positive Wirkungen entfaltete. Zusatzauswertungen lassen vermuten, dass Selbstausgestaltung hier als Bewältigungsstrategie bzw. von Überengagement angetriebenes, selbstgefährdendes Arbeitsverhalten zur Extensivierung und Intensivierung von Arbeit beiträgt. Das Phänomen der Selbstgestaltung von Arbeit ist noch wenig beforscht. Als Erklärungsmechanismus für Heterogenität und Individualisierung von Arbeitsbedingungen ist die Bedeutung von Selbstgestaltungsprozessen in kontemporären, durch Destandardisierung, Entformalisierung und permanente Veränderung dynamisierten und flexibilisierten Organisationen jedoch kaum zu überschätzen.

Literatur
Büssing, A. (1992). Organisationsstruktur, Tätigkeit und Individuum. Untersuchungen am Beispiel der Pflegetätigkeit. Bern: Huber.
Grant, A.M. & Parker, S.K. (2009). Redesigning work design theories: The rise of relational and proactive perspectives. Academy of Management Annals, 3, 317–375.
Hornung, S., Rousseau, D.M., Glaser, J., Angerer, P. & Weigl, M. (2010). Beyond top-down and bottom-up work redesign: Customizing job content through idiosyncratic deals. Journal of Organizational Behavior, 31, 187–215.
Parker, S.K., Morgeson, F.P. & Johns, G. (2017). One hundred years of work design research: Looking back and looking forward. Journal of Applied Psychology, 102, 403–420.
Sauter, S.L., Hurrel, J.J. & Cooper, C.L. (Eds.). (1989). Job control and worker health. Chichester: Wiley.
Ulich, E. (2011). Arbeitspsychologie (7. Aufl.). Stuttgart: Schäffer-Poeschel.

Julia Krampitz, Jürgen Glaser & Marco Furtner
Institut für Psychologie, Universität Innsbruck

Self-Leadership and Self-Management – a meta-analytic review of intervention effects on leaders' capacities

1. Introduction

Over the last decades, the interest in the effects of leadership behaviors on performance, productivity, team performance, satisfaction, and well-being has greatly increased (Skakon, Nielson, Borg and Guzman, 2010). It is beyond question that leaders of all hierarchical levels have a great impact on organizational performance, team climate, and working conditions (Kuoppala et al., 2008). The goals, training methods, and target groups of these leadership programs are an exception because the programs are usually not evaluated (Day et al., 2014). The absence of convincing evidence regarding the effectiveness of training is one of the most frequently cited problems in the literature (Grant et al., 2010). Limitations in the research evidence base for trainings include problems of the empirical research design and measurement conditions in appraisal studies (Grant et al., 2010). Another relevant problem of training programs is the deficiency of transfer from the training situation to daily work. Because the research field of self-leadership is still very small, the effectiveness of intervention programs and training forms – in terms of increased self-leadership and self-management capacities – is examined in this study.

2. Self-Leadership

Compared to self-management, self-leadership corresponds to higher levels of self-influencing. According to Manz (1986), self-leadership integrates intrinsic motivation and generally provides a wider range of self-control. Self-leadership corresponds to a continuous self-reinforcing and self-influencing cybernetic system.

Self-leadership may be defined as a self-influencing process that individuals experience by keeping the motivation they require for enjoying their roles and responsibilities (Manz and Sims, 1991). Self-leadership comprises all strategies that concentrate on the behaviors and thoughts that individuals may use to influence themselves (Neck and Houghton, 2006). Although individuals' control over their own behaviors is essential, what they do to direct themselves is contained within their leadership (Manz, 1986). Self-leadership suggests certain cognitive and behavioral strategies that are intended to increase individuals' effectiveness.

Reviews of the effects of leadership development programs have been conducted (Day et al., 2014) but there is still little synthesized evidence available on the effects of leadership development trainings on leaders' self-leadership (Furtner and Baldegger, 2016). The current review subsumes interventions studies for the target group "leaders" in order to gain insights into the effectiveness of leadership training for the development of self-leadership and self-management capacities.

3. Objectives

The review examines the implications of self-leadership interventions on leaders' self-leadership and self-management capacities. Hence, the primary outcomes are determined. The primary outcomes examined were aspects directly attributable to the self-leadership theory and its strategies (Manz, 1986; Houghton and Neck, 2006): To what extent do self-leadership interventions affect the self-leadership and self-management capacities?

4. Methods

4.1 Search strategy
Our searches (October 2017-December 2017) covered seven databases including OVID, Web of Science, PubMed, Pub psych, Wiley, Opengrey, and ProQuest. We also searched relevant websites and hand-searched key journals.

4.2. Selection criteria
We included randomized controlled trials (RCT), controlled before and after studies (CBA), case studies, and qualitative longitudinal studies, which examined the effects of leadership interventions on leaders' self-leadership and self-management capacities. We extracted primary outcomes directly attributable to self-leadership theory and its strategies measured by using a validated instrument (e.g., self-efficacy, self-regulation, self-reward, self-observation).

5. Results

Eight studies fulfilled the inclusion criteria with a total of 568 participants in leadership positions. Five quantitative studies reported on interventions relating to self-management and self-leadership training. Three qualitative studies evaluated a form of leadership development. The design of the studies was one RCT study, four studies with a quasi-experimental field pre-post design, and one intervention case study. Most of the studies took place in the Unites States and Europe. All study results show a positive, although very small, effect of leadership training on primary outcomes. A meta-analysis of the four quantitative studies showed an average treatment effect of 0.476 (standardized mean difference, see Figure 1) which can be classified as a medium positive effect.

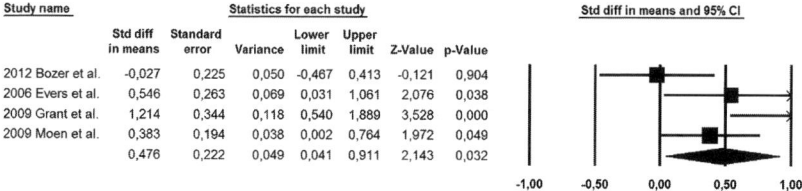

Figure 1: Forest Plot for the four included studies

6. Discussion

This review adds knowledge concerning the effectiveness of leadership training for self-leadership and self-management capacities of leaders and identifies the gaps where knowledge is still limited. Future studies/reviews might focus on additional components of content, frequency of delivery, duration, and intensity of self-leadership interventions, all of which might influence the effects of self-leadership and self-management trainings/strategies. The findings tentatively suggest that leadership interventions have several benefits for self-leadership or self-management capacities.

It is recommended that future studies include multiple methods, use standardized questionnaires, and examine the processes linking development programs with leaders' self-leadership and self-management skills. It would be useful to collect qualitative data to triangulate the research and investigate some of the questions raised by quantitative data. Through qualitative research, richer information about leader interventions can be obtained from executives, their supervisors, their peers, trainers, and coaches. This process could provide further insight into how leader training and coaching is associated with psychological and behavioral effects.

Literatur

Berg, M.E. & Karlsen, J.T. (2012). An evaluation of management training and coaching. Journal of Workplace Learning, 24 (3): 177–199.

Bozer, G. & Sarros, J.C. (2012). Examining the Effectiveness of Executive Coaching on Coachees' Performance in the Israeli Context. International Journal of Evidence based Coaching and Mentoring, 10 (1), 14–32.

Byrne, A., Dionisi, A.M., Barling, J., Akers, A., Robertson, J., Lys, R., Wylie, J. & Dupré, K. (2014) The depleted leader: The influence of leaders' diminished psychological resources on leadership behaviors. The Leadership Quarterly 25: 344–357.

Day, D. (2000). Leadership development: A review in context. Leadership Quarterly 11: 581–613.

Evans, L., Hess, C.A., Abdelhamid, S. & Stepleman, L.M. (2017). Leadership Devolopement in the context of a University Consolidation: An initial evaluation of the authentic leadership Pipeline Program. Journal of Ledaership Studies 10 (3): 7–18.

Evers, W.J.G., Brouwers, A. & Tomic, W. (2006). A Quasi-Experimental Study on Management. Consulting Psychology Journal: Practice and Research, 58 (3): 174–182.

Furtner, M. & Baldegger, U. (2016). Self-Leadership und Führung–Theorien, Modelle und praktische Umsetzung (2. Aufl.). Wiesbaden: Springer Gabler.

Grant, A.M., Curtayne, L. & Burton, G. (2009). Executive coaching enhances goal attainment, resilience and workplace well-being: a randomised controlled study. The Journal of Positive Psychology 4 (5): 396–407.

Houghton JD and Neck CP (2006) Two decades of self-leadership theory and research Past developments, present trends, and future possibilities. Journal of Managerial Psychology 21(4): 672–691.

Kuoppala, J., Lamminpa, A., Liira, J. & Vainio, H. (2008). Leadership, Job Well-Being, and Health Effects – A Systematic Review and a Meta-Analysis. Job Well-Being, and Health Effects 50(8): 904-915.

MacPhee, M., Skelton-Green, J., Bouthillette, F. & Suryaprakash, N. (2011). An empowerment framework for nursing leadership development:supporting evidence. Journal of Advanced Nursing 68(1): 159–169.

Manz, C.C. (1986). Self-leadership: toward an expanded theory of self-influence processes in organizations. Academy of Management Review 11(3): 585–600.

Manz CC and Sims HP (1991) Superleadership: beyond the myth of heroic leadership. Organizational Dynamics 19(4): 18–35.

Moen, F. & Skaalvik, E. (2009). The Effect from Excecutive Coaching on Performance Psychology. International Journal Evidence Based Coaching and Mentoring 7(2): 3–49.

Pradarelli, J.C., Jaffe, G.A., Lemak, C.H., Mulholland, M.W. & Dimick, J.B. (2016). A Leadership Development Program for Surgeons: First-Year Participant Evaluation. Surgery 160(2): 255–263.

Skakon, J., Nielsen, K., Borg, V. & Guzman, J. (2010). Are leaders' wellbeing behaviours and style associated with the affective wellbeing of their employees? A systematic review of three decades of research. Work and Stress 24: 107–139.

Christian Seubert, Yannick Klein & Jürgen Glaser
Universität Innsbruck/Institut für Psychologie

Das Zusammenspiel arbeitsbezogener und personaler Ressourcen

1. Die Rolle von Ressourcen in der Arbeit

Ein zentrales Postulat psychologischer Arbeitsgestaltungsmodelle ist die unterstützende Funktion von Ressourcen im Umgang mit herausfordernden oder hinderlichen Tätigkeitsmerkmalen (Schaufeli & Taris, 2014). Diese Interaktionshypothese wird durch die empirische Forschungsliteratur jedoch nur eingeschränkt gestützt. In diesem Zusammenhang sagt die sog. *Matching-Hypothese* eine erhöhte Auftretenswahrscheinlichkeit von Interaktionseffekten vorher, wenn eine Passung zwischen Ressource, Tätigkeitsmerkmal und Zielvariable besteht *("triple match";* De Jonge & Dormann, 2006).

Während empirische Befunde zur Interaktionshypothese vorwiegend für arbeitsbezogene Ressourcen (z. B. Tätigkeitsspielraum) vorliegen, wird in jüngerer Zeit verstärkt die Rolle personaler Ressourcen (z. B. Self-Leadership) diskutiert (Schaufeli & Taris, 2014). Die kombinierte Betrachtung von arbeitsbezogenen und personalen Ressourcen eröffnet eine neue Perspektive auf die Interaktionshypothese. Danach stellt das Vorhandensein einer arbeitsbezogenen Ressource lediglich ein Ressourcenangebot dar, dessen adäquate Nutzung (und damit die Entfaltung interaktiver Wirkmechanismen) von der Ausprägung personaler Ressourcen abhängt – im Sinne einer Kompetenz, arbeitsbezogene Ressourcen zu erkennen und zu nutzen (Hacker, 2010). Wie bei der Matching-Hypothese definiert diese *Ressourcennutzungshypothese* spezifische Bedingungen, unter denen interaktive Effekte arbeitsbezogener Ressourcen wahrscheinlicher werden sollten. Durch Einbezug einer passenden personalen Ressource entsteht so eine vierfache Übereinstimmung der beteiligten Variablen *("quadruple match")*.

In dieser Studie wurden ein Stressor, eine arbeitsbezogene und eine personale Ressource sowie eine Zielvariable im Hinblick auf deren Passung ausgewählt. Das Tätigkeitsmerkmal *zeitliche Überforderung* impliziert eine bedingungsbezogene Überlastung des Informationsverarbeitungsvermögens in einem Zeitintervall, die zu Stresserleben führt. Die Zielvariable *Erschöpfungsneigung* umfasst typische körperliche Symptome, die mit arbeitsbezogenem Stress in Verbindung stehen. Als arbeitsbezogene Ressource wurde der *Tätigkeitsspielraum* gewählt, der eigenständige Zielsetzungs-, Auswahl- und Gestaltungsmöglichkeiten eröffnet und so die Entstehung oder die Auswirkungen zeitlicher Überforderung abschwächen kann. *Self-*

Leadership als personale Ressource umfasst vorwiegend kognitive Selbstbeeinflussungsstrategien zur effektiven Selbststeuerung in komplexen Arbeitsumwelten.

Die generell unterstützende Wirkung des Tätigkeitsspielraums und eng verwandter Konzepte (z.B. Freiheitsgrade, Kontrolle, Autonomie) wurde in jüngerer Zeit jedoch vermehrt infrage gestellt (Väänänen & Toivanen, 2018). Die Kernfrage des Diskurses lautet, ob zu viel Autonomie auch schädlich sein kann. Pfaff, Stieler-Lorenz, Jung, Nitzsche und Lautenbach (2010) unterscheiden in diesem Zusammenhang zwischen Autonomie als Ressource und *Optionslast* als (potenzieller Fehl-)Belastung, welche die Wahl zwischen verschiedenen oder komplexen Optionen nicht nur ermöglicht, sondern erfordert. Gerade bei hoch qualifizierter, problemlösender und problemfindender Arbeit mit geringen regelgeleiteten Anteilen kann hohe Autonomie mit hoher Optionslast konfundiert sein. In dieser Situation kann Optionslast die positiven Effekte von Autonomie korrumpieren, wodurch es zu *Optionsstress* kommt (Pfaff et al., 2010). Aufgrund der sich widersprechenden Aussagen von Ressourcennutzungshypothese und dem Konzept des Optionsstresses wird Hypothese 1 daher ungerichtet formuliert:

Hypothese 1: Tätigkeitsspielraum moderiert den Zusammenhang zwischen zeitlicher Überforderung und Erschöpfungsneigung.

Personen mit hoch ausgeprägten Selbstführungsfertigkeiten sollten nach der Ressourcennutzungshypothese das Ressourcenangebot des Tätigkeitsspielraums leichter für sich nutzbar machen können. Wegen der möglichen Konfundierung von Tätigkeitsspielraum mit Optionsstress wird Hypothese 2 jedoch ebenfalls ungerichtet formuliert.

Hypothese 2: Der Moderationseffekt von Tätigkeitsspielraum auf den Zusammenhang zwischen zeitlicher Überforderung und Erschöpfungsneigung hängt von der Ausprägung von Self-Leadership ab.

2. Methoden

$N = 172$ Erwerbstätige beantworteten im Rahmen einer studentischen Qualifizierungsarbeit einen Onlinefragebogen. Die Teilnehmenden lassen sich überwiegend als Hochqualifizierte charakterisieren (63.4 % mit Universitätsabschluss, 21.5% mit Abitur; überwiegend wissensintensive Berufe, z.B. Finanzdienstleistung, IT, Wirtschaftsprüfung, Consulting, Sozial- und Gesundheitswesen, Ingenieurwesen). Die Teilnehmenden waren im Mittel 38.93 Jahre alt (SD = 13.12) und übten ihren derzeitigen Beruf durchschnittlich seit 11.70 Jahren aus (SD = 11.10). 47.1 % waren Männer, eine Führungsposition hatten 28.5 % inne.

Die vier Konstrukte *zeitliche Überforderung* (3 Items, Skala: 15, α = .84, M = 3.11, SD = 0.97), *Erschöpfungsneigung* (6 Items, Skala: 15, α = .86, M = 1.99, SD = 0.77),

Tätigkeitsspielraum (9 Items, Skala: 15, α = .91, M = 3.42, SD = 0.77) und *Self-Leadership* (27 Items, Skala: 15, α = .90, M = 3.44, SD = 0.54) wurden mit validierten Fragebogeninstrumenten erhoben (Quellenangaben können von den Autoren erfragt werden). Die Datenauswertung geschah mittels hierarchischer Regressionsanalysen.

3. Ergebnisse

In Modell 1 (nur Haupteffekte; R^2 = .08, p < .01) zeigte sich ein positiver Effekt von zeitlicher Überforderung auf Erschöpfungsneigung (β = .26, p < .01). Weder Tätigkeitsspielraum (β = .01, p = .95) noch Self-Leadership (β = .07, p = .35) waren mit Erschöpfungsneigung assoziiert.

In Modell 2 (Zweifachinteraktion gemäß H1; R^2 = .11, p < .01; ΔR^2 = .03, p = .02) moderierte Tätigkeitsspielraum den positiven Effekt von zeitlicher Überforderung auf Erschöpfungsneigung (β = .16, p = .02), wobei höherer Tätigkeitsspielraum den Effekt verstärkte.

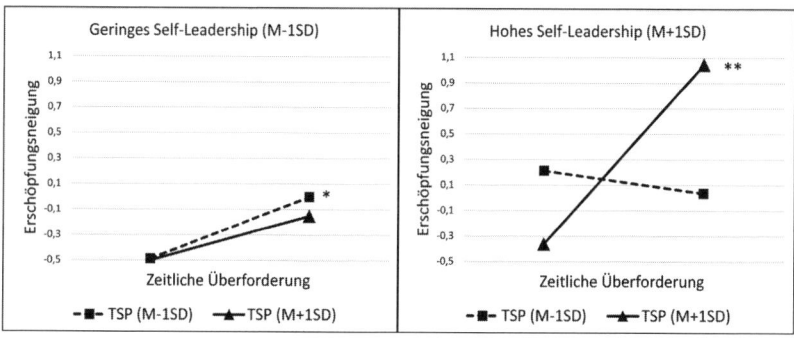

Abb. 1: Dreifach-Interaktionseffekte

Auch in Modell 3 (Dreifachinteraktion gemäß H2; R^2 = .16, p < .01; ΔR^2 = .05, p < .01) zeigte sich derselbe moderierende Effekt des Tätigkeitsspielraums (β = .18, p < .01) aus Modell 2. Die übrigen Zweifachinteraktionen waren nicht signifikant. Dieser Moderationseffekt von Tätigkeitsspielraum wurde jedoch zusätzlich von Self-Leadership (β = .22, p < .01) moderiert. Während bei geringem Self-Leadership und ansteigendem Tätigkeitsspielraum eine Abschwächung des positiven Effekts von zeitlicher Überforderung und Erschöpfungsneigung beobachtet wurde (linke Seite der Abb. 1; antagonistische Interaktion), zeigte sich bei hohem Self-Leadership und ansteigendem Tätigkeitsspielraum eine Verstärkung des Effekts (rechte Seite der Abb. 1; synergistische Interaktion).

Ein zusätzliches Modell 4 (mit Alter, Geschlecht, Führungsposition als Kontrollvariablen; $R2 = .17$, $p < .01$; $\Delta R2 = .01$, $p = .47$) veränderte die Ergebnisse nur unwesentlich; keine der Kontrollvariablen wies signifikante Effekte auf.

4. Diskussion

Tätigkeitsspielraum und Self-Leadership erwiesen sich als bedeutsame Kontextvariablen, die auf ein komplexes Zusammenspiel mit Tätigkeitsmerkmalen hindeuten. Die Ressourcenfunktion des Tätigkeitsspielraums war bei nur bei geringem, nicht aber bei hohem Self-Leadership gegeben.

Eine mögliche Erklärung könnte in typischen Rahmenbedingungen komplexer Wissensarbeit liegen: Tätigkeitsspielraum könnte bei unstrukturierten Arbeitsbedingungen durch Optionsstress überlagert werden und Erschöpfungsreaktionen befördern. Da Wissensarbeitende über höhere Selbstführungsfertigkeiten verfügen müssen, könnte der moderierte Moderationseffekt von Self-Leadership in Wirklichkeit auf einen Effekt unstrukturierter Rahmenbedingungen hindeuten. Vergleichbare Ergebnisse zu Self-Leadership finden sich auch bei Seubert, Glaser und Hornung (2018).

Rollenambiguitäten und widersprüchliche Anforderungen kommen ebenfalls als Erklärungsmuster in Betracht. In Anlehnung an Konzepte der indirekten Steuerung und interessierter Selbstgefährdung (Peters, 2011) könnten Arbeitende mit hohem Self-Leadership ihren Tätigkeitsspielraum nutzen, um vage Rahmenbedingungen besonders gründlich zu strukturieren, was sie nicht nur zeitlich mehr beanspruchen, sondern auch mehr erschöpfen könnte.

Literatur

De Jonge, J. & Dormann, C. (2006). Stressors, resources, and strain at work: A longitudinal test of the triple-match principle. *Journal of Applied Psychology, 91*(6), 1359–1374.

Hacker, W. (2010). Psychische Regulation von Arbeitstätigkeiten. In U. Kleinbeck & K.-H. Schmidt (Hrsg.), *Enzyklopädie der Psychologie. Arbeitspsychologie* (Themenbereich D, Serie III, Band 1) (S. 3–37). Göttingen: Hogrefe.

Peters, K. (2011). Indirekte Steuerung und interessierte Selbstgefährdung. In N. Kratzer, W. Dunkel, K. Becker & S. Hinrichs (Hrsg.), *Arbeit und Gesundheit im Konflikt* (S. 105–122). Berlin: Edition Sigma.

Pfaff, H., Stieler-Lorenz, B., Jung, J., Nitzsche, A. & Lautenbach, C. (2010). Optionsstress in der Wissensarbeit. *Wirtschaftspsychologie, 12*(3), 29–37.

Schaufeli, W. B. & Taris, T. W. (2014). A critical review of the job demands-resources model: Implications for improving work and health. In G. F. Bauer & O. Hämmig (Eds.), *Bridging Occupational, Organizational and Public Health* (pp. 43–68). Dordrecht: Springer.

Seubert, C., Hornung, S. & Glaser, J. (2018). Examining the role of self-leadership in an integrated model of work characteristics and health-related outcomes. In J. I. Kantola, T. Barath & S. Nazir (Eds.), Advances in Intelligent Systems and Computing: Vol. 594. *Advances in Human Factors, Business Management and Leadership* (pp. 477–489). Cham: Springer.

Väänänen, A. & Toivanen, M. (2018). The challenge of tied autonomy for traditional work stress models. *Work & Stress, 32*(1), 1–5.

Cornelia Strecker[1], Thomas Höge[1] & Stefan Höfer[2]
[1]*LFU Innsbruck;* [2]*Medizinische Universität Innsbruck*

Wirkungen von Soziomoralischem Klima und Burnout auf Patientensicherheit am Arbeitsplatz Krankenhaus

1. Das Soziomoralische Klima

Das Soziomoralische Klima ist ein u.a. von Pircher Verdorfer, Steinheider & Burkus (2015) umfassend untersuchtes Konzept und gilt als Teil des Organisationsklimas. Fünf Dimensionen sind dabei zentral: (1) Offene Konfrontation mit Problemen und Konflikten, (2) zwanglose Kommunikation und partizipative Kooperation, (3) zuverlässig gewährte/r Respekt und Wertschätzung, (4) den individuellen Fähigkeiten angemessene Verantwortungsübertragung und (5) Rücksichtnahme durch die Organisation auf die/den Einzelne/n. Das Klima steht u.a. mit prosozialen Handlungsorientierungen, empfundener Gerechtigkeit, Motivation *(work engagement)* und verringerter Abweichung von geltenden Normen *(workplace deviance)* sowie geringerem organisationalem Zynismus in Zusammenhang.

Im Vergleich zur Normalbevölkerung gibt es überdurchschnittlich hohe Prävalenzen von Burnout im Humandienstleistungsbereich, z.B. bei Ärzten/innen oder im Pflegeberuf (z.B. Shanafelt et al., 2015). Die in diesem Kontext unbestrittene Wichtigkeit von ethischen Normen und entsprechendem Verhalten (u.a. für die Patientensicherheit), wirft die Frage auf, ob und wie ein Soziomoralisches Klima im Arbeitskontext Krankenhaus gelebt werden kann.

Des Weiteren ergibt sich die Fragestellung inwiefern die Patientensicherheit durch die jeweiligen Ausprägungen des Soziomoralischen Klimas und der Burnout-Werte des Personals beeinflusst wird.

2. Studiendesign

Im Rahmen des FWF-Forschungsprojekts WELLMED (P 27228-G22) zur Förderung von Wohlbefinden und Gesundheit von Klinikärzten/innen wurden folgende Daten erhoben: $N=228$ Ärzten/innen im Querschnitt (T1) und $N=91$ Ärzten/innen im Längsschnitt (T2; Abstand: 6 Monate) aus zwei österreichischen Kliniken nahmen an der Online-Befragung teil und füllten die relevanten Skalen zum Soziomoralischen Klima vollständig aus.

Zu beiden Zeitpunkten nahmen je etwas mehr Frauen als Männer teil (T1: 62%/ T2: 66% weiblich) und befand sich die überwiegende Mehrheit (>80%) der Klinikärzte in der Facharzt-Ausbildung, welche vor allem in folgenden Abteilungen tätig war: Anästhesiologie, Innere Medizin. Radiologie, Unfall-/Chirurgie und Psychiatrie (insgesamt: 18 verschiedene Abteilungen).

Das Soziomoralische Klima in den Fachabteilungen wurde mit der deutschen 21-item Version des *Socio-moral Climate Questionnaire* (SMCQ, 5-stufig) von Pircher Verdorfer et al. (2015) erfasst. Die Burnout-Dimensionen *Emotionale Erschöpfung, Depersonalisation* und *Reduzierte Persönliche Erfüllung* wurden mit einer adaptierten deutschen 21-Item-Fassung des *Maslach Burnout Inventory* (MBI-D, 6-stufig) von Büssing & Perrar (1992) erhoben und das vorherrschende Patientensicherheitsklima mit der 4-Item-Skala (5-stufig) zur Gesamteinschätzung der Patientensicherheit aus dem *Patientensicherheitsklima-Inventar* (PaSKI) von Pfeiffer & Manzer (2010).

Mittels Korrelations-/Regressions-Analysen (SPSS) und Cross-lagged-panel-Analysen (Amos) wurden die Daten bezüglich oben genannter Fragestellungen im Quer- und Längsschnitt ausgewertet.

3. Studienergebnisse

Die Ergebnisse zeigten, dass das Soziomoralische Klima in den untersuchten Krankenhäusern und Fachabteilungen insgesamt *eher nicht* bis *teilweise* gegeben war (MW: 2.1–3.3). Vergleichsweise am höchsten waren die Subskalen 3 (zuverlässig gewährte/r Respekt und Wertschätzung) und 4 (angemessene Verantwortungsübertragung) ausgeprägt (max. MW = 3.8). Ein Soziomoralisches Klima im Arbeitskontext Krankenhaus kann somit grundsätzlich bestehen, auch wenn es in einigen Abteilungen und/oder für einzelne Subskalen eher nicht gegeben ist.

Weitere Analysen zeigten, dass ein ausgeprägtes Soziomoralisches Klima zu T1 sowohl im Quer- als auch Längsschnitt signifikant positiv mit einem hohen Patientensicherheitsklima zusammenhing (siehe Abb. 1). Beide Klima-Variablen korrelieren zudem signifikant negativ mit allen Burnout-Dimensionen, insbesondere der *Emotionalen Erschöpfung* (siehe Tab. 1).

Da jene Querschnitt-Analysen keine Aussagen über eine Wirkungs*richtung* zulassen, wurden zusätzlich Cross-lagged-panel Analysen hinsichtlich der erhobenen Variablen mit dem Abstand von 6 Monaten durchgeführt. Diese weisen darauf hin, dass das Soziomoralische Klima positiv auf das Patientensicherheitsklima wirken kann ($\beta = .18$, $p < .10$). Umgekehrt ließ sich kein signifikanter Effekt nachweisen ($\beta = -.13$, n.s.). Eine aktive Förderung des Soziomoralischen Klimas könnte sich somit im besten Sinne präventiv auf das Patientensicherheitsklima auswirken.

Weitere Ergebnisse im Zusammenhang mit der in diesem Kontext relevantesten Burnout-Dimension *Emotionale Erschöpfung* (siehe Abb. 1) zeigten, dass sich die Ausprägung der *Emotionalen Erschöpfung* über den Zeitraum von 6 Monaten signifikant negativ auf das Soziomoralische Klima auswirkt ($\beta = -.26$, $p < .01$). Umgekehrt wirkte die Ausprägung des Soziomoralischen Klimas nicht auf jene Burnout-Dimension (β=.06, n.s.). D.h., je geringer die Ärzte/innen emotional erschöpft sind, desto höher schätzen sie die Ausprägung des Soziomoralischen Klimas in einer Abteilung – sowohl zum selben Zeitpunkt als auch ein halbes Jahr später – ein. Das Soziomoralischen Klima scheint – in dieser Studie – keine positive Wirkung auf die Burnout-Ausprägung zu haben.

Zwischen der *Emotionalen Erschöpfung* (EE) und dem Patientensicherheitsklima (PatSich) zeigten sich im Längsschnitt keine signifikanten Effekte (EE T1 → PatSich T2: β= -.14, n.s; PatSich T1 → EE T2: β= .02, n.s.).

4. Fazit

Sowohl das Soziomoralische Klima (im Quer- und Längsschnitt) als auch die Burnout-Ausprägung von Klinik-Ärzten/innen (im Querschnitt) spielen eine Rolle im Hinblick auf die wahrgenommene Patientensicherheit. Die Relevanz des Soziomoralischen Klimas im Arbeitskontext Krankenhaus und die Wichtigkeit einer vorausgehenden Prävention von Burnout wurden durch diese Studie bestärkt und lohnen tiefergehender Betrachtung in Forschung und Praxis.

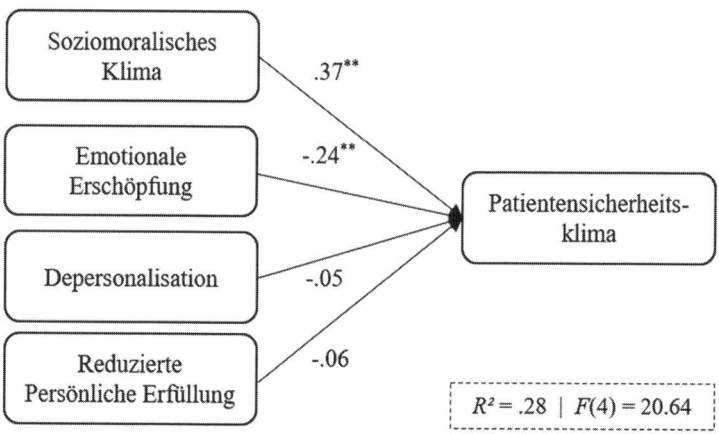

Abb. 1: Multivariate Regressionsanalyse des Patientensicherheitsklimas auf das Soziomoralische Klima und die drei Burnout-Dimensionen (T1)

Tab. 1: Mittelwerte und Interkorrelationen zu T1 (N=228) & T2 (N=91)

	Konstrukt	MW	T1 1	2	3	4	5
1	Soziomoralisches Klima	T1: 2.72 T2: 2.64	– .57**				
2	Patienten-Sicherheitsklima	T1: 3.44 T2: 3.39	.47** .37**	– .50**			
3	Emotionale Erschöpfung (MBI)	T1: 2.36 T2: 2.44	-.31** -.11	-.40** -.18	– .80**		
4	Depersonalisation (MBI)	T1: 1.45 T2: 1.58	-.09 -.10	-.20** -.08	.41** .33**	– .55**	
5	Reduzierte Persönliche Erfüllung (MBI)	T1: 1.31 T2: 1.38	-.17* -.11	-.21** -.18	.28** .31**	.38** .31**	-.67**
6	Alter	T1: 34.5 T2: 34.5	-.15*	.02	-.08	-.30**	-.02

* / ** Die Korrelation ist auf dem Niveau von 0,05 / 0,01 (2-seitig) signifikant;
Anm.: Standardabweichungen (außer Alter) von 0.5 bis 1.0; Alter: SD = 8.4 (T1) / SD = 8.0 (T2)

Literatur

Büssing, A. & Perrar, K.-M. (1992). Die Messung von Burnout. Untersuchung einer Deutschen Fassung des Maslach Burnout Inventory (MBI-D). *Diagnostica,* 38, 328–353.

Pfeiffer, Y. & Manser, T. (2010). Development of the German version of the Hospital Survey on Patient Safety Culture: Dimensionality and psychometric properties. *Safety Science,* 48, 1452–1462.

Shanafelt, T. D., Hasan, O., Dyrbye, L. N., Sinsky, C., Satele, D., Sloan, J., & West, C. P. (2015). Changes in Burnout and Satisfaction with Work-Life Balance in Physicians and the General US Working Population between 2011 and 2014. *Mayo Clinic Proceedings,* 90(12), 1600–1613.

Verdorfer, A. P., Steinheider, B., & Burkus, D. (2015). Exploring the socio-moral climate in organizations: An empirical examination of determinants, consequences, and mediating mechanisms. *Journal of Business Ethics,* 132(1), 233–248.

Arbeitskreis
Präventions-, Sicherheits- und Gesundheitskultur: Neue Herausforderungen

Leitung: Petia Genkova

Ratri Atmoko Benedictus
Fatalism and Occupational Risk Behavior in Religious Country: A Study in Indonesia

Anna Borg, Claas Digmayer, Jonathan Reinartz & Eva-Maria Jakobs
Sicherheitskultur: Wegbereiter für Digitalisierung

Pia Keysers & Petia Genkova
Selbsterfahrung – eine Antwort auf Diversity-sensible Einstellungen? Ein Vergleich zwischen Mitarbeitern mit und ohne Migrationshintergrund

Frauke Füsers, Peter Krauss-Hoffmann & Jana-Madeline Staupe
Diversity im Arbeitsschutz? Explorative Befragung zu den Erfahrungen von Arbeitsschutzakteuren mit Migrantinnen und Migranten in der Arbeitswelt

Ratri Atmoko Benedictus
Faculty of Psychology, Atma Jaya Catholic University of Indonesia Human Factor Department, Hochschule Niederrhein

Fatalism and Occupational Risk Behavior in Religious Country: A Study in Indonesia

1. Occupational Injury and Disease in Indonesia

International Labor Organization (2014) reported that occupational injury and illness triggered over 2.3 million accidents around the world. 350000 occupational injuries and close to 2 million by work-related diseases resulted from these. Indonesia, as the most populated country in South East Asia region and the fourth most populated in the world, has little information about its occupational safety and health issues. The Ministry of Health of the Republic of Indonesia reported that the number of occupational injuries in the past five years increase sharply with 9,891 cases in 2011 and 25,910 cases in mid-2014 (Infodatin, 2015). The National Social Security Agency for Employment then further reported that 105,182 occupational injuries occurred until the 2015 while the number of workers dying reached 2.375 cases (www.bpjs.go.id). In addition to the unclear situation, currently only 35 % of the 120 million workers are registered on the Social Security for Employment. The Ministry of Health (Infodatin, 2015) released the information that number of workers suffering from common diseases resulted from work-related diseases were 57,929 cases in 2011. This number increased rapidly with 97,144 cases in 2013. The three prevalence of occupational disease are Obesity about 26.6 %, Hypertense about 25.8 % and chronic lung disease about 3.8 %. Otherwise, the risk factors resulted occupational disease are the lack of physical activity about 52.8 %, smoking about 21.2 % and lack of fruit and vegetable consumption about 10.7 %.

On the other side, Survey of Gallup on 2009 put Indonesia on the fourth position as the most religious country in the world (Crabtree, 2010). Approximatelly 99 % of Indonesian people considered religion as the most important and influential dimension in their daily lives. As a Moslem world's largest country with a democracy system, survey of Pew Research Center reported that if given a choice, 72 % of Indonesia's Moslem population would favor an Syariah or Islamic Law as the official law for the country.

Thus, this study seeks to explain why so horribly many occupational injuries happen in a religious country that should respect human life duly. That question was answered by targeting multilevel perspective: individual, organizational, and religion. Data were collected by interviews with religious and organizational leaders and workers with occupational accident experience. Three company from different business were participated on this study, namely logistic, coal mining, and electric transformer manufacturing.

2. Collectivist Culture and Fatalism

Barry Turner (*see* Clarke & Cooper, 2004), on his model of accident causation, considered how culture accepted beliefs about the world and its hazards as the starting point of accident caution. According to Hofstede (n.d), Indonesia has a low score of Individualism (IDV) as seen on Table 1. Bayne (2000) stated that person who has high individualism will tend to an internal locus of control. Conversely, people with low individualism will tend to have an external locus of control. Therefore, Indonesia could be identified as a collectivist society which has external locus of control (Suwarsi & Budiarti, 2009). It means that Indonesian people have a high preference for a strongly defined social framework in which they are individually expected to conform with the ideals of the society and the in-groups to which they belong.

Table 1. National Culture Correlates of Fatal Occupational Injury

FOI's Rank	Country	Mean of FOI Rates (1978-2008)	National Culture Dimensions of Hofstede			
			PDI	IDV	MAS	UAI
1.	Great Britainn	1,314	35	89	66	35
2.	Trinidad & Tobaco	1,454	47	16	58	55
3.	Netherland	1,873	38	80	14	53
4.	Norway	1,991	31	69	8	50
5.	Sweden	2,031	31	71	5	29
6.	Denmark	2,695	18	74	16	23
7.	Finland	3,352	33	63	26	59
8.	Germany	3,453	35	67	66	65
...	...	...	...	...	...	...
58.	Indonesia	58,433	78	14	46	48
59.	India	59,792	77	48	56	40
60.	Guatemala	62,667	95	6	37	101

Note: PDI: Power Distance, IDV: Individualism, MAS : Masculinity, UAI: Uncertainty Avoidance
(Source: Adopted from Keser et al., 2015; Hofstede, n.d.)

Rotter stated that people with internal Locus of Control attribute their life's events to their own abilities or efforts (*see* Kish-Gephart, Harrison & Treviño, 2010). Otherwise, externals attribute to some external source, such as fate, luck, or powerful others. Further, Clarke and Cooper (2014) described that people with an internal locus of control have a strong believe in their ability to control a situation and also tend to take responsibility for their actions when things go wrong. Those with an external Locus of Control see situations or events as being out of their control and view themselves as victims and blame others or the situations, when things go wrong. Person with external Locus of Control tend to perceive that accidents happen due to forces outside their control. Ruiu (2012) explained that concept of fatalism closely related to locus of control, particularly about what causes good or bad life event. Further, he defined fatalism as people's propensity to believe that their destinies are ruled by an unseen power and fate, rather than by their will. Powe (*See* Powe & Finnie, 2003) introduced the concept of cancer fatalism as the belief that death is inevitable when cancer is present, regardless of what actions are taken. He also constructed fatalism inventory as the most used fatalism scale which revealed into four dimensions, namely fear, pessimism, predetermination, and inevitability of death.

3. Fatalism at Workplace in Indonesia

3.1 Religious Leader Perspective

Islamic Religious leader considers working as a noble activity. It means that Moslem workers should be not careless on work since *Allah,* the Prophet Muhammad and the dead oversee them. In Protestant teaching, working is defined as an action that is given to God for further magnifying His glory. The meaning of work according to the Catholic has been described and defined in detail in the Church document, namely *Laborem Exercem.* In Hinduism, working is part of implementation of its five *Sradha,* mainly the *Karma Pala* as most fundamental law in Hinduism. Another religious concept which is relevant to occupational injury and illness are fate and destiny. Catholics have the difference meaning of fate and destiny, compared with the three other religions. There is little room for destiny in Catholic teaching the concept is that human has a free will. Within the meaning of free will, one needs to consider the existence of others and people strongly influence each other. Although free will is also the core teachings of Hindu, but Hinduism recognize that fate and destiny are prerogative decisions of God. Hindu recognize teachings *Trikaya Parisudha* as a guide in choosing a good act, such as think the good, say the good, and act the good. Whereas in Islam, destiny is interpreted as the will of God and human beings could only attempted. In Islam, there is a concept of Tawakal or surrender all the effort and let God decide about the outcome. Islamic religious leaders a Moslem should not totally surrender to God without effort. This can be determined as a fatalism or in the Javanese language is *pasrah bongkokan.* On the other side, people also should not just rely on themselves. The role of human endeavor is to strive the good destiny. so, an accident is not easily and instantly considered as destiny. Man must strive first. But if then catastrophe still can not be avoided, it is called destiny.

For the question about why do worker who violate the rules have no accidents, from Islamic religious leaders, it is known that Allah simply let the person acts as he pleases and not warning him. This is dangerous, since this accumulates to become a habit for underestimating the danger. As a result, it will lead to a major injury or even fatality. This approach is also affirmed by the religious leader of Protestants stating that though the employees did not got injured, but they should be immediately warned.

3.2 Reflection among Organizational Leader

Organizational leaders state that individual factors such as lack of competency are most influential. Economic preferences are stronger than concerns for safety and health. Culturally based lack of awareness let workers decide wrongly. One President Director argues that safety and health was first a necessity, but in the future becomes the generative culture of the company. As a highest leader, he declared safety and health as a manifestation of commitment of the company to uphold the value of religion, mainly the value of Islam (encourage to do the good deeds and to prevent the destruction). His high commitment to safety was followed by the board of directors that accommodate the expenses for every aspect of safety.

3.3 Worker Experience

Accident experiences influenced the perception about sources of accidents and risks. Moslem workers interpreted injury as *apes* or bad luck, that should be accepted as unavoidable. They are also seen as a warning from God that they should be more careful. This encourages people to surrender and accept it as a form of psychological resilience. Praying even more is considered a prevention and is routinely performed during driving, while technical and organizational safety factors are ignored. Workers with Christian religions consider individual factor, such as fatigue, micro sleep while working and psychological stress as major factors rather than God.

For the Moslem workers, every life event is the intervention of *Allah*. Risk, hazard, danger, illness, and accident are then considered as a temptation and warning. The two main aims that should be attempted are human patience and sincerity. If faith is down, God reminds humans by giving temptations, through accident or illness. Catholic workers asserted that accidents are caused solely by human factors. Destiny is unknown in the Catholic religion, since God created everything good.

4. Conclusion

Religious teaching has a valuable perspective that can be utilized to manage occupational safety and health. Also, some organizations in Indonesia adopt relevant religious values, such as working with sincerity, work as worship, obedience of authority and rules. Fatalism among Indonesian worker seems emanate from the lack of understanding and misinterpretation of religion teaching that lead them to focus only on obligation to live as religious people by following religious ritual, rooted on feeling of *pasrah* or powerlessness, perceive life and death became the authority of God, and obedience to religion is absolute and above all.

Literatur kann beim Autor angefordert werden.

Anna Borg[1], Claas Digmayer[2], Jonathan Reinartz[3] & Eva-Maria Jakobs[2]
[1]*CBM GmbH;* [2]*Textlinguistik und Technikkommunikation, HCIC, RWTH Aachen University;* [3]*FIR e.V. an der RWTH Aachen*

Sicherheitskultur: Wegbereiter für Digitalisierung

Fasst man Sicherheitskultur als Konzept, das Werte und Maßstäbe gemeinsamen Handelns im Sinne sicheren und gesunden Arbeitens festlegt und Normen für gute Arbeit generiert (Elke, 2001; Guldenmund, 2016), kann Sicherheitskultur als Chance für den digitalen Wandel im Unternehmen nutzbar gemacht werden. Die Digitalisierung ist geprägt durch dynamische, vernetzte Arbeitsformen und bedeutet einen Eingriff in Arbeitsbeziehungen, Prozesse sowie in Strukturen. Offen ist, wie Sicherheitskultur einerseits durch Digitalisierung beeinflusst wird und insbesondere selbst einen positiven Einfluss im Sinne guter Arbeit leisten kann. Diese Frage wird in dem anwendungsorientierten Verbundprojekt SiTra 4.0 (BMBF, 2017–2020) aufgegriffen und im Zusammenschluss von Wissenschaft und Praxis bearbeitet. Ziel ist die Entwicklung eines Transformationsansatzes für die Etablierung eines präventiven und partizipativen Sicherheitskulturkonzeptes als Erfolgsfaktor für die Umsetzung von Industrie 4.0.

1. Von der Organisationskultur zu Sicherheitskultur und Digitalisierung

Der Umgang mit Sicherheit und Digitalisierung in Unternehmen wird maßgeblich von der vorherrschenden Organisationskultur bestimmt. Kultur als verhaltensbestimmendes Element steht dabei in direkter Abhängigkeit zu den bestehenden Strukturen und den Prozessen (Guldenmund, 2007; Edwards et al. 2013). Sicherheitskultur als Teil der Organisationskultur ist somit ein genuines Merkmal einer Organisation. Die (Sicherheits-) Kultur ist dabei kein statischer Zustand, sondern sich ständig entwickelndes Resultat eines andauernden Prozesses von Interaktion, wechselseitiger Anpassungen und Einigungen (Guldenmund, 2016; Blazin & Guldenmund, 2015).

Im Hintergrund der Sicherheitskultur stehen die Anforderungen durch den Gesetzgeber an den Arbeits- und Gesundheitsschutz (AGS). Das Arbeitsschutzgesetz und Arbeitssicherheitsgesetz geben den Rahmen für das was getan werden muss vor. Der Gesetzgeber regelt eindeutig die Verantwortlichkeiten des Unternehmers, Zuständigkeiten und zu betrachtende Inhalte. Für die Umsetzung von AGS im Unternehmen liegt inzwischen ein breites, gut erprobtes Instrumentarium vor, welches neben der Gestaltung sicherer Arbeit auch Potenzial für die Gestaltung einer guten digitalen Arbeit bietet. Insbesondere zu nennen ist hier die Gefährdungsbeurteilung, die eine präventive Betrachtung von Tätigkeiten forciert und damit auch Ableitungen für eine Gestaltung von guter digitaler Arbeit erlaubt.

Betrachtet man die Sicherheitskultur, liegt der Fokus jedoch weniger darauf, was getan wird, um „sicher" zu arbeiten, vielmehr liegt dieser auf dem, wie es getan wird. Neben der Art der Anwendung der Instrumente sind für eine Sicherheitskultur, die auch Digitalisierung vorantreibt, insbesondere die der Kultur zugrundeliegenden Grundannahmen im Unternehmens maßgeblich für die Umsetzung im täglichen Arbeiten. Subsummiert aus der Literatur (Zohar, 2010; Guldenmund 2007) können folgende fünf Indikatoren als wesentlich sowohl für die Beschreibung als zur Entwicklung von Kultur gefasst werden: Werte, Führung, Kommunikation, Einbindung und Organisation. Im Rahmen von SiTra 4.0 werden die Indikatoren spezifiziert, die sowohl Sicherheitskultur als auch Digitalisierung betreffen und Ressourcen und Barrieren sichtbar machen, die Unternehmen befähigen ein passgenaues Sicherheitskulturkonzept zu entwickeln und umzusetzen, welches digitale Transformation ermöglicht.

1.1 Anforderungen der Digitalisierung

Die Digitalisierung darf nicht nur aus technologischer Sicht als Wandel gesehen werden, vielmehr ist es ein durch Technik getriebener, allumfassender Transformationsprozess. Neben strategischen und organisatorischen Anforderungen müssen soziokulturelle Veränderungen betrachtet werden (Petry, 2016). Für die Mitarbeiter verändern sich nicht nur die Kommunikationsmittel und Arbeitsprozesse, sondern auch die Arbeitsmittel. Die Digitalisierung im Unternehmen bedeutet signifikante Änderungen für das ganze Unternehmen und bedingt damit kulturellen Wandel.

Unternehmen stehen neben den technologischen Umsetzungsschwierigkeiten, wie dem Einsatz cyber-physischer Systeme, vor der Herausforderung eine breite Akzeptanz hierfür bei ihren Mitarbeitern zu schaffen. Die qualifizierte Weiterentwicklung der Beschäftigten im Unternehmen sowie die Förderung von Selbstständigkeit und Weiterqualifizierung werden zentrale Wettbewerbsfaktoren. Für Unternehmen bedeutet dies, dass Motivation, Entwicklung der Leistungsfähigkeit und Mitarbeiterbindung eine wichtige Rolle in der Digitalisierung spielen. Gleiches gilt für die Führungskräfte und die Entwicklung der Führungskompetenzen (Cernavin et al. 2018).

Angesichts der hohen Entwicklungsdynamik reicht ein Wandel im Denken des Einzelnen nicht aus, sondern eine erhöhte Lern- und Veränderungsbereitschaft muss unternehmensweit kulturell verankert werden. Diese zunächst strukturellen Veränderungen gehen mit kulturellen Veränderung, die sich auf den Kulturindikatoren abbilden lassen einher. Offen ist welche aus der Forschung zu Sicherheitskultur bekannten Kulturindikatoren einen positiven Einfluss auf die Digitalisierung besitzen. Wie Cernavin et al. (2018) ausführen ist der breitere Rahmen einer aktivierenden betrieblichen Präventionskultur wesentlich für die Qualität der Gestaltung der digitalen Transformation.

1.2 Kommunikation und Einbindung als zentrale Kulturindikatoren
Wesentlich für die Herausbildung von Sicherheitskultur ist die sprachliche Form ihrer Darstellung (Dokumentation) sowie ihrer diskursiven Erzeugung und Verhandlung. So zeigen Vacek (2009), Fetzer (2010) und Schuh et al. (2015), dass die Wahrnehmung von Veränderungen (Transformationsprozessen) und (Sicherheits-)Kultur stark vom Diskurs der Beteiligten geprägt ist. Bedeutsam ist, wer etwas sagt sowie was und wie es gesagt wird. Gerade informelle Kommunikation (Brünner, 2000) spielt eine gewichtige Rolle bei der Regelung innerbetrieblicher Abläufe, etwa wenn erfahrene Mitarbeiter neuen Mitarbeitern „unter der Hand" zeigen, wie Probleme effizient gelöst und dabei vorgeschriebene Handlungsweisen umgangen werden (Hartmann 1995).

Zentral ist der erlebte Handlungsspielraum der Mitarbeiter (Judge & Bono, 2001). Sicherheit entsteht nicht nur aus Wissen und Einsichten, (scheinbar) rationalem Verhalten und möglichst großer Transparenz (Banse & Hauser, 2008), sondern auch aus einem intuitiven Sicherheitsverständnis, erlebter Mitgestaltungsmöglichkeiten. Sicherheitskulturentwicklung setzt voraus, dass sich Mitarbeiter aktiv in die Entwicklung und Gestaltung von Sicherheitskonzepten einbringen können, indem sie diese diskursiv entwickeln, diskutieren und ratifizieren (Hartmann 1995). Dies erfordert Selbstverantwortung, einen gemeinsamen Umgang mit Belastung, Unsicherheit und Fehlern, der Raum lässt für neue Ideen und Lösungen sowie eine „gemeinsame Sprache" für alt bekannte wie neue Probleme. Sicherheit entsteht damit in der Trias von Können, Wollen und Dürfen (Gardner & Pierce, 1998). Verständigungsprozesse über die Sicherheit sollten zunächst für eine (Sprach-)Kultur vorangetrieben werden, um implizite Werthaltungen explizit zu machen, sie sprachlich zu fassen und in Dokumente übernehmen zu können (Banse & Hauser 2008).

2. Sicherheitskultur kann Digitalisierung fördern
Deutlich ist, dass bezogen auf die Kulturindikatoren große Schnittmengen zwischen Sicherheit und Digitalisierung bestehen. In einer Sicherheitskultur, die auf organisatorischer Ebene eine fördernde wie schützende Arbeits- und Organisationsgestaltung forciert und präventionsbezogene Personalentwicklung fokussiert (i.e. Empowerment), auf der Gruppenebene diskursiv Lösungen sucht und auf der individuellen Ebene Wissen verfügbar macht, Veränderungen aufgreift und Kreativität fördert,

kann auch der Wandel zu Digitalisierung gut gelingen. Für Unternehmen ergeben sich hiermit gute Möglichkeiten, die u.a. gesetzlich geforderten Aktivtäten im Rahmen eines ganzheitlichen AGS zu nutzen, um die Herausforderungen der Digitalisierung zu bewältigen und letztlich wirtschaftlich erfolgreich zu bleiben.

Literatur

Blazin, H. & Guldenmund, F. (2015). The social construction of safety: Comparing three realities. Safety Science, 71, pp. 16–27.

Brünner, G. (2000). Wirtschaftskommunikation. Tübingen: Niemeyer.

Cernavin, O., Schröter, W., Stowasser, S. (2018). Prävention 4.0. Analysen und Handlungsempfehlungen für eine produktive und gesunde Arbeit 4.0.

Edwards, J., Davey, J. D. & Armstrong, K. A. (2013). Returning to the roots of culture: a review and re-conceptualisation of safety culture. Safety Science, 55, pp. 70–80.

Elke, G. (2001). Sicherheits- und Gesundheitskultur I – Handlungs- und Wertorientierung im betrieblichen Alltag. In B. Zimolong (Ed.). Management des Arbeits- und Gesundheitsschutzes – Die erfolgreichen Strategien der Unternehmen (S. 171–200). Wiesbaden: Gabler.

Fetzer, H. (2010). Chatten mit dem Vorstand. Narr Verlag.

Gardner, D. G. & Pierce, J. L. (1998). Self-esteem and self-efficacy within the organizational context an empirical examination. Group & Organization Management, 23(1), 48–70.

Guldenmund, F. (2007). The use of questionnaires in safety culture research – an evaluation. Safety Science, 45(6), pp. 723–743.

Guldenmund, F. (2016). Organizational Safety Culture. In S. Clarke, T. M. Probst, F. Guldenmund and J. Passmore (Eds.). The Wiley Blackwell Handbook of The Psychology of Occupational Safety and Workplace Health, Chap. 19, pp. 437-458, John Wiley & Sons: Chichester, UK.

Hartmann, A. (1995). Ganzheitliche Sicherheits-IT. In: 4. Deutscher Sicherheitskongress. 8. Bis 11. Mai 1995. Bonn. Sektion 7, 1–13.

Judge, T. A. & Bono, J. E. (2001). Relationship of core self-evaluations traits—self-esteem, generalized self-efficacy, locus of control, and emotional stability—with job satisfaction and job performance: A meta-analysis. Journal of Applied Psychology, 86(1), 80.

Petry, T. (2016). Digital Leadership. Erfolgreiches Führen in Zeiten der Digital Economy. 1. Auflage. Haufe Fachbuch. Haufe Gruppe, Freiburg, München, Stuttgart.

Banse, G. & Hauser, R. (2008): Technik und Kultur. Am Beispiel Sicherheit und Sicherheitskultur(en). https://www.zak.kit.edu/downloads/Hauser-Banse_Hauser_Wildau_final.pdf.

Schuh, G., Stich, V., Jakobs, E.-M. & Ziefle, M. (2015) (Hrsg.): Zukunft gestalten: Soziale Technologien in Organisationen in Zeiten des Wandels. Wissen – Innovation – Demographie. FIR-Edition Forschung Band 15. FIR e.V. an der RWTH Aachen

Vacek, E. (2009). Wie man über Wandel spricht. VS Research.

Zohar, D. (2010). Thirty years of safety climate research: Reflections and future directions. Accident Analysis & Prevention, 42(5), 1517–1522

Pia Keysers & Petia Genkova
Hochschule Osnabrück

Selbsterfahrung – eine Antwort auf Diversity-sensible Einstellungen?
Ein Vergleich zwischen Mitarbeitern mit und ohne Migrationshintergrund

1. Diversity Einstellungen

Aufgrund des demografischen Wandels und der hohen Zuwanderung in den Jahren 2015 und 2016, wird die Bevölkerung in Europa und Deutschland immer heterogener. Dadurch hat sich das Interesse seitens der Politik, Gesellschaft und der Organisationen an dem Thema Diversity Management in den letzten Jahren stark gesteigert. Frauen, Migranten als auch ältere Mitarbeiter gewinnen immer mehr Bedeutung für den Arbeitsmarkt. Auf der einen Seite stellt der demografische Wandel für Organisationen eine Herausforderung dar. Auf der anderen Seite bietet es anderen Gruppen wie Personen mit Migrationshintergrund eine Chance. Die Folgen des demografischen Wandels sind, dass sich Organisationen vermehrt mit diversen Arbeitsteams auseinandersetzen müssen (Statistisches Bundesamt, 2016).

Diversity Management beinhaltet u. a. die Werte Chancengleichheit und Fairness. Es trägt signifikant dazu bei, dass die Erwartungen der Mitarbeiter hinsichtlich des Respektes von unterschiedlichen Individuen seitens der Unternehmen zufriedengestellt werden (Magoshi & Chang, 2009). Durch Diversity erhöhen sich sowohl die Produktivität als auch die Innovationsfähigkeit von Mitarbeitern, wenn Unternehmen die individuellen Kompetenzen ihrer Mitarbeiter fördern (Evans, 2014). Ein diverses Team bewirkt zudem, dass unterschiedliche Aspekte und Ideen von Mitarbeitern eingebracht werden und neue Herangehensweisen zur Problemlösung sowie Verbesserungsvorschlägen entstehen (Page, 2007). Diversity kann für Organisationen und Individuen bereichernd sein, wenn sie sich auf den Perspektivenwechsel einlassen (Page, 2007). Kulturelle Diversität sowie altersgemischte Teams können Impulse in den verschiedensten Gesellschafts-, Wirtschafts- und Lebensbereichen setzen.

Dennoch zeigt die Forschung, dass Diversity ebenfalls als Bedrohung empfunden wird (Van Knippenberg et al., 2013) und zu Ablehnung bei Individuen führen kann. Dieses Abgrenzungsverhalten führt dazu, dass Diversität als Stress wahrgenommen wird, sowohl von den Mitarbeitern mit als auch ohne Migrationshintergrund.

Für ein erfolgreiches Diversity Management und zum Erhalt der Leistungsfähigkeit der Mitarbeiter, müssen daher geeignetes Wissen, interkulturelle Fähigkeiten und Kompetenzen generiert und vermittelt werden (Jetten & Brascombe, 2009).

2. Fragestellung und Design

Ziel der Untersuchung ist es, Kenntnisse darüber zu erlangen, inwieweit Diversity von den Mitarbeitern, Führungskräften und Organisationen gelebt und gefördert wird. Dabei liegt der Fokus besonders auf Diversity-Kompetenzen und Diversity-Einstellungen von Mitarbeitern.

Die Untersuchung beschäftigt sich mit den Fragestellungen, ob es Unterschiede zwischen Mitarbeitern mit und ohne Migrationshintergrund hinsichtlich der Diversity Einstellungen gibt als auch hinsichtlich des vertrauten Umgangs mit Personen aus anderen Kulturen. Dazu wurden 18 Mitarbeiter mit und 15 Mitarbeiter ohne Migrationshintergrund aus verschiedenen Organisationen telefonisch mit Hilfe eines standardisierten, deduktiv konzipierten Interviewleitfadens befragt. Die Interviewpartner arbeiten u. a. in Unternehmen aus der Dienstleistungsbranche/Beratung, Finanzbranche, Gastronomie, Automobilbranche, dem öffentlichen Dienst und der Konsumgüterindustrie. Das Durchschnittsalter der Mitarbeiter beträgt M = 35.48 (N = 33; SD = 9.99). Die Mitarbeiter arbeiten rund M = 9.29 Jahre (N = 33; SD = 9.37) in den Unternehmen.

Die explorativen Interviews ermöglichen es, Hintergründe und Zusammenhänge zu dem Themengebiet kulturelle Diversität aus Sicht von involvierten Mitarbeitern aus verschiedenen Unternehmensbranchen und -größen darzustellen.

Explorative Hypothese: Mitarbeiter ohne Migrationshintergrund sehen mehr Nachteile in der multikulturellen Teamarbeit als Mitarbeiter mit Migrationshintergrund.

Hypothese 2: Mitarbeiter mit Migrationshintergrund fühlen sich wohler mit Menschen aus verschiedenen Kulturen zu arbeiten als Mitarbeiter ohne Migrationshintergrund.

Die qualitativen Interviews ermöglichen, Sinnzusammenhänge in Bezug auf den Diversity Aspekt Kultur und deren Herausforderungen nachzuvollziehen und analysieren zu können. Des Weiteren können neue Aspekte gefunden werden und wiederum Rückschlüsse generiert werden, in diesem Fall wie z. B. Mitarbeiter mit und ohne Migrationshintergrund multikulturelle Teamarbeit wahrnehmen und welche Kompetenzen in der heutigen Arbeitswelt besonders wichtig sind. Die Interviews wurden nach der qualitativen Inhaltsanalyse nach Mayring (2015) ausgewertet.

3. Ergebnisse und Diskussion

Die Ergebnisse der explorativen Hypothese zeigen, dass die Mitarbeiter die Herausforderung von multikulturellen Teams erkennen. Die multikulturelle Teamarbeit wird von Mitarbeitern ohne Migrationshintergrund viel häufiger und stärker als Nachteile anstatt als Vorteile angesehen. Nach Aussagen der beiden Gruppen, sind besondere

Herausforderungen bei der Zusammenarbeit mit Migranten eventuelle Sprachbarrieren. Mitarbeiter ohne Migrationshintergrund nannten ebenfalls noch folgende Problemfelder: kulturelle Arbeitsweisen und -einstellungen, das unterschiedliche Verständnis von Teamkultur und -fähigkeit sowie die soziale Interaktion.

In Bezug auf den Bikulturalismus zeigt die Auswertung von Mitarbeitern mit Migrationshintergrund, dass diese in zwei Kulturen, d. h. der deutschen und ihrer Heimatkultur gleichermaßen eingebunden sind und sich überwiegend integriert fühlen (N = 18; M = 4.44; SD = 1.19). Hervorzuheben ist dabei, dass die engsten Freunde nicht unbedingt den gleichen kulturellen Hintergrund wie die Befragten mit Migrationshintergrund haben (N = 15; M = 2.33; SD = 1.45).

Ein interessanter Aspekt der in den Interviews genannt wurde, war das Thema Neid gegenüber Personen mit Migrationshintergrund. Mitarbeiter mit und ohne Migrationshintergrund empfinden teilweise Neid gegenüber Mitarbeitern mit Migrationshintergrund, da sie ihrer Meinung nach bevorteilt werden und mehr Unterstützung erhalten als andere Mitarbeiter.

Nach den Befragten können Vorurteile (N= 14) sowie soziale Kategorisierung (N= 12) einen Einfluss bei der multikulturellen Zusammenarbeit haben. Unwissenheit, Unsicherheit sowie Angst vor anderen Kulturen, dass die eigene Kultur überfremdet wird und es zum Identitätsverlust kommt, können Distanzen zwischen Mitarbeitern schaffen.

Um die quantitative Hypothese: Mitarbeiter mit Migrationshintergrund fühlen sich wohler mit Menschen aus verschiedenen Kulturen zu arbeiten als Mitarbeiter ohne Migrationshintergrund, zu verifizieren, wurde ein T-Test durchgeführt. Die Ergebnisse zeigen hochsignifikante Unterschiede (Mitarbeiter ohne Migrationshintergrund M = 3.47; SD = .83; Mitarbeiter mit Migrationshintergrund M = 4.67; SD = .49; T = 5.157, df 1; 31; p = .000). Die Unterschiede weisen darauf hin, dass durch den persönlichen Hintergrund und die Erfahrung der Zuwachs von Interkulturellen Kompetenzen bedingt wird.

Gerade durch die Erfahrungen der Personen mit Migrationshintergrund sieht man die Unterschiede hinsichtlich der Vertrautheit im Umgang mit anderen Kulturen. Häufig wachsen Personen mit Migrationshintergrund mit mindestens zwei Kulturen auf und lernen dadurch früher, sich auf andere Kulturen einzulassen und anzupassen.

Die Befragten stammen zwar aus unterschiedlichen Unternehmensbranchen, dennoch können sich andere Unternehmen mit anderen Merkmalen wie z. B. Größe, Struktur und der längeren Etablierung einer Diversity Abteilung von der hier untersuchten Stichprobe abheben. In Deutschland gibt es zudem ein starkes Ost-West-Gefälle hinsichtlich der Beschäftigung von Migranten in Unternehmen. Dies spiegelt sich in den Interviews wider. Nicht alle Befragten haben in ihrem Arbeitsalltag mit Migranten zu tun.

Die Ergebnisse zeigen insgesamt, dass Diversity für Unternehmen eine immer wichtigere Rolle spielt. Dennoch die Gefahr der Problematisierung bestehen kann, d. h. dass z. B. Diskriminierung durch ein Diversity Konzept im Unternehmen angesprochen wird, obwohl es Diskriminierung in dem Unternehmen nicht gibt und dadurch Probleme angesprochen werden, die es in dem Unternehmen vorher nicht gab. In den Interviews zeigte sich, dass im westlichen Teil Deutschlands, z. B. im Ruhrgebiet solch ein Konzept überflüssig wäre, da dort ein hoher Migrationsanteil herrscht und es „normal" ist, mit Menschen aus verschiedenen Kulturen zusammenzuarbeiten. Die Ergebnisse zeigen, dass die Persönlichkeitsmerkmale der Mitarbeiter eine Rolle spielen, inwieweit sie Diversity akzeptieren und bereit sind, mit Menschen aus anderen Kulturen zusammenzuarbeiten. Für Unternehmen bedeutet dies Trainings und Seminare zum Thema Kultur, Stereotypen und Interkulturelle Kompetenzen anzubieten und Auslandserfahrungen und -einsätze zu fördern.

Literatur

Evans, C. (2014). Diversity management and organizational change. Equality, Diversity and Inclusion: An International Journal, 33(6), 482–493.

Jetten, J., & Brascombe, N. R. (2009). Minority-group identification: Reponses to discrimination when group membership is controllable. In: F. Butera, F & J. L. Levine (Eds.), Coping with Minority Status. Cambridge University Press, 155–176.

Magohsi, E. & Chang, E. (2009). Diversity management and the effects on employees' organizational commitment: evidence from Japan and Korea. Journal of World Business, 44(1), 31-40.

Mayring, P. (2015). Qualitative Inhaltsanalyse. Grundlagen und Techniken (12., überarb. Aufl.). Weinheim: Beltz.

Page, S. E. (2007). The difference: How the power of diversity creates better groups, firms, schools, and societies. Princeton: Princeton University Press.

Statistisches Bundesamt (2016). Ältere Menschen in Deutschland und der EU. [Online]. Verfügbar unter: https://www.destatis.de/DE/Publikationen/Thematisch/Bevoelkerung/Bevoelkerungsstand/BroschuereAeltereMenschen0010020169004.pdf?__blob=publicationFile. [Zugriff am 06. Februar 2018].

Van Knippenberg, D., Van Ginkel, W. P. & Homan, A. C. (2013). Diversity mindsets and the perfomance of diverse teams. Organizational Behavior and Human Decision Processes, 121(2), 183–193.

Frauke Füsers, Peter Krauss-Hoffmann & Jana-Madeline Staupe
Landesinstitut für Arbeitsgestaltung des Landes Nordrhein-Westfalen (LIA.nrw)

Diversity im Arbeitsschutz? Explorative Befragung zu den Erfahrungen von Arbeitsschutzakteuren mit Migrantinnen und Migranten in der Arbeitswelt

1. Ausgangslage

Der Anteil der Erwerbstätigen mit Migrationshintergrund im Bundesland Nordrhein-Westfalen (NRW) liegt mit rund 23 % über dem Bundesdurchschnitt. Insbesondere durch die seit 2015 vermehrte Zuwanderung aus Krisen- und Konfliktländern und auch durch die EU-Binnenmigration wird sich die Zahl erwerbstätiger Personen mit Migrationshintergrund weiter erhöhen. Im März 2018 waren beispielsweise rund 138.000 arbeitssuchende Personen aus Asylherkunftsländern in den Jobcentern und Agenturen für Arbeit in NRW gemeldet, die perspektivisch dem Arbeitsmarkt zur Verfügung stehen.

Erste Gespräche mit Gewerbeaufsichtsbeamtinnen und -beamten u.a. führten zu der Hypothese, dass sich durch diese Zuwanderung und kulturell immer vielfältigere Belegschaften neue Impulse und Herausforderungen für den Arbeitsschutz ergeben haben. Belastbare Daten zu den Auswirkungen dieser Entwicklungen auf den Arbeitsschutz liegen aber nur in sehr geringem Maße vor. Um diesbezüglich zu ersten Erkenntnissen zu gelangen, wurde eine explorative Befragung auf der internationalen Fachmesse Arbeitsschutz und Arbeitsmedizin (A+A) 2017 in Düsseldorf durchgeführt. Konkret interessierte das LIA.nrw, welche Erfahrungen die Befragten bisher mit Beschäftigten und Unternehmern mit Migrationshintergrund gemacht haben und welche Herausforderungen und Chancen sich ihrer Meinung nach in Bezug auf die Gestaltung des Arbeitsschutzes für zunehmend kulturell vielfältige Belegschaften ergeben.

2. Methode

Für die Datenerhebung wurde ein qualitativer und explorativer Ansatz ausgewählt: das leitfadengestützte Experteninterview. Diese Methode eignet sich zur „Exploration des Unbekannten" und wurde gewählt, weil über den Gegenstand der Befragung keine oder nur geringe Erkenntnisse vorlagen. Sie ermöglicht eine hohe Flexibilität und Orientierung an dem individuellen Gesprächsverlauf. Das war erforderlich, weil der Befragungsgegenstand noch unzureichend exploriert war und mögliche Antworten und Reaktionen nicht vorhersehbar waren.

Als Expertinnen und Experten im Rahmen der Befragung gelten Personen, „die selbst Teil des Handlungsfeldes sind, das den Forschungsgegenstand ausmacht." Da es konkret um Erfahrungen im Bereich Arbeitsschutz und Beschäftigte und Unternehmer/innen mit Migrationshintergrund ging, waren aus Sicht der Interviewerinnen alle Besucher und Besucherinnen der Fachmesse für Arbeitsschutz, die nach eigenen Angaben über diesbezügliche Erfahrungen im deutschen Arbeitskontext verfügten, potentielle Expertinnen und Experten. Dabei interessierten nicht die persönlichen Erfahrungen und Meinungen der befragten Person, sondern es ging um die Einschätzungen und Einstellungen der Person in ihrem organisatorischen und institutionellen Kontext bzw. als Akteur/in im Arbeitsschutz.

Die Interviews fanden nur dann statt, wenn die Angesprochenen sich generell zu einem Interview bereit erklärten, sodass letztlich 37 Interviews zu Stande kamen bzw. zu Ende geführt und ausgewertet werden konnten.

Unter den Befragten waren 30 Personen männlich und sieben weiblich. Die Mehrheit war in der Altersgruppe 30–59, die meisten, ca. 35 %, zwischen 50 und 59 Jahre alt. Nahezu die Hälfte der Befragten war als Fachkraft für Arbeitssicherheit tätig. Ein weiteres Drittel im staatlichen Arbeitsschutz oder in Berufsgenossenschaften.

Die Auswertungsmethode wird, orientiert an Meuser und Nagel (1991), in den Bereich der interpretativen Sozialforschung eingeordnet. Sie erfolgte nicht in Form einer Einzelfallanalyse. Ziel war es vielmehr, mit Blick auf die Leitfragen typische Aussagen und Gemeinsamkeiten zu entdecken. Die Auswertung erfolgte daher nicht sequentiell, sondern entlang der Leitthemen.

3. Zentrale Ergebnisse

Ein zentrales Anliegen der explorativen Befragung war es, Herausforderungen und Chancen zu identifizieren, die sich durch die zunehmende kulturelle Vielfalt für die Gestaltung der Sicherheit und Gesundheit bei der Arbeit ergeben. Als weitaus häufigste Herausforderung wurde von den befragten Akteur/innen die sprachliche Verständigung mit Beschäftigten und Unternehmer/innen mit Migrationshintergrund genannt. Weiterhin haben viele Befragte kulturell und religiös bedingte Herausforderungen, ein fehlendes Verständnis und eine mangelnde Akzeptanz von Arbeitsschutzmaßnahmen sowie die fehlende Motivation zur Mitwirkung bei Beschäftigten mit Migrationshintergrund beschrieben. Weiterhin wurden unterschiedliche Erfahrungen mit Standards in den Heimatländern in Bezug auf Sicherheit sowie mangelndes Wissen über die Regelungen hierzulande angeführt. Auch eine höhere Risikobereitschaft und Herausforderungen in Bezug auf Geflüchtete wurden von einigen Interviewten genannt.

Neben den Herausforderungen wurden auch vereinzelt Chancen kulturell vielfältiger Belegschaften und Betriebe genannt: Beschäftigte und Unternehmer/innen mit Migrationshintergrund hätten eine größere Motivation, sich mit dem Arbeitsschutz auseinanderzusetzen, verfügten über individuelle Kompetenzen zur Unfallverhütung oder brächten Kenntnisse besserer Schutzsysteme aus ihren Heimatländern mit. Von den Maßnahmen zur Vermittlung des Arbeitsschutzes – wie einfacheren und verständlichen Unterweisungsmaterialien – könnten auch andere Beschäftigte im Betrieb profitieren.

Der Mehrheit der Befragten fiel es einerseits schwer, konkrete Chancen kultureller Vielfalt für den Arbeits- und Gesundheitsschutz zu benennen. Andererseits wussten fast alle Befragten von guten Beispielen für gelungene Unterweisungskonzepte und Informationsvermittlung sowie Integration in den betrieblichen Arbeits- und Gesundheitsschutz zu berichten. Die Mehrheit der Befragten berichtete von hilfreichen Maßnahmen und guten Beispielen, wie sie selbst in ihrem Betrieb oder wie andere Betriebe die Herausforderungen gelöst haben, die mit der Beschäftigung von Menschen mit Migrationshintergrund einhergehen. Im Fokus stehen hier neue Konzepte für Unterweisungen, die Durchführung von Verständniskontrollen, Sprachförderung und der Einsatz von Dolmetschern, Paten und Kolleginnen und Kollegen zur Überwindung der Sprachbarrieren. Darüber hinaus wurden auch mehrsprachige Informationsmaterialien, interkulturelle Sensibilisierung und die Prüfung der Sprachkompetenzen vor der Einstellung sowie Ansprechpersonen, Patenprogramme und die Förderung kollegialer Unterstützung als hilfreich beschrieben. Ebenso wurde von Betrieben berichtet, die mit einer umfassenderen „Strategie" das Thema Diversity und kulturell vielfältige Belegschaften angehen. Der Arbeitsschutz profitiert dann mittelbar und unmittelbar davon.

Abschließend wurden die interviewten Personen gefragt, ob es ihrer Meinung nach Handlungsbedarf gebe in Bezug auf die Gestaltung des Arbeitsschutzes für Beschäftigte mit Migrationshintergrund. Von den Personen, die sich hierzu äußerten, haben mehr als 80% Handlungsbedarf gesehen; rund 21 % davon dringenden. Für rund 18% der Befragten bestand kein Handlungsbedarf. Insgesamt lässt sich feststellen, dass sprachliche Herausforderungen bezüglich Unterweisungen und Kontrollen hier durchgehend am häufigsten als Grund genannt wurden.

4. Ausblick

Die Ergebnisse zeigen Herausforderungen, Chancen und Bedarfe in der Gestaltung des Arbeitsschutzes für Beschäftigte und Unternehmer/innen mit Migrationshintergrund auf und bieten bereits einige Ansätze guter Praxis für die beteiligten Akteure, die es zu transferieren gilt. Das LIA.nrw greift dies mit der Entwicklung von Unterstützungsangeboten und der Durchführung von Veranstaltungen in Zusammenarbeit mit Netzwerkpartnern bereits auf.

Allerdings besteht in vielen Bereichen weiterer Forschungsbedarf. Die Befragung weist beispielsweise darauf hin, dass es keine eindeutigen Erkenntnisse bei den Interviewten darüber gibt, ob Menschen mit Migrationshintergrund häufiger Unfälle haben oder krankheitsbedingt fehlen. Daten liegen nur für ausgewählte Indikatoren oder Personengruppen vor und sind teilweise uneindeutig. So bezieht sich beispielsweise die Arbeitsunfallstatistik der DGUV lediglich auf in Deutschland versicherte Beschäftigte mit ausländischer Staatsangehörigkeit. Unfälle entsandter Beschäftigter, etwa aus osteuropäischen Staaten, werden hier nicht erfasst.

Darüber hinaus sind bisher keine ausreichenden wissenschaftlichen Erkenntnisse bekannt, die auf eine Benachteiligung der Migrantinnen und Migranten beim Arbeitsschutz hinweisen. Grund ist, dass das Merkmal in den Studien der Arbeitsschutzakteure nicht erfasst wird oder andersherum, dass in Studien, die den Migrationshintergrund erfassen, keine Arbeitsschutz-Items erhoben werden. Hinzu kommt, dass die Definition „Migrationshintergrund" nicht einheitlich ist und Studien daher schwer vergleichbar sind. Darüber hinaus sind „Beschäftigte mit Migrationshintergrund" als Gesamtkategorie eine sehr heterogene Gruppe und besonders die vulnerable Gruppe der Beschäftigten mit Migrationshintergrund und geringen Deutschkenntnissen ist bei Befragungen oft wenig repräsentiert.

Die Teilnehmer/innen an der explorativen Befragung waren vor allem Fachkräfte für Arbeitssicherheit und nur zu einem geringen Teil Aufsichtsbeamte/innen, Unternehmer/innen oder andere Akteure des Arbeitsschutzes. Die hier vorgestellte explorative Befragung gibt erste Hinweise darauf, dass es durchaus zusätzliche Herausforderungen durch die Migration für das Aufsichtspersonal oder für kleine Betriebe gibt. Die Ergebnisse decken sich, gerade in Bezug auf die Durchführung von Unterweisungen, mit den bisherigen Kenntnissen des LIA.nrw und darüber hinaus auch mit den Ergebnissen einer Befragung von Aufsichtspersonen der Unfallversicherungsträger aus dem Jahr 2011, beispielsweise im Hinblick auf die Identifizierung geringer Deutschkenntnisse als migrationsbedingtes Risiko. Insgesamt bedarf es allerdings weiterer Forschung auf diesem Gebiet, um den Arbeitsschutz langfristig diversitätsgerecht aufstellen zu können.

Das LIA.nrw strebt daher im Rahmen weiterer, auf einem Methodenmix basierender Analysen an, tiefergehende Erkenntnisse zum Unterstützungs- und Beratungsbedarf der Akteure zu eruieren. So werden beispielsweise in Zukunft im Rahmen der regelmäßig vom LIA.nrw durchgeführten Beschäftigtenbefragungen in NRW migrations- und vielfaltsrelevante Inhalte aufgenommen, um die Datenlage zu verbessern und Handlungsbedarfe ableiten zu können.

Die **Literatur** kann bei den AutorInnen erfragt werden.

Arbeitskreis
Mobilität, Transport und Verkehr: Besondere Gefährdungen
Leitung: Jochen Lau

Julia Preußer, Gudrun Gericke, Ria Stangneth, Rüdiger Trimpop, Jochen Lau, Kay Schulte & Peter Schwaighofer
Erfassung des innerbetrieblichen Verkehrsgeschehens bei der Gefährdungsbeurteilung organisationaler Mobilität (GUROM)

Karl-Friedrich Voss & Amanda Voss
Empirische Untersuchungen zum Beitrag allgemeiner und verkehrsspezifischer Einstellungen auffälliger LKW-Fahrer für die Arbeits- und Verkehrssicherheit

Jürgen Walter & Tabea Plum
Einstellung Jugendlicher zum Tragen eines Fahrradhelms

Verena Zimmermann, Olena Shevkova, Udo Keil, Maureen Schneider & Corinna Baum
Psychische Belastung/Beanspruchung, Irritation und Beinahe-Unfälle bei Straßenbahn- und Stadtbahnfahrern/innen

Julia Preußer[1], Gudrun Gericke[1], Ria Stangneth[1], Rüdiger Trimpop[1],
Jochen Lau[2], Kay Schulte[2] & Peter Schwaighofer[3]
[1]*Friedrich-Schiller-Universität Jena (FSU Jena)*, [2]*Deutscher Verkehrssicherheitsrat (DVR)*, [3]*Allgemeine Unfallversicherungsanstalt (AUVA)*

Erfassung des innerbetrieblichen Verkehrsgeschehens bei der Gefährdungsbeurteilung organisationaler Mobilität (GUROM)

Circa 60 Prozent aller Mobilitätsunfälle geschehen im innerbetrieblichen Verkehr (Rothe, 2009). Dabei umfassen innerbetriebliche Verkehrswege vor allem Bereiche für den innerbetrieblichen Fußgänger- und Fahrzeugverkehr, also insbesondere Flure, Gänge, Rampen, Treppen, Verkehrsflächen in Lagern und auf Höfen. Unfallursachen stellen oft Stolpern, Rutschen und Stürzen, Angefahren werden oder herabfallende Gegenstände dar. Unfallschwerpunkte konzentrieren sich dabei laut bisheriger Unfallauswertungen auf bauliche Mängel, Hindernisse bzw. eingeengte Verkehrswege, feuchte bzw. verschmutzte Wege und auf das Verhalten von Personen (BGHW, 2013; DGUV, 2017). Dabei werden jedoch organisatorische Faktoren wie z. B. Zeitdruck und persönliche wie z. B. Ablenkung, außer Acht gelassen. Für eine umfassende Gefährdungsbeurteilung sollten allerdings auch diese Faktoren beachtet werden. Im Projekt GUROM (Gefährdungsbeurteilung und Risikobewertung organisationaler Mobilität) wurde ein Instrument entwickelt, welches eine ganzheitliche Analyse von Gefährdungsfaktoren bei der berufsbedingten Verkehrsteilnahme und die Ableitung von Maßnahmen ermöglicht (Gericke, Trimpop, Lau & Schulte, 2016). Regelmäßig wird das Instrument um weitere Mobilitätsformen ergänzt, wie Fahren mit Sonderrechten oder Kurier, Express- und Postdienste. Initiiert und finanziert wird das Projekt durch den Deutschen Verkehrssicherheitsrat, umgesetzt von der FSU Jena. Mittlerweile kommt GUROM auch in Kooperation mit der AUVA in Österreich zum Einsatz. Im Folgenden soll der Fokus auf das seit 2016 zur Verfügung stehende Fragenmodul zum innerbetrieblichen Verkehr gelegt und erste Ergebnisse vorgestellt werden.

1. Erhebung des innerbetrieblichen Verkehrs in GUROM

Ziel der Erhebung des innerbetrieblichen Verkehrs ist es, potenzielle Gefährdungen und deren Einflüsse auf die Verkehrsteilnahme auf Betriebshöfen und anderen betriebsinternen Geländen zu erfassen und nach einer Beurteilung gefährdungsspezifische Maßnahmen abzuleiten. Es werden für Beschäftigte übergreifende Themen zum Gelände und den situativen Beanspruchungsfaktoren während der innerbetrieblichen Verkehrsteilnahme behandelt. Darüber hinaus wird die Nutzung unterschiedlicher Flurförderzeuge und die in Verbindung stehenden potenziellen Gefährdungen erfragt. Ein Überblick dazu ist in Abbildung 1 nachvollziehbar.

Abb. 1: Inhaltsbereiche des Moduls Innerbetrieblicher Verkehr

Wie im gesamten GUROM-Instrument werden die Inhalte erst überblicksartig durch jeweils eine Frage pro Themenbereich abgefragt (Screening). Nach einer Zwischenrückmeldung besteht die Möglichkeit detailliertere Angaben zu machen (Detailbereich).

2. Ergebnisse

2.1 Stichprobe
Von den ca 6.000 betrieblichen und privaten Teilnehmern an GUROM wählten seit Bereitstellung des Moduls 304 Beschäftigte dieses zusätzlich aus. Bis zu 64 Personen machten darüber hinaus auch detaillierte Angaben. 90 % waren Männer und das Durchschnittsalter lag bei 44 Jahren (SD = 12 Jahre). Im Mittel arbeiteten diese Personen wöchentlich 43 Stunden (SD = 6 Stunden). Dabei waren sie über alle Verkehrsmittel hinweg im Schnitt 11 Stunden pro Woche (SD = 12 Stunden) innerbetrieblich mobil. Die Beantwortenden unterschieden sich nicht von den restlichen GUROM-Teilnehmern.

2.2 Ergebnisse
Betrachtet man die genutzten Verkehrsmittel auf dem Gelände, zeigt sich, dass die meisten Personen als Fußgänger unterwegs sind (N = 228), gefolgt vom Pkw (N = 190), Fahrrädern (N = 56) und Lkw (N = 53). Flurförderzeuge werden von 112 Personen genutzt, dabei vor allem Stapler und Hubwagen. Als am häufigsten vorkommende Gefahrenbereiche wurden Gleise (66 %) und Rampen (60 %) gefolgt von hohem Personenverkehr (49 %) und engen Durchgängen (42 %) genannt. Detailan-

gaben zu den eingeschätzten Gefahren auf Verkehrswegen sind in Tabelle 1 dargestellt (Beurteilung immer von 1 bis 5 in steigender Häufigkeit/Intensität). Hier zeigte sich, dass Bodenunebenheiten, durch z. B. Abdeckungen von Schächten, häufiger vorkommen.

Tab. 1: Ergebnisse zu den Gefahren auf innerbetrieblichen Verkehrswegen

	N	M	SD
Unübersichtliche Kreuzungen	56	2,64	0,88
Schlecht einsehbare Tore	55	2,18	0,95
Ungünstige Wegebegrenzungen	52	2,60	1,11
Zugestellte Verkehrswege	54	2,61	0,99
Bodenunebenheiten	56	3,00	1,18

Bei den Verkehrskonflikten werden vier Typen von Gründen unterschieden (vgl. Tabelle 2). Am häufigsten wurden Probleme durch zeitliche Gegebenheiten genannt, v. a. durch Lastspitzen zu bestimmten Tageszeiten (M = 3,2; SD = 1,2). Mangelnde Regeleinhaltungen werden v. a. mit Bequemlichkeit (M = 3,2; SD = 1,1), Zeitersparnis (M = 3,1; SD = 1,0) und Ablenkung (M = 2,8; SD = 0,8) begründet. Bei baulichen Gegebenheiten liegen Konfliktquellen v. a. in direkt nebeneinander verlaufenden Fuß- und Fahrwegen (M = 2,7; SD = 1,2) und mangelnd ausgewiesene Park- und Abstellflächen (M = 2,8; SD = 1,1).

Tab. 2: Ergebnisse zu den Gründen von Verkehrskonflikten

	N	M	SD
Baulicher Gegebenheiten	261	2,33	0,99
Zeitlicher Gegebenheiten	262	2,45	1,03
Ungünstiger Verkehrsregeln	263	2,04	0,88
Mangelnder Regeleinhaltung	263	2,39	0,99

Fahrradfahrende empfinden alle vier Verkehrskonflikte häufiger als andere Personen. Konflikte aufgrund ungünstiger Verkehrsregeln werden durch Pkw-Nutzende weniger, und von Lkw-Nutzenden häufiger, wahrgenommen.

Als häufigste Beanspruchung während der innerbetrieblichen Verkehrsteilnahme stellten sich Stress (M = 2,5; SD = 0,8) und Zeitdruck (M = 2,4; SD = 1,0) heraus.

Ablenkungen wurden prinzipiell als selten eingeschätzt, allerdings kommen vergleichsweise häufig ablenkende Gedanken, v. a. an bevorstehende Aufgaben (M = 3,2; SD = 0,9) vor. Personen, die mit dem Fahrrad, dem Lkw oder Flurförderzeugen unterwegs sind, zeigen signifikant höhere Beanspruchungswerte als Nutzer anderer Verkehrsmittel. Lkw-Fahrende empfinden darüber hinaus mehr Zeitdruck und Müdigkeit.

Die Sicherheitsorganisation auf dem jeweiligen Gelände wurde von 264 Beschäftigten im Mittel als eher wichtig für das Unternehmen eingeschätzt (M = 4,3; SD = 0,86). Detailangaben berichten, dass es trotzdem teilweise zu mangelnder Informationsweitergabe und -zweckmäßigkeit, auch gegenüber Betriebsfremden, kommt. Zuletzt wurde angegeben, dass im Mittel nur teilweise Ordnung, im Sinne von nicht verstellten Wegen und der Trennung von Fuß- und Fahrwegen, herrscht.

3. Fazit

Die Ergebnisse legen nahe, dass häufig eine gute Sicherheitsorganisation auf den Geländen wahrgenommen wird, im Einzelnen aber natürlich trotzdem Gefahren und Konflikte vorhanden sind. Neben technischen Gefährdungen (Bodenunebenheiten, Verkehrshindernisse) kamen besonders auch organisatorisch bedingte Gefährdungen (Zeitdruck, Stress, Ablenkung durch Aufgaben) zu tragen. Weiterhin kann man Hinweise auf potenzielle Zusammenhänge zwischen baulichen bzw. organisatorischen Gegebenheiten und Konsequenzen für die innerbetriebliche Verkehrssicherheit erkennen (z. B. geringe Abstellfläche und zugestellte Verkehrswege oder Zeitdruck/Stress und Konflikte). Zuletzt geben die gefundenen Gruppenunterschiede Hinweise auf unterschiedliche Anforderungen an Verkehrssicherheitsarbeit auf Geländen und Höfen.

Abschließend ist zu sagen, dass mit GUROM ein Instrument zur Verfügung steht, um Gefährdungen im innerbetrieblichen Verkehr zu erkennen, Zusammenhänge zu analysieren und Präventionsmöglichkeiten abzuleiten.

Literatur

Berufsgenossenschaft Handel und Warenlogistik (BGHW) (2013): Innerbetriebliche Verkehrswege. Bonn (BGHW-Kompakt, 11).

Deutsche Gesetzliche Unfallversicherung e.V. (DGUV) (2017): Arbeitsunfallgeschehen 2016. Statistik. Berlin.

Gericke, G., Trimpop, R., Lau, J. & Schulte, K. (2016). GUROM: Gefährdungsbeurteilung und Risikobewertung organisationaler Mobilität. In R. Wieland, K. Seiler & M. Hammes (Hrsg.). Psychologie der Arbeitssicherheit und Gesundheit. 19. Workshop 2016. Kröning. Asanger. 457–460.

Rothe, G. (2009). Sicher Fahren und Transportieren: Zahlen, Daten, Fakten. Dresdner Forum Prävention, Dresden.

Karl-Friedrich Voss[1] & Amanda Voss[2]
[1]*Verkehrspsychologische Praxis Hannover, Bundesverband Niedergelassener Verkehrspsychologen,* [2]*Institut und Poliklinik für Arbeits-, Sozial- und Umweltmedizin der Friedrich-Alexander-Universität Erlangen*

Empirische Untersuchungen zum Beitrag allgemeiner und verkehrsspezifischer Einstellungen auffälliger LKW-Fahrer für die Arbeits- und Verkehrssicherheit

1. Fragestellung

Unfälle im Straßenverkehr fallen häufig besonders schwer aus, wenn LKW beteiligt sind. Dabei spielt es einerseits eine Rolle, dass LKW durch ihre Masse vergleichsweise viele weitere Fahrzeuge in Mitleidenschaft ziehen können, etwa bei Auffahrunfällen auf Autobahnen. Andererseits üben die Berufskraftfahrer eine relativ monotone Tätigkeit, meist unter erschwerten Bedingungen aus (Zeitdruck), die jedoch gleichzeitig hohe Aufmerksamkeit erfordert (Michaelis 2008). Für LKW-Fahrer wird daher empfohlen, im Umgang mit Stress umfassend geschult zu werden (Evers 2009).

Bezüglich der Entstehung von Auffälligkeiten im Straßenverkehr gibt es zwei Auffassungen: die erste besagt, dass Fehlverhalten als Teil des Fahrverhaltens zu sehen ist und Unterschiede im Fehlverhalten im Wesentlichen auf der Fahrleistung beruhen. Die zweite Auffassung geht davon aus, dass das Ausmaß des Fehlverhaltens die Folge individueller Einstellungen ist.

Im Folgenden soll hier die Frage untersucht werden, welche der beiden Auffassungen eher zutrifft.

2. Methode

Im Rahmen von verkehrstherapeutischen Maßnahmen wurden in einer verkehrspsychologischen Praxis Einstellungen von Berufskraftfahrern erhoben, denen aufgrund ihres Fehlverhaltens die deutsche Fahrerlaubnis entzogen wurde (n=11, s. Tab. 1). Dabei wurden alkoholauffällige Fahrer ausgeschlossen, da dieses Fehlverhalten im Allgemeinen nicht mit verkehrsspezifischen Persönlichkeitsmerkmalen in Zusammenhang steht. Das Alter der durchweg männlichen Fahrer umfasste die Altersgruppen 31–40 Jahre (n=4), 41–50 Jahre (n=3) und 51–60 Jahre (n=4).

Tab. 1: Anzahl auffälliger Lkw-Fahrer nach Delikten und deren Anzahl

Art des Delikts	Anzahl der Fälle	Anzahl der Delikte
Geschwindigkeitsdelikte außerorts	9	33
Abstand	7	16
Geschwindigkeitsdelikte innerorts	5	9
Rotlicht	5	7
Unfall	4	4
Überholverbot	3	5
Mobiltelefon	3	4
Ohne Fahrerlaubnis	2	3
Ladungssicherung	2	2
Nötigung	1	1
Vorsätzliche Körperverletzung	1	2
Linker Fahrstreifen	1	1
Unfallort	1	2
Haltegebot	1	1
Gewicht	1	1
Alkohol*	1	1

Als Methode der Datenerhebung wurde der Test verkehrsrelevanter Persönlichkeitsmerkmale (TVP) eingesetzt. Mit den Daten wurde für jeden LKW-Fahrer ermittelt, ob die ihn betreffenden Ausprägungen der Merkmale *Extraversion, emotionale Stabilität, Gewissenhaftigkeit, Offenheit für Erfahrungen, Verträglichkeit, Bagatellisierung* der Altersnorm entsprechen.

Dabei wurde jedes Merkmal in zwei Varianten erhoben, einmal allgemein (situationsübergreifend) und einmal verkehrsspezifisch. Jedes Merkmal wird über 7–12

Items erhoben, aus denen ein Normwert zwischen 1 und 9 berechnet wird. Innerhalb dieses Bereichs wird von einer Normalverteilung ausgegangen, wobei Werte zwischen 3 und 7 als „normal" angesehen werden (Spicher & Hänsgen 2003).

Ergebnisse

In Abb. 2 sind die Ergebnisse in Boxplots dargestellt. Die Boxen bilden die mittleren Quartile inklusive der Mittelwerte ab. Zum Vergleich ist auf der rechten Seite ein Boxplot für eine normal verteile Gruppe abgebildet. Dadurch wird ersichtlich, dass die untersuchte Gruppe, auch wenn sich die Mittelwerte weitgehend im als normal angesehenen Bereich befinden, teils deutlich von einer Normalverteilung abweicht.

Die Ergebnisse deuten an, dass die soziale Erwünschtheit zu einzelnen Abweichungen von der Norm beitragen kann, wie etwa die *Extraversion allgemein* und die Gewissenhaftigkeit verkehrsspezifisch. Auffällig erscheint auch die geringe Offenheit für Erfahrungen. Systematische Abweichungen ergeben sich in Bezug auf die Merkmale *Verträglichkeit allgemein, Bagatellisierung verkehrsspezifisch* und *emotionale Stabilität verkehrsspezifisch*.

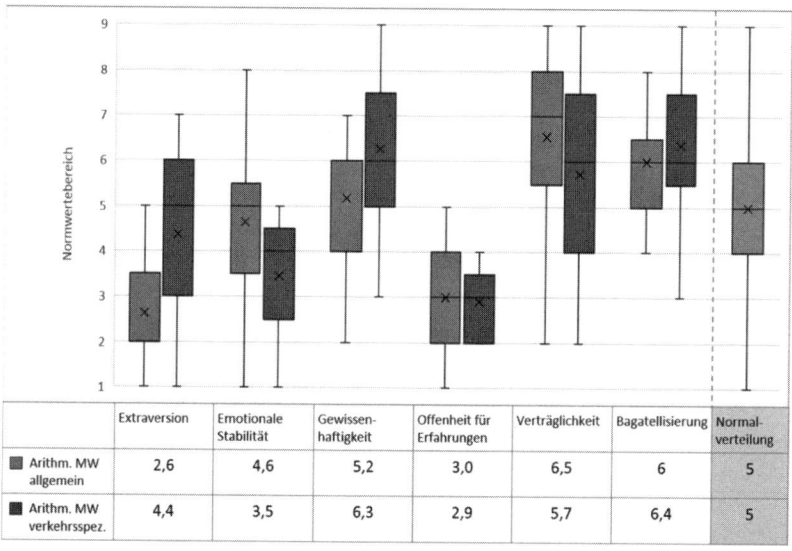

Abb. 1: Ausprägungen der Merkmale auffälliger Lkw-Fahrer im TVP

Diskussion

Die Ergebnisse sprechen dafür, dass es bei auffälligen LKW-Fahrern Einstellungen gibt, die zu einem Fehlverhalten im Straßenverkehr beitragen und die Verkehrssicherheit beeinträchtigen. Diese Einstellungen sind offenbar relativ stabil, denn sie haben die behördlichen Sanktionen von bis zu 8 Auffälligkeiten bis zur Entziehung der Fahrerlaubnis überstanden, und dazu noch eine Ermahnung und eine Verwarnung. Zu ähnlichen Ergebnissen war eine Untersuchung der Autoren im Hinblick auf Teilnehmer am Seminar Verkehrspsychologie (zum Punkteabbau) gekommen.

Zur nachhaltigen Einstellungsänderung und zur Förderung der Verkehrssicherheit erscheint eine Verkehrstherapie auffälliger LKW-Fahrer sinnvoll und notwendig. Weiterhin empfiehlt sich eine Wiederholung der Untersuchung mit einer größeren Stichprobe und der Vergleich mit Daten einer Kontrollgruppe, die aus Berufskraftfahrern besteht, die keine Verkehrsauffälligkeiten aufweisen.

Literatur

Evers, C. (2009). Auswirkungen von Belastungen und Stress auf das Verkehrsverhalten von Lkw-Fahrern. Bremerhaven: Wirtschaftsverlag NW.

Michaelis, M. (2008). Gesundheitsschutz und Gesundheitsförderung von Berufskraftfahrern. Dortmund/Berlin/Dresden.

Spicher, B., & Hänsgen, K. (2003). Test zur Erfassung verkehrsrelevanter Persönlichkeitsmerkmale. Bern: Hans Huber.

Voss, K.-F. & Voss, A. (2017): Empirische Untersuchungen zur Ermittlung von Ansätzen für eine erfolgreiche Intervention bei verkehrsauffälligen Kraftfahrern. 13. Gemeinsames Symposium Deutschen Gesellschaft für Verkehrspsychologie (DGVP) und Deutsche Gesellschaft für Verkehrsmedizin (DGVM). Blutalkohol Vol.54/2017

Jürgen Walter & Tabea Plum
Jürgen Walter Beratungsgesellschaft für Arbeit, Gesundheit, Umwelt und Verkehr mbH

Einstellung Jugendlicher zum Tragen eines Fahrradhelms

1. Hintergrund der Untersuchung

Fahrradfahrer stellen eine besonders gefährdete Gruppe von Verkehrsteilnehmern dar (Bauer et al., 2016). Beachtet man, dass Fahrräder immer häufiger als Verkehrsmittel genutzt werden (Vortisch et al., 2012), wird klar, wie wichtig geeignete Maßnahmen sind, die im Falle eines Unfalls den Betroffenen schützen. Denn auch laut statistischem Bundesamt 2016 sind die Zahlen der bei einem Verkehrsunfall beteiligten Fahrradfahrer steigend.

Tab. 1: Zahlen der bei einem Verkehrsunfall beteiligen Fahrradfahrer 2013-2016 (Statistisches Bundesamt, 2016)

2013	71.066
2014	77.900
2015	77.793
2016	80.881

Dabei wird vor allem der Kopf sehr häufig beschädigt. Eine prospektive Maßnahme zur Verhinderung dieser Art von Verletzungen stellt die Nutzung eines Fahrradhelms dar (Zwipp et al., 2012). Doch wird dieser auch genutzt?

Jugendliche nehmen aufgrund ihres jugendspezifischen Risikoverhaltens eine besondere Stellung im Straßenverkehr ein und sind häufig an Fahrradunfällen beteiligt. Sie neigen dazu, ihre eigenen Fähigkeiten zu überschätzen und die Gefahren des Straßenverkehrs hingegen zu unterschätzen (Raithel, 2005). Neben der Untersuchung des Helmtrageverhaltens gilt es deshalb auch, die Motivation der Jugendlichen diesbezüglich zu erfassen.

Eine von der Jürgen Walter Beratungsgesellschaft für Arbeit, Gesundheit, Umwelt und Verkehr mbH durchgeführte Studie beschäftigte sich mit der Nutzung von Fahrradhelmen bei Jugendlichen, sowie mit deren Motiven und Motivationen einen Helm zu tragen, oder diesen eben auch nicht zu tragen.

2. Methodik

In Anlehnung an die 2014 durchgeführte Studie „Die Einstellung Jugendlicher zum Tragen eines Fahrradhelms – Ergebnisse einer Befragung Jugendlicher im Teenager-Alter" wurden 112 Jugendliche im Alter von 14–18 Jahren ($M = 15{,}36$ Jahre) in einem standardisierten Interview in der Altstadt Düsseldorfs zu ihrer Einstellung gegenüber Fahrradhelmen befragt. Durch diese Art der Replikation kann die Entwicklung des Verhaltens und der Einstellung zum Thema Fahrradfahren und Helmnutzung betrachtet werden.

Das Interview bestand aus 17 Fragen. Erfasst wurden der Besitz eines Fahrrads, Fahrverhalten, Gründe der Fahrradnutzung sowie Erfahrungen mit Unfällen. Außerdem, ob ein Fahrradhelm vorhanden ist, ob dieser genutzt wird, Gründe einer Nicht-Nutzung und Motivation einer Nutzung. Zur Erfassung der Vorbildfunktion wurde außerdem erhoben, ob Familienangehörige und Freunde einen Fahrradhelm tragen. Zum Schluss wurde ein Gedankenexperiment durchgeführt, bei dem die Jugendlichen angeben sollten, für wie viel Geld sie einen Tag/eine Woche/einen Monat/drei Monate einen Helm beim Fahrradfahren tragen würden.

3. Ergebnisse

Abb. 1: Prozentuale Häufigkeitsverteilung der Fahrradhelmnutzung

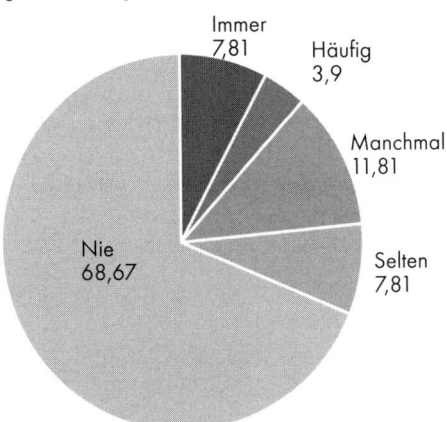

Die Auswertung ergab, dass 74,5 % der Befragten manchmal bis häufig mit dem Fahrrad fahren. 63,7 % von ihnen besitzen einen Fahrradhelm und dieser wird von 68,6 % nie, 7,8 % selten, 11,8 % manchmal, 3,9 % häufig und von 7,8 % immer genutzt.

Anhand der Korrelationsanalyse nach Pearson zeigte sich eine signifikante Korrelation von $r = .24$ ($p = .012$) zwischen Alter und Besitz eines Helms. Je jünger also eine Person war, desto eher besaß diese einen Helm. Im hochsignifikanten Zusammenhang mit dem Besitz eines Helms stand wiederum die Nutzung $r = .46$ ($p < .001$). Jedoch hing das Alter nicht mit der Nutzung eines Helms zusammen.

Außerdem erfasst wurden motivationale Gründe für das Tragen eines Fahrradhelms. Hier zeigte sich, dass der häufigste Grund ein eigener Unfall ist (72%), gefolgt von dem eines nahen Angehörigen (57%) und dem eines Freundes (52,7%). Zudem würden 29% der Befragten einen Helm tragen, wenn sie Zeuge eines Fahrradunfalls werden würden und 37,6%, wenn das Tragen eines Fahrradhelms zur gesetzlichen Pflicht werden würde. Eine polizeiliche Aufklärung, wie sie häufig in Schulen praktiziert wird, motiviert lediglich 7,5% der Befragten zum Helmtragen.

Bei der Befragung der Motive für das Nichttragen eines Helms gaben die meisten Jugendlichen mit Abstand am häufigsten an, einen Helm nicht zu tragen, weil er lästig sei (69,1%). Ferner wurde häufig angegeben, dass ein Helm unnötig (27,7%) und uncool (21,3%) sei. Mit 21,3% wurde außerdem angegeben, dass ein Helm nicht getragen wird, da er die Frisur zerstört.

Als stärkster positiver Einfluss auf das Helmtrageverhalten der Jugendlichen erwies sich korrelativ das Helmtrageverhalten der Freunde. Es stellte sich ein hochsignifikanter Zusammenhang dar, welcher zeigt, dass helmtragende Jugendliche auch helmtragende Freunde haben ($r = .44$, $p < .001$). Die Vorbildfunktion der Eltern und Geschwister kristallisierte sich ebenfalls als starker positiver Einfluss heraus ($r = .39$, $p < .001$). Anzumerken ist hier jedoch, dass lediglich 39,6% der Vorbilder und 17,9% der Freunde überhaupt einen Helm tragen.

4. Diskussion und Ausblick

Im Vergleich zur Studie 2014 lässt sich feststellen, dass die Veränderungen im Helmtrageverhalten nur sehr gering ausfallen. 2017 war der Anteil der Jugendlichen, die einen Helm tragen, um 8,5% erhöht und der Anteil der Jugendlichen, die nie einen Helm tragen, um 6,4% erniedrigt. Auch der häufigste Grund des Nichttragens ist nach wie vor Lästigkeit und die häufigste Motivation für das Tragen eines Helms bleibt der eigene Unfall. Trotz marginaler Veränderung innerhalb der Ergebnisse ist trotzdem positiv hervorzuheben, dass sich das Helmtragen zunehmend etabliert.

Wegweisend innerhalb der Kontroverse zum Thema Helmtrage-Pflicht in Deutschland ist das Ergebnis, dass viele Jugendliche einen Helm tragen würde, sofern dieser gesetzliche Pflicht werden würde.

Die Ergebnisse zeigen außerdem, dass eine polizeiliche Aufklärung, wie sie gewöhnlich in Schulen betrieben wird, schon lange nicht mehr ausreichend ist.

Eine emotionale Gestaltung der Inhalte knüpft schon eher an die motivationale Wirkung eines selbst erfahrenen Unfalls an und sollte in kombinierter Form einen Platz innerhalb der Helmtrageintervention finden.

Perspektivisch gesehen ist es für die Intervention zur weiteren Etablierung des Helmtragens sinnvoll, Eltern und Geschwister in Aufklärungsprogramme an Schulen zu integrieren. Durch den ebenso erheblichen Einfluss von Freunden und „Peers" kann die Gestaltung einer netzwerkartigen kommunikativen Zusammenarbeit zwischen all diesen beteiligten Personengruppen eines Klassen- und Schulverbundes einen großen Beitrag zur Förderung des Helmtragens leisten.

Literatur
Bauer, K., Graw, M., Schick, S., Willingen, R., & Peldschuss, S. (2016). Rechnergestützte Rekonstruktion von Fahrradunfällen. *Recherchemedizin,* 26(2), 109–114.
Walter, J. & Marquardt, T. (2014). Die Einstellung Jugendlicher zum Tragen eines Fahrradhelms – Ergebnisse einer Befragung Jugendlicher im Teenager-Alter. *Verkehrssicherheit,* 1, 28–31. Statistisches Bundesamt (2016)
Vortisch, P., Chlond, B., Weiß, Ch., Streit, T., Wirtz, M., & Zumkeller, D. (2012). Bericht 2012: Alltagsmobilität (Herbsterhebung 2011). *Deutsches Mobilitätspanel (MOP) – wissenschaftliche Begleitung und erste Auswertungen.*
Zwipp, H. Ernstberger, A., Groschupf, V., Günther, K.P., Haase, M., Haasper, C., & Lob, G. (2012). Prävention von Verkehrsunfällen äußerer Verkehrsteilnehmer (Fußgänger und Fahrradfahrer) in Deutschland. *Der Unfallchirurg,* 115(6), 554–565.

Verena Zimmermann[1], Olena Shevkova[1], Udo Keil[1],
Maureen Schneider[2] & Corinna Baum[2]
[1]*Technische Universität Darmstadt*, [2]*Hochschule Fresenius*

Psychische Belastung/Beanspruchung, Irritation und Beinahe-Unfälle bei Straßenbahn- und Stadtbahnfahrern/innen

1. Einleitung

Die Zusammenhänge zwischen psychischen Belastungen und Beanspruchungen, bzw. Beanspruchungsfolgen wie der Irritation von Personen sind bereits untersucht worden und konnten wiederholt aufgezeigt werden. Wie Belastungen, die Beanspruchungsfolge „Irritation" und Beinahe-Unfälle zusammenwirken ist hingegen noch weitgehend unerforscht. Es ist zu vermuten, dass psychische Belastung zu Beanspruchung und Irritation führt und diese Beinahe-Unfälle wahrscheinlicher macht. Außerdem stellen Beinahe-Unfälle wieder Belastungsfaktoren dar, die auf die Dauer wieder zu Beanspruchung und Irritation führen können. Beinahe-Unfälle wären in diesem Fall zugleich als mögliche Folge von Belastungsfaktoren und als Belastungsfaktor selbst zu betrachten, der wiederum zu Beanspruchung beiträgt.

Diese Zusammenhänge sollen in der vorliegenden Studie an einer Stichprobe von Straßenbahn- und Stadtbahnfahrer/innen aus einer deutschen Großstadt untersucht werden.

2. Methode

An der Befragung nahmen N=456 Straßenbahn- und Stadtbahnfahrer/innen teil. Die Mehrheit von 88,8 % war männlich, 7,7 % waren weiblich, der Rest machte keine Angabe. Die Altersverteilung wurde in Kategorien abgefragt: 2,4 % waren 18–24 Jahre, 24,1 % waren 25–34 Jahre, 16,9 % waren 35-44 Jahre, 31,1 % waren 45-54 Jahre und 22,1 % waren 55-64 Jahre alt. Die restlichen Personen waren älter oder machten keine Angabe. Die Befragung fand im Zeitraum von Februar bis November 2017 im Rahmen regelmäßiger Dienstunterrichte der Fahrer/innen als Paper und Pencil-Befragung statt und nahm ca. 30 Minuten in Anspruch.

Der Fragebogen umfasste folgende Konstrukte:
- *Belastungsfaktoren:*
Physikalische Faktoren: 10 Aspekte, z.B. Temperatur/Klima, Lärm, Sicht/Beleuchtung und Fahrersitz (Ergonomie)

Soziale Faktoren: 7 Aspekte, z. B. andere Verkehrsteilnehmer/innen, auffällige Fahrgäste und Risiko von Personenschäden
Organisatorische Faktoren: 7 Aspekte, z. B. Zeitdruck, Verspätungen
Schlaf: durchschnittliche Schlafmenge

- *Beanspruchung:*
Irritation beschreibt einen Zustand der Gereiztheit/ Erschöpfung. Hier kam die Irritationsskala (Mohr, Rigotti & Müller, 2007) zum Einsatz. Sie besteht aus acht Items, die zwei Aspekte der Irritation, nämlich die kognitive Irritation und die emotionale Irritation, erfassen.
Körperliche Beanspruchung und geistige Beanspruchung durch die Tätigkeit

- *Beinahe-Unfälle:*
Beinahe-Unfälle wurden im Rahmen der Befragung definiert als unsichere Zustände, unsichere Handlungen, versteckte Gefahren, Risikopotenziale, Schwachstellen oder sicherheitswidriges Verhalten, die rechtzeitig erkannt wurden und ohne größere Folgen blieben. Erfasst wurden die wahrgenommene Häufigkeit pro Woche, das wahrgenommenes Risiko durch Beinahe-Unfälle, die wahrgenommene Beanspruchung durch Beinahe-Unfälle und die Häufigkeit der Betätigung der Klingel während der Fahrzeit.

Alle Variablen wurden subjektiv auf Ratingskalen erfasst, die im Ergebnisteil näher beschrieben werden.

3. Ergebnisse

Zur Analyse der Zusammenhänge von Belastung, Beinahe-Unfällen und Beanspruchung bzw. Irritation wurde ein Strukturgleichungsmodell gerechnet. Nach Ausschluss von Personen mit unvollständigen Datensätzen belief sich die Stichprobe zur Berechnung des Modells auf N=368 Personen. Für diese Stichprobe werden zunächst die deskriptiven Ergebnisse und im Anschluss die Modellkennwerte berichtet.

Belastungsfaktoren:
Die physikalischen, sozialen und organisatorischen Belastungsfaktoren wurden jeweils auf eine Skala von „0 – nicht" bis „4 – sehr" beantwortet. Die physikalischen Belastungsfaktoren im Fahrdienst wurden im Mittel mit M=2,02 (SD=0,71) bewertet und die organisatorischen mit M=1,88 (SD=0,82). Die sozialen Belastungsfaktoren stellen mit M=2,64 (SD=0,77) die höchste Belastung dar. Die durchschnittliche Schlafmenge betrug etwa 6 bis 7 Stunden Schlaf.

Beanspruchung:
Die körperliche Beanspruchung wurde auf einer Skala von „0 – sehr niedrig" bis „4 – sehr hoch" mit M=1,64 (SD=1,02) als niedriger bewertet als die geistige Beanspruchung M=2,98 (SD=1,01). Irritation war auf eine Skala von „0 – überhaupt nicht" bis „6 – fast völlig" insgesamt eher niedrig ausgeprägt. Die emotionale Irritation wurde mit M=1,92 (SD=1,48) bewertet, die kognitive mit M=2,01 (SD=1,56).

Beinahe-Unfälle:
Die Anzahl der Beinahe-Unfälle pro Woche wurden mit M=8,06 eingeschätzt, wiesen aber mit SD=7,41 eine große Streuung auf. Angaben von 50 und größer wurden auf Basis der Ausreißerdiagnostik und aus Plausibilitätsgründen aus der Analyse entfernt. Das wahrgenommene Risiko überstieg mit einem Mittelwert von M=2,70 (SD=0,83) noch die wahrgenommene Beanspruchung mit M=2,38 (SD=0,89). Beide Items wurden auf einer Skala von „0 – nicht" bis „4 – sehr" bewertet. Die Befragten gaben, an die Klingel als Indikator für Beinahe-Unfälle auf einer Skala von „0 – nie" bis „4 – dauernd" mit M=2,49 (SD=0,79) zu betätigen.

Mithilfe der oben dargestellten Variablen wurde das in der Einleitung beschriebene Modell auf seine Passung hin untersucht. Das Modell ist grafisch in Abbildung 1 dargestellt und beinhaltet die geschätzten Modell-Koeffizienten.

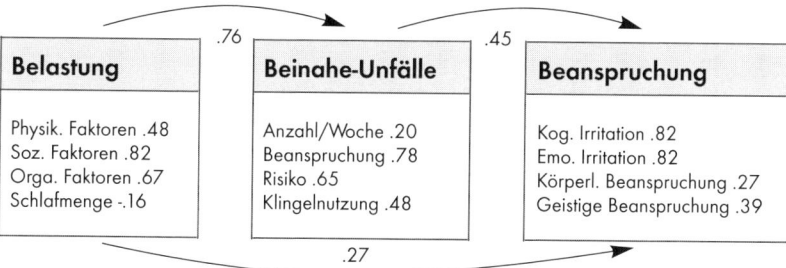

Abb. 1: Strukturgleichungsmodell der Zusammenhänge von Belastung, Beinahe-Unfällen und Beanspruchung mit Beanspruchung als abhängiger Variable

Die Passung des oben dargestellten Strukturgleichungsmodells ist gut. Zwar ist χ^2=128,39 (p < .001) signifikant, was aber auf die große Stichprobe zurückgeführt werden kann (N=368 nach Datenbereinigungen, Hoelters kritisches N=197). Folgende Fit-Indizes sprechen für einen akzeptablen Modell-Fit (Schermelleh-Engel, Moosbrugger & Müller, 2003, Baum et al., 2009):

2 < CMIN/DF < 3 (2.517); .90 < GFI < .95 (.944); .06 < RMSEA < .08 (.64)
.05 < LO90/HI90 < .10 (.051); .90 < AGFI < 1.00 (.914)

4. Diskussion

Wie das Strukturgleichungsmodell zeigt, wirken die Belastungsfaktoren direkt auf die Beanspruchung. Sie wirken allerdings auch positiv auf die zusammengesetzte Beinahe-Unfall-Variable aus der Häufigkeit von Beinahe-Unfällen, dem Risiko durch Beinahe-Unfälle, der Beanspruchung durch Beinahe-Unfälle und der Häufigkeit der Klingelbenutzung. Diese Beinahe-Unfallvariable wirkt ihrerseits wieder auf Beanspruchung und Irritation, was man evtl. so interpretieren kann, dass die mit Beinahe-Unfällen verbundenen Größen ebenfalls Belastungsfaktoren darstellen, die auf die Beanspruchung und die Irritation wirken.

Die große Streuung der Anzahl wahrgenommener Beinahe-Unfälle pro Woche deutet trotz der gegebenen Definition im Fragebogen und im Dienstunterricht auf eine unterschiedliche Wahrnehmung von Beinahe-Unfall-Situationen unter den Befragten hin. In zukünftigen Studien sollte dies näher untersucht und ggf. versucht werden ein einheitlicheres Verständnis des Begriffs sicherzustellen.

Neben diesen, eher wissenschaftlich interessanten Ergebnissen erbrachte die Untersuchung zahlreiche Hinweise auf Belastungen im Fahrdienst der Straßenbahn- und Stadtbahnfahrern/innen, die derzeit im Unternehmen diskutiert werden und zu konkreten Verbesserungen der Gesundheits- und Sicherheitssituation der Mitarbeitenden und der indirekt betroffenen Bevölkerung führen sollen.

Literatur

Baum, C., Kuyken, W., Bohus, M., Heidenreich, T., Michalak, J. & Steil, R. (2009). The Psychometric Properties of the Kentucky Inventory of Mindfulness Skills in Clinical Populations. Assessment OnlineFirst, published on December 29, 2009 as doi:10.1177/1073191109356525. Hogrefe.

Schermelleh-Engel, K., Moosbrugger, H. & Müller, H. (2003). Evaluating the Fit of Structural Equation Models: Tests of Significance and Descriptive Goodness-of-Fit Measures. Methods of Psychological Research Online, Vol.8, No.2, pp. 23–74.

Mohr, G., Rigotti, T., & Müller, A. (2007). Irritations-Skala zur Erfassung arbeitsbezogener Beanspruchungsfolgen: IS.

Arbeitskreis
Führung und Organisation: Interventionen
Leitung: Sabine Gregersen

Anke Frieling, Oliver Korn & Frank Steinhoff
**Führung verbessern
durch stresspräventive Maßnahmen**

Petia Genkova
**Diversity Management – eine Frage der Führung?
Eine explorative Untersuchung über die Diversity Einstellungen
von Führungskräften und Mitarbeitern**

Sabine Gregersen, Sylvie Vincent-Höper & Albert Nienhaus
**Zusammenhang zwischen Führungsverhalten, Arbeitsmerkmalen
und psychischer Gesundheit der Beschäftigten –
eine umfassende Studie aus dem Gesundheits- und Sozialwesen**

Sabine Gregersen, Sylvie Vincent-Höper, Maie Stein & Albert Nienhaus
**Messung gesundheitsfördernder Führung
im Gesundheits- und Sozialwesen**

Waltraud Sawczak & Eva Plaschke
**Zusammenführen was zusammen gehört –
Evaluierung psychischer Belastungen:
Gefährdungsbeurteilung und Qualitätsmanagement –
ein Mehrwert für das Unternehmen**

Anke Frieling, Oliver Korn & Frank Steinhoff
addisca gGmbH

Führung verbessern durch stresspräventive Maßnahmen

1. Anforderungen an Führungskräfte heute und zukünftig

Die Digitalisierung der Arbeit und die schnellen und häufigen Veränderungen in Unternehmen und Organisationen stellen hohe Anforderungen an die Belastbarkeit und die Flexibilität aller Beschäftigten. Die Führungskräfte im mittleren Management sind nicht nur mit fachlichen Problemen konfrontiert, sondern stehen auch immer öfter vor der Herausforderung, die Beschäftigten „seelisch und moralisch" zu unterstützen. Gute Führung gilt als wichtiger Faktor für das Wohlbefinden der Mitarbeiter und eine gute Unternehmenskultur, erwartet wird ein gesundheitsförderlicher Führungsstil (Lessing) mit einer Vielfalt von Anforderungen an die Führungskräfte.

Hohe Verantwortung und „Druck von oben, Kritik von unten" sind für das mittlere Management an der Tagesordnung. Die Beanspruchungen, die aus der Verantwortung für das Unternehmensergebnis sowie für die Mitarbeiter und den vielfältigen Erwartungen resultieren, führen bei vielen zu einem hohen Stressempfinden. Abschalten fällt immer schwerer und Pausen und Urlaub führen oft nicht mehr zu wirklicher Erholung, da die Probleme immer mitgenommen und im Kopf weiterbearbeitet werden. Disruptive Veränderungen sowie neue, hohe Flexibilität erfordernde Formen der Zusammenarbeit (Stichwort „Agile") verschärfen die Lage noch.

2. Selbststeuerung als Schlüsselfertigkeit

Unternehmen und Institutionen weltweit haben in den letzten 20 Jahren viel in die Entwicklung von Führungskräfte-Programmen investiert; sie sollen junge Beschäftigte auf Führungsaufgaben vorbereiten und diejenigen, die bereits Führung übernommen haben bei ihren Aufgaben unterstützen. Die Bilanz fällt allerdings ernüchternd aus: Gurdjian et. al. (2014) berichten von Umfragen in England und den USA, in denen nur 7 % (in UK) und nur ein Drittel der befragten US-Unternehmen mit den Ergebnissen der Führungskräfteentwicklung zufrieden sind. Auf der Suche nach den Gründen hierfür identifizierten sie u. a. zwei Ursachen: das Mind-Set bzw. die Denkweise der Manager – so ist es z. B. für eine Führungskraft mit ausgeprägtem Hang zur Kontrolle schwierig, zu delegieren und den Beschäftigten größere eigenverantwortliche Handlungsspielräume zu gewähren. Zweiter Faktor ist die Kontextabhängigkeit von bestimmten Skill-Sets, hier v.a. den psycho-sozialen Fertigkeiten: die Führungskraft muss situations- und aufgabenbezogen unterschiedliche Fähigkeiten einsetzen. Die Art der Führung passt sich idealerweise den Erfordernissen der Strategie und der Situation an und berücksichtigt andererseits die Bedürfnisse der Beschäftigten bzw. die spezifischen Eigenarten des Teams. Die Führungskraft sollte also über sehr gute Fähigkeiten zur Selbstreflektion verfügen und in der Lage sein, auch unter Stress flexibel, der jeweiligen Situation und den Bedürfnissen der Mitarbeiter angepasst zu führen.

Gerade in Belastungssituationen fallen viele Menschen spontan in bewährte Verhaltensmuster zurück, da sie gut beherrscht werden und damit eine gewisse Sicherheit geben. Unter Druck ist die Kreativität oft eingeschränkt und man ist nicht in der Lage, mit etwas Distanz und Gelassenheit an die Problemlösung heranzugehen – die Selbststeuerungsfähigkeit leidet. Die aktuelle Forschung zu Metakognition hat einen Erklärungsrahmen des menschlichen Denkens entwickelt und einen methodischen Werkzeugkasten zusammengestellt und getestet, der zu einer Sensibilisierung für die eigenen Denkprozesse führt, Flexibilisierung der Denkweisen trainiert und so eine bessere Selbstreflektion und Selbststeuerung ermöglicht.

3. Training von Metakognition

Metakognition beinhaltet alle kognitiven Prozesse, die für die Interpretation, das Monitoring und die Steuerung von Denken, Lernen und Gedächtnis verantwortlich sind. Sie beeinflussen – zumeist hochautomatisiert – das Denken und die Aufmerksamkeit. Ungünstige metakognitive Überzeugungen führen dazu, dass man sich zum falschen Zeitpunkt, zu ausgiebig mit Themen befasst, die gerade nicht relevant sind, in die völlig falsche Richtung führen oder zu belastenden blockierenden Emotionen führen (Ängste, Ärger, Scham u.ä.). Die Verarbeitungskapazität des Gehirns wird belastet und steht für eine funktionale/hilfreiche Auseinandersetzung mit den eigentlichen Aufgaben, nicht oder im geringeren Umfang zur Verfügung. Eine reflektierte Reaktion auf eine herausfordernde Situation ist nicht oder nur stark eingeschränkt möglich.

Das metakognitive Modell zeigt die Zusammenhänge der kognitiven und metakognitiven Faktoren, die das menschliche Denken und die Steuerung der Aufmerksamkeit sowie deren Auswirkungen auf Emotionen und Verhalten erklären. Aus dem Modell leiten sich die Ansatzpunkte eines metakognitiven Trainings ab: es zielt auf das Erkennen, Verstehen und Flexibilisieren der eigenen Denkprozesse, die Möglichkeit der emotionalen Distanzierung und eine verbesserte Steuerung der eigenen Aufmerksamkeit. In einem eintägigen Workshop werden auf Basis einer kurzen theoretischen Einführung metakognitive Techniken individuell und durch Reflektion in der Gruppe eingeübt und der Transfer in die Praxis thematisiert. Der Workshop wird ergänzt durch zwei kurze Follow-up-Einheiten (zweimal 1,5 Stunden) und einen 12-

wöchigen SMS-Service, der zum Üben auffordert und an das Gelernte erinnert. Das Training wird in den Unternehmen im Rahmen des BGM und der Führungskräfteentwicklung eingesetzt. Regelmäßige Befragungen der Teilnehmer ergeben deutliche Hinweise auf eine nachhaltige positive Wirkung des metakognitiven Trainings.

4. Wirkungsweise des metakognitiven Trainings

Beim metakognitiven Ansatz gehen wir davon aus, dass ein gutes metakognitives Bewusstsein die Kontrolle über die eigenen gedanklichen Prozesse – und damit eine bessere Selbstregulation – ermöglicht. Spontane, unüberlegte oder der Situation unangemessene Reaktionen können vermieden werden, die emotionale Auflage der Kommunikation fällt geringer aus. Reagiert die Führungskraft mit mehr Gelassenheit, finden sich häufig konstruktivere Lösungen für schwierige Gespräche bzw. herausfordernde Situationen. Teilnehmer am metakognitiven Training berichten, dass sie schwierige Situationen anders erlebt und sich auch anders verhalten haben. Sie bemerken eine geringere Intensität bzw. eine kürzere Dauer von unangenehmen Emotionen (Korn et al. 2016), die metakognitiven Techniken ermöglichen ihnen einen besseren Umgang mit Stress und Belastungen. Die Annahmen zur Wirkungsweise des metakognitiven Trainings wurden mit Hilfe eines Strukturgleichungsmodells überprüft.

Die Abbildung 1 lässt erkennen, dass eine gute Übereinstimmung des Modells mit den theoretischen Annahmen gegeben ist.

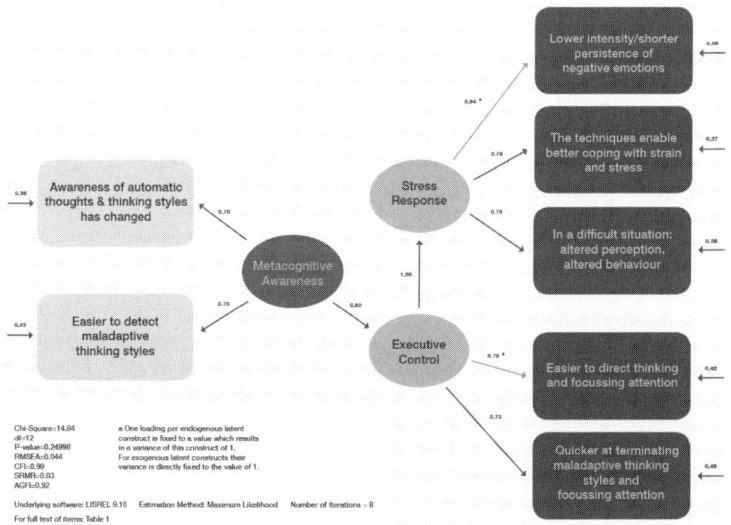

Abbildung 1: Strukturgleichungsmodell (Korn et al. 2016)

Die Ergebnisse legen den Schluss nahe, dass mit dem metakognitiven Training Schlüsselfertigkeiten vermittelt werden, die eine größere Autonomie über das eigene Denken und Verhalten ermöglichen – eine Grundlage für individuelle Anpassungsfähigkeit und Führungskompetenz.

Literatur
Gurdijan, P., Halbeisen, T., Lane, K. (2014) Why leadership-development programs fail, in McKinsey Quarterly, January 2014
Korn, O., Hauptmeier, M., Frieling, A., Steinhoff, F., Bekalarczyk, D., Schweiger, U. (2016) Metakognition – ein Schlüssel für mentale Leistungsfähigkeit und psychische Gesundheit. Posterpräsentation beim DGPPN Kongress
Lessing, K. Fragebogen Selbstcheck Führungsverhalten für Führungskräfte: GeFüGe-Projekt, TBS NRW
Wells, A. (2011). Metakognitive Therapie bei Angststörungen und Depression. Beltz Verlag

Petia Genkova
Hochschule Osnabrück

Diversity Management – eine Frage der Führung? Eine explorative Untersuchung über die Diversity Einstellungen von Führungskräften und Mitarbeitern

1. Diversity Management und Human Resource Management

Das Thema Diversity rückt in Deutschland und Europa immer weiter in den Mittelpunkt. Globalisierungsprozesse sowie die Europäische Integration steigern den Handlungsbedarf von Gesellschaften und Organisationen, ihre Strukturen und Prozesse den demografischen Veränderungen anzupassen (Statistisches Bundesamt, 2015). Die Interaktion mit Menschen aus unterschiedlichen Kulturen ist keine Ausnahme mehr, sondern alltägliche Gegenwart (Fantini, 2009). Aus der Perspektive der Soziologie betrachtet, stellt die strukturelle Integration auf dem Arbeitsmarkt als auch im Bildungssystem eine wichtige Voraussetzung dafür da, dass Migranten ein nationales Zugehörigkeitsgefühl entwickeln können. Jedoch werden diese in der Praxis und in Organisationen häufig benachteiligt, obwohl sie wichtige Potentiale für Organisationen darstellen. Dementsprechend müssen Organisationen vor allem Migranten vorausschauend fördern und ihre Personalrekrutierung den gegenwärtigen Herausforderungen der Arbeitswelt anpassen (Fantini, 2009). Aus der Perspektive der Psychologie betrachtet, ist Diversity nachhaltig, wenn Führungskräfte Diversität auf allen Ebenen schätzen und zum Austausch unterschiedlicher Meinungen ermutigen. Zudem müssen Mitarbeiter und Führungskräfte hinsichtlich der erforderlichen Diversity-Kompetenzen wie Interkulturelle Kompetenzen, Soziale und Digitale Kompetenzen gefördert werden, damit diese leistungsfähig bleiben und den Herausforderungen des 21. Jahrhunderts effektiv begegnen können.

Ein erfolgreiches Diversity Management wird demnach für Organisationen langfristig gesehen, unabdingbar. Das starke Interesse der Gesellschaft und Wirtschaft an Diversity Management kann darauf zurückgeführt werden, dass sich die Bevölkerung aufgrund der demografischen Prozesse und der starken Migrationsbewegungen in den letzten beiden Jahren, 2016 und 2017, in Europa verändert hat und eine größere Heterogenität in Gesellschaften und Organisationen zur Folge hat.

Diversity Management zielt darauf ab, Diversität, d.h. Vielfalt in Unternehmen zu schaffen und die Werte, Einstellungen und das Verhalten von Organisationen und Arbeitsgruppen zu verändern (Ashikali & Groeneveld, 2015). Personen sollen ungeachtet ihrer kulturellen individuellen Besonderheiten gleich behandelt werden und ihre Fähigkeiten frei von Normvorstellungen und Stereotypen einsetzen können (Van Dick et al., 2008).

Mitarbeitervielfalt kann innerhalb einer Organisation verschiedene Effekte haben. Das hängt insbesondere davon ab, wie diese Vielfalt beachtet wird. Bezieht sich die Variabilität vor allem auf Status, so zeigen sich negative Effekte für die Leistung einer Organisation. Bringen die Mitarbeiter hingegen vielfältige Erfahrungen z. B. aufgrund ihres unterschiedlichen kulturellen Hintergrundes mit, so kann dies positive Auswirkungen haben. Eine aktive Förderung dieser Art von Diversity kann so auch zur Verbesserung der organisatorischen Ergebnisse beitragen (Garib, 2013). Diversity kann für Organisationen und Individuen bereichernd sein, wenn sie sich auf den Perspektivenwechsel einlassen (Page, 2007). Studien konnten belegen, dass Menschen mit Pro-Diversitätsüberzeugungen eine Gruppe gerade durch ihre Diversität als gut bezeichnen und sich stark mit dieser identifizieren (Van Dick et al., 2008). Es zeigt sich, dass Diversity ein Wettbewerbsvorteil, aber gleichzeitig auch eine Quelle von Konflikten und vorurteilhaftem Verhalten sein kann. Eine diversity-gerechte Personalauswahl ist für Organisationen wichtig, da sie der Organisation Flexibilität und Adaptivität verleiht (Kersting & Ott, 2016). Die Rolle von Top-Down Maßnahme und Führungskräften bei der Umsetzung von Diversity gilt als empirisch verifiziert.

2. Fragestellung und Design

Die Untersuchung beschäftigt sich vor allem mit dem Kernthema der Herausforderungen des HR Management hinsichtlich der demografischen Veränderungen. Dazu wurden 63 explorative qualitative Telefoninterviews mit Führungskräften (N = 17), Personalreferenten (N = 13) und Mitarbeitern mit (N = 18) und ohne Migrationshintergrund (N = 15) geführt, um zu analysieren, welche Rolle Führungskräfte in Bezug auf Diversity einnehmen und welche Kompetenzen besonders wichtig sind, um Chancengleichheit in der Personalauswahl zu gewährleisten und diversity-kompetent zu sein. Im Durchschnitt sind die Führungskräfte und Personalreferenten M = 40.83 Jahre alt (N = 29; SD = 9.30). Die Mitarbeiter sind im Durchschnitt M = 35.48 Jahre alt (N = 33; SD = 9.99).

Explorative Hypothese: Führungskräfte und Mitarbeiter schätzen den Bedarf an Diversity Maßnahmen als gleichwichtig ein.

Hypothese 2: Führungskräfte und Mitarbeiter unterscheiden sich nicht hinsichtlich der Einschätzung des Stresslevels von Mitarbeitern mit und ohne Migrationshintergrund.

Die Fragen des Interviewleitfadens erfassen sowohl die Sichtweise der Führungskräfte und Mitarbeiter hinsichtlich der Wichtigkeit von Diversity in Organisationen, die Ermittlung der subjektiven Beurteilungen fehlender Kompetenzen wie

z. B. Interkulturelle Kompetenzen als auch den Einfluss von Stress auf die Mitarbeiter mit und ohne Migrationshintergrund. Die standardisierten Interviews basieren auf einen Interviewleitfaden, der deduktiv, somit theoriegeleitet konzipiert und nach der nach der qualitativen Inhaltsanalyse nach Mayring (2015) ausgewertet wurden.

3. Ergebnisse und Diskussion

Die Ergebnisse der explorativen Hypothese zeigen, dass sowohl Führungskräfte als auch Mitarbeiter die Relevanz von Diversity Maßnahmen wie z. B. die Frauen-/Migrantenquoten hoch einschätzen. Diese Quoten seien nach den Führungskräften meistens gar nicht gesetzlich verankert und fehlten als offizielle Vorgaben. Weitere Maßnahmen sind eine Diversity Abteilung und Gleichstellungs-/ Diversity-Beauftragte. Diese sind besonders aktiv für das Durchsetzen von Unternehmenswerten wie kulturelle Vielfalt und Chancengleichheit verschiedener Diversity Gruppen. Die Führungskräfte zählen verschiedene Trainings, Sprachkurse und Austauschprogramme auf, die zusammen mit Kulturtrainings zur Umsetzung der Diversity beitragen.

Nach Aussagen der Mitarbeiter mit und ohne Migrationshintergrund sind die Diversity-Maßnahmen eher auf Kommunikation von Vielfalt in Unternehmen ausgerichtet wie z. B. On- und Offline Diversity Plattformen, Diversity Abteilungen und Netzwerk bzw. Gremium Diversity. Viele der befragten Mitarbeiter arbeiten in Unternehmen, die der Charta der Vielfalt angehören und das Thema Diversity in der Unternehmensstrategie verankern. Als sehr wichtig wurde von den Mitarbeitern, auch für die eigene berufliche Entwicklung, die Gleichbehandlung bei der Personalauswahl und -entwicklung herausgestellt.

In Bezug auf die relevanten Kompetenzen und die Umsetzung von Diversity-Maßnahmen sind sich beide Gruppen einig, dass Offenheit/ Kulturelles Interesse sehr wichtig sind. Hinzukommen Soziale Kompetenzen wie Toleranz und Selbstreflexion. Die Interkulturelle Kompetenzen und das Kulturelle Wissen runden diese ab. Die Mitarbeiter mit und ohne Migrationshintergrund zählen mehr Kompetenzen auf und differenzieren stärker den Bedarf auf die Förderung von Interkulturellen Kompetenzen. Bei den Führungskräften ist weiterhin die Tendenz zur Förderung von den relevanten Kompetenzen für die Zukunft einzuschätzen und nicht für die Gegenwart und dadurch eine exernale Attribution zu vollziehen. Interessant ist, dass die Führungskräfte Risikobereitschaft für Diversity als eine relevante Kompetenz nennen, und diese mit Risiken assoziieren. Die Mitarbeiter nennen dafür Empathie.

Die Ergebnisse der quantitativen Hypothese zeigen, dass sich die Einschätzung des Stresslevels von Mitarbeitern mit Migrationshintergrund bei den Führungskräften und Mitarbeitern nicht signifikant unterscheidet

(T = .035; df 1; 49; p = .972). Dieses Ergebnis wird durch die qualitative Auswertung unterstützt. In der qualitativen Analyse stellte sich heraus, dass vor allem die Vorurteile und Ungeduld Anderer aufgrund eventueller Sprachprobleme als auch die unterschiedliche Arbeitsweise aufgrund des interkulturellen Unterschieds stressend für Mitarbeiter mit Migrationshintergrund sind. Mitarbeiter mit Migrationshintergrund empfinden im Vergleich zu Mitarbeitern ohne Migrationshintergrund einen höheren Leistungsdruck.

Die Ergebnisse weisen deutlich darauf hin, dass die Relevanz von Diversity von Mitarbeitern und Führungskräften erkannt wird. Führungskräfte haben zwar die Ernsthaftigkeit und Dringlichkeit von Diversity erkannt, aber nicht die Dringlichkeit der Förderung von Migranten. Personalverantwortliche sind nicht in der Lage, den zusätzlichen Stress von Migranten korrekt einzuschätzen und in ihrem Führungsalltag zu berücksichtigen. Eine gute Einschätzung des Stresslevels von Mitarbeitern mit Migrationshintergrund durch Mitarbeiter ohne Migrationshintergrund ist bereits vorhanden. Insgesamt zeigen die Ergebnisse, dass Diversity-Prinzipien noch stärker in die Unternehmens- und Führungsleitlinien integriert werden müssen. Offenbar sollten die Führungskräfte stärker sensibilisiert werden, um den aktuellen Bedarf richtig zu diagnostizieren und die Umsetzung von Maßnahmen bereits anzutreiben, statt diese in die Zukunft zu verlagern.

Literatur
Ashikali, T. & Groeneveld, S. (2015). Diversity Management in Public Organizations and Its Effect on Employees' Affective Commitment: The Role of Transformational Leadership and the Inclusiveness of the Organizational Culture. Review of Public Personnel Administration, 35(2), 146-168.
Fantini, A. E. (2009). Assessing intercultural competence: Issues and tools. In D. K. Deardorff (Ed.), The SAGE handbook of intercultural competence (pp. 456-476). Thousand Oaks, CA: Sage.
Garib, G. (2013). Diversity is in the eye of the beholder: Diversity perceptions of managers. The Psychologist-Manager Journal, 16(1), 18-32.
Mayring, P. (2015). Qualitative Inhaltsanalyse. Grundlagen und Techniken (12., überarb. Aufl.). Weinheim: Beltz.
Page, S. E. (2007). The difference: How the power of diversity creates better groups, firms, schools, and societies. Princeton: Princeton University Press.
Statistisches Bundesamt (2015). Bevölkerung Deutschlands bis 2016. 13. Koordinierte Bevölkerungsvorausberechnung. Verfügbar unter: https://www.destatis.de/DE/Publikationen/Thematisch/Bevoelkerung/VorausberechnungBevoelkerung/BevoelkerungDeutschland2060Presse 5124204159004.pdf?__blob=publicationFile [Zugriff am 06. Februar 2018].
Van Dick, R., van Knippenberg, D., Hägele, S., Guillaume, Y. R. F. & Brodbeck, F. C. (2008). Group diversity and group identification: The moderating role of diversity beliefs. Human Relations, 61(10), 1463–1492.

Sabine Gregersen[1], Sylvie Vincent-Höper[2] & Albert Nienhaus[1,3]
[1]*Berufsgenossenschaft für Gesundheitsdienst und Wohlfahrtspflege (BGW)*,
[2]*Universität Hamburg (UHH)*, [3]*Universitätsklinikum Hamburg Eppendorf (UKE)*

Zusammenhang zwischen Führungsverhalten, Arbeitsmerkmalen und psychischer Gesundheit der Beschäftigten – eine umfassende Studie aus dem Gesundheits- und Sozialwesen

1. Fragestellung und Untersuchungsmodell

Der aktuelle Forschungsstand bestätigt die Zusammenhänge zwischen Führung (Führungsverhalten bzw. Führungskonzepten) und Indikatoren der Mitarbeitergesundheit. Jedoch gibt es relativ wenige wissenschaftlich gesicherte Erkenntnisse über die Wirkmechanismen. Für diese Studie wurden folgende Fragestellungen formuliert und in einem Modell zu den Wirkmechanismen dargestellt (s. Abb. 1): Wird der Zusammenhang zwischen dem transformationalen Führungsverhalten und Indikatoren der Mitarbeitergesundheit über die Arbeitsmerkmale vermittelt? (Fragestellung 1), Wie wirken sich die personenbezogenen Merkmale des Mitarbeiters auf den Zusammenhang zwischen Führungsverhalten und Indikatoren für die Mitarbeitergesundheit aus? (Fragestellung 2), Gibt es ein positives Führungskonzept, das besonders relevant für die Gesundheit der Mitarbeiter ist? (Fragestellung 3), Welche Rolle (Prädiktor oder Outcome) spielen die Arbeitsmerkmale für das gesundheitsförderliche Führungsverhalten und den Einfluss auf die Gesundheit der Mitarbeiter? (Fragestellung 4).

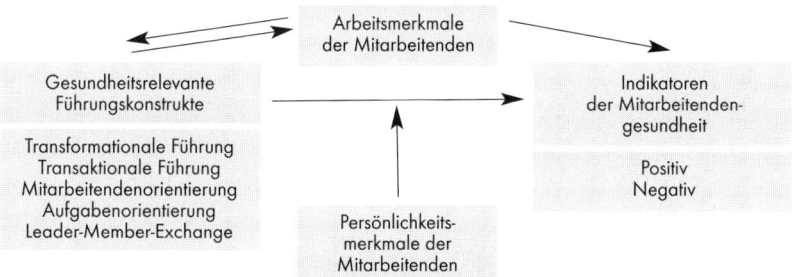

Abb. 1: Modell der Wirkzusammenhänge zwischen Führung, Indikatoren der Mitarbeitendengesundheit, Arbeitsmerkmalen und personenbezogenen Merkmalen der Mitarbeitenden

2. Methoden

2.1 Studienkollektiv

Das Studienkollektiv setzt sich zusammen aus zwei Stichproben (Stichprobe 1: Einrichtungen der stationären Altenpflege und der Behindertenhilfe n zu T1=626 und n zu T2=549, Stichprobe 2: Weiterbildungskurse für Pflege- und Betreuungskräfte n zu T1=448 und n zu T2=357). Es wurden bei beiden Stichproben zu zwei Erhebungszeitpunkten Befragungen mit einem Zeitintervall von 9 bis 12 Monaten durchgeführt. Für den Längsschnittdatensatz konnten aus beiden Erhebungszeitpunkten 339 Studienteilnehmer zugeordnet werden auf der Basis der selbstgenerierten persönlichen Codes. In Abhängigkeit von den Erfordernissen der wissenschaftlichen Fragestellung wurden aus dem Studienkollektiv unterschiedliche Stichproben verwendet.

2.2 Untersuchungsinstrumente / Skalen
Es wurden die Führungskonstrukte Mitarbeit- und Aufgabenorientierung, transformationale und transaktionale Führung und Leader-Member Exchange erhoben. Rollenklarheit, Vorhersehbarkeit und Bedeutung der Arbeit wurden als arbeitsbezogene Ressourcen berücksichtigt. Als personenbezogenes Merkmal wurde die berufliche Selbstwirksamkeit erfasst. Die Indikatoren der Mitarbeitergesundheit wurden operationalisiert über Irritation, emotionale Erschöpfung, Depersonalisation, Arbeitszufriedenheit und allgemeiner Gesundheitszustand.

2.3 Berechnungsmethoden
Für alle vier Fragestellungen wurden deskriptive Statistiken und Interkorrelationen der einbezogenen Variablen berechnet. Für die konkreteren Fragestellungen wurden Mediationseffekte, Moderationseffekte sowie die relative Bedeutung von Prädiktoren berechnet.

3. Ergebnisse

Fragestellung 1: Transformationales Führungsverhalten steht in einem indirekten Zusammenhang mit dem psychischen Befinden der Mitarbeitenden. Dieser Zusammenhang wird über Rollenklarheit und Vorhersehbarkeit vermittelt (Querschnittsdaten).

Fragestellung 2: Der Effekt von transformationaler Führung auf die negativen Gesundheitsindikatoren Irritation und emotionale Erschöpfung wird nicht durch die berufliche Selbstwirksamkeit der Beschäftigten moderiert (Längsschnittdaten).

Fragestellung 3: Leader-Member Exchange (LMX) ist im Vergleich zu den anderen Führungskonzepten (transformationale und transaktionale Führung, Mitarbeiter- und Aufgabenorientierung) statistisch relevanter im Hinblick auf Gesundheitsindikatoren der Beschäftigten (Querschnittsdaten).

Fragestellung 4: Die Arbeitsmerkmale Rollenklarheit, Vorhersehbarkeit und Bedeutung der Arbeit wirken als Prädiktoren für LMX und beeinflussen über LMX die Gesundheit der Beschäftigten (Längsschnittdaten).

4. Diskussion

Mit dieser Forschungsstudie wird eine Lücke im aktuellen Forschungsstand geschlossen. Sie ist nach dem vorliegenden Kenntnisstand die einzige Studie in Deutschland zum Zusammenhang zwischen Führung und Gesundheit im Sozial- und Gesundheitswesen, die auf Längsschnittdaten basiert. Die Ergebnisse dieser Studie geben konkrete Hinweise für die Führungskraft als Ressourcenmanager und somit für eine gesundheitsförderliche Führung. Es konnten für diese Zielgruppe sowohl ein Führungskonzept mit besonderer Bedeutung für die Gesundheit der Beschäftigten als auch die Relevanz arbeitsbezogener Ressourcen bestätigt werden. Für die Führungskräfte im Sozial- und Gesundheitswesen lässt sich als zentrales Ergebnis aus dem Vergleich der Führungskonzepte ableiten, dass es nicht um ein generalisierbares Führungsverhalten für alle Mitarbeitenden geht, sondern um die interindividuelle Beziehung zwischen der Führungskraft und dem jeweiligen Beschäftigten. Das Ziel ist, zu möglichst vielen Beschäftigten eine gute und individuelle Beziehung auf der Basis eines gleichwertigen Austauschs aufzubauen. Die Berücksichtigung der individuellen Bedürfnisse und Voraussetzung der Beschäftigten ist vermutlich besonders gesundheitsrelevant. Darüber hinaus spielt die ressourcenorientierte Gestaltung der Arbeitssituation eine zentrale Rolle für den Aufbau bzw. die Entwicklung einer hohen Beziehungsqualität (LMX) zwischen Führungskraft und Beschäftigten. Über die Gestaltung der Vorhersehbarkeit, Rollenklarheit und Bedeutung der Arbeit wird die wechselseitige Beziehung verbessert und übt einen positiven Einfluss auf die Gesundheit der Mitarbeitenden aus.

Literatur
Gregersen, S. (2017). Führungsverhalten und psychische Gesundheit der Beschäftigten im Gesundheits- und Sozialwesen, trediton GmbH Hamburg, Edition Gesundheit und Arbeit, Band 8.
Gregersen, S., Vincent-Höper, S. & Nienhaus, A. (2016). Job-related resources, leader–member exchange and well-being–a longitudinal study. Work & Stress, 30(4), 356–373.
Gregersen S., Vincent-Höper S. & Nienhaus A. (2014). Health-relevant leadership behaviour: A comparison of leadership constructs. Z Personalforsch 2014; 28: 117–138.
Gregersen, S., Vincent-Höper, S. & Nienhaus, A. (2014). The Relation Between Leadership and Perceived Well-Being: What Role Does Occupational Self-Efficacy Play? Journal of Leadership Studies, 8(2), 6–18.
Vincent-Höper, S., Gregersen, S. & Nienhaus, A. (2017). Do Work Characteristics Mediate the Negative Effect of Transformational Leadership on Impaired Well-Being? Zeitschrift für Arbeits- und Organisationspsychologie A&O.

Sabine Gregersen[1], Sylvie Vincent-Höper[2], Maie Stein[2] & Albert Nienhaus[1,3]
[1]*Berufsgenossenschaft für Gesundheitsdienst und Wohlfahrtspflege (BGW)*,
[2]*Universität Hamburg (UHH)*, [3]*Universitätsklinikum Hamburg Eppendorf (UKE)*

Messung gesundheitsfördernder Führung im Gesundheits- und Sozialwesen

1. Einleitung

Die Zunahme der Arbeitsunfähigkeiten im Gesundheits- und Sozialwesen aufgrund psychischer Erkrankungen ist seit Jahren die auffälligste Entwicklung im Arbeitsunfähigkeitsgeschehen. Vor dem Hintergrund des demografischen Wandels und dem damit einhergehenden Fachkräftemangel erhält die Prävention psychischer Erkrankungen eine besondere Bedeutung. Psychische Erkrankungen stehen häufig in einem Zusammenhang mit Belastungen aus der Arbeitswelt. Diese Belastungen lassen sich durch geeignete betriebliche Präventionsmaßnahmen reduzieren. Die direkte Führungskraft spielt hierbei eine zentrale Rolle. Wissenschaftliche Untersuchungen konnten zeigen, dass das Führungsverhalten als (gesundheitsförderliche) Ressource sowie als (gesundheitsschädigender) Risikofaktor einen Einfluss auf die Gesundheit der Beschäftigten hat.

2. Fragestellung und Zielstellung der Studie

Im Vordergrund der Führungsforschung stand über einen langen Zeitraum, wie Führungskräfte einen positiven Einfluss auf die Produktivität, Leistung und Motivation der Beschäftigten ausüben. In den letzten Jahren zeigte sich jedoch sowohl in der Praxis als auch in der Forschung ein zunehmendes Interesse an dem Zusammenhang des Führungsverhaltens mit der Gesundheit der Beschäftigten. Inzwischen liegen zahlreiche Übersichtsarbeiten (Reviews und Metaanalyse) zu dieser Thematik vor. Sie kommen alle zu dem Ergebnis, dass das Führungsverhalten einen signifikanten Zusammenhang mit der Gesundheit der Beschäftigten aufweist.

Transformationale Führung ist das am häufigsten untersuchte und bestätigte Führungskonzept im Zusammenhang mit Gesundheit der Beschäftigten. Das Ziel Transformationaler Führung ist, Beschäftigte zu Leistung zu motivieren und ihre individuellen Interessen auf den Erfolg eines Unternehmens zu transformieren. Von Experten wird kritisiert, dass sich deshalb aus den Ergebnissen nur schwer konkrete Hinweise zur gesundheitsförderlichen Führung ableiten lassen. Die aktuelle Herausforderung ist wissenschaftlich fundierte Ansatzpunkte für eine gesundheitsförderliche Führung abzuleiten. Das Ziel dieser Studie ist, Erkenntnisse darüber zu gewinnen, welche Führungskonzepte besonders relevant für die psychische Gesundheit der Beschäftigten sind.

2.1 Stichprobe
Im November 2016 wurde ein Panelinstitut mit einer Online-Befragung für die Zielgruppe Gesundheits- und Sozialwesen beauftragt. Die Studienstichprobe setzt sich aus n = 412 Personen zusammen.

2.2 Untersuchungsinstrumente/Skalen
Es wurden die Führungskonstrukte Transformationale Führung, Leader-Member Exchange (LMX), mangelnde Aufgabenorientierung, Authentische Führung, Ethische Führung, Dienende Führung, Health-oriented Leadership (HOL) und Gesundheits- und Entwicklungsförderliche Führung (GEFA) erfasst. Das psychologische Wohlbefinden, die emotionale Erschöpfung, psychische Befindensbeeinträchtigungen und psychosomatische Beschwerden wurden als Gesundheitsindikatoren erhoben.

2.3 Statistische Auswertung
Für die deskriptive Statistik wurden Pearson-Korrelation und Reliabilitäten mit Cronbachs Alpha berechnet. Die Varianzaufklärung wurde mittels hierarchischer Regressionsanalyse überprüft. Im ersten Schritt wurde für Alter und Geschlecht kontrolliert. Im 2. Schritt wurde die Transformationale Führung in die Analyse aufgenommen. In einem dritten Schritt wurde je ein weiteres Führungskonzept aufgenommen.

3. Ergebnisse

Einen Überblick über Interkorrelationen gibt die Tab. 1. Die Zusammenhangsanalysen zeigen, dass sämtliche Führungskonzepte signifikante und substanzielle Zusammenhänge mit Gesundheitsindikatoren aufweisen.

Die Ergebnisse der hierarchischen Regressionsanalyse werden in Tab. 2 und Tab. 3 dargestellt. Zusammenfassend kann man sagen, dass die Konzepte LMX, mangelnde Aufgabenorientierung und die GEFA die Gesundheit der Beschäftigten signifikant besser vorhersagen können als die Transformationale Führung.

Tab. 1: Korrelation mit den Gesundheitsindikatoren

	Wohl-befinden	Emotionale Erschöpfung	Irritation	Psycho-somatische Beschwerden
TF	0,42	-0,38	-0,28	-0,26
LMX	0,44	-0,40	-0,32	-0,29
m. AUF	-0,41	0,54	0,38	0,38
AF	0,38	-0,36	-0,25	-0,25
EF	0,37	-0,35	-0,24	-0,23
DF	0,34	-0,28	-0,16	-0,14
HoL (A)	0,37	-0,30	-0,19	-0,18
HoL (B)	0,40	-0,37	-0,28	-0,28
GEFA ÜBF	-0,33	0,55	0,44	0,39
GEFA ENF	0,35	-0,37	-0,23	-0,24
GEFA UNF	0,44	-0,44	-0,33	-0,29

Note: N = 412. TF: Transformational F., LMX: Leader-Member-Exchange; m. AUF: mangelnde Aufgabenorientierung; AF: Authentische F.; EF: Ethische F.; DF: Dienende F.; HoL: Health-oriented F. (A): Achtsamkeit, HoL (G): Gesundheitsverhalten; GEFA ÜBF: Überfordernde F., ENF: Entwicklungsorientierte F., UNF: Unterstützungsorientierte F.

Tab. 2: Ergebnisse der hierarchischen Regressionsanalysen mit den Führungskonzepten als Prädikator für Gesundheit (Varianzaufklärung)

Gesundheits- und Entwicklungsförderliches Führungsverhalten (GEFA)	4,9 - 30,2 %
Mangelnde Aufgabenorientierung	14,4 - 29,1 %
Leader-Member Exchange	8,0 - 19,5 %
Transformationale Führung	6,5 - 18,0 %
Health-oriented Leadership (HoL)	3,1 - 15,8 %
Authentische und ethische Führung	5,3 - 14,3 %
Dienende Führung	1,9 - 11,6 %

Tab. 3: Ergebnisse der hierarchischen Regressionsanalysen mit den Führungskonzepten als Prädikator für Gesundheit (zusätzliche Varianzaufklärung gegenüber Transformationaler Führung)

Führungskonzept	ΔR^2
Gesundheits- und Entwicklungsförderliches Führungsverhalten (GEFA)	0,7 - 21,9 %
Mangelnde Aufgabenorientierung	3,0 - 15,5 %
Leader-Member Exchange	1,4 - 2,7 %
Health-oriented Leadership (HoL)	0 - 1,5 %
Authentische und ethische Führung	0 - 0,4 %
Dienende Führung	0 - 0,4 %

4. Diskussion

Das Ziel dieser Studie war, die einschlägigen Führungskonzepte auf ihre Gesundheitsrelevanz zu untersuchen. Dabei wurde das im Kontext von gesundheitsförderlicher Führung am meisten beforschte Führungskonzept, die Transformationale Führung, als Ausgangspunkt genommen. Die Ergebnisse bestätigen, dass sowohl die GEFA, die mangelnde Aufgabenorientierung und das LMX-Konzept die Gesundheit der Beschäftigten am besten vorhersagen.

Die GEFA wurde speziell in Hinsicht auf die gesundheitsförderliche Führung entwickelt und stellt die Führungskraft als (Mit-)Gestalterin der Arbeitsbedingungen in den Fokus. Mangelnde Aufgabenorientierung, z.B. wenn Änderungsvorschläge zurückgewiesen oder Aufgaben übertragen werden ohne die Beschäftigten bei der Umsetzung zu unterstützen wirkt sich das negativ auf die Gesundheit der Beschäftigten aus. Die Besonderheit des LMX-Ansatzes liegt in der Bildung qualitativ hochwertiger Beziehungen zwischen Führungskraft und Beschäftigten. Nach diesem Ansatz spielt die Bereitstellung von Ressourcen, wie z.B. Information und Einflussmöglichkeiten durch die Führungskraft eine besondere Rolle.

Die Erkenntnisse, die im Rahmen dieser Studie gewonnen wurden, können für die Erfassung und die Entwicklung von gesundheitsförderlicher Führung genutzt werden.

Literatur

Vincent-Höper, S., Stein, M., Gregersen, S., Nienhaus, A. (2018): Messung gesundhietsförderlicher Führung in Gesundheitsdienst und Wohlfahrtspflege, ASU Arbeitsmed Sozialmed Umweltmed; 53: 54–61

Waltraud Sawczak[1] & Eva Plaschke[2]
[1]*Sawczak & Partner | new level Unternehmensberatung*
[2]*EQT Unternehmensberatung e.U.*

Zusammenführen was zusammen gehört – Evaluierung psychischer Belastungen: Gefährdungsbeurteilung und Qualitätsmanagement – ein Mehrwert für das Unternehmen

1. Fokus

Im Fokus des Beitrages steht die Darstellung und Diskussion der Prozesse der Evaluierung psychischer Belastungen / Gefährdungsbeurteilung (Eval_Psy) und des Qualitätsmanagements. Sehr häufig wird die Eval_Psy als Einzelprojekt und abseits zu bestehenden Qualitätsmanagementstrukturen bearbeitet. Dabei zielen beide darauf ab einen kontinuierlichen Verbesserungsprozess im Unternehmen sicher zu stellen und eine qualitätsgesicherte Sicherheits- und Gesundheitskultur zu schaffen. Erfolgreiches Qualitätsmanagement und Eval_Psy im Unternehmen bedeuten beide Systeme miteinander zu verzahnen, um u. a. das gemeinsame wichtige Thema der Wirksamkeit von gesetzten Maßnahmen nachhaltig zu gestalten und zu steuern. Die praktische Umsetzung von best practice Modellen aus Österreich wird ergänzend dargestellt.

2. Methode

Nach einer kurzen Darstellung des Prozesses der gesetzlich vorgeschriebenen Evaluierung psychischer Belastungen am Arbeitsplatz/Gefährdungsbeurteilung und des Qualitätsmanagements werden Querverbindungen und Ansatzpunkte für eine erfolgreiche Verschränkung beider Themenfelder dargestellt und diskutiert. Praxisbeispiele geben Einblick in die Entwicklung und Verankerung.

3. Conclusio

Sowohl die Eval_Psy, als auch das Qualitätsmanagement stellen den kontinuierlichen Verbesserungsprozess im Unternehmen in den Mittelpunkt. Die Ergebnisse der Eval_Psy in die Qualitätsmanagementstruktur zu integrieren generiert einen Mehrwert für das Unternehmen und vermeidet nicht notwendige Parallelstrukturen. Nicht zuletzt werden dadurch zusätzliche Belastungen und Anforderungen an die Mitarbeitenden vermieden.

Arbeitskreis
Arbeitssystemgestaltung: Arbeitszeitgestaltung
Leitung: Susanne Roscher

Ufuk Altun
Ort- und zeitflexibles Arbeiten mithilfe eines Selbstbewertungsinstrumentes erfolgreich und gesundheitsgerecht gestalten

Gudrun Faller & Ralf Pieper
Menschengerechte Gestaltung von Arbeitssystemen im Kontext von Flexibilisierung

Nicolas Feuerhahn & Jana Kühnel
Arbeitszeiten-Gestaltung: Biologische Rhythmen des Menschen berücksichtigen und nutzen

Melanie Göllner & Renate Rau
Ist ständige Erreichbarkeit ein zusätzliches Arbeitsmerkmal oder Symptom veränderter Arbeitsinhalte?

Susanne Roscher, Jan Dettmers, Elisa Bradtke & Monika Keller
Gesundheitsförderliche Gestaltung von erweiterter Verfügbarkeit bei der Arbeit

Ufuk Altun
ifaa-Institut für angewandte Arbeitswissenschaft e.V.

Ort- und zeitflexibles Arbeiten mithilfe eines Selbstbewertungsinstrumentes erfolgreich und gesundheitsgerecht gestalten

1. Ausgangssituation und Zielsetzung

Die neuen Informations- und Kommunikationstechnologien ermöglichen den Beschäftigten, für dienstliche und betriebliche Belange zu unterschiedlichen Zeitpunkten und an unterschiedlichen Orten zu arbeiten. Diese neue Art der Flexibilität wird auch von vielen Beschäftigten gewünscht (BITKOM 2013, DGFP 2016). Laut einer im Jahr 2016 durchgeführten Studie „Mobile Multiplier" ist für die Mehrheit der Büroangestellten flexibles und mobiles Arbeiten eines der Top-Kriterien bei der Wahl des Arbeitgebers. Auf der anderen Seite gaben die Befragten an, dass sie beim Arbeiten außerhalb des Büros mehr Zeit benötigen, ihre Kollegen zu erreichen, was laut 54 Prozent der Befragten zur Verzögerung von Entscheidungen führt (Deutschland: 44 Prozent). Den Zugriff auf Unterlagen und Dateien von unterwegs empfinden 43 Prozent (Deutschland: 49 Prozent) als schwierig (Rönisch 2016). Hinzu kommt, dass räumliche und zeitliche Flexibilität sich nur dann erzielen lässt, wenn die Arbeitsbedingungen und Arbeitsumgebungsbedingungen in den eigenen vier Wänden, auf Dienstreisen, im Hotel usw. kein Beeinträchtigungsrisiko darstellen und nicht zu einer Verschlechterung der Work-Life-Balance führen. Folglich ist für eine gesundheitsgerechte Gestaltung des orts- und zeitflexiblen Arbeitens eine umfangreiche Planung der Einführung und Umsetzung notwendig. Dieser Herausforderung geht die vom Institut für angewandte Arbeitswissenschaft entwickelte Checkliste nach (Altun 2017). Sie dient als Selbstbewertungsinstrument zur Standortbestimmung, Identifizierung und Erarbeitung von konkreten Gestaltungsmaßnahmen und navigiert die betrieblichen Akteure durch die relevanten Themenbereiche und unterstützt sie dabei konkrete Maßnahmen, Umsetzungszeiträume und Zielsetzungen zu formulieren. So werden die betrieblichen Akteure in die Lage versetzt, mobile Arbeit zielorientiert, präventiv und gesundheitsgerecht zu planen und zu gestalten.

2. Aufbau der Checkliste

Die Checkliste ist so aufgebaut, dass mithilfe von Leitfragen und Auswahlkriterien identifiziert werden kann, welche Aktivitäten, in welcher Reihenfolge, von wem, bis wann und mit welchen Zielen ausgeführt werden sollen. So haben die betrieblichen Akteure die Möglichkeit, konkrete Gestaltungs- und Handlungsbedarfe im eigenen

Unternehmen zu erkennen und orts- und zeitflexible Arbeit zielorientiert zu planen und zu gestalten.

Dabei wird den betrieblichen Akteuren empfohlen im Vorfeld zu klären, welche Ziele mit der Einführung bzw. Umsetzung orts- und zeitflexibler Arbeit erreicht werden sollen. Hierbei sind neben (tarif)rechtlichen Fragestellungen u. a. organisatorische, technische und personelle Maßnahmen sowie Anforderungen an den Arbeits-, Daten-, und Gesundheitsschutz zu berücksichtigen (Abbildung 1).

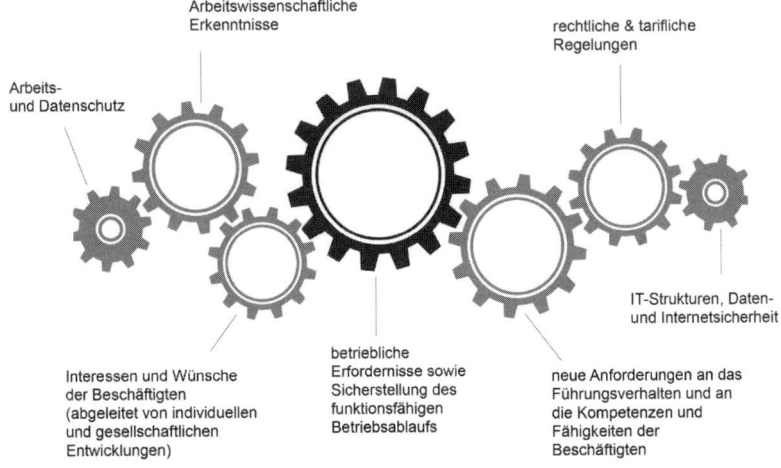

Abb. 1: Aspekte und Anforderungen (eigene Darstellung)

Orts- und zeitflexible Arbeit kann insbesondere nur dann gut funktionieren, wenn gemeinsame Regeln für alle Beteiligten gelten. Demzufolge konzentriert sich die Checkliste auf fünf Handlungsfelder:

2.1 Organisation

Orts- und zeitflexible Arbeit erfordert eine umfassende Organisation. Hier ist es wichtig, dass die Unternehmen und Beschäftigten gemeinsam prüfen, ob orts- und zeitflexible Arbeit für die jeweilige Tätigkeit und Person geeignet ist und die dafür erforderlichen innerbetrieblichen Strukturen vorhanden sind. Eine Entkopplung von Arbeitsort und Arbeitszeit kann nicht überall und für jede Tätigkeit möglich sein.

2.2 Arbeitszeit

Mit dem Ziel, die Arbeitszeit flexibler zu gestalten, ist sicherzustellen, dass Gestaltung und Erfassung der Arbeitszeiten geregelt und allen bekannt sind. Hierbei ist auch zu klären, welches Arbeitszeitmodell (Vertrauensarbeitzeit, Gleitzeit mit oder ohne Kernarbeitszeit) das geeignete Modell ist und wie die Arbeitszeit innerhalb des bestehenden gesetzlichen und tariflichen Rahmens zu regeln ist. Weitere Aspekte sind die Einhaltung der gesetzlichen Pausen- und Ruhezeiten sowie der täglichen Höchstarbeitszeit. Die Bedeutung des Abschalten-Könnens nach der Arbeit ist in den letzten Jahren zunehmend in den Vordergrund gerückt und wird von Wissenschaft und Forschung als wesentlicher Einflussfaktor auf die individuelle Erholung gesehen (BAuA 2017). Demzufolge sollten die Beschäftigten auf die Einhaltung der gesetzlichen und tariflichen Regelungen hingewiesen und qualifiziert werden.

2.3 Arbeitsschutz und Ergonomie
Unabhängig davon, ob die Arbeit unterwegs, im Büro oder zu Hause erledigt wird, muss sichergestellt sein, dass die Beschäftigten die gesetzlichen Arbeitsschutzregelungen einhalten. Hierzu sind Maßnahmen und Regelungen zum Schutz der Sicherheit und Gesundheit erforderlich. Vor diesem Hintergrund ist zu regeln, wie die Risiken der orts- und zeitflexiblen Arbeit gemeinsam mit Führungskräften und Beschäftigten erörtert und kommuniziert werden. Die Führungskräfte und Beschäftigten sollten zum Beispiel darüber aufgeklärt werden, dass unzureichende ergonomische Gestaltung der Arbeitsmittel sowie der Arbeitsumgebung zu ungünstiger Belastung und damit gegebenenfalls zu Muskel-Skelett-Erkrankungen führen kann.

2.4 Datenschutz
Bei orts- und zeitflexibler Arbeit ist es wichtig, dass Datenschutz und -sicherheit gewährleistet sind. Die verbindlichen Standards an Datenschutz und Datensicherheit sollten im Vorfeld festgelegt sein. Zudem sollte das Unternehmen sicherstellen, dass die datenschutzrechtlichen Anforderungen einzuhalten und insbesondere nach § 9 BDSG die technischen und organisatorischen Maßnahmen zu treffen sind, die erforderlich sind, die betrieblichen Daten zu schützen. Hier können die Beschäftigten schriftlich durch Arbeitsverträge sowie zusätzlichen Verpflichtungserklärungen u. a. nach § 5 des Datenschutzgeheimnisses (BDSG) in die Verantwortung gezogen werden.

2.5 Anforderungen an die Führungskräfte und Beschäftigten
Orts- und zeitflexible Arbeit stellt neue Anforderungen an die Kompetenzen und Qualifikation der Führungskräfte sowie Beschäftigten. Bei einer zeitlich und räumlich flexiblen Arbeitsgestaltung müssen sich die Führungskräfte auf eine veränderte Führungssituation einstellen (DGUV 2016). Dabei wird die Aufgabe der Führungskraft darin bestehen, den Beschäftigten als Coach zur Verfügung zu stehen,

damit sie selbständig und eigenverantwortlich arbeiten und ihre Ziele erreichen können. Auch die Beschäftigten sind entsprechend zu qualifizieren. Insbesondere die Fähigkeit zur verantwortungsvollen Selbstorganisation, um den Arbeitsalltag in räumlicher und zeitlicher Hinsicht unter Beachtung arbeitsschutz-rechtlicher Standards zu gestalten und ein passendes Verhältnis von Beruf und Privatleben zu finden, wird zu den wichtigsten Kompetenzen der orts- und zeitflexiblen Arbeit gehören.

3. Fazit

Zusammenfassend kann festgehalten werden, dass vor der Einführung orts- und zeitflexibler Arbeit, im Vorfeld gründlich geprüft werden sollte, welche organisatorischen, technischen, arbeitsrechtlichen und tariflichen sowie zum Schutz der Sicherheit und Gesundheit der Beschäftigten erforderlichen Kriterien einzuhalten sind.

Für die betrieblichen Akteure ist die vorliegende Checkliste unter verschiedenen Gesichtspunkten nützlich: Zum einen kann der ganzheitliche und betriebsspezifische Blick die orts- und zeitflexible Arbeit fördern. Ferner können die betrieblichen Akteure mithilfe der Checkliste systematisch ermitteln, bei welchen der fünf Handlungsfelder Handlungsbedarf vorliegt. Dabei ist auch zu berücksichtigen, dass allgemeingültige, von anderen Unternehmen übernommene, Lösungsansätze nicht zum Erfolg führen werden, wenn sie nicht betriebsspezifisch angepasst werden. Die jeweiligen Gegebenheiten, die Ausgangssituation, Unternehmenskultur usw. können in einzelnen Unternehmen unterschiedlich aussehen und sind ein wesentliches Erfolgskriterium.

Demzufolge enthält die Checkliste Anregungen und Hinweise, wie orts- und zeitflexibles Arbeiten auf betrieblicher Ebene zu gestalten ist und welche Regeln und Rahmenbedingungen dafür geschaffen werden sollten.

Literatur
Altun, U. (2017) ifaa-Checkliste zur Gestaltung mobiler Arbeit. Orts- und zeitflexible Arbeit erfolgreich gestalten. In: Betriebspraxis & Arbeitsforschung (231):18–22
Bundesanstalt für Arbeitsschutz und Arbeitsmedizin (BAuA) (2017). Orts- und zeitflexibles Arbeiten: Gesundheitliche Chance und Risiken. Berlin.
Bundesverband Informationswirtschaft, Telekommunikation und neue Medien e.V. (BITKOM) (2013). Arbeit 3.0 – Arbeiten in der digitalen Welt. Berlin.
Deutsche Gesellschaft für Personalführung e.V. (DGFP) (2016). Abschlussbericht der Studie „Mobiles Arbeiten". Frankfurt/Main.
Deutsche Gesetzliche Unfallversicherung (DGUV) (2016). Neue Formen der Arbeit – Neue Formen der Prävention. Berlin.
Hammermann, A., Stettes, O. (2017). Mobiles Arbeiten in Deutschland und Europa – Eine Auswertung auf Basis des European Working. Institut der deutschen Wirtschaft Köln (Hrsg.). Köln.
Rönisch, S. (2016). Zukunft der Arbeit: Flexibilität und mobiles Arbeiten wichtiger als Firmenwagen. http://www.ibusiness.de/aktuell/db/600304SUR.html. Zugegriffen: 17. April 2018

Gudrun Faller[1] & Ralf Pieper[2]
[1]*Hochschule für Gesundheit, Bochum;* [2]*Bergische Universität Wuppertal*

Menschengerechte Gestaltung von Arbeitssystemen im Kontext von Flexibilisierung

Unternehmen betreiben die Flexibilisierung ihrer Organisationsstrukturen und Abläufe, um ihre Anpassungsfähigkeiten zu erweitern und so auf dem Markt zu bestehen. Davon ausgehend wird der Terminus der Flexibilisierung im Folgenden auf Veränderungen der Betriebs- und Arbeitsorganisation sowie der Beschäftigungsverhältnisse bezogen. Dieses weit in die Geschichte der Moderne zurückreichende Phänomen ist spätestens seit den 1980er Jahren verknüpft mit dem Begriff der Digitalisierung, der für übergreifende, informations- und kommunikationstechnische, mikroelektronisch basierte Veränderungen in Betrieben und in Lebenswelten steht. Verstanden wird darunter eine Entwicklung, die geprägt ist von einer ubiquitären Erfassung, Aufbereitung, Verarbeitung, Speicherung und dynamischen Nutzung von digitalen Informationen und deren Vernetzung, ergänzt um eine Verfeinerung der Sensortechnik und der Implementierung „lernender" Algorithmen (Matuschek, 2016). Neben der technischen Komponente im engeren Sinne sind Flexibilisierungs- und Digitalisierungsprozesse durch organisations- und personenbezogene Veränderungen bestimmt. Eine Konstante ist hierbei das Ziel einer kontinuierlichen Steigerung der Arbeitsproduktivität. Flexibilisierung und Digitalisierung relativieren insofern den Einsatz menschlicher Arbeitskraft. Neue bzw. modifizierte Beschäftigungsformen sind damit von Beginn an aus dem sozioökonomischen Bedingungszusammenhang von Digitalisierung und Flexibilisierung erwachsen.

1. Chancen und Risiken

Digitalisierung birgt in arbeits- und gesundheitswissenschaftlicher Hinsicht unter bestimmten, sozialen Voraussetzungen erhebliche präventive und gesundheitsfördernde Potenziale. So lassen sich gefährliche, belastende, zeit- und kraftaufwändige Arbeiten, die bislang von Menschen übernommen werden mussten und oft mit Unfallrisiken oder Gesundheitsgefahren verbunden waren, ebenso wie monotone, fehleranfällige oder unangenehme Aufgaben ersetzen bzw. ergänzen und könnten so nicht nur zur Prävention von Verletzungen und Gesundheitsbeeinträchtigungen, sondern auch zur menschengerechten und sozialverträglichen Gestaltung von Arbeit beitragen. Ein weiterer Aspekt ist die bessere Vereinbarkeit von Arbeitsaufgaben mit Belangen des Privatleben, indem vor allem rechnergestützte Tätigkeiten zeit- und ortsunabhängig ausgeführt und damit flexibel gestaltet werden können.

Die Chancen, die im Einsatz der neuen technischen und organisatorischen Möglichkeiten liegen, verbinden sich gleichzeitig mit spezifischen Problemen, über deren gesundheitliche Folgen aufgrund der noch jungen Auseinandersetzung mit diesen Themen zum aktuellen Zeitpunkt kaum empirisch fundierte Aussagen formuliert werden können. Erste Erfahrungen mit Digitalisierungsprozessen verweisen jedoch auf eine Reihe von Risiken, im Folgenden beispielhaft unter fünf Aspekten zusammengefasst werden:

Erstens die Substitution vor allem gering qualifizierter Tätigkeiten, ebenso wie die weitere Verringerung von Gestaltungsspielräumen durch Automatisierung: Die Gefahr, dass sowohl die durch Substitution aus dem Arbeitsleben Exkludierten, als auch die von der Erfahrung der Dequalifizierung Betroffenen die Folgen der Digitalisierung als Geringschätzung, Missachtung und Herabwürdigung erleben, ist groß (vgl. hierzu Heitmeyer, 2010).

Zweitens besteht die Tendenz, tradierte Arbeitsvertragsbeziehungen durch flexiblere, atypische Formen wie befristete Verträge, Zeitarbeit, die Vergabe von Werkverträgen (Seiler & Splittgerber, 2017) oder in neuester Zeit durch Crowdwork zu substituieren, die mit neuen Formen der Prekarität im Sinne einer unzureichenden Planbarkeit von Lebensentwürfen und einer mangelhaften Absicherung von gesundheitlichen und sozialen Risiken verknüpft sind.

Drittens manifestiert sich die unter dem Begriff der *Subjektivierung* zusammengefasste Tendenz, unternehmerische Unwägbarkeiten auf die Arbeitnehmerseite zu verlagern, auch in der inhaltlichen und formalen Ausgestaltung von Aufgabenzuschnitten: Im Zuge des Zwangs zur Mobilität, ständigen Erreichbarkeit oder zielorientierten Steuerung steigen Termin- und Leistungsdruck, Multitasking, permanente Reorganisation, die Verdichtung von privaten und beruflichen Anforderungen, Zeitknappheit u.a.m.

Viertens ist nach Becker (2015, p. 27f) zu erwarten, dass sich die Grenzen zwischen IuK-Technologien, Produktionstechnik und Software zunehmend verwischen. Ein kompetenter Umgang mit den sich schnell verändernden Anforderungen verlangt von einem Teil der Beschäftigten eine stetige Anpassung und Weiterentwicklung der eigenen Kompetenzen. Prognostiziert wird in diesem Zusammenhang einerseits ein zunehmender Zwang zur Selbstoptimierung (Bröckling, 2007), der Beschäftigte dazu zwingt, sich kontinuierlich und eigenständig Markterfordernissen anzupassen und prospektiv die für ihre Leistungserbringung erforderlichen Kompetenzen zu entwickeln.

Fünftens verändert sich neben der Zunahme von Beziehungsdiskontinuitäten allgemein auch die Art der sozialen Interaktion: verminderte Präsenzzeiten an den Arbeitsplätzen gehen einher mit reduzierter spontaner und informeller Kommunikation. Die anders geartete Qualität digitalisierter Formen des beruflichen Austauschs wirft daher die Frage nach den Möglichkeiten und Grenzen der medienvermittelten Verständigung auf.

2. Prämissen einer gesundheitsfördernden Arbeitsgestaltung

Anhand der bisherigen Ausführungen ist deutlich geworden, dass die beschriebenen Veränderungen nicht per se gesundheitsfördernd oder -schädigend sind. Sie weisen Merkmale auf, die je nach Art der Nutzung in ihrem spezifischen mehrdimensionalen Kontext und in Interaktion mit den individuellen, sozialen und gesellschaftlichen Ressourcen der Betroffenen positive oder negative Auswirkungen für Einzelne, Teams, Organisationen und die Gesellschaft zeitigen. Die Gesundheitsförderung muss sich diesen Herausforderungen stellen, neue Interventionsfelder wahrnehmen und geeignete Interventionsformen entwickeln. Eine menschenwürdige, sozialverträgliche und gesundheitsfördernde Gestaltung der Nahtstellen von Arbeits- und Lebenswelt kann aufgrund ihrer salutogenen und sozialintegrativen Potenziale hierzu wesentliche Beiträge leisten. In diesem Kontext sind flexible, bedarfsorientierte und zukunftsweisende Konzepte für die Gestaltung von Organisationsstrukturen und -abläufen und deren Auswirkungen auf die Betroffenen gefragt. Traditionelle Ansätze des betrieblichen Arbeits- und Gesundheitsschutzes reichen nicht mehr aus, um Beschäftigte einerseits vor den Folgen interessierter Selbstgefährdung zu schützen (Dunkel et al., 2010; Krause & Dorsemagen 2017) und andererseits zwischen den unterschiedlichen Bedarfen diversifizierter Beschäftigtenpopulationen zu vermitteln. Gegenwärtig zeichnet sich ein Engagement dafür ab, die Themen Diversity, Gesundheit, Personalführung und Qualifizierung präventionsorientiert zu fördern und dies in der betrieblichen Praxis zu verankern. Allerdings fehlt es derzeit an umfassenden Konzepten und Ressourcen, die in der Lage sind betriebliche Entscheidungsträger in die Lage zu versetzen, geeignete Voraussetzungen in den Betrieben zu schaffen. Vielmehr werden in der betrieblichen und außerbetrieblichen Praxis singuläre Einzelthemen innerhalb der genannten Felder von Fachspezialist*innen bearbeitet (z. B. Betriebliche*r Gesundheitsmanager*in, Fachkraft für Arbeitssicherheit, Beauftragte*r für die Belange von Menschen mit Behinderung, Qualitätsbeauftragte*r, Frauenbeauftragte u.a.m.). Dadurch kommt es zu Teillösungen und Konkurrenz von Ansätzen. Es fehlt an integrativen Konzepten, die alle Bereiche bedienen, Synergien nutzen und diese mit neuen technischen Möglichkeiten verbinden, ohne letztere zu überfrachten. Erforderlich sind evidenzbasierte, gut geplante, professionell gesteuerte, kommunikationsintensive langfristige Konzepte, die auf die jeweiligen betrieblichen Besonderheiten abgestimmt sind.

3. Beiträge des rechtlichen und institutionellen Rahmens

Ausgehend von den oben dargestellten Entwicklungen stellt sich auch die Frage einer rechtlichen und institutionellen Flankierung. Neben der notwendigen arbeits- und sozialrechtlichen Debatte um eine soziale Sicherung neuer Beschäftigungsformen belegen die drei „Grundgesetze" des betrieblichen Arbeitsschutzes (Arbeitszeit-, Arbeitsschutz- und Arbeitssicherheitsgesetz) – flankiert durch Vorschriften des sozialen Arbeitsschutzes und das Produktsicherheitsrecht – die potentielle Gestaltungsmächtigkeit des rechtlichen Rahmens. Dies gilt insbesondere für die Ebene der Betriebsverfassung mit Blick auf betriebliche Vereinbarungen. Weiterhin ist auf die Inhalte der der Arbeitsschutzverordnungen sowie des technischen Regelwerks zu verweisen, etwa die Arbeitsstättenverordnung, die Ende 2016 geändert worden ist (Stichworte: Telearbeitsplatz, ortsveränderliche Tätigkeiten mit tragbaren Bildschirmgeräten am Arbeitsplatz, Optimierung) sowie die Betriebssicherheitsverordnung, deren arbeitsmittelbezogene Regelungen Anfang 2015 novelliert wurden (Stichworte: Arbeitssystembeurteilung, Gebrauchstauglichkeit, Ergonomie, alters- und alternsgerechte Gestaltung). Basierend auf gesicherten arbeitswissenschaftlichen Erkenntnissen, die der Arbeitgeber gem. § 4 Nr. 3 ArbSchG zu berücksichtigen hat, liegen zur menschengerechten Gestaltung der Arbeit mehrstufige Systeme von Bewertungskriterien vor (Schlick, Bruder & Luczak, 2010; Ulich, 2011). Diese Kriterien sind in die Beurteilung der Arbeitsbedingungen gem. § 5 ArbSchG und die darauf basierende Durchführung von Maßnahmen des Arbeitsschutzes einzubinden. Dabei sind primäre Gestaltungsfelder identifizierbar, die miteinander verschränkt und zusammengenommen das Konzept der menschengerechten Gestaltung konkretisieren. Mit Blick auf die Betrieb und Lebenswelten übergreifenden Wirkungen der Digitalisierung ist auf den gesellschaftlich ausgerichteten Ansatz der Technikbewertung bzw. Technikfolgenabschätzung hinzuweisen. Ausgehend von der VDI Richtlinie 3780 und ihrem umfassenden Verständnis von Technik (= Artefakte/Sachsysteme einschließlich der diese begründenden menschlichen Handlungen und Einrichtungen und des Verwendungskontexts) bezieht sich Technikbewertung nicht nur auf die gegenständlichen Sachsysteme sondern auch auf die Bedingungen und Folgen ihrer Entstehung und Verwendung. Wesentliche Elemente einer gesellschaftlichen Technikbewertung i. S. der VDI Richtlinie 3780 können sich auch auf Grundsätze des Arbeitsschutzes gem. § 4 ArbSchG sowie die Beurteilung der Arbeitsbedingungen gem. § 5 ArbSchG beziehen. Letztere Verpflichtung des Arbeitgebers dient der Ermittlung und Beurteilung von Gefährdungen für die Sicherheit sowie die physische und psychische Gesundheit der Beschäftigten bei der Arbeit. Sie ist die Grundlage zur Festlegung der Maßnahmen des Arbeitsschutzes. Ein solcher Ansatz weist über die Arbeitswelt hinaus und bietet Chancen einer übergreifenden Verknüpfung der menschengerechten Gestaltung der Arbeitsbedingungen mit der Prävention und Gesundheitsförderung in Lebenswelten im Kontext der nationalen Präventionsstrategie und der gemeinsamen deutschen Arbeitsschutzstrategie.

Literatur kann bei den Autoren angefordert werden

Nicolas Feuerhahn[1] & Jana Kühnel[2]
[1]*Verwaltungs-Berufsgenossenschaft (VBG)*, [2]*Universität Ulm*

Arbeitszeiten-Gestaltung: Biologische Rhythmen des Menschen berücksichtigen und nutzen

Lerchen haben es einfach leichter. Dieser Eindruck entsteht zumindest in unserer Gesellschaft, die immer noch dem frühen Vogel den Vorzug gibt. Die üblichen Arbeitszeiten und der morgendliche Schulbeginn kommen den Frühaufstehern, eben den „Lerchen", entgegen. Anders sieht es aus für die „Eulen", dem anderen Extrem der so genannten Chronotypen, in die Menschen nach ihren angeborenen Schlaf-Wach-Präferenzen eingeteilt werden. Eulen sind von Natur aus auch am späten Abend noch aktiv, gehen später ins Bett und stehen deshalb morgens gerne später auf. An Arbeitstagen führt diese Lebensführung aber zu einem morgendlichen Kampf mit dem Wecker. Dabei wäre es ideal, morgens ohne Wecker aufzustehen und wichtige Aufgaben, die hohe Konzentration erfordern, in die eigenen, leistungsstarken Phasen des Tages legen zu können. Die Einbeziehung der angeborenen Schlaf-Wach-Präferenzen, d.h. die Einbeziehung des natürlichen Rhythmus' des Menschen (Erkenntnisse der „Chronobiologie") in die Arbeitsgestaltung birgt großes Potenzial für Beschäftigte und Unternehmen. Durch die Zunahme des Anteils der geistigen Tätigkeiten an der Arbeitstätigkeit könnte und sollte immer mehr Beschäftigten die Möglichkeit einer eigenständigen Zeiteinteilung eingeräumt werden. Die Vorteile liegen auf der Hand: Eine Arbeitsgestaltung, die sich an den biologischen Rhythmen des Menschen orientiert, kann sich positiv auf Befinden, Gesundheit, Arbeitszufriedenheit und die Lebenserwartung auswirken. Als negative Folgen chronobiologisch unangemessener Arbeitsgestaltung hingegen drohen Beeinträchtigungen der physischen und psychischen Gesundheit wie chronische Erschöpfungszustände („Burnout"). Auch die Unternehmen würden von einer Arbeitsgestaltung unter chronobiologischen Gesichtspunkten profitieren. Sie hat das Potential den Krankenstand zu senken, die Arbeitgeberattraktivität zu erhöhen, die Leistungsfähigkeit der Beschäftigten zu verbessern und somit die Produktivität zu steigern.

1. Der Mensch im Rhythmus

Warum schwankt die Leistungsfähigkeit der Menschen über den Tag hinweg und wieso unterscheiden Menschen sich zeitlich in diesen Schwankungen? Wann im Laufe des Tages Menschen ihr optimales Funktionsniveau erreichen und am leistungsfähigsten sind, wird von einer inneren biologischen Uhr gesteuert. Diese folgt in etwa einem 24-Stunden-Rhythmus – es wird deshalb von einer zirkadianen (was

„ungefähr ein Tag" bedeutet) Rhythmik gesprochen. Diese zirkadiane Rhythmik äußert sich unter anderem in physiologischen Parametern wie Veränderungen des Hormonspiegels und der Körpertemperatur und den Schlaf- und Wachphasen.

Im zirkadianen Verlauf unterscheidet man eine leistungsorientierte Phase von einer regenerativen Phase. In der regenerativen Phase dominieren Aufbau- und Regenerationsvorgänge. Die leistungsorientierte Phase zeichnet sich durch zwei Höhepunkte aus, unterbrochen vom sogenannten Nachmittagstief. Das zweite Aktivitätshoch des Tages beginnt am frühen Nachmittag und geht fünf bis sechs Stunden später in die regenerative Phase über. Zwischen drei und vier Uhr in der Nacht befindet sich der Organismus bei vielen Menschen in einem absoluten Leistungstief. In Abhängigkeit von der individuellen biologischen Uhr können die Höhen und Tiefen der Leistungsfähigkeit tageszeitlich verschoben sein. Das heißt, zwischen den Menschen gibt es Unterschiede, zu welchen Tageszeiten sie besonders leistungsfähig sind.

Die innere Uhr ist genetisch festgelegt und neuronal fest verschaltet. Daher lässt sie sich auch nicht einfach „umprogrammieren". Während einige Menschen früh einschlafen und aufwachen und sich besonders (früh) morgens am leistungsfähigsten fühlen (die Frühtypen oder „Lerchen"), schlafen Spättypen („Eulen") bevorzugt später ein, wachen später auf und erreichen ihr Leistungshoch erst später am Tag. Diese Schlaf-Wach-Präferenzen werden Chronotypen genannt. Ihre Verteilung in der Bevölkerung entspricht in etwa der Form einer Glockenkurve. Die meisten Menschen (ca. 60 Prozent der Bevölkerung) sind Mischtypen, sie können also weder eindeutig den Frühtypen („Lerchen") noch den Spättypen („Eulen") zugeordnet werden. Der Zeitraum, in dem ein Mensch bevorzugt schläft, ist unabhängig davon, wie viel Schlaf er benötigt. Unter den Frühtypen gibt es ebenso viele Kurz- oder Langschläfer wie unter den Spättypen.

Im Laufe unseres Lebens ändern sich die Zeiten, zu denen wir am liebsten schlafen. Während kleine Kinder meist relativ frühe Chronotypen sind, erreichen junge Erwachsene den „Höhepunkt" des Spätschlafens mit circa 20 Jahren. Im Laufe des Erwachsenenalters verschieben sich die Schlaf-Wach-Präferenzen dann wieder langsam zu früheren Zeiten hin. Im Hinblick auf das Geschlecht zeigt sich, dass Männer im statistischen Mittel etwas spätere Chronotypen sind als Frauen.

2. Ein Leben gegen die innere Uhr

Aufgrund vieler sozialer Verpflichtungen (Arbeits-, Schulbeginn etc.) schlafen Beschäftigte an Arbeitstagen zu anderen Zeiten als an freien Tagen, an denen sie in ihrem bevorzugten Schlafzeitraum schlafen können. Unter der Arbeitswoche schlafen und leben viele Beschäftigte quasi erzwungenermaßen in einer anderen Zeitzone als an arbeitsfreien Tagen. Etwa 80 Prozent der deutschen Beschäftigten beenden ihren Schlaf an Arbeitstagen vorzeitig durch den Wecker und verkürzen ihn somit. Das tägliche Schlafbedürfnis eines Erwachsenen beträgt durchschnittlich 7 bis 8 Stunden. Wie oben beschrieben gibt es dabei individuelle Abweichungen. Für alle gilt jedoch: Das persönliche Schlafbedürfnis kann nicht längerfristig ignoriert werden, ohne dass der Organismus Schaden nimmt. Die ständige Störung des präferierten Schlafrhythmus sowie der daraus resultierende chronische Schlafentzug bleiben nicht folgenlos. Das Leben entgegen dem natürlichen Rhythmus geht mit einem erhöhten Risiko für Krankheiten und einem erhöhten Stimulanzien-Konsum (Alkohol, Koffein, Nikotin) einher, und das Risiko, übergewichtig oder sogar fettleibig zu werden, ist deutlich erhöht. Besonders extrem kann die Abweichung vom präferierten Schlaffenster bei Nacht- und Schichtarbeitern sein. Sie müssen im Extremfall um bis zu 12 Stunden versetzt zu ihrer inneren Uhr arbeiten und schlafen.

3. Zirkadiane Rhythmik und Schichtarbeit

Die zirkadiane Uhr wird täglich durch Signale der Umwelt („Zeitgeber") gestellt. Der wichtigste Zeitgeber für die zirkadiane Rhythmik ist der Hell-Dunkel-Wechsel zwischen Tag und Nacht. Die biologischen Rhythmen stabilisieren die Funktion des Organismus und unterstützen ihn bei der Regeneration und damit bei der Wiederherstellung der psychischen und physischen Leistungsfähigkeit. Sind die biologischen Rhythmen gestört, so wird die Regeneration des Organismus gefährdet – der Mensch kann körperlich und psychisch aus dem Gleichgewicht geraten. Zu den häufigsten Folgen einer Arbeit entgegen dem natürlichen Rhythmus zählen die Schlafstörungen. Menschen, die nachts arbeiten, müssen tagsüber schlafen. Allerdings ist der Tagschlaf im Gegensatz zum „normalen Nachtschlaf" meist kürzer und wird häufiger unterbrochen. Dies ist zum einen auf ein biologisch gesteuertes höheres Aktivitätsniveau zur Tageszeit zurückzuführen. Zum anderen wird der Schlaf während des Tages potentiell durch andere Faktoren gestört (z.B. durch soziale Verpflichtungen oder Lärm). Die verminderte Erholungsfähigkeit und die Kumulation eines Schlafdefizits über längere Zeit können mit verschlechterter Stimmung und einer erhöhten Erschöpfung einhergehen. Es ist zu vermuten, dass sich die verminderte Schlafmenge und Schlafqualität direkt – oder über Erschöpfung vermittelt – auf die Arbeitsleistung auswirken kann. Untersuchungen zeigen, dass eine Missachtung der biologischen Rhythmen des arbeitenden Menschen dessen Leistungsbereitschaft, seine Aufmerksamkeit und Konzentrationsfähigkeit, sein Denkvermögen, seine Reaktionsgeschwindigkeit und Geschicklichkeit einschränken. Bei anspruchsvollen und sicherheitsrelevanten Tätigkeiten können daraus gravierende Schäden entstehen. So sind Fehler und Unfälle in der Schichtarbeit häufig auf menschliches Versagen während des nächtlichen Leistungstiefs zurückzuführen.

4. Gestaltungsansätze

Der Wandel hin zu eigenständigeren und flexibleren Arbeitsformen und der zunehmende Anteil geistiger Tätigkeiten ermöglichen es, die Arbeitsbedingungen stärker an den biologischen Leistungsvoraussetzungen des arbeitenden Menschen auszurichten. Bei der Gestaltung des Tagesablaufs unter Berücksichtigung chronobiologischer Prinzipien sollte neben der allgemeinen Tagesrhythmik des Menschen auch der individuelle Chronotyp – das heißt, ob jemand eher Frühtyp, eher Normaltyp oder eher Spättyp ist – berücksichtigt werden, da sich die Aktivitätszeiten und die Zeit für das höchste Leistungsvermögen je nach Typ um mehrere Stunden verschieben. Flexible Arbeitszeiten wie Gleitzeit oder individuelle Regelungen ermöglichen es den Beschäftigten, im Einklang mit ihrer inneren Uhr optimale Arbeitszeiten zu wählen: Zeiten, in denen sie persönlich am leistungsfähigsten sind und ihre Gesundheit am wenigsten beeinträchtigt wird. Kernarbeitszeiten sollten deshalb so gering wie möglich gehalten werden und Besprechungen nicht in die Randzeiten gelegt werden. Denn gerade im Dienstleistungs- und Wissensbereich beruhen unternehmerische Erfolge vornehmlich auf den kreativen Leistungen und dem Engagement der Mitarbeiterinnen und Mitarbeiter. Besonders bei Tätigkeiten, die nicht an Produktionszyklen gebunden sind, sollten diese Potenziale durch individuelle Arbeitszeitgestaltung noch stärker genutzt werden. Aufgabenvielfalt gepaart mit Handlungs- und Zeitspielraum räumt den Beschäftigten die Freiheit ein, eigenständig zu entscheiden, wie, wann und in welcher Reihenfolge sie Aufgaben bearbeiten. Dies ermöglicht es ihnen, Tätigkeiten der individuellen zirkadianen Rhythmik angemessen über den Arbeitstag zu verteilen.

In Betrieben mit Schichtarbeit sollte die Verteilung der Arbeitszeit – soweit dies mit den betrieblichen Erfordernissen und den privaten Verpflichtungen (z. B. Kinderbetreuung) vereinbar ist – den Chronotyp berücksichtigen. Die Präferenz, früh am Morgen aufzustehen und früher am Tag aktiv zu sein, verträgt sich besser mit Frühschichten als die Präferenz, später am Morgen aufzustehen und später am Tag und am Abend aktiv zu sein. Daher überrascht es nicht, dass Frühtypen und ältere Erwerbstätige von weniger Beeinträchtigungen bei Morgenschichten berichten als bei Abend- oder Nachtschichten. Spättypen berichten dagegen von weniger Beeinträchtigungen bei Abend- und Nachtschichten. In großen Betrieben ließen sich Schichten unter Berücksichtigung der verschiedenen Chronotypen so einteilen, dass 24 Stunden abgedeckt würden und jeder einzelne Arbeitnehmer möglichst wenig gegen seine innere Uhr leben und arbeiten müsste. Mit einer „chronotyp-gerechten" Schichtplanung ließen sich nicht nur die Arbeitseffizienz verbessern und das Risiko für Unfälle senken, es könnten auch die für die Gesellschaft entstehenden Folgekosten für chronische Krankheiten drastisch gesenkt werden.

Melanie Göllner[1] & Renate Rau[2]
[1]*Verwaltungs-Berufsgenossenschaft (VBG)*, [2]*Martin-Luther-Universität Halle-Wittenberg*

Ist ständige Erreichbarkeit ein zusätzliches Arbeitsmerkmal oder Symptom veränderter Arbeitsinhalte?

Die Digitalisierung ermöglicht es, bestimmte Teile geistiger Arbeit (insbesondere regelbasierte Denkarbeit) an Computer zu übergeben. Davon unbetroffen sind Arbeitsinhalte, die Anforderungen an das menschliche Denken stellen, die über algorithmisches Denken hinausgehen (Innovations-, Wissens-, Emotionsarbeit). Darüber hinaus ermöglicht die Vernetzung von Arbeitsgegenständen und Beschäftigten inkl. der Vernetzung zwischen den Arbeitsgegenständen eine räumliche und zeitliche Entgrenzung. Ein wachsender Anteil Beschäftigter ist daher mittels mobiler Informations- und Kommunikationsmittel (IKT) für berufliche Belange auch außerhalb der Arbeitszeit erreichbar. Bisher wurde kaum untersucht, ob und wie sich die Arbeitsmerkmale von erreichbaren Beschäftigten, von denen, die nicht erreichbar sind, unterscheiden. Im Weiteren wird unter Erreichbarkeit für Arbeitsanforderungen die über die reguläre Arbeitszeit hinausgehende (erweiterte) Verfügbarkeit der Beschäftigten für Arbeitsanforderungen verstanden (Dettmers, 2017). Dabei reagieren Beschäftigte in ihrer arbeitsfreien Zeit und über den eigentlichen Arbeitsplatz hinaus auf Arbeitsanforderungen.

Es wird angenommen, dass Erreichbarkeit nicht einfach nur ein neues Arbeitsmerkmal ist, welches durch technisch-technologische Kommunikationsmöglichkeiten erzeugt wird. Vielmehr wird es als Symptom sich verändernder Arbeitsinhalte gesehen, die zunehmend denkende Anforderungen auf einem höheren Kognitionsniveau sowie kooperatives Arbeiten erfordern. Arbeitsaufträge mit hohen geistigen Anforderungen setzen einen hohen Tätigkeitsspielraum für die Arbeitsausführung voraus.

1. Methode
1.1 Stichprobe
Es wurden 180 Personen aus einem IT- (n = 65) und einem Versorgungsunternehmen (n = 115) freiwillig und während der Arbeitszeit untersucht. Es konnten n = 83 in die „erreichbar" Gruppe (55 ♂, 28 ♀, Ø 40.96 Jahre (SD = 9.27)) und n = 60 in die „nicht erreichbar" Gruppe (23 ♂, 37 ♀, Ø 40.53 Jahre (SD = 11.90)) zugeordnet werden. Die Kontaktierungen erfolgten mittels IKT durch Vorgesetzte, Kolleginnen/-en und/oder Kundinnen/-en mittels Anruf, E-Mail, Messangersystemen. Beschäftigten

mit weniger als drei Monaten Erreichbarkeitszeit oder weniger als 30 Stunden Wochenarbeitszeit, mit Rufbereitschaft/Bereitschaftsdiensten wurden nicht berücksichtigt (n = 37).

1.2 Datenerfassung und Studiendurchführung
Erreichbarkeit (Form, Inhalt, Umfang) wurde mittels eines strukturierten Interviews und eines Fragebogens erfasst (vgl. Hassler et al., 2016). Die Arbeitsmerkmale wurden durch eine objektiv- und subjektiv-bedingungs-bezogene Arbeitsanalyse (AA) bewertet. Bei der objektiv-bedingungsbe-zogenen AA bewerten Experten für psychologische AA die Arbeitsmerkmale anhand der verankerten Skalen des Tätigkeitsbewertungssystems für geistige Arbeit TBS; Hacker et al., 1995). Für die subjektiv-bedingungsbezogene AA wurde der Fragebogen zum Erleben von Intensität und Tätigkeitsspielraum in der Arbeit (FIT; Richter et al., 2000) eingesetzt.

2. Ergebnisse

Die Arbeitsmerkmale unterscheiden sich deutlich zwischen erreichbar und nicht erreichbar Beschäftigten (Siehe Tabelle 1). Die zur Ermittlung von Arbeitsintensität und Tätigkeitsspielraum aggregierten TBS-Werte zeigen aber auch, dass Erreichbare neben einem höheren Tätigkeitsspielraum tendenziell eine höhere Arbeitsintensität haben. Dies bildet sich auch den Befragungsergebnissen zur Arbeit ab (Tabelle 1, Zeile 17–19). Die Erreichbaren erleben eine höhere Arbeitsintensität und mehr Tätigkeitsspielraum als die Kontrollgruppe und leisten fast fünf Überstunden mehr pro Woche.

3. Diskussion

Im Rahmen dieser Studie sollte geklärt werden, ob Erreichbarkeit ein neues, zusätzliches Arbeitsmerkmal oder eher ein Symptom veränderter Arbeitsinhalte und/oder -organisation ist. Daher wurde geprüft, ob sich die Arbeit erreichbar Beschäftigter von der nicht erreichbar Beschäftigter unterscheidet. Die durch Digitalisierung veränderten Anforderungen spiegeln sich in den Arbeitsmerkmalen erreichbar Beschäftigter wider: Es zeigt sich im Ergebnis objektiv-bedingungsbezogener AA, dass die Arbeit von erreichbar Beschäftigten signifikant besser gestaltet ist als die Arbeit nicht Erreichbarer. Die Tätigkeit von Erreichbaren ist vollständiger (in Bezug auf das Vorhandensein vorbereitende, organisierende, ausführende und kontrollierende Anteile (sequentielle Vollständigkeit)), sie enthält signifikant höhere geistige Anforderungen (aufgaben- bis hin zu problemlösende Denkanforderungen), sie ist durch mehr inhaltliche und zeitliche Freiheitsgrade und Entscheidungsspielräume gekennzeichnet und sie enthält besser gestaltete Rückmeldungen etc. Erreichbare müssen

Tab. 1: Unterschiede in den objektiv (TBS) und subjektiv (FIT) bewerteten Arbeitsmerkmalen in Abhängigkeit, ob Erreichbarkeit vorliegt oder nicht

Nr		M W K G (n=46)	MW EG (n=77)	Pillay-Tests
	TBS: Aufgabenmerkmale			Multivariat Pillay F(11,113)=6,02 ***
1	Sequentielle Vollständigkeit	0.53	0.81	F(1,123)= 11,97 ***
2	Zeitliche Freiheitsgrade	0.55	0.78	F(1,123)= 8,97***
3	Inhaltliche Freiheitsgrade	-0.07	0.31	F(1,123)= 21,92 ***
4	Mögliche Entscheidungen	-0.19	0.15	F(1,123)= 14,44 ***
5	Beteiligungsgrad	-0.26	0.57	F(1,123)= 53,21 ***
6	Vorhersehbarkeit von Handlungserfordernissen	-0.04	-0.01	F(1,123)= 0,62
7	Störungen/Unterbrechungen	0.47	0.27	F(1,123)= 4,39 *
8	Widerspruchsfreiheit	-0.26	-0.28	F(1,123)= 0,15
9	Rückmeldungen über die Güte eigener Arbeit	-0.28	0.05	F(1,123)= 11,26 ***
10	Informationen über Ergebnisse vor-/nachgelagerter Arbeiten	0.11	0.68	F(1,123)= 23,26 ***
	TBS: Organisationsmerkmale			Multivariat Pillay F(3,122) = 13,71 ***
11	Kooperationsumfang	-0.04	0.46	F(1,125)= 32,26 ***
12	Kooperationsform	-0,13	0,26	F(1,125)= 22,23 ***
13	Möglichkeiten Teiltätigkeiten abzugeben	0,32	0,27	F(1,125)= 0,17
				Einfaktorielle Varianzanalysen:
14	TBS: Geistige Anforderungen	-0,06	0,28	F(1,125)= 26,87***
	TBS: Aggregierte Werte			
15	Objekt. Arbeitsintensität	0.19	0.08	F(1,123)= 3,34 (*)
16	Objekt. Tätigkeitsspielraum	-0,18	0,34	F(1,125)= 43,07***
17	Erlebte Arbeitsintensität (FIT)	2,41	2,90	F(1,123)= 21,81***
18	Erlebter Tätigkeitsspielraum (FIT)	2,95	3,45	F(1,123)= 33,19***
19	Überstunden in Stunden pro Woche	1,35	6,20	F(1,123)= 39,38***

Legende: Bei allen Arbeitsmerkmalen und den aggregierten Werten des TBS liegt das Mindestprofil bei Null. Alle Werte unter Null bedeuten, dass eine Beeinträchtigung nicht ausgeschlossen ist. Je größer die Werte im TBS, desto besser ist das entsprechende Arbeitsmerkmal gestaltet. TBS = Tätigkeitsbewertungssystem, FIT = Fragebogen zur Erfassung von Arbeitsintensität und Tätigkeitsspielraum, Nr = fortlaufende Nummerierung der Arbeitsmerkmale in der Tabelle, MW = Mittelwert, *** p<.000; ** p<.01; * p<.05; (*) <.10

mehr und inhaltlich komplexer mit ihren Kollegen kooperieren und benötigen mehr Informationen über die Ergebnisse vor-/nachgelagerter Arbeiten für die Erledigung ihrer eigenen Arbeit. Gleichzeitig sind Störungen/ Unterbrechungen, die potentiell die Arbeitsintensität erhöhen, signifikant schlechter gestaltet als bei nicht Erreichbaren. Die Ergebnisse der objektiven AA spiegeln sich auch in den Ergebnissen der subjektiven AA wider. Danach erleben Beschäftigte in Erreichbarkeit eine höhere Arbeitsintensität, mehr Tätigkeitsspielraum und sie leisten mehr Überstunden als nicht Erreichbare.

In anderen Studien wurden, wenn auch ohne Bezug zueinander ähnliche Befunde, berichtet (höherer Tätigkeitsspielraum: Schieman & Glavin, 2008, hohe Arbeitsintensität: Chesley, 2005, vermehrte Überstundenarbeit: Adkins & Premeaux, 2014; Day, Paquet, Scott & Hambley, 2012; Glavin & Schieman, 2012). Das gemeinsame Auftreten der Merkmale hoher Tätigkeitsspielraum, hohe Arbeitsintensität und viele Überstunden bei Erreichbaren lässt sich dahingehend interpretieren, dass Erreichbare ihren hohen Tätigkeitsspielraum dazu nutzen können, die nicht in der Arbeitszeit geschaffte Arbeitsleistung im Rahmen von Überstundenarbeit und danach zu Hause durch Erreichbarkeit zu erbringen. Ohne das Vorhandensein zeitlicher Freiheitsgrade wäre es nicht möglich, die Erledigung von Arbeitsaufträgen zu verschieben. Die Möglichkeit, dass Erreichbarkeit ein Symptom für eine zu hohe Arbeitsmenge sein kann, wurde bereits von Adkins und Premeaux (2014), Day et al., (2012) sowie Glavin und Schieman (2012) diskutiert. Ein Grund für die zu hohe Arbeitsmenge dürften die wissens- und kommunikationsintensiven Anforderungen (vgl. hohe kognitive Anforderungen und hohe kooperative Anforderungen im TBS) der Tätigkeiten Erreichbarer sein. Gerade kooperatives Arbeiten bedeutet einen eigenen, zusätzlichen Zeitaufwand, der die für die eigentliche Arbeitsausführung verfügbare Zeit verkürzt und sich als hoch erlebte Arbeitsintensität oder in Form von Überstunden bemerkbar machen kann. Gravierender für das Auftreten eines Ungleichgewichts zwischen Arbeitszeit und -menge dürfte aber sein, dass es für Wissensarbeit kaum bis hin zu gar nicht möglich ist, die erforderliche Zeit hierfür abzuschätzen. In der Praxis werden daher Arbeitsaufträge zunehmend ergebnisorientiert formuliert und der Prozess und die Dauer der Aufgabenbearbeitung wird nicht berücksichtigt (vgl. Menz, Dunkel & Kratzer, 2011; Chevalier & Kaluza, 2015). Ist die Terminierung für das Erreichen des Ergebnisses zu knapp, kann der zeitliche Mehraufwand gleichsam selbst gesteuert zu einer Erreichbarkeit für Arbeitsanforderungen in der Freizeit führen (Geissler, 2008; Mazmanian, Orlikowski & Yates, 2013).

Literatur kann bei den Autoren angefordert werden

Susanne Roscher[2], Jan Dettmers[1], Elisa Bradtke[2] & Monika Keller[2]
[1]MSH Medical School Hamburg, [2]VBG

Gesundheitsförderliche Gestaltung von erweiterter Verfügbarkeit bei der Arbeit

1. Einleitung und Ausgangslage

Neue Informations- und Kommunikationstechnologien bieten große Möglichkeiten im Hinblick auf Flexibilität von Unternehmen und Beschäftigten. Diese Technologien können dazu beitragen, psychische Fehlbelastungen von Beschäftigten zu reduzieren, etwa indem sie die Vereinbarkeit von Arbeits- und privaten Erfordernissen unterstützen und Handlungsspielräume eröffnen.

Neben den Chancen birgt der verstärkte Einsatz von IuK-Technologien im Arbeitskontext jedoch auch Risiken. Eines in diesem Zusammenhang in der Öffentlichkeit, aber auch im Rahmen der Gefährdungsbeurteilungen psychischer Belastung viel diskutiertes Phänomen ist die Anforderung nach erweiterter Verfügbarkeit für die Arbeit. Erweiterte Verfügbarkeit mein, dass Beschäftigte über (mobile) Endgeräte auch außerhalb der regulären Arbeitszeiten und Arbeitsorte erreichbar sind und von ihnen erwartet wird, auf kurzfristige Arbeitsanliegen zu reagieren. Diese Anforderung kann explizit oder implizit von Vorgesetzten, Kollegen, Mitarbeitern, Geschäftspartnern oder Kunden ausgehen. Umfragen ergeben, dass diese erweiterte Verfügbarkeit für die Arbeit in Deutschland weit verbreitet ist. Der Arbeitszeitreport (n=18119) der Bundesanstalt für Arbeitsschutz und Arbeitsmedizin von 2016 ergab, dass von 39% der Beschäftigten zumindest in Teilen erwartet wird, verfügbar zu sein. 35% der Befragten werden manchmal oder häufig in ihrer Freizeit kontaktiert. Und laut DGB Index Gute Arbeit wird von 55% der Beschäftigten erwartet, dass sie in der Freizeit häufig oder oft für die Arbeit verfügbar sind, was eine deutlich steigende Tendenz gegenüber 27% im Jahre 2011 darstellt.

2. Wirkungen von erweiterter Verfügbarkeit

Viele Beschäftigte berichten, mit der Erreichbarkeit selbst kein Problem zu haben. Sie empfinden es als beruhigend, wenn sie auch im Urlaub ihre E-Mails prüfen und auch in der Freizeit wissen, was im Büro passiert. Auch schätzen sie die Möglichkeit, Familie und Beruf besser zu vereinbaren, da die Verfügbarkeit von Informationen es ermöglicht, arbeitsbezogene Angelegenheiten orts- und zeitunabhängig zu bewältigen. Gleichzeitig belegen Studien, dass die Anforderung nach erweiterter Verfügbarkeit mit Gesundheitsbeeinträchtigungen einhergeht. So zeigen Studienergebnisse, dass erweiterte Verfügbarkeit mit verminderter Stimmung, emotionaler Erschöpfung, schlechterer Schlafqualität, physischen Gesundheitsproblemen wie Rücken und Nackenschmerzen sowie Absentismus einhergeht (z. B. Arlinghaus & Nachreiner, 2013; Dettmers, 2017a).

3. Gestaltung von Verfügbarkeit

Trotz der recht eindeutigen Befundlage bezüglich der beeinträchtigenden Wirkungen gibt es bislang wenig überzeugende Konzepte, wie Unternehmen dem Phänomen erweiterte Verfügbarkeit und dessen gesundheitsbeeinträchtigenden Folgen begegnen können. Es existieren jedoch Studien, welche die moderierende Wirkung konkreter Gestaltungsmerkmale der Verfügbarkeit belegen (z. B. Dettmers, Bamberg & Seffzek, 2016). Dabei können einerseits Merkmale identifiziert werden, die die beeinträchtigende Wirkung von Verfügbarkeit erhöhen (Risikofaktoren). Andererseits gibt es Gestaltungsmerkmale, die den Arbeitenden helfen, die Anforderung nach Verfügbarkeit besser zu bewältigen.

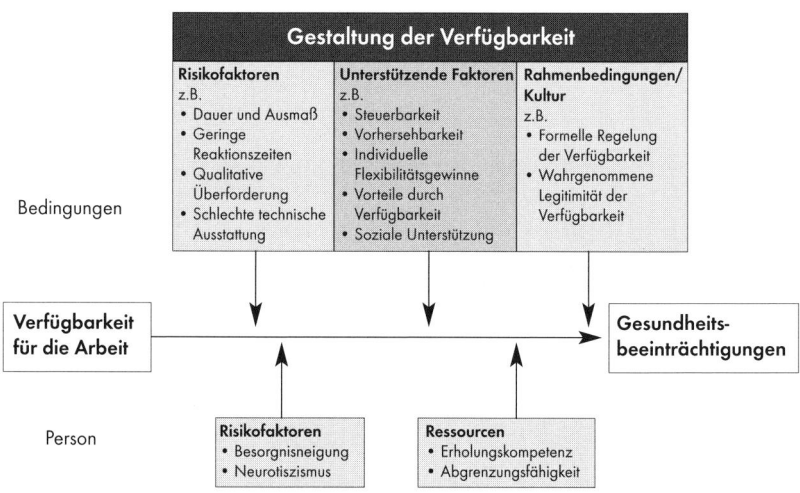

Abb. 1: Gestaltungsmerkmale von Verfügbarkeit (aus Dettmers, 2017b)

Für die Praxis können diese Befunde genutzt werden, um gezielt die kritischen Merkmale der in einem Unternehmen praktizierten Verfügbarkeit zu identifizieren, die beeinflussen, ob gesundheitliche Folgen mit der Verfügbarkeit einhergehen. Die Kenntnis der Ausprägung dieser Merkmale ermöglicht es dann, gezielt an relevanten Stellschrauben zu drehen, um in der konkreten Situation zu einer besseren Gestaltung der Verfügbarkeit zu gelangen.

4. Interventionskonzept für die gesundheitsförderliche Gestaltung von erweiterter Verfügbarkeit

In einem gemeinsamen Projekt der Verwaltungsberufsgenossenschaft (VBG) und der Medical School Hamburg (MSH) wird seit Februar 2017 ein ganzheitliches Präventionskonzept erprobt, welches die Befunde der empirischen Forschung zum Thema erweiterte Verfügbarkeit aufgreift. Es beinhaltet grob sechs Schritte:

Schritt 1: Analyse der kritischen Merkmale von Verfügbarkeit
Mit einem Fragebogen werden die kritischen Gestaltungsmerkmale aus Mitarbeitersicht erfasst (vgl. Abb. 1). Der Wahrnehmung der Mitarbeiter muss die Sicht der Vorgesetzten gegenübergestellt werden. Gerade Missverständnisse zwischen den tatsächlichen Anforderungen durch Vorgesetzte und den wahrgenommenen Erwartungen sind prägend für die Belastungen durch Verfügbarkeit.

Schritt 2: Rückmeldung der Ergebnisse und Reflexion der kritischen Merkmale der praktizierten Verfügbarkeit
Die Ergebnisse der Analyse werden aufbereitet und dienen als Ausgangspunkt für einen Workshop mit einer vertiefenden Analyse. Hier werden Fragen geklärt, wie: An welchen Stellen lassen sich Gestaltungsmerkmale optimieren, welche Merkmale lassen sich schwerer verändern? An welchen Stellen kann die Anforderung der Verfügbarkeit klarer geregelt werden? Wie können Ressourcen für den Umgang mit Verfügbarkeit gestärkt werden?

Schritt 3: Entwicklung von Maßnahmen zur Gestaltung der praktizierten Verfügbarkeit
Schließlich mündet der Workshop in der Erstellung eines Handlungsplans zur Neugestaltung der praktizieren Verfügbarkeit. Zur Reduktion der konkreten Verfügbarkeitsanforderungen können z. B. klarere Regeln eingeführt werden, wann erweiterte Verfügbarkeit überhaupt erforderlich ist und wann explizit nicht. Dies kann gleichzeitig zur Legitimität der erweiterten Verfügbarkeit beitragen. Zur Steigerung von Ressourcen können z. B. bessere Vereinbarungen im Team zur Erhöhung der Steuerbarkeit getroffen werden oder technische Lösungen zur Steigerung der Vorsehbarkeit von möglichen Anrufen.

Schritt 4: Individuelle Strategien im Umgang mit der praktizierten Verfügbarkeit
Neben der Gestaltung der Merkmale der Verfügbarkeit kann an dieser Stelle auch ein Austausch über individuelle Strategien erfolgen. Gemäß den Befunden zu individuellen Ressourcen im Umgang mit Verfügbarkeit sind hier insbesondere Maßnahmen

zur Förderung von Erholungskompetenzen oder zur Gestaltung der Grenzen zwischen den Lebensbereichen (Boundary Management) zu empfehlen.

Schritt 5: Start der Umsetzung der beschlossenen Maßnahmen und Umsetzungsüberprüfung
Im Anschluss an den Workshop erfolgt eine Prozessevaluation und die Umsetzung der beschlossenen Maßnahmen wird in Angriff genommen. Nach acht bis zehn Wochen wird der Start der Umsetzung überprüft.

Schritt 6: Nachhaltige Wirksamkeitsevaluation
Nach 6 Monaten erfolgt eine weitere Analyse. Bei Erfolg der Präventionsmaßnahme sollten sich zu diesem Zeitpunkt sowohl die adressierten kritischen Merkmale der Verfügbarkeit als auch Gesundheitsindikatoren verbessert haben.

5. Fazit

Das hier beschriebene Präventionskonzept ist ein erster Ansatzpunkt und wird durch die geplante systematische Evaluation noch genaueren Aufschluss darüber geben, welche Gestaltungsansätze eine besonders große gesundheitsförderliche Wirkung entfalten können und auch was unter welchen Umständen tatsächlich realisierbar ist. Da die vollständige Vermeidung von erweiterter Verfügbarkeit für viele Tätigkeitsfelder kaum realisierbare Option ist und in vielen Fällen durchaus von den Betroffenen gewünschte Flexibilisierungsmöglichkeiten reduziert, erscheint die systematische, gesundheitsförderliche Gestaltung der Verfügbarkeit ein vielversprechender Weg, um die Vorteile zu nutzen und gleichzeitig gesundheitliche Risiken zu reduzieren.

Literatur
Arlinghaus, A., & Nachreiner, F. (2013). When work calls – Associations between being contacted outside of regular working hours for work-related matters and health. *Chronobiology International, 30*(9), 1197–1202.
Dettmers, J. (2017a). How extended work availability affects well-being: The mediating roles of psychological detachment and work-family-conflict. Work & Stress, 31(1):, 24–41.
Dettmers, J. (2017b). Ständige Erreichbarkeit und erweiterte Verfügbarkeit – Wirkungen und Möglichkeiten einer gesundheitsförderlichen Gestaltung. In F. Knieps & H. Pfaff (Hrsg.). *BKK Gesundheitsreport 2017.* Berlin: Medizinisch Wissenschaftliche Verlagsgesellschaft.
Dettmers, J., Bamberg, E. & Seffzek, K. (2016). Characteristics of Extended Availability for Work: The Role of Demands and Resources. *International Journal of Stress Management. 23*(1).

Arbeitskreis
Netzwerkbildung: GDA Psyche
Leitung: Torsten Kunz

Andreas Horst
„Gemeinsame Deutsche Arbeitsschutzstrategie – GDA"
Stand und weitere Entwicklung des
Arbeitsprogramms „Psyche"

Torsten Kunz
**Die Zukunft der betrieblichen Betreuung –
Einbindung weiterer Professionen in die Betreuung der Betriebe**

Martina Morschhäuser & David Beck
**Gefährdungsbeurteilung bei psychischer Belastung:
Rückblick und Perspektiven**

Bettina Splittgerber & Christian Pangert
**Gefährdungsbeurteilung psychischer Belastung –
Einblicke in die Praxis:
Ergebnisse der Betriebsbesuche der Aufsichtspersonen
von Ländern und Unfallversicherungsträgern**

Andreas Horst
Bundesministerium für Arbeit und Soziales (BMAS)

„Gemeinsame Deutsche Arbeitsschutzstrategie – GDA" Stand und weitere Entwicklung des Arbeitsprogramms „Psyche"

Die „Psychische Gesundheit in der Arbeitswelt" ist als Aufgabe des Arbeitsschutzes und in der öffentlichen Wahrnehmung fest etabliert. Das Arbeitsprogramm „Schutz und Stärkung der Gesundheit bei arbeitsbedingter psychischer Belastung" (Psyche) hat, als eines von drei Arbeitsprogrammen (neben „Muskel-Skelett-Erkrankungen" und „Organisation") in der GDA-Periode 2013 bis 2018 maßgeblich hierzu beigetragen.

Das Arbeitsprogramm Psyche ist mit dem Ziel angetreten, praxisgerechte Unterstützungsangebote für Betriebe, Beschäftigte und das Aufsichtspersonal der Arbeitsschutzbehörden der Länder und der Unfallversicherungsträger zum Umgang mit psychischer Belastung bei der Arbeit zur Verfügung zu stellen. Darüber hinaus sollten die Aufsichtsbeamten und Aufsichtspersonen für die Beratung und Überwachung der Betriebe qualifiziert und betriebliche Akteure (z.B. Führungskräfte, Betriebsräte, Fachkräfte für Arbeitssicherheit, Betriebsärzte) umfassend informiert und für dieses Themenfeld sensibilisiert werden. Das entscheidende Instrument des Arbeitsschutzes auch für die Identifizierung und Verhütung von Gesundheitsrisiken durch psychische Belastung ist die Gefährdungsbeurteilung (ArbSchG §5). Handlungssicherheit bei der Anwendung dieses Instruments bei allen Beteiligten zu erreichen, war eine zentrale Aufgabe des Arbeitsprogramms Psyche.

Zum Ende der zweiten GDA-Periode stellt sich daher die Frage: „Wo stehen wir im Arbeitsprogramm Psyche?". Das Arbeitsprogramm hat in den vergangenen Jahren viel erreicht; in den Kernprozessen wurden über 12.000 Betriebe besichtigt. Das Aufsichtspersonal beider Aufsichtsdienste hat gelernt, wie Beratung und Überwachung der Betriebe anzulegen ist, um erfolgreich Veränderungsprozesse in den Betrieben zu unterstützen. Die Erfahrungen dieser Besichtigungen müssen jetzt ins Routinehandeln der Aufsicht überführt werden. Über 80% der Akteure im Arbeitsschutz der Unfallversicherungsträger und der Länder wurden qualifiziert, es fanden mehrere Erfahrungsaustausche und Veranstaltungen statt. Diese haben gezeigt, dass der Bekanntheitsgrad des Themas psychische Belastungen, aber auch die Akzeptanz und das vorhandene Fachwissen in den letzten Jahren deutlich gestiegen sind. Ein „Second Level" ist mittlerweile flächendeckend eingeführt. Allerdings wird hier ein stärkerer Austausch über alle Beteiligten hinweg gewünscht. Auch, wenn das Aufsichtspersonal von Ländern und UVT deutlich an Handlungssicherheit gewonnen hat, wünscht sich dieses für die Zukunft weitere, vor allem branchenspezifischere Handlungsanweisungen und Qualifizierungen. Das Arbeitsprogramm Psyche hat zur Unterstützung der Betriebe „Empfehlungen zur Umsetzung der Gefährdungsbeurteilung psychischer Belastungen" entwickelt. Diese wurden fast 120.000 Mal bestellt. Im Vortrag soll, über diese Aktivitäten hinaus nicht nur über die weiteren durchgeführten Maßnahmen im Bereich Öffentlichkeitsarbeit, Information, Sensibilisierung, Qualifizierung, Identifikation von Risikofaktoren sowie zu den erarbeiteten Handlungshilfen und Praxisbeispielen berichtet, sondern auch die daraus abgeleiteten Schlussfolgerungen für die weitere Arbeit diskutiert werden. Insbesondere die Erkenntnisse aus den Kernprozessen der Aufsichtsdienste zur Überwachung und Beratung der Betriebe bilden hier einen wichtigen Ausgangspunkt, da sie einen Vergleich von KMU und Großunternehmen zulassen.

Aber es zeigt sich deutlicher Handlungsbedarf: Auch nach der zweiten GDA-Periode ist der Anteil der Betriebe, die eine Gefährdungsbeurteilung durchführen nicht nennenswert gestiegen. Eine ganzheitliche Gefährdungsbeurteilung, die auch psychische Belastungen berücksichtigt führt nur etwa jeder vierte Betrieb durch. Für die Ableitung und Umsetzung aller Maßnahmen im Prozess der Gefährdungsbeurteilung sind diese Zahlen noch geringer. Insbesondere KMU weisen hier ein deutliches Defizit auf. Auch, wenn Betriebe nachweislich von Beratungen durch das Aufsichtspersonal der Aufsichtsdienste von Ländern und UVT, durch Fachkräfte für Arbeitssicherheit und durch Betriebsärztinnen und -ärzte profitieren, erreichen diese Angebote zu wenige Betriebe. Auch gibt es derzeit kein konvergentes Angebot an Instrumenten und Verfahren der GDA-Träger. Hier müssen Bund, Länder und Unfallversicherungsträger zukünftig verstärkt an einer gemeinsamen Strategie arbeiten, um Betriebe – insbesondere KMU – besser zu erreichen. Neben den organisatorischen Fragen, stellt sich auch die inhaltliche Frage nach der Ansprache von KMU, in denen die in Großbetrieben gegebenen Strukturen und Ressourcen des betrieblichen Arbeitsschutzes häufig nicht vorhanden oder nur rudimentär ausgebildet sind: Sind unsere bisherigen Instrumente zur Gefährdungsbeurteilung KMU-gerecht gestaltet? Müssen hier eventuell andere Wege eingeschlagen werden? Wie lassen sich Maßnahmen, die KMU oftmals bereits außerhalb des Rahmens „Gefährdungsbeurteilung" umsetzen, besser erkennen und anerkennen?

Nachdem in der ersten GDA-Psyche-Periode die Grundlagen für die Prävention psychischer Belastungen am Arbeitsplatz geschaffen wurden, soll in der nächsten GDA-Periode folglich die flächendeckende Verbreitung in den Betrieben und eine angemessene Beratung und Unterstützung insbesondere von KMUs im Vordergrund stehen. Im Vordergrund sollen dabei Aktivitäten stehen, durch die die Verantwortlichen in den Betrieben informiert, qualifiziert, angehalten und motiviert werden. Sie sollen dabei unterstützt werden, Gefährdungen durch psychische Belastung der Arbeit zu erkennen und zu vermeiden. Zu konsolidieren und auszubauen sind hierzu insbesondere die Beratung und Überwachung durch Aufsichtsdienste der Länder und UVT. Diese müssen dann so gestaltet werden, dass sie in jeder Betriebsbesichtigung und -beratung durchgeführt werden können und damit Teil des Routinehandelns des Aufsichtspersonals werden. Auch Qualifizierungsmaßnahmen müssen dahingehend ausgebaut werden, dass psychische Belastung am Arbeitsplatz zum Routinethema wird.

Weiterhin besteht gerade bei der Maßnahmenentwicklung und -umsetzung, d. h. bei der Gestaltung der Arbeitsbedingungen, ein deutlicher Wissens-, Entwicklungs- und Begleitungsbedarf. In diesem Zusammenhang sollen auch Fachkräfte für Arbeitssicherheit, Betriebsärzte und andere betriebliche Berater in die Lage versetzt werden, die Betriebe kompetent zu unterstützen. Vor dem Hintergrund der aktuellen Ressourcenlage in den Aufsichtsdiensten und dem Betriebsärztemangel muss überlegt werden, welche zusätzlichen Professionen für eine fachlich fundierte Beratung der Betriebe gewonnen werden können und wie diese mit den etablierten Berufsgruppen nach dem Arbeitssicherheitsgesetz zusammenarbeiten können. Kurzum, es soll fachlich und politisch darauf hingearbeitet werden, dass alle Betriebe – unabhängig von ihrer Größe, Region oder Finanzkraft – Zugang zu einer fachlich fundierten Beratung zum Thema psychische Belastung am Arbeitsplatz erhalten. Hier ist auch die Diskussion darüber, welche Kompetenzen und Ressourcen zur Verfügung stehen sollen von Relevanz.

Dabei sollen auch neue Formen der Arbeit berücksichtigt werden. Wie lässt sich ein Arbeitsschutz 4.0 gestalten, der den Anforderungen einer Arbeit und Industrie 4.0 gerecht wird?

Torsten Kunz
Unfallkasse Hessen

Die Zukunft der betrieblichen Betreuung – Einbindung weiterer Professionen in die Betreuung der Betriebe

1. Hintergrund

Die Arbeitswelt befindet sich in einem rasanten Wandel: Während zumindest in den Industrieländern körperlich belastende, schmutzige und gefährliche Arbeitsplätze durch Servofunktionen, Roboter und andere technische Hilfen teilweise ersetzt oder entschärft werden, nimmt die Zahl psychisch belastender Arbeitsplätze zu. Hinzu kommt, dass durch eine zunehmende Digitalisierung und die damit mögliche zeitliche und räumliche Entgrenzung der Arbeit Berufs- und Privatleben sich zunehmend vermischen und gegenseitig beeinflussen. Somit wächst das fachliche Spektrum, das die in Deutschland im Arbeitssicherheitsgesetz (ASIG) verankerten Berater der Betriebe abzudecken haben, um dort Sicherheit und Gesundheit bei der Arbeit und Ausbildung zu fördern. Die Ergebnisse der SiFa-Langzeitstudie (Trimpop, Hamacher et al., 2012) legen es nahe, dass die im ASIG genannten Professionen diese fachliche Vielfalt nicht alleine abdecken können: Gerade beim Thema „psychische Belastungen" empfanden sich die befragten Fachkräfte für Arbeitssicherheit (SiFa) und Arbeitsmediziner gleichermaßen als wenig wirksam.

Gleichzeitig ist ein zunehmender Mangel an Arbeitsmedizinern festzustellen. Eine umfangreiche wissenschaftliche Untersuchung der Bundesanstalt für Arbeitsschutz und Arbeitsmedizin (Barth, Hamacher und Eickholt, 2014) belegte bereits 2013 eine Betreuungslücke von mehr als 6,5 Millionen Einsatzstunden pro Jahr. Diese Lücke wurde in den letzten Jahren auf Grund der demographischen Entwicklung und trotz geringfügig gestiegener Absolventenzahlen noch größer. Insbesondere kleine Betriebe und Betriebe in strukturschwachen Gegenden sind zunehmend ohne betriebsärztliche Betreuung.

Das ASIG wird in Deutschland durch die DGUV Vorschrift 2 konkretisiert, die insbesondere die Qualifikation, Aufgaben und den zeitlichen Umfang der Beratung regelt. Sie gilt für alle privaten und öffentlichen Betriebe und Einrichtungen gleichermaßen. Es liegt auf der Hand, dass die Träger der gesetzlichen Unfallversicherung ihre Mitgliedsbetriebe nicht per Vorschrift zu Maßnahmen verpflichten können, die diese objektiv nicht erfüllen können.

Somit würde die Einbeziehung weiterer Professionen in die betriebliche Betreuung sowohl ein qualitatives als auch ein quantitatives Problem lösen. Aus diesem Grund erarbeitete im Jahr 2017 eine Projektgruppe der Unfallversicherungsträger mögliche Rahmenbedingungen für die Integration weiterer Professionen in die betriebliche Betreuung. Die Notwendigkeit der Einbeziehung weiterer Professionen in die Betreuung der Betriebe ist in Fachkreisen inzwischen weitgehender Konsens, auch wenn die konkrete Ausgestaltung des rechtlichen Rahmens noch diskutiert wird.

2. Qualifikation der Berater

Für eine Erweiterung des Berufsspektrums der Berater kommen grundsätzlich Arbeits- und Organisationspsychologen und -psychologinnen, Arbeitswissenschaftler/-innen, Arbeitshygieniker/-innen und (in geringerem Umfang) Gesundheitswissenschaftler/-innen in Frage, da sich deren Fach-, Handlungs-, Sozial- und Methodenkompetenzen stark mit den Aufgaben in den Katalogen zur Grundbetreuung und betriebsspezifischen Betreuung der DGUV Vorschrift 2 überschneiden (mehr in Kunz, T. & Schumacher, C., 2017).

Grundsätzlich bringen alle genannten und auch die etablierten Professionen (Sicherheitsfachkraft oder Arbeitsmediziner) spezielle fachliche Kompetenzen aus einem absolvierten Studium mit. Diese Grundqualifikation reicht aber zur Betreuung der Betriebe im Regelfall nicht aus, da sie durch Organisationswissen (etwa zum rechtlichen Rahmen von Sicherheit und Gesundheit und zu seiner Bedeutung für die betriebliche Prävention, zum überbetrieblichen Arbeitsschutzsystem, zu Aufgaben, Rolle und Stellung anderer Arbeitsschutzakteure oder zur eigenen Rolle im Arbeits- und Gesundheitsschutz) sowie durch weitere Handlungs-, Sozial- und Methodenkompetenzen ergänzt werden muss. Die genannten Fähigkeiten und Kompetenzen müssen momentan im Regelfall nach dem Studium erworben werden, ihr Erwerb wäre aber grundsätzlich auch im Rahmen des Studiums möglich.

Von den Beratern aus den genannten Professionen wäre somit als Zugangsvoraussetzung die Erfüllung folgender Anforderungen erforderlich:
- Abgeschlossenes Studium in einem der genannten Fächer,
- Berufserfahrung,
- erfolgreiche Teilnahme an einer Qualifizierung zum Organisationswissen und
- Bereitschaft zur interdisziplinären Zusammenarbeit und zur Fort- und Weiterbildung.

Um die gesetzlich geforderten Qualitätsstandards sicher zu gewährleisten, sollte eine Zulassung zur Beratung insbesondere von der Erfüllung der oben genannten Qualitätskriterien abhängig gemacht werden. So könnte von einer zentralen Stelle die Erfüllung der Zulassungsvoraussetzungen einschließlich der im letzten Abschnitt beschriebenen Qualifikationsnachweise geprüft werden. Erfüllt ein Bewerber die Anforderungen voll, würde er zur Beratung der Betriebe zugelassen.

2.1 Veränderungen im Regelwerk: Die neue DGUV Vorschrift 2
2017 wurde – nach einer intensiven Evaluation (Wetzstein et al., 2017) – entschieden, die DGUV Vorschrift 2, in der die Beratung der Betriebe durch Fachkräfte für Arbeitssicherheit und Betriebsärzte geregelt ist, zu überarbeiten und dabei benutzerfreundlicher zu gestalten. Dazu wurde eine Projektgruppe ins Leben gerufen, der Vertreter des Bundesarbeitsministeriums, der Länder, der UV-Träger, der Sozialpartner und der betroffenen Berufsverbände angehören. In diesem Kontext wird auch über den Einsatz weiterer Professionen in der Beratung der Betriebe auf drei Ebenen beraten.

Zugang zur Ausbildung als Fachkraft für Arbeitssicherheit
Am wenigsten umstritten ist der Zugang zur Beratung der Betriebe für weitere Professionen über eine Qualifikation als SiFa. Die aktuelle DGUV Vorschrift 2 sieht bereits heute neben der Qualifikation als Ingenieur, Techniker und Meister zahlreiche Ausnahmen vor, die nun konkretisiert und qualitativ verbessert werden sollen. Geplant ist, dass alle Professionen die Möglichkeit einer Ausbildung zur SiFa erhalten, die für die zukünftige Beratung der Betriebe zu Sicherheit und Gesundheit bei der Arbeit nützlich sind. Dazu zählen Naturwissenschaftler wie Physiker und Chemiker ebenso wie Humanmediziner, Arbeitshygieniker und -wissenschaftler sowie Arbeits- und Organisationspsychologen. Alle erhalten die gleiche Grundqualifizierung in Organisationswissen wie die SiFas mit dem Hintergrund Ingenieur, Techniker und Meister. Ihr Einsatzgebiet sollte selbstverständlich ihrer Qualifikation entsprechen.

Beratung in der betriebsspezifischen Betreuung
Zusätzlich zu einer zeitlich fixierten Betreuung der Betriebe in der Grundbetreuung fordert die DGUV Vorschrift 2 (zeitlich unbestimmte) zusätzliche Betreuungsleistungen immer dann, wenn es Arbeitsbereiche mit eigenen Gefährdungen in einem Betrieb gibt, die für den Betrieb atypisch sind; wenn grundsätzlich neue Gefährdungen hinzukommen (z. B. durch ein anderes Arbeitsverfahren, neue Maschinen oder Baulichkeiten) oder wenn sich neue gesetzliche Anforderungen ergeben. In der betriebsspezifischen Betreuung ist es bereits üblich, dass auch Personen beratend zum Einsatz kommen, die keine SiFa und kein Betriebsarzt sind. Daher besteht Konsens, dass weitere Professionen in der betriebsspezifischen Betreuung eingesetzt werden dürfen.

Beratung im Rahmen der Grundbetreuung
Umstritten ist weiterhin die Einbeziehung weiterer Professionen in die Grundbetreuung. Hier prallen Argumente pro und contra; aber auch berufspolitische

Interessen aufeinander – auch ist das Meinungsbild innerhalb der Unfallversicherungsträger, bei den Sozialpartnern, im BMAS und bei den Ländern noch uneinheitlich.

Als Argumente für eine Einbeziehung weiterer Professionen auch in die Grundbetreuung können hier primär die bessere fachliche Betreuung bei Inhalten der Grundbetreuung (z. B. die Beratung bei der Einbeziehung der psychischen Belastungen in die Gefährdungsbeurteilung) und der Arbeitsmedizinermangel genannt werden.

Als Gegenargumente werden häufig ein erhöhter Koordinationsaufwand und ein noch aufzubauendes Qualifizierungs- und Qualitätssicherungssystem genannt. Teilweise wird auch der Mangel an Arbeitsmedizinern (trotz der o. g. Studie und eindeutiger Zahlen der Bundesärztekammer) geleugnet.

Die Einbeziehung weiterer Professionen ist aktuell nur optional geplant. Als Kompromisslinie wäre dabei ein Einsatz zu bestimmten Fachthemen in einem definierten Umfang denkbar.

2.2 Fazit und Ausblick

Die Einbeziehung weiterer Professionen in die betriebliche Betreuung ist ohne eine Änderung des ASIG nur eingeschränkt möglich. Es gibt aktuell gute Chancen, dass zumindest die Eingangsvoraussetzungen zur Ausbildung als Fachkraft für Arbeitssicherheit modernisiert werden und auch der Zugang zur betriebsspezifischen Betreuung geschaffen wird. Als SiFa wäre auch auf der Grundlage des bestehenden ASIG eine volle Teilhabe an der betrieblichen Betreuung möglich.

Die Universitäten sind nun gefordert, die genannten Optionen zu unterstützen – beispielsweise durch die Einbeziehung von (anrechenbaren) Teilen der SiFa-Ausbildung in das Studium oder durch die Schaffung qualitätsgesicherter Abschlüsse – etwa in der Arbeits- und Organisationspsychologie. Je eindeutiger die Deckung zwischen den Themen der betrieblichen Betreuung und den Kompetenzen der Absolventen ist, desto wahrscheinlicher ist auch langfristig eine Einbeziehung weiterer Professionen in die betriebliche Betreuung.

Literatur
Barth, C., Hamacher, W. & Eickholt, C. (2014), Arbeitsmedizinischer Betreuungsbedarf in Deutschland. Dortmund/Berlin/Dresden: BAuA.
Kunz, T. & Schumacher, C. (2017). Weitere Professionen für die betriebliche Betreuung. DGUV-Forum 7–8/2017, S. 34–36. Wiesbaden: Universum.
Trimpop, R., Hamacher, W., Lenartz, N., et al. (2012). Sifa-Langzeitstudie. Tätigkeiten und Wirksamkeit der Fachkräfte für Arbeitssicherheit. Dresden: DGUV.
Wetzstein, A., Rahnfeld, M., Bell, F. & Edelhäuser, S. (2017). Evaluation der DGUV Vorschrift 2, Anlage 2 (Abschlussbericht). DGUV Report 1/2017, Berlin: DGUV.

Martina Morschhäuser & David Beck
Bundesanstalt für Arbeitsschutz und Arbeitsmedizin (BAuA)

Gefährdungsbeurteilung bei psychischer Belastung: Rückblick und Perspektiven

1. Einführung

Psychische Belastungen (pB) haben in der heutigen Arbeitswelt an Bedeu-tung gewonnen, werden aber nach wie vor in vielen Unternehmen in Deutschland im Rahmen der Gefährdungsbeurteilung (Gb) nicht berücksichtigt, wie die Daten repräsentativer Betriebsbefragungen belegen. Dies gilt insbesondere für KMU, wobei Gb'n generell in kleineren Unternehmen seltener durchgeführt werden. Dennoch scheint die betriebliche Aufmerksamkeit gegenüber der Thematik hierzulande, so die Erfahrungen von Arbeitsschutzexperten, in den vergangenen Jahren gewachsen zu sein. Eine Anschubfunktion kann der im Jahr 2013 erfolgten expliziten Aufführung „psychischer Belastungen" im ArbSchG zugeschrieben werden. Auch die im Rahmen des GDA-Arbeitsprogramms „Psyche" erfolgten Sensibilisierungs- und Qualifizierungsmaßnahmen haben die Beschäftigung mit der Thematik in Unternehmen und bei Arbeitsschutzakteuren gefördert.

2. Rückblick: Empfehlungen zur Umsetzung der Gb pB

Die Gründe für die mangelnde Berücksichtigung pB in der Gb sind vielfältig. Eine wichtige Rolle spielen dabei die Komplexität und Unbestimmtheit des zu beurteilenden Gegenstands „psychische Belastung". Unsicherheit besteht für Unternehmen ebenso zur Frage *wie* zu beurteilen ist, da sich etablierte Verfahren der Ermittlung und Bewertung anderer Gefährdungsarten nicht oder nur eingeschränkt für die Beurteilung pB eignen. Um für Betriebe und Arbeitsschutzakteure mehr Handlungssicherheit zu schaffen, wurden im Rahmen des GDA-Arbeitsprogramms „Psyche" Empfehlungen zur Umsetzung der Gb pB formuliert. Damit ist ein Korridor beschrieben, innerhalb dessen sich die konkrete betriebliche Umsetzung der Gb bewegen sollte. Unter Berücksichtigung arbeitswissenschaftlicher Erkenntnisse haben die in der Arbeitsprogrammgruppe vertretenen GDA-Träger und Sozialpartner dabei u.a. einen Konsens zu folgenden Punkten erzielt:

Gb als Prozess: Herausgestellt wird der Prozess der Gb, der von der Festlegung der Tätigkeiten über die Ermittlung und Beurteilung pB bis zur Umsetzung von Maßnahmen, der Wirkungskontrolle und Dokumentation reicht. Diese einzelnen Schritte wurden schon in der GDA-Leitlinie „Gefährdungsbeurteilung und Dokumentation" aus dem Jahr 2012 aufgeführt; sie gelten grundsätzlich für eine Gb. Angesichts der

Komplexität pB ist es besonders wichtig, den gesamten Prozess von vorneherein im Blickfeld zu haben und zu planen, um keinen Abbruch der Aktivitäten zu riskieren.

Unterschiedliche Vorgehensweisen zur Ermittlung pB: Welche Methode geeignet ist, um pB in einem Unternehmen zu erfassen, hängt von den jeweiligen Rahmenbedingungen (z. B. Groß- oder Kleinbetrieb), den vorhandenen Kompetenzen und Erfahrungen der beteiligten Akteure und den Arbeitsanforderungen der Beschäftigten (z. B. eher beobachtbare körperliche oder eher geistige Arbeit) ab. Von daher wird nicht ein einziges, von allen Betrieben gleichermaßen einsetzbares Analyseinstrument vorgeschlagen, wobei sowohl schriftliche Mitarbeiterbefragungen als auch Beobachtungsinterviews und moderierte Analyseworkshops als empfehlenswert erachtet werden.

Qualitätsgrundsätze für Verfahren: Mit dem Ziel, eine konvergente Ausrichtung und Weiterentwicklung von Verfahren zur Gb pB zu fördern, wurden Qualitätsgrundsätze erarbeitet, die jeweils eingesetzte Instrumente erfüllen sollten. Die Qualitätsgrundsätze beziehen sich auch auf den zu beurteilenden Gegenstand der pB. Hervorgehoben wird, dass Tätigkeiten sowie Ausführungsbedingungen und dabei „relevante" psychische Belastungsfaktoren zu erfassen und zu beurteilen sind.

Relevante psychische Belastungsfaktoren: Es werden fünf Schlüsselfaktoren benannt, die branchen- und tätigkeitsübergreifend bei der Gb zu berücksichtigen sind: Arbeitsintensität, Arbeitszeit, Handlungsspielraum, soziale Beziehungen (insbesondere zu Vorgesetzten) sowie Arbeitsumgebungsbedingungen (insbesondere Lärm). Darüber hinaus sollten spezifisch die Faktoren einbezogen werden, die bei den jeweils zu beurteilenden Tätigkeiten eine besondere Rolle spielen (z.B. emotionale Inanspruchnahme in der Pflege). Mit dieser Konkretisierung werden fachlich begründete Schwerpunktsetzungen in Unternehmen unterstützt.

3. Herausforderungen und Entwicklungsbedarf

Grundsätzliche Vorgehensweisen zur Gb pB sind für Arbeitsschutzakteure und Betriebspraktiker inzwischen adressatengerecht beschrieben. Für die Ermittlung und Bewertung pB wurden zahlreiche Analyseinstrumente entwickelt. Deren Weiterentwicklung entlang der abgestimmten Qualitätsgrundsätze wird eine wichtige Aufgabe, gerade für die Arbeits- und Organisationspsychologie, bleiben. Weniger intensiv bearbeitet und fachlich unterstützt wird bislang der Schritt der Entwicklung und Umsetzung von Maßnahmen und damit das eigentliche Ziel der Gb: die gesundheitsgerechte Gestaltung der Arbeit bei pB. Gerade bei diesem Schritt stellen sich besondere Herausforderungen:

3.1 Weiterentwicklung von Gestaltungsempfehlungen

Wie geeignete Maßnahmen konkret aussehen können, mittels derer psychischen Gefährdungen der Beschäftigten wirksam entgegengewirkt werden kann, diese Frage kann nur vor Ort im einzelnen Unternehmen beantwortet werden. In Abhängigkeit davon, welche konkreten Ursachen den ermittelten Problemen zugrundliegen, müssen jeweils spezifische, für Unternehmen und Beschäftigte passende Gestaltungskonzepte und Maßnahmen im betrieblichen Dialog entwickelt werden. Wichtige Orientierungshilfen stellen dabei – neben Hinweisen zur Prozessgestaltung – arbeitswissenschaftlich begründete Merkmale guter Arbeitsgestaltung dar. Solche Kriterien, wie bspw. „Anforderungsvielfalt" oder „Vollständigkeit" der Arbeit und damit korrespondierende Gestaltungsleitlinien wie „Job Enlargement" oder „Job Enrichment" wurden schon in den 1970er und 1980er Jahren im Rahmen des damaligen breiten arbeitswissenschaftlichen Diskurses um eine Humanisierung der Arbeitswelt formuliert. Mit Blick auf den Wandel der Arbeit und damit zunehmend geistige und interaktive Tätigkeiten gilt es, solche Kriterien, differenziert für unterschiedliche Arbeitsanforderungen, weiterzuentwickeln.

Darüber hinaus gibt es zahlreiche konkrete Gestaltungsempfehlungen aus Expertensicht gezielt zu einzelnen Belastungsfaktoren, die Orientierungshilfen und Anregungen für den betrieblichen Gestaltungsdiskurs darstellen können. Solche finden sich bspw. auch in vielen Handlungshilfen zur Gb pB. Allerdings sind ihre Wirksamkeit und Übertragbarkeit oftmals nicht empirisch überprüft. Auch werden Voraussetzungen und Rahmenbedingungen, die für ihre Umsetzung entscheidend sind, gemeinhin nicht beschrieben. Und schließlich fehlt es an fachlich fundierten Empfehlungen gerade zu manchen neueren (psychischen) Anforderungen in der Arbeit.

3.2 Funktionsübergreifender Austausch und Blickfelderweiterung
Betrachtet man die Gründe kritischer Ausprägungen psychischer Belastungsfaktoren, etwa hoher Arbeitsintensität oder überlanger Arbeitszeiten, so geht es dabei vielfach auch um grundlegende Arbeitsbedingungen und betriebliche Regelungen, bspw. zur Personalbemessung, zu Leistungsvorgaben oder zur Gestaltung der Arbeitszeit. An deren Ausgestaltung sind unterschiedliche Akteursgruppen mit divergierenden Interessen beteiligt und sie vollzieht sich in verschiedenen betrieblichen Kontexten. Um darauf seitens betrieblicher Arbeitsschutzakteure Einfluss zu nehmen, bedarf es überzeugender Ergebnisaufbereitungen und funktionsübergreifender Kommunikation.

Zugleich wird auch jenseits der Strukturen und Prozesse des institutionellen Arbeitsschutzes in Unternehmen oftmals schon einiges getan, um psychische Gefährdungen zu vermeiden. Sinnvoll ist, solche Aktivitäten im Kontext der Gb zu berücksichtigen. Dies kann bspw. in Form einer vorangestellten Bestandsaufnahme oder auch beim Schritt der Maßnahmenentwicklung im Rahmen eines Erfahrungsaustauschs mit verschiedenen betrieblichen Akteuren geschehen. Ziel wäre hier, schon stattfindende Maßnahmen und erzielte Regelungen gesundheitsgerechter Arbeitsgestaltung anzuerkennen, zu stärken und zu erhalten, indem ihre Bedeutung für die Gesundheit herausgestellt wird.

3.3 Zunehmende Anforderungen an Partizipation
Die Ermittlung und Bewertung pB kommt nicht ohne die Befragung und Einbeziehung der Beschäftigten aus, deren Arbeit beurteilt werden soll. Um tragfähige Gestaltungsmaßnahmen zu entwickeln, ist vielfach Partizipation in einem noch umfassenderen Sinne gefordert.

Beschäftigte sind zunehmend (Mit-)Gestalter ihrer eigenen Arbeit. Zum einen können sie damit selbst zu (psychischen) Gefährdungen in der Arbeit beitragen, z.B. indem sie – gemeinhin unter Druck – ihre Arbeitszeit immer mehr ausdehnen oder Pausen durcharbeiten. Zum anderen kann Gestaltung in solchen Fällen nur funktionieren, wenn Veränderungen von den Beschäftigten – wie auch von den Vorgesetzten – mitgetragen und umgesetzt werden. Dabei ist entscheidend, zugleich die Arbeitsbedingungen so zu verändern, dass gesunde Strategien der Beschäftigten im Umgang mit psychischen Anforderungen möglich bzw. unterstützt werden.

Wie Konzepte zur Entwicklung geeigneter Maßnahmen konkret aussehen können, die sowohl an den Arbeitsorientierungen und der Arbeitsausführung der Beschäftigten als auch an den Verhältnissen ansetzen, die den Beschäftigten genügend Raum zur Beteiligung geben und zugleich wissenschaftliche Erkenntnisse berücksichtigen, auch dies ist eine noch weitgehend offene Frage.

4. Ausblick

Die Gb pB ist – was die praktische Umsetzung angeht – ein noch vergleichsweise junges Handlungsfeld. Die in den letzten Jahren gewachsene betriebliche Aufmerksamkeit und die erfolgten Aktivitäten gilt es zu verstetigen und zu verbreitern – durch Information und Beratung ebenso wie durch Kontrolle seitens der Aufsichtspersonen. Die Gb bei pB ist kein starres Verfahren, sondern ein Prozess, der beständig weiterzuentwickeln ist. Dabei kann sich das, was in der Arbeit psychisch belastet, ebenso wandeln wie geeignete Vorgehensweisen, um mit solchen Anforderungen angemessen umzugehen. Dementsprechend sind auch die Empfehlungen zur Umsetzung der Gb unter Berücksichtigung betrieblicher Erfahrungen fortlaufend weiterzuentwickeln und zu konkretisieren, auch mit Blick auf die große Zahl kleiner Betriebe. Besonderer Unterstützung bedarf es gerade bei dem zentralen Schritt der Maßnahmenentwicklung und -umsetzung, damit die Gb nicht nur in ein Dokument mündet, sondern ein realer betrieblicher Veränderungsprozess zum Wohle der Gesundheit darstellt.

Bettina Splittgerber[1] & Christian Pangert[2]
[1] *Hessisches Ministerium für Soziales und Intergration (HMSI),*
[2] *Deutsche Gesetzliche Unfallversicherung (DGUV)*

Gefährdungsbeurteilung psychischer Belastung – Einblicke in die Praxis: Ergebnisse der Betriebsbesuche der Aufsichtspersonen von Ländern und Unfallversicherungsträgern

Die Integration des Themas der psychischen Belastungen das „normale" Aufsichts- und Beratungshandeln der Arbeitsschutzbehörden der Länder und der Unfallversicherungsträger war eines der wesentlichen Prozess-Ziele des GDA-Programms ‚Schutz und Stärkung der Gesundheit bei arbeitsbedingter psychischer Belastung'.

Um dieses Ziel zu erreichen und gleichzeitig den Anteil von Betrieben mit einer umfassenden Gefährdungsbeurteilung zu verbessern, wurde im GDA-Programm geplant 12.000 Betriebe durch die Aufsichtspersonen aufzusuchen und daraufhin zu überprüfen bzw. zu beraten, inwieweit sie ihre Gefährdungsbeurteilung auch mit Blick auf die psychischen Belastungen durchgeführt haben und betriebliche Verbesserungsmaßnahmen eingeleitet wurden. Hierzu wurde ein einheitlicher Erhebungsbogen eingesetzt, der den jeweiligen betrieblichen Umsetzungsstand abbildet.

Weiterhin wurden über die Programmlaufzeit hinweg institutionsübergreifende Veranstaltungen zum Erfahrungsaustausch mit den beteiligten Aufsichtspersonen durchgeführt und die Ergebnisse dokumentiert.

In dem Vortrag werden einige zentrale Ergebnisse über den Sachstand der Umsetzung der Gefährdungsbeurteilung psychischer Belastungen in den Betrieben dargestellt. Dabei geht es nicht nur um die rein deskriptive Darstellung der Ergebnisse inwieweit die Betriebe die Gefährdungsbeurteilungen bereits umgesetzt und als Prozess implementiert haben, sondern es wird mit einer etwas breiteren Perspektive betrachtet, wie die betriebliche Praxis mit der Thematik umgeht und welche inhaltlichen oder strukturellen Stolpersteine noch zu bewältigen sind. Für die Interpretation der Ergebnisse werden auch die Einschätzungen der Aufsichtspersonen aus den Erfahrungsaustauschen herangezogen.

Arbeitskreis
Psychische Belastung und Beanspruchung: Evaluierte Ergebnisse
Leitung: Rainer Wieland

Simone Brandstädter, Elisa Feldmann, Nadine Seiferling & Karlheinz Sonntag
Gefährdungsbeurteilung psychischer Belastungen in kleinen und mittleren Unternehmen: die ergänzende Mitarbeiterbefragung GPB-KMU

Wolfgang Fischmann & Amanda Voss
Psychische Belastungen von Führungskräften bei Regulierung der Erreichbarkeit in der Freizeit

Roland Polacsek-Ernst
Reduktion der psychischen Belastungen in 25 Unternehmen

Mike Hammes & Rainer Wieland
Wuppertaler Screening Instrument psychische Beanspruchung: Konvergenz dreier Beurteilungen psychischen Belastungspotenzials

Tobias Reuter, Anja Liebrich & Marianne Giesert
Arbeitsfähigkeit messen und fördern – Methoden und Instrumente rund um das Arbeitsfähigkeitskonzept

Simone Brandstädter, Elisa Feldmann, Nadine Seiferling & Karlheinz Sonntag
Arbeits- und Organisationspsychologie Uni Heidelberg

Gefährdungsbeurteilung psychischer Belastungen in kleinen und mittleren Unternehmen: die ergänzende Mitarbeiterbefragung GPB-KMU

1. Gefährdungsbeurteilung psychischer Belastung in kleinen und mittleren Unternehmen

Der Fachkräftemangel, die Digitalisierung und eine zunehmend alternde Belegschaft treffen kleine und mittlere Unternehmen (KMU) in besonderem Maße, weswegen eine Reduktion bzw. Vermeidung psychischer Gefährdungen von besonderer Relevanz für die Erhaltung der Mitarbeitergesundheit und des Organisationserfolgs ist (Lechleiter, Purbs & Sonntag, 2017). Aufgrund begrenzter personeller und finanzieller Ressourcen stellt die im Arbeitsschutzgesetz verankerte Gefährdungsbeurteilung psychischer Belastungen für diese Unternehmen jedoch oft eine besondere Herausforderung dar.

Das Verfahren GPB-KMU ist eine speziell für die Bedürfnisse von KMU angepasste Version des Screeningverfahrens GPB (Feldmann, Seiferling, Brandstädter & Sonntag, 2017). Es umfasst insgesamt 13 Belastungsdimensionen, die im Rahmen von Arbeitsplatzbegehungen durch ein Analyseteam konsensorientiert eingeschätzt werden. Ziel des Verfahrens ist eine objektive Beurteilung der aus der Arbeitstätigkeit resultierenden psychischen Belastungen, d.h. Analysegegenstand ist das Gefährdungspotential einer Tätigkeit und nicht das Beanspruchungserleben einzelner Personen. Dies hat den Vorteil, dass aufgrund der resultierenden Ergebnisse präventiv oder kurativ in die Arbeitsgestaltung eingegriffen werden kann, um Arbeitsprozesse belastungsärmer zu gestalten (Sonntag & Feldmann, 2017).

2. Ergänzende Mitarbeiterbefragung zum Verfahren GPB-KMU

Nach der Gemeinsamen Deutschen Arbeitsschutzstrategie (GDA) ergibt sich die Empfehlung, auch Belastungen einzubeziehen, die weniger objektiv aus einer Tätigkeit abgeleitet werden können, wie beispielsweise Teamkonflikte oder mangelhaftes Führungsverhalten (GDA Psyche, 2016). Dementsprechend wurde eine ergänzende Mitarbeiterbefragung entwickelt, die subjektiv geprägte Belastungsfaktoren und individuelle Beanspruchung erfasst (vgl. Brandstädter, Feldmann, Seiferling & Sonntag, 2018).

Dazu wurde eine ausführliche Recherche zu aktuellen Themen im Kontext psychischer Belastungen und Beanspruchung durchgeführt. Hierbei zeigten sich einige

Faktoren von besonderer Relevanz für die Mitarbeitergesundheit, wie beispielsweise Gratifikationskrisen (Siegrist et al., 2004), Erschöpfung/Erholung (Demerouti & Nachreiner, 1999), Teamfaktoren (Brodbeck & Maier, 2001), Führung und Management (Kernan & Hanges, 2002; Stegmaier, Nohe & Sonntag, 2016). Diese wurden bei der Festlegung der zu erfassenden Belastungs- und Beanspruchungsbereiche berücksichtigt und entsprechende Items für die Mitarbeiterbefragung erarbeitet.

Ziel war, einen ökonomischen und reliablen Fragebogen zu entwickeln, der die Inhalte des objektiven Verfahrens GPB-KMU ergänzt und dabei die aktuellen Themen der Stressforschung berücksichtigt. Um dies zu überprüfen, wurde die entwickelte Mitarbeiterbefragung 23 KMU zur Verfügung gestellt, die bereits das objektive Verfahren GPB-KMU eingeführt hatten. Bisher nahmen 98 Beschäftigte aus vier Unternehmen unterschiedlicher Branchen an der Mitarbeiterbefragung teil.

3. Ergebnisse der ergänzenden Mitarbeiterbefragung

Mit einer mittleren Bearbeitungsdauer von unter 15 Minuten kann die Aufwandsökonomie als gesichert betrachtet werden. Die Reliabilitäten aller Bereiche erwiesen sich als zufriedenstellend bis sehr gut (siehe Tab. 1).

Tab. 1: Inhalte und Reliabilitäten der ergänzenden Mitarbeiterbefragung GPB-KMU

Ebene	Beispielbereiche	Beispielitem	Reliabilität
Belastungen (13 Items)	Handlungsspielraum, Verantwortungsumfang, Variabilität, ...	„Bei meiner Arbeit habe ich ein hohes Maß an Verantwortung"	.75 – .82
Tätigkeit (19 Items)	Aufstiegsmöglichkeiten, Veränderungen, ...	„Die Belastung durch die Arbeit ist gestiegen"	.68 – .84
Beschäftigter (23 Items)	Erschöpfung, Erholung, Arbeitszufriedenheit, ...	„Ich kann Arbeit und Privatleben gut voneinander abgrenzen"	.77 – .94
Team (23 Items)	Teamklima, Konflikte, ...	„Ich arbeite gerne mit meinen Kollegen zusammen"	.78 – .90
Führung und Organisation (15 Items)	Führungsverhalten, Vertrauen in Geschäftsleitung, ...	„Ich denke darüber nach, das Unternehmen zu verlassen"	.78 – .95

Tab. 2: Exemplarische inhaltliche Ergebnisse der ergänzenden Mitarbeiterbefragung GPB-KMU am Beispiel zweier Branchen

Dimension	Verarbeitendes Gewerbe (Produktion) Mittelwert	Informationstechnologie (Dienstleister) Mittelwert
Belastungen	3.51	3.90
Arbeitskomplexität	3.65	4.22
Kundenorientierung	2.75	4.10
Emotionsregulation	3.08	3.84
Vertrauen in das Management	3.13	2.43
Zufriedenheit mit der Geschäftsleitung	3.14	2.43
Arbeitszufriedenheit	3.62	3.11
Kündigungsabsicht	2.36	3.18

4. Fazit

Ziel der Studie war, eine Mitarbeiterbefragung zu entwickeln, die die objektiven Analysen psychischer Belastungen des Verfahrens GPB-KMU ergänzt (Feldmann et al. 2017). Dies hat den Vorteil, dass Beschäftigten die Möglichkeit gegeben ist, sich falls gewünscht über mögliche Beanspruchung zu äußern sowie, dass Belastungsaspekte erhoben werden können, die nicht objektiv erfassbar sind. Teamkonflikte zum Beispiel sind abhängig von den einzelnen Personen und stellen damit kein immanentes Merkmal einer Tätigkeit dar. Dabei sollte die Mitarbeiterbefragung von den Unternehmen als Screening-Verfahren zur Mitarbeiter-Beanspruchung verstanden und in Kombination mit dem objektiven Analyseverfahren GPB-KMU genutzt werden (Brandstädter et al., 2018). Bei Vorliegen einer größeren Datenmenge von verschiedenen Tätigkeiten können die Ergebnisse der subjektiven Befragung denen der objektiven Analyseergebnisse gegenübergestellt werden.

Literatur

Brandstädter, S., Feldmann, E., Seiferling, N. & Sonntag, Kh. (2018). Gefährdungsbeurteilung psychischer Belastungen in kleinen und mittleren Unternehmen – Entwicklung einer ergänzenden Mitarbeiterbefragung für das Verfahren GPB-KMU. In Gesellschaft für Arbeitswissenschaften (Hrsg.), *Arbeit(s).Wissen.Schaf(f)t – Grundlage für Management & Kompetenzentwicklung*. Dortmund: GfA-Press.

Brodbeck, F. C. & Maier, G. W. (2001). Das Teamklima-Inventar (TKI) für Innovation in Gruppen. Psychometrische Überprüfung an einer deutschen Stichprobe. *Zeitschrift für Arbeits- und Organisationspsychologie, 45,* 59–73.

Demerouti, E. & Nachreiner, F. (1999). Burnout as an outcome of job demands, job resources and specific short-term consequences of strain. Paper presented at the 5th European Conference on Organizational Psychology and Health Care, Ghent, Belgium.

Feldmann, E., Seiferling, N., Brandstädter, S. & Sonntag, Kh. (2017) Gefährdungsbeurteilung Psychische Belastung (GPB) – Anpassung des Verfahrens für kleine und mittelständische Unternehmen. In *Soziotechnische Gestaltung des digitalen Wandels – kreativ, innovativ, sinnhaft*. Gesellschaft für Arbeitswissenschaft e. V., Dortmund (Hrsg.).

Gemeinsame Deutsche Arbeitsschutzstrategie – Arbeitsprogramm Psyche (2016). *Arbeitsschutz in der Praxis Empfehlungen zur Umsetzung der Gefährdungsbeurteilung psychischer Belastung* (2. erweiterte Auflage), Berlin: Leitung des GDA-Arbeitsprogramms Psyche.

Kernan, M. C. & Hanges, P. J. (2002). Survior reactions to reorganization: Antecedents and consequenes of procedural, interpersonal and informational justice. *Journal of Applied Psychology, 87* (5), 916–928.

Lechleiter, P., Purbs, A. & Sonntag, Kh. (2017). Human-Resources- und Gesundheitsmanagement in der Arbeit 4.0. *ASU – Zeitschrift für medizinische Prävention, 52,* 730–733.

Siegrist, J., Starke, D., Chandola, T., Godin, I., Marmot, M., Niedhammer, I. & Peter, R. (2004). The measurement of effort-reward imbalance at work: European comparisons. *Social Science & Medicine, 58,* 1483-1499.

Sonntag, Kh. & Feldmann, E. (2017). Erfassung psychischer Belastungen am Arbeitsplatz. *ASU – Zeitschrift für medizinische Prävention, 52,* 638–641.

Stegmaier, R., Nohe, C. & Sonntag, Kh. (2016). Veränderungen bewirken: Transformationale Führung und Innovation. In Kh. Sonntag (Hrsg.), *Personalentwicklung in Organisationen* (4. Aufl., S.535–559), Göttingen: hogrefe.

Wolfgang Fischmann & Amanda Voss
Institut und Poliklinik für Arbeits-, Sozial- und Umweltmedizin der Friedrich-Alexander-Universität Erlangen-Nürnberg

Psychische Belastungen von Führungskräften bei Regulierung der Erreichbarkeit in der Freizeit

1. Hintergrund

Führungskräfte sind psychisch besonderen Belastungen ausgesetzt, beispielsweise durch Zeitmangel und ein hohes Maß an Anforderungen (Badura et al. 2012). Sie befinden sich häufig in Positionen, in denen sie bei ihren Entscheidungen nicht selten zwischen den Interessen der Mitarbeiter, denen des Unternehmens und den eigenen abwägen müssen. Im Zuge der Digitalisierung und der Erweiterung der Erreichbarkeit über die Arbeitszeit hinaus in die Freizeit oder den Urlaub kam ein weiterer Bereich hinzu, der den Führungskräften individuelle Entscheidungen für sich selbst aber auch für ihre Mitarbeiter abverlangt. Diese erweiterte Erreichbarkeit für Arbeitsbelange während der Freizeit ermöglicht eine kurzfristige Bearbeitung von Fragen oder Problemen, was dem Unternehmen und den Mitarbeitern entgegenkommen mag, bei der Führungskraft aber zu einem weiteren Anstieg psychischer Belastungen führen kann (Beermann et al. 2017).

Es gibt unterschiedliche Strategien, um eventuellen Belastungen durch erweiterte Erreichbarkeit in der Freizeit zu begegnen. Einige Unternehmen haben beispielsweise Regelungen zum Umgang mit E-Mails in der Freizeit etabliert. Oftmals legen die betroffenen Mitarbeiter auch für sich selbst fest, ob oder inwieweit sie außerhalb der regulären Arbeitszeit für berufliche Fragen zu erreichen sind („Boundary Management"). Auch wenn die Aufstellung entsprechender Regelungen vielfach empfohlen wird (z.B. Barber & Jenkins 2014; Derks et al. 2014; Piszczek 2017), ist zu ihrer Wirksamkeit bisher allerdings wenig bekannt. Es wird daher geprüft, wie Strategien wie z.B. Boundary Management helfen können, psychische Belastungen und Belastungsfolgen von Führungskräften in diesem Zusammenhang gering zu halten.

2. Methode

Im Rahmen eines vom Bundesministerium für Bildung und Forschung geförderten Projekts („RegioKMUnet") wurde in 9 klein- und mittelständischen Unternehmen über Mitarbeiterbefragungen eine Gefährdungsbeurteilung psychischer Belastungen durchgeführt. Der verwendete Fragebogen (BMQ-GPB_I) enthielt dabei eigens dafür entwickelte Items zur Erreichbarkeit und Verfügbarkeit aufgrund der Digitalisierung der Arbeit. Für das Kollektiv der Befragten mit Führungsverantwortung (n=194[1]) wurde untersucht, inwiefern sich je nach Regelung der Verwendung digitaler Medien in der Freizeit Unterschiede in der Ausprägung psychischer Belastungen finden lassen. Zunächst wurden die Anteile der Personen mit vs. ohne Führungsverantwortung verglichen, von denen in der Freizeit erwartet wurde, erreichbar zu sein. Innerhalb der Gruppe mit Führungsverantwortung, von denen in der Freizeit erwartet wurde, erreichbar zu sein, wurden wiederum zwei Gruppen gebildet: diejenigen, die eine Regelung hatten („habe für mich eine Regelung getroffen, die die Erreichbarkeit einschränkt", und „es gibt eine Regelung im Unternehmen") vs. diejenigen, die keine Regelung getroffen hatten („nein, ich halte es nicht für notwendig", „nein, ich habe noch nicht darüber nachgedacht" und „nein, ich befürchte sonst Nachteile/Schwierigkeiten"). Die psychischen Beanspruchungen wurden über ein Item direkt abgefragt („Führt dies bei Ihnen zu einer Beanspruchung?"). Weiterhin wurden innerhalb desselben Fragebogens zwei Skalen mit allgemeinen Aussagen zu psychischer Beanspruchung eingesetzt, deren Aussagen auf einer ordinalen Antwortskala von 1=immer (negativ) bis 5= nie (positiv) zu bewerten waren. Die Auswertung erfolgte mittels Mann-Whitney-U-Test und Chi^2-Test in IMB SPSS 25.

3. Ergebnisse

Die Grundannahme, dass es bei Führungskräften aufgrund der erweiterten Erreichbarkeit zu einer stärkeren Beanspruchung kommt, wird im untersuchten Kollektiv bestätigt.

Tab. 1: Erwartete Erreichbarkeit und Beanspruchung bei Befragten mit und ohne Führungsposition

Item	Führungsposition: nein	Führungsposition: ja	gesamt
Erreichbarkeit in der Freizeit von Kollegen und/oder Vorgesetzten erwartet: ja	165 (25,4%)	77 (41,8%)[1]	242 (29%)
Bei gegebener erwarteter Erreichbarkeit: Fuhrt diese zur Beanspruchung: ja	63 (47,4%)	35 (51,5%)	98 (48,8%)

41,8% der Führungskräfte gegenüber 25,4% der Personen ohne Führungsverantwortung geben an, dass Kollegen und/oder Vorgesetzte von ihnen eine kurzfristige Erreichbarkeit in der Freizeit erwarten. Dadurch beansprucht fühlen sich 51,5% der

---

[1] Um ausreichend große Fallzahlen zu behalten, wurden fehlende Werten nicht aus der Analyse ausgeschlossen. Daher kommt es teilweise zu Abweichungen der n-Zahlen.
[2] gültige Prozente

Führungskräfte und 47,4 % der Beschäftigten ohne Führungsverantwortung (Tab. 1). Insgesamt geben 39,4 % (n=67) der Führungspersonen eine Regulierung ihrer Erreichbarkeit in der Freizeit an; 60,6 % (n=103) haben keine solche Regelung. Innerhalb der Gruppe, die einer Regulierung haben, geben wiederum 37 % (n=17) an, dass die erwartete Erreichbarkeit bei ihnen zu einer Beanspruchung führt, bei den Befragten ohne Regulierung sind es 29,9 % (n=20). Ein Chi-Quadrat-Test konnte nicht bestätigten, dass es sich hier um eine signifikante Abweichung handelt (p<0,05). Bei den allgemeinen psychischen Beanspruchungsausprägungen ergaben sich signifikante Unterschiede bei den Items „erschöpft/müde", „innerlich unruhig" und „nicht in der Lage, abzuschalten" (Tab. 2), mit jeweils einem kleinen Effekt (Cohen's D zwischen 0,338 und 0,362).

Tab. 2: Psychische Beanspruchung bei Führungskräften mit/ohne Regelung

Ich bin im Bezug auf die Arbeit:	Regelung: nein		Regelung: ja		n ges.	Mann-Whitney-U in Tsd.	Asympt ot. Sig. (2-seit.)
	mittl. Rang	n (%)	mittl. Rang	n (%)			
nervlich angespannt	79,8	60,6%	87,9	39,4%	165	3,579	0,279
unter Zeitdruck	78,3	60,2%	91,3	39,8%	166	3,819	0,079
erschöpft/ müde	**76,0**	60,4%	92,4	39,6%	**164**	**3,860**	**0,028**
unkonzentriert	75,8	60,2%	88,7	39,8%	161	3,613	0,067
frustriert/ demotiviert	80,7	60,6%	86,6	39,4%	165	3,484	0,411
innerlich unruhig	**76,1**	60,4%	92,3	39,6%	**164**	**3,852**	**0,029**
nicht in der Lage, abzuschalten	**75,7**	61%	93,1	39%	**164**	**3,877**	**0,020**

4. Diskussion

Die Ergebnisse zeigen, dass eine Regulierung der Erreichbarkeit in der Freizeit nicht genuin mit einer geringeren psychischen Beanspruchung einhergeht. Im Gegenteil: Beanspruchungen und der Ausprägungen, die mit einer erweiterten Erreichbarkeit in

Zusammenhang stehen können (innerliche Unruhe und die Unfähigkeit, abzuschalten), sind in der Gruppe mit einer regulierten Erreichbarkeit sogar stärker ausgeprägt.

Umgekehrt ist somit auch denkbar, dass nur die besonders belasteten Führungskräfte eine Regulierung ihrer Erreichbarkeit haben, damit aber nicht den gewünschten Erfolg erzielen.

5. Ausblick

Durch die Digitalisierung wird die erweiterte Erreichbarkeit in der Freizeit weiterhin eine große Rolle spielen. Gegenstand weiterer Untersuchungen sollte daher die Beanspruchung durch diese Erreichbarkeit sein, aber auch welche Strategien und Merkmale zur Förderung der Ressourcen und Stärkung der Resilienz möglich sind. Im Zuge dessen gilt es beispielsweise zu untersuchen, ob eine Definition von Merkmalen zu einer erfolgreichen Regelung der Erreichbarkeit in der Freizeit möglich ist. Auf dieser Basis könnten Strategien zum wirkungsvolleren Boundary Management entwickelt werden, die einen positiven Effekt auf die psychische Gesundheit haben.

Literatur

Beermann, B.; Amlinger-Chatterjee, M.; Brenscheidt, F.; Gerstenberg, S.; Niehaus, M.; Wöhrmann, A. M. (2017): Orts- und zeitflexibles Arbeitsn: Gesundheitliche Chancen und Risiken. BAuA, Dortmund

Lohmann-Haislah, A. (2012): Stressreport Deutschland 2012. Psychische Anforderungen, Ressourcen und Befinden. BAuA (Hrsg.), Dortmund

Barber, L. & Jenkins, J. (2014). Creating Technological Boundaries to Protect Bedtime: Examining Work-Home Boundary Management, Psychological Detachment and Sleep. Stress and health: Journal of the International Society for the Investigation of Stress. 2014 Aug; 30(3), 259–64.

Derks, D.; van Mierlo H., Schmitz E. B. (2014): A diary study on work-related smartphone use, psychological detachment and exhaustion: examining the role of the perceived segmentation norm: Journal of Occupational Health Psychology. 2014 Jan; 19(1), 74–84.

Piszczek, M.M. (2017): Boundary control and controlled boundaries: Organizational expectations for technology use at the work-family interface. Journal of Organizational Behavior 38(4), 592–611.

Roland Polacsek-Ernst
IBG Innovatives Betriebliches Gesundheitsmanagement GmbH &
Universität Witten/Herdecke, Fakultät für Gesundheit

Reduktion der psychischen Belastungen in 25 Unternehmen

1. Ausgangssituation

Das Committee of Senior Labour Inspectors (SLIC) führte 2012 eine Kampagne zu psychosozialen Risiken an europäischen Arbeitsplätzen durch. Insgesamt beteiligten sich 27 europäische Länder an dieser Schwerpunktaktion. Österreich, vertreten durch das Österreichische Arbeitsinspektorat, nahm eine aktive Rolle in der Gestaltung der Kampagne ein (SLIC 2013).

In Folge dieser wurde das ArbeitnehmerInnenschutzgesetz (AschG) in Österreich 2013 novelliert (Arbeitsinspektion 2016). Seither ist die Arbeitsplatzevaluierung psychischer Belastungen für alle österreichischen Unternehmen gesetzlich verpflichtend.

Viele Betriebe nehmen die Evaluierung psychischer Belastungen zum Anlass, die Arbeitsplätze über die gesetzliche Pflicht hinaus „menschengerechter" und gesünder zu gestalten (Lukl et al. 2018).

2. Erhebungsinstrument und Ablauf

In dieser Studie werden Ergebnisse der Evaluierung psychischer Belastungen mit dem Psychosozialen Belastungs-Modul2 (PBM2) präsentiert. Das PBM2 ist ein Fragebogeninstrument, das zur Evaluierung psychischer Belastungen entwickelt wurde. Es erfüllt die Anforderungen der ISO 10075-3 an Objektivität, Reliabilität, Validität und Gebrauchstauglichkeit (Polacsek-Ernst 2013). Darüber hinaus konnte die Bedeutung der Belastungsscores des PBM2 für Gesundheit, Arbeitsfähigkeit, Arbeitszufriedenheit und Lebensqualität der MitarbeiterInnen mehrfach nachgewiesen werden. So konnten Zusammenhänge der Scores des PBM2 mit subjektiver Gesundheit, gesundheitlichen Arbeitsbelastungen, Krankenständen, diagnostizierten Krankheiten, Negativstress, Arbeitsfähigkeit – gemessen mit dem Work Ability Index (WAI) –, gesunder Verbleib und Aufhörwunsch, aufgezeigt werden (Polacsek-Ernst, Nicham, Stadlbauer 2015; Polacsek-Ernst 2017). Während die subjektive Gesundheit bei MitarbeiterInnen mit geringen psychischen Belastungen über das gesamte Arbeitsleben nahezu gleich bleibt, steigt der Anteil der MitarbeiterInnen mit schlechter subjektiver Gesundheit in der Gruppe mit hohen psychischen Belastungen mit zunehmender Betriebszugehörigkeit um 18 % an (Polacsek-Ernst 2014).

In Tabelle 1 sind die Dimensionen und Subdimensionen des PBM2 dargestellt.

Tab.1: Dimensionen und Subdimensionen des PBM2

Dimension	Subdimension
Organisationsklima	- Führung - Partizipation - Teamarbeit
Arbeitsabläufe	- Prozesse - Arbeitszeit - Arbeitsdruck
Tätigkeiten	- Entwicklung - Arbeitsinhalte - Emotionen
Arbeitsumgebung	- Umgebung - Ergonomie - Sicherheit

Das PBM2 wurde bis April 2018 in über 270 Unternehmen eingesetzt. Diese umfassen fast alle Wirtschaftsaktivitätsklassen (Branchen) – ÖNACE-Code A-S (Statistik Austria 2008) – und Unternehmensgrößen von 50 bis 40.000 MitarbeiterInnen. Beispiele für Unternehmen wurden bei mehreren Konferenzen und in Printmedien publiziert (Polacsek-Ernst 2018).

3. Reduktion des psychischen Belastungen

Bis Ende 2017 wurden bei 25 Unternehmen mit insgesamt 12.487 MitarbeiterInnen Wirkungskontrollen der Maßnahmen zur Reduktion der psychischen Belastungen mit dem PBM2 durchgeführt. Diese erfolgten ein bis vier Jahre nach der Erstevaluierung.

Im Schnitt konnten die psychischen Belastungen in den vier Dimensionen um sieben Prozent (Skala von 0–100%) reduziert werden. Die Verbesserungen betragen im Organisationsklima sieben Prozent, in den Arbeitsabläufen zwei Prozent, in den Tätigkeiten sechs Prozent und in der Arbeitsumgebung elf Prozent. Abbildung 1 zeigt die Mittelwerte und Ergebnisse der besten und belastetsten Unternehmen in den vier Dimensionen zum Zeitpunkt 1, der Erstevaluierung (Hintergrund), und zum Zeitpunkt 2, der Wirkungskontrolle der Maßnahmen (im Vordergrund).

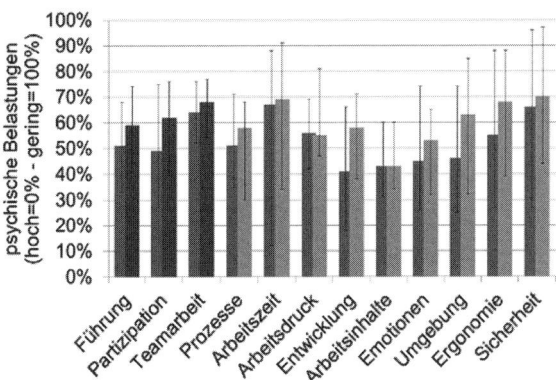

Abb. 1: Mittelwerte (beste und belastetste Unternehmen) der 25 Unternehmen in den 4 Dimensionen des PBM2 (Zpkt.1 im Hintergrund, Zpkt.2 im Vordergrund)

In Abbildung 2 sind die Veränderungen der 25 Unternehmen in den 12 Subdimensionen des PBM2 dargestellt (Hintergrund: Zeitpunkt1, Vordergrund: Zeitpunkt2). Besonders groß waren die Verbesserungen in den Subdimensionen Entwicklung, Partizipation, Umgebung und Ergonomie. Die geringsten Belastungsreduktionen konnten bei Arbeitsdruck, bei Arbeitsinhalten und Teamarbeit erzielt werden.

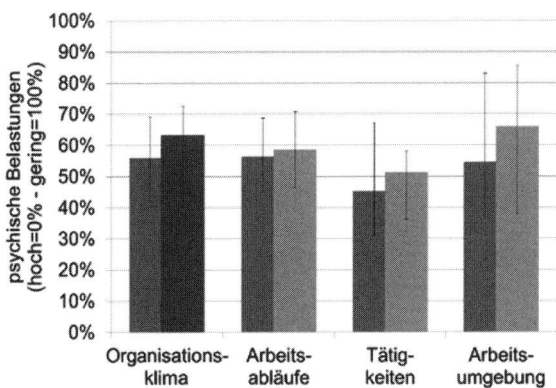

Abb. 2: Mittelwerte (beste und belastetste Unternehmen) der 25 Unternehmen in den 12 Subdimensionen des PBM2(Zpkt.1 im Hintergrund, Zpkt.2 im Vordergrund)

4. Konklusion

Die Gesetzesänderungen in Österreich haben zu einer intensiven Auseinandersetzung mit psychischen Belastungen am Arbeitsplatz in Österreich geführt. Im Zuge dieser Auseinandersetzung wurde das PBM2 in über 270 Betrieben zur Erstevaluierung und in 25 Unternehmen zur Wirkungskontrolle der Maßnahmen eingesetzt. Dabei hat sich das PBM2 als spezifisches und sensitives Messinstrument zur Maßnahmenevaluierung erwiesen. Die Vergleiche der Ergebnisse dieser beiden Zeitpunkte, vor und nach den Maßnahmen, zeigen Verbesserungen in allen vier Dimensionen und ebenso in allen 12 Subdimensionen des PBM2.

Literatur

Arbeitsinspektion (2016) Neuregelungen betreffend psychische Belastungen und ArbeitspsychologInnen (AschG-Novelle 2013) https://www.arbeitsinspektion.gv.at/inspektorat/Gesundheit_im_Betrieb/psychische_Belastungen/Neuregelungen_betreffend_psychische_Belastungen_und_ArbeitspsychologInnen_ASchG_Novelle_2013_, Stand 26.04.2018

Lukl, I.; Polacsek-Ernst, R.; Stadlbauer, H.; Nicham, R.; Welkens, M.; Jugovits, M. (2018) Evaluierung psychischer Belastungen und Betriebliches Gesundheitsmanagement: Wenn die Pflicht zur Kür und die Kür zum Erfolg wird. in: Pfannstiel, M. A.; Mehlich, H. (Hrsg.), Betriebliches Gesundheitsmanagement, 2018, Springer Verlag, Wiesbaden (in print).

Polacsek-Ernst R. (2018) Projekte. http://www.rolandernst.com/projekte.html, Stand 26.04.2018

Polacsek-Ernst R. (2017) Psychosocial Risk Factors for work related health burdens, wellbeing and workability. XXI World Congress on Safety and Health at Work. http://www.rolandernst.com/pdf/World_Congress_on_Safety_and_Health_2017_Polacsek-Ernst_Psychosocial_Risk_Factors.pdf, Stand 26.04.2018

Polacsek-Ernst, R.; Nicham, R.; Stadlbauer, H. (2015) Arbeitszeit- und Schichtmodelle und daraus resultierende psychische Belastungen. AUVA Forum Prävention. http://www.rolandernst.com/pdf/Forum_Praevention_2015_Arbeitszeit_Polacsek-Ernst.pdf, Stand 26.04.2018

Polacsek-Ernst, R. (2014) Evaluierung psychischer Belastungen. Personal Austria, Corporate Health Forum. http://www.rolandernst.com/pdf/Personal_Austria_2014_Polacsek-Ernst.pdf, Stand 26.04.2018

Polacsek-Ernst, R. (2013) Zusammenfassung der Gütekriterien: PBM2 http://www.rolandernst.com/pdf/Zusammenfassung_Guetekriterien_PBM2.pdf, Stand 26.04.2018

SLIC (2013) Psychosocial Risk Assessment. SLIC Inspection Campaign 2012. http://www.sevosh.org.gr/el/Images/News/SLIC-2012/SLIC1, Stand 26.04.2018

Statistik Austria (2008), Wirtschaftszweige, ÖNACE 2008. http://www.statistik.at/KDBWeb/kdb.do?FAM=ALLE&&NAV=DE&&KDBtoken=null, Stand 26.04.2018

Mike Hammes & Rainer Wieland
Bergische Universität Wuppertal

Wuppertaler Screening Instrument psychische Beanspruchung: Konvergenz dreier Beurteilungen psychischen Belastungspotenzials

1. Einleitung

Für die Beurteilung des Gefährdungspotenzials auf Grund psychischer Belastung (GPB) stellt sich die Messung psychischer Beanspruchung mit Hilfe des Wuppertaler Screening Instruments psychische Beanspruchung (WSIB; Wieland & Hammes, 2014, 2017) als ökonomisch und praktikabel heraus. Das WSIB besteht aus neun Eigenschaftswörtern, die funktionale (z. B. „konzentriert", „energiegeladen") und dysfunktionale Beanspruchung (z. B. „nervös", „körperlich unwohl") sowie Kontrollerleben („einflussreich") erfassen. In Selbstauskünften geben Beschäftigte an, wie sehr diese Zustände im Allgemeinen während der Arbeit auf sie zutreffen (1 = „kaum" bis 7 = „außerordentlich"). Die Daten können genutzt werden, um Aufschluss über den Gesundheitszustand der Beschäftigten zu ermitteln. Auch der Schluss auf gesundheitsbezogene Selbstwirksamkeit („Gesundheitskompetenz", Wieland & Hammes, 2009) ist möglich. Schließlich gelingt es, auf die Qualität der Arbeit sowie der sozialen Beziehungen am Arbeitsplatz (Faktoren psychischer Belastung) zu schließen. Hammes und Wieland (2017) führen diesen Schluss von „Wirkungen" (psychische Beanspruchung) auf „Ursachen" (psychische Belastung) näher aus.

Das WSIB ist als Erhebungsinstrument in drei verschiedene Auswertungsrationale zur Beurteilung des GPB integriert. (a) Im Job-Strain-Control-Modell (Wieland & Hammes, 2014, 2017) werden Beanspruchungsbilanz (Differenz zwischen funktionaler und dysfunktionaler Beanspruchung; BB) und Kontrollerleben (K) in den Ausprägungen „hoch" und „niedrig" gegenübergestellt, so dass ein Vier-Felder-Schema entsteht. Hohe BB und hohes K („grün") gehen mit geringem GPB einher, niedrige BB und niedriges K („rot") mit hohem GPB, die beiden anderen Kombinationen („orange") mit mäßigem GPB. (b) Bei der Profilanalyse (WSIB Pro; Hammes, 2016; Hammes & Wieland, 2017) wird mittels maschineller Merkmalsselektion und Mustererkennung von psychischer Beanspruchung auf insgesamt 18 Merkmale valide geschlossen: Arbeitsgestaltung (6 Merkmale), Führung und Zusammenarbeit (5 Merkmale), persönliche Ressourcen (1 Merkmal) und Indikatoren zum Gesundheitszustand (6 Merkmale). Auf dieser Grundlage kann das GPB vergleichsweise fein beurteilt werden. (c) Im Leistungsfähigkeitspotenzial-Index (LFP-I; Farrenkopf, Mertens, Hammes & Wieland, 2016; Hammes & Wieland, 2016) werden BB und K in

Zusammenhang gebracht mit Gesundheitskompetenz, Veränderungsbereitschaft, körperlichem Anstrengungsempfinden, Arbeitsfähigkeit sowie unspezifischen Beschwerden. Der LFP-I wird nach einem Ampel-System („grün", „gelb", „orange", „rot") gestaffelt, das Aufschluss über das GPB gibt. Mit dem vorliegenden Beitrag wird der Frage nachgegangen, inwiefern die drei dargestellten Beurteilungsrationale konvergent in dem Sinne sind, dass Sie zu vergleichbaren Beurteilungen des GPB führen und welche Bedeutung dies für die Praxis hat.

2. Methode

Im Betrieblichen Gesundheitsmanagement eines multinationalen, in Deutschland ansässigen Technologieunternehmens wurden mit Hilfe des LFP-I Daten von $N = 175$ Beschäftigten aus $k = 8$ Abteilungen der Bereiche Logistik und Produktion erhoben. Führungsverantwortung wird von 29 Beschäftigten wahrgenommen, 16 Beschäftigte stammen aus Arbeitnehmerüberlassungen.

Um die Konvergenz der drei dargestellten Beurteilungsrationale zu bewerten, werden die zugehörigen Kennwerte bzw. Einstufungen auf Ebene der acht Abteilungen korreliert. (a) Das Job-Strain-Control-Modell wird wie folgt kodiert: 0 = „rot", 1 = „orange", 2 = „grün". (b) Als Kennwert der Profilanalyse wird die mittlere Prozentzahl verwendet, mit der die Konfidenzintervalle der 18 vorhergesagten Einzelkennwerte auf der jeweils günstigen Seite eines Benchmarks liegen (Profilindex). (c) Der Leistungsfähigkeitspotenzial-Index wird direkt als Kennwert eingesetzt. Vergleichend werden Beanspruchungsbilanz (BB) und Kontrollerleben (K) als Einzelkennwerte betrachtet. Da mit $k = 8$ Abteilungen ein vergleichsweise kleiner Datensatz vorliegt, und nicht von normalverteilten Größen auszugehen ist, wird als nicht-parametrisches Zusammenhangsmaß Kendalls Tau gewählt.

3. Ergebnisse

In Tab. 1 sind die Kennwerte bzw. für BB, K und LFP-I die Mittelwerte und Standardabweichungen sowie die Umfänge der Stichprobengrößen je Abteilung absteigend nach BB aufgelistet. Tab. 2 ist die Korrelationstabelle für die fünf Kennwerte. Profilindex und BB stimmen in der Rangreihe exakt überein ($\tau = 0{,}982$). LFP-I und BB stimmen bis auf Position 5 in der Rangreihe überein ($\tau = 0{,}714$). Ebenso stimmen LFP-I und Profilindex bis auf Position 5 in der Rangreihe überein ($\tau = 0{,}691$). Das Job-Strain-Control-Modell weist nur mit dem LFP-I eine signifikante Übereinstimmung auf ($\tau = 0{,}676$). Dies mag zum einen an dessen grober Kodierung mit drei Stufen liegen. Zum anderen bildet dieses Modell eine Kombination von BB und K ab. K weist jedoch mit keinem anderen Kennwert eine signifikante Übereinstimmung auf (Tab. 2, letzte Spalte).

Tab. 1: Auf dem WSIB basierende Kennwerte bzw. Mittelwerte und Standardabweichungen (in Klammern) zur Beurteilung des Gefährdungspotenzials auf Grund psychischer Belastung in acht Abteilungen, absteigend nach Beanspruchungsbilanz (BB).

Nr.	N	BB	Profil	LFP-I	JSC	K
1	13	3,27 (1,33)	54	59,3 (11,28)	2	3,92 (1,49)
2	32	2,32 (1,43)	41	53,6 (9,98)	2	3,34 (1,61)
3	12	1,92 (1,68)	41	51,3 (10,98)	1	3,67 (1,18)
4	11	1,82 (1,14)	30	47,4 (9,89)	0	2,45 (1,37)
5	28	1,73 (1,49)	27	43,7 (8,54)	1	3,43 (1,45)
6	21	1,49 (1,98)	23	45,8 (13,36)	1	2,67 (1,43)
7	31	1,24 (1,76)	20	49,9 (10,38)	1	3,06 (1,54)
8	27	0,58 (1,81)	12	42,3 (9,36)	0	2,74 (1,43)
	175	1,68 (1,78)	20	48,55 (11,51)	1	3,14 (1,53)

BB = Beanspruchungsbilanz, Profil = Profilindex, LFP-I = Leistungsfähigkeitspotenzial-Index, JSC = Job-Strain-Control, K = Kontrollerleben

Tab. 2: Korrelationen (Kendalls Tau) zwischen auf dem WSIB basierenden Kennwerten zur Beurteilung des Gefährdungspotenzials auf Grund psychischer Belastung aus k = 8 Abteilungen.

	Profilindex	LFP-I	BB	K
JSC	0,559	0,676*	0,592	0,592
Profilindex		0,691*	0,982*	0,473
LFP-I			0,714*	0,429
BB				0,429

* $p < 0,05$; JSC = Job-Strain-Control, LFP-I = Leistungsfähigkeitspotenzial-Index, BB = Beanspruchungsbilanz, K = Kontrollerleben

4. Diskussion

Es liegen Daten aus spezifischen Tätigkeitsfeldern (Produktion, Logistik) und k = 8 Abteilungen (N = 175) zu Grunde. Die Ergebnisse sollten daher als vorläufig betrachtet und deren Übertragbarkeit auf andere Tätigkeitsfelder in weiteren Studien geprüft werden. Dennoch sind die Ergebnisse plausibel. Wieland und Hammes (2014) ermittelten einen kleinen bis mittleren Zusammenhang zwischen BB und K, der sich hier bestätigt (τ = 0,429, siehe Tab. 2). Da BB eine hohe Übereinstimmung sowohl mit dem Profilindex von WSIB Pro als auch mit dem LFP-I aufweist, sind geringe Übereinstimmungen mit K die logische Konsequenz. Ungeachtet dessen stellen der Profilindex, der LFP-I und BB drei konvergente Kennwerte zur Beurteilung des Gefährdungspotenzials auf Grund psychischer Belastung dar, die auf dem Wuppertaler Screening Instrument psychische Beanspruchung (WSIB) basieren und in der Praxis ökonomisch, zielführend und in Abhängigkeit von der gewünschten Feinheit der Beurteilung eingesetzt werden können (Wieland & Hammes, 2017). K und BB stehen mit verschiedenen Merkmalen und Indikatoren von Gesundheit und der Qualität des Arbeitssystems unterschiedlich stark in Zusammenhang. Daher ist es für die Praxis lohnenswert, BB und K im Sinne des Job-Strain-Control-Modells gemeinsam zu erfassen und auszuwerten (Wieland & Hammes, 2014). Der Profilindex stellt nur einen zusammenfassenden Kennwert der Profilanalyse dar. Eine vollständige Profilanalyse mittels WSIB Pro basiert auf der Vorhersagekraft jedes einzelnen Items (insbesondere „einflussreich" bzw. Kontrollerleben) des WSIB (Hammes, 2016; Hammes & Wieland, 2017).

Literatur
Farrenkopf, F., Mertens, H., Hammes, M. & Wieland, R. (2016). Leistungsfähigkeitspotentialindex: LFP-I. In EuPD Research (Hrsg.), *Corporate Health Jahrbuch 2016 – Betriebliches Gesundheitsmanagement in Deutschland* (S. 72–76). Bonn.
Hammes, M. (2016). Psychische Beanspruchung in der Arbeit – Theoretische Begründung, ökonomische Messung und praxisnahe Anwendung. In P. Sachse & E. Ulich (Hrsg.), *Beiträge zur Arbeitspsychologie* (Band 12). Lengerich: Pabst.
Hammes, M. & Wieland, R. (2016). Empirische Validierung eines Leistungsfähigkeitspotenzialindex. In R. Wieland, K. Seiler & M. Hammes (Hrsg.), *Psychologie der Arbeitssicherheit und Gesundheit – Dialog statt Monolog – 19. Workshop 2016* (S. 149–152). Kröning: Asanger.
Hammes, M. & Wieland, R. (2017). Von Wirkungen auf Ursachen schließen – Psychische Beanspruchung und die Gefährdungsbeurteilung. *Journal Psychologie des Alltagshandelns, 10* (1), 19–32.
Wieland, R. & Hammes, M. (2009). Gesundheitskompetenz als personale Ressource. In K. Mozygemba, S. Mümken, U. Krause, M. Zündel, M. Rehm et al. (Hrsg.), *Nutzenorientierung – ein Fremdwort in der Gesundheitssicherung?* (S. 177–190). Bern: Huber.
Wieland, R. & Hammes, M. (2014). Wuppertaler Screening Instrument Psychische Beanspruchung (WSIB) – Beanspruchungsbilanz und Kontrollerleben als Indikatoren für gesunde Arbeit. *Journal Psychologie des Alltagshandelns, 7,* 30–50.
Wieland, R. & Hammes, M. (2017). Gefährdungsbeurteilung psychischer Belastung mit dem WSIB. In S. Letzel & D. Nowak (Hrsg.), *Handbuch der Arbeitsmedizin* (Loseblattwerk, Kapitel A III-5.4). Landsberg am Lech: ecomed-Storck.

Tobias Reuter, Anja Liebrich & Marianne Giesert
Institut für Arbeitsfähigkeit GmbH – Giesert, Liebrich, Reuter

Arbeitsfähigkeit messen und fördern – Methoden und Instrumente rund um das Arbeitsfähigkeitskonzept

1. Einleitung

Die Arbeitswelt ist im permanenten Wandel. Aktuelle „Megatrends" wie Demografischer Wandel, digitale Transformation und Globalisierung rücken die Frage in den Vordergrund, wie Beschäftigte ihre Arbeits- und Beschäftigungsfähigkeit im Angesicht sich ständig verändernder Arbeitsanforderungen erhalten, und welchen Beitrag Unternehmen hierzu leisten können.

Mit dem Work Ability Index (WAI) existiert seit den 1980er Jahren ein erprobtes und bewährtes Instrument, das die Arbeitsfähigkeit in einer Maßzahl ausdrückt. Er wurde in mehr als 26 Sprachen übersetzt (Ilmarinen 2009) und dient vielfach als Ausgangspunkt einer systematischen Präventionsarbeit. Die theoretische Grundlage, das finnische Arbeitsfähigkeitskonzept, regte im Laufe der Jahre die Entwicklung weiterer Instrumente und Methoden an, die die Wiederherstellung, Erhaltung und Förderung der Arbeitsfähigkeit von Beschäftigten zum Ziel haben. Dabei setzen sie unterschiedliche Schwerpunkte und Akzente. Dieser Beitrag gibt einen Überblick über eine Auswahl der bekanntesten der in der Praxis erprobten Instrumente und Methoden (vgl. hierzu auch INQA 2018).

2. Der Work Ability Index (WAI)

Der WAI erhebt die subjektive Einschätzung des aktuellen Verhältnisses der betrieblichen Anforderungen zur individuellen oder kollektiven Leistungsfähigkeit. Das Ergebnis stimmt in hohem Maße mit der Einschätzung und Bewertung von Arbeitsmedizinern und Arbeitswissenschaftlern überein (Tempel & Ilmarinen, 2013). Der Index kann somit als aussagekräftiges Maß für die Arbeitsfähigkeit interpretiert und zur evidenzbasierten Ableitung von Maßnahmen zur Verbesserung der betrieblichen Situation herangezogen werden.

Über die inhaltliche Ausrichtung und Gestaltung der Maßnahmen gibt der Index keine Auskunft. Diese müssen aus der konkreten Arbeitssituation abgeleitet werden. Hierzu werden vier Handlungsfelder formuliert: (1) Gesundheit inkl. physischer, psychischer und sozialer Leistungsfähigkeit, (2) Arbeitsinhalt und Arbeitsumgebung, (3) professionelle Kompetenz sowie (4) Arbeitsorganisation und Führung.

Der WAI dient dazu, geeignete Aktivitäten und Maßnahmen zur Unterstützung der Arbeitsfähigkeit zu generieren. Um die Nachhaltigkeit der Aktivitäten zu fördern, ist beim Einsatz des Index ein ganzheitliches Vorgehen nötig, das Präventionsansätze im Betrieb multidimensional verzahnt und verstetigt.

3. Instrumente und Methoden rund um das Arbeitsfähigkeitskonzept

Seit der Entwicklung des WAI in Finnland sind weiterführende Instrumente und Methoden entwickelt worden. Nachfolgend werden die im deutschsprachigen Raum verbreitetsten Ansätze kurz vorgestellt.

ABI-Dialog/WAI-Gespräch. Der ABI-Dialog wird vor allem in der betriebsärztlichen Praxis angewendet. Ausgehend vom individuellen Indexwert erfolgt eine gemeinsame Auseinandersetzung mit der eigenen Arbeitsfähigkeit. Arbeitsmediziner greifen bei der Anwendung dieses Instrumentes gerne auf die Langversion des WAI zurück, da diese über einen ausführlicheren Fragekatalog hinsichtlich medizinisch relevanter Diagnosen verfügt. Ausgehend von der Ermittlung des individuellen Indexwertes wird ein Dialog über die aktuelle Arbeitssituation geführt (Tempel & Ilmarinen 2013). Im Mittelpunkt des Gesprächs stehen die Fragen „Wie steht es um die aktuelle Balance zwischen dem, was bei der Arbeit von Ihnen verlangt wird (Produktivität und Qualität der Arbeit), und dem, was Sie persönlich leisten können (Lebensqualität und Wohlbefinden?)" (Tempel & Ilmarinen 2013: 158).

Arbeitsbewältigungs-Coaching® (ab-c). Das ab-c besteht aus zwei Elementen: dem „persönlich-vertraulichen ab-c" und dem „betrieblichen Arbeitsbewältigungsworkshop". Ersteres beinhaltet ein ca. einstündiges Gespräch mit möglichst jedem Beschäftigten eines Unternehmens. Ausgangspunkt des Gespräches ist die Ermittlung des persönlichen WAI, der die Basis der Generierung persönlicher und betrieblicher Maßnahmen zur Unterstützung des eigenen Arbeitsfähigkeitszieles dient. Auch werden individuelle und betriebliche Förderthemen benannt, die erste Umsetzungsschritte dieser Maßnahmen beinhalten (Gruber & Frevel 2012). Im betrieblichen Arbeitsbewältigungsworkshop entwickeln betriebliche Akteurinnen und Akteure auf Grundlage eines Arbeitsbewältigungsberichtes Maßnahmen zur betrieblichen Förderung der Arbeitsfähigkeit der Belegschaft. Der ab-c Prozess dient der Förderung der Selbstregulation der Beschäftigten sowie der Unterstützung von Personalverantwortlichen bei der Entwicklung geeigneter Maßnahmen 2013).

Arbeitsfähigkeitscoaching® (AFCoaching). Dieses Rahmenkonzept im Kontext des Betrieblichen Eingliederungsmanagements (BEM) ist darauf ausgelegt, Strukturen und Prozesse auf betrieblicher, überbetrieblicher und individueller Ebene so zu gestalten, dass der betriebliche Eingliederungsprozess nachhaltig begleitet und unterstützt wird (Liebrich, Giesert & Reuter 2015).

Auf betrieblicher Ebene werden Strukturen und Prozesse erarbeitet bzw. optimiert, um das Handlungsfeld BEM im Betrieblichen Gesundheitsmanagement zu verankern. Um die gestalteten Strukturen und Prozesse zu unterstützen, wird auf überbetrieblicher Ebene ein BEM-Unterstützungsnetzwerk etabliert (z.B. Integrationsamt, Rehabilitationsträger, vgl. Liebrich, Giesert & Reuter 2015). Auf individueller Ebene werden BEM-Berechtigte durch einen qualifizierten AFCoach in ihrer aktiven Rolle bei der Wiederherstellung, dem Erhalt und der Förderung ihrer Arbeits- und Beschäftigungsfähigkeit begleitet (Liebrich & Reuter 2012).

Radar-Prozess (WAI 2.0 oder Arbeitsfähigkeit 2.0). Die Radar-Methode besteht aus zwei Elementen: (1) Der „Personen-Radar" (Ilmarinen et al. 2015) umfasst 23 geschlossene Fragen und drei offene Fragen. Er erhebt alle Aspekte des Arbeitsfähigkeitskonzeptes (Gesundheit, Kompetenz, Werte, Arbeit, Umfeld). Die Auswertung liefert Erkenntnisse über die Arbeitsbedingungen, das aktuelle Wohlbefinden bei der Arbeit sowie die Arbeitsbewältigungsfähigkeit. Der (2) „Betriebs-Radar" gestaltet den Dialog in der Steuerungsgruppe hinsichtlich der Handlungsfelder und Maßnahmen (vgl. Ilmarinen, Frevel & Tempel, 2016). Dabei ist die Unterstützung von externer Seite durch Berater/innen („Facilitatoren" = Unterstützer) vorgesehen. Durch diesen Prozess können sich Betriebe zunächst auf ein Handlungsfeld und auf wenige wesentliche Verbesserungsmaßnahmen konzentrieren. Die Praxis zeigt, dass es Betrieben dadurch besser gelingt, von der Analyse ins tatsächliche „Tun" zu kommen.

Anerkennender Erfahrungsaustausch (AE). Der AE ist ein Dialoginstrument für Führungskräfte, das bei der Reflektion der Arbeitsfähigkeit die Erfahrungen und Leistung von gesunden bzw. gesundeten Mitarbeiterinnen und Mitarbeiter in den Fokus stellt (Geißler et al. 2007). Das Instrument besteht aus drei Elementen: (1) den systematischen, anerkennenden Mitarbeitergesprächen, (2) der strukturierten Auswertung des Erfahrungsaustauschs mit allen gesund(et)en Gesprächspartnern sowie (3) einer festgelegten betrieblichen Kommunikationsstrategie hinsichtlich der Ergebnisse und der Maßnahmenableitung. In den Mitarbeitergesprächen werden Stärken und Verbesserungsbereiche im Unternehmen und in der konkreten Arbeitssituation aus Sicht der Gesprächspartner thematisiert, um diese dann strukturiert, anonymisiert und unabhängig zusammenzufassen und auszuwerten. (Geißler et al. 2016). Die Ergebnisse sollten dann in einem nächsten Schritt in Form von Maßnahmen-Workshops von den Führungskräften bearbeitet werden, um konkrete Handlungen daraus ableiten zu können.

4. Fazit

Die vorgestellten Instrumente und Methoden setzen unterschiedliche Schwerpunkte. Sie verfolgen jedoch alle ein gemeinsames Ziel: die Unterstützung von Unternehmen und Beschäftigten bei der Verbesserung der Arbeits- und Beschäftigungsfähigkeit.

Alle betonen die aktive Rolle der Beschäftigten bzgl. die Gestaltung der eigenen Arbeits- und Lebenssituation. Betriebliche Arbeitsbedingungen, in denen Fähigkeiten, Fertigkeiten und Bedarfe in gesunder Relation zu den Anforderungen der Arbeitsaufgabe stehen, werden gemeinsam mit ihnen, nicht über sie hinweg gestaltet. Dieser partizipative Ansatz, der sich durch alle Ansätze dieser hier vorgestellten »WAI-Instrumentenfamilie« zieht, ist vor allem für die Nachhaltigkeit der von ihnen angestoßenen Veränderungs- und Verbesserungsprozesse entscheidend. Nur so kann es gelingen, die Förderung der Arbeitsfähigkeit in Unternehmen zu leben.

Literatur

Ebner, M. (2013). WAI & Co. in der Praxis. In: Bundesanstalt für Arbeitsschutz und Arbeitsmedizin (Hrsg.), Why WAI – Der Work Ability Index im Einsatz für Arbeitsfähigkeit und Prävention – Erfahrungsberichte aus der Praxis. Dortmund: Bundesanstalt für Arbeitsschutz und Arbeitsmedizin, S. 131–139

Geißler, H., Bökenheide, T., Geißler-Gruber, B. & Schlünkes, H. (2007). Faktor Anerkennung. Betriebliche Erfahrungen mit wertschätzenden Dialogen. Frankfurt a.M./New York

Gruber, B. & Frevel, A. (2012). Arbeitsbewältigungs-Coaching – Der Leitfaden zur Anwendung im Betrieb, 2. Auflage. Bundesanstalt für Arbeitsschutz und Arbeitsmedizin, Dortmund.

Ilmarinen, J. (2009). Work ability – a comprehensive concept for occupational health research and prevention. Scandinavian journal of work, environment & health, 35 (1), S. 1–5.

Ilmarinen, J., Frevel, A., & Tempel, J. (2016). Arbeitsfähigkeit 2.0: Der »Radar-Prozess« zur Erhaltung und Förderung der Arbeitsfähigkeit und des Arbeits-Wohlbefindens. In: F. Knieps/H. Pfaff (Hrsg.), Gesundheit und Arbeit. Zahlen, Daten, Fakten. BKK Gesundheitsreport 2016. Berlin: MWV (Medizinisch Wissenschaftliche Verlagsgesellschaft).

Ilmarinen, V., Ilmarinen, J., Huuhtanen, P., Louhevaara, V. & Näsman, O. (2015). Examining the factorial structure, measurement invariance and convergent and discriminant validity of a novel self-report measure of work ability: work ability – personal radar. Ergonomics 2015; 58(8): S. 1445–1460.

INQA (Hrsg.) (2018). Eine Familie stellt sich vor. WAI basierte Instrumente – Arbeits- und Beschäftigungsfähigkeit wiederherstellen, erhalten und fördern. Berlin.

Liebrich, A. & Reuter, T. (2012). Neue Wege im Betrieblichen Eingliederungsmanagement. In: R. Bruder/M. von Hauff (Hrsg.), Arbeit im Wandel. Aufgaben der Arbeitswissenschaft im 21. Jahrhundert. Stuttgart: Ergonomia Verlag, S. 231–252.

Liebrich, A., Giesert, M. & Reuter, T. (2015). Das Arbeitsfähigkeitscoaching. In: J. Prümper/T. Reuter/A. Sporbert (Hrsg.), BEM-Netz – Betriebliches Eingliederungsmanagement erfolgreich umsetzen. Berlin: HTW, S. 73–78.

Tempel, J. & Ilmarinen, J. (2013). Arbeitsleben 2025 – Das Haus der Arbeitsfähigkeit im Unternehmen bauen. Hamburg: VSA.

Arbeitskreis
Gesundheitsförderung und Gesundheitsschutz: Dienstleistungsarbeit
Leitung: Sebastian Beitz

Sebastian Beitz
Emotionsarbeit im Jobcenter und die Rolle des Authentizitätsklimas im Team

Sebastian Beitz
Modell multipler (Selbst-)Regulationserschwernisse zur Beurteilung der Beanspruchung von Dienstleistungstätigkeiten

Stefan Diestel
Das Zusammenspiel zwischen ethischer Integrität der Führung und mehreren Stressoren in der Vorhersage von psychischer Beanspruchung im Dienstleistungskontext

Elvira Radaca & Stefan Diestel
Romantische Beziehung als schützende Ressource bei der Bewältigung emotionaler Dissonanz

Sebastian Beitz
IOP.BUW – Institut für Organisationspsychologie (Bergische Universität Wuppertal)

Emotionsarbeit im Jobcenter und die Rolle des Authentizitätsklimas im Team

1. Einleitung

Emotionen zu erleben gehört zweifelsfrei zur alltäglichen Auseinandersetzung eines Menschen mit seiner Umwelt. In vielen Bereichen der Arbeitswelt gehört es zur jeweiligen Rolle dazu, seine Emotionen in den Dienst der Arbeitsaufgabe zu stellen, so auch bei der Tätigkeit als Integrationsfachkraft im Jobcenter. Dabei kommt dem emotionalen Ausdrucksverhalten eine entscheidende Bedeutung zu, denn es gilt in einem schwierigen Umfeld (s. 2.1) eine funktionierende Arbeitsbeziehung zum Kunden zu pflegen.

In den Medien wurde in der Vergangenheit oft über inakzeptables Verhalten seitens der Kunden bis hin zu tätlichen Angriffen berichtet. Eine aus arbeits- und organisationspsychologischer Perspektive entscheidende Frage ist, welche Ressourcen in solchen Fällen genutzt werden können (für ein interessantes Fallbeispiel s. Böhle, Stöger & Weihrich, 2015). In diesem Zusammenhang spielen die Kollegen eine wichtige Rolle. Kritische Erlebnisse können besprochen und Copingstrategien gemeinsam erarbeitet werden. Der gemeinsame, unverfälschte Austausch über als bedeutsam erlebte Ereignisse mildert die Wirkungen dieser emotionalen Anforderungen ab. Dies konnten Grandey et al. (2012) in einer Studie im Pflegebereich zeigen. Im vorliegenden Beitrag soll dieser Befund auf das Setting Jobcenter übertragen werden und damit eine weitere Möglichkeit zur gesundheitsförderlichen Arbeits- und Organisationsgestaltung gegeben werden.

2. Theoretischer Hintergrund

2.1 Besonderheiten der Tätigkeit im Jobcenter

Die Arbeit der Integrationsfachkräfte findet statt im Spannungsverhältnis zwischen fördern und fordern. Die Grundlagen dazu liefert das SGB II. Im Sinne des aktivierenden Sozialstaates sollen die Kunden durch Beratung und Maßnahmen wieder in die Lage versetzt werden einer Tätigkeit auf dem ersten Arbeitsmarkt nachzugehen. Für den Kunden ist dabei die Inanspruchnahme der Beratungsleistung durch die Integrationsfachkraft nicht freiwillig. Entzieht sich der Kunde seiner Mitwirkungspflicht im Zuge der Beratung, können daraus gemäß § 31 und § 32 SGB II Sanktionen (Reduzierung der Bezüge) erfolgen. Daraus resultierende emotionale Reaktionen und Widerstände gefährden dann den weiteren Beratungsprozess und -erfolg.

Als wesentliche Voraussetzung für die Aktivierung des Kunden und somit auch für das Gelingen der Arbeitsaufgabe gilt ein stabiles Arbeitsbündnis zwischen Kunde und Integrationsfachkraft, welches durch eine vertrauensvolle persönliche Beziehung geprägt ist. Dies zu erreichen erfordert aktive Beziehungs- und Emotionsarbeit seitens des Jobcentermitarbeiters (Neuffer, 2009).

Betrachtet man nun beide Aspekte zusammen, so zeigt sich das oben angesprochene Spannungsverhältnis. Auf der einen Seite wird eine enge, persönliche Beziehung gefordert. Auf der anderen Seite befindet sich der Kunde von Beginn an in einer Art Zwangskonstrukt, dem er sich nur unter entziehen kann, in dem er die Sanktionierung in Kauf nimmt.

2.2 Zum Zusammenhang von Mistreatment durch Kunden und Beanspruchungsfolgen
Um den Zusammenhang zwischen Mistreatment durch Kunden und negativen Beanspruchungsfolgen zu argumentieren, wird auf die Conservation of Resources Theory (COR-Theorie) nach Hobfoll (2002) zurückgegriffen.

Demnach lässt sich Stresserleben und etwaige Folgen durch befürchteten oder tatsächlich erlebten Ressourcenverlust erklären. Ressourcen können zum einen gegenständlicher Natur (Geld, Besitz, etc.) oder psychologischer Natur (Selbstwerterleben, Selbstwirksamkeit, soziale Unterstützung, etc.) sein. Eine Gefährdung dieser Ressourcen geht mit Stress und physiologischer Aktivierung sowie auf längerfristiger Sicht mit psychischer und physischer Gesundheitsgefährdung einher (Hobfoll, 2002; Hobfoll & Freedy, 1993).

Interpersonale Stressoren, wie das beschriebene Mistreatment von Kundenseite, greifen Selbstwert und Selbstwirksamkeit an und gelten daher als schwerwiegendste Faktoren in diesem Zusammenhang. Die Konfrontation mit ressourcenzehrenden Stressoren wird primärer Ressourcenverlust bezeichnet.

Erfolgt ineffektives Coping (bspw. über Strategien der Emotionsregulation) mit solchen primären Stressoren, so tritt der sog. sekundäre Ressourcenverlust ein. Ineffektiv wäre bspw. der Einsatz von Oberflächenhandeln, da dies mit gefühlter Inauthentizität, vermehrter Selbstkontrolle (ego depletion) und schlechterer sozialer Anbindung bzw. weniger sozialer Unterstützung einhergeht.

2.3 Die Rolle des Authentizitätsklimas
Wie zuvor beschrieben besteht die Gefahr, dass sich Mistreatment durch Kunden in negativen Beanspruchungsfolgen manifestiert. Die entscheidende Rolle kommt dabei die Art des Copings zu. Zweifelsohne geht eine unangemessene Behandlung seitens der Kunden mit negativen Emotionen wie Ärger oder Frustration einher. Um jedoch die zu Beginn beschriebene Kooperationsbeziehung zu schützen, bedarf es emoti-

onsregulatorischer Aktivitäten. Diese können je nach eingesetzter Strategie (bspw. Oberflächenhandeln oder Tiefenhandeln) mehr oder weniger ressourcenverbrauchend sein (Hülsheger & Schewe, 2011).

Um Ressourcen wieder „aufzuladen" hat es sich in vielen Dienstleistungssettings als nützlich erwiesen, zwischen „front stage" und „back stage" wechseln zu können und abseits des Kundenkontaktes Pause von der Emotionsarbeit zu machen. Eine Möglichkeit hierbei ist das Teilen negativer Emotionen mit Kollegen. Diese Möglichkeit besteht jedoch nur dann, wenn eine gewisse Akzeptanz diesbezüglich im Team besteht oder anders ausgedrückt, es ein Klima der Authentizität gibt.

Aus den vorherigen Ausführungen ergeben sich folgende Untersuchungsfragen:
Frage 1) Mit welchen Beanspruchungsfolgen geht Mistreatment durch Kunden im Jobcenter einher?
Frage 2) Welche Rolle spielt das Authentizitätsklima in diesem Zusammenhang bzw. mildert es die negativen Auswirkungen ab?

3. Methodik

Die untersuchten Konstrukte wurden mithilfe folgender Skalen erfasst: emotionale Dissonanz (Zapf et al., 1999); Mistreatment und Authentizitätsklima (Grandey et al., 2012); körperliche Beschwerden (Wieland, 2002); affektives Commitment (Felfe et al., 2014).

Die Datenerhebung fand im Frühjahr 2017 in einem westdeutschen Jobcenter mittels eines Onlinefragebogens statt, der über das Intranet an die entsprechenden Mitarbeiter verteilt wurde. Von 145 angeschriebenen Mitarbeitern füllten 62 den Fragebogen aus (Rücklaufquote ca. 43 %). Die meisten der Befragten waren zwischen zwei und fünf Jahren bereits in diesem Setting tätig. Alter und Geschlecht wurden auf Wunsch der Organisation nicht erhoben.

4. Ergebnisse

Frage 1: Korrelative Analysen zeigen zunächst, dass Mistreatment durch Kunden positiv mit Muskel-Skelett-Beschwerden ($r = .312$/ $p < .05$), unspezifischen Beschwerden ($r = .424$/ $p < .01$) und negativ mit affektivem Commitment ($r = -.251$/ $p < .05$) einhergeht.

Frage 2: Um die Frage nach dem Einfluss des Authentizitätsklimas zu beantworten wurden multiple Regressionen, mit körperlichen Beschwerden und affektivem Commitment jeweils als Kriterium, durchgeführt. Als Prädiktoren fungierten jeweils Mistreatment durch Kunden sowie das Erleben von emotionaler Dissonanz. Getestet wurde ein etwaiger moderierender Effekt des Authentizitätsklimas. Insgesamt zeigten sich zwei signifikante Interaktionen. So wird der Zusammenhang zwischen

Mistreatment und Muskel-Skelett-Beschwerden durch das Authentizitätsklima abgemildert. Ebenso wird der negative Zusammenhang zwischen emotionaler Dissonanz und affektivem Commitment abgeschwächt.

Abb. 1: Moderierende Effekte des Authentizitätsklimas im Team

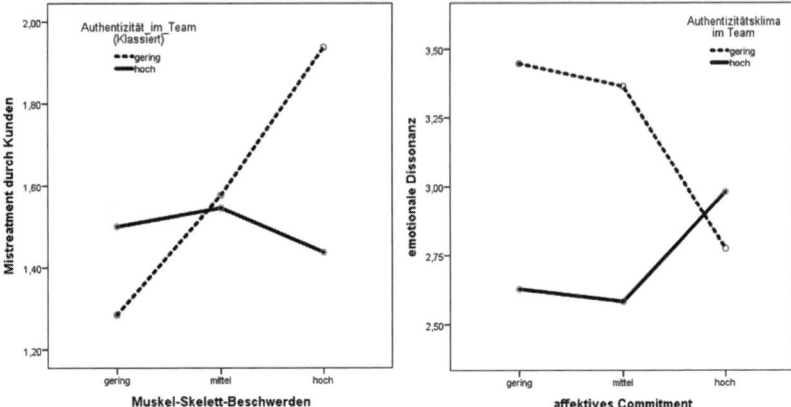

5. Fazit

Die Tätigkeit im Jobcenter ist, wie zu Beginn beschrieben, von einem enormen Spannungsverhältnis geprägt. Im Zuge der teils schwer vereinbar scheinenden Konstellation von vertrauensvoller Arbeitsbeziehung und Sanktionierungspflicht gegenüber dem Kunden ist das Erleben von emotionaler Dissonanz und Mistreatment durch den Kunden vielmals nicht zu vermeiden. Um jedoch ein intaktes Arbeitsbündnis zu formen und zu erhalten bedarf es eines guten Emotionsmanagements. Die oft starke Fokussierung auf Strategien zur Emotionsregulation (Oberflächen- und Tiefenhandeln) birgt aus einer praktischen Perspektive die Gefahr, Verhaltensprävention zu stark zu bevorzugen. Grandey und Melloy (2017) zeigen in ihrem erweiterten Modell zur Emotionsarbeit interessante Perspektiven auf, um weitere Ansätze zur Verhältnisprävention in diesem Kontext zu überlegen. Ähnlich wie in der Studie von Grandey et al. (2012) bei Pflegekräften konnten in der hier vorliegenden überschaubaren Studie im Jobcenter ähnliche Ergebnisse hinsichtlich der abmildernden Wirkung des Authentizitätsklimas reproduziert werden.

Literatur wird vom Autor gerne zur Verfügung gestellt.

Sebastian Beitz
IOP.BUW – Institut für Organisationspsychologie (Bergische Universität Wuppertal)

Modell multipler (Selbst-)Regulationserschwernisse zur Beurteilung der Beanspruchung von Dienstleistungstätigkeiten

1. Einleitung

Obgleich zwischenmenschliche Interaktion Kernmerkmal von Dienstleistungstätigkeiten ist, gibt es immer auch (monologische) Tätigkeitsanteile, die primär nicht der Interaktion zuzurechnen sind (Hacker, 2009; Nerdinger, 2011). In Summe ergeben sich so zwei unterschiedliche Ebenen von Anforderungsquellen.

In der Literatur ist man sich einig, dass eine wesentliche Fehlbelastungsquelle Regulationsbehinderungen sind, da sie den regulativen Aufwand zur Erreichung des Arbeitsziels enorm erhöhen. Daher stehen Regulationsbehinderungen mit dysfunktionalem Beanspruchungserleben und negativen Beanspruchungsfolgen in Verbindung (Wieland & Hammes, 2014).

Wesentliches Merkmal bei interaktiver Arbeit ist das gezielte Einsetzen der eigenen Emotionen um den organisationalen Anforderungen zu entsprechen und die Interaktion zielführend zu gestalten (Emotionsarbeit). Dabei kann das Ausmaß variieren in dem die Organisation dem Mitarbeiter die gewünschten Emotionen vorschreibt. Diese Art emotionaler Handlungsspielraum definiert somit auch ein Stück weit, ob erlebte Emotionen mit gewünschten Emotionen übereinstimmen (emotionale Dissonanz).

Treten Regulationsbehinderungen wiederum in Kombination mit geringem emotionalem Handlungsspielraum auf, so ergeben sich vermehrt kumulative Fehlbelastungskonstellationen. Diese sichtbar zu machen ist das Ziel des vorliegenden Modells.

2. Theoretischer Hintergrund – Zweidimensionale Modelle in der Arbeits- und Organisationspsychologie

In der arbeits- und organisationspsychologischen Forschungsgeschichte (sowie im praktischen Beratungskontext) sind zahlreiche Modelle entstanden, die auf zwei Achsen zwei Konstrukte miteinander in Beziehung setzen. In den daraus resultierenden Vierfelder-Schemata lassen sich anschaulich etwaige Korrelate, Konsequenzen und Interpretationen dieser darstellen.

Ein solches, sehr zentrales Modell ist das Job-Demand-Control Modell (Karasek & Theorell, 1990), welches die Arbeitsanforderungen mit etwaigen Kontrollmöglichkeiten seitens des Mitarbeiters in Beziehung setzt und so Arbeitsplätze hinsichtlich ihrer Beanspruchungswirkung beurteilbar macht. In Anlehnung an dieses Modell haben Wieland und Hammes (2014) das Job-Strain-Control Modell entwickelt. Im Fokus steht hierbei die Beurteilung von Arbeitsplätzen hinsichtlich ihres gesundheitsförderlichen bzw. -gefährdenden Potenzials. Hierzu werden zum einen das subjektive Gefühl einflussreich zu sein bei der Arbeit (Kontrollerleben) und das bilanzierte Beanspruchungserleben (Beanspruchungsbilanz) zu einem Vierfelder-Schema kombiniert. Anhand der vier Quadranten lassen sich Beanspruchungsfolgen wie u.a. Fehlzeiten, körperliche Beschwerden und Präsentismus prognostizieren.

3. Modellentwicklung und Ergebnisse

Die in dem vorliegenden Modell dargestellten zwei Achsen sollen im Folgenden näher begründet und beschrieben werden (vgl. Beitz, 2016).

Achse Regulationsbehinderungen: Regulationsbehinderungen sind bedeutsame Fehlbelastungsquellen und verhindern einen reibungslosen Handlungsvollzug und stehen somit der angestrebten Zielerreichung entgegen. Unter Regulationsbehinderungen können nach Wieland-Eckelmann et al. (1999) Arbeitsablaufstörungen, unfreiwillige Wartezeiten, ungenaue Arbeitsaufträge, störende Umweltbedingungen oder fehlende Rückmeldung über Arbeitsergebnisse verstanden werden. Diese und andere ähnliche Aspekte werden in der Literatur auch als Hindrance-Stressoren bezeichnet. Diese sind aus einer handlungsregulatorischen Perspektive problematisch, da sie nicht vorhersehbar auftreten, die Zielerreichung behindern und nicht vom Mitarbeiter aktiv bewältigbar sind. Bei Ablaufstörungen und unfreiwilligen Wartezeiten kommt noch hinzu, dass die Wiederaufnahme der Arbeitstätigkeit je nach beanspruchter Regulationsebene mit einem hohen mentalen Aufwand einhergeht (Wieland & Hammes, 2014; Baethge & Rigotti, 2010).

Achse emotionaler Handlungsspielraum: Das Erleben von emotionaler Dissonanz als Diskrepanz zwischen erlaubten sowie tatsächlich erlebten Emotionen im Kundenkontakt hängt zum einen vom Kundenverhalten und zum anderen von den Freiheitsgraden hinsichtlich der zu zeigenden Emotionen (emotionaler Handlungsspielraum) ab. Die Begegnung mit dieser Diskrepanz aus Perspektive der auszuführenden Tätigkeit von großer Bedeutung und mit vermehrtem Einsatz selbstkontrollierender Prozesse verbunden (besonders bei Verwendung von Oberflächenhandeln). Diese sind nach übereinstimmender Meinung in der Fachliteratur mit hohem mentalen Aufwand verbunden. Gestaltbarer Aspekt ist in diesem Zusammenhang der Erlaubniskorridor von erlebten Emotionen oder anders gesprochen: Wie stark gibt die Organisation dem Mitarbeiter vor, welche Emotionen gewünscht oder erlaubt sind.

Somit kann insgesamt festgehalten werden, dass beide Variablen in hoher Ausprägung mit hohem selbst- sowie handlungsregulatorischen Ressourcenverbrauch in

Verbindung stehen und sie aus diesem Grund als plausible Ansatzstellen für gesundheitsförderliche Arbeitsgestaltung angesehen werden können.

Als Datenbasis dient eine Fragebogenstudie von 609 Dienstleistern verschiedener Branchen mit interaktivem Charakter (bspw. Pflege). Als für das Modell konstituierende Variablen wurden das Erleben von emotionaler Dissonanz (FEWS, Zapf et al. 1999) und Regulationsbehinderungen (SynBA, Wieland-Eckelmann et al., 1999) erhoben. Zur Ermittlung der Cut Off-Werte wurde ein Mediansplit vollzogen. Als im Modell eingeordnete abhängige Variablen fungieren das Beanspruchungserleben nach Wieland (2006) und Irritation (Müller, Mohr & Rigotti, 2004).

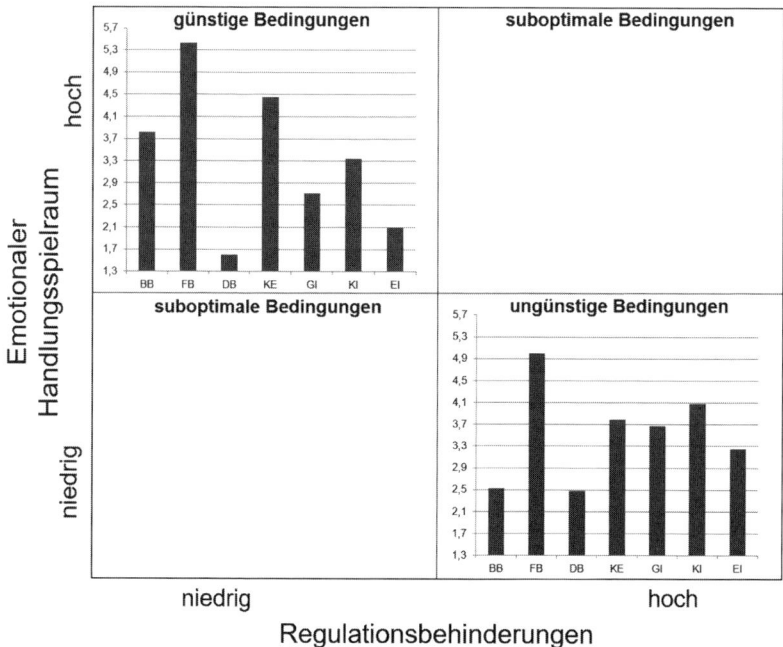

Abb. 1: Vierfelder-Schema von emotionalem Handlungsspielraum und Regulationsbehinderungen

Wie in Abbildung 1 ersichtlich wird, unterscheiden sich die beiden Felder „günstige Bedingungen" und „ungünstige Bedingungen" hinsichtlich der Ausprägung der betrachteten abhängigen Variablen erwartungsgetreu und teils sehr deutlich. Unter günstigen Bedingungen treten vermehrt funktionale Beanspruchungsmuster auf und die Irritationswerte sind ebenfalls günstiger ausgeprägt. Die genauen Werte sowie die jeweiligen Abkürzungen können Tabelle 1 entnommen werden.

Tab. 1: Kennwerte der Arbeitsplatzprofile (günstig vs. ungünstig)

	Arbeitsplatzprofile	
	ungünstig	günstig
	n = 145 (23,9 %)	n = 184 (30,4 %)
Beanspruchungsbilanz (BB)	2,52	3,82
dysfunktionale Beanspruchung (DB)	2,48	1,61
funktionale Beanspruchung (FB)	5,00	5,43
Kontrollerleben (KE)	3,79	4,45
Irritation (GI)	3,67	2,72
kognitive Irritation (KI)	4,09	3,34
emotionale Irritation (EI)	3,25	2,09

4. Fazit

Anhand der beiden Variablen emotionaler Handlungsspielraum und Regulationsbehinderungen lassen sich anhand eines Vierfelder-Schemas zwei Extremgruppen (günstige und ungünstige Bedingungen) darstellen und differenzieren. Anhand der Benchmarkwerte hinsichtlich gesundheitsbezogener Indikatoren zu den Skalen psychische Beanspruchung (Wieland & Hammes, 2014) und Irritation (Quelle) können so interaktive Dienstleistungsarbeitsplätze beurteilt werden. Sicherlich werden die Datenlage und genauer berechnete CutOff-Werte noch weiterzuentwickeln sein. Daher soll dieses Modell auch nur einen ersten Ansatzpunkt für weitere Überlegungen liefern.

Die Anschaulichkeit eines Vierfelder-Schemas ist, v.a. im praktischen Kontext, sicherlich nicht von der Hand zu weisen. Jedoch sei auch an dieser Stelle kritisch auf den heuristischen Charakter einer solchen Betrachtung hingewiesen.

Literatur
Beitz, S. (2016). Emotionsarbeit, Emotionsregulation und psychische Beanspruchung, Dissertation: Bergische Universität Wuppertal
Wieland, R. & Hammes, M. (2014). Wuppertaler Screening Instrument Psychische Beanspruchung (WSIB) – Beanspruchungsbilanz und Kontrollerleben als Indikatoren für gesunde Arbeit, Journal Psychologie des Alltagshandelns / Psychology of Everyday Activity, 7(1), 30–50

Weitere Literatur kann beim Autor angefordert werden.

Stefan Diestel
International School of Management | Bergische Universität Wuppertal

Das Zusammenspiel zwischen ethischer Integrität der Führung und mehreren Stressoren in der Vorhersage von psychischer Beanspruchung im Dienstleistungskontext

Aufgrund komplexer werdender Arbeitswelten sind zunehmend mehr Beschäftigte hohen Anforderungen an die Selbstkontrolle und Emotionsarbeit ausgesetzt (Schmidt & Diestel, 2015). Selbstkontrolle umfasst volitionale Prozesse der zielbezogenen Handlungssteuerung, die Personen darin befähigen, unerwünschte Emotionen, spontane Reaktionsimpulse, motivationale und kognitive Prozesse zu unterdrücken, zu kontrollieren oder zu modifizieren (Lian, Yam, Ferris, & Brown, 2017). Die Ausübung von Selbstkontrolle geht mit psychischen Kosten einher, die sich in Erschöpfung und beeinträchtigter Leistungsfähigkeit manifestieren können. In der Literatur werden primär zwei Stressoren diskutiert, deren Bewältigung den Einsatz von Selbstkontrolle erforderlich macht: Zum einen zeigen Ergebnisse, dass rollenbezogene Anforderungen an die Selbstkontrolle unterschiedliche Formen der psychischen Beanspruchung vorhersagen (Schmidt & Diestel, 2015). Zum anderen kann die gezielte Steuerung der eigenen Emotionen zu Gunsten eines von der Arbeitsrolle geforderten Ausdrucks beanspruchungswirksam sein, wenn Beschäftigte Emotionen zeigen müssen, die sie tatsächlich nicht erleben (Hülsheger & Schewe, 2011). Längsschnittstudien zufolge verstärken sich Selbstkontrollanforderungen und emotionale Dissonanz (wahrgenommene Diskrepanz zwischen von geforderten und erlebten Emotionen) sich wechselseitig in ihren Wirkungen auf Beanspruchung (Schmidt & Diestel, 2015). Angesicht der hieraus resultierenden psychischen Kosten stellt sich die Frage nach protektiven Faktoren, die das Wohlbefinden stabilisieren. Ein potentieller Moderator dürfte Servant Leadership sein, der sich durch hohe Mitarbeiterorientierung, ethische Prinzipien und Förderung von Autonomie auszeichnet (Ehrhart, 2004). Über Prozesse der Selbstbestimmung und Erfüllung von Grundmotiven bei Beschäftigten übt Servant Leadership nachweislich positive Effekte auf Wohlbefinden und Leistung aus (Chiniara & Bentein, 2016).

Die integrative Theorie der Selbstkontrolle basiert u.a. auf der Vorstellung, dass autonome Selbstregulation Leistungspotentiale entfaltet und der Beanspruchungswirkung von willentlicher Selbstkontrolle entgegenwirkt (Lian et al., 2017). Hieraus lässt sich die Vorhersage einer abschwächenden Moderatorwirkung von Servant Leadership ableiten. Allerdings ist dieser Theorie zufolge die individuelle Kapazität für Selbstkontrolle gemeinhin begrenzt und dürfte durch zwei Anforderungen schnell verbraucht sein. Insofern ist der Moderatoreffekt von Servant Leadership an die Bedingung einer nicht allzu hohen Belastung gebunden. Im Falle einer Doppelbelastung durch Selbstkontrollanforderungen und emotionaler Dissonanz sollten Beschäftigte aufgrund von intrapsychischen Kapazitätsgrenzen eine überproportionale Beanspruchungszunahme unabhängig vom Führungsstil ihrer Vorgesetzten erleben. Im Unterschied zur Doppelbelastung dürfte Servant Leadership die Beanspruchungswirkung von einer der beiden Anforderungen abschwächen, wenn die Kapazität nicht gleichzeitig durch andere Anforderungen beansprucht wird:

Hypothese 1: Selbstkontrollanforderungen, emotionale Dissonanz und Servant Leadership interagieren in der Vorhersage von psychischer Beanspruchung *(Hypothese 1a:* Erholungsbedarf; *Hypothese 1b:* emotionale Erschöpfung): Wenn eine Belastung schwach ausgeprägt ist, moderiert Servant Leadership (abschwächende Moderation) den positiven Zusammenhang zwischen der anderen Belastung und Beanspruchung. Im Falle von zwei stark ausgeprägten Belastungen steigt die Beanspruchung überproportional an.

1. Methode

1.1 Stichprobe
Zur Überprüfung der Hypothese wurden 739 Angestellte eines internationalen Finanzdienstleisters befragt (Frauenanteil: 48 %; Alter: M = 49, SD = 49.38, 35–64). Alle Untersuchungsvariablen wurden mittels Fragebögen während sogenannter medizinischer CheckUp-Untersuchungen erhoben. Nach Abschluss der Untersuchung erhielten die Teilnehmer ein individuelles Feedback. Die Teilnahme war freiwillig und anonym.

1.2 Messinstrumente
Selbstkontrollanforderungen wurden mit drei Items (α = .85) erfasst (Schmidt & Diestel, 2015), während emotionale Dissonanz (Zapf et al., 1999) über vier Items operationalisiert wurde (α = .90). Die Messung von Servant Leadership basierte auf einer Skala von Ehrhart (2004) (14 Items; α = .93). Als Beanspruchungsindikatoren wurden Erholungsbedarf (van Veldhoven & Broersen, 2003) (5 Items, α = .82) sowie emotionale Erschöpfung (Maslach & Jackson, 1986) gemessen (8 Items, α = .89).

2. Ergebnisse

Die Testung der erwarteten Interaktionen erfolgte mittels moderierter Regressionsanalysen mit mehreren Interaktionstermen aus zentrierten Variablen. Die Ergebnisse der Parameterschätzungen dokumentieren signifikante Zusammenhänge zwischen Selbstkontrollanforderungen (β = .22; p < .01), emotionaler Dissonanz (β = .19;

$p < .01$) sowie Servant Leadership ($\beta = -.08$; $p < .01$) einerseits und dem Bedarf nach Erholung andererseits. Ferner berichten Frauen in dieser Stichprobe von signifikant mehr Erholungsbedarf als Männer. Im Einklang mit Hypothese 1a wurde die Dreifach-Interaktion zwischen Selbstkontrollanforderungen, emotionaler Dissonanz und Servant Leadership in der Vorhersage des Erholungsbedarfs signifikant ($\beta = .08$; $p < .05$, $\Delta R^2 = .01$). Die Ergebnisse der Regressionsanalysen zur Vorhersage der emotionalen Erschöpfung zeigen ganz ähnliche Zusammenhangsmuster: Selbstkontrollanforderungen ($\beta = .44$; $p < .01$) und emotionale Dissonanz ($\beta = .32$; $p < .01$) wiesen positive Zusammenhänge mit Erschöpfung auf, während Servant Leadership mit einer Abnahme der Erschöpfung einherging ($\beta = -.22$; $p < .01$). Ebenso erreichte wieder die Dreifach-Interaktion in der Vorhersage der Erschöpfung statistische Bedeutsamkeit ($\beta = .15$; $p < .01$, $\Delta R^2 = .01$). Stressor und Beanspruchung wird nur dann durch Servant Leadership abgeschwächt, wenn die andere Belastung schwach ist. Bei zwei starken Stressoren steigt die Beanspruchung unabhängig von Servant Leadership stark an.

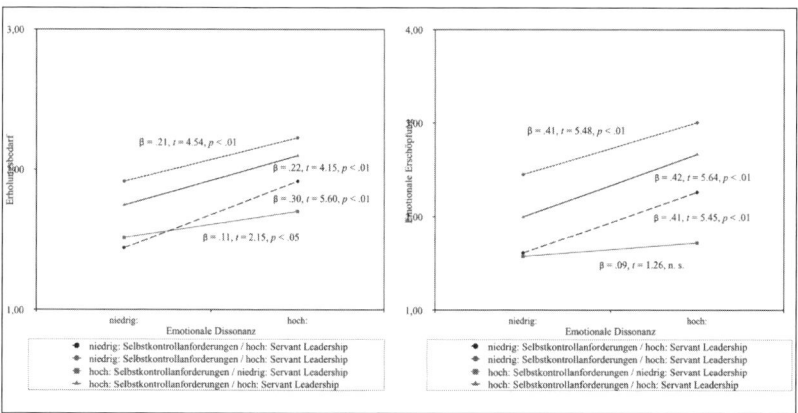

Abbildung 1: Interaktionseffekte von emotionaler Dissonanz, Selbstkontrollanforderungen und Servant Leadership auf psychische Beanspruchung.

3. Diskussion und Schlussfolgerung

Die vorliegenden Ergebnisse zeigen die Grenzen der protektiven Moderatorwirkung von Servant Leadership in der Bewältigung von Arbeitsanforderungen. Im Falle eines stark ausgeprägten Servant Leadership können Beschäftigte auf Unterstützung ihrer Vorgesetzten vertrauen und Autonomie nutzen, wenn sie häufig in ihrem Beruf sich selbst und ihre Emotionen kontrollieren müssen. Hierdurch lassen sich starke Beanspruchungsfolgen vermeiden. Allerdings steigt die Beanspruchung unabhängig vom

Führungsstil stark an, wenn Beschäftigte Selbstkontrollanforderungen und emotionale Dissonanz gleichzeitig bewältigen müssen. Hieraus lassen sich wichtige Implikationen für die Gesundheitsförderung ableiten: Zum einen betont die Moderatorwirkung von Servant Leadership die Bedeutung von einem Führungsstil, der über ethische Prinzipien sowie Mitarbeiterorientierung die psychische Gesundheit und Leistungsfähigkeit weitgehend sicherstellt. Zum anderen ist eine allein auf Führung oder andere protektive Ressourcen fokussierende Gesundheitsförderung nicht ausreichend. Die Wirkung von protektiven Ressourcen kann nur gewährleistet werden, wenn sich eine mehrfache Belastung vermeiden lässt. D. h. eine nachhaltige Gesundheitsförderung basiert auf einer engen Abstimmung zwischen Führung und Arbeitsanforderungen.

Die Grenzen der vorliegenden Untersuchung liegen in der fragebogenbasierten Querschnittsuntersuchung, die keine kausalen Schlussfolgerungen zulässt. Ebenso ist die ausschließliche Verwendung von Selbstberichtsdaten problematisch, die aufgrund gemeinsamer Methodenvarianz überschätzte Zusammenhänge bedingen können.

Literatur

Chiniara, M., & Bentein, K. (2016). Linking servant leadership to individual performance: Differentiating the mediating role of autonomy, competence and relatedness need satisfaction. The Leadership Quarterly, 27, 124-141.

Ehrhart, M. G. (2004). Leadership and procedural justice climate as antecedents of unit-level organizational citizenship behavior. Personnel Psychology, 57, 61-94.

Hülsheger, U. R. & Schewe, A. F. (2011). On the costs and benefits of emotional labor: A meta-analysis of three decades of research. Journal of Occupational Health Psychology, 16, 361-389.

Lian, H., Yam, K. C., Ferris, D. L., & Brown, D. (2017). Self-control at work. Academy of Management Annals, 11, 703-732.

Maslach C., & Jackson, S.E. (1986). Maslach Burnout Inventory Manual (2nd edn.). Palo Alto, CA: Consulting Psychologists Press.

Schmidt, K.-H., & Diestel, S. (2015). Self-control demands: From basic research to job-related applications. Journal of Personnel Psychology, 14, 49–60.

Zapf, D., Vogt, C., Seifert, C., Mertini, H., & Isic, A. (1999). Emotion work as a source of stress: The concept and development of an instrument. European Journal of Work and Organizational Psychology, 8, 371–400.

van Veldhoven, M., & Broersen, S. (2003). Measurement quality and validity of the "need for recovery scale." Occupational and Environmental Medicine, 60 (Suppl 1), i3–i9.

Elvira Radaca & Stefan Diestel
International School of Management | Bergische Universität Wuppertal

Romantische Beziehung als schützende Ressource bei der Bewältigung emotionaler Dissonanz

Aufgrund des wachsenden Dienstleistungssektors und hieraus resultierenden Anforderungen an Flexibilität sowie die Erfüllung von wechselnden Kundenbedürfnissen müssen zunehmend mehr Beschäftigte Emotionsarbeit betreiben (Hochschild, 1983). Emotionsarbeit beinhaltet die zielgerichtete Steuerung der eigenen Emotionen zu Gunsten eines von der Arbeitsrolle geforderten emotionalen Ausdrucks. Wenn Emotionen gezeigt werden müssen, die tatsächlich nicht empfunden werden, dann wird Emotionsarbeit beanspruchungswirksam. Die wahrgenommene Diskrepanz zwischen geforderten und erlebten Emotionen wird gemeinhin als emotionale Dissonanz bezeichnet (Morris & Feldman, 1996). Die Bewältigung von emotionaler Dissonanz verursacht psychische Kosten, die negative Konsequenzen für das individuelle Wohlbefinden aufweisen und sich in Form von Erschöpfungserleben sowie in der Beeinträchtigung der Leistungsfähigkeit äußern (vgl. Hülsheger & Schewe, 2011). Die Beanspruchungswirkung von emotionaler Dissonanz lässt sich mit der theoretischen Vorstellung einer limitierten Ressourcenkapazität erklären, die durch willentliche Selbstkontrollprozesse erschöpft wird (Lian, Yam, Ferris, & Brown, 2017).

Sonnentag et al. (2014) konnte zeigen, dass Erholungsprozesse außerhalb der Arbeit über eine theoretisch vorausgesetzte Regenerierung der beanspruchten Ressourcenkapazität das psychische Wohlbefinden stabilisieren. In Anlehnung an die Systemtheorie (Luhmann, 1985) nehmen ferner Hahn, Binnewies, und Haun (2012) an, dass der Erholungsprozess während der arbeitsfreien Zeit nicht ausschließlich selbstbestimmt ist, sondern zu Teilen vom Partner beeinflusst wird. Um die moderierende Wirkung der Qualität einer Partnerschaftsbeziehung als potenziellen Faktor, der Erholungsprozesse begünstigt, zu untersuchen, setzen wir die Tagebuchstudie als Methode der Prozessforschung ein, die eine differenzierte der intraindividuellen, tagesspezifischen Zusammenhänge zwischen emotionaler Dissonanz und Indikatoren des Wohlbefindens erlaubt. Da das psychische Wohlbefinden sowohl Beanspruchungs- als auch Motivationszustände umfasst, berücksichtigen wir in unserer Studie Ich-Erschöpfung als Beanspruchungsindikator und Vitalität als intrinsischen Motivationszustand (vgl. Diestel, Rivkin & Schmidt, 2015). Für die vorliegende Untersuchung legen wir zwei Hypothesen zu Grunde:

Hypothese 1: Die erlebte Qualität der Beziehung moderiert den positiven Zusammenhang zwischen emotionaler Dissonanz und Ich-Erschöpfung: Der tagesspezifische Zusammenhang wird als Funktion zunehmender Beziehungsqualität abgeschwächt.

Hypothese 2: Die erlebte Qualität der Beziehung moderiert den negativen Zusammenhang zwischen emotionaler Dissonanz und Vitalität: Der tagesspezifische Zusammenhang wird als Funktion zunehmender Beziehungsqualität abgeschwächt.

1. Methode

1.1 Stichprobe

Für die Überprüfung der Forschungshypothese wurde eine Stichprobe aus unterschiedlichen beruflichen Kontexten im Dienstleistungssektor erhoben (N=78). Eine Voraussetzung für die Teilnahme an dieser Studie war eine Partnerschaft. Die Tagebuchstudie umfasst insgesamt 10 Arbeitstage.

1.2 Messinstrumente

Für die Messung der eingesetzten Untersuchungsvariablen wurden fast ausschließlich in der arbeitspsychologischen Literatur etablierte Fragebogenskalen verwendet. Emotionale Dissonanz ($\alpha=.95$) wurde mit der validierten Frankfurter Skala zur Messung von Emotionsarbeit erhoben (Zapf, Vogt, Seifert, Mertini & Isic, 1999). Die von Bertrams, Unger und Dickhäuser (2011) entwickelte und validierte Skala zur Erfassung des psychologischen Zustands der Ich-Erschöpfung ($\alpha=.91$) fand ebenso in dieser Studie ihre Anwendung. Basierend auf der Utrecht Work Engagement Skala wurde die Teilfacette Vitalität ($\alpha=.85$) von dem übergeordneten Konstrukt Work Engagement erfasst (Breevaart, Bakker, Demerouti, & Hetland, 2012). Für die Messung der Beziehungsqualität ($\alpha=.96$) konnte keine etablierte Skala gefunden werden, sodass eine eigene Skala speziell für diese Untersuchung entwickelt wurde.

1.3 Untersuchungsdesign

Das Untersuchungsdesign dieser intraindividuellen Tagebuchstudie dient zur Aufdeckung dynamischer Muster zwischen Variablen über den Zeitverlauf von 10 Arbeitstagen. Dabei werden personen- und tagesspezifische Einflüsse differenziert.

2. Ergebnisse

Die Parameterschätzung der hierarchisch linearen Modellierung zeigte, dass die erlebte Beziehungsqualität (Level 2: Personenebene) den positiven Zusammenhang zwischen emotionaler Dissonanz und der Ich-Erschöpfung (Level 1: Tagesebene) moderiert. Der Vergleich zwischen einer hoch und niedrig ausgeprägten Beziehungsqualität dokumentiert, dass Beschäftigte, die Qualität ihrer Partnerschaft als hoch bewerten, einen schwächeren Zusammenhang zwischen emotionaler Dissonanz und der Ich-Erschöpfung aufweisen im Vergleich zu einer niedrigen Beziehungsqualität (Abbildung 1). Ergänzende Simple-Slope-Analysen zeigen einen signifikanten positiven Zusammenhang zwischen Dissonanz und Ich-Erschöpfung im Falle einer niedrigen Beziehungsqualität, während bei hoher Beziehungsqualität der Zusammenhang neutralisiert ist. Dieser Interaktionseffekt konnte allerdings nicht für Vitalität bestätigt werden. Folglich stehen die hier analysierten Befundmuster im Einklang mit Hypothese 1, während Hypothese 2 durch die vorliegenden Daten widerlegt wurde.

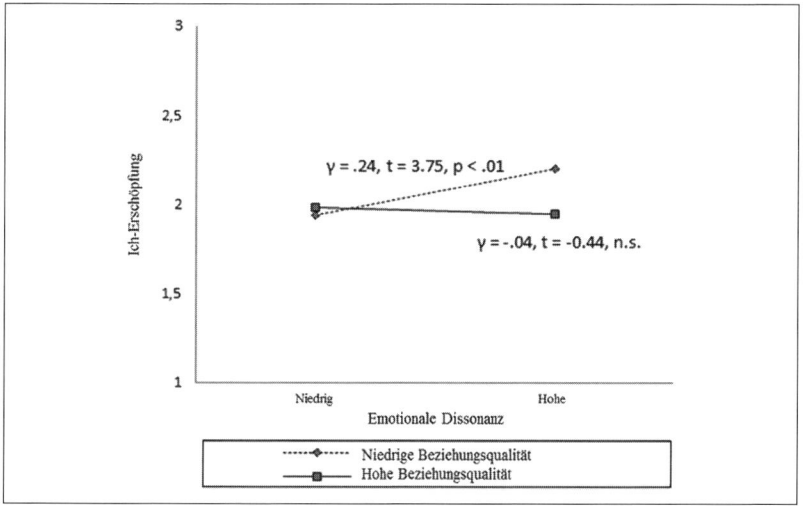

Abbildung 1: Interaktionseffekt zwischen emotionaler Dissonanz und Beziehungsqualität auf tagesspezifische Ich-Erschöpfung.

3. Diskussion und Schlussfolgerung

Die Ergebnisse der vorliegenden Untersuchung belegen den Einfluss der Beziehungsqualität auf das psychische Wohlbefinden von Beschäftigten. Mithilfe einer auf Tagebuchdaten basierenden Mehrebenenanalyse konnte die Beziehungsqualität als eine protektive Ressource identifiziert werden. Die Bedeutung der Erholung während der arbeitsfreien Zeit für das psychische Wohlbefinden ist bereits in der arbeitspsychologischen Literatur einschlägig diskutiert und belegt worden. Insbesondere das mentale Abschalten stellt innerhalb des Erholungsprozesses den zentralen Wirkmechanismus dar (Sonnentag et al., 2014). Aktuellen Forschungsergebnissen zufolge lässt sich der Erholungsprozess unmittelbar auch durch Dritte beeinflussen. Anknüpfend an diese Erkenntnis leistet diese Untersuchung einen Beitrag zum Verständnis der Wirksamkeit von protektiven Ressourcen, da die vorliegenden Ergebnisse auf die Rolle von Partnern in romantischen Beziehungen im Erholungsprozess verweisen. Ferner erweitert diese Sichtweise das Verständnis über den Erholungsprozess sowie die Kenntnisse über alternative Ressourcenquellen zur Stabilisierung des psychischen Wohlbefindens. In Anlehnung an die Ergebnisse wird deutlich, dass die private Umwelt durch nahestehende Dritte Einfluss auf den beruflichen Kontext ausübt.

Literatur
Bertrams, A., Unger, A., & Dickhäuser, O. (2011). Momentan verfügbare Selbstkontrollkraft – Vorstellung eines Messinstruments und erste Befunde aus pädagogisch-psychologischen Kontexten 1Dieser Beitrag wurde unter der geschäftsführenden Herausgeberschaft von Jens Möller angenommen. Zeitschrift für Pädagogische Psychologie.
Breevaart, K., Bakker, A.B., Demerouti, E., & Hetland, J. (2012). The measurement of state work engagement: A multilevel factor analytic study. European Journal of Psychological Assessment, 28, 305–312.
Diestel, S., Rivkin, W., & Schmidt, K.-H. (2014). Sleep quality and self-control capacity as protective resources in the daily emotional labor process: Results from two diary studies.
Hahn, V. C., Binnewies, C., & Haun, S. (2012). The role of partners for employees' recovery during the weekend. Journal of Vocational Behavior, 80(2), 288–298.
Hochschild, A. (1983). The managed heart. Berkeley, CA: University of California Press.
Hülsheger, U. R., & Schewe, A. F. (2011). On the costs and benefits of emotional labor: A meta-analysis of three decades of research. Journal of Occupational Health Psychology, 16, 361–389. http://dx.doi.org/10.1037/a0022876
Luhmann N. (1985) soziale systeme. Grundriss einer allgemeinen Theorie. suhrkamp, Frankfurt am Main. English translation: Luhmann N. (1995) social systems. stanford university Press, stanford Ca.
Morris, J. A., & Feldman, D. C. (1996). The dimensions, antecedents, and consequences of emotional labor. The Academy of Management Review, 21, 986–1010.
Sonnentag, S., Arbeus, H., Mahn, C., & Fritz, C. (2014). Exhaustion and lack of psychological detachment from work during off-job time: Moderator effects of time pressure and leisure experiences. Journal of Occupational Health Psychology, 19, 206–216. doi:10.1037/a0035760
Zapf, D., Vogt, C., Seifert, C., Mertini, H., & Isic, A. (1999). Emotion work as a source of stress: The concept and development of an instrument. European journal of work and organizational psychology, 8(3), 371–400.

Arbeitskreis
Wirksamkeit in der Arbeitssicherheit und Gesundheit
Leitung: Annekatrin Wetzstein

Inga Bacher, Ellen Schwinger-Butz, Gabriele Biernath & Constanze Nordbrock
Sicherheit und Gesundheit im Kleinbetrieb

Anna-Maria Hessenmöller & Annekatrin Wetzstein
Evaluation von Kampagnen – Mehr als ein Wirksamkeitsnachweis!

Maria Klotz & Petra Kemter-Hofmann
Everest 2.0: Weiterentwicklung des Standards zur Evaluation von Großveranstaltungen

Esther Foege, Annekatrin Wetzstein & Christoph Meili
Evaluation der Qualifizierungsplattform „Sicheres Arbeiten mit Nanomaterialien"

Marlen Rahnfeld & Annekatrin Wetzstein
Erfahrungen mit der Anwendung der DGUV Vorschrift 2 – Erkenntnisse aus der Evaluation

Inga Bacher, Ellen Schwinger-Butz, Gabriele Biernath & Constanze Nordbrock
Berufsgenossenschaft Nahrungsmittel und Gastgewerbe (BGN)

Sicherheit und Gesundheit im Kleinbetrieb

1. Einleitung

Im Rahmen der neuen Präventionskampagne „kommmitmensch" der Deutschen Gesetzlichen Unfallversicherung (DGUV) plant die BGN ein niedrigschwelliges Angebot zur Unterstützung von Kleinbetrieben im Hinblick auf die Umsetzung von Themen aus dem Arbeitsschutzmanagement (AMS) sowie dem betrieblichem Gesundheitsmanagement (BGM).

AMS und BGM werden vor allem in großen Betrieben umgesetzt. In kleinen Unternehmen ist die Einführung aus Gründen wie Ressourcenknappheit oder auch geringer Motivation eher schwierig (Initiative Gesundheit & Arbeit, 2011). Deswegen zielt das Projekt der BGN darauf Kleinbetrieben die Möglichkeit zu eröffnen mit begrenzten Ressourcen Elemente aus AMS und BGM umzusetzen, um auch von deren Vorteilen profitieren zu können.

2. Bedarfserhebung

Als Grundlage für die Entwicklung eines geeigneten Produktes wurden Forschungsergebnisse aus einem in 2016 abgeschlossenen Projektes „Sicher, gesund und motiviert im Kleinbetrieb" des ASD*BGN in Kooperation mit der BGN verwendet. In diesem Projekt wurden 60 ASD*BGN-Dienstleister – Arbeitsmediziner und Sicherheitsfachkräfte – telefonisch zu Fragen rund um ihre Erfahrungen zu den Themen Sicherheit und Gesundheit in Kleinbetrieben interviewt (Hannig & Bacher, 2016).

Die qualitative Auswertung der Interviews ergab, dass Unternehmer/innen zur Umsetzung von Sicherheits- und Gesundheitsthemen eine bedarfsgerechte Unterstützung, welche kurz, kompakt und branchenspezifisch ausgerichtet ist, benötigen. Eine externe Beratung und Begleitung erhöhen dabei die Motivation der Unternehmer/innen und die Wahrscheinlichkeit, dass gesundheitsfördernde Maßnahmen nachhaltig umgesetzt werden können. Häufig sind in den Betrieben dabei schon Prozesse vorhanden, die als Ansatzpunkt für die Umsetzung neuer Themen genutzt werden können (Hannig & Bacher, 2016).

Im Hinblick auf diese Ergebnisse hat die BGN nun ein neues Produkt für Kleinbetriebe konzipiert, das die Unternehmer/innen niedrigschwellig erreichen und sie bei der Integration von Sicherheit und Gesundheit in ihre Arbeitsabläufe bedarfsgerecht unterstützen soll.

3. Rahmenbedingungen des Projektes

Das Projekt „Sicherheit und Gesundheit im Kleinbetrieb" soll die Unternehmer/innen dazu motivieren, Elemente aus den Themenfeldern AMS und BGM im eigenen Unternehmen umzusetzen.

Den Kleinbetrieben werden im Rahmen des Projektes Arbeitspakete zu Themen aus AMS und BGM angeboten. Um die betriebliche Akzeptanz zu erhöhen können die Unternehmer/innen wahlweise die Arbeitspakete auf unterschiedlichen Kommunikationswegen erhalten.

Einmal im Monat werden die Kleinbetriebe von der BGN per Post oder per E-Mail mit Informationen und Materialien zu verschiedenen Themenblöcken versorgt wie z. B. erste Hilfe, Hautschutz, Arbeitszeit oder dem demographischen Wandel. Zusätzlich wird es ein Online-Portal geben, in dem digitale Informationen abgerufen werden können sowie ein Austausch untereinander stattfinden kann. Um die Kleinbetriebe zu motivieren und kontinuierlich zu unterstützen wird es darüber hinaus eine von der BGN eingerichtete Hotline geben, über die ein Austausch und eine Beratung mit Experten/innen der BGN ermöglicht wird.

4. Die Arbeitspakete

Damit es den Unternehmern möglichst einfach fällt sich mit den Themen zu beschäftigen, werden die Arbeitspakete kurz, kompakt und ansprechend gestaltet. Das erste Arbeitspaket beinhaltet zunächst eine allgemeine Einführung zu Sicherheit und Gesundheit im Unternehmen. Zudem werden die Unternehmer/innen dazu aufgefordert ihren momentanen Standpunkt zu bestimmen sowie sich selbst betriebliche Ziele für die Laufzeit des Projektes zu setzen. Danach können die Betriebe aus einem Pool von 15 Themen aus AMS und BGM (siehe Tab. 1) vier Themen auswählen, die sie besonders interessieren und monatlich zur Bearbeitung zugeschickt bekommen. Im letzten Arbeitspaket werden die Unternehmer/innen dazu ermutigt ihren Erfolg des Projektes selbst zu evaluieren. Dazu sollen die zu Anfang festgelegten Ziele sowie die erfolgte Standortbestimmung überprüft werden.

Inhaltlich werden in jedem Arbeitspaket der optionalen Themen zunächst die Kerninhalte aufbereitet. Zusätzlich wird den Unternehmern/innen ein Prozess nahegelegt, der ihnen helfen soll das Thema nachhaltig in Arbeitsabläufen zu verankern. Weitere Medien zum Lesen, Hören oder Sehen werden beigelegt sowie online zur Verfügung gestellt.

Zudem enthält jedes Arbeitspaket eine kleine Hausaufgabe wie zum Beispiel beim Thema *Persönliche Schutzausrüstung (PSA) auswählen und einführen* „Machen Sie ein Foto von Ihren Mitarbeitern wie sie mit der PSA arbeiten". Durch die Hausaufgabe sollen der persönliche Kontakt mit der BGN als Begleiterin und Unterstützerin gestärkt und gleichzeitig die Motivation der Unternehmer/innen aufrechterhalten und erhöht werden.

Tab. 1: Arbeitspakete im Projekt „Sicherheit und Gesundheit im Kleinbetrieb

Erstes Arbeitspaket	Sicherheit und Gesundheit: Standortbestimmung und betriebliche Ziele für die nächsten 6 Monate festlegen
Optionale Arbeitspakete	Persönliche Schutzausrüstung auswählen und einführen
	Brandschutz im Betrieb
	Vorsorgeuntersuchungen organisieren
	Richtige Arbeitsplatzgestaltung und Rückengesundheit
	Erste Hilfe im Betrieb gut organisiert
	Beschäftigte informieren und unterweisen
	Betriebsanweisungen richtig erstellen
	Hautschutz im Betrieb erfolgreich umgesetzt
	Kein Stress mit dem Stress
	Arbeitszeiten gesund gestalten
	Richtige Ernährung am Arbeitsplatz
	Langzeit Erkrankte erfolgreich wieder eingliedern
	Ältere Mitarbeiter im Betrieb
	Was ist zu beachten im Mutterschutz
	Suchtprävention geht jeden an
Letztes Arbeitspaket	Sicherheit und Gesundheit bewerten

5. Zusammenfassung

Die BGN möchte Unternehmer/innen von Kleinbetrieben stärker dazu motivieren Elemente aus AMS und BGM in die eigenen Arbeitsabläufe und -prozesse zu integrieren. Da es momentan vor allem größere Unternehmen sind, die von der Umsetzung von AMS und BGM profitieren, hat die BGN ein neues Angebot für Kleinbetriebe geplant. Dieses wurde auf der Grundlage eines in 2016 abgeschlossenen Forschungsprojektes des ASD*BGN in Kooperation mit der BGN, entwickelt. Es beinhaltet verschiedene Arbeitspakete, die die Betriebe für einen Zeitraum von einem halben Jahr monatlich wahlweise per Post oder per E-Mail erhalten. Zur Einführung und zum Abschluss bekommen alle Unternehmer/innen die gleichen Arbeitspakete. Zu Anfang soll der eigene Standpunkt zu den Themen Sicherheit und Gesundheit bestimmt werden, damit der eigene Fortschritt beim Abschluss des Projektes besser überprüft und sichtbar gemacht werden kann. Optionale Themen, die die Unternehmer/innen aus einem Pool von 15 Themen aus AMS und BGM selbst wählen können sind z. B. Stressbewältigung, richtige Ernährung, Brandschutz oder Arbeitszeitgestaltung. Darüber hinaus werden ein Online-Portal sowie eine von der BGN eingerichtete Hotline angeboten, über die sich die Unternehmer/innen austauschen oder von Experten/innen beraten lassen können.

Literatur
Hannig, M., Bacher, I. (2016). Sicher, gesund und motiviert im Kleinbetrieb. In Pfannstiel, M., Mehlich H. (Hrsg.), Betriebliches Gesundheitsmanagement. Konzepte, Maßnahmen und Evaluation (S.21-32). Wiesbaden: Springer.
Initiative Gesundheit & Arbeit (2011). iga.Report 20, Motive und Hemmnisse für Betriebliches Gesundheitsmanagement (BGM), Umfrage und Empfehlungen, 2. Aufl., AOK Bundesverband, BKK Bundesverband, DGUV, Verband der Ersatzkassen e.V. (vdek) (Hrsg.), Berlin.

Anna-Maria Hessenmöller & Annekatrin Wetzstein
Institut für Arbeit und Gesundheit der DGUV (IAG)

Evaluation von Kampagnen – Mehr als ein Wirksamkeitsnachweis!

1. Die Präventionskampagne „komm*mit*mensch"

„Komm*mit*mensch" lautet der Titel der aktuellen Präventionskampagne der gesetzlichen Unfallversicherung in Deutschland. Ziel der Kampagne ist es, dass Sicherheit und Gesundheit bei allen Entscheidungen und Abläufen als wichtiger Maßstab berücksichtigt werden – von allen Menschen und in allen Unternehmen und Einrichtungen. Eine Kultur der Prävention soll etabliert werden. Die Kernbotschaft heißt: „Sicherheit und Gesundheit sind Werte für alle Menschen, jede Organisation und die Gesellschaft. Sie sollen Gegenstand allen Handelns werden. Präventives Handeln ist lohnend und sinnstiftend." (DGUV, 2016). In einer Organisation bzw. einem Unternehmen zeigt sich dies in 1) einer sicherheits- und gesundheitsgerechten Führung, 2) einer funktionierenden Kommunikation zwischen Führungskräften und Beschäftigten sowie Beschäftigten untereinander, 3) einer aktiven Einbeziehung der Beschäftigten in Arbeitsprozesse, Veränderungen und Entscheidungen, 4) einer konstruktiven Fehlerkultur, 5) einem sicheren und gesunden sozialen Klima/Betriebsklima, welches durch Kollegialität und gegenseitige Unterstützung geprägt ist, 6) einer hohen Verbindlichkeit, mit der auf Sicherheit und Gesundheit geachtet wird.

Alle Maßnahmen und Angebote der Kampagne sind auf der Kampagnenhomepage www.kommmitmensch.de angeboten. Dazu gehören Broschüren und Handlungshilfen, Analysetools, Veranstaltungsmodule, Qualifizierungen, Social Media-Aktivitäten und Beratungsinstrumente.

2. Evaluation von „kommmitmensch"

Eine besondere Herausforderung der Evaluation liegt in der hohen Komplexität der Präventionskampagne. Diese zeigt sich nicht nur in der Kampagnenarchitektur – auch das aktuelle Kampagnenthema „Kultur der Prävention" zeichnet sich durch ein hohes Maß an Komplexität aus.

Zur Evaluation der Kampagne nutzt das Institut für Arbeit und Gesundheit der Deutschen Gesetzlichen Unfallversicherung (IAG) ein Neun-Ebenen-Modell, welches im Rahmen der Vorgängerkampagnen entwickelt wurde und welches sowohl die Phasen der Kampagnenwirkung als einen Prozess der Wahrnehmung der Kommunikationsinhalte bis hin zur Übernahme und Beibehaltung eines sicherheits- und gesundheitsgerechten Verhaltens beinhaltet als auch die relevanten internen Strukturen für die Kampagnendurchführung berücksichtigt. Die Evaluation kann damit sowohl Fragestellungen hinsichtlich der Wirksamkeit von Maßnahmen beantworten als auch Informationen zur Optimierung der internen Abläufe und Prozesse bei der Durchführung der Kampagne zu generieren.

Abb 1: Ebenenmodell der Evaluation von Präventionskampagnen

2.1 Das Neun-Ebenen-Modell zur Evaluation von „kommmitmensch"
Ebene 0 ist allen Evaluationsebenen vorgeschaltet, da hier ermittelt wird, inwiefern bereits vor Beginn der Kampagne Voraussetzungen für die Wirkung bei den Zielgruppen geschaffen wurden. Dabei lassen sich die interne und externe Konzeptevaluation unterscheiden.

Bei der internen Konzeptevaluation wird die Überzeugung und Akzeptanz der Kampagne bei den internen Akteuren, die maßgeblich an der Verbreitung der Kampagneninhalte beteiligt sind, ermittelt. Dies geschieht über Online-Befragungen bei den Aufsichtspersonen und den Kampagnenverantwortlichen sowie über Fokusgruppen. Es geht dann um die Beantwortung der Fragen, wie starksind diese von der Kampagne und dem Thema überzeugt sind, wie motiviert sie sind, das Thema in die Betriebe zu tragen und wie qualifiziert sie sich fühlen , das Thema in den Unternehmen anzusprechen?

Die externe Konzeptevaluation wird dazu genutzt, um verschiedene Kampagnenmaßnahmen bereits im Vorfeld eines breiten Einsatzes bei den Zielgruppen zu testen. Dabei geht es zum Beispiel um Broschüren, die später eine hohe Verbreitung haben werden. Es werden Zielgruppentest in Form von qualitativen Telefoninterviews durchgeführt. Auch die Plakate der Kampagne werden methodisch untersucht (Blickverfolgung, semiotische Analyse) und Verbesserungen ermittelt. Bei Seminaren und E-learning-Angeboten wird jeweils die Pilotierung mittels Befragung der Teilnehmenden umfangreich evaluiert. Auf diese Weise kann im Rahmen der Konzeptevaluation festgestellt werden, wie diese Medien oder Maßnahmen bei den Zielgruppen ankommen, ob sie als nützlich angesehen werden, die gewünschten Effekte haben beziehungsweise die gewünschten Ziele erreichen, und wo möglicherweise noch Optimierungsbedarf besteht.

Auf den Ebenen 1 (Umfang der Aktivitäten) und 2 (Medienresonanz) wird untersucht, ob die Kampagne in den Betrieben und in der Öffentlichkeit präsent ist. Dazu werden alle Kampagnenaktivitäten erfasst, die von den Trägern der Kampagne und der DGUV durchgeführt werden. Dies geschieht mit einer standardisierten Excel-Tabelle bzw. Access-Anwendung, die als Dokumentationsvorlage dient. Es wird z. B. festgehalten, wie viele Poster/Flyer/Broschüren verteilt werden oder wie viele Seminare/Aktionstage und weitere Kampagnenveranstaltungen stattfanden. Die Ergebnisse werden quartalsweise aufbereitet.

Die Medienanalyse dokumentiert zudem alle Beiträge in den verschiedenen Medien, zum Beispiel in Zeitungen, Zeitschriften und im Onlinebereich. Fragen hierzu sind: Wie viele Beiträge werden in einem bestimmten Zeitraum veröffentlicht? Welche Themen werden besonders häufig/von besonders vielen Medien aufgegriffen? Welche Medien greifen die Kampagne auf (Tageszeitung, Fachzeitschrift, TV, Radio, …)? Diese Untersuchungen helfen bei der Beantwortung der Frage, ob die Botschaften von den Zielgruppen theoretisch überhaupt wahrgenommen werden können.

Um herauszufinden, ob die Zielgruppen die Kampagne und ihre Botschaften auch tatsächlich wahrgenommen haben und erinnern, wird im nächsten Schritt die Bekanntheit, Bewertung und Akzeptanz ermittelt (Ebene 3). Hierzu werden Befragungen bei den Zielgruppen durchgeführt.

Auf der 4. Ebene (Veränderung) wird erfasst, inwiefern es Veränderungen auf der Verhaltens- und Verhältnisebene gegeben hat. Dazu werden Fallstudien in Betrieben durchgeführt, die die Kampagne mit ihren Maßnahmen umsetzen. Dabei werden unterschiedliche Methoden verwendet – bspw. Fragebögen, Beobachtungen sowie Interviews, um festzustellen, wie und in welchem Ausmaß die Kampagne Veränderungen bewirkt. Konnte auf den ersten vier Ebenen eine Wirkung erzielt werden, dann wird es auch Effekte im Betrieb selbst geben. Das sollte sich später in den Kennzahlen widerspiegeln (Ebene 5). Da diese Kennzahlen aber durch eine Vielzahl an Faktoren beeinflusst werden und keinen eindeutigen Rückschluss auf die Wirkung der Kampagne zulassen sowie oftmals methodische Probleme der Messbarkeit existieren, werden sie im Rahmen der Evaluation nicht erhoben (Problem der Messbarkeit/Kausalität). Eine Wirkung auf den vorhergehenden Ebenen lässt aber den Schluss zu, dass die Kampagne auch Auswirkungen auf die Kennzahlen hat.

Nicht zuletzt ist es für die Qualität von Kampagnen wichtig, neben der Wirksamkeit der Kampagne bei den Zielgruppen auch die internen Prozesse und Strukturen zu überprüfen und gegebenenfalls zu optimieren (Ebene 6), die Trägerkampagnen zu evaluieren (Ebene 7) und durch eine strukturierte und kontinuierliche Rückmeldung der Evaluationsergebnisse ihre Nutzung sicherzustellen (Ebene 8). Mit den letzten drei Ebenen 6 bis 8 des Modells werden somit eher formale Aspekte betrachtet. Auch wenn sie somit streng genommen nicht mehr zur Wirkungskette gehören, sind sie für die Qualität der Evaluation von großer Bedeutung.

2.2 Bedeutung und Nutzen der Evaluation von „kommmitmensch"

Die Evaluation der Präventionskampagnen der gesetzlichen Unfallversicherung ist ein fest installiertes Vorgehen. Schon bei der Konzeption einer Kampagne werden die Evaluatorinnen und Evaluatoren eingebunden. So können frühzeitig relevante Beziehungen zwischen Zielen und Zielerreichung, also Wirkung, berücksichtigt werden. Mit jeder Kampagne gründet sich auch eine Arbeitsgruppe Evaluation, in der Fachexpertise und Praxiswissen vereint sind. Aufgrund der Problematik der Wirksamkeitsprüfung komplexer Interventionen hat die AG Evaluation auf Basis der Erfahrungen mit den Vorgängerkampagnen die Konzeptevaluation ausgebaut. Es erschien nicht mehr nur sinnvoll mit einem umfangreichen und kostenintensiven Instrumentarium die Wirkung der Maßnahmen zu evaluieren, wenn nicht am Anfang der bestehenden Wirkungskette sichergestellt ist, dass das, was die Kampagne und ihre Verantwortlichen anbieten, gut ist. Das heißt, verständlich, zielgruppengerecht, ansprechend, aktivierend und motivierend ist. Der Fokus der Evaluation auf die bestehende Wirkungskette hat auch dazu geführt, dass Ziele realistischer formuliert werden und die Maßnahmen der Kampagne auch während ihrer Umsetzung immer wieder überprüft werden.

Somit tragen Evaluationsergebnisse dazu bei, Maßnahmen der Kampagne in ihrer Umsetzung zielgruppengerecht zu steuern, Entwicklungen zu beobachten, neue Maßnahmen zu konzipieren sowie bestehende Maßnahmen zu verbessern. Damit ermöglicht die Evaluation strukturierte und zeitnahe Informationen über den Stand der Kampagne und ihrer Maßnahmen und kann für Entscheidungen zur Fortführung der Kampagne genutzt werden. Darüber hinaus liefern die Evaluationsergebnisse immer wieder Material für die Kommunikation sowie Presse- und Medienarbeit der Kampagne.

Literatur

DGUV (2016). Fachkonzept für die nächste gemeinsame Präventionskampagne der DGUV und ihrer Mitglieder. http://www.dguv.de/de/praevention/kampagnen/praev_kampagnen/ausblick/index.jsp

Maria Klotz[1] & Petra Kemter-Hofmann[2]
[1]*Institut für Arbeit und Gesundheit (IAG) der Deutschen Gesetzlichen Unfallversicherung (DGUV)*, [2]*Technische Universität Dresden*

Everest 2.0: Weiterentwicklung des Standards zur Evaluation von Großveranstaltungen

1. Ausgangslage

Deutsche Unternehmen investieren circa 15 Prozent ihres Kommunikationsbudgets in die Ausgestaltung von Veranstaltungen (Luppold & Fies, 2009). Aber wie sieht es mit der Wirksamkeit von Großveranstaltungen aus? Bei traditionellen Formaten der Erwachsenenbildung, wie Lehrgängen und Seminaren gibt es Metaanalysen, welche mittlere bis große Effekte belegen (z. B. Bezrukova et al., 2016). Wenn Großveranstaltungen, wie z. B. Tagungen und Kongresse in der Praxis evaluiert werden, dann häufig nur, indem die Zufriedenheit der Teilnehmenden untersucht wird (Schwägermann, 2010). Was der Wissenschaft fehlt, um die Effektivität von Großveranstaltungen zu untersuchen, ist ein Evaluationsstandard mit integriertem Wirkungsmodell.

2. Herleitung des Standardmodells für Großveranstaltungen

Es ist nur möglich die Effektivität einer Maßnahme zu beurteilen, wenn ihre Wirkmechanismen beschrieben und empirisch belegt sind. In der Evaluationsforschung existieren verschiedene Modelle, um komplexe Maßnahmen, wie Programme oder Kampagnen auf verschiedenen Ebenen zu untersuchen, beispielsweise das CIPP-Modell (Context, Input, Process, Product) von Stufflebeam (1972). Das bekannteste Konzept der Trainingsevaluation ist das Vier-Ebenen-Modell von Kirkpatrick (2006). Es geht davon aus, dass die vier Stufen: (I) Reaktionen (Zufriedenheit), (II) Lernen, (III) Verhalten und (IV) Resultate (Veränderungen in Organisationen) hierarchisch aufeinander aufbauen.

Organisatoren von Veranstaltungen wollen bei ihren Zielgruppen unterschiedliche Effekte erreichen. Schäfer-Mehdi (2006) unterteilt Ziele von Veranstaltungen grob in vier Bereiche: Information, Emotion, Motivation und Aktion. Wie können diese Ziele nun in einem solchen Mehrebenenansatz abgebildet werden? Massem übertrug 2006 das Konzept der Balance Scorecard auf Events und teilte die Teilnehmerperspektive in drei Kategorien: affektiv, kognitiv und konativ. Diese Einteilung erinnert stark an das Multikomponentenmodell von Einstellungen (z. B. Ostrom, 1969). Nach diesem Ansatz werden Einstellungen als eine Bereitschaft beschrieben, in bestimmter Weise auf etwas wertend zu reagieren. Diese Reaktion kann kognitiver (Wissen und Überzeugungen), affektiver (Gefühle) und auch behavioraler Natur (Verhalten) sein. Daher kann geschlussfolgert werden, dass das Ziel von Veranstaltungen immer die Beeinflussung von Einstellungen in verschiedensten Ausprägungen ist. Mit dem Vier-Ebenen-Modell von Kirkpatrick können auch Einstellungen betrachtet werden. Um das Modell für die Evaluation von Veranstaltungen nutzen zu können, muss eine Anpassung der Lern- und Verhaltensebene vorgenommen werden. Außerdem wird in dem Modell nur die Ergebnisebene betrachtet und keine weiteren Stufen des Gesamtprozesses. Wenn es aber darum geht eine Veranstaltung ganzheitlich zu betrachten sowie ihre Stärken und Schwächen zu identifizieren, dann sollte auch der gesamte Lebenszyklus der Leistungserstellung betrachtet werden. Im Folgenden wird daher zunächst das Evaluationsmodell um weitere Ebenen ergänzt (Rahmenmodell) und in einem zweiten Schritt ein Wirkungsmodell in das Kirkpatriksche Konzept integriert.

2.1 Das Rahmenmodell

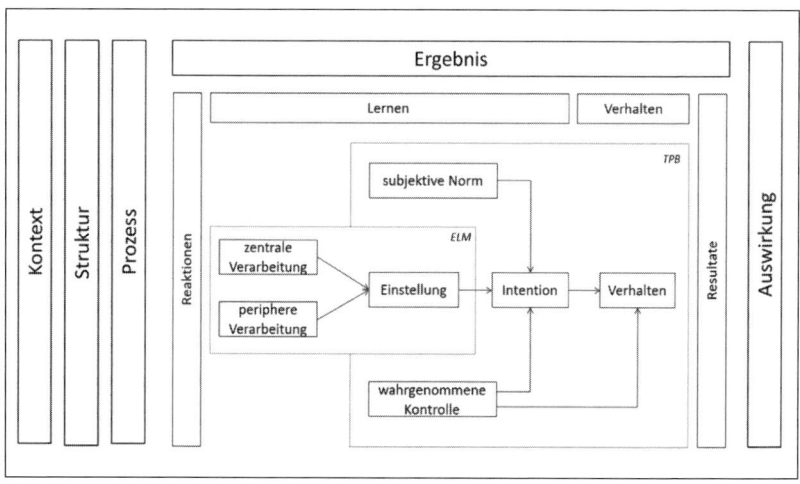

Abb. 1: Everest – Evaluation von Veranstaltungen, ein Standard-Modell

Bei Prozessmodellen komplexer Maßnahmen ist der erste Schritt meist eine Kontextanalyse. Auch bei einer Veranstaltung muss im Vorfeld geklärt werden, wo der Bedarf liegt und ob ein Event diesem Abhilfe schaffen kann. Als Zweites folgt die Stufe der Struktur. Es stellt sich die Frage, ob ausreichend Ressourcen vorhanden sind, um eine Veranstaltung ins Leben zu rufen und wie dies organisiert werden soll. Bei der Prozessebene wird sich der Frage gewidmet, ob alles so umgesetzt wurde, wie es ursprünglich geplant war. Die finale Stufe vieler Modelle ist die des Produktes. Hier wird überprüft, ob die gewünschten Effekte eingetreten sind. Im vorliegenden Modell soll diese als Ergebnisebene bezeichnet werden. In vielen prozessorientierten Konzepten, beispielsweise im Baukastensystem der Allgemeinen Unfallversicherungsanstalt Österreich (Jelenko & Strohbach, 2017), lässt sich noch eine weitere Stufe finden, die des Impacts. Sie beschreibt langfristige und übergreifende Auswirkungen. Dieser Aspekt wird als letzte Ebene ins vorliegende Modell aufgenommen. Für Großveranstaltungen lässt sich somit ein prozessorientiertes Rahmenmodell ableiten (siehe Abb. 1), welches aus den folgenden fünf Ebenen besteht: 1. Kontext, 2. Struktur, 3. Prozess, 4. Ergebnis und 5. Auswirkung.

2.2 Das Wirkungsmodell auf der Ergebnisebene

Da das Evaluationsmodell von Kirkpatrick keine individuellen Wirkungsvorhersagen für Veranstaltungen zulässt, wurde dieses unter Zuhilfenahme sozialpsychologischer Theorien angepasst. Das Elaboration Likelihood Model (ELM) von Petty und Cacioppo (1986) beschreibt die Auswirkungen zweier Arten der Informationsverarbeitung. Es fand Anwendung in vielen verschiedenen Bereichen, so beispielsweise auch im schulischen Kontext (z. B. Petrova et al., 2015). Da es auch bei Veranstaltungen um die Verarbeitung von Informationen geht, kann davon ausgegangen werden, dass dieses Model hier anwendbar ist. Eine Art des Prozessierens ist die zentrale, eher tiefgründige Verarbeitung. Hier kommt es zu einer stabileren Einstellungsänderung, als bei der flachen, eher oberflächlichen (peripheren Verarbeitung), auch zukünftiges Verhalten kann besser vorhergesagt werden. Das ELM (vereinfachte Darstellung in Abb. 1) widmet sich allerdings eher der Einstellungsänderung, als dem Zweck Verhalten vorherzusagen.

Soll ein Wirkungsmodell konzipiert werden, welches beide Stufen (Lernen und Verhalten) umspannt, so muss eine weitere Theorie hinzugezogen werden. Hierfür eignet sich die Theorie des geplanten Verhaltens (TPB) von Ajzen und Madden (1986), da hier davon ausgegangen wird, dass der beste Prädiktor für zukünftiges Verhalten, die Intention darstellt. Weitere Einflussfaktoren sind die subjektive Norm (wahrgenommener sozialer Druck) und die Überzeugung das relevante Verhalten auch umsetzen zu können (siehe Abb. 1). Für Veranstaltungen gibt es nach derzeitigem Wissensstand keine Wirkungsmodelle, welche das Verhalten beinhalten. Durch die Verbindung beider Theorien ist es nun möglich, die zwei Wege der kognitiven Verarbeitung mithilfe der Intentionsbildung, sowie am konkreten Verhalten zu überprüfen. Anhand der Einstellungsänderung am Ende einer Veranstaltung ist es allein auf Basis des ELM nicht möglich, zu beurteilen, ob Personen tiefgründig oder oberflächlich verarbeitet haben, da beide Routen zu einer Veränderung führen können.

Allein die Stabilität der Einstellungen könnte eine Beurteilung erlauben. Unter Hinzunahme der Intention bzw. des Verhaltens kann dieses Problem nun gelöst werden. Dieses Wirkungsmodell leistet sowohl einen großen Beitrag zur Evaluationsforschung als auch zur Beantwortung der Frage, wie Veranstaltungen effektiv und ressourcenschonend gestaltet werden können. Auch erste empirische Testungen haben die Tragfähigkeit dieses Ansatzes bestätigt (Klotz et al., 2016).

Literatur
Ajzen, I. & Madden, T. J. (1986). Prediction of goal-directed behavior: Attitudes, intentions, and perceived behavioral control. Journal of Experimental Social Psychology, 22(5), 453–474.
Bezrukova, K., Spell, C. S., Perry, J. L., & Jehn, K. A. (2016). A meta-analytical integration of over 40 years of research on diversity training evaluation. Psychological Bulletin, 142(11), 1227–1274.
Jelenko, M. & Strohbach, T. (2017). Das „Integrative Baukastensystem für Evaluationen im Präventionsbereich der AUVA (IBE)". IAG-Report 3/2017. (S. 10-14). Zugriff am 29.03.2018 http://publikationen.dguv.de
Kirkpatrick, D.L. & Kirkpatrick, J.D. (2006). Evaluating training programs: the four levels (3rd ed.) San Francisco, CA: Berret-Koehler Publisher, Inc.
Klotz, M., Wetzstein, A. & Rahnfeld, M. (2016). Everest – Evaluation von Veranstaltungen, ein Standard-Modell. In K. Seiler, R. Trimpop, & R. Wieland (Hrsg.), Psychologie der Arbeitssicherheit und Gesundheit (S. 85-88). Kröning: Asanger.
Luppold, S. & Fies, O. (2009). Nur was messbar ist, kann auch gesteuert werden. Marketing Event Praxis, 3, 14–16.
Massem, N. (2006). Die Balanced Scorecard als Kontrollinstrument für Events. Diplomarbeit; Fachhochschule Worms.
Ostrom, T. M. (1969). The relationship between the affective, behavioral, and cognitive components of attitude. Journal of Experimental Psychology, 5(1), 12–30.
Petty, R. E. & Cacioppo, J. T. (1986). The elaboration likelihood model of persuasion. Advances in Experimental Social Psychology, 19, 123–205.
Petrova, M., Wyman, P. A., Schmeelk-Cone, K., & Pisani, A. R. (2015). Positive-themed suicide prevention messages delivered by adolescent peer leaders: Proximal impact on classmates' coping attitudes and perceptions of adult support. Suicide & lifethreatening behavior, 45(6), 651–663.
Schäfer-Mehdi, S. (2006). Event-Marketing: Kommunikationsstrategie, Konzeption und Umsetzung, Dramaturgie und Inszenierung. Berlin: Cornelsen Verlag.
Schwägermann, H. (2010). Meeting Architecture, ROI und Bildungscontrolling — Neue Wege für effiziente Meetings? In C. Zanger (Ed.), Stand und Perspektiven der Eventforschung (S. 120–131). Gabler Verlag.
Stufflebeam, D. L. (1972). The relevance of the CIPP evaluation model for educational accountability. SRIS Quarterly, 5(1).

Esther Foege[1], Annekatrin Wetzstein[1] & Christoph Meili[2]
[1]*Institut für Arbeit und Gesundheit der Deutschen Gesetzlichen Unfallversicherung (IAG);* [2]*Die Innovationsgesellschaft mbH*

Evaluation der Qualifizierungsplattform „Sicheres Arbeiten mit Nanomaterialien"

1. Einleitung

Die rasante Entwicklung der Nanotechnologie führt dazu, dass immer mehr Nanomaterialien am Arbeitsplatz eingesetzt werden. Aus Sicht des Arbeitsschutzes rücken Fragen nach dem verantwortungsvollen Umgang mit Nanotechnologie und einem ausreichend hohen Schutz für die Beschäftigten in den Fokus. Präventionsfachleute bei den Unfallversicherungsträgern (UVT) und in den Betrieben müssen für die Thematik sensibilisiert und über Qualifizierungsmaßnahmen mit dem nötigen Rüstzeug für ihr Handeln vor Ort versehen werden. Dafür steht im Internet das DGUV-Portal „Sicheres Arbeiten mit Nanomaterialien" (kurz: DGUV Nano-Portal) zur Verfügung, in dem viele Informationen zur Nanotechnologie gebündelt sind. In Zusammenarbeit mit einigen UVT entstanden unter anderem branchenspezifische E-Learning-Anwendungen, sogenannte Nanoramen.

Mit der Entwicklung des Portals wurden zentrale Inhalte des DGUV-Positionspapiers „Verantwortungsvoller Umgang mit Nanomaterialien" umgesetzt. Mit einer Evaluation sollte der dort geforderte Transfer der Inhalte in die Aus-, Fort- und Weiterbildung überprüft werden.

2. Methoden

Mit der Durchführung der Evaluation wurde das Institut für Arbeit und Gesundheit der Deutschen Gesetzlichen Unfallversicherung (IAG) beauftragt. Folgende Evaluationsmethoden wurden eingesetzt:
- Analyse vorhandener Ergebnisse (Befragungen), der Bedarfsanalyse und der Experteninterviews: Bereits vorhandene Ergebnisse wurden hinsichtlich der technischen, inhaltlichen und gestalterischen Aspekte erneut ausgewertet.
- Webanalyse/-statistik: Mithilfe von Webanalyse-Tools wurden die Häufigkeit und die Intensität der Nutzung des Nano-Portals, der Nanoramen und der bereitgestellten Materialien ausgewertet.
- Evaluation der Praxistage: Bei der Veranstaltung „Praxistag Nano" wurden Befragungen zur Bewertung des Portals und der Nanoramen sowie zur Zufriedenheit mit den Inhalten und ihrer Vermittlung durchgeführt.

- Evaluation eines Seminars: Neben den Methoden, die am Praxistag eingesetzt werden, wurde im Seminar ein Vorher-Nachher-Vergleich mittels eines Wissenstests durchgeführt. Zudem erfolgte eine Nachhaltigkeitsbefragung nach sechs Monaten.
- Befragung der Nutzerinnen und Nutzer auf der Website http://nano.dguv.de: In einem festgelegten Zeitraum wurden die Nutzerinnen und Nutzer der Website online zu Inhalten, Gestaltung, methodisch-didaktischer Qualität, Usability etc. online befragt.
- Experteninterviews/-gespräche: Expertinnen und Experten wurden telefonisch zu Fragen der Praxisrelevanz und der Anwendungsmöglichkeiten sowie der zukünftigen Themenrelevanz interviewt.
- Expertentest durch Prüfer für E-Learning: Der IAG-Prüfgrundsatz „Blended-Learning-Programme im Arbeitsschutz" wurde auf das Portal und die Nanoramen angewendet.
- Nachbefragung der Teilnehmenden an den Praxistagen und dem Seminar

3. Ergebnisse

Die Evaluation gibt Auskunft über die Nutzung und Bewertung der Qualifizierungsformate durch die Zielgruppen, den qualitativen Nutzen, die Anwendbarkeit und Praktikabilität der Qualifizierungsangebote sowie die Verbesserungsmöglichkeiten der Qualifizierungsangebote im Bereich Nanomaterialien. Dies ermöglicht eine Standortbestimmung der festgelegten Strategie zum verantwortungsvollen Umgang mit Nanomaterialien.

Nachfolgend werden die zentralen Evaluationsergebnisse des IAG für die Teilbereiche Nano-Portal, Nanoramen und Qualifizierungsveranstaltungen kurz dargestellt.

3.1 Ergebnisse zum Nano-Portal

Die Evaluation des Nano-Portals ergab, dass ein sehr hoher Anteil der Benutzer einen äußerst positiven Eindruck des Nano-Portals hinsichtlich des Inhalts, der Praxisnähe, der enthaltenen Informationen, des Aufbaus und der Verständlichkeit hatte. Der Nutzen des Nano-Portals besteht gemäß den Rückmeldungen hauptsächlich in der eigenen Sensibilisierung und dem Wissenserwerb bzw. der Informationsquelle. Zudem kann das Portal sehr gut für die Qualifizierung bei Nanothemen und in der Ausbildung eingesetzt werden. Zwischen 77 % und 100 % der befragten Benutzer würden das Nano-Portal weiterempfehlen. Damit erreichte das Nano-Portal eine hohe bis sehr hohe Weiterempfehlungsrate.

Zusammenfassend wurde das Nano-Portal wie folgt charakterisiert:
- Praxisnah, leicht bedienbar, Gliederung und Aufbau sind nachvollziehbar, Enthält verständliche Informationen
- Hohe Weiterempfehlungsrate
- Besucher/innen wurden durch Seminar/Weiterbildung, persönliche Empfehlung, Suchmaschinen oder Newsletter auf Nano-Portal aufmerksam
- Nutzen: Sensibilisierung, Informationsquelle, Beratungspraxis in Betrieben, Einsatz in der Qualifizierung
- Motivation für Besuch: Informationsbeschaffung, Kennenlernen der Nanoramen
- Von April 2014 bis März 2017 rund 85.000 Seitenaufrufe, Tendenz leicht rückläufig
- Bessere Vermarktung erforderlich

3.2 Nanoramen

Die Nanoramen wurden in den Experteninterviews, in den Qualifizierungsveranstaltungen und bei der Onlinebefragung überwiegend positiv bewertet. Insgesamt können sie als zentrale Attraktions- und Informationspunkte der Qualifizierungsplattform betrachtet werden. Die Nanoramen sind zu einem zentralen Alleinstellungsmerkmal des DGUV Nano-Portals geworden. Im Rahmen der Onlinebefragung wurden die Navigation und Instruktionen, Verständlichkeit, Gestaltung und Inhalt der Nanoramen mit einem „gut" bewertet. Gelobt wurden insbesondere die praxisnahe und authentische Aufbereitung und die treffende Auswahl der Bilder und der verschiedenen Arbeitssituationen für die jeweilige Branche. Die Auswertungen der an den Veranstaltungen eingesetzten Fragebogen sowie einer Onlinebefragung ergaben, dass zwischen 79 % und 95 % der Teilnehmenden die Nanoramen weiterempfehlen würden (siehe Abbildung 2). Rund zwei Drittel der Veranstaltungs-Teilnehmenden wollten die Nanoramen zudem in ihrer beruflichen Tätigkeit der Beratung und/oder Qualifizierung nutzen. Damit wird der große Nutzen der Nanoramen in der Ausbildung sehr gut unterstrichen.

Die Nanoramen wurden in der Evaluation wie folgt bewertet:
- Praxisnah und unterhaltsam, „Spielen macht Spaß", Intuitive Navigation, leichte Bedienbarkeit, Angemessener Schwierigkeitsgrad der Fragen, leichter Einstieg in komplexes Thema, Passende Bilder und Abbildungen
- Hohe Weiterempfehlungsrate
- Wichtiges Alleinstellungsmerkmal für DGUV Nano-Portal
- Aufteilung in „Exposition", „Produktinformation" und „Schutzmaßnahmen" ist zweckmäßig, sinnvoll und einleuchtend

- Nutzen: Sensibilisierung, Informationsquelle, Beratungspraxis in Betrieben, Einsatz in der Qualifizierung
- Wunsch nach weiteren Nanoramen auch außerhalb der Nanothematik Praxisnah

3.3 Qualifizierungsveranstaltungen

Die beiden Praxistage wurden durchweg positiv beurteilt. Die Veranstaltungen wurden von den Teilnehmenden als interessant und lebendig gestaltet empfunden. Die Auswahl der Podiumsbeiträge wurde geschätzt. Die Teilnehmerzahl von jeweils rund 20 Personen pro Praxistag wurde von der überwiegenden Mehrheit als „gerade richtig" beurteilt. Hervorzuheben sind die ausgesprochen positiven Bewertungen der Referierenden und der Moderation. Die verwendeten Lehr- und Lernmethoden wurden von den Teilnehmenden als sehr zielführend wahrgenommen. Der Lerneffekt der Veranstaltung wurde von 69 % (Praxistag 2016) bzw. 61 % (Praxistag 2017) der Teilnehmenden als „sehr hoch" oder „hoch" eingeschätzt. Bei der Frage, ob sich die Veranstaltung für die Teilnehmenden gelohnt habe, wählten 94 % (2016) bzw. 89 % (2017) die höchste oder zweithöchste Bewertung. Mehr als 80 % der Teilnehmenden würden die Praxistage weiterempfehlen.

Das Seminar „Sicheres Arbeiten mit Nanomaterialien" schnitt bei den Teilnehmenden hinsichtlich Inhalt, Praxisnähe und Lernerfolg etwas schlechter ab als die Praxistage. Bei der Frage nach der Praxisnähe gaben 9 % der Teilnehmenden die höchste und 36 % die zweithöchste Bewertung ab. Für 18 % der Teilnehmenden war der Praxisbezug eher nicht erkenn-bar. Rund zwei Drittel der Befragten beurteilten die genutzten Methoden und Übungen als zielführend. 64 % der Teilnehmenden gaben ihre völlige oder überwiegende Zustimmung zur Aussage, sie hätten im Seminar viel gelernt.

4. Fazit

Die Evaluation ergab, dass das Nano-Portal und die Nanoramen qualitativ gut umgesetzt wurden. Die Bewertungen bezüglich Inhalt, Praxisnähe und Aufbau fielen positiv aus und die Weiterempfehlungsraten waren dementsprechend sehr hoch. Der Nutzen liegt in der eigenen Sensibilisierung zum Thema „Nano", aber auch im Einsatz in der Beratung in Betrieben. Zudem eignen sich die Formate als Informationsquelle.

Literatur

Die Innovationsgesellschaft mbH (2017). „Evaluation der DGUV-Qualifizierungsplattform „Sicheres Arbeiten mit Nanomaterialien" sowie der entwickelten Qualifizierungsangebote" Abschlussbericht zum Projekt FP0383 Forschungsförderung der Deutschen Gesetzlichen Unfallversicherung (DGUV)

Marlen Rahnfeld & Annekatrin Wetzstein
Institut für Arbeit und Gesundheit der Deutschen Gesetzlichen Unfallversicherung (IAG)

Erfahrungen mit der Anwendung der DGUV Vorschrift 2 – Erkenntnisse aus der Evaluation

1. Hintergrund und Ziel der Evaluation

Am 1. Januar 2011 trat die reformierte Unfallverhütungsvorschrift „Betriebsärzte und Fachkräfte für Arbeitssicherheit" (DGUV Vorschrift 2) als mit allen Unfallversicherungsträgern (UVT), dem BMAS und den Ländern (LASI) abgestimmte Rechtsnorm zur Konkretisierung des Arbeitssicherheitsgesetzes in Kraft. Kernstück der Überarbeitung war vor allem die Reform der Anlage 2 der DGUV Vorschrift 2: „Regelbetreuung der Betriebe mit mehr als 10 Beschäftigten". Ziele der Reform der Vorschrift waren die Gleichbehandlung gleichartiger Betriebe, die Einführung eines betriebsspezifischen, gefährdungsbezogenen Ansatzes der Betreuung, die stärkere Ausrichtung der Betreuungsleistung auf Inhalte, die Verbesserung der Kooperation der betrieblichen Akteure, die Stärkung des eigenverantwortlichen Handelns der Betriebe und Verwaltungen sowie die Berücksichtigung zeitgemäßer Betreuungserfordernisse.

Mit Hilfe der Evaluation sollten der Umsetzungsgrad, die Anwendbarkeit und Praktikabilität sowie die Folgen der veränderten Vorschrift für Sicherheit und Gesundheit im Betrieb bewertet werden. Gegenstand der Evaluation war ausschließlich die Umsetzung der Anlage 2, da sie besonders tiefgreifende Veränderungen mit sich brachte.

2. Methodisches Vorgehen

Im Rahmen der Evaluation wurden zwischen Juni und August 2016 2.600 Betriebsleiterinnen und Betriebsleiter (1.641 Langinterviews und 959 Kurzinterviews) standardisiert befragt, geschichtet nach kleinen, mittleren und großen Betrieben. Darüber hinaus wurden 425 Interviews (274 lang und 151 kurz) mit betrieblichen Interessensvertretungen geführt. Langinterviews wurden mit den Personen geführt, die angaben, dass ihnen die DGUV Vorschrift 2 bekannt ist und diese auch umgesetzt war. Zudem wurden von August bis Oktober 241 Betriebsärztinnen und Betriebsärzte sowie 772 Fachkräfte für Arbeitssicherheit online befragt.

Betriebsärztinnen und Betriebsärzte als auch Fachkräfte für Arbeitssicherheit wurden ergänzend von Juli bis Dezember anhand eines halbstandardisierten Leitfadens telefonisch interviewt (N=37). Darüber hinaus wurden die Präventionsabteilungen der Unfallversicherungsträger und die staatlichen Arbeitsschutzbehörden der

Länder um die Beantwortung eines Fragebogens gebeten. Die Abfrage wurde von 13 Ländern und 25 Unfallversicherungsträgern beantwortet.

3. Zentrale Ergebnisse
Umsetzung der Vorschrift
Die repräsentativen Erhebungen unter Betriebsleitungen und betrieblichen Interessenvertretungen haben ergeben, dass die DGUV Vorschrift 2 den Verantwortlichen in vielen Betrieben (41 %) nicht bekannt ist (Abbildung 1). Ob sie in diesen Betrieben umgesetzt ist oder nicht, lässt sich nicht beurteilen. Insbesondere in Betrieben, die ihre Arbeitsschutzbetreuung weitgehend an externe Dienstleistungen delegiert haben, kann die Vorschrift durchaus auch ohne Kenntnis oder Erinnerung der betrieblichen Verantwortlichen umgesetzt sein. Betriebe, die die Vorschrift kennen, haben diese in aller Regel auch umgesetzt. Der Umsetzungsstand ist dabei in größeren Betrieben signifikant besser als in kleineren Betrieben.

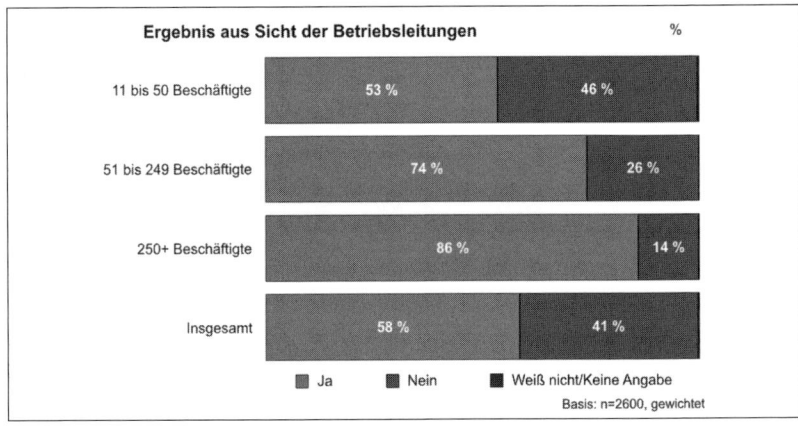

Abb. 1: Bekanntheit der DGUV Vorschrift 2 bei den Betriebsleitungen

Die Zusammenarbeit zwischen Fachkraft für Arbeitssicherheit und Betriebsärztin bzw. Betriebsarzt und die Kooperation der betrieblichen Akteure wird in vielen Betrieben positiv bewertet. In einigen Betrieben hat sich die Zusammenarbeit nach Inkrafttreten der Vorschrift noch verbessert, in der Mehrheit der Betriebe ist sie gleich geblieben. Die stärkere Ausrichtung der Betreuungsleistung auf Inhalte und nicht auf festgelegte Einsatzzeiten, die Berücksichtigung zeitgemäßer Betreuungserfordernisse und die Stärkung des eigenverantwortlichen Handelns der Betriebe wird von den meisten Befragtengruppen positiv bewertet.

Praktikabilität und Anwendung der DGUV Vorschrift 2 in der betrieblichen Praxis
Insgesamt wird die Praktikabilität der Vorschrift von den Betrieben überwiegend positiv bewertet (71%) (Abbildung 2). Rund ein Viertel der Betriebe sehen die Anwendbarkeit als wenig oder nicht praktikabel. Dabei fällt die Bewertung durch die kleineren Betriebe am kritischsten aus. Am häufigsten wird von den Betrieben ein übergroßer Grad an Komplexität genannt, insbesondere seitens kleinerer Betriebe. Zudem wird die Vorschrift teilweise als zu theoretisch und praxisfremd beurteilt. Damit einhergehend wird ein hoher Zeit- und Kostenaufwand für die Umsetzung gesehen. Auch die Engpässe beim Fachpersonal, z. B. bei Betriebsärztinnen und Betriebsärzten, sind Probleme, die der Anwendbarkeit entgegenstehen. Die Praktikabilität wird aus Sicht der Fachkräfte für Arbeitssicherheit kritischer gesehen als von den Betriebsleitungen.

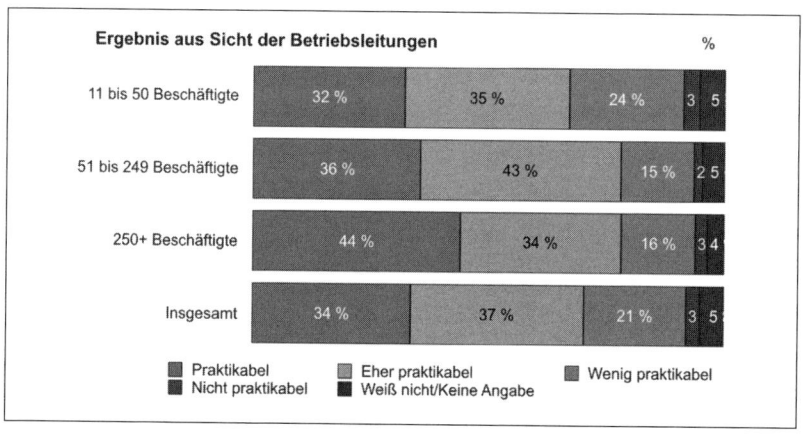

Abb. 2: Bewertung der Praktikabilität der DGUV Vorschrift 2

Probleme bei der Anwendung der Vorschrift gibt es laut der Betriebsleitungen überwiegend nicht. Bei der Festlegung von Aufgaben der Grundbetreuung und ihrer Umsetzung sehen 17 Prozent der Fachkräfte für Arbeitssicherheit und Betriebsärztinnen und Betriebsärzte Probleme. Bei der betriebsspezifischen Betreuung werden von etwa 25 Prozent der Befragten Probleme gesehen. Die Aussagen in den offenen Antworten geben hier wertvolle Hinweise für Anpassungen.

Wirkung im Betrieb
Unter den positiven Aspekten der Umsetzung der DGUV Vorschrift 2 im Betrieb wird insbesondere eine verbesserte Transparenz und Zusammenarbeit der Arbeitsschutzakteure untereinander genannt sowie eine klarere Vorstellung der Aufgaben

von Betriebsärztinnen und Betriebsärzten und Fachkräften für Arbeitssicherheit. Vielfach zeigte sich eine verbesserte Kenntnis der eigenen Arbeitsschutzaufgaben bei den Betriebsleitungen durch Umsetzung der Vorschrift, was sogar noch stärker von den Interessenvertretungen gesehen wird.

4. Fazit

Die Betriebe, welche die DGUV Vorschrift 2 kennen, haben diese in der Regel auch umgesetzt. In vielen Betrieben, insbesondere in Kleinbetrieben, ist die DGUV Vorschrift 2 noch nicht bekannt. Um die Bekanntheit der DGUV Vorschrift 2 und die Betreuung der Kleinbetriebe insgesamt zu verbessern, sollten die Kleinbetriebe diesbezüglich besonders unterstützt werden. Die inhaltlichen Ziele der Reform wurden überwiegend erreicht. Zur weiteren Verbesserung im Hinblick auf das Reformziel der Gleichbehandlung gleichartiger Betriebe sollten hinsichtlich der Grundbetreuung eindeutige Regelungen zur Berücksichtigung von Teilzeitkräften bei der Berechnung der Einsatzzeiten geschaffen werden. Die Abgrenzung von Grund- und betriebsspezifischer Betreuung sowie die Anwendung des Anhangs 4 der Vorschrift bereiten zum Teil Schwierigkeiten in den Betrieben. Insoweit ist eine Anpassung der Vorschrift zu prüfen.

Insgesamt wird die Praktikabilität der DGUV Vorschrift 2 von vielen Betrieben positiv bewertet und auch die Mehrzahl der kleinen Betriebe hält die Anwendung für (eher) praktikabel. Allerdings ist die Anzahl der positiv bewertenden kleinen Betriebe mit zwei Dritteln noch nicht zufriedenstellend. Die Betriebe, die die Anwendung für nicht praktikabel halten, nehmen die Vorschrift als zu komplex und zum Teil praxisfremd wahr. Die Handlungshilfen zur Umsetzung der DGUV Vorschrift 2 werden von den Betrieben als hilfreich erachtet. Sie könnten bei der Anwendung der Vorschrift unterstützen. Bislang sind sie aber zu wenig in den Betrieben bekannt. Positiv zu bewerten ist, dass sich die Transparenz der Aufgabenfelder sowohl in den Betrieben als auch bei den Betriebsärztinnen und Betriebsärzten sowie den Fachkräften für Arbeitssicherheit verbessert hat. Dies gilt insbesondere in kleinen Betrieben. Insgesamt ist bei der Betrachtung der Auswirkungen der DGUV Vorschrift 2 im Betrieb zu berücksichtigen, dass die Situation im Betrieb von weiteren Faktoren, die über die Vorschrift hinausgehen, beeinflusst wird.

Arbeitskreis
Arbeit und Mobilität 4.0: Strukturen und Gestaltung

Leitung: Sabine Sommer

Martina Frost
Führung 4.0 sicher, gesund und produktiv gestalten

Sabine Sommer
(Wirkungsvolle) Arbeitsschutz-Strukturen in der digitalen Welt: Ist- und Sollbestimmung

Catharina Stahn
Bewältigungskompetenzen für die Arbeitswelt 4.0

Alexander Tirpitz, Deike Schlütter & Angelique Zessin
Entwicklung organisationaler Resilienz in der Arbeitswelt 4.0

Martina Frost
Institut für angewandte Arbeitswissenschaft e.V. / Düsseldorf

Führung 4.0 sicher, gesund und produktiv gestalten

1. Ausgangssituation und Zielsetzung

Die digitale Transformation verändert die Anforderungen, die an Führungskräfte und Beschäftigte in Unternehmen zukünftig gestellt werden. Dabei können die 4.0 Technologien, wie die digitale Planung des Personaleinsatzes, Werker-Assistenzsysteme oder neue Kommunikationsdienste, die Arbeit unterstützen und den Menschen als Hilfestellung dienen. Gleichzeitig können sich jedoch neue Gefährdungen ergeben. Um eine gesunde und sichere Arbeit mit den 4.0 Technologien zu ermöglichen sollte daher bereits präventiv bei der Planung und bei der Umsetzung und Nutzung der 4.0 Technologien dafür gesorgt werden, dass die Gestaltung menschengerecht erfolgt.

Das BMBF-Forschungsprojekt „Prävention 4.0" greift diesen Schwerpunkt auf und untersucht, welche Handlungsfelder sich für eine menschengerechte Arbeitsgestaltung in der digitalen Transformation ergeben. Neben den Handlungsfeldern der Sicherheit, der Gesundheit und der Unternehmenskultur werden auch die Veränderungen im Bereich der Führung untersucht. Ziel des Projektes ist es, Unternehmen, besonders auch mittelständischen Unternehmen, einen Handlungsleitfaden in Form einer Checkliste sowie eine Umsetzungsempfehlung zur Verfügung zu stellen. Der folgende Beitrag stellt erste Ergebnisse bzw. Handlungsempfehlungen für eine sichere, gesund und produktive Führung 4.0, anhand des Beispiels der digitalen Personaleinsatzplanung, vor.

2. Führung 4.0 – Führung durch Software?

Grundlage der neuen technologischen Möglichkeiten sind gestiegene Rechenleistungen, ein erhöhtes Speichervermögen sowie eine wachsende Bandbreite der Informationsübermittlung. Auf diese Wiese ist es möglich, deutlich mehr Daten als zuvor zu speichern, zu übertragen und auch zu verarbeiten. Hinzu kommen intelligente Sensoren und Aktoren, welche Daten erfassen bzw. Aktionen auslösen können. Jedes Smartphone besitzt zahlreiche Sensoren, um Daten über den Standort (GPS, WLAN-Daten, Mobilfunktürme), den Fingerabdruck, den Puls oder die Anzahl der Schritte zu sammeln.

Welche Aktionen anhand der gesammelten Daten durch den Aktor ausgelöst werden, entscheidet die Software. Diese steuert das Zusammenspiel zwischen mit Sensoren und Aktoren ausgerüsteten Gegenständen und Personen. So kann zum Beispiel die Heizung in der Wohnung genau dann angeschaltet werden (Aktor), wenn das Smartphone sich an einem zuvor festgelegten Ort (Sensor) befindet. Die Steuerungssoftware kann zudem autonom und intelligent hinzulernen. Dies bedeutet, dass Daten miteinander verknüpft und anhand von semantischen Technologien, den Daten eine inhaltliche Bedeutung beigemessen werden kann. Basierend auf dieser inhaltlichen Bedeutungsebene kann die Software Schlussfolgerungen ziehen und wiederum entsprechende Funktionen („Handlungen") auslösen.

Welche Bedeutung haben diese technologischen Entwicklungen nun für die Führung? Was unterscheidet den Prozess der Einführung der 4.0-Technologien von bisherigen technologischen Wandlungsprozessen?

Der zentrale Unterschied liegt in der intelligenten Verknüpfung und Steuerung von Gegenständen, Prozessen und Personen in Echtzeit. Anhand des Beispiels der digitalen Personaleinsatzplanung wird im Folgenden erläutert, wie die neuen Technologien die Führung verändern und welche Bedeutung die Software 4.0 bei der Gestaltung des Wandlungsprozesses hat (vgl. Offensive Mittelstand, 2018). Mit digitalen Personaleinsatzsystemen kann der gesamte Dienst- bzw. Schichtplan durch die Beschäftigten selbstorganisiert erstellt werden. Die Beschäftigten werden per SMS oder E-Mail informiert und können sich, für die zu ihren individuellen Bedarfen (z. B. Zeitplanungen, Qualifikationen, Belastungen) passenden Schichten eintragen, mit Kollegen/innen Einsatzzeiten abzustimmen sowie Schichten tauschen. Hierzu werden Produktions- (z. B.: Auslastung, Kapazitäten) und Beschäftigtendaten (z. B.: Produktivität, zeitliche Verfügbarkeit, Qualifikationen) anhand von Sensoren erfasst und für die digitale Planung des Personaleinsatzes genutzt.

Die Software stellt, anhand vorab festgelegter Kriterien, eine optimale Verteilung der Beschäftigten und deren individuellen Bedarfen/Qualifikationen zu den im Unternehmen vorhandenen Stellen und Arbeitsaufgaben her. Diese Aufgabe, die zuvor von der Führungskraft ausgeführt wurde, kann somit durch Software übernommen werden. Die Kriterien, nach denen die Software funktioniert bzw. nach denen die Zuordnung der Beschäftigten zu den Aufgaben erfolgen soll, legt jedoch weiterhin der Mensch, im optimalen Fall die Führungskraft fest. Für das Beispiel der Personaleinsatzplanung können dabei je nach Ziel (z. B. Steigerung der Wettbewerbsfähigkeit, Steigerung der Zufriedenheit der Beschäftigten) verschiedene Kriterien berücksichtigt werden, z. B.:

- Qualitative Aspekte (z. B.: Auftragsanforderungen, Qualifikationen)
- Quantitative Aspekte (z. B.: Anzahl Beschäftigte, Entgeltstufen)
- Zeitliche Aspekte (z. B.: Lieferfristen, zeitliche Verfügbarkeiten)
- Örtliche Aspekte (z. B.: Entfernung zum Arbeitsort, mobiles Arbeiten)
- Bedarfe der Beschäftigten (z. B. Ergonomie, Gesundheit, Flexibilität)

Die aufgabenbezogene Führung erfolgt demzufolge verstärkt mit der Unterstützung von Software gesteuerten Assistenzsystemen. Führung bedeutet also auch eine Steuerung und Beeinflussung dieser Steuerungssoftware über die Programmierung von Algorithmen. Damit die Führung und Arbeit 4.0 wirtschaftlich und menschengerecht erfolgen kann, sollten 4.0 Technologien und Software so an den Menschen angepasst werden, dass der Arbeitseinsatz effizient ist und gleichzeitig eine Beeinträchtigung der Gesundheit vermieden wird (vgl. Jung, 2011).

Die damit verbundenen Veränderungen für die Führungskräfte betreffen zum einen die steigende Bedeutsamkeit des Umgangs mit Daten. Hier sollten sich Führungskräfte zukünftig mit aktuellen Regelungen zum Datenschutz und zur Datensicherheit auskennen. Bei der Programmierung der Algorithmen der Software, also der Eingabe der Kriterien, nach denen die Software später Entscheidungen trifft, sollten Führungskräfte beteiligt sein. Hierbei sollte auch die Qualität der Daten, z. B. deren Korrektheit, Relevanz und Verlässlichkeit, Beachtung finden. Zum anderen werden sich die Möglichkeiten der ort- und zeitunabhängigen Führung (Führung auf Distanz) erweitern. Führungskräfte werden eine neue Rolle einnehmen und stärker im Bereich der mitarbeiterorientierten Führung gefragt sein (vgl. Frost & Sandrock, 2017). Führungskräfte werden dabei sowohl von den Veränderungen selbst betroffen sein, als auch den Wandel aktiv mitgestalten müssen.

3. Maßnahmen zur Gestaltung von Führung 4.0

Im Folgenden werden einige Maßnahmen für die Gestaltung der Führung 4.0 dargestellt (Offensive Mittelstand, 2018):

- Auf den Umgang mit autonomen Systemen vorbereiten, z. B. Schulungen/Trainings zur Funktionsweise, Bedeutung von Erfahrungswissen und datenbasiertem Wissen, gesetzlichen Grundlagen zu Datenschutz und -sicherheit.
- Kommunizieren, dass die Datenqualität entscheidend für die Zuverlässigkeit der Datenverarbeitung, -nutzung und Steuerung der Prozesse ist.
- Festlegen und kommunizieren, welche Entscheidungen und Aufgaben die Software 4.0 und welche die Führungskräfte/Beschäftigten übernehmen.
- Informieren und Akzeptanz fördern, dass sich mit den 4.0-Technologien auch die Rolle der Führung und der Führungsstil (z. B. Machtverlust; stärker transformationale Führung, agile Führung) ändern kann.
- Arbeit 4.0 produktiv und menschengerecht gestalten, z. B. Handlungsspielräume und Interventionsmöglichkeiten für die Beschäftigten erhalten oder schaffen, beim Umgang mit Komplexität helfen.

- Ort- und zeitunabhängige Führung: Regeln für Abläufe und Art der Kommunikation festlegen (z. B. Erreichbarkeit, Anwesenheitszeiten, Teilnahme an Teambesprechungen, Informationspflichten).
- Besprechungen und Vereinbarungen mit den Führungskräften durchführen, dass sie hinter der Digitalisierungsstrategie stehen, die ethischen Werte umsetzen und Vorbild in der Gestaltung des Wandels sind.

4. Zusammenfassung und Fazit

Zentral für die Gestaltung des Veränderungsprozesses, hin zu einer produktiven, gesunden und sicheren Führung 4.0 ist, dass die Führungskräfte die grundlegende Funktionsweise der 4.0 Technologien kennen und wissen, wie die autonome Steuerung der Software 4.0 die Prozesse im Betrieb verändert.

Literatur

Jung, H. (2011). Personalwirtschaft. Oldenbourg: Wissenschaftsverlag.

Frost, M. & Sandrock, S. (2017). Motivation und Führung. Potenziale durch Digitalisierung? Leistung und Entgelt. Arbeits- und Betriebsorganisation kompakt (1/2017). Bergisch Gladbach: Heider Verlag.

Offensive Mittelstand (2018). Umsetzungshilfe: Digitale Planung des Personaleinsatzes. Heidelberg.

Sabine Sommer
Bundesanstalt für Arbeitsschutz und Arbeitsmedizin

(Wirkungsvolle) Arbeitsschutz-Strukturen in der digitalen Welt: Ist- und Sollbestimmung

1. Ausgangslage und Projektziele

Die mit hoher Dynamik voranschreitende Digitalisierung prägt unsere Arbeitswelt immer stärker. Der Einzug von informations- und kommunikationstechnischen Arbeitsmitteln an nahezu allen Arbeitsplätzen und die damit wachsende Vernetzung und Softwareunterstützung von Produktions- und Geschäftsprozessen eröffnet Möglichkeiten für neue und flexiblere, d.h. von festen Orten, standardisierten Arbeitszeiten und stabilen Organisationsstrukturen unabhängige, Arbeitsformen. Diese veränderten Arbeitsformen wirken sich nicht nur auf die Betriebe und Beschäftigten als solche aus – etwa im Sinne neuer arbeitsbezogener Anforderungs- und Belastungskonstellationen – sondern beeinflussen auch die Wirkbedingungen des betrieblichen und überbetrieblichen Präventionssystems. Aus der Perspektive des Arbeitsschutzes wird zu beantworten sein, wie für zunehmend vernetztere, digitalere und flexibilisiertere Arbeitsformen vorausschauende und menschengerechte Arbeitsgestaltung gelingen kann und wie die Anforderungen und Gestaltungsmöglichkeiten des Arbeitsschutzsystems unter diesen Bedingungen aussehen.

Die Bundesanstalt für Arbeitsschutz und Arbeitsmedizin (BAuA) hat in diesem Zusammenhang das Projekt „(Wirkungsvolle) Arbeitsschutz-Strukturen in der digitalen Welt. Ist- und Sollbestimmung." aufgelegt.

Das Hauptziel des Projektes ist die Herausarbeitung von zentralen Herausforderungen der Digitalisierungen für den institutionellen Arbeitsschutz. Flexibilisierte Arbeitsräume in unterschiedlichen Organisationsformen sollen analysiert und klassifiziert werden. Des Weiteren sollen die bisherigen Betriebszugänge der Arbeitsschutzakteure dahingehend betrachtet werden, inwieweit sie den flexibilisierten Arbeitsformen gerecht werden. Dabei interessiert auch, ob und welche Diskrepanzen und oder Defizite in Bezug auf bestehende Arbeitsschutzvorschriften gesehen werden.

Der Abschlussbericht zu dem Projekt wird im August 2018 vorliegen.

2. Studiendesign

Die übergeordnete Frage, zu der mit dem Projekt „(Wirkungsvolle) Arbeitsschutz-Strukturen in der digitalen Welt. Ist- und Sollbestimmung." Antworten gefunden werden sollen, ist die nach der Anschlussfähigkeit des betrieblichen und überbetrieblichen Arbeitsschutzsystems an digitalisierte Arbeitsformen. Die Frage ist zum einen auf die Erfassung der gegenwärtigen Handlungspraktiken bezogen, zum anderen geht es vor allem auch darum, Potentiale für den adäquaten Umgang mit den Veränderungen zu erschließen, die die Digitalisierung mit sich bringt.

Insoweit wird ein methodischer Zugang benötigt, über den kontextspezifisches Wissen und Handeln sichtbar gemacht werden kann. Als methodischer Zugang wurde daher ein qualitativer Ansatz gewählt.

Es wurden in drei Typen von Betrieben, d. h. in

- Betrieben, in denen flexible Arbeitsformen unabhängig von der Digitalisierung Teil des Geschäftsmodells waren und sind,
- in Betrieben, die durch die Digitalisierung Arbeits- und Organisationsformen stark flexibilisiert haben und
- in Betrieben, deren Geschäftsmodell durch die Digitalisierung erst möglich wurde und in denen hochflexible Arbeitsformen vorherrschen,

leitfadengestützte Interviews geführt. Gesprächspartner waren Arbeitgeber und Beschäftige bzw. deren Vertretungen sowie in größeren Betrieben innerbetriebliche Arbeitsschutzakteure. Darüber hinaus wurden Arbeitsschutzakteure der Länder und Unfallversicherungsträger, Betriebsärzte und Fachkräfte für Arbeitssicherheit aus überbetrieblichen Diensten sowie Vertretungen von Krankenkassen und Verbänden interviewt. Insgesamt wurden 33 semistrukturierte problemzentrierte Interviews, teilweise auch als Gruppeninterview, durchgeführt.

Die Interviewleitfäden wurden auf Basis einer Kontext- und Literaturrecherche erstellt. Über die Interviewleitfäden sollte eine Reflexion zu günstigen und ungünstigen Bedingungen des Arbeitsschutzes in flexiblen/digitalisierten Arbeitsstrukturen angeregt werden. Die Themen und Fragen beziehen sich auf u. a. auf Flexibilisierungsformen, Gefährdungen und Belastungen, Aspekte der Kooperation, Kommunikation und Kultur sowie auf Regelungen und Ressourcen zu Sicherheit und Gesundheit bei der Arbeit.

Für die spezifischen Akteure und Interviewsituationen wurden jeweils zugeschnittene Leitfaden-Varianten erstellt: für Geschäftsleitungen/Inhaber, Betriebs- und Personalräte, Beschäftigte, betriebliche Arbeitsschutzakteure, überbetriebliche Arbeitsschutzakteure, Multiplikatoren sowie für Gruppendiskussionen.

Die Interviews wurden vollständig aufgezeichnet und transkribiert sowie über Protokolle mit Informationen über den Gesprächsverlauf und Besonderheiten in der Gesprächswahrnehmung ergänzt. Die Auswertung des Datenmaterials erfolgt im Kontext der Grounded Theory-Methodologie. Die Grounded-Theory-Methodologie ermöglicht die Erfassung und Analyse von hinter den Daten liegenden Konzepten und geht über die reine Deskription hinaus. Eines ihrer zentralen Merkmale ist die

Zirkularität von Datenerhebung, Auswertung und Theoriebildung. Bei der Arbeit am Material werden einzelne Textsequenzen schrittweise analysiert, interpretiert und kategorisiert. Während des Auswertungsprozesses werden diese Kategorien immer wieder miteinander verglichen, erweitert und überarbeitet, bis die Auswertungen keine neuen Aspekte zu diesen Kategorien hinzufügen.

3. Vorläufige Erkenntnisse

Zum Zeitpunkt der Artikel-Einreichung ist die Auswertung des Datenmaterials noch nicht abgeschlossen, so dass hier noch keine endgültigen Ergebnisse zu den Projektfragestellungen präsentiert und diskutiert werden können.

Aus den Interviews lassen sich folgende Tendenzen erkennen:

- In Betrieben, deren Geschäftsmodell durch die Digitalisierung entstanden ist („Start-Ups"), wird nicht zwangsläufig nur orts- und/oder zeitflexibel gearbeitet. Der Digitalisierungsgrad des Geschäftsmodells gibt keinen Aufschluss über den Grad der flexiblen Arbeitsformen.
- In Start-Ups herrscht eine weitgehende Unkenntnis über Arbeitsschutzthemen und -anforderungen. Gleichwohl wird das regelbasierte „Do the right thing" des Arbeitsschutzes oft durch ein intuitives „Doing things right" ersetzt.
- Es bestehen Passungsprobleme zwischen Arbeitsschutz und betrieblicher Realität, die zum Teil aus Bereichen resultieren, für die noch keine Regelungen existieren oder aber vorhandene nur begrenzt anwendbar sind (z.B. Crowdworker, mobile Arbeit). Wenn in Betrieben kooperativ und partizipativ mit den Beschäftigten an Lösungen gearbeitet wird, werden Passungsprobleme seltener berichtet.
- Die Sicherstellung gesunder und sicherer Arbeitsbedingungen in entgrenzten Arbeitsformen stellt neue Anforderungen an die Selbstverantwortung der Beschäftigten, aber auch an die Führung. Aspekte wie Management- und Kommunikationsprozesse sowie handlungssteuernde Werte und Normen (Gesundheitskompetenz) scheinen in diesem Zusammenhang für den Arbeitsschutz in digitalisierten Arbeitsformen an Bedeutung zu gewinnen.

Literatur
Cernavin, O., Schröter, W., Stowasser, S. (Hrsg.) (2018). Prävention 4.0. Wiesbaden: Springer
Georg, A., Guhlemann, K. Katenkamp, O. (2018) Zwischenbericht zum Forschungsprojekt (Manuskript, nicht veröffentlicht)
Strauss, Anselm & Corbin, Juliet (1996). Grundlagen Qualitativer Sozialforschung. Weinheim: Beltz.

Catharina Stahn
Institut für angewandte Arbeitswissenschaft e.V. (ifaa), Düsseldorf

Bewältigungskompetenzen für die Arbeitswelt 4.0

1. Hintergrund

Im vom Bundesministerium für Bildung und Forschung geförderten Projekt Prävention 4.0 (Laufzeit 12/2015-04/2019) werden verschiedene Aspekte der präventiven Arbeitsgestaltung vor dem Hintergrund der zunehmenden Digitalisierung in der Arbeitswelt beleuchtet.

Für betriebliche Praktiker wird u. a. ein Handlungsleitfaden erstellt, so dass diese präventive Maßnahmen der Arbeitsgestaltung zielführend einsetzen können. Ein Aspekt ist die „Bewältigungskompetenz in 4.0 Prozessen", welcher im nachfolgenden Beitrag ausführlicher vorgestellt wird.

2. Resilienz in der Arbeitswelt 4.0

Auch wenn die Auswirkungen der zunehmenden Digitalisierung vielfältig sein werden und vor allem noch nicht vollständig absehbar sind, wird sich unsere Arbeitswelt durch den digitalen Fortschritt nachhaltig verändern. Die sich durch eine digitalisierte Arbeitswelt eröffnenden Möglichkeiten können für Unternehmen zu einer erhöhten Wettbewerbsfähigkeit beitragen und neue Ansätze zur Inklusion von z. B. Älteren oder Leistungsgeminderten bieten (Apt et al. 2018).

Damit die digitale Transformation zu einer Erfolgsgeschichte wird, müssen Unternehmen und Beschäftigte jenseits der fachlichen Herausforderungen eine hohe Veränderungskompetenz zeigen, indem sie z.B. offen für Neues sind, eine hohe Lernbereitschaft aufweisen und sich effektiv an geänderte Rahmenbedingungen anpassen. Wesentlich hierbei erscheint die Förderung der Resilienz, die auch im betrieblichen Kontext einen immer größeren Stellenwert einnimmt.

2.1 Individuelle Resilienz

Resilienz bezeichnet nach Drath (2016, S. 106) „die Fähigkeit einer Person, Krisen unbeschadet zu überstehen und sogar an ihnen zu wachsen. [...] Resilienz ist dabei von Härte bzw. Starrheit zu unterscheiden, denn der Weg zu mehr Resilienz ist die innere, d. h. die kognitive und emotionale Flexibilität gekoppelt mit Eigenreflexion und Achtsamkeit sich selbst gegenüber. Personen mit einem hohen Maß an individueller Resilienz haben verschiedene Eigenschaften gemein, wie z. B. das Gefühl von Kohärenz oder Stimmigkeit, das sich durch die Arbeit an eigenen Denk- und Verhaltensmustern verbessern lässt."

Wie auch in der Definition von Drath (s.o) zu finden, postulieren mittlerweile viele Forscher, dass neben der stabilen personalen Komponente von Resilienz auch situativ-veränderliche Bestandteile existieren (z. B. Soucek et al. 2015), was für die Förderung und Entwicklung von Resilienz bzw. resilienten Verhaltensweisen wichtig ist (Scharnhorst 2010).

2.2 Organisationale Resilienz
Die Definition von Hoffmann (2017, S. 97f) veranschaulicht die verschiedenen Komponenten organisationaler Resilienz und deren komplexes Zusammenspiel: „Unter organisationaler Resilienz ist das komplexe Ergebnis aus dem Zusammenwirken von Ressourcen, Kompetenzen und Performanzen individueller, intersubjektiver und organisationaler Art zu verstehen, in dessen Folge in Interaktion mit der Umwelt fortlaufend differenzielle Resilienzen gegenüber spezifischen, die organisationale Identität gefährdenden Ereignissen oder dauerhaft bestehenden ungünstigen Umweltbedingungen ausgebildet werden und so durch angemessene Situationsanpassung den dauerhaften Bestand einer Organisation oder eine Organisationseinheit als soziales System absichern und darüber hinaus dessen Weiterentwicklung ermöglichen."

3. Umgang mit neuen Technologien

Wird die digitale Bewältigungskompetenz betrachtet, sind es vor allem neue Techniken und der damit verbundene Komplexitätszuwachs sowie die zunehmende Geschwindigkeit von z. B. Arbeitsprozessen, mit denen Unternehmen und Beschäftigte umgehen (lernen) müssen.

Auf der einen Seite können z. B. technologische Assistenzsysteme die Beschäftigten bedarfsgerecht unterstützen und somit eine Arbeitserleichterung darstellen (für energetische Assistenzsysteme vgl. Reinhart et al. 2013).

Auf der anderen Seite ist es denkbar, dass vor allem bei Beschäftigten, die wenig technik-affin sind, Vorbehalte und Ängste entstehen, wenn neue Techniken Einzug in ihr Arbeitsleben halten sollen. Im Speziellen kann dies die Angst vor der Veränderung, vor Kompetenz- und Arbeitsplatzverlust sowie vor Verletzung des Datenschutzes sein. Ebenso können sich schlecht gestaltete (und nicht individualisierbare) Unterstützungssysteme belastend auswirken (Apt et al. 2018). Eine wesentliche Herausforderung für Unternehmen wird also darin bestehen, Führungskräfte und Beschäftigte auf diese Veränderungen der Arbeitswelt vorzubereiten (vgl. Eilers et al. 2017, S. 17).

4. Unternehmen und Beschäftigte unterstützen

Zur Begleitung von Unternehmen und ihren Beschäftigten auf dem Weg in die Arbeitswelt 4.0 sollten zwei Wege beschritten werden:

Erstens durch die konkrete Auseinandersetzung mit neuen Technologien in einem mehrstufigen, partizipativen Vorgehen:

1. Sensibilisierungsworkshops und Aufklärungsveranstaltungen, um den Beschäftigten und Führungskräften Sinn und Zweck von z. B. Technikeinführung zu erläutern und ggf. auch direkt Ängste und Vorbehalte anzusprechen.
2. Frühzeitige Kommunikation anstehender Veränderungen.
3. Anforderungsanalyse und direkter Einbezug der Belegschaft, damit die neue Technik an die späteren Hauptnutzer angepasst werden kann. Dies ist ein wesentlicher Aspekt, da z. B. digitale Assistenzsysteme auf die individuellen Ansprüche der Beschäftigten zugeschnitten sein sollten (Apt et al. 2018). Es ist davon auszugehen, dass die unmittelbare Einbeziehung der Belegschaft die Akzeptanz und die spätere (erfolgreiche) Nutzung der neuen Technologien, Hilfsmittel usw. begünstigt.
4. Zielgruppenanalyse und bedarfsgerechte Qualifizierungen der Beschäftigten tragen dazu bei, dass diese sich sicher im Umgang mit den neuen Technologien fühlen und somit Ängste reduziert werden.
5. Regelmäßige Feedbackschleifen, damit eine Optimierung und somit die nachhaltige Integration der Technik sichergestellt werden kann.

Zweitens sollte im Sinne einer Präventivmaßnahme die Resilienz im Arbeitskontext entwickelt werden (für einen Überblick über verschiedene Resilienzkonzepte und Förderungsprogramme vgl. Scharnhorst 2010). Nach Isemann (2015, S. 730) lässt sich Resilienz auf drei Ebenen fördern:

- auf der individuellen Ebene, die sich auf die persönliche Grundhaltung jedes einzelnen Organisationsmitglieds bezieht. Soucek et al. (2015) unterscheiden zwischen resilienten Ressourcen (Selbstwirksamkeit, Optimismus, Achtsamkeit) und resilienten Verhaltensweisen bei der Arbeit (Emotionale Bewältigung, Positive Umdeutung, Umfassende Planung, Fokussierte Umsetzung). Diese Unterscheidung bietet die Möglichkeit, Trainingsmaßnahmen und Coachings auf zwei Ebenen zu gestalten und so den Wirkungsgrad zu erhöhen. Ein spezieller Fokus sollte dabei auf die Gruppe der Führungskräfte gelegt werden, da Führungskräften bzw. der Unternehmensleitung eine tragende Rolle bei der Förderung organisationaler Resilienz zukommt (z. B. Drath 2016; Hoffmann 2017; Scharnhorst 2010).

- auf der sozialen Ebene, also der Interaktion von Teams z. B. durch Schaffung eines positiven Teamklimas und die bestmögliche Vorbereitung auf vorhersehbare kritische Veränderungen und Ereignisse (Scharnhorst 2008).
- auf der strukturellen Ebene, z. B. durch Überprüfung der Organisationsentwicklung, der Prozesse oder der Kommunikationskultur.

5. Fazit

Die Digitalisierung bietet neben vielen Chancen auch Herausforderungen, denen sich Unternehmen mit ihren Beschäftigten stellen müssen. Ein Schlüssel zum Erfolg besteht sicherlich darin, passgenaue Strategien für die Belegschaften zu entwickeln und mögliche Unterschiede in Technikaffinität und Veränderungsbereitschaft zu berücksichtigen, um z. B. neue Technologien einzuführen. Als weitere wesentliche Säule wird die Entwicklung von Resilienz im Arbeitskontext gesehen, die auf drei Ebenen im Rahmen von Workshops und Coachings gefördert werden kann und sollte.

Literatur

Apt, W., Schubert, M. & Wischmann, S. (2018). Digitale Assistenzsysteme. Perspektiven und Herausforderungen für den Einsatz in Industrie und Dienstleistungen. Berlin: Institut für Innovation und Technik.

Drath, K. (2016). Resilienz in der Unternehmensführung. Haufe-Lexware: Freiburg.

Eilers, S., Möckel, K., Rump, J., Schabel, F. (2017). HR-Report 2017. Schwerpunkt Kompetenzen für eine digitale Welt. Eine empirische Studie des Instituts für Beschäftigung und Employability IBE im Auftrag von Hays für Deutschland, Österreich und die Schweiz. Online verfügbar unter: https://www.hays.de/documents/10192/118775/Hays-Studie-HR-Report-2017.pdf/3df94932-63ca-4706-830b-583c107c098e (Zugriff am 23.03.2018).

Hoffmann, G. P. (2017). Organisationale Resilienz. Kernressource moderner Organisationen. Springer-Verlag: Berlin Heidelberg.

Isemann, K. (2015). Neue Arbeitsbedingungen erfordern neue Fähigkeiten. ASU Arbeitsmed Sozialmed Umweltmed, 50, 730–732.

Reinhart, G., Shen, Y. & Spillner, R. (2013). Hybride Systeme – Arbeitsplätze der Zukunft. Nachhaltige und flexible Produktivitätssteigerung in hybriden Arbeitssystemen. wt Werkstattstechnik online, 103 (6),543–547.

Scharnhorst, J. (2008). Resilienz – neue Arbeitsbedingungen erfordern neue Fähigkeiten. In: Berufsverband Deutscher Psychologinnen und Psychologen e. V. (Hrsg.), Psychische Gesundheit am Arbeitsplatz (S. 51-54). Berlin: Vorstand des BDP, Bundesgeschäftsstelle.

Scharnhorst, J. (2010). Individuelle Widerstandskraft – eine notwendige Kernkompetenz? Personalführung (1), 34–41.

Soucek, R., Pauls, N. Ziegler, M. & Schlett, Ch. (2015). Resilientes Verhalten bei der Arbeit. Wirtschaftspsychologie, 4, 13–22.

Alexander Tirpitz, Deike Schlütter & Angelique Zessin
EO Institut GmbH

Entwicklung organisationaler Resilienz in der Arbeitswelt 4.0

1. Herausforderungen der Arbeitswelt 4.0

Arbeitswelt 4.0 – dieser Begriff beschreibt den derzeitigen Wandel der Arbeitswelt, getrieben von Globalisierung, Digitalisierung und demografischem Wandel.

Globale Arbeitsteilung im gesamten Wertschöpfungsprozess gilt heutzutage als selbstverständlich (Arnold et al. 2016). Die Integration der globalen Wirtschaft ist begleitet von neuen Informations- und Kommunikationstechnologien. Beschleunigte Innovations- und Produktionszyklen sowie neuartige durch die Digitalisierung ermöglichte Dienstleistungen verändern Wertschöpfungsprozesse und stellen neue Anforderungen an die Arbeitsorganisation der betroffenen Betriebe (Warning und Weber 2017). Auch der demografische Wandel stellt einen zentralen Trend der Arbeitswelt 4.0 dar (BMAS 2017). Um langfristig erfolgreich zu bleiben, gilt es, den Übergang in die Arbeitswelt 4.0 aktiv zu gestalten. Unternehmen müssen als Ganzes schnell auf Veränderungen reagieren und richtungsweisende Impulse wahrnehmen können – Resilienz ist hier das Stichwort.

2. Was ist organisationale Resilienz?

Im organisationalen Kontext bezieht sich der Begriff auf die Fähigkeit von Organisationen, auch unter dynamischen Umweltbedingungen zu funktionieren (Hartwig et al. 2016). Der resiliente Umgang mit Veränderungen erfordert die Verzahnung von Fähigkeiten bzw. Routinen auf Beschäftigten-, Führungs- und Organisationsebene (Lengnick-Hall et al. 2011).

2.1 Fähigkeiten auf Beschäftigtenebene

Die Arbeitswelt 4.0 ist aufgrund ständiger Veränderungen durch einen erhöhten Bedarf an Flexibilität und Weiterbildung gekennzeichnet (Bauer et al. 2015). Die Prozesse innerhalb der Unternehmen werden im Hinblick auf technische, organisationale und soziale Dimensionen immer verzahnter, weshalb digital versierte Beschäftigte mit interdisziplinärem Verständnis und einer möglichst vielfältigen Handlungskompetenz an Bedeutung gewinnen (Gebhardt et al. 2015).

Außerdem sind im Rahmen multinationaler und -kultureller Arbeit die Förderung und Weiterentwicklung der individuellen kulturellen sowie emotionalen Intelligenz essentiell.

2.2 Fähigkeiten auf Führungsebene

Hoffmann (2016) beschreibt organisationale Resilienz als unmittelbare Folge der Organisationskultur und Führungskräfte als „Kulturträger". Vier Komponenten des Führungsverhaltens sind von besonderer Bedeutung: Vorbildfunktion, Motivation und Herausforderung durch die Führungskraft, Unterstützung von kritischen Überlegungen sowie die Funktion als Coach. Im Rahmen geeigneter Trainingsprogramme muss Führungskräften ein Gespür für die bestehenden und zukünftigen Herausforderungen der Arbeitswelt 4.0 vermittelt werden.

2.3 Fähigkeiten auf Organisationsebene

Damit die Organisation als Ganzes in resilienter Art und Weise agieren und reagieren kann, bedarf es organisationaler Routinen zur Lern-, Anpassungs-, Widerstands- und Entwicklungsfähigkeit. In Anlehnung an Teece (2007) sind derartige Routinen („dynamic capabilities") insbesondere auf drei Ebenen zu verorten (siehe Tab. 1).

Tab. 1: Drei Ebenen organisationaler Lern-, Anpassungs-, Widerstands- und Entwicklungsfähigkeit

Sensing	Seizing	Transforming
Chancen und Risiken erfassen (Monitoring), relevantes Wissen ansammeln und aufbereiten	Chancen und Risiken begegnen, Wissen intraorganisational teilen und in die Arbeitsprozesse integrieren	Anpassung und Weiterentwicklung durch professionelles Human Resources Management

3. Fallstudie zur organisationalen Resilienz

3.1 Hintergrund

Die Autorinnen und der Autor wurden von einer öffentlichen Organisation damit beauftragt, ein Konzept für die strategische Beratung und Begleitung der Veränderung hin zu einer „resilienten Organisation" auszuarbeiten. Zur Datenerhebung wurden sogenannte World Cafés eingesetzt, in welchen sowohl Beschäftigte als auch Führungskräfte die Förderfaktoren und Hemmnisse organisationaler Resilienz diskutierten.

3.2 Ergebnisse

Abbildung 1 enthält die Ergebnisse der World Cafés, wobei die Nennungen der Teilnehmenden in Themen pro Dimension zusammengefasst sind. Die Teilnehmenden wünschen sich u.a. Angebote zur Gesundheitsförderung und zum Ausbau von Kompetenzen. Es bedürfe einer Kultur, die unter anderem von Vertrauen, Transparenz und Teamgeist geprägt ist und auch die Kommunikation über Hierarchieebenen hinweg fördert. Des Weiteren trage eine angemessene technische und räumliche Ausstattung zur Entwicklung organisationaler Resilienz bei. Auch die Arbeitsorganisation solle hinsichtlich der Anforderungen der modernen Arbeit optimiert werden. Letztlich könnten auch auf Teambuilding ausgerichtete Maßnahmen zur organisationalen Resilienz beitragen.

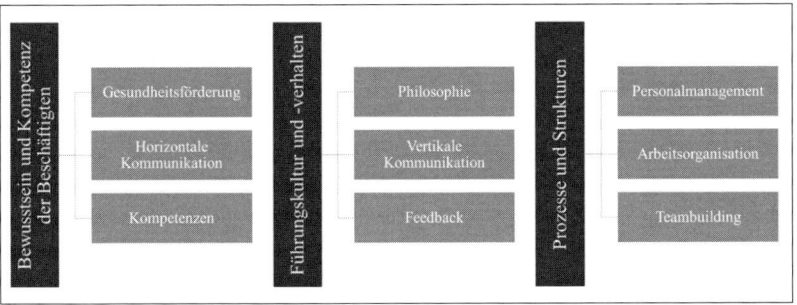

Abb. 1: Ergebnisse des World Cafés (Themen pro Dimension)

3.3 Handlungsstrategie
Die Autorinnen und der Autor schlagen ein ganzheitliches Konzept vor, welches die in den World Cafés identifizierten Dimensionen berücksichtigt.

Strukturen und Prozesse
Ein neues Konzept zur räumlichen und technischen Ausstattung berücksichtigt explizit die Anforderungen der mobilen und flexiblen Arbeit. Über ein elektronisches Feedback-System haben die Beschäftigten die Möglichkeit, auf unzulängliche Strukturen und Prozesse hinzuweisen. Abteilungs- und hierarchieübergreifender Austausch wird mittels verschiedener Formate (z.B. „Lunch & Learn" und Beschäftigtenrotation) gefördert.

Führungskultur und -verhalten
Die Führungskräfte verständigen sich im Rahmen moderierter Workshops auf gemeinsame Grundsätze einer Vertrauens- und Führungskultur, die langfristig eine konstruktive Ergebnis- statt Präsenzorientierung zum Ziel hat. Regelmäßiger Austausch, Schulungen sowie Führungskräfte-Feedback werden eingeführt.

Bewusstsein und Kompetenz der Beschäftigten
Resilienz-Schulungen werden als Pflichtseminar angeboten und durch Resilienz-

Workshops auf Abteilungsebene ergänzt. Im Rahmen letzterer wird gemeinsam ein Resilienz-Kodex im Sinne konkreter Verhaltensanker zur Zusammenarbeit festgelegt. Regelmäßige Aktionen (z. B. Thementage und Newsletter) sollen die Salienz des Themas erhöhen.

4. Fazit

Die Arbeitswelt 4.0 stellt Organisationen vor eine Reihe von Herausforderungen. Herausforderungen, denen mit der Entwicklung organisationaler Resilienz, das heißt einem Set an Fähigkeiten bzw. Routinen, um als Organisation unter dynamischen Umweltbedingungen zu funktionieren, begegnet werden kann.

Literatur

Arnold D., Butschek S., Steffes S. and Müller D. (2016): Digitalisierung am Arbeitsplatz: Aktuelle Ergebnisse aus Betriebs- und Beschäftigtenbefragung, Berlin: BMAS.

Bauer W., Hämmerle M., Schlund S. and Vocke C. (2015): Transforming to a hyper-connected society and economy – Towards an "Industry 4.0", in: Procedia Manufacturing, Jg. 3, Nr. Supplement C, S. 417–424.

BMAS. (2017): Weissbuch: Arbeiten 4.0, online im Internet, URL: http://www.bmas.de/SharedDocs/Downloads/DE/PDF-Publikationen/a883-weissbuch.pdf?__blob=publicationFile&v=9.

Hartwig M., Kirchhoff B., Lafrenz B. and Barth A. (2016): Psychische Gesundheit in der Arbeitswelt: Organisationale Resilienz, Dortmund: BAuA.

Hoffmann G. P. (2016): Organisationale Resilienz: Grundlagen und Handlungsempfehlungen für Entscheidungsträger und Führungskräfte, Wiesbaden: Springer Verlag.

Lengnick-Hall C. A., Beck T. E. and Lengnick-Hall M. L. (2011): Developing a capacity for organizational resilience through strategic human resource management, in: Human Resource Management Review, Jg. 21, Nr. 3, S. 243–255.

Teece D. J. (2007): Explicating dynamic capabilities: The nature and microfoundations of (sustainable) enterprise performance, in: Strategic Management Journal, Jg. 28, Nr. 13, S. 1319–1350.

Warning A. and Weber E. (2017): IAB-Kurzbericht: Aktuelle Analysen aus dem Institut für Arbeitsmarkt- und Berufsforschung, online im Internet, URL: http://doku.iab.de/kurzber/2017/kb1217.pdf.

Arbeitskreis
Arbeitssystemgestaltung: Ambivalenzen moderner Arbeit
Leitung: Christian Seubert

Thomas Höge, Christine Unterrainer & Wolfgang G. Weber
Entgrenzung als unerwünschte „Nebenwirkung" partizipativer, sinnerfüllter Arbeit?

Lisa Hopfgartner, Christian Seubert & Jürgen Glaser
Massenphänomen oder Randerscheinung? Prekäre Beschäftigung – was ist das und wozu führt es?

Severin Hornung, Thomas Höge, Jürgen Glaser & Matthias Weigl
Zuviel des Guten? Mitarbeiterorientierte Personalpraktiken, berufliche Identifikation und Arbeitsfähigkeit

Laura Klara Schoofs & Jürgen Glaser
Selbstverwirklichung in der Arbeit

Thomas Höge, Christine Unterrainer & Wolfgang G. Weber
Universität Innsbruck, Institut für Psychologie

Entgrenzung als unerwünschte „Nebenwirkung" partizipativer, sinnerfüllter Arbeit?

1. Einleitung

Mehr Partizipation von Beschäftigten im Unternehmen ist nicht nur eine berechtigte normative Forderung innerhalb einer demokratischen Gesellschaft (Weber, 1999), sondern es sind auch positive psychologische Effekte zu erwarten (Kruse, 2002). Die hier dargestellte Studie hatte einerseits das Ziel, zu prüfen, ob wohlbefindensförderliche und gesundheitsprotektive Effekte von Partizipation über ein verstärktes Erleben von Sinnerfüllung im Beruf vermittelt werden. Sinnerfüllung im Beruf wird dabei definiert als die individuelle Erfahrung von *Bedeutsamkeit, Zielorientierung, Zugehörigkeit* und *Kohärenz* in Bezug auf Persönlichkeit und Lebenseinstellungen im Rahmen der Arbeitstätigkeit (Schnell et al., 2013). Neben diesen angenommenen positiven Wirkungen von Partizipation über die erlebte Sinnerfüllung wurde ebenfalls geprüft, ob Partizipation auch negative „Nebenwirkungen" aufweist. Hierbei wurde angenommen, dass eine höhere Partizipation von Beschäftigten unter Umständen – ebenso wie andere post-tayloristische Subjektivierungsaspekte von Arbeit (Kratzer, 2003) – zu einer *subjektivierten Arbeitsextensivierung* im Sinne einer verstärkten Entgrenzung von Arbeit ins Privatleben führt. Um diese potenzielle Ambivalenz von Partizipation empirisch zu prüfen, wurden zwei sequenzielle Mediationsmodelle zur Vorhersage des Wohlbefindens bzw. der emotionalen Erschöpfung berechnet (Abb. 1 und Abb.2). Unabhängige Variable war jeweils die Ausprägung der individuell wahrgenommenen Partizipation und die beiden vermittelnden Variablen waren jeweils die Sinnerfüllung im Beruf und die Entgrenzung von Arbeit ins Privatleben.

2. Methoden

Im Rahmen eines studentischen Forschungsseminars wurde eine heterogene Online-Stichprobe bestehend aus $N = 359$ Beschäftigten rekrutiert. Der Frauenanteil betrug 44.8 %. Das Durchschnittsalter betrug 37.92 Jahre (SD = 13.29), die Beschäftigungsdauer 7.64 Jahre (SD = 8.95) und die reguläre wöchentliche Arbeitszeit 35.19 Stunden (SD = 8.46); 79.1 % hatten unbefristete Verträge; 44.6% führten einen Hochschulabschluss und 29.2 % trugen Führungsverantwortung.

2.1 Fragebogeninstrumente
Partizipation wurde mit der Kurzversion des POPD-Fragebogens von Weber und

Unterrainer (2012) erfasst. Der Fragebogen besteht aus 24 Items, welche die Partizipation an Unternehmensentscheidungen auf der operativen, taktischen und strategischen Ebene erfassen. Für diese Auswertung wurde ein Gesamtwert gebildet (Skala: 1-5; MW=2.17, SD=0.97; α = .96). *Sinnerfüllung im Beruf* wurde mit der 6-Item-Skala von Schnell (2008) gemessen (Skala: 1-5; MW = 3.56, SD = 0.97; α = .91). Zur Messung der Entgrenzung der Arbeit ins Privatleben kam eine adaptierte 5-Item-Skala von Kossek et al. (2012) zum Einsatz (Skala: 1-5; MW = 1.75, SD = 0.87; α = .87). Zur Messung des allgemeinen *Wohlbefindens* wurde die deutsche Übersetzung der WHO-5-Items-Skala (Bech et al., 2003) verwendet (Skala: 1-5; MW des Summenwertes = 19.52; SD = 5.01; α = .86). *Emotionale Erschöpfung* als Leitsymptom des Burnout-Syndroms wurde mit der 6-Item-Skala des MBI-GS (Schaufeli et al. 1996) erhoben (Skala: 1-6; MW = 3.35; SD = 1.01; α = .87).

2.2 Auswertungsmethoden
Die Auswertung für die beiden sequenziellen Mediationsmodelle erfolgte mit dem SPSS-Macro PROCESS. In beiden Modellen wurden die Variablen *Geschlecht, Alter* und *Führungsverantwortung* (ja/nein) statistisch kontrolliert. Zur Abschätzung der Signifikanz der indirekten Effekte wurden die 95%-Konfidenzintervalle mittels Bootstrapping (5000 Samples) bestimmt.

3. Ergebnisse

Die Abbildungen 1 und 2 zeigen die standardisierten Regressionskoeffizienten für die sequenziellen Mediationsmodelle. Hypothesenkonform resultierten für beide abhängigen Variablen indirekte Gesundheitseffekte von Partizipation vermittelt über das Erleben von mehr Sinnerfüllung im Beruf. Der positive indirekte Effekte von Partizipation über Sinnerfüllung auf das Wohlbefinden ($β_{ind}$ = .11; 95%CI [.06, .17], Abb. 1) wie auch der negative indirekte Effekt auf emotionale Erschöpfung ($β_{ind}$ = -.09; 95%CI [-.16, -.05], Abb. 2) sind statistisch bedeutsam, da das Konfidenzintervall Null nicht einschließt. Die postulierte „Nebenwirkung" von Partizipation vermittelt über eine verstärkte Entgrenzung von Arbeit ist zwar geringer, aber auch hier sind die indirekten Effekte für Wohlbefinden ($β_{ind}$ = -.05; 95%CI [-.10, -.01], Abb. 1) und emotionale Erschöpfung ($β_{ind}$ = .05; 95%CI [.02, .09], Abb. 2) statistisch bedeutsam. Erwähnenswert ist außerdem, dass in den Mediationsmodellen kein signifikanter Zusammenhang zwischen Sinnerfüllung im Beruf und Entgrenzung resultierte, obwohl die einfache, bivariate Korrelation zwischen diesen beiden Variablen mit r = .12 (p < .05) zwar schwach, aber signifikant war. Diese bivariate Korrelation scheint jedoch ausschließlich auf Drittvariableneffekte (z.B. von Partizipation) und nicht auf einen kausalen Zusammenhang zwischen Sinnerfüllung und Entgrenzung zurück zu führen sein. Partizipation weist in beiden Modellen auch (schwache) direkte Effekte auf das Wohlbefinden (β = .14; $p < .05$) und die emotionale Erschöpfung auf (β = -.12; $p < .05$).

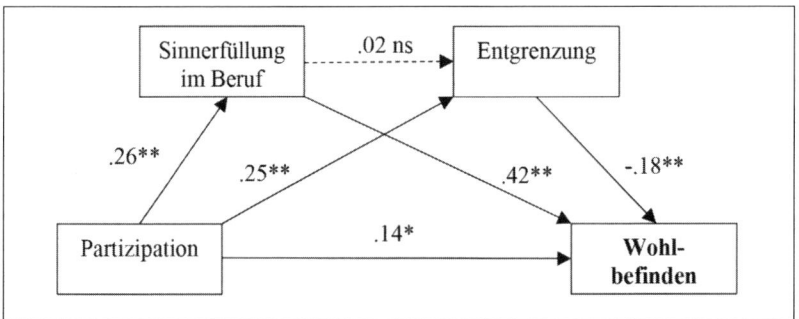

Abb. 1: Mediationsmodell zur Vorhersage des Wohlbefindens (N = 359)

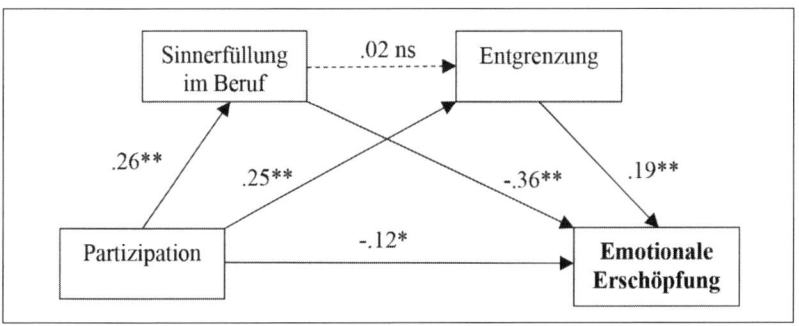

Abb. 2: Mediationsmodell zur Vorhersage der emotionalen Erschöpfung (N = 359)

4. Fazit

Die Ergebnisse belegen einen insgesamt positiven Zusammenhang zwischen Partizipation im Unternehmen und dem Wohlbefinden bzw. einer reduzierten emotionalen Erschöpfung. Diese Zusammenhänge werden teilweise über ein stärkeres Erleben von Sinnerfüllung bei stärker ausgeprägter Partizipation vermittelt. Gleichzeit weisen unsere Daten jedoch auch darauf hin, dass mit höherer Partizipation das Risiko einer Entgrenzung von Arbeit ins Privatleben einhergeht. Um die positiven Effekte von Partizipation wirklich ausschöpfen zu können, sollten gerade in hoch partizipativen Unternehmen bzw. Organisationen protektive Maßnahmen umgesetzt werden, um die Beschäftigten vor diesem Risiko zu schützen. Die dargestellte „negative Nebenwirkung" von Partizipation sollte außerdem insbesondere bei solchen Partizipationsmodellen virulent sein, in denen Partizipation nicht in erster Linie als humanisierungsorientierte Ressource, sondern als subjektivierungsorientierte Rationalisierungsstrategie (Kratzer, 2003) zum Zwecke der Profitmaximierung implementiert wird. Die Studie weist natürlich auch Limitationen auf, welche die Aussagekraft einschränken. Insbesondere sind dies das Querschnittsdesign (keine Kausalität) sowie die Tatsache, dass alle Daten mittels Selbstbericht der Beschäftigten (Fragebogen) erhoben wurden. Zukünftige Forschung sollte zwischen den Wirkungen von Partizipation unterschiedlicher Reichweite bis hin zu wirklich demokratischen Organisationen differenzieren.

Literatur
Bech, P., Olsen, L. R., Kjoller, M., & Rasmussen, N. K. (2003). Measuring well-being rather than the absence of distress symptoms: a comparison of the SF-36 Mental Health subscale and the WHO-Five well-being scale. *International Journal of Methods in Psychiatric Research, 12*(2), 85–91.
Kossek, E. E., Ruderman, M. N., Braddy, P. W., & Hannum, K. M. (2012). Work–nonwork boundary management profiles: A person-centered approach. *Journal of Vocational Behavior, 81*(1), 112–128.
Kratzer, N. (2003). *Arbeitskraft in Entgrenzung: Grenzenlose Anforderungen, erweiterte Spielräume, begrenzte Ressourcen.* Berlin: edition sigma.
Kruse, D. L. (2002). Research evidence on prevalence and effects of employee ownership. *Journal of Employee Ownership Law and Finance,* 14 (4), 65–90.
Schaufeli, W. B., Leiter, M. P., Maslach, C., & Jackson, S. E. (1996). Maslach Burnout Inventory – General Survey (MBI-GS). In C. Maslach, S. E. Jackson & M.P. Leiter. *Maslach Burnout Inventory Manual* (3d ed.). Palo Alto, CA: Consulting Psychologists Press.
Schnell, T. (2008). *Adaption des Fragebogens zu Lebensbedeutungen und Lebenssinn zur Messung beruflicher Sinnerfüllung.* Unveröffentlichtes Manuskript. Universität Innsbruck: Institut für Psychologie.
Schnell, T., Höge, T., & Pollet, E. (2013). Predicting meaning in work: Theory, data, implications. *The Journal of Positive Psychology, 8*(6), 543–554.
Weber, W. G. (1999). Organisationale Demokratie. Anregungen für innovative Arbeitsformen jenseits bloßer Partizipation? *Zeitschrift für Arbeitswissenschaft, 53*(4), 270–281.
Weber, W. G., & Unterrainer, C. (2012). The analysis of preconditions for the fostering of democratic behavioural orientations in business organizations – the ODEM questionnaire (POPD). In Weber, W. G., Thoma, M., Ostendorf, A., & A. Chisholm (Eds.), *Democratic competences and social practices in organizations* (pp. 118–143). Wiesbaden: VS Verlag für Sozialwissenschaften.

Lisa Hopfgartner, Christian Seubert & Jürgen Glaser
Universität Innsbruck/Institut für Psychologie

Massenphänomen oder Randerscheinung? Prekäre Beschäftigung – was ist das und wozu führt es?

1. Theoretischer Hintergrund

1.1 Begriffsbestimmung: Prekäre Beschäftigung

Das Wort „prekär" stammt lexikalisch von „précaire" ab und bedeutet: durch Bitten erlangt, widerruflich, unsicher, heikel. Der Begriff wird im Arbeitskontext oft mit rückläufigen Normalarbeitsverhältnissen und einem Anstieg atypischer Arbeitsverhältnisse verwendet, um auf damit verbundene Probleme, Unsicherheiten und Benachteiligungen aufmerksam zu machen. *Prekäre Beschäftigung* ist jedoch keine einheitlich definierte Bezeichnung für bestimmte Beschäftigungsverhältnisse. Im Laufe der Zeit entwickelten sich verschiedenste Konzepte, wodurch eine gewisse begriffliche Willkür entstand. In diesem Beitrag wird ein soziologisches, multidimensionales Konzept (Brinkmann, Dörre, Röbenack, Kraemer & Speidel, 2006) vorgestellt, das als Basis für die Entwicklung des Erhebungsinstrumentes SEAP diente (Skalen zur Erfassung von arbeitsbezogenem Prekaritätserleben). Während manche Konzepte prekäre Beschäftigung nur durch einzelne strukturelle Kriterien (z.B. Befristung) oder subjektive Aspekte (z.B. wahrgenommene Arbeitsplatzunsicherheit) definieren, existieren mittlerweile auch mehrdimensionale Konzepte zu prekärer Beschäftigung (z.B. Brinkmann et al., 2006; Vives et al., 2010). Nach Dörre (2005, S. 252) kann ein Arbeitsverhältnis „[...] als prekär bezeichnet werden, wenn die Beschäftigten deutlich unter ein Einkommens-, Schutz- und Integrationsniveau sinken, das in der Gegenwartsgesellschaft als Standard definiert und mehrheitlich anerkannt wird. Beschäftigungsunsicherheit und Löhne unterhalb des Existenzminimums sind [...] zentrale Merkmale für Prekarität. Sinnverluste, soziale Isolation, Statusunsicherheit sowie Anerkennungs- und Planungsdefizite stehen für Prekarisierungstendenzen [...]".

1.2 Fünf Dimensionen prekärer Beschäftigung

Auf Basis dieses Verständnisses schlagen Brinkmann et al. (2006) fünf Dimensionen prekärer Beschäftigung vor, die als dynamisch und sich wechselseitig beeinflussend gesehen werden. In starker Anlehnung daran unterscheiden wir folgende Dimensionen: Die *reproduktiv-materielle Dimension* umfasst finanzielle Aspekte (Einkommen) und dadurch entstehende Unsicherheit. Die *sozial-kommunikative Dimension* bezieht sich auf die Möglichkeit zur gleichberechtigten Integration am Arbeitsplatz und auf arbeitsbezogene kommunikative Aspekte (Informationen). Die *rechtlich-institutionelle (Partizipations-)Dimension* umfasst arbeits- und sozialrechtliche Aspekte (Arbeits- und Gesundheitsschutz) sowie Partizipationschancen innerhalb der Institution. Die *Status- und Anerkennungsdimension* betrifft die Anerkennung der Arbeit durch die Gesellschaft, den Bekannten- und Familienkreis. Die *sinnhaft-subjektbezogene Dimension* bezieht sich auf die erlebte berufliche Sinnerfüllung und die Identifikation mit der Arbeitstätigkeit.

1.3 Bisherige Forschungsergebnisse
Es ist bekannt, dass Arbeitsplatzunsicherheit die Gesundheit und das Wohlbefinden negativ beeinflussen (z. B. De Witte, Pienaar & De Cuyper, 2016). Soziale Unterstützung am Arbeitsplatz konnte in vielen wissenschaftlichen Untersuchungen als protektiver Faktor bestätigt werden (z. B. Cohen & Wills, 1985). Umgekehrt ist davon auszugehen, dass sich Desintegration am Arbeitsplatz und verwehrte Partizipationschancen negativ auswirken. Bekannt ist außerdem, dass sich fehlende Anerkennung und Wertschätzung gesundheitlich negativ auswirken (z. B. Siegrist, 1996). Sinnhaftigkeit in der Arbeit hängt hingegen positiv mit Wohlbefinden zusammen (z. B. Arnold, Turner, Barling, Kelloway & Mckee, 2007).

2. Methode
Die Skalen zur Erfassung von arbeitsbezogenem Prekaritätserleben (SEAP) wurden einer Validierungsstudie ($N = 268$) unterzogen. Der Großteil der TeilnehmerInnen war weiblich (75 %; männlich: 24 %) und ÖsterreicherIn (67 %) mit einem Durchschnittsalter von 26 Jahren (SD = 6.65). 54 % arbeiteten in Teilzeit (mittlere Vertragsarbeitszeit: 19 Std.; mittlere tatsächliche Arbeitszeit: 22 Std.; mittleres Nettoeinkommen: 881 €). 30 % hatten eine geringfügige Beschäftigung (mittlere Vertragsarbeitszeit: 9 Std.; mittlere tatsächliche Arbeitszeit: 10 Std.; mittleres Nettoeinkommen: 348 €). 16 % übten eine Vollzeitbeschäftigung aus (mittlere Vertragsarbeitszeit: 39 Std.; mittlere tatsächliche Arbeitszeit: 44 Std.; mittleres Nettoeinkommen: 1976 €). Bei 26 % war das Arbeitsverhältnis befristet.

Arbeitsbezogenes Prekaritätserleben wurde mit dem neu entwickelten Instrument SEAP gemessen. Die Skala umfasst 15 Items (drei Items je Dimension). Die Aussagen waren auf zwei Antwortskalen einzuschätzen – Zustimmung zum Vorliegen prekärer Merkmale („Inwieweit trifft dies zu?"; 1 = „gar nicht"; 5 = „voll und ganz"; $M = 2.15$; $SD = 0.68$) und Beanspruchung durch diese („Belastet Sie das?"; 1 = „gar nicht"; 5 = „sehr"; $M = 1.72$; $SD = 0.63$). Die interne Konsistenz der Gesamtskala war sowohl für „Zustimmung" ($\alpha = .85$) als auch für „Beanspruchung" ($\alpha = .86$) gut.

Wohlbefinden wurde anhand des WHO-5 Index gemessen (WHO, 1998). Der WHO-5 umfasst fünf Items ($\alpha = .86$) und ist auf einer sechsstufigen Antwortskala zu beantworten (1 = „zu keinem Zeitpunkt" bis 6 = „die ganze Zeit"; $M = 3.43$; $SD = 1.07$).

Somatische Beschwerden wurden mit 12 Items des Occupational Stress Indicators (Cooper & Williams, 1991) gemessen. Die Items ($\alpha = .86$) wurden auf einer sechsstufigen Antwortskala (1 = „kaum oder nie" bis 6 = „sehr oft"; $M = 2.47$; $SD = 0.86$) beantwortet.

3. Ergebnisse

Zur Überprüfung der strukturellen Validität wurden konfirmatorische Faktorenanalysen berechnet. Für beide Antwortskalen weisen die Modelle mit der angenommenen Struktur von fünf Faktoren eine gute Passung auf (Zustimmung: $\chi^2(80) = 121.57$; $p < .01$; $\chi^2/df = 1.52$; CFI = .97; TLI = .96; RMSEA = .04; CI_{RMSEA} = [.03; .06]ns; Beanspruchung: $\chi^2(80) = 129.45$; $p < .01$; $\chi^2/df = 1.62$; CFI = .97; TLI = .96; RMSEA = .05; CI_{RMSEA} = [.03; .06]ns).

Tab. 1: M (SD) ausgewählter Kriterien für SEAP (Skala „Zustimmung").

	Prekarität	Wohlbefinden	Somatik	Einkommen (€)
Prekaritätserleben (1. Quartil)	1.30 (0.18)	4.00 (0.85)	1.87 (0.53)	1322 (811)
Prekaritätserleben (4. Quartil)	3.12 (0.48)	2.71 (1.04)	3.14 (0.89)	782 (438)

Tab. 2: M (SD) ausgewählter Kriterien für SEAP (Skala „Beanspruchung").

	Prekarität	Wohlbefinden	Somatik	Einkommen (€)
Prekaritätserleben (1. Quartil)	1.10 (0.08)	3.93 (0.91)	1.91 (0.59)	1062 (823)
Prekaritätserleben (4. Quartil)	2.57 (0.57)	2.78 (0.96)	3.12 (0.93)	824 (498)

Die kriteriumsbezogene Validität beider Antwortskalen wurde anhand des Wohlbefindens (Zustimmung: $r = .41$, $p < .01$; Beanspruchung: $r = .48$, $p < .01$), der somatischen Beschwerden (Zustimmung: $r = .51$, $p < .01$; Beanspruchung: $r = .59$, $p < .01$) und des Einkommens (Zustimmung: $r = .23$, $p < .01$; Beanspruchung: $r = .08$, $p = .21$) untersucht. Wie aus den Vergleichen des. 1. und 4. Quartils des Prekaritätserlebens ersichtlich wird (Tab. 1 und Tab. 2), geht höheres arbeitsbezogenes Prekaritätserleben mit geringerem Wohlbefinden (Zustimmung: $t[116] = 7.37; p < .01$; $d = 1.35$; Beanspruchung: $t[132] = 7.10; p < .01; d = 1.23$) und höheren somatischen Beschwerden (Zustimmung: $t[98] = 9.42; p < .01; d = 1.72$; Beanspruchung: $t[110] = 9.02; p < .01; d = 1.56$) einher. Zudem war die Zustimmung zu arbeitsbezogener Prekarität assoziiert mit einem geringeren Beschäftigungsausmaß ($r_s = .15$; $p = .02$), Leiharbeit ($rr_{pb} = .19; p < .01$), Kündigungsabsicht ($r_s = .46; p < .01$), Migrationshintergrund ($rr_{pb} = .23; p < .01$), fehlender Kranken- und Pensionsversicherung durch die Arbeit ($r_{pb} = .12; p < .05; rr_{pb} = .19; p < .01$) und Arbeitslosigkeit in den letzten zwei Jahren ($r_{pb} = .14; p = .03$). Das Erleben von Prekarität als subjektive Beanspruchung war assoziiert mit Kündigungsabsicht ($r_s = .48; p < .01$) und Migrationshintergrund ($r_{pb} = .21; p < .01$). Die Ergebnisse dieser ersten Validierungsstudie der SEAP sind vielversprechend und deuten darauf hin, dass das Instrument zur validen Erfassung von arbeitsbezogenem Prekaritätserleben geeignet ist.

Literatur

Arnold, K. A., Turner, N., Barling, J., Kelloway, E. K., McKee, M C. (2007). Transformational leadership and psychological well-being: The mediating role of meaningful work. *Journal of Occupational Health Psychology, 12*(3), 193–203.

Brinkmann, U., Dörre, K., Röbenack, S., Kraemer K. & Speidel F. (2006). *Prekäre Arbeit. Ursachen, Ausmaß, soziale Folgen und subjektive Verarbeitungsformen unsicherer Beschäftigungsverhältnisse*. Bonn: Friedrich-Ebert-Stiftung.

Cohen, S. & Wills, T. A. (1985). Stress, social support, and the buffering hypothesis. *Psychological Bulletin, 98*(2), 310–357.

Cooper, C. L. & Williams, J. (1991). A validation study of the OSI on a blue-collar sample. *Stress Medicine, 7,* 109–112.

De Witte, H., Pienaar, J. & De Cuyper, N. (2016). Review of 30 years of longitudinal studies on the association between job insecurity and health and well-being: Is there causal evidence? *Australian Psychologist, 51,* 18–31.

Dörre, K. (2005). Prekarität – Eine arbeitspolitische Herausforderung. *WSI-Mitteilungen, 5,* 250–258.

Siegrist, J. (1996). Adverse Health Effects of High-Effort/Low-Reward Conditions. *Occupational Health Psychology, 1*(1), 27–41.

Sverke, M., Hellgren, J. & Näswall K. (2002). No security: A meta-analysis and review of job insecurity and its consequences. *Journal of Occupational Health Psychology, 7*(3), 242–264.

Vives, A., Amable, M., Ferrer, M., Moncada, S., Llorens, C., Muntaner, C., ... Benach, J. (2010). The Employment Precariousness Scale (EPRES): Psychometric properties of a new tool for epidemiological studies among waged and salaried workers. *Occupational and Environment Medicine, 67,* 548–555.

World Health Organization [WHO] Collaborating Center of Mental Health (1998). *WHO (Five) well-being index*. Geneve: World Health Organization.

Severin Hornung[1,2], Thomas Höge[2], Jürgen Glaser[2] & Matthias Weigl[3]
[1]*Carnegie Mellon University, Heinz College;* [2]*Universität Innsbruck, Institut für Psychologie;* [3]*Universität München, Institut für Arbeitsmedizin*

Zuviel des Guten? Mitarbeiterorientierte Personalpraktiken, berufliche Identifikation und Arbeitsfähigkeit

1. Einleitung

Eingebettet in den strategischen Rahmen der Personalpolitik bzw. des „Human Resource Managements" können Personalpraktiken als Komponenten der unternehmensspezifischen Organisationsform des Faktors „Arbeit" verstanden werden (Herkle, 2011). Aus einer systemtheoretischen Perspektive wird dabei die klassische Unterteilung anhand der Kernfunktionen des Personalwesens (z.B. Personalbeschaffung, -entwicklung, -vergütung und -freisetz-ung) abgelöst durch die Betrachtung integrierter „Bündel" synergistischer Praktiken (Subramony, 2009). Diese bilden die Basis hochleistungsorientierter Arbeitssysteme („high-performance work systems"), deren nach motivationalen Kriterien gestaltete Varianten als bindungs- („high-commitment") oder beteiligungsorientiere („high-involvement") Konfigurationen gelten (Ramsay, Scholarios & Harley, 2000). Die in diesem Kontext einbezogenen Praktiken umfassen beispielsweise Arbeitsplatzsicherheit, Sozialleistungen, Arbeitsgestaltung, Gruppenarbeit, Personalentwicklung, gerechte Leistungsbeurteilung, Entlohnung und Beförderungen sowie partizipative Führungsansätze (Posthuma, Campion, Masimova & Campion, 2013). Die Kernannahme, dass positive mitarbeiterseitige Auswirkungen zwischen integrierten Komponenten eines Personalmanagementsystems und der organisationalen Leistungserbringung vermitteln, gilt inzwischen als belegt (Saridakis, Lai & Cooper, 2017; Subramony, 2009). Theoretisch kontrovers und empirisch unklar bleibt die Beziehung zwischen progressiven Personalpraktiken und der Gesundheit der Mitarbeiterschaft. Dieses Spannungsfeld resultiert aus der einerseits die Mitarbeiter unterstützenden und fördernden Ausrichtung derartiger Praktiken sowie andererseits deren instrumenteller Funktion zur Leistungssteigerung, verbunden mit den negativen gesundheitlichen Implikationen von Arbeitsintensivierung (Kashefi, 2009; Ramsay et al., 2000). In Abgrenzung zu Intensivierungsformen die primär auf technischen und organisatorischen Kontrollsysteme basieren, werden hierbei insbesondere selbstgesteuerte oder „subjektivierte" Leistungssteigerungen durch die Ausnutzung motivationaler und sozialer Prozesse erwirkt.

2. Methode

Die ambivalente Dialektik mitarbeiterorientierter Personalpraktiken wurde im Zusammenhang mit selbstberichteter Arbeitsfähigkeit anhand der mediierenden und moderierenden Rollen von beruflicher Identifikation in einer umfangreichen Fragebogenstichprobe regressionsanalytisch untersucht.

2.1 Stichprobenbeschreibung

Die Studie basiert auf einer Mitarbeiterbefragung der etwa 30.000 Bediensteten einer deutschen Großstadt (Beteiligungsquote ca. 50%). Nach Ausschluss von Datensätzen mit fehlenden Werten bei Kernkonstrukten umfasste die Stichprobe N = 11,871 Personen (55.3% Frauen). Das Lebensalter wurde mit sechs, die Beschäftigungsdauer mit fünf Kategorien erhoben. Die jeweils am stärksten besetzten Kategorien waren „40 bis 49 Jahre" (32.0%) und „20 Jahre und länger" (36.6%). Gesundheitliche Einschränkungen durch eine Schwerbehinderung wurden von 7.1% berichtet. Die Mehrheit von 71.6% arbeitete in regulärer Vollzeitbeschäftigung; 22.6% nahmen Führungsaufgaben wahr. Basierend auf Angaben zu Fachrichtung und Organisationsbereich wurden vier Berufsgruppen unterschieden: 41.8% Verwaltungsberufe (z.B. Meldewesen, Finanzen); 24.2% technische Berufe (z.B. Wasserwerke, Landschaftspflege); 27.9% Sozialberufe (z.B. Schulen, Kindergärten, Gesundheitsdienst); 6.1% Sonstige bzw. keine Angabe.

2.2 Fragebogeninstrumente

Der Fragebogen umfasste drei Teile. Personen- und beschäftigungsbezogene Fragen des ersten Teils dienten als Kontrollvariablen. Der zweite Teil war ein kommerzielles Mitarbeiterbefragungsinstrument, aus dem drei 6-Item Skalen extrahiert wurden (Antwortformat: 1 = „trifft fast gar nicht zu"; 5 = „trifft fast völlig zu"). Mitarbeiterorientierte Personalpraktiken umfassen zwei Bündel mit jeweils drei thematischen Itempaaren: a) *Partizipative Managementpraktiken* (α = .89, MW = 3.47, SD = 0.86) beinhalten Mitarbeiterbeteiligung, Kommunikation und Aufgabendelegation; b) *Verantwortliche Beschäftigungspraktiken* (α = .74, MW = 3.39, SD = 0.72) beziehen sich auf Entlohnung, Arbeitsschutz und Ausstattung. Die Skala zur beruflichen Identifikation (α = .88, MW = 3.69, SD = 0.84) enthält Aspekte von Arbeitsengagement, Sinnhaftigkeit und organisationaler Bindung. Zuletzt wurde die abhängige Variable mit dem „Work Ability Index" (Ilmarinen, 2009) erhoben. Dieser operationalisiert mit sieben Dimensionen das Konstrukt der Arbeitsfähigkeit (α = .78, MW = 38.97, SD = 6.40) als Gesamtheit der Faktoren, die Beschäftigte in die Lage versetzen, die Anforderungen ihrer Arbeit zu erfüllen.

3. Ergebnisse

Regressionsanalysen wurden mit standardisierten Variablen und multiplikativen Interaktionstermen unter schrittweisem Einschluss definierter Variablenblöcke durchgeführt. In allen Modellen umfasste der erste Block die Kontrollvariablen Geschlecht, Alter, Beschäftigungsdauer, Schwerbehinderung, Teilzeit, Führungsposition, Verwaltungsberufe, technische Berufe und Sozialberufe. Zur Untersuchung der Vermittlerrolle von beruflicher Identifikation fungierte diese zunächst als abhängiges Konstrukt. Partizipative Managementpraktiken ($\beta = .41$, $p < .01$) und verantwortliche Beschäftigungspraktiken ($\beta = .32$, $p < .01$) zeigten signifikante Einflüsse. Zusätzlich bestand ein Interaktionseffekt ($\beta = .02$, $p < .05$), sodass die gleichzeitig hohe Ausprägung beider Praktiken zu maximaler Identifikation führte. Im nächsten Modell wurden positive Zusammenhänge zwischen partizipativen Managementpraktiken ($\beta = .18$, $p < .01$) und verantwortlichen Beschäftigungspraktiken ($\beta = .31$, $p < .01$) und Arbeitsfähigkeit etabliert. Diese verringerten sich ($\beta = .06$, $p < .01$ und $\beta = .22$, $p < .01$) als berufliche Identifikation ($\beta = .30$, $p < .01$) aufgenommen wurde. Bestätigt wurde somit eine partielle Mediation, die für Managementpraktiken deutlicher ausfiel.

Zur Testung der moderierenden Rolle von beruflicher Identifikation beinhaltete der nächste Block die Zweifachinteraktionen. Interpretierbar war zunächst nur die Kombination aus Identifikation und Beschäftigungspraktiken ($\beta = -.04$, $p < .01$), nicht aber die beiden anderen Interaktionsterme. Erst als im letzten Schritt die Dreifachinteraktion eingeführt wurde ($\beta = -.06$, $p < .01$) waren sowohl die Interaktion zwischen Identifikation und Beschäftigungspraktiken ($\beta = -.05$, $p < .01$) als auch die zwischen Identifikation und Managementpraktiken signifikant ($\beta = -.03$, $p < .05$). In den Moderationsanalysen zeigten somit verantwortliche Beschäftigungspraktiken das klarere Ergebnismuster. Grafische Darstellungen unterstützen die Interpretation als reduzierende oder abpuffernde Wirkung der positiven gesundheitlichen Auswirkungen mitarbeiterorientierter Personalpraktiken durch hohe berufliche Identifikation.

4. Diskussion

Mitarbeiterorientierten Personalpraktiken kommt in kontemporären Arbeitssysteme eine ambivalente Doppelrolle zu, da die Unterstützung der Beschäftigen primär im Dienst organisationaler Interessen an Produktivitäts- und Leistungssteigerungen steht. Jenseits der euphemistischen Rhetorik von der „Ausschöpfung von Mitarbeiterpotentialen" oder des „work smarter not harder", wurde eine neue Qualität psychologischer Inwertsetzungsstrategien als „partizipative Rationalisierung" oder „subjektivierte Arbeitsintensivierung" kritisch analysiert (z. B. Moldaschl & Voß,

2002). Diese, an der soziologischen Arbeitsprozesstheorie orientierte Forschungsrichtung weist auf einen blinden Fleck der Arbeits- und Organisationspsychologie hin, der als „Machbarkeitsmythos der anstrengungslosen Leistungssteigerung" bezeichnet werden kann. Die vorliegende Studie zählt zu den wenigen, die diese Problematik mittels quantitativer Methodik sichtbar machen (vgl. Kashefi, 2009; Ramsay et al., 2000). Dabei wurden die gesundheitsförderlichen Auswirkungen mitarbeiterorientierter Personalpraktiken durch positive Zusammenhänge mit Arbeitsfähigkeit demonstriert, wobei der Mitarbeiteridentifikation eine Vermittlungsfunktion zukommt. Ebenfalls bestätigt wurde eine negative moderierende, d. h. abpuffernde Wirkung von Identifikation, sodass der gesundheitliche Nutzen bei hoch involvierten Beschäftigten schwächer ausfällt. Dieser „Trade-off" zwischen psychischem Arbeitseinsatz und der Erhaltung der Leistungsfähigkeit konnte sowohl für die Zweifach- als auch die kombinierte Dreifachinteraktion gezeigt werden.

Dies unterstreicht die theoretische und praktische Notwendigkeit, mitarbeiterorientierte Maßnahmen des Personalmanagements auf potentiell entstehende Belastungen und unerwünschte Nebenwirkungen zu prüfen. Insbesondere dürfen bei der Bewertung motivationsorientierter Praktiken auch aus psychologischer Perspektive die Schattenseiten von indirekter Steuerung, subjektivierter Arbeitsintensivierung und selbstgefährdendem Überengagement nicht vernachlässigt werden.

Literatur
Herkle, H. (2011). Die Identität der Organisation und die Organisation der Identität. Wiesbaden: VS Verlag für Sozialwissenschaften.
Ilmarinen, J. (2009). Work ability – a comprehensive concept for occupational health research and prevention. Scandinavian Journal of Work, Environment & Health, 35, 1–5.
Kashefi, M. (2009). Job satisfaction and/or job stress: The psychological consequences of working in 'high performance work organizations'. Current Sociology, 57, 809–828.
Moldaschl, M. & Voß, G.G. (2002). Subjektivierung von Arbeit. München: Hampp.
Posthuma, R.A., Campion, M.C., Masimova, M. & Campion, M.A. (2013). A high performance work practices taxonomy: Integrating the literature and directing future research. Journal of Management, 39, 1184–1220.
Ramsay, H., Scholarios, D. & Harley, B. (2000). Employees and high-performance work systems: Testing inside the black box. British Journal of Industrial Relations, 38, 501–531.
Saridakis, G., Lai, Y. & Cooper, C.L. (2017). Exploring the relationship between HRM and firm performance: A meta-analysis of longitudinal studies. Human Resource Management Review, 27, 87–96.
Subramony, M. (2009). A meta-analytic investigation of the relationship between HRM bundles and firm performance. Human Resource Management, 48, 745–768.

Laura Klara Schoofs & Jürgen Glaser
Leopold-Franzens-Universität Innsbruck

Selbstverwirklichung in der Arbeit

1. Stand der Forschung

Bereits Philosophen der Antike beschäftigten sich mit Selbstverwirklichung. Aristoteles beschrieb eine ethisch bedeutsame Lebensführung im Sinne der Eudaimonie, die durch Verwirklichung des eigenen höchsten Potenzials erreicht wird (vgl. Ryff & Singer, 2008). Demnach wäre Selbstverwirklichung ein individueller Prozess, abhängig von persönlichen Dispositionen und Tugenden. Der eudamonische Ansatz wird etwa auch in Maslows Bedürfnistheorie (1962) mit dem Wachstumsmotiv zur Selbstverwirklichung aufgegriffen und im Arbeitskontext mit der *Growth Need Strength* im Job Characteristics Model von Hackman und Oldham (1975) thematisiert. Heutzutage wird besonders der jungen *Generation Y* ein ausgeprägtes Bedürfnis nach Selbstverwirklichung zugeschrieben (Ng et al., 2010).

Humanistische Ansätze, allen voran die Human Relations-Studien und der soziotechnische Systemansatz, haben das Konzept der Selbstverwirklichung im Sinne einer Kompetenz- und Persönlichkeitsentwicklung in den Kontext der Erwerbsarbeit gebracht. Ein frühes Ziel bestand darin, monotone und sinnentleerte Arbeitsumgebungen zu überwinden und menschengerechte Arbeitsbedingungen zu schaffen, die der persönlichen Entwicklung dienen (Ulich, 2011). Persönlichkeitsentwicklung wurde in der Handlungsregulationstheorie zum Hauptziel humaner Arbeitsgestaltung.

Nach der vollzogenen Wende hin zu einer Positiven Psychologie wurde die florierende *Happiness*-Forschung mit ihrem häufigen Fokus auf hedonisches Wohlbefinden vom eudaimonischen bzw. psychologischen Wohlbefinden durch Ryff (1989) sowie Ryff und Singer (2008) abgegrenzt. In einem theoriegeleiteten Modell werden sechs Dimensionen des psychologischen Wohlbefindens beschrieben und operationalisiert. Unter anderem zählen *Selbstakzeptanz* und *Autonomie* als Voraussetzungen, um psychologisch optimal zu funktionieren (Ryff, 1989).

Das heutige Arbeitsleben stellt neuartige und steigende Anforderungen an Beschäftigte (Höge & Hornung, 2015). In der Forschung werden häufig negative Effekte auf das Abschalten und die Erholung von der Arbeit thematisiert. Potenziell förderliche Aspekte im Sinne einer Selbstverwirklichung wurden bislang kaum untersucht. Selbstverwirklichung in der Arbeit kann sich in motivationaler Hinsicht (intrinsische Arbeitsmotivation), in kognitiver Hinsicht (erlebte Sinnerfüllung in der Arbeit) und in verhaltensbezogener Hinsicht (erlebte Selbstwirksamkeit in der Arbeit) äußern. In einer prospektiven Längsschnittstudie konnten förderliche Effekte von Lernanforderungen und Qualifizierungsmöglichkeiten auf diese Indikatoren der Selbstverwirklichung belegt werden (Glaser at al., 2018). Hier zeigte sich, dass im Zusammenspiel zwischen neuartigen Arbeitsanforderungen mit passenden Ressourcen ein weiterer Mehrwert für die intrinsische Arbeitsmotivation entsteht.

Wie sich Selbstverwirklichung auf die Leistung einer Gruppe auswirkt, wie die Arbeitskultur im Betrieb damit zusammenhängt und welche Rolle das Führungsverhalten hierbei spielt, wurde bislang nicht untersucht. Auch die Frage, wie individuelle Bedürfnisse in der Arbeit zu berücksichtigen sind, um Selbstverwirklichung zu ermöglichen, ist weitgehend ungeklärt.

2. Das Forschungsvorhaben
2.1 Studie I

In einer Fragebogenstudie bei Erwerbstätigen werden Zusammenhänge von Arbeitsbedingungen, Führungsverhalten, arbeitsbezogenen Bedürfnissen und Indikatoren der Selbstverwirklichung im Längsschnitt untersucht. Mit der Studie sollen empirische Befunde zur förderlichen Wirkung von Lernanforderungen und Qualifizierungsmöglichkeiten für die Selbstverwirklichung in der Arbeit (Glaser et al., 2018) repliziert werden. Analysen der Längsschnittstudie zeigten zu jedem Messzeitpunkt positive Zusammenhänge von Lernanforderungen und -möglichkeiten sowie Selbstregulationsanforderungen und -spielräumen mit motivationalen, kognitiven und handlungsbezogenen Indikatoren der Selbstverwirklichung in der Arbeit. Zudem sollen in der Studie vermutete Zusammenhänge von transformationaler Führung und Teamklima, vermittelt über Bedürfnisbefriedigung im Sinne der Selbstbestimmungstheorie, auf positive Effekte für eudaimonisches (psychologisches) Wohlfinden und insbesondere Selbstverwirklichung in der Arbeit untersucht werden. Ein durch Inspiration und Motivation geprägtes Führungsverhalten trägt positiv zur Erfüllung von Bedürfnissen in der Arbeit bei. So wurden signifikante Effekte des Führungsverhaltens auf die erlebte Autonomie und Kompetenz der Teammitglieder und deren Leistung gefunden (Hetland et al., 2011). Nach der Selbstbestimmungstheorie (Ryan & Deci, 2001) kann die Erfüllung grundlegender Bedürfnisse nach Autonomie, Kompetenz und Anschluss in der Arbeit als Voraussetzung für psychologisches Wohlbefinden im Sinne der Selbstverwirklichung erachtet werden.

2.2 Studie II

In der zweiten Studie wird der Einfluss des Führungsverhaltens, vermittelt über den Grad der Selbstverwirklichung, auf die Leistung des Teams untersucht. Basierend auf Erkenntnissen von McClelland (1987) werden mit dem *Actualized Leader Profile*

(Sparks & Repede, 2016) drei Schlüsselbedürfnisse der menschlichen Motivation – das Bedürfnis nach Leistung, nach Zugehörigkeit und nach Macht – analysiert. Jedes dieser drei Schlüsselbedürfnisse wird mit einem bestimmten Führungsverhalten assoziiert, welches wiederum Einfluss auf die Teamleistung hat. So kreiert eine Führungsperson mit dem ausgeprägten Bedürfnis nach Zugehörigkeit möglicherweise eine *theatralische* Gruppenkultur, geprägt durch eine Norm der Höflichkeit. In dieser Kultur kann es an direkter Kommunikation sowie Entschlossenheit mangeln, da Konflikte und Konfrontationen gemieden werden. In Verbindung mit den jeweiligen, durch die drei Grundbedürfnisse geprägten Führungsverhaltensweisen, wird auch das Maß an Selbstverwirklichung analysiert. Erwartet wird, dass ein hoher Grad an Selbstverwirklichung zu einer Gruppenkultur beiträgt, die durch offene Kommunikation und Commitment, sowie elaborierte Problemlösungskompetenzen gekennzeichnet ist (Sparks & Repede, 2016).

Neben wissenschaftlichen Forschungsimpulsen soll diese Studie auch praktische Erkenntnisse für eine zeitgemäße Mitarbeiterführung im Sinne der Förderung von Selbstverwirklichung liefern.

2.3 Studie III
Schon Maslow (1962) ging davon aus, dass Menschen nicht als selbstverwirklichte Individuen geboren werden, sondern die Möglichkeit der Veränderung besteht, um das Maß an Selbstverwirklichung – definiert als Realisierung unseres höchsten Potenzials – zu steigern. Im Arbeitskontext dürfte damit also auch eine verbesserte Arbeitsleistung einhergehen. Selbstverwirklichung im betrieblichen Kontext durch Gestaltung der Arbeitsbedingungen zu unterstützen und durch Trainingsmaßnahmen zu fördern, wäre eine wünschenswerte Kombination aus verhältnis- und verhaltenspräventierter Arbeitsgestaltung. Ergänzend zu den ersten beiden Studien mit ihrem Fokus auf verhältnispräventive Aspekte (Arbeitsbedingungen und Führungsverhalten), soll in der dritten Studie die Wirksamkeit einer zweitägigen Intervention zur Förderung von Selbstverwirklichung in der Arbeit geprüft werden. Primäres Ziel des sogenannten *Transformational Change* Trainings ist ein besseres Verständnis für die eigene Selbstverwirklichung und die einhergehende Leistungssteigerung. Die Intervention basiert auf dem sogenannten *Zyklus der verwirklichten Leistung* und bietet somit eine Gesamtlösung für individuelle Entwicklungsbedürfnisse sowie für Leistungssteigerungen des Teams (Sparks & Repede, 2016). Theoretische Vorannahmen der Studie beinhalten positive Effekte der Intervention, repräsentiert durch ein höheres Maß der Selbstverwirklichung beim zweiten Messmoment. Bei der Kontrollgruppe werden keine signifikanten Veränderungen erwartet. Weitere Kriterien werden herangezogen um die vier Ebenen der Trainingsevaluation nach Kirkpatrick

(1959) umzusetzen: Reaktion, Lernerfolg, Verhalten und Ergebnis. Erwartet werden positive Effekte der Intervention auf sämtlichen Ebenen. So wird angenommen, dass sich Ergebnisse z. B. in Form der kreativen Leistung der Teilnehmer durch das Training signifikant verbessern. Von der erlebten Nützlichkeit (als unmittelbare Reaktion auf das Training) und von positiven Transferergebnissen des Erlernten in tatsächliches Verhalten im Arbeitskontext wird ausgegangen. Diese Annahmen sollen in der kontrollierten Wirksamkeitsstudie geprüft werden.

Durch den Fokus auf Selbstverwirklichung im Zusammenhang mit Führung, Teamaspekten, neuartigen Anforderungen und Leistung soll die kumulierte Dissertation mit den drei skizzierten Studien einen Beitrag zur Förderung von Selbstverwirklichung nicht nur im Privaten, sondern – im Sinne der Eudaimonie – insbesondere in der Arbeit leisten.

Literatur

Glaser, J., Hornung, S., Höge, T. & Seubert, C. (2018). Self-actualization in modern workplaces – time-lagged effects of new job demands and job resources on motivation, meaning and self-efficacy at work. In R. H. M. Goossens (Ed.), Advances in Social & Occupational Ergonomics (pp. 253–263). Cham, CH: Springer.

Hackman, J. R. & Oldham, G. R. (1975). Development of the Job Diagnostic Survey. Journal of Applied Psychology, 60, 159-170.

Hetland H., Andreassen, C. S., Pallesen, S. & Notelaers, G. (2011). Leadership and fulfillment of the three basic psychological needs at work. Career Development International, 16, 507–523.

Höge, T. & Hornung, S. (2015). Perceived flexibility requirements: Exploring mediating mechanisms in positive and negative effects on worker well-being. Economic and Industrial Democracy, 36, 407–430.

Kirkpatrick, D. L. (1959). Techniques for Evaluation Training Programs. Journal of the American Society of Training Directors, 13, 21–26.

Maslow, A. H. (1962). Toward a Psychology of Being. Princeton, NJ: Van Nostrand.

McClelland, D. (1987). Human motivation. Cambridge, UK: Cambridge University Press.

Ng, E. S., Schweitzer, L. & Lyons, S. T. (2010). New generation, great expectations: A field study of the millennial generation. Journal of Business and Psychology, 25, 281–292.

Ryan, R. M. & Deci, E. L. (2001). On Happiness and Human Potentials: A Review of Research on Hedonic and Eudaimonic Well-Being. Annu. Rev. Psychology, 52, 141–166.

Ryff, C. D. (1989). Happiness is everything, or is it? Explorations on the meaning of psychological well-being. Journal of personality and social psychology, 57, 1069–1081.

Ryff, C. D. & Singer, B. H. (2008). Know Thyself and become what you are: A Eudaimonic Approach to Psychological Well-being. Journal of Happiness Studies, 9, 13–39.

Sparks, W. L. & Repede, J. F. (2016). Human Motivation and Leadership: Assessing the Validity and Reliability of the Actualized Leader Profile. Academy of Educational Leadership Journal, 20, 23–43.

Ulich, E. (2011). Arbeitspsychologie (7th ed.). Stuttgart: Schäffer-Poeschel.

Arbeitskreis
Aus- und Weiterbildung: Erfolgreiche Beispiele
Leitung: Sonja Wittmann

Maren Kersten, Sylvie Vincent-Höper, Heidi Krampitz & Albert Nienhaus
Entwicklung und Evaluation eines berufsspezifischen Qualifizierungskonzepts für Dialyse-Beschäftigte

Sebastian Roth & Wolfgang Kötter
Agile Methoden und psychische Belastung

Nadine Seiferling, Christine Sattler, Simone Brandstädter & Karlheinz Sonntag
Evaluation eines webbasierten Trainings zur Förderung der Selbstregulation im Umgang mit neuen Technologien und zur Verbesserung der Life-Balance

Sonja Wittmann
Psychische Belastung beurteilen – Entwicklung einer Fachinformation für Aufsichtspersonen

Maren Kersten[1], Sylvie Vincent-Höper[2], Heidi Krampitz[3]
& Albert Nienhaus[1,4]
[1]*Berufsgenossenschaft für Gesundheitsdienst und Wohlfahrtspflege (BGW),*
[2]*Universität Hamburg (UHH),* [3]*Compass Consulting,*
[4]*Universitätsklinikum Hamburg Eppendorf (UKE)*

Entwicklung und Evaluation eines berufsspezifischen Qualifizierungskonzepts für Dialyse-Beschäftigte

1. Hintergrund und Zielsetzung

Die Arbeit der Dialyse-Beschäftigten ist komplex und mitunter belastend. In zahlreichen Studien zeigte sich die Arbeitsverdichtung als große Arbeitsbelastung (Lewis u. a., 1992; Nakahara u. a., 2004; Perumal & Sehgal, 2003). Das Ergebnis eines Literaturreviews offenbarte u. a., dass die letzte deutsche Studie zur Arbeitssituation dieser Zielgruppe bereits über 20 Jahre zurückliegt (Böhmert u. a., 2011). Aus diesem Grund hat die Berufsgenossenschaft für Gesundheitsdienst und Wohlfahrtspflege (BGW) eine Befragungsstudie mit dem Copenhagen Psychosocial Questionnaire (COPSOQ) in 20 Dialyse-Einrichtungen zwischen Herbst 2010 und Frühling 2011 in Deutschland durchgeführt. Die Ergebnisse der Befragung zeigten nachfolgenden Trend: Die Arbeit in der Dialyse wird von den Beschäftigten als sinnvolle Tätigkeit wahrgenommen, jedoch gibt es in mancher Hinsicht Belastungen – nicht primär aufgrund der hohen Anforderungen die gestellt werden, sondern die empfundene Belastung hängt stark mit den fehlenden Ressourcen wie z.B. Einfluss bei der Arbeit, Entwicklungsmöglichkeiten oder fehlendem Feedback zusammen (Kersten u. a., 2014). Bei Befragungen und Analysen von weiteren 49 Dialyse-Einrichtungen im März 2012 bestätigte den geschilderten Trend.

Gesondert wurde untersucht, ob arbeitspsychologisch wichtige Ressourcen, wie „Einfluss bei der Arbeit" und „Feedback" einen puffernden Effekt auf den positiven Zusammenhang zwischen quantitativen Anforderungen kognitiven Stresssymptomen der Beschäftigten haben (Kersten, Vincent-Höper & Nienhaus, 2018).

Aus den Erkenntnissen des Literaturreviews und der Befragungsstudie wurde eine Qualifizierung für Dialyse-Beschäftigte systematisch entwickelt. Das Ziel der vorliegenden Studie ist die Evaluation dieses Qualifizierungskonzepts (Kersten, Vincent-Höper, Krampitz, u. a., 2018).

2. Methode

Die Qualifizierung gliederte sich in ein Führungscoaching sowie drei halbtägige Trainings für Dialyse-Beschäftigte. Jede teilnehmende Einrichtung durchlief eine Befragung mit anschließendem Analyseworkshop vor der Qualifizierungsteilnahme. Das Führungscoaching wurde nicht evaluiert, sondern diente als Sensibilisierung der Leitungsebene in den Dialyse-Einrichtungen.

Die Qualifizierung enthielt sowohl Elemente der personenbezogenen Ebene, d.h. Elemente, die an der Person ansetzen (z.B. Kompetenzen) als auch der bedingungsbezogenen Ebene, d.h. die an den Arbeitsbedingungen ansetzen (z.B. Veränderungen von Strukturen, Abläufen, Handlungsspielräumen und sozialen Aspekten der Zusammenarbeit).

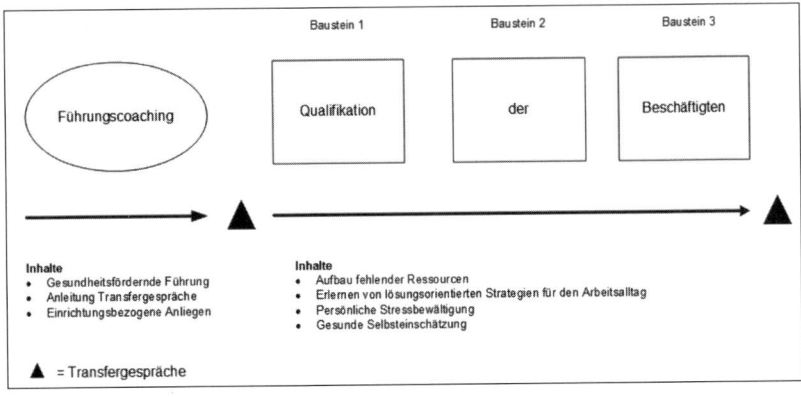

Abbildung 1: Qualifizierungskonzept für Dialyse-Einrichtungen

Als bedingungsbezogene Elemente zählten dabei nachfolgende flankierende Maßnahmen:

- Der Betriebsrat war über die Qualifizierung informiert und sollte dieser vor Beginn zustimmen.
- Es wurde ein halbtägiges Führungskräftecoaching durchgeführt, um die Führungsebene zu sensibilisieren und eine Offenheit für Veränderung zu schaffen.
- Es wurden sogenannte Transfergespräche durch die jeweiligen Pflegedienstleitungen durchgeführt, um die Inhalte der Qualifizierung besser in den Arbeitsalltag integrieren zu können.
- In der Qualifizierung mit den Beschäftigten wurden Gruppensprecher gewählt, welche die Anliegen der Beschäftigten und deren mögliche Lösungen an das Führungsteam rückmelden.

Das Evaluationsdesign umfasste eine Prä-, Post- und Follow-up-Befragung der Interventionsgruppe (n=33) sowie einen Prä- und Posttest der Kontrollgruppe (n=44) anhand validierter Skalen. Die Veränderungsmessung wurde anhand von Varianzanalysen mit Messwiederholung berechnet.

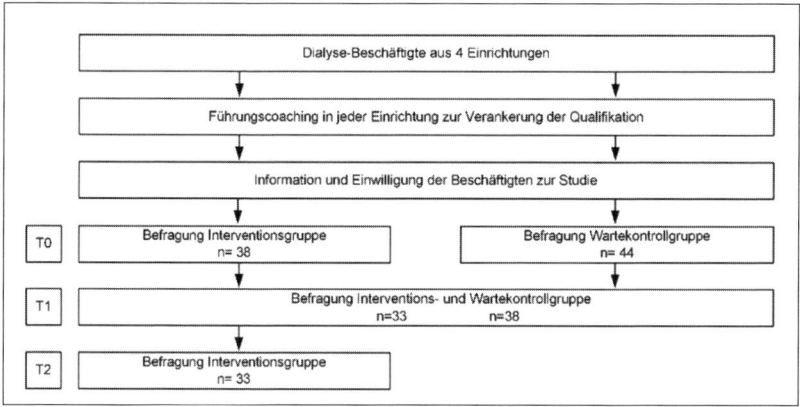

Abbildung 2: Studiendesign

3. Ergebnisse

Insgesamt nahmen 33 Dialyse-Beschäftigte in der Interventionsgruppe und 44 in der Kontrollgruppe an dieser Studie teil. Soziodemografische Merkmale wie Geschlecht, Alter, Ausbildung, Dienste und Verweildauer wurde zwischen den zwei Gruppen verglichen. Es wurden keine signifikanten Unterschiede zwischen den beiden Gruppen gefunden.

Bei allen erhobenen Merkmalen zeigten sich in der Nachbefragung der Teilnehmenden der Interventionsgruppe kleine bis mittlere Effekte in die erwartete Richtung. Allerdings hat sich der overall effect in Rahmen der Varianzanalysen nur in den Skalen „Gemeinschaftsgefühl" und „Burnout" als statistisch bedeutsam erwiesen.

4. Diskussion

Das Ziel dieser Arbeit war es, die Wirksamkeit einer Qualifizierung von Dialyse-Beschäftigten – zum Aufbau von arbeitsbezogenen Ressourcen und zur Reduktion von negativen Belastungsfaktoren – zu überprüfen. Die Evaluationsergebnisse zeigen, dass bei allen erhobenen Merkmalen im Rahmen der Qualifizierung eine Veränderung im Vorher- Nachher-Vergleich in die erwartete Richtung stattgefunden hat. Allerdings zeigen nur die Merkmale „Gemeinschaftsgefühl" und „Burnout" statistisch signifikante Verbesserungen in der Post-Befragung.

Eine Verbesserung der Werte in der Vorher-Nachher-Befragung, gerade bei den Merkmalen „Gemeinschaftsgefühl" und „Burnout" resultieren vermutlich aus den

Inhalten der Qualifizierung, z.B. wurden durch Großgruppenarbeit eine Verbesserung der Arbeitssituation in den Dialyse-Einrichtungen angestoßen und in Eigenorganisation der Gruppen bis zum nächsten Treffen durchgeführt. Dies stärkt bspw. das Merkmal Gemeinschaftsgefühl.

5. Schlussfolgerung

Die entwickelte und evaluierte Qualifizierung in Dialyse-Einrichtungen eignet sich für ein systematisches Vorgehen im Rahmen des Betrieblichen Gesundheitsmanagements in Dialyse-Einrichtungen und bietet vielversprechende Ansatzpunkte für Wissenschaft und Praxis.

Literatur
Böhmert, M., Kuhnert, S., & Nienhaus, A. (2011). Psychological stress and strain in dialysis staff: a systematic review. *J. Ren. Care, 37*(4), 178–189.
Kersten, M., Vincent-Höper, S., Krampitz, H., & Nienhaus, A. (2018). Development and Evaluation of a Training Program for Dialysis Nurses – An intervention study. *JOMT, under review.*
Kersten, M., Vincent-Höper, S., & Nienhaus, A. (2018). Stress of dialysis nurses – The buffering effect of job resources. *PLoS One, submitted.*
Kersten, M., Kozak, A., Wendeler, D., Paderow, L., Nübling, M., & Nienhaus, A. (2014). Psychological stress and strain on employees in dialysis facilities: a cross-sectional study with the Copenhagen Psychosocial Questionnaire. *J. Occup. Med. Toxicol., 9*(1), 4.
Lewis, S. L., Campbell, M. A., Becktell, P. J., Cooper, C. L., Bonner, P. N., & Hunt, W. C. (1992). Work stress, burnout, and sense of coherence among dialysis nurses. *ANNA. J, 19*(6), 545–553, discussion. Nakahara, N., Morita, N., Uchida, M., Kishimoto, T., & Miura, K. (2004). Nursing care for dialysis patients in Japan. *EDTNA ERCA J, 30*(4), 217–221.
Perumal, S., & Sehgal, A. R. (2003). Job satisfaction and patient care practices of hemodialysis nurses and technicians. *Nephrol. Nurs. J., 30*(5), 523–528.

Sebastian Roth & Wolfgang Kötter
GITTA mbH

Agile Methoden und psychische Belastung

Ursprünglich aus der Softwareentwicklung kommend, finden agile Methoden der Arbeitsorganisation in den letzten Jahren breiten Einzug in den Produktions- und Büroalltag (z.B. Bahlow & Kullmann, 2018). Was bedeutet das für die psychischen Belastungen der Beschäftigten?

1. Agilität als Grundprinzip

Zunächst: Was sind agile Methoden? Wie unterscheidet sich ein agiles Vorgehen in Projekten und Geschäftsprozessen von anderen Arbeitsweisen und Kooperationsformen? Was heißt überhaupt agil?

Das Agile Manifest (Agile Alliance, 2001) gibt darauf eine Antwort. Erfahrene, mit Verlauf und Ergebnis ihrer auf herkömmliche Weise gemanagten Projekte unzufriedene Software-Entwickler hatten darin Aspekte der Projektarbeit benannt, die ihnen besonders wichtig sind, und sie den (keineswegs wertlosen) Dingen gegenübergestellt, die aus ihrer Sicht zu stark im Vordergrund gestanden hatten (Abb. 1).

Vor diesem Hintergrund wurde zunächst in der IT-Branche, seit einiger Zeit jedoch zunehmend auch in anderen Branchen und Arbeitsbereichen mit neuen, kurzzyklisch-iterativen Formen der Bewältigung von komplexen Aufgabenstellungen experimentiert (unter Anwendung der Scrum-Methodik).

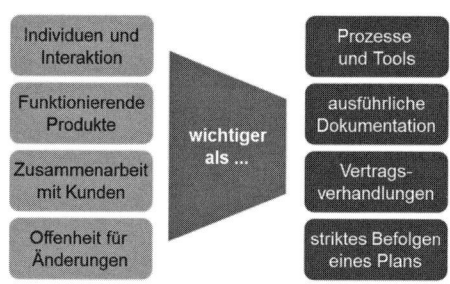

Abb. 1. Grundprinzipien des Agile Manifesto

Gerade bei den Begriffen „Agil" und „Scrum" ist allerdings auf eine dem Gedanken der Belastungsoptimierung entsprechende Begriffsverwendung zu achten. Wir beobachten hier eine zunehmende Beliebigkeit, aus der sich dann logischerweise auch sehr unterschiedliche Bewertungen der mit den Begriffen verbundenen Konzepte und Arbeitsweisen ergeben.

Um das an einem Beispiel deutlich zu machen: Wenn der Scrum Master als klassischer Teamleiter agiert und die Probleme beim Team sucht statt aus seiner Rolle heraus die beim Daily Scrum Meeting vom Team angesprochenen Hindernisse aus dem Weg zu räumen, dann wird Scrum schnell als psychisch belastend erlebt werden.

2. Stand der Forschung, theoretisches Framework

Legt man das Verständnis von psychischen Belastungen der Handlungsregulationstheorie zu Grunde, dann können diese den Charakter von (direkten) Regulationshindernissen oder (indirekten) Regulationsüberforderungen annehmen (z.B. Leitner et al., 1993). Regulationshindernisse ergeben sich in diesem Verständnis aus Erschwerungen (z.B. durch störenden Umgebungslärm bei Arbeiten, die volle Aufmerksamkeit und hohe Konzentration erfordern) oder aus Unterbrechungen (z.B. durch Personen, hinzutretende Aufgaben oder fehlende Arbeitsinformationen). Wir werden in unserer Argumentation dieses Verständnis psychischer Belastungen zugrunde legen und der Frage nachgehen, welche Gesundheitsfolgen bei einer Anwendung der genannten agilen Prinzipien und insbesondere bei einem konsequent gestalteten und gelebten Scrum-Prozess zu erwarten sind.

3. Potenziale

Die konkreten Erfahrungen aus der Beratungspraxis der Autoren stützen die theoretisch ohnehin naheliegende Hypothese, dass agile Methoden bei gesundheitsbewusster Anwendung ein Potenzial zur gezielten Vermeidung gesundheitsgefährdender psychischer Belastungen bieten. Die Bedingungen hierfür finden sich insbesondere in (a) Rollenkonstellationen (insbesondere bei Scrum), (b) Beteiligungsorientierung, (c) kurzzyklischen Lernschleifen und (d) Kapazitätssteuerung durch agiles Schätzen. Wirkpotentiale werden (i) in der Reduktion von Unterbrechungen und informatorischen Erschwerungen gesehen sowie (ii) in der Ressourcenstärkung durch die Ermöglichung von Lern- und Selbstwirksamkeitserfahrungen. Theoretischer Bezugspunkt ist hierbei die Möglichkeit der präventiven Arbeitsgestaltung durch Vermeiden von Regulationshindernissen im Sinne der Handlungsregulationstheorie.

So beobachten wir bei konsequenter Anwendung der genannten Prinzipien und Methoden ganz im Einklang mit unseren Erwartungen:

- eine Stärkung des *Selbstwirksamkeitserlebens* als Folge der partizipativen Aufwandskalkulation und der Mitwirkung des Teams bei der Definition des Sprint Backlogs. Auch der Daily Scrum (dadurch, dass dort die Hindernisse und Probleme zur Sprache kommen können) und der Sprint Review (als Ort für „Kassensturz" und Prozessreflexion) tragen dazu bei.
- einen *Schutz vor Unterbrechungen* durch hinzutretende Aufträge oder Änderungswünsche, weil die Einsteuerung von Änderungen und neuen Aufträgen über den Product Owner erfolgt und diese folglich nicht im aktuellen Sprint Backlog, sondern im Product Backlog landen
- eine *Vermeidung informatorischer Erschwerungen,* und zwar zunächst durch vernetztes Vorgehen und Abstimmung der Arbeitsschritte im Daily Scrum und dann

dadurch, dass der Scrum Master bei vorausschauender Benennung absehbarer Lücken oder Unklarheiten z. B. in der Produktspezifikation rechtzeitig für Abhilfe sorgen kann (weil das explizit zu seiner Rolle gehört, siehe unten).
- eine zeitnahe und im Idealfall sogar präventive *Aufhebung von Blockierungen* durch die Aktivitäten des Scrum Masters – denn dessen Rolle ist im idealtypischen Scrum-Prozess explizit über die Beseitigung von Erschwerungen und Blockierungen definiert: Die Benennung und Besprechung drohender Abweichungen und aktueller Job-Stopper im Daily Scrum wird vom Scrum Master aufgegriffen und die erforderlichen Schritte in die Wege geleitet, damit das Team beeinträchtigungsfrei arbeiten kann.
- *Kurzzyklische Lernschleifen* durch eine zeitnahe und damit potenziell lern- und entwicklungsförderliche Rückmeldung aus dem Arbeitsprozess: Durch die iterative Herangehensweise an anstehende Aufgaben und die gegenseitige Unterstützung im Scrum Team werden Erfolge für die/den Arbeitende/n schnell sichtbar gemacht. Das Risiko, durch Überforderungsgefühle (unvollständiges Wissen / unzureichendes Können) zu Fehlbeanspruchungen zu gelangen, wird minimiert.
- *Vermeidung von Zeit- und Leistungsdruck* durch gemeinsames Schätzen benötigter Ressourcen für Arbeitspakete. Individuelle Tendenzen zur Überforderung durch unrealistischen Optimismus werden kollektiv korrigiert.
- *Rückhalt/Unterstützung* durch Vorgesetzte und Kolleg/innen: Durch das partizipative Vorgehen, die enge Kooperation im Scrum-Team und die Ausrichtung der Führungsrollen auf Filterung hinzutretender Aufgaben (Product Owner) sowie das zeitnahe Reagieren auf Abweichungen (Scrum Master) werden die zur individuellen Stressbewältigung notwendigen organisationalen Ressourcen (in Anlehnung an Lazarus) gestärkt.
- *Kommunikationsnotwendigkeiten* werden als maßgeblicher Faktor für Lernförderlichkeit gesehen. Frequenz und Intensität der Kommunikation (Daily Meetings, Planning Poker, Sprint Review) verhindern zum einen Missverständnisse und Rollenambiguitäten, befördern zum anderen eine gemeinsamen Wissensbasis und entkoppeln damit Qualifikation von Einzelpersonen (Helfer, 2018).

4. Risiken

Agile Arbeitsformen bringen zwingend die Anforderung und Chance zur Selbstorganisation und „Selbstgestaltung" der eigenen Arbeitsbedingungen mit sich (vgl. Helfer, Höth, Kötter & Roth, 2018). Diese Anforderung trifft häufig auf eine sehr begrenzte Selbstgestaltungskompetenz und wird so zur überfordernden und dadurch gesundheitsgefährdenden psychischen Belastung, Gleichzeitig kann agiles Arbeiten als eine Form der „indirekten Steuerung" (Peters, 2011) bezeichnet werden, mit der das Risiko einer „interessierten Selbstgefährdung" (Krause et al., 2010) einhergeht. Auch der (relativ alte) Hinweis auf die Gefahr, dass anstelle der erhofften und gepriesenen Schwarmintelligenz ein nivellierendes und gleichzeitig die Belastungsgrenzen des einzelnen Gruppenmitglieds überschreitenden „Group Think" erscheint mit Blick auf weniger konsequente und achtsame Formen des agilen Arbeitens nicht von der Hand zu weisen. Und schließlich ist auch auf die oben referierte Problematik einer „hybriden" und bei näherer Betrachtung oft inkonsequenten Anwendung von agilen Methoden in einem von der klassischen Hierarchie geprägten Umfeld zu erwähnen.

5. Gestaltungsbedarf

Damit agile Methoden wie Scrum in einem größeren Maßstab funktionieren, sind Organisationen gefordert, sie in ein kulturell als stimmig empfundenes Gesamtgefüge einzugliedern. Ist diese Stimmigkeit nicht gegeben, können einzelne (teilautonome) agile Teams innerhalb eng gesteckter Grenzen zwar funktionieren; agile Prinzipien enden jedoch spätestens dort, wo die nicht-agilen Anforderungen des Gesamtsystems mit der Logik des Teams kollidieren (Porschen-Hueck & Sauer, 2017).

Literatur

Agile Alliance. (2001). Manifesto for Agile Software Development. http://agilemanifesto.org/, Stand 14.05.2018.

Bahlow, J. & Kullmann, G. (2018). Agile Teams: Neue Herausforderungen fokussiert meistern. Göttingen: Business Village.

Helfer, M. (2018). Agile Teamarbeit gleich gesunde Arbeit? In: J. Bahlow & G. Kullmann, Agile Teams. Göttingen: Business Village.

Kötter, W., Helfer, M., Höth, H., Roth, S. (2016). Betriebliches Gesundheitsmanagement für Selbstgestalter in Organisationen. In: R. Wieland, K. Seiler, & M. Hammes (Hrsg.). Psychologie der Arbeitssicherheit und Gesundheit: Dialog statt Monolog. 19. Workshop 2016 (S. 441–444). Kröning: Asanger.

Krause, A., Dorsemagen, C., & Peters, K. (2010). Interessierte Selbstgefährdung. Nebenwirkungen moderner Managementmethoden. Wirtschaftspsychologie aktuell 2, 33–35.

Leitner, K., Lüders, E., Greiner, B., Ducki, A., Niedermeier, R., Volpert, W., Oesterreich, R., Resch, M. & Pleiss, C. (1993). Analyse psychischer Anforder-ungen und Belastungen in der Büroarbeit. Das RHIA/VERA-Büro-Verfahren. Handbuch. Göttingen: Hogrefe.

Peters, K. (2011). Indirekte Steuerung und interessierte Selbstgefährdung. Eine 180-Grad-Wende bei der betrieblichen Gesundheitsförderung. In N. Kratzer, W. Dunkel, K. Becker, & S. Hinrichs (Hrsg.), Arbeit und Gesundheit im Konflikt (S. 105–122). Berlin: edition sigma.

Porschen-Hueck, S. & Sauer, S. (2017). Kollaboration in der Offenen Organisation. In: S. Porschen-Hueck et al., Kompass für Open Organisation. München: ISF München.

Nadine Seiferling, Christine Sattler, Simone Brandstädter & Karlheinz Sonntag
Ruprecht-Karls-Universität Heidelberg

Evaluation eines webbasierten Trainings zur Förderung der Selbstregulation im Umgang mit neuen Technologien und zur Verbesserung der Life-Balance

1. Life-Balance

Das Zusammenspiel und die Vereinbarkeit verschiedener Lebensbereiche (Life-Balance) stellen eine bedeutsame Einflussgröße für Wohlbefinden und Zufriedenheit dar (Sonntag, 2014, Sonntag, Feldmann & Nohe, 2016). Das Konzept ist aufgrund der sich verändernden Lebenswelt in den letzten Jahren immer stärker in den Fokus gerückt. Insbesondere technologische Fortschritte führen zu einem Wandel der Arbeitswelt. Sie erlauben zeit- und ortsunabhängiges Arbeiten und eine hohe Erreichbarkeit – auch außerhalb der eigentlichen Arbeitszeit. Diese Entwicklungen können das gedankliche Abschalten von der Arbeit erschweren und eine Entgrenzung von Berufs- und Privatleben fördern. Konflikte zwischen verschiedenen Lebensbereichen und daraus resultierende negative Auswirkungen auf Wohlbefinden und Gesundheit können die Folge sein.

Eine familienfreundliche Unternehmenspolitik inklusive entsprechender Angebote stellt dementsprechend einen wichtigen Faktor im Rahmen des Employer Branding dar. Neben Teilzeit- und Telearbeit, Homeoffice oder Kinderbetreuung bieten Großunternehmen häufig auch entsprechende Trainings oder Weiterbildungen für ihre Mitarbeiter an. Kleinen und mittleren Unternehmen hingegen fehlen hierzu oft die nötigen finanziellen und personellen Ressourcen. Im Rahmen des vom Bundesministerium für Bildung und Forschung (BMBF) geförderten Projektes „Maßnahmen und Empfehlungen für die gesunde Arbeit von morgen" (MEgA: www.gesundearbeit-mega.de) wird daher ein webbasiertes Training zur Förderung der Life-Balance entwickelt, das insbesondere auch Beschäftigten kleiner und mittlerer Unternehmen eine Teilnahme ermöglichen soll.

Im Fokus des entwickelten Trainings steht vor allem die Ressourcenaktivierung, um trotz der gestiegenen Anforderungen im Berufs- und Privatleben eine zufriedenstellende Life-Balance zu erreichen. Ziel des Trainings ist es daher, die Teilnehmer zur Reflexion ihrer persönlichen Life-Balance anzuregen und sie beim Aufbau relevanter Ressourcen zu unterstützen. Durch das Training sollen die Teilnehmenden dazu angeregt werden, sich mit Aspekten der Vereinbarkeit verschiedener Lebensbereiche auseinander zu setzen und Strategien zu entwickeln, ihre persönliche Life-Balance zu stärken. Das modulare Training setzt auf eine Kombination aus

Wissensvermittlung und praktischen Übungen, die zur Reflexion bzw. zur Strategieentwicklung dienen. Damit soll vor allem ein Bewusstsein dafür geschaffen werden, welche Relevanz die persönliche Life-Balance für den Alltag hat, wo Potenziale zur Optimierung liegen und welche Strategien zur Umsetzung hilfreich sind.

2. Das Training

Das Online-Training ist modular aufgebaut. Zu Beginn und zum Schluss absolvieren alle Teilnehmer ein einheitliches Rahmenprogramm. Der Rahmen zu Beginn des Trainings dient in erster Linie der Reflexion der aktuellen Arbeits- und Lebenssituation und der persönlichen Life-Balance. Hierbei reflektieren die Teilnehmer einerseits, welche verschiedenen relevanten Lebensbereiche sie haben, und priorisieren diese im nächsten Schritt. Im Fokus stehen außerdem persönliche Rollen und Ressourcen. Das Kernstück des Trainings bildet ein Wahlmodul. Hierbei können die Teilnehmer zwischen drei Bausteinen zu den Themen Achtsamkeit, persönliches Netzwerk und Zielsetzung wählen (vgl. Abb. 1).

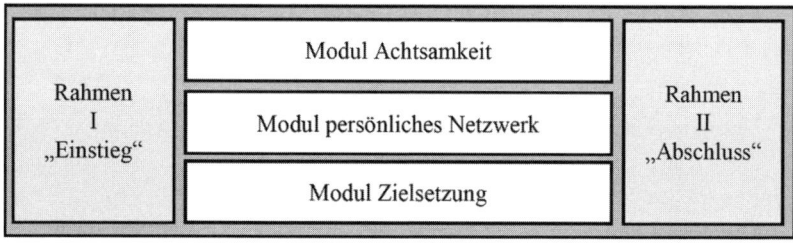

Abb. 1: Modularer Aufbau des Online-Trainings

Die jeweiligen Wahlmodule liefern zunächst theoretische Grundlagen über die gewählte Thematik und vertiefen diese durch konkrete Interventionstechniken oder Übungen wie zum Beispiel Achtsamkeits- oder Zielsetzungsübungen. Zum Schluss werden die Inhalte zusammengefasst und potenzielle Veränderungen antizipiert. Der abschließende Rahmen beinhaltet die Integration des Gelernten sowie einen Ausblick. Im Rahmen des Trainings sollen sich die Teilnehmer interaktiv Wissen aneignen und ihre aktuellen Verhaltensweisen überdenken, um eine ausgeglichene Life-Balance für eine moderne Arbeitswelt zu erreichen.

3. Methode und Ergebnisse

Das Training wurde mit Hilfe eines Wartekontrollgruppendesigns erprobt. Die Probanden wurden über E-Mail, soziale Netzwerke, Posts auf verschiedenen Webseiten und der Plattform Survey Circle rekrutiert.

Insgesamt nahmen 82 Personen am Training teil und füllten die relevanten Fragebögen aus. Davon N=41 in der Experimental- (EG) und N=41 in der Kontrollgruppe (KG), wobei jeweils N=30 Frauen (73,2%) waren. Das mittlere Alter der Teilnehmer lag bei 29 Jahren. Chi-Quadrat Tests ergaben keine Unterschiede bezüglich demographischer Daten zwischen EG und KG.

Zur Messung der Effektivität des Trainings wurde die Zufriedenheit mit der Life-Balance (adaptierte Version der Trierer Kurzskala zur Messung von Work-Life Balance von Syrek, Bauer-Emmel, Antoni und Klusemann, 2011) sowie die Selbstwirksamkeitserwartung (SWE) bezogen auf die Life-Balance (adaptierte Skala zur beruflichen Selbstwirksamkeit von Abele, Stief und Andrä, 2000) erfragt. In Abhängigkeit des jeweiligen Wahlmoduls wurden außerdem verschiedene modulspezifische Fragebögen eingesetzt.

Die Evaluation der Intervention erfolgte durch eine Vor- und Nachbefragung der Teilnehmer. Hierzu erhielten die Teilnehmer per Email einen Link zum Training inkl. Vorab-Befragung (EG) bzw. zur Vorab-Befragung (KG). Zwei Wochen später erhielten die EG-Teilnehmer einen zweiten Link zum Auffrischungstraining. Weitere zwei Wochen später erfolgte die Nachbefragung. Im Anschluss daran konnten auch die KG-Teilnehmer am Training teilnehmen. Das Untersuchungsdesign ist in Abbildung 2 dargestellt.

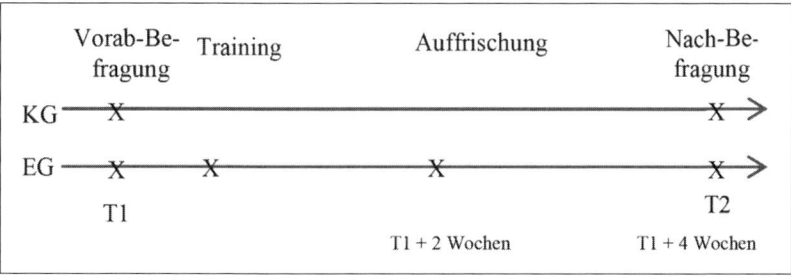

Abb. 2: Untersuchungsdesign

Insgesamt wählten 18 EG-Teilnehmer das Modul Zielsetzung, 12 das Modul Achtsamkeit und 11 das Modul soziales Netzwerk. Eine MANCOVA mit Messwiederholung zeigte einen signifikanten Interaktionseffekt für Messzeitpunkt x Gruppe ($F(3,71) = 3.90, p = .012, \eta^2 = .141$) sowie univariate Effekte für die Zufriedenheit mit der Life-Balance ($p = .003$) und die Life-Balance-bezogene Selbstwirksamkeitserwartung ($p = .006$). Die Veränderungen der Mittelwerte sind in Abbildung 3 dargestellt.

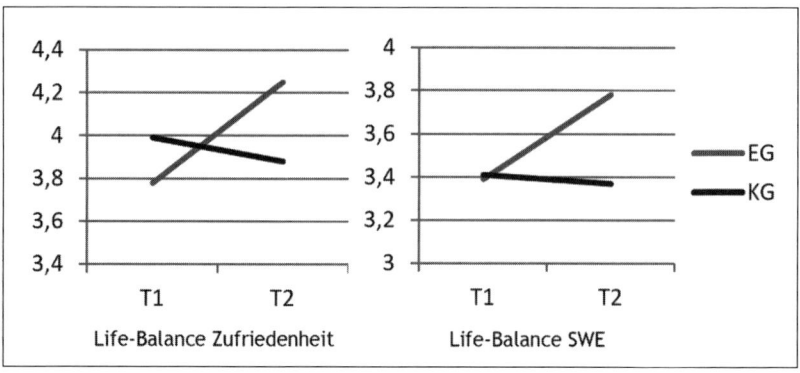

Abb. 3: Mittelwerte der Zufriedenheit mit der Life-Balance und der Life-Balance-bezogenen Selbstwirksamkeitserwartung.

4. Implikationen und Ausblick

Die bisherige Erprobung und Evaluation des Trainings konnte seine grundsätzliche Umsetzbarkeit und Effektivität hinsichtlich einer Steigerung der Zufriedenheit mit der Life-Balance sowie der Life-Balance-bezogenen Selbstwirksamkeitserwartung belegen. Aufbauend auf den bisherigen Erkenntnissen wird das modulare Training im nächsten Schritt um zwei weitere Module erweitert und professionell als Online-Training umgesetzt, um dann in einer Großstichprobe evaluiert zu werden.

Literatur

Abele, A. E., Stief, M. & Andrä, M. S. (2000). Zur ökonomischen Erfassung der beruflichen Selbstwirksamkeitserwartung – Neukonstruktion einer BSW-Skala. *Zeitschrift für Arbeits- und Organisationspsychologie, 44,* 145–151.

Sonntag, Kh. (Hrsg.) (2014). Arbeit und Privatleben harmonisieren. Life Balance Forschung und Unternehmenskultur: Das WLB-Projekt. Kröning: Asanger Verlag.

Sonntag, Kh., Feldmann, E., & Nohe, C. (2016). Arbeit, Familie und Freizeit harmonisieren: Life Balance. In Kh. Sonntag (Hrsg.), Personalentwicklung in Organisationen: *Psychologische Grundlagen, Methoden und Strategien* (4. Aufl., S. 455–494). Göttingen: Hogrefe.

Syrek, C. J., Bauer-Emmel, C., Antoni, C. & Klusemann, J. (2011). Entwicklung und Validierung der Trierer Kurzskala zur Messung von Work-Life Balance (TKSWLB). *Diagnos-tica, 57*(3), 134–145.

Sonja Wittmann
Deutsche Gesetzliche Unfallversicherung: Sachgebiet Psyche und Gesundheit in der Arbeitswelt, Projektgruppe Beurteilung Psychischer Belastung[1]

Psychische Belastung beurteilen – Entwicklung einer Fachinformation für Aufsichtspersonen

1. Anlass

Die Aufsichtspersonen der Unfallversicherungsträger müssen bei Beratungen und Besichtigungen schnell einschätzen können, ob eine vorgelegte Gefährdungsbeurteilung psychischer Belastung plausibel ist. Speziell die Frage der adäquaten Beurteilung von psychischen Faktoren stellt dabei oft ein Problem dar.

Das Sachgebiet „Psyche und Gesundheit in der Arbeitswelt" im Fachbereich „Gesundheit im Betrieb" der Deutschen Gesetzlichen Unfallversicherung sah daher den Bedarf, für Aufsichtspersonen bereits vorliegende Erkenntnisse zu diesem Schritt der Gefährdungsbeurteilung psychischer Belastung in einer eigenen Fachinformation zu sammeln und für fachfremde Personen aufzubereiten.

2. Grundlagen

Dank der Aktivitäten des Arbeitsprogrammes Psyche der Gemeinsamen Deutschen Arbeitsschutzstrategie (GDA Psyche) wurden seit 2013 viele Daten und Erkenntnisse zur Psychischen Belastung und Beanspruchung gebündelt, vertieft und vielfältig veröffentlicht.

Für die Fachinformation wurden unter anderem die Ergebnisse der Studie von Prof. Rau (2015) der GDA Psyche, des Stressreports der Bundesanstalt für Arbeitsschutz und Arbeitsmedizin (BAuA, Lohmann-Haislah, 2012) und der wissenschaftlichen Standortbestimmung der BAuA (2017) genutzt.

3. Vorgehensweise

Im Sachgebiet wurde eine Projektgruppe gebildet, die einerseits Unfallkassen und Berufsgenossenschaften, andererseits Psychologinnen und Psychologen und Aufsichtspersonen repräsentierte.

Der dort entstandene Entwurf wurde in Rückkoppelung mit dem Sachgebiet weiterentwickelt. Ebenso wurden Rückmeldungen von Aufsichtspersonen aus verschiedenen Unfallversicherungsträgern eingeholt und mit aufgenommen. Insbesondere

---

[1] *Mitglieder der Projektgruppe:* Sonja Berger (Berufsgenossenschaft der Bauwirtschaft), Dr. Carola Ernst (Unfallkasse Nordrhein-Westfalen), Constanze Nordbrock (Berufsgenossenschaft Nahrungsmittel und Gastgewerbe), Dr. Hiltraut Paridon (Institut für Arbeit und Gesundheit, bis März 2017), Cornelia Schöneich-Kühn (Berufsgenossenschaft Holz und Metall) und Sonja Wittmann (Unfallkasse Rheinland-Pfalz).

die Frage, ob der Schritt der Maßnahmenableitung mit aufgenommen werden soll, wurde kontrovers diskutiert, denn auch dazu wünschen sich Aufsichtspersonen sowie Präventionsberaterinnen und -berater mehr Anleitung und Unterstützung. Um diesem Wunsch jedoch entsprechend fundiert gerecht werden zu können, wurde im Verlauf der Entwicklung der Fachinformation deutlich, dass dazu ein eigenes Projekt in ähnlicher Art und Weise sinnvoll ist. Um dennoch auf den Prozesscharakter der Gefährdungsbeurteilung hin zu weisen, wurde auf die Schritte nach der Risikobeurteilung kurz hingewiesen.

4. Besondere Anknüpfung an das Tätigkeitsfeld von Aufsichtspersonen

Damit die Zielgruppe der Aufsichtspersonen die Fachinformation gut annehmen und umsetzen kann, wurde Wert darauf gelegt, Inhalt und Aufbau möglichst gut an das Tätigkeitsfeld und übliche Vorgehensweisen von Aufsichtspersonen anzuknüpfen.

So wurde die Gliederung in der Form angelegt, wie sie bei der Beurteilung anderer Gefährdungen in Technischen Regeln bekannt ist: Nach der Prüfung, ob konkrete Anforderungen, Maße und Werte für psychische Faktoren in Technischen Regeln zu finden sind, werden zur Beurteilung gesicherte arbeitswissenschaftliche Erkenntnisse herangezogen, erst quantitativ, dann qualitativ. Erst, wenn in den vorangegangenen Schritten keine konkreten Ergebnisse vorliegen, wird empfohlen, betriebliche Beurteilungsmaßstäbe zu entwickeln.

Bei der Auswahl der zu Grunde gelegten Veröffentlichungen wurde berücksichtigt, dass sie allen Aufsichtspersonen gleich zugänglich sind über die GDA, BAuA und DGUV. Um Bezüge zu den Veröffentlichungen gut herstellen zu können und Wiedererkennungseffekte zu ermöglichen, wurden wenn möglich die Abbildungen aus den verwendeten Broschüren übernommen.

Die Kernaussagen aus psychologischen Studien wurden aussagekräftig gebündelt, um sie in Beratungsgesprächen verständlich nutzen zu können.

Neben der wissenschaftlichen Fundierung wurde Wert darauf gelegt, die gelebte Praxis zu berücksichtigen. Dazu wurden verbreitete Konzepte wie die Risikobeurteilung mit Hilfe von Risikomatrizen als Analogie auf psychische Faktoren übertragen. Bei den Szenarien „Aus der Praxis..." sowie bei den Beispielen bereits umgesetzter Beurteilungen wurden Fälle aus gewerblichem Bereich und Öffentlichen Dienst vorgestellt, um die Breite der Zuständigkeiten von Aufsichtspersonen zu berücksichtigen.

5. Lesebeispiel

Im Folgenden wird ein Auszug aus der Fachinformation gegeben, in dem ein Teil der vorher vorgestellten Anknüpfungspunkte deutlich wird. Er stammt aus dem Abschnitt „Betriebliche Beurteilungsmaßstäbe entwickeln und vereinbaren- Anwendung der Risikomatrix". Nachdem das Prinzip von Risikomatrizen auf psychische Faktoren in Analogie übertragen wurde, wurde es unter anderem am Beispiel der Gratifikationskrise angewandt:

„Wenn ein Ungleichgewicht zwischen dem eigenen Engagement und der dafür erhaltenen Belohnung wahrgenommen wird, spricht man von einer Gratifikationskrise."

Aus der Praxis...
Susanne Weber, 48 Jahre, Polizeibeamtin

Polizistin – das war Frau Webers Traumberuf schon als Kind.

Ihr ist Gerechtigkeit und ein geregeltes Zusammenleben in der Gesellschaft wichtig. Dafür sorgt sie nun schon seit 28 Jahren im Dienst. Bisher hat sie dabei Wechselschicht- und Wochenenddienste in Kauf genommen, auch wenn es oft schwer war, dies mit dem eigenen Familienleben zu vereinbaren. Schreckliche Szenen bei Unfällen oder Ermittlungsorten, die sie länger seelisch verfolgen, gehören aus ihrer Sicht zum Beruf dazu und sind nicht zu vermeiden.

Doch seit einiger Zeit fragt sich Frau Weber verstärkt, ob sich ihr Einsatz wirklich lohnt. Zunehmend werden sie und ihre Kollegen von Bürgerinnen und Bürgern beschimpft, sei es, bei Führerscheinkontrollen oder wenn sie bei Unfällen Schaulustige bittet, die Unfallstelle zu räumen. Immer öfter werden die Einsätze ungefragt per Handykamera gefilmt. Sie fürchtet sich vor dem Tag, an dem ein Video von einem ihrer Einsätze mit hasserfüllten Kommentaren im Netz auftaucht und verbreitet wird. Konnte sie am Anfang Ihres Berufslebens noch stolz erzählen, dass sie Polizistin ist, verschweigt sie es heutzutage lieber, um abwertende Kommentare zu vermeiden. Frau Weber wacht regelmäßig frühmorgens auf und grübelt über ihre Arbeitssituation nach. Dabei fühlt sie sich innerlich leer und kommt zu keiner Lösung.

Laut Forschungsergebnis von Prof. Rau (iga Report 31) sind als mögliche Wirkungen der Gratifikationskrise Herz-Kreislauf-Erkrankung, Depression und Psychische Beeinträchtigung zu erwarten. Die Schadensschwere lässt sich damit als länger anhaltende bis extreme Folgen einstufen. Das bedeutet, dass bereits bei seltenem Vorkommen der Gratifikationskrise Handlungsbedarf im mittleren Bereich besteht (Risikogruppen 4 und 8) und der Handlungsbedarf sehr schnell dringend wird (Risikogruppen 12–24).

	Risiko R = WpF x nB			
Häufig 3	0	3	12	24
Manchmal 2	0	2	8	16
Selten 1	0	1	4	8
Nie 0	0	0	0	0
Eintrittswahrscheinlichkeit (WpF)	0 Ohne Folgen	1 kurzfristig	4 Länger anhaltend	8 extrem
	Negative Beanspruchung (nB)			

Abbildung 1: Beispiel Beurteilung des Risikos Gratifikationskrise"

Literatur

Bundesanstalt für Arbeitsschutz und Arbeitsmedizin (2017): Psychische Gesundheit in der Arbeitswelt – Wissenschaftliche Standortbestimmung. Dortmund: Bundesanstalt für Arbeitsschutz und Arbeitsmedizin

Leitung des GDA-Arbeitsprogramms Psyche c/o Bundesministerium für Arbeit und Soziales (2018): Empfehlungen zur Umsetzung der Gefährdungsbeurteilung psychischer Belastung

Lohmann-Haislah, A. (2012): Stressreport Deutschland 2012. Bundesanstalt für Arbeitsschutz und Arbeitsmedizin (Hrsg.), Dortmund/Berlin/Dresden

Rau, R. (2015): Risikobereiche für psychische Belastungen. Hrsg: Initiative Gesundheit und Arbeit, iga.Report 31

Arbeitskreis
Gefahrenstoffe:
Schutz vor Gefährdungen
Leitung: Clarissa Eickholt

Ursula Berger
**Casemanagement und psychologische Beratung
in der Asbestnachsorge der AUVA in Österreich**

Jeannette Büchel
**UV-Schutz bei Outdoor-Workern:
psychosoziale Determinanten des protektiven Verhaltens**

Clarissa Eickholt, Friedhelm Wojak, Christian Müller,
Sabine Schreiber-Costa & Klaus Lahme
**Psychische Belastung bei Tätigkeiten mit KMR-Stoffen –
ein Praxisbeispiel**

Marie Jelenko, Julia Steurer & Thomas Strobach
**Umgang mit kanzerogenen Arbeitsstoffen –
psychologische und soziologische Aspekte
im ArbeitnehmerInnenschutz**

Ursula Berger
GD AUVA

Casemanagement und psychologische Beratung in der Asbestnachsorge der AUVA in Österreich

Vorrangige Zielsetzung im Case Management ist der Erhalt oder die Wiederherstellung vor allem der psychischen Lebensqualität der Betroffenen und der Angehörigen. Mangelndes Wissen über die generellen Auswirkungen von Asbeststaubbelastung, über die eigene Betroffenheit und das fehlende medizinische Verständnis bzw. Wissen über Asbesterkrankungen und deren Prognosen führen zu Angst und großer seelischer Belastung. Diese seelische Belastung tritt nicht nur bei Erkrankung auf, sondern kann schon durch den Umstand der latenten und unmittelbaren Bedrohung für die eigene Gesundheit eine wesentliche Verminderung der Lebensqualität mit sich bringen. Sie erleben den Verlust der körperlichen Unversehrtheit, Lebensbedrohung, sehen ihre soziale Rolle in Frage gestellt und müssen die Einschränkung der eigenen Leistungsfähigkeit annehmen. Diesem Umstand der individuellen Ausprägung von Betroffenheit trägt das Prinzip des Case Managements im Asbestnachsorgeprogramm Rechnung. Ausgangspunkt jeder Handlung, die im Case Management gesetzt wird, ist die individuelle Situation der einzelnen KlientInnen und die individuelle Vereinbarung zwischen KlientInnen und den BeraterInnen (Case ManagerInnen).

Im Vortrag bzw. Praxisbeitrag werden Einflussfaktoren betrachtet, die eine Inanspruchnahme von psychologischen Beratungsleistungen in diesem Kontext befördern bzw. helfen, Hemmschwellen abzubauen – und dies auf der Basis der Ergebnisse einer qualitativen Erhebungsmethode.

Jeannette Büchel
Schweizerische Unfallversicherungsanstalt Suva

UV-Schutz bei Outdoor-Workern: psychosoziale Determinanten des protektiven Verhaltens

1. Ausgangssituation und Ziel des Projekts

Hautkrebs wird meistens mit Freizeit in Verbindung gebracht. Dabei geht vergessen, dass Arbeitnehmende viel stärker gefährdet sind. Insbesondere jene, die üblicherweise im Freien arbeiten. Ihre UV-Jahresexposition ist um Faktor 3 bis 5 höher als diejenige von Arbeitnehmenden, die vorwiegend drinnen arbeiten (Rast, 2017). In der Schweiz erkranken pro Jahr zwischen 20000 und 25000 Personen neu an Hautkrebs, rund 1000 dieser Fälle sind verursacht durch die chronische UV-Exposition bei der Arbeit (Rast & Krischek, 2017). In vielen Unternehmen ist die UV-Prävention noch kein Thema, die Arbeitnehmenden sind während ihrer Berufstätigkeit ungenügend geschützt. Vor diesem Hintergrund hat sich die Schweizerische Unfallversicherungsanstalt Suva im Rahmen ihrer Berufskrankheiten-Strategie dazu entschieden, in den kommenden Jahren einen Schwerpunkt auf die Hautkrebsprävention zu legen.

Für einen optimalen Schutz ist es wichtig, dass die am besonders exponierten Stellen – Gesicht, Ohren, Nacken und Hals – gegen UV-Strahlung geschützt werden. Dies kann nur bedingt mit technischen oder organisatorischen Massnahmen erreicht werden, deshalb ist es wichtig, dass die Arbeitnehmenden die entsprechende Schutzausrüstung tragen. Dazu gehört neben den bekannten Massnahmen (wie dem Tragen von Schutzkleidung und dem Verwenden der Sonnencreme) in den UV-intensivsten Monaten Juni und Juli das Tragen einer Kopfbedeckung mit Nackenschutz und Stirnblende. Ab 2019 wird die Suva als Durchführungsorgan des Unfallversicherungsgesetzes das Tragen des Nackenschutzes und der Stirnblende in allen Branchen mit Aussenarbeitsplätzen einfordern.

Das Tragen eines Nackenschutzes ist im Kontext der Arbeitswelt hierzulande noch ungewohnt. Die Suva hat sich deshalb die Frage gestellt, wie das Verhalten der betroffenen Personen dahingehend verändert werden kann, dass sie den Nackenschutz und die Stirnblende tragen. Mit Hilfe eines sozialpsychologischen Ansatzes wurden die psychologischen Treiber und Barrieren ermittelt, welche die Einstellung und das Verhalten der Outdoor-Worker beim Thema Sonnenschutz steuern. Basierend auf dem Risks, Attitudes, Norms, Abilities und Self-Regualtion-Ansatz (Mosler 2012) wurden 234 Personen aus dem Branchen Garten- und Strassenbau befragt.

2. Das Ranas-Modell der Verhaltensänderung

Der Risks-, Attitudes, Norms Abilities und Self-Regulation (Ranas)-Ansatz (Mosler 2012) zur systematischen Verhaltensänderung ist eine etablierte psychologische Methode, mit welcher sich Verhaltensänderungsstrategien entwickeln und evaluieren lassen (Abb. 1). Der Ansatz besteht aus vier Komponenten: Den Verhaltensfaktoren (aus deren englischen Bezeichnungen sich der Name des Modells ableitet), die in fünf Blöcke gruppiert sind, den Techniken der Verhaltensänderung, welche den Faktorenblöcken entsprechen, dem erwünschten resultierenden Verhalten und den Kontextfaktoren (Contzen & Mosler, 2015). Bis anhin wurde mit dem Ranas-Ansatz vor allem im Entwicklungskontext gearbeitet zu Fragestellungen im Bereich Hygiene und sanitäre Einrichtungen. Die Suva hat den Ranas-Ansatz nun erstmals für ein Arbeitsschutz-Projekt in der Schweiz angewendet.

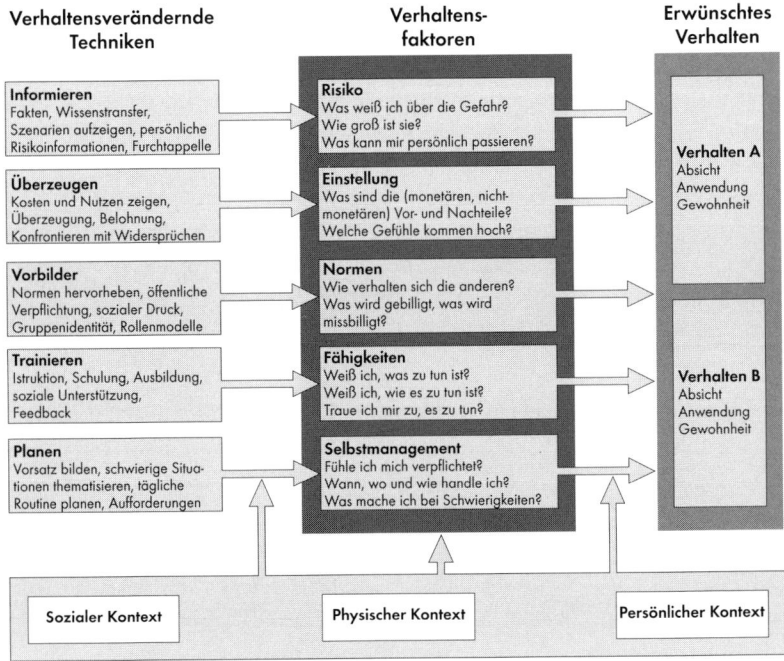

Abb. 1: Das Ranas-Modell der Verhaltensänderung

Die Verhaltensfaktoren werden gemessen und ihr Einfluss auf das Verhalten wird quantifiziert. Basierend auf diesen Erkenntnissen werden mit Hilfe der korrespondierenden Techniken der Verhaltensänderung massgeschneiderte Interventionen entwickelt. Die Wirksamkeit dieser Interventionsstrategien kann wiederum gemessen werden.

3. Methodisches Vorgehen

Die Doer/NonDoer-Analyse ist das zentrale Instrument im Ranas-Modell, damit lassen sich Verhaltensdeterminanten identifizieren, welche das fragliche Verhalten steuern. Personen, die ein Verhalten bereits ausführen (Doer) werden mit Personen verglichen, die ein Verhalten noch nicht ausführen (NonDoer). Die Mittelwerte für Doer und NonDoer werden verglichen und die Verhaltensfaktoren mit den grössten Differenzen zwischen den beiden Gruppen ermittelt. Diese Faktoren gilt es in der Intervention zu adressieren, sie haben das grösste Potenzial für eine Verhaltensänderung.

4. Resultate

Insgesamt konnten 234 Personen (190 Männer, 42 Frauen, Durchschnittsalter 40.6 Jahre) aus dem Branchen Garten- und Strassenbau befragt werden. Der Fragebogen stand in einer Online- und Papierversion zur Verfügung. Er umfasse insgesamt 58 Items sowie zusätzlich demografische Variabeln.

Die nachfolgenden Abbildungen zeigen nur einen Teil der Ergebnisse von zwei Verhaltensfaktoren des Ranas-Modells. Zum einen für den Faktor Risiko (Abb. 2, links), welcher das Wissen über die UV-Problematik sowie eine persönliche Risikoabschätzung erfasst. Zum andern für den Faktor Einstellungen (Abb. 2, rechts), wo neben Handhabungsaspekten des Nackenschutzes auch emotionale Einflüsse erhoben wurden.

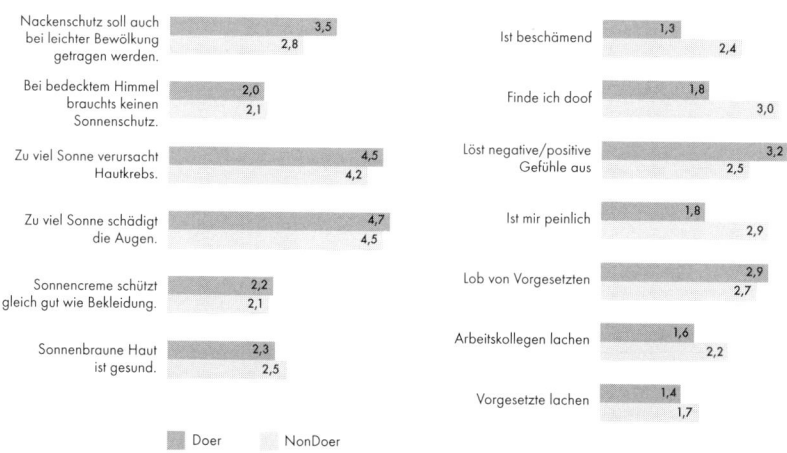

Abb. 2: Mittelwertsunterschiede zwischen Doern und NonDoern punkto Wissen über UV-Strahlung (links) und Emotionen (rechts) (Skala von 1 = stimme überhaupt nicht zu bis 5 = stimme voll und ganz zu)

Die Ergebnisse zeigen, dass sowohl Doer wie NonDoer gut über das Thema UV-Strahlung informiert sind. Bei den Wissens-Items gibt es keine grossen Unterschiede zwischen den beiden Gruppen. Anders sieht es bei den emotionalen Aspekten aus. Da unterscheiden sich die Doer wesentlich von den NonDoern. Die NonDoer, die den Nackenschutz und die Stirnblende noch nicht tragen, empfinden deutlich negativere Emotionen als die Doer, die sich vorstellen können, den Nackenschutz zu tragen. NonDoer schämen sich mehr, es ist ihnen peinlicher und sie erwarten mehr negative Reaktionen von ihrem Umfeld als Doer.

5. Fazit und weiteres Vorgehen

Basierend auf diesen Erkenntnissen hat die Suva entschieden, in der UV-Kampagne diejenigen Aspekte zu thematisieren, welche den grössten Einfluss haben auf das Verhalten der Outdoor-Worker. So berichten beispielsweise Arbeitnehmende, die Erfahrungen gemacht haben mit der neuen Schutzausrüstung berichten in Testimonials über ihre Emotionen. Mit Slogans wie „Sei ein Profi, schütze Dich vor UV" wird zusätzlich versucht, positive Aspekte des protektiven Verhaltens anzusprechen. Dies sind nur zwei Beispiele aus der umfangreichen Kampagne, welche aus vielen verschiedenen Elementen besteht.

Auf der Grundlage der Erkenntnisse hat die Suva auch einen massgeschneiderten Workshop entwickelt für Betriebe, welche ihre Mitarbeitenden für das Thema sensibilisieren und zum Tragen des Nackenschutzes motivieren wollen. Im Juni und Juli 2018 führte die Suva bei interessierten Betrieben aus verschiedenen Branchen (Dachdecker, Fassadenbauer und Spengler) solche Workshops durch. Es wird ermittelt, ob dank dieser Intervention das Verhalten tatsächlich verändert werden konnte. Die Ergebnisse dieser Evaluation werden zu einem späteren Zeitpunkt publiziert.

Literatur
Contzen, N. & Mosler, H-J. (2015). The RANAS model of behavior change. Metho-dological Fact Sheet 2. Dübendorf, Switzerland: Eawag, Swiss Federal Institute of Aquatic Science and Technology.
Mosler, H-J. (2012). A systematic approach to behaviour change interventions for the water and sanitation sector in developing countries: a conceptual model, a review, and a guideline. International Journal of Environmental Health Research, 1–19.
Rast, H. (2017). Berufliche Ultraviolett-Exposition und Hautkrebs. Suva Factsheet.
Rast, H. & Krischek, R. (2017). Hautschutzinitiativen der Suva gegen chemische und physikalische Gefährdungen. Suva Medical 88

Clarissa Eickholt[1], Friedhelm Wojak[2], Christian Müller[3],
Sabine Schreiber-Costa[3] & Klaus Lahme[4]
[1]*systemkonzept GmbH*, [2]*Vestolit GmbH*, [3]*BG RCI*, [4]*Evonik AG*

Psychische Belastung bei Tätigkeiten mit KMR-Stoffen – ein Praxisbeispiel

1. Einleitung

Die Beurteilung der Arbeitsbedingungen nach ArbSchG sieht vor, dass alle mit einer Tätigkeit verbundenen Gefährdungen zu ermitteln sind, um die erforderlichen Maßnahmen des Arbeitsschutzes abzuleiten.

Sowohl chemische Einwirkungen als auch Faktoren psychischer Belastung sind eine explizit benannte Einflussgröße, stellen aber immer wieder eine Herausforderung bei der Gefährdungsbeurteilung dar.

Recherchen und Erfahrungen der Autoren zeigen, dass kaum oder keine Erkenntnisse und Erfahrungen vorliegen, die eine Kombination dieser Einwirkungen, also die psychische Belastung bei Tätigkeiten mit Gefahrstoffen spezielle KMR-Stoffen berücksichtigt, weder bei der Ermittlung noch Beurteilung. Maßnahmen, die auch die Anforderungen an die Psyche – vorteilhaft – mitgestalten sind daher ein Zufallsprodukt.

Voraussetzung für die folgenden Ausführungen und die gemeinsame Bearbeitung des Praxisbeispiels im Arbeitskreis ist, dass grundsätzlich die Maßnahmenhierarchie für die Tätigkeit mit KMR-Stoffen beachtet wurde und alle technischen und organisatorischen Voraussetzungen für die Durchführung dieser Tätigkeiten hinsichtlich der Gefahrstoffproblematik bestmöglich gestaltet wurden.

Vor Aufnahme dieser Tätigkeit erfolgt auch eine Eignungsuntersuchung, die arbeitsmedizinische Vorsorge inklusive Biomonitoring findet statt und etwaige Tragezeitbegrenzungen werden berücksichtigt.

2. Ausgangspunkt: Anknüpfen an einem Praxisbeispiel

In unserem Fokus steht deshalb im Rahmen einen Erfahrungsaustausch bewusst eine eher außergewöhnliche Tätigkeit: Die Tätigkeit zur Reinigung eines Tanks, zur Entfernung von Schlacken und Rückständen eines Gefahrstoffes.

Der Gefahrstoff fällt zum einen in die „Kategorie" KMR-Stoff (karzinogen/krebserzeugend, (keimzellen)mutagen, reproduktionstoxisch). Zum anderen bildet er unter Sauerstoff eine explosionsfähige Atmosphäre.

Das eine bedeutet, dass die Arbeiten im Chemikalienvollanzug auszuführen sind. Das andere führt außerdem dazu, dass die Tätigkeit in einer Stickstoffatmosphäre

ausgeführt werden müssen, sprich für eine Vollversorgung an Atemluft gesorgt werden muss. Denn ein Atemzug in der Stickstoffatmosphäre kann tödlich enden.
Die Tätigkeit selber wird alleine in einem Tank ausgeführt, der über ein enges Loch bestiegen wird. Ein kleines Team führt im Wechsel die Tätigkeit aus. Wer gerade nicht im Tank arbeitet, übernimmt die Überwachung des Kollegen bzw. seiner Versorgung von außen.

3. Erarbeiten und ausprobieren: Welche Anforderungen machen die psychische Belastung bei dieser Tätigkeit aus?

Eine systematische Betrachtung der Tätigkeit mit dem Belastungs-Beanspruchungs-Modell soll durch den praktischen Teil des Workshops leiten – auch das probeweise Tragen eines Chemikalienschutzanzuges im Workshop ermöglicht Einzelnen das Reinfühlen in die Tätigkeit. In allen vier Quellen psychischer Belastung, also Arbeitsaufgabe, Arbeitsorganisation, Soziale Beziehungen und Arbeitsumgebung sind verschiedene Faktoren zu ermitteln.

4. Zielstellung: Erfahrungsaustausch und Fallbearbeitung

Der Expertenkreis Aus- und Weiterbildung will mit diesem praktischen Part eine Annäherung an die Beurteilung der psychischen Belastung bei Tätigkeiten mit KMR-Stoffen schaffen und zum Erfahrungsaustausch anregen.

Neben der Arbeit mit dem Belastungs-Beanspruchungs-Modell soll die Stärkung der Kompetenzen, insbesondere der Gesundheitskompetenz diskutiert werden.

Übergeordnet arbeitet der Expertenkreis Aus- und Weiterbildung an der Fragestellung, ob und wie die Gesundheitskompetenz eines Mitarbeiters in einem allgemeinen Kompetenzraster erfasst werden kann.

Zu KMR-Stoffen allgemein klärt zuvor ein anderer Beitrag im Rahmen des Arbeitskreises (und im Workshopband) auf, so dass mit der praktischen Fallbearbeitung direkt der Brückenschlag erfolgen kann, zur Fragestellung, wie psychische Belastung integriert wird in die Gefährdungsbeurteilung.

Marie Jelenko[1], Julia Steurer[2] & Thomas Strobach[1]
[1]*AUVA*, [2]*Zentral-Arbeitsinspektorat*

Umgang mit kanzerogenen Arbeitsstoffen – psychologische und soziologische Aspekte im ArbeitnehmerInnenschutz

1. Ausgangslage und Hintergrund

1.1 ArbeitnehmerInnenschutz

Arbeitsstoffe sind alle Stoffe, Zubereitungen (Mischungen) und biologische Agenzien, wie beispielsweise Mikroorganismen (Bakterien, Viren, Pilze) und Toxine, die bei der Arbeit verwendet werden.

Gefährliche Arbeitsstoffe sind gemäß § 40 AschG alle Stoffe mit der Eigenschaft: explosionsgefährlich (§ 40 Abs. 2 AschG), und/oder brandgefährlich (§ 40 Abs. 3 AschG) und/oder gesundheitsgefährdend (§ 40 Abs. 4, 4a, 4b und Abs. 7 AschG). Bei gefährlichen Arbeitsstoffen ist ein besonders achtsamer Umgang zum Schutz der Menschen die damit arbeiten wichtig. ArbeitgeberInnen müssen sich hinsichtlich eines sicheren Umgangs mit Arbeitsstoffen, mit Unterstützung ihrer Präventivfachkräfte, das sind ArbeitsmedizinerInnen und Sicherheitsfachkräfte und ggf. auch Beiziehung sonstiger Fachleute, auseinandersetzen. Auch hinsichtlich Information und Unterweisung [ArbeitnehmerInnenschutzgesetz, AschG].

1.2 Krebserkrankungen

Krebserkrankungen beginnen mit einer chemischen Veränderung der Erbsubstanz in Körperzellen, dem veränderte Keimzellen zugrunde liegen. Die Veränderungen – Mutationen – sind überwiegend durch chemische Stoffe – die Kanzerogene – erzeugt. Zu einem kleineren Teil auch durch Strahlen und Viren. Mit den meisten Mutationen kann unser Körper leben, da er über gute Reparatur- und Immunmechanismen verfügt. Viele schädliche Effekte summieren sich im Laufe des Lebens, bleiben aber meist „unterschwellig". Die Abwehrleistung unseres Körpers nimmt in höheren Altersgruppen ab. Mit steigender Dosis steigt dann auch die Wahrscheinlichkeit zu erkranken. [Wolfgang Hien, 2014]. Krebserzeugende Stoffe am Arbeitsplatz haben auch in geringeren Konzentrationen Bedeutung als Teilfaktoren in der multifaktoriellen Entstehung von malignen Neoplasiendurch umweltbedingte Belastungen und Lebensgewohnheiten. Zu dem Problem der „Synkanzerogenese" besteht Forschungsbedarf. Durch den technologischen Wandel der letzten 20 Jahre treten vermehrt Stoffe auf, die nicht ausreichend toxikologisch charakterisiert sind. Wegen des Problems der Latenzzeiten maligner Erkrankungen bedeutet eine heutige Abwesenheit von Krebsfällen nicht, dass solche Stoffe unbedenklich sind. [Hermann M. Bolt, Klaus Golka, 2006]

1.3 Arbeitsbedingte Prävalenz
Jährlich kommt es EU-weit zu 82.000 bis 95.000 Todesfällen aufgrund arbeitsplatzbedingter Krebserkrankungen (ILO). Die WHO errechnet 212.000 solcher Todesfälle in allen Industriländern gemeinsam. Auf Österreich umgelegt rechnet man mit 1.820 Todesfällen pro Jahr auf Grund von beruflicher Exposition durch krebserzeugende Arbeitsstoffe. [Jukka Takala, 2015].

Jede/er 5. ArbeitnehmerIn in der EU ist am Arbeitsplatz gegenüber Kanzerogenen exponiert. [CAREX, Kauppinen 2000]

Tabelle 1 Krebserkrankungen in Zusammenhang mit unterschiedlichen beruflichen Tätigkeiten und Exposition

Krebserkrankung	Beispiele von Substanzen oder Vorgängen (verkürzt)	Beispiele beruflicher Tätigkeiten
Harnblasenkarzinom	Benzidin, 2-Naphthylamin, 4-Aminobiphenyl, Arsen	Gummi-, Leder-, Druck- Textilproduktion, Straßenbau, Dachdeckerei, Rauchfangkehrerin, Friseure, KFZ-Mechanikerin
Nierenzellkarzinom	Cadmium, Trichlorethen	Schuhmacherin, Metallarbeiten, Kunststoff- und Textilproduktion
Kehlkopfkrebs	Asbest, Farbdämpfe, Chromverbindungen, PAK, Senfgas	Altbau-Renovierung, Galvanik, Spritz-Lackierer, Schlosserin, Mechaniker, Ledergerberin, Kohleverkokung
Leukämie, Lymphome	Formaldehyd, Benzen, Ethylenoxid, ionisierende Strahlung	Lackiererin, Tankwart und Tankreiniger, Drucker, Laboranten, Gummiproduktion, medizinisches Personal, Frisörin
Leberkrebs	Arsen, Vinylchlorid, Hepatitis-Viren	Elektronik-Arbeit, Landwirte, PVC-Verarbeitung
Lungenkrebs	Radon, Passivrauch, Asbest, Arsen, Cadmium, Chrom-, Nickelverbindungen, PAK	Gummiproduktion, Straßenbau, Dachdeckerin, Maler, Lackiererin, Rauchfangkehrer, Eisen- und Stahlgießereien, Schweißarbeiten, Kellner, Druckerin
Mesotheliom	Asbest	Berg- Schienenbau, Automobilindustrie, Installations-, Farb-Baugewerbe
Nasen(-nebenhöhlen)krebs	Nickel-, Chrom-, Leder- und Holzstaub	Textilherstellung, Nickelraffinerien, Holzverarbeitung, Schuhproduktion
Weißer Hautkrebs	Arsen, Steinkohleteer, Paraffin, best. Öle, UV	Rauchfangkehrerin, hohe Exposition gegenüber Sonneneinstrahlung

[IARC, Unimed Mainz]

In Tabelle 1 angeführte Substanzen und berufliche Tätigkeiten sind exemplarisch und demonstrativ. Sie dient lediglich der Veranschaulichung. für nähere und umfassende Zusammenhänge wird auf relevante Literatur verwiesen.

2. Umsetzungsstrategien und Ziele

Die AUVA-Kampagne 2018–2020 *„Gib Acht, Krebsgefahr!"* und der Arbeitsinspektionsschwerpunkt 2018–2019 *„Kanzerogene Arbeitsstoffe"*, die im Rahmen der EU-Kampagne *„Gefährliche Arbeitsstoffe erkennen und handhaben"* sowie der Roadmap *„Amsterdam to Vienna on Carcinogens"*, 2016–2019 stattfinden, sollen dazu beitragen, die Zahl der beruflichen Krebserkrankungen und Krebstoten langfristig zu reduzieren. Die betriebliche Primärprävention beruflicher Krebserkrankungen soll verbessert werden. Betriebe sollen durch Information und Beratung für das Thema sensibilisiert werden. PräventionsmitarbeiterInnen unterstützen Betriebe dabei, Wege des sicheren Umgangs bzw. unbedenkliche Ersatzstoffe zu finden. Denn berufsbedingte Krebserkrankungen können durch fundierte, vorbeugende Maßnahmen verhindert und Menschen geschützt werden.

3. Psychologische und soziologische Aspekte

Wichtig ist gezielt zu überlegen, in welcher Form dieses Thema auf den unterschiedlichen Ebenen angesprochen und vermittelt werden kann. Ein „Aufrütteln" erscheint durchaus notwendig, gleichzeitig soll keine Panik bei ArbeitgeberInnen und ArbeitnehmerInnen ausgelöst werden. Es müssen die unterschiedlichen Verantwortlichkeiten für notwendige betriebliche Bedingungen und für alltägliches Arbeitshandeln klar definiert werden, um Konflikten durch gegenseitige Schuldzuweisungen und Überforderungen durch Individualisierung von Problemlagen vorzubeugen.

Verglichen mit der Verhütung von Arbeitsunfällen ist das Thema der Vorbeugung berufsbedingter Krebserkrankungen deutlich komplexer. Das Wissen über die Entstehung von Krebserkrankungen durch die Arbeit und über mögliche Schutzmaßnahmen ist nicht nur auf betrieblicher Ebene als gering einzuschätzen. Durch lange Latenzzeiten bei der Entstehung von Krebserkrankungen wird die Präventionsarbeit noch zusätzlich erschwert. Unterweisungen bleiben häufig auf einer eher formellen Ebene. Darüber hinaus ist Krebs und ein ggf. damit verbundener Tod nach wie vor ein Tabuthema.

In den Betrieben sind folgende Phänomene ausmachbar: einerseits werden bei kognitiver Dissonanz Risiken bagatellisiert und „angstreduzierende" Informationen selektiv wahrgenommen und verarbeitet („die älteren KollegInnen haben immer so gearbeitet und sind auch nicht krank geworden"). Darüber hinaus werden mögliche Problemlösungen externalisiert und die Verantwortung abgegeben.

In diesem Zusammenhang bekommt die Frage nach dem Umgang mit psychischer Belastung von ArbeitnehmerInnen bei der Arbeit mit kanzerogenen Arbeitsstoffen große Bedeutung. Wie ist der Umgang in der Arbeitsplatzevaluierung psychischer Belastung? Wie kann im Betrieb ein gesundes Bewusstsein im Umgang mit gefährlichen Substanzen erreicht werden. Welche Rolle kann hier der Nocebo-Effekt spielen und wie kann damit professionell umgegangen werden?

Im Rahmen des Workshops werden nach einer kurzen Vorstellung der Kampagne und deren Maßnahmen relevante psychologische bzw. soziologische Fragestellungen zum Thema im Stationenbetrieb diskutiert und bearbeitet. Ganz im Sinne des PASIG-Workshopmottos „Voneinander lernen und miteinander die Zukunft gestalten!" sollen durch den unterschiedlichen Praxis- und Wissenschaftshintergrund der Teilnehmenden Umgangsweisen und mögliche verhältnis- und verhaltenspräventive Maßnahmen (z.B. im Sinne der Entwicklung einer realistischen Risikowahrnehmung und der Erhöhung der Selbstwirksamkeitswahrnehmung; förderliche Kommunikation auf betrieblicher und überbetrieblicher Ebene) skizziert und erarbeitet werden.

Literatur

Bundesgesetz über Sicherheit und Gesundheitsschutz bei der Arbeit (ArbeitnehmerInnenschutzgesetz – ASchG), RIS, Fassung vom 30.04.2018

Hien W. (2014) Arbeitspapiere Berufskrankheiten Arbeitnehmerkammer Bremen Nr.3

Hien W. (2013) Beruflich verursachte Krebserkrankungen, neue Herausforderungen, Gute Arbeit

Bolt H. M., Golka K. (2007). Berufsbedingte Krebserkrankungen – Altlasten oder aktuelle Bedrohung?. Deutsche medizinische Wochenschrift, 132(4):133–134

Kauppinen, T. et al. (2000) Occupational exposure to carcinogens in the European Union, Occup Environ Med., 57(1): 10–18.

Takala, J. (2015) Eliminating occupational cancer in Europe and globally

http://www.unimedizin-mainz.de/asu/krebs-als-berufskrankheit/betroffene-organe-und-erkrankungen.html, [11.04.2018]

List of classifications by cancer sites with sufficient or limited evidence in humans, Volumes 1 to 114. International Agency for Research on Cancer (IARC). Last updated: 18.April, 2018

Arbeitskreis
Psychische Belastung und Beanspruchung: Überblick

Leitung: Bruno Zwingmann

Martina Molnar & Tuulia Ortner
Die Glaubwürdigkeit von Ist-Analysen psychischer Belastung in Organisationen – Qualitätssicherung der Diagnostik

Anton Prettenhofer & Micha Strack
**Der Blick unter die Decke –
5 Jahre Evaluierung psychischer Belastung/Reflexionen zum Einsatz der Verfahren PsyBePLUS und ABS Gruppe**

Martina Molnar[1] & Tuulia Ortner[2]
[1]humanware GmbH, Wien; [2]Universität Salzburg

Die Glaubwürdigkeit von Ist-Analysen psychischer Belastung in Organisationen – Qualitätssicherung der Diagnostik

1. Die Ausgangssituation: Erfassung psychischer Belastungen

Bei der Erfassung psychischer Belastung an Arbeitsplätzen besteht in der Praxis in verschiedener Hinsicht Unsicherheit, wie den seit 2013 bestehenden gesetzlichen Vorgaben inhaltlich entsprochen werden kann. So werden beispielsweise in einer Publikation des Steuerkreises des GDA-Arbeitsprogramms „Psyche" vom April 2017 Erhebungsergebnisse bei den GDA-Trägerorganisationen und Sozialpartnern zu den von diesen angebotenen Instrumenten und Verfahren berichtet. Insgesamt wurden im Bericht 28 Verfahren gemeldet, von denen nach Auskunft und Einschätzung der befragten Organisationen nur zehn wissenschaftlichen Standards entsprechen und entsprechende Gütekriterien erfüllen. Im Artikel wird kritisch angemerkt (2017, S. 2): *„Seitens der GDA-Träger sind daher weitergehende Konkretisierungen der Qualitätsgrundsätze sowie entsprechende Weiterentwicklungen der Instrumente/Verfahren erforderlich."* Auch am freien Markt werden Suchende mit unzulänglichen Angeboten konfrontiert. Häufig wird zudem auf die Expertise fachkundiger PsychologInnen verzichtet. Selbst ExpertInnen tun sich oftmals aufgrund der Komplexität schwer, Unterschiede in der Qualität von Verfahren zu argumentieren. Verschiedene Fehlschlüsse und Fehlbeurteilungen finden sich in der Praxis: So ist etwa bei Laien weit verbreitet, man könne die Qualität eines Verfahrens ohne empirische Prüfung nur anhand der konkreten Fragen eines Fragebogens beurteilen. Dieser Beitrag soll zur Aufklärung beitragen, wie Verfahrensqualität fundiert geprüft werden kann.

2. Der Nutzen belastbarer Diagnosen

Valide und belastbare Diagnosen sind nicht nur für Organisationen essentiell um den gesetzlichen Vorgaben nachzukommen, sondern stellen wesentliche Grundlagen für Unternehmen bereit. Erhebungen bieten einen Ausgangspunkt, um die Qualität der Arbeitsbedingungen von Beschäftigte einzuschätzen, sowie Optimierungspotentiale zu erkennen. Dies bietet die Möglichkeit die Attraktivität als Arbeitgeber zu steigern und betriebliche Reibungsverluste zu verringern. Darüber hinaus könnte die Ermittlung und Beurteilung psychischer Belastung in allen Unternehmen des deutschen Sprachraumes eine große Chance sein, dass Interessensvertretungen und Organisationen im Feld „Arbeit und Gesundheit" Informationen darüber erhalten, wie sich die Profile der Arbeitsbedingungen nach Branchen, Tätigkeiten und Beschäftigtengruppen unterscheiden. Zielgerichtete Beratungs- und Serviceleistungen könnten angeboten werden. Auch Institutionen im Bereich Gesundheitspolitik könnten ihre Strategien und Ressourcen effektiver und fundierter einsetzen.

Gezielte und passende Maßnahmen leiten sich aus gesicherten Diagnosen des Ist-Zustandes ab. Das ist bei der überwiegenden Zahl der Anwendungen derzeit nicht der Fall.

3. Checkliste: Qualitätsunterschiede bei Verfahren

Im Einzelfall bedarf es spezifischer fachlicher Expertise, um für ein spezifisches Arbeitsgebiet ein geeignetes Verfahren (häufig: Fragebogen) zu identifizieren sowie ein adäquates Erhebungsdesign und eine fragenspezifische Auswertung umzusetzen. Hier werden Faustregeln formuliert, um klären zu können, ob es sich um ein wissenschaftlich fundiertes Verfahren handelt.

3.1 Theoretische Basis

Abb. 1: Verfahren ohne theoretische Basis stellen Items nach Belieben zusammen

Gut: Ein fundiertes Erhebungsinstrument verfügt über einen theoretischen Bezugsrahmen (wissenschaftliche Konzepte, Theorien). Es werden also die Fragen / Items systematisch im Hinblick auf einen hypothetisch möglichen Item-Raum konstruiert. Zur psychischen Belastung gibt es beispielsweise das Belastungs- Beanspruchungs-Konzept, das transaktionale Stressmodell, etc. *Kritisch:* Werden Items intuitiv, spontan, oder nach individuellem Gutdünken zusammengestellt, ist von Beginn an unklar, ob die intendierten Bereiche abgedeckt werden und nach welchem Konzept die damit gesammelten Daten zu interpretieren sind.

3.2 Empirisch-statistische Prüfung an der Zielstichprobe

Gut: Ein Verfahren wird für eine bestimmte Zielgruppe und für bestimmte Anwendungsbereiche entwickelt. Soll psychische Belastung am Arbeitsplatz erfasst werden, muss die Tauglichkeit des Instruments an einer ausreichend großen und repräsentativen Stichprobe arbeitstätiger Menschen für die Tätigkeiten und Branchen überprüft werden, in denen es eingesetzt werden soll. *Kritisch:* Wird beispielsweise ein Verfahren zur Messung arbeitsbedingter psychischer Belastung an Schülern getestet, ist das eine falsche Zielgruppe – die Ergebnisse erlauben nur begrenzt Schlüsse. Ebenso fragwürdig wäre es, wenn ein Verfahren z. B. nur an Büromitarbeitern geprüft und dann auch für Beschäftigte in der Produktion verwendet wird. Außerhalb jeder Diskussion steht ein Verfahren, das gar nicht an einer geeigneten Stichprobe geprüft wurde.

3.3 Statistische Analyse der Item-Qualität
Gut: Der erste Entwurf eines Verfahrens wird einer geeigneten Stichprobe vorgegeben. Die daraus entstandenen Ergebnisdaten werden einer genauen statistischen Analyse unterzogen. Dabei werden etwa Items ausgeschieden, die nicht von allen Personen gleichermaßen fair beantwortet werden können oder die sich nicht deutlich unterscheiden. *Kritisch:* Wenn keine Untersuchung der Item-Qualität vorgenommen wird, können folgende Probleme resultieren: Unklare Items werden nicht ausgeschieden, es werden mehrfach ähnliche Sachverhalte erfasst, es verbleiben „ungerechte" Items im Fragebogen, die nicht von allen Personen beantwortet werden können.

3.4 Faktorenanalysen zur Identifikation erfasster Inhaltsbereiche
Gut: Die Faktorenanalyse überprüft, ob und wie gut das theoretische Modell erfasst und gemessen wird. Es werden Zusammenhänge zwischen den verbliebenen Items untersucht, also welche Items ein gemeinsames Konzept bzw. einen übergeordneten Inhalt messen (z.B. Kommunikation, Unterstützung und Feedback bilden zusammen das Thema „Zusammenarbeit"). Jeder Faktor bündelt also einige Items, die gemeinsam eine zuverlässige und umfassende Aussage über ein Themenfeld ermöglichen. Die Messgenauigkeit wird über den Kennwert Reliabilität ausgedrückt. Je höher dieser Wert pro Skala ist, desto zuverlässiger die Messung.

Abb. 2: Bei der Faktorenanalyse werden basierend auf Korrelationen Items identifiziert, die zur Erfassung übergeordneter Konzepte geeignet sind. Uneindeutige Items werden ausgeschieden.

Kritisch: Fehlen Informationen zu Faktorenanalysen bei der Verfahrenskonstruktion, bleibt unter anderem unklar, ob Interpretationen auf übergeordneter Ebene (Skalen) möglich sind. Das ist etwa so, also ob die mathematische Intelligenz von Menschen nur anhand von drei unterschiedlichen Rechenübungen überprüft wird. Es kann nur eine Aussage darüber getroffen werden, ob die drei Übungen richtig gelöst wurden, aber nicht, wie ausgeprägt die mathematische Intelligenz einer Person ist.

3.5 Statistische Kontrolle der Validität

Gut: Wesentlich ist es zu prüfen, ob ein Verfahren tatsächlich das erfasst, was es beansprucht. Dazu werden die mit dem Verfahren gewonnenen Daten mit relevanten Bezugsdaten verglichen. Beispielsweise wird untersucht, ob das „neue Verfahren" zu ähnlichen Ergebnissen kommt wie ein bereits geprüftes Verfahren. *Kritisch:* Findet keine Prüfung der Validität statt, bleibt unklar, ob das Verfahren überhaupt das erfasst und misst, was es behauptet. Statt psychischer Belastung am Arbeitsplatz könnte also etwas ganz anders (z. B. Arbeitszufriedenheit, Erschöpfung, etc.) Gegenstand der Messung sein.

3.6 Eichung bzw. Normierung

Gut: Ziel eines Verfahrens ist es, die erhobenen Daten zu interpretieren. Ein Messwert kann nur innerhalb eines Bezugsrahmens als niedrig, hoch oder durchschnittlich eingestuft werden (z. B. sind -5 Grad im August in Wien extrem niedrig, im Januar dagegen durchschnittlich). Diesen Bezugsrahmen bilden Normwerte oder Eichwerte, die aus systematischen Datenzusammenstellungen gewonnen werden. *Kritisch:* Die Daten eines Verfahrens können ohne Bezugspunkt nicht interpretiert werden. Liegen nur Benchmarks vor, so sind das unsystematische Zufallsdaten aus bisherigen Erhebungen (beispielsweise fünf Wettermesswerte von drei Berggipfeln).

4. Konsumentenschutz in der Praxis

Verlangen Sie von Verfahrensanbietern zur Absicherung diese Anbieter-Erklärung https://www.psybel-expert.info/fuer-unternehmer/absicherung-fuer-unternehmen. Wir raten zur Skepsis, wenn Anbieter eines Verfahrens

- zu den genannten Themen keine Auskunft geben können,
- wenn Items (Fragen) kundenspezifisch verändert, gestrichen oder dazu gefügt werden können,
- wenn Mess-Ergebnisse nicht auf Ebene von Faktoren/Skalen, sondern als Auswertungen einzelner Items angeboten werden,
- wenn ein Verfahren keine Eich-/Normwerte hat, sondern nur Benchmarks.

Literatur

Kubinger, K. D. (2009). Psychologische Diagnostik: Theorie und Praxis psychologischen Diagnostizierens. (2. Aufl.). Göttingen: Hogrefe.

Steuerkreis des GDA-Arbeitsprogramms „Psyche" (2017): Instrumente und Verfahren zur Gefährdungsbeurteilung psychischer Belastung. In: Sicher ist sicher 4/2017. Erich Schmidt-Verlag.

Anton Prettenhofer[1] & Micha Strack[2]
[1]pluswert Graz, [2]Universität Göttingen

Der Blick unter die Decke –
5 Jahre Evaluierung psychischer Belastung/Reflexionen zum Einsatz der Verfahren PsyBePLUS und ABS Gruppe

1. Verpflichtung und Chance

Seit 2013 ist im ArbeitnehmerInnenschutzgesetz (AschG) in Österreich der Arbeitsschutz um den Themenkomplex der psychischen Gefährdung ergänzt. Mittels normgerechter Verfahren (ÖNORM DIN ISO EN 10075) wird in Organisationen die psychische Fehlbelastung – gemessen in vier Belastungsdimensionen (Arbeitsmerkmale/Tätigkeit, Arbeitsorganisation, Sozialklima und Arbeitsplatzbedingungen) – evaluiert. Viele Unternehmen reagierten anfangs mit Skepsis auf diese neue Verpflichtung, weil sie zusätzliche Ressourcen benötigt, eventuell unerfüllbare Erwartungen bei den ArbeitnehmerInnen weckt und weil deren Konsequenzen von Beginn an schlecht steuerbar sind (Prettenhofer, 2015a). Nach 5 Jahren Praxis in verschiedenen Projekten in Österreich und Deutschland ergibt sich eine Fülle von Erfahrungswerten, die hier zusammengestellt werden sollen.

2. Verfahren

Grundsätzlich stehen zur Gefährdungsbeurteilung psychischer Belastung drei methodische Vorgehensweisen zur Verfügung: Fragebogenverfahren, gruppenbezogenes Verfahren oder Beobachtung. Die beiden erstgenannten werden am häufigsten angewendet. In diesem Beitrag werden Erfahrungen und Analysen zum Fragebogenverfahren PsyBePLUS (Prettenhofer, Paninka, & Strack 2014a) sowie zum gruppenbezogenen Verfahren ABS Gruppe (Molnar, Prinkel & Friesenbichler, 2012) zusammengefasst.

2.1 ABS Gruppe
Mit dem von der AUVA (Allgemeinen Unfallversicherungsanstalt) entwickelten Verfahren ABS Gruppe steht ein normgerechtes Workshop-Verfahren zur Verfügung, in dem qualifizierte ModeratorInnen mit einer möglichst homogenen Gruppe von ca. 6–12 MitarbeiterInnen innerhalb von etwa vier Stunden deren arbeitsplatzbedingte psychische Belastung ermitteln. Am Ende des Workshops werden Maßnahmen zur Optimierung der Belastung entwickelt. ABS Gruppe zeichnet sich durch eine klare Struktur aus, die Ergebnisse sind partizipativ erarbeitet und transparent dargestellt (Prettenhofer 2015c). Aus den Erfahrungen von 126 Workshops lässt sich zusam-

menfassen, dass ABS Gruppe durch das stringente und lösungsorientierte Design eine hohe Akzeptanz bei den Teilnehmenden hat. Trotz der guten Anleitung ist das Verfahren dennoch stark von der Qualität der Moderation abhängig.

In vielen der in Industrie und im Pflegebereich durchgeführten ABS Gruppe Workshops wird über Belastung durch zu wenig Rückmeldungen zur Arbeit und zu wenig Mitsprache berichtet, die Prävalenzen von Multi-Tasking / Daueraufmerksamkeit sind ebenfalls hoch. Einige der 22 Belastungsbereiche der ABS Gruppe sind berufsgruppenspezifisch: Emotionsarbeit („Freundlichkeitsdruck") ist typisch für Tätigkeiten am Menschen (Pflege, Ärzte/Therapie, s. Abb.1), in der Produktion ist die Tätigkeit eher eintönig („zu viel auf einmal" wird dort selten genannt), Entwicklungsmöglichkeiten fehlen; Führungskräfte und Verwaltung sind Belastung durch unklare Zuständigkeiten und geringe Kollegiumsunterstützung ausgesetzt.

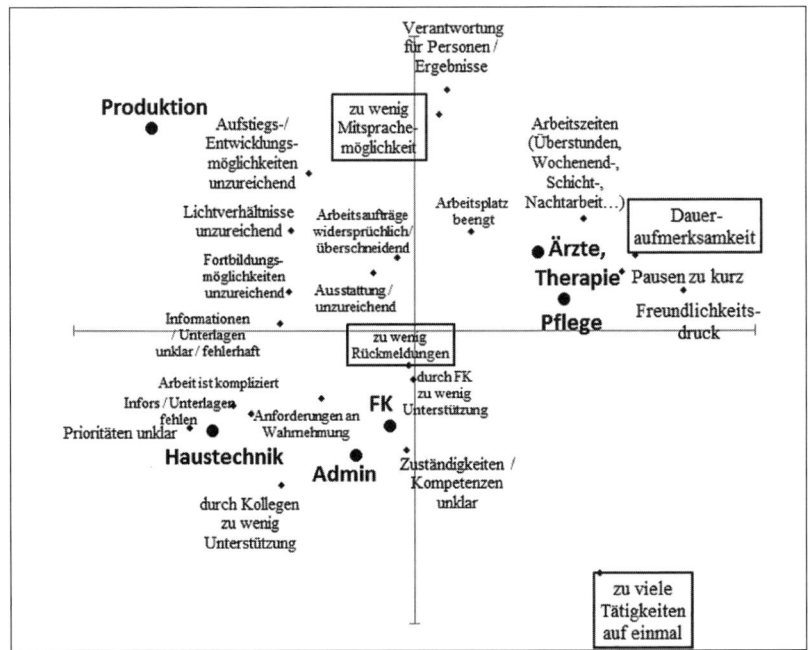

Abb.1: Berufsgruppentypische Belastungsbereiche bei ABS Gruppe (Diskriminanzanalyse, Berufsgruppen mit min. 10 Workshops; zusammen 121).

Die in diesen ABS Gruppe Workshops entwickelten Maßnahmen konzentrieren sich oft auf Änderungen der Abläufe innerhalb der Organisationseinheit und auch übergreifend sowie auf Verbesserung von Kommunikation und Anerkennung. Der Bereich von Dual Tasking und Daueraufmerksamkeit hat oft mit Belastung durch Unterbrechungen von außen zu tun: die kann man durch Kanalisierung (eindeutige Zuständigkeit oder kurzfristiges Abschotten) verbessern. Beides führt zu besserer Abstimmung, neuen Abläufen und speziellen Kommunikationsverabredungen im Team.

2. PsyBePLUS

Der PsyBePLUS ist ein Screening-Verfahren zur Ermittlung und Beurteilung von psychischer Belastung am Arbeitsplatz. Er wurde von pluswert, cogitaris und der Universität Göttingen entwickelt, um den Anforderungen an eine zeitgemäße und wirksame Belastungsbeurteilung gerecht zu werden. Der normgerechte Fragebogen PsyBePLUS unterscheidet sich in vier Punkten von herkömmlichen Verfahren:

- Durchgehend positive Item-Formulierung zur höheren Akzeptanz
- Zeitersparnis durch kurze Befragungsdauer trotz hoher Aussagekraft
- Leicht lesbare Datenaufbereitung
- Mögliche Integration mit weiteren Befragungen (z. B. MitarbeiterInnen-Zufriedenheits- oder BGF-Befragungen) durch modularen Aufbau.

Der PsyBePLUS ist nach einer umfassenden Qualitätsprüfung in die PsyBel-Expert Datenbank des BÖP (Berufsverband Österreichischer PsychologInnen) aufgenommen worden und im PSYNDEX des Leibnitz-Zentrums für Psychologische Information gelistet. Dort sind die Gütekriterien Reliabilität, Konstruktvalidität und Diagnostizierbarkeit dokumentiert. Eine aktuelle Reanalyse (Strack, Prettenhofer, Paninka, 2018) in einem Industriebetrieb (n 2.687) sowie einer Gesundheitsorganisation (n 3.508) zeigte eine umso homogenere psychische Belastung, je niedriger (kleiner) die Organisationseinheit innerhalb des Organigramms (je 6 Ebenen oberhalb der MA) ist, und damit eine gute Eignung des PsyBePLUS für differenzierte Evaluationsberichte.

Nach Herzbergs Zwei-Faktoren-Theorie sollte Fehlbelastung zu überlinearer Unzufriedenheit (Fehlbeanspruchung) führen, also ausbleibende Fehlbelastung ein sogenannter Basisfaktor sein. Für die beiden eben genannten Organisationen wurde die auf je kleinster Berichtsebene (245 und 281 Organisationseinheiten) aggregierte Belastung mit der individuellen bereichsspezifischen Zufriedenheit (linear und quadratisch) in Beziehung gesetzt. Im Industriebetrieb für Arbeitstätigkeit (AT) und Arbeitsumfeld (AU), in der Gesundheitsorganisation für Sozialklima (SK) und Arbeitsorganisation (AO) kann diese gemäß Herzberg präzisierte Belastungs-Beanspruchungs-Hypothese angenommen werden (*p_{1t} < .05 für den quadratischen Term). Dass eine hohe Tätigkeitsbelastung in der Pflege eher ertragen wird, passt zur Identifikation mit dem Patient First Prinzip (Prettenhofer u.a. 2016).

3. Reflexionen

Selten dürfte eine Beratung zwischen normgerechten Verfahren auswählen können und zudem in den Alternativen der Wahl über viel Erfahrung verfügen. Die hier vorgestellten Verfahren ABS Gruppe und PsyBePLUS unterscheiden sich vielfältig, haben aber auch viele Gemeinsamkeiten. Die wichtigsten Unterschiede sind in Tab. 1 aufgeführt und leiten die Entscheidung zwischen den Alternativen: Das Stellvertreterprinzip von Workshops setzt Vertrauen und eine tätigkeitshomogene Belegschaft voraus. Heterogenität verlangt die Partizipationsmöglichkeit der Vollerhebung. Der große Erfolg von ABS Gruppe wird dadurch unterstützt, dass es im Gegensatz zu den meisten Fragebogenverfahren kostenfrei einsetzbar ist, ein sehr niederschwelliger Zugang vorliegt, und es vermeintlich einfach umzusetzen ist. Fragebogenverfahren verlangen hingegen spezifische Expertise für den Befragungsprozess und die Datenaufbereitung. Da bei ABS Gruppe die Maßnahmenentwicklung ein integrativer Bestandteil des Verfahrens ist, muss bei Fragebogenverfahren dieser Schritt nachgelagert angesetzt werden. Die Maßnahmenentwicklung auf Basis von quantifizierten und mit internen/externen Benchmarks angereicherten Ergebnissen ist natürlich punktgenauer als auf Basis eines qualitativen Workshops.

ABS Gruppe	**PsyBePLUS**
Stellvertretungen d. Teilnehmenden	Vollerhebung
Homogene Unternehmensstrukturen	Heterogene Unternehmensstrukturen
Partizipative Organisationskultur, hohes Commitment/Vertrauen	Quantitativ, kennzahlenorientierte Organisation, Objektivierungsziele
Oft Einmalmessung	Veränderungssensitiv

Tab. 1: Schwerpunkte von ABS Gruppe und PsyBePLUS

Aber auch die Gemeinsamkeiten sind wichtig, denn für beide Verfahren gilt: (1) Der Prozess muss gut geplant werden (2) Die Ergebnisse, zumindest grob das ermittelte Belastungsausmaß, sind ähnlich (Prettenhofer, Paninka, & Strack, 2014b). (3) Vom Erfolg der Evaluierung kann erst dann gesprochen werden, wenn nachhaltig an der Quelle ansetzende und kollektiv wirksame Maßnahmen umgesetzt (und dokumentiert) sind. Die anfangs erwähnten Befürchtungen der ArbeitgeberInnen sind nach einem professionell durchgeführten, transparenten Evaluierungsprozess, bei dem Maßnahmen partizipativ entwickelt und konsequent umgesetzt werden, schnell entkräftet, denn der Nutzen liegt dann sehr klar auf der Hand.

Die Literatur kann bei den Autoren angefordert werden.

Arbeitskreis
Gesundheitsförderung und Gesundheitsschutz: Fortschritte im Betrieblichen Gesundheitsmanagement
Leitung: Ilona Kryl

Patricia Bothe & Christian Schwennen
Systematisches Vorgehen und Partizipation im BGM am Beispiel eines Produktionsbetriebes und dem Thema Stress

Anne-Lena Göpfert & Christian Schwennen
BGM mit Qualität? Entwicklung eines Konzepts zur Qualitätssicherung eines Betrieblichen Gesundheitsmanagements

Claudia Kardys & Michael Falkenstein
Integration kognitiver Aspekte in die BGF

Waltraud Sawczak & Susanne Mulzheim
Betriebliches Gesundheitsmanagement in der Praxis am Beispiel der FH Campus Wien und der Alpen-Adria-Universität Klagenfurt (Österreich)

Patricia Bothe & Christian Schwennen
Currenta GmbH & Co. OHG, Gesundheitsschutz, Abteilung „Gesunde Arbeitswelt"

Systematisches Vorgehen und Partizipation im BGM am Beispiel eines Produktionsbetriebes und dem Thema Stress

1. Ausgangssituation

Die umfassende Partizipation der Beschäftigten und ein systematisches Vorgehen im Sinne des Public Health Action Cycle sind wesentliche Bausteine für die Wirksamkeit und Akzeptanz von Maßnahmen im Betrieblichen Gesundheitsmanagement (BGM). Oftmals stehen BGM-Akteure vor der Herausforderung, diese beiden Erfolgskriterien in der Praxis zeitlich effizient und gleichzeitig effektiv auf allen Ebenen des Handelns umzusetzen.

Im Jahr 2017 und 2018 wurden in einem Produktionsbetrieb Seminare zur Förderung der individuellen Stresskompetenz umgesetzt. Dieser Umsetzung war ein umfänglich partizipativer Prozess der Problemidentifizierung und Maßnahmenplanung vorausgegangen. Im folgenden Beitrag wird anhand dieses Praxisbeispiels aufgezeigt, wie bedarfs- und bedürfnisgerechte BGM-Maßnahmen identifiziert, gestaltet, umgesetzt und evaluiert werden können und dabei die Partizipation der Beschäftigten auf allen Prozessebenen realisiert werden kann.

2. Prozess der Seminarentwicklung

Der systematische Handlungsprozess orientierte sich an dem Public Health Action Cycle (Rosenbrock 2004) (s. Abb. 1). Dabei wurde die Partizipation der Beschäftigten im gesamten Prozess von Bedarfs- und Bedürfnisermittlung über Maßnahmenplanung und -umsetzung bis hin zur Evaluation berücksichtigt und erreichte teilweise die höchste Stufe der Partizipation (Stufe 8: Entscheidungsmacht der Beschäftigten) (Wright et al. 2007).

Definition: Bedarf und Bedürfnis
Das Vorgehen begann mit einer schriftlichen Gesundheitsbefragung im Betrieb, deren Ergebnisse allen Beteiligten (Führungskräfte, BGM-Akteure, Beschäftigte) zurückgemeldet wurden. Die anschließende Diskussion der Ergebnisse fand zum einen auf Gesundheitstagen statt, bei denen durch den allgemeinen Dialog mit den Beschäftigten sowie kleinerer Workshopformate Belastungen und Themen konkretisiert werden konnten. Zum anderen wurden die Befragungsergebnisse im Gremium der Betrieblichen Gesundheitsbesprechung (BGB) diskutiert. An der BGB nehmen unter anderem die Gesundheitsbeauftragten teil, sie fungieren als Sprachrohr der Be-

schäftigten und nehmen eine Vermittlerfunktion zwischen Führungskräften, BGM-Akteuren und Gesamtbelegschaft ein.

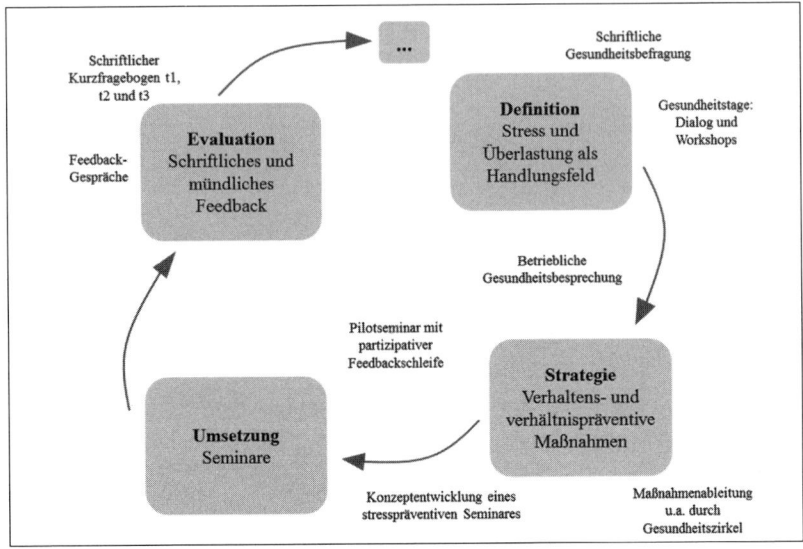

Abb. 1: BGM-Prozess der Entwicklung eines Stresspräventionsseminars, angelehnt an den Public Health Action Cycle (eigene Darstellung in Anlehnung an Rosenbrock 2004)

Strategie und Umsetzung: Stresspräventionsseminare
Als Ergebnis des Diskussionsprozesses entstanden vier definierte Themenfelder mit gesundheitsbezogenem Handlungsbedarf für den Betrieb. Ein Thema hieraus war Stress und Überlastung. Im Anschluss fanden themenbezogene Gesundheitszirkel statt, in denen die Beschäftigten angeleitet durch eine externe Moderation konkrete Vorschläge für Maßnahmen abgeleitet haben. Jeweils in der letzten Sitzung der Gesundheitszirkel wurden diese Vorschläge von den Beschäftigten der zuständigen Führungskraft vorgestellt, gemeinsam diskutiert und ggf. beschlossen. Letztlich wurden neben verhältnispräventiven Maßnahmen der Arbeitsorganisation auf Ebene der Verhaltensprävention die Durchführung von Seminaren zur Stärkung der individuellen Stresskompetenz festgelegt.

Auf Basis der bisherigen Prozessergebnisse konzipierten die BGM-Akteure gemeinsam mit externen Trainern Ziele und Inhalte eines eintägiges Pilotseminars. Das Seminar wurde Ende 2016 einmalig durchgeführt. Teilnehmer waren die Gesundheitsbeauftragten, BGM-Akteure sowie freiwillige Beschäftigte. Die Evaluation des Pilotseminars wurde zweiteilig vorgenommen und wiederum partizipativ gestaltet: Neben einem schriftlichen Kurzfragebogen gab es ein Reflexionsgespräch der Teilnehmer, in dem Feedback unmittelbar nach der Durchführung des Seminars weitergegeben und erläutert werden konnte. Daraufhin konnten Anpassungen des Seminarkonzeptes vorgenommen werden. Beispielsweise wurde ein Seminar organisatorisch und inhaltlich für Beschäftigte in Wechselschicht und ein anderes für Beschäftigte in Tagschicht konzipiert.

Schließlich wurde anhand dieses umfänglichen Prozesses ein bedarfs- und bedürfnisgerechtes Seminar entwickelt, das über 2 Jahre hinweg umgesetzt wird. Im Jahr 2017 fanden 5 Seminare statt, für das Jahr 2018 sind weitere 5 Seminare terminiert. Jeweils 10 bis 15 Teilnehmer werden zugelassen.

Evaluation: Schriftliches und mündliches Konzept
Wie zuvor beim Pilotseminar wurde die Evaluation der Seminare sowohl schriftlich mittels eines Kurzfragebogens als auch mündlich vorgenommen. Ziel war es, die Effektivität des Seminars im Hinblick auf die vorab festgelegten Zielsetzungen zu überprüfen. Darüber hinaus sollte das generelle Feedback der Teilnehmer zu Rahmenbedingungen, Inhalten und Trainern eingeholt werden. Erste Daten der schriftlichen prä-post Evaluation liegen für die Zeitpunkte t1 vor dem Seminar und t2 unmittelbar nach der Durchführung vor. Eine t3 Evaluation, die den langfristigen Transfer der Inhalte überprüfen soll, ist für das 3. Quartal 2018 geplant. Die Ergebnisse der mündlichen Feedbackgespräche wurden ebenfalls dokumentiert.

3. Ausgewählte Ergebnisse der Seminarevaluation

Die umfassende Partizipation im gesamten Handlungsprozess führte zu einer insgesamt breiten Akzeptanz der Stresspräventionsseminare und hohen Teilnahmebereitschaft. Dieser Umstand wurde auch beim mündlich stattfindenden Feedbackgespräch rückgemeldet. Die Mitgestaltungsmöglichkeiten bei der Ableitung und Konzeption der Maßnahmen wurden insgesamt betrachtet durchaus wahrgenommen und positiv bewertet. Die mündlichen Aussagen zum Seminar waren fast durchweg positiv, viele der Teilnehmer nahmen aufgrund von Weiterempfehlungen ihrer Kollegen am Seminar teil. Hauptkritikpunkt war, dass sich die Beschäftigten die Ausdehnung des Seminars auf einen zweiten Tag gewünscht hätten.

Bei der schriftlichen Evaluation haben bei der t1 Befragung 53 der insgesamt 54 Teilnehmer einen Fragebogen ausgefüllt, an der t2 Befragung nahmen 51 Personen teil. Dabei sind die Ergebnisse der Evaluation des Pilotseminars inkludiert. Die deskriptive prä-post Auswertung zeigt, dass alle abgefragten Items sich positiv entwickelt haben. Eine Auswahl an Ergebnissen ist in Tab. 1 zu finden. Aus Datenschutzgründen fand ein zweimaliger Querschnitt statt, sodass keine Aussagen im Längsschnitt getätigt werden können.

Tab. 1: Ausgewählte Ergebnisse der prä-post Evaluation, gerundet

Item		t1 (n=53)	t2 (n=51)	t2-t1
Ich weiß, wie ich besonders stressige Situationen bewältigen kann.	**Mittelwert***	2,74	4,06	+1,32
	stimme nicht zu (<=2)	36%	0%	-36%
	teils, teils (3)	55%	18%	-37%
	stimme zu (>=4)	9%	82%	+73%
Ich weiß, woran ich erkennen kann, dass ich gestresst bin.	**Mittelwert***	3,70	4,22	+0,52
	stimme nicht zu (<=2)	15%	0%	-15%
	teils, teils (3)	17%	10%	-7%
	stimme zu (>=4)	68%	90%	+22%
Ich weiß, wie ich Stresssituationen in meinem Alltag vorbeugen kann.	**Mittelwert***	2,79	4,06	+1,27
	stimme nicht zu (<=2)	0%	0%	-28%
	teils, teils (3)	66%	24%	-43%
	stimme zu (>=4)	6%	76%	+71%

*5-stufige Antwortskala von 1=stimme gar nicht zu bis 5=stimme voll zu

Die Ergebnisse der schriftlichen und mündlichen Evaluation deuten darauf hin, dass das Ziel, ein bedarfs- und bedürfnisgerechtes Seminar zu entwickeln, erreicht wurde. Neben der inhaltlichen Evaluation des Seminars war insbesondere das mündliche Feedback der Beschäftigten für die BGM-Akteure ausschlaggebend, um den Erfolg des gewählten systematischen Gesamtprozesses zu bewerten. Eine t3-Befragung zur Überprüfung der Langzeit-Effekte des Seminars ist geplant, das systematische Vorgehen im BGM des Betriebes geht kontinuierlich weiter.

Literatur
Rosenbrock, R. (2004). Evidenzbasierung und Qualitätssicherung in der gesundheitsbezogenen Primärprävention. Zeitschrift für Evaluation, 1, S. 71–80.
Wright, M., Block, M. & von Unger, H. (2007). Stufen der Partizipation in der Gesundheitsförderung. Dokumentation 13. Bundesweiter Kongress Armut und Gesundheit. Berlin: Gesundheit Berlin.

Anne-Lena Göpfert & Christian Schwennen
Currenta GmbH & Co. OHG, Gesundheitsschutz, Gesunde Arbeitswelt

BGM mit Qualität? Entwicklung eines Konzepts zur Qualitätssicherung eines Betrieblichen Gesundheitsmanagements

1. Qualitätssicherung im Betrieblichen Gesundheitsmanagement

Die Implementierung eines Betrieblichen Gesundheitsmanagements (BGM) ist für den Erhalt der Gesundheit und Arbeitsfähigkeit von Beschäftigten essentiell (Goetzel & Ozminkowski, 2008). Die Wirksamkeit des BGM wird dabei maßgeblich von der Qualität des zugrundeliegenden Managementsystems sowie dem Grad der Umsetzung der verschiedenen Systemkomponenten auf allen Unternehmensebenen bestimmt (vgl. Elke, 2001).

In der Literatur findet sich eine Vielzahl von Qualitätsanforderungen für ein erfolgreiches BGM (vgl. Bamberg, Ducki & Metz, 2011). Die regelmäßige Überprüfung der Qualität einzelner Gesundheitsmaßnahmen oder Gesundheitsprogramme wird dabei vielfach betont. Die Überprüfung der Qualität des Managementsystems selbst, der Systemkomponenten und ihrer Umsetzung innerhalb der Organisationsbereiche findet hingegen wenig Berücksichtigung. Ansätze und Instrumente zur Erfassung der Systemqualität und ihrer Umsetzung existieren bisher weitgehend in Form von Selbstevaluationsinstrumenten auf übergeordneter Unternehmensebene. Die gezielte Steuerung der Qualität des BGM-Systems in einzelnen Organisationseinheiten ist auf Basis dieser Instrument nicht oder nur bedingt möglich. Konzepte und Instrumente zur Erfassung der Qualität und des Umsetzungsstandes auf verschiedenen Unternehmensebenen liegen nicht vor.

2. Entwicklung eines Konzeptes zur Qualitäts-sicherung auf verschiedenen Unternehmensebenen: der „Reifegrad BGM"

Im Rahmen eines Beratungsprojekts zur Einführung eines BGM in einem Unternehmen der chemischen Industrie wurde ein differenziertes Qualitätssicherungskonzept inklusive einer Erhebungsmethodik entwickelt und erprobt, welches die Qualität des zugrundeliegenden Managementsystems differenziert auf verschiedenen Ebenen des Unternehmens abbildet: der Reifegrad BGM.

Der *Reifegrad BGM* beschreibt die Qualität der betrieblichen Strukturen, Prozesse und Maßnahmen sowie den subjektiven wie objektiven Entwicklungsstand eines Betrieblichen Gesundheitsmanagement-*Systems*. Die „Reife" des BGM-Systems wird dabei in Form einer quantitativen Kennzahl abgebildet (Punktesystem von 0 bis 100) und über ein Ampelsystem kategorisiert (geringe/mittlere/hohe Reife). Ziel der Konzeptentwicklung war es zum einen, die Qualität und den Umsetzungsstand der BGM-Aktivitäten in den verschiedenen Unternehmensbereichen systematisch, valide, und flächendeckend abzubilden. Ergebnis sollte eine quantifizierbare Kenngröße sein, die als ein weiterer Bestandteil des Kennzahlensystems in regelmäßigen Abständen unternehmensweit erhoben werden kann. Zum anderen sollte eine schlanke und praktikable Erhebungssystematik vorliegen, die neben der Erfassung des Reifegrades zugleich einen organisationalen Lern- und Verbesserungsprozess stimuliert.

Konzeptuelle Grundlage des Reifegrades-Konzeptes sind die wesentlichen Qualitätsmerkmale eines erfolgreichen BGM (vgl. Zimolong, Elke & Bierhoff, 2007): Aufbau funktionsfähiger betrieblicher Strukturen, Etablierung eines systematischen Managementprozesses (Diagnose, Intervention, Evaluation), Umsetzung von Maßnahmen in zentralen den Handlungsfeldern (Führung/HRM, Arbeitsgestaltung, Information/Kommunikation, BGF-Aktivitäten), Kombination von verhaltens- und verhältnispräventiven Maßnahmen und Beteiligungsorientierung.

Das daran geknüpfte Erhebungskonzept setzt sich aus drei Bestandteilen zusammen, die den Reifegrad auf Basis verschiedener Informationsquellen und Analyseebenen erfassen (vgl. Tab. 1). Die Ergebnisse der drei Bestandteile sowie des Reifegrades insgesamt werden Entscheidern, BGM-Akteuren und BGM-Gremien auf allen Unternehmensebenen zurückgemeldet, jedoch jeweils in unterschiedlicher Detailtiefe.

Tab. 1: Bestandteile, Inhalte und Erhebungsmethode des Reifegrades BGM

Reifegrad-Bestandteile	Quelle	Instrument	Analyseebene
Sichtbarkeit und Umsetzungsstand des BGM	Beschäftigte	Gesundheits-befragung	alle Unternehmensebenen
Stand BGM-Strukturen & Aktivitäten (zentral)	BGM-Verantwortlicher	Abfrage	höhere Unternehmensebene
Qualität & Umsetzung der BGM-Handlungsfelder & Prozesse (dezentral)	dezentrales BGM-Gremium	BGM-Qualitätsbericht	Bereichs-/Betriebsebene

3. Der BGM-Qualitätsbericht

Herzstück des Qualitätssicherungskonzeptes ist der BGM-Qualitätsbericht. Der BGM-Qualitätsbericht erfasst die Qualität und den Umsetzungsstand der BGM-

Strukturen, Prozesse und Aktivitäten auf Bereichs-/Betriebsebene und spiegelt damit den Reifegrad auf dezentraler Unternehmensebene wider.

Inhaltlich bildet der Bericht drei Qualitätsbereiche ab: 1) Die Qualität und Umsetzung der definierten *BGM-Strukturen* (z. B. Etablierung der BGM-Funktionsträger bzw. eines arbeitsfähigen BGM-Gremiums), 2) die Qualität und Umsetzung *Maßnahmen in den zentralen BGM-Handlungsfeldern* (d. h. Maßnahmen der Arbeitsgestaltung, Führung, BGF-Aktivitäten, Information/Kommunikation), und 3) die Qualität und Umsetzung eines systematischen und partizipativen *BGM-Prozesses* (z. B. systematische Bedarfserhebung, beteiligungsorientierte Maßnahmenableitung und -umsetzung, Berücksichtigung verschiedener Zielgruppen, Sicherung der Maßnahmenqualität und Wirksamkeit, Leistungs-/Erfolgsmessung).

Die Erhebung der verschiedenen Qualitätsbereiche erfolgt in halbstandardisierter Form. Fragen mit Einfach- oder Mehrfachauswahl werden durch einzelne offene Fragen ergänzt. Das Ausfüllen des Berichts erfolgt in einem gemeinsamen Dialog der verschiedenen BGM-Akteure eines Unternehmensbereichs und unter der Moderation einer fachkundigen Person.

Die Ergebnisauswertung erfolgt durch externe BGM-Fachexperten. Die Angaben im BGM-Qualitätsbericht werden dabei nach einem definierten Auswertungsschema in Punktwerte überführt. Die Bereiche erhalten einen Ergebnisbericht, der den Reifegrad des BGM-Systems insgesamt sowie aufgeschlüsselt nach den drei Qualitätsbereichen darstellt. Ferner werden konkrete Ansatzpunkte und Empfehlungen zur Verbesserung der Qualität der BGM-Arbeit aufgezeigt. In einem gemeinsamen Reflexionsgespräch der BGM-Akteure mit dem externen BGM-Fachexperten werden bereichsspezifische Verbesserungspotenziale identifiziert und Maßnahmen zur Qualitätssicherung für den Bereich abgeleitet.

4. Pilotierung des Konzepts

Die Entwicklung und Erprobung des Reifegradkonzeptes erfolgte in enger Zusammenarbeit von BGM-Fachexperten und BGM-Akteuren des Auftrag gebenden Unternehmens. Ziel war es, unternehmensspezifische Charakteristika des BGM-Systems in die Inhalte und das Vorgehen zur Erhebung des Reifegrades zu integrieren, und so eine hohe Akzeptanz des gesamten Qualitätssicherungskonzeptes innerhalb des Unternehmens zu gewährleisten.

Die Pilotierung des Erhebungskonzepts sieht mehrere Erprobungsphasen vor. In der ersten Phase wurde der BGM-Qualitätsbericht pilotiert. Im Fokus stand hierbei die Überprüfung der Güte des Instruments im Hinblick auf Differenzierungsfähigkeit, Validität, Verständlichkeit, Vollständigkeit sowie die Ermittlung der Erhebungsdauer, Praktikabilität und Akzeptanz.

An der Pilotierung des BGM-Qualitätsberichtes beteiligten sich insgesamt acht verschiedene Unternehmensbereiche. Die Auswahl der Pilotbereiche erfolgte auf Basis einer im Vorfeld durchgeführten Experteneinschätzung zur Qualität der BGM-Arbeit. Bereiche mit hoher, mittlerer und geringer Reife wurden in die Pilotierung aufgenommen. Darüber hinaus wurden Tätigkeitsgruppen (Produktion, Labor, Büro), Standorte und Arbeitszeitsysteme (Tagschicht, Wechselschicht) variiert. Das Ausfüllen des BGM-Qualitätsberichts erfolgte im Rahmen einer Sitzung des bereichsspezifischen BGM-Gremiums.

Sowohl die Pilotergebnisse als auch die Rückmeldung der Beteiligten bestätigte die Eignung des BGM-Qualitätsberichts zur Erfassung des Reifegrades auf Bereichsebene. Der Bericht erwies sich als zeitlich ökonomisch (M=98 min; Min=60 min; Max=150 min), verständlich, vollständig und wurde von den BGM-Akteuren positiv bewertet. Die Ergebnisse differenzieren deutlich zwischen den Bereichen (Reifegrad: M=83,4; Min=61,9; Max=94,7) und inhaltlichen Aspekten. Die Ergebnisse decken sich in sechs von acht Fällen mit der im Vorfeld vorgenommenen Experteneinschätzung des Reifegrades. Das dialoggestützte Vorgehen beim Ausfüllen des Berichts als auch bei der Ergebnisrückmeldung initiierte einen organisationalen wie individueller Lernprozess innerhalb des Bereichs. Bereits nach der Pilotphase wurden erste Verbesserungsmaßnahmen durch die Bereiche umgesetzt. In einer nächsten Phase der Pilotierung ist die Erprobung des vollständigen Reifegrad-Konzeptes vorgesehen.

Mit dem Reifegrad BGM wurde ein Konzept inklusive einer Erhebungssystematik geschaffen, die das Potenzial bietet, Qualitätsoptimierungen in der BGM-Arbeit zielgerichtet anzustoßen und die Implementierung des BGM-Systems in allen Unternehmensbereichen voranzutreiben. Die Darstellung des Reifegrades in Form eines Punktwertes liefert darüber hinaus eine weitere Kennzahl zur differenzierten Steuerung des BGM-Systems.

Literatur
Bamberg, E., Ducki, A. & Metz, A.M. (2011). Gesundheitsförderung und Gesundheitsmanagement in der Arbeitswelt. Ein Handbuch. Göttingen: Hogrefe.
Elke, G. (2001). Das Verbundprojekt GAMAGS. In B. Zimolong (Hrsg.), Management des Arbeits-und Gesundheitsschutzes – Die erfolgreichen Strategien der Unternehmen (S. 31–48). Wiesbaden: Gabler.
Goetzel, R.Z. & Ozminkowski, R.J. (2008). The health and cost benefits of work site health-promotion programs. Annual Review of Public Health, 29, 303–323.
Zimolong, B., Elke, G. & Bierhoff, H. W. (2008). Den Rücken stärken. Grundlagen und Programme der betrieblichen Gesundheitsförderung. Göttingen: Hogrefe.

Claudia Kardys[1] & Michael Falkenstein[2]
[1]*FOM Hochschule*, [2]*ALA Institut für Arbeiten Lernen Altern*

Integration kognitiver Aspekte in die BGF

1. Einleitung

Beschäftigte in der Arbeitswelt 4.0 stehen vor neuen Herausforderungen. Die Digitalisierung, Technisierung sowie erhöhte Komplexität und Arbeitsverdichtung können sich negativ auf die Gesundheit, Arbeits- und Leistungsfähigkeit von alternden Belegschaften auswirken. Interindividuelle Unterschiede im Bereich der kognitiven und psychomotorischen Fitness im steigenden Alter sowie die Zunahme an muskuloskelettalen Erkrankungen und psychischen Störungen erhöhen den Druck auf Unternehmen geeignete Lösungsansätze zum Erhalt der körperlichen und geistigen Gesundheit zu finden. Das betriebliche Umfeld als Lebenswelt gilt als ein elementarer Ort zur Beeinflussung von gesundheitsfördernden Arbeitsverhältnissen und gesundheitsförderlichen Verhaltensweisen. Interventionen in der betrieblichen Gesundheitsförderung finden vermehrt in den charakteristischen Handlungsfeldern Bewegung, Ernährung und Stressbewältigung statt. Dabei sollten verhaltens- und verhältnispräventive Maßnahmen für einen nachhaltigen Erfolg stets kombiniert werden, d.h. dass Programme sowohl auf einen gesundheitsförderlichen Arbeits- und Lebensstil als auch auf gesundheitsförderliche Arbeitsgestaltung (u.a. Organisation, Arbeitstätigkeit und -bedingungen, Führungsverhalten) abzielen. Verschiedene Gesetze, Verordnungen und Vorschriften (z.B. Arbeitsschutzgesetz oder Präventionsgesetz) bauen Ihre Rahmenbedingungen für innerbetriebliche Maßnahmen stetig aus und verändern in diesem Zuge die Betrachtungs- und Herangehensweise im Arbeits- und Gesundheitsschutz (Bialasinski & Kardys, 2017; Kardys, 2017).

In diesem Kontext wird der Einfluss auf die kognitive (aber auch motorische) Ebene kaum betrachtet. Dabei gehen gut ausgeprägte kognitive Funktionen mit einer verbesserten beruflichen Leistung und Arbeitszufriedenheit einher. Als Schlüsselelement zur Bewältigung der Arbeitsanforderungen, für Bildung und Weiterbildung sowie gesellschaftliche Partizipation gilt dabei insbesondere die fluide Intelligenz (Baltes & Lang, 1997). Sie sorgt u.a. für einen flexiblen Einsatz von Wissen sowie die Speicherung und Verarbeitung aktueller Reize und den Umgang mit neuen Aufgaben. Die Erfassung der fluiden Intelligenz ist mittels erprobter PC-basierter Tests (z.B. ALAcog©) – auch in der betrieblichen Praxis – umsetzbar. Neueste Erkenntnisse zeigen auf betrieblicher Ebene Präventionspotenziale und Chancen in der betrieblichen Gesundheitsförderung für die Zukunft auf und bieten einen Mehrwert für

Arbeitgeber und Arbeitnehmer. Der kognitive Aspekt wird daher in Bezug auf Verhalten- und Verhältnisprävention näher beleuchtet.

2. Kognitionsförderliche Maßnahmen in der Verhaltens- und Verhältnisprävention

2.1 Lebensstilbezogene („innere") Faktoren

Die Lebensweise als ein modifizierbares Einflusskriterium spielt hinsichtlich der geistigen Fitness eine wesentliche Rolle. Zu den hirngesunden Nahrungsmitteln zählen v.a. Fisch, Früchte und Gemüse, sowie bestimmte Getränke. Die im Wesentlichen für die kognitionsfördernde Wirkung verantwortlichen Stoffe sind Omega-3-Fettsäuren und sog. Antioxidanzien. Omega-3-Fettsäuren sind in Seefischen wie Wildlachs und Hering enthalten; häufige Fischmahlzeiten (2–3 pro Woche) sind daher ratsam. Antioxidanzien sind v. a. in farbigen Gemüsen (wie z. B. Grünkohl und Karotten) und Früchten (z. B. Beeren) enthalten, aber auch in Getränken wie Kaffee, Tee und Kakao (BAuA, 2012). Um das Ernährungsverhalten der Belegschaft zu beeinflussen, sollten im betrieblichen Kontext Ernährungsberatungen stattfinden, die durch eine entsprechende Kantinenkost flankiert sein sollten.

Als weitere Säule gilt die die körperliche Aktivität, die sowohl direkte als auch indirekte Wirkungen auf die Kognition und Gesundheit des Gehirns besitzt. Länger dauernde Bewegungseinheiten führen zur Verbesserung verschiedener kognitiver Funktionen wie Aufmerksamkeit, Gedächtnis und Kontrollfunktionen (z. B. Gajewski & Falkenstein, 2016). Alle diese Funktionen sind Bestandteile der fluiden Intelligenz und daher essenziell für die Arbeitsfähigkeit. Um nachhaltige Wirkungen auf die mentale Leistungsfähigkeit zu entfalten, sollte körperliche Aktivität hinreichend lange und idealerweise lebenslang erfolgen. Ein Problem im betrieblichen Kontext ist oftmals die Motivation bewegungsentwöhnter Menschen. Aus diesem Grund ist es von großer Bedeutung zielgruppenspezifische und niedrigschwellige Angebote zur Verfügung zu stellen. Neben Fortbildungsveranstaltungen zur Aufklärung und Sensibilisierung können Bonussysteme einen ersten Anreiz für Bewegungsmuffel darstellen. Die körperliche Fitness und ihre Verbesserung durch regelmäßige körperliche Aktivität können z. B. durch den Betriebsarzt oder betrieblichen Gesundheitsmanager objektiv erfasst werden. Die Wahrnehmung einer Verbesserung sowohl körperlicher als auch geistiger Ressourcen ist zur Erhaltung der Motivation zentral.

Kognitives Training zielt auf das direkte Training verschiedener kognitiver Funktionen. Dieses kann mit papierbasierten (z. B. Sudoku) oder PC-basierten Aufgaben erfolgen. Kognitives Training hat einige Vorteile gegenüber anspruchsvollen Alltagstätigkeiten: Kürze, Vielfalt, einfacher Einstieg, die Möglichkeit der Anpassung an die aktuellen Fähigkeiten und häufige Rückmeldung (bei PC-basiertem Training).

Bei der Auswahl der Übungen müssen bestimmte Prinzipien berücksichtigt werden, wie eine möglichst große Vielfalt der Übungen und eine hinreichende Länge des Trainings, und vor allem der spielerischer Charakter der Übungen. Kognitives Training scheint zudem besonders effektiv bei Menschen zu sein, deren Potenziale noch nicht ausgeschöpft sind, wie z. B. bei Senioren und Beschäftigten mit mental wenig beanspruchender Arbeit (BAuA, 2012). Kognitives Training sollte wenn möglich mit körperlichem Training kombiniert werden, um eine maximale Verbesserung der kognitiven Fitness zu erzielen. Dies konnte in einem großen Trainingsprojekt in der Automobilfertigung gezeigt werden (Kardys, 2017).

Neben der Bewegungs- und Ernährungsweise sowie einer mentalen Beanspruchung ist die Entspannungsfähigkeit von Bedeutung. Stressoren im Arbeitskontext können Zeitdruck, ungewollte Unterbrechungen, Über- und Unterforderung, geringe Handlungs- und Entscheidungsspielräume sowie negative soziale Interaktionen mit Führungskräften und Kollegen sein (Tuomi et al., 1997). Schädlich ist dabei v. a. dauerhafter (chronischer) Stress, der nicht nur körperliche Erkrankungen wie Herz-Kreislauferkrankungen und Depressionen nach sich ziehen kann, sondern auch essenzielle Hirnstrukturen und damit verknüpfte mentale Funktionen beeinträchtigt (Lupien et al., 2009). Eine geeignete Maßnahme zum Stressmanagement ist u.a. ein trainergeführtes multidimensionales Stressmanagement-Training in Gruppen, welches nicht nur Entspannungstechniken, sondern einen besseren Umgang mit stressinduzierenden Gedanken und eine bessere Bewältigung von konkreten Stress-Situationen vermittelt (BAuA, 2012).

2.2 Arbeitsbezogene („äußere") Faktoren

Führungskräfte sollten über die elementare Bedeutung der Kognition in der Arbeitswelt informiert sein, um in der Lage zu sein, kognitionsfördernde Maßnahmen einzuleiten. Diese Informationsvermittlung kann durch Weiterbildungsmaßnahmen erfolgen, deren inhaltliche Bestandteile u.a. die Rolle der Kognition für bestimmte Tätigkeiten, der Einfluss auf den kognitiven Status (wie z. B. Stress und Monotonie) sowie kognitive Veränderungen im Alter und Aspekte zu Randbedingungen für erfolgreiche altersgemischte Teams behandeln.

Die organisationale Arbeitsgestaltung inklusive der Arbeitszeitregelung kann kognitive Funktionen ebenfalls erheblich beeinflussen. Betriebliche Stressoren wie Termin- und Leistungsdruck, Rollenunklarheit und Unterbrechungen sollten reduziert werden. Die Arbeit sollte vielseitig und lernförderlich sein. Dies kann z. B. durch Jobenlargement und Jobenrichement erfolgen. Wenn die Arbeit wenig anspruchsvoll ist, kann gleichwohl durch Jobrotation eine Abwechslung geschaffen werden. Hierbei ist auf hinreichend unterschiedliche Rotationsstationen zu achten. Die mit einem bestimmten Arbeitsplatz verbundenen Anforderungen sollten an das Leistungsprofil, v. a. das kognitive Profil, des Beschäftigten angepasst werden. Zur Unterstützung der Weiterbildung zum Thema (hirn)gesunde Ernährung sollte die Betriebskantine entsprechende Speisen anbieten. Da Ruhe- und Entspannungspausen sowie kurze Schlafpausen (Naps) kognitionsfördernd wirken (Lovato & Lack, 2010), sollte jeder Betrieb entsprechende Räumlichkeiten vorhalten, die weitestgehend von Lärm abgeschirmt sind.

3. Fazit

Die zentrale Rolle der Kognition und der kognitiven Fitness der Beschäftigten für die Arbeit ist den betrieblichen Akteuren bisher kaum bewusst. Führungskräfte sollten zum Thema Kognition geschult werden, um verhaltens- und verhältnisorientierte kognitionsfördernde Maßnahmen in ihren Betrieben zu verankern und zu intensivieren. Die Wirkung von Maßnahmen wie z. B. körperliche und kognitives Training sollte durch die objektive Messung körperlicher Fitness und kognitiver Funktionen erfasst werden, was sowohl der Evaluation der Maßnahmen als auch der Motivationssteigerung der Teilnehmer dient.

Literatur
Baltes, M.M.; Lang, F.R. (1997). Everyday functioning and successful aging: The impact of resources. Psychology and Aging, 12: 433–443
Bialasinski, D.; Kardys, C. (2017). Was kann die Gesundheitswirtschaft vom TÜV Rheinland lernen? In: Matusiewicz, D.; Muhrer-Schwaiger, M. (Hrsg.): Neuvermessung der Gesundheitswirtschaft. Wiesbaden: Springer-Gabler (FOM-Edition): 71–80
BAuA (Bundesanstalt für Arbeitsschutz und Arbeitsmedizin, Hrsg.) (2012). Länger geistig fit im Beruf! Abschlussbericht PFIFF 2: Dortmund: INQA-Bericht, Nr. 43
Gajewski, P. D., Falkenstein, M. (2016). Physical activity and neurocognitive functioning in aging – a condensed updated review. European Review of Aging and Physical Activity, 13,1
Kardys, C. (2017). Effekte von körperlichem und mentalem Training auf die kognitive und motorische Leistungsfähigkeit bei Beschäftigten. Längsschnittstudie im Feld. Dissertation. Fakultät Erziehungswissenschaften, Psychologie und Soziologie der Technischen Universität Dortmund. Herzogenrath: Shaker Verlag
Lovato, N.; Lack, L. (2010). The effects of napping on cognitive functioning. Progress in Brain Research 185:155–66
Lupien, S.J.; McEwen, B.S.; Gunnar, M.R.; Heim, C. (2009). Effects of stress throughout the lifespan on the brain, behaviour and cognition. Nature Reviews Neuroscience, 10 (6), 434–445
Tuomi, K.; Ilmarinen, J.; Klockars, M. et al. (1997). Finnish research project on aging workers in 1981–1992. Scand J Work Environ Health 23 Suppl 1:7–11

Waltraud Sawczak[1] & Susanne Mulzheim[2]
[1]*Alpen-Adria-Universität Klagenfurt*, [2]*FH Campus Wien*

Betriebliches Gesundheitsmanagement in der Praxis am Beispiel der FH Campus Wien und der Alpen-Adria-Universität Klagenfurt

1. Fokus

Im Fokus des Beitrages steht die Darstellung und Diskussion der erfolgreichen Entwicklung und Verankerung von nachhaltigem Gesundheitsmanagement im Setting Hochschule am Beispiel von zwei best practice Modellen aus Österreich. Das Betriebliche Gesundheitsmanagement der FH Campus Wien besteht seit 2010 als Teil einer modernen Unternehmensstrategie, das Gesundheitsmanagement der Alpen-Adria Universität (AAU) seit 2006. Beide Hochschulen sind für ihre Aktivitäten mehrmals mit dem Gütesiegel ausgezeichnet worden.

2. Hintergrund

Österreichs Hochschulen sind einem starken organisatorischen und inhaltlichen Strukturwandel unterworfen und müssen sich dem zunehmenden internationalen Wettbewerbs- und Positionierungsdruck stellen, was zu veränderten Arbeitsbedingungen und Arbeitsbelastungen führt. Aktuelle gesetzliche Regelungen zur Erhaltung und Förderungen der Gesundheit am Arbeitsplatz fordern von der Hochschulleitung konkrete Top-Down geleitete Maßnahmen. Gleichzeitig verlangt das stetig wachsende Gesundheitsbewusstsein der Hochschulangehörigen Bottom-Up geleitete Ansätze.

3. Methode

Zwei praxisorientierte Falldarstellungen geben Einblick in die Entwicklung und Verankerung von settingbezogener Gesundheitsförderung. Strategien, Methoden, Erfolgsfaktoren und Hürden werden dargestellt und vor dem Hintergrund der spezifischen Situation österreichischer Hochschulen reflektiert. Ausgewählte Ergebnisse der Evaluierung psychischer Belastungen beider Hochschulen werden vorgestellt und deren Relevanz und Konsequenzen für das Betriebliche Gesundheitsmanagement diskutiert.

4. Conclusio

Die AAU und die FH Campus Wien verbinden soziale Verantwortung, Nachhaltigkeit, settingbezogene Gesundheitsförderung und gesetzliche Rahmenbedingungen zu einer sinnvollen Gesamtstrategie, um bestmöglichen Nutzen für die Mitarbeitenden, Studierenden und die Organisation selbst zu gewährleisten.

Arbeitskreis
KMU: Neue Herausforderungen
Leitung: Thomas Strobach

Anja Cordes & Andreas Ihm
**Die digitale Zukunft des Handwerks gestalten –
Digitale Technologien und ihre Auswirkungen auf den
Arbeits- und Gesundheitsschutz im Handwerk**

Alexander Purbs, Philipp Lechleiter & Karlheinz Sonntag
**HR- und Gesundheitsmanagement in der Arbeitswelt 4.0 –
Studie und Bedarfsanalyse in KMU**

Hans-Peter Oberdorfer
**Die Situation der Arbeitspsychologie in den
Klein- und Kleinstbetrieben in Österreich**

Jochen Prümper, Thomas Strobach & Julia Vowinkel
**Motivation von KleinunternehmerInnen
zur Teilnahme an der Entwicklung eines Verfahrens
zur Evaluierung psychischer Belastung**

Anja Cordes & Andreas Ihm
Institut für Technik der Betriebsführung im Deutschen Handwerksinstitut e. V.

Die digitale Zukunft des Handwerks gestalten – Digitale Technologien und ihre Auswirkungen auf den Arbeits- und Gesundheitsschutz im Handwerk

1. Auswirkungen digitaler Technologien auf die Belastungs- und Gefährdungssituation im Handwerk

Die im Rahmen der digitalen Transformation entwickelten technologischen Möglichkeiten können Veränderungen der Belastungs- und Gefährdungssituationen im Handwerk bedeuten. Nach einer Befragung[1] von 845 Berater/innen der Handwerkskammern und -verbände sowie Fachkräfte für Arbeitssicherheit bringt für 71,3 Prozent „Arbeit 4.0" neue Belastungen und Gefährdungen. Dabei geben 66,4 Prozent der Befragten an, dass körperliche Belastungen mit dem Einsatz von 4.0-Technologien abnehmen. Als Beispiele für die positiven Implikationen auf die Belastungs- und Gefährdungssituation der 4.0-Technologien können Hilfsmittel wie Drohnen oder Assistenzsysteme wie Exoskelette zum Heben schwerer Lasten genannt werden. Ebenso können mittels VR Arbeitsabläufe in belasteten Umgebungen durch z. B. Emissionen wie Staub oder Strahlung simuliert und so in Echtzeit durchgespielt werden, softwaregesteuerte Anwendungen wie Wearables und andere intelligente Assistenzsysteme mit multimodalen, bedienungsfreundlichen Benutzerschnittstellen können potenziell dazu beitragen, Gefährdungen durch Lärm, Licht oder andere Immissionen durch Erkennung und Reaktion in Echtzeit zu reduzieren.

4.0-Technologien können auch Potenziale bringen, die die Arbeit im Handwerk kognitiv und psychisch erleichtern kann (Breutmann 2017: 57; Cernavin et al. 2017: 2). So können digitalisierte Arbeitsprozesse Erleichterungen in der Planung und Organisation des operativen Geschäfts mit sich bringen und so dazu beitragen, Fehler zu vermeiden. Die neue Technologie kann auch zur Durchführung von Gefährdungsbeurteilungen genutzt werden. So können technologische Innovationen helfen, die Sicherheit und Gesundheitssituation in Handwerksbetrieben zu verbessern.

Auf der anderen Seite werden mit der digitalen Transformation in Unternehmen neue Gefährdungspotenziale in Verbindung gebracht. Nach der Beraterbefragung rücken dabei an erster Stelle psychische Belastungen in den Vordergrund: Für 43,4 Prozent der Befragten werden diese in Zukunft stark zunehmen. Dies gilt noch mehr für die kognitiven Belastungen: 52,2 Prozent der Befragten erwarten einen Anstieg von

---

[1] Durchgeführt im Rahmen des BMBF-Projektes „Prävention 4.0".

Belastungen wie Überforderung, Arbeitsverdichtung (15,03 Prozent) oder Fehler- und Prozesskontrolle, das Gefühl der Fremdsteuerung und Überwachung (13,69 Prozent). Aus Expertengesprächen[2] mit zehn Handwerksunternehmer/innen (Inhaber/-innen, Geschäftsführer/innen), die 4.0-Techniken nutzen, geben weiter Aufschluss über neue Gefährdungen und Belastungen. Dabei hebt ein Unternehmer hervor, dass sich die Art und Weise der Belastung verändert: „Weg von der Hand in den Kopf". Die Unternehmer/innen berichten von gesteigerten und gewandelten kognitiven und auch körperlichen Anforderungen an die Beschäftigten, die vor allem mit den zusätzlichen Aufgaben und Tätigkeiten einhergehen, die mit der Technologienutzung verbunden sind (z.B. Kollaborationen mit beweglichen Maschinen oder Robotern, aber auch zunehmende Komplexität der Arbeitsinhalte).

2. Implikationen für eine präventive Arbeitsgestaltung im Handwerk

2.1 Besonderheiten des Handwerks für die präventive Arbeitsgestaltung

Trotz direkter Betroffenheit von den grundlegenden Auswirkungen der digitalen Transformation war das Handwerk bisher nicht Gegenstand größerer Untersuchungen zu den Auswirkungen der digitalen Transformation auf die Sicherheit und Gesundheit in den Betrieben (siehe auch ZDH 2017). Wenn man sich mit diesem Wirtschaftszweig beschäftigt, müssen die Merkmale, die das Handwerk charakterisieren und somit auch für den Arbeits- und Gesundheitsschutz in den Betrieben von Relevanz sind, berücksichtigt werden. An erster Stelle sind hier die geringe Betriebsgröße, die Dominanz des operativen Tagesgeschäfts und die Fokussierung auf die prägende Rolle des Inhabers/der Inhaberin zu nennen. In Abhängigkeit von deren Wissen und Sensibilität sind die Inhaber/innen fördernde oder hemmende Kraft bei der Gestaltung humaner Arbeitsbedingungen im Handwerk. Diese Konstellation kann für eine (schnelle) Einführung und Umsetzung von Maßnahmen des Schutzes und der Förderung genutzt werden.

Für den Bereich der Sicherheit am Arbeitsplatz verdeutlichen Studien (Badura et al. 2014), dass besonders körperliche Belastungsfaktoren das Risiko von Arbeitsunfähigkeit und vorzeitigem Renteneintritt erhöhen. Gerade in Handwerksbetrieben, in denen die alltäglichen Aufgaben oftmals körperlich belastende Tätigkeiten beinhalten und in vielen Tätigkeitsbereichen Beschäftigte nicht bis zum Erreichen des gesetzlichen Renteneintrittsalters arbeiten können, erscheinen die technologischen Entwicklungen für eine Reduktion physischer Belastungen am Arbeitsplatz vielversprechend.

---

[2] Durchgeführt im Rahmen des BMBF-Projektes „Prävention 4.0".

2.2 Bestandteile einer präventiven Arbeitsgestaltung im Handwerk in der digitalen Transformation

Mit sich verändernden Arbeitsbelastungen verändert sich der traditionelle Arbeitsschutz hinsichtlich der Frage nach der betrieblichen Ursache für die Arbeitsbelastung und daraus abgeleiteten gesundheitlichen Auswirkungen. Neben klassischen Gefährdungsarten wie physikalischen Einwirkungen der neuen Hilfsmittel sind hier auch Gefährdungen denkbar, die sich aus der Arbeitsorganisation oder Unterweisung der Beschäftigten ergeben.

Ein Schritt zur Beschreibung einer präventiven Arbeitsgestaltung für das Handwerk konnte mit den dargestellten erreichten Erkenntnissen in Kapitel 1 gegangen werden. Die Ausführungen deuten an, dass Be- oder Entlastungen nicht durch den Einsatz digitaler Technologien per se entstehen, sondern die Auswirkungen der Technologien abhängig von der Art ihrer betrieblichen Umsetzung und Gestaltung sind.

Dies legt nahe: Bei einer präventiven Arbeitsgestaltung ist besonders Augenmerk auf den Einführungsprozess einer Technologie zu legen: Diese sollten in einem iterativen Prozess Schritt-für-Schritt, gesteuert nach im Betrieb definierten Kriterien und unter Einbezug der Führungskräfte und Beschäftigten eingeführt werden. Doch die Herausforderung liegt für viele Betriebe in der Nutzung und adaptierten Arbeitsorganisation, was auch die nichtstationäre Integration voraussetzt. Dabei muss im Unternehmen ein Bewusstsein darüber bestehen, dass die Technologieeinführung den technischen Bereich übersteigt und auch auf Seite der Kompetenzen, Führung und Organisation Implikationen hat. Aus den oben skizzierten ambivalenten Auswirkungen digitaler Technologien kann geschlossen werden, dass die digitale Transformation nicht nur singulär für einen Bereich des Betriebs betrachtet werden kann. Die Auswirkungen neuer Technologien sollten vielmehr übergreifend betrachtet werden und in die Unternehmensstrategie eingebettet werden.

Für die Inhaber können dabei erhöhte Anforderungen an die Betriebsführung einhergehen. Sei es, die Chancen einer Erleichterung durch den Einsatz digitaler Technologien zu nutzen, mögliche neue Belastungen auszugleichen oder neu entstandene Gefährdungen zu vermeiden. Für einen Umgang mit diesen erhöhten Anforderungen benötigen die Menschen in den Betrieben passende Handlungskompetenzen als Teil einer präventiven Arbeitsgestaltung, die dem Wandel Rechnung trägt. Wenn die Veränderungen der Belastungen auf eine Zunahme psychischer Belastungen deuten, ist der Aufbau von Ressourcen vielversprechend. Als Anforderungen an Kompetenzen können auf die Menschen in den Betrieben neben fachlich-technischen Inhalten auch überfachlich-methodische Inhalte zukommen, um mit den neuen Anforderungen umzugehen. Die zunehmende Technisierung bietet aber auch einfach integrierbare Lösungen an, um die Verordnungen des Arbeitsschutzes in den Betriebsalltag auch bei nichtstationären Arbeitsplätzen einzubauen, z.B. durch mobile Baustellensoftware. Solche Möglichkeiten können jedoch eine weitere Verstärkung des Bewusstseins und damit Priorisierung dieses Thema im Rahmen einer ganzheitlichen Strategie nur flankieren. Im Rahmen dieser Strategie gelten Kompetenzaufbau und Gestaltung der Arbeitsprozesse als zentrale Faktoren für den Erhalt der Gesundheit und Beschäftigungsfähigkeit. So können die oben genannten charakteristischen Besonderheiten des Handwerks als Vorteile für die betriebliche Integration des Themas präventive Arbeitsgestaltung genutzt werden, z.B. über die Stärkung der Ressourcen des Inhabers oder durch den Aufbau von Delegationsstrukturen.

Aus den Erfahrungen mit dem praktizierten Arbeitsschutz besteht die Erkenntnis, dass dieser im vielen Betrieben erst im Nachhinein in die Prozesse integriert wird, und damit Potenziale nicht genutzt werden. Im Rahmen einer präventiven Arbeitsgestaltung können Aspekte des Arbeitsschutzes und der Gesundheitsförderung vorausschauend bereits in der Planung in Vorgehensweisen integriert werden.

Um weitergehende Aussagen machen zu können, müssen diese weiter differenziert und tätigkeitsbezogen für die Gewerke im Handwerk abgewogen werden. In die arbeitsplatzbezogene Gefährdungsbeurteilung, in der und seit dem Jahr 2013 neben körperlichen auch psychische Risikofaktoren erfasst werden, könnten in Zukunft auch die durch die digitale Transformation entstehenden Risiken Eingang finden.

Literatur
Badura, B., Ducki, A., Schröder, H., Klose, J., Meyer, M. (Hrsg.) (2014). Fehlzeitenreport. Erfolgreiche Unternehmen von morgen – gesunde Zukunft heute gestalten. Wiesbaden: Springer.
BMWi – Bundesministerium für Wirtschaft und Energie (2015) (Hrsg.). Industrie 4.0. Volks- und betriebswirtschaftliche Faktoren für den Standort Deutschland. Berlin.
Breutmann, N. (2018): Anforderungen der Arbeitgeber an die Arbeit 4.0. In: Cernavin, C., Schröter, W.; Stowasser, S. (Hrsg.): Prävention 4.0. Analysen und Handlungsempfehlungen für eine produktive und gesunde Arbeit 4.0. Wiesba-den: Springer, S. 59–65.
Cernavin, C., Schröter, W.; Stowasser, S. (Hrsg.): Prävention 4.0. Analysen und Handlungsempfehlungen für eine produktive und gesunde Arbeit 4.0. Wiesba-den: Springer.
ZDH Zentralverband des Deutschen Handwerks (Hrsg.) (2017): Digitaler Wandel im Handwerk. Ergebnisse einer Umfrage unter Handwerksbetrieben im dritten Quartal 2016. Berlin.

Alexander Purbs, Philipp Lechleiter & Karlheinz Sonntag
Universität Heidelberg/Arbeits- und Organisationspsychologie

HR- und Gesundheitsmanagement in der Arbeitswelt 4.0 – Studie und Bedarfsanalyse in KMU

1. Ausgangsituation

Die digitale Transformation der Arbeitswelt ist allgegenwärtig. Cyber-physische Systeme, künstliche Intelligenz, Cloud Computing und Big Data sind nur einige wenige Schlagwörter, die der digitalen Ära des Arbeitens ein Gesicht geben. Die Beschäftigten erleben diesen Wandel deutlich. So nutzen branchenübergreifend ca. vier von fünf Personen digitale Technologien im Rahmen ihrer beruflichen Arbeit (Arnold, Butschek, Steffes & Müller, 2016). Darüber hinaus verändern sich gesamte Tätigkeiten im Zuge der Digitalisierung (Arntz, Gregory & Zierahn, 2018). Nicht geklärt ist hingegen, welche Folgen der Einsatz moderner Informations- und Kommunikationstechnologie (IKT) für die Gesundheit der Beschäftigten hat. Durch die erhöhte Nutzung von digitalen Endgeräten können Beschäftigte weniger von der Arbeit abschalten, sind in höherem Maße erschöpft und erleben mehr Konflikte zwischen Arbeit und Familie (Böhm, 2016; Derks, van Mierlo & Schmitz, 2014).

Hierbei darf nicht vergessen werden, dass sich nicht nur die Art der Arbeit ändert, sondern ebenso die Erwerbspopulation selbst. So werden Unternehmen zukünftig mit einer schrumpfenden und alternden Belegschaft konfrontiert (Pötzsch & Rößger, 2015; Sonntag & Seiferling, 2017).

2. Projekt MEgA

Vor diesen Hintergründen gilt es Unternehmen zu befähigen, ihre Mitarbeiter qualifiziert, gesund und motiviert zu erhalten (Sonntag, Turgut & Feldmann, 2016). Insbesondere kleine und mittlere Unternehmen (KMU)[1] stehen hierbei vor großen Herausforderungen. Sie verfügen über wenig Know-How und Ressourcen den stetigen Transformationsprozessen ein präventives HR- und Gesundheitsmanagement zur Seite zu stellen.

Dieser Herausforderung nimmt sich das vom Bundesministerium für Bildung und Forschung geförderte Projekt „Maßnahmen und Empfehlungen für die gesunde Arbeit von morgen" (MEgA) an. Mit einem Mixed-Methods-Ansatz bestehend aus Experteninterviews und Online-Befragung wurden Handlungsbedarfe von und für KMU identifiziert, aus denen letztlich ein Konzept für ein modernes HR- und Gesundheitsmanagement in KMU entwickelt werden kann.

---

[1] Unternehmen mit bis zu 499 Mitarbeitern (Günterberg, 2012)

3. Bedarfsanalyse

3.1 Stichprobe

Mit dieser Zielsetzung wurden 88 Experten (55 % weiblich) aus 62 deutschen KMU interviewt. Die Interviewpartner setzten sich zu 61 % aus Geschäftsführern (N=22) und HR-Managern (N=32) und weiteren betrieblichen Experten zusammen. Die KMU beschäftigten durchschnittlich 193 Arbeitnehmer und kamen größtenteils aus der Metall- und Elektroindustrie (70 %).

An der Online-Befragung nahmen 221 Experten (49 % weiblich, 80 % mit Personalverantwortung) aus deutschen KMU teil. Die KMU waren größtenteils mittlere Unternehmen (66 %) und aus den Branchen Metall und Elektro (35 %), Dienstleistung und Handwerk (14 %) sowie Chemie und Rohstoffen (10 %). Der Vergleich zu den weiteren 376 Befragungsteilnehmern aus internationalen KMU sowie Großunternehmen wird an anderer Stelle Erwähnung finden.

3.2 Durchführung und Auswertung

Die Experteninterviews wurden 2016 mithilfe eines teilstrukturierten Leitfadens geführt und inhaltsanalytisch ausgewertet. Die identifizierten Bedarfsdimensionen dienten als Grundlage für die Online-Befragung, die zwischen August 2017 und März 2018 abrufbar war. Die Bedarfe wurden auf einer fünfstufigen Likert-Skala erhoben („trifft gar nicht zu", „trifft eher nicht zu", „teils teils", „trifft eher zu", „trifft völlig zu"). Die nachfolgenden Ergebnisse der quantitativen Befragung beziehen sich auf den prozentualen Anteil der Antworten „trifft eher zu" und „trifft völlig zu".

3.3 Ausgewählte Ergebnisse

KMU sind sich sehr wohl der Bedeutung moderner, digitaler IKT bewusst. Die Begrifflichkeit Industrie 4.0 kennen 90 % der Befragten. Hierbei gehen 57 % davon aus, dass die sogenannte vierte industrielle Revolution ihr Unternehmen verändern wird. Gemessen an der aktuellen Nutzung von moderner IKT spielt Industrie 4.0 in KMU keine große Rolle. So verfügen nur 4 % über angewandte cyber-physische Systeme. Auch Technologien, wie Cloud Computing (29 %) und Big Data (24 %) werden mäßig verwendet. Übereinstimmend mit den Ergebnissen einer aktuellen ZEW-Befragung (Arntz et al., 2018) sind die Unternehmen sich nahezu einig, dass die digitale Transformation stetiger Kompetenzentwicklung bedarf (90 %).

Neben der erforderlichen IKT-Qualifizierung benötigen die KMU der Befragten Personalentwicklungsmaßnahmen wie Führungskräftetrainings und Trainings zu sozialen und kommunikativen Kompetenzen, um die Transformationsprozesse gestalten zu können. Das neu gewonnene und vorhandene Wissen im Unternehmen zu halten, stellt die KMU der Befragten vor Herausforderungen. So benötigen 59 % Strategien zur Gestaltung des Wissenstransfers. 58 % wünschen sich, dass der Wissenstransfer digitalisiert wird und weniger informell und mündlich stattfindet. Bedarf besteht auch in der Bindung des vorhandenen, qualifizierten Personals. Strategien werden benötigt, wie Mitarbeiter ressourcenschonend, aber langfristig an das Unternehmen gebunden werden können (55 %). Ein Bedarf der umso dringlicher erscheint, da 71 % der Befragten angegeben haben, dass ihr Betrieb unter dem Fachkräftemangel leidet. Im Zuge dessen wünschen sich 53 % eine Steigerung der Arbeitgeberattraktivität.

Schon die Experteninterviews zeigten deutlich, dass die KMU-Vertreter konkrete Maßnahmen der betrieblichen Gesundheitsförderung als Chance verstehen, die Arbeitgeberattraktivität zu steigern. So verwundert es wenig, dass der dringlichste Bedarf im Gesundheitsmanagement eben diese konkreten Maßnahmen waren, wie z.B. Stressbewältigungs- und Entspannungsmaßnahmen (58 %). Mit Hilfe eines systematischen betrieblichen Gesundheitsmanagements möchten 52 % der Befragten den eigenen Bemühungen zur Förderung der betrieblichen Gesundheit mehr Struktur und Nachhaltigkeit verleihen. Neben den Verhaltensinterventionen sehen die Befragten auch Bedarf in puncto Verhältnisprävention. So wollen 52 % ihre Arbeitsabläufe gesundheitsförderlicher gestalten. Hierzu müssen Gesundheitsgefährdungen, insbesondere psychische Belastungen, zukünftig allerdings besser ermittelt werden. Denn nur 38 % der KMU führen eine Gefährdungsbeurteilung psychischer Belastungen und 22 % keinerlei Gefährdungsbeurteilung durch.

Weiterhin wünschen sich 46 % ein von Wertschätzung und Mitarbeiterorientierung geprägtes gesundheitsförderliches Führungsverhalten. Die Befragten sehen neben dem Arbeitgeber, aber auch die Arbeitnehmer in der Pflicht. So sollen Führungskräfte (56 %) und Mitarbeiter (52 %) für die vorhandenen BGF-Maßnahmen sensibilisiert werden. Außerdem sollen alle Beschäftigten verstärkt zur Auseinandersetzung mit der eigenen Gesundheit animiert werden (52 %).

4. Toolbox

Die Ergebnisse der Bedarfsanalyse zeigen, dass KMU branchenunabhängig vor zahlreichen Herausforderungen im Bereich HR- und Gesundheitsmanagement stehen. Die Liste der Bedarfe ist lang, die vorhandenen Ressourcen sind gering. Doch sind Investitionen in das Humankapital zwingend erforderlich. Nur so kann es gelingen die Mitarbeiter gesund, qualifiziert und motiviert zu erhalten, sie langfristig an das Unternehmen zu binden und qualifiziertes Personal auf einem auch zukünftig umkämpften Arbeitsmarkt zu akquirieren.

Das Projekt MEgA hat das Anliegen KMU hierbei zu unterstützen. Anhand der identifizierten Bedarfe werden passgenaue, branchen- und größenspezifische Lösungsansätze ermittelt und erarbeitet. Die identifizierten Instrumente und Maßnahmen werden zukünftig in der webbasierten MEgA-Toolbox „Gesunde Arbeit 4.0" angeboten. Beispielsweise wird hier die für KMU angepasste „Gefährdungsbeurteilung Psychischer Belastung" (GPB) zu finden sein, als objektives, konsensorientiertes und praxiserprobtes Screeningverfahren (Sonntag & Feldmann, 2017). Die Toolbox wird im Laufe des Jahres 2018 entstehen und kostenlos unter www.gesundearbeit-mega.de zugänglich sein.

Literatur
Arnold, D., Butschek, S., Steffes, S. & Müller, D. (2016). Monitor: Digitalisierung am Arbeitsplatz. Aktuelle Ergebnisse einer Betriebs- und Beschäftigtenbefragung. Berlin: Bundesministerium für Arbeit und Soziales (BMAS).
Arntz, M., Gregory, T. & Zierahn, U. (2018). Digitalisierung und die Zukunft der Arbeit: Makroökonomische Auswirkungen auf Beschäftigung, Arbeitslosigkeit und Löhne von morgen. Mannheim: Zentrum für Europäische Wirtschaftsforschung (ZEW).
Böhm, S. (2016). Auswirkungen der Digitalisierung auf die Gesundheit von Berufstätigen. Ergebnisse einer bevölkerungsrepräsentativen Studie in der Bundesrepublik Deutschland. Verfügbar unter www.barmer.de/u000213 [30.04.2018].
Derks, D., van Mierlo, H., & Schmitz, E. B. (2014). A diary study on work-related smartphone use, psychological detachment and exhaustion: Examining the role of the perceived segmentation norm. Journal of occupational health psychology, 19(1), 74–84.
Pötzsch, O. & Rößger, F. (2015). Bevölkerung Deutschlands bis 2060: 13. koordinierte Bevölkerungsvorausberechnung. Wiesbaden: Statistisches Bundesamt.
Sonntag, Kh., & Feldmann, E. (2017). Erfassung psychischer Belastungen am Arbeitsplatz. Arbeitsmedizin Sozialmedizin Umweltmedizin, 52, 638–641.
Sonntag, Kh. & Seiferling, N. (2017). Potenziale älterer Erwerbstätiger: Erkenntnisse, Konzepte und Handlungsempfehlungen. Göttingen: Hogrefe.
Sonntag, Kh., Turgut, S., & Feldmann, E. (2016). Arbeitsbedingte Belastungen erkennen, Stress reduzieren, Wohlbefinden ermöglichen: ressourcenorientierte Gesundheitsför-derung. In Kh. Sonntag (Hrsg.) Personalentwicklung in Organisationen (S. 411–453). Göttingen: Hogrefe.

Hans-Peter Oberdorfer
Mayrhofer & Oberdorfer Beratung

Die Situation der Arbeitspsychologie in den Klein- und Kleinstbetrieben in Österreich

1. Gesetzliche Ausgangsposition

In Österreich trat mit Jänner 1995 das ArbeitnehmerInnenschutzgesetz (AschG) in Kraft, mit dem Ziel sich an das EU-Recht anzugleichen und die EG-Rahmenrichtlinie 89/391/EWG in österreichisches Gesetz umzusetzen.

Eine Besonderheit im österreichischen Gesetz war die Einführung von Präventivfachkräften auch für die kleinsten Unternehmen ab bereits einem/einer Mitarbeiter/in, um auf diese Weise wirklich alle DienstnehmerInnen in Österreich in den ArbeitnehmerInnenschutz gut zu integrieren. Zuvor gab es bereits Betriebsärzte und Sicherheitstechniker in größeren Betrieben. In den kleinen Unternehmen wurde nur durch fallweise Inspektionen der Behörde, dem Arbeitsinspektorat, auf die Umsetzung der Schutzbestimmungen gedrängt bzw. diese verlangt. Für kontinuierliche Beratungsleistungen war die Behörde deutlich zu gering bestückt.

2. Umsetzung der Präventionsbetreuung in Klein- und Kleinstbetrieben durch die AUVA

Eine weitere österreichische Besonderheit war der politische Auftrag an die Allgemeine Unfallversicherungsanstalt (AUVA), die für alle DienstnehmerInnen und Selbstständige (sowie SchülerInnen, Studenten und Pensionisten) zuständig ist, eine eigene Institution zu schaffen, die die vorgeschriebene Präventionsbetreuung in den kleineren Betrieben umsetzen sollte. Damit entstand AUVAsicher, welches durch 9 Präventionszentren in allen österreichischen Bundesländern vertreten ist. AUVAsicher bietet die gesetzlich vorgeschriebene Präventionsberatung kostenlos für die kleineren Unternehmen an, diese Beratung wird als das Begehungsmodell bezeichnet. Jeder Betrieb, dessen MitarbeiterInnen unter das AschG fallen, kann diese Betreuung in Anspruch nehmen. Die Präventionsfachkräfte bestehen aus ArbeitsmedizinerInnen und Sicherheitsfachkräften, die entsprechend der Dienstnehmerzahl und der Gefährdungsklasse alle ein bis drei Jahre eine bis vier Stunden je Präventivfachkraft im Betrieb zur Beratung und Betreuung vor Ort sind. Seit Beginn wird auch immer wieder gefordert (vorwiegend von Seite der Arbeitnehmervertretung, der Arbeiterkammer und den Gewerkschaften) die Arbeitspsychologie als dritte Säule der Prävention verpflichtend zu installieren. Obwohl die psychischen Belastungen von Anfang an Berücksichtigung im AschG fanden, erfolgte 2013 eine Novellierung, die allen Unternehmen in Österreich explizit eine Belastungsanalyse und von dieser abgeleitet Maßnahmen vorschreibt. Während in größeren Unternehmen, welchen fix gemäß der Anzahl an MitarbeiterInnen Präventionszeiten verpflichtend vorgeschrieben sind, die Möglichkeit besteht, im Ausmaß von 25 % dieser Präventionszeit ArbeitspsychologInnen mit diesen Aufgaben zu beauftragen, ist es nicht gelungen, für die kleineren Unternehmen die von AUVAsicher durchgeführte Präventionsberatung um spezifische Beratungen durch ArbeitspsychologInnen zu erweitern.

3. Anzahl der betroffenen DienstnehmerInnen

Laut dem Hauptverband der österreichischen Sozialversicherungsträger gab es 2017 fast 4 Millionen DienstnehmerInnen. Von diesen arbeitet etwa die Hälfte in Betrieben, die nach dem Begehungsmodell betreut werden können. Und ca. 1 Million DienstnehmerInnen wurden tatsächlich über die von AUVAsicher betreuten Betrieben in die Präventionsarbeit eingebunden. Man kann also sagen, dass AUVAsicher ca. ein Viertel aller DienstnehmerInnen erreicht.

4. Beratung für arbeits- und organisationspsychologischer Themen im Zuge der Betreuung durch AUVAsicher in den Klein- und Kleinstbetrieben

Wie bereits erwähnt, ist es nicht gelungen, ein eigenes Team an ArbeitspsychologInnen innerhalb von AUVAsicher zu schaffen, um bei der Umsetzung der 2013 explizit geforderten betrieblichen Maßnahmen, also der Evaluierung der psychischen Fehlbelastungen, zu unterstützen. In Ermangelung derartiger Fachkräfte, griff AUVAsicher auf die Arbeitsmediziner zurück und verpflichtete diese, die Betriebe bei der Umsetzung der arbeitspsychologischen Themen zu beraten. Interne Arbeitsmedizinerinnen waren gefordert, Konzepte für diese Themen zu erstellen, um österreichweit nach einem bestimmten Standard vorgehen zu können. Das Projekt war engagiert, ging jedoch, was in der Natur der Sache liegt, zu sehr von einem medizinischen Krankheitsmodell als von psychologischen Modellen der Arbeitswelt aus. In der Umsetzung stießen somit die MedizinerInnen immer wieder an ihre Grenzen, der Nutzen für die Betriebe und ihre MitarbeiterInnen blieb sehr bescheiden.

Ich bin innerhalb von AUVAsicher ein Unikum, da ich sowohl Sicherheitsfachkraft als auch Arbeitspsychologe bin. Durch meine Position als Vertragspartner bin ich jedoch regional sehr eingeschränkt und kann mein arbeitspsychologisches Wissen nur wenigen Betrieben zur Verfügung stellen. Weiters fehlt ein strukturierter Austausch mit FachkollegInnen, die über Erfahrung in diesen kleineren Betrieben verfügen.

5. Mangelnde Analyseinstrumente für Klein- und Kleinstbetriebe

Ein weiteres Problem für die kleineren Unternehmen war, dass es nicht wirklich Instrumente gab, die für so kleine Betriebe entwickelt worden sind und somit auch praktikabel und wirtschaftlich anzuwenden waren. Welches Instrument kann man zum Beispiel für eine Tabaktrafik mit zwei geringfügig beschäftigten DienstnehmerInnen verwenden, wenn man als Berater ein Stunde Beratungszeit innerhalb von zwei Jahren hat und in dieser kurzen Zeit auch noch einen Beratungsbericht erstellen muss. So kam es dazu, dass zum Beispiel der Orientierungsfragebogen des Instruments ABS Gruppe gemeinsam mit der Filialleitung oder dem Geschäftsführer ausgefüllt worden und als Dokumentation der Evaluierung abgelegt wurde. Die Aussagekraft geht natürlich gegen null. Das Instrument ABS Gruppe, das entwickelt worden ist, um MitarbeiterInnen gut miteinzubeziehen, hat starke wirtschaftliche Nachteile. Er wird zwar von der AUVA kostenlos zur Verfügung gestellt. Jedoch ist er so angelegt, dass etwa eine Abteilung mit 20 MitarbeiterInnen sich einen Vormittag Zeit nehmen muss und es eine/n Moderator/in braucht. Die Kosten für den/die Moderator/in sind nicht niedrig, die Mitarbeiterkosten sind gewaltig. Darauf wollen und können sich die kleineren Betriebe in den seltensten Fällen einlassen.

Seit kurzem steht zumindest eine Version des KFZA auf der Website der AUVA gratis online zur Verfügung. Der Nachteil besteht darin, dass mindestens 10 Fragebögen ausgefüllt sein müssen, damit eine Auswertung erfolgen kann. Der größere Teil der kleineren Unternehmen hat weniger als zehn DienstnehmerInnen und die Abteilungen der etwas größeren haben oft auch nicht mehr Beschäftigte. Und der wohl größte Nachteil ist, dass dieser Fragebogen nur sinnvoll von entsprechend ausgebildeten Fachkräften richtig interpretiert werden kann. Firmen, die diesen Fragebogen verwenden, wissen meist nicht, was sie in weiterer Folge damit anfangen sollen, wie sie zu entsprechender Maßnahmenfindung und -umsetzung gelangen.

6. Mangelnde Forschung in und für Klein- und Kleinstbetriebe

Hier tritt das Problem der Forschung an den Tag. Forschungen und Entwicklungen finden meist an den Universitäten oder entsprechenden Institution statt. Projekte lassen sich viel leichter in großen, mitarbeiterstarken Unternehmen durchführen, die oft über geeignetere Strukturen verfügen. Diese sind mitunter an solchen Forschungen und daraus resultierenden Ergebnissen interessiert, fördern die Forschung direkt durch finanzielle Zuschüssen oder indirekt durch einen leichten Zugang zu den MitarbeiterInnen durch Betriebsräte/innen, Vertrauenspersonen, AbteilungsleiterInnen.

Klein- und Kleinstbetriebe werden somit selten erforscht – mir selbst sind solche Untersuchungen unbekannt. Daraus resultiert aber unmittelbar der Mangel an geeigneten Analyseinstrumenten und praktikablen Vorgehensweisen.

Während größere Unternehmen ermuntert werden können, sich mehr dem Thema der Arbeitspsychologie zuzuwenden, geeignete Fachkräfte, meist ArbeitspsychologInnen oder solche, welche in diesem Feld über eine gute Expertise verfügen, beschäftigen können, ohne dass ihnen dadurch Mehrkosten entstehen, sieht es derzeit nicht danach aus, dass den kleineren Unternehmen geeignete Fachkräfte zur Entwicklung interner arbeits- und organisationspsychologischer Konzepte über AUVAsicher und somit kostenlos zur Verfügung gestellt werden können.

Darüber hinaus ist es derzeit unter der neuen Regierung ohnehin nicht klar, wie es mit dem Thema Prävention weitergehen wird, da derzeit kräftig an der Demontage des einzigen Kompetenzträgers zum Thema Prävention gearbeitet wird.

Jochen Prümper[1], Thomas Strobach[2] & Julia Vowinkel[3]
[1]*HTW Berlin – Hochschule für Technik und Wirtschaft Berlin*
[2]*AUVA – Allgemeine Unfallversicherungsanstalt*
[3]*bao – Büro für Arbeits- und Organisationspsychologie GmbH*

Motivation von KleinunternehmerInnen zur Teilnahme an der Entwicklung eines Verfahrens zur Evaluierung psychischer Belastung

1. Ausgangssituation

Psychische- und Verhaltensstörungen sind über die letzten zwei Jahrzehnte stark angestiegen, wodurch auch die Relevanz arbeitsbedingter psychischer Belastung vermehrt in den Fokus des öffentlichen Interesses rückte (Leoni & Schwinger, 2017). Als Reaktion erfolgte u. a. in Österreich 2013 eine Novellierung des ArbeitnehmerInnenschutzgesetzes (ASchG), welches seitdem ausdrücklich von ArbeitgeberInnen eine Evaluierung psychischer Belastung verlangt. Dies gilt auch für Kleinbetriebe mit weniger als 10 ArbeitnehmerInnen. Selbige machen in Österreich immerhin ca. 40 % aller Unternehmen aus und beschäftigen rund ein Viertel der hiesigen Erwerbsbevölkerung (STATISTIK AUSTRIA, 2017). Zwar zeigen sich für Kleinbetriebe vergleichsweise geringe krankheits- und unfallbedingte Fehlzeiten, jedoch auch besonders hohe Kosten, da die personellen und finanziellen Ausfälle oft nur schwer kompensiert werden können (Leoni & Schwinger, 2017).

Bislang fällt es jedoch gerade Kleinbetrieben schwer, eine Evaluierung psychischer Belastung sachgemäß durchzuführen, weil gängige Methoden wie Fragebögen, Gruppendiskussionen oder Beobachtungsinterviews vor allem für den Einsatz in größeren Organisationen entwickelt und erprobt wurden. Entsprechend werden in Kleinbetrieben auch deutlich weniger Arbeitsplatzevaluierungen durchgeführt als in größeren Betrieben – insbesondere zu psychischer Belastung (Beck et al., 2012). Um diese Versorgungslücke zu schließen, wurde in Österreich durch die Allgemeine Versicherungsanstalt (AUVA) – begleitet durch Sozialpartner – das Projekt *EVALOG – Evaluierung psychischer Belastung im Dialog* initiiert. Hierbei wird im Rahmen eines partizipativen, iterativen Ansatzes für und mit Kleinbetrieben ein Verfahren entwickelt, das alle wesentlichen gesetzlichen Anforderungen des ArbeitnehmerInnenschutzgesetzes (ASchG) berücksichtigt und sich für die selbständige Durchführung in sehr kleinen Gruppen oder gar für Einzelpersonen eignet.

Aber was sind die Motive, warum sich InhaberInnen von Kleinbetrieben an einem Projekt zur Entwicklung eines derartigen Verfahrens beteiligen? Hat das Verstehen und Umsetzen des Verfahrens einen Einfluss, d. h., verändert sich die Teilnahmemotivation im Vorher-Nachher-Vergleich? Auf diese Frage versucht der beiliegende Beitrag explorativ eine Antwort zu finden.

2. Beschreibung des Verfahrens „EVALOG"

Kernidee des Verfahrens ist, dass die Evaluierung der psychischen Belastung in einem Dialog zwischen einer/einem EvaluiererIn und einem oder mehreren ArbeitnehmerInnen stattfindet. Die InhaberInnen der Kleinbetriebe können die Leitung der Evaluation übernehmen oder diese Aufgabe an geeignete betriebsinterne Personen oder Fachkräfte delegieren. Zudem wird die gesetzlich geforderte Beteiligung der ArbeitnehmerInnen durch das Verfahren gewährleistet (§ 13 AschG).

Das Verfahren ist in einem Leitfaden, dem sogenannten Wegweiser, festgeschrieben, der durch die Schritte der Evaluierung psychischer Belastung führt. Dazu zählen (1) Festlegen von Arbeitsbereichen und Tätigkeiten, (2) Ermitteln psychischer Belastung, (3) Beurteilen, ob Gefährdungen vorliegen und Maßnahmen entwickelt werden sollen, (4) Festlegen und (5) Umsetzen der Maßnahmen, (6) Überprüfen der Wirksamkeit der Maßnahmen sowie (7) Anpassen der Evaluierung. Die zentralen Schritte der Ermittlung und Beurteilung psychischer Belastung basieren auf dem *KFZA – Kurzfragebogen zur Arbeitsanalyse* (Prümper, Hartmannsgruber & Frese, 1995), einem Screeningverfahren mit 26 Items (Friesenbichler & Prümper, 2015a,b). Für alle Evaluationsschritte stehen den UmsetzerInnen *Hintergrundinformationen, Informationsblätter, Praxisbeispiele, Schritt-für-Schritt-Anleitungen sowie Dokumentationsformulare* zur Verfügung. Daneben liefert der Wegweiser für die/den interessierte/n LeserIn weiterführende Hintergrundinformationen zu:

1. *Arbeitsrecht* unter besonderer Berücksichtigung des ArbeitnehmerInnenschutzgesetzes und der dort verorteten Arbeitsplatzevaluierung;
2. *Arbeitspsychologie* unter besonderer Berücksichtigung des Belastungs-/Beanspruchungsmodells und des Stressoren/Ressourcen-Konzepts;
3. *Kommunikationspsychologie* unter besonderer Berücksichtigung von Maßnahmen zur didaktischen Unterstützung der Gesprächsführung.

3. Methode

Das Verfahren wird in insgesamt drei Iterationen erprobt und weiterentwickelt. In den ersten beiden Iterationen wurden die teilnehmenden Kleinbetriebe bei den Schritten (1) bis (4) der Evaluierung von zwei ArbeitspsychologInnen vor Ort begleitet.

---

[1] In einer dritten Iteration sollen vierzehn Kleinbetriebe das Verfahren selbständig einsetzen. Dafür erhalten die Betriebe den Wegweiser im Vorfeld zum Selbststudium und werden vor und nach der Umsetzung per Telefon befragt.

3.1 Stichprobe
Die Stichprobe der ersten beiden Iterationen umfasst insgesamt zehn Kleinbetriebe mit durchschnittlich sechs ArbeitnehmerInnen *(Min = 3, Max = 9)* aus diversen Branchen (z. B. Floristik, Immobilien, Einzelhandel, KFZ-Technik) und Regionen Österreichs (z. B. Großraum Wien, Kärnten, Niederösterreich). Zur Einschätzung der Teilnahmemotivation liegen aktuell die Daten von 10 InhaberInnen (7 männlich, 3 weiblich, durchschnittlich 51 Jahre) vor.

3.2 Erfassung der Teilnahmemotivation
Die Teilnahmemotivation der BetriebsinhaberInnen wurde als Teilaspekt eines größeren Evaluationskonzepts mittels strukturierter Interviews direkt vor und nach der Umsetzung des Verfahrens erfasst. Dafür schätzten die InhaberInnen neun Teilnahmegründe auf einer Likert-Skala von 1 = „trifft gar nicht zu" bis 5 = „trifft völlig zu" ein. Inhaltlich lassen sich diese Gründe den drei Motivationstypen „intrinsische Motivation" (IM; Verhalten als Selbstzweck), „identifizierte Regulation" (IR; Verhalten als geschätztes Mittel zum Zweck) und „extrinsische Motivation" (EM; Verhalten wegen externer Belohnung oder zur Vermeidung negativer Konsequenzen) zuordnen (vgl. Deci & Ryan, 1985).

4. Auswertung und Diskussion
Abbildung 1 erfasst die Teilnahmegründe sowie die Veränderung der Motivation im Prä-Post-Vergleich, d.h., direkt vor und nach der Evaluierung.

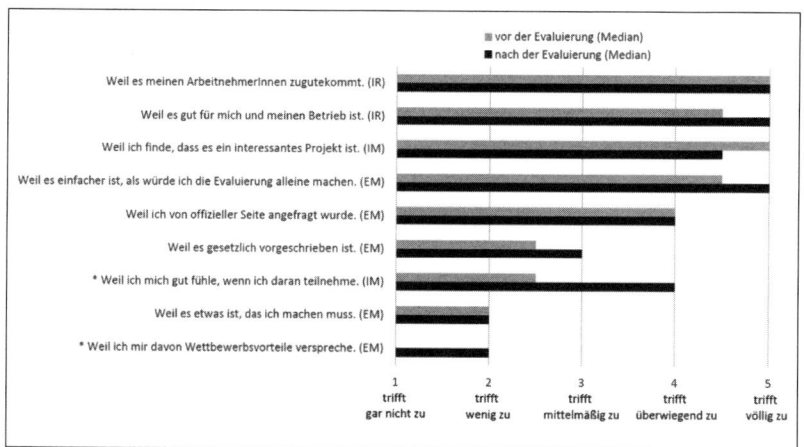

Abb. 1: Teilnahmemotivation im Prä-Post-Vergleich (N=10; * $p < .05$; asymptotische Wilcoxon-Tests für gepaarte Stichproben bei nicht-normalverteilten Daten)

Wie die die Ergebnisse zeigen, ist die Projektteilnahme v. a. intrinsisch motiviert („interessantes Projekt") bzw. die BetriebsinhaberInnen schätzen den Sinn und Zweck der Teilnahme positiv ein („gut für mich und meinen Betrieb", „kommt ArbeitnehmerInnen zugute"). Ein vergleichbar wichtiger Grund für die Teilnahme scheint die Unterstützung von offizieller Seite, also die Ansprache durch die Wirtschaftskammer und, insbesondere, die Betreuung durch ArbeitspsychologInnen bei der Umsetzung der Evaluierung psychischer Belastung zu sein. Extrinsische Faktoren wie die gesetzliche Verpflichtung zur Teilnahme spielen hingegen eine eher untergeordnete Rolle für die Motivation der InhaberInnen. Vor der Evaluierung versprechen sich zudem die wenigsten einen Wettbewerbsvorteil. Jedoch nimmt der Wettbewerbsvorteil als Teilnahmegrund im Prä-Post-Vergleich signifikant zu. Dies darf als ein Hinweis darauf interpretiert werden, dass – nach der aktiven Umsetzung der Evaluierung – die Vorteile und der Nutzen des Verfahrens (z. B. Anregung der betriebsinternen Kommunikation und gemeinsames Problemlösen) stärker wahrgenommen werden. Interessanterweise nimmt auch der affektive, intrinsisch motivierte Aspekt des „Sich-Selbst-Gutfühlens" nach der Umsetzung des Verfahrens zu. Dies spiegeln auch Rückmeldungen der InhaberInnen im Gespräch wider, welche die Durchführung des Verfahrens als interessante Tätigkeit und erfüllende neue Führungsaufgabe beschrieben.

Literatur
Beck, D., Richter, G., Ertel, M. & Morschhäuser, M. (2012). Gefährdungsbeurteilung bei psychischen Belastungen in Deutschland. Verbreitung, hemmende und fördernde Bedingungen. Prävention und Gesundheitsförderung, 7(2), 115–119.
Deci, E. L., & Ryan, R. M. (1985). Intrinsic motivation and self-determination in human behavior. New York: Plenum.
Friesenbichler, H. & Prümper, J. (2015a). Der KFZA-Kurzfragenbogen zur Arbeitsanalyse als Online-Tool der Allgemeinen Unfallversicherungsanstalt. personal manager, 2, 24–27.
Friesenbichler, H. & Prümper, J. (2015b). Online-Evaluierung psychischer Belastung. Sichere Arbeit – Internationales Fachmagazin für Prävention in der Arbeitswelt, 2, 34–37.
Leoni, T. & Schwinger, J. (2017). Fehlzeitenreport 2017. Krankheits- und unfallbedingte Fehlzeiten in Österreich Schwerpunktthema: Die alter(n)sgerechte Arbeitswelt. Wien: Österreichisches Institut für Wirtschaftsforschung.
Prümper, J., Hartmannsgruber, K. & Frese, M. (1995). KFZA. Kurz-Fragebogen zur Arbeitsanalyse. Zeitschrift für Arbeits- und Organisationspsychologie, 39(3), 125–131.
STATISTIK AUSTRIA (2015). Statistik zur Unternehmensdemografie. Verfügbar unter http://www.statistik.at/web_de/statistiken/wirtschaft/unternehmen_arbeitsstaetten/unternehmensdemografie_ab_2015/index.html [23.04.2018].

Arbeitskreis
KMU: Management in der Forstarbeit
Leitung: Jana Kampe

Henrik Habenicht, Jana Kampe & Rüdiger Trimpop
Mobilitätssicherheit in forstlichen Klein und Kleinstbetrieben: Analyse von Belastungen, Beanspruchungen und Managementansätzen

Jana Kampe, Henrik Habenicht & Rüdiger Trimpop
Präventionskultur multimodal erfassen und gestalten: Ergebnisse und Evaluation eines praxisnahen Konzepts

Edgar Kastenholz, Joachim Morat, Andrea Teutenberg & Ute Seeling
Prävention in Kleinstbetrieben: eine Herausforderung für Forschung und Praxis

Edgar Kastenholz, Andrea Teutenberg, Francesca Zahnreich, Monika Niemeyer, Joachim Morat & Ute Seeling
Organisationale und personelle Faktoren für wirksame Prävention in Kleinstbetrieben

Karl Klöber & Carolin Kreil
Einsatz eines Inertialsensormesssystems in Verbindung mit einem digitalen Menschmodell zu Körperhaltungsanalysen in der Waldarbeit

Moritz Bald, Rüdiger Trimpop, Henrik Habenicht & Jana Kampe
Entwicklung eines Gesundheitsmanagementsystems für KKU in der Forstwirtschaft

Henrik Habenicht, Jana Kampe & Rüdiger Trimpop
Friedrich-Schiller-Universität Jena

Mobilitätssicherheit in forstlichen Klein und Kleinstbetrieben: Analyse von Belastungen, Beanspruchungen und Managementansätzen

1. Mobilität als Belastungsfaktor in forstlichen Klein- und Kleinstbetrieben

Mobilität ist ein unabdingbarer Bestandteil forstlicher Arbeit. Unternehmer und Beschäftigte müssen den Weg von zuhause zum Betriebshof und zurück bewältigen, ebenso wie die Wege zu Hiebsorten, Kundenterminen oder Werkstätten. Im Wald selbst werden Wege mit verschiedenen Fahrzeugen und Arbeitsmaschinen oder auch zu Fuß zurückgelegt.

Die Mobilität im Rahmen der Arbeit stellt eine bedeutsame Unfallgefahr dar. So berichtet der DVR für das Jahr 2016 rund 186.000 meldepflichtige Wegeunfälle. In der EU gehen ein Viertel bis ein Drittel aller tödlichen Arbeitsunfälle auf Verkehrsunfälle mit motorisierten Verkehrsmitteln zurück, wovon 60 bis 95 % aller Unfälle auf menschliche Fehler zurückzuführen sind (vgl. Bibbings, 2005; Evans, 1996). Auch die Unfallzahlen für den Bereich Forst zeigen eine hohe Gefährdung durch die Mobilität. Laut der Sozialversicherung für Land- und Forstwirtschaft (SVLFG) machen allein die Wege zur Arbeitsstelle und zurück rund 7 % der meldepflichtigen Arbeitsunfälle in der SVLFG aus. Bezogen speziell auf die Wald- und Forstarbeiten sind Unfälle beim Heranbringen und Rücken des Holzes vom Fällort an die Waldstraße mit 8,5 % sowie bei Verlade- und Transportarbeiten mit 8 % am Unfallgeschehen beteiligt (SVLFG, 2018). Zudem machen Stolpern und Stürze zwischen einem Viertel und der Hälfte der Arbeitsunfälle im Forst aus (Gerding, 2014; Kastenholz & Stadler, 1996).

Faktoren, die zu Mobilitätsunfällen beitragen, lassen sich in die Bereiche Technik, Organisation, Person und Situation unterteilen. Zu den relevantesten Faktoren zählen hier häufig Ablenkung, Zeitdruck sowie Müdigkeit (Brachwitz, Habenicht, Ruttke, Stangneth & Trimpop, 2017). Um Präventionsmaßnahmen ableiten und ein systematisches Management der Ursachen implementieren zu können, müssen zunächst Belastungen und Beanspruchungen identifiziert werden.

Die Mobilität spielt – wie oft auch in größeren Unternehmen – in forstlichen Klein- und Kleinstunternehmen (KKU) eine stark untergeordnete Rolle. Der Fokus liegt stattdessen auf den Gefahren bei der Arbeit am Baum sowie auf ergonomischen Faktoren. (Arbeitsgruppe Forst, 2002).

2. Forschungsfragen und Methoden

Es stellen sich die Fragen, welche mobilitätsbezogenen Belastungs- und Beanspruchungsfaktoren in forstlichen KKU relevant sind, mit welchen Strategien die Forstunternehmen – mit ihren eingeschränkten Ressourcen – diesen Beanspruchungen und Gefährdungen begegnen und welche Maßnahmen ergriffen werden sollten.

In 11 forstlichen KKU mit im Mittel 8 Beschäftigten, wurden im Rahmen des Projekts proSILWA theoriebasierte Interviews mit Unternehmern und je einem Mitarbeiter sowie Betriebsbegehungen durchgeführt. Diese bildeten die Basis für umfassende Betriebsanalysen. Es wurden u.a. körperliche und psychische Belastungen, Beanspruchungen, Gefahren und betriebliche Wegemuster erfragt. Zudem wurde die Zufriedenheit mit den Anforderungen der betrieblichen Mobilität quantitativ erfasst. Die qualitativen Daten wurden durch Inhaltsanalysen ausgewertet. Mittels Expertenratings wurde anschließend durch das proSILWA-Projektteam der jeweilige Handlungsbedarf u.a. für den Bereich Mobilität bewertet. Darüber hinaus wurde ein Fragebogen zum Management der betrieblichen Mobilität entwickelt. Hier flossen u.a. die Erkenntnisse der Betriebsanalysen, sowie Aspekte des Instruments GUROM ein. Alle quantitativen Daten wurden durch fünfstufige Likertskalen erhoben (Schulnotensystem).

3. Ergebnisse und Diskussion

3.1 Interviewergebnisse

Tab. 1: Häufigste bzw. relevanteste genannte Gefährdungen bezüglich der betrieblichen Mobilität (N = 21 Interviews)

Tätigkeit und Gefährdung	Nennungen
Autofahrten: Ablenkung (inkl. Telefonieren, gedankl. Ablenk.)	12
Fußwege: Schwierige Umgebungsbedingungen (z.B. Hangarbeit, Totholz, Arbeit im Laubholz)	11
Fußwege: Stolpern, Rutschen, Stürzen	9
Überlange Arbeitszeiten, inkl. Wochenendarbeit	7
Sich aufstellendes/zurückschlagendes Rundholz	6
Gefährdung von Waldbesuchern	3

Die jährliche Exposition der Unternehmer im Straßenverkehr belief sich auf ca. 30.000 bis 60.000 km. Die meistgenannten mobilitätsbezogenen Gefährdungen waren Telefonieren sowie gedankliche Ablenkung während der Fahrt. Auf Fußwegen dominierten schwierige Umgebungsbedingungen im Wald sowie die Stolper-, Rutsch-, und Sturzgefahr (siehe Tabelle 1). Zudem wurde das Ein- und Aussteigen in

Maschinen als besonders gefährlich beschrieben. Überlange Arbeitszeiten wurden darüber hinaus mehrfach berichtet. Die Zufriedenheit mit den Anforderungen der Mobilität gaben die Geschäftsführer quantitativ im Mittel mit 2.3 (SD = 1.01) an, die Mitarbeiter mit 1.9 (SD = 0.78).

3.2 Expertenratings und quantitative Erhebung der Organisation der betrieblichen Mobilität

Die Expertenratings zur Organisation der betrieblichen Mobilität über alle Betriebe lagen im Mittel bei 2.91 Punkten (SD = 0.70). Dieser Wert liegt um 0.66 Punkte höher als die Mittelwerte der übrigen Präventionsbereiche.

Tab. 2: Bewertung der Organisation der betrieblichen Mobilität (N = 10 Führungskräfte von Forstbetrieben)

Ebene	Item	MW	SD
Führg./Fürsorge	Bedeutung der Mobilitätssicherheit	1.70	0.89
	Sorge vor Mobilitätsunfällen am Einsatzort	2.80	1.40
	Sorge vor Mobilitätsunfällen im Straßenverkehr	2.90	1.66
Person	Einhalten von Vorschriften in Riskanten situationen	2.20	0.78
	Qualifikation von Fahrern und Maschinenführern	1.50	0.85
	MA bringen Vorschläge zur Verbesser. d. sich. Mobilität ein	2.20	1.20
Organisation	Berücksichtigung von Mobilität in Planung & Abläufen	1.70	1.33
	Informiertheit von Fahrern über den Zustand von Routen	2.40	1.35
	Vermeiden unnötiger Wege	1.40	0.52
	Negativer Einfluss der Mobilität auf Arbeitszeiten	3.20	1.54
	Organisation von Wartung, Versicherung, TÜV	1.30	0.48
	Einsweisungen in Neuanschaffungen sind klar geregelt	1.60	0.84
	Teilnahme an Weiterbild./Schulungen zu mobilen Tätigkeiten	3.30	1.42
	Sicherheit von Subunternehmern (wenn vorhanden)	2.66	2.00
	LKW-Lenkzeiten werden eingehalten (wenn vorh.)	1.50	1.00
Technik	Technischer Zustand von Fahrzeugen	1.50	0.53
	Vorhandensein nötiger Assistenzsysteme	3.00	1.49
Situation/Extern	Autofahrten: Aufmerksamkeit ist auf der Fahraufgabe	2.80	1.22
	Sicherheit von Waldbesuchern	3.60	1.14

Die Ergebnisse des Fragebogens sind in Tabelle 2 dargestellt. Die Mobilität wird auch hier überwiegend als positiv und unproblematisch bewertet, mit Ausnahme der Sicherheit von Waldbesuchern, der Auswirkung auf die Arbeitszeiten sowie der genutzten Assistenzsysteme. Ein systematisches Management der betrieblichen Mobilität im Sinne von Gefährdungsbeurteilungen oder Arbeitsschutzmanagementkonzepten besteht nicht. In Beratungsgesprächen vor Ort zeigten ca. die Hälfte der Unternehmer Offenheit für eine Gefährdungsbeurteilung und Risikobewertung organisationaler Mobilität (GUROM). An Fahrsicherheitstrainings waren die Unternehmer mangels Gefahrenbewusstseins weit überwiegend nicht interessiert (Zitat: „Ich bin der beste Autofahrer, den es gibt! Das brauche ich nicht.").

3.3 Diskussion und Implikationen
Die Ergebnisse zeigen, dass das Gefahrenbewusstsein der Führungskräfte, aber auch der Beschäftigten, gering ausgeprägt ist. Es fehlen zudem – wie es für KKU typisch ist – formale Strukturen in Arbeitssicherheit und Gesundheitsförderung. Daher werden keine den Gefahren der Mobilität angemessene Gefährdungsbeurteilungen durchgeführt und nur unzureichende Präventionsmaßnahmen ergriffen. Ausnahmen sind in Betrieben zu finden, in welchen eine allgemein positive Präventionskultur herrscht. Es besteht daher Handlungsbedarf an unterschiedlichen Stellen. Seitens der zuständigen Berufsgenossenschaften und Branchenorganisationen sollte die Mobilität stärker berücksichtigt werden. Seitens der Forschung ist die Entwicklung integrativer Arbeitsschutzmanagementkonzepte, welche die Mobilität enthalten, notwendig. Seitens der Unternehmer besteht Handlungsbedarf bei der Gefährdungsbeurteilung und der Umsetzung von Präventionsmaßnahmen.

Literatur
Arbeitsgruppe Forst. (2002). *Gefährdungen bei forstlichen Tätigkeiten. Beurteilung und Dokumentation,* Tharandt.
Bibbings, R. (2005). *Comments on 'Adapting to change in work and society: a new Community strategy on health and safety at work 2002–2006' [COM (2002) 11*
Brachwitz, J., Habenicht, H., Ruttke, T., Stangneth, R. & Trimpop, R. (2017). Berufliche Mobilität. In: Windemuth, D., Kunz, T., Jung, D. & Jühling, J. (Hrsg.). *Psychische Faktoren als Unfallrisiken: Relevanz in Bildung und Beruf. 2017.* Wiesbaden: Universum Verlag. S. 237–255.
DVR. (2018) *Arbeits- und Wegeunfälle in der gewerblichen Wirtschaft 2014 bis 2016.* Zugriff am 13.06.2018. Verfügbar unter https://www.dvr.de/unfallstatistik/de/wegeunfaelle/
Evans, L. (1996). The dominant role of driver behavior in traffic safety. *American Journal of Public Health, 86* (6), 784–786.
Gerding, V. (2014). *Analyse der Stolper-, Rutsch- und Sturzunfälle der Forstwirte und Forstwirtschaftsmeister im Ladesbetrieb Hessen-Forst.* Zugriff am 13.06.2018. Verfügbar unter http://www.kwf-online.org/fileadmin/dokumente/veranstaltungen/Interforst_2014/ Forum3_1_Gerding_Stolperunfaelle_2014.pdf
Kastenholz, E. & Stadler, P. (1996). Forstwirtschaft. In G. Wenninger (Hrsg.), *Arbeits-, Gesundheits- und Umweltschutz. Handwörterbuch verhaltenswissenschaftlicher Grundbegriffe.* Heidelberg: Asanger.
SVLFG. (2018). *Arbeitsunfälle bei Wald- und Forstarbeiten.* Zugriff am 13.06.2018. Verfügbar unter http://www.svlfg.de/11-wir/wir062_daten_zahlen/wir042_01_uv/wir042_01_01_au/index.html.

Jana Kampe, Henrik Habenicht & Rüdiger Trimpop
Friedrich-Schiller-Universität Jena

Präventionskultur multimodal erfassen und gestalten: Ergebnisse und Evaluation eines praxisnahen Konzepts

1. Sicherheit und Gesundheit in Klein- und Kleinstbetrieben

Das Konstrukt der Kultur im Allgemeinen, der Unternehmenskultur im Speziellen sowie der sicherheits- und gesundheitsbezogenen Unternehmenskultur im noch engeren Sinne wird von unterschiedlichen Forschungstraditionen und Fachrichtungen heterogen definiert, konzipiert, untersucht und gestaltet. In diesem Beitrag wird das Konstrukt der Präventionskultur gewählt, in Anlehnung an Schein (1992), Elke (2001) und Cooper (2016):

Der Kern einer betrieblichen Präventionskultur umfasst ein Muster von grundlegenden sicherheits- und gesundheitsbezogenen Annahmen und Werten, die sich mit der Zeit als bedeutsam erwiesen haben sowie von der Mehrheit der Organisationsmitglieder geteilt und als selbstverständlich angenommen werden. Eine sichtbare Präventionskultur äußert sich darin, in welchem Ausmaß das gesamte Arbeitssystem auf den Schutz und die Förderung von Sicherheit und Gesundheit ausgerichtet ist.

Unter dem Begriff Arbeitssystem subsummieren sich technische, organisatorische, personenbezogene und externe Elemente sowie deren Interaktion (vgl. DIN EN ISO 6385:2004). Sicherheit und Gesundheit zu managen und wertebasiert zu leben stellt Klein- und Kleinstunternehmen (KKU, bis 9 bzw. bis 49 Beschäftigte laut Europäischer Kommission) vor besondere Herausforderungen. Sie erleben diese Aufgabe häufig zwar als sehr bedeutsam, jedoch bedingt umsetzbar aufgrund mangelnder personeller, finanzieller bzw. zeitlicher Ressourcen. In diesem Beitrag werden implizite und explizite Präventionskultur-Merkmale in KKU beleuchtet. Praktisch erfolgte dies integriert in ein multimodales Gesamtkonzept zur Verbesserung von Sicherheit und Gesundheit für KKU, das im Rahmen des BMBF-Projekts proSILWA (2016-2019) erstmals umgesetzt wird. Die Multimodalität bezieht sich einerseits auf die verschiedenen Ebenen der Präventionskultur-Messung, andererseits auf die unterschiedlichen Modi, mit denen Arbeitsschutzmanagement optimiert werden kann (implizit vs. explizit, vgl. u.a. Elke, 2000; DeJoy, 2005; Hale & Borys, 2013 a, b).

2. Präventionskonzept und Fragestellungen

Untersucht wurden insgesamt elf Betriebe der Forstbranche aus sieben Bundesländern, die zum Zeitpunkt der Ersterhebung zwei Klein- und neun Kleinstunternehmen umfassten, davon zwei Alleinunternehmer. Im Schnitt beschäftigten die Unternehmer acht Angestellte ($SD = 9.65$). Abbildung 1 zeigt eine Übersicht zu Modulen und Methoden des proSILWA-Präventionskonzepts.

MODULE	1 Multimodale Erfassung von Präventionskultur-Aspekten	2 Analyse + Spezifikation von Präventionskultur-Aspekten	3 Ergebnisrückmeldung mit Handlungsbedarfen + Interventionsvorschlägen	4 Austausch und Maßnahmenfindung in „Beratungs-Dialogen"	5 Planung und Umsetzung betriebsindividueller Maßnahmen
	Summative + formative Evaluation (Prä- und Postmessung der Gesamtsituation, der Einzelmaßnahmen, des proSILWA-Präventionskonzepts)				
PRÄVENTIONS-KULTUR ...	... ERFASSEN	... BESCHREIBEN	... REFLEKTIEREN	... PLANEN	... UMSETZEN
INSTRUMENTE UND METHODEN	– Dokumentenanalyse – Begehungen + Beobachtungen – Leitfadengestützte Interviews – Fragebögen + Checklisten	– Qualitative Inhaltsanalyse – Quantitative Analysen – Datentriangulation – Beurteilungskonferenzen	– Survey-Feedback I (postalisch) – Individuelle Unternehmensprofile: quantitativer + qualitativer Ergebnisbericht + Interventionsliste	– Survey-Feedback II (mündlich) – „Beratungs-Dialoge": Leitfadengestützte Gespräche mit Zusatzmaterialien – Ergebnisprotokolle	– Postalische Anschreiben: Zusammenfassung der geplanten Maßnahmen + Zuweisung einer Koordinationsperson – Begleitung (schriftlich, telefonisch, vor Ort)

Abb. 1: Module und Methoden des proSILWA-Präventionskonzepts

Das Projekt befindet sich aktuell zwischen den Modulen 4–5. Erste kulturbezogene Ergebnisse und Evaluationsbefunde sollen anhand folgender Fragestellungen dargestellt werden:
1. *Wie sind verschiedene Präventionskultur-Merkmale in den untersuchten KKU ausgeprägt?*
2. *Welche Werteorientierungen liegen in den untersuchten KKU vor?*
3. *Als wie kohärent erleben die Unternehmer das bisherige Projektvorgehen?*

Die Präventionskultur-Merkmale der jeweiligen Betriebe wurden als Ergebnis des 1. Moduls definiert und beurteilt. Das Rating erfolgte innerhalb des interdisziplinären Projektteams. Ein bedarfsspezifisch adaptierter Unternehmenskultur-Fragebogen wurde zur Erfassung der subjektiv gelebten Werte im Betrieb eingesetzt. Anhand der drei Dimensionen des Kohärenzerlebens (nach Antonovsky, 1983) wurden die Unternehmer zur erlebten Stimmigkeit des Präventionsansatzes befragt.

3. Ergebnisse und Diskussion
Entlang der drei Fragestellungen werden die Ergebnisse im Folgenden dargestellt und diskutiert.

3.1 Präventionskultur-Merkmale des soziotechnischen Systems
Die folgende Tabelle zeigt eine Übersicht der 13 Merkmale, quantifiziert anhand einer fünfstufigen Skala, die den Handlungsbedarf indiziert (1 = *Verstetigung des Vorgehens* bis 5 = *dringender Handlungsbedarf*).

Tab. 1: Ausprägungen der Präventionskultur-Merkmale (n = 11 KKU)

Systemebene	Präventionskultur-Aspekt	M	SD
Person M = 1.98 SD = .47	Motivation + Einstellungen	1.91	.70
	Berufliche Qualifikation	1.64	.67
	Sicherheits- + Gesundheitsbewusstes Verhalten	2.27	.65
	Führung + Kommunikation	2.00	.77
	Arbeitsschutzbezogenes Wissen	2.09	.70
Organisation M = 2.59 SD = .62	Arbeitsorganisation	2.45	.93
	Arbeitssicherheit + Gesundheitsschutz-Organisation	2.18	.87
	Organisation der betrieblichen Gesundheitsförderung	2.82	.87
	Organisation der berufsbedingten Mobilität	2.91	.70
Technik M = 1.95 SD = .42	Technische Arbeitsmittel	1.64	.50
	Investitionsbereitschaft	2.27	.65
Extern M = 2.55 SD = .61	Kommunikation mit externen Akteuren	2.73	.47
	Wirtschaftliche Rahmenbedingungen	2.36	1.03

Im Vergleich wird deutlich, dass die Ansatzpunkte für Maßnahmen insbesondere in den Systemebenen „Organisation" und „Externe Faktoren" liegen. In der Einzelbetrachtung der Aspekte liegt der – relativ gesehen – höchste Handlungsbedarf in der Organisation von berufsbedingter Mobilität und betrieblicher Gesundheitsförderung sowie in der Auseinandersetzung mit externen Akteuren wie u. a. Auftraggebern, der Berufsgenossenschaft oder Waldbesuchern.

3.2 Werteorientierungen

Hinsichtlich der 14 Werte, welche die Unternehmer auf einer fünfstufigen Skala beurteilten (Ausmaß, in dem der Wert auf den Betrieb zutrifft), werden ausgewählte Ergebnisse hervorgehoben: Im Durchschnitt ($n = 10$) wurden als am stärksten zutreffende Werte der Fokus auf die Kernkompetenz des Betriebs ($M = 4.90, SD = .32$), die Orientierung an den Bedürfnissen der Kunden (M = 4.80, $SD = .42$) und die Berücksichtigung der Mitarbeiter ($M = 4.78, SD = .44$) angegeben. Arbeitsschutzbezogene Werte finden sich an 7. Stelle (Sicherheit und Gesundheit schützen, $M = 4.10$, $SD = .74$) bzw. an 10. (Sicherheit und Gesundheit auch im Privaten berücksichtigen, $M = 3.67, SD = 1.32$) und 12. Stelle (Gesundheit fördern, $M = 3.22, SD = 1.39$).

Letztgenannte Werte liegen somit eindeutig in der unteren Hälfte der Wertehierarchie, wenngleich der Wert der Mitarbeiter weit oben steht. Hier gilt es, auf Werteebene mit Unternehmern und Beschäftigten in die Diskussion zu treten und dies zum Beispiel in Sicherheits-Gesundheits-Zirkeln zu thematisieren.

3.3 Evaluation des Präventionskonzepts
Die Unternehmer wurden im Rahmen der Beratungs-Dialoge (Module 3–4) gefragt, wie nachvollziehbar, sinnvoll und praktikabel sie die Inhalte und das Vorgehen im Rahmen des proSILWA-Präventionskonzepts erleben (anhand von Schulnoten 1–5).

Tab. 2: Ausprägungen der Evaluations-Aspekte (n = 10 Unternehmer)

Evaluations-Aspekt	M	SD
Nachvollziehbarkeit	2.10	.91
Sinnhaftigkeit	2.00	.71
Umsetzbarkeit	1.95	.64

Alle drei Evaluations-Aspekte liegen bereits im guten Bereich und werden durch konstruktives mündliches Feedback ergänzt. So berichten einige Unternehmer, dass ihr Bewusstsein für Sicherheits- und Gesundheitsthemen zunimmt. Andererseits wird eine prägnantere Sprache in Interviews und Fragebögen gewünscht. Das betriebsindividuell ausgerichtete, Ebenen- und Methoden-integrierende Konzept hat sich bisher bewährt und soll in Zukunft weiter optimiert werden.

Literatur
Antonovsky, A. (1983). The sense of coherence: Development of a research instrument. *Newsletter Research Report. Schwartz Research Center for behavioral medicine,* Tel Aviv University, Vol. 1: pp. 11–22.
Cooper, D. (2016). Navigating the Safety Culture Construct: A Review of the Evidence. https://www.researchgate.net/publication/305636897_ Navigating the_ safety_culture_construct_a_review_of_the_evidence_July_2016 17.06.2017
DIN EN ISO 6385:2004 Grundsätze der Ergonomie für die Gestaltung von Arbeitssystemen
DeJoy, M.D. (2005). Behavior change versus cultur change: Divergent approaches to managing workplace safety. Safety Science, 43 (2), 105–129.
Elke, G. (2000). Management des Arbeitsschutzes. Wiesbaden: DUV.
Elke, G. (2001). Sicherheits- und Gesundheitskultur I – Handlungs- und Wertorientierung im betrieblichen Alltag. In B. Zimolong (Hrsg.), Management des Arbeits- und Gesundheitsschutzes (S. 171-200). Wiesbaden: Gabler.
Hale, A. & Borys, D. (2013a). Working to rule, or working safety? Part 1: A state of the art review. Safety Science, 55, 207–221.
Hale, A. & Borys, D. (2013b). Working to rule, or working safety? Part 2: The management of safety rules and procedures. Safety Science, 55, 222–231.
Schein, E. H. (1992). Organizational culture and leadership. San Francisco: Jossey-Bass.

Edgar Kastenholz, Joachim Morat, Andrea Teutenberg & Ute Seeling
Kuratorium für Waldarbeit und Forsttechnik (KWF) e.V.

Prävention in Kleinstbetrieben: eine Herausforderung für Forschung und Praxis

1. Waldarbeit: hohe Unfallgefahren, starke physische und mentale Belastungen

Rund ein Drittel der Fläche Deutschlands ist bewaldet und der überwiegende Teil davon wird zur Holznutzung bewirtschaftet. Dort werden jährlich mehr als 50 Mio. Kubikmeter Holz geerntet. Arbeiten im Wald, allen voran die Fällung und Aufarbeitung von Bäumen, gehören zu den unfallträchtigsten Berufstätigkeiten. Nach Statistiken der Sozialversicherung der Landwirtschaft, Forsten und Gartenbau (SVLFG) erleiden Waldarbeiter durchschnittlich rund fünfmal häufiger einen Arbeitsunfall als Beschäftigte in der gewerblichen Wirtschaft: Das Arbeiten in der Natur, in unwegsamem, oft unübersichtlichem Gelände, das Bearbeiten von nichtstandardisierten Objekten mit handgeführten Geräten, allen voran die Motorkettensäge, summiert sich zu Gefährdungsprofilen, die eine außerordentlich hohe Anforderung an die Gefahrenwahrnehmung und die Gefahrenkontrolle stellen (Kastenholz & Stadler 1996). Die motormanuelle Arbeit (Fällen und Aufarbeiten von Bäumen mit der Motorsäge) kann in vielen Fällen durch Maschineneinsatz substituiert werden. Führer von Harvestern und Forwardern sind zwar geringeren Unfallgefahren, jedoch hohen mentalen Belastungen ausgesetzt, die in Verbindung mit der durchweg sitzenden Tätigkeit ein bedeutendes Risiko für Muskel- und Skeletterkrankungen darstellen.

Insgesamt stellt also die Waldarbeit aufgrund ihrer physikalischen Bedingungen, der Tätigkeitsinhalte sowie der Arbeitsprozesse und -verfahren eine sehr hohe Anforderung an die im Wald Arbeitenden. Aber auch für Forscher und Berater aller arbeitswissenschaftlicher Disziplinen ist Waldarbeit ein herausforderndes Handlungs- und Gestaltungsfeld, zumal einer weiterführenden Mechanisierung, die zumindest die Unfallgefahren deutlich verringern könnte, natürliche aber auch organisatorische und ökonomische Grenzen gesetzt sind. So wird auch im Jahr 2018 immer noch rund die Hälfte des in Deutschland geernteten Holzes mit dem extrem gefährlichen und beanspruchenden motormanuellen Verfahren geerntet.

2. Forstunternehmen: eine heterogene und fragmentierte Branche

Forstunternehmen – eine besonders gefährdete Gruppe
Waldarbeit ist ein sehr fragmentiertes Tätigkeitsfeld, in dem annähernd zu gleichen Teilen Mitarbeiter von waldbesitzenden Betrieben arbeiten, die alle im Betrieb an-

fallenden Tätigkeiten ausführen (Holzernte, Bestandespflege, Pflanzung u.s.w.) und Forstunternehmen, die Dienstleistungen in der Holzernte und andere Tätigkeiten im Auftrag von Waldbesitzern oder der holzverarbeitenden Industrie erbringen. Alle Prognosen deuten darauf hin, dass der Anteil der Dienstleistungen sukzessive weiter zunehmen wird. Forstunternehmen sind unter den im Folgenden genannten Gesichtspunkten eine besonders gefährdete Gruppe. Deshalb stehen sie auch im Fokus des Projekts proSILWA (Prävention für sichere Waldarbeit), das vom BMBF im Rahmen des FuE-Programms „Zukunft der Arbeit" gefördert wird.

Die Branche der Forstunternehmen ist zudem sehr heterogen. Sie besteht aus einer Vielzahl von Kleinstunternehmen, auch vielen Einmannunternehmen, und recht wenigen Betrieben, die 20 und mehr Mitarbeiter beschäftigen. Das Gros sind Kleinstunternehmen mit drei bis fünf in der Produktion arbeitenden Personen. In der Regel sind die Betriebsinhaber überwiegend auch selbst in der Waldarbeit aktiv, so dass reine Managementaufgaben nur einen geringen Zeitumfang einnehmen.

Kleinstbetrieblichkeit als Herausforderung für Forschung und Praxis
Damit hat die Forstunternehmerbranche viele Parallelen zum ebenfalls überwiegend kleinstbetrieblich strukturierten Handwerk. Im Gegensatz zu Handwerksbetrieben sind Forstunternehmen jedoch nicht in Kammern oder ähnlichen Strukturen organisiert und für die Betriebsführung gibt es keine formalen Qualifikationsanforderungen. Der Organisationsgrad in Forstunternehmerverbänden ist relativ gering und Mitarbeiter sind nach unserer Kenntnis in den seltensten Fällen gewerkschaftlich organisiert.

Statistisch ist die Branche nur ungenau erfasst, da es zum Beispiel Überschneidungen zu landwirtschaftlichen oder holzwirtschaftlichen Betrieben gibt. Punktuelle Untersuchungen, z.B. von Brogt & Westermayer (2005) deuten an, dass es deutschlandweit rund 7300 Forstunternehmen mit mehr als 20000 Mitarbeitern gibt.

Waldarbeit wird also in großem Umfang von Klein- und Kleinstunternehmen geleistet, die über geringe Managementkapazitäten und Managementkompetenzen verfügen und nur eine geringe formal organisierte Vernetzung haben. Netzwerke und Kooperationen zwischen Unternehmern sind in der Regel informell (Brogt, 2007). Forstunternehmen haben ihren Sitz meist im ländlichen Raum und arbeiten an ständig wechselnden Einsatzorten. Unternehmer und Mitarbeiter verfügen über sehr unterschiedliche Formalqualifikationen. Akademische Qualifikationen der Betriebsleiter sind eine Ausnahme. Viele sind Forstwirte, aber es gibt auch einen hohen Anteil an angelernten Arbeitskräften.

Als Kleinstbetriebe, die relativ großen Marktpartnern gegenüberstehen, und die mittlerweile europaweit um Aufträge konkurrieren, stehen Forstunternehmen generell unter einem starken wirtschaftlichen Druck.

3. Sicherheit und Gesundheit in Forstunternehmen
Gut erforschte Gefahren und fundierte Schutzmaßnahmen
Aufgrund der hohen Gefährdungen bei Waldarbeiten, die sich auch in den Unfallstatistiken widerspiegeln (KWF, 2017), haben Arbeitssicherheit und Gesundheitsschutz in der Forstwirtschaft generell einen hohen Stellenwert bei Verfahrensentwicklungen und bei der Gestaltung von Arbeitsmitteln und bei der Aus- und Fortbildung.

Es liegen sehr genaue Kenntnisse über Unfallschwerpunkte vor (Michels, 2016). Aufgrund intensiver Forschungserkenntnisse sind die Sicherheitsregeln und Arbeitsablaufbeschreibungen für die Waldarbeit sehr fundiert und detailliert. Es gibt eine Vielzahl von Leitfäden und Lehrgangsmaterialien, die sicheres und gesundheitsgerechtes Arbeiten illustrieren und es gibt umfassende Bildungsangebote für Waldarbeitstätigkeiten.

Trotz der sehr hohen Bedeutung, die Sicherheit und Gesundheit bei der Waldarbeit beigemessen wird, zeigt sich in der Praxis, vor allem bei kleinstbetrieblichen Unternehmern, dass es hinsichtlich des Arbeitsschutzes enorme Defizite gibt. Kontrollen von Unternehmereinsätzen durch Auftraggeber, wie sie von den Landsforsten Rheinland-Pfalz durchgeführt werden, wiesen bei einer überwiegenden Zahl der überprüften Unternehmer Mängel in den Bereichen Arbeitssicherheit und Verkehrssicherung nach (Hartkopf, 2018).

Unbefriedigende Situation in Forstunternehmen
Dies und eine Vielzahl weiterer Beobachtungen und Erfahrungsberichte zeigen, dass die Situation in Forstunternehmen trotz intensiver Forschung und Entwicklung weiterhin unbefriedigend ist. Die Defizite haben natürlich vielfältige Ursachen und sind aufgrund der enormen Heterogenität der Branche sehr individuell und betriebsspezifisch. Generell kann für die Branche allerdings festgestellt werden, dass sie die allgemein bekannten Probleme von Kleinstbetrieben teilt, wie sie beispielsweise im europaweit durchgeführten SESAME-Projekt vorgestellt werden (Hasle et al., 2017). Forstunternehmen

- verfügen in der Regel über geringe Managementkapazitäten und Managementkompetenzen,
- legen ihren Handlungsschwerpunkt auf die technische Durchführung der Arbeiten, weniger auf dispositive Tätigkeiten,
- stehen in einem harten Konkurrenzdruck und haben gegenüber deutlich größe-

ren Auftraggebern geringe Verhandlungsspielräume,
- haben keine eigenen Forschungs- und Entwicklungskapazitäten,
- werden aufgrund ihrer isolierten und wechselnden Einsatzbereiche wenig kontrolliert,
- nutzen selten und unsystematisch Beratungs- und Unterstützungsangebote.

Die Umsetzung von Arbeitssicherheits- und Gesundheitsschutzmaßnahmen stellt Forstunternehmen daher vor große Herausforderungen. Während unterstellt werden kann, dass die handwerklich-technische Kompetenz für sicheres und gesundheitsgerechtes Arbeiten bei der überwiegenden Mehrheit der Unternehmen vorhanden ist, sind deutliche Defizite vor allem bei der Organisation des Arbeitsschutzes zu erkennen. So ist einer der häufigsten Mängel, dass die geforderten Umsetzungen und Dokumentationen der Gefährdungsbeurteilungen nicht oder unzureichend erfolgen. Darüber hinaus treten in der Arbeitsausführung häufig sicherheits- und gesundheitswidrige Handlungen auf. Ihre Begründungen sind vielfältig: erhoffte Zeitersparnis, Gewohnheiten und/oder individuell hohe Risikoakzeptanz.

4. Ansätze für wirksame Prävention

Aufgrund der Charakteristika der Forstunternehmerbranche erfordert wirkungsvolle Prävention einen betriebsindividuellen und branchenspezifischen Zugang. Dies belegen qualitative Untersuchungen im Rahmen des „proSILWA"-Projekts in elf beispielhaft ausgewählten Forstunternehmen. Jedes Unternehmen hat unterschiedliche betriebliche und soziale Strukturen, Defizite aber auch Ressourcen, die sich auf Sicherheit und Gesundheit auswirken.

Unternehmer sind dann bereit und motiviert, finanziell und zeitlich in Präventionsmaßnahmen zu investieren, wenn diese erkennbar den aktuellen Bedarf treffen. Diesen Bedarf zu identifizieren und die individuell geeigneten Maßnahmen gemeinsam mit Unternehmern herzuleiten, ist der Kern des proSILWA Präventionskonzepts.

Die **Literatur** kann bei den AutorInnen angefragt werden.

Edgar Kastenholz[1], Andrea Teutenberg[1], Francesca Zahnreich[2],
Monika Niemeyer[2], Joachim Morat[1] & Ute Seeling[1]
[1] *Kuratorium für Waldarbeit und Forsttechnik (KWF) e.V.*,
[2] *RAL Gütegemeinschaft Wald- und Landschaftspflege e.V.*

Organisationale und personelle Faktoren für wirksame Prävention in Kleinstbetrieben

1. Präventionsbedarf in kleinsten und kleinen Unternehmen in der Forstwirtschaft

Forstunternehmen sind kleinste und kleine Unternehmen, die vorwiegend im Auftrag von Waldbesitzern Waldarbeiten als Dienstleistungen erbringen. In kaum einem dieser Klein- oder Kleinstunternehmen werden Arbeitssicherheit- und Gesundheitsschutzmaßnahmen in einer systematischen Form umgesetzt. Dies zeigen Untersuchungen, die in elf beispielhaft ausgewählten Unternehmen im Rahmen des BMBF-geförderten Projekts proSILWA durchgeführt wurden.

Aufgrund der starken Heterogenität der Forstunternehmerbranche bestehen enorme Unterschiede zwischen den Betrieben hinsichtlich der Art und des Umfangs, in welchen Arbeitssicherheits- und Gesundheitsschutzmaßnahmen umgesetzt werden.

Zur Erfassung der individuellen betrieblichen Situation und zur Identifizierung von Präventionsbedarf wurden umfassende und detaillierte, strukturierte Interviews mit Betriebsleitern und Mitarbeitern von Forstunternehmen geführt. Im Zuge der Auswertung wurden 13 Untersuchungsaspekte definiert, in denen Aktivitäten bzw. Defizite in Betrieben erkennbar waren. Diese Untersuchungsaspekte sind in das bekannte Schema der Maßnahmendimensionen Technik, Organisation, Personal und Situation (TOPS) integriert, vor allem auch um bekannte Begrifflichkeiten beizubehalten.

Die 13 Untersuchungsaspekte wurden zur Veranschaulichung in einem Spinnennetz abgebildet, in dem nach gutachtlicher Einschätzung für jeden Betrieb individuell die Ausprägung in quantifizierter Form dargestellt werden kann; 1 (= sehr guter Zustand, Vorhandenes sollte verstetigt werden) bis 5 (= dringender Handlungsbedarf).

Der Vergleich der elf „Spinnennetze" zeigt deutlich, dass jedes Unternehmen Stärken beziehungsweise Schwächen in unterschiedlichen Bereichen hat. Das wiederum bedingt, dass Präventionsbedarf in jedem Unternehmen anders ist. Auch wenn z. B. der Untersuchungsaspekt ‚Organisation' den größten Handlungsbedarf bei allen Betrieben zeigt, bestehen zwischen den untersuchten Betrieben enorme Unterschiede innerhalb der jeweiligen Untersuchungsaspekte. Auffällig ist dies z. B. bei der Qualifikation der Betriebsleiter und Mitarbeiter – insbesondere mit Blick auf das betriebliche Management – und bei Organisation und Umsetzung von Arbeitssicherheit und Gesundheitsschutz. In allen anderen Untersuchungsaspekten sind die Ausprägungen in der einzelbetrieblichen Betrachtung so unterschiedlich, der Präventionsbedarf so individuell, dass nur eine individuelle Bewertung der Profile Aussagekraft hat. Da zudem die finanziellen und zeitlichen Mittel in diesen Unternehmen sehr begrenzt sind, und die Motivation zur Umsetzung von umfassenden Managementsystemen selten vorhanden ist, eröffnet sich die Chance, mit einer wirksame Prävention genau dort gezielt anzusetzen, wo unmittelbarer Handlungsbedarf erkennbar und nachvollziehbar und die Umsetzung von Maßnahmen erfolgversprechend ist.

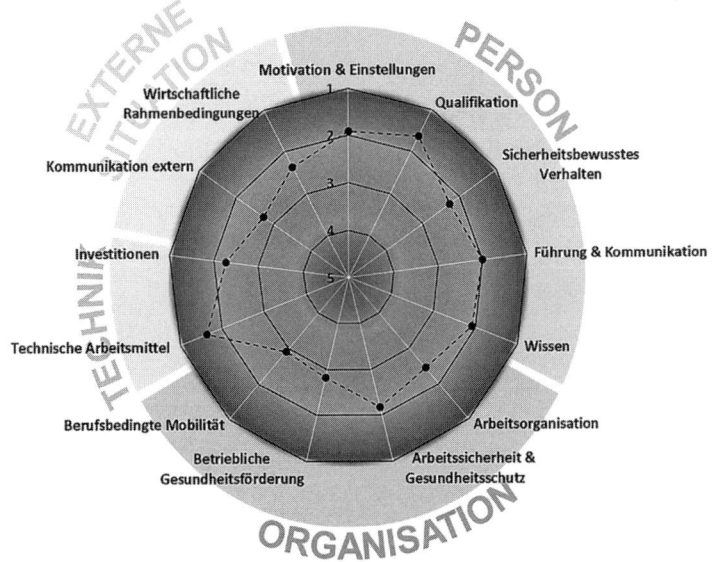

Abb. 1: Dreizehn Untersuchungsaspekte zur Herleitung des betriebsindividuellen Präventionsbedarfs

2. Ressourcen und Defizite in Forstunternehmen

Der bisherige Untersuchungsumfang von elf sehr unterschiedlich strukturierten Unternehmen erlaubt keine Generalisierung für die Forstunternehmerbranche. Allerdings lassen sich einige Trends aufzeigen, die Hinweise darauf geben, wie in dieser speziellen Branche wirkungsvolle Präventionskonzepte konsultativ hergeleitet werden können.

Vor allem zeigen die bisherigen Befunde aus dem Projekt proSILWA, dass Waldarbeit eine Vielzahl an gesundheitsförderlichen Faktoren beinhaltet und dass die in der Waldarbeit Tätigen über Ressourcen verfügen, die eine hervorragende Basis für Sicherheit und Gesundheit bilden können (Kampe & Kastenholz, 2017).

Gute Arbeit unter schwierigen Bedingungen
Waldarbeit in Kleingruppen erfordert eine hohe Eigenverantwortlichkeit der Arbeitenden. Die Arbeitsergebnisse sind von den Arbeitenden beeinflussbar und unmittelbar erkennbar. Die Sinnhaftigkeit der Arbeit steht in der Regel außer Frage; sie wird von Waldarbeitern ausdrücklich betont. Waldarbeit ist unter Gesichtspunkten der Persönlichkeitsförderlichkeit „gute Arbeit".

Allerdings sind die schwierigen Bedingungen offensichtlich: Hohe Gefahren und Gesundheitsrisiken gehören sozusagen zur Natur der Tätigkeiten, werden bewusst wahrgenommen und stellen sogar einen Teil des Selbstverständnisses der im Wald Arbeitenden dar.

Darüber hinaus sind die oft als schwierig empfundenen wirtschaftlichen Rahmenbedingungen, einhergehend mit einem Ungleichgewicht in den Geschäftsbeziehungen zu oft großen Auftraggebern, für viele Unternehmer belastend und stellen vor allem psychische Stressoren dar.

Passionierte Individualisten
Forstunternehmern und Waldarbeitern bestätigen in den geführten Interviews nahezu ohne Ausnahme, dass sie die Unabhängigkeit, Eigenverantwortlichkeit, freie Zeiteinteilung und Arbeit in und mit der Natur an ihrer Arbeit schätzen. Viele im Wald arbeitende Menschen haben eine Leidenschaft für den Beruf, die eine enorme Ressource für die Bewältigung der mit der Waldarbeit verbundenen Stressoren zu sein scheint.

Ressourcenorientierte Prävention
Eine nachvollziehbare, individuelle, wirtschaftlich überschaubare und damit umsetzbare Prävention erscheint vor dem Hintergrund der in der Forstunternehmerbranche beobachteten Eigenschaften den größten Erfolg zu versprechen, wenn sie an den Ressourcen der Menschen ansetzt und sie mit einbezieht.

3. Unterstützung der Prävention

Aufgrund ihrer personellen und betrieblichen Bedingungen, vor allem aufgrund der oft geringen Managementkapazitäten und -kompetenzen, sind Forstunternehmen bei der Umsetzung von Präventionsmaßnahmen auf Beratung und Unterstützung angewiesen. Kontrollen durch Aufsichtsorgane und damit einhergehende Beratung sind wegen der begrenzten Kapazitäten der Versicherungsträger eher selten. Arbeitsschutzorganisation im Unternehmermodell scheint in vielen Fällen nicht dazu zu führen, dass Unternehmer ihre vorgeschriebenen Bewertungs- und Dokumentationsaufgaben ausreichend erfüllen.

Ein Ergebnis der bisherigen Forschungsarbeit im proSILWA-Projekt ist, dass Unternehmer durchaus motiviert sind, Arbeitssicherheit, Gesundheitsschutz und Gesundheitsförderung in ihren Betrieben umzusetzen. Bei der Komplexität der Anforderungen, die mit effektivem Management von Sicherheit und Gesundheit verbunden sind, fehlt in vielen Fällen jedoch das Wissen und Erkennen, wo und wie ein solcher Prozess begonnen werden kann. Hier bietet das proSILWA-Präventionskonzept eine Unterstützung, die den Bedürfnissen der Branche gerecht wird.

4. Ein Präventionskonzept für Kleinstunternehmen
Präventionsbedarf erkennen
Die Herleitung situationsgerechter und bedarfsorientierter Maßnahmen erfordert eine Schwachstellenanalyse. Die eingangs vorgestellte Analyse und die Visualisierung der betrieblichen Situation in einer anschaulichen Darstellung zeigen, in welchen Bereichen das Unternehmen bereits gute Voraussetzungen für Sicherheit und Gesundheitsschutz hat und wo Handlungsbedarf besteht.

Maßnahmen gemeinsam herleiten
Das „Spinnennetz" dient nicht allein der Darstellung der Ergebnisse der Betriebsanalyse, sondern es ist vor allem ein visuelles Kommunikationsinstrument, um im Rahmen eines Beratungsdialoges mit den Forstunternehmern zu diskutieren, wo mit Sicherheits- und Gesundheitsschutzmaßnahmen angesetzt werden kann. Gespräche in den elf beteiligten Unternehmen haben gezeigt, dass Beratungsdialoge auf der Basis anschaulich dargestellter Situationsbeschreibungen Unternehmer bei der Identifizierung von Handlungsbedarf zielführend unterstützen.

Hilfe bei der Umsetzung von Präventionsmaßnahmen
Die dauerhafte und nachhaltige Umsetzung von Präventionsmaßnahmen liegt in der Verantwortung der Betriebsleiter. Aufgabe einer zielführenden Beratung kann und muss es sein, Unternehmer bei der Auswahl der für ihren Betrieb geeigneten Maßnahmen und z.B. deren Anbieter zu unterstützen, da der Markt – selbst in einer kleinen Branche wie der Forstwirtschaft – für einen Kleinunternehmer unüberschaubar ist. Hinzu kommt, dass die Angebote regional sehr unterschiedlich verfügbar und erreichbar sind.

Literatur
Kampe, J. & Kastenholz, E. (2017). Gesund im Wald. Forst und Technik, 4/2017, 46–47.

Karl Klöber & Carolin Kreil
Technische Universität Dresden, Arbeitswissenschaft

Einsatz eines Inertialsensormesssystems in Verbindung mit einem digitalen Menschmodell zu Körperhaltungsanalysen in der Waldarbeit

1. Erfassung physischer Belastungen

Die Arbeit von Forstwirten in der motormanuellen Holzernte ist körperlich hoch anspruchsvoll und vorwiegend durch intensive Belastungen des Stütz- und Bewegungsapparats in häufig ungünstigen Körperpositionen geprägt (Rudolph et al., 2016). Was die Erfassung und die daraus folgende Beurteilung der mit bestimmten Arbeitstätigkeiten und -plätzen verbundenen physischen Belastungen und Gefährdungen anbelangt, existieren verschiedene Screeningverfahren. So werden beispielsweise Körperhaltungsanalysen mittels OWAS (Ovako Working Posture Analysing System) und RULA (Rapid Upper Limb Assessment) durchgeführt.

Des Weiteren können messtechnische Analysen am Arbeitsplatz und im Labor zur besseren Beschreib- und Bewertbarkeit der Arbeitssituation dienen. Dies vor allem bei hoch dynamischen, komplexen und kraftintensiven Tätigkeiten, wie sie auch in der motormanuellen Holzernte auftreten. In Bezug auf die individuelle Beanspruchung während der Forstarbeit wurden so u. a. physiologische Größen wie die Herzfrequenz mittels Pulsuhren oder die Muskelbeanspruchung mittels Oberflächen-Elektromyographie erfasst und untersucht (Berger, 2004; Jørgensen et al., 1985; Hagen et al., 1993).

Weiterhin wurde die Wirbelsäulenbelastung bei typischen Forsttätigkeiten mittels rechnergestützter Körperhaltungsanalysen betrachtet. Mittels dreidimensionalem Mensch-Modell, welches über eine Grafik, gewonnen aus Video- oder Fotodaten, gelegt wurde, konnten mit Hilfe verschiedener Verfahren die Belastung der Lendenwirbelsäule ermittelt und Körperhaltungsanalysen anhand der aufgenommenen 2D-Bilder erstellt werden (Gemeindeunfallversicherungsverband Thüringen, 1997). Demgegenüber stellt das sensorgestützte Messsystem CUELA (Computerunterstützte Erfassung und Langzeit-Analyse von Muskel-Skelett-Belastungen) eine zeitgemäße Möglichkeit für experimentelle biomechanische Belastungsanalysen und zur Erfassung ungünstiger Körperhaltungen direkt am Arbeitsplatz dar (Ditchen & Brandstädt, 2015). Es wurde bereits im Rahmen von Betriebsberatungen für exemplarische Messungen hinsichtlich Arbeiten mit Kettensäge und damit verbundenen Belastungsfaktoren (u. a. Führen der Kettensäge beim Entasten, gebeugte Körperhaltung, Fortbewegung auf unebenem Gelände) verwendet. Die Pilotmessung ergab sehr häufig nach vorn gebeugte Rumpfhaltungen mit schweren bis sehr schweren Belastungen der Lendenwirbelsäule (Deutsche Gesetzliche Unfallversicherung, 2014).

Neben diesen gängigen Screening- und Messverfahren ergeben sich neue technologische Ansätze zur Aufnahme und Bewertung von Arbeitssituationen. Dazu zählen die smartphone-gestützte Arbeitsumwelt- und Arbeitsplatzbewertung, der Einsatz von Wearables sowie die Bewegungsaufnahme mittels Inertialsensormesssystem.

2. Anwendbarkeit des Inertialsensormessystems Xsens MVN Awinda Biomech

Die Professur für Arbeitswissenschaft der TU Dresden untersucht im Rahmen des Projekts proSILWA (Prävention für sichere Waldarbeit) die mögliche Anwendbarkeit des Inertialsensormessystems Xsens MVN Awinda Biomech der Firma Xsens Technolgies B.V. in Verbindung mit dem digitalen Menschmodell CharAT Ergonomics zur Aufnahme und Analyse von Forsttätigkeiten und möglichen präventiven Ansätzen.

Das eingesetzte Intertialsensormesssystem Xsens ist laut Hersteller speziell für Forschung, Sportwissenschaft, Ergonomie und Rehabilitation ausgelegt. So ermöglichte u. a. die Erfassung menschlicher Bewegungen mittels Xsens die Planung, Simulation und Inbetriebnahme kollaborativer Mensch-Roboter-Systeme (Bullinger, 2016). Des Weiteren halfen aufgenommene Bewegungsdaten bei der Untersuchung eines mobilen Assistenzsystems für neuromuskuläre Erkrankungen (Hein et al., o. J.) sowie zur Optimierung von Sporttechniken, konkret beim Kugelstoßen und Wasserspringen (Brejchja-Richter & Hillenbach, 2011; Kerner et al., 2016).

Das System selbst besteht aus 17 Motion Trackern, welche am Körper befestigt werden. Die Motion Tracker beinhalten jeweils 3D-Beschleunigungssensoren, 3D-Gyroskope und 3D-Magnetfeldsensoren und sind drahtlos mit dem Computer verbunden. Die dazugehörige Software gewährleistet nach anthropometrischer Messung der Versuchsperson und genauer Kalibrierung eine digitale Abbildung des Menschen und seiner Bewegungen in Echtzeit (vgl. Abbildung 1).

Aus einem erster Pilotversuch (Handhabung Motorsäge), einer Machbarkeitsstudie zur Analyse von Körperhaltungen im Flugzeugbau (Gröllich et al., 2018) sowie den vorgegebenen technischen Spezifikationen lassen sich folgende Punkte ableiten, die es hinsichtlich eines Einsatzes im Forst zu beachten gilt:

- Einsatztemperatur von 0 °C bis +50 °C,
- Anwendung nur in trockenem Klima,
- Beachtung von Störsignalen und -quellen (insbesondere elektromagnetische Felder, metallene Untergründe und Arbeitsumgebungen),
- Umgebungs- und materialabhängige maximale Reichweite (keine Hindernisse: bis zu 50 m; Hindernisse: bis zu 20 m)

- Verschiedene Messaufnahmemodi (Bewegung auf einer Ebene oder auf mehreren Ebenen (z. B. auf Hindernis steigen)),
- Anbringung der Sensoren an dafür vorgesehene Körperstellen (Verrutschen vermeiden: keine Arbeitsschutzhosen mit integrierten Kniepolstern, weit geschnitten Arbeitskleidung, präparierte Arbeitsschutzhandschuhe; Druck und Flächenpressung auf Sensoren vermeiden: separater Knieschutz),
- Kalibrierung nur auf ebener Fläche möglich.

Weitere Untersuchungen mit Forstwirten sollen weitere Aufschlüsse bzgl. Handhabbarkeit, Tragekomfort, Akzeptanz und Grenzen liefern.

Abb. 1: Digitale Abbildung der Arbeitstätigkeit mittels Inertialsensormesssystem MVN Awinda Biomech der Firma Xsens Technologies B.V.

3. Kombination mit digitalem Menschmodell CharAT Ergonomics

Im Hinblick auf die Weiterentwicklung arbeitswissenschaftlicher Analyse- und Bewertungsverfahren sollen die ermittelten Motion Capture-Daten für ergonomische Untersuchungen in das als 3dStudioMAX-Plugin realisierte digitale Menschmodell CharAT Ergonomics überführt werden. Allgemein steht für den Import das Austauschformat BVH (Biovision Hierachry) zur Verfügung. Mit geringfügiger Anpassung der zu importierenden Datei ist die Übertragung der Bewegungen auf die Skelettstruktur des Menschmodells möglich.

In CharAT ist bislang u. a. die statische Bewertung einzelner Körperhaltungen mittels RULA sowie die statische und dynamische Bewertung über einen längeren Zeitraum mittels OWAS möglich (Kamusella, 2012). Ein Anwendungsszenario könnte demzufolge nach Aufnahme mittels Xsens eine von Experten durchgeführte anschließende, genaue ergonomische Analyse der Arbeitsweise des Forstwirts sein. Die Ergebnisse könnten dann bspw. in die Einführung neuer Verfahren und ggf. auch Fälltechniken fließen. Aus präventiver Sicht sollte auch die Möglichkeit in Betracht gezogen werden, die erfasste Arbeitsweise und Körperhaltung des Forstwirts direkt vor Ort mit diesem zu besprechen und unter Umständen zu einer höheren Sensibilisierung bzgl. der eigenen Arbeitstechnik und damit verbundenen Körperhaltung beizutragen.

Anwendungsbeispiele zeigten allerdings Entwicklungsbedarf seitens CharAT im Umgang mit den importierten Daten sowie in der Ausgabe valider Ergebnisse auf (u. a. Anpassungsbedarf für Beinbewegungen, Ermittlung prozentualer statischer und statisch/dynamischer Anteile in OWAS, Erweiterung um Zeitbewertung der Einzelkörperhaltungen in der RULA).

Literatur

Berger, C. (2004). Belastungs- und Beanspruchungssituation bei Forstarbeiterinnen: Evaluierung, Analyse und Verbesserungsmaßnahmen. *Austrian Journal of Forest Science,* (121), 331–338.

Brejcha-Richter, S. & Hillenbach, E. (2011). „BISp-Jahrbuch Forschungsförderung 2010/11". Bonn. 137 f.

Bullinger, A.C. (Hrsg.) (2016). *3D SENSATION – transdisziplinäre Perspektiven.* Verlag aw&I Wissenschaft und Praxis. Chemnitz.

Deutsche Gesetzliche Unfallversicherung (2014). *Messung der Belastungen des Muskel-Skelett-Systems mit dem CUELA-Messsystem beim Fällen und Entasten von Bäumen.*

Gemeindeunfallversicherungsverband Thüringen (1997). *Katalog wirbelsäulenbelastender Tätigkeiten.* Thüringen.

Gröllich, D., Kamusella, C., & Scherstjanoi, E. (2018). *Motion Capture-basierte Erfassung prozessspezifischer Körperbewegungen und Ableitung digitaler ergonomiebewerteter Körperhaltungsposen.* Abschlussbericht für die Airbus Operations GmbH Hamburg. (Unveröffentlichtes Material). TU Dresden.

Hagen, K. B., Hallen, J., & Harms-Ringdahl, K. (1993). Physiological and subjective responses to maximal repetitive lifting employing stoop and squat technique. *European Journal of Applied Physiology and Occupational Physiology, 67*(4).

Hartmann, B. (2014). MEGAPHYS – Entwicklung eines Methodenpakets zur Gefährdungsbeurteilung bei physischen Belastungen. *Tagungsband der 54. Wissenschaftlichen Jahrestagung 2014 der DGAUM.* Dresden.

Hein, A., Feldhege, F., Mau-Moeller, A., Bader, R., Zettl, U. K. & Kirste T. (o. J.) *Therapieassistenz bei neuromuskulären Erkrankungen: Ergebnisse des Projektes NASFIT.* Universität Rostock.

Jørgensen, K., Andersen, B., Horst, D., Jensen, S. & Nielsen, A. (1985). The load on the back in different handling operations. *Ergonomics, 28*(1).

Kamusella, C. (2012). Digitale Ergonomie-Tools zur Berücksichtigung ergonomischer Aspekte im Produktentstehungsprozess. *Tagungsband zum 10.Gemeinsamen Kolloquiums Konstruktionstechnik. KT2012: ENTWICKELN – ENTWERFEN – ERLEBEN. Methoden und Werkzeuge in der Produktentwicklung.* Dresden.

Weitere Literatur kann bei den AutorInnen angefragt werden.

Moritz Bald, Rüdiger Trimpop, Henrik Habenicht & Jana Kampe
Friedrich-Schiller-Universität Jena

Entwicklung eines Gesundheitsmanagementsystems für KKU in der Forstwirtschaft

1. Gesundheit und Sicherheit in KKU

Die Organisation und Umsetzung der Arbeitssicherheit und Gesundheit in Kleinst- und Kleinunternehmen (KKU, mit bis zu 49 Beschäftigten) unterscheidet sich deutlich von der Situation in größeren Unternehmen. KKU und KMU (bis 249 Beschäftigte) wird teilweise ein Organisations- und Umsetzungsdefizit zugeschrieben, das sich aber auch dadurch erklären lässt, dass eine vorhandene, potentiell erfolgreiche betriebliche Gesundheitsarbeit durch die Brille des „großbetrieblichen Arbeitsschutzes" nicht erkannt wird (Beck, 2011, S. 149). Während in größeren Unternehmen die Standardisierung und Systematisierung der Arbeitssicherheit und Gesundheit als Erfolgsfaktoren bekannt sind (Elke et al., 2015), werden formalisierte Ansätze von kleinen Unternehmen als zu komplex und als irrelevant für die alltägliche Problemlösung angesehen (EU-OSHA, 2016). Auch die Branche ist für die Ausgestaltung des Gesundheitsmanagements relevant, da Charakteristika wie Arbeitsaufgaben, Arbeitsort, Personen und auch die zu erwartenden Gefährdungen unterscheiden sich deutlich (Morat, 2014). Selbstverständlich wird in allen Kleinunternehmen darauf geachtet, dass niemand stirbt und verletzt wird, aber nur selten in einer dokumentierten Fassung.

2. Vorgehen

Im Rahmen des BMBF-Forschungsprojekts proSILWA sollte vor diesem Hintergrund ein Gesundheitsmanagementsystem (GMS) entwickelt werden, dass die Vorzüge der formalisierten Ansätze (Systematisierung und Handlungsanleitung) für forstwirtschaftliche KKU nutzbar macht. Hierzu wurde eine umfassende Literaturrecherche und -analyse durchgeführt zu systematischen Ansätzen, zu erfolgsförderlichen und -hinderlichen Einflussfaktoren auf Arbeitssicherheit und Gesundheit sowie zu betriebsgrößen- und branchenspezifischen Besonderheiten. Darüber hinaus wurden Interviews mit zwölf Leitungen und Führungskräften forstwirtschaftlicher KKU in einer Qualitativen Inhaltsanalyse ausgewertet, um die aus der Literatur abgeleiteten Inhalte zu überprüfen und zu ergänzen. Schließlich wurden in einer Organisationsanalyse die vorhandenen Sicherheits- und Gesundheitsprozesse in den Unternehmen analysiert und ausgewertet und ins Modell integriert.

3. Aufbau und Inhalte des GMS

Das GMS soll den Anwendern einen Orientierungsrahmen bieten und wichtige Schritte eines systematischen Gesundheitsmanagements aufzeigen. In der Ausgestaltung der einzelnen Phasen wurden empirische Forschungserkenntnisse aus den Bereichen Arbeits- und Gesundheitsschutz, Betriebliche Gesundheitsförderung und Sicherheitskultur integriert, unter anderem, um den Anwendern eine Entscheidungshilfe zu bieten, in welchen konkreten Bereichen (z.B. Kommunikation oder Ausbildung, Training und Schulung) ein Engagement zielführend sein könnte. Die Umsetzung und konkrete Ausgestaltung des Gesundheitsmanagements wird schließlich den Unternehmen selbst überlassen, um den individuellen Strukturen und Bedürfnissen gerecht zu werden (vgl. Zimolong, 2001).

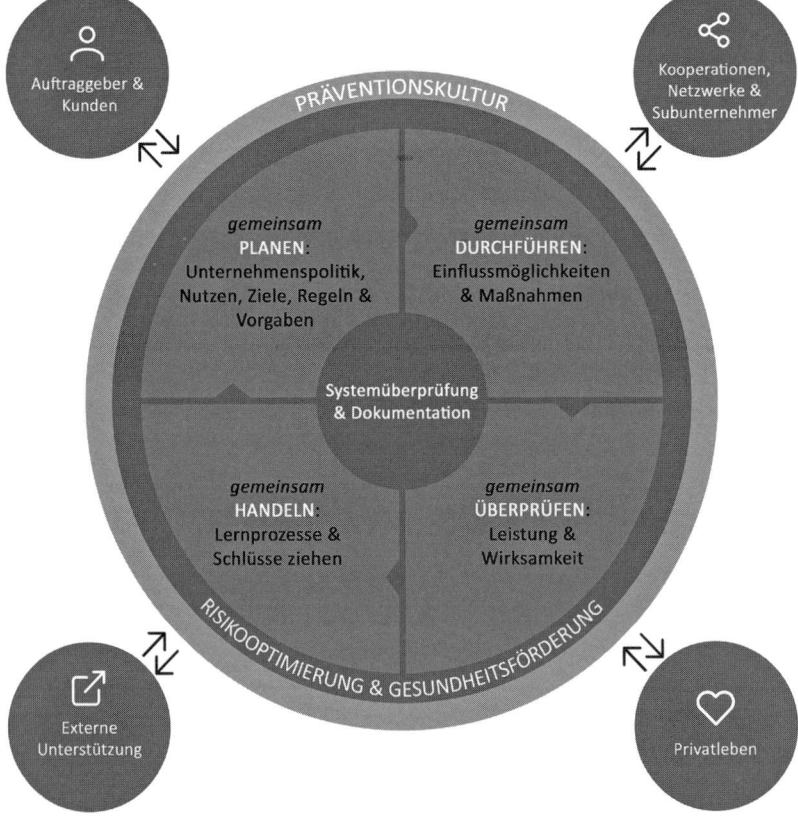

Abb. 1: Integratives Gesundheitsmanagementsystem für Kleinst- und Kleinunternehmen in der Forstwirtschaft

Zentral ist im hier entwickelten GMS ein Zyklus mit den Phasen „Planen" – „Durchführen" – „Überprüfen" – „Handeln" (Plan-Do-Check-Act, kurz PDCA), der auch nationalen und internationalen Arbeitsschutzmanagement- systemen wie der DIN ISO 45001 zugrundeliegt. Nach den Lernprozessen im vierten Schritt wird der Zyklus erneut durchlaufen, es handelt sich also um einen auf Dauer angelegten Prozess (Deming, 2000). Als übergeordnete Gestaltungselemente rahmen Risikooptimierung und Gesundheitsförderung sowie Präventionskultur den PDCA-Zyklus ein. Als zentrale Elemente sind eine Überprüfung des Gesamtsystems und aller Bestandteile sowie die Dokumentation des ganzen Prozesses angelegt, die eine wichtige Voraussetzung für die Wirksamkeit des Systems darstellen (vgl. Elke et al., 2015). Weil in KKU externe Einflüsse wie die Unterstützung durch Versicherungsträger, Verbände und Personen aus dem Privatleben, aber auch Kooperationen und Netzwerkbildung sowie die Interaktion mit Auftraggebern und Kunden von zusätzlicher Bedeutung für das Gesundheitsmanagement sind (Beck, 2011), wurden diese Faktoren als Umweltsphären in das GMS integriert. Bei der Gestaltung aller Bestandteile wurde ein besonderer Fokus auf die Partizipation und Beteiligung der Mitarbeiter gelegt.

Präventionskultur bzw. Gesundheits- und Sicherheitskultur ist ein zentraler Bestandteil verschiedener Systemansätze (u. a. Zimolong, Elke & Trimpop, 2006). Für das hier entwickelte GMS dient das revidierte Sicherheitskultur-Modell von Cooper (2016) als Grundlage. Das GMS kombiniert eine Schutzperspektive mit einer Förderungsperspektive und soll damit ein ganzheitliches Verständnis von Gesundheit und Sicherheit vermitteln. Die Schutzperspektive drückt sich in der Risikooptimierung aus, die nicht nur die Gefahren, sondern auch den Nutzen riskanten Verhaltens in die Betrachtung mit einbezieht und die insbesondere durch das Fördern von persönlicher Risikokompetenz erreicht werden soll (vgl. Trimpop, 2014). Die Förderungsperspektive folgt dem Verständnis der Luxemburger Deklaration für Gesundheitsförderung und drückt eine salutogenetische Sicht- und Wirkweise aus. Hierbei stehen positive Aspekte wie Arbeitszufriedenheit, Wohlbefinden, Motivation und Leistungsbereitschaft sowie das Erhalten und Ausbauen von personellen und organisationalen Ressourcen im Vordergrund.

Zentraler Ausdruck des ganzheitlichen Ansatzes ist eine Gefährdungs- und Ressourcenbeurteilung nach den Maßgaben der GDA, deren Ablauf sich auch im PDCA-Zyklus widerspiegelt. In der Phase „Planen" sollen die grundsätzliche Unternehmenspolitik hinsichtlich der Leitung und Führung, aber auch Unternehmensziele sowie zentrale Regeln und Vorgaben festgelegt werden. An dieser Stelle sollte auch ein positives Verständnis und der Nutzen von Gesundheitsmanagement verdeutlicht werden, die über die Senkung von Unfallzahlen oder Krankenständen weit hinaus gehen (vgl. auch Beck, 2011). In der Phase „Durchführen" steht die Ermittlung von Gefährdungen und Ressourcen und das Organisieren und Umsetzen von Maßnahmen im Vordergrund. Relevante Bereiche sind hier u. a. Zuständigkeiten (aber gleichzeitig das Fördern von Eigenverantwortlichkeit), Ausbildung und Training sowie Information und Kommunikation. In der Phase „Überprüfen" kann im Sinne des § 4 Arbeitsschutzgesetz die Prüfung der Wirksamkeit und Leistungsfähigkeit der bisherigen Schritte anhand aussagekräftiger und operationalisierter Parameter erfolgen (Hamacher et al., 2002). In der Phase „Handeln" schließlich sollen Schlüsse aus dem bisherigen Verlauf des Zyklus gezogen werden und Lernprozesse in den KKU angeregt werden.

In zukünftiger Forschung sollte, beispielsweise in einer Prozess- und Ergebnisevaluation, überprüft werden, inwieweit die Ausgestaltung und Schwerpunktlegung des hier entwickelten GMS in forstwirtschaftlichen KKU umsetzbar und wirksam sind.

Literatur
Beck, D. (2011). *Zeitgemäße Gesundheitspolitik in Kleinst- und Kleinbetrieben. Hemmende und fördernde Bedingungen.* Berlin: Ed. Sigma.
Elke, G., Gurt, J., Möltner, H. & Externbrink, K. (2015). *Arbeitsschutz und betriebliche Gesundheitsförderung – vergleichende Analyse der Prädiktoren und Moderatoren guter Praxis* (Schriftenreihe BAuA).
Deming, W. E. (2000). *Out of the Crisis.* Cambridge, Massachusetts: MIT Press.
Europäisches Netzwerk für Betriebliche Gesundheitsförderung. (2014). *Luxemburger Deklaration zur Betrieblichen Gesundheitsförderung.*
European Agency for Safety and Health at Work, EU-OSHA. (2016). *Contexts and arrangements for OSH in SMEs in the EU – SESAME project.* Luxembourg: Publications Office of the European Union.
Cooper, D. M. (2016). *Navigating the Safety Culture Construct: A Review of the Evidence.*
Hamacher, W., Jochum, C., Lins, S. & Ritter, A. (2002). *Indikatoren und Parameter zur Bewertung der Qualität des Arbeitsschutzes im Hinblick auf Arbeitsschutzmanagementsysteme* (Schriftenreihe BAuA).
Morat, J. (2014). Prävention zahlt sich aus. *DGUV Forum* (3), 10–13.
Trimpop, R. (2014). Risikooptimierung: Ein Konzept zur Erhöhung angewandter Sicherheitsarbeit durch Risikokompetenzerwerb. In M. Eigenstetter (Hrsg.), *Psychologie der Arbeitssicherheit und Gesundheit. Psychologie der gesunden Arbeit; 18. Workshop 2014* (S. 285–288). Kröning: Asanger.
Zimolong, B. (2001). Arbeitsschutz-Managementsysteme. In B. Zimolong (Hrsg.), *Management des Arbeits- und Gesundheitsschutzes* (S. 13–30). Wiesbaden: Gabler Verlag.
Zimolong, B., Elke, G. & Trimpop, R. (2006). Gesundheitsmanagement. In B. Zimolong (Hrsg.), *Ingenieurpsychologie* (Enzyklopädie der Psychologie, Themenbereich D, Serie 3, Bd. 2), S. 633–661.

Arbeitskreis
Arbeit und Mobilität 4.0: Entwicklungsprozesse
Leitung: Juliane Brachwitz

Cornelia Gerdenitsch, Johanna Bunner & Manfred Tscheligi
**Digitale Assistenz in der Produktion:
Empfehlungen aus der Perspektive des
Arbeitnehmer-Innenschutzes**

Michael Niehaus & Anita Tisch
**Digitalisierung und Arbeit 4.0 –
Was uns die Klassiker der arbeitswissenschaftlichen
Technikgestaltung auch heute noch zu sagen haben**

Sonja Gaukel & Stephan Huis
Smartphone, Tablet, Roboter und Co.

Cornelia Gerdenitsch[1], Johanna Bunner[2] & Manfred Tscheligi[1]
[1]*Austrian Institute of Technology*, [2]*Universität Wien*

Digitale Assistenz in der Produktion: Empfehlungen aus der Perspektive des Arbeitnehmer-Innenschutzes

1. Digitale Assistenz in der Produktion

In der digitalisierten Produktion arbeiten MitarbeiterInnen vermehrt mit Unterstützung technischer Arbeitsmittel. Beispielsweise werden Montageanleitungen digital auf einem Bildschirm oder Head-Mounted Display mittels Augmented-Reality dargestellt, um die kognitive Beanspruchung durch Informationsverarbeitung zu reduzieren. Physische Beanspruchungen beim Heben und Tragen können durch Roboter oder Exoskelette verringert werden. Da technische Arbeitsmittel kognitive und physische Beanspruchungen des arbeitenden Menschen reduzieren können, lassen sich diese als Assistenztechnologien (AT) bezeichnen. Der Einsatz dieser AT in der Produktion führt zu Veränderungen von Arbeitsanforderungen und Arbeitstätigkeiten. Folglich ist die Berücksichtigung des ArbeitsnehmerInnenschutzes bei Entwicklung, Implementierung und langfristiger Nutzung von AT im Betrieb notwendig.

2. Analyse von ExpertInnen-Interviews

Innerhalb von fünf leitfadengestützten Interviews mit ExpertInnen im Bereich ArbeitnehmerInnenschutz (3=männlich) wurden, nach einer kurzen Einführung in das Thema kognitive und physische AT, damit verbundene Herausforderungen und Potentiale erfragt. Die ExpertInnen verfügten über Expertise in den Bereichen Maschinensicherheit, Arbeitspsychologie, Arbeitsrecht und waren zwischen 1.5 und 14 Jahren (M=7.70, SD=4.45) im aktuellen Unternehmen tätig. Die Interviews dauerten zwischen 41 und 70 Minuten (M=52.80; SD=9.87). Kernaussagen der ExpertInnen wurden mittels Themenanalyse systematisiert. Grundsätzlich müssen *gesetzliche Regelungen*, normative Vorgaben, Verordnungen und Richtlinien, die auf nationaler, europäischer und globaler Ebene formuliert sein können, beachtet werden. Hierbei sind sowohl grundlegende Aspekte des Arbeitnehmerschutzgesetzes (ASchG) im Sinne der Beachtung der Menschenwürde sowie der Fürsorgepflicht des Arbeitgebers, aber auch spezifischere Gesetze wie Maschinen-, Produktrichtlinien, Arbeitsmittelverordnungen oder Richtlinien zur Cybersicherheit zu beachten. Fachkräfte müssen dementsprechend geschult werden. Bei der Implementierung und langfristigen Nutzung von AT ist die Evaluierungspflicht, die grundsätzlich bei der Einführung von neuen Technologien gegeben ist, zu beachten. Dabei müssen Gefährdungen sowie (psychische) Belastungen valide beurteilt und Schutzmaßnahmen abgeleitet werden. Der kollektive Schutz steht dabei immer vor dem individuellen. Letztendlich wird es auch nötig sein, sich bei möglichem Widerstand der Belegschaft gegen das Arbeiten mit AT mit dem Thema Kündigungsschutz auseinanderzusetzen.

Tab. 1: Themen bei der Entwicklung, Implementierung und langfristigen Nutzung von Assistenztechnologien in der Produktion

Thema	Entwicklung	Implementierung	langfristige Nutzung
Gesetzlichen Regelungen	Beachtung von gesetzlichen Regelungen, Verordnungen & Richtlinien (Schulung Fachkräfte) & Grundsätzen des ASchG (Menschenwürde, Fürsorgepflicht)		
			Evaluierung (+ Maßnahmen) | Kündigungsschutz
Datenschutz	rechtmäßiger Umgang mit personenbezogenen Daten		
		Speicherung: Was? Wo? Wie? Dauer? | Kontrolleignung	Transparenz bei Datensammlung
Interaktion zwischen Mensch und Technologie	Sicherstellung der (schädigungsfreien) Nutzbarkeit und Funktionalität der Technologie | Vermeidung von Überforderung durch Komplexität		
		User-centered Design | Unterstützung statt Einschränkung	Erlernung der Kommunikationsmechanismen | Kompetenzerhalt | neue Fehler
Betriebliche Information & Partizipation	Zusammenarbeit mit Betriebsrat & Präventivkräften | Information & Kommunikation (Reaktion auf Ängste, Sorgen, Resistenz) | Partizipation		
			Unterweisung & Schulungen
Diversität und Kultur	Diskriminierungsfreiheit | Kulturelle Unterschiede bei global agierenden Unternehmen		
		Charakteristika diverser Gruppen	Verständliche Unterweisungen & Schulungen
Menschengerechtes Arbeiten		Kriterien humaner Arbeit	Reduktion & Vermeidung von zusätzlichen Belastungen | Erhalt der sozialen Funktion & Bedeutsamkeit der Arbeit

Datenschutz. Bei der Entwicklung ist es wichtig zu klären, welche Daten erhoben werden, bzw. wo und wie lange diese gespeichert werden. Wenn personenbezogene Daten erhoben werden, ist ein rechtmäßiger Umgang notwendig (siehe DSGVO). Generell gilt: so wenig wie möglich, so sicher wie möglich. Wenn eine Kontrolleignung der AT vorliegt, muss der Betriebsrat der Einführung dieser AT zustimmen. Bei der Einführung der AT empfiehlt sich eine transparente Kommunikation über den Verlauf und die Gründe der Datensammlung (z.B. Verringerung der physischen Belastungen). Für WerkerInnen muss ersichtlich sein, ob und wann ihre Privatsphäre eingeschränkt wird.

Hinsichtlich der *Interaktion zwischen Menschen und Technologien* ist in jeder Phase die (schädigungsfreie) Nutzbarkeit und Funktionalität der AT sicherzustellen. Insbesondere gilt es, eine Überforderung durch die Komplexität der AT zu vermeiden. Es wurde zudem besonders hervorgehoben, dass die AT unterstützen und nicht einschränken soll bzw. dass sich die AT an den Menschen anpassen soll und nicht umgekehrt. Diese und auch andere Anforderungen (z.B. Personalisierung, Fehlertoleranz) an die AT lassen sich durch user-centered design Ansätze sicherstellen, welche die Integration von NutzerInnen in den Entwicklungsprozess vorsieht. Bei der Implementierung und Nutzung sind AnwenderInnen gefordert, Kommunikationsmechanismen zwischen Mensch und Technologie zu erlernen. Die Organisation selbst ist dafür zuständig, potentiell notwendige Kompetenzen zu erhalten, mögliche neue Fehler zu erkennen sowie negative Konsequenzen zu vermeiden.

Damit MitarbeiterInnen neue AT akzeptieren, sind betriebliche *Information und Partizipation* erforderlich. Dabei ist in allen Phasen eine enge Zusammenarbeit mit dem Betriebsrat sowie den Präventivfachkräften zu empfehlen. Grundsätzlich sollten die Betriebe alle MitarbeiterInnen ausreichend über Veränderungen informieren und dabei auf Ängste und Sorgen hinsichtlich der Automatisierung eingehen. Durch die Kommunikation von Vorteilen (Unterstützung, Entlastung, Qualitätssicherung, Erhalt der Produktivität) können Widerstände und Veränderungsresistenzen proaktiv aufgegriffen werden. Darüber hinaus empfiehlt sich, dass MitarbeiterInnen partizipativ bei konkreten Umsetzungen mitbestimmen können. Damit die Nutzung der komplexen AT sicher geschehen kann, sind ab der Implementierung regelmäßige Schulungen und Unterweisungen notwendig, innerhalb derer Nutzungsbedingungen kommuniziert werden (z.B. Bedingungen für die Nutzung eines Exoskeletts).

Diversität. Technologien dürfen in ihrer Interaktion mit dem Menschen nicht diskriminieren. Um dies zu vermeiden ist es notwendig, Charakteristika hinsichtlich Geschlecht, Alter, Wissen oder Sprache bei der Entwicklung und Implementierung mitzudenken. Für global tätige Unternehmen sind kulturelle Unterschiede in der Gestaltung von AT und entsprechenden Unterweisungen und Schulungen zu beachten.

Grundsätzlich haben AT hier das Potential gezielt auf Anforderungen und Belastungen einzelner Individuen einzugehen (z.b. im Sinne eines altersgerechten Arbeitens).

Letztendlich sind bei der Entwicklung die Kriterien *menschengerechten Arbeitens* (Hacker & Richter, 1980) zu beachten. Insbesondere Persönlichkeitsförderlichkeit der Arbeit hinsichtlich der Entwicklung von Kompetenzen spielt eine wichtige Rolle. Im Zuge der Implementierung und Nutzung von AT sollten zusätzliche Belastungen vermieden werden. AT haben zwar das Potential zur Reduzierung physischer Belastungen, können aber auch zusätzliche Beeinträchtigungen hervorrufen (z. B. Cybersickness; LaViola, 2000). Dabei ist zu beachten, dass für den Menschen wichtige Kriterien der Arbeit wie die soziale Funktion und die Bedeutsamkeit von Arbeit erhalten bleiben.

3. Implikationen: Umgang mit digitaler Assistenz

AT haben Auswirkungen auf das Individuum, die Organisation und die Gesellschaft. Für arbeitende Individuen verändern sich Arbeitsbedingungen und Tätigkeiten. Lebenslanges Lernen wird zur Anforderung, die den Umgang mit Technologien und Teilhabe an der Arbeitswelt erst ermöglicht. Produktionsunternehmen müssen bei der Entwicklung, Implementierung und langfristigen Nutzung von AT verschiedenste Themen beachten. Dabei sollte sich das Management mit den folgenden drei Punkten intensiv auseinandersetzen: Erstens, es ist notwendig klare Ziele zu definieren. Warum sollen welche Technologien eingeführt werden? Dies wirkt sich auf die Wahl der AT, betriebsinterne Kommunikation und Erfolgsmessung aus. Zweitens, die Integration von AT mit all ihren Widerständen sollte als Veränderungsprojekt begriffen und entsprechend professionell begleitet werden. Drittens, welche Kompetenzen, die durch die Digitalisierung verloren gehen können, müssen im Betrieb erhalten bleiben? Diese Kompetenzen müssen gezielt gefördert werden. Auf gesellschaftlicher und volkswirtschaftlicher Ebene steht zur Debatte, inwieweit der Produktivitätsgewinn den MitarbeiterInnen zugutekommen kann. Hier sind auch Auswirkungen auf Arbeitszeitmodelle denkbar. Es stellt sich auch die grundsätzliche Frage der Ziele von AT: Geht es primär um Produktivitätssteigerung, mit der Folge einer Verhärtung des tayloristischen Menschenbilds oder können AT auch als Mittels zur Inklusion und Förderung von Diversität genutzt werden?

Literatur und Danksagung
Hacker, W. & Sachse, P. (2014). *Allgemeine Arbeitspsychologie – Psychische Regulation von Tätigkeiten* (3. Auflage). Göttingen: Hogrefe.
LaViola Jr, J. J. (2000). A discussion of cybersickness in virtual environments. *ACM SIGCHI Bulletin, 32*, 47–56.
Die Arbeit wurde im Rahmen des Projektes MMAssistII; FFG Nr: 858623 verfasst.

Michael Niehaus & Anita Tisch
Bundesanstalt für Arbeitsschutz und Arbeitsmedizin

Digitalisierung und Arbeit 4.0 – Was uns die Klassiker der arbeitswissenschaftlichen Technikgestaltung auch heute noch zu sagen haben

1. Das Narrativ „Digitalisierung"

Der vorliegende Beitrag versteht Digitalisierung von Arbeit als ein Narrativ, in dem divergierende Interessensstränge und heterogene Akteure zusammenführt werden. Dabei zeigt sich, dass „Digitalisierung" ein Heilsversprechen und ein Schreckensszenario zugleich ist, das aktuell in den unterschiedlichen Diskursarenen Hoffnungen und Ängste anfeuert (Ittermann, Niehaus & Hirsch-Kreinsen, 2015). Auch beim Begriff „Arbeit 4.0" handelt es sich nicht um ein festes Konzept, das eindeutige Definitionsmerkmale aufweist, sondern vor allem für Flexibilisierung von Arbeit steht (Bruckner, Werther et al., 2018). Im „Weissbuch Arbeiten 4.0" wird die Digitalisierung – neben der Globalisierung, einem sich u.a. demografiebedingt wandelnden Arbeitskräfteangebot und dem kulturellen Wandel der Gesellschaft – als einer der Treiber und Trends der aktuellen Arbeitswelt diskutiert (Bundesministerium für Arbeit und Soziales, 2016).

Technische Innovation wird im öffentlichen Diskurs zumeist als ursprüngliche Ursache für den Wandel in der Arbeitswelt und gleichzeitig als automatischer und autonomer Prozess beschrieben, der etwas vollkommen Neues hervorbringt, das die vorhandenen Erkenntnisse der Arbeitsgestaltung außer Kraft setzt. Arbeit wird dabei zentral im Verhältnis von Mensch und Maschine thematisiert. Die Veränderungsdynamik wird dabei aufseiten der Technik, die Anpassungserfordernisse werden aufseiten der Organisationen und der Personen gesehen. Diese Bewertung der Technik, auf deren Wirkungen es zu reagieren gilt, beherrscht die Berichterstattung und vermittelt eine unausweichliche Alternativlosigkeit. (Arlt, Kempe & Osterberg, 2017).

2. Digitalisierung – Alter Wein in neuen Schläuchen?

Ein Blick in die Klassiker der Technikgestaltung der 80er und 90er Jahre zeigt: Was heute unter der Bezeichnung „cyber-physische Systeme" propagiert wird, ist zunächst nichts anderes als die Fortführung dessen, was seit den 1970er Jahren als zunehmend automatisierte Prozesssteuerung betrieben wurde (Brödner, 2015). Dabei gingen technische Innovationen stets mit organisatorischen Restrukturierungen einher und deren Folgen meist als Möglichkeit der Rationalisierung ebenso wie als Chance zur

Humanisierung von Arbeit diskutiert. Erste praktische Versuche der Realisierung einer weitgehenden flexiblen Automatisierung mittels Expertensystemen und anderen wissensbasierten Systemen wurden teilweise allerdings auch, wie beispielsweise die Halle 54 bei Volkswagen, wieder zurückgefahren (Heßler, 2014).

Neu im aktuellen Diskurs ist die Erweiterung des Adressraums über das Internet der Dinge, und die Möglichkeit, Daten in digital gesteuerten Prozessen zwischen Menschen, Maschinen und Dingen austauschen zu können, was die Möglichkeiten von Wertschöpfung erweitert, aber auch die Komplexität der Steuerung und Risiken der Datensicherheit erhöht. So kann die vierte industrielle Revolution zugespitzt formuliert vor allem als eine Revolution der Worte gelten und Digitalisierung weniger eine technische Revolution und disruptive Innovation, sondern vielmehr ein langsames „Update" bekannter und bewährter Technologien (Kopp, 2016).

3. Arbeitswissenschaften reloaded – Bewertung von Arbeitstätigkeiten in der digitalen Arbeitswelt

In den Arbeitswissenschaften existieren seit Mitte der 1970er Jahre differenzierte Systeme zur Bewertung von Arbeitstätigkeiten. Rohmert definiert die hierarchischen Ebenen von Ausführbarkeit, Erträglichkeit, Zumutbarkeit und Zufriedenheit (Rohmert, 1972). Ähnlich argumentieren auch Hacker und Richter und arbeiten auch mit vier Kriterien, und zwar Ausführbarkeit, Schädigungslosigkeit, Beeinträchtigungsfreiheit und Persönlichkeitsförderlichkeit (Hacker & Richter, 1980):

Unter dem Kriterium *Ausführbarkeit* wird die Frage gestellt, ob die Voraussetzungen für ein anforderungsgerechtes und langfristiges Ausführen der Tätigkeit gegeben sind. Dies beinhaltet die Frage nach den für die Aufgabenerfüllung notwendigen Körperkräften, aber auch nach der Qualifikation der Beschäftigten. Außerdem müssen alle notwendigen Informationen, Arbeitsmittel und Werkzeuge zum Erledigen der Aufgaben vorhanden sein.

Unter dem Aspekt der *Schädigungslosigkeit* sollen langfristig physische Gesundheitsschädigungen ausgeschlossen werden. Um Erträglichkeit / Schädigungslosigkeit sicherzustellen, sind vielfach Grenzwerte definiert. So werden in der „Leitmerkmalmethode" das zu bewegende Gewicht, die Haltung des Ausführenden sowie die Häufigkeit der Tätigkeit berücksichtigt, um Werte für eine dauerhafte Schädigungsfreiheit zu ermitteln. Hierzu gehört beispielsweise aber auch der gesamte Themenkomplex der Arbeitszeitgestaltung.

Die *Beeinträchtigungsfreiheit* zielt vor allem auf eine Bewertung psychischer Aspekte von Arbeit. Qualitative oder quantitative Über- oder Unterforderungen können positive oder negative Beanspruchungsfolgen haben. Voraussetzung von Beeinträchtigungsfreiheit ist, dass negative Beanspruchungsfolgen reversibel sind und durch Erholung kompensiert werden können.

Die Frage, ob und wie sich die Arbeitstätigkeit auf den Erhalt bzw. auf die Weiterentwicklung spezieller personaler Fähigkeiten auswirkt wird unter dem Bewertungskriterium *Persönlichkeitsförderlichkeit* betrachtet. Gemäß der Handlungsregulationstheorie umfassen die Handlungen von Menschen nach der Zielbildung eine Planungs-, Vorbereitungs-, Umsetzungs- und Kontrollphase. Diese Vollständigkeit der Tätigkeit ist Voraussetzung für Persönlichkeitsförderlichkeit, ebenso wie die Erweiterung des Handlungsspielraums der Beschäftigten. Auch dieses Bewertungsmodell ist hierarchisch. Das heißt, es müssen die Mindestanforderungen der untersten Ebene erfüllt sein, um zur nächsthöheren Ebene fortzuschreiten. So muss vor dem Bewerten der Persönlichkeitsförderlichkeit geprüft sein, dass keine Gesundheitsschäden und keine Befindensbeeinträchtigungen wie arbeitsbedingte Ermüdung vorliegen. Fehlendes Erfüllen untergeordneter Merkmale schließt die Möglichkeit zum Erfüllen übergeordneter Merkmale aus (Fuchs, 2006).

Diese kurze Erinnerung an die Wurzeln und die zentralen Bewertungskriterien macht zum einen deutlich, dass der konzeptionelle Rahmen der Arbeitswissenschaften so weit gespannt ist, dass jede denkbare Arbeitstätigkeit von ihm mit erfasst wird, sie macht aber zum anderen auch deutlich, dass eine gewisse Übersetzungsleistungen der klassischer Erkenntnisse auf gegenwärtige und zukünftige Arbeitsbedingungen zu erbringen ist. Dies zeigt sich beispielsweise an zwei zentralen Themen, die im Kontext der Digitalisierung immer wieder diskutiert werden, nämlich dem orts- und zeitflexiblen Arbeiten und der ständigen Erreichbarkeit. Grundlage des Basiskriteriums der Ausführbarkeit wäre das Vorhandensein aller notwenigen Informationen. Zu den notwenigen Informationen gehören beispielsweise auch klare Regeln, z.B. in Form von Betriebsvereinbarungen, wie mit erweiterter Erreichbarkeit oder Homeoffice umzugehen ist. Gerade diese fehlen in der Praxis allerdings häufig und unausgesprochene (vermeintliche) implizite Erwartungen führen zu Unsicherheiten und zusätzlichen Belastungen.

Ähnliches gilt für die Einhaltung der Arbeitszeitgesetzgebung: Der Hinweis darauf, dass der moderne Wissensarbeiter auch abends noch seine E-Mails lesen kann, ohne dann eine entsprechend lange Ruhepause einzulegen, klingt zunächst nachvollziehbar. In der Praxis zeigt sich jedoch, dass Begriffe wie Wissensarbeit nicht trennscharf sind und sich zudem die anthropologischen Grundlagen des Menschen nicht grundlegend verändert haben. Die Leistungs- und Belastungsfähigkeiten sind geblieben, insofern gelten Belastungsgrenzen der „alten Arbeitswelt" – bis auf weiteres – auch heute noch (Beermann, Amlinger-Chatterjee et al., 2017).

Trotz aller skeptischer Distanz zu den euphorischen Versprechungen der Digitalisierung und der Selbstvergewisserung der eigenen Fundamente ist es selbstverständlich, dass die Arbeitswissenschaften ihre Inhalte und Methoden weiterentwickeln müssen:

- Im Bereich des Transfers gilt es die arbeitswissenschaftliche Handlungskompetenz der Akteure zu fördern und vorhandenes Gestaltungswissen zu reaktivieren und weiterentwickeln.
- Im Bereich der Forschung müssen die Wirkungszusammenhänge von Digitalisierung und Gesundheit und Wohlbefinden der Beschäftigten untersucht werden
- Im Bereich der Politikberatung gilt es die sozialrechtlichen Rahmenbedingungen hinsichtlich der Flexibilisierungsanforderungen kritisch zu überprüfen.

Literatur

Arlt, H.-J., Kempe, M. & Osterberg, S. (2017). Die Zukunft der Arbeit als öffentliches Thema. Hg. v. Otto Brenner Stiftung. Frankfurt.

Beermann, B., Amlinger-Chatterjee, M., Brenscheidt, F., Gerstenberg, S., Niehaus, M. & Wöhrmann, A. M. (2017). Orts- und zeitflexibles Arbeiten: Gesundheitliche Chancen und Risiken. Hg. v. Bundesanstalt für Arbeitsschutz und Arbeitsmedizin (BAuA). Dortmund.

Brödner, P. (2015). Industrie 4.0 und Big Data – wirklich ein neuer Technologieschub? In: Hirsch-Kreinsen, H. H. & Ittermann, P. H. & Niehaus, J. H. (Hg.): Digitalisierung industrieller Arbeit. Die Vision Industrie 4.0 und ihre sozialen Herausforderungen. Baden-Baden: Nomos Verlagsgesellschaft, S. 231–250.

Bruckner, L., Werther, S., Hämmerle, M., Pokorni, B. & Berthold, M. (2018). Einleitung: Allgemeiner Überblick über Arbeit 4.0. In: Werther, S. & Bruckner, L. (Hg.): Arbeit 4.0 aktiv gestalten. Berlin: Springer, S. 1–21.

Bundesministerium für Arbeit und Soziales (Hg.) (2016). Weissbuch Arbeiten 4.0. Berlin.

Fuchs, T. (2006). Was ist gute Arbeit? Anforderungen aus der Sicht von Erwerbstätigen. Konzeption und Auswertung einer repräsentativen Untersuchung. 2. Aufl. Bremerhaven: Wirtschaftsverlag NW Verlag für neue Wissenschaft.

Hacker, W.& Richter, P. (1980). Psychologische Bewertung von Arbeitsgestaltungsmaßnahmen. Berlin: VEB Deutscher Verlag der Wissenschaften.

Heßler, M. (2014). Die Halle 54 bei Volkswagen und die Grenzen der Automatisierung. In: Zeithistorische Forschungen 11 (1), S. 56–76.

Ittermann, P., Niehaus, J. & Hirsch-Kreinsen, H. (2015). Arbeiten in der Industrie 4.0. Hg. v. Hans-Böckler-Stiftung. Düsseldorf.

Kopp, R. (2016). Industrie 4.0 und soziale Innovation – Fremde oder Freunde? Hg. v. Forschungsinstitut für gesellschaftliche Weiterentwicklung. Düsseldorf.

Rohmert, W. (1972). Aufgaben und Inhalt der Arbeitswissenschaft. In: Die berufsbildende Schule 24 (1), S. 3–14.

Sonja Gaukel & Stephan Huis
Berufsgenossenschaft Nahrungsmittel und Gastgewerbe (BGN)

Smartphone, Tablet, Roboter und Co.

1. Ausgangssituation und Projektziele

Industrie und Arbeiten 4.0 ist in aller Munde. Dabei sehen sich nicht nur Unternehmen mit diesem technologischen Wandel konfrontiert; die mit der Entwicklung einhergehenden Veränderungen werden auch Auswirkungen auf die Berufsgenossenschaften und deren Präventionsangebote haben. Doch wie weit sind solche Technologien in der Arbeitswelt tatsächlich schon angekommen, wie hat sich das Arbeiten bereits verändert und welche Erwartungen gehen mit der Entwicklung einher? Diesen Fragen ist die Berufsgenossenschaft Nahrungsmittel und Gastgewerbe in einer Online-Umfrage nachgegangen. Ziel dabei war nicht nur, eine Momentaufnahme über den Status-Quo der Implementierung von Industrie 4.0-Technologien zu erhalten, sondern insbesondere auch ein Stimmungsbild der Hoffnungen und Befürchtungen, die mit einem veränderten Arbeiten 4.0 einhergehen, abzubilden.

2. Befragung zu Industrie und Arbeiten 4.0

1091 Fachkräfte für Arbeitssicherheit wurden per E-Mail kontaktiert und zur Teilnahme an der Online-Befragung eingeladen; 298 Fachkräfte für Arbeitssicherheit nahmen teil. Der größte Teil der Befragten war dabei für Unternehmen mit mehr als 300 Beschäftigten zuständig (43%), gefolgt von Fachkräften für Arbeitssicherheit aus Unternehmen mit zwischen 100 und 300 Beschäftigten (36%). Die restlichen Befragten arbeiteten in Unternehmen mit weniger als 100 Beschäftigten.

Die Befragung bestand aus zwei Teilen: Zu Beginn wurden die Fachkräfte zum Stand von Industrie 4.0 im eigenen Unternehmen befragt. Beispielsweise wurde um eine Einschätzung der Relevanz von Industrie 4.0 für das Unternehmen gebeten und abgefragt welche Voraussetzungen für die Implementierung der neuen Technologien bereits erfüllt sind. Daran anschließend legte die Erhebung den Fokus stärker auf Arbeit 4.0 und damit auf Fragen, inwieweit sich Industrie 4.0 auf die Art der Führung die Kommunikationsstrukturen auswirken wird, wie sich einzelne Gesundheitsgefährdungen verändern werden und in welchen Bereichen eine Abnahme von Arbeitsplätzen befürchtet wird.

3. Ergebnisse der Befragung

Die Ergebnisse der Umfrage zeigen, dass sowohl die derzeitige als auch die zukünftige Relevanz von den Befragten im Mittel mit mäßig bis hoch bewertet wird, wobei es Einflüsse der Unternehmensgröße gibt (siehe Abb. 1).

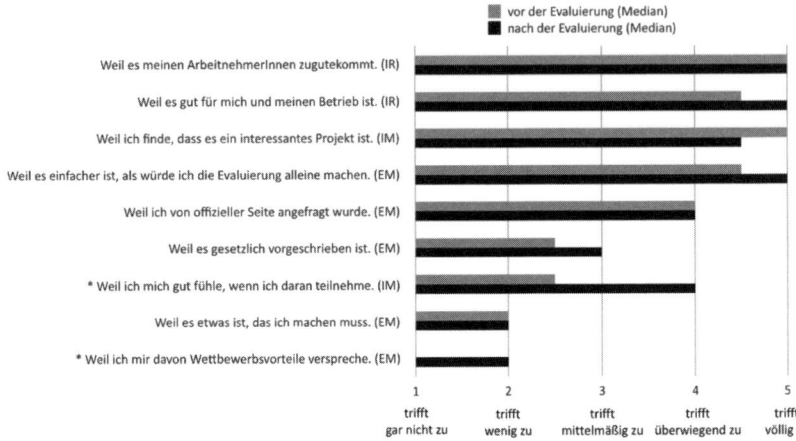

Abb. 1: Eingeschätzte Relevanz von Industrie 4.0 heute und in den nächsten 5 Jahren in Abhängigkeit der Unternehmensgröße.

Die Implementierung von Industrie-4.0-Technologien verlangt im Vorfeld gewisse technische Voraussetzungen (Hegewald, 2016); z.B. die Verfügbarkeit von Breitbandnetz, ein flächendeckendes W-LAN, ein flächendeckender Mobilfunk, IP-fähige Maschinen sowie digitale Vernetzungsfähigkeit. Dabei zeigte sich, dass solche technischen Voraussetzungen in jeweils mehr als der Hälfte der Unternehmen bereits vorhanden sind. Der Weg zur Einführung von Industrie 4.0 scheint in vielen Betrieben demnach bereits geebnet. Tatsächlich finden sich in den Betrieben auch bereits entsprechende Technologien: knapp 44% der Unternehmen nutzen beispielsweise Big Data, in rund 41% der Betriebe werden Maschinen standardisiert ferngewartet. Technologien dieser Art werden allerdings überwiegend in großen Unternehmen eingesetzt.

Was steht der Einführung von Industrie 4.0 im Weg? Das meistgenannte Hemmnis stellen die hohen Investitionskosten dar (vgl. Bitkom Research GmbH, 2017). Dabei spielt die Unternehmensgröße kaum eine Rolle. Daneben werden vor allem personelle Hemmnisse gesehen, z.B. die unzureichende Qualifizierung der Beschäftigten und die Befürchtung, die Mitarbeiter zu überfordern. Entsprechend geben knapp 81% der Befragten an, dass im Unternehmen die Bemühung besteht, gezielt entsprechende Kompetenzen aufzubauen. Dabei wird erwartet, dass Mitarbeiter zukünftig vor allem IT-Kompetenzen benötigen, komplexe Arbeitsinhalte und Abläufe beherrschen und Tätigkeiten zukünftig überwiegend in indirektem Kontakt mit Kollegen ausführen müssen.

Nicht nur die geforderten Kompetenzen, sondern auch das Arbeiten selbst wird sich zukünftig verändern. So gehen knapp drei Viertel der befragten Fachkräfte für Arbeitssicherheit davon aus, dass es durch den technologischen Wandel zu einer Verdichtung der Arbeit kommt. Zwar geht Industrie 4.0 auch mit einer verstärkten Digitalisierung und dem Einsatz von Telearbeitsplätzen einher; dies führt für die meisten der Befragten allerdings nicht zu einer besseren Vereinbarkeit von Beruf und Familie. Auch eine Produktivitätssteigerung sieht weniger als die Hälfte der Sicherheitsfachkräfte. Daneben werden auch Einflüsse auf Unternehmensebene erwartet: So befürchtet über die Hälfte der Befragten einen steigenden Innovationsdruck, ähnlich viele sehen im technologischen Wandel sogar eine Herausforderung für den Unternehmensfortbestand. Neben einem Abbau von Stellen im direkten Bereich, wird in der Erwartung der Fachkräfte für Arbeitssicherheit vor allem die Anzahl von Helferstellen in Zukunft durch Technologien der Industrie 4.0 abnehmen. Zugleich sind die befragten Fachkräfte für Arbeitssicherheit der Meinung, dass die Anzahl von Beschäftigten mit steigendem Spezialisierungsgrad zunehmen wird. So gehen knapp ein Drittel der befragten Fachkräfte für Arbeitssicherheit davon aus, dass in Zukunft mehr Fachkräfte benötigt werden; in Bezug auf Experten sind bereits knapp 40% der Befragten dieser Überzeugung.

Ob Industrie 4.0 auch mit einer Veränderung von Hierarchie und Führung einhergeht, wird dagegen sehr unterschiedlich bewertet. Während etwas mehr als die Hälfte der Befragten der Meinung ist, dass sich durch Industrie 4.0 nicht notwendigerweise auch Hierarchien und Führungsformen verändern müssen, sind nur geringfügig weniger Befragte der Ansicht, dass diese Veränderung nicht ausbleibt. Betrachtet man diese Personengruppe weiter, so erwarten etwas mehr als die Hälfte einen verstärkten Einsatz von Kennzahlen in der Personalführung oder sieht eine Zunahme der Selbstorganisation der Beschäftigten. Durch die zunehmende Digitalisierung sind für gut ein Drittel eine indirektere und unabhängigere Mitarbeiterführung und Personalplanung notwendig.

Technische Entwicklungen bergen einerseits das Potential vorhandene Gefährdungen bei der Arbeit zu reduzieren, beispielsweise durch Automatisierung körperlich oder psychisch belastender Tätigkeiten. Andererseits können neue Technologien auch zu neuen Gefährdungen führen. Überforderung oder Verletzungen durch automatisierte Roboter sind dabei nur zwei Beispiele. Während „klassische" Gefährdungen in der Erwartung der Sicherheitsfachkräfte zukünftig durch den Einsatz von

Technologien der Industrie 4.0 abnehmen werden, wird eine deutliche Zunahme von Belastungen durch Schichtarbeit sowie Psychischer Belastungen gesehen.

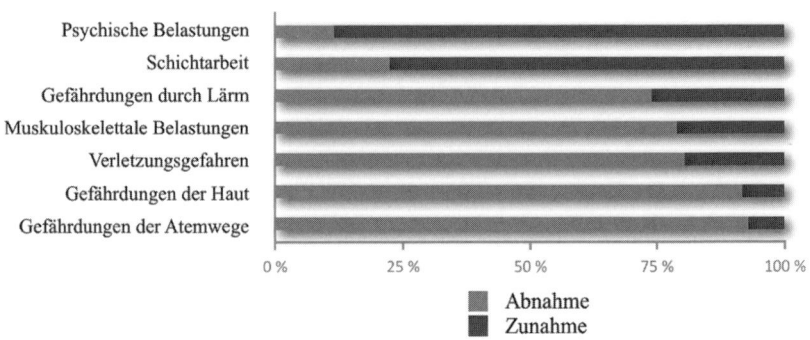

Abb.2: Eingeschätzte Veränderung verschiedener Gefährdungen.

4. Zusammenfassung

Zusammenfassend verdeutlicht die Befragung, dass in den Branchen gerade ein Prozess der Veränderung stattfindet – ein großer Teil der Unternehmen stellt sich auf Industrie und Arbeiten 4.0 ein, sei es mittels Einführung neuartiger Technologien oder dem Aufbau entsprechender Kompetenzen. Industrie und Arbeiten 4.0 sind damit keine abstrakten Begrifflichkeiten, sondern werden zu einem beachtlichen Teil bereits in den befragten Unternehmen gelebt. Dabei scheint es, als begegnen diese dem technologischen Wandel reflektiert; die Herausforderungen aber auch Chancen, die mit der Entwicklung einhergehen, werden klar erkannt. Dies erstreckt sich nicht nur auf mögliche Hemmnisse, die der Einführung und dem weiteren Prozess der Industrie 4.0 gegenüberstehen, sondern auch auf deren Auswirkung auf die Anforderungen der Beschäftigten sowie auf mögliche Veränderungen von Gefährdungen und Arbeitsplätzen. Anders als häufig erwartet erscheint die Stimmung, mit der die Unternehmen dieser Entwicklung gegenübertreten, dabei jedoch recht zuversichtlich.

Literatur

Hegewald, U. (2016). Einstellungen zur Digitalisierung. In Bundesministerium für Arbeit und Soziales (Hrsg.), Digitalisierung der Arbeitswelt (S.58-64). Paderborn: Bonifatius GmbH.

Bitkom Research GmbH (2017). Digitale Transformation der Wirtschaft – 2. Auflage. Online unter: https://www.bitkom-research.de/Digitale-Transformation-der-Wirtschaft.

Arbeitskreis
Arbeitssystemgestaltung 4.0
Leitung: Lutz Packebusch

Alexander Bendel & Erich Latniak
**Soziotechnische Systemgestaltung revisited?
Nutzen soziotechnischer Konzepte vor dem Hintergrund der Industrie 4.0**

Markus Glassl
Design Thinking: Prinzipien und Möglichkeiten am Beispiel einer interdisziplinären Umgestaltung von Arbeitsräumen eines Service-Centers

Markus Glassl & Ulrike Amon-Glassl
Ein praxistaugliches Konzept für die Implementierung von Kurzpausen am Bildschirmarbeitsplatz

Paulino Jiménez & Anita Bregenzer
Arbeitsplatzgestaltung in der Arbeitswelt 4.0

Peter Nickel & Katrin Gomoll
Das Gestalten von Mensch-System-Interaktionen unterstützen mit virtueller Realität

Alexander Bendel & Erich Latniak
Universität Duisburg-Essen/Institut Arbeit und Qualifizierung

Soziotechnische Systemgestaltung revisited? Nutzen soziotechnischer Konzepte vor dem Hintergrund der Industrie 4.0

1. Digitalisierung und Industrie 4.0

> „Wir sprechen von Digitalisierung, wenn analoge Leistungserbringung durch Leistungserbringung in einem digitalen, computerhandhabbaren Modell ganz oder teilweise ersetzt wird."
> (Wolf & Strohschen 2018, S. 58)

Die zitierte Definition von Digitalisierung legt nahe, dass es sich bei den Begriffen „Digitalisierung" und „Industrie 4.0" um unterscheidbare Begriffe handelt. So stellt einerseits „Industrie 4.0" ein politisches Konzept dar, in dessen Rahmen bestimmte digitale Veränderungsprozesse empfohlen und nahegelegt werden, um die deutsche Industrie zu stärken. Die in dieser Debatte vorgebrachten Veränderungsempfehlungen lassen sich zwar unter den Begriff „Digitalisierung" fassen, andererseits handelt es sich aber nicht bei allen in der Realität stattfindenden Digitalisierungsprozessen um genuine „I4.0"-Maßnahmen (Beispiel Robotik: derartige Technologien existieren bereits seit langer Zeit). „Digitalisierung" ist damit der Oberbegriff, während das Konzept „Industrie 4.0" zunächst nur eine unter mehreren Digitalisierungsspielarten ist, gleichwohl die Grenzen in der Praxis zu diskutieren bleiben.

Konkret propagiert „Industrie 4.0" die Idee sogenannter *smart factories,* die aus intelligenten, digital vernetzten Systemen bestehen, welche wiederum eine quasi selbstorganisierte Produktion sicherstellen (BMWi 2018). Solche cyber-physischen Systeme kooperieren und kommunizieren dabei über die gesamte Wertschöpfungskette in Echtzeit miteinander und stellen so eine flexible, kundenspezifische und ressourcensparende Produktion sicher (ebd.). Derartige intelligente Fabriken haben tendenziell – sofern sie denn tatsächlich zur Anwendung kommen – ambivalente Folgen auf die Arbeitsorganisation und -gestaltung und damit auch auf die Gesundheit der Beschäftigten.

2. Gesundheitsbezogene Folgen der Industrie 4.0

Im Rahmen von „Industrie 4.0"-Debatten ist vielfach die Rede von Arbeitsassistenzsystemen bzw. Robotern, die die von den Beschäftigten ausgeführten belastenden Tätigkeiten erleichtern bzw. übernehmen könnten. Insbesondere im Hinblick auf klassische körperliche Industrietätigkeiten, die oftmals z.b. mit Zwangshaltungen oder dem Heben und Tragen schwerer Arbeitsmittel einhergehen, versprechen derartige Assistenzsysteme durchaus willkommene Verbesserungen (vgl. etwa Hasselmann et al. 2018). Auch belastende Arbeitsumgebungsbedingungen wie z.b. Lärm, Feuchtigkeit oder Kälte könnten von den Beschäftigten gemieden werden, wenn die dort zu verrichtenden Tätigkeiten von Robotern erbracht würden. Ebenso ließen sich monotone Tätigkeiten, die sowohl mit körperlichen als auch mit psychischen Belastungen einhergehen, durch autonome Systeme erledigen.

Gleichwohl solche Assistenzsysteme implizit mit dem Versprechen einhergehen, wichtige und nötige Hilfestellungen im Arbeitsalltag bieten zu können, stehen sie anderseits auch im Zusammenhang mit potentiellen gesundheitlichen Risiken. So sind sie bspw. dazu in der Lage, personalisierte Leistungsdaten der Beschäftigten zu erfassen und damit als umfassende Kontrolltechniken zu dienen, was wiederum Leistungsanforderungen und damit psychischen Druck forcieren kann (Hofmann & Kurz 2016). Es erscheint ebenso denkbar, dass solche Systeme aufgrund der genutzten „künstlichen Intelligenz" die Arbeitnehmenden zu Handlangern degradieren und erst recht die Entstehung eigentlich abzuschaffender monotoner Tätigkeiten bedingen (Gerst 2016, S. 287ff.). Zudem könnte die ständige Gefahr der Substitution der eigenen Arbeitskraft durch die neue Technik und damit der Verlust des Arbeitsplatzes zu einem nicht zu unterschätzenden Stressor werden (Kieselbach et al. 2009).

Die Implementierung entsprechender Technologien bedarf aufgrund ihrer potenziell ambivalenten Gesundheitsfolgen für die Beschäftigten deshalb eines partizipativen und ganzheitlichen Abstimmungsprozesses; neben technischen sollten ebenso soziale Folgen berücksichtigt werden. Hier können soziotechnische Gestaltungsansätze einen hilfreichen Orientierungsrahmen bieten, die allerdings auf ihre Tauglichkeit hinsichtlich der skizzierten aktuellen Anforderungen zu überprüfen sind.

3. Soziotechnische Gestaltungsansätze

Soziotechnischen Gestaltungsansätzen liegt die Erkenntnis zugrunde, dass Arbeitssysteme erstens sowohl aus einem sozialen als auch aus einem technischen Subsystem bestehen, und dass beide Komponenten zweitens Wechselwirkungen unterliegen (vgl. etwa Trist & Bamforth 1951; Ulich 2013). Das soziale Teilsystem setzt sich demnach zusammen *„aus den Organisationsmitgliedern mit ihren individuellen und gruppenspezifischen Bedürfnissen physischer und psychischer Art, insbesondere deren Ansprüche an die Arbeit sowie ihren Kenntnissen und Fähigkeiten"* (Alioth 1980, S. 26).

Das technische Teilsystem wiederum besteht *„aus den Betriebsmitteln, den Anlagen und deren Layout, generell aus den technologischen und räumlichen Arbeitsbedingungen, die als Anforderungen dem sozialen System gegenüberstehen."* (ebd.)

Ziel soziotechnischer Ansätze ist die Optimierung des Arbeitssystems unter angemessener Berücksichtigung des sozialen wie des technischen Subsystems, angestrebt wird somit eine „*joint optimization*" (Cherns 1987, S. 155).

Ulich geht dabei von einem Primat der Arbeitsaufgabe aus und verweist damit auf den Umstand, dass es die Arbeitsaufgabe ist, in der das soziale und das technische System miteinander verwoben sind (2013, S. 6). Gestaltungs- und Veränderungsmaßnahmen innerhalb eines Arbeitssystems sollten daher unter Berücksichtigung der Frage konzipiert werden, zur Erledigung welcher Aufgabe das jeweilige System originär geschaffen wurde. Veränderungen innerhalb des sozialen und/oder des technischen Subsystems müssen demnach funktional zur Arbeitsaufgabe sein. Dies ist nach wie vor ein relevanter Hinweis, der bei der Einführung von Technologien berücksichtigt werden sollte. Es gilt dabei zwischen der Primäraufgabe, „zu deren Bewältigung das entsprechende System bzw. Subsystem geschaffen wurde" (Ulich 2013, S. 5) und Sekundäraufgaben zu unterscheiden, die „die Gestaltungsspielräume für die Erfüllung der Primäraufgabe u.U. entscheidend determinieren." (ebd.) Inwiefern diese hilfreiche Unterscheidung heute in einer komplexen Umgebung ineinander geschachtelter technischer Steuerungs- und Ausführungssysteme noch anwendbar ist, bleibt praktisch zu klären.

Ulich plädiert darüber hinaus für weitere soziotechnische Gestaltungsmaximen (ebd.). So sei (1) die Bildung relativ unabhängiger Organisationseinheiten sicherzustellen, denen ganzheitliche Aufgaben übertragen werden (ebd.). Es müsste zudem (2) der Zusammenhang der Teilaufgaben innerhalb der Organisationseinheit transparent gemacht werden, sodass Kommunikation erforderlich und gegenseitige Unterstützung möglich sei (ebd.). Letztlich sei auch (3) die Einheit von Produkt und Organisation zu gewährleisten, um Arbeitsergebnisse den jeweiligen Organisationseinheiten zuordnen zu können (ebd.). Im Übergang in die Industrie 4.0 ließen sich unter Berücksichtigung dieser Grundsätze neuerliche Gesundheitsrisiken wie monotone und/oder sozial isolierte Arbeitstätigkeiten sowie schließlich auch eine zunehmende Entfremdung der Beschäftigten von ihren Tätigkeiten vermeiden.

4. Kritik und Ausblick

Gleichwohl soziotechnische Ansätze im Hinblick auf vergangene Automatisierungsprozesse wichtige Impulsgeber für die menschengerechte Gestaltung der Arbeit waren, muss konstatiert werden, dass sie heutzutage nur eine marginale Rolle spielen. Insbesondere die zunehmende Vernetzung von Unternehmen(seinheiten) durch technische Kommunikations- und Steuerungssysteme lässt Zweifel aufkommen, inwiefern bspw. die Bildung teilautonomer Arbeitssysteme überhaupt noch möglich ist. Auch muss kritisch hinterfragt werden, inwiefern unter den Bedingungen des globalen Wettbewerbs und damit einhergehender Rationalisierungsmaßnahmen Gestaltungsspielräume für derart ganzheitliche Ansätze nutzbar bleiben. Schließlich scheint auch unklar, in welcher Weise sich die soziotechnischen Ansätze von anderen gegenwärtig vorherrschenden Gestaltungsprinzipien unterscheiden (z. B. *leane* oder agile Methoden). Es gilt, an dieser Stelle für konzeptionelle Klarheit zu sorgen und die Akteure mit geeigneten Orientierungen bei der Gestaltung zu unterstützen und handlungsfähig zu machen.

Trotz der beschriebenen potentiellen Schwächen der soziotechnischen Systemgestaltung könnte sich eine Aktualisierung dieses Ansatzes lohnen, scheinen seine Prinzipien doch anschlussfähig an die Herausforderungen der Industrie 4.0.

Literatur
Alioth, A. (1980): Entwicklung und Einführung alternativer Arbeitsformen. Bern, Stuttgart, Wien: Huber.
BMWi (2018): Was ist Industrie 4.0? Berlin. Online verfügbar unter https://www.plattform-i40.de/I40/Navigation/DE/Industrie40/WasIndustrie40/was-ist-industrie-40.html, zuletzt aktualisiert am 27.04.2018.
Cherns, A. (1987): Principles of Sociotechnical Design Revisted. In: Human Relations 40 (3), S. 153–161.
Gerst, D. (2016): Roboter erobern die Arbeitswelt. Betrachtungen aus der Sicht des Gesundheitsschutzes. In: Schröder, L.; Urban, H.-J. (Hg.): Digitale Arbeitswelt. Trends und Anforderungen. Frankfurt/Main: Bund-Verlag GmbH , S. 279–291.
Hasselmann, O. et al. (2018): Gesundheit in der Arbeitswelt 4.0. In: Cernavin, O.; Schröter, W.; Stowasser, S. (Hg.): Prävention 4.0. Wiesbaden: Springer, S. 231–268.
Hofmann, J.; Kurz, C. (2016): Industrie 4.0. Industriearbeit der Zukunft im digitalen Wandel. In: Schröder, L.; Urban, H.-J. (Hg.): Digitale Arbeitswelt. Trends und Anforderungen. Frankfurt/Main: Bund-Verlag GmbH, S. 73–85.
Kieselbach, T. et al. (2009): Gesundheit und Restrukturierung. Innovative Ansätze und Politikempfehlungen. München: Hampp.
Trist, E. L.; Bamforth, K. W. (1951): Some Social and Psychological Consequences of the Longwall Method of Coal-Getting. In: Human Relations 4 (1), S. 3–38.
Ulich, E. (2013): Arbeitssysteme als Soziotechnische Systeme – eine Erinnerung. In: Journal Psychologie des Alltagshandelns 6 (1), S. 4–12.
Wolf, T.; Strohschen, J.-H. (2018): Digitalisierung. Definition und Reife. In: Informatik Spektrum 41 (1), S. 56–64.

Markus Glassl
Individual Coaching GmbH

Design Thinking: Prinzipien und Möglichkeiten am Beispiel einer interdisziplinären Umgestaltung von Arbeitsräumen eines Service-Centers

1. Ausgangssituation

Bei der Neueinführung von Arbeitsprozessen bzw. Gestaltung von Arbeitsplätzen sind zahlreiche Vorschriften aus dem Bereich des Arbeitsschutzes zu beachten. Darüber hinaus sollten auch die vorhandenen Erkenntnisse aus den Arbeitswissenschaften berücksichtigt werden. In der Praxis wird oft ein Experte aus einem Fachgebiet mit der Planung beauftragt – häufig mit unzureichenden Informationen. MitarbeiterInnen werden nur selten als Experten „ihres Arbeitsplatzes" angesehen und an den Gestaltungsprozessen beteiligt.

Da die Wichtigkeit der Mitgestaltung der Arbeitsprozesse und des Arbeitsplatzes durch die MitarbeiterInnen in der Arbeitspsychologie seit Jahren bekannt ist (Ulich 2011), bieten die Prinzipien und Techniken des Design Thinkings eine gute Möglichkeit, solche Gestaltungsprozesse humaner und effizienter zu machen.

2. Design Thinking

„Design Thinking ist ein personenzentrierter Ansatz, um Probleme durch neue und kreative Ideen zu lösen. Ziel ist das Finden von Lösungen, die den Bedürfnissen der Betroffenen entsprechen, technisch machbar und wirtschaftlich erfolgreich sind."

Design Thinking entwickelte sich ursprünglich aus dem Bereich des Industrial Designs (IDEO o.J.) und wurde zunehmend in der Software Entwicklung eingesetzt. Im europäischen Raum trug vor allem das Engagement von SAP-Gründer Hasso Plattner zur Verbreitung bei (HPI 2018). Mittlerweile findet die Vorgangsweise auch in zahlreichen anderen Gebieten Einzug.

2.1 Design Thinking Regeln
- Der Nutzer steht im Zentrum!
- Gedanken immer bildhaft darstellen!
- Je mehr Ideen, desto besser!
- Ausgefallene Ideen sind besser!
- Jede Idee darf weiterentwickelt werden!
- Konzentration auf's aktuelle Thema!
- Aktiv Zuhören – es spricht immer nur eine Person!

- Bewertet wird immer erst nach der Ideenfindung!
- Menschen mit möglichst unterschiedlichem Wissen und Erfahrungsschatz arbeiten auf Augenhöhe an gemeinsamer Lösung.
- Spaß ist erlaubt und wichtig für den Erfolg!

2.2 Design Thinking Phasen

1. Problemfeld / Herausforderung klären: Hier wird ein gemeinsames Verständnis der zu lösenden Aufgabe hergestellt.
2. 360° Erforschung: Durch z.B. Literaturrecherche, vor allem aber wertschätzende Gespräche mit Betroffenen wird ein tiefes Verständnis für die Bedürfnisse hinter dem Problem erarbeitet.
3. Synthese: Aufgrund der Einsichten der Phase 2 wird das Problem neu definiert.
4. Ideenfindung: Mit verschiedenen Techniken und Hilfsmitteln werden möglichst viele Ideen generiert.
5. Prototyping: Die gesammelten Ideen werden bewertet und daraus meist mehrere lo-fi (möglichst einfache) Prototypen hergestellt.
6. Validierung: Die Prototypen werden mit potentiellen Anwendern der Lösung getestet.
7. Umsetzung: Der am besten bewertete Prototyp wird umgesetzt bzw. zum reifen Produkt weiterentwickelt.

Diese Phasen laufen nicht linear ab, sondern iterativ. Vor allem Phase 4 und 5 werden häufig mehrfach durchlaufen, aber es kann sich auch in der Phase der Validierung herausstellen, dass ein wesentlicher Faktor in der Phase 1 nicht berücksichtigt wurde. Damit beginnt der Prozess wieder bei Schritt 1. (SAP, 2014)

3. Praxisbeispiel
3.1 Ausgangssituation
Ein Team von ca. 70 MitarbeiterInnen bearbeitet derzeit im zweiten Stock in Einzel- oder Zwei-Personenbüros Reklamationen. Diese können schriftlich oder telefonisch eingebracht werden. Teilweise kommen Kunden auch persönlich vorbei. Diese werden vom Empfang im Erdgeschoss zu den BearbeiterInnen weitergeleitet. Da sich häufig KundInnen im Haus verirren bzw. die telefonisch einlangenden Beschwerden die Arbeit unterbrechen, beschloss das Management, einen zusätzlichen Raum im Erdgeschoss zu mieten und dort ein Service-Center einzurichten. Dort sollen im Wechseldienst drei MitarbeiterInnen persönlich vorgebrachte Beschwerden bearbeiten. Sechs MitarbeiterInnen sollen Telefonanrufe bearbeiten, damit die anderen ungestört arbeiten können.

3.2 Klassischer Lösungsweg
Vom Einkauf wurde der Büromöbellieferant beauftragt, die Büroeinrichtung für drei Gesprächs- und sechs Telefonarbeitsplätze zu planen. Weitere Informationen wurden nicht bereitgestellt. Das Ergebnis wurde bei der Begutachtung durch die Arbeitsmedizinerin und die Sicherheitsfachkraft als nicht zumutbar abgelehnt.

Daraufhin wurde beschlossen, einen zweiten Planungsversuch zu unternehmen und extern eine Arbeitspsychologin und eine Sicherheitsfachkraft zu beauftragen, partizipativ mit den MitarbeiterInnen die Bürogestaltung durchzuführen.

3.3 Anwendung von Design Thinking
Problemfeld klären: In einer Besprechung mit der Personalleitung wurden die Herausforderungen der Tätigkeit und die Hintergründe der Managemententscheidung hinterfragt. Weiters wurde der Budgetrahmen festgelegt. Die Gestaltungsmöglichkeiten wurden im Rahmen einer Begehung ausgelotet. Zeitaufwand ca. 4 Personenstunden.

360° Erforschung: Der Bauplan sowie Kataloge bzw. Farbmuster der zu beauftragenden Lieferanten wurden beschafft und Literatur zu Bürogestaltung gesichtet. Beratung zu Lichtgestaltung und Bepflanzung wurde eingeholt. Zeitaufwand ca. 8 Personenstunden.

Synthese: Aufgrund des Budgets und der groben Kostenschätzung für die unbedingt notwendige Ausstattung wurde der Spielraum für die partizipative Gestaltung definiert. Zeitaufwand ca. 2 Personenstunden.

Ideenfindung und Prototypentwicklung: Mit maßstabsgetreuen Papier-Mock-Up's wurden verschiedene Möglichkeiten der Bürogestaltung simuliert und schließlich zwei Varianten ausgearbeitet. vier grundsätzlich geeignete Farbvarianten für die Schalldämmelemente wurden ausgewählt. Besonderer Wert wurde dabei auf Lärmschutz gelegt. Zeitaufwand ca. 6 Personenstunden.

Validierung: In einer Onlinebefragung wurden die Farbvorschläge und die unterschiedlichen Anordnungen der Büromöbel zur Auswahl gestellt und von den MitarbeiterInnen bewertet. Weiters wurden Fragen zu den Befürchtungen bezüglich der Änderungen sowie nach zu erfüllenden Mindestkriterien gestellt. Zeitaufwand ca. 5 Personenstunden inklusive qualitativer Auswertung.

Erkenntnisse aus der Validierung: mit einem Rücklauf von 68 % bei nur einer Woche Befragungsdauer ist die Wichtigkeit des Themas deutlich geworden. Als wichtigster Punkt hat sich das Unwissen bei den Betroffenen über die geplanten Änderungen sowie die Sorge vor Lärm und Störungen herausgestellt. Bei den Farben und Gestaltungsoptionen wurden klare Entscheidungen herausgearbeitet.

Zweite Prototypentwicklung: Aufgrund der Befragungsergebnisse wurde ein harmonierter neuer Planungsentwurf mit konkreter Farbgestaltung entwickelt. Zeitaufwand ca. 2 Personenstunden.

Zweite Validierung: Der überarbeitete Entwurf wurde einem Experten der AUVA vorgelegt um zu prüfen, ob alle Anforderungen aus den einschlägigen Gesetzen und Verordnungen erfüllt sind bzw. ob es noch weitere Optimierungsmöglichkeiten geben könnte. Zeitaufwand ca. 3 Personenstunden.

Erkenntnisse aus der Validierung: Es ergaben sich keine weiteren Änderungen mehr.

Umsetzung: Eine Skizze mit Erklärungen sowie eine Materialliste wurde an den Auftraggeber zur Umsetzung übergeben. Weiters wurde eine umfassende Information der Betroffenen vor dem Bezug des neuen Büros empfohlen. Drei Monate nach Bezug des Büros wird eine Nachbefragung durchgeführt.

Bei einer Projektlaufzeit von ca. 3 Monaten sind insgesamt ca. 30 Personenstunden für die partizipative Gestaltung angefallen. Das vorgegebene Budget wurde eingehalten und das Feedback der Personalleitung (Auftraggeber) war positiv.

4. Schlussfolgerungen

Da die Techniken des Design Thinkings leicht und zum Teil sogar kostenlos via MOOC's (SAP, 2017) zu erlernen sind, kann dieser Ansatz die Qualität der Lösungen sowie deren Akzeptanz in der Praxis der Arbeitsgestaltung sehr effizient unterstützen. Der zusätzliche Aufwand in der Planungs- bzw. Gestaltungsphase amortisiert sich erfahrungsgemäß sehr rasch in der Umsetzungsphase.

Literatur
Die Literaturliste inkl. weiterführender Internetquellen können Sie unter https://www.ewoplass.at/literatur downloaden oder per Mail an bgm@individualcoaching.at anfordern.

Markus Glassl & Ulrike Amon-Glassl
Individual Coaching GmbH

Ein praxistaugliches Konzept für die Implementierung von Kurzpausen am Bildschirmarbeitsplatz

1. Ausgangssituation

Mit der fortschreitenden Digitalisierung nimmt die Anzahl der Bildschirmarbeitsplätze ständig zu. Die Detailauswertung der Erhebung von psychischen Belastungen mit EWOPLASS® an mehr als 7.500 Bildschirmarbeitsplätzen in 14 Unternehmen im Zeitraum von 2015 bis 2017 zeigt, dass mehr als 50 % der MitarbeiterInnen nur unzureichende Pausen machen. Die häufigsten in den verbalen Kommentaren genannten Ursachen sind Zeitdruck (> 80 %) sowie fehlender Rückhalt bzw. fehlende Vorbildwirkung durch die Führungskräfte.

Die detailliertere Analyse in Maßnahmenworkshops ergibt, dass der Zeitdruck hautsächlich durch Personalabbau und schlecht organisierte Prozesse sowie mangelhafte EDV-Unterstützung verursacht wird. Bei den persönlichen Faktoren zeigt sich mangelnde Gesundheitskompetenz, insbesondere fehlendes Wissen über die Wirkungen von Pausen und die körperlichen Vorgänge bei Stress.

2. Gestaltungskriterien

Arbeitsabläufe am Bildschirmarbeitsplatz sind psychisch (und körperlich) förderlich, wenn die MitarbeiterInnen selbstgesteuert und ermutigt von deren Führungskräften aktive Pausen bzw. aktive Nebentätigkeiten zumindest einmal pro Stunden machen können. Diese Anforderung ist seit 1998 in Österreich im § 10 der Bildschirmarbeitsverordnung (BS-V) festgeschrieben. Fehlende Pausen bzw. aktive Nebentätigkeiten führen zu Augenbeschwerden wie z. B. funktioneller Kurzsichtigkeit, Konzentrationsbeeinträchtigungen und damit mehr Fehlern, sowie langfristig zu Herz-Kreislauf Beschwerden, Übergewicht, Venenbeschwerden, etc.

Aus einem großangelegten Forschungsprojekt zu Kurzpausensystemen weiß man, dass die optimale Pause ca. 10 Minuten nach jeweils ca. 50 Minuten Bildschirmarbeit beträgt. 5 Minuten sollten davon aktive körperliche Bewegung ausmachen. Kurzpausensysteme funktionieren jedoch nur, wenn die organisatorischen Rahmenbedingungen geschaffen werden (Verhältnisprävention) und die Gesundheitskompetenz (Verhaltensprävention) gestärkt werden. (Claus & Willamowsky, 2002)

3. Umsetzungskonzept

Ein effizientes Maßnahmenpaket muss sowohl verhältnisorientierte als auch verhaltensorientierte Elemente umfassen. Da sich die Folgen der fehlenden Pausen primär auf die Arbeitsqualität und Leistungsfähigkeit der MitarbeiterInnen auswirken, muss es im Interesse der Unternehmen liegen, hier aktiv zu werden (Ulich 2011). Nachfolgend werden die wichtigsten praxiserprobten Elemente kurz vorgestellt:

3.1 Verhältnisebene – Regulationsbehinderungen beseitigen
Da Zeitdruck einen wesentlichen Faktor für die Nichteinhaltung der gesetzlichen Bildschirmpausen darstellt, ist dessen Reduktion der erste notwendige Schritt. Tiefergehende Analysen und die Ergebnisse der Maßnahmenworkshops stellen neben Personalmangel (der oft aus „betriebswirtschaftlichen Gründen" nicht behoben wird/werden kann) vor allem Regulationsbehinderungen durch unzureichend gestaltete Arbeitsprozesse sowie EDV-Probleme (fehlende Berechtigungen, mangelnde Einschulung, mangelnde Passung Software zu Arbeitsprozess) als Hauptursache dar.

In einer Gesamtbetrachtung über alle bisher mit EWOPLASS® befragten Unternehmen und Tätigkeitsgruppen sind EDV-Probleme für ca. 30 % der psychischen Belastungen verantwortlich. Die gute Nachricht dabei ist, dass deren Behebung oft nur mit sehr geringen Kosten verbunden ist. (Amon-Glassl et. al., 2015; Amon-Glassl & Glassl, 2016)

Ein Beispiel stellt eine Gruppe von 70 Abteilungsassistentinnen dar, die zur Kontrolle offener Einkaufsbestellungen nur die Berechtigung für die Selektion nach Materialnummer bzw. Lieferantennummer hatten. Diese Nummern waren ihnen jedoch unbekannt, da im internen Webshop durch Anklicken von Produktbildern bestellt wurde. Der Workaround bestand in der Selektion aller offenen Bestellungen mit Weiterverarbeitung in EXCEL®. Der Zeitaufwand betrug durchschnittlich 10 bis 15 Minuten pro Person und Tag. Nach einer Änderung der Berechtigung auf Selektion nach Kostenstelle konnte die Liste innerhalb von ca. 15 bis 20 Sekunden direkt in der betreffenden Software erstellt werden. Die Berechtigungsänderung verursachte einen internen Aufwand von nur vier Arbeitsstunden. Somit ist eine Amortisation der Maßnahme innerhalb weniger Tage durch die tägliche Zeitersparnis gegeben.

3.2 Verhältnisebene – Pausenkultur etablieren
Damit die gesetzlich vorgesehenen und medizinisch sinnvollen Pausen regelmäßig gemacht werden, ist eine entsprechende Pausenkultur erforderlich. Für gesundheitsorientiertes Verhalten ist ein förderndes Umfeld notwendig, dieses zu schaffen ist die Aufgabe des Unternehmens. Das bedeutet, dass die Einhaltung der Pausen ein von den Führungskräften und auch den KollegInnen erwünschtes Verhalten darstellt. Außerdem müssen Führungskräfte mit gutem Beispiel vorangehen.

Gute Praxisbeispiele für die Etablierung von Pausenkultur sind:
- Fünf-Minuten-Bewegungspausen nach ca. einer Stunde bei Besprechungen und Meetings.
- Wohlwollende Aufforderung zum Pause-Machen durch Führungskräfte und KollegInnen, wenn MitarbeiterInnen länger durcharbeiten.
- Aufhängen von Postern mit Pausenaufforderung und Übungsbeispielen in den Arbeitsräumen. (Amon & Glassl, 1995)
- Einplanung der Pausen im elektronischen Kalender.
- Motivation und Anleitung durch „Pausenmanager" bzw. Bewegungsmultiplikatoren".

3.3 Verhaltensebene – Gesundheitskompetenz steigern

Wichtiger noch als konkrete Übungen zur Aktivierung und zum Stressabbau ist Wissen zum Aufbau von Gesundheitskompetenz. Dazu gehört Theorie zur Wirkung von Kurzpausen und den negativen Auswirkungen von fehlenden Pausen. Anleitungen zum ergonomischen Einrichten des Bildschirmarbeitsplatzes (Einstellung von Sessel, Tisch, Bildschirm sowie Verwendung des ErgoPultes bei vorwiegender Belegarbeit). Tipps zur gesunden und leistungsfördernden Ernährung runden die Inhalte ab.

Mit zunehmender Digitalisierung kommen immer mehr internetbasierte Angebote auf den Markt. Die sind inhaltlich und technisch meist sehr gut aufbereitet, erreichen jedoch die wichtigste Zielgruppe nicht. Erfahrungen zeigen, dass Personen mit hoher Gesundheitskompetenz solche Angebote häufig nutzen, die Gruppe der „gesundheitsfernen" Personen – die das Wissen am dringendsten brauchen – jedoch nicht erreicht werden.

3.4 Verhaltensebene – Übungen vermitteln

Die Vermittlung von einfachen, am Büroarbeitsplatz ausführbaren Übungen und „Spielen" ist der Erfolgsfaktor für die Umsetzung. Für hohe Wirksamkeit sind unterschiedliche Gruppen von Übungen erforderlich, damit für „jeden etwas dabei ist". (Amon-Glassl, 2003)

Übungsgruppen: Aktivierung und Kräftigung, Augentraining, Entspannung, Koordination und Geschicklichkeit. Der Fokus liegt dabei immer auf Ganzkörperübungen, damit auch der Kreislauf aktiviert wird.

3.5 Praxisbeispiel

„Augen-, Entspannungs- und Ergonomietraining am Bildschirmarbeitsplatz"[©] stellt ein bereits 1995 von den Autoren entwickeltes und ständig optimiertes Programm dar, um die oben genannten Ziele und Anforderungen umzusetzen. Die Erfahrung zeigt, dass „Augentraining" deutlich mehr MitarbeiterInnen zum Teilnehmen motiviert, als Bezeichnungen wie „aktive Kurzpausenprogramme" oder „Stressmanagement".

Das Training umfasst neben den oben angeführten Inhalten auch einfache Koordinationsspiele mit Jonglierbällen und Aktivierungsübungen mit dem Kugelrollspiel® (Holzspiel zum Trainieren von Koordination und Konzentration sowie zur Augenentspannung). Der Einsatz dieser Hilfsmittel führt in der Praxis dazu, dass wesentlich häufiger aktive Pausen gemacht werden. Beide Motivationsmittel sind auch sehr gut in Seminaren und Workshops zum Aktivieren der TeilnehmerInnen einsetzbar.

Die Durchführung wird als Vier-Stunden- bzw. Ein-Tagesseminar für Führungskräfte und MitarbeiterInnen bzw. als Zwei-Tagesseminar für MultiplikatorInnen angeboten. Die Begleitung der praktischen Umsetzung erfolgt mit einem internetbasierten Lernsystem. Der gemeinsame Besuch der Seminare durch Führungskräfte und MitarbeiterInnen hat sich bewährt.

4. Schlussfolgerungen

Mit zunehmender Digitalisierung nehmen die Belastungen an Bildschirmarbeitsplätzen zu. Dabei führt Zeitdruck häufig dazu, dass keine oder zu wenig Pausen gemacht werden. Daher sind Maßnahmen zur Reduktion dieser Belastungen sowohl auf organisatorischer Ebene als auch auf Verhaltensebene notwendig. Zur Reduktion von Zeitdruck sind ganzheitliche Prozessoptimierungen sowie Verbesserungen im Bereich der EDV-Unterstützung vorrangig umzusetzen. Die Etablierung einer Pausenkultur, die von den Führungskräften (mit-) getragen wird, ist eine notwendige Voraussetzung, dass verhaltenspräventive Maßnahmen Erfolge bringen. Bei den Trainingsinhalten bringen abwechslungsreiche Programme (Aktivierung, Entspannung, Augentraining, Koordination und Geschicklichkeit) mit spielerischen Elementen die größten Effekte, da damit eine große Zahl von MitarbeiterInnen erreicht werden kann.

Literatur
Die Literaturliste und Übungsbeispiele können Sie unter https://www.ewoplass.at/literatur downloaden oder per Mail an bgm@individualcoaching.at anfordern.
Bezugsquellenhinweis: https://demo.ewoplass.at , https://www.ergopult.at bzw. https://www.kugelrollspiele.at

Paulino Jiménez & Anita Bregenzer
Karl-Franzens-Universität Graz, Institut für Psychologie

Arbeitsplatzgestaltung in der Arbeitswelt 4.0

1. Wandel der Arbeitswelt

1.1 Zunahme der psychischen Belastungen

Die Bedeutung des psychischen Wohlbefindens für die Erwerbstätigkeit hat mit dem Wandel der Arbeitswelt von einer Produktions- zu einer Dienstleistungsgesellschaft stark zugenommen (Badura, Ducki, Schröder, Klose & Meyer, 2012). Die Zunahme der psychischen Belastung und der damit daraus resultierenden psychischen (Fehl-)Beanspruchung am Arbeitsplatz ist ebenfalls deutlich. Der Anstieg an Belastung und Beanspruchung zeigte sich auch in Österreich (Jiménez et al., 2015): In der Studie weisen 8,5 % der österreichischen ArbeitnehmerInnen eine kritische Erholungs-Beanspruchungs-Balance im Sinne eines erhöhten Burnout-Risikos auf. Im Jahr 2013 waren es noch 5,8 %.

Die Arbeitswelt hat auf diesen Wandel reagiert und es wird verpflichtend die Evaluierung der psychischen Belastungen am Arbeitsplatz durch das ArbeitnehmerInnenschutzgesetz (ASchG) vorgeschrieben. Derzeit konzentriert sich die sogenannte Arbeitsplatzevaluierung stark auf die vier Bereiche Arbeitsaufgaben und -tätigkeiten, Sozial- und Organisationsklima, Arbeitsumgebung sowie Arbeitsabläufe und Arbeitsorganisation (siehe auch Leitfaden des Bundesministeriums für Arbeit Soziales und Konsumentenschutz [BMASK], 2013). In Deutschland wird für die Durchführung der Evaluierung psychischer Belastungen (in Deutschland: Gefährdungsbeurteilung) noch auf einen weiteren Bereich konkret eingegangen – die Evaluierung von Belastung im Bereich der „neuen Arbeitsformen" (Morschhäuser, Beck & Lohmann-Haislah, 2014).

Durch die zunehmende Globalisierung und zunehmende Verdichtung von Arbeitsanforderungen entwickeln sich zunehmend neue Arbeitsformen, wobei vor allem die zeitlichen, örtlichen und sozialen Arbeitsstrukturen sich immer mehr von den „traditionellen" Arbeitsstrukturen entfernen. Diese aktuellen Herausforderungen werden vor allem unter dem Begriff Industrie 4.0 bzw. Arbeit 4.0 aufgegriffen.

1.2 Entstehung neuer Arbeitsformen in der Arbeit 4.0
Was ist bedeutet Arbeit 4.0?
Im Rahmen zunehmender internationaler Zusammenarbeit von Organisationen hat sich die Arbeitswelt durch die Anwendung moderner Informations- und Kommunikationstechnologien stark gewandelt und sich der Begriff „Industrie 4.0" bzw. „Ar-

beit 4.0" etabliert. Industrie 4.0 beschreibt die Digitalisierung und Vernetzung innerhalb des gesamten Wertschöpfungsnetzwerks. Ein wichtiger Punkt von Industrie 4.0 stellt der Mensch mit seinen Bedürfnissen in dieser digitalisierten Arbeitsumgebung dar (siehe auch Botthof, 2015). Die digitalisierte Welt sollte so gestaltet sein, dass sie vom Beschäftigten als Vorteil und nicht als Belastung, die zu Fehlbeanspruchungen führt, empfunden wird. Durch gezielte Arbeitsgestaltung können digitale Hilfsmittel so in den Arbeitsprozess integriert werden, dass sie den Menschen am Arbeitsplatz unterstützen und nicht beeinträchtigen (Hartmann, 2015).

Entstehung neuer Belastungsformen
Arbeit 4.0 beschreibt demnach die Veränderung der Arbeit durch die Zunahme von modernen Informations- und Kommunikationstechnologien. Diese „neue Arbeitswelt" sollte so gestaltet sein, dass sie vom Beschäftigten als Ressource und nicht als Belastung, die zu möglichen Fehlbeanspruchungen führt, empfunden wird.

Derzeit zeigt sich die Veränderung der Arbeitswelt vor allem im Bereich der Zusammenarbeit und der Kommunikation. So wird die Kommunikation über virtuelle Medien („virtuelle Teams") oder die Zusammenarbeit zwischen verschiedenen Standorten (z.B. Stichwort „mobiles Arbeiten") vielfach zu einer Notwendigkeit. Demnach sollte vor allem bzw. verstärkt auf die neuen Formen der Belastung auf der Ebene des Sozial- und Organisationsklimas in zukünftigen Belastungsanalysen Bezug genommen werden, welche jene Anteile der Arbeit beschreibt, in denen es zu Interaktionen mit anderen Mitarbeitenden kommt. Es bedarf einer Erhöhung des Bewusstseins für die beeinträchtigenden Folgen von neu entstehenden Formen der Zusammenarbeit und Kommunikation sowie der Entwicklung von Maßnahmen, um dieser Form der Belastung entgegenzuwirken.

2. Analyse der Belastung durch neue Arbeitsformen
2.1 Erweiterung des OrgFit um neue Belastungsfacetten
Das Instrument OrgFit misst die psychische Belastung am Arbeitsplatz in den vier vorgeschriebenen relevanten Belastungsbereichen Arbeitsaufgaben und Arbeitstätigkeiten, Sozial- und Organisationsklima, Arbeitsumgebung sowie Arbeitsabläufe und Arbeitsorganisation (Jiménez & Dunkl, 2017). Um die Belastung durch neue Arbeitsformen umfassend evaluieren zu können, wurde der OrgFit um die derzeit neu entstehenden Belastungsbereiche erweitert. Die Adaptierung des OrgFit unter dem Namen OrgFit 4.0 soll für zukünftige Erhebungen im Rahmen der Arbeitsplatzevaluierung eine tiefergehende Belastungsanalyse sowie eine gezieltere Ableitung von Arbeitsgestaltungsmaßnahmen ermöglichen.

Im Zuge einer umfassenden Recherche wurden „neue" Belastungsquellen am Arbeitsplatz identifiziert, die im Zuge der heutigen Flexibilisierung und Digitalisierung der Arbeitswelt immer größere Wichtigkeit einnehmen. Der OrgFit 4.0 beinhaltet unter anderem Aspekte zu virtuellem/ standortübergreifendem Arbeiten, mobilem Arbeiten, Umgang mit technischer Ausstattung, ständiger Erreichbarkeit und modernen Führungsformen.

2.2 Validierung des OrgFit 4.0
Im Rahmen des Projekts „Arbeitswelt 2018" wird eine Befragung eines repräsentativen Querschnitts von über 2000 ArbeitnehmerInnen (quotiert nach Geschlecht und Alter) in Österreich und Deutschland durchgeführt. Neben der Gewinnung von repräsentativen Normwerten für die Belastung am Arbeitsplatz werden die Auswirkungen der neu entstehenden Belastungsfaktoren auf kurz und langfristige Beanspruchungsfolgen analysiert.

3. Einsatz des OrgFit 4.0 in der Praxis

3.1 Evaluierung psychischer Belastungen am Arbeitsplatz
Trotz des Anstiegs der Digitalisierung und Flexibilisierung in der Arbeitswelt und den potentiell beeinträchtigenden Folgen werden neue Formen der Zusammenarbeit nicht zur Genüge als wichtiger Belastungsbereich am Arbeitsplatz betrachtet und kaum Maßnahmen zur Reduktion möglich resultierender Fehlbeanspruchung entwickelt.

Der OrgFit 4.0 erlaubt die Identifizierung von besonders kritischen Belastungs-Kombinationen und kann für Arbeitsplatzgestaltungsmaßnahmen verwendet werden. Durch die Erweiterung des OrgFit um Belastungsbereiche in Hinblick auf neue Arbeitsformen kann mit dem OrgFit eine noch tiefergehende Arbeitsplatzanalyse durchgeführt werden.

3.2 Ableitung von Maßnahmen
Im Sinne einer möglichst nachhaltigen Reduktion von Belastung am Arbeitsplatz ist neben verhaltensbezogenen (individuellen) Maßnahmen die Schaffung einer gesundheitsgerechten Arbeitsumwelt durch verhältnisbezogene Maßnahmen erstrebenswert (Ulich & Wülser, 2018).

Führungskräfte sind besonders gefordert in der Belastungsanalyse und haben dabei eine Schlüsselfunktion, daher stellen Führungskräftetrainings eine Maßnahme auf Verhältnisebene dar, um kritische Effekte von Belastung auf Beanspruchungsfolgen nachhaltig zu reduzieren (Jiménez, Winkler & Bregenzer, 2017). Spezifisch in Hinblick auf virtuelle Teams könnten dies beispielsweise Führungskräftetrainings zur Leitung virtueller Teams (z.B. gesundheitsförderliche Verhaltensweisen wie Erhöhung des Handlungsspielraums oder des Gemeinschaftsgefühls) darstellen.

Mitwirkende. Der OrgFit 4.0 wird von den AutorInnen gemeinsam mit Isabel Figueroa-Schneider und Julia Merdzanic entwickelt. Die Entwicklung und Validierung des OrgFit 4.0 wird in Kooperation mit Michaela Höfer, Cornelia Schmon und Martin Weßel (research-team) durchgeführt.

Literatur

Badura, B., Ducki, A., Schröder, H., Klose, J. & Meyer, M. (Hrsg.). (2012). Gesundheit in der flexiblen Arbeitswelt. Chancen nutzen – Risiken minimieren (Fehlzeiten-Report, Bd. 2012). Berlin: Springer Berlin Heidelberg. https://doi.org/10.1007/978-3-642-29201-9

Botthof, A. (2015). Zukunft der Arbeit im Kontext von Autonomik und Industrie 4.0. In A. Botthof & E. A. Hartmann (Hrsg.), Zukunft der Arbeit in Industrie 4.0 (S. 3–8). Berlin, Heidelberg: Springer Berlin Heidelberg.

Bundesministerium für Arbeit Soziales und Konsumentenschutz. (2013). Bewertung der Arbeitsplatzevaluierung psychischer Belastungen im Rahmen der Kontroll- und Beratungstätigkeit. Leitfaden für die Arbeitsinspektion. Wien.

Hartmann, E. (2015). Arbeitsgestaltung für Industrie 4.0: Alte Wahrheiten, neue Herausforderungen. In A. Botthof & E. A. Hartmann (Hrsg.), Zukunft der Arbeit in Industrie 4.0 (S. 9–22). Berlin, Heidelberg: Springer Berlin Heidelberg.

Jiménez, P. & Dunkl, A. (2017). Assessment of Psychosocial Risks and Mental Stress at Work: The Development of the Instrument OrgFit. Journal of Ergonomics and Human Factors, 7 (1), 1–6. https://doi.org/10.4172/2165-7556.1000188

Jiménez, P., Schmon, C., Höfer, M., Lepold, A., Diebschlag, A. & Dunkl, A. (2015). AWÖ 2015. Arbeitswelt Österreich. Eine Studie zur Erfassung von psychischer Belastung, Beanspruchung, Erholung und Zufriedenheit am Arbeitsplatz. [AWOe 2015. Working World in Austria. A study for assessing mental stress, strain, recovery and satisfaction at the workplace.]. Graz: University of Graz. https://doi.org/10.13140/RG.2.2.12738.17601

Jiménez, P., Winkler, B. & Bregenzer, A. (2017). Developing Sustainable Workplaces with Leadership. Feedback about Organizational Working Conditions to Support Leaders in Health-Promoting Behavior. Sustainability, 9 (11), 1944. https://doi.org/10.3390/su9111944

Morschhäuser, M., Beck, D. & Lohmann-Haislah, A. (2014). Psychische Belastung als Gegenstand der Gefährdungsbeurteilung. In Bundesanstalt für Arbeitsschutz und Arbeitsmedizin (Hrsg.), Gefährdungsbeurteilung psychischer Belastung. Erfahrungen und Empfehlungen (S. 19–44). Berlin: Erich Schmidt Verlag.

Ulich, E. & Wülser, M. (2018). Gesundheitsmanagement in Unternehmen. Arbeitspsychologische Perspektiven (uniscope. Publikationen der SGO Stiftung, 7., überarbeitete und erweiterte Auflage). Wiesbaden: Springer Gabler.

Peter Nickel & Katrin Gomoll
Institut für Arbeitsschutz der Deutschen Gesetzlichen Unfallversicherung (IFA)

Das Gestalten von Mensch-System-Interaktionen unterstützen mit virtueller Realität

1. Einleitung

Das Gestalten von Arbeitsaufgaben, -mitteln und -umgebungen beeinflusst das Verhalten der Beschäftigten und damit auch die Arbeitssicherheit und den Gesundheitsschutz im Betrieb (DIN EN ISO 6385). Bereits heute soll die Präventionsarbeit für solche zukünftigen Arbeitsaufgaben, -mittel und umgebungen sorgen, die sicher, ergonomisch und gesund gestaltet sind und die die Beschäftigten beeinträchtigungsfrei nutzen können sowie sie bei ihrer Arbeit optimal unterstützen. Arbeits- und Ingenieurpsychologen sind in diesem Themengebiet mit Expertise, Initiative und mit betriebspraktischen Lösungsvorschlägen bis hin zu ihrer Umsetzung gefordert.

Mithilfe von Simulationstechniken wie z. B. virtueller Realität (VR) können Arbeitsschutz, Human Factors und Ergonomie an bestehenden (gefährlichen) Arbeitsplätzen untersucht und verbessert werden, neue Arbeitsschutzkonzepte modelliert, simuliert und im Nutzungskontext getestet werden oder auch präventive Anforderungen an zukünftige Arbeitssysteme entwickelt werden (Hale & Stanney 2015). Damit vermittelt VR als apparatives arbeits- und ingenieurpsychologisches Versuchsinstrument zwischen methodischen Ansätzen klassischer experimenteller Untersuchungsansätze und Feldstudien und eröffnet neue Wege für betriebspraktisch umsetzbare Lösungen (vgl. Nickel & Nachreiner 2010). Auch wird VR als methodische Unterstützung für die Bewertung und Beurteilung von Komponenten aus Arbeitssystemen genutzt oder für die Vermittlung von Lerninhalten eingesetzt, die selbstgesteuertes und erfahrungsgeleitetes Lernen fördern soll.

Eine Auswahl abgeschlossener und laufender Forschungsprojekte (Details vgl. Nickel & Lungfiel 2018, Gomoll & Nickel 2018) soll Möglichkeiten und Grenzen von VR zur Gestaltung von Mensch-System-Interaktionen nach arbeits- und ingenieurpsychologischen Konzepten demonstrieren.

2. VR als technisches und methodisches Hilfsmittel

2.1 Prospektives Gestalten im Arbeitsschutz mithilfe VR

Für eine vorausschauende Beurteilung von Gefährdungen und Risiken zukünftiger Arbeitssysteme diente VR der technischen Unterstützung von Wahrnehmungs-, Entscheidungs- und Problemlöseprozessen in einem Projekt, das von der Unfallversicherung Bund und Bahn (UVB) beauftragt wurde. Über 70 Arbeitsszenarien auf

Schiffsschleusen wurden für Risikobeurteilungen, Gefährdungsbeurteilungen sowie Beurteilungen nach SiGe-Plan und Unterlage für spätere Arbeiten dokumentiert. Ein dynamisches VR-Planungsmodell von Varianten zukünftig standardisierter Schleusen der Binnenschifffahrt wurde nach originalen Planungsunterlagen im Maßstab 1:1 und Anforderungen der Beurteilungen und der Arbeitsszenarien erstellt. Bereits heute passieren Schubverbände von bis zu 185 m Länge diese virtuellen Schleusenvarianten oder heben Autokräne Tore für Instandsetzungsarbeiten aus, während das in Realität erst in einigen Jahren geschehen kann.

Die Projektentwicklung wurde nicht lediglich am technisch Möglichen, sondern am inhaltlich für Beurteilungen von Arbeitsszenarien Erforderlichen ausgerichtet. Die Beurteilungsergebnisse dienen Anpassungen laufender Planungsvorhaben (z. B. Schleuse Wanne-Eickel), Änderungen standardisierter Objekte durch die Standardisierungskommission von BMVI und GDWS, der Erstellung bzw. Erweiterung von Mustervorlagen für zukünftige Beurteilungen sowie Betriebsanleitungen für Schleusen. Die prospektiven Beurteilungen erlauben im Projekt eine prospektive Gestaltung der Arbeitssysteme und insbesondere des Arbeitsschutzes und verbessern Arbeitssicherheit und Gesundheitsschutz der Zukunft bereits heute.

2.2 Zukünftige Arbeitssysteme analysieren mithilfe VR
In anderen Projekten, beauftragt durch verschiedene Unfallversicherungsträger, wurden arbeits- und ingenieurpsychologische Anforderungen an die Gestaltung des Arbeitsschutzes für Arbeitsplätze mit kollaborierenden Robotern untersucht. Danach beeinflussen Geschwindigkeit, Distanz und Vorhersehbarkeit von Roboterbewegungen die menschliche Arbeitsleistung und sind für Arbeitssicherheit und Gesundheitsschutz relevant.

Ebenso kann VR bei der Entwicklung von Sicherheitskonzeptionen für Mensch-System-Interaktionen unterstützen. Für Empfehlungen zur Gestaltung von 3D Schutzräumen bei Fertigungsprozessen wurden in virtuellen Fertigungsszenarien Geometrie und Markierung von 3D Schutzräumen variiert und Auswirkungen auf menschliche Arbeitsleistung und Sicherheit untersucht. Für 2D Schutzfelder relevante Sicherheitsabstände sind nach Projektergebnissen auch für 3D Schutzräume bedeutsam.

2.3 Gefährliche Arbeitssysteme untersuchen mithilfe VR
Unfallanalysen sind anspruchsvoll, da sie retroperspektiv ausgerichtet sind, Unfallhergänge, Ereignisketten oder sogar Ursache-Wirkungsbeziehungen durch Informations- und Wissenslücken unvollständig bleiben und dann nur begrenzt aufdecken können, was wann und wie unter spezifischen, meist aber unbekannten Umständen

geschehen ist. Ein Projekt, beauftragt u. a. durch die BGHW, untersuchte Tätigkeiten von Hubarbeitsbühnenfahrern in gefährlichen Arbeitssituationen in VR. Durch die Aufzeichnung von Tätigkeiten und Aktivitäten in VR konnten Unfälle und Beinaheunfälle im Zeitverlauf rekonstruiert und im Detail analysiert werden. Dadurch ergaben sich neue Einblicke in verursachende Bedingungen und die Entwicklung von Maßnahmen zur Risikominderung. VR kann integriert in arbeits- und ingenieurpsychologische Studien Unfalluntersuchungen vielfältig unterstützen.

Die Entwicklung einer VR-Anwendung, die das Laden eines Lkw mit Ladebordwand an Laderampen visualisiert, wurde von der BG Verkehr beauftragt. Während Lade- und Entladevorgängen verändert sich das Gesamtgewicht eines Lkw und die Bordwandhöhe passt sich manuell oder automatisch an die Rampenhöhe an. Analysen von Sturz-, Rutsch- und Stolperunfällen weisen darauf hin, dass sich Ladebordwände u. U. auch horizontal von der Laderampe wegbewegen können. Ein dynamisches VR-Modell für Ladevorgänge wurde entwickelt, um ggf. bei Analyse und Rekonstruktion von Gefahrensituationen sowie bei Schulungen medial zu unterstützen.

2.4 Trainingssituationen methodisch unterstützen mithilfe VR
Risikobeurteilungen nach Maschinenverordnung sind nicht nur für Maschinenhersteller, sondern auch für Betreiber von besonderer Bedeutung, da verschiedene Maschinen eingesetzt und ggf. als Produktionsprozess verkettet werden. Daher wird der iterative Prozess einer Risikobeurteilung auch in Seminaren vermittelt, die unterschiedliche Regulationsebenen ansprechen sollen. Gefordert werden somit Fachwissen und Regeln sowie auch Fertigkeiten und Erfahrung in der Beurteilung einschließlich Entwicklung und Evaluation von Maßnahmen nach dem STOP-Prinzip (Maßnahmenhierarchie).

Aktuell werden in ein Schulungskonzept eines Unfallversicherungsträgers Mensch-System-Interaktionen so in virtuelle Arbeitsszenarien integriert, dass betriebspraktisch relevantes und problemorientiertes Lernen gefördert wird. Orientiert am strukturierten Entwicklungskonzept für VR-Anwendungen (SDVE, Eastgate et al. 2015) werden zunächst Ziele definiert, Anforderungen analysiert, Spezifikationen abgeleitet, in einem Trainingskonzept verankert und als Mensch-System-Interaktionen in VR programmtechnisch abgebildet und schließlich ein so methodisch erweitertes Schulungskonzept evaluiert. Zur Förderung von selbstgesteuertem und erfahrungsgeleitetem Aneignen von Fachinhalten wurden bereits Mensch-System-Interaktionen in virtuellen Arbeitsszenarien entwickelt (Gomoll & Nickel 2018). Entwicklungsarbeiten zur Integration in das Trainingskonzept und abschließende Evaluationen werden vorbereitet.

3. Diskussion

Die ausgewählten Projekte geben einen Einblick in die Nutzung von Simulationstechniken wie etwa VR für die Prävention von Unfällen und arbeitsbedingten Gesundheitsgefahren [www.dguv.de/ifa/sutave]. Eine Integration von VR in die Präventionsarbeit kann ihren Handlungsradius vielseitig erweitern, indem so z. B. in virtuell gefährlichen Arbeitssituationen, die in VR nicht wirklich gefährlich sind, realitätsnah untersucht werden kann. Ebenso eröffnen sich durch realitätsnahes Probehandeln in geschützten virtuellen Welten oder einer Vorlaufforschung in Varianten zukünftiger Arbeitsszenarien neue Zugänge zur systematischen Analyse, Gestaltung und Evaluation in Arbeitssystemen, die in der Prävention besonders wirksam werden können.

Das gelingt in hier relevanten Anwendungsgebieten solange, wie VR Mittel zum Zweck des Arbeitsschutzes bleibt und weder diesem Zweck entfremdet noch Selbstzweck wird. Denn der VR-Einsatz allein macht weder Arbeitsbedingungen sicher und gesund, noch führt VR zu sicheren oder gesunden Verhaltensänderungen in der betrieblichen Praxis. In einem meist technik-zentrierten Prozess der Entwicklung von VR-Anwendungen werden zu oft eher technisch erwünschte oder machbare und dann allenfalls vermeintlich für den menschlichen Gebrauch tauglich Interaktionen angeboten oder Konzepte zur Systemgestaltung eingesetzt. Erst durch Expertise in arbeitswissenschaftlichen und insbesondere ingenieurpsychologischen Konzepten der Arbeitssystemgestaltung, in die auch VR als menschengerecht gestaltetes Hilfsmittel integriert wird, entwickelt sich eine Basis, mit der Präventionsarbeit eine nachhaltige Wirkung auf Arbeitssicherheit und Gesundheitsschutz entfalten kann.

Literatur
Eastgate, R.M., Wilson, J.R. & D'Cruz, M. (2015). Structured Development of Virtual Environments. In K.S. Hale & K.M. Stanney (Eds.), Handbook of virtual environments: Design, Implementation, and Applications (353–390). Boca Raton: CRC Press.
Gomoll, K. & Nickel, P. (2018). Development of a VR based qualification module in trainings on risk assessments according to the EU Directive on Safety of Machinery. Proceedings of SIAS 2018, Oct 10–12, Nancy, France.
Hale, K.S. & Stanney, K.M. (Eds.) (2015). Handbook of virtual environments: Design, Implementation, and Applications. Boca Raton: CRC Press.
Nickel, P. & Lungfiel, A. (2018). Improving Occupational Safety and Health (OSH) in Human-System Interaction (HSI) Through Applications in Virtual Environments. In V.G. Duffy (Ed.), DHM 2018, LNCS 10917, 1–12. Cham: Springer.
Nickel, P. & Nachreiner, F. (2010). Evaluation arbeitspsychologischer Interventionsmaßnahmen. In U. Kleinbeck & K. Schmidt (Hrsg.), Arbeitspsychologie (Enzyklopädie der Psychologie, D, III, 1) (1003-1038). Göttingen: Hogrefe.

Arbeitskreis
Gewalt am Arbeitsplatz und besondere Belastungen
Leitung: Andrea Fischbach

Birgit Pavlovsky, Sonja Berger, Karin Schumacher, Milena Barz & Ute Pohrt
Einschüchterungsversuche und Übergriffe auf Beschäftigte der Prävention der BG BAU

Andrea Fischbach & Philipp W. Lichtenthaler
Gefährdungsanalyse in der Emotionsarbeit

Alexander Herrmann, Christian Seubert & Jürgen Glaser
Arbeitsbezogene Gewalt bei privatem Sicherheitspersonal: Wer ist besonders gefährdet und was ist der Preis?

Judith Darteh
Sichere Arbeit im ambulant betreuten Wohnen

Birgit Pavlovsky, Sonja Berger, Karin Schumacher, Milena Barz & Ute Pohrt
Berufsgenossenschaft der Bauwirtschaft (BG BAU)

Einschüchterungsversuche und Übergriffe auf Beschäftigte der Prävention der BG BAU

1. Hintergrund

Die BG BAU ist die gesetzliche Unfallversicherung für die Bauwirtschaft und baunaher Dienstleistungen und betreut ca. 2,8 Mio. gesetzlich und freiwillig Versicherte in rund 500.000 Betrieben und ca. 40.000 private Bauvorhaben. In der Vergangenheit waren insbesondere aus dem Bereich der Aufsichtspersonen, die den Arbeitsschutz auf den Baustellen überwachen, Einzelfälle von Gewalt(-androhung) bekannt. Um geeignete Präventionsmaßnahmen ableiten zu können, wurden derartige Ereignisse in ihrer Art und Häufigkeit erstmalig systematisch erfasst.

2. Methoden

Nach einer Literaturrecherche wurde ein auf die Zielgruppe abgestimmter Fragebogen mit 28 Items entwickelt, der sich an ähnlichen Instrumenten zur Gewalterfassung im öffentlichen Dienst, z.B. bei Rettungskräften, orientierte (Schmidt, 2012; Päßler & Trommer, 2009; VBG 2009a; VBG 2009b; Oud, 2000). Dieser enthielt Fragen zur Häufigkeit gewalttätiger Übergriffe und Einschüchterungsversuche, zur Art und zu den Umständen des letzten kritischen Ereignisses, seinen Folgen und dem erlebten Umgang damit. Außerdem wurden Vorschläge für verbesserte Angebote hinsichtlich Prävention und Nachsorge kritischer Ereignisse erfragt. Die Online-Befragung der Mitarbeiterinnen und Mitarbeiter der Prävention der BG BAU erfolgte im Mai/Juni 2017.

3. Ergebnisse

Insgesamt haben 282 Mitarbeiterinnen und Mitarbeiter der Prävention (43 % der dort Beschäftigten) an der Befragung teilgenommen, davon waren 76 % Aufsichtspersonen, 6 % Berufskrankheiten-Ermittlerinnen und Ermittler sowie 12 % Beschäftigte in der Hauptverwaltung. 6 % haben ihren Tätigkeitsbereich nicht angegeben.

13,5 % der Befragten waren weiblich, 80,1 % männlich. Bei 6,4 % lagen keine Angaben zum Geschlecht vor. 69,5 % waren nach eigenen Angaben schon mehr als 10 Jahre bei der BG BAU (oder einem anderen Unfallversicherungsträger) tätig.

Von den 282 Teilnehmerinnen und Teilnehmern der Befragung haben in den vergangenen zwei Jahren nur 29,1 % ($n = 82$) keine Form von Gewalt, etwas über die Hälfte (51,8 %, $n = 146$) nur verbale/nonverbale Gewalt, 0,3 % ($n = 1$) nur körperliche Gewalt und 16,7% (*n* = 47) sowohl verbale/nonverbale Gewalt als auch gewalttätige Übergriffe erlebt. Für 2,1% (*n* = 6) lagen hierzu keine Angaben vor.

Hinsichtlich der Häufigkeit haben fast 44% der Beschäftigten der Prävention häufiger als ‚1–3-mal im Jahr' verbale/nonverbale Gewalt erfahren. Körperliche Gewalt erfolgte seltener, aber diese zu 20% öfter als ‚1–3-mal in 2 Jahren'. Die am meisten betroffene Personengruppe waren Aufsichtspersonen.

Die verbale/nonverbale Gewalt wurde hauptsächlich als ‚beschimpfen', ‚beleidigen', ‚ignorieren' und ‚zu geringer Gesprächsdistanz' erlebt. Die am häufigsten (50%) genannte Art körperlicher Gewalt war ‚schubsen/stoßen'.

222 Mitarbeiterinnen und Mitarbeiter machten Angaben zu ihrem letzten derartigen Ereignis. Zu Gewaltereignissen kam es hauptsächlich im Zusammenhang mit dem Einstellen von Arbeiten auf der Baustelle, aber auch häufig bei Routinekontrollen (Abbildung 1).

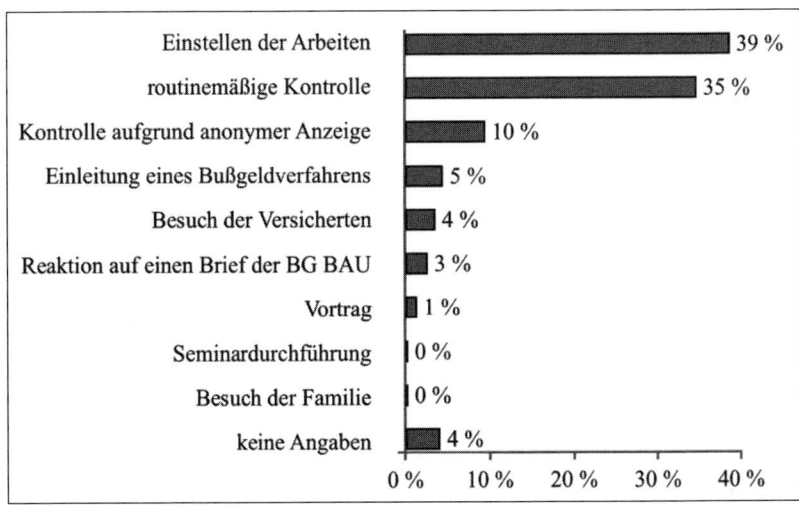

Abb. 1: Situation/Tätigkeit beim letzten kritischen Ereignis (n = 222)

Abweichend davon erlebten Berufskrankheiten-Ermittlerinnen und Ermittler den Übergriff ausschließlich aufgrund ihres Tätigkeitsbereichs im Zusammenhang mit dem Besuch der Versicherten.

In 84,7% gab es für die Mitarbeiterinnen und Mitarbeiter bei diesen Vorfällen keine vorherigen Anzeichen, dass die Situation eskalieren würde. 74 Betroffene (33,3%) gaben explizit an, dass dieses Ereignis „keine Folgen" für sie hatte. Von den restlichen 148 Betroffenen litten anschließend 123 unter seelischen Beeinträchtigungen, davon

- 57 ausschließlich unter seelischen Beeinträchtigungen
- 40 unter seelischen und sozialen Beeinträchtigungen
- 11 unter seelischen und körperlichen Beeinträchtigungen
- 15 sowohl unter seelischen, als auch unter sozialen und körperlichen Beeinträchtigungen.

In einem Fall waren rein körperliche Beeinträchtigungen angegeben. Für 24 Mitarbeiterinnen und Mitarbeiter war keine eindeutige Zuordnung möglich, da sie weder Folgen in diesen drei Kategorien, noch „keine Folgen" angekreuzt haben.

Körperliche, seelische und soziale Beeinträchtigungen zeigten in der Stärke ihrer Ausprägung deutliche Unterschiede (Abbildung 2).

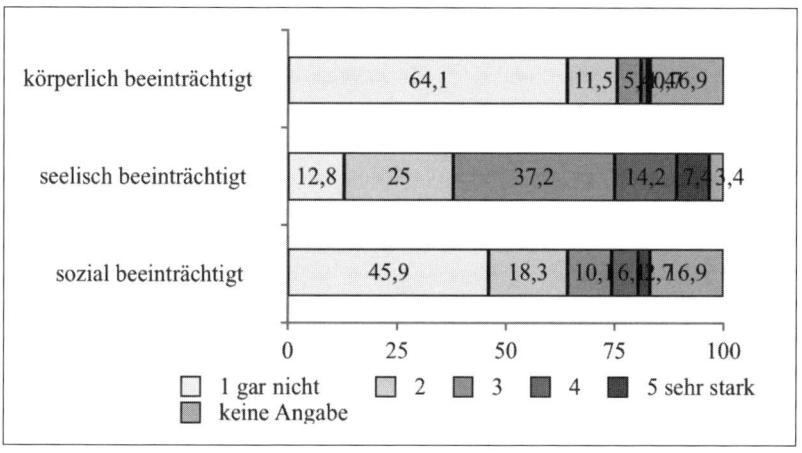

Abb. 2: Folgen des letzten kritischen Ereignisses für die Betroffenen in % (n = 148)

Nach erfahrener Gewalt halten 77,7 % der Befragten es für folgerichtig, die Vorgesetzten zu informieren. Auch eine konsequente (ggf. strafrechtliche) Nachverfolgung des Vorfalls durch den Arbeitgeber und eine Reflexion im Team bzw. der kollegiale Austausch über das Ereignis wird von jeweils über der Hälfte der Befragten als sinnvoll angesehen.

4. Schlussfolgerungen

Die Ergebnisse zeigen, dass Einschüchterungsversuche und gewalttätige Übergriffe insbesondere bei den Aufsichtspersonen keine Einzelereignisse sind. Aufsichtspersonen erleben durchschnittlich alle zwei Jahre ein körperliches Gewaltereignis und etwa alle 2,5 Monate einen verbalen/nonverbalen Übergriff. Bei BK-Ermittlerinnen und

Ermittler sowie Beschäftigten in der Hauptverwaltung sind solche Ereignisse seltener. Derartige Übergriffe rufen bei den Betroffenen vor allem seelische Beeinträchtigungen hervor und können in Folge ein traumatisches Ereignis darstellen (Päßler & Trommer, 2009; Gehrke, 2017).

Für den Umgang damit als auch für die Prävention und Nachsorge solcher Ereignisse besteht bei der BG BAU Optimierungsbedarf. Im Regelwerk der DGUV finden sich dazu zahlreiche Maßnahmen (DGUV 2017a; DGUV 2017b; DGUV 2015).

Literatur

Deutsche Gesetzliche Unfallversicherung e.V. (2015). Gut vorbereitet für den Ernstfall! Mit Traumatischen Ereignissen im Betrieb umgehen. (DGUV Information 206-017). Berlin: DGUV.

Deutsche Gesetzliche Unfallversicherung e.V. (2017a). Traumatische Ereignisse – Prävention und Rehabilitation (DGUV Grundsatz 306-001). Berlin: DGUV.

Deutsche Gesetzliche Unfallversicherung e.V. (2017b). Prävention von und Umgang mit Übergriffen auf Einsatzkräfte der Rettungsdienste und der Feuerwehr (DGUV Information 205-027). Berlin: DGUV.

Gehrke A. (2017). Gewalt am Arbeitsplatz und Möglichkeiten der Prävention. In: B. Badura, A. Ducki, H. Schröder, J. Klose J. & M. Meyer (Hrsg.), Fehlzeiten-Report 2017 (S. 93-99). Berlin: Springer.

Oud, N. E. (2000). Aggressions-Wahrnehmungs-Skala. POPAS Fragebogen. Amsterdam: Connecting.

Päßler, K. & Trommer, U. (2009). Gewaltprävention – ein Thema für öffentliche Verwaltung?! Düsseldorf: Unfallkasse Nordrhein-Westfalen.

Schmidt, J. (2012). Gewalt gegen Rettungskräfte. Bestandsaufnahme zur Gewalt gegen Rettungskräfte in Nordrhein-Westfalen. Bochum: Ruhr-Universität Bochum, Juristische Fakultät, Lehrstuhl für Kriminologie, Kriminalpolitik und Polizeiwissenschaft.

Verwaltungsberufsgenossenschaft (2009a): Gewaltprävention in Ausbildungsstätten – Erhebungen bei Auszubildenden. Hamburg: VBG.

Verwaltungsberufsgenossenschaft (2009b): Sicherheitsmaßnahmen gegen Übergriffe Dritter in Verkehrsunternehmen (VBG-Fachinformation BGI 5039). Hamburg: VBG.

Andrea Fischbach & Philipp W. Lichtenthaler
Deutsche Hochschule der Polizei, Münster

Gefährdungsanalyse in der Emotionsarbeit

1. Risiko Emotionsarbeit

Der professionelle Umgang mit Emotionen ist zentraler Bestandteil der Arbeit an und mit Menschen. Durch den Ausdruck angemessener Emotionen steuern Dienstleister (z.B. Verkäufer, Polizeibeamte) den sozialen Kontakt zum Empfänger ihrer Dienstleistung (z.B. Kunden, Bürger) und tragen so entscheidend zur erfolgreichen Dienstleistungserbringung bei. Mit der Emotionsarbeit sind nachweislich Risiken für Gesundheit, Arbeitsfähigkeit und Wohlbefinden der Beschäftigten verbunden (Schöllgen & Schulz, 2016). Beispielsweise ist die Anforderung, häufig Emotionen zeigen zu müssen, die spontan nicht erlebt werden (Emotionale Rollen-Dissonanz) ein Stressor, der mit Burnout und psychosomatischen Beschwerden korreliert ist. Doch obwohl Emotionsarbeit ein fester Bestandteil der Arbeit an und mit Menschen ist und große Teile der Beschäftigen in Deutschland in Feldern tätig sind und in Zukunft zunehmend tätig sein werden, in denen Emotionsarbeit geleistet werden muss und obwohl die Beurteilung psychischer Gefährdungen mit dem Arbeitsschutzgesetz von 2013 explizit gefordert ist, stehen den betroffenen Betrieben und Behörden bislang in der Regel nur grobe Orientierungshilfen zur Beurteilung der Gefährdung ihrer Beschäftigten durch Emotionsarbeit zur Verfügung. Betrachtet man die häufig verwendeten Instrumente fällt auf, dass Emotionsarbeit gar nicht oder nur unzureichend berücksichtigt ist.

2. Probleme der gängigen Risikobeurteilung

Instrumente zur Gefährdungsanalyse der Emotionsarbeit (vgl. BAuA, 2016) beurteilen Häufigkeit und Stärke von extremen emotionalen Ereignissen, Widerspruch zwischen gefühlten und geforderten Emotionen (Emotionale Rollen-Dissonanz), Widerspruch zwischen gefühlten und gezeigten Emotionen (Emotionale Dissonanz bzw. surface acting) und generelle emotionsbezogene Anforderungen als zentrale Risiken. Die Wirkung von Belastungskombinationen und die komplexe Wechselwirkung zwischen Beanspruchung, Bedingungen der Beanspruchung und organisationalen, aufgabenbezogenen, kundenbezogenen und personenbezogenen Ressourcen und auch die mögliche positive Wirkung der Emotionsarbeit auf das eigene Kompetenzerleben und eine positive Leistungserfüllung bleiben dabei aber unberücksichtigt (Böhle, Stöger & Weihrich, 2015; Fischbach, Decker, & Lichtenthaler, 2012; Semmer, Messerli, & Tschan, 2016).

Zur Beurteilung von extrem emotionalen Ereignissen als Risiko der Emotionsarbeit gibt es zahlreiche Faktoren, die sich erzeugend, verstärkend oder hemmend auf die emotionale Inanspruchnahme der extrem emotionalen Ereignisse auswirken und daher mitberücksichtigt werden müssen um Risiken und Gestaltungsbedarf zu identifizieren und geeignete Maßnahmen zum Gesundheitsschutz ableiten zu können. Beispielsweise sind polizeiliche Ermittler im Bereich der Kinderpornographie täglich mit extremen emotionalen Ereignissen konfrontiert. Eine Einschätzung der Gefährdung der Polizeibeamten alleine auf Grundlage dieser Arbeitsinhalte würde aber zu kurz greifen (Szymenderski, 2012). Eine Einschätzung der Gefährdung von Polizeibeamten müsste neben der Identifizierung der emotionalen Inanspruchnahme durch extreme emotionale Ereignisse an sich, beispielsweise auch die wahrgenommene Legitimität dieses Arbeitsinhaltes (z.B. die Ermittlungen als angemessenen Aspekt der Polizeiarbeit zu sehen), das berufliche Selbstverständnis (z.B. wahrgenommene Sinnhaftigkeit der Tätigkeit), arbeitsbezogene Ressourcen (z.B. emotionale Unterstützung durch Kollegen und Vorgesetzte, Möglichkeit zur Inanspruchnahme von professioneller Supervision, Möglichkeit zur Erholung), das Organisationsklima (z.B. Vertrauen Ängste und Sorgen offen ansprechen zu können) und die unabhängig von den extrem emotionalen Inhalten erlebten negativen Emotionen (z.B. aufgrund von als illegitim wahrgenommenen bürokratischen Vorgaben im Zusammenhang mit der Ermittlungsarbeit) erfassen.

Die Häufigkeit von Emotionaler Rollen-Dissonanz oder surface acting ist für die Risikobeurteilung der Emotionsarbeit ebenfalls nicht ausreichend. Beispielsweise können Semmer und Kollegen (2016) in einer Reihe von Studien zeigen, dass nicht die Emotionsregulation durch surface acting per se, sondern die in der Situation erlebten negativen Emotionen, die die Emotionsregulation mit surface acting nötig gemacht haben, das Stresserleben bedingen. Dies verdeutlicht, dass vielmehr als bisher die erlebten negativen Emotionen bei der Arbeit an und mit Menschen und ihre Ursachen im Zentrum der Erforschung von Gefährdung in der Emotionsarbeit stehen müssen und die Häufigkeit mit der Emotionen gezeigt werden (sollen), die aktuell nicht erlebt werden (surface acting/Emotionale (Rollen-)Dissonanz) für sich genommen keine ausreichende Erklärung zur Beurteilung von Gefährdungsrisiken der Emotionsarbeit darstellt.

Auch die Häufigkeit emotionsbezogener Anforderungen ist zur Beurteilung von Gefährdungsrisiken der Emotionsarbeit nicht ausreichend. Vielmehr können emotionsbezogene Anforderungen auch als Ressourcen zu den positiven Gestaltungsmerkmalen der Arbeit gezählt werden, wenn sie z.B. zur Anforderungsvielfalt oder zur Sinnhaftigkeit der Tätigkeit beitragen und ihre Bearbeitung den Leistungsstolz fördert (Böhle et al., 2015; Fischbach et al., 2012).

3. Herausforderungen neuer Risiken

Bei der Betrachtung von Anforderungen der Emotionsarbeit und den damit verbundenen Risiken für Gesundheit, Wohlbefinden und Leistungsfähigkeit der Beschäftigten muss beachtet werden, dass die Grenzen zwischen arbeitsbezogenen Zielen und Vorgaben und persönlichen Zielen und selbstauferlegten Verhaltenserwartungen in der Emotionsarbeit fließend sind. Vielfach hat das dazu geführt, dass als Gestaltungsmaßnahmen zur Verbesserung von Gesundheit und Leistungsfähigkeit in der Emotionsarbeit insbesondere personenbezogene Ressourcen (z.B. Emotionale Kompetenzen) und personenbezogene Maßnahmen (z.B. Training der Emotionsregulation) im Fokus stehen (Schöllgen & Schulz, 2016). Daraus ergibt sich ein bisher wenig berücksichtigtes Risiko für den Gesundheitsschutz, nämlich dass Regulationsprobleme, Hindernisse und negative Konsequenzen der Emotionsarbeit vorschnell „individualisiert" werden (Szymenderski, 2012). Entsprechend liegt momentan kaum Gestaltungswissen zu den organisationalen, strukturellen, betrieblichen und kundenbezogenen Stressoren vor. Die Forschung zeigt, dass häufig Emotionsregulationsstrategien (das Unterdrücken unerwünschter Emotionen (supress), das Zeigen nicht erlebter Emotionen (surface acting) und die Einflussnahme auf die erlebten Emotionen in Richtung der gezeigten Emotionen (deep acting)) bei der Arbeit an und mit Menschen spontan angewendet werden und meistens die erwarteten Emotionen automatisch in der Situation erlebt und gezeigt werden. Das heißt, dass Dienstleister solche Emotionsregulationsstrategien einsetzen, um organisationsbezogene Ziele und Vorgaben (z.B. display rules) zu erfüllen, aber auch persönliche berufliche Ziele zu erreichen (z.B. die Interaktion mit den Kunden möglichst angenehm zu gestalteten) (Böhle et al., 2015). Mit dem professionellen Umgang mit Emotionen sind somit auch positive Effekte auf Wohlbefinden und Kompetenzerleben verbunden (Semmer et al., 2016). Daraus folgt für eine Gefährdungsanalyse, dass die Bedingungen, die einen selbstbestimmten professionellen Umgang mit Emotionen in der Arbeit fördern oder behindern stärker als bislang berücksichtigt werden müssen (Böhle, et al. 2015).

Zudem sollten zur Beurteilung von Gefährdungsrisiken der Emotionsarbeit auch die Aspekte der Arbeitstätigkeit betrachtet werden, die einen direkten Einfluss auf die Emotionsregulation und Ressourcen der Emotionsregulation haben. Dazu gehören beispielsweise die Lage, Dauer und Intensität von Arbeits- und Erholungszeiten und die Möglichkeiten zum „Detachment" in der Emotionsarbeit. Auch hierzu liegen bislang kaum Untersuchungen vor. Die verdi Studie zu Arbeitszeit und Belastung im Dienstleistungssektor zeigt, dass lange Arbeitszeiten, eine ungünstige Lage der Arbeitszeiten, Nacht- und Schichtarbeit ein ernst zu nehmendes Risiko für die Emotionsarbeit darstellt.

4. Gestaltungsempfehlungen

Emotionsarbeit wird zukünftig eine immer größere Bedeutung in der Arbeitswelt haben. Betriebe und Behörden sollten die mit der Emotionsarbeit verbundenen Risiken einschätzen und geeignete Maßnahmen für den Arbeitsschutz und die Gestaltung guter Arbeit umsetzen können. Dazu bedarf es einer Gefährdungsanalyse der Emotionsarbeit aus der bedingungsbezogene Gestaltungsempfehlungen abgeleitet werden können. Einzelne identifizierbare Risikofaktoren, wie extreme emotionale Belastungen oder Emotionale Dissonanz, werden der Komplexität der Emotionsarbeit und ihrer Risiken und Potenziale für Gesundheit, Arbeitsfähigkeit und Wohlbefinden in der Arbeit kaum gerecht. Unzureichende Gefährdungsanalysen können zu Bewertungen führen, die zentrale Quellen für Belastung in der Emotionsarbeit übersehen und zu unsachgemäßen Gestaltungsempfehlungen führen können. So lag bislang ein Fokus der Gefährdungsanalyse der Emotionsarbeit auf individuellen Strategien zum Umgang mit emotionalen Anforderungen und die daraus abgeleiteten Gestaltungsempfehlungen waren insbesondere personenbezogene Maßnehmen. Diese Ansätze müssen durch bedingungsbezogenes Gestaltungswissen ergänzt werden.

Literatur

BAuA. (2016). Ratgeber zur Gefährdungsbeurteilung - Handbuch für Arbeitsschutzfachleute. Dortmund/Berlin/Dresden: BAuA. https://doi.org/10.21934/baua

Böhle, F., Stöger, U., & Weihrich, M. (2015). Wie lässt sich Interaktionsarbeit menschengerecht gestalten? Zur Notwendigkeit einer Neubestimmung. Arbeits- Und Industriesoziologische Studien, 8(1), 37–54.

Fischbach, A., Decker, C., & Lichtenthaler, P. W. (2012). Emotionsarbeit, Wertschätzung und Stolz in Einzelhandel und Pflege. In R. Reichwald, M. Frenz, S. Hermann, & A. Schipanski (Hrsg.), Zukunftsfeld Dienstleistungsarbeit - Professionalisierung - Wertschätzung - Interaktion (S. 525–539). Wiesbaden: Gabler Verlag - Springer Fachmedien.

Semmer, N. K., Messerli, L., & Tschan, F. (2016). Disentangling the components of surface acting in emotion work: Experiencing emotions may be as important as regulating them. Journal of Applied Social Psychology, 46(1), 46–64. https://doi.org/10.1111/jasp.12364

Schöllgen, I., & Schulz, A. (2016). Psychische Gesundheit in der Arbeitswelt: Emotionsarbeit. Dortmund/Berlin/Dresden: BAuA.

Szymenderski, P. (2012). Gefühlsarbeit im Polizeidienst. Wie Polizeibedienstete die emotionalen Anforderungen ihres Berufs bewältigen. Bielefeld: transcript Verlag.

ver.di. (2011). Arbeit mit Kunden, Patienten, Klienten. So bewerten die Beschäftigten in den Dienstleistungsbranchen die Arbeitsbedingungen. Berlin: ver.di.

Alexander Herrmann, Christian Seubert & Jürgen Glaser
Universität Innsbruck

Arbeitsbezogene Gewalt bei privatem Sicherheitspersonal: Wer ist besonders gefährdet und was ist der Preis?

1. Einleitung

Gewalterfahrungen in der Arbeit wurden vielfach als die größte Gefahr für Gesundheit und Wohlbefinden von Beschäftigten identifiziert, denn sie gehen immer mit einer Gefährdung von physischer oder psychischer Gesundheit einher (Krug, 2002 nach Leino, 2013). Eine Vielzahl von Befunden belegen die negativen Konsequenzen für die Gesundheit von Beschäftigten (z. B. Burnout, posttraumatische Belastungsstörungen, Depressivität oder psychosomatische Beschwerden; Leino, 2013).

Neben den gesundheitlichen Folgen machen auch die negativen Auswirkungen auf Krankenstände, Arbeitsleistung und Kündigungsabsicht sowie letztlich hohe finanzielle Kosten (Hassard et al. 2018) Gewalt im Arbeitskontext aus wirtschaftlicher Perspektive zu einem zentralen Thema.

In der Forschungsliteratur finden sich zudem Hinweise auf potentiell tätigkeitsübergreifende Risikofaktoren, welche mit einer gesteigerten Gewalterfahrung im Arbeitskontext assoziiert werden, wie männliches Geschlecht, junges Alter, nächtliche und morgendliche Arbeitszeiten, Alleinarbeit, der Umgang mit Wertgütern, Zeitdruck und geringe Arbeitserfahrung (Dupré, Dawe & Barling, 2014).

2. Erhöhtes Gefährdungsrisiko für privates Sicherheitspersonal?

Gewalterfahrungen im Arbeitskontext und ihre Folgen sind besonders im Bereich der Pflege- und Gesundheitsberufe umfassend untersucht. Am höchsten scheint das Risiko für arbeitsbezogene Gewalterfahrungen allerdings im Bereich der Schutz- und Sicherheitsberufe (Waddington, Badger & Bull, 2005).

Innerhalb dieser Risikogruppe wurden bisher besonders ExekutivebeamtInnen untersucht (Leino, 2013). Studien über privates Sicherheitspersonal gibt es dagegen kaum. Aus arbeitsgesundheitlicher Perspektive ein überraschender Befund, da 1) vor allem Ereignisse, welche mit verschiedenen Formen von Gewalt einhergehen die Existenzgrundlage dieser Branche darstellen und 2) privates Sicherheitspersonal gegenüber PolizistInnen in der Regel wesentlich schlechter oder gar nicht im Umgang mit Gewaltsituationen geschult ist (Ruddell et al., 2011).

International konnten vier Studien zu arbeitsbezogener Gewalt bei privatem Sicherheitspersonal gesichtet werden (Leino, 2013). Von 1010 finnischen SicherheitsmitarbeiterInnen berichteten 39 Prozent von verbaler Aggression, 19 Prozent von

Gewaltandrohungen und 15 Prozent von körperlichen Angriffen mindestens einmal im Monat. Gewalterfahrungen sind mit Symptomen von psychologischem Disstress assoziiert und werden durch Sorgen vor zukünftiger Gewalt mediiert. Das Erleben traumatischer Ereignisse, wie Morddrohungen, Verletzungen oder Angriffe ist mit Burnout assoziiert (Leino, 2013).

Speziell für den deutschsprachigen Raum findet sich keine empirische Untersuchung. Deutsche und österreichische SicherheitsmitarbeiterInnen sind aber möglicherweise besonders betroffen, da beide Länder im EU-Vergleich durch unzureichende gesetzliche Ausbildungsstandards für allgemeines privates Sicherheitspersonal charakterisiert sind (Button, 2007).

Dieser Artikel trägt daher in drei Bereichen zur Erweiterung der Fachliteratur bei. Erstmalig werden empirische Befunde zu Gewalterfahrungen von privatem Sicherheitspersonal aus Deutschland und Österreich dargestellt und Risikofaktoren exploriert. Abschließend werden mit dem psychosomatischen Beschwerdedruck und der Kündigungsabsicht Zusammenhänge für bisher in dieser Beschäftigungsgruppe unberücksichtigte Outcomes untersucht.

3. Theoretische Einbettung

Dupré et al. (2014) fanden erste Evidenz für ihr hypothetisches Model zu workplace aggression. Ihre Konzeption bewegt sich innerhalb des Stressor-Stress-Strain Modells. Aggressionserfahrungen werden dort als Jobstressoren repräsentiert, welche zu Stress und damit zu einer Reihe an physischen, psychischen, behavioralen und motivationalen Konsequenzen führen. Der subjektiven Risikoeinschätzung Gewalt im Arbeitskontext zu begegnen kommt hier eine vermittelnde Rolle zu. Ergänzend nennt Abdollahi (2002) Angst vor erneuter zukünftiger Gewalt als weiteren Mediator. Die Sorge vor potentieller Gewalterfahrung hat möglicherweise vergleichbare psychische Negativfolgen wie eine tatsächliche Gewalterfahrung (Schneider, 1995).

Die Fachliteratur offenbart jedoch eine große begriffliche Heterogenität der Begrifflichkeiten zu Gewalt im Arbeitskontext. Braverman (1999) postuliert deshalb eine notwendige Typologisierung aversiven Verhaltens in organisationale Außenseiter ohne Organisationsbezug z. B. Räuber, allgemeine Öffentlichkeit (Typ I), organisationale Außenseiter mit Organisationsbezug z. B. Patient, Kunde, (Typ II), aktuelle oder ehemalige Angestellter (Typ III), Personen ohne Organisationsbezug, aber privater Bezug zur ArbeitnehmerIn, z. B. FreundIn, PartnerIn, (Typ IV). Da sich der Arbeitsauftrag privater Sicherheit vornehmlich an Gewalt organisationaler Außenseiter richtet, wurden speziell Gewalterfahrungen des Typs I und II berücksichtigt.

4. Forschungsfragen

1. Wie hoch sind berichtete Gewalterfahrungen (Typ I + II) und die Sorge vor Gewalt bei privatem Sicherheitspersonal in Deutschland und Österreich?
2. Welche Prädiktoren lassen sich für die Häufigkeit arbeitsbezogener Gewalterfahrungen (Typ I + II) und für die Sorge um Gewalt identifizieren?
3. Die Häufigkeit von arbeitsbezogener Gewalterfahrung (Typ I + II) ist:
   a) positiv mit psychosomatischem Beschwerdedruck assoziiert und
   b) positiv mit Kündigungsabsicht assoziiert.
   c) Beide Zusammenhänge sind durch die Sorge vor Gewalt mediiert.

5. Methodik

Die Daten wurden im Zuge einer Onlinebefragung von 683 privaten SicherheitsmitarbeiterInnen in Deutschland und Österreich erhoben (19–77 Jahre, MW: 42 Jahre; 20 % Frauenanteil).

Insgesamt vier Konstrukte wurden mit oder in Anlehnung an bestehende Instrumente erhoben (Quellenangaben von den Autoren erhältlich). Kernvariablen waren die arbeitsbezogene Gewalterfahrung (Index aus 4 Items [körperliche Angriffe, Zeuge von Gewalt, verbale Bedrohungen und sexuelle Belästigung], Skala: 0–3, α =.70, MW = 0.74, SD = 0.72), die Sorge um Gewalt (1 Item, Skala: 1-5, MW = 2.55, SD = 1.22), Kündigungsabsicht (4 Items, Skala: 1–5, α = .90, MW = 2.83, SD = 1.27) sowie psychosomatischer Beschwerdedruck (12 Items, Skala: 1–5, α = .93, MW = 2.31, SD = 0.87).

6. Ergebnisse

1. 23 % der Befragten sorgten sich erheblich bis extrem um Gewalt im Dienst (28 % mäßig, 22 % ein bisschen, 26 % gar nicht). Über die vergangenen 12 Monate lag die Prävalenzrate für verbale Bedrohung und Beleidigung bei 53 %, für bezeugte physische Gewalt bei 38 %, für physische Angriffe gegen die eigene Person bei 31 % und für sexuelle Belästigung bei 5 %.
2. Junges Alter, längere Tätigkeitsdauer (TD), vermehrte Wochenend-Feiertags-Nachtarbeit (WFN) sowie weniger Alleinarbeit (AA) waren Prädiktoren für die Häufigkeit von Gewalterfahrungen (Tab. 1). Frauen (F), sowie Personen mit längerer Tätigkeitsdauer (TD), längerer Wochenarbeitszeit (h/W), vermehrter Wochenend-Feiertags-Nachtarbeit (WFN) sowie weniger Alleinarbeit (AA) sorgen sich vermehrt um Gewalt (Tab. 1). Deutsche Probanden erfahren häufiger Gewalt (.22**) und sorgten sich mehr um Gewalt (.16**).

Tab. 1 Standardisierte Koeffizienten der hierarchischen Regressionen

	Alter	F	TD	h/W	WFN	AA
Häufigkeit GW [1]	-.42***	-	.34**	-	.84***	-.13+
Sorge um Gewalt [2]	-	.12*	.17*	.13*	.43***	-.80+

[1] korr. R2 = .57, [2] korr. R2 = .81, + Tendenz, *p < 0.05, **p < 0.01, ***p < 0.001

3. Bivariat zeigten sich positive Zusammenhänge sowohl von Häufigkeit von Gewalterfahrung, als auch von Sorge um Gewalt mit psychosomatischem Beschwerdedruck (r = .20; p < .01 / r = .26; p < .01) und Kündigungsabsicht (r = .12; p < .01 / r = .11; p < .01). Die Sorge um Gewalt mediierte den Zusammenhang der Häufigkeit von Gewalterfahrung mit psychosomatischem Beschwerdedruck (indirekt. Effekt .13; 95%-Boot-CI [.08; .20]; vollständige Mediation), nicht aber den Zusammenhang der Häufigkeit von Gewalterfahrung mit Kündigungsabsicht (indirekt. Effekt, .03; 95%-Boot-CI [.03; .09]).

Literatur

Abdollahi, M. K. (2002). Understanding police stress research. Journal of Forensic Psychology Practice, 2 (2), 1–24.

Braverman, M. (1999). Preventing workplace violence: A guide for employers and practitioners. Thousand Oaks, CA: Sage.

Button, M. (2007). Assessing the regulation of private security across Europe. European Journal of Criminology, 4 (1), 109–128.

Dupré, K.E., Dawe, K. & Barling, J. (2014). Harm to those who serve: Effects of direct and vicarious customer-initiated workplace aggression. Journal of Interpersonal Violence, 29, 2355–2377.

Hassard, J., Teoh, K. R. H., Visockaite, G. Dewe, P. & Cox, T. (2018). The financial burden of psychosocial workplace aggression: A systematic review of cost-of-illness studies, Work & Stress, 32, (1), 6–32.

Leino, T. (2013). Work-related violence and its associations with psychological health: A study of Finnish police patrol officers and security guards. Finnish Institute of Occupational Health: People and Work Research Reports 98.

Ruddell, R., Thomas, M.O., & Patten, R. (2011). Examining the roles of the police and private security officers in urban social control. International Journal of Police Sciences & Management, 13, 54–69.

Schneider, K. T. (1995). Bystander stress: The effect of organizational tolerance of sexual harassment on victims co-workers (Unpublished doctoral dissertation). University of Illinois, Urbana-Champaign.

Waddington, P. A. J., Badger, D., & Bull, R. (2005). Appraising the inclusive definition of workplace 'violence'. British Journal of Criminology, 45, 141–164.

Judith Darteh
A.U.G.E. Institut, Hochschule Niederrhein, Krefeld

Sichere Arbeit im ambulant betreuten Wohnen

1. Arbeitsschutzstudie zum Thema Mobile Arbeit

Ambulante Hilfen zum selbstbestimmten Wohnen
Das ambulant betreute Wohnen für Personen mit seelischer Behinderung als Sozialleistung der Eingliederungshilfe nach § 53 SGB XII bei chronischer psychischer Erkrankung oder Sucht unterstützt das selbstbestimmte Leben in der eigenen Wohnung. 2013 nahmen bundesweit 210.000 Personen mit Behinderung stationäre und 180.000 ambulante Wohnhilfen in Anspruch, zu 71% bei psychischer Behinderung. Bei wachsendem Bedarf an sozialen Dienstleistungen tragen ambulante Formen der sozialen Integration und Kostendämpfung eher Rechnung. (Statistisches Bundesamt, 2015).

Der Anteil kleinerer Anbieter im ambulanten Bereich steigt (LWL, 2017). Ab einer/m Beschäftigten alle Arbeitsschutzpflichten zu erfüllen ist für KMU ohne überbetriebliche Hilfen schwierig (Sczesny et al., 2014). Pflege und Betreuung sind psychisch beanspruchend und häufig treten im sozialpsychiatrischen Bereich zusätzlich belastende Situationen auf (Bosshard et al., 2010).

Mobile Arbeitsplätze, die von der Arbeitsstättenverordnung ausgenommen sind, weil arbeitgeberseitig nicht zu beeinflussen und veränderlich, erfordern neue Wege im Kontrast zu festen Betriebsstätten und Abläufen, deren Gefährdungen standardisiert beurteilt werden können (Bauer-Sternberg et al., 2008). Tätigkeitsmerkmale im betreuten Wohnen sind die privaten Haushalte, das alltagsbezogene Lebensumfeld der KlientInnen als Arbeitsorte, die damit verbundene Verkehrsteilnahme, Alleinarbeit, emotionale Beanspruchung (Hacker, 2009) und Kommunikation in Krisensituationen (Newhill, 2004).

Erhebungsziele, Methode, Stichprobe
Für ein Abschlussprojekt in Sozialmanagement wurden organisatorische und fachpraktische Faktoren sicherer Arbeitsprozesse der aufsuchend-häuslichen Dienstleistungen und ihre Umsetzung im beruflichen Alltag untersucht. Im Oktober 2017 wurden Anbieter des ambulant betreuten Wohnens in NRW zum Stand des Arbeitsschutzes, typischen Gefährdungen und umgesetzten Präventionsmethoden online anonym befragt. Per E-Mail wurden 666 Einrichtungen erreicht, zur Weiterleitung im Team, was einen Selektionseffekt nach Interesse am Arbeitsschutz zulasten der Repräsentativität vermuten ließ.

In vier Themenblöcken – Arbeitsort KlientInnen-Wohnung, Verkehrsteilnahme, Gewalt und Rufdienst/Kriseneinsatz – wurde ein breites Spektrum an Rahmendaten, Belastungen und angewendeten Maßnahmen erfragt, überwiegend mit Mehrfach-Antwortvorgaben. Formale Arbeitsschutzstrukturen wurden ausschließlich von Leitungskräften erhoben, um die Teilnahmebereitschaft und Anonymität insbesondere der Teamkräfte aufrechtzuerhalten. 120 von 193 registrierten Datensets wurden ausgewertet. Die Perspektive der Leitung (52 %) und ausführenden Kräfte (48 %) ist über die Trägerformen ausgeglichen vertreten. Der Angebotszuwachs ab 2000 entspricht dem 82 %-Anteil bis zu 15 Berufsjahren, 75 % der Betriebe bestehen max. 15 Jahre. Da nur Zeiträume direkter Kommunikation mit KlientInnen („face-to-face/ear-to-ear") abrechenbar sind, ist das Verhältnis dieser Fachleistungsstunden (FLS) zur Arbeitszeit für die Wirtschaftlichkeit entscheidend: Bei 2,3 bewilligten FLS/KlientIn liegt der Personalschlüssel bei 8,5 KlientInnen (max. 26).

2. Ergebnisse
2.1 Formale Arbeitsschutzorganisation
Die Daten der Leitungskräfte zum formalen Arbeitsschutz ergeben höhere Umsetzungsgrade (Tab. 1) im Vergleich zur ambulanten Pflege aus Selbstbewertung und amtlichen Betriebsbegehungen (Liese et al., 2013). Die Annahme positiv verzerrter Befunde wird durch praxisbezogene Daten der Gesamtstichprobe in mehreren Punkten gestützt.

Tab. 1: Vergleich BeWo mit Daten der Ambulanten Pflege (Liese, 2013)

Vergleich Arbeitsschutz-Organisationsstruktur	BeWo NRW 2017	Ambulante Pflege 2013
Gefährdungsbeurteilung	Gesamtquote 65 % Geschäftsräume 58 % Mobile Fahrtätigkeit 34 % KlientInnenwohnung 25 %	Betriebsbesichtigung 38 % Selbstbewertung online 17 %
Arbeitsschutzorganisation (7 strenge Kriterien)		Betriebsbesichtigung 50 % Selbstbewertung online 17 %
Sicherheitstechnische Betreuung (SiFa)	Gesamtquote BuS 78 % Regelbetreuung 62 % Alternativ/Bedarf 16 % Keine 11 %/, Art unklar 9 %	77 %
Betriebsärztliche Betreuung (BA)		85 %
Integriertes Arbeitsschutzmanagement (im Aufbau)	Gesamtquote 48 % (11 %) 56 % der Wohlfahrtsträger 22 % der Vereine (33 %) 47 % der Privatanbieter	22 %

Die Gefährdungsbeurteilung der Wohnbereiche (15 ja, N=63) überschnitt sich nur in fünf Fällen mit Begehungen vor Ort (11 ja, N=120) als explizite Arbeitsschutzaktivität. Alle 31 Teamkräfte fassten „Begehung" als „Hausbesuch" im Kontext der aufsuchenden Arbeit auf. Begehung ist demnach nicht als Arbeitsschutzbegriff geläufig und wird selten umgesetzt.

Drei Leitungskräfte gaben an, keine Arbeitsschutzbereiche zu verantworten. Die formale Pflichtenübertragung nach § 13 ArbSchG soll helfen, diese zuzuordnen, erfolgt aber selten (8, jeweils Wohlfahrtsträger) und ist oft nicht bekannt (12). Die Pflicht, eine Betriebsärztliche und sicherheitstechnische Betreuung (BuS) einzurichten, wird zu 78 % erfüllt, Betriebsarzt (60 %) und Sicherheitsfachkraft (75 %) werden im gleichen Maße hinzugezogen, mit Ausnahme der kleineren Trägervereine (Tab. 1). 82 % Wohlfahrtsträger und 30 % gewerbliche Träger mit Verbandsanschluss nutzen das breite Beratungsangebot der Dachverbände zum Arbeitsschutz wenig: Rechtsinformationen (34 %), Arbeitsschutzmanagement-Seminare, Fallberatung, Präventionskurse (20 %). 30 % sahen noch keinen Anlass, 22 % kannten die Verbandsangebote nicht im Detail. SiFa-Rahmenverträge wurden von 15 % angegeben (N=63).

2.2 Praxisbefunde – mobile Tätigkeit
Wohnbereiche der KlientInnen und Hygiene
Meistgenannte Belastungsfaktoren nach Ergonomie-Standards (Gruber et al., 2001) waren Tabakrauch, Frischluftmangel (90 %), Feuchte, Kälte, Sturz-, Schnittgefahren und folgenreiche Defekte an E-Geräten oder Stromleitungen (40 % Nennungen). Im Freitext wurden unerwartet massiv Hygieneprobleme genannt, geclustert nach Müll, Messie, Gestank, Fäkalien, Tierhygiene, Infekte, MRSA, Drogenbesteck, Schimmel, Ungeziefer. Deutlich wird, dass selbst Mindest-Standards wie Nichtraucherschutz, Raumklima, Hygiene und WC-Verfügbarkeit im BeWo nicht greifen. WC-Mangel, nur in Internetforen präsent, wirft Fragen zu Trinkmengen der Vollzeitkräfte auf, die Bereitstellung von Schutz- und Hilfsmitteln zeigt hohe Gefälle. KlientInnen selbst sind gefährdet, es droht Wohnungsverlust unter Wegfall der Bewilligungsgrundlage im BeWo. Das zurzeit verdrängte Verwahrlosungsthema war die Grenze der ambulanten Pflege bei Kostenkonvergenz durch Personalbedarf (Schaffer, 1992): Doppeldienste/pädagogisch Ausgebildete für die Haushaltsarbeit.

Verkehrsteilnahme, arbeitsbedingte Mobilität
Meistgenutztes Verkehrsmittel ist das Auto (85 %) mit 160 km und 5–6 Stunden Fahrzeit im Wochendurchschnitt, teils unbezahlt. Unfälle werden zu 25 % berichtet und zu 70 % häufiger Zusatzstress (Zeitdruck, Parkplatzsuche, ablenkende Tele-

fonate). Fahrsicherheitstrainings werden von 70 % nachgefragt (verfügbare betriebliche Angebote: 34 %; Nutzung: 18 %). Kombinierte Fahrtechnik-/Aufmerksamkeitstrainings haben größere Effekte als Fahrtechnik allein (Gregersen et al., 1996). In 14 Fällen wurde gefährdendes Verhalten von KlientInnen bei Autofahrten berichtet (Griff ins Lenkrad, Tätlichkeit). Die Rechtsgrundlage der häufigen PKW-Mitnahmen, eine Besonderheit des BeWo, als Arbeitsauftrag an Mitarbeitende und Ergänzungskräfte ist fraglich; Alternativen sind ÖPNV, Fahrrad, Taxi, Kollegen-Duo, Rettungsdienst.

Gewaltereignisse, Gewaltprävention
Der Umgang mit gefährdendem Verhalten ist auch Teil des Arbeitsauftrags. Es waren 35 Personen (36,5 %) von versuchten und vollendeten Tätlichkeiten im BeWo-Kontext betroffen, 21 mehrfach (N=96). Deeskalationstrainings finden hohe Akzeptanz (97 %) und werden auch betrieblich angeboten (65 %), ebenso besteht Bedarf an geeigneten Trainings für KlientInnen. Da es bereits erwiesen hilfreiche Maßnahmen gibt, gilt es, ihre Implementierung voranzutreiben, engmaschig-kontinuierlich mit Training, Aufarbeitung von Beinahe-Vorfällen, Vollintegration in sozialpädagogische Studiengänge und Kenntnisnahme der Tragweite in Verbänden nach US-Vorbild (Newhill, 2004).

Psychische Belastung: Arbeitszeit und Kriseneinsatz
Die Beanspruchung im Betreuungsalltag und durch Krisenintervention, zu Randzeiten oder tagsüber, wird als sehr hoch gewertet. Wie unabhängige Krisenstellen entlasten, bleibt unklar, auch der Kontrast von abgeschafften zu umfangreichen Rufbereitschaften; frühe Inanspruchnahme hilft Krisen abzumildern. Überbetriebliche Kooperation ist erwünscht, aber selten.

3. Fazit

Arbeitsschutz im BeWo kommt der Qualität und auch direkt KlientInnen zugute (Hygiene, Instandhaltung, Bewegung). Zur Umsetzung gefragt ist die Kooperationsbereitschaft der Nachfragenden und Angehörigen, Engagement der Dienste und Verbände und Weitblick bei Kostenträgern und Gesetzgeber.

Die **Literatur** kann bei den Autoren angefordert werden.

Arbeitskreis
Psychische Belastung und Beanspruchung: Trainings
Leitung: Lena Kieseler

Ulrike Amon-Glassl & Markus Glassl
Durch „Gesunde Führung" die Herausforderungen von Arbeit 4.0 meistern

Lena Kieseler
Das Studium ist die schönste Zeit im Leben? – Studienbedingungen auf dem psychologischen Prüfstand

Anja Limmer & Astrid Schütz
Determinanten von Gesundheit im Arbeitskontext: Zufrieden heißt nicht unbedingt gesund

Christoph Kabas & Konrad Tamegger
Anforderungen an die Beurteilung der Gefährdungen durch psychische Belastungen

Christoph Kabas & Konrad Tamegger
Evaluierung psychischer Belastungen am Arbeitsplatz mit Blick auf Besonderheiten im Bundesdienst in Österreich

Ulrike Amon-Glassl & Markus Glassl
Individual Coaching GmbH

Durch „Gesunde Führung" die Herausforderungen von Arbeit 4.0 meistern

1. Ausgangssituation

Durch das Fortschreiten der Digitalisierung und der damit einhergehenden Vernetzung und Beschleunigung der Arbeitsabläufe werden auch neue Anforderungen an die Führung gestellt (Amon-Glassl, 2017). Als weitere Herausforderung kommen die zunehmenden Schwierigkeiten, ausreichend qualifiziertes Personal zu finden, hinzu. Diese beiden Faktoren führen dazu, dass „Gesunde Führung" immer wichtiger wird, damit die MitarbeiterInnen länger gesund und leistungsfähig im Unternehmen bleiben. In Zeiten des raschen Wandels ist die zeitgerechte Information der Beschäftigten ein wesentlicher Faktor von „Gesunder Führung", denn Ungewissheit führt zu krankmachendem Stress.

Die Abbildung 1 zeigt ein Beispiel: Von 14 Befragungen im Rahmen der Evaluierung bzw. Gefährdungsbeurteilung psychischer Belastungen in Österreich und Deutschland, durchgeführt mit EWOPLASS® (Amon-Glassl et. al 2015) im Zeitraum von 2015 bis 2017, liegen 7 Unternehmen im roten Bereich (3.0 bis 6.0, hoher Handlungsbedarf), jedoch nur eines im grünen (kein bis geringer Handlungsbedarf). Die relative Wichtigkeit einer Verbesserung wurde von den Befragten mit 69 % als sehr hoch bewertet.

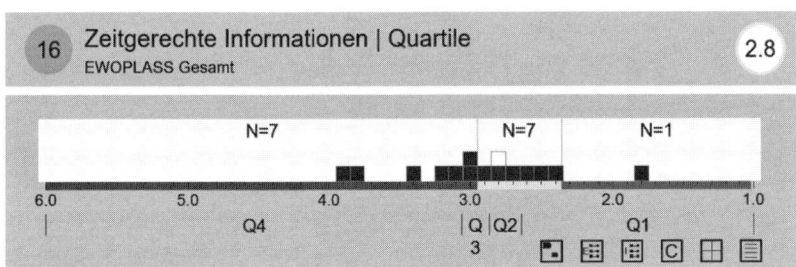

Abb. 1: Quartilsgrafik des Items „Zeitgerechte Information", © INDIVIDUAL COACHING GmbH und EUCUSA Processing GmbH

2. Elemente „Gesunder Führung"

In Anlehnung an Matyssek (2011) und Kaluza (2015) empfehlen die AutorInnen die Umsetzung von folgenden Elementen durch Führungskräfte, wobei verhältnis-

präventiven Maßnahmen grundsätzlich der Vorzug vor verhaltenspräventiven gegeben werden sollte:
- Reduktion der Regulationsbehinderungen durch Gestaltung der Arbeitsumgebung und Arbeitsabläufe.
- Schaffung von Lern- und Entwicklungsmöglichkeiten, um Sinn zu stiften und MitarbeiterInnen fit für die Herausforderungen von Digitalisierung und Globalisierung zu machen.
- Schaffung von Klarheit und Transparenz durch rechtzeitige Kommunikation von Zielen, Verantwortlichkeiten und Aufgaben.
- Unterstützung der MitarbeiterInnen durch zeitnahes konstruktives Feedback sowie Wertschätzung und Anerkennung für erbrachte Leistungen.
- Schaffung von Ressourcen und Unterstützung beim Stressabbau, idealerweise in Form von Einführung eines unternehmensweiten betrieblichen Gesundheitsmanagements.
- Definition von Handlungsspielräumen, adäquat den entsprechenden Tätigkeiten, sowie Partizipationsmöglichkeiten, um das Engagement und die Persönlichkeitsförderlichkeit der Arbeit zu steigern.

Da ein wesentlicher Teil der zur Umsetzung der o. a. Schritte erforderlichen Fertigkeiten nicht Bestandteil der üblichen Führungskräfteausbildung ist, brauchen Führungskräfte hier selbst Unterstützung und Weiterbildung in Form von Seminaren und kollegialem Austausch. Für die Durchführung solcher Trainings sind Arbeits- und OrganisationspsychologInnen prädestiniert.

3. Praxisbeispiel – Erarbeitung eines Burnout-Handbuchs

3.1 Ausgangssituation
Ein Unternehmen mit ca. 400 MitarbeiterInnen, das zahlreiche Beratungsstellen betreibt, kämpft mit folgenden Herausforderungen: hohe Rate an Kurzzeit- sowie Langzeit-Krankenständen, niedrige Arbeitszufriedenheit, geringe Motivation, hohe Frustration, unklare Arbeitsabläufe und Zuständigkeiten, geringer Handlungsspielraum, mangelnde Unterstützung durch die Geschäftsleitung, Zeitdruck, Personalmangel, schwer erreichbare Zielvorgaben, steigende Anzahl an schwierigen KundInnen, ...

Von Geschäftsleitung und HR-Abteilung wurde entschieden, die Führungskräfte durch zweitägige „Gesund Führen"-Seminare zu unterstützen.

3.2 Ergebnisse der Detailanalyse der Ausgangssituation
Zwar sind zahlreiche Prozesse dokumentiert, doch diese entsprechen nicht der Rea-

lität. Führungskräfte müssen zahlreiche Dokumentationen erstellen, ohne teilweise den Sinn zu kennen. In wichtigen Führungsfunktionen mangelt es an Unterstützung durch die HR-Abteilung bzw. Rückhalt von der Geschäftsleitung. Neu hinzukommende Aufgaben wie Wiedereingliederung nach längeren Krankenständen und Burnout-Prophylaxe fordern die Führungskräfte zusätzlich. Für die Erfüllung der neuen Aufgaben fehlt es außerdem an Fachwissen sowie Unterstützung durch externe Experten wie PsychologInnen und ArbeitsmedizinerInnen. Zusätzlich nimmt der Zeitdruck und die (meist unerfüllbaren) Erwartungshaltungen der KundInnen durch die fortschreitende Digitalisierung weiter zu.

3.3 Workshop „Gesund Führen"
Folgende Inhalte wurden mit allen Führungskräften innerhalb eines Jahres erarbeitet:
- Entstehung und Auswirkungen von Stress und wie die Stressfolgen durch aktive Kurzpausen und menschengerechte Arbeitsgestaltung reduziert werden können.
- Vermittlung von theoretischem Hintergrundwissen zu Burnout wie Definitionen und Modelle, Früherkennungszeichen, Entwicklung der Symptomatik, Häufigkeit des Auftretens und wirtschaftliche Auswirkungen. Standardisierte Handlungsmöglichkeiten für Führungskräfte wurden erarbeitet, um gefährdete MitarbeiterInnen zu unterstützen.
- Erklärung und praktische Anwendung von kollegialer Beratung.
- Vorstellung mehrerer einfach anwendbarer Stressabbau-Techniken für den Büroarbeitsplatz.
- Zahlreiche praktische Übungen runden die Inhalte ab
- Auf Wunsch der TeilnehmerInnen wurde darüber hinaus über mehrere Workshops hinweg ein unternehmensspezifisches Burnout-Handbuch erarbeitet.

Vor allem die aktive Unterstützung durch sozialen Rückhalt top-down und unter einander wurde als sehr hilfreich und entlastend rückgemeldet.

3.4 Inhalte des Burnout-Handbuchs
Als ein wesentliches Ergebnis der Workshops wurde ein „Burnout-Handbuch" erarbeitet und mit der HR-Abteilung abgestimmt. Fehlende Prozesse und Unterstützungssysteme wurden im Anschluss definiert und aufgebaut. Der Inhalt gliedert sich wie folgt:
- Dokumentation der bereits vorhandenen Prozesse, Leitfäden, Formulare und Unterstützungssysteme, z. B. Formulare und Abläufe für das Fehlzeitenmanagement.
- Definition der neuen Vorgangsweise zur proaktiven Burnout-Prävention: Checklisten zur Erkennung von gefährdeten MitarbeiterInnen, Gesprächsleitfäden für

Gespräche zwischen MitarbeiterInnen und Führungskraft bzw. HR-Abteilung, Klärung der Zuständigen inkl. zeitlicher Festlegung wer, wann, was zu tun und auch zu melden bzw. dokumentieren hat. Besonders wichtig bei diesem Punkt ist das gemeinsame Commitment zur Umsetzung von Führungskräften, HR-Abteilung und Geschäftsleitung.
- Definition des Umgangs mit Wiedereingliederungen nach Burnout bzw. längerem Krankenstand gemäß Österreichischem Wiedereingliederungsteilzeitgesetz (BGBl 2017): Zusammenfassung der wichtigsten Punkte des Gesetzes, Rollenklärung zwischen HR-Abteilung, Führungskraft, Betriebsrat, ArbeitsmedizinerIn und ArbeitspsychologIn, hilfreiche Formulare und Checklisten, Auflistung externer Unterstützungssystem (Beratungsstellen, etc.). Hier ist besonders die Klarstellung wichtig, wofür Führungskräfte nicht mehr zuständig sind.
- Etablierung des Systems der kollegialen Beratung unter den Führungskräften, durch Schaffung eines klaren Zeitbudgets pro Monat.
- Auflistung der noch ungeklärten Punkte inkl. Zuständigkeiten und Zeithorizont bis zur Erarbeitung einer Lösung. Beispielsweise sind aktuell aufgrund der Arbeitsorganisation keine Teilzeitarbeit- bzw. Schonarbeitsplätze vorgesehen, obwohl im Zuge der Wiedereingliederung ein Rechtsanspruch darauf besteht.
- Anleitungen für einige einfache, direkt am Arbeitsplatz anwendbare Stressabbautechniken als „Erste Hilfe" bei akuten Stress-Situationen.
- Literatur- und Linkliste, um interessierten Führungskräften weitere Informationsquellen bereitzustellen.

Das Handbuch ist sowohl im Intranet als auch gedruckt verfügbar.

4. Schlussfolgerungen

Durch die partizipative Erarbeitung von verpflichtend einzuhaltenden und klaren Strukturen, Prozessen und Rückmeldesystemen wurde der Handlungsspielraum der Führungskräfte in Zusammenarbeit mit der HR-Abteilung und der Geschäftsleitung erweitert. Dies, sowie die Implementierung sozialer Unterstützungssysteme im Unternehmen senkten die Krankenstände innerhalb eines Jahres um ca. 5 % Prozent und steigerten die Motivation deutlich.

Literatur
Die Literaturliste können Sie unter https://www.ewoplass.at/literatur downloaden oder per E-Mail an bgm@individualcoaching.at anfordern. Bezugsquellenhinweis: EWOPLASS® European Workplace Assessment www.ewoplass.at

Lena Kieseler
Bergische Universität Wuppertal

Das Studium ist die schönste Zeit im Leben? – Studienbedingungen auf dem psychologischen Prüfstand

1. Theorie

Studierende gelten als gesunde Statusgruppe der Gesellschaft (Hartmann & Seidl, 2014). Dennoch gewinnt das Thema Studierendengesundheit zunehmend an öffentlicher Relevanz: Studierende klagen zunehmend über (Versagens-)ängste, Schlafstörungen und Konzentrationsschwierigkeiten Sie berichten im Vergleich zu jungen Erwerbstätigen eine geringere Lebenszufriedenheit (vgl. z. B. Faller, 2010; Mühlfelder, 2014; Grobe, Steinmann & Szecsenyi, 2018).

Trotz medialer Berichterstattung, einiger wissenschaftlichen Veröffentlichungen und der gesetzlichen Forderung nach Prävention im Setting Universität, wird bislang wenig Gesundheitsförderung an Hochschulen betrieben. Ein Grund hierfür ist ein Mangel an empirisch fundierten Präventionskonzepten (Mühlfelder, 2014). Aus der Arbeits- und Organisationspsychologie sind bereits gut gesicherte Ansätze zur gesundheitsförderlichen Organisationsgestaltung bekannt. Ein besonders wichtiger Ansatz ist die Schaffung von ganzheitlichen, psychologisch sinnvoll gestalteten Tätigkeiten bzw. Aufgaben (Faller, 2010; Ulich & Wülser, 2012; Wieland, 2013). Gut

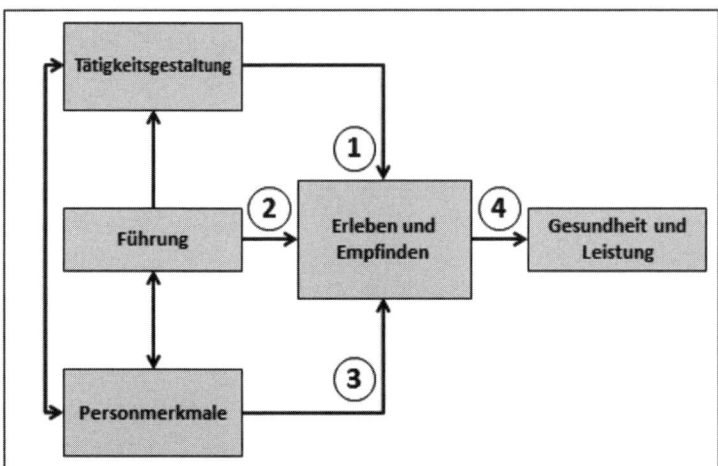

Abb. 1: Das Fünf x Fünf Wirkungsmodell zur Gestaltung gesunder und effektiver Arbeit; Quelle: eigene Darstellung in Anlehnung an Wieland, 2009, S. 4

gestaltete Aufgaben und Tätigkeitsinhalte (z. B. durch Handlungsspielräume, Sinnhaftigkeit) ermöglichen eine optimale Selbst- und Handlungsregulation und bieten die Möglichkeit relevanter Selbstwirksamkeitserfahrung. Dies sind Voraussetzungen für eine positive psychische Beanspruchung. Die psychische Beanspruchung entspricht dem unmittelbaren Erleben und Empfinden eines Menschen in einer konkreten Situation.

Das folgende arbeits- und organisationspsychologische Modell verdeutlicht diese Zusammenhänge und damit verbundene Gestaltungsansätze zur Gesundheitsförderung in Organisationen.

2. Fragestellung

Universitäten sind Organisationen. Sie unterscheiden sich jedoch maßgeblich von Wirtschaftsunternehmen. Auch ein Studium kann als Vollzeittätigkeit betrachtet werden, entspricht jedoch in seiner Struktur nicht einer klassischen Erwerbstätigkeit. Empirische Befunde aus Wirtschaftsunternehmen können somit eventuell nicht 1:1 auf Universitäten übertragen werden. Im Rahmen einer explorativen Studie soll erstmals überprüft werden, ob die im abgebildeten arbeits- und organisationspsychologischen Wirkungs- und Interventionsmodell postulierten Zusammenhänge auch im Kontext „Studium" gefunden werden. Dies dient dem Ziel, Hinweise darauf zu erhalten, ob arbeits- und organisationspsychologische Präventions- und Analysekonzepte zur Erarbeitung von Gesundheitsförderungsprogrammen für Studierende bzw. Hochschulen nutzbar sind. Erste Daten hierzu ermöglichen zudem die Ableitung und Begründung differenzierterer Fragestellungen für zukünftige Forschungsarbeiten.

3. Methode

Die vorliegende Untersuchung entspricht einem Ex-post-facto-Design. Mithilfe eines Onlinefragebogens wurden einmalig Studierende verschiedener Fachrichtungen aus ganz Deutschland und befragt. Folgende Variablen wurden mithilfe etablierter Verfahren gemessen (die Items wurden teilweise leicht verändert, um sie an das Setting Universität anzupassen):

a) Tätigkeitsgestaltung bzw. Studienbedingungen und -inhalte (Regulationsbehinderungen, Tätigkeitsspielraum, Anforderungsvielfalt, Arbeitsintensität, Leistungsanforderungen, Kommunikations-anforderungen)
b) Führung bzw. Verhalten des Lehrpersonals (autoritäres Verhalten durch Lehrpersonal, studierenden- und aufgabenorientiertes Verhalten/ganzheitliches Lehrverhalten)
c) Personmerkmale (Gesundheitsbezogene, studiumsspezifische und allgemeine Selbstwirksamkeitserwartung, Big Five)

d) Erleben und Empfinden (psychische Beanspruchung, Stresserleben)
e) Gesundheit (Häufigkeit körperlicher Beschwerden (Muskel-Skelett-B., Herz-Kreislauf-B., Unspezifische B., Magen-Darm-B.); negative Spillovereffekte zwischen Studium und Privatleben/Life-Domain-Balance; Absentismus und Präsentismus).

Zusätzlich wurden (zeitlich parallel zur quantitativen Datenerhebung) zehn Interviews (45 bis 60 Minuten) mit verschiedenen Hochschulangehörigen geführt (Studierende, Lehrpersonal). Das Vorgehen orientiert sich an Methoden (leitfadengestützt) und Gütekriterien der qualitativen Forschung (besonders Neutralität und Datentriangulation). Die Aufbereitung der Interviews (Erarbeitung von Themenbereichen und Kategorien) erfolgte in Anlehnung an die Methode Mayrings (2000).

4. Ergebnisse

Die Stichprobe (N = 828) setzt sich aus 67 % Bachelor- und 33 % Masterstudierenden zusammen; davon sind 76 % weiblich. 60 % der Befragten sind zwischen 21 und 25 Jahre alt, 21 % sind jünger als 21 Jahre, die übrigen 18 % älter als 25 Jahre. Es sind Studierende der Fachrichtungen MINT, Rechts- und Wirtschaftswissenschaften, Geistes-Kultur oder Sozialwissenschaften und sonstiger Studienfächer vertreten. Die Hinweise aus der Literatur zur negativen psychischen Befindlichkeit Studierender können auch in dieser Untersuchung bestätigt werden. Im Vergleich zu einer Benchmarkstichprobe (Erwerbstätige verschiedenster Branchen; Wieland & Hammes, 2014) weisen die befragten Studierenden gravierend schlechtere Werte auf. Die befragten Studierenden geben an, häufig unter unspezifischen Beschwerden (Kopfschmerzen, Konzentrationsprobleme, Nervosität) zu leiden. Merkmale der Studienbedingungen und -inhalte korrelieren in erwarteter Richtung mit dem Erleben und Empfinden der Studierenden. Tätigkeitsspielräume gehen beispielsweise mit einer positiveren psychischen Beanspruchung einher; eine hohe Arbeitsintensität korreliert mit ungünstigen Beanspruchungszuständen. Autoritäres Verhalten des Lehrpersonals geht mit ungünstigen Beanspruchungszuständen einher, studierendenorientierte Lehre korreliert positiv mit psychischer Beanspruchung. Eine positive Selbstwirksamkeitserwartung geht mit positiven Beanspruchungszuständen einher. Ungünstige psychische Beanspruchungszustände gehen mit häufigeren körperlichen Beschwerden, vor allem unspezifischen Beschwerden, einher.

5. Fazit

Trotz bedeutsamer Limitationen der vorliegenden Studie (mangelnde Kontrolle der Stichprobenzusammensetzung, Selektionseffekte, Anpassung/ Veränderung von Fra-

gebogeninhalten, keine Rückschlüsse auf Kausalzusammenhänge möglich, usw.) kann folgendes Fazit gezogen werden:
a) Es besteht Handlungsbedarf zur gesundheitsförderlichen Gestaltung von Studienbedingungen und -inhalten. Fundierte Prävention ist dringend notwendig.
b) Arbeits- und organisationspsychologische Ansätze zur Gestaltung gesundheitsförderlicher Organisationsstrukturen bieten Potenzial zur Anpassung und Nutzung im Kontext Studium.
c) Zukünftige Forschung sollte differenzierte Erkenntnisse zu den Wirkungszusammenhängen fokussieren. Erst eine breitere Datenbasis bietet die Grundlage für eine notwendige gesellschaftliche und politische Diskussion und erlaubt die Entwicklung von empirisch gesicherten, ganzheitlichen Präventionskonzepten für Studierende.

Alle Quellenangaben können bei der Autorin angefragt werden.

Anja Limmer & Astrid Schütz
Otto-Friedrich-Universität Bamberg

Determinanten von Gesundheit im Arbeitskontext: Zufrieden heißt nicht unbedingt gesund

1. Ausgangssituation

Es besteht breiter wissenschaftlicher Konsens, dass psychische und physische Arbeitsbedingungen mit individueller Gesundheit in Zusammenhang stehen (Harvey et al., 2017). Obwohl diese Erkenntnis auch Eingang in die Gesetzgebung (z. B. Arbeitsschutzgesetz) gefunden hat, stehen die Verantwortlichen in der Arbeitswelt noch vor Herausforderungen: Relevante Ergebnisse sind auf unterschiedliche Wissenschaftsdisziplinen verteilt, so dass nicht nur Sprachgebrauch, Theorien, Erhebungsinstrumente und Präventionsmaßnahmen entsprechend uneinheitlich, sondern auch Ergebnisse nicht umfassend integriert sind. Diese Studie untersucht daher, welche Arbeitsmerkmale für die Gesundheit entscheidend sind und somit in der betrieblichen Diagnostik und Prävention psychischer Belastung eine zentrale Rolle spielen sollten.

2. Arbeitsbezogene Einflussfaktoren der Gesundheit

Als Rahmenmodell dient eine Integration des Belastungs-Beanspruchungs-konzepts (Richter & Hacker, 2012) und des Job Demands-Resources Ansatzes (Demerouti et al., 2001). Es erlaubt die Berücksichtigung eines breiten Spektrums an Einflussfaktoren psychischer Belastung, unterteilt in Arbeitsbelastungen (Job Demands) und Arbeitsressourcen (Job Resources).

2.1 Stichprobe

Genutzt wurde ein balancierter Datensatz aus zwölf arbeitsbezogenen und sechs demografischen Variablen des sozio-ökonomischen Panels (SOEP, vgl. Schupp, 2009) aus 2011 sowie, im Sinne eines längsschnittlichen Studiendesigns, vier Kriteriumsvariablen zur Gesundheit aus 2012. Die Stichprobe beschränkt sich auf regelmäßig vollzeiterwerbstätige Erwachsene vor dem gesetzlichen Rentenalter und schließt zur Reduktion von Störeinflüssen Personen aus, bei denen eine Veränderung des Arbeitsplatzes oder des Familienstands auftrat. Mit Blick auf den Anwendungsbereich der Gefährdungsbeurteilung wurden Selbständige ebenfalls ausgeschlossen, so dass N=3.761 vollständige Datensätze der Auswertung zugrunde liegen. Das Durchschnittsalter betrug darin 44,7 Jahre, der Anteil weiblicher Beschäftigter 34 %.

2.2 Maße und Auswertungsverfahren

Im Sinne des umfassenden Gesundheitskonzepts der WHO wurden als Kriteriumsvariablen mentale Gesundheit, subjektiver Gesundheitszustand, Fehltage aufgrund von Krankheit sowie Arbeitszufriedenheit als kognitiver Aspekt des Wohlbefindens berücksichtigt. Mentale Gesundheit gilt als zentrale Zielgröße betrieblicher Gesundheitsprävention (Badura, 2017) und wird im SOEP als standardisiertes Maß einer Kurzskala (SF-12, s. auch Nübling et al., 2006) berechnet. Auf Einzelitems basieren jeweils die fünfstufig erhobene subjektive Einschätzung des Gesundheitszustands, die Selbsteinschätzung (elfstufig) der Arbeitszufriedenheit, sowie die Angabe der Anzahl krankheitsbedingter Fehltage im Vorjahr.

Als Prädiktoren dienen zwölf Arbeitsmerkmale, die sich nach ihrer erwarteten Wirkung in neun Anforderungen und drei Ressourcen unterteilen. Sie beschreiben die Arbeitssituation in Bezug auf Arbeitsaufgabe (Zeitdruck, Unterbrechungen, Arbeitsmenge und Autonomie), organisatorischen Rahmen (Wochenarbeitsstunden, Leisten von Überstunden, Schichtarbeit, Wochenendarbeit, Arbeitsplatzunsicherheit und Entwicklungsmöglichkeiten), soziale Beziehungen (karrierebezogene Unterstützung durch Vorgesetzte oder Kollegen) und Mobilitätsaspekte (Arbeitsweg).

Mittels multipler Regressionen mit robusten Schätzern wurden die Effekte der Arbeitsmerkmale auf die Gesundheitsmaße unter Berücksichtigung soziodemografischer Hintergrundvariablen geprüft. Im ersten Block gingen die Kontrollvariablen (Alter, Geschlecht, Familienstand, Bildung, Branche und Unternehmensgröße) ein, im zweiten die Anforderungen und im dritten die Ressourcen.

3. Ergebnisse

Für jeden der vier Gesundheitsaspekte verbessert sich dessen Vorhersage bei der Berücksichtigung weiterer Arbeitsmerkmale, so dass final für subjektive Gesundheit 11,2 %, für mentale Gesundheit 8,7 %, für Fehltage 5,5 % und für Arbeitszufriedenheit 12,1 %. der Varianz (korrigiertes R2) erklärt werden.

3.1 Einfluss der Arbeitsmerkmale auf Gesundheitsaspekte

Die Effekte der einzelnen Arbeitsmerkmale variieren zwischen den vier Kriterien (s. Abb. 1). Über alle Kriterien hinweg finden sich lediglich drei durchgängig signifikante Prädiktoren: Arbeitsplatzunsicherheit zeigt als Anforderung stabile negative Effekte, Aufstiegschancen und Autonomie wirken dagegen als Ressource. Der subjektive Gesundheitszustand lässt sich darüber hinaus durch Arbeitsstunden am Wochenende, Zeitdruck und Unterbrechungen vorhersagen. Für mentale Gesundheit zeigt Wochenendarbeit dagegen keinen signifikanten Effekt. Die Anzahl der Fehltage steht neben den oben genannten Arbeitsmerkmalen in signifikantem Zusammenhang mit Wochenendarbeit und Überstunden, während die Arbeitszufriedenheit mit hoher Arbeitsmenge, Zeitdruck, Unterbrechungen und dem Arbeitsweg negativ sowie mit karrierebezogener Unterstützung positiv zusammenhängt. Einzig regelmäßige Schichtarbeit zeigt keinen stabilen signifikanten Einfluss auf ein Gesundheitsmaß. In Bezug auf die Wirkrichtung der Effekte lässt sich feststellen, dass diese für alle Ressourcen und acht von neun Anforderungen erwartungskonform gerichtet sind. D.h. Autonomie, Aufstiegschancen und karrierebezogene soziale Unterstützung wirken förderlich, alle Anforderungen mit Ausnahme der wöchentlichen Arbeitszeit beeinträchtigend auf Gesundheit. Höhere Wochenarbeitszeit hängt dagegen mit weniger Fehltagen und, solange Ressourcen unberücksichtigt bleiben, mit höherer Arbeitszufriedenheit zusammen. Im Vollmodell der Arbeitszufriedenheit wird dieser Effekt nicht mehr signifikant.

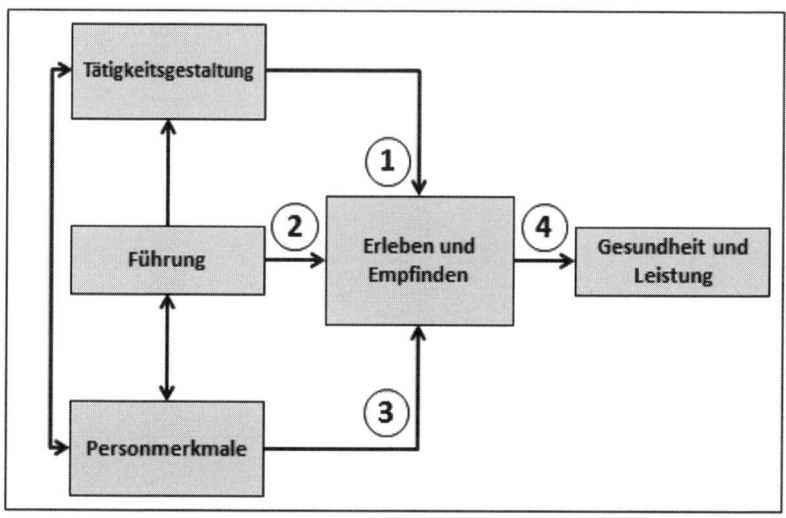

Abb. 1: Gesundheitsförderliche (+) und -beeinträchtigende (-) Effekte der Arbeitsmerkmale. Fehltage wurden in Arbeitsfähigkeit invertiert

3.2 Diskussion und Einordnung der Ergebnisse
Obwohl die einzelnen Arbeitsmerkmale keine entgegengesetzten Einflüsse auf die verschiedenen Gesundheitsmaße zeigen, ergeben sich in Bezug auf deren Anzahl und Stärke unterschiedliche Muster. Eine ähnliche Spezifität der Bedingungsmuster ist auch für physische Symptome (Nixon et al., 2011) und die Dimensionen von Burnout (Lee & Ashforth, 1996) bekannt. Die Tatsache, dass Schichtarbeit in den un-

tersuchten Modellen eine untergeordnete Rolle für die Vorhersage der Gesundheit von Arbeitnehmern zu spielen scheint, bedeutet nicht, dass Schichtarbeitende genauso gesund sind wie andere Arbeitnehmer. Vielmehr lässt sich das Fehlen eines stabilen Effekts analog zu anderen Untersuchungen (z. B. Leser et al., 2013) durch die Berücksichtigung weiterer Belastungsfaktoren (vermehrten Anforderungen und fehlenden Ressourcen), die mit Schichtarbeit einhergehen, erklären.

Auffällig im Hinblick auf die sonst erwartungskonformen Wirkrichtungen der Arbeitsmerkmale ist, dass höhere Wochenarbeitszeit mit weniger Fehltagen einhergeht, das Leisten von Überstunden hingegen mehr Fehltage erwarten lässt. Eine mögliche Erklärung liegt in der Unterscheidung von Herausforderungen (Challenges) und Erschwernissen (Hindrances), wie sie zur Differenzierung von Anforderungen vorgeschlagen wurde (LePine et al., 2005). In diesem Sinne könnte eine höhere Arbeitszeit aufgrund höherer Regelarbeitszeit als herausfordernd wahrgenommen werden, z. B. da sie planbar ist, während Überstunden mit weniger Kontrolle verbunden sind und so als Erschwernis gesundheitsbeeinträchtigend wirken. Für diese Erklärung spricht, dass der kontraintuitive Effekt der Wochenarbeitszeit unter Berücksichtigung der Ressourcen kleiner wird (bzw. in Bezug auf Arbeitszufriedenheit verschwindet), der beeinträchtigende Effekt der Überstunden nicht. Einschränkend bleibt anzumerken, dass trotz des Einbezugs objektiver Maße und der zeitlichen Trennung von Prädiktoren und Kriterien keine kausalen Rückschlüsse möglich sind. Der theorieübergreifende Ansatz leistet jedoch einen quantitativen Vergleich zur Bedeutung von Arbeitsmerkmalen für Gesundheitsindikatoren.

3.3 Anwendungsbezogene Implikationen

Die förderliche *oder* beeinträchtigende Wirkung jedes Arbeitsmerkmals auf Gesundheitsaspekte, lässt darauf schließen, dass grundsätzlich alle verwendeten Prädiktoren für die Prävention geeignet sind. Allerdings empfehlen wir aufgrund der unterschiedlichen Effekte zunächst das Zielkriterium zu reflektieren. Dies erhöht nicht nur die Transparenz, was jeweils als relevant und schützenswert angesehen wird, sondern unterstützt eine fokussierte Erhebung und die Priorisierung abgeleiteter Präventionsmaßnahmen. Oder anders ausgedrückt: Zufrieden heißt nicht unbedingt auch gesund und nicht alle gesundheitsförderlichen Effekte spiegeln sich in einer Abnahme der Fehltage wider. Zwar ist es sinnvoll bei der Gefährdungsbeurteilung motivationale Effekte zu beachten, um das Commitment zu stärken und Widerstände zu vermeiden, aber der Fokus sollte auf das gesetzte Ziel abgestimmt bleiben.

Literatur
Literaturhinweise sind bei den Autorinnen erhältlich.

Christoph Kabas & Konrad Tamegger
Bundesministerium für Landesverteidigung,
Heerespsychologischer Dienst, Referat Arbeitspsychologie und Prävention, Wien

Anforderungen an die Beurteilung der Gefährdungen durch psychische Belastungen

1. Einleitung

Die Arbeitsplatzevaluierung (in D.: Gefährdungsbeurteilung) psychischer Belastungen hat sich seit der Novellierung des ArbeitnehmerInnenschutzgesetzes 2013 in Österreich zu einem wichtigen Tätigkeitsfeld der Arbeitspsychologie entwickelt. Die Evaluierung folgt in der Durchführung typischen Prozessphasen wie der Ermittlung und Beurteilung von Belastungen, Festlegung von Maßnahmen, Dokumentation, Umsetzung der Maßnahmen und Wirksamkeitsprüfung. Schon die Übertragung der dieser Maßnahme zugrundeliegende EU-Richtlinie (89/391/EWG) in nationale Gesetze akzentuiert für die Durchführung verschiedene Aspekte. Der deutsche Begriff „Gefährdungsbeurteilung" betont das Element der „Beurteilung" stärker als der in Österreich dafür gebräuchliche Begriff der „Arbeitsplatzevaluierung" oder der englische Begriff mit „psychosocial risk assessment".

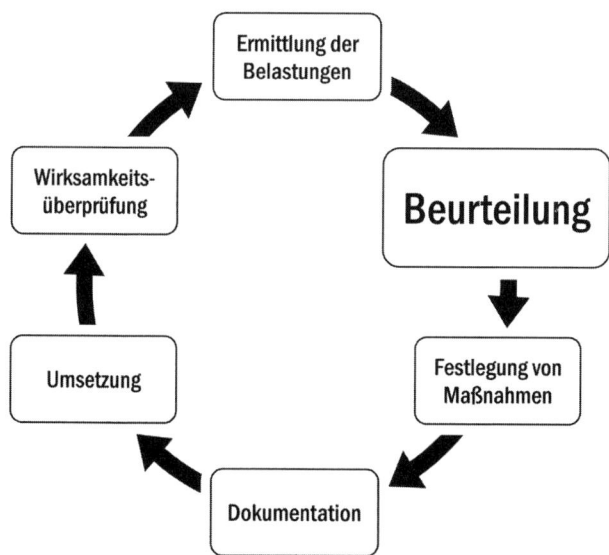

Abb. 1: Phasen der Evaluierung/Gefährdungsbeurteilung

Zu Beginn der Umsetzung dieser Arbeitsschutzvorschrift war der Fokus der psychologischen Fachdiskussion in Österreich auf geeignete psychologische Verfahren zur Ermittlung von psychischen Belastungen gerichtet. Weitere Diskurse, wie dies u.a. bei der Tagung des Fachverbandes Psychologie für Arbeitssicherheit und Gesundheit (Wieland et al., 2016) an der Universität Wuppertal sichtbar geworden ist, befassen sich mit der Prozessqualität, der Durchführung und der Entwicklung von wirkungsvollen Maßnahmen. Der Beitrag befasst sich mit dem Prozessabschnitt der *Beurteilung* der Ermittlungsergebnisse.

2. Gesundheit und Sicherheit

Die zwei zentralen Rechtsgüter, um deren Schutz sich die EU-Richtlinie (89/391/EWG) und auch das österreichische ASchG bemühen, sind Gesundheit und Sicherheit (§§ 3+4 ASchG) der ArbeitnehmerInnen. Demzufolge wäre auch die Beurteilung in Bezug auf die zu schützende Gesundheit und Sicherheit vorzunehmen.

3. Beurteilung

Die Beurteilung wird nach der Ermittlung der psychischen Belastung vorgenommen und basiert auf den Ermittlungsdaten, die zum Beispiel Fragebogenverfahren, Interviews, Begehungen und Beobachtungen liefern. Dieser Beurteilungsprozess ähnelt jenem in der Begutachtung, wo nach Vorliegen der Befunde eine inhaltliche Frage, zum Beispiel hinsichtlich der Eignung, Arbeitsfähigkeit oder eben Gesundheit, zu beantworten ist.

Die inhaltliche Frage, die bei der Beurteilung zu beantworten ist, wäre, ob und inwieweit Handlungsbedarf besteht, um Fehlbeanspruchungen zu vermeiden, die zu einem Gesundheits- oder Sicherheitsrisiko führen. Außer Frage steht, dass die Partizipation der ArbeitsplatzinhaberInnen für den gesamten Evaluierungsprozess ein erfolgskritisches Moment darstellt. Es hat sich auch bewährt, die Sichtweise der ArbeitsplatzinhaberInnen bei der Beurteilung der Belastungen zu berücksichtigen. Fachlich unzureichend wäre es, die Beurteilung überwiegend oder ausschließlich auf der Beurteilung der ArbeitsplatzinhaberInnen aufzubauen.

Es ist auch aus Sicht des Arbeitgebers/Auftraggebers legitim sich eine differenzierte Form der Gesundheitsrisikoeinschätzung von ArbeitspsychologInnen zu erwarten. Nicht hinter jedem unterdurchschnittlich beantwortetem Item steckt ein gravierendes Gesundheitsrisiko. Im ersten Moment der Sichtung der Ermittlungsdaten kann aber auch ein Befund harmloser aussehen als er aus gesundheitspräventiver Sicht tatsächlich ist oder umgekehrt. Erst auf dem Hintergrund der Gesamtbetrachtung der Einzelbefunde (Befragungen, Beobachtungen, Dokumentenanalyse, Begehungen, Interviews etc.) ist es in vielen Fällen erst möglich das Risiko einzuschätzen und die Dringlichkeit der Maßnahmen daran zu orientieren. Eine Klassifizierung der Maßnahmen nach Dringlichkeit wird im technischen Bereich zum Beispiel durch Risikomatrizen vorgenommen. Im psychischen Bereich ist eine Risikoklassifizierung nur ansatzweise vorhanden (Wieland et. al., 2016).

Um die Beurteilung hinsichtlich der eigentlichen Intention des Arbeitsschutzes, dh. des Schutzes der Gesundheit und Sicherheit, vornehmen zu können, sind daher umfassende fachliche Kenntnisse über arbeitsbezogene Gesundheits- und Sicherheitskonzepte erforderlich. Dies zeigt die Grenzen der Partizipation auf und bedingt die Notwendigkeit von fachkundigen PsychologInnen, um seriös ein allfälliges Gesundheitsrisiko einschätzen zu können. Für die fachkundige Beurteilung sind mehrere Aspekte zu berücksichtigen (Kabas, 2017), von denen in weiterer Folge drei näher ausgeführt werden: Beurteilungsaspekte zur Gesundheit, Sicherheit und methodische Beurteilungsaspekte.

4. Beurteilungsaspekte

4.1 Beurteilungsaspekte zur Gesundheit

Die Beurteilung ist hinsichtlich der Wirkung der Belastung auf die Gesundheit vorzunehmen. Dazu gehören pathogenetische und salutogenetische Konzepte aus der Arbeitspsychologie, der Gesundheits- und Klinischen Psychologie zu psychischen Erkrankungen wie z. B. Erschöpfungssyndrom/Burnout, Ängste, Depression etc. und zu körperlichen Erkrankungen z. B. Herzkreislauferkrankungen, Muskel- und Skeletterkrankungen, Erkrankungen des Verdauungssystems etc. Als integratives Modell kann das biopsychosoziale Modell (Egger, 2015) angesehen werden.

Aus arbeitspsychologischer Sicht sind hier vertiefte Kenntnisse zu jenen Konzepten erforderlich, zu denen Evidenzstudien mit gesundheitlichem Vorhersagewert vorliegen. Einen hilfreichen Überblick bieten Angerer et al. (2014), Seiler und Janau & Buyken (2015). Folgende Konzepte sind aus Sicht der Autoren besonders hilfreich:
- Job-Demand-Control Modell (Karasek & Thorell, 1990)
- Modell beruflicher Gratifikationskrisen (Siegrist, 1996, 2015)
- Modell der Organisationsgerechtigkeit (Greenberg, 1990; Elvaino et al., 2002)
- Salutogenese (Antonovsky, 1997)

Bezüglich der gesundheitsbezogenen Auswirkungen von überlangen Arbeitszeiten sei auf die Reviews und Studien von Dong (2005), Arlinghaus (2012) und Virtanen et al. (2012) verwiesen.

Aufgrund der Komplexität der Entstehung von Krankheit bzw. dem Erhalt von Gesundheit wird bei der Beurteilung ersichtlich, dass hier einfache oder lineare Wirkzusammenhänge nicht existieren und daher eine annähernd fundierte Beurteilung nur aufgrund ausgeprägter psychologischer Kompetenzen und einer Gesamtsicht der einzelnen Ermittlungsbefunde möglich ist.

4.2 Beurteilungsaspekte zur Sicherheit

Die Beurteilung hinsichtlich der Wirkung der Belastung auf die Sicherheit ist aus Sicht der Autoren im Vergleich zur Beurteilung der Gesundheit noch wenig im Fokus der Fachdiskussion. Wesentlich wären dabei Sicherheits- und Risikokonzepte aus der Arbeitspsychologie und den Arbeitswissenschaften u.a. zu Unfallursachenanalysen, Beinaheunfällen und Sicherheitsmanagementsystemen. Am weitesten entwickelt dürften dahingehend Konzepte aus dem Bereich der Energiewirtschaft und des Transportwesens insbesondere der Luftfahrt sein.

4.3 Methodische Aspekte der Beurteilung

Zu den methodischen Aspekten der Beurteilung bieten Beck, Morschhäuser und Richter (2014) einen Ansatz, der je nach Güte der Ermittlungsverfahren differenziert. Dieser Ansatz wurde im Rahmen einer Arbeitsgruppe der Austrian Standards (Normenkomitees 052 „Arbeitsschutz, Ergonomie & Sicherheitstechnik") adaptiert.

Beurteilung anhand vordefinierter Grenzwerte

In diesem Fall werden zur Beurteilung der Ergebnisse Grenzwerte („kritische" Werte) herangezogen, welche Verfahrensentwickler festlegen. Der Grenzwert bildet somit einen Vergleichsmaßstab, welcher als Kriterium für die Klassifizierung kritischer/unkritischer Ergebnisse fungiert. Derartige Instrumente sollten verstärkt die Wirkzusammenhänge zwischen Belastung, Fehlbeanspruchung und Erkrankung in der Konzeption berücksichtigen und in Validitätsstudien darstellen.

Beurteilung anhand gewählter Referenzwerte

Die Beurteilung der ermittelten Ergebnisse kann mittels ausgewählter Vergleichswerte (Referenzwerte) durchgeführt werden. Liegen also die Daten einer Normstichprobe vor, können die ermittelten Ergebnisse in Bezug auf diese Referenzgruppe interpretiert werden. Es sind dann Aussagen darüber möglich, ob die Ergebnisse, verglichen mit den arbeitsplatzbedingten psychischen Belastungen der Referenzgruppe, als durchschnittlich, überdurchschnittlich oder unterdurchschnittlich belastend zu klassifizieren sind. Hinsichtlich unterschiedlicher Berufsgruppen können Belastungswerte mitunter stark variieren.

Beurteilung im Rahmen eines diskursiven Prozesses/Workshops
Die Besprechung der Ergebnisse in moderierten Workshops ist ebenfalls eine mögliche Vorgehensweise, um den Handlungsbedarf hinsichtlich der Reduktion psychischer Belastungen abschätzen zu können. Die MitarbeiterInnen werden in einem ersten Schritt über die Ergebnisse der Erhebung informiert und anschließend in den Entwurf und die Priorisierung von Maßnahmen eingebunden.

Alle drei methodischen Aspekte erfordern jedenfalls eine abschließende Beurteilung anhand der oben beschriebenen Beurteilungsaspekte durch ExpertInnen, insbesondere nach einem diskursiven Prozess.

5. Zusammenfassung

Zusammenfassend kann festgestellt werden, dass die Beurteilung im Zuge des Evaluierungsprozesses ein hochkomplexer Prozess ist und viel Erfahrung und ExpertInnenwissen über Methodik und die Wirkungszusammenhänge zwischen Arbeit und Gesundheit erfordert. Aus Sicht der Autoren wären in Österreich für diese Tätigkeit ArbeitspsychologInnen mit der zusätzlichen Qualifikation als GesundheitspsycholoInnen prädestiniert.

Literatur
Angerer, P., Glaser, J., Gündel, H., Henningsen, P., Lahmann, C., Letzel, S., & Nowak, D. (Hrsg.). (2014). Psychische und psychosomatische Gesundheit in der Arbeit. Wissenschaft, Erfahrungen, Lösungen aus Arbeitsmedizin, Arbeitspsychologie und Psychosomatischer Medizin. Landsberg: Ecomed.
Antonovsky, A. (1997): Salutogenese – Zur Entmystifizierung der Gesundheit. Tübingen: DGVT-Verlag.
Arlinghaus, A., Lombardi, D.A., Willetts, J.L., Folkard, S., & Christiani, D.C. (2012). A Structural Equation Modeling Approach to Fatigue-related Risk Factors for Occupational Injur. Am. J. Epidemiol. 2012; 176(7): 597–607.
ASchG (1994). ArbeitnehmerInnenschutzgesetz: BGBl. Nr. 450/1994.
Beck, D., Morschhäuser, M. & Richter G. (2014) Durchführung der Gefährdungsbeurteilung psychischer Belastungen. In BAuA (Hrsg.). Gefährdungsbeurteilung psychischer Belastung. Erfahrungen und Empfehlungen. Bundesanstalt für Arbeitsschutz und Arbeitsmedizin (S.81–94). Berlin: Erich Schmidt Verlag.
Dong X. (2005): Long workhours, work scheduling and work-related injuries among construction workers in the United States. Scand J Work Environ Health 2005;31(5):329–335.
Egger, J.W. (2015): Psychosomatische Krankheiten per se gibt es nicht – Folgerungen aus dem erweiterten biopsychosozialen Modell für das Verständnis von Leib-Seele Zusammenhängen. Psychologie in Österreich, 35, 230–241.
Elovainio, M., Kivimöki, M. & Vahtera, J. (2002): Organizational Justice: Evidence of a New Psychosocial Predictor of Health. American Journal of Public Health, 92 (1), 105–108.
EU (1989a). Richtlinie 89/391/EWG des Rates vom 12. Juni 1989 über die Durchführung von Maßnahmen zur Verbesserung der Sicherheit und des Gesundheitsschutzes der Arbeitnehmer bei der Arbeit. (http://eur-lex.europa.eu).

EU (1989b). Council Directive 89/391/EEC of 12 June 1989 on the introduction of measures to encourage improvements in the safety and health of workers at work.

EU (1989c). Directiva 89/391/CEE del Consejo, de 12 de junio de 1989, relativa a la aplicación de medidas para promover la mejora de la seguridad y de la salud de los trabajadores en el trabajo.

Greenberg, J. (1990): Organizational justice: Yesterday, today and tomorrow. Journal of management 16 (2), 399–432.

Kabas, Ch. (2017): Anforderungen an die Beurteilung im Rahmen der Arbeitsplatzevaluierung psychischer Belastungen. Psychologie in Österreich, 2017 (1), 56–59.

Karasek, R. & Thorell, T. (1990): Healthy Work – Stress, Productivity and the Reconstruction of Working Life. New York: Basic Books.

Rau, R., Buyken, D. (2015): Der aktuelle Kenntnisstand über Erkrankungsrisiken durch psychische Arbeitsbelastungen. Ein systematisches Review über Metaanalysen und Reviews. Zeitschrift für Arbeits-u. Organisationspsychologie, 59 (3), 113–129.

Seiler, K. & Jansing, P.-J. (2014): Erkrankungsrisiken durch arbeitsbedingte psychische Belastung. Landesinstitut für Arbeitsgestaltung des Landes Nordrhein-Westfalen (Hrsg.). Düsseldorf: Woeste-Verlag.

Siegrist, J. (1996): Soziale Krise und Gesundheit: eine Theorie der Gesundheitsförderung am Beispiel von Herz-Kreislauf Risiken im Erwerbsleben. Göttingen: Hogrefe-Verlag.

Siegrist, J. (2015). Arbeitswelt und stressbedingte Erkrankungen. Forschungsevidenz und präventive Maßnahmen. MÜNCHEN: Urban & Fischer.

Virtanen, M., Heikkilä, K., Jokela, M., Ferrie, J. E., Batty, G. D., Vahtera, J. & Kivimäki, M. (2012). Long working hours and coronary heart disease: A systematic review and meta-ana-lysis. American Journal of Epidemiology, 176, 586–596.

Wieland, R., Seiler, K. & Hammes, M. (Hrsg.). (2016): Psychologie der Arbeitssicherheit und Gesundheit – 19. Workshop 2016. Kröning: Asanger-Verlag.

Christoph Kabas & Konrad Tamegger
*Bundesministerium für Landesverteidigung,
Heerespsychologischer Dienst, Referat Arbeitspsychologie und Prävention, Wien*

Evaluierung psychischer Belastungen am Arbeitsplatz mit Blick auf Besonderheiten im Bundesdienst in Österreich

Die Arbeitsplatzevaluierung psychischer Belastungen ist in Österreich ein Jahr nach der Novellierung des ArbeitnehmerInnenschutzgesetzes (ASchG, 2013) mit der Änderung des Bundes-Bedienstetengesetzes (B-BSG) 2014 nun auch im Bundesdienst verpflichtend vorgeschrieben. Nach einigen Jahren der Evaluierungstätigkeit und der Analyse von mehr als 2000 Arbeitsplätzen zeigen sich aus Sicht der Autoren in der Durchführungspraxis Unterschiede zwischen privatem und öffentlichem Sektor. Diese Differenzen sind einerseits auf Unterschiede in der Rechtsnorm zurückzuführen und andererseits in den besonderen organisatorischen Gegebenheiten des öffentlichen Dienstes begründet. Ziel des Beitrages ist es, die im Zuge der Evaluierung sichtbar gewordenen Unterschiede zwischen „Unternehmensbereich" und Bundesdienst zu thematisieren und einen zweckmäßigen Umgang damit zu diskutieren.

Unterschiede aufgrund der Rechtsnorm:
- *Das Fehlen von expliziten Strafbestimmungen* im Bundes-Bedienstetenschutzgesetz forciert eine zögerliche Umsetzung des Gesetzes. Im Unterschied dazu sind im ArbeitnehmerInnenschutzgesetz §130 Geldstrafen von bis zu 16.659 € festgeschrieben, wenn Unternehmen den darin formulierten gesetzlichen Bestimmungen nicht nachkommen.
- *Einschränkungen in der Anwendung des Bundesgesetzes: Allgemeine Ausnahmebestimmungen* (B-BSG §1) – die die Anwendung des Gesetzes aussetzen – gelten für Arbeitsbereiche von Bediensteten mit spezifischen staatlichen Tätigkeiten, die u.a. für den Fall der „Aufrechterhaltung oder Wiederherstellung der öffentlichen Ordnung und Sicherheit" *zur Anwendung kommen.* Darüber hinaus ersetzen *spezifische Ausnahmeregelungen* die Anwendung des Bundesgesetzes an Dienststellen im Ausland zum Beispiel hinsichtlich der Bestellung von Sicherheitsvertrauenspersonen, Kompetenzen der Arbeitsinspektion etc.
- Verantwortlich für die Durchführung der Evaluierung psychischer Belastungen am Arbeitsplatz ist der „allmächtige" Dienstgeber (Bund) – de facto als Person der Dienststellenleiter, der im Einzelnen mit sehr unterschiedlichen Kompetenzen ausgestattet ist.

Unterschiede aufgrund der besonderen organisatorischen Gegebenheiten im Öffentlichen Dienst:
- *Stark hierarchische Organisation:* Die große Entfernung vom Ort der erhobenen Belastungen zum tatsächlich befugten Dienststellenleiter als Organ bzw. den Entscheidungsträgern mit stark verteilten Kompetenzen befördert Verantwortungsdiffusion hinsichtlich der Maßnahmenumsetzung.
- *Komplexe Organisationsstrukturen* mit teilweise *langwierigen Entscheidungsprozessen* führen zu erheblichen Verzögerungen in der Umsetzung von Maßnahmen.
- *Unzureichende Ressourcen* in materieller wie personeller Hinsicht stellen eine besondere Herausforderung hinsichtlich der Methodenwahl, der Wahl der Erhebungsinstrumente sowie der langfristigen Evaluierungsplanung dar, um den gesetzlichen Erfordernissen zu entsprechen.
- Der *öffentlich vorherrschende Kostendruck* wird als bequemes Argument angeführt, um die Umsetzung von Maßnahmen aufzuschieben bzw. auszusetzen.
- *Parallele Machtstrukturen* – operative Führungsstruktur, Politik, Personalvertretung – machen ein gemeinsames Verständnis hinsichtlich der zu erreichenden Ziele mitunter schwierig.
- Ein *periodischer „Relaunch" der Organisation* infolge von Neuwahlen und der damit i.R. verbundene „Orientierungsstopp" bzw. die damit oftmals verbundene Neuausrichtung in den Verwaltungsabläufen und Verantwortlichkeiten unterbrechen bzw. verzögern die Umsetzung von Maßnahmen bzw. verlangsamen den Prozess der psychischen Arbeitsplatzevaluierung insgesamt.
- *Verschärfte demografische Entwicklung im öffentlichen Dienst* mit „scheinbar" wenig Spielraum für personalpolitische Maßnahmen: Die immer wieder propagierte „Verschlankung" der öffentlichen Verwaltung wird vorrangig dadurch erreicht, dass durch Pensionierungen frei gewordene Stellen über Jahre nicht nachbesetzt wurden. Das führt zu Arbeitsverdichtungen und erhöhter Arbeitsbelastung, die in Summe von immer älter werdenden Bediensteten zu bewältigen ist.

Hinzu kommt, dass die psychische Evaluierung der Arbeitsplätze einen ergänzenden Zugang der Arbeitsplatzevaluierung einleitet. Im Unterschied zu den bisherigen Analyseansätzen, die vornehmlich objekt- und gebäudegebunden sind, werden jetzt Themen wie der Workflow oder das Organisationsklima angesprochen.

Trotz der vielen „Hemmschuhe" kann im öffentlichen Bereich – insbesondere dort wo interne Strukturen vorhanden sind (z. B. ArbeitspsychologInnen) – im Zuge der Arbeitsplatzevaluierung eine Analysetiefe der Organisationseinheiten erreicht werden, die im Unternehmensbereich ohne interne ArbeitspsychologInnen in dieser

Form kaum umsetzbar ist. Die breite Einbindung der Mitarbeiterinnen und Mitarbeiter in den Evaluierungsprozess generiert neben den treffsicheren Maßnahmen, einen hohen psychohygienischen Mehrwert, der in vielen Fällen bereits während der Evaluierung zu einer merklichen „Entspannung" der gesamten Organisationseinheit führt.

Arbeitskreis
Gesundheitsförderung und Gesundheitsschutz: Herausforderungen der Digitalisierung im Gesundheitswesen

Leitung: Monika Eigenstetter

Bernhard Breil
Digitalisierte Prozesse im Gesundheitswesen

Monika Eigenstetter
Technologien im Gesundheitswesen und veränderte Interaktionen

Lisanne Kremer
Psychische Belastungen und Beanspruchungen durch (medizinische) Informationssysteme: Stand des Wissens

Johannes Pfeifer, Verena Schürmann & Barbara Stoberock
Empfehlungen zur Verbesserung der Nutzerfreundlichkeit medizinischer Informationssysteme

Bernhard Breil
Hochschule Niederrhein

Digitalisierte Prozesse im Gesundheitswesen

1. Einleitung

1.1 Digitalisierung als Trend

Die Gesundheitswirtschaft in Deutschland erwirtschaftete im Jahr 2016 ca. zwölf Prozent des Bruttoinlandsproduktes und wuchs mit einem durchschnittlichen Wachstum von 3,8 Prozent stärker als die Gesamtwirtschaft (BMWI 2017). Bezogen auf den Digitalisierungsgrad schneidet die Gesundheitswirtschaft allerdings schlecht ab, was u. a. auf fehlende Infrastruktur, ungeklärte Fragen im Umgang mit den Daten, auf fehlende sektorübergreifende Vernetzung und fehlende Finanzierung zurückgeführt werden kann (BMWI 2017). Branchenverbände fordern daher über die Digitalisierung des Gesundheitssystems „qualitativ hochwertige Gesundheitsversorgung langfristig sicherzustellen, kontinuierlich zu verbessern und dabei finanzierbar zu halten" (bvitg 2018).

Auch wenn die Digitalisierung im Gesundheitswesen in Bezug auf nationale Strukturen noch nicht in der Breite angekommen ist und der Bundesverband der deutschen Industrie die digitale Transformation fordert (Laschet 2017), muss man andererseits erkennen, dass Computer und Informationssysteme aus dem Alltag im Gesundheitssektor nicht mehr wegzudenken sind. Auch ohne komplette Vernetzung und digitalisierte Prozesse sind Informationssysteme für viele Anwender von entscheidender Bedeutung bei der täglichen Arbeit.

1.2 Bedeutung von Digitalisierung
Für professionelle Anwender (Ärzte und Heilberufler)
Im ambulanten Sektor gibt es beispielsweise eine 100 % Abdeckung bei den Informationssystemen, weil die Abrechnung mit der Kassenärztlichen Vereinigung elektronisch erfolgt (d. h. ein System muss vorhanden sein). Ein Arztpraxisinformationssystem (APIS) ist das Anwendungssystem, das alle Aspekte der Dokumentation und Organisation in Arztpraxen unterstützt und in dessen Mittelpunkt die elektronische Karteikarte fällt. Ein solches System ist allerdings in den meisten Fällen mehr als reines Abrechnungssystem und setzt sich neben Videosprechstunden und Online-Terminbuchung schon längst damit auseinander, wie Gesundheitsdaten von den Apps der Patienten in die Praxissoftware kommen (medatixx 2017).

Auch im stationären Sektor sind medizinische Informationssysteme fester Bestandteil der täglichen Arbeit. Die Vielzahl der Informationen vom Blutbild über

Bilder sowie Verlege- und Abrechnungsdaten lassen sich manuell auf Papier kaum noch erfassen. Krankenhausinformationssysteme (KIS) sind zentraler Pfeiler eines modernen Informationsmanagements in der Klinik. Als KIS kann man die Summe aller vernetzten administrativen und medizinischen Informationssysteme einer Klinik bezeichnen, mit denen Daten erfasst und verarbeitet werden und Krankenhausprozesse gesteuert werden. KIS sind in den meisten Einrichtungen das zentrale patientenführende System, das zudem von den meisten Personen genutzt wird. Darüber hinaus gibt es viele Spezialsysteme, die je nach Funktion und Kontext nur für bestimmte Nutzergruppen relevant sind.

Bildarchiv-Systeme (PACS = Picture Archiving and Communication Systems) sind die zentralen Systeme zur Speicherung, Verwaltung und Verteilung von Röntgen-, MRT- und CT-Bildern. Diese Systeme sind in der Regel gut an das KIS angebunden, so dass ein Zugriff direkt über die Oberfläche des KIS oder über einen Web-Viewer erfolgen kann. Krankenhäuser haben zudem ein digitales Archiv für alle weiteren Krankenunterlagen.

In Laborinformations- und Managementsystemen (LIMS) findet die Datenverarbeitung und Ablaufunterstützung rund um Proben statt.

Als Patientendatenmanagementsysteme (PDMS) bezeichnet man die Systeme, die auf Intensivstationen oder in der Anästhesie die Patientendaten von verschiedenen Messgeräten wie zusammenführen. Durch die Anbindung dieser Geräte zählen diese Systeme meist als Medizinprodukte und unterliegen besonderen Anforderungen an Qualität, so dass dieser Bereich

Damit wird deutlich, dass in einem Krankenhaus deutlich mehr Systeme beteiligt sind, als es auf den ersten Blick scheint. Nimmt man externe Systeme zur Verwaltung von Transplantationswartelisten oder Krebsregistrierungen und selbsterstellte Systeme hinzu, kommen bei Universitätsklinken schnell 200 Systeme in der Klinik zusammen. Je nach Fachrichtung nutzen Ärzte und Pflegekräfte meist 5–10 verschiedene dieser Systeme.

Für Bürger und Patienten
Neben den Systemen für die professionellen Anwender, die lange ausschließlich im Fokus standen, spielen zunehmend auch Informationssysteme für Bürger und Patienten eine Rolle. Durch das eHealth-Gesetz rücken mit dem Medikationsplan und der elektronischen Gesundheitsakte nun auch Systeme für Patienten oder im Falle der Gesundheitsakte System für Bürgern in das Interesse.

2. Problemstellung

Informationssysteme sind omnipräsent und bereits jetzt ein wichtiger Bestandteil der Gesundheitsversorgung. Gerade deshalb muss neben einer rein technischen Betrachtungsweise auf zwei weitere Aspekte im Zusammenhang mit Digitalisierung eingegangen werden: Ethische Fragestellungen und Folgen der Digitalisierung für die Benutzer dieser Systeme.

2.1 Ethische Aspekte

Medizinischer Informationssysteme machen die richtigen Informationen zum richtigen Zeitpunkt den richtigen (= berechtigten) Personen am richtigen Ort (= überall im Krankenhaus) in der richtigen Form verfügbar. Dabei stellt sich die Frage, wo, von wem und zu welchem Zweck Daten im digitalen Gesundheitswesen erhoben, genutzt und oder weitergeleitet (Lux et al. 2017).

Aktuelle Forschungsprojekte berichten über neue Einsatzgebiete von Algorithmen. So konnte ein Computer Metastasen in Lymphknoten zuverlässiger erkennen als eine Gruppe von Pathologen, die in Folge von Zeitdruck häufig Mikrometastasen übersehen haben (Ehteshami 2017). Bei diabetischen Retinopathien und Glaukomen zeigte sich, dass Computer mit Deep-Learning-Verfahren auf eine Sensitivität von 100 % und eine Spezifität von 91,5 % kommen, und damit vergleichbar gut wie ein Arzt diagnostizierten, allerdings schneller waren (Ting et al. 2017). In einer weiteren Studie lieferte ein Computer anhand optischer Kohärenztomografie (OCT) digitale Zweitmeinungen zu Netzhauterkrankungen durch Injektionen mit Antikörpern gegen Wachstumsfaktoren (Prahs et al. 2018).

2.2 Folgen für Betroffene

Diese Frage nach der Überlegenheit von Algorithmen lässt sich neben ethischen Aspekten auch von kognitiver Seite betrachten. Welche Folgen hat die Überlegenheit für die Anwender? Bislang werden diese Aspekte kaum untersucht. Bisher werden Usability-Aspekte offenbar nur bei PDMS analysiert, wo sich einige Studien zum Thema „Alert Fatigue" finden lassen. Dabei handelt es sich allerdings um Spezialsysteme, bei denen auch Medizinprodukte zum Einsatz kommen.

Ein Heilberufler in einem typischen Krankenhaus benutzt zur Erledigung und/oder Unterstützung seiner Aufgaben meist mehrere verschiedene Systeme. Viele Systeme bedeuten in der Regel viele Oberflächen, an die man sich gewöhnen muss. Gerade unter Stress können die verschiedenen Oberflächen, ungünstige als zusätzliche Stressoren wirken.

3. Ausblick

Wenn Informationssysteme eine so hohe Durchdringung haben und zudem das Potential, bestimmte menschliche Aktivitäten zu ersetzen, sollten mögliche Folgen betrachtet und wissenschaftlich untersucht werden.

Insbesondere Aspekte wie psychische und kognitive Beanspruchung, mentale Belastung und Stress müssen stärker berücksichtigt werden. Dazu ist eine interdisziplinäre Forschung notwendig, deren Ergebnisse dann in die Entwicklungsprozesse dieser Systeme zurückgespielt werden muss.

Literatur

Bejnordi B. E., Veta M., van Diest P. J., van Ginneken B., Karssemeijer N; Geert Litjens, van der Laak J.A.W.M. (2017). Diagnostic Assessment of Deep Learning Algorithms for Detection of Lymph Node Metastases in Women With Breast Cancer and the CAMELYON16 Consortium. JAMA. 2017;318(22):2199-2210. doi:10.1001/jama.2017.14585

Bundesministerium für Wirtschaft und Energie (2017). Digitalisierung der Gesundheitswirtschaft. Eckpunktepapier. Zugriff 25.04.2018 unter https://www.bmwi.de/Redaktion/DE/Publikationen/Wirtschaft/eckpunkte-digitalisierung-gesundheitswirtschaft.htm

bvitg (2017). Positionspapier: Deutschland braucht ein nationales eHealth Zielbild. Zugriff 25.04.2018 unter https://www.bvitg.de/wp-content/uploads/bvitg_Gemeinsames-Positionspapier_Deutschland-braucht-ein-nationales-eHealth-Zielbild.pdf

Ehteshami Bejnordi B, Veta M, Johannes van Diest P, et al. Diagnostic Assessment of Deep Learning Algorithms for Detection of Lymph Node Metastases in Women With Breast Cancer. JAMA. 2017;318(22):2199–2210. doi:10.1001/jama.2017.14585

Laschet, H. (2017). Gas geben für die Digitalisierung. Ärzte Zeitung, Zugriff am 06.09.2017 unter https://www.aerztezeitung.de/praxis_wirtschaft/e-health/article/942484/gas-geben-digitalisierung-gesundheitswirtschaft.html

Lux, T., Breil, B., Dörries, M. et al. Wirtschaftsdienst (2017) 97: 687. https://doi.org/10.1007/s10273-017-2200-8

medatixx GmbH & Co KG. (2017). Die Plattform für mHealth-Apps mit direkter Integration in die Praxissoftware des Arztes. Zugriff am 25.04.2018 unter https://apppoint.medatixx.de/ (10.10.2017)

Prahs, P., Radeck, V., Mayer, C., Cvetkov, Y., Cvetkova, N., Helbig, H., Märker, D. OCT Based Deep Learning Algorithm for the Evaluation of Treatment Indication with Anti-Vascular Endothelial Growth Factor Medications. Graefe's Archive for Clinical and Experimental Ophthalmology

Ting DSW, Cheung CY, Lim G, et al. Development and Validation of a Deep Learning System for Diabetic Retinopathy and Related Eye Diseases Using Retinal Images From Multiethnic Populations With Diabetes. JAMA. 2017;318(22):2211–2223.

Monika Eigenstetter
A.U.G.E.-Institut der Hochschule Niederrhein

Technologien im Gesundheitswesen und veränderte Interaktionen

1. Einleitung

Zweifelsohne verbessern Technologien im Alltag die Lebensqualität und die Versorgung im Gesundheitswesen. Technologische Entwicklungen aber verändern auch Informationsverarbeitungs- und damit Handlungsprozesse von Individuen. Beispiele aus dem Alltag zeigen, dass sich Kommunikations- und Interaktionsmuster durch Technik mit dem Patienten verändern. Die Frage stellt sich also, wie sich Qualitäten der Beziehung mit und der Behandlung von Patienten verändern werden.

2. Fallbeispiele

Fallbeispiel „Rettungssanitäter": Ein Ausbilder erzählt, dass aufgrund der vielen Geräte, die zur Erfassung von Vitalzeichen (Puls, Blutdruck u. a.) eingesetzt werden, die jungen Rettungskräfte einfachste Routinen, z. B. Vitalzeichen zu tasten, nicht mehr durchführten.

Fallbeispiel „Datenbrille": Kopetz et al. 2017 beschreiben „Interaktive Datenbrillen zur Unterstützung von Pflegekräften in der Ausbildung". Google Glasses sollen dazu eingesetzt werden, um eine Anleitung für richtiges Heben und Tragen in der Pflege situativ anzuleiten, z.B. wenn die Pflegekraft am Bett steht. Dabei sollen Bild- oder Filmsequenzen eingespielt werden, um die Abfolge der richtigen Bewegungen zu zeigen.

Fallbeispiel „Hausarzt": Expertenprogramme stellen Daten aus Studien, damit Vergleichsdaten und prognostische Werte für Erkrankungsrisiken bereit. Bei der Vorsorgeuntersuchung im Abschlussgespräch mustert die Ärztin die Daten und erklärt dem Patienten, dass sein Risiko an einem Herzinfarkt zu erkranken aufgrund der EKG-Befunde und seinem Blutbild weniger als 5 % beträgt. Sie sieht den Patienten nicht an, während sie mit ihm spricht.

Die Informationsverarbeitung in den Situationen wird zumindest teilweise auf das technische Gerät gelenkt und damit weg von den Interaktionspartnern. Die Fallbeispiele lassen eine (veränderte) Informationsverarbeitung und Handlung in der Situation vermuten.

3. Veränderte Handlungsprozesse durch technische Prozesse

3.1 Handlungsregulation

Eine Abfolge von Handlungen wird durch Handlungsregulationstheorien erklärt (u.a. Hacker, 2005). Ein Handlungsprozess basiert auf einer Zielbildung bei der mehrere Teilhandlungen auf ein Ziel hin organisiert werden.

Hacker (2005) stellt in seinem Modell drei hierarchisch organisierte Handlungsebenen vor: Die höchste intellektuell-planende Stufe übernimmt regulierende, kontrollierende Funktionen, die Regelebene orientiert sich an bekannten Interaktionsmustern, die eine Wenn-Dann-Orientierung aufweisen. Auf der sensumotorischen Ebene werden oft automatisierte motorische Handlungen durchgeführt. Eine idealtypische Handlungssequenz beinhaltet die Abfolge Zielbildung und Zielelaboration, Absichtsauswahl und Schwerpunktbildung, Informationssammlung, Informationsintegration und Modellbildung, Prognose und Extrapolation, Planen und Entscheiden, Umsetzung der Entscheidungen, Effekt- und Hintergrundkontrolle, Kontrolle und Modifikation (Schaub o.J.). Die der Handlung vorweggehenden und damit einhergehenden Kognitionen sind von großer Bedeutung. Systematische kognitive Verzerrungen auf jeder Stufe sind vorhanden (Schaub o.J.).

Unter Belastungen wie Zeitdruck und hoher Workload („Stress") treten kognitive Einbußen von 20 bis 40 % auf (McLennan et al. 2013). Wenn sich dies mit einem Übervertrauen in Technik (Parasuraman & Manzey, 2010) kombiniert, sind hohe Gefährdungen zu befürchten, zumindest aber verminderte Leistungen in der Interaktion von medizinischen und pflegerischen Personal mit den Patientinnen und Patienten.

3.2 Heuristische Betrachtung der Fallbeispiele

Der „Rettungssanitäter" übergeordnetes Ziel ist auch unter dem Einsatz von Technik eine schnelle Versorgung Verletzter oder akut erkrankter Personen. Mit dem Einsatz der Geräte aber müssen neue Teilziele im Handlungsprozess integriert werden, die z.B. das Funktionieren der Geräte oder die Sicherheit der Datenübertragung sicherstellen Das sequentielle Ablesen der Informationen, wie CO_2-Sättigung und Puls, und deren Interpretation benötigen eine andere Handlungsabfolge, als das Tasten eines Pulses und Blutdruckmessung. Möglicherweise ist die Entscheidung, ob sich ein Patient im Schockzustand befindet, ohne Geräte schneller erkannt, da fliehender Puls und kalt-schweißige Haut gleichzeitig wahrgenommen wurden, und diese Informationen sofort integriert werden konnten. So ist einerseits ist ein Verlust an diagnostischen Kompetenzen (De-Skilling) zu befürchten, wie es z.B. schon Brainbridge (1983) formulierte. Ein in der medizinischen Versorgung weiterer wichtiger Aspekt ist zu beachten, erzählt der Ausbilder. Man habe früher auch fast immer automatisch den Patienten angesprochen und ihn beruhigt bzw. mehr über seinen Bewusstseinszustand herausgefunden. Jetzt wenden sich Rettungskräfte einem Verletzten erst zu, wenn die Geräte aufgestellt sind und die Daten aus den Geräten interpretiert wurden.

Betrachtet man die Interaktion der „Pflegekraft mit den Google-Glasscs", während sie sich in einer Interaktion mit einer Patientin befindet, ist klar, dass die Pflegekraft teilweise nicht mehr auf die Patientin blickt und während des Hebens mit spricht ihr sprechen wird und damit auch den Vorgang und die Abfolge der Bewegungen der Patientin erklären wird. Dagegen wird ein Teil ihrer Aufmerksamkeit der visuellen Anleitung in den Datenbrillen geschenkt. Möglicherweise ändert sich hier das Ziel, die „Patientin schmerzfrei umzusetzen", in das Ziel „die Bewegung rückenschonend auszuführen". Die Patientin gerät in der Interaktion in den Hintergrund.

Auch die „Hausärztin" scheint die Informationen, die das technische Gerät an sie übermittelt, ernster zu nehmen, als die Informationen, die im Beratungsgespräch vom Patienten erfragt werden können. Würde sie das Risiko immer auf unter 5% einschätzen, wenn sie von ihrem Pateinten erfahren würde, dass seine Arbeitszeit kontinuierlich über 50 Stunden die Woche beträgt und zudem der Vorgesetzte ein richtiges „Ekel" ist? Mit den psychischen Belastungen verändert sich das Risiko, aber es wird nicht über die Gerätemedizin quantifiziert. Informationen, die nicht von technischen Systemen erfasst werden, fließen nicht in einen Bewertungsprozess ein; mit einem numerischen Wert wird eine präzise Diagnose suggeriert. Ein Übervertrauen (Complacency, Parasuraman & Manzey, 2010) in Technik ist die Folge.

4. Fazit

Das Gesundheitswesen steht seit Jahren unter einem massiven Kostendruck, der Effizienzgewinne aus Digitalisierung notwendig macht. Technik aber ordnet sich im medizinischen Kontext nicht immer unterstützend in den Prozess ein, sondern scheint zumindest in einigen Fällen die Interaktion zum Nachteil der Patientinnen und Patienten zu verändern. Neben Problemen der Usability, des Datenschutzes und der Datensicherheit steht zu befürchten, dass eine wenig am Patienten orientierte Technikgestaltung zu einer Dehumanisierung führen wird. Dies ist umso mehr zu befürchten, da psychische Belastungen wie Zeitdruck dominante Handlungsmuster entstehen lassen dürften, die sich den technischen Notwendigkeiten unterordnen. Ein großes Problem dürfte auftreten, wenn ein technisches System medizinische Besonderheiten nicht abbilden kann und parallele Prozesse der Informationsübermittlung nicht vorgesehen sind.

Im Design neuer Technologien sollten nicht nur Ärzte und Pflegekräfte systematisch in die Technikgestaltung eingebunden werden, sondern als Betroffene auch die Patientinnen und Patienten. Technikgestaltung und -evaluation brauchen eine arbeits- und ingenieurpsychologische Expertise und Modellbildung, die aber bislang noch aussteht. Ansätze finden sich in den Handlungstheorien, die systematisch mit nutzerorientierten und partizipativen Design, heute als „Design Thinking" bezeichnet, in Verbindung gebracht werden sollten. Technikfolgen müssen abgeschätzt werden.

Literatur
Brainbridge, L. (1983). Ironies of Automation. Automatica. Verfügbar unter: http://www.bainbrdg.demon.co.uk/Papers/Ironies.html
Hacker, W (2005): Allgemeine Arbeitspsychologie: Psychische Regulation von Wissens-, Denk- und körperlicher Arbeit. 2. Aufl. Bern: Huber, 2005.
Kopetz, J., Wessel, D., Jochems, N. (2017). Interaktive Datenbrillen zur Unterstützung von Pflegekräften in der Ausbildung Gesellschaft für Arbeitswissenschaft e.V., Dortmund (Hrsg.), Frühjahrskongress 2017 in Brugg: Soziotechnische Gestaltung des digitalen Wandels – kreativ, innovativ, sinnhaft – Beitrag E.1.6
McLennan, J., Strickland, R., Omeidei, M. & Suss, J. (2013). Wildfire safety-related decisions and actions: lessons from stress and performance research. Conference Paper. Verfügbar unter: Researchgate.
Parasuraman, R. & Manzey, D. (2010): Complacency and Bias in Human Use of Automation: An Attentional Integration. Human Factors, 52(3):381–410.
Schaub, H. (1994). Störungen und Fehler beim Denken und Problemlösen. Verfügbar unter: https:// www.psychologie.uni-heidelberg.de/ae/allg/enzykl_denken/ Enz_09_Schaub.pdf

Lisanne Kremer
Hochschule Niederrhein

Psychische Belastungen und Beanspruchungen durch (medizinische) Informationssysteme: Stand des Wissens

1. Einleitung: Medizinische Informationssysteme im Fokus

Die Digitalisierung des Gesundheitswesens steht im Fokus des gesellschaftlichen Wandels (Fischer und Krämer, 2016). Dabei kann wohl als wesentliche Herausforderung die Nutzung moderner Technologien zur Verbesserung der gesundheitlichen Versorgung sowie der Vereinfachung von Prozessen im Gesundheitswesen gesehen werden. Im Kontrast dazu stehen rechtliche, finanzielle, ethische, aber auch soziotechnische Aspekte (Fischer und Krämer, 2016). Die digitalisierte Gesundheitswelt muss sich dabei verstärkt auch mit der soziotechnischen Komponente von IT auseinandersetzen (Groß und Schmidt, 2018). Fischer und Krämer (2016, S. V) meinen, dass dies „eine kritische Auseinandersetzung mit den Potenzialen und Herausforderungen von eHealth aus verschiedenen Perspektiven: […] von Leistungserbringerinnen und -erbringern als auch […] von Nutzerinnen und Nutzern" erfordert.

Medizinische Informationssysteme rücken dabei verstärkt in den Fokus von Untersuchungen zu Nutzerfreundlichkeit – dabei aber eher im Sinne von Gestaltungsempfehlungen und weniger durch die nähere Untersuchung der Bedürfnisse der Nutzerinnen und Nutzer. Die Nutzung dieser Systeme sollte aber nicht nur einer verbesserten gesundheitlichen Versorgung dienen, sondern v.a. die mangelnde Nutzerfreundlichkeit und daraus resultierende Belastungen fokussieren. „Das Ziel technischer Innovationen – und Maßstab jeder normativen Technikbewertung – muss es sein, menschliche Handlungsspielräume zu erweitern und das soziale Zusammenleben zu verbessern" meinen Groß und Schmidt (2018). Dies bedarf der gezielten Betrachtung von Medizinischem Personal als Anwendern, die durch Fachkräftemangel und immer neue Dokumentationsanforderungen potentiell überlastungsgefährdet sind (Biermann, 2005). Pflegekräfte bzw. Beschäftigte im Gesundheitswesen haben bereits jetzt ähnlich viele durch psychische Erkrankungen bedingte Fehltage wie Führungskräfte und erleben ähnlich viel Stress (Badura et al., 2016). Die tägliche Arbeit von diesen Beschäftigten scheint gerade durch Medizinische Informationssysteme leichter zu bewältigen. Gerade an diesem Punkt verbirgt sich aber auch das angenommene Risiko mangelnder Usability: Stresserleben bei Angestellten im Gesundheitssystem.

Aktuelle Forschungen beziehen sich dabei anscheinend größtenteils auf die technischen Handlungsträger (Softwareprodukte) (Kim & Park, 2009; Aures & Deuter, 2017) oder aber in basaler Form darauf, ob Anwender das Produkt ohne große Hindernisse nutzen können (Rahimi & Vimarlund, 2007; van der Mejden, Tange & Troost, 2003). Welche Beanspruchungen und Belastungsfolgen aus mangelnder Nutzerfreundlichkeit v. a. im Sinne von Sättigung, Ermüdung und Stress entstehen bleibt unklar.

2. Medizinische Informationssysteme = Stress?

2.1 Aktueller Forschungsstand

Studien, die sich mit „User Experience" während des Implementierungsprozesses sowie den Folgeprozessen und der alltäglichen Anwendung von Medizinischen Informationssystemen beschäftigen, betrachten in der Regel Faktoren wie Aktualität, Anpassbarkeit, Bequemlichkeit, Durchschaubarkeit, Effizienz, Identität, Immersion, Intuitive Bedienung, Leichtigkeit, Neuartigkeit, Nützlichkeit, Originalität, Schönheit, Soziales, Spaß, Steuerbarkeit, Stimulation, Übersichtlichkeit, Verbundenheit, Vertrauen, Vollständigkeit, Wertigkeit (Winter, Schrepp & Thomaschewski, 2015). Dabei bleibt häufig unklar mit welchen Skalen welches Konstrukt erhoben wird – ebenso die Definition sowie die Indikatoren, die erhoben werden, um auf die Konstrukte rückschließen zu können.

Van der Mejden, Tange, Roost und Asman (2003) identifzierten im Rahmen eines Literaturreviews 33 Paper, die die Implementierung von MIS bzw. den jeweiligen Prozess untersuchten. Dabei versuchten sie Erfolgsindikatoren für diese Implementierung und den weiteren Bestand zu identifizieren. „System Quality", „Information Quality", „Usage", „User Satisfaction", „Individual Impact" sowie „Organizational Impact" wurden als Erfolgsfaktoren bzw. – dimensionen identifiziert. Zu berücksichtigen hierbei bleibt, dass diese Faktoren von Paper zu Paper unterschiedliche Definitionen zu Grunde lagen; so wurde User Satisfaktion zum Einen als „Attitude" zum Anderen als „User Friendliness" abgefragt.

Zusammenfassend erheben aktuelle Untersuchungen verschiedene Konstrukte, die z.T. unklar definiert sind und am Ende keine Rückschlüsse darauf zulassen, ob Systeme am Ende nicht zu einer hohen Beanspruchung und damit Belastungsfolgen führen. In Anbetracht der Tatsache, dass gerade medizinisches Personal offensichtlich besonders unter Druck steht, erscheinen aber gerade Untersuchungen in diesem Bereich relevant.

2.2 Kognitive Belastung und Beanspruchung: Beispiel Nadelstichverletzungen

Die hohe Relevanz von kognitiver Belastung und Beanspruchung im Gesundheitswesen lässt sich auch am Beispiel von Untersuchungen zu Nadelstichverletzungen illustrieren.

Kognitive Beanspruchung und Belastung sind in ihrer Form als Konstrukte sowie in ihrer Definition im wissenschaftlichen Kontext nicht unumstritten. Kognitive Belastung als solche definiert die ISO Norm 10075-1 (Normenausschuß Ergonomie im DIN Deutsches Institut für Normung e.V., 2000) als die Gesamtheit aller erfassbaren äußeren Einfluss. Dabei ist Belastung weder positiv noch negativ konnotiert bzw. umfasst sowohl positive als auch negative Wirkungen. Belastungsfolgen/-faktoren oder auch Stressoren stellen dabei die eher negativen Wirkungen einer Belastung dar. Im Unterschied zu kognitiver Beanspruchung sind die Auswirkungen von Belastungen auf den Menschen abhängig von seinen individuellen Voraussetzungen.

Ein Beispiel, das zeigt, dass eine zu hohe Belastung gerade im Gesundheitswesen eine reelle Gefahr darstellt, sind Nadelstichverletzungen. Fast 50 % aller gemeldeten Unfälle im Gesundheitswesen sind bedingt durch Nadelstichverletzungen, d.h. Stichverletzungen durch Nadeln, Kanülen oder auch Skalpelle (stechend oder schneidend), die durch Patientenmaterial verunreinigt wurden (BGW, 2016). Dabei muss immer damit gerechnet werden, dass die Blut- oder Körperflüssigkeiten des Patienten möglicherweise infektiös sind und dadurch eine mögliche Ansteckung nach sich ziehen. Verschiedene Untersuchungen lassen Rückschlüsse zu, dass das Risiko einer Nadelstichverletzung um das Fünffache steigt im Vergleich zu Geräten zum Einmalgebrauch, wenn Pflegekräfte ihre Aufmerksamkeit nach der Ausübung noch auf einen anderen Handgriff lenken müssen. (HVBG, 2016). Erweiternd dazu zeigte sich, dass Nadelstichverletzungen häufig durch Fehler bei der Benutzung sowie Entsorgung der Geräte auftreten und diese durch eine erhöhte Aufmerksamkeit eventuell verhindert werden könnten. Als Indikator für eine Überlastung der Aufmerksamkeit erscheint es nachvollziehbar die Belastung durch mehrere unterschiedliche Aufgabenanforderungen zu identifizieren. Belastungseffekte im Sinne einer verminderten Aufmerksamkeit sowie einer erhöhten Fehlerhäufigkeit erscheinen auch in Bezug auf Medizinische Informationssysteme hoch relevant.

3. Ausblick

Die Implementierung moderner Technologien im Zuge der Digitalisierung des Gesundheitswesen rückt immer mehr in den Vordergrund. Das medizinisches Personal sollte dabei besonders im Fokus stehen: Symptome von „Burnout" bzw. Vermehrte Ausfälle aufgrund von psychischen Erkrankungen, aber auch durch Arbeitsunfälle bedingt durch zu hohe Belastung zeigen, dass Medizinische Informationssysteme sinnvolle Unterstützung bieten können, aber auch – nutzerunfreundlich designt – als großes Risiko wirken können.

Im Sinne einer nutzerfreundlichen Usability sollten deshalb gerade Belastungs- und Beanspruchungsaspekte in Bezug auf Medizinische Informationssysteme näher untersucht werden. Dies bedarf aber wohl einer weitergehenden Auseinandersetzung bezüglich definitorischer Überlegungen zu zuvor beschriebenen Konstrukten, aber auch Weiterentwicklungen zur Erfassung dieser (methodische Aspekte).

Literatur
Aures, C., Beuter, C. & Kirsch, A. (2017). *Design an Evaluation of a User Interface to Facilitate Cardiac Monitoring.* In Burghardt, M., Wimmer, R., Wolff, C., Womser-Hacker, C. (Hrsg.), Mensch und Computer 2017 – Tagungsband (285–288). Regensburg, Gesellschaft für Informatik e.V., https://doi.org/10.18420/muc2017-mci-0278
Badura, B. Ducki, A. Schröder, H., Klose, J. & Meyer, M. (Hrsg.). (2016). *Fehlzeitenreport 2016.* Unternehmenskultur und Gesundheit. Herausforderungen und Chancen, Berlin: Springer.
Biermann, K. (2005). *Krank gespart.* Verfügbar am 15.02. 2018 unter http://www.zeit.de/arbeit/2017-11/pflege-krankenhaus-pflegekraefte-mangel
BGW (2015). *Risiko Nadelstich. Infektion wirksam vorbeugen.* Verfügbar unter https://www.bgw-online.de/SharedDocs/Downloads/DE/Medientypen/BGW%20Broschueren/BGW09-20-001_Risiko-Nadelstich-bf_Download.pdf?__blob=publicationFile [30.04.2018]
Fischer, F. & Krämer, A. (2016). *eHealth in Deutschland, Anforderungen und Potenziale innovativer Versorgungsstrukturen.* Berlin Heidelberg: Springer –Verlag
HVBG (2006). *Wirksamkeit und Wirtschaftlichkeit präventiver Maßnahmen zur Vermeidung von Nadelstichverletzungen bei Beschäftigten in Gesundheitsberufen.* Verfügbar unter http://www.dguv.de/medien/ifa/de/pub/rep/pdf/rep05/nadelstich/gesamt.pdf [30.04.2018]
Kim, N. & Park, E. (2009). Concept Builder: An open-source software tool for measuring, depicting, and quantifying causal models. *Behaviour Research Methods, 41*(1), 128–136, doi:10.3758/BRM.41.1.128 DIN EN ISO 10075-1:2000-1. Ergonomische Grundlagen bezüglich psychischer Arbeitsbelastung – Teil 1: Allgemeines und Begriffe (ISO 10075:1991); Deutsche Fassung EN ISO 10075-1:2000
Rahimi, B. & Vimarlund, V. (2007). Methods to Evaluate Health Information Systems in Healthcare Settings: A Literature Review. *J Med Syst, 31;* 397 – 432. DOI 10.1007/s10916-007-9082-z
van der Mejden, M.J., Tange, H.J., Troost, J. & Hasman, A. (2003). Determinants of Success of Inpatient Clinical Information Systems: A Literature Review. *Journal of the American Medical Informatics Association,10* (3), 235 – 243. doi 10.1197/jamia.M1094.
Winter, D., Schrepp, M. & Thomaschewski, J. (2015). Faktoren der User Experience, Systematische Übersicht über produktrelevante UX-Qualitätsaspekte. In Fischer, H., Endmann, A. & Krökel, M. (Hrsg.): *Mensch und Computer 2015 – Usability Professional* (S. 31-41) Berlin: De Gruyter.

Johannes Pfeifer, Verena Schürmann & Barbara Stoberock
Hochschule Rhein-Waal

Empfehlungen zur Verbesserung der Nutzerfreundlichkeit medizinischer Informationssysteme

1. Medizinische Informationssysteme im Gesundheitswesen

Die Bedeutung der Digitalisierung im Gesundheitswesen hat in den letzten Jahrzehnten rapide zugenommen und steigt weiterhin stetig an (Schachinger, 2014). Auch das im Jahr 2016 in Kraft getretene „Gesetz für sichere digitale Kommunikation und Anwendungen im Gesundheitswesen" leistet einen wichtigen Beitrag zur Digitalisierung der medizinischen Versorgung. Sowohl Krankenhäuser als auch niedergelassene Ärztinnen und Ärzte sowie Mitarbeiterinnen und Mitarbeiter in Pflege- und Reha-Einrichtungen nutzen verschiedene Arten von Informationssystemen (IS; z. B. Krankenhausinformationssysteme, Arztpraxisinformationssysteme, Bildarchivsysteme, Laborinformationssysteme, Mobile IS).

Die Implementierung von IS im Gesundheitswesen soll eine hochwertige, effiziente und kostensparende medizinische Versorgung der Bevölkerung ermöglichen. Eine einrichtungsübergreifende interdisziplinäre Kommunikation von Gesundheitsdaten wird hierbei als wesentlicher Bestandteil moderner Medizinversorgung verstanden (vgl. Lux et al., 2017). Patientinnen und Patienten profitieren als Konsequenz von einer durch IS gesteigerten Versorgungsqualität (z.B. Chaudhry et al., 2006; Jones, Rudin, Perry & Shekelle, 2014). Darüber hinaus soll bspw. auch die in Zukunft geplante Einführung der einrichtungsübergreifenden elektronischen Patientenakte die Qualität und Wirkkraft der medizinischen Versorgung erhöhen (Schneider, 2015).

Auch aus wirtschaftlicher Sicht bietet die Einführung und Nutzung von IS großen Spielraum. Eine im Auftrag des Bundesverbands Gesundheits-Informationstechnik durchgeführte Studie über das monetäre Effizienzpotential durch eHealth schätzt hier bspw. eine Gewinnspanne von 39 Mrd. pro Jahr weltweit (Bernnat, Bauer, Schmidt, Bieber, Heusser & Schönfeld, 2017). Allgemein wird der IS Industrie heute und auch in der Zukunft eine hohe wirtschaftliche Bedeutung zugeschrieben (z. B. Bu et al., 2007; Wagner, Lee & Glaser, 2017).

Dem gegenüber zeigen verschiedene Studien die negativen Auswirkungen der Digitalisierung im Gesundheitswesen sowohl im wirtschaftlich-finanziellen als auch im sozio-psychologischen Bereich auf (z.B. Johnson, Johnson & Zhang, 2004; Jones, Heaton, Rudin & Schneider, 2012; Mandl & Kohane, 2012). Neben Bedenken bezüglich des Datenschutzes und des guten Umgangs mit patientenbezogenen Daten

(Schneider, 2015), liegt ein hohes Risiko der Digitalisierung vor allem in der unzureichenden Nutzerfreundlichkeit vorhandener IS. So konnte zum einen gezeigt werden, dass Mängel in der Usability zu hohen Gewinneinbußen durch zeitliche Verzögerungen bei der Implementierung neuer Systeme oder durch hohe Folgekosten auf Grund von benötigten Nachbesserungen führen können (Johnson et al., 2004; Topi, Lucas & Babaian, 2005; Wagner et al., 2017). Zum anderen kann ein Mangel an Usability u.a. Unzufriedenheit, Stressempfinden und sogar Ablehnung eines Systems durch Nutzerinnen und Nutzer hervorrufen (Johnson et al., 2004; Shah & Robinson, 2006; Topi et al., 2005) und als Konsequenz zu Anwendungsfehlern und einem erhöhten Sicherheitsrisiko für Patientinnen und Patienten führen (Ammenwerth, Gräber, Herrmann, Bürkle & König, 2003; Kushniruk, Triola, Borycki, Stein & Kannry, 2005; Samaranayake, Cheug, Chui & Cheung, 2012).

2. Empfehlungen

2.1 Gestaltungsempfehlungen
Vor dem Hintergrund der eingangs beschriebenen Risiken medizinischer IS ergibt sich die Frage, wie die Entwicklung der Systeme optimiert werden kann, sodass sie den Informations- und Arbeitsfluss unterstützen und Sicherheit gewährleisten.

Um medizinische IS bestmöglich zu gestalten, scheinen aus psychologischer Sicht vor allem Maßnahmen zur Reduktion von extrinsisch kognitiven Belastungen bei der Softwaregestaltung als sinnvoll, da diese die Leistung nachteilig beeinflussen (vgl. Paas, Renkl & Sweller, 2003). Die Deutsche Akkreditierungsstelle (DAkkS) gibt mit dem *Leitfaden Usability* (2015), einen ausführlichen Überblick über relevante Prozessschritte bei der Erstellung und Evaluation von Softwaresystemen. Bezogen auf die Entwicklung neuer Software weisen die Autorinnen und Autoren auf das Risiko eines zu starken und verfrühten Fokus auf die Oberflächengestaltung von Systemen hin. Essenziell sei es, gemeinsam mit späteren Nutzerinnen und Nutzern Kernaufgaben auf Aufgabenmodelle zu verteilen und in konkreten Nutzungsszenarien sog. Dialogschritte zu erarbeiten. Das Wort Dialog bezieht sich auf die Mensch-Maschine-Interaktion. „Ein Dialogschritt besteht jeweils aus einer Benutzereingabe und einer Systemausgabe als Ergebnis des Dialogschritts." (DAkkS, 2015, S.33). Der Dialogablauf sollte hierbei „[...] dem erwarteten aufgabenbezogenen Ablauf des Benutzers[...]"(ebd.) folgen. Dies verdeutlicht auch die Wichtigkeit kognitionspsychologischer Aspekte, die in Bezug auf die Passung zwischen internen Repräsentationen (bspw. Bedeutungen, Schemata und mentale Modelle) und externen Repräsentationen (Softwarestruktur und Benutzeroberfläche) mitbetrachtet werden müssen.

Zhang und Norman (1994) verdeutlichen ebenfalls die Wichtigkeit einer wenig Aufmerksamkeit benötigenden Interaktion zwischen den mentalen und externalen

Abbildern. Sie konnten bspw. nachweisen, dass die Lage eines visuellen Objektes Fehlerraten und Bearbeitungszeiten stärker positiver beeinflusst, als deren Größe und Farbe. Bei der Konstruktion von Software sollte also berücksichtigt werden, welche Information verarbeitet werden soll und wie diese internal und external repräsentiert ist, da verschiedene externale Repräsentationen günstige und weniger günstige Verhaltensweisen nach sich ziehen. Karahoca, Bayraktar, Tatoglu und Karahoca (2009) zeigten in diesem Zusammenhang z.B., dass ein Icon-nutzendes System gegenüber einer rein textbasierten Benutzeroberfläche die Erfolgsrate und Bearbeitungszeit innerhalb eines notfallmedizinischen Szenarios signifikant verbesserte.

In Bezug auf allgemeinen Gestaltungsrichtlinien für Benutzeroberflächen erachtet die DAkkS (2015, S. 33 f) folgende Punkte als relevant: Erkennbarkeit (die Aufmerksamkeit der Nutzerinnen und Nutzer wird zur benötigten Information gelenkt); Unterscheidbarkeit (die angezeigte Information kann genau von anderen Daten unterschieden werden); Lesbarkeit (die Information ist leicht zu lesen); Klarheit (der Informationsgehalt wird schnell und genau vermittelt); Verständlichkeit (die Information wird im Zusammenhang mit der Aufgabe verstanden); Kompaktheit/Prägnanz (den Nutzerinnen und Nutzern wird nur jene Information gegeben, die für das Erledigen der Aufgabe notwendig ist); Konsistenz (gleiche Information wird innerhalb der Anwendung entsprechend den Erwartungen der Nutzerinnen und Nutzer stets auf die gleiche Art dargestellt). Nach erfolgreichem Prototyping empfehlen Wozney et al. (2016) die System Usability Scale (Brooke, 1996), welche durch zehn Items eine erste grobe Einschätzung der User-Experience ermöglicht. Anknüpfend an diese grundlegenden Gestaltungsprinzipien werden im Folgenden Empfehlungen zu Methoden und Prozessen der weiteren Ausgestaltung und Evaluation von IS gegeben.

2.2 Prozessbezogene Empfehlungen

In den vergangenen Jahren haben sich auch im medizinischen Bereich vielfältige Methoden etabliert, um die Gebrauchstauglichkeit von Produkten und Systemen systematisch zu evaluieren (z.B. Borycki et al., 2013; Johnson et al. 2004). Der Umfang und die Ausgestaltung der Methoden werden in der Regel durch das Evaluationsziel sowie die verfügbaren Ressourcen bestimmt. Geht es um die globale Bewertung einer bereits fertiggestellten Software spricht man von einer summativen Evaluation (Gediga & Hamborg, 2002). Wohingegen es sich bei einer formativen Evaluation um einen begleitenden, iterativen Evaluationsprozess handelt (Gediga & Hamborg, 2002). Bei der Beurteilung werden häufig nicht nur externe Berater (z.B. Usability-Experten) eingebunden, die auf der Grundlage etablierter Heuristiken Empfehlungen zur Verbesserung der Software ableiten, sondern auch potentielle Nutzerinnen und Nutzer des Systems.

Die frühzeitige Einbindung der Nutzerinnen und Nutzer und die iterative Prozessgestaltung finden auch im medizinischen Bereich zunehmend Anwendung und haben sich als erfolgsversprechend erwiesen (z. B. Kashfi, 2010; Scandurra, Hägglund, & Koch, 2008). Sie gelten als essenziell, um zu gewährleisten, dass ein neues IS, die Bedürfnisse der Nutzerinnen und Nutzer ausreichend berücksichtigt (Kushniruk & Patel, 2004) und somit Sicherheitsrisiken reduziert werden können (Borycki et al., 2013).

Borycki et al. (2013) empfehlen auf Grundlage einer Reihe von Studien, die Kombination verschiedener Methoden, die vor der Einführung einer neuen Informationstechnologie durchgeführt werden sollten: In einem ersten Schritt beurteilen dabei Usability-Experten unter Nutzung heuristischer Evaluationen die Gebrauchstauglichkeit. Anschließend werden repräsentative Nutzerinnen und Nutzer in den Evaluationsprozess eingebunden. Sie werden gebeten eine Reihe von Aufgaben auszuführen. Hierbei bieten sich bspw. Methoden wie das laute Denken an. Zumal die ersten Phasen häufig in einem Labor stattfinden, soll weiterhin in realen bzw. realitätsnahen Umgebungen getestet werden. Hierfür werden klinische Simulationen durchgeführt, bei der die Nutzerinnen und Nutzer in eine Situation gebracht werden, die ihrer tatsächlichen Arbeitsumgebung sehr nahe kommt. So werden in den Simulationsräumen z. B. realistische Szenen aus einem Patientenzimmer oder Operationssaal nachgestellt. Falls es möglich ist, schließt die Evaluation idealerweise mit einem Test im natürlichem Umfeld ab. Während des gesamten Evaluationsprozesses werden die Ergebnisse z. B. mit der Hilfe von Ton- und Videoaufnahmen dokumentiert. Es handelt sich um einen iterativen Prozess, bei welchem, die in einer Phase erkannten Schwachstellen, direkt überarbeitet werden können. Somit können Nutzerfreundlichkeit und Sicherheitsaspekte berücksichtigt und gewährleistet werden.

3. Fazit und Ausblick

Die dargestellten Chancen und Risiken verdeutlichen die Relevanz einer nutzerfreundlichen Gestaltung medizinischer IS. Um dieses Ziel zu erreichen, sollten zum einen etablierte Prinzipien des Informationsdesigns sowie der Kognitionspsychologie berücksichtigt werden. Zum anderen sollten die Nutzerinnen und Nutzer kontinuierlich in den Prozess der Gestaltung einbezogen werden. Ähnlich wie bei der Testung neuer Medikamente vor Einführung auf den Markt, sollte dieser Prozess iterativ und vor der Einführung der Systeme in die Praxis stattfinden (Borycki et al., 2013). Ferner sollte die Evaluation der Systeme wissenschaftlich begleitet, dokumentiert und berichtet werden.

Literatur kann von den Autoren angefordert werden

Arbeitskreis
Gewalt am Arbeitsplatz und besondere Belastungen: Mobbing und besondere Gefahren
Leitung: Maik Holtz

Regina Bauer
**Sicherheit am Arbeitsplatz –
Umgang mit Übergriffen am Arbeitsplatz**

Maik Holtz, Vera Hagemann, Jessika Freywald & Corinna Peifer
**Teamarbeit in der Brandbekämpfung –
Anforderungen an und Ressourcen für
erfolgreiche Teamarbeit**

Maria Klotz, Franziska Jungmann & Irmgard Hell-Heyland
**Erprobung transferförderlicher Methoden
in einem Seminar zum Thema
„Raubüberfälle und Ladendiebstahl"**

Maike Niggemann & Christian Schwennen
**Krisenintervention in der psychosozialen Beratung –
Implikationen für die Praxis**

Dieter Zapf
Mobbing am Arbeitsplatz

Regina Bauer
AMD Salzburg – Zentrum für gesundes Arbeiten

Sicherheit am Arbeitsplatz – Umgang mit Übergriffen am Arbeitsplatz

1. Gesetzliche Vorgaben (Ö) und Hintergrund

Laut ArbeitnehmerInnenschutzgesetz (Ö) ist der Arbeitgeber verpflichtet, die für die Sicherheit und Gesundheit der ArbeitnehmerInnen bestehenden Gefahren zu ermitteln und zu beurteilen. Übergriffe am Arbeitsplatz können u. a. bei Mitarbeitenden, die in Organisationen mit KundInnen-, PatientInnen- bzw. KlientInnenkontakt arbeiten, vorkommen.

Im ASchG wird mit § 15 (5) beschrieben, dass ernste und unmittelbare Gefahr für Sicherheit oder Gesundheit, und auch jedes Ereignis, das beinahe zu einem Unfall geführt hätte, unverzüglich dem zuständigen Vorgesetzten zu melden ist. Nach § 16 (1) Z3 haben Arbeitgeber über alle Ereignisse Aufzeichnungen zu führen, die beinahe zu einem tödlichen oder schweren Arbeitsunfall geführt hätten und die gemäß § 15 Abs. 5 gemeldet wurden.

Demgemäß ist der Ablauf nach Übergriffen gesetzlich festgelegt, und trotzdem fällt es den Mitarbeitenden schwer, dieses Vorgehen einzuhalten. Weiters stellen nicht-meldepflichtige Vorfälle, „Bagatell-" oder Störfälle bzw. kritische Ereignisse eine Herausforderung dar, bei denen es gewinnbringend ist, diese ernst zu nehmen, vor allem wo noch kein persönlicher Schaden entstanden ist. Um die Kommunikation ausgehend von den Mitarbeitenden hin zu der Führungskraft zu fördern, können Maßnahmen initiiert werden, die Arbeitspsychologie kann Hilfe und Unterstützung für den Betrieb anbieten.

In einer Ersterhebung kann das Gefahrenbewusstsein der Mitarbeitenden bzw. bisherige Erlebnisse hinsichtlich Übergrifflichkeiten in einem bestimmten Zeitraum, zum Beispiel 6 Monate, abgefragt werden. Weiters, ob diese innerbetrieblich weitergeleitet wurden, mit KollegInnen, Führungskräften besprochen wurden oder es diesbezüglich Besprechungen o.ä. gab.

Daten über die Meldung von Beinahe-Unfällen zeigen, dass sich je nach Betriebsgröße Unterschiede ergeben: kleinere Unternehmen haben das stärkere Gefahrenbewusstsein, mehr Respekt vor Gefahren bei der Arbeit, ein besseres Melde- und Kommunikationsverhalten was Beinahe-Unfälle betrifft, einen geringeren Anteil von Personen mit selbsterlebten Beinahe-Unfällen und eine positivere Bewertung der betrieblichen Sicherheitskultur (vgl. Geißler-Gruber & Geißler, 2006). Interessant wäre, ob sich in dieser Form das auch auf Übergriffe übertragen lässt.

2. Ansatzpunkte

2.1 Prävention

Eine einheitliche Vorgangsweise im Betrieb mit dem Ziel, Mitarbeitende zu unterstützen, sollte angestrebt werden. Präventiv soll zukünftigen potentiellen Übergriffen durch Kommunikation und Transparenz, im Umgang mit den Vorfällen und deren Folgen begegnet werden.

Ansatzpunkt für einen arbeitspsychologischen Einsatz, zum Beispiel im Rahmen der betrieblichen Präventivzeit, kann ein anonymer Fragebogen sein, der den persönlichen als auch betrieblichen Umgang mit Übergriffen abklärt oder auch Fragen zur Sicherheitskultur stellt. Durch einen Workshop kann die Sensibilisierung der MitarbeiterInnen erfolgen, Gefahren können sichtbar gemacht werden und der konkrete Umgang mit (möglichen) Übergrifflichkeiten innerhalb der Organisation, sowie auch die Angriffsthematik durch externe KlientInnen/KundInnen können erarbeitet und festgelegt werden.

2.2 Mögliche Vorgehensweisen

Die Ernsthaftigkeit von Übergriffen am Arbeitsplatz, denen Mitarbeitende ausgesetzt sind, soll hervorgehoben werden und im Rahmen einer wachsenden Sicherheits- und Gesundheitskultur Bearbeitung finden.

Mitarbeitende sollten mit Handlungsempfehlungen bei verbalen und körperlichen Übergriffen am Arbeitsplatz vertraut sein (AMD Salzburg). Dazu gehört zum Beispiel

- ruhig zu bleiben,
- Fragen und Diskussionen zu vermeiden,
- klar, laut und deutlich zu sprechen
- Grenzen aufzuzeigen und mindestens eine Armlänge Abstand zu halten
- keine unnötigen Risiken einzugehen.

Auch für die Führungskraft werden diesbezüglich Hinweise gegeben. Vorkehrungen für den Notfall – etwa Alarmierungs- und Fluchtmöglichkeiten – sollten getroffen werden. Weiters soll die Dienstunfallmeldung erstellt und die/der zuständige ArbeitsmedizinerIn informiert werden. Auch soll abgeklärt werden, ob die Krisenintervention eingebunden werden muss.

Methoden zur Verbesserung der Sicherheitskultur können entweder partizipative Ansätze unter Einbezug der Mitarbeitenden sein, expertenorientierte Ansätze mit Unterstützung durch BeraterInnen (z.B. bei der Lösung von einer genau bestimmten Fragestellung) oder eine Kombination von Mitarbeitenden- und ExpertInnenwissen sein. Diese können allein oder nach einer schriftlichen Befragung eingesetzt werden (Geißler-Gruber & Gruber, 2006).

Mit einem aktiven Erfahrungsaustausch, unter Einbindung von Mitarbeitenden und Führungskräften, sollen auf Basis von innerbetrieblichen Vorfällen, auf verhaltens- und verhältnispräventiver Ebene Ansätze gemeinsam erarbeitet werden.

Erfahrungs-Zirkel sind eine Möglichkeit, gemeinsam aus Vorfällen oder Beinahe-Vorfällen zu lernen: In einer Kleingruppe von 3 bis 5 Personen werden erlebte Ereignisse gesammelt, in denen man selbst noch einmal Glück gehabt hat. Danach wird ausgewertet, wie es dazu kam und wie Schaden verhindert werden konnte bzw. zukünftig verhindert werden kann. Augenmerk soll dabei auf gegenseitiges Bewusstmachen gelegt werden, wo Gefahren lauern könnten, Gefahren werden sichtbar gemacht. Als kontinuierlicher Lernprozess, z. B. quartalsmäßig stattfindend, könnten alle Mitarbeitenden einmal an einem Erfahrungs-Zirkel teilnehmen und so ihren Beitrag zur Arbeitssicherheit und Qualitätssicherung einbringen können (arbeitsleben Geißler-Gruber KEG, 2002). Die Moderation kann eine beauftragte Person aus dem Unternehmen übernehmen, z. B. aus dem Betriebsrat, Zuständige/r für Qualitätsfragen, Sicherheitsvertrauensperson oder Präventivfachkraft.

Erste Maßnahmen in Folge eines aktuell vorgefallenen Übergriffs sollen besprochen und kommuniziert werden. Die Wichtigkeit einer funktionierenden innerbetrieblichen Kommunikationskette im Fall von Übergriffen (z. B. an Sicherheitsvertrauenspersonen oder über Briefkasten) soll unterstrichen werden und auch die Transparenz über das weitere Vorgehen nach einem Übergriff muss sichergestellt werden. Aus entstandenen Übergriffen können in Workshops Maßnahmen abgeleitet werden.

Was dazu unbedingt beachtet werden sollte, ist ein Betriebsklima, das die Meldung von Übergrifflichkeiten möglich macht. Auch fördert es die Erkennung von Beinahe-Vorfällen, wenn der Betrieb achtsam mit dem Thema umgeht. Aktivitäten diesbezüglich können initiiert werden (arbeitsleben Geißler-Gruber KEG, 2002).

- Wahl eines einprägsamen Projekttitels
- Durchführung einer aktivierenden MitarbeiterInnenbefragung zu Beinahe-Vorfällen bzw. Vorfällen: Wo liegt das Problem? Alternativ können Interviews mit ausgewählten Mitarbeitenden durchgeführt werden. Hier soll vorab klar sein, welche Fragen besprochen werden
- Durchführung einer MitarbeiterInnenbefragung zur Sicherheitskultur (mit externer Beratung), damit das gesamte Unternehmen weiß, wo Stärken und Schwächen liegen im psycho-sozialen, im technischen oder im organisatorischen Bereich

- Ausgabe einer Berichtskarte für außergewöhnliche Ereignisse, die an Vorschläge der MitarbeiterInnen angepasst werden kann
- Strategische Platzierung der Berichtsformulare für außergewöhnliche Ereignisse, um die MitarbeiterInnen an die Notwendigkeit sicheren Verhaltens zu erinnern und zu motivieren, über Beinahe-Vorkommnisse zu berichten
- Beinahe-Übergrifflichkeiten etc. als ständiger Tagesordnungspunkt in Besprechungen wie Arbeitsschutzausschusssitzung, Führungskräfte-Jour-Fix und/oder Betriebsversammlungen
- Zusammenstellung einer Arbeitsgruppe aus verschiedenen Arbeitsbereichen, um Kommunikationsprobleme zu lösen und ein gemeinsames Verständnis für sicheres Arbeiten zu entwickeln
- Erstellung einer Liste von Arbeitssituationen mit Gefahren für alle Arbeitsbereiche, damit jede/r einen Überblick bekommt.

Dem Reden und Berichten über Vorfälle wird eine hohe Bedeutung beigemessen und soll durch vertrauensvolle Moderation von Gesprächen und Vermittlung unterstützt werden. Auch darüber hinaus können Sicherheitsvertrauenspersonen, Betriebsrat, Qualitätsverantwortliche oder Präventivfachkräfte unterstützen. Mitarbeitende sollen ermutigt werden, ihr Erfahrungswissen über die Arbeitsaufgaben hinaus für die Lösung von Sicherheitsproblemen bei der Arbeit einzusetzen. Eine Installation eines innerbetrieblichen Postkastens für Berichtskarten mit Hinweis auf Vorfälle mit oder ohne Namensnennung kann eingerichtet werden.

Die Maßnahmen, die aus den Vorfällen abgeleitet werden, sollen direkt in die Umsetzung gehen. Dies sollte zeitökonomisch, praktisch und ergebnisorientiert mit erprobten Instrumenten geschehen. Unterstützend können die vorhin genannten Erfahrungs-Zirkel wirken. Die Ergebnisse der Erfahrungs-Zirkel sollten durch Präventivfachkräfte und/oder Qualitätsverantwortliche bearbeitet werden. Schlussendlich ist die innerbetriebliche Veröffentlichung der berichteten (Beinahe-)Übergriffe und der entwickelten Verbesserungsvorschläge essentiell.

Literatur
Arbeitsleben Geißler-Gruber KEG (2002). Anleitung zum Erfahrungs-Zirkel „Lernen aus Beinahe-Unfällen", Arbeitsheft für ModeratorInnen. European Agency for Safety and Health at Work.
Arbeitsleben Geißler-Gruber KEG (2002). Lernen aus Beinahe-Unfällen. European Agency for safety and Health at Work. Gmunden.
AMD Salzburg. Erste Hilfe für die Psyche. AMD Salzburg – Zentrum für gesundes Arbeiten. Salzburg.
Geißler-Gruber, B. & Geißler, H. (2006). Endbericht: Lernen aus Beinahe-Unfällen in der Kunststoffverarbeitung.

Maik Holtz[1], Vera Hagemann[2], Jessika Freywald[1] & Corinna Peifer[3]
[1]*Berufsfeuerwehr Köln*, [2]*Universität Bremen*, [3]*Ruhr-Universität Bochum*

Teamarbeit in der Brandbekämpfung – Anforderungen an und Ressourcen für erfolgreiche Teamarbeit

1. Teamarbeit in Gefahrensituationen

Der Umgang mit Gefahrensituationen und das Erleben von Stress ist Bestandteil der Arbeit von Feuerwehr-Einsatzkräften, infolgedessen es zu Unfällen kommen kann. Gemäß der Unfallstatistik der Deutschen Gesetzlichen Unfallversicherung (DGUV) für die freiwilligen Feuerwehren (Pelzl, 2017, persönliche Mitteilung) und der Feuerwehr-Unfallkassen (FUK) (Kirstein, 2017) kommt es während der Gefahrenabwehr und insbesondere während der Brandbekämpfung immer wieder zu Unfällen und Verletzungen der Einsatzkräfte. Die DGUV registrierte in Deutschland 2015 und 2016 11.262 gemeldete Unfälle bei der Schadensabwehr mit einer Krankheitsdauer von drei oder mehr Tagen, davon 2.932 Verletzungen bei der Brandbekämpfung (Pelzl, 2017, persönliche Mitteilung).

Effektive Teamarbeitsprozesse innerhalb der Einsatzkräftestrukturen (Gruppe, Staffel, Trupp) können während Stresssituationen Unfälle reduzieren. Durch zielgruppenspezifisches Training lassen sich Teamprozesse signifikant verbessern und der Stress so kanalisieren, dass er als positiv und leistungsförderlich wahrgenommen wird (Cannon-Bowers & Salas, 1998; Driskell et al., 2001; Peifer, 2017; Peifer & Wolters, 2017). Derzeit ist in der feuerwehrtechnischen Grundausbildung kein systematisches Training von nicht-technischen Fertigkeiten (z. B. Kommunikation, Entscheidungsfindung, Koordination, Situation Awareness) zur Unterstützung der Teamarbeit vorgesehen. Voraussetzung für die Entwicklung eines zielgruppenspezifischen Trainings ist die systematische Analyse von Anforderungen an und Ressourcen für erfolgreiche Teamarbeit. Die vorliegende Studie macht hierzu einen ersten Schritt, indem Feuerwehreinsatzkräfte mit Hilfe von strukturieren Interviews befragt werden.

2. Methodisches Vorgehen

Zur Ermittlung der zielgruppenspezifischen Bedarfe für ein professionelles Teamtraining wurden Einsatzkräfte einer Berufsfeuerwehr zu Ihren Einsatzerfahrungen bei Brandeinsätzen strukturiert interviewt. Die Fragestellungen bezogen sich auf:
- Gefahrensituationen und ihre Ursachen bei kritischem Erleben
- Verhaltensweisen in Gefahrensituationen bei positiven Erleben des Einsatzablaufes (flow)

- Verhaltensweisen in Gefahrensituationen bei negativen Erleben des Einsatzablaufes (stress)
- Ressourcen für eine funktionierende Teamarbeit im Brandeinsatz
- Implikationen für Teamtrainings in der Brandbekämpfung

Von den 12 interviewten Einsatzkräften waren 2 weiblich und 10 männlich, drei von ihnen sind zudem ehrenamtlich bei der Freiwilligen Feuerwehr. Die Berufserfahrung lag im Mittelwert M=13 Jahren (SD=12). Die Einsatzerfahrung mit Brandeinsätzen wurde in der Summe auf 1403 beziffert, davon 558 unter schwerem Atemschutzgerät.

Die Antworten auf erlebte Gefahrensituationen wurden nach der Schadenslage, den Kontextfaktoren und einsatzspezifischen fehlenden Verhaltensweisen in Aussagen extrahiert und den Itemgruppen des Team-Arbeit-Kontext-Analyse Inventars (TAKAI) (Hagemann, 2011) zugeordnet. Konnte eine Gruppierung zu keiner TAKAI-Itemgruppe zugeordnet werden, erfolgte eine neue Gruppierung in Kontext-Oberbegriffen. (Tabelle 1)

Tab. 1: Interview-Auswertungsmatrix

VP	Antwort	Extraktion	Itemgruppe TAKAI	Kontext-Oberbegriff
1	„Dann waren überall Schläuche und Nullsicht und ich wusste nicht, ob der Schlauch den ich hatte, auch nach draußen führt."	überall Schläuche	Eigendynamik	
		und Nullsicht	Umweltfaktoren	
		wusste nicht, ob der Schlauch den ich hatte, auch nach draußen führt		Hoffnungslosigkeit (durch Fehlen erfolgversprechender Ressourcen)
2	"... mein Kollege hat mich in eine Situation gebracht, an der ich nichts ändern konnte."	mein Kollege hat mich in eine Situation gebracht	Shared Mental Model – Team	
			Shared Mental Model – Aufgabe	
		ich nichts ändern konnte		Hoffnungslosigkeit (durch Fehlen erfolgversprechender Ressourcen)

3. Anforderungen und Ressourcen

Die interviewten Einsatzkräfte gaben in kritisch erlebten Gefahrensituationen bei Brandeinsätzen als Ursachen 252 Nennungen an. Nach Kontextzuordnung sind die 15 häufigsten Angaben (Cut-off durch M) in Abbildung 1 in der Spalte „Nennung bei erlebter Gefahrensituation" zu entnehmen. Es wurden 89 Verhaltensweisen bei Brandeinsätzen mit positiven Erleben bei Gefahrensituationen angegeben, sowie 150 Verhaltensweisen bei Brandeinsätzen mit negativen Erleben bei Gefahrensituationen (Abbildung 1, „Verhaltensweisen bei positiv erlebten Einsätzen bzw. Verhaltensweisen bei negativ erlebten Einsätzen). Auf erlebte gleiche Gefahrensituationen wurden Team-Verhaltensweisen gezeigt, welche bedeutend zum positiven bzw. negativen Empfinden über den Einsatzablauf beigetragen haben.

Generell lassen sich die meisten der genannten Anforderungen in die Kategorie SMM-A (-) (Shared Mental Model – Aufgabe) einordnen. Hier herrschte bei negativ erlebten Brandeinsätzen kein ausreichend geteiltes Verständnis / Interaktion im Team über die Ausrüstung und deren taktischen Anwendung. VP 7: „Während wir die Brandbekämpfung im Dachstuhl durchführten, wurde plötzlich auch von außen mit dem Wasserwerfer der Dachstuhl gelöscht und wir wurden mit Trümmerteilen, Dachpfannen und Wasser beaufschlagt." Im Bereich Ressourcen (114 Nennungen) sowie bei positiv erlebten Brandeinsätzen fällt auf, dass ein SMM-T (Shared Mental Model-Team) ausgeprägt ist. Hier hat das Team ein gemeinsames Verständnis über das Wissen und Können, die Stärken und Schwächen und die Einstellungen der anderen Teammitglieder. VP 5: „Jeder wusste, in wie weit wir uns aufeinander verlassen konnten." Diese Ressource des SMM-T ist den Einsatzkräften bekannt und wichtig.

4. Implikationen und Fazit

Zu möglichen Implikationen wurden 151 Nennungen extrahiert und in 7 Hauptpunkte gefasst (Abbildung 1, graues Feld). Diese umfassen eine strukturierte Nachbesprechung/After Action Review (AAR) nach Einsätzen mit Augenmerk auf eine angepasste Kommunikationskultur. Hieraus resultierende Erkenntnisse können über ein Critical Incident Reporting System (CIRS) veröffentlicht und anschließend durch problemorientiertes Lernen und problemorientierte Einsatzübungen aufgearbeitet werden.

Die Erkenntnisse von Ursachen, Anforderungen, Ressourcen und Implikationen zu Teamarbeitsprozessen bei Brandeinsätzen zeigen, das Potenzial und die Wichtigkeit gut funktionierender Teamarbeit bei Feuerwehreinsatzpersonal. Diese Arbeit leistet einen ersten Schritt, um die Anforderungen systematisch aufzuzeigen. Nun bedarf es weiterer Analysen und daraus abgeleitete Maßnahmen, um Teamarbeitsprozesse in Teams der Feuerwehr so zu trainieren, dass Stresssituationen im Einsatz erfolgreich und effizient bewältigt werden können. Teams are made, not born.

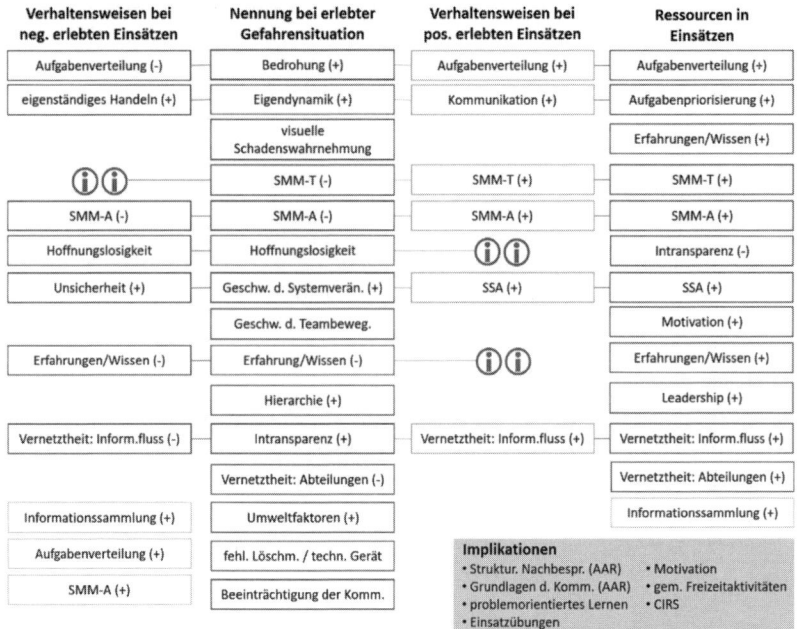

Abb. 1: Erlebte Gefahrensituationen, Ressourcen und Implikaltionen bei Brandensätzen in Bezug zur Teamarbeit; Mit „i"gekenzeichneten Bereiche wurden bei der Beantwortung auf Fragen nach Ursachen bzw. Ressourcen nicht genannt.

Literatur

Cannon-Bowers, J. A. & Salas, E. (1998). Team Performance and Training in Complex Environments: Recent Findings From Applied Research. Current directions in psychological science, 7, 83–87.

Driskell, J. E., Salas, E. & Johnston, J. (2001). Stress Management: Indivdual and Team Training. In E. Salas, C. A. Bowers & E. Edens (Hrsg.), Improving Teamwork in Organizations. Applications of Resource Management Training (S. 55–72). Mahwah New Jersey: Lawrence Erlbaum Associates.

Hagemann, V. (2011). Trainingsentwicklung für High Responsibility Teams. Lengerich: Pabst Verlag.

Kirstein, G. (2017). Unfallzahlen der Feuerwehr-Unfallkassen für 2016 liegen vor. In C. Heinz, L. Kettenbeil, G. Kirstein & L. Frank (Hrsg.), Gemeinsame Schrift der Hanseatischen Feuerwehr-Unfallkasse Nord, Feuerwehr-Unfallkasse Mitte und der Feuerwehr-Unfallkasse Brandenburg FUK-Dialog – Informationen der Feuerwehr-Unfallkassen (S. 6–7). Kiel: Schmidt & Klaunig eK.

Peifer, C. & Wolters, G. (2017). Bei der Arbeit im Fluss sein. Konsequenzen und Voraussetzungen von Flow-Erleben am Arbeitsplatz. Wirtschaftspsychologie 19.

Pelzl (2017). Persönliche Mitteilung: Unfalljahresstatistik 2015 und 2016 der Deutschen gesetzlichen Unfallversicherung e.V. (DGUV), Feuerwehren, Hilfeleistungen, Brandschutz.

Maria Klotz[1], Franziska Jungmann[2] & Irmgard Hell-Heyland[3]
[1]*Institut für Arbeit und Gesundheit (IAG) der Deutschen Gesetzlichen Unfallversicherung (DGUV)*, [2]*Externe Beratung*, [3]*Berufsgenossenschaft Handel und Warenlogistik (BGHW)*

Erprobung transferförderlicher Methoden in einem Seminar zum Thema „Raubüberfälle und Ladendiebstahl"

1. Hintergrund und Seminarkonzept

Raubüberfälle und Ladendiebstähle stellen im (Einzel-) Handel eine spezielle Form der Gefährdung für die Mitarbeitenden dar. Mit gezielten Präventionsmaßnahmen soll diesen Gefährdungen vorgebeugt werden. Die BGHW hat daher ein dreitägiges Seminar für Verantwortliche im Betrieb (z.B. Führungskräfte, Betriebsratsmitglieder und Fachkräfte für Arbeitssicherheit) entwickelt. Das Seminar „Raubüberfälle und Ladendiebstahl" hat folgende Lernziele:
- Einblick in geeignete Präventionsmaßnahmen von Ladendiebstahl,
- Deeskalierender und rechtssicherer Umgang mit verdächtigen Personen,
- Entwicklung von geeigneten Sicherheitsmaßnahmen,
- Hilfestellung bei betrieblichen Unterweisungen sowie
- Anwendung erster Maßnahmen für die Erstbetreuung von Betroffenen.

Die Schwierigkeit solcher Angebote besteht häufig in der Anwendung und Umsetzung der gelernten Seminarinhalte im Arbeitsalltag. Zur Unterstützung des Transfers wurde die Maßnahme so konzipiert, dass es auch einen Vor- sowie Nachprozess zum Seminar gibt, transferförderliche Methoden integriert sind und die Qualifizierung immer in Zusammenarbeit mit der Polizei stattfindet.

Der vorliegende Beitrag beschreibt die Erprobung von transferförderlichen Methoden in drei Seminaren zum Thema „Raubüberfälle und Ladendiebstahl".

2. Methodisches Vorgehen bei der Begleitung

Entsprechend des Evaluationsprinzips von Kirkpatrick (2006) wurden die Zufriedenheit mit dem Seminar, der Wissenszuwachs sowie die Umsetzung von Maßnahmen im Betrieb bei den Teilnehmenden erfragt (dies entspricht den ersten drei Stufen des Ansatzes). Kirkpatrick geht davon aus, dass Verhalten nur gezeigt werden kann, wenn zuvor etwas gelernt wurde, und das wiederum nur etwas gelernt werden kann, wenn die Rahmenbedingungen stimmen und Teilnehmende zufrieden sind. Darüber hinaus wurden die Handhabbarkeit der transferförderlichen Methoden sowie förderliche und hinderliche Faktoren für die Umsetzung von Maßnahmen im Betrieb ermittelt. Diese Maßnahmen wurden zuvor im Seminar abgeleitet. Es konnten 49 Teilnehmende von drei Seminaren (Trainingsgruppe), sechs Dozierende sowie 39 Beteiligte eines anderen Seminartyps als Kontrollgruppe für die Untersuchung gewonnen werden (Trainings-Kontrollgruppen-Design). Die Trainings- und die Kontrollgruppe wurden schriftlich direkt vor und unmittelbar nach dem Seminar befragt. Sechs Monate später erfolgten Telefoninterviews mit den Beteiligten der Trainingsgruppe und neun Monaten später mit dem Lehrpersonal. Von den 49 Teilnehmenden der Trainingsgruppe konnten für die Follow-Up-Befragung nach sechs Monaten noch 32 Personen erreicht werden (Rücklaufquote von 65%). Der Ablauf der Untersuchung ist schematisch in Abbildung 1 dargestellt.

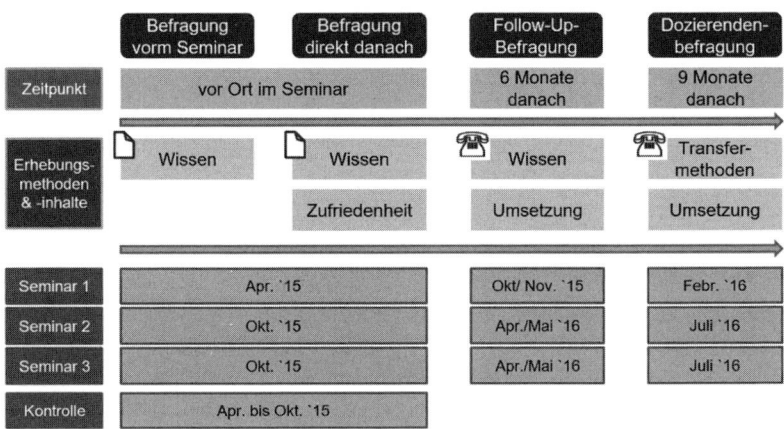

Abb. 1: Ablauf der Evaluation in den Jahren 2015 und 2016

3. Ergebnisse und Fazit

Zufriedenheit und Wissenszuwachs

Insgesamt erhielt das untersuchte Seminar eine sehr positive Bewertung sowohl von den Lernenden als auch von den Lehrenden. Von Seiten der Teilnehmenden betraf dies vor allem die Atmosphäre und Interaktion im Seminar, die Organisation rund um das Seminar aber auch den Erfahrungsaustausch unter den Teilnehmenden und den Beitrag des Gastreferenten (Polizist). Das Lehrpersonal gab ebenfalls ein hohes Interesse an den Inhalten sowie eine hohe Zufriedenheit mit der Qualifizierungsmaßnahme selbst an.

Im zweiten Teil der Evaluation wurde das Wissen der Beteiligten erfragt. Dazu wurden den Teilnehmenden jeweils zehn Multiple-Choice Fragen gegeben, die sich inhaltlich u.a. auf die Prävention von Raubüberfällen, dem richtigen Verhalten bei einem Überfall, der Erstbetreuung oder Maßnahmen zum Geldtransport bezogen.

Das Wissen wurde zu drei verschiedenen Zeitpunkten erhoben. Es zeigte sich ein deutlicher Kenntnisgewinn direkt nach dem Seminar im Vergleich zu vor der Maßnahme. Allerdings war in der Follow-Up Befragung sechs Monate später ein geringerer Wissensstand zu verzeichnen, d.h. ein Teil der Kenntnisse schien wieder verloren zu gehen.

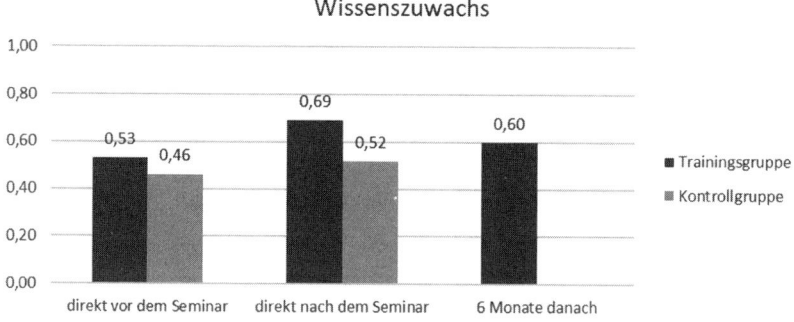

Abb. 2: Wissensveränderung der Teilnehmenden (prozentuale Häufigkeit korrekter Angaben) über die Zeit und im Vergleich zur Kontrollgruppe

Förderliche und hinderliche Faktoren für die Umsetzung im Betrieb
Die Teilnehmenden gaben sechs Monate nach dem Seminar an, in ihrem Betrieb zwei bis drei Maßnahmen umgesetzt zu haben. Die Aktivitäten bezogen sich größtenteils auf:
- die Prüfung bestehender Sicherheitsmaßnahmen,
- dem Erstellen neuer Anweisungen oder Unterweisungen,
- der Einrichtung bzw. Schulung von Erstbetreuerinnen bzw. -betreuern,
- dem Umgang mit bzw. der Transport von Geld oder
- der Veränderung von organisatorischen oder baulichen Bedingungen.

Die Beteiligten der Qualifizierungsmaßnahme berichten zudem von zahlreichen förderlichen und hinderlichen Rahmenbedingungen bei der Umsetzung der Maßnahmen. Dabei werden vor allem
- die Unterstützung durch Vorgesetzte,
- die aktuelle betriebliche Situation,
- die eigene Rolle bzw. ihre Funktion im Betrieb und
- das Interesse sowie die Motivation der Mitarbeitenden und Angestellten
- aber auch die teils nachgeordnete Relevanz des Themas im Alltagsgeschäft als kritische Faktoren für die Umsetzung beschrieben.

Transferförderliche Methoden
Das Seminar „Raubüberfälle und Ladendiebstahl" wurde durch transferförderliche Methoden angereichert, um mit diesen die Seminargestaltung aufzulockern und gleichermaßen den Transfer der Inhalte in die betriebliche Praxis zu unterstützen. Die Dozierenden zeigten sich grundsätzlich offen und berichteten positive Erfahrungen mit den Methoden, die eingesetzt wurden. Allerdings wurde auch deutlich, dass nicht alle transferförderlichen Maßnahmen gleichermaßen gut von den Lehrenden aufgenommen und dementsprechend nicht oder nur in abgewandelter Form eingesetzt wurden. Interessant war, dass ein Beratungsgespräch zur Umsetzung von Maßnahmen im Betrieb auf freiwilliger Basis ca. sechs Monate nach dem Seminar von keinem der Teilnehmenden in Anspruch genommen wurde.

Abschließende Bewertung und Optimierungspotential
Grundsätzlich wurde mit dem Seminar das Ziel erreicht, dass die Teilnehmenden Maßnahmen zur Prävention ableiten und realisieren. Sie konnten somit scheinbar in ihrer betrieblichen Rolle und Tätigkeit auf das im Seminar Gelernte zurückgreifen und vor dem Hintergrund förderlicher und hinderlicher Rahmenbedingungen einzelne Maßnahmen in ihren Betrieben erfolgreich umsetzen. Damit ist die Effektivität des Seminars mit gut zu bewerten.

Es zeigten sich einzelne Punkte, an denen die Wirksamkeit noch weiter optimiert werden kann. Diese Aspekte betreffen vor allem:
- die Nachhaltigkeit des Wissenszuwachses,
- die Umsetzung von Maßnahmen insbesondere mit Blick auf den Umgang mit hinderlichen Rahmenbedingungen und
- die Erprobung und Durchführung der transferförderlichen Methoden.

Die Nachhaltigkeit des Wissenszuwachses könnte durch einen verpflichtenden Nachprozess ca. drei bis sechs Monate nach dem Seminar sichergestellt werden, denkbar sind Peer- oder Fallgruppen, Auffrischungssitzungen oder ein Beratungsgespräch. Außerdem könnten die Teilnehmenden noch weiter unterstützt werden, indem im Seminar noch stärker auf die eigene, betriebliche Rolle und Funktion eingegangen wird und der Umgang mit hinderlichen Rahmenbedingungen stärker thematisiert wird. Für die Einarbeitung der Lehrenden in das Seminarkonzept sowie zur Sicherstellung des Wissenstransfers wären u. a. Workshops zum Einsatz neuer Methoden oder erfahrungsbezogene gemischte Dozierenden-Teams zum Austausch denkbar.

Literatur
Kirkpatrick, D.L. & Kirkpatrick, J.D. (2006). Evaluating training programs: the four levels (3rd ed.) San Francisco, CA: Berret-Koehler Publisher, Inc.

Maike Niggemann & Christian Schwennen
Currenta GmbH & Co. OHG, Leverkusen

Krisenintervention in der psychosozialen Beratung – Implikationen für die Praxis

1. Kriseninterventionen in der Beratung

In der psychosozialen Beratung ergeben sich neben regulär vereinbarten geplanten Beratungsterminen, immer wieder akute Krisensituationen, die außerplanmäßige Einsätze erforderlich machen.

In der Literatur wird zwischen psychiatrischen Notfällen und psychosozialen Krisen unterschieden (vgl. Riecher-Rössler et al. 2004). Ein *Notfall* ist meist durch eine zugrundeliegende psychiatrische Krankheit bedingt und, zur Abwendung von Lebensgefahr oder anderen schwerwiegenden Konsequenzen, muss unverzüglich gehandelt werden. Bei einer Krise besteht in der Regel keine vitale Bedrohung. Cullberg definiert sie als „Verlust des seelischen Gleichgewichts, den ein Mensch verspürt, wenn er mit Ereignissen und Umständen konfrontiert wird, die er im Augenblick nicht bewältigen kann, weil sie von der Art und vom Ausmaß her seine, durch frühere Erfahrungen erworbenen Fähigkeiten und erprobten Hilfsmittel zur Erreichung wichtiger Lebensziele oder zur Bewältigung seiner Lebenssituation, überfordern" (zitiert aus Sonneck 2000, S.16). Als prototypischer Auslöser für Krisen gelten *kritische Lebensereignisse* (z. B. Unfälle, Verluste, etc.). Im „Fehlzeiten-Report 2017 – Krise und Gesundheit" gibt das WIdO[1] an, dass ca. die Hälfte der Erwerbstätigen in einem 5-Jahreszeitraum von einem kritischen Lebensereignis betroffen war. *Krisenintervention* ist ein zeitlich limitiertes Hilfsangebot, das den Betroffenen emotional entlasten und dessen Handlungs- und Entscheidungsfähigkeit wiederherstellen soll.

1.1 Spezifika der betrieblichen Beratungsstelle
Die Abteilung „Gesunde Arbeitswelt" der Currenta GmbH & Co. OHG setzt sich aus dem betrieblichen Gesundheitsmanagement, der Gefährdungsbeurteilung Psyche und der psychosozialen Beratung zusammen. Während die ersten beiden Bereiche auf betrieblicher Ebene primär- und sekundärpräventive Unterstützung für zahlreiche Firmen der chemischen Industrie bieten, richtet sich das Angebot der psychosozialen Beratung direkt an den einzelnen Beschäftigten und stellt eine niederschwellige Unterstützung bei individuellen Fragestellungen dar. Mögliche Anliegen erstrecken sich von Konflikten und Schwierigkeiten am Arbeitsplatz, über private

[1] Wissenschaftliches Institut der AOK

Probleme bis hinzu psychischen Störungen. In der Regel melden sich Mitarbeiter telefonisch und bekommen zeitnah einen Termin, um gemeinsam mit einem Mitglied des Beraterteams individuelle Lösungswege zu erarbeiten.

Die Beobachtung des WIdO, spiegelte sich, in Form von zahlreichen akuten Anfragen, in unserer Beratungspraxis wider. Um diese Impression genauer abbilden zu können, wurde im Jahr 2017 mit der Erfassung aller Notfallsituationen begonnen. Die Wahrnehmung konnte verifiziert werden und inhaltlich war folgende Zuordnung möglich:

Tab. 1: Prozentuale Verteilung der Inhalte der Akutsituationen

Krise	Abklärung Selbstgefährdung	Sucht	sonstiges
46 %	33 %	6 %	15 %

Während in den Betrieben bei psychiatrischen Notfällen etablierte Versorgungsstrukturen greifen und in der Regel eine Primärbehandlung durch die werksärztliche Abteilung erfolgt, wird die Krisenintervention, als professionelle Hilfe für Menschen, die sich in einer akuten psychischen Notlage befinden, durch die Teammitglieder der Beratungsstelle abgedeckt.

2. Ableitung von relevanten Anforderungen

Außerplanmäßige Interventionen wirken sich auf den Beratungsalltag in erheblichem Umfang und an vielen Stellen aus. Auch wenn man Unerwartetes per definitionem nicht planen kann, ergeben sich einige Basisanforderungen, die eine adäquate Krisenintervention möglich machen.

2.1 Strukturelle Anforderungen

Zunächst birgt eine irreguläre Unterstützungsmaßnahme einige organisatorische Herausforderungen, da eine zeitnahe Versorgung hohe Priorität besitzt. So sollte bei eingehender Anfrage beispielsweise ersichtlich sein, welche Berater vor Ort sind, wer eventuell freie Kapazitäten zur Verfügung stehen hat, bzw. welche bestehenden Termine unproblematisch zu verschieben sind. Gehen die Anliegen an einer zentralen Stelle ein, kann dort rasch ermittelt werden, an welches Teammitglied der Fall übergeben werden kann, um möglichst effizient zu handeln. Ist ein Zugang zu den Kontaktdaten eventueller regulärer Termine möglich, können diese im Hintergrund neu terminiert werden und dem Berater wird damit der Rücken freigehalten.

2.2 Anforderungen an die Berater

Für das Teammitglied geht eine solche Ausnahmesituation mit einer erhöhten Beanspruchung einher. Neben physiologischen Belastungen, im Sinne der körperlichen Stressreaktion, ergeben sich eine Reihe von individual- (Zeitdruck, eigenes Anforderungsdenken, etc.) und sozialpsychologischen (z.B. schwirige Interaktionen mit anderen Personen, wie Angehörige oder Zuschauer) Belastungen. Die Helfer sollten daher gut ausgebildet und vorbereitet sein, um im Akutfall sicher zu handeln. Inter- bzw. Supervisionen können dauerhafte negative gesundheitliche Folgen für die Berater minimieren.

Gemäß dem transaktionalen Modell von Lazarus (1966), erfordert eine erfolgreiche Krisenbewältigung seitens des Betroffenen eine funktionale Neubewertung des Auslösers sowie eine optimistischere Einschätzung der individuellen und sozialen Ressourcen. Dementsprechend lässt sich die Rolle und Haltung des Beraters konzipieren: ein lösungs- und ressourcenorientiertes Vorgehen mit einem Schwerpunkt auf den akuten emotionalen und kognitiven Zustand des Klienten. Insgesamt muss sich der Berater flexibel zeigen und der jeweiligen Verfassung des Ratsuchenden anpassen. Je aufgelöster der Klient ist, desto aktiver fällt die Unterstützung aus.

3. Implikationen für die Praxis

Das erhöhte Auftreten von Akutsituationen im Jahr 2017 stellte den Anlass dar, die obenstehenden theoretischen Implikationen in der Praxis auf ihre Existenz hin zu überprüfen. Abgeleitet wurde die Notwendigkeit einer strukturierte Organisation und Maßnahmen zur Qualifikation und Unterstützung der Berater.

Einige der erforderlichen Bausteine waren bereits etabliert. Eine zentrale Rufnummer mit Telefonanlage und persönlicher Besetzung ermöglicht eine schnelle und effiziente Zuweisung der Anfrage an einen Berater. Es kann unmittelbar eingeschätzt werden, wie akut das Anliegen bearbeitet werden muss und bei welcher Zuordnung der Aufwand minimal bleibt. Neben wirtschaftlichen Aspekten, wird jedoch ebenfalls darauf wertgelegt, dass sich die irregulären Termine gleichmäßig auf die Teammitglieder verteilen, um die Belastung für den einzelnen Kollegen möglichst gering zu halten.

Angesichts der Qualifikationen der Berater (psycholog. Psychotherapeuten, Sozialpädagogen und Sucht- und Sozialtherapeuten) und ihrer Berufserfahrung sind Grundvoraussetzungen zu Gesprächsführung, ressourcenorientiertem Arbeiten, bzw. Kenntnisse zu Abgrenzungstechniken oder zur eigenen Psychohygiene gegeben. Kollegialer Austausch, Teamsitzungen und regelmäßige Intervisionsgruppen sind fester Bestandteil der Alltagspraxis. Mit Hilfe von Transferworkshops werden Erfahrungen und betriebsspezifische Besonderheiten an jüngere Kollegen vermittelt. Ein Tagesworkshop zum Thema Notfallpsychologie wurde bereits realisiert und die

Möglichkeit der telefonischen Sprechstunde etabliert. Ein lösungs- und ressourcenorientierten Vorgehen, auf Grundlage von Wertschätzung und Empathie, hat sich als Haltung bewährt.

4. Ausblick

Insgesamt ließ sich erkennen, dass viele der Grundvoraussetzungen in der Arbeit der psychosozialen Beratung als Selbstverständlichkeit gelebt werden.

Aktuell beschäftigt sich ein Arbeitskreis mit der Überarbeitung des „Notfallkonzepts", damit sämtliche Schritte, Verantwortlichkeiten und Vorgehensweisen schriftlich fixiert, und somit eindeutig definiert, sind.

Während alle notwendigen Basiskompetenzen abgedeckt sind und, durch die verstärkte Anwendung, die Erfahrung mit Akutsituationen stetig wächst, ist es selbstverständlich möglich, Spezialkenntnisse und -techniken weiter auszubauen. Im Rahmen der Weiterbildung und -qualifizierung, die kontinuierlich von allen Beratern erfolgt, bietet es sich an, auch im vorliegenden Themengebiet neue Fertigkeiten zu erwerben, um das Sicherheitsempfinden der Teammitglieder zu erhöhen und die Qualitätssicherung zu gewährleisten.

Durch primär-präventive Maßnahmen des betrieblichen Gesundheitsmanagements besteht zudem die Option, die Beschäftigten der Firmen für ihr allgemeines psychisches Befinden zu sensibilisieren sowie gezielt auf die vorhandenen Unterstützungsangebote hinzuweisen. Auf diesem Wege könnten insbesondere Krisen durch länger andauernde, kumulative Belastung frühzeitig abgefangen und entschärft werden.

Krisenintervention ist somit ein Bestandteil des Angebotes der betrieblichen psychosozialen Beratung, der bedarfsorientiert die Ansprüche der Ratsuchenden realisiert, um effektive Tertiärprävention betreiben zu können.

Literatur
Badura, B., Ducki, A., Schröder, H., Klose, J. & Meyer, M. (Hrsg.) (2017). Fehlzeiten-Report 2017. Schwerpunkt: Krise und Gesundheit – Ursachen, Prävention, Bewältigung. Berlin: Springer.
Lazarus, R.S. (1966). Psychological stress and the coping process. McGraw-Hill, New York: McGraw-Hill Book Company, Inc.
Riecher-Rössler, A., Berger, P., Yilmaz, A.T. & Stieglitz, R.D. (Hrsg.) (2004). Psychiatrischpsychotherapeutische Krisenintervention. Göttingen: Hogrefe.
Sonneck, G. (2000) Krisenintervention und Suizidverhütung. Wien: Facultas Universitätsverlag.

Dieter Zapf
Goethe-Universität Frankfurt

Mobbing am Arbeitsplatz

Mobbing hat in den letzten Jahrzehnten in Deutschland in der Öffentlichkeit immer wieder sehr viel Aufmerksamkeit gefunden, in der Forschung jedoch sind die Forschungsbeiträge aus Deutschland im Vergleich zur weltweiten Entwicklung eher unbedeutend. Im Folgenden sollen einige Aspekte, die die aktuelle Diskussion beherrschen, dargestellt werden.

1. Definition und Abgrenzung von Mobbing

Unter Mobbing wird üblicherweise verstanden, dass jemand häufig und über eine lange Zeit negativen sozialen Handlungen ausgesetzt ist. Am häufigsten zitiert wird die Definition von Einarsen, Hoel, Zapf und Cooper (2019): „Mobbing bei der Arbeit bedeutet belästigen, beleidigen, jemanden sozial ausschließen oder die Arbeitsaufgaben von jemandem negativ beeinflussen. Um den Begriff Bullying (oder Mobbing) für eine bestimmte Aktivität, Interaktion oder Prozess in Anspruch nehmen zu können, muss dies wiederholt und regelmäßig (z. B. wöchentlich) und über einen längeren Zeitraum auftreten (z. B. etwa sechs Monate). Mobbing ist ein eskalierender Prozess, in dessen Verlauf die betroffene Person in eine unterlegene Position gerät und zum Ziel systematischer negativer sozialer Handlungen wird. Ein Konflikt kann nicht als Mobbing bezeichnet werden, wenn der Vorfall ein isoliertes Ereignis ist oder wenn zwei Parteien von ungefähr gleicher ‚Stärke' im Konflikt stehen" (Übersetz. d. Verfasser).

Die in Deutschland verbreiteten Kriterien von Leymann (1993), dass Mobbing mindestens sechs Monate andauern und mindestens wöchentlich auftreten muss, haben sich international nicht durchgesetzt, insbesondere nicht die Dauer von mindestens sechs Monaten. Einhellig jedoch ist, dass ein Mobbingkonflikt langanhaltend sein muss, und dass es eine gewisse Häufigkeit der Handlungen geben muss. Mobbing im Sinne Leymanns wird oft als „schwerwiegendes Mobbing" bezeichnet (Zapf et al., 2019). Die Definition hat natürlich Auswirkungen auf das Auftreten. In der Meta-Analyse von Zapf et al. (2019) zeichnen sich folgende Prävalenzraten ab (Auswertung bis 2016): wöchentliches Mobbing ohne Angabe einer längeren Zeitdauer: 10,3 %; wöchentliches Mobbing mindestens über 6 Monate: 8,0 % und wöchentliches Mobbing mindestens über 6 Monate plus Selbstbezeichnung als Mobbingbetroffene/r: 3,3 % (N>160.000). Versuche zu unterscheiden zwischen Bullying als eskalierten Konflikt mit einem Täter und Mobbing als eskaliertem Konflikt mit mehreren Tätern haben sich nicht durchgesetzt. International hat sich der Begriff Bullying durchgesetzt und letztlich werden die Begriffe Bullying und Mobbing von den meisten Forschern synonym verwendet (Einarsen et al., 2019; Zapf & Einarsen, 2005).

In einer Tagebuchstudie konnten Baillien, Escartín, Gross und Zapf (2017) zeigen, dass sich die Mobbingdefinition im alltäglichen Erleben von Mobbingbetroffenenen wiederspiegelt. In der standardisierten Tagebuchstudie wurden die täglichen Konflikte von Mobbingbetroffenen und nicht Betroffenen über einen Zeitraum von 40 Tagen berichtet, wobei das Wort Mobbing in dem Tagebuch nicht vorkam. Es zeigte sich, dass Mobbingbetroffene deutlich mehr Konflikte erleben, dass diese Konflikte häufiger Fortsetzungen anhaltender Konflikte sind, dass sie die Konflikte seltener lösen können, dass die Konflikte häufiger mit negativem Sozialverhalten der Gegenseite einhergehen und man sich häufiger in einer unterlegenen Position fühlt.

Bei der Sichtung der Mobbingliteratur ist zu berücksichtigen, dass Mobbing sehr häufig lediglich über das Auftreten negativer Handlungen gemessen wird, also die anderen Kriterien der Mobbingdefinition gar nicht berücksichtigt werden, am häufigsten unter Anwendung des ‚Negative Acts Questionnaires' (Einarsen, Hoel & Notelaers, 2009). Da auch keine cut-offs zur Unterscheidung zwischen Mobbingbetroffenen und Nichtbetroffenen verwendet werden, machen diese Studien Aussagen über die Ursachen und Wirkungen von negativen sozialen Handlungen im Allgemeinen, jedoch nicht notwendigerweise über Mobbing. Dies hat sicher dazu beigetragen, dass Mobbing oft nicht von anderen Konzepten wie Beziehungskonflikten, Aggression am Arbeitsplatz, „social undermining" oder „workplace incivility" abgrenzbar ist (Hershcovis, 2011), alles Konstrukte, die unterschiedliche Schattierungen weniger eskalierten negativen Sozialverhaltens am Arbeitsplatz beschreiben (Keashly & Jagatic, 2019).

2. Ursachen und Auswirkungen von Mobbing

Die praktische Erfahrung, dass Mobbing massive negative gesundheitliche Wirkungen hat, ist inzwischen durch zahlreiche wissenschaftliche Studien belegt (Høgh, Mikkelsen & Hansen, 2019). Nielsen und Einarsen (2012) konnten in zwei Meta-Analysen für Querschnitts- und Längsschnittstudien die Wirkungen von Mobbing auf psychische und körperliche Gesundheitsprobleme, Symptome von posttraumatischem Stress, Burnout, erhöhte Absichten, die Organisation zu verlassen und verringerte Arbeitszufriedenheit und organisatorisches Engagement nachweisen.

In Bezug auf verursachende Faktoren ist die empirische Lage nicht so überzeugend. Querschnittliche Evidenz gibt es für alle Ursachenbereiche: Organisation und Führung, Gruppenprozesse sowie Täter- und Opferverhalten (Einarsen et al., 2019).

Mehr Längsschnittstudien sind hier wünschenswert. Eine einseitige Ursachenzuschreibung in dem Sinn, dass hauptsächlich Organisations- und Führungsversagen für das Auftreten von Mobbing verantwortlich ist, wie es Leymann (1993) vertreten hat, lässt sich jedenfalls nicht aufrechterhalten.

3. Prävention und Intervention von Mobbing

Wie in vielen anderen Bereichen auch gibt es in Bezug auf Mobbing zwar erste empirische Evidenz für Präventions-. und Interventionsverfahren, allerdings ist hier noch sehr viel Forschungsarbeit nötig (Zapf, Vartia & Notelaers, 2019). Prävention kann auf gesellschaftlicher Ebene (z.B. rechtliche Verfahren; Beschwerdeeinrichtungen, Yamada, 2019), organisationaler Ebene (z.B. Dienst- oder Betriebsvereinbarungen gegen Mobbing; ‚Anti-bullying policies'; Rayner & Lewis, 2019) und individueller Ebene stattfinden. Hervorzuheben ist hier z.B. das verhaltenstherapeutische Programm zur Psychotherapie von Mobbingbetroffenen von Schwickerath und Holz (2012), welches auch überzeugend evaluiert wurde. Es hat sich inzwischen vielfach gezeigt, dass Ansätze zu Konfliktmediation wegen des Machtungleichgewichtes der beteiligten Parteien in der Regel scheitern, weil die Mediatoren ihre neutrale Haltung kaum aufrecht erhalten können und bei Parteinahme für das Opfer die Täterseite die Lösungen meist nicht akzeptiert (z.B. Jenkins, 2011). Dagegen spricht durchaus einiges dafür, dass die überwiegend ehrenamtlich betriebenen Mobbing-Hotlines für viele Mobbingbetroffene hilfreich sind (Zapf, 2015). Mobbingbezogene organisationale Maßnahmen sind Organisationsentwicklungsmaßnahmen. Diese können erfolgreich sein, wenn sie die Voraussetzungen für eine erfolgreiche Organisationsmaßnahme berücksichtigen (z.B. Unterstützung durch das Top-Management oder weitreichende Partizipation). Wegen der mobbingbedingten Zerrüttetheit der sozialen Beziehungen am Arbeitsplatz gibt es in Übereinstimmung mit Glasls (1994) Konflikteskalationsmodell zum Verlassen der Organisation – meist betrifft es das Opfer – oft keine Alternativen (Zapf et al., 2019).

Literatur
Baillien, E., Escartín, J., Gross, C., & Zapf, D. (2017). Towards a conceptual and empirical differentiation between workplace bullying and interpersonal conflict. European Journal of Work and Organizational Psychology, 26 (6), 870–881.
Einarsen, S., Hoel, H., & Notelaers, G. (2009). Measuring exposure to bullying and harassment at work: Validity, factor structure and psychometric properties of the Negative Acts Questionnaire-Revised. Work and Stress, 23, 24–44.
Einarsen, S. E., Hoel, H., Zapf, D., & Cooper, C. L. (2019). The concept of bullying at work: the European tradition. In S. Einarsen, H. Hoel, D. Zapf, & C. L. Cooper, (Eds.). Bullying and harassment in the workplace: Developments in theory, research, and practice (3rd ed.). Boca Raton: CRC Press

Glasl, F. (1994). Konfliktmanagement. Ein Handbuch für Führungskräfte und Berater (4. Aufl.). Bern: Haupt.
Hershcovis, M. S. (2011). "Incivility, social undermining, bullying... oh my!": A call to reconcile constructs within workplace aggression research. Journal of Organizational Behavior, 32(3), 499–519.
Høgh, A., Mikkelsen, E. G., & Hansen, A. M. (2019). Individual consequences of workplace bullying/mobbing. In S. Einarsen, H. Hoel, D. Zapf, & C. L. Cooper (Eds.), Bullying and harassment in the workplace. Developments in theory, research, and practice (3rd ed.). Boca Raton: CRC Press.
Jenkins, M. (2011). Practice note: Is mediation suitable for complaints of workplace bullying?. Conflict Resolution Quarterly, 29(1), 25–38.
Keashly, L., & Jagatic, K. (2011). North American perspectives on hostile behaviors and bullying at work. Bullying and harassment in the workplace: Developments in theory, research, and practice (2nd ed., pp. 41-74). Boca Raton: CRC Press.
Leymann, H. (1993). Mobbing – Psychoterror am Arbeitsplatz und wie man sich dagegen wehren kann. Reinbeck: Rowohlt.
Nielsen, M. B., & Einarsen, S. (2012). Outcomes of exposure to workplace bullying: A meta-analytic review. Work & Stress, 26, 309–332.
Rayner, C., & Lewis, D. (2019). Managing workplace bullying: the role of policies. In S. Einarsen, H. Hoel, D. Zapf, & C. L. Cooper, (Eds.). Bullying and harassment in the workplace: Developments in theory, research, and practice (3rd ed.). Boca Raton: CRC Press.
Schwickerath, J., & Holz, M. (2012). Mobbing am Arbeitsplatz – Trainingsmanual für Psychotherapie und Beratung. Weinheim: Beltz.
Yamada, D. (2019). Legal remedies against workplace bullying: an overview. In S. Einarsen, H. Hoel, D. Zapf, & C. L. Cooper, (Eds.). Bullying and harassment in the workplace: Developments in theory, research, and practice (3rd ed.). Boca Raton: CRC Press.
Zapf, D. (2015). Mobbing: Psychoterror am Arbeitsplatz – Ursachen, Folgen und Handlungsmöglichkeiten. 10 Jahre Mobbing-Hotline Frankfurt – Rhein – Main. Frankfurt, 11. März 2015, Frankfurt: Haus am Dom. http://mobbing-frankfurt.de/wp-content/uploads/2016/03/Zapf-Mobbing-Frankfurt-2015.pdf
Zapf, D., & Einarsen, S. (2005). Mobbing at work: Escalated conflicts in organisations. In S. Fox and P. E. Spector (Eds.). Counterproductive work behaviour. Investigations of actors and targets (pp. 271–295). Washington, DC: American Psychological Association.
Zapf, D., Escartín, J., Scheppa, M., Einarsen, S., Hoel, H., & Vartia, M. (2019). Empirical findings on the prevalence and risk groups of bullying in the workplace. In S. Einarsen, H. Hoel, D. Zapf, & C. L. Cooper, (Eds.). Bullying and harassment in the workplace: Developments in theory, research, and practice (3rd ed.). Boca Raton: CRC Press.
Zapf, D., Vartia, M. & Notelaers (2019). Prevention and intervention of workplace bullying. In S. Einarsen, H. Hoel, D. Zapf, & C. L. Cooper, (Eds.). Bullying and harassment in the workplace: Developments in theory, research, and practice (3rd ed.). Boca Raton: CRC Press.

Arbeitskreis
Nachhaltigkeit und Evaluation
Leitung: Udo Keil

Monika Eigenstetter, Werner Hamacher, Udo Keil & Frank Watz
**Evaluation von Präventionskultur –
Evaluation als Präventionskultur?**

Dietmar Elsler
**Cost of work-related accidents and diseases
in the EU and globally**

Ulrike Pietrzyk, Kai-Michael Kleinlercher, Anne Steputat & Reingard Seibt
**Unfallrisiko unter 18-Jähriger
in Groß- und Einzelhandel**

Britta Schmitt-Howe
**Typische betriebliche Orientierungsmuster
zu Sicherheit und Gesundheitsschutz**

Monika Eigenstetter, Werner Hamacher, Udo Keil, Frank Watzl
(PASIG-Expertenkreis Evaluation, Wirksamkeit und Nachhaltigkeit)

Evaluation von Präventionskultur – Evaluation als Präventionskultur?

Evaluation geht weit über eine Wirksamkeitsmessung im Sinne einer Erfolgsmessung hinaus. Sie hat mindestens vier weitere Funktionen: Erkenntnisgewinn, Optimierung, Monitoring und Legitimation (DGUV, 2014). Damit kann Evaluation den betrieblichen Arbeitsschutz auf vielen Ebenen unterstützen. Wir untersuchen im Dialog mit Praktiker*innen – und mit Blick auf die aktuelle DGUV-Präventionskampagne kommmitmensch – was Evaluation für die Präventionskultur leisten kann.

Zwei idealtypische Positionen wurden vom Expertenkreis identifiziert:
1. „Enge Sicht": Evaluation als Teil der Verstetigung der Präventionskultur. Die Einführung von Maßnahmen zur Verbesserung der Präventionskultur wird mittels Evaluation begleitet und überprüft.
2. „Weite Sicht": Evaluation als Treiber von Präventionskultur. Alle Maßnahmen des Sicherheits- und Gesundheitsschutzes mit Evaluation zu begleiten ist geradezu ein Bestimmungsstück einer guten Präventionskultur.

Die erste Position ist unmittelbar einleuchtend, wenn man bedenkt, dass Maßnahmen und Programme zur Veränderung der Präventionskultur evaluiert werden sollten: Dies erfolgt nicht nur im Sinne einer Wirksamkeitsüberprüfung, sondern auch in Form von Kontextevaluation, Inputevaluation und Prozessevaluation (CIPP-Modell der Evaluation von Stufflebeam, 2007). Dieses Modell hat der Expertenkreis in früheren Dialogforen vorgestellt und diskutiert. Eine ausführliche Darstellung und Anwendung auf die Präventionspraxis enthält der Reader „Evaluation" (Hamacher, Watzl, Eigenstetter, Schwärzel, Keil & Löcher, 2017)

Die zweite Position ist zunächst nicht so offensichtlich wie die erste. Eine gute Präventionskultur ist evidenzbasiert. Will man Bestimmungsstücke einer guten Präventionskultur benennen, kommt man um eine empirische Überprüfung aller Präventionsmaßnahmen und um kontinuierliche und datengetriebene Verbesserungsprozesse nicht herum.

Mit einer „weiten Sicht" von Evaluation rückt der Kontext von Prävention und Evaluation – und damit die Organisationskultur als Ganzes – in den Fokus. Um Präventionskultur als Aspekt der Organisationskultur evidenzbasiert weiterzuentwickeln, bietet es sich an, die Kontextevaluation stärker zu auszuarbeiten, als von Stufflebeam (2007) vorgesehen und ihre Wechselwirkung mit Organisationskultur zu betrachten.

Kontextevaluation dient der Zielfindung, der Bedarfsklärung, der Klärung von Ansprüchen, Ressourcen und Problemlagen, der Bestimmung der Voraussetzungen für Maßnahmen, Programme und Projekte. Bei der Kontextevaluation wird überprüft, wer die Nutznießenden einer Maßnahme sind (z. B. Beschäftigte im Betrieb, das Management etc.) und welche Bedürfnisse, Probleme, aber auch Stärken diese Nutznießenden haben (z. B. Wissen, Motivation). Zudem sind „Macht" und Einflussnahme von den betroffenen Akteuren auf die möglichen Ergebnisse zu beachten. Notwendige Aktivitäten hierzu sind sogenannte Stakeholderanalysen.

Die Ergebnisse der Kontextevaluation versetzen den Auftraggeber in die Lage, die Ziele der Maßnahme bzw. des Programms genauer zu verstehen und ggf. zu revidieren. Das Ergebnis der Kontextevaluation bedeutet: die Ziele und die Rahmenbedingungen für das Erreichen der Ziele sind geklärt. Angewendet auf Präventionskultur erfasst die Kontextevaluation die kulturellen Rahmenbedingungen von kulturverändernden Maßnahmen.

Bei Stufflebeam werden Stakeholder, Zielgruppen, Bedarfe, Ressourcen, Probleme als Gegenstände der Kontextevaluation genannt. Diese werden einmal in Bezug auf die die zu planenden Interventionen und die begleitenden Evaluationen betrachtet. Bedarfe sind mögliche Treiber, Ressourcen sind die Ermöglicher einer Veränderung, Probleme treten als Barrieren auf. Tabelle 1 kann dazu Anhaltspunkte und Hilfen bieten.

Fallbeispiel. Ein mittelständisches Produktionsunternehmen plant ein Fehlzeitenmanagementsystem aufzusetzen. Bekannt sind nach dem ersten Vorgespräch, dass das Schichtsystem rückwärts rollierend 7,5 Stunden pro Nacht umfasst, Restrukturierungen in den vorangehenden zwei Jahren vorgenommen wurden und die Belegschaft einen Altersdurchschnitt von knapp über 47 Jahren hat. Allerdings treten überdurchschnittliche Fehlzeiten auch bei den jüngeren Mitarbeitenden auf.

Im Dialogforum wird anhand dieses oder eines ähnlichen Fallbeispiels die Evaluation mit besonderer Beachtung der Stakeholderanalyse diskutiert.

Fazit

An dem genannten Beispiel lässt sich vorwegnehmen, welche Erfolgschancen Prävention aufgrund der vorhandenen Stakeholder, Zielgruppen, Bedarfe, Ressourcen und Probleme in Organisationen haben kann. Organisationskultur ist das Umfeld, der Kontext der Präventionsarbeit, ermöglicht oder behindert Präventionsmaßnahmen. Mithilfe des Werkzeuges der Kontextevaluation lassen sich Interventionen besser planen und durchführen.

Tab. 1: Gegenstände der Kontextevaluation nach Stufflebeam (2007)

	Erklärung
Stakeholder	Beschäftigte, Führungskräfte, Externe Trainer, Unternehmen, Hochschulen, Betriebsarzt, Sifa, Betriebsrat usw.
Zielgruppen	Wen betrifft die Intervention? Wer ist *wie* am Prozess beteiligt? Wer ist Nutznießer des Ergebnisses der Interventionen (das Unternehmen)? Unter welchen Bedingungen hätten die betroffenen Menschen etwas davon (z. B. Arbeitsklima-Verbesserung)? Wer hat Nachteile durch das Ergebnis (Aufwand an Zeit usw.)? Wen betrifft die Evaluation? Mitarbeitende als Objekte oder als Subjekte? • Entscheider und ihre Entscheidungen, • diejenigen, die Entscheidungen verantworten müssen
Bedarfe	Welche Bedarfe für Interventionen bei *wem*? • Mitarbeitende: Verhältnisänderung (Ergonomie), Verhaltensänderung (Nutzung der Ergonomie), Arbeitsinhalte, Unterstützung durch Führung ... • Führung: Haltungsänderung (Kultur) Welche Bedarfe für Evaluation bei *wem*? • Zielgerichteter Einsatz von Ressourcen (Geld, Zeit, ...) bei Entscheidern • Legitimation basiert auf transparenten und nachvollziehbaren Prozessen, damit ein wichtiges Führungsmittel • Bedarf nach Partizipation bei MA • Anforderungen von außen
Ressourcen	• Sach- und Finanzmittel • Manpower (Zeit) • Kompetenzen (personale Ressourcen) • Unabhängigkeit des Evaluators von (mikro)politischer Einflussnahme • Für Intervention und Evaluation
Probleme (Barrieren)	Für die Intervention: Kosten, Datenschutz, Durchführbarkeit, konkurrierende Projekte. Für die Evaluation: Kosten, Datenschutz, Angst vor den Ergebnissen (fehlende Wirksamkeit; nachgewiesene Wirksamkeit), Projekte sind unter Erfolgszwang, dürfen nicht scheitern.
Anderes	Vertragliche Bedingungen, um die Integrität des Berichtsprozesses zu schützen; Historie im Unternehmen.

Literatur

Deutsche Gesetzliche Unfallversicherung (2014). Leitpapier zur Evaluation. Grundverständnis in der gesetzlichen Unfallversicherung. DGUV Grundsatz 311-001.

Hamacher, W., Watzl, F., Eigenstetter, M., Schwärzel, L., Keil, U & Löcher, T.: Evaluation oder „Tun wir die richtigen Dinge? – Tun wir die Dinge richtig?" Expertenkreis Evaluation, Wirksamkeit und Nachhaltigkeit Fachverband Psychologie für Arbeitssicherheit und Gesundheit e.V, Köln 2017:
http://www.fv-pasig.de/fileadmin/user_upload/Exp_Evaluation/Reader_PASiG_Evaluation_2017_End.pdf. Letzter download 30.4 2018

Stufflebeam, D. L. (2007). CIPP Evaluation Model checklist. A tool for applying the CIPP Model to assess long-term enterprises (2nd ed.). Verfügbar unter https://www.wmich.edu/sites/default/files/attachments/u350/2014/cippchecklist_mar07.pdf

Dietmar Elsler
European Agency for Safety and Health at Work, Bilbao, Spain

Cost of work-related accidents and diseases in the EU and globally

1. Introduction

The European Agency for Safety and Health at Work (EU-OSHA) seeks to inform decision-makers in the areas of politics, business and science so that they can better understand the economic effects of occupational safety and health. To that end, EU-OSHA provides research results of a high scientific standard, which examine the economic effects of work-related accidents and illnesses on society and business.

This project was conducted by EU-OSHA in cooperation with the International Labour Organization (ILO), the Finnish Ministry of Social Affairs and Health, the Finnish Institute of Occupational Health (FIOH), the Workplace Safety and Health Institute in Singapore and the International Commission on Occupational Health (ICOH). At the EU-OSHA website a data visualisation tool was developed that allows easy access to the results (EU-OSHA, 2017b).

2. Methodolgy

The method is based on estimates of disability adjusted life years (DALYs), which can be caused by illnesses and injuries. This is compared with the ideal scenario, in which a country or a region would lose no DALYs at all, either through work absences or fatal accidents or illnesses.

In principle, the method is based on the number of work-related health problems which can be identified for a particular country, that is to say injuries, sickness and disruptions, both fatal and non-fatal. This was put into action by calculating fatalities, years of life lost (YLL), years lived with a disability (YLD) and the sum of those figures, disability adjusted life years (DALY). The calculations are based on the current figures of the ILO and the Institute of Health Metrics and Evaluation (IHME). The IHME data are updated annually by the Global Burden of Disease (GBD, 2015). However, those data cover only particular work-related risks, meaning that they have to be corrected using the ILO data (Takala et al., 2017), otherwise the problem would be underestimated. The proportion (percentage) which the annual DALYs caused by work-related risks represent in terms of the absolute number of annual working years in a country then forms the proportion as a percentage of the loss of gross domestic product (GDP), which can also be expressed in financial terms. The costs are calculated by multiplying a country's DALYs by the GDP per employee of that country. For more information, please see the EU-OSHA website (2017b).

3. Results

The global and European costs of work-related accidents and illnesses are considerable. Fig. 1 shows the global cost at EUR 2 680 billion, which is 3.9 % of global GDP. By comparison, the European cost is EUR 476 billion, which, at 3.3 % of European GDP, is proportionally below the global average. The split of the costs between fatal and non-fatal cases globally and in the EU28 is almost the same: each category accounts for approximately half of the total costs.

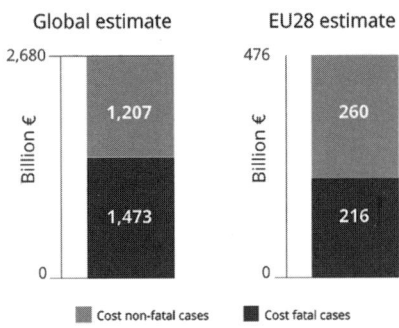

Figure 1: Cost of work-related accidents and illnesses globally and in the EU28.

Other differences between the global and European estimates become apparent when only the numbers of fatal cases are considered. It is clear from Fig. 2 that the proportion of the total fatalities represented by fatal work-related accidents is significantly lower in Europe (1.8 %) than globally (15.8 %). It can be assumed, first, that a higher level of occupational safety and health in Europe has contributed to that and, secondly, that the higher life-expectancy in the EU is reflected in the higher proportion of fatal illnesses.

Since the EU-OSHA is an EU organisation, this project included additional detailed analyses for the countries of the EU28. The main factors responsible for almost 80% of fatalities in work-related accidents and illnesses were first identified, namely cancers (52%), circulatory diseases (24%) and fatal work-related accidents (2%).

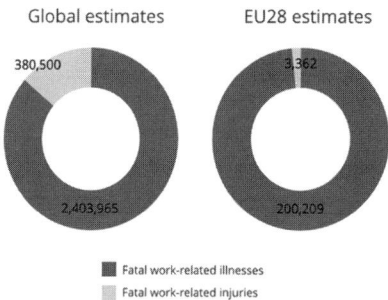

Figure 2: Fatalities globally and in the EU28 resulting from work-related illnesses and injuries.

The DALYs for those main causes identified for work-related mortality and morbidity were then calculated for all EU countries in order to present the proportion (%) of those causes for each country. Fig. 3 shows which work-related adverse health effects cause the most loss of life years (DALYs) in the whole EU28. In order, cancers are the leading cause, followed by muscular and skeletal illnesses, circulatory diseases, and injuries. The category 'Others' groups together the remaining illnesses, such as mental illnesses or communicable diseases.

Figure 3: EU28 – proportion (%) of the main causes for work-related mortality and morbidity in

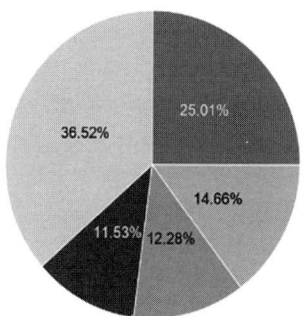

DALYs per 100 000 employees

4. Discussion

The methodology developed is based on the internationally available data from the ILO (Takala, 2017), WHO (GBD, 2015) and Eurostat (2016) and provides an approximation model of the costs to society. Despite all the limitations on the quality of the data, such as possible under-reporting or insufficient comparability of the statistics, this model delivers robust and reliable estimates.

It can be assumed that this model provides a rather conservative cost estimate, since many factors cannot be taken into account owing to insufficient data. While the international health databases used provide the best global data currently available, it must be assumed that, for many countries, these data represent an underestimation of the true problems. The probable under-reporting at EU level alone has already been noted several times (e.g. Kurppa, 2015) and a similar problem can be assumed on an international scale.

Some risks, such as some forms of cancer, mental illnesses or communicable diseases, have yet to be incorporated into the WHO estimates. Moreover, the cost estimate is based only on reduced productivity through lost work years in each country. Many other cost factors, such as healthcare costs, early retirement costs or presenteeism (working even when sick) are also absent from this model. Moreover, various types of work are not included in the calculation at all, such as child labour, illegal employment and many types of casual labour, which make up a large part of the labour market in many countries.

The initial content analyses confirm the correlation between a country's improved preventive measures and an associated reduction in mortality and morbidity, which is confirmed by other studies, e.g. World Economic Forum (2013). This is expressed in the correspondingly lower costs for work-related illnesses and accidents compared with a country's GDP. On a societal level, investment in preventive measures is therefore cost-effective for countries and contributes to an increase in prosperity.

Literatur

EU-OSHA (2017b). The economics of occupational safety and health – the value of OSH to society. Available at: https://osha.europa.eu/en/economics-occupational-safety-and-health-value-osh-society

EUROSTAT (2016). Accidents at work statistics. Available at: http://ec.europa.eu/eurostat/statistics-explained/index.php/Accidents_at_work_statistics

GBD 2015 Mortality and Causes of Death Collaborators. Global, regional, and national life expectancy, all-cause mortality, and cause-specific mortality for 249 causes of death, 1980-2015: a systematic analysis for the Global Burden of Disease Study 2015. Lancet 2016;388:1459-544. See details from http://vizhub.healthdata.org/gbd-compare/ ICOH contributors included Tim Driscoll (GBD occupational risks coordinator), Ken Takahashi, Odgerel Chimed-Ochir, Jukka Takala

Kurppa, K. (2015). Severe under-reporting of work injuries in many countries of the Baltic Sea region. Finnish Institute of Occupational Health, Helsinki.

Takala, J., Hämäläinen, P., Nenonen, N., Takahashi, K., Chimed-Ochir, O., Rantanen, J. (2017). Comparative Analysis of the Burden of Injury and Illness at Work in Selected Countries and Regions. Central European Journal of Occupational and Environmental Medicine 23 (1-2), 6–31.

World Economic Forum (2013) Lausanne, Switzerland, 2012–2013, Available from: http://www3.weforum.org/docs/WEF_GlobalCompetitivenessReport_2012–13.pdf

Ulrike Pietrzyk[1], Kai-Michael Kleinlercher[1], Anne Steputat[1] & Reingard Seibt[2]
[1]*Arbeitsgruppe Wissen-Denken-Handeln, Fakultät Psychologie, TU Dresden;*
[2]*Institut für Präventivmedizin, Universitätsmedizin Rostock & Center for Life Science Automation, Universität Rostock*

Unfallrisiko unter 18-Jähriger in Groß- und Einzelhandel

1. Einleitung

Bei der Beurteilung des Risikos von Arbeitsunfällen nach Altersgruppen hat sich sowohl national auch als international eine Einteilung etabliert, die 15- bis 19-Jährige und 20- bis 24-Jährige zusammenfasst (z. B. BGHW & DAK, 2016; Frone, 1998; Salminen, 2004). Eine gesonderte Betrachtung von Beschäftigten unter 18 Jahren wird nicht vorgenommen. Dabei betont der Gesetzgeber im JArbSchG die besondere Schutzbedürftigkeit von unter 18-Jährigen und verbietet eine Beschäftigung dieser Personengruppe mit gefährlichen Arbeiten (§ 22). Hinweise darauf, inwieweit die Bestimmungen des JArbSchG und die betriebliche Praxis dem Unfallrisiko unter 18-Jähriger entgegenwirken, liegen entsprechend der vorherrschenden Altersgruppen-Einteilung nicht vor. Um diese Lücke zu schließen, wurde bei unter 18-Jährigen, die betrieblich durch die BGHW unfallversichert sind, das Unfallrisiko beurteilt und mit dem weiter Altersgruppen verglichen. Die Dokumentation der Unfälle ermöglichte zudem weitere Differenzierungen nach Wirtschaftszweigen (Großhandel [GH], Einzelhandel [EH]) und Beschäftigungsverhältnissen (Auszubildende/r: ja/nein).

2. Methode

Das Unfallrisiko lässt sich beschreiben als Wahrscheinlichkeit, dass ein Verletzungs-/Todesfall in einer Organisation innerhalb eines bestimmten Zeitraums auftritt (Hale & Glendon, 1987). Demnach können relative Häufigkeiten (Unfallzahl im betrachteten Zeitraum im Verhältnis zur Beschäftigtenzahl) zur Beurteilung des Unfallrisikos herangezogen werden. In der Praxis der Berufsgenossenschaften hat sich hierzu die Betrachtung der 1000-Vollarbeiter-Quote (TVQ) etabliert. Die TVQ gibt an, wie viele Arbeitsunfälle sich in einem Untersuchungsbereich (vorliegende Studie: GH und EH) bezogen auf je 1000 Vollarbeiter ereignen (DGUV, 2015). Die TVQ-Berechnung basiert auf einer Zufallsstichprobe meldepflichtiger Arbeitsunfälle der BGHW für das Jahr 2015 (n = 3.722), in der u.a. Alter, Beschäftigungsverhältnis und Wirtschaftszweig dokumentiert sind. Die durchschnittliche Arbeitsstundenzahl (≙ Expositionszeit gegenüber Gefahren am Arbeitsplatz), welche mittels Angaben zu durchschnittlichen Arbeitszeiten in verschiedenen Beschäftigungsverhältnissen in der Gesamtbevölkerung geschätzt werden konnte (BAuA, 2016; Statistisches Bundesamt, 2013), wurde bei der Berechnung berücksichtigt. Da die Anzahl aller Unfälle in 2015 bekannt ist, lag der Faktor zur Hochrechnung der Stichprobe vor. Die damit ermittelten absoluten Unfallzahlen wurden anhand von Angaben der Bundesagentur für Arbeit (2017) zur Verteilung von Alter und Beschäftigungsverhältnissen im GH und EH in Relation zu einer Schätzung der Gesamtheit der Beschäftigten gesetzt (n_{GH+EH} = 3.255.287). Auf Grund des nachgewiesenen Zusammenhangs von Geschlecht und Unfallrisiko (z. B. BGHW & DAK, 2016; Perttula & Salminen, 2012) und der Variation der Geschlechterverteilungen zwischen den betrachteten Wirtschaftszweigen, wurden standardisierte TVQ berechnet. Das heißt, dass den zu vergleichenden Gruppen rechnerisch die gleiche Alters- und Geschlechterverteilung zu Grunde gelegt wurde (vgl. DAK-Gesundheit, 2017). Weitere Kovariablen konnten in dieser Untersuchung nicht kontrolliert werden, da sie nicht Bestandteil der vorliegenden Arbeitsunfall-Dokumentation waren.

3. Ergebnisse

Im GH ist die Altersgruppe der unter 18-Jährigen diejenige mit dem größten Unfallrisiko gegenüber allen anderen Altersgruppen (35 Unfälle je 1000 Vollarbeiter, vgl. Tab. 1). Im EH zeigt sich ein anderes Bild. Das Unfallrisiko der unter 18-Jährigen ist vergleichbar mit dem der meisten anderen Altersgruppen. Im Vergleich zu unter 18-Jährigen im GH treten bei unter 18-Jährigen im EH 22 Unfälle je 1000 Vollarbeiter weniger auf.

Tabelle 1: Unfallrisiko verschiedener Altersgruppen in Groß- und Einzelhandel anhand der TVQ

Altersgruppe	Großhandel (GH)		Einzelhandel (EH)	
	TVQ	n_{GH}	TVQ	n_{EH}
<18	35,0	6.440	16,4	19.895
18-19	26,0	18.174	17,1	60.005
20-24	21,9	86.891	15,0	222.537
25-29	14,9	128.657	12,6	258.115
30-34	13,3	143.413	11,7	225.869
35-39	13,5	139.704	15,4	190.106
40-44	14,9	148.929	15,7	195.237
45-49	14,0	203.228	14,6	249.563
50-54	13,3	191.117	15,9	238.942
55-59	14,4	136.746	15,2	174.167
>59	11,0	93.639	9,3	123.913
gesamt	14,7	1.296.938	14,2	1.958.349

Beim Vergleich des *Beschäftigungsverhältnisses* (Auszubildende versus Nicht-Auszubildende, vgl. Tab. 2) zeigt sich sowohl im GH als auch im EH, dass das Unfallrisiko von Auszubildenden unter 18 Jahren niedriger ist als das Unfallrisiko von gleichaltrigen Nicht-Auszubildenden, von denen laut Bundesagentur für Arbeit (2017) 92 % (GH) bzw. 91 % (EH) geringfügig beschäftigt sind. Für beide Wirtschaftszweige wird zudem ersichtlich, dass das Unfallrisiko von Auszubildenden in der Gruppe der 18- und 19-Jährigen ansteigt und in der Gruppe der 20- bis 24-Jährigen wieder abnimmt.

Tabelle 2: Unfallrisiko Auszubildender (A) und Nicht-Auszubildender (N-A) in Groß- und Einzelhandel anhand der TVQ

Altersgruppe	Großhandel (GH)				Einzelhandel (EH)			
	TVQ A	$n_{GH,A}$	TVQ N-A	$n_{GH,N-A}$	TVQ A	$n_{EH,A}$	TVQ N-A	$n_{EH,N-A}$
<18	12,2	3.102	58,5	3.338	8,1	9.997	24,9	9.898
18-19	20,1	11.721	42,0	6.454	13,4	30.001	20,4	30.003
20-24	9,6	23.339	26,7	63.551	6,6	52.062	17,7	170.476
gesamt	11,4	38.162	33,1	73343	7,7	92.060	19,0	210.377

4. Diskussion

Der Schutz junger Menschen in der Arbeitswelt ist besonders wichtig, da sie in der Entwicklung stehen und den Anforderungen der Arbeitswelt noch nicht ausreichend gewachsen sind. In Anbetracht der vorliegenden Ergebnisse stellt sich die Frage nach den Ursachen des im Vergleich zu anderen Altersgruppen *hohen Unfallrisikos unter 18-Jähriger*, welches für den GH aufgezeigt wurde (Tab. 1). Zur Erklärung könnten einerseits personenbezogene Merkmale wie erhöhte Risikobereitschaft im Jugendalter (Frone, 1998), andererseits bedingungsbezogene Merkmale wie erhöhte Gefahrenexposition (Salminen, 2004) herangezogen werden. Laflamme und Menckel (1995) zeigen auf, dass bedingungsbezogene Merkmale einen größeren Einfluss auf das Unfallrisiko haben als personenbezogene Merkmale. Eine erhöhte Gefahrenexposition kann für den GH, für den Lager- und Kommissioniertätigkeiten zentrale Bestandteile sind, angenommen werden. Die Frage, warum sich die Gefahrenexposition in diesem Wirtschaftszweig vorrangig in den TVQ der jungen, besonders schutzbedürftigen Altersgruppen auszuwirken scheint, bleibt zu klären.

Die differenzierte Betrachtung des *Beschäftigungsverhältnisses* (Tab. 2) verweist wirtschaftszweigübergreifend auf ein erhöhtes Unfallrisiko der *Nicht-Auszubildenden, die überwiegend zur Gruppe der geringfügig Beschäftigten gehören*. Es liegen Hinweise darauf vor, dass geringfügig Beschäftigte schwächer in organisationale Arbeits- und Gesundheitsschutz(AGS)-Strukturen integriert sind als festangestellte Beschäftigte (Hebdon & Stern, 1998), was deren Unfallrisiko erhöhen könnte. Die planmäßige Thematisierung des AGS im Rahmen der Ausbildung (z. B. in der Berufsschule) – und damit ein erweitertes AGS-Wissen – könnte die Beobachtung des geringeren Unfallrisikos der Auszubildenden erklären. Möglicherweise könnte der *Anstieg des Unfallrisikos bei Auszubildenden* nach Vollendung des 18. Lebensjahres dadurch begründet sein, dass die Bestimmungen des JArbSchG nicht mehr gelten und Auszubildenden auch Tätigkeiten mit größerem Gefahrenpotenzial übertragen werden.

In zukünftigen Analysen sollten zusätzliche Kovariablen, die den Zusammenhang von Alter und Unfallrisiko beeinflussen können, berücksichtigt werden (z. B. Qualifikation, Berufserfahrung der Beschäftigten) um Unfallursachen ermitteln und beheben zu können. Das schließt die Betrachtung spezifischer Tätigkeitsmerkmale in GH und EH ein, die mit Unfallrisiken für junge Beschäftigte in verschiedenen Beschäftigungsverhältnissen einhergehen.

Literatur

Bundesagentur für Arbeit (2017). Sonderauswertung: Beschäftigte nach ausgewählten Tätigkeiten der KldB 2010 und Wirtschaftszweigen der WZ 2008 sowie nach Alter, Geschlecht und Arbeitszeit. Nürnberg.

BAuA (2016). Arbeitszeitreport Deutschland 2016. Dortmund.

BGHW & DAK-Gesundheit (2015). Branchenreport Handel. Sicherheit und Gesundheit im Groß- und Einzelhandel. Eine Frage der Unternehmenskultur? Heidelberg: medhochzwei.

DAK-Gesundheit (2017). DAK-Gesundheitsreport 2017. Analyse der Arbeitsunfähigkeitsdaten. Update: Schlafstörungen. Heidelberg: medhochzwei.

DGUV (2015). DGUV-Statistiken für die Praxis 2015. Paderborn: Bonifatius.

Frone, M. R. (1998). Predictors of work injuries among employed adolescents. J Appl Psychol, 83(4), 565.

Hale, A. R. & Glendon, A. I. (1987). Individual behaviour in the control of danger. Amsterdam: Elsevier.

Hebdon, R. P. & Stern, R. N. (1998). Tradeoffs among expressions of industrial conflict: Public sector strike bans and grievance arbitrations. Ind Labor Relat Rev, 51(2), 204-221.

Laflamme, L. & Menckel, E. (1995). Aging and occupational accidents a review of the literature of the last three decades. Safety Sci, 21(2), 145-161.

Perttula, P. & Salminen, S. (2012). Workplace accidents in materials transfer in Finland. Int J Occup Saf Ergo, 18(4), 541-548.

Salminen, S. (2004). Have young workers more injuries than older ones? An international literature review. J Safety Res, 35(5), 513-521.

Statistisches Bundesamt (2013). Wer sind die ausschließlich geringfügig Beschäftigten? Eine Analyse nach sozialer Lebenslage. Abgerufen von https://www.destatis.de/DE/Publikationen/WirtschaftStatistik/Arbeitsmarkt/GeringfuegigBeschaeftigte_012013.pdf?__blob=publicationFile

Britta Schmitt-Howe
Bundesanstalt für Arbeitsschutz und Arbeitsmedizin (BAuA), Berlin

Typische betriebliche Orientierungsmuster zu Sicherheit und Gesundheitsschutz

1. Einleitung

Fast jeder zweite Betrieb in Deutschland führt keine Gefährdungsbeurteilungen durch (vgl. GDA-Betriebsbefragung 2015). Dennoch lässt die deutsche Wirtschaft durchaus zunehmende Sensibilität für Sicherheits- und Gesundheitsthemen erkennen, so dass sich die Frage stellt: Welche alternativen Wege beschreiten Betrieben jenseits der gesetzlichen Anforderungen, um Gefährdungen bei der Arbeit zu begegnen? Der vorliegende Beitrag versucht Antworten auf diese Frage zu geben, indem er zeigt, welche Typen von Präventionskultur in deutschen Betrieben offenbar vorherrschend sind. Auf der Basis von 50 qualitativen (Gruppen)-Interviews mit der jeweiligen Unternehmensleitung, der Fachkraft für Arbeitssicherheit und/oder dem Betriebsarzt sowie – soweit vorhanden – der Arbeitnehmervertretung werden fünf Typen von Präventionskultur vorgestellt, die im BAuA-Forschungsprojekt F 2342 herausgearbeitet wurden.

2. Theoretische Vorüberlegungen und Design

Das BAuA-Projekt F 2342 hat darauf verzichtet, ein Stufenmodell von Präventionskultur zugrunde zu legen und stattdessen eher wertfrei beobachtet, wie Betriebe unterschiedlicher Größe und Branche in verschiedenen Kontexten mit Sicherheit und Gesundheit umgehen. Damit konnte ein Beitrag zur Schließung einer von Hasle (2014) beschriebenen Lücke in der Implementations- und Wirkungsforschung geleistet werden. Diese fragt üblicherweise nur danach, ob staatliche Regulierung wirkt oder nicht. Sie fragt hingegen nicht oder zu wenig, was Betriebe veranlasst, im Arbeitsschutz aktiv(er) zu werden und Compliance mit staatlichen Regeln anzustreben. Um sich dieser Frage zu nähern, wurde von der theoretischen Grundannahme ausgegangen, dass kein Unternehmen bzw. kein Betrieb ohne Präventionskultur sein kann. Die Standards der Prävention mögen für einen externen Betrachter unzureichend sein, aber jede Firma hat ein fundamentales Interesse, Gesundheitsschäden zu vermeiden und Unsicherheit diesbezüglich zu reduzieren. Insofern wurde Präventionskultur definiert als eine Kombination aus organisatorischen Rahmenbedingungen, Sicherheits- bzw. Gesundheitskommunikation und gelebten Werten und Normen in den Bereichen Sicherheit und Gesundheitsschutz.

Das Sampling der qualitativen Interviews wurde im Projekt an zwei Hypothesen ausgerichtet, erstens an der Annahme, dass das Arbeitsschutz-Engagement eines Betriebes umso intensive ist, je Offensichtlicher in seiner Branche die Gefährdungen sind und zweitens an der Hypothese, dass das Engagement auch mit den in einer Branche möglichen non-compliance-Kosten im Arbeitsschutz – sowie ggf. in angrenzenden Bereichen wie Umwelt- oder Verbraucherschutz – zunimmt. Entlang dieser Hypothesen wurde die NACE-Klassifikation der Wirtschaftszweige mit dem Ziel in Branchen-Quadranten eingeteilt, möglichst aus jedem Quadrant eine ungefähr gleich große Zahl von Interviews zu realisieren. Quadrant I war durch potentiell hohe non-compliance-Kosten, aber geringe Offensichtlichkeit von Gefährdungen gekennzeichnet und umfasste u.a. die Nahrungsmittelherstellung und das Gesundheitswesen. Quadrant II mit ebenfalls potenziell hohen non-compliance-Kosten und zugleich hoher Offensichtlichkeit von Gefährdungen umfasste u.a. die chemische sowie die Papier-Industrie, Wasser- und Energieversorgung etc. Logistik und Verkehr waren Quadrant III zugeordnet, der durch geringe potenzielle non-compliance-Kosten bei hoher Offensichtlichkeit von Gefährdungen gekennzeichnet war. Und IT- sowie andere Dienstleistungen machten Quadrant IV aus, für den sowohl von niedrigen potenziellen non-compliance-Kosten, als auch von kaum sichtbaren Gefährdungen ausgegangen wurde. Das Ziel einer gleichmäßigen Verteilung der realisierten Interviews auf diese vier Quadranten ist nicht ganz erreicht worden: In Quadrant I wurden 13, in Quadrant II 20, in Quadrant III fünf und in Quadrant IV 12 Interviews geführt und überwiegend mit der dokumentarischem Methode nach Bohnsack (2010) ausgewertet.

3. Ergebnisse und Ausblick

Insbesondere Führungskräfte prägen die innerbetriebliche Einschätzung zur Beherrschbarkeit von Gefahren, die Vorstellungen davon, was die wirklich relevanten Gefährdungen sind und wie die „richtigen" Strategien aussehen, ihnen zu begegnen. Bei der Bildung dieser betriebsintern gültigen kollektiven Orientierungen spielen implizite Annahmen und Bewertungen der Verantwortlichen und/oder Zuständigen eine entscheidende Rolle. Die Bandbreite von Kombinationen solcher impliziten Annahmen zu Sicherheit und Gesundheitsschutz in deutschen Betrieben wurde zu fünf typischen Orientierungsmustern verdichtet. Dazu wurden sowohl Führungskräfte aus Konzernstandorten, als auch kleine Handwerksbetriebe oder Start-ups befragt. Die vorherrschenden Orientierungen wurden vorrangig entlang der Frage gruppiert, auf welche Strategien die Betriebe jeweils setzen, um ein Gefühl der Sicherheit zu erzeugen (Sinndimension „Gefährdungsrahmung"). Oder anders ausgedrückt: Welches Vorgehen gilt in den Betrieben als die beste Art, möglichen Gefährdungen und Gesundheitsgefahren zu beggnen? – Hier hat das Forschungsteam u.a. Betriebe des

Typs „Selbstbezug" identifiziert, die vorrangig in Kleinst- und Kleinbetrieben vorkommen und sich beim Umgang mit Gefährdungen ausschließlich auf die persönliche Eignung ihrer Mitarbeiter*innen verlassen. Für sie ist beispielsweise kennzeichnend, dass Sicherheit und Gesundheit stark mit Ausbildung oder individueller Kreativität verknüpft werden. Verhaltensprägende Botschaft an die Beschäftigten ist: Mit einer guten Ausbildung respektive persönlicher Eignung und ggf. Erfahrung ist für Sicherheit und Gesundheit schon das meiste getan.

Am anderen Ende des Spektrums steht der Orientierungsrahmen „Eigene Kultur", der vorrangig in Großbetrieben anzutreffen ist. Hier geht von Fach- und Führungskräften die Botschaft aus, dass es sich lohnt, auch alle Beinahe- und Bagatellunfälle genau zu analysieren, weil man in puncto Sicherheit und Gesundheit immer dazulernen kann. Stillstand wird als Rückschritt verstanden und alle Beschäftigten werden an einem permanenten Lern-, Analyse- und Change-Prozess beteiligt. In Betrieben dieses offenbar seltensten Typs weiß jede/r Beschäftigte, dass er oder sie angehalten ist, in jedem Moment des Arbeitsprozesses auf die eigene sowie die Gesundheit der Kolleginnen und Kollegen zu achten.

Obwohl sie vielfach bereits ahnen, dass sich ihre Präventionskultur weiter entwickeln muss, herrscht in Betrieben des „Kennzahlen"-Typs, der v.a. in mittleren und Großbetrieben vertreten ist, eine Herangehensweise vor, die auf ein systematische Prozessabläufe setzt – oft im Rahmen eines Managementsystems. Wieder andere Betriebe, deren Orientierung mit dem Titel „Priorität Technik" versehen wurde und in deutschen Betrieben offenbar am häufigsten vorkommt, erzeugen durch ihr Bemühen ein Gefühl der Sicherheit, möglichst alle technischen Vorkehrungen sicheren Arbeitens zu treffen. Alles Weitere wie beispielsweise die Gefährdungsbeurteilung zu psychischen Belastungen halten diese Betriebe eher für verzichtbar.

Ganz im Gegensatz zum Typ „Priorität Technik" emergierte aus den Daten aber auch der Orientierungstyp „Mensch im Zentrum". In Betrieben dieses – oft Inhaber geführten – Typs gelten die Mitarbeiter*innen als die wichtigste Ressource, aber auch als die Hauptursache für Gesundheits- und Sicherheitsprobleme. Dementsprechend fühlt man sich nur sicher, wenn der innerbetriebliche Austausch zu gesundheitsgerechtem und sicherem Verhalten permanent gepflegt wird. Typischerweise schafft man eine Reihe von Gesprächsanlässen zum Thema Sicherheit und Gesundheit, vernachlässigt aber schon mal die Technik oder andere verhältnispräventive Maßnahmen. Im Extremfall stehen in der Produktion dieser Betriebe veraltete Maschinen, die aber übersät sind mit Warn- und Verhaltenshinweisen.

Der skizzierten Präventionskultur-Typologie lag neben der bereits erläuterten Sinndimension „Gefährdungsrahmung" zusätzlich die Sinndimension „Interaktionsfokus" und die Sinndimension „Arbeitsschutzverständnis" zugrunde.

Tab. 1: Präventionskultur-Typologie und Verteilung der qualitativen Fälle

		Gefährdungsrahmung: Sicherheitsgefühl, wenn ...		
		Permanenter Change-Prozess (A)	Ansatzpunkte genutzt werden (B)	Eignung ausreichend (C)
Interaktionsfokus	Integration	Eigene Kultur (4)*	Mensch im Zentrum (8)	Selbstbezug (12)
	Adaption		Kennzahlen (6)	
			Priorität Technik (20)	

* Die Ziffern in Klammern geben die Anzahl der Fälle pro Typ an.

Mit „Interaktionsfokus" ist der Schwerpunkt gemeint, den der Betrieb entweder auf die interne Integration als Organisation und damit auf eine erweiterte Partizipation der Beschäftigten legt, oder auf die externe Adaption an relevante Umwelten, d.h. hier insbesondere an die „Staatlichkeit" in Form von Regelwerk und Aufsichtsdiensten. Die dritte Dimension „Arbeitsschutzverständnis" bezeichnet schließlich die kollektiv geteilten Vorstellung davon, worum es geht, wenn von Arbeitsschutz die Rede ist, betrifft also beispielsweise die Frage, ob die Bekämpfung psychischer Belastungen zum Arbeitsschutz-Kernbestand gehört. Für jede dieser Sinndimensionen konnten drei bis sechs Ausprägungen identifiziert werden, die nicht alle in gleichem Maße typisch für die oben skizzierten fünf Typen sind. Tabelle 1 zeigt die Verteilung der hier benannten Orientierungstypen nach den Sinndimensionen Gefährdungsrahmung und Interaktionsfokus. Die qualitativ herausgearbeiteten Typen wurden im Anschluss durch eine quantitative CATI-Befragung von N = 375 Betrieben validiert. Die (Selbst-)Zuordnung zu diesen Typen stellt eine Bestandsaufnahme dar, die helfen kann, passgenaue Ansätze zu finden, mit denen die Präventionskultur der jeweiligen Betriebe weiter verbessert werden kann.

Literatur
Bohnsack, R. (2009). Dokumentarische Methode – Der methodische Zugang zu handlungsleitendem Wissen. In: Buber, R. & Holzmüller, H. (eds.) Qualitative Marktforschung. Konzepte – Methoden – Analysen. Wiesbaden: Gabler Verlag
Hasle, P. et al (2014). Working environment interventions – Bridging the gap between policy instruments and practice. In: Safety Science, 68, 73–80.

Arbeitskreis
Aus- und Weiterbildung: Kampagnen und Programme
Leitung: Werner Hamacher

Marlen Cosmar, Jörg Marschall & Marlen Rahnfeld
Nutzen von Präventionskultur und Möglichkeiten ihrer Gestaltung

Marlen Rahnfeld & Marlen Cosmar
Sicherheit und Gesundheit einen hohen Stellenwert geben: Die Kampagne „kommmitmensch" der gesetzlichen Unfallversicherung

Werner Hamacher, Clarissa Eickholt, Anja Winkelmann & Gabriele Riering
Entwicklung einer Arbeitsschutzdidaktik – Kompetenzorientierte Ausbildung zur Fachkraft für Arbeitssicherheit

Helmut Nold
Sicher und gesund arbeiten! Vision Zero – das Präventionsangebot der BG RCI

Marlen Cosmar[1], Jörg Marschall[2] & Marlen Rahnfeld[1]
[1]*Institut für Arbeit und Gesundheit der DGUV,* [2]*IGES Institut*

Nutzen von Präventionskultur und Möglichkeiten ihrer Gestaltung

1. Ausganglage

Sicherheits-, Gesundheits- und Präventionskultur in Betrieben wird zunehmend als wichtiger Einflussfaktor und „Stellschraube" für die Sicherheit und Gesundheit der Beschäftigten bei der Arbeit erkannt.

Die Deutsche Gesetzliche Unfallversicherung und ihre Mitglieder haben deshalb entschieden, Kultur der Prävention zum Thema Ihrer neuen Präventionskampagne „kommmitmensch" zu machen und diese auf zehn Jahre Laufzeit auszurichten. Für die Kampagne wurde ein Fachkonzept entwickelt, das sechs Handlungsfelder postuliert: Führung, Kommunikation, Beteiligung, Betriebsklima, Fehlerkultur und Sicherheit und Gesundheit (also deren Integration in die alltäglichen Abläufe).

Neben diesem Fachkonzept wurde noch vor dem Start der Kampagne ein Scoping Review beauftragt, in dem geprüft werden sollte, inwiefern die einzelnen Handlungsfelder empirisch abgesichert zu einer Verbesserung der Präventionskultur beitragen. Weiterhin sollte untersucht werden, inwiefern Präventionskultur wiederum Sicherheit und Gesundheit sowie auch wirtschaftliche Erfolgsfaktoren beeinflusst und welche Gestaltungsansätze als empirisch gut validiert gelten können (Abbildung 1).

2. Methode

Es wurde eine systematische Recherche in den Datenbanken Pubmed, PsychNET sowie Web of Science zu Studien durchgeführt, die Präventionskultur entweder als Outcome-Variable oder als Einflussfaktor auf Sicherheit und Gesundheit bei der Arbeit empirisch untersuchen (einschl. Reviews empirischer Studien). Der international wenig gebräuchliche Begriff Präventionskultur wurde – wie alle Elemente des Suchstrings – durch verschiedene Synonyme und verwandte Begriffe in deutscher und englischer Sprache repräsentiert (Bsp.: Sicherheitskultur, Sicherheitsklima, Gesundheitskultur). Zusätzlich wurde eine Handsuche durchgeführt. Diese Studien wurden analysiert, wenn Sie einen Beitrag zu den Fragestellungen des Reviews leisten.

Abb. 1: Zielstellung für den Scoping Review

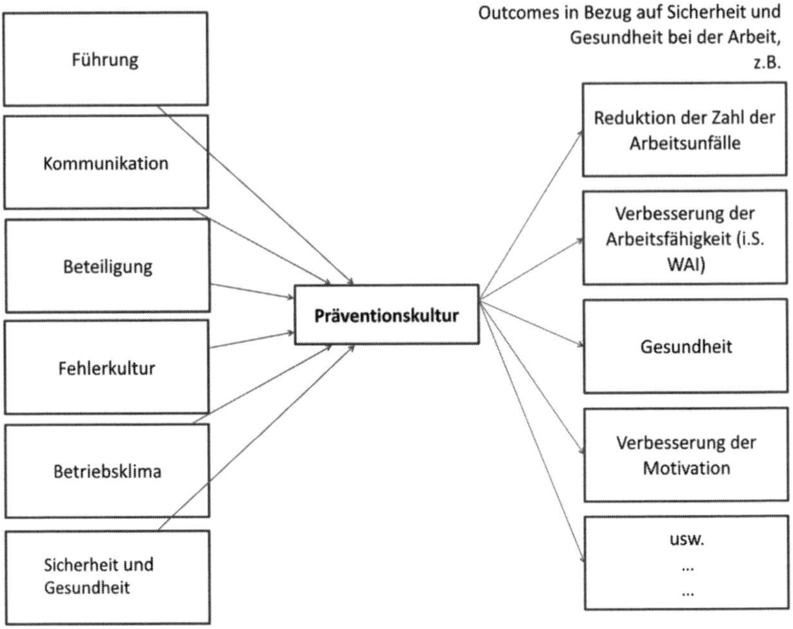

3. Ergebnisse

3.1 Studienlage generell

Die Suche erbrachte unter dem Suchstring „Präventionskultur" oder auch „culture of prevention" nur sehr wenige Treffer. Eine Vielzahl an Treffern ergab dagegen vor allem die Suche nach „safety culture" und „safety climate". Der Fokus bei der Analyse der Beiträge musste daher auf Sicherheitskultur gelegt werden. Da diese als ein Teilaspekt von Präventionskultur betrachtet werden kann, wurde von einer generellen Übertragbarkeit ausgegangen. Es wird hier aber auch weiterer Forschungsbedarf deutlich, der sich konkret auf den Bereich Gesundheit bzw. Gesundheitskultur bezieht.

3.2 Wirkung der Handlungsfelder auf Präventionskultur

Bezüglich der Handlungsfelder Führung, Kommunikation, Beteiligung, Fehlerkultur und – mit gewissen Interpretationsspielräumen – auch zum Handlungsfeld Betriebsklima liegt Evidenz dafür vor, dass diese die Präventionskultur beeinflussen.

Keine Evidenz konnte dafür gefunden werden, dass das Praxisfeld „Sicherheit und Gesundheit" (bzw. integrierte Prävention) ein Einflussfaktor auf Präventionskultur ist. Der Grund dafür ist mit großer Wahrscheinlichkeit in der hohen Komplexität dieses Handlungsfeldes zu sehen, das sich stärker auf den Prozess bezieht, der mit der Veränderung von Präventionskultur verbunden ist. Hier spielen beispielsweise auch Sicherheitsprogramme oder Maßnahmen eine Rolle, die in diesem Review als weitere Erfolgsfaktoren für Präventionskultur identifiziert werden konnten.

3.3 Wirkung von Präventionskultur

Im Review wurden mehrere quantitative Metaanalysen identifiziert und ausgewertet, die jeweils auf Basis einer größeren Zahl von Studien zu dem Ergebnis kommen, dass ein gutes Sicherheitsklima mit der Reduktion von Unfallzahlen und Verletzungen korreliert. Es gibt auch eine gewisse Evidenz für eine kausale Beziehung in der Form, dass Sicherheitskultur oder -klima die Anzahl der Unfälle beeinflusst und nicht der umgekehrte Zusammenhang besteht (z. B. Christian et al. 2009, Clarke, 2006).

Über die Unfallzahlen hinaus ließen sich im Review auch Zusammenhänge mit weiteren Outcome-Variablen zeigen, zum Beispiel mit Arbeitszufriedenheit und -engagement und der wiederum damit verbundenen Fluktuation (Huang et al., 2016) oder auch mit der Arbeitsfähigkeit (Marschall & Barthelmes, 2016).

3.4 Gestaltung von Präventionskultur

Die Ergebnisse des Reviews zeigen, dass Präventionskultur planvoll gestaltbar und veränderbar ist. Der Studienlage lassen sich mehrere Arten von Interventionen entnehmen, darunter Kampagnen, Führungskräftetrainings, Workshop-Serien und Reportingsysteme für Beinaheunfälle. Sie lassen sich zum größeren Teil auf die von der DGUV und ihren Mitgliedern konzipierten Handlungsfelder beziehen.

Es gilt jedoch auch, dass in diesem Forschungsfeld nicht von einem Grad an Evidenz ausgegangen werden kann, der für medizinische Interventionen oder Arzneimittel i.d.R. vorliegt. Echte Experimente sind selten, so dass das systematische Review auch Evaluationen und vereinzelt Fallstudien einbezieht.

Für die einzelnen Handlungsfelder werden im Ergebnisreport (Marschall et al., 2017) Studien dargestellt, die die Wirksamkeit einzelner Interventionen zeigen. Dabei wird deutlich, dass sich konkrete Maßnahmen in der Regel nicht nur einem Handlungsfeld zuordnen lassen, sondern dass in der Regel mehrere oder alle Handlungsfelder berührt werden.

An dieser Stelle seien Studienergebnisse von Hale et al. (2008 und 2010) beschrieben, die sich primär auf das Handlungsfeld Sicherheit und Gesundheit beziehen, aber beispielsweise auch sehr deutlich das Handlungsfeld Führung adressieren:

Es zeigt sich, dass Unternehmen dann besonders erfolgreich ihre Sicherheitskultur verändern konnten, wenn sie ein Maßnahmenbündel umsetzten, zu dem die Einführung von KPI's (Key performance indicators) für Führungskräfte gehörte. Den

Führungskräften dieser Unternehmen wurden hierdurch jährliche Ziele bezüglich folgender Themen vorgegeben: 1.) Reporting und Beseitigung von gefährlichen Situationen; 2.) Beobachtungs- und Kommunikationsrundgänge; 3.) Unfälle; 4.) „Risiko-Inventarisierung" und Handlungsplan; 5.) sogenannte Toolbox-Meetings mit der betrieblichen Sicherheitsabteilung; 6.) Ordnung und Sauberkeit. Die KPI's wurden mittels eines Sicherheit-Dashboards alle 6 Wochen berichtet und mit dem Vorgesetzten besprochen.

Literatur
Christian, M.S., Bradley, J.C., Wallace, J.C. & Burke, M.J. (2009): Workplace safety: a meta-analysis of the roles of person and situation factors. Journal Applied Psychology 94(5), 1103–1127.
Clarke, S. (2006): The relationship between safety climate and safety performance: a meta-analytic review. Journal of Occupational Health Psychology, 11(4), 315–327.
Hale, A.R., Guldenmund, F.W., van Loenhout, P.L.C.H., & Oh, J.I.H. (2010). Evaluating safety management and culture interventions to improve safety: Effective intervention strategies. Safety Science, 48(8), 1026–1035.
Hale, A., Guldenmund, F., Oh J, van Loenhout P, Booster P & Oor M (2008): Evaluating the success of safety culture interventions. Proceedings of the 9th International Conference on Probabilistic Safety Assessment and Management, Hong Kong, China.
Huang, Y.-H., Lee, J., McFadden, A.C., Murphy, L.A., Robertson, M.M., Cheung, J.H. & Zohar, D. (2016): Beyond safety outcomes: An investigation of the impact of safety climate on job satisfaction, employee engagement and turnover using social exchange theory as the theoretical framework. Applied Ergonomics 55, 248–257.
Marschall, J. et al. (2017). Präventionskultur – Scoping Review – Nutzen von Präventionskultur und Möglichkeiten ihrer Gestaltung. Berlin: Deutsche Gesetzliche Unfallversicherung. Bezug über: www.kommmitmensch.de
Marschall, J. & Barthelmes, I. (2016): Branchenreport Handel. Sicherheit und Gesundheit im Groß- und Einzelhandel. Eine Frage der Unternehmenskultur? Hamburg: Berufsgenossenschaft Handel und Warenlogistik (BGHW).

Marlen Rahnfeld & Marlen Cosmar
Institut für Arbeit und Gesundheit der DGUV (IAG)

Sicherheit und Gesundheit einen hohen Stellenwert geben: Die Kampagne „kommmitmensch" der gesetzlichen Unfallversicherung

1. Die Kampagne „kommmitmensch"

1.1 Hintergrund und Ziel der Kampagne
Kernbotschaft
Mit ihrer Kampagne „kommmitmensch" lenken Unfallkassen und Berufsgenossenschaften sowie die Deutsche Gesetzliche Unfallversicherung (DGUV) den Blick darauf, welchen Stellenwert Sicherheit und Gesundheit in einem Betrieb oder einer öffentlichen Einrichtung genießen und regt an, diese als zentrale Werte zu stärken. Die Kampagne will Unternehmen, öffentliche Einrichtungen und Bildungseinrichtungen verstärkt dabei unterstützen, ein fundiertes und umfassendes Präventionsverständnis zu entwickeln. Sie spannt den Bogen jedoch über das betriebliche Umfeld hinaus: Die Kampagne thematisiert Sicherheit und Gesundheit als grundlegende Werte in allen Lebensbereichen. Ihre Kernbotschaft lautet: „Sicherheit und Gesundheit sind Werte für alle Menschen, jede Organisation und die Gesellschaft. Sie sollen Gegenstand allen Handelns werden. Präventives Handeln ist lohnend und sinnstiftend." Die Kommunikationsmaßnahmen der Kampagne setzen zunächst vor allem dort an, wo Menschen lernen und arbeiten, weil hier Netzwerke der Unfallkassen und Berufsgenossenschaften bestehen.

Die sechs Handlungsfelder
Die inhaltliche Umsetzung der Kampagne basiert auf einem Fachkonzept (DGUV, 2015), das von den Berufsgenossenschaften, Unfallkassen und der DGUV entwickelt und verabschiedet wurde. Dabei wurden sechs Handlungsfelder identifiziert. Diese sind Führung, Kommunikation, Beteiligung, Fehlerkultur, Betriebsklima sowie Sicherheit und Gesundheit. Die Handlungsfelder sind eng miteinander verknüpft. Ziel der Kampagne ist es, Unternehmen und Einrichtungen anzuregen, die eigene Kultur der Prävention zusammen mit den Beschäftigten zu reflektieren und kontinuierlich weiterzuentwickeln. Im Rahmen der Dachkampagne wurden verschiedene Ansätze entwickelt, die Unternehmen und Einrichtungen, und Präventionsfachkräfte der gesetzlichen Unfallversicherung unterstützen sollen, einen solchen Prozess anzustoßen.

2. Angebote im Rahmen der Kampagne

2.1 Maßnahmen für den innerbetrieblichen Dialog
Das 5-Stufen-Modell

Das 5-Stufen-Modell (Gebauer, 2017 in Anlehnung an Hudson, 2001) der gesetzlichen Unfallversicherung (siehe Abbildung 1) hilft versicherten Unternehmen und Einrichtungen einzuschätzen, wo in etwa der Betrieb steht und welche Veränderungen möglich sein könnten, um Sicherheit und Gesundheit als selbstverständlichen Wert zu verankern – auch in den einzelnen Handlungsfeldern. Vom jeweiligen Startpunkt aus können diese die nächsten Schritte planen. Die fünf Stufen helfen dabei, eine gemeinsame Vorstellung und Sprache zu entwickeln, wie betriebliche Prävention auf hohem Niveau aussieht – auch separat für einzelne Betriebsbereiche oder Standorte. Die ersten drei Stufen stehen für einen noch nicht selbstverständlichen Umgang mit den Themen Sicherheit und Gesundheit. Dazwischen steht eine unsichtbare Barriere, denn auf den höheren Stufen werden Unfälle und Erkrankungen mit einem anderen Blick betrachtet: Werden mögliche Folgen für Sicherheit und Gesundheit bei Entscheidungen und Aktivitäten selbstverständlich bedacht, ist der Perspektivwechsel gelungen. Das Ziel sollte im Unternehmen darin bestehen, die unsichtbare Barriere durch geeignete Maßnahmen zu überscheiten und dieses Niveau dann auch kontinuierlich zu erhalten.

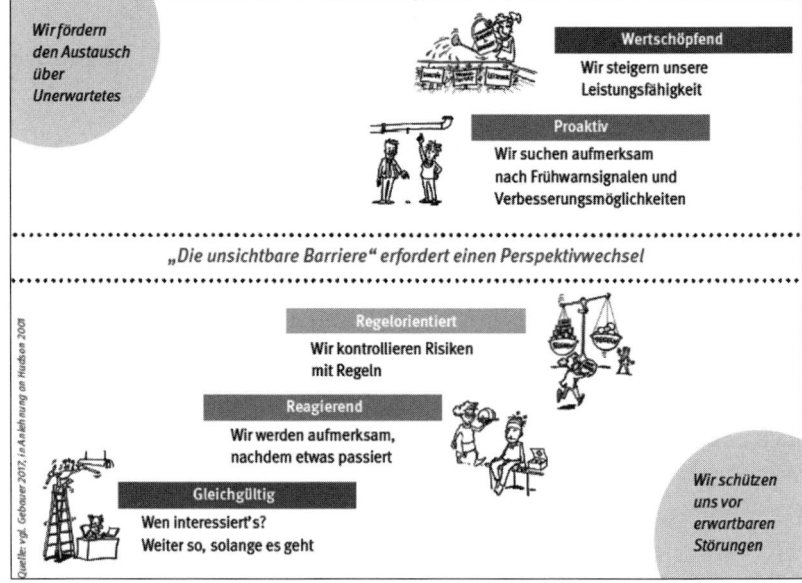

Abb. 1: Das 5-Stufen-Modell der gesetzlichen Unfallversicherung

Der Kurz-Check
Der Kurz-Check vermittelt Betrieben und Einrichtungen mittels sechs kurzer Fragen einen ersten Eindruck, in welchen Handlungsfeldern sie aktiv werden können. Idealerweise wird der Kurz-Check zusammen mit zumindest einem Teil der Beschäftigten ausgefüllt. Wer den Kurz-Check durchspricht, wird auf Handlungsfelder stoßen, bei denen die Beteiligten Möglichkeiten für Verbesserungen sehen. Dazu können gemeinsam konkrete betriebliche Beispiele aus dem Handlungsfeld und erste mögliche Ideen für Veränderungen gesammelt werden. Der Kurz-Check kann auch der Ausgangspunkt sein, um tiefer in die Kultur der Prävention und die Handlungsfelder einzusteigen.

Die „kommmitmensch-Dialoge"
Mit den „kommmitmensch-Dialogen" können Unternehmen und Einrichtungen leicht verständlich und unterhaltsam zusammen mit ihren Beschäftigten prüfen, wie ihre Präventionskultur ausgeprägt ist, und Ansätze entwickeln, wie sie diese weiterentwickeln können. Der Dialog über verschiedene betriebliche Handlungsfelder schärft bei allen Beteiligten das Verständnis, wie sicheres und gesundes Verhalten auf einem hohen Niveau funktionieren kann.

Mit den kommmitmensch-Dialogen steigen Teams in die Diskussion ein und erarbeiten gemeinsam eigene Lösungsansätze. Sie suchen ein Handlungsfeld aus und diskutieren Beispiele aus ihrem Arbeitsalltag. Für jedes Handlungsfeld gibt es Dialogkarten, die illustrieren, wie Verhalten im Betrieb auf den einzelnen Stufen des 5-Stufenmodells und in den einzelnen Handlungsfeldern aussehen kann. So entsteht für alle im Team leicht eine Vorstellung, wie im Handlungsfeld zur Kulturentwicklung beigetragen werden kann. Auf einem Poster dokumentieren die Teams die Ergebnisse ihres Dialogs und erarbeiten erste Lösungsideen. Im nächsten Schritt werden Ideen für mögliche Verbesserungsmaßnahmen gesammelt und festgelegt, wer sich bis wann darum kümmert.

2.2 Handlungshilfen und Qualifizierung
Materialien und Handlungshilfen stehen zum Download auf der Kampagnenwebsite (www.kommmitmensch.de) für die Arbeit in Unternehmen oder in Einrichtungen zur Verfügung. Die einführende Broschüre „Selbstverständlich sicher und gesund" richtet sich an Unternehmerinnen und Unternehmer sowie Führungskräfte. Die Handlungshilfe umfasst eine Einführung in das Thema und in die Handlungsfelder, um den generellen Einstieg in das Thema Kultur der Prävention zu ermöglichen. Es werden außerdem die zentralen Ansätze für den innerbetrieblichen Dialog vorgestellt. Zudem erscheinen zu jedem der sechs Handlungsfelder Handlungshil-

fen. Diese sollen einen kurzen Überblick darüber bieten wie und was die Leitungs- bzw. Führungskräfte tun könnten. Hier sind Anregungen zu finden, mit welchen kleinen Mitteln man bereits etwas bewirken kann.

Die Kampagne wird des Weiteren durch Qualifizierungsangebote begleitet, die Kulturentwicklung als Ganzes sowie Ansatzpunkte zur Veränderung der Kultur in den Handlungsfeldern aufzeigen. Dabei wird Wert daraufgelegt, dass die Angebote die Verbindungen zu anderen Themen im Bereich Sicherheit und Gesundheit bei der Arbeit herstellen.

2.3 Evaluation
Die Angebote der Dach- sowie auch der einzelnen Trägerkampagnen werden kontinuierlich durch eine Evaluation begleitet, um einerseits Materialien und Angebote kontinuierlich verbessern zu können, aber auch um die Wirksamkeit der Kampagne in den Unternehmen und Einrichtungen zu erheben.

3. Ausblick
Berufsgenossenschaften, Unfallkassen und die DGUV haben die Kampagne mit einer Laufzeit von bis zu zehn Jahren nachhaltig angelegt, wobei die Evaluationen jeder Kommunikationswelle Anlass geben werden, über das Fortgehen zu entscheiden. Dabei wird sich zeigen, ob die Kampagne ihrem selbst gestellten Anspruch gerecht geworden ist, Sicherheit und Gesundheit als Wert breit und nachhaltig zu integrieren.

Literatur
Deutsche Gesetzliche Unfallversicherung (DGUV) (Hrsg.) (2015). Fachkonzept für die nächste gemeinsame Präventionskampagne der DGUV und ihrer Mitglieder. Verfügbar unter www.dguv.de (Webcode d1070162).
Gebauer, A. (2017). Kollektive Achtsamkeit organisieren. Strategien und Werkzeuge für eine proaktive Risikokultur. Stuttgart: Schäffer-Poeschel Verlag.
Hudson, P. T. W. (2001). Safety management and safety culture: the long, hard and winding road. In Pearse, W., Gallagher, C., & Bluff, L. (eds.), Occupational health and safety management systems: proceedings of the first national conference (pp. 3–32). Melbourne: Crown Content.

Werner Hamacher, Clarissa Eickholt, Anja Winkelmann & Gabriele Riering
Systemkonzept – Gesellschaft für Systemforschung und Konzeptentwicklung mbH, Köln

Entwicklung einer Arbeitsschutzdidaktik – Kompetenzorientierte Ausbildung zur Fachkraft für Arbeitssicherheit

1. Ausgangslage

Lange Zeit wurde unter Bildung auf dem Gebiet des Arbeitsschutzes vor allem die Vermittlung von Wissen und Verhaltensregeln verstanden. Hier findet nun ein Paradigmenwechsel zu einer konstruktivistischen und kompetenzorientierten Didaktik statt.

Unter Kompetenz ist die Fähigkeit zur Bewältigung komplexer Anforderungen in spezifischen Situationen zu verstehen (nach Strauch et al.2009, Gnahs 2007). Kompetentes Handeln schließt den Einsatz von Wissen, von kognitiven und praktischen Fähigkeiten genauso ein wie soziale und Verhaltenskomponenten (Haltungen, Gefühle, Werte und Motivation). Es geht also um Handeln und die Fähigkeit und Bereitschaft dazu.

Arbeitsschutzdidaktik muss sich vor diesem Hintergrund mit der Reflexion und Gestaltung von Lernprozessen befassen: D.h. der Auswahl, Legitimation und didaktischer Reduktion von Lerngegenständen, der Festlegung und Begründung von angestrebten Zielen und Erwartungshorizonten, der methodischen Strukturierung von Lernprozessen unter Berücksichtigung der Handlungsbedingungen und Fähigkeiten lernender Arbeitsschutzakteure. Eine Arbeitsschutzdidaktik gibt Antwort auf die Frage, welche Kompetenzen brauchen Arbeitsschutzakteure und durch welches didaktische Handeln lassen sie sich entwickeln?

2. Konzeptioneller Ansatz

Eine kompetenzorientierte Arbeitsschutzdidaktik geht von der rollenbezogenen Zielgruppenspezifik, dem organisationsspezifischen Kontext und der situationsbezogenen Handlungsspezifik von Sicherheit und Gesundheit bei der Arbeit aus. Grundprämisse ist, dass Lernen immer an den biografischen und organisatorischen Kontext der Lernenden anknüpft. Eine kompetenzorientierte Didaktik erfordert das Lernen an konkreten Handlungssituationen, die den Teilnehmenden die selbstreflexive Auseinandersetzung mit ihrer Kompetenzentwicklung und ihrem selbstorganisierten Handeln ermöglicht. Es kommt darauf an, dass Handlungssituationen überhaupt als Lerngegenstand angeboten werden und dass sie für die Lernenden auf die eigene Praxis transferierbar erscheinen.

Jeder hat seine Brille, durch die er schaut. Es gilt die verschiedenen Deutungsmuster auf den Arbeitsschutz sichtbar zu machen, jeweils andere Sichtweisen austauschen. Konstruktivistische Didaktik ermöglicht vorhandene Erwartungen zu durchbrechen, unterschiedliche Deutungen des gleichen Sachverhaltes akzeptieren, aber die Perspektiven sichtbar zu machen und zu verschränken. Kompetenz entsteht dadurch, die Dinge von verschiedenen Seiten zu betrachten und Rollenwechsel vorzunehmen.

Es gilt didaktisch-methodisch Passung herzustellen zum Erfahrungsbezug des Einzelnen statt der Alleinherrschaft der Sachlogik in der Didaktik. Fokussiert wird mehr auf die Psychologie der Person, auch im Umgang mit Werten, Normen, eigener Wirksamkeit.

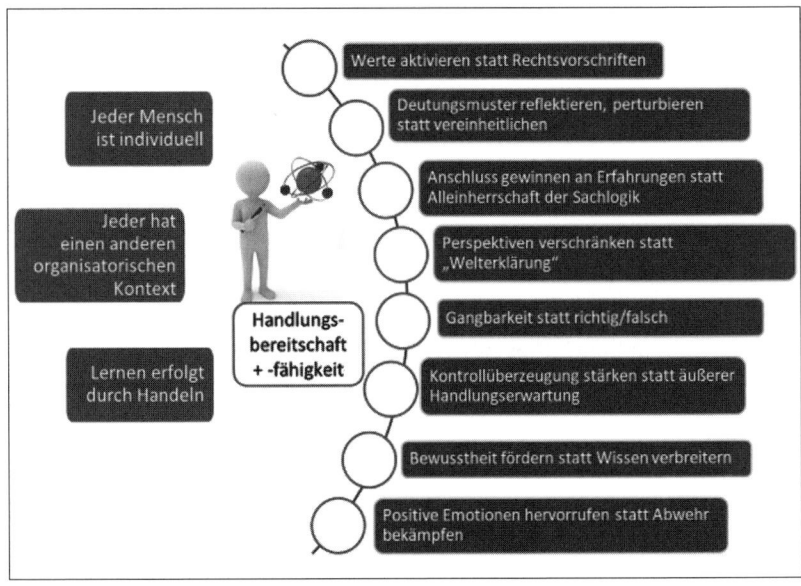

Abb. 1: Prämissen und Prinzipien für eine Arbeitsschutzdidaktik

3. Kompetenzprofil „Fachkraft für Arbeitssicherheit"

Das der neuen Sifa-Ausbildung zugrundeliegende Kompetenzprofil wurde auf Basis des Kompetenzatlas „Kode" von Erpenbeck und Heyse (2007) entwickelt und für die Belange der Fachkräfte für Arbeitssicherheit (Sifa) konkretisiert. Kernkompetenz der Sifa ist die umfassende Fähigkeit Führungskräfte und andere Arbeitsschutzakteure zu beraten und zu unterstützen hinsichtlich Sicherheit und Gesundheit bei der Arbeit. Die entwickelte Kompetenzmap beschreibt 13 Kompetenzen mit Teilkompetenzen in ihrer Sifa-spezifischen Ausprägung. Die Strukturierung der Kompetenzmap wurde über die handlungsprägenden Faktoren einer Fachkraft für Arbeitssicherheit vorgenommen: Know-how, Umgang mit sich selbst, Umgang mit anderen und Haltung.

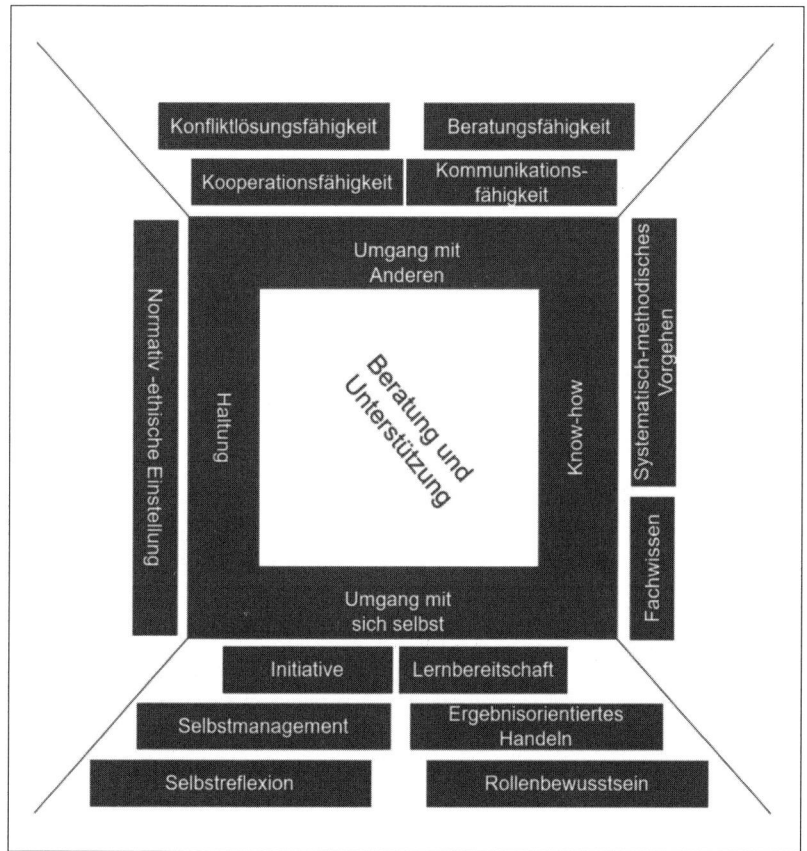

Abb. 2: Kompetenzprofil „Fachkraft für Arbeitssicherheit" (Eickholt C., Hamacher, W., Riering, G., Wegener, A., Schröder, M., Reitz, R. 2017)

4. Kompetenzorientierte Sifa-Ausbildung

Die Ausbildung zur Fachkraft für Arbeitssicherheit (Sifa) in Deutschland erfolgt ab dem Jahr 2018 in einem kompetenzorientierten Blended Learning-System. Für die Gestaltung der Lernarrangements wurden zwölf Handlungssituationen ausgewählt, über die die Entwicklung des komplexen Kompetenzprofils für angehende Sifas ermöglicht wird. In den Handlungssituationen entwickeln und zeigen die Lernenden ihre Kompetenz zur erfolgreichen Bewältigung der komplexen Beratungs- und Unterstützungsanforderungen. Dies betrifft immer alle Kompetenzbereiche. Formulierte Erwartungshorizonte dienen als Reflexionsspiegel.

Ausgehend von den Konzepten systemisch-konstruktivistischer Didaktik (Reich 2008, Arnold 2012) erfolgt das Lernen in aufeinander bezogene Lernarrangements im Selbstorganisierten Lernen (SOL), in Seminarsituationen und im praktischen Handeln im eigenen Betrieb. Angewendete Grundprinzipien sind das selbstgesteuerte, produktiv-konstruierende, aktivierende, situativ auf die Handlungssituationen aus der Praxis ausgerichtete und ein kooperatives, kollaboratives und emotionales Lernen.

Mittelpunkt für alle Lernarrangements ist eine ILIAS-basierte Lernplattform – die Sifa-Lernwelt. Sie enthält alle Elemente des Lernarrangements und sie wird in allen Lernorten genutzt. Die Kompetenzerfassung erfolgt über verschiedene Feedbacksysteme auf der Lernplattform, die in Form von Lernblogs und Portfolios strukturierten Selbst- und Fremdbewertung ermöglichen.

Für die notwendigen Lernbegleiter wurde ebenfalls ein Kompetenzprofil entwickelt, das Grundlage für deren Kompetenzentwicklung in Form eines modularen Konzepts ist.

Literatur
Arnold R. (2012): Wie man lehrt, ohne zu belehren. Heidelberg:Carl-Auer
Eickholt C., Hamacher, W., Riering, G., Wegener, A., Schröder, M., Reitz, R. (2017), Kompetenzprofil der Fachkraft für Arbeitssicherheit. DGUV
Erpenbeck, J. (2007): KODE*– Kompetenz-Diagnostik und -Entwicklung. In: Erpenbeck J., Rosenstiel, L. von: Handbuch Kompetenzmessung. Stuttgart: Schäffer-Poeschel Verlag. S. 489ff.
Heyse,V. (2007): KODE*X–Kompetenz-Explorer. In: Erpenbeck J., Rosenstiel, L. von: Handbuch Kompetenzmessung. Stuttgart: Schäffer-Poeschel Verlag. S. 504ff.
Reich, K. (2008): Konstruktivistische Didaktik. Weinheim, Basel: BeltzVerlag

Helmut Nold
BG RCI

Sicher und gesund arbeiten! Vision Zero – das Präventionsangebot der BG RCI

1. Rahmenbedingungen der neuen Präventionsstrategie

Die neue Präventionsstrategie der BG RCI gründet auf folgenden *Rahmenbedingungen*:

Gesetzlicher Auftrag: Gesundheit ist das höchste Gut des Menschen. Sie mit allen geeigneten Mitteln zu erhalten, ist die vorrangige Aufgabe der Unfallversicherung. Der in § 1 „Prävention, Rehabilitation, Entschädigung" des Sozialgesetzbuches VII (SGB VII) verankerte Präventionsauftrag „… mit allen geeigneten Mitteln Arbeitsunfälle und Berufskrankheiten sowie arbeitsbedingte Gesundheitsgefahren zu verhüten …" eröffnet somit den Rahmen für alle Präventionsmaßnahmen, welche die BG RCI für ihre Mitgliedsunternehmen anbietet.

Nutzen der Prävention: Zielgerichtete Investitionen der BG RCI in Prävention dienen der Umsetzung des gesetzlich vorgeschriebenen Präventionsauftrags. Insbesondere unterstützen sie aber die Mitgliedsunternehmen, ihrer Verpflichtung gerecht zu werden, Arbeit so zu gestalten, dass Unfälle und Berufskrankheiten und damit menschliches Leid verhindert werden. Investitionen in Prävention vermeiden aber zugleich einen vielfach höheren finanziellen Aufwand, der durch Unfälle und Berufskrankheiten sowie damit verbundene Ausfallzeiten verursacht wird. Damit tragen diese Investitionen auch zum nachhaltigen wirtschaftlichen Erfolg der Unternehmen sowie zum Erhalt von Arbeitsplätzen bei und können ein wichtiger Wettbewerbsfaktor sein.

Erfolge in der Prävention: Präventionserfolge, die sich in der Reduzierung der Anzahl und Schwere von Arbeitsunfällen, Wegeunfällen und Berufskrankheiten zeigen, wirken sich auf den Beitrag der Mitgliedsunternehmen zur BG positiv aus.

Die Präventionsstrategie „Vision Zero. Null Unfälle – gesund arbeiten!" strebt mittels geeigneter präventiver Maßnahmen eine Arbeitswelt an, in der niemand bei der Arbeit verletzt, getötet oder so schwer verletzt wird oder erkrankt, dass er lebenslange Schäden davonträgt. Mit dieser Präventionsstrategie legt die BG RCI Ziele fest, die in den kommenden zehn Jahren erreichbar erscheinen. Zugleich werden Maßnahmen beschrieben, mit denen diese Ziele bis 2024 erreicht werden sollen. Vision Zero bedeutet nicht „null Risiko bei der Arbeit". Wie im Leben insgesamt sind auch bei der Arbeit Risiken nicht zu vermeiden – sie müssen aber durch geeignete Maßnahmen soweit reduziert werden, dass Verletzungen und Erkrankungen vermieden werden.

2. Sieben Ziele der neuen Präventionsstrategie

Die Festlegung quantitativer wie qualitativer Ziele ist ein geeignetes Instrument, um alle betrieblichen Akteure und Multiplikatoren von der Notwendigkeit weiterer Anstrengungen auf dem Gebiet der Prävention zu überzeugen und um weitere Erfolge zu erreichen. Auf dem Weg dorthin dienen die Festlegung von Meilensteinen und ein regelmäßiges Reporting dazu, das Erreichen der Ziele zu überprüfen. Die Wirksamkeit, die Kundenwahrnehmung und -akzeptanz aller Präventionsmaßnahmen sollen dabei regelmäßig und systematisch hinterfragt und evaluiert werden.

Ziel 1: Senkung des Arbeitsunfallrisikos in den Mitgliedsunternehmen der BG RCI. Durch geeignete Präventionsmaßnahmen soll das Risiko, einen meldepflichtigen Arbeitsunfall zu erleiden, bis 2024 um 30 % gesenkt werden.

Ziel 2: Halbierung der Anzahl der neuen Arbeitsunfall-Rentenfälle. Durch geeignete Präventionsmaßnahmen soll die Anzahl der schweren Arbeitsunfälle, die zeitweise oder auf Dauer Körperschäden zur Folge haben (neue Arbeitsunfall-Rentenfälle), bis 2024 um 50 % gesenkt werden.

Ziel 3: Halbierung der Anzahl der tödlichen Arbeitsunfälle. Durch geeignete Präventionsmaßnahmen soll die Anzahl der tödlichen Arbeitsunfälle bis 2024 ebenfalls um 50 Prozent gesenkt werden.

Ziel 4: Verringerung der Anzahl der anerkannten Berufskrankheiten. Durch Präventionsmaßnahmen soll die Anzahl der anerkannten und erstmals zu entschädigenden Berufskrankheiten, die nicht aufgrund langer Latenzzeiten auf frühere Expositionen am Arbeitsplatz zurückzuführen sind, weiter gesenkt werden.

Ziel 5: Steigerung der Anzahl unfallfreier Betriebe. Die Anzahl der Betriebe, die über einen definierten Zeitraum keine meldepflichtigen Arbeitsunfälle aufweisen, soll gesteigert werden.

Ziel 6: Bedarfsgerechte Präventionsangebote und Präventionsmaßnahmen. Alle Präventionsangebote und Präventionsmaßnahmen der BG RCI, wie beispielsweise die Beratung der Unternehmen, Aus- und Weiterbildungsangebote, Präventionskampagnen, Veranstaltungen, Präventionsmedien, Angebote für besondere Zielgruppen, sind

- kundenorientiert und richten sich am Bedarf der Unternehmen aus,
- zeitgemäß und berücksichtigen aktuelle Entwicklungen,
- auf Wirksamkeit geprüft und evaluiert,
- klar strukturiert und praxisnah und
- insbesondere auch für kleine und mittlere Unternehmen umsetzbar.

Ziel 7: Steigerung der Nutzung der BG RCI-Präventionsangebote. Die Anzahl der Mitgliedsunternehmen, die Präventionsangebote der BG RCI aktiv in Anspruch nehmen und für ihre betriebliche Präventionsarbeit nutzen, zum Beispiel Aus- und Weiterbildungsangebote, Demonstrations- und Praxismodelle oder Kampagnenmodule, soll erhöht werden. Außerdem soll die Anzahl der Betriebe, die das Gütesiegel der BG RCI tragen, gesteigert werden.

3. Zehn Präventionsmaßnahmen

Maßnahme 1: Analyse und Schwerpunktsetzung. Die Schwerpunkte des Unfall- und Berufskrankheiten-Geschehens, die präventives Handeln erfordern, werden regelmäßig systematisch ermittelt, wobei besondere Faktoren, neue Risiken und aktuelle Entwicklungen Berücksichtigung finden sollen.

Maßnahme 2: Kundenorientierung. Da Präventionsangebote umso wirksamer sind, je besser sie dem jeweiligen Bedarf der Mitgliedsunternehmen und der Versicherten Rechnung tragen, sollen Bedarf und Akzeptanz regelmäßig systematisch ermittelt und hinterfragt werden. Mitgliedsunternehmen und Versicherte werden als Kunden verstanden. Die unmittelbare und zeitnahe Kommunikation mit Zielgruppen soll verbessert und intensiviert werden.

Maßnahme 3: Qualität der Präventionsangebote. Auf Basis der Analysen und des Kundenbedarfs werden die Präventionsangebote regelmäßig auf Aktualität, Akzeptanz und Wirksamkeit überprüft und entsprechend angepasst oder ergänzt.

Maßnahme 4: Thematische Schwerpunktsetzung. Die Schwerpunkte der zukünftigen Präventionsarbeit ergeben sich aus der aktuellen Analyse (Anzahl, Quoten, Kosten) des Arbeitsunfall- und Berufskrankheiten-Geschehens, dem Kundenbedarf sowie aus neuen Risiken. So kommt beispielsweise dem Thema „Gesundheit im Betrieb" künftig wachsende Bedeutung zu, um die bewährten Maßnahmen der Prävention zu ergänzen. Dies gilt auch für die Vermeidung oder Verringerung psychischer Belastungen durch die Arbeit.

Maßnahme 5: Schwerpunkt kleine und mittlere Unternehmen (KMU). Da das Unfallgeschehen tendenziell mit sinkender Beschäftigtenzahl ansteigt und KMU hinsichtlich der betrieblichen Organisation des Arbeitsschutzes vielfach Nachholbedarf haben, soll ein Schwerpunkt auf der Verbesserung der Situation in kleinen und mittelgroßen Betrieben liegen.

Maßnahme 6: Qualifikation, Kompetenz und Einsatzsteuerung der BG RCI. Die in der Prävention der BG RCI für die Aufgabenerfüllung erforderlichen Qualifikationen und Kompetenzen der Mitarbeiterinnen und Mitarbeiter werden regelmäßig überprüft, weiterentwickelt und dem aktuellen Bedarf angepasst. Die personellen Ressourcen werden so eingesetzt, dass dem Bedarf Rechnung getragen und eine maximale Wirkung erzielt wird.

Maßnahme 7: Präsenz im Betrieb. Die persönliche Beratung und die Überwachung der Unternehmen bleibt ein unverzichtbares Standbein effizienter Prävention.

Die zur Verfügung stehenden personellen Ressourcen werden so eingesetzt, dass dem tatsächlichen Bedarf Rechnung getragen wird.

Maßnahme 8: Aus- und Weiterbildung. Die zielgerichtete Aus- und Weiterbildung der betrieblichen Zielgruppen im Rahmen von qualitativ hochwertigen Ausbildungsmaßnahmen ist für eine wirksame Prävention unverzichtbar. Die Ausbildung in eigenen Bildungseinrichtungen bietet hierzu optimale Voraussetzungen. Hierfür werden ausreichende Ressourcen zur Verfügung gestellt. Um die Wirksamkeit von Aus- und Weiterbildungsangeboten der BG RCI zu fördern, müssen die Unternehmen den Transfer sicherstellen und geeignete betriebliche Unterweisungsmaßnahmen durchführen.

Maßnahme 9: Kommunikation. Durch eine intensivierte, zügige und zielgerichtete Kommunikation soll die Wirksamkeit der Präventionsbemühungen deutlich verbessert werden auch durch zeitgemäßer elektronische Medien.

Maßnahme 10: Partnerschaften und Multiplikatoren. Um die Wirksamkeit der neuen BG RCI-Präventionsstrategie zu unterstützen und Partner zu motivieren, in ihrem Einflussbereich aktiv zu sein, werden die Maßnahmen den Verbänden, Unternehmen, Gewerkschaften, betrieblichen Interessenvertretungen und weiteren Multiplikatoren vorgestellt und mit diesen erörtert. Vereinbarungen mit Verbänden und Gewerkschaften können die gemeinsame Verpflichtung und die gemeinsamen Bemühungen deutlich machen und somit das Erreichen der Ziele unterstützen. Außerdem werden alle Möglichkeiten für ein konzertiertes Handeln genutzt. Schritt für Schritt werden die psychologischen und gesundheitsorientierten Themen in diesen Prozess integriert. Dazu zählen insbesondere:

1. Anschubberatung in den Unternehmen. Kooperation in der ersten und zweiten Beratungsebene. Qualifizierung der Aufsichtspersonen.
2. Intensivierung der Beratung im Bereich Notfallpsychologie und Psychotrauma. Erstellung von Handlungsleitfäden.
3. Verbesserung der Gefahrenwahrnehmung und Risikoakzeptanz.
4. Gezielte Verhaltensbeeinflussung durch Kampagnen. Beratung und Handlungsanleitung im Gesundheitsmanagement. Beratung im Bereich Ergonomie. Arbeitswissenschaftliche Hilfestellungen anbieten.
5. Management und Anreizsysteme unterstützend anbieten. Teilnahme der Unternehmen an Gütesiegel und Förderpreis intensivieren.
6. Qualifizierung der Multiplikatoren in den Unternehmen intensivieren. Regionale Veranstaltungen anbieten. Neue Medien Nutzen.
7. Neue Medien gezielt einsetzen. Vernetzungen herstellen und Kooperationen intensivieren, z. B. mit Verbänden, Gewerkschaften, Politik.

Arbeitskreis
Führung und Organisation:
Organisation – Integrative Ansätze
Leitung: Udo Keil

Jella Heptner & Kurt-Georg Ciesinger
Integrative Prävention durch individuelles Belastungsmonitoring

Anja Gerlmaier & Laura Geiger
Psycho-soziale Gesundheit stärken durch organisationale Gestaltungskompetenz: das integrative Qualifizierungskonzept „SePIAR"

Anja Gerlmaier
Gestaltungskompetenz und arbeitsbezogene Gestaltungspotenziale: Wie beeinflussen sie den Belastungs-/Beanspruchungszusammenhang?

Dirk Marrenbach, Martin Braun & Oliver Scholtz
Multiperspektivische Prävention in der Intralogistik

Michael Niehaus & Susanne Bartel
Tätigkeitswechsel als präventives Instrument zur Vermeidung gesundheitsbedingter Brüche in der Erwerbsbiografie

Jella Heptner[1] & Kurt-Georg Ciesinger[2]
[1]*Landesinstitut für Arbeitsgestaltung NRW,*
[2]*Deutsche Angestellten-Akademie DAA Westfalen*

Integrative Prävention durch individuelles Belastungsmonitoring

1. Veränderte Anforderungen an Beschäftigte und Unternehmen

Beschäftigte sind immer stärker bei der Koordination von Erwerbsarbeit und Privatleben gefordert. Zeitliche und örtliche Grenzen sind durchlässiger geworden (Gottschall & Voß, 2003) und Tätigkeiten sowie Steuerungsformen der Arbeit haben sich verändert. Beschäftigte berichten vermehrt von Doppelbelastungen, die u. a. aus der Betreuung von Kindern oder pflegebedürftigen Angehörigen resultieren (LIA. nrw, 2017). Sie stehen daher vor der Herausforderung, verstärkt für sich selbst Sorge zu tragen und Grenzen zu ziehen. Zum anderen sind Unternehmen gefordert: Sie sind in der Verantwortung, gute Arbeitsbedingungen – auch in einer komplexer gewordenen Arbeitswelt – zu schaffen und die Koordination von Beruf und Privatleben zu erleichtern. Mit BalanceGuard wird den Unternehmen und Beschäftigten ein Tool an die Hand gegeben, welches sowohl die Kompetenz der Betriebe als auch der Beschäftigten in der gesundheitsförderlichen Gestaltung des Arbeits- bzw. – im Fall der Beschäftigten – des Privatlebens unterstützt.

2. Das Projekt BalanceGuard

Das Projekt BalanceGuard wird vom 01.01.2016 bis zum 31.10.2019 vom Bundesministerium für Bildung und Forschung gefördert und ist Teil des Förderschwerpunkts „Präventive Maßnahmen für die sichere und gesunde Arbeit von morgen". Im Projekt arbeitet ein interdisziplinäres Team aus Wissenschaft, Softwareentwicklung und Praxis zusammen[1]. Kern des Projekts ist die Entwicklung und Erprobung eines digitalen Tools, mit dem Beschäftigte ihre Belastungen bei der Arbeit und im Privatleben sowie ihre Beanspruchung über einen längeren Zeitraum erfassen können. Die Beschäftigten erhalten Rückmeldung dazu, welche Stressoren und Ressourcen bedeutsamen Einfluss auf die eigene Beanspruchung nehmen und somit wichtige Stellschrauben in Bezug auf ihr Wohlbefinden sind. Ihnen werden Handlungsoptionen aufgezeigt, wie sie einerseits ihr Verhalten verändern und andererseits Veränderungsprozesse im Unternehmen anstoßen können. Ziel ist es, Beschäftigte im

---

[1] Projektpartner sind das Landesinstitut für Arbeitsgestaltung NRW als Projektkoordinator, die Deutsche Angestellten-Akademie Westfalen, die CGM HSM sowie die Praxispartner Manpower GmbH & Co. KG Personaldienstleistungen sowie der Caritasverband Hannover e.V.

Umgang mit Stressoren und Ressourcen zu unterstützen, sie in Bezug auf die Arbeitsbedingungen sprachfähig zu machen und ihre Gestaltungskompetenz zu fördern.

Den Unternehmen werden Leitlinien und Handlungshilfen zum Einsatz von BalanceGuard zur Verfügung gestellt, welche die Verzahnung mit BGM, betrieblichem Arbeitsschutz und Personal- und Organisationsentwicklung verdeutlicht. Auf Wunsch erhalten sie zudem Auswertungen der aggregierten Daten auf Abteilungs- oder Unternehmensebene. Somit können Handlungsbedarfe identifiziert und eine gezielte Organisationsentwicklung gefördert werden. Ob die Nutzung von BalanceGuard erfolgreich ist, hängt bedeutend davon ab, inwiefern sie in die Strukturen des betrieblichen Arbeits- und Gesundheitsschutzes eingebettet ist.

3. Erste Ergebnisse aus der Erprobung

Die bisherigen Daten der laufenden Erprobung (N=51) legen nahe, dass eine gemeinsame Betrachtung von Einflussfaktoren aus dem Arbeits- und Privatleben sinnvoll ist. So zeigen sich in den Daten substantielle Zusammenhänge verschiedener arbeitsbezogener und privater Faktoren mit der Beanspruchungsbilanz[2]. Während z. B. gute Führung, Rollenklarheit und Handlungsspielraum positiv mit der Beanspruchungsbilanz im Zusammenhang stehen, korrelieren lange Arbeitszeiten und eine erweiterte Erreichbarkeit negativ mit der Beanspruchungsbilanz. Die Daten zeigen außerdem, dass Zeitdruck im Privatleben ein bedeutsamer Stressor ist. Er geht nicht nur mit einer negativen Beanspruchungsbilanz einher, sondern auch mit höherem Zeitdruck bei der Arbeit. Letzteres macht deutlich, dass Stressoren aus den beiden Lebensbereichen nicht unabhängig sind, sondern miteinander in Wechselwirkung stehen. Um einen Menschen ganzheitlich beraten zu können, ist es daher unabdinglich, das Arbeits- *und* Privatleben über einen längeren Zeitraum in den Blick zu nehmen.

4. Begleitende Beratungs- und Bildungsangebote

Das technische System von BalanceGuard bietet eine Reihe von individuellen Auswertungsmöglichkeiten und Hintergrundinformationen. Um die Unternehmen und Beschäftigten umfassend und fundiert zu unterstützen, ist die Software zusätzlich eingebettet in begleitende Beratungs- und Bildungsangebote:

---

[2] Die Beanspruchungsbilanz gibt an, ob die positive oder die negative Bean-spruchung bei einer Person überwiegt. Eine positive Beanspruchungsbilanz liegt vor, wenn die positive Beanspruchung stärker ausgeprägt ist als die negative. Das Konzept der Beanspruchungsbilanz geht auf Arbeiten von Herrn Prof. Dr. Wieland und Kollegen zurück. Sie wird in BalanceGuard mit dem Wuppertaler Screening Instrument Psychische Beanspruchung (WSIB) erfasst (Wieland & Hammes, 2014).

Coaching durch ein Employee Assistance Program: Eine externe Mitarbeiterberatung, die eine Telefonhotline mit persönlicher Beratung zu privaten, beruflichen und gesundheitlichen Fragestellungen und Belastungen kombiniert, bietet erste Klärung und Orientierung und vermittelt bei weitergehendem Bedarf an Fachberatungsstellen, medizinische und psychologische Angebote in der Region weiter.

Organisationsberatung zur Verhältnisprävention: Auf der Basis der zusammengefassten Ergebnisse des Belastungsmonitorings können Problemschwerpunkte im Unternehmen abgeleitet werden. Arbeits- und Organisationsberater/innen erarbeiten mit dem Betrieb Handlungsoptionen (in den Bereichen Organisation, Führung, Arbeitsplatzgestaltung, Teamarbeit usw.) und unterstützen die betrieblichen Akteure bei der Umsetzung.

Training betrieblicher Multiplikatoren: Vor allem in größeren Unternehmen gibt es vielfach bereits BGM-Beauftragte als betriebliche Anlaufstellen für die Beschäftigten. Diese werden durch einen Onlinekurs darauf vorbereitet, selbst Coaching auf Basis des BalanceGuard anzubieten. Eine Grundausbildung zur Fachkraft für betriebliches Gesundheitsmanagement wird ebenfalls angeboten.

Die Kombination des technischen Systems von BalanceGuard mit dem begleitenden Unterstützungssystem sichert die notwendige Beratungsqualität und -tiefe.

5. Individuelle und betriebliche Prävention mit BalanceGuard

BalanceGuard verbindet den individuellen (verhaltenspräventiven) Ansatz eines technisch unterstützten „Stresscoachings" mit dem verhältnisorientierten Ansatz gesundheitsorientierter Arbeitsgestaltung.

Während die Beschäftigten eines Unternehmens BalanceGuard als Selbstreflexionsinstrument nutzen und mit einem externen oder betriebsinternen Coach individuelle Handlungspläne entwerfen können, setzen Unternehmen BalanceGuard als Längsschnitt-Mitarbeiterbefragung ein. Hierzu werden die anonymisierten Daten aller Teilnehmer/innen von BalanceGuard aus einem Unternehmen zusammengeführt und ausgewertet. Es wird bei jedem Auswertungsschritt darauf geachtet, dass eine Rückführung der Ergebnisse auf einzelne Personen ausgeschlossen ist. Die Auswertungen ermöglichen die Beantwortung z. B. folgender Fragen für das BGM: Welches sind die bedeutendsten Stressoren im Unternehmen? Zu welchen physischen und psychischen Problemen führen sie? Welches sind die Risikogruppen (für welche Stressoren) im Unternehmen? Welches sind die stärksten Ressourcen? In welchen Bereichen des Unternehmens liegen schwerpunktmäßig welche Stressoren und Ressourcen vor?

Arbeits- und Organisationsberater/innen des Projekts BalanceGuard organisieren auf dieser Basis betriebliche Auswertungsprozesse, an denen neben Geschäftsführung und Betriebsrat auch Gleichstellungsbeauftragte, Schwerbehindertenvertretung, Datenschutzbeauftragte und Fachkräfte für Arbeitssicherheit vertreten sind. In diesen Auswertungskreisen werden Problemschwerpunkte identifiziert, priorisiert und in Handlungspläne überführt. Im Ergebnis entsteht ein genauer Plan, welche konkreten Maßnahmen (hinsichtlich Verhalten und Verhältnis) in den Unternehmen in welcher Reihenfolge bearbeitet und durchgeführt werden sollen.

6. Resümee

Mit BalanceGuard wird ein Tool entwickelt und erprobt, mit dem Beschäftigte ihre persönlichen Stressoren und Ressourcen erkennen können und Unterstützung im Umgang mit diesen erfahren. Eine Einbettung von BalanceGuard in die Strukturen des betrieblichen Arbeitsschutzes und Gesundheitsmanagements ist unabdingbar, um Veränderungen in den Arbeitsbedingungen anzustoßen und um die – häufig sehr herausfordernde – Vereinbarkeit von Beruf und Privatleben zu erleichtern. Erste Ergebnisse aus der Erprobung zeigen bedeutsame Zusammenhänge von arbeitsbezogenen und privaten Belastungen mit der Beanspruchung und geben Hinweise auf gegenseitige Wechselwirkungen der Belastungen aus beiden Lebensbereichen. BalanceGuard verbindet mit seinen weiterführenden Unterstützungsangeboten explizit Verhaltens- und Verhältnisprävention – auf einer gemeinsamen Datenbasis und in einem integrativen Beratungskonzept für Unternehmen und Beschäftigte.

Literatur
Gottschall, K. & Voß, G. G. (2003). Entgrenzung von Arbeit und Leben, Einleitung. In: K. Gottschall & G. G. Voß (Hrsg.), Entgrenzung von Arbeit und Leben, S. 11–33. München/Mering: Hampp.
LIA.nrw (2017). Interne Vorauswertung der Beschäftigtenbefragung 2016. Düsseldorf: Landesinstitut für Arbeitsgestaltung NRW.
Wieland, R. & Hammes, M. (2014). Wieland, R. & Hammes, M. (2014). Wuppertaler Screening Instrument Psychische Beanspruchung (WSIB) – Beanspruchungsbilanz und Kontrollerleben als Indikatoren für gesunde Arbeit. Journal Psychologie des Alltagshandelns,7, 30–50.

Anja Gerlmaier & Laura Geiger
Universität Duisburg-Essen, Institut Arbeit und Qualifikation

Psycho-soziale Gesundheit stärken durch organisationale Gestaltungskompetenz: das integrative Qualifizierungskonzept „SePIAR"

1. Problemstellung

Zur Erhaltung der physischen und psychischen Gesundheit von Beschäftigten sieht der Gesetzgeber die Durchführung von Gefährdungsbeurteilungen für physikalische als auch psycho-soziale Belastungen durch den Arbeitgeber vor. Viele Unternehmen haben nach dem Prozess der Gefährdungsbeurteilung Probleme, nachhaltige Strategien zur Minderung psychischer Belastungen in kritischen Arbeitsbereichen zu entwickeln. Im Rahmen des vom BMBF geförderten Vorhabens InGeMo[1] wird das Ziel verfolgt, die arbeitsbezogene Gestaltungskompetenz zur Reduzierung psychischer Belastung und zum Aufbau psycho-sozialer Ressourcen auf allen Ebenen einer Organisation zu steigern. In diesem Zusammenhang wurde das integrative Qualifizierungskonzept SePIAR für Teams und ihre Führungskräfte entwickelt.

2. Konzeptioneller Ansatz

Mit dem Konzept wird das Ziel verfolgt, auf Basis von Ergebnissen einer Gefährdungsbeurteilung bzw. Ressourcenanalyse die teambezogene Gestaltungskompetenz bzw. die Arbeitsbedingungen in einem Team zu optimieren. Das Qualifizierungskonzept hebt sich von klassischen Instrumenten der betrieblichen Gesundheitsförderung wie Gesundheitszirkeln insofern ab, als dass es über eine Reflektion von Belastungen und der Sammlung von Gestaltungsideen in Teams hinausgeht.

Mit SePIAR wurde ein Qualifizierungskonzept entwickelt, dass parallel verlaufende Mitarbeiter- und Führungskräfte-Workshops für ein Team/einen Arbeitsbereich mit mehreren themenbezogenen Modulen vorsieht. Aufbauend auf dem Konzept des Job crafting-Ansatzes (Demerouti & Bakker, 2014) werden die Teilnehmenden der Mitarbeiter- und Führungskräfte-Workshops nach einer Stress-Sensibilisierung motiviert, themenbezogen Gestaltungsideen zu entwickeln und Gestaltungsaktivitäten in ihrem Handlungs- und Entscheidungsbereich vorzunehmen. Die Teilnehmenden wählen nach der Sensibilisierungsphase verschiedene Themen zur Stressprävention aus, die sie nachfolgend bearbeiten wollen. Folgende Module können von den Teams ausgewählt werden: Arbeitsbelastungen vermindern,

---

[1] Das Verbundprojekt InGeMo wird gefördert vom Bundesministerium für Bildung und Forschung (BMBF), Förderkennzeichen 02L14A020.

soziales Miteinander im Team, Erholung innerhalb und außerhalb der Arbeit, persönliche Weiterentwicklung. Die Führungskräfte können Module zum Thema Konfliktmanagement, gesundheitsgerechte Arbeitsgestaltung, Erholung innerhalb und außerhalb der Arbeit sowie Mitarbeitergespräche/Wertschätzung wählen und eine Priorisierung der Themen vornehmen. Jedes der Module wird entsprechend den Elementen der organisationalen Gestaltungskompetenz (Gerlmaier, 2017) in fünf Stufen durchlaufen:

1. Sensibilisierung: Förderung der Risikowahrnehmung (zum Beispiel gesundheitliche Folgen von sozialen Konflikten)
2. Priorisierung: Zuspitzung des Themas auf Teambelange und Vermittlung von Gestaltungswissen (zum Beispiel deeskalierende Kommunikation an konkreten Teambeispielen)
3. Initiierung: gemeinsam mit den Teammitgliedern/Führungskräften wird nach konkreten Gestaltungslösungen für das Team gesucht (Anregen der Gestaltungsmotivation)
4. Aktivierung: das Team/die Führungskräfte legen fest, was sie bis zum nächsten Mal zur Gestaltung bzw. Umsetzung unternehmen wollen.
5. Reflexion: nach Abschluss der Module gibt es eine gemeinsame Sitzung mit dem Team, den Führungskräften und gegebenenfalls Arbeitsschutzakteuren, dort werden alle gesammelten Gestaltungslösungen zusammengefasst und Umsetzungsverantwortliche und Termine festgelegt. Im Abstand von 3-6 Monaten erfolgt eine Reflexionsphase, in der alle Beteiligten sich noch einmal zusammensetzen und den Status der Umsetzung und Umsetzungswirkungen diskutieren.

3. Erste Ergebnisse

Nachfolgend sind erste Ergebnisse der Durchführung von SePIAR-Workshops mit Führungskräften und Mitarbeitenden eines Teams aus dem Bereich Produktionswirtschaft dargestellt (Tabelle 1). Im Rahmen der einzelnen Module wurden Belastungen und Ressourcen sowie die damit zusammenhängenden Problemlagen in den Teams diskutiert und gemeinsam nach Ansatzpunkten zur Problemlösung auf der Verhaltens- sowie der Verhältnisebene gesucht.

Ursächlich für soziale Spannungen waren hier bspw. unklare Weisungsbefugnisse innerhalb des Teams. Im Rahmen von Rollenspielen wurde daher mit Mitarbeitenden und Führungskräften ein deeskalierender Kommunikationsstil geübt (Verhaltensprävention). Zudem wurde ein Workshop zur Rollenklärung durchgeführt (Verhältnisprävention).

Tab. 1: Gestaltungsmaßnahmen aus den SePIAR-Mitarbeiter- und Führungskräfteworkshops, Bereich Produktionswirtschaft

Modul	Ursachen	Ansatzpunkte Verhaltensprävention	Ansatzpunkte Verhaltensprävention
Soziale Spannungen und Konflikte	Unklare Weisungsbefugnisse führen zu Spannungen im Team	Übung zu deeskalierender Kommunikation mit FK und MA	Aufgaben- und Rollenklärung für das Team (Workshop mit FK)
	FK: Unzureichende Belastungskommunikation		Einführung regelmäßiger Team-Meetings auf Führungsebene. Nutzung eines Befindens-Barometers zur Belastungskommunikation.
	FK: Unsicherheit bei Rückkehrgesprächen mit schwierigen Mitarbeitenden	Fallerörterung und Entwicklung eines Vorgehensmodells für Führungskräfte	
Erholungsmöglichkeiten/ Erh.-Kompetenz	unklare Kurzpausen-Regelungen	Förderung der Kurzpausen-Kultur im Team	Offizielle Erlaubnis der Bereichsleitung
	Geringe Entspannungsmöglichkeiten innerhalb der Arbeit	Durchführung von Entspannungsübungen angeleitet durch Kollegen	Neuschaffung eines Pausenraums. Zwischenzeitlich Nutzung des Besprechungsraums.
Arbeitsbelastungen	Viele Arbeitsunterbrechungen durch Telefonate, Kollegenansprachen, Ansprachen durch Führungskräfte oder E-Mails	Aufsuchen eines ruhigen Arbeitsplatzes bei konzentrationsintensiven Tätigkeiten	Bereitstellung eines Ruhe-Arbeitsraums. Möglichkeit von Block-Arbeitszeiten vor und nach den Kernarbeitszeiten.

Weiter auf der folgenden Seite

Arbeitsbelastungen	Planung zukünftiger Weiterqualifizierung der Mitarbeiter nicht systematisiert	Übung zu deeskalierender Kommunikation mit FK und MA	Einführung jährlicher Mitarbeitergespräche mit Festlegung individueller Qualifizierungsmaßnahmen
	Regulationsbehinderung durch IT-Probleme	Probleme dokumentieren und an Teamleitung weitergeben	Regelmäßige Aktualisierung der Dokumentation von IT-Problemen in Team-Meetings und Weiterleitung an die IT
	Unangenehme Raumsituation (Lärm, fehlende Rückzugsmöglichkeiten)	Beteiligung der MA an Büroraumgestaltung	Bereitstellung von Büromöbeln, Trennwänden.
	Emotionale Belastung der MA im Kundenkontakt wegen fehlender Transparenz der Aufgabengebiete		Einführung von Arbeitstandems bzw. Jobrotation in Subteams

4. Diskussion

Erste Erfahrungen mit der Durchführung des Qualifizierungskonzeptes zeigen, dass insbesondere eine Kombination aus verhaltens- und verhältnisorientierten Gestaltungsmaßnahmen einen erfolgversprechenden Ansatz zur Stressprävention darstellen kann. Eine abschließende Evaluation steht noch aus.

Literatur

Demerouti, E. & Bakker, A. B. (2014). Job Crafting. In: Maria C. W. Peeters, Jan de Jonge & Toon W. Taris (Hrsg.), *An Introduction to Contemporary Work Psychology*. Chichester [u.a.]: Wiley Blackwell.

Gerlmaier, A. (2017). Organisationale Gestaltungskompetenz im Betrieb: ein (unterschätzter) Mediator des Zusammenhangs von psychischer Belastung und Beanspruchung. Zeitschrift für Arbeitswissenschaft. Online: https://doi.org/10.1007/s41449-017-0089-0

Anja Gerlmaier
Universität Duisburg-Essen/Institut Arbeit und Qualifikation

Gestaltungskompetenz und arbeitsbezogene Gestaltungspotenziale: Wie beeinflussen sie den Belastungs-/Beanspruchungszusammenhang?

1. Problemstellung

Seit einigen Jahren kann in den westlichen Industrienationen ein starker Anstieg psychischer Erkrankungen beobachtet werden, für den psychische Fehlbelastungen wie Arbeitsintensität und Personalverknappung mitverantwortlich gemacht werden (Rothe et al., 2017). Als Erklärungsansatz für die geringe Verbreitung nachhaltiger ressourcenorientierter Präventionskonzepte kannangesehen werden, dass in vielen Unternehmen heute kaum Kompetenz zur Gestaltung von Arbeit verankert ist, um den neuen präventiven Herausforderungen digitaler Arbeitbegegnen zu können.

Im Rahmen des BMBF-geförderten Projektes „InGeMo" (Initiative betriebliche Gestaltungskompetenz stärken – ein neues Präventionsmodell für Unternehmen und Beschäftigte) wurde daher das Ziel verfolgt durch die Stärkung der Gestaltungskompetenz auf den unterschiedlichen Ebenen einer Organisation die psycho-soziale Gesundheit zu fördern.

2. Konzeptioneller Rahmen

Ausgangspunkt des Forschungsvorhabens InGeMo war es, dass es für eine nachhaltige betriebliche Gesundheitsförderung sowohl einer Erweiterung von arbeitsbezogenen Gestaltungsoptionen als auch einer Erhöhung von Handlungskompetenz bedarf, um bestehende Gestaltungspotenziale zur Gesunderhaltung zu nutzen.

In diesem Zusammenhang wurde das Konzept der organisationalen Gestaltungskompetenz entwickelt. Organisationale Gestaltungskompetenz soll dabei als die organisationale Fähigkeit verstanden werden, Arbeitssysteme so zu gestalten, dass sie psycho-soziale Gesundheitsressourcen stärken und psycho-physiologische Risiken vermindern (Gerlmaier, 2017). Gestaltungskompetenz umfasst in diesem Sinne sowohl Aspekte wie Gefahren- und Gestaltungswissen, Gestaltungsmotivation und arbeitsbezogene Handlungskompetenz. Auf Basis einer empirischen Untersuchung an verschiedenen Beschäftigtengruppen in der Metall- und Elektroindustrie wurden folgende Forschungsannahmen überprüft:

- Beschäftigte mit einer hohen arbeitsbezogenen Handlungskompetenznehmen mehr soziale, organisationale und kapazitätsbezogene Ressourcen wahr und erleben weniger Arbeitsintensität.

- Die arbeitsbezogene Handlungskompetenz von Führungskräften und Arbeitsschutzakteuren in einem Arbeitsbereich hat einen Einfluss auf die wahrgenommenen Arbeitsressourcen der dort Beschäftigten.
- Beschäftigte mit hoch ausgeprägter arbeitsbezogener Handlungskompetenz und hoch ausgeprägten Arbeitsressourcen weisen eine bessere psycho-soziale Gesundheit auf.

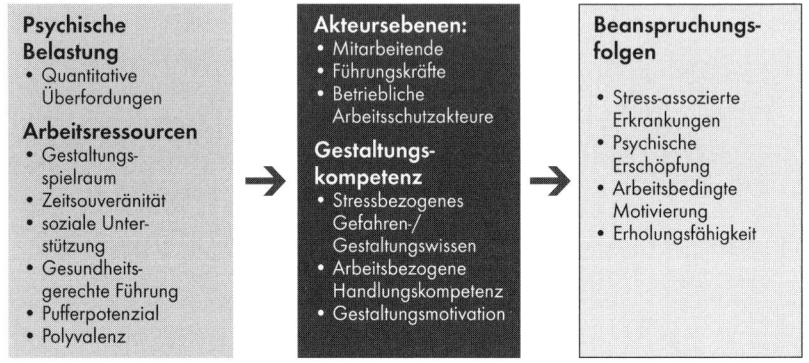

Abb. 1: Zusammenhang von arbeitsbedingten Belastungen, Ressourcen, Gestaltungskompetenz und Beanspruchung

3. Stichprobe und Untersuchungsdesign

Es wurde eine empirische Erhebung in 5 Unternehmen aus der Elektro- und Metallindustrie mit zwischen 200 und 14000 Beschäftigten am Standort durchgeführt. Zur Messung der Gestaltungskompetenz sowie verschiedener Formen von arbeitsbezogenen Ressourcen wie Gestaltungsspielraum, Zeitsouveränität oder sozialer Unterstützung wurde ein schriftliches Befragungsinstrument entwickelt, das in den jeweiligen Pilotbereichen der Kooperationsunternehmen von den Mitarbeitenden, Führungskräften und Arbeitsschutzakteuren ausgefüllt wurde. Das Instrument wies gute bis ausreichende interne Konsistenz auf (0.61 bis 0.89).

An der Befragung nahmen 622 Teilnehmer*innen aus 14 Pilotbereichen teil. Hierbei handelte es sich um 173 Beschäftigte im Bereich Wissensarbeit (Controlling, Projektmanagement Produktionswirtschaft), 203 Facharbeiter (Instandhaltung, Werkzeugbau), 110 angelernte Beschäftigte (überwiegend Maschinenbedienung) sowie 82 Führungskräfte und 54 Arbeitsschutzakteure (Betriebsräte, Sicherheitsfachkräfte, Arbeitsmediziner, HR-Management). Da sich die Akteursgruppen im Hinblick auf das Alter und das Bildungsniveau unterschieden, wurden diese in den nachfolgenden varianzanalytischen Untersuchungen als Störvariablen kontrolliert.

4. Ergebnisse

4.1 Individuelle arbeitsbezogene Handlungskompetenz und arbeitsbezogene Ressourcen

Zur Überprüfung der Frage, inwiefern die individuelle arbeitsbezogene Handlungskompetenz einen Einfluss auf die erlebten Gestaltungspotenziale in der Arbeit hat, wurden varianzanalytische Untersuchungen durchgeführt. Personen mit gering und hoch ausgeprägter arbeitsbezogener Handlungskompetenz unterschieden sich bedeutsam im Hinblick auf die soziale Unterstützung von Vorgesetzten ($p = .0$) und Kollegen ($p = .0$), dem Erleben von Zeitsouveränität ($p = .0$) und Gestaltungsspielraum ($p = .0$), den Qualifizierungsmöglichkeiten ($p = .0$) sowie der kapazitätsbezogenen Ressourcen ($p = .0$). Personen mit hoch ausgeprägter arbeitsbezogener Handlungskompetenz weisen auch eine signifikant geringere erlebte Arbeitsintensität auf ($p = .0$).

4.2 Organisationale Gestaltungskompetenz und individuelles Ressourcen-Erleben

In einem weiteren Schritt wurde untersucht, inwiefern die arbeitsbezogene Handlungskompetenz von Führungskräften und Arbeitsschutzakteuren einen Einfluss auf die erlebten Gestaltungspotenziale von Beschäftigten haben. Hierbei wurden zunächst in einem Median-Split Führungskräfte und Arbeitsschutzakteure im Hinblick auf ihre arbeitsbezogene Handlungskompetenz unterteilt und diese Werte den jeweiligen Arbeitsbereichen zugeordnet. Es zeigte sich, dass die Arbeitsressourcen der Mitarbeitenden signifikant höher erlebt wurden, wenn die arbeitsbezogene Handlungskompetenz ihrer jeweiligen Führungskräfte und Arbeitsschutzakteure hoch war (soziale Unterstützung von Vorgesetzten ($p = .001$) und Kollegen ($p = .01$), Zeitsouveränität ($p = .0$), Gestaltungsspielraum ($p = .0$), Qualifizierungsmöglichkeiten ($p = .0$), kapazitätsbezogene Ressourcen ($p = .002$)).

In einem letzten Schritt wurde überprüft, inwiefern die erlebten Gestaltungspotenziale und die Handlungskompetenz einen gemeinsamen Effekt auf die psychosoziale Gesundheit von Beschäftigten haben. 2x2-Faktorenanalysen mit den unabhängigen Variablen „arbeitsbezogene Handlungskompetenz" und den erhobenen arbeitsbezogenen Ressourcen wurden dabei in Beziehung gesetzt zur abhängigen Variable „psycho-soziale Gesundheit" Alters. Hier zeigte sich, dass Personen mit einer hohen Handlungskompetenz und hohen erlebten Ressourcen signifikant bessere Gesundheitswerte aufwiesen als Personen mit einer geringen Handlungskompetenz und geringen wahrgenommenen Gestaltungspotenzialen.

5. Diskussion

Ausgangspunkt der Untersuchung war die Annahme, dass es zur Verbesserung der psychischen Gesundheit in Unternehmen wichtig ist, die Arbeitsgestaltungskompetenz der betrieblichen Akteure zu erhöhen.die Ergebnisse deuten darauf hin, dass Beschäftigte mit einer hohen arbeitsbezogenen Handlungskompetenz mehr Gestaltungsoptionen und eine niedrigere Arbeitsintensitätwahrnehmen als solche mit einer niedrigen Handlungskompetenz. Es zeigte sich auch, dass eine hohe Handlungskompetenz von Führungskräften und Arbeitsschutzakteuren sich günstig auf die Wahrnehmung von Gestaltungspotenzialen ihrer Beschäftigten auswirkte. Daneben verweisen die Ergebnisse darauf, dass Beschäftigte mit hoch ausgeprägten Gestaltungsressourcen und einer hoch ausgeprägten arbeitsbezogenen Handlungskompetenz bessere Gesundheitswerte haben. Einschränkend muss hier erwähnt werden, dass Kausalzusammenhänge nur in Längsschnittuntersuchungen überprüft werden können und die zweite Welle der Untersuchung zum Zeitpunkt der Texterstellungnoch nicht erfolgt ist. Insgesamt deuten die Ergebnisse jedochdarauf hin, dass sich durch kombinierte Verhaltens-und verhältnispräventive Ansätze des Gesundheitsmanagements nachhaltige Effekte auf die psycho-soziale Gesundheit erzielen lassen. Entsprechende Qualifizierungs-Workshops mit Mitarbeitenden und ihren Führungskräften in den untersuchten Pilotbereichen werden gegenwärtig durchgeführt und evaluiert.

Literatur
Rothe, I. et al.(2017). Psychische Gesundheit in der Arbeitswelt – Wissenschaftliche Standortbestimmung. BAuA Bericht. Dortmund/Berlin/Dresden
Gerlmaier, A. (2017). Organisationale Gestaltungskompetenz im Betrieb: ein (unterschätzter) Mediator des Zusammenhangs von psychischer Belastung und Beanspruchung.Zeitschrift für Arbeitswissenschaft. Online:https://doi.org/10.1007/s41449-017-0089-0

Hinweis: Das Verbundprojekt „Initiative betriebliche Gestaltungskompetenz stärken – ein neues Präventionsmodell für Unternehmen und Beschäftigte" (InGeMo) wird gefördert vom Bundesministerium für Bildung und Forschung (BMBF), Förderkennzeichen 02L14A020, Laufzeit von April 2016 bis April 2019.

Dirk Marrenbach, Martin Braun & Oliver Scholtz
Fraunhofer Institut für Arbeitswirtschaft und Organisation IAO

Multiperspektivische Prävention in der Intralogistik

1. Motivation

Die Logistik beschäftigt sich mit der Planung, Realisierung, Nutzung, Instandhaltung und Optimierung von Systemen zum Transport, zur Lagerung, zur Kommissionierung, zur Sortierung und zur Verpackung von Gütern. Sie befasst sich ferner mit der temporären Vernetzung von Unternehmen zum Aufbau von Produktlebenszyklen. Logistiksysteme stellen die Verfügbarkeit der richtigen Güter in der richtigen Menge, zur richtigen Zeit, am richtigen Ort, in der richtigen Qualität zu minimalen Kosten sicher. Die Logistik agiert als Dienstleister in einem Umfeld, das durch wachsende Volatilität, Unplanbarkeit, Komplexität und Ambiguität (VUCA) gekennzeichnet ist. Derartige Arbeitsverhältnisse führen häufig zu körperlichen und mentalen Fehlbeanspruchungen der Mitarbeiter, sofern individuelle Regenerations- und Entwicklungs-möglichkeiten fehlen. Hieraus resultiert ein unangemessener Verschleiß von psycho-physischen und sozialen Ressourcen. Bislang kaschierte ein Personaltausch die prekäre Situation der Logistik. Der sozio-demografische Wandel in Kombination mit einer erschwerten Mitarbeiterrekrutierung zwingt Logistikdienstleister zunehmend, ihre Arbeitssysteme präventiv zu gestalten, um leistungsfähige Beschäftigte zu halten bzw. neu zu gewinnen. Dem Menschen kommt dabei eine tragende Rolle in der Intralogistik zu, solange eine flexible Automatisierung nicht wirtschaftlich realisierbar ist (Spath et al., 2010).

Derzeit existiert kein ganzheitlicher Ansatz, der die kurz- und langfristigen Bedürfnisse von Unternehmen, Kunden, Lieferanten und Mitarbeitern systematisch in Einklang bringt. Hier setzt PREVILOG an. Im Mittelpunkt des präventiven Gestaltungsansatzes von PREVILOG steht eine multiperspektivische Betrachtung von Arbeitssystemen der Intralogistik. Der etablierten, unternehmens- und marktorientierten Perspektive werden informationstechnische, organisatorische und mitarbeiterorientierte Perspektiven gegenübergestellt, um die Zusammenhänge zwischen Input, Income, Output, Outcome und Leistung eines Logistiksystems zu beschreiben. Auf Grundlage eines multiperspektivischen Modellierungsansatzes werden in dem vom bmbf geförderten und vom Projektträger Karlsruhe betreuten Forschungsvorhaben PREVILOG *(Kennzeichen 01FA15104)* ein Vorgehensmodell für zyklische Adaption und Lernen in Logistiksystemen sowie entsprechende Analyse- und Gestaltungswerkzeuge entwickelt und erprobt. Der Beitrag stellt den multiperspektivischen Gestaltungsansatz am Beispiel eines intralogischen Arbeitssystems vor.

2. Multiperspektivität der Arbeitswissenschaft

Die Arbeitswissenschaft befasst sich als interdisziplinäre anwendungsbezogene Wissenschaft mit der systematischen Entwicklung und Erprobung von Vorgehensweisen, Modellen und Methoden zur ganzheitlichen Analyse, Entwicklung, Realisierung, Nutzung und Bewertung von Arbeitssystemen. Sie rückt den arbeitenden Menschen als zentralen Forschungsgegenstand in den Mittelpunkt der Betrachtung und nimmt dabei unterschiedliche Perspektiven ein. Die Teildomänen der Arbeitswissenschaft, wie bspw. Betriebs- und Volkswirtschaftslehre, Ingenieurwesen, Informatik, Soziologie, Pädagogik oder Psychologie, definieren die fachlichen Perspektiven der Arbeitswissenschaft. Die Arbeitswissenschaft führt die Perspektiven, Vorgehensweisen, Modelle und Methoden der Teildisziplinen zu einem ganzheitlichen Analyse-, Gestaltungs-, Ordnungs- und Bewertungssystem zusammen. Die allgemeine Systemtheorie und das Systemdenken bildet in diesem Kontext die Grundlage zur Schaffung eines einheitlichen Verständnisses von Arbeit, Arbeitssystemen und Arbeitswelten. Folglich verfügt die Arbeitswissenschaft über eine systemtheoretisch fundierte Multiperspektivität.

Die permanente Herausforderung der Arbeitswissenschaft besteht darin, ihre Erkenntnisse in eine für die Praxis taugliche Sprache zu transformieren und diese dauerhaft in die betriebliche Praxis einfließen zu lassen. In der Unternehmenspraxis werden die skizzierten arbeitswissenschaftlichen Perspektiven zumeist auf einen betriebswirtschaftlichen Fokus reduziert, der sich mit Produktivität, Effizienz und Wettbewerbsfähigkeit befasst. Diese einseitige Sichtweise auf Intralogistiksysteme führt zwar zu kurzfristigen betriebswirtschaftlichen Optima, vernachlässigt aber gleichzeitig die langfristigen Belange von Mitarbeitern, Betrieb und Umwelt. Dementsprechend befinden sich Unternehmen in einem permanenten Unruhezustand, um sich den ständig wechselnden Kundenanforderungen schnellstmöglich anzupassen.

3. Multiperspektivischer Gestaltungsansatz

Eine effiziente Nutzung von Logistiksystemen ist nur durch eine ganzheitliche Planung unter Berücksichtigung des Zusammenspiels von Mensch, Technik, Organisation und Information möglich (Scholz-Reiter, 2008). Tradierte, monoperspektivische Betrachtungen sind nicht länger tragbar, um ein Logistiksystem nachhaltig zu etablieren. Sozio-technische Systeme beschreiben die Wechselwirkungen zwischen Mensch, Technik und Organisation sowie deren zielgerichtetes Zusammenspiel in der Wertschöpfung (Sydow, 1985). Vernetzte Informationssysteme ermöglichen ein

Echtzeitabbild der logistischen Aktivitäten und darauf aufbauend eine vorausschauende und kontextsensitive Planung bzw. Koordination von zielgerichteten Einzelaktivitäten. In diesem Kontext wird ein sozio-technisches System als eine Wertschöpfungseinheit definiert, die aus interagierenden Teilsystemen besteht (Braun et al., 2017).

Die Anforderung an das sozio-technische Systems, sich permanent den Umweltbedingungen anzupassen, erfordert einen präventiven Gestaltungsansatz. Hierbei werden verhaltens- und verhältnisbezogene Strategien unterschieden. Zielsetzung der präventiven Gestaltung ist es, die kurz- und langfristige Überlebensfähigkeit von Logistiksystemen zu sichern. Unter dieser Prämisse sorgt eine präventive Gestaltung nicht nur für eine marktgerechte Wettbewerbsfähigkeit, sondern auch für attraktive, lern- und gesundheitsförderliche Arbeitsbedingungen.

4. Anwendung auf ein Distributionszentrum

Die multiperspektivische Betrachtung wird am Beispiel eines Wareneingangs in einem Distributionszentrum für Befestigungsgüter vorgestellt. Ausgangspunkt sind die Material- und Informationsflüsse des Wertschöpfungssystems, in die das Distributionszentrum eingebettet ist. Auf diese Weise entsteht ein Abbild der Wertschöpfungsprozesse. Das Prozessabbild wird der Planungs- und Optimierungsaufgabe entsprechend sukzessive detailliert und auf einzelne Arbeitsschritte und -plätze angewandt.

Im Distributionszentrum werden Befestigungssysteme (z. B. Schrauben) gelagert, kommissioniert, sortiert und verpackt. Der Wareneingang bildet die Schnittstelle zwischen der Anlieferung und dem innerbetrieblichen Lagersystem. Hierzu werden Paletten mit Hilfe von Gabelstaplern entladen und zur Vereinnahmung bereitgestellt. Ein Mitarbeiter löst das Gebinde aus Palette und Gütern artikelweise auf und bildet sortenrein gepackte Lagereinheiten.

Der Mitarbeiter prüft die beigefügten Lieferpapiere mit den im Informationssystem (ERP) hinterlegten Bestellungen. Die Sendung wird auf Vollständigkeit und Beschädigungsfreiheit überprüft. Abweichungen werden auf den Lieferpapieren vermerkt. Nach dem Abgleich mit den Bestellungen erfolgt die Vereinnahmung in das Lager bzw. in das ERP-System. Zu diesem Zweck wird die Palette artikelweise aufgelöst sowie die Artikel identifiziert bzw. hinsichtlich Menge, Qualität und Unversehrtheit geprüft. Dazu interagiert der Mitarbeiter mit dem ERP-System, um Prüfvorgaben zu erhalten. Er erfasst die identifizierten Artikel und bucht sie in das ERP System ein. Zusätzlich wird der Artikel mit Identifikationsmitteln (d. h. Barcodeetikett) ausgerüstet. Abweichungen zwischen Bestellung und Sendung lösen zusätzliche Nachbestellprozesse aus. Abschließend stellt der Mitarbeiter die Artikel sortenrein in Lagereinheiten gebündelt zum Abtransport bereit und bestellt im „Warehouse Management System" ein Fördermittel zur Einlagerung.

Die prozessorientierte Darstellung beschreibt die Interaktion zwischen dem technischen und dem menschlichen Teilsystem des soziotechnischen Systems „Wareneingangsarbeitsplatz". Interaktionen werden durch Organisationsvorgaben gesteuert, die im ERP-System hinterlegt sind. Die Darstellung spiegelt die etablierte Betrachtung während einer technologieorientierten Logistiksystemplanung wider. Hierbei bleibt das Zusammenspiel zwischen den Teilsystemen „Mensch" und „Organisation" unberücksichtigt. Das Teilsystem „Mensch" taucht im technologischen Teilsystem analog zu den eingesetzten Maschinen als prozessausführende Ressource auf.

In einer multiperspektivischen und präventiven Betrachtung werden die beiden Teilsysteme „Mensch" und „Organisation" separat abgebildet, um ihre Interaktionen und Interdependenzen erfassen zu können. Das Teilsystem „Mensch" wird mittels seiner subjektiven Beanspruchung und einer objektiven Belastung systematisch beschrieben. Der „Belastungsmonitor" stellt die kennzahlenorientierte Systemlast (d. h. Input, Income, Output, Outcome) einer Wertschöpfungseinheit (d. h. Arbeitsplatz oder Mitarbeiter) dar. Über eine Zeitreihendarstellung werden Belastungsspitzen und Pausen ermittelt. Der „Beanspruchungsmonitor" erfasst die subjektive, psychische und physische Beanspruchung des Mitarbeiters. Durch die Kombination von mitarbeiterbezogener Belastung und Beanspruchung entsteht ein multiperspektivisches Analyse- und Bewertungsinstrument. Das Teilsystem ‚Organisation' wird mit Hilfe des „Viable System Model" (Beer, 1995) abgebildet; dieses ermöglicht eine Analyse der entscheidungsrelevanten Informationsbeziehungen zwischen einzelnen Mitarbeiter (bzw. Arbeitsplätzen).

Aus dem Beanspruchungs- und Belastungsmonitor lassen sich zielgerichtete Gestaltungshinweise ableiten: Beispielsweise werden im Wareneingang große Massen manuell bewegt. Dies führt langfristig zu Muskel-Skelett-Erkrankungen der Mitarbeiter. Aus ergonomischer Sicht ist eine ebenerdige Bewegung der Last vorteilhaft. Dies wird durch eine Höheneinstellung von Paletten erreicht. Zum Abnehmen der Lasten von der Palette kann zusätzlich eine Hebehilfe eingesetzt werden. Die Optimierung der Lastenbewegung führt zur Verbesserung der Beanspruchung sowie der Outcome-Kennzahlen des Belastungsmonitors. Ggf. kann der Mitarbeiter an andere Arbeitsplätze (z. B. in Verpackung Sortierung oder Kommissionierung) rotieren, welche einer vergleichenden Tätigkeitsanalyse unterzogen wurden.

5. Fazit

Logistiksysteme können ihre Potenziale nur durch eine ganzheitliche Planung der Interaktionen zwischen Menschen, Technik und Organisation entfalten. Sie sind beständig den VUCA-Umweltbedingungen anzupassen. Der Mensch spielt trotz der zunehmenden Automatisierung eine wesentliche Rolle beim Erreichen der betrieblichen Kosten-, Flexibilitäts- und Qualitätsziele.

Aufgrund des sozio-demografischen Wandels und des umkämpften Arbeitsmarkts müssen die Belange der Mitarbeiter bei der Logistiksystemplanung konsequenter und vorausschauend berücksichtigt werden.

Über die Mitarbeiterorientierung werden Belastungen und Beanspruchungen in die Gestaltung, Dimensionierung und Bewertung von Ressourcen des Logistiksystems systematisch eingebunden. Der Beanspruchungs- und Belastungsmonitor ermöglicht zusammen mit dem Viable System Model, das Zusammenspiel von Mensch, Technik und Organisation systematisch zu analysieren und präventiv zu gestalten.

Literatur
Beer, S. (1995): Brain of the Firm. New York: Wiley.
Braun, M.; Marrenbach, D. & Scholtz, O. (2017): Sozio-technische Gestaltung intralogistischer Systeme. In: GfA (Hrsg.), Soziotechnische Gestaltung des digitalen Wandels – kreativ, innovativ, sinnhaft. Bericht zum 63. Kongress der Gesellschaft für Arbeitswissenschaft, Brugg-Windisch, 15.–17. Februar 2017.
Scholz-Reiter, B.; Hrsg. (2008): Selbststeuerung logistischer Prozesse – Ein Paradigmenwechsel und seine Grenzen. SFB 374 der DFG. http://www.sfb637.uni-bremen.de, zuletzt geändert am 26. August 2008.
Spath, D.; Braun, M.; Koch, S. & Böhner, J. (2010): Menschengerechte Arbeitsgestaltung in der Intralogistik. »MensoLin«-Netzwerk zum methodenorientierten Erfahrungsaustausch im betrieblichen Spannungsfeld von Flexibilität und Stabilität. Werkstattstechnik online 100, Nr. 3, S. 175–178.
Sydow, J. (1985): Der soziotechnische Ansatz der Arbeits- und Organisationsgestaltung. Frankfurt: Campus.

Michael Niehaus[1] & Susanne Bartel[2]
[1]Bundesanstalt für Arbeitsschutz und Arbeitsmedizin
[2]Bundesverband Deutscher Berufsförderungswerke

Tätigkeitswechsel als präventives Instrument zur Vermeidung gesundheitsbedingter Brüche in der Erwerbsbiografie

1. Ausgangslage

Brüche in der Erwerbsbiografie sind häufig durch gesundheitsbedingte Einschränkungen geprägt. Obwohl Erwerbsarbeit nachweißlich auch salutogene Wirkung hat, scheiden jährlich eine Vielzahl von Beschäftigten aus gesundheitlichen Gründen vorzeitig aus dem Erwerbsleben aus. Über die dramatische individuelle Bedeutungen hinaus, die die unfreiwilligen Berufsausstiege für die einzelnen Betroffenen haben, gehen der Wirtschaft erhebliche Ressourcen an potenziellen Arbeitskräften verloren, verbunden mit Belastungen der Sozialversicherungssysteme. Angesichts der demografischen Entwicklung mit abnehmenden Fachkräftepotenzialen und der Notwendigkeit, durch die Anhebung des Renteneintrittsalters länger als bisher erwerbstätig zu sein, gewinnen präventive Ansätze der Arbeitsgestaltung eine immer höhere Bedeutung. Ein mögliches Instrument dazu sind präventive Tätigkeitswechsel, also Veränderungen der Arbeitsanforderungen bevor durch die Arbeit gesundheitliche Beeinträchtigungen entstanden sind. Da die Möglichkeiten innerbetrieblicher Tätigkeitswechsel gerade bei kleinen und mittleren Unternehmen auf Grund einer häufig geringen Varianz der Tätigkeiten beschränkt sind, erhöhen überbetriebliche Tätigkeitswechsel in einem regionalen Netzwerk die Möglichkeit für die Beschäftigten, eine gute Passung von Arbeitsanforderung und persönlicher Leistungsfähigkeit zu ermöglichen, als auch aus Sicht der Unternehmen für alle Tätigkeiten leistungsfähige Beschäftigte Fachkräfte zu finden. Im Rahmen des BMBF-geförderten Verbundprojektes TErrA (Überbetriebliche Tätigkeitswechsel zum Erhalt der Arbeitsfähigkeit in regionalen Netzwerken)[1] werden im Projektverlauf (2016-2019) die Möglichkeiten und Limitationen solcher Tätigkeitswechsel konzeptionell untersucht und praktisch erprobt.

Ein wesentliches Ergebnis der Projektarbeit ist dabei, dass die Rahmenbedingungen – insbesondere sozialrechtliche – derzeit wenig bis keine Unterstützungsleistungen für Unternehmen und Beschäftigte bieten, präventive Tätigkeitswechsel vorzunehmen und gezielt dafür notwendige Qualifizierungsmaßnahmen finanziell zu unterstützen, so dass es keine Anreize für Unternehmen wie für Beschäftigte gibt, in

[1] www.taetigkeitswechsel.de

Gesundheit und damit in die langfristige Beschäftigungsfähigkeit zu investieren. Trotz Präventionsgesetz, scheint es noch immer so zu sein, dass bildlich gesprochen, „das Kind erst in den Brunnen gefallen sein muss", damit die Sozialversicherungssysteme greifen und finanzielle Ressourcen zur Verfügung stellen.

Der Vorliegende Beitrag untersucht aber weniger die mangelnden präventiven Rahmenbedingungen, als vielmehr das individuelle Beharrungsvermögen von Beschäftigten, die sehenden Auges arbeitsbedingt ihre Gesundheit verlieren bzw. verloren haben. Obwohl das Konzept von überbetrieblichen Tätigkeitswechseln arbeitswissenschaftlich überzeugend ist, zeigt sich in der Projektarbeit, dass sich innerals aber vor allem überbetriebliche Tätigkeitswechsel schwieriger umsetzen lassen als ursprünglich erwartet. Sowohl Unternehmen als auch Beschäftigte zeigen wenig Bereitschaft, die Idee von überbetrieblichen Tätigkeitswechseln umzusetzen. Hingegen wird die Grundidee seitens der Unternehmen durchaus als ein zukünftiger Baustein der Personalentwicklung aufgegriffen.

2. Methodisches Vorgehen und Datengrundlage

Die Datengrundlage bilden berufsbiografische Interviews im TErrA-Projekt und Daten einer qualitativen Studie aus der Rehabilitationswissenschaft. Beide Studien sind gerahmt durch den Forschungsstil der Grounded Theory (Glaser & Strauss 1967/2010). Die Auswertung der TErrA- Interviews erfolgte per Qualitativen Inhaltsanalyse (Mayring 2015). Ein qualitativer Ansatz ermöglicht es, subjektive Sinnzuschreibungen und Konstellationen hinsichtlich des Zusammenspiels von Motivation, Qualifikation und Gesundheit herauszuarbeiten. In berufsbiografischen Interviews wurden 2017 im Rahmen des TErrA-Projektes 6 Mitarbeiter in einem großen Entsorgungsunternehmen befragt. Bei den Interviewpartnern handelt es sich um ältere Beschäftigte (zwischen 49 und 63 Jahre), die eine lange Betriebszugehörigkeit aufwiesen. So sind die Interviewten im Durchschnitt seit ca. 30 Jahren bei ihrem Arbeitgeber beschäftigt und verfügen über eine Berufsausbildung. Sie arbeiten auf Stellen, die im Vergleich zu vorherigen Tätigkeiten weniger körperlich und/oder psychisch belastend sind. Unter der Fragestellung nach gesundheitsbedingten Ausstiegs- und Neuorientierungsprozessen wurden in der zweiten Studie sechs Frauen und vier Männer im Alter von 25 bis 57 Jahren aus unterschiedlichen Berufsfeldern interviewt. Dies erfolgte zu zwei verschiedenen Zeitpunkten im Erhebungszeitraum von 2011 bis 2014: während ihrer medizinischen bzw. beruflichen Rehabilitation (t1) und erneut ca. ein Jahr später (t2). Übergreifendes Merkmal aller Fälle waren gesundheitsbedingte berufsbiografische Einschnitte durch eine chronische muskuloskelettale Erkrankung und z. T. begleitet durch psychosomatische Beschwerden oder ausgelöst durch eine psychische Erkrankung.

3. Ergebnisse

In den berufsbiografischen Interviews wird deutlich, dass neben der Gesundheit, die persönliche Motivation und Qualifikation der Betroffenen eine zentrale Bedeutung haben, um das Beharrungsvermögen und das mangelnde Interesse an Tätigkeitswechseln verstehen, als auch bei der Initiierung und Umsetzung von Tätigkeitswechseln die Bedürfnisse und Interessen der Beschäftigten besser berücksichtigen zu können. Entlang der Dimensionen Gesundheit, Motivation und Qualifikation werden im Folgenden die zentralen Phänomene mit Blick auf die Hintergründe der beobachteten Beharrungstendenzen in Ausschnitten skizziert. Die unterschiedlichen Befragungssettings und Perspektiven der Beschäftigten werden herausgestellt.

Gesundheit

Im Laufe des Erwerbslebens fast aller Interviewten kam es bereits zu längeren krankheitsbedingten Ausfallzeiten, die bedingt waren durch z. B. Hörstürze, Bandscheibenvorfälle, Knochenbrüche, Krebserkrankungen, oder Herzerkrankungen. Die Befragten schreiben ihre gesundheitlichen Beschwerden oft belastenden Tätigkeitsanforderungen zu. Das Wissen über und die Inanspruchnahme von gesundheitsfördernden oder -erhaltenden Maßnahmen ihres Arbeitgebers sind unterschiedlich ausgeprägt – ebenso das Gesundheitsbewusstsein und -handeln. Aus den Interviews wird deutlich, dass dahinter subjektive Konzepte von Gesundheit und Krankheit und ein bestimmter Arbeitsethos wirksam sind, die stark familial geprägt sind.

Motivation

Die Motivation der Interviewpartner im TErrA-Projekt, einen Arbeitgeberwechsel zu vollziehen, ist nur schwach ausgeprägt, da es sich um einen attraktiven Arbeitgeber handelt, insbesondere was die Verdienstmöglichkeiten angeht. Eine Bedingung, die gegeben sein müsste, um einen Tätigkeitswechsel zu vollziehen, ist die Beibehaltung des jetzigen Einkommens. Ohne Ausnahme machen die Befragten deutlich, dass ein Tätigkeitswechsel für sie nur in Frage kommt, wenn sich ihr Gehalt nicht verschlechtert. Tätigkeitswechsel innerhalb und außerhalb des Arbeitgebers erfolgten insbesondere aufgrund höherer Verdienstmöglichkeiten sowie aufgrund körperlicher Probleme.

Qualifizierung

Die Befragtengruppe im TErrA-Projekt weisen eine relativ geringe Motivation auf, sich weiterzubilden und zu -qualifizieren. Die Erwerbsarbeit dient hier weniger der persönlichen Sinnerfüllung, als vielmehr dem Ziel, im Privat- und Familienleben einen gewissen sozio-ökonomischen Standard zu halten. Anders gelagert ist die Mehrheit der Berufsverläufe der Befragten in der zweiten Studie, die sowohl durch Weiterbildungen und Qualifizierungen charakterisiert sind. Angesichts ihrer bereits chronifizierten Erkrankungen und unterschiedlichen Arbeitsverhältnisse erschließen insbesondere die jüngeren Befragten durchaus für sich die Perspektive einer weiteren Qualifikation als auch eines Tätigkeitswechsels. Die älteren Beschäftigten entwickeln eher eine Strategie des Durchhaltens bis zum frühestmöglichen Renteneinstieg nach Rückkehr in das alte Beschäftigungsverhältnis.

4. Fazit

Insbesondere die Größe der Beharrungstendenzen angesichts der offensichtlichen Perspektivlosigkeit war überraschend. Auch wurde vielfach der negative Einfluss der Arbeit auf die eigene Gesundheit systematisch ausgeblendet und erst retrospektiv miteinander verknüpft. Präventives Denken und Handeln war nur begrenzt vorhanden, die Vorstellung einer Berufsbiografie, die Teil einer fachlichen Weiterbildung und persönlichen Weiterentwicklung ist, konnte kaum identifiziert werden. Insgesamt wurde deutlich, dass sich ein gesundheitsbedingter Ausstieg aus dem Berufsleben in der Regel schleichend vollzieht. Mit zunehmender Intensität der Beschwerden kulminiert die z. T. jahrelange Leidensphase häufig in einem Schlüsselerlebnis, das die Betroffenen aus der beruflichen Bahn wirft und dann deutliche private wie berufliche Veränderungen auslöst. Bezeichnend ist, dass Warnsignale über einen langen Zeitraum unterdrückt werden bis eine neue Eskalationsstufe erreicht ist, deren weiterer Verlauf offen ist, und den einzigen Ausweg aus der akuten, nicht mehr kontrollierbaren Situation darstellt. Das Erleben von Selbstwirksamkeit und die Übernahme von Eigenverantwortung für die persönliche Lebensführung und der Erwerbsbiografie waren kaum ausgeprägt. Für die Gestaltung präventiver Tätigkeitswechsel bedeutet dies, dass insbesondere die Sensibilisierung und die Perspektiventwicklung bei (potenziell) Betroffenen eine hohe Bedeutung hat. Aber auch Unternehmen kommt hier eine zentrale Verantwortung insbesondere für die Gesundheit, die Lernfähigkeit und damit für die Beschäftigungsfähigkeit ihrer Mitarbeiter zu.

Literatur
Glaser BG, Strauss AL. (1967/2010). Grounded Theory. Strategien qualitativer Forschung. Bern: Hans Huber Verlag.
Mayring, Philipp (2015). Qualitative Inhaltsanalyse. Grundlagen und Techniken. 12. Auflage. Weinheim und Basel: Beltz Verlag.

Arbeitskreis
Präventions- und Sichheits- und Gesundheitskultur: Überblick und Verfahren

Leitung: Roland Portuné

Imme Gerke
Cross Culture Individuals

Wolfgang Höfling
Narrative als Bedingung für eine nachhaltige Entwicklung der Sicherheitskultur

Roland Portuné & Günter Klesper
Aufsichtspersonen und Arbeitspsychologie Hand in Hand – ein Erfolgsfaktor

Laura Buchinger & Felix Klapprott
Die Gefährdungsbeurteilung psychischer Belastung als Fundament eines strategischen Betrieblichen Gesundheitsmanagements

Imme Gerke
KulturenWerkstatt, Bremen

Cross Culture Individuals

1. Einleitung

Wirtschaft und Politik stehen weltweit vor einer gigantischen Herausforderung. Es gilt Globalisierung, Digitalisierung, Diversität und Gesundheit am Arbeitsplatz zusammenzubringen, und dabei gleichzeitig wirtschaftlich erfolgreich zu sein (1,2). Vielen erscheint die Bewältigung dieser Aufgabe unmöglich. Sie versuchen ihr aus dem Wege zu gehen, denn ihre Erreichbarkeit ist angesichts ihrer Komplexität schwer vorstellbar.

2. Arbeit 4.0

Die Globalisierung sehen viele als eine Chance der Markterweiterung, die die Schwellen- und Entwicklungsländer aus der Armut führen und den Industriestaaten neue Absatzmärkte eröffnen soll. Firmen holen sich ihre Arbeitskräfte aus den verschiedensten Teilen der Welt. Mitarbeiter sind nicht mehr an einen Standort gebunden, sondern folgen den wirtschaftlichen Entwicklungen. Immer mehr Menschen nehmen Armut nicht mehr einfach nur hin, sondern folgen den wirtschaftlichen Entwicklungen auch im geographischen Sinn (3). Das bedeutet, dass sich Menschen aus den weltweit über 2.000 verschiedenen Kulturen vermehrt begegnen (4).

Die Digitalisierung soll Prozesse automatisieren, verfeinern und vereinfachen. Der Mensch soll mit den Maschinen kommunizieren, statt sie zu bedienen. Das bedeutet, dass die bisherigen Arbeitsstrukturen aufgebrochen werden: Jeder wird zum Chef oder Kollegen der Maschinen. Die bisherigen Strukturen bestehend aus Führungskraft und Mitarbeitern würden die Prozesse behindern, die zwischen den Maschinen unabhängig vom Menschen ablaufen sollen (1). Aus Hierarchien wird Swarm Intelligence (5).

3. Sozialisierung

Vielen Menschen fallen diese Veränderungen schwer. Auch heute noch sind die meisten Menschen monokulturell sozialisiert worden. Wir haben schmerzhaft lernen müssen, dass wir uns richtig zu verhalten haben und dass nur wenige Dinge richtig sind, viele aber falsch (6). Im Alter von 2–4 Jahren stoßen wir ständig an die Grenzen dessen, was wir dürfen im Vergleich zu dem, was wir wollen. Wer kennt nicht das schreiende Kleinkind, das sich an die ihm unverständlichen Regeln halten soll. Mit der Zeit lernen wir dann, diese Regeln zu befolgen aber in jedem von uns hockt noch dieses verärgerte Kind, dessen Freiheit gerade dann eingeschränkt wurde, als es endlich physisch in der Lage war, die ihm gesetzten Grenzen zu durchbrechen. Ein großer Teil unserer Erziehung bestand daraus, sich anzupassen Mehrdeutigkeit war nicht gewünscht und lange wurde sogar angenommen, dass diese die Kinder verwirren würde. Als Erwachsene fällt es uns dann schwer diese erlernten Grenzen loszulassen, die ja auch ein Stück weit das Gemeinschaftsleben regeln. Für jede unserer Handlungen mehrere Möglichkeiten zu durchdenken und uns dann für die jeweils richtige zu entscheiden, scheint unmöglich. Daher versuchen wir, uns an die vermeintlich allgemein gültigen Regeln zu halten, um uns so das tägliche Leben und das Miteinander zu erleichtern.

4. Rituale

Wenn sich zwei Menschen begegnen, dann erwarten beide Seiten ein Signal, das ihnen zeigt, dass sie sich in Sicherheit befinden. Es ist ein Signal das sagt ‚Ich tu Dir nichts, wenn Du mir nichts tust' (7). Ob dieses Signal nun aus einem Handschütteln, einer Verbeugung, einem Schulterschlag oder einem Nasenkuss besteht ist dabei egal wenn beide Seiten das ausgesandte Signal verstehen. Angesichts der über 2.000 verschiedenen Kulturen in der Welt, ist also eindeutig der im Vorteil, der die meisten Versionen des Signals ‚Ich tu Dir nichts.' kennt. Da wir uns aber nicht sicher sein können, dass wir die richtige Variante für unser Gegenüber ausgewählt haben, müssen wir dazu noch etwas anderes lernen. Wir müssen lernen, dass keine Gefahr besteht, nur weil unser Gegenüber eine andere Version der Begrüßung gewählt hat. Was zählt ist, dass das Signal gesendet und verstanden wird.

5. Gesundheitsrisiko: Kulturschock

Besonders schwierig wird es, wenn wir Menschen aus fremden Kulturen begegnen. Wer nicht mit Mehrdeutigkeit großgeworden ist, reagiert gereizt, wenn sich sein Gegenüber anders verhält, als erwartet. Besondern groß ist das Problem, wenn ein Verhalten, das in einer Kultur als positiv bewertet wird, in einer anderen als negativ gilt. Wer darauf nicht vorbereitet ist, empfindet eine konstante Irritation, die von den Krankenkassen bereits als wichtiger, gesundheitsschädigender Stressfaktor erkannt worden ist. Durch dieses Wissen sind nun auch die Arbeitgeber in die Verantwortung genommen worden, denn das Gesetz zum Betrieblichen Gesundheitsmanagements (BGM) beinhaltet nicht nur eine Verantwortung der Geschäftsführung bezüglich der physischen Gesundheit, sondern auch der psychischen Gesundheit am Arbeitsplatz.

6. Mono-, multi-, cross-kulturell

Für bestimmte Berufsgruppen gibt es seit mehreren Jahrzehnten eine besondere Schulung, die sie vor den psychischen Risiken durch gravierende Erfahrungen mit dem Kulturschock schützen soll. Entwicklungshelfer, Blauhelme, Kriseneinsatzkräfte und oft auch Diplomaten erhalten diese Schulung.

Wir wissen heute, dass es zwei stabile Formen der Sozialisierung gibt. Die eine ist die Monokultur, in der der einzelne Mensch klare Regeln lernt und weiß wie er sie anzuwenden hat. Die andere ist die Crosskultur, bei der der einzelne Mensch eine Vielfalt von Möglichkeiten erlernt, und aus diesen dann in jeder Situation nach eigenen Regeln eine der passenden Möglichkeiten auswählt. Die eine Sozialisierung ist eine Erweiterung der anderen. Beiden gemeinsam ist das Verständnis, dass es Regeln gibt, die dazu dienen die zwischenmenschliche Kommunikation zu vereinfachen. Unterscheiden tun sie sich darin, dass die Monokultur zwar sehr verlässlich ist, uns aber nicht die Freiheiten gibt, die ein friedliches Miteinander möglich machen. Die Monokultur schränkt uns ein und macht uns wenig tolerant. Die Crosskultur gibt uns neue Freiheiten, und basiert auf hoher Toleranz und Akzeptanz.

Zwischen diesen beiden Sozialisierungsformen liegt ein unausweichlicher Zwischenschritt, das spielerische ‚Multikulti'. In diesem Schritt werden Bestandteile aus verschiedenen Kulturen wahrgenommen und mit der eigenen Kultur verglichen. Dieser Zwischenschritt kann zu starker Verunsicherung führen, da er an den Grundfesten der eigenen Sozialisierung rüttelt (8,9,10).

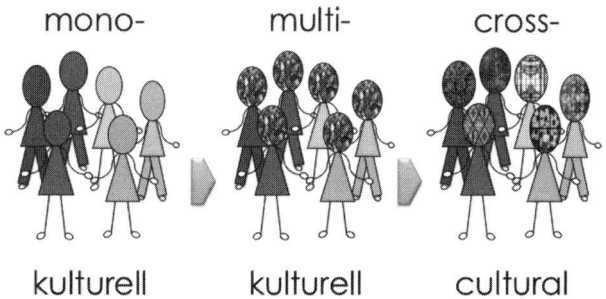

Abb. 1: Mono-, Multi- und Crosskultur

7. Crosskultur

Wie kommt man nun zu einer Crosskultur? Dafür gibt es zwei Wege, und wenn Sie alt genug sind diesen Artikel zu lesen, dann haben ihre Eltern bereits für Sie entschieden welcher Weg sich Ihnen bietet. Eine exponentiell wachsende Zahl von Kindern wird heute nämlich schon crosskulturell großgezogen, in dem sie früh mit der

Mehrdeutigkeit menschlicher Gesten konfrontiert werden. Sie lernen von klein auf eine Vielzahl von Verhaltensvarianten für bestimmte Situationen kennen, von denen sie dann ständig diejenige aussuchen müssen, die ihnen am angemessensten erscheint. Was früher als eine Gefahr für die gesunde Entwicklung eines Kindes angesehen wurde, wird heute bei der Erziehung dieser Kinder ganz gezielt eingesetzt. Wir haben erkannt, dass der Mensch nicht nur eine Muttersprache haben kann, sondern mehrere, und dass Mehrsprachigkeit sich positiv auf die Entwicklung der Intelligenz auswirkt. Genauso ist es mit unserem sozialen Verhalten. Wer mit einer gewissen Ambivalenz erzogen wird, entwickelt früh eine erhöhte Sensibilität im zwischenmenschlichen Verständnis und geht mit Unterschieden spielerisch um (11).

Wer nicht crosskulturell erzogen wurde, kann diese Fähigkeiten auf dem Umweg über die Multikulturalität entwickeln. Zunächst lernt man die Unterschiede in der Signalgebung zwischen verschiedenen Kulturen kennen (multikulti), und dann übt man den Einsatz des Gelernten durch Kausalanalyse und selbstwirksame Kreativität im Umgang mit Problemen oder Konflikten (crosskulturell). Wenn das Ganze dann noch in der Gruppe stattfindet, entstehen gleichzeitig Selbstvertrauen, Anpassungsfähigkeit, Teamfähigkeit, Krisenresistenz und ganz allgemein ein erhöhte Resilienz, die uns ganz unabhängig vom Arbeitsplatz auch einfach als Mensch zugute kommt.

Literatur
1. *OECD Digital Economy Outlook* (2017), Better Policies for Better Lives.
2. *OECD Employment Outlook* (2017), Better Policies for Better Lives.
3. Hochrangiges OECD-Forum zur Migration, *Kompetenzen von Migranten für wirtschaftlichen Erfolg mobilisieren* (2014), Bessere Politik für ein Besseres Leben.
4. *(Inter-)Kulturalität neu denken!* (2016), Sonderausgabe: Interculture Journal, Online-Zeitschrift für interkulturelle Studien.
5. Louis Rosenberg, David Baltaxe, Niccolo Pescetelli, *Crowds vs swarms, a comparison of intelligence* (2016), Swarm/Human Blended Intelligence Workshop (SHBI).
6. Nationale Akademie der Wissenschaften Leopoldina, Deutsche Akademie der Technikwissenschaften, Union der deutschen Akademien der Wissenschaften, *Frühkindliche Sozialisation (2014)*.
7. Heide Wahrlich, *Interkulturelle Kommunikation: Die wortlose Sprache im Kulturkontakt* (2002), Referat auf der IAKM-Studienwoche 2002
8. Allyn D. Lyttle, Gina G. Barker, Terri Lynn Cornwell, *Adept through adaptation: Third culture individuals' interpersonal sensitivity* (2011), International Journal of Intercultural Relations, 35: 686-694.
9. Andrea M. Moore, Gina G. Barker, *Confused or multicultural: Third culture individuals' cultural identity* (2012), International Journal of Intercultural Relations, 36: 553-562.
10. Gina G. Barker, *Choosing the best of both worlds: The acculturation process revisited* (2015), International Journal of Intercultural Relations, 45: 56-69.
11. OECD Reviews of Migrant Education, *The Resilience of Students with an Immigrant Background* (2018), Better Policies for Better Lives.

Wolfgang Höfling
Höfling & Partner, Heidelberg

Narrative als Bedingung für eine nachhaltige Entwicklung der Sicherheitskultur

> *Ein Fremder trifft auf drei Steinmetze und fragt sie, was sie tun. Der eine antwortet: „Du siehst doch, ich behaue Steine." Der Zweite entgegnet: „Ich arbeite an Steinen für ein Fenster, um meine Familie zu ernähren." Der Dritte sagt mit leuchtenden Augen: „Ich baue mit am Kölner Dom!"* (überliefert).

1. Einleitung

Die Frage nach „der Wirklichkeit" scheint eine philosophische, ist jedoch eine sehr praktische. Wir suchen z. B. nach wirklichen Ursachen, die ein Ereignis herbeiführen oder wir möchten objektiv ein Risikopotential bestimmen. Was wäre jedoch, wenn es keine objektive Wirklichkeit gäbe? Wenn das, was wir als wirklich, als objektiv empfinden, jeweils „nur" Ausdruck bestimmter Sichtweisen wäre, über die wir uns im Gespräch austauschen. Willkommen in der Welt der Sicherheitskultur, die Teil einer Wirklichkeit ist, die in Sprache stattfindet und in Erzählungen; einer Welt, die nicht objektiv gegeben ist, sondern „in Arbeitsbeziehungen kommuniziert wird". Willkommen bei der Idee, dass sich die Wirklichkeit der Sicherheitskultur in erzählten Geschichten, sogenannten Narrativen, widerspiegelt.

2. Bedeutung von Narrativen für Sicherheitskultur

Um zu gewährleisten, dass Menschen bei der Arbeit gesund bleiben, sich nicht verletzen oder erkranken, bietet die Arbeitssicherheit eine leicht nachvollziehbare Strategie. Gefährdungen müssen beurteilt und technische, organisatorische und personelle Maßnahmen ergriffen werden. In dieser Reihenfolge soll es geschehen, so will es der Gesetzgeber. Alleine technische und organisatorische Maßnahmen geraten jedoch an ihre Grenzen, denn häufig stoßen wir in unserer Praxis auf Sachverhalte, die mit dem menschlichen Verhalten zu tun haben. Wenn ein Stapler unsachgerecht abgestellt ist, eine Managemententscheidung eine notwendige Investition nicht tätigt, ein Vorgesetzter kritisches Verhaltensweisen duldet oder ein Kollege eine gefährliche Arbeitsweise eines anderen Kollegen nicht anspricht, haben wir es weder mit technischen noch mit organisatorischen Abweichungen zu tun, sondern mit bewussten oder unbewussten menschlichen Verhaltensweisen.

Lassen Sie mich es noch drastischer sagen: Alle technischen und noch so ausgefeilten organisatorischen Maßnahmen, so notwendig sie sind, werden allein nicht garantieren können, dass Sie gesund von der Arbeit nach Hause kommen. Das ist der Grund dafür, dass wir uns als Arbeitspsychologen – ohne die technischen oder organisatorischen Ursachen zu unterschätzen – um das Thema Sicherheitskultur kümmern. Denn die Kultur bietet den Rahmen, in dem sich unser Verhalten abspielt. Uns ist klar, dass wir, wenn es zu dem Faktor Verhalten kommt, nicht die Menschen umerziehen, ihre Persönlichkeit beeinflussen oder ihre Mentalität ändern dürfen (natürlich auch nicht wollen). Wir können gleichwohl mit den Menschen, mit denen wir arbeiten, in der gemeinsamen Diskussion darauf hinsteuern, dass die Unternehmenskultur gesundheits- und sicherheitsförderlicher wird und somit sichere Verhaltensweisen von Management, Führungskräften und Mitarbeitern eher eine Chance bekommen wie unsichere. Die Schwierigkeit beginnt jedoch da, wo wir zu beschreiben versuchen, was Sicherheitskultur sei; wo wir Kultur verständlich und greifbar „machen" wollen. Denn Sicherheitskultur scheint nicht objektiv vorhanden, etwa wie ein Gebäude oder eine Maschine.

3. Der narrative Ansatz

Für unsere Beratung ist daher ein kommunikativer, „narrativer Ansatz" zentral. Wir schlagen vor, auf die Art und Weise der Erzählungen, der Geschichten und „Narrationen" zu achten, um Kultur greifbar und modulierbar zu machen und wir finden über diese Vorgehensweise zugleich Möglichkeiten der Intervention.

Warum? Wir sind fest davon überzeugt, dass wir den Zugang zur Kultur nur über Sprache, in Form von Erzählungen – Narrationen – finden. Kultur findet in einer Welt voller gemeinsam geteilter und mitgeteilter Bedeutungen, in ständiger Konversation und im Erzählen von Geschichten statt. Alles, was wir denken (und tun), ist aus den Erzählungen entwickelt, derer wir uns bedienen. Diese Geschichten haben so, wie sie erzählt werden, eine gewaltige Kraft für die Gestaltung der Wirklichkeit unseres Handelns. Sprache beschreibt nicht nur die Wirklichkeit, sondern prägt sie auch.

Wirklichkeit ist auf unterschiedliche Weise beschreibbar. Allerdings braucht es viele Erzählperspektiven, um eine Geschichte zu erzählen. Nicht eine davon ist richtig, die andere nicht falsch; sondern gerade die Vielfalt von Gesichtspunkten ermöglicht es, komplexe Ereignisse angemessen wahrzunehmen und sie nicht auf eine einzige Struktur oder eine einzige Theorie zu reduzieren. Die Vielfalt der Geschichten, die wir erfinden, und die Vielfalt von Verhaltensweisen, die sich daraus ergeben, machen gerade das aus, was wir als „Kultur" bezeichnen. Narrative wirken dabei wie eine Haustür. Durch sie finden wir einen Zugang zur Welt der Sicherheitskultur.

Zudem bietet sich uns über die Thematisierung der Erzählungen die Chance, nachhaltig auf die Entwicklung der Kultur Einfluss zu nehmen. Dann öffnet sich uns ein faszinierender Blick in die Welt der rationalen wie der irrationalen, fatalistischen wir konstruktiven, fürsorglichen wie magischen Erzählungen.

Einige dieser Narrationen seien hier genannt. So kennen wir paternalistische, karitative, fatalistische und naive Narrative: „Ich mache es, weil die Firma es möchte", „Ich möchte, dass Du gesund nachhause kommst",

„Unfälle lassen sich nicht immer vermeiden", „Bei uns gibt es nur noch Stolperunfälle", „Wir dürfen kein Risiko eingehen", „Hätte der Kontraktor-Mitarbeiter doch nur besser aufgepasst". Beliebt sind zudem Helden-Erzählungen: „Schließlich müssen wir noch produzieren", „Wir mussten die Störung in den Griff bekommen". Und Erzählungen der Hoffnung: „Alle Unfälle lassen sich vermeiden". Wie wäre es mit einem professionellen Narrativ: „Der Umgang mit Risiken ist Teil unseres professionellen Handelns".

Sie werden sich fragen: Was ist eigentlich das Problem? Bitte überlegen Sie kurz, in welcher Weise diese Erzählungen unser Handeln determinieren und wie sie zu Fehleinschätzungen führen können, die uns verletzen. Zudem zeigt die Vielfältigkeit der Erzählungen, die in einem Unternehmen kursieren, dass es kein einigendes, gemeinsames Narrativ gibt. Daraus resultiert eine „Identitätsproblem". Unterschiedliche betriebliche Gruppen erzählen unterschiedliche Geschichten, die für ein unterschiedliches Verständnis der Sicherheitskultur stehen. So entsteht für die beteiligen Personen das Gefühl in unterschiedlichen Unternehmen, wenigstens an unterschiedlichen Themen zu arbeiten. Ferner stehen die Erzählungen für ein Verständnis, das größtenteils eine extrinsische Motivation widerspiegelt („Ich arbeite sicher, weil die Firma es verlangt; nicht, weil ich selbst überzeugt bin!"). Das ist gefährlich, wenn man überlegt, dass denselben Mitarbeitern z. B. eine Chemieanlage mit hohem Risikopotential anvertraut wird.

4. Die narrative Intervention

Ein wesentliches Ziel unserer Arbeit besteht darin, Menschen dabei zu unterstützen, zu den von ihnen selbst erzählten Geschichten alternative, konstruktive Erzählungen zur Sicherheitskultur zu entdecken. Wir gehen einen kommunikativen, diskursiven (immer wertschätzenden!) Weg, indem wir versuchen Übergänge zu ermöglichen, die es erlauben, ein einmal gewähltes Narrativ zu verlassen, um eine neue Erzählung zu (er-)finden. Uns leiten demzufolge Fragen wie: „Wie sieht die Kultur aus, in der wir Sicherheit leben möchten?" „Wie möchten wir miteinander umgehen, wenn ein Fehler zu einem Ereignis geführt hat?" „Wie wollen wir uns ansprechen, wenn jemand sich von uns unsicher verhält?".

Das ist leichter gesagt wie getan. Warum? Narrative sind, da sie sinnstiftend sind, angstbesetzt, wenn sie in Frage gestellt werden. Sie werden bei Bedarf verteidigt. Sie wirken wie ein „Schema" oder „Weltbild", das uns ermöglicht, uns selbst, unser Leben und unser Handeln sinnvoll zu verstehen. Auch wird jede neue Erfahrung auf dem Hintergrund von Narrativen interpretiert. Zudem helfen sie, uns einer Gruppe zugehörig zu fühlen. Wir halten mithin an ihnen fest, selbst wenn sie mit Schmerzen oder Verletzungen verbunden sind.

Aus der Fülle der Methoden, die wir professionell einsetzen, möchte ich einige wenige stellvertretend vorstellen. Die Methode des *Reflektierenden Teams* schlägt vor, eher auf die Art und Weise der Erzählungen, der Geschichten und Narrationen zu achten, über die Sinn konstituiert wird. So kann es schon helfen, wenn wir erkennen, welche Narrative dem eigenen Handeln zugrundliegen. Welche Geschichten wir kommunizieren, können wir mit der Methode des *„Inneren Teams"* bewusst werden lassen. Widerstreitende Gedanken führen nicht nur ein Innenleben, sondern äußern sich in Stimmen, die Botschaften an die äußere Umwelt kommunizieren. Andere können sie hören und interpretieren. Ähnlich funktioniert die *Kollegiale Fallberatung,* bei der sich einander gleichgestellte Kollegen Fälle ihrer Praxis offenbaren. Hypothesen zu Ursachen werden formuliert, die ermöglichen, dass die Lösung in Form einer alternativen Geschichte neu erzählt werden kann. *Reframing,* ein weiteres Tool, trägt dazu bei, dass dieselbe Geschichte ihren Sinn ändern kann, wenn man sie in einem anderen Licht erzählt. Das *narrativ-interpretierende Interview* ermöglicht, Erzählungen auf dem Hintergrund unterschiedlicher Konstrukte und Muster zu interpretieren. Welche Qualität der „Kultur" offenbart die Erzählung? Wie kommen wir von einer reaktiven zu einer proaktiven Kultur? *Visuelle Kommunikation* hilft Teams, Aspekte der eigenen Sicherheitskultur visuell erzählen zu lassen. Es entstehen Bilder, die unbewusste Erzählungen enthüllen und das Verhalten spiegeln.

Ach ja, was sagte der dritte Steinmetz? ... *„Ich baue mit am Kölner Dom!"*

Literatur
Büttner, T., Fahlbruch, B., Wilpert, B. (1999): Sicherheitskultur. Konzepte und Analysemethoden. Heidelberg: Asanger.
Luhmann, N. (1984) Soziale Systeme. Ffm.: Suhrkamp.
Schlippe, A., Schweitzer, J. (2010). Systemische Intervention. Göttingen: Vandenhoek & Ruprecht.
Schulz von Thun, Friedemann (1981): Miteinander reden 1. Reinbek: Rowohlt.
Ders. (1998): Miteinander reden 3 – Das „innere Team" und situationsgerechte Kommunikation. Reinbek: Rowohlt.
Watzlawick, P. (1978): Wie wirklich ist die Wirklichkeit? Wahn, Täuschung, Verstehen. München: Piper 1978.

Roland Portuné[1] & Günter Klesper[2]
[1]DGUV, [2]BG RCI

Aufsichtspersonen und Arbeitspsychologie Hand in Hand – ein Erfolgsfaktor

1. Kompetenz für erfolgreiche Betriebsbetreuung

Betriebsklima, Kommunikation, Führung, Wertschätzung und Beteiligung sind Elemente von entscheidender Bedeutung im Hinblick darauf, dass eine Unternehmenskultur vorhanden ist oder entsteht, in der Beschäftigte dauerhaft sicher und gesund ihren Tätigkeiten nachgehen können. Einige dieser Elemente zählen zu den Handlungsfeldern der neuen Kampagne „Kommmitmensch. Sicher. Gesund. Miteinander." der Unfallversicherungsträger und der DGUV. Arbeitspsychologische Forschungsarbeiten zeigen seit längerem deutliche Evidenz für die genannten Zusammenhänge. (z.B. Hobfoll 2001, Siegrist 2005, Ulich 2007, Demerouti 2010, Wieland 2013, Wieland und Hammes 2014, Rau und Buyken 2015).

Für die gesetzliche Unfallversicherung ergibt sich daraus – im Zusammenhang mit den rechtlichen Hintergründen – die Notwendigkeit, in ihren Präventionsleistungen arbeitspsychologische Kompetenz verstärkt zu integrieren. Obwohl mittlerweile die meisten Unfallversicherungsträger über eigene psychologische Expert/innen verfügen, ist ein Einsatz in der Fläche ausschließlich durch Arbeitspsycholog/innen aufgrund der geringen Personenzahl nicht erfolgversprechend. Der Schlüssel für eine gesteigerte Wirksamkeit in der Fläche – sowohl für die Programme der GDA als auch in Bezug auf die Kampagne „Kommmitmensch" – liegt in der erfolgreichen Zusammenarbeit der fachlich-psychologischen Expert/innen mit den Aufsichtspersonen (APen). Da letztere zumeist technisch-naturwissenschaftliche Expertise mitbringen, besteht Bedarf im Hinblick auf arbeitspsychologische Qualifizierungsmaßnahmen. Bezüglich der Weiterbildung im Zusammenhang der „GDA Psyche" liegen mittlerweile vielfältige Erkenntnisse vor, aus denen viel gelernt werden kann auch im Hinblick auf das zukünftig weiterhin erfolgreiche Agieren in verwandten Themenfeldern der Präventionskultur im weitesten Sinn.

2. Qualifizierungsveranstaltung „GDA Psyche"

Im Rahmen der Gemeinsamen Deutschen Arbeitsschutzstrategie (GDA) sind konkrete Vorgaben im Hinblick auf Inhalte und Ziele („Outcomes") dieser Qualifizierungsveranstaltungen für das Aufsichtspersonal der Unfallversicherungsträger und der staatlichen Arbeitsschutzbehörden vereinbart worden. Bei der Berufsgenossenschaft Rohstoffe und chemische Industrie (BG RCI) wurde zur Konzeption der Se-

minarreihe für alle eigenen Aufsichtspersonen zunächst eine interne Fachgruppe installiert, in der Aufsichtspersonen und Arbeitspsychologen gemeinsam ein eigenes Konzept erarbeiteten. Dieses war auf insbesondere folgende Zielvorstellungen auszurichten:
- der Vorgaben der GDA (inklusive entsprechender definierter „Outcomes" und erwachsenengerechter Seminardidaktik)
- Verwirklichung BGRCI-spezifischer Aspekte
- Thematisierung geeigneter Methoden zur Gefährdungsbeurteilung psychischer Belastung und entsprechende Befähigung der APen.

Das Seminar begann jeweils Montags 12.00 Uhr und endete Freitags um 13.00 Uhr. Für die 160 Aufsichtspersonen der BG RCI war es eine Pflichtveranstaltung und wurde insgesamt elfmal durchgeführt, so dass durchschnittlich um die 15 Personen teilnehmen konnten. Als Dozenten („Lernbegleiter") fungierten jeweils ein Arbeitspsychologe und eine Aufsichtsperson und/ oder ein externer Referent. Seminarinhalte waren insbesondere Informationen zu relevanten rechtlichen, fachpolitischen und arbeitspsychologischen Sachverhalten, Kennenlernen und aktives Üben verschiedener Methoden zur Gefährdungsbeurteilung psychischer Belastung sowie zur entsprechenden Vermittlung im Betrieb und das kontinuierliche Weiterentwickeln des eigenen Rollenverständnisses als AP im vorliegenden Themenfeld.

3. Evaluation und Konsequenzen

Jeweils zu Beginn und zum Ende des Seminares hatten die Teilnehmenden die Möglichkeit, sowohl die Bedeutsamkeit der Thematik als auch ihre persönliche damit verbundene Kompetenz einzuschätzen. Die dazu gestellten Fragestellungen lauteten:
- „Wie wichtig finden Sie das Thema psychische Belastung im Rahmen der Gefährdungsbeurteilung?"
- „Wie „fit" fühlen Sie sich für das Thema psychische Belastung im Rahmen der Gefährdungsbeurteilung?"

Auf Pinnwänden konnten die entsprechenden Einschätzungen zum Seminarbeginn und Ende mit jeweils unterschiedlich gefärbten Markierungspunkten gekennzeichnet werden. Dabei zeigten sich deutlich positive Entwicklungen im Hinblick auf die selbst eingeschätzte Kompetenz. Demgegenüber kam es bezüglich der persönlich eingeschätzten Bedeutsamkeit der Thematik lediglich tendenziell zu Verbesserungen, was jedoch im Zusammenhang damit zu sehen ist, dass hier die Ausgangswerte bereits relativ hoch waren, während die selbst eingeschätzte Kompetenz zu Anfang recht niedrig ausfiel.

Im Rahmen der weiteren Seminarevaluationen (schriftliche Befragung, Feedbackrunden) zeigte sich, dass die große Mehrheit der Aufsichtspersonen von der Qualifizierung erheblich profitieren konnte. Während zu Beginn durchaus gewisse Ressentiments gegenüber den sogenannten „weichen Faktoren" und der damit einhergehenden obligatorischen „Zwangsbeglückung" in einem Wochen-Seminar spürbar waren, änderte sich das im Verlauf des Seminares und vor allem auch in der Zeit danach. Recht viele APen verstanden sehr bald, dass die erfolgreiche Durchführung einer Gefährdungsbeurteilung psychischer Belastung kontinuierliche Verbesserungsprozesse und damit letztlich Organisationsentwicklung bedeutet. Für die meisten Aufsichtspersonen bedeutet es durchaus einen attraktiven Zugewinn, ihr „Kompetenz-Portfolio" dergestalt auch um arbeitspsychologische Aspekte erweitert zu haben. Dazu zählt das anwendbare Faktenwissen bezüglich gesetzlicher Bestimmungen und fachpolitisch abgestimmter Positionspapiere genauso wie die arbeitspsychologischen Grundlagen im Hinblick auf psychische Belastung und Gesundheit.

Entscheidend für Verständnis und Akzeptanz war dabei nicht zuletzt die auch in die Norm DIN EN ISO 10075 eingeflossene Unterscheidung zwischen psychischer Belastung und Beanspruchung. Hinsichtlich der Methoden wurde positiv vermerkt, dass durch die Kenntnis der verschiedenen Methodenarten und deren Kombinationsmöglichkeiten die Beratungskompetenz einer Aufsichtsperson in besonderer Weise gestärkt wird. Insbesondere für die Möglichkeiten und Erfordernisse der Klein- und Kleinstbetriebe wurde das DGUV-Ideentreffen als sehr gut geeignet gekennzeichnet. Als für die betriebliche Beratungspraxis sehr gut geeignete Hilfsmittel wurden die im Seminar gezeigte und im Anschluss zur Verfügung gestellte Powerpoint-Präsentation zur "Anschubberatung" sowie das Konzept des „magischen Quadrats" im Arbeits- und Gesundheitsschutz genannt (Portuné 2009). Kritisch vermerkt wurde durch die APen vor allem die Dauer des Seminares („besser zwei halbe Wochen als eine ganze"!). Als problematisch wird häufig auch angesprochen, dass die Erhebung einer Ist-Situation im Rahmen der Gefährdungsbeurteilung relativ leicht scheint im Vergleich zu der dann zwingend folgenden Ableitung geeigneter Maßnahmen des Arbeitsschutzes.

4. Fazit

Im Nachgang der Qualifizierungsreihe wird erkennbar, dass APen verstärkt tätig werden im Hinblick auf Überwachung und Beratung zum Thema Gefährdungsbeurteilung psychischer Belastung. Während bis dato zum Thema nahezu ausschließlich Beratungsleistungen auf Anforderung (durch die psychologische Fachebene) durchgeführt worden waren, zeigt sich nach der Qualifizierung im Hinblick auf die beiden Präventionsleistungen „Beratung auf Anforderung" und „Überwachung und anlassbezogene Beratung", dass erfolgreiche APen diese als „zwei Seiten einer Medaille" bedarfsgerecht kombinieren.

Als auch weiter zukunftweisender Erfolgsfaktor ist die intensivierte Zusammenarbeit der APen mit der arbeitspsychologischen Fachebene anzusehen. Ab welchem Zeitpunkt oder bei welcher Sachlage dabei die zuständige AP die psychologische Fachebene hinzuzieht, ist vor dem Hintergrund der jeweils vorliegenden Gegebenheiten zu entscheiden.

Aufgrund der geschilderten Entwicklung der Beratungskompetenz ist die Qualifizierung auch als eine sehr gute Investition anzusehen im Hinblick auf die Kampagne Kultur der Prävention. Weitere einschlägige Fortbildung auf freiwilliger Basis wird hilfreich sein, das eigene Beratungsverständnis kontinuierlich noch weiter zu entwickeln. Dabei sollte darauf geachtet werden, dass den APen auch die notwendige Zeit zugestanden wird, Betriebe entsprechend kompetent begleiten zu können. Damit ist das weitere „Hand in Hand" der APen und der arbeitspsychologischen Fachebene ein entscheidend wichtiger, aber nicht der einzige Erfolgsfaktor bezüglich des erfolgreichen Tätigwerdens der APen – nicht zuletzt auch im Hinblick auf deren eigene Gesundheit und Arbeitszufriedenheit.

Literatur
Demerouti, E. (2010). Das Arbeitsanforderungen-Arbeitsressourcen Modell von Burnout und Arbeitsengagement. In: Deutsches Institut für Normung e.V.(Hrsg.) Psychische Belastung und Beanspruchung. Berlin: DIN, 51–60.
Hobfoll, S.E. (2001). The influence of culture, community and the nested self in the stress process: Advancing conservation of Resources theory. Applied Psychology: An international review, 50(3), 337–370.
Portuné, R. (2009). Zwischen Kür und Knochenarbeit. Psychosoziale Aspekte und Gesundheit im Arbeitsleben. In: B. Ludborzs, H. Nold (Hrsg.), Psychologie der Arbeitssicherheit und Gesundheit. Entwicklungen und Visionen. (S. 234–252). Kröning: Asanger.
Rau, R., Buyken, D. (2015). Der aktuelle Kenntnisstand über Erkrankungsrisiken durch psychische Arbeitsbelastungen. Ein systematisches Review über Metaanalysen und Reviews. Zeitschrift für Arbeits- und Organisationspsychologie. 59 (N.F. 33) 3, S. 113–129.
Siegrist, J. (2010). Effort Reward Imbalance at Work and Cardiovascular Diseases. International Journal of Occupational Medicine and Environmental Health 2010;23(3):279–285
Wieland, R. & Hammes, M. (2014). Wuppertaler Screening Instrument Psychische Beanspruchung (WSIB) – Beanspruchungsbilanz und Kontrollerleben als Indikatoren für gesunde Arbeit. Journal Psychologie des Alltagshandelns/Psychology of Everyday Activity, Vol. 7/No. 1, ISSN 1998-9970, S. 30–50.

Laura Buchinger & Felix Klapprott
EO Institut GmbH

Die Gefährdungsbeurteilung psychischer Belastung als Fundament eines strategischen Betrieblichen Gesundheitsmanagements

1. Relevanz psychischer Faktoren im Arbeitskontext

Die meisten Unternehmen verbinden mit dem Begriff Betriebliches Gesundheitsmanagement (BGM) vor allem die Bereitstellung von Sportkursen und guten Ernährungsangeboten. Definitionsgemäß beschreibt BGM jedoch die „Entwicklung integrierter betrieblicher Strukturen und Prozesse, die die gesundheitsförderliche Gestaltung von Arbeit, Organisation und dem Verhalten am Arbeitsplatz zum Ziel haben" (Badura, Ritter und Scherf 1999: 17) – und das bezieht sich nicht nur auf physische Faktoren.

Dem DAK Gesundheitsreport 2017 zufolge ließen sich 17,1 % aller Fehlzeiten auf psychische Erkrankungen zurückführen. Sie gehören nicht nur zu den häufigsten, sondern aufgrund längerer Arbeitsunfähigkeit auch zu den kostenintensivsten Erkrankungen (Marschall et al. 2017).

Die Arbeitsumgebung spielt bei der Entstehung psychischer Störungen eine wichtige Rolle. Beispiele für häufige Stressoren sind laut der Bundesanstalt für Arbeitsschutz und Arbeitsmedizin (BAuA 2014) die Notwendigkeit Aufgaben gleichzeitig zu bewältigen, hoher Termindruck, monotone Tätigkeiten, detaillierte Vorgaben zur Aufgabenerledigung, häufige Unterbrechungen und hoher Zeitdruck.

Einer repräsentativen Umfrage zufolge bieten jedoch nur 13 % aller Arbeitgebenden Beratungsangebote an, die spezifisch auf die Bewältigung von Stress oder psychischen Problemen abzielen (pronovaBKK 2016). Eine systematische Analyse der psychischen Belastungen findet kaum statt. Die gesetzlich verpflichtende Gefährdungsbeurteilung psychischer Belastung (GBpsych) kann ebendies in strukturierter Form leisten und liefert damit einen Überblick über Optimierungspotenziale, die für das BGM und die Organisationsentwicklung allgemein hochrelevant sind. Das Schaffen gesundheitsförderlicher Arbeitsbedingungen kann sowohl zur Reduktion der Fehlzeiten und damit Erhöhung der Produktivität als auch zur Rekrutierung und Bindung qualifizierter Fachkräfte beitragen.

2. Integration psychischer Faktoren in das BGM

Eine Grundvoraussetzung für die erfolgreiche Integration psychischer Faktoren in das BGM ist ein gemeinsames Verständnis der zu betrachtenden Phänomene. Psychische Belastungen werden oft als subjektives Empfinden einzelner Beschäftigter missverstanden, beschreiben laut DIN EN ISO 10075-1 jedoch „die Gesamtheit aller erfassbaren Einflüsse, die von außen auf den Menschen zukommen und sich psychisch auf ihn auswirken". Statt die Reaktionen der individuellen Personen (definitionsgemäß „psychische Beanspruchung") zu untersuchen, werden Arbeitsplätze auf möglicherweise belastende Arbeitsbedingungen untersucht und Optimierungspotenziale abgeleitet.

Die Umsetzung der Gefährdungsbeurteilung psychischer Belastung ist vom Gesetzgeber im Arbeitsschutzgesetz § 5 seit 2015 vorgegeben. Die GDA empfiehlt beispielsweise die Berücksichtigung folgender Merkmalsbereiche (GDA 2016):
- Arbeitsinhalte (Charakteristika der zu erledigenden Tätigkeiten)
- Arbeitsorganisation (organisationaler Kontext der Tätigkeiten)
- Soziale Beziehungen (Qualität der Zusammenarbeit)
- Physische Arbeitsumgebung (Arbeitsplatz und Arbeitsmittel)

Um den Erfolg der GBpsych zu sichern, müssen Verantwortliche verstehen, wie sie in ihrer Organisation am besten umgesetzt werden sollte und an welchen Punkten im Prozess externe Unterstützung vonnöten ist.

3. Die Durchführung der Gefährdungsbeurteilung psychischer Belastung

3.1 Bildung von Analyseeinheiten

Nach § 5 Abs. 2 ArbSchG: hat der Arbeitgebende „die Beurteilung je nach Art der Tätigkeit vorzunehmen." Dies ermöglich die gemeinsame Beurteilung mehrerer Tätigkeiten mit gleichartigen Arbeitsbedingungen („Analyseeinheiten"). Obwohl sich die Analyseeinheiten oft an Organisationsstrukturen orientieren, kann es notwendig sein, in Hinblick auf die Maßnahmenableitung und -umsetzung je nach Tätigkeitsprofil kleinere Einheiten zusammenzufassen oder größere Arbeitsgruppen zu trennen.

3.2 Durchführung der Gefährdungsbeurteilung psychischer Belastung

Um die Belastungssituation in den oben genannten Merkmalsbereichen zu erfassen, können verschiedene Methoden eingesetzt werden. Die Entscheidung für eine bestimmte Methode sollte unter Berücksichtigung der jeweiligen Vor- und Nachteile sowie unter Beteiligung entsprechender Gremien getroffen werden.

Beobachtung oder Beobachtungsinterviews

Expertinnen oder Experten erhalten vor Ort direkte Einblicke in Tätigkeiten, Abläufe und Arbeitsumfeld und nutzen zur Dokumentation beispielsweise Checklisten

(z. B. Debitz et al. 2016). Ein Vorteil Vertrautheit dieser Methode aus der physischen Gefährdungsbeurteilungen. Eingeschränkte Anonymität, Beobachtungsverzerrungen und -fehler sowie der hohe Aufwand des Verfahrens sind als Nachteile zu nennen.

Beschäftigtenbefragung
Organisationen können aus einer Vielzahl von Fragebögen wählen oder sich Unterstützung bei der organisationsspezifischen Anpassung von Fragen einholen. Da die bestmögliche Abwägung der verschiedenen Kriterien von Laien selten geleistet werden kann und häufig eine Anpassung an Unternehmensbedingungen notwendig ist, sollte die Expertise externer Fachleute in Anspruch genommen werden, wenn Unternehmen über keine eigenen Expertinnen oder Experten verfügen (BAuA 2014: 66). Vorteile einer Befragung sind u.a. der geringe Zeitaufwand, die Wahrung der Anonymität und die Möglichkeit umfassender Beteiligung. Herausforderungen sind dagegen u.a. die Auswahl eines geeigneten Fragebogens, die Aktivierung der Beschäftigten und der Nachbereitungsaufwand.

Workshops
In (Analyse-)Workshops kann auf vorhandene Informationen zurückgegriffen werden oder sie können alleinstehend durchgeführt werden. Wenn etwa eine vorhergehende Befragung stattgefunden hat, können die quantitativen Ergebnisse diskutiert und besprochen werden. Tieferliegende Ursachen der Belastungsfaktoren werden identifiziert und konkrete Maßnahmen abgeleitet. Die Workshop-Leitung sollte durch qualifizierten Personen erfolgen.

3.3 Ableitung von Maßnahmen
In der GBpsych sollte die Frage beantwortet werden, welche der gefundenen Faktoren sich im Arbeitsalltag besonders stark auswirken. Anders als in anderen Bereichen des Arbeitsschutzes gibt es hierfür keine einheitlichen Grenzwerte. Es ist daher sinnvoll, die Wahrnehmung der letztendlich Betroffenen in die Belastungsbeurteilung und Schwerpunktsetzung miteinzubeziehen. Das Ergebnis der Maßnahmenableitung sollte ein detaillierter und nachvollziehbarer Maßnahmenplan sein, der die Art der Belastung, deren Ursache(n), vorgesehen Maßnahmen, Verantwortlichkeiten und Umsetzungsfristen umfasst.

3.4 Wirksamkeitskontrolle
Um zu überprüfen, ob die abgeleiteten Maßnahmen dazu beigetragen haben, die Arbeitsbedingungen zu verbessern, ist eine Wirksamkeitskontrolle Bestandteil der rechtlichen Vorgaben zur GBpsych. Diese umfasst die Beantwortung der Fragen nach der

erfolgten Umsetzung der Maßnahmen, der Verbesserung der Belastungssituation sowie der Auswirkungen auf die Gesundheit der Beschäftigten.

4. Ausblick

Psychische Faktoren werden zunehmend relevanter, um die Gesundheit und die Leistungsfähigkeit von Beschäftigten zu erhalten. Dies hat auch der Gesetzgeber erkannt und durch eine Ergänzung im Arbeitsschutzgesetz die GBpsych vorgeschrieben. Eine entsprechend gut durchgeführte GBpsych liefert Anhaltspunkte, um psychische Faktoren mit in eine Präventionsarbeit einzubeziehen, die gesellschaftliche Veränderungen berücksichtigt und dadurch Fehlzeiten reduziert, Motivation und Flexibilität erhält und langfristigen Ausfallzeiten vorbeugt. Die GBpsych ist somit ein Fundament eines strategisch ausgerichteten betrieblichen Gesundheitsmanagements.

Literatur
Badura, B., Ritter, W., Scherf, M. (1999) Betriebliches Gesundheitsmanagement ein Leitfaden für die Praxis. Edition Sigma, Berlin.
BAuA (2014) Gefährdungsbeurteilung psychischer Belastung. Bundesanstalt für Arbeitsschutz und Arbeitsmedizin (BAuA). Erich Schmidt Verlag. Berlin.
Debitz U., Mühlpfordt S., Muzykorska E., Lübbert U., (2016) Der Leitfaden zum Screening Gesundes Arbeiten –SGA, Initiative Neue Qualität der Arbeit (Hrsg.). Berlin.
GDA (2016) Empfehlungen zur Umsetzung der Gefährdungsbeurteilung psychischer Belastung. Gemeinsame Deutsche Arbeitsschutzstrategie (GDA, Hrsg.), Berlin. online im Internet, URL: http://www.gda-portal.de/de/pdf/Psyche-Umsetzung-GfB.pdf, Abrufdatum: 02.12.2017.
Marschall, J., Hildebrandt, S., Sydow, H., Nolting, H.-D, Burgart, E., Woköck, T. (2017) Gesundheitsreport 2017 – Analyse der Arbeitsunfähigkeitsdaten, in: Storm, A. (Hrsg.), Beiträge zur Gesundheitsökonomie und Versorgungsforschung. medhochzwei Verlag GmbH, Heidelberg, online im Internet, URL: https://www.dak.de/dak/download/gesundheitsreport-2017-1885298.pdf, Abrufdatum: 02.12.2017.
PronovaBKK (2016) Betriebliches Gesundheitsmanagement 2016 – Ergebnisse der Befragung. Leverkusen. Pronova Betriebliche Krankenkasse (PronovaBKK, Hrsg.), online im Internet, URL: https://www.pronovabkk.de/downloads/695efe366b1e0f14/pronovaBKK_Arbeitnehmerbefragung_BGM_2016.pdf, Abrufdatum: 02.12.2017.

Markt der Möglichkeiten und Posterausstellung
Leitung: Moritz Bald

Anna Arlinghaus, Johannes Gärtner & Friedhelm Nachreiner
Belastungsausgleich durch Arbeitszeitreduktion – der Time Compensation Calculator 1.0

Kai Breitling
**Wer ist hier der Boss?
Macht- und Verteilungsfragen als Stolpersteine für die Gefährdungsbeurteilung psychischer Belastung**

Friedrich Englisch
MABO – Ein ganzheitliches Verfahren zur Gefährdungsanalyse von psychischer Belastung am Arbeitsplatz

Brigitta Gruber
Arbeitsbewältigung ist kein Zufall, sondern muss immer wieder erschaffen werden: Arbeitsbewältigungs-Coaching® unterstützt!

Karin Hagenauer & Johanna Klösch
Arbeitsbedingte psychische Belastung – Entwicklungsbedarf im österreichischen ArbeitnehmerInnenschutz

Oliver Hasselmann & Kristina Büttenbender
**Prävention 4.0
für Kleine und mittlere Unternehmen (KMU)**

Holger Muehlan, Sandra Lemanski, Jan Vitera & Silke Schmidt
Technologischer Wandel in der Windenergiebranche: Gesundheitliche Auswirkungen und betriebliche Versorgungsstrukturen

Cornelia Schmon & David Steindl
Betriebliche Gesundheitsförderung (BGF) – mehr als der Obstkorb in der Eingangshalle?

Michaela Höfer & Samuel Strunk
**Stärkung der Sicherheitskultur
durch gehirngerechte Sicherheitstrainings**

Sonja Berger & Gudrun Wagner
**Ideen-Treffen – ein Workshop-Verfahren
nicht nur für Kleinstbetriebe**

Martin Weßel & Paul Jiménez
Arbeitsplatzevaluierung psychischer Belastung

Melanie Wicht
**Arbeitszeitregelungen im digitalen Zeitalter
und mögliche alternative Schutzmechanismen**

Petra Zander
**Systemische Betrachtung und Erfahrung
zur Gefährdungsbeurteilung psychischer Belastung
mit dem Fokus Maßnahmenumsetzung**

Martina Brandt, Antje Ducki & Daniela Kunze
**Arbeitsschutz von Anfang an:
Ein Online-Training für Existenzgründer
und junge Unternehmen**

Anita Bregenzer, Paulino Jiménez & Michaela Höfer
**Gesunde Arbeitsplätze
durch Gesundheitsförderliches Führen**

Reinhard Lenz
**Hebe- und Trageparcours:
Aktivierung zwischen Wissenschaft und Praxis**

Gudrun Wagner
**GDA MSE –
Seminarmodul „Gelebte Gesundheit am Arbeitsplatz:
Auf das WIE kommt es an"**

Anna Arlinghaus[1], Johannes Gärtner[1,2] & Friedhelm Nachreiner[3]
[1]*XIMES GmbH, Wien, Österreich;* [2]*TU Wien, Wien, Österreich;*
[3]*GAWO e.V., Oldenburg, Deutschland*

Belastungsausgleich durch Arbeitszeitreduktion – der Time Compensation Calculator 1.0

1. Effekte der Arbeitszeitgestaltung und Kompensationsansätze

Flexible und unübliche Arbeitszeiten nehmen seit geraumer Zeit immer mehr zu, gleichzeitig sind ihre möglichen negativen Auswirkungen auf die Sicherheit, Gesundheit und das Sozialleben auch immer besser erforscht (vgl. Arlinghaus & Nachreiner 2017).

Ein möglicher regulativer Ansatz ist die Kompensation solch belastender Zeiten (und der damit verbundenen höheren Risiken) durch eine Reduktion (oder später ggf. auch eine Verlagerung oder Umgestaltung) der wöchentlichen Arbeitszeit. Wie viel Zeit für welche belastenden Arbeitszeiten jedoch als angemessene Kompensation gelten kann, ist schwer zu beantworten und unterliegt in der Praxis Aushandlungsprozessen. Ein erster arbeitswissenschaftlicher Ansatz von Arlinghaus und Nachreiner (2017) ist ein Rechenmodell auf Basis von Befragungsdaten, das eine Abschätzung erlaubt, wie stark die wöchentliche Arbeitszeit bei regelmäßiger Abend- und Wochenendarbeit reduziert werden müsste, um ein Beeinträchtigungsniveau zu erreichen, das mit dem ohne Abend- und Wochenendarbeit vergleichbar ist. Dieser Ansatz bedarf jedoch weiterer Ausarbeitung und Validierung und ist noch nicht auf andere Aspekte der Arbeitszeit (z. B. Arbeitszeitmuster mit Merkmalen wie lange Dienste, Nachtarbeit, kurze Ruhezeiten, ...) ausgeweitet worden.

Die Fragestellung dieses Pilotprojekts ist daher, wie eine zeitliche Kompensation belastender Arbeitszeiten gestaltet sein müsste und ob man die Ermittlung der notwendigen Arbeitszeitreduktion mithilfe einer Softwarelösung unterstützen kann.

2. Entwicklung einer Software zur Risikoabschätzung
2.1 Integration bestehender Risikorechner
Im „Time Compensation Calculator 1.0" wurden verschiedene existierende Rechner und Software-Tools in einen Prototyp einer webbasierte Softwarelösung integriert, um die Risiken spezifischer Arbeitszeitmodelle hinsichtlich Arbeitsunfällen, gesundheitlicher Beeinträchtigungen sowie sozialer Einschränkungen zu berechnen (und ggf. zu prognostizieren). Die für die Bewertung dieser Dimensionen verwendeten Risikorechner und relevanten Arbeitszeitmerkmalen sind in Tabelle 1 dargestellt.

Tab. 1: Bewertungsdimensionen und verwendete Risikorechner

Risikofelder	Risikorechner	Berücksichtigte Arbeitszeitmerkmale
Risiko für Arbeitsunfälle und Fehlhandlungen	Fatigue and Risk Index Calculator (Spencer et al. 2006)	• Dauer • Lage • Pausen • Ruhezeiten • Wegezeiten
Gesundheitliche Beeinträchtigungen	„Arbeitszeiten online bewerten" der GAWO [„Initiative Neue Qualität der Arbeit" INQA; Dittmar et al. 2010)]	• Dauer • Lage • Schichtrhythmus • Ruhezeiten
Beeinträchtigung sozialer Teilhabe	Soziale Nutzbarkeit von Zeit, nach Hinnenberg et al. (2009)	• Lage

2.2 Funktionen des Time Compensation Calculator 1.0

Das webbasierte Software-Tool (basierend auf der XIMES-Software TIS – Time Intelligence Solution) befindet sich aktuell noch in der Entwicklung, erlaubt aber bereits die Eingabe bzw. den Import tatsächlicher Arbeitszeiten (z. B. aus der Anwesenheitserfassung) und die darauf basierende Risikoberechnung für Unfallrisiko, Schlafstörungen, Magen-Darm-Probleme und soziale Beeinträchtigungen. Dafür werden die Arbeitszeitmerkmale wie z. B. die Anzahl der Nachtstunden, die Dauer der täglichen Arbeitszeit, die Anzahl kurzer Ruhephasen < 11 Std. zwischen zwei Arbeitstagen analysiert (vgl. Tab. 1) und gemäß der Risikoalgorithmen aus den jeweiligen Rechnern mit Risikoschätzern versehen. Daraus wird je ein Gesamtrisiko für die oben beschriebenen Bereiche Unfälle, Gesundheit und Soziales berechnet.

Das ermittelte Risiko wird mit dem Beeinträchtigungsniveau der Referenzgruppe in Tagarbeit unter der Woche verglichen. Daraus lässt sich die notwendige Arbeitszeitreduktion ermitteln um auf ein vergleichbares Niveau wie dieses Referenzsystem zu kommen. Dabei wird vom jeweils höchsten Risikowert ausgegangen – wenn z. B. ein Arbeitszeitmuster hohe Werte bezüglich gesundheitlicher Risiken und weniger hohe Werte bezüglich der Unfall- und sozialen Risiken erhält, wird die Arbeitszeitreduktion basierend auf dem gesundheitlichen Risiko berechnet. Die Struktur des Tools ist in Abbildung 1 schematisch dargestellt.

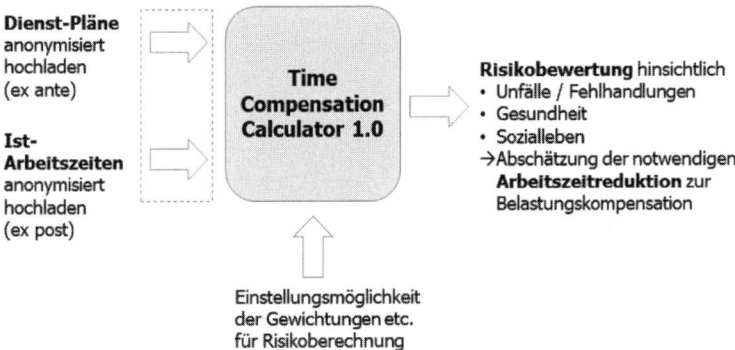

Abb. 1: Schematische Übersicht des Time Compensation Calculator 1.0

Eine interaktive Benutzeroberfläche erlaubt den Vergleich verschiedener Risiko-Szenarien (z. B. verschiedene Gewichtungen, unterschiedliche Definitionen relevanter Zeiten wie z. B. Nachtarbeit). Die Algorithmen und das Rechenwerk sind transparent dargestellt und durch den/die Benutzer/in leicht anpassbar. Dies soll zum einen zur wissenschaftlichen Nutzung, z. B. dem Vergleich verschiedener Risikomodelle, dienen. Zum anderen sollen so neuere Erkenntnisse aus der Forschung leicht hinzugefügt werden können, um die Risikoberechnung stets auf dem aktuellen Stand halten zu können.

2.3 Zukünftige Weiterentwicklung
Sobald die Programmierung des Prototyps abgeschlossen ist, sollen die Risikomodelle mit Hilfe von Arbeitszeitdaten aus verschiedenen Branchen validiert werden. Darüber hinaus ist eine Erweiterung der Modelle insbesondere im Hinblick auf die soziale Teilhabe angestrebt, so dass weitere Risikoindikatoren einbezogen werden können (z. B. kumulative Effekte von Arbeit zu sozial ungünstigen Zeiten wie abends oder am Wochenende oder auch Wechselwirkungen zwischen Risikobereichen).

3. Zusammenfassung und Fazit

Der Time Compensation Calculator 1.0 integriert verschiedene Risikorechner, um Arbeitszeiten hinsichtlich ihrer Auswirkungen auf Unfälle, Gesundheit und Soziales zu bewerten, ggf. auch im Kontext mit der in Deutschland gesetzlich geforderten Gefährdungsbeurteilung. Er unterstützt weiterhin bei der Frage einer angemessenen zeitlichen Kompensation zur Kontrolle des Risikos der ermittelten Belastungskomponenten.

Das Tool ist für verschiedene Zielgruppen interessant: Aus Sicht von Tarifparteien und Gesetzgebern könnten mit dem Tool unterschiedliche regulative Ansätze miteinander verglichen und damit die Konsensbildung unterstützt werden. Aus Sicht der Wissenschaft / Forschung können verschiedene Risikomodelle oder Theorien miteinander verglichen und weiterentwickelt werden. Nicht zuletzt kann der Rechner in der betrieblichen Praxis für die Gefährdungsbeurteilung von Arbeitszeit sowie den Vergleich verschiedener Arbeitszeitmodelle hinsichtlich ihrer Auswirkungen eingesetzt werden.

Literatur
Arlinghaus, A. & Nachreiner, F. (2017). Flexibilisierung und Gesundheit. In: Lothar Schröder und Hans-Jürgen Urban (Hrsg.): Gute Arbeit. Streit um Zeit – Arbeitszeit und Gesundheit. Frankfurt am Main: Bund-Verlag, S. 136–146.

Dittmar, O., Nachreiner, F. & Schomann, C. (2010). Gefährdungsbeurteilung anhand von Merkmalen der Arbeitszeit. Vortrag auf dem GfA-Frühjahrskongress „Neue Arbeits- und Lebenswelten gestalten" (Darmstadt, 24.–26.3.2010. http://www.gawo- ev.de/cms2/uploads/Dittmar%20GfA%202010.pdf?phpMyAdmin=8b6ed5803bbabc8d5f96599c9c6997ad (Abruf am 17.04.2018).

Hinnenberg, S., Zegger, C., Nachreiner, F. & Horn, D. (2009). The utility of time – revisited after 25 years. Shiftwork International Newsletter, 24 (2), 52. http://www.workingtime.org/resources/Documents/January%202009%20Vol.25. 1.pdf (Abruf am 17.04.2018)

INQA http://inqa.gawo-ev.de/cms/index.php?page=gefaehrdungsbeurteilung (Abruf am 17.04.2018) künftig unter www.azob.gawo-ev.de

Spencer, M., Robertson, K. & Folkard, S. (2006). The development of a fatigue/risk index for shiftworkers. Health and Safety Executive Research Report 446. http://www.hse.gov.uk/research/rrhtm/rr446.htm (Abruf am 17.04.2018)

Kai Breitling
Verwaltungs-Berufsgenossenschaft (VBG)

Wer ist hier der Boss?
Macht- und Verteilungsfragen als Stolpersteine für die Gefährdungsbeurteilung psychischer Belastung

1. Niedriger Umsetzungsgrad der GB Psyche: nicht können oder nicht wollen?

Der Umsetzungsgrad der Gefährdungsbeurteilung psychischer Belastung (GB Psyche) ist in Deutschland nach wie vor niedrig. Derzeit wird von maximal rund fünf Prozent der Unternehmen ausgegangen, die den Prozess der GB Psyche vollständig, d. h. bis zur Wirksamkeitskontrolle, durchlaufen haben (Beck, 2017). Als Ursachen für den geringen Umsetzungsgrad werden vor allem kompetenz- und ressourcenbezogene Faktoren diskutiert, wie der Mangel an einschlägigem Wissen bzw. notwendiger Fachkompetenz im Betrieb sowie fehlende zeitliche und finanzielle Spielräume. Auch ein ungünstiges Aufwand-Nutzen-Verhältnis der GB Psyche wird genannt (Beck, 2017).

Dagegen sprechen wissenschaftliche Untersuchungen nicht nur dafür, dass Prävention am Arbeitsplatz die Beschäftigtengesundheit verbessert, sondern sich auch positiv auf betriebswirtschaftliche Kennzahlen auswirkt. Das Verhältnis zwischen Aufwand und Nutzen beträgt demnach selbst bei konservativer Schätzung 1:2 (Bräuning & Kohstall, 2015). Daher wäre eigentlich zu erwarten, dass Unternehmen aus eigenem Antrieb ihre Anstrengungen für die GB Psyche verstärken. Zu beobachten ist dies jedoch nicht. Vor dem Hintergrund dieser Daten lässt sich die Nicht-Umsetzung der GB Psyche mit den bislang diskutierten Ursachen kaum befriedigend erklären. Problematisch erscheint die implizite Annahme, alle Organisationsmitglieder würden im Sinne eines an Effizienz und Nutzenmaximierung orientierten unternehmerischen Gesamtinteresses handeln. Werden diese Ziele nicht erreicht, so bleiben nur mangelnde Kompetenz oder Ressourcen als Ursachen. Diese Annahme ignoriert jedoch, dass neben einem wie auch immer gearteten Unternehmensinteresse davon abweichende Einzel- oder Gruppeninteressen existieren können. Daraus resultierende Interessenkonflikte sowie deren Austragung haben erhebliche Auswirkung auf unternehmerische Entscheidungen. Dieses Phänomen ist unter dem Begriff Mikropolitik (Neuberger, 1995) in die Literatur eingegangen. Neben dem Nichtkönnen stellt fehlendes bzw. uneinheitliches Wollen der Verantwortungsträger somit eine weitere, bislang kaum offen diskutierte Barriere für die GB Psyche dar.

Doch warum ist die GB Psyche anfällig für mikropolitisches Handeln, wo doch die Steigerung der Beschäftigtengesundheit, Leistungsfähigkeit und Produktivität eigentlich im Interesse aller liegt? Diese Einschätzung der GB Psyche als unpolitische Angelegenheit verkennt, dass in ihrem Fahrwasser häufig sensible Verteilungs- und Machtfragen aufgeworfen werden, bei deren Beantwortung mitnichten Einigkeit unter den betroffenen Parteien herrscht.

2. GB Psyche als Arena für Mikropolitik

Gestaltungsmaßnahmen im Rahmen der GB Psyche sind häufig dadurch charakterisiert, dass sie mit einer Ausweitung der Mitarbeiterautonomie einhergehen bzw. ohne sie gar nicht realisierbar sind. Eine stärkere Selbstbestimmung der Beschäftigten setzt jedoch voraus, dass im Gegenzug Führungskräfte in bestimmtem Umfang Kontrolle über den Arbeitsprozess abgeben. Besonders kommt dies bei Maßnahmen im Bereich der Arbeitsaufgabe und Arbeitsorganisation zum Tragen (siehe Beispiele in Tab. 1).

Tab. 1: Einfluss GB Psyche auf Mitarbeiterautonomie & Vorgesetzteneinfluss

Gestaltungsmaßnahme (Beispiele)	Mitarbeiterautonomie erhöht durch...	Vorgesetzteneinfluss reduziert durch...
Einrichtung störungsfreier Arbeitszeit	...selbstbestimmte Arbeitszeitgestaltung	...weniger Flexibilität bei Mitarbeitereinsatz
Beteiligung der Beschäftigten bei der Dienstplangestaltung	...individuelle Anpassung der Arbeitszeit an Privatleben	...Erfordernis des Abgleichs zw. betrieblichen und privaten Belangen
Abbau von Bürokratismen (Dokumentations-, Genehmigungspflichten)	...erweiterte Handlungs- und Entscheidungsspielräume	...geringere Kontrollmöglichkeiten über Arbeitsabläufe
Verbesserung von Information und Kommunikation	...eigenständige Urteilsbildung zu betrieblichen Belangen	...Verlust von Deutungshoheit

Die GB Psyche bietet somit nicht nur die Chance, die Arbeitsbedingungen der Beschäftigten zu verbessern. Von Führungskräften kann sie dagegen aus verschiedenen Gründen als Bedrohung ihrer Eigeninteressen wahrgenommen werden. So können Veränderungen wie in Tab. 1 im Widerspruch zu dem im Unternehmen tradierten Selbstverständnis von Führungskräften als Macher und Entscheider stehen (Stone, 2003). Außerdem könnten Führungskräfte durch mehr Mitarbeiterautonomie ihre Unabhängigkeit und Bedeutung bedroht sehen (Banutu-Gomez, 2015). Hinzu können Sorgen um die Gefährdung des Arbeitsergebnisses im eigenen Bereich kommen (Klein, 1984), für das sie auch bei reduzierten Durchgriffsrechten verantwortlich bleiben.

Und ein weiterer Aspekt ist zu berücksichtigen: Kritische Belastung wird durch Maßnahmen der GB Psyche häufig nur verlagert, verschwindet jedoch nicht. Was für Beschäftigte eine Entlastung und Stärkung von Ressourcen darstellt, bedeutet für Führungskräfte mitunter eine Zunahme der eigenen Belastungssituation. Entsprechend Tab. 1 steigt für sie z. B. der Koordinierungsaufwand, wenn sie bei der Dienstplanung Wünsche der Beschäftigten berücksichtigen sollen. Fallen Dokumentations- oder Genehmigungspflichten für die Beschäftigten weg, müssen Führungskräfte mitunter neue Wege finden, um über die von ihnen verantworteten Arbeitsprozesse auf dem aktuellen Stand zu bleiben. Im Fall einer verbesserten internen Information und Kommunikation müssen sie Entscheidungen möglicherweise stärker als bislang mit den Beschäftigten abstimmen, ihnen gegenüber begründen oder gegen Kritik verteidigen.

Bedrohte Eigeninteressen – ob real oder nur vermutet – können dazu führen, dass sich Führungskräfte der GB Psyche widersetzen. Dieser Widerstand wird selten offen kommuniziert, er zeigt sich in typischen Symptomen: So werden Ergebnisse aus der Belastungsanalyse nicht oder nur selektiv berichtet; bei der Maßnahmenableitung werden nur nebensächliche Themen angegangen oder Belastungen als nicht veränderbar deklariert; die Umsetzung konkreter Maßnahmen erfolgt mitunter halbherzig oder wird hinausgezögert.

3. Interessen aushandeln, Anreize schaffen, Kultur verändern

Betriebsinterne Widerstände können somit eine höhere Barriere für die GB Psyche darstellen als fehlende Ressourcen und dürften den geringen Umsetzungsgrad in den Unternehmen mitbedingen. Schwächen in der Arbeitsschutzorganisation verschärfen diese Situation mitunter. Denn die GB Psyche wird oft Funktionsträgern überantwortet, die kaum angemessen auf Widerstände reagieren können, da sie selbst über wenig Einfluss im Unternehmen verfügen, wie z. B. SiFa, BGM-Manager, Beschäftigte der Personalabteilung.

Es gibt jedoch Möglichkeiten, Widerständen gegen die GB Psyche vorzubeugen oder ihnen konstruktiv zu begegnen. Bereits zu Beginn des Prozesses der GB Psyche sollten Interessen, Befürchtungen und Rollenverständnis von Führungskräften thematisiert werden. Dies erfordert Fingerspitzengefühl, da persönliche Motive und Interessen trotz ihrer allgegenwärtigen Existenz als illegitime Grundlage für organisationale Entscheidungen gelten und daher häufig geleugnet werden. Dennoch sollte das Ziel sein, dass Interessen und Bedenken offen ausgesprochen werden, so dass fruchtlose Scheindiskussionen über vermeintlich objektive Gründe, die gegen die GB Psyche sprechen (z. B. Kosten, fehlende Fachkompetenz), vermieden werden. Erst dann ist es möglich, diese Interessen zu verhandeln und auf Befürchtungen zu reagieren. Hierbei kommt der Unternehmensleitung eine zentrale Bedeutung zu. So kann sie die GB Psyche zum Anlass nehmen, um eine Diskussion über Führungskultur und Partizipation im Unternehmen anzustoßen und ein neues Rollenverständnis für Führungskräfte zu etablieren, bei dem Partnerschaft anstatt Hierarchie und Kontrolle im Zentrum stehen. Auf diesem Weg kann den Führungskräften vermittelt werden, dass es nicht den Verlust ihrer Pfründe bedeutet, wenn die Beschäftigten mehr Autonomie erhalten, sondern dass dies auch für sie sinnvoll ist. Dazu muss ihnen jedoch verdeutlicht werden, welche Vorteile für sie persönlich mit der GB Psyche verbunden sind, z. B. in Form von mehr Zeit für Führungsaufgaben und weniger Aufwand für die Steuerung operativer Prozesse. Im Weiteren sollte die Unternehmensleitung die Erfolge der GB Psyche deutlich herausstellen und den Beitrag der Führungskräfte würdigen, um so deren Motivation zu steigern, sich für die GB Psyche einzusetzen. Außerdem kann ihnen so signalisiert werden, was in Bezug auf Arbeitsschutz von ihnen erwartet wird. Eine Anpassung der Anreiz- und Gratifikationssysteme kann hier einen zusätzlichen Beitrag leisten.

Bei der GB Psyche ist somit die Einnahme einer ganzheitlichen Perspektive essenziell, da mit den häufig betroffenen Partikularinteressen auch systemische und kulturelle Fragen aufgeworfen werden. Die derzeitige Umsetzungsquote der GB Psyche dürfte auch deshalb so niedrig sein, weil diese Aspekte bislang noch zu wenig berücksichtigt werden. Daher sollten Unternehmen sowie Berater hierauf künftig ein stärkeres Augenmerk richten. Dabei kann die aktuelle Kampagne „kommmitmensch" der DGUV (DGUV, 2017) zur Stärkung betrieblicher Präventionskultur eine wertvolle Unterstützung für Arbeitsschutzverantwortliche darstellen, um im Betrieb über Themen wie Führung, Beteiligung und Kommunikation in den Austausch zu treten und auf diese Weise Konsens anstatt Widerstand zu erzeugen.

Literatur
Banutu-Gomez, M. (2015). Understanding Leadership and Empowerment in the Workplace. European Scientific Journal 11(35), 342–365.
Beck, D. (2017). Berücksichtigung psychischer Belastung in der Gefährdungsbeurteilung: Aktuelle Befunde aus der GDA-Betriebsbefragung 2015. Vortrag auf dem 35. Internationalen Kongress für Arbeitsschutz und Arbeitsmedizin, Düsseldorf.
Bräuning, D. & Kohstall, T. (2015). Wirtschaftlichkeit und Wirksamkeit des betrieblichen Arbeitsschutzes: Zusammenstellung der wissenschaftlichen Evidenz 2006 bis 2012 (iga.Report 28). Berlin: Initiative Gesundheit und Arbeit.
DGUV (2017). kommmitmensch: Selbstverständlich sicher und gesund. So läuft es rund im Betrieb – Broschüre für Verantwortliche. Berlin: DGUV.
Klein, J. A. (1984). Why Supervisors Resist Employee Involvement. Harvard Business Review, 84, 5–27.
Neuberger, O. (1995). Mikropolitik. Der alltägliche Aufbau und Einsatz von Macht in Organisationen. Stuttgart: Enke.
Stone, F. (2003). The Essential New Manager's Kit. Wokingham: Kaplan.

Friedrich Englisch
Universität Kassel

MABO – Ein ganzheitliches Verfahren zur Gefährdungsanalyse von psychischer Belastung am Arbeitsplatz

1. Ausgangssituation

Das Thema „Psychische Belastung am Arbeitsplatz" hat in den letzten Jahrzehnten im Zuge der Globalisierung und Digitalisierung stark an Bedeutung gewonnen. Eine Verlagerung der Beschäftigung in den Dienstleistungs- und Informationssektor und die daraus resultierenden neuen Arbeits- und Organisationsformen führen zu einer Veränderung der Arbeitsanforderungen an die Beschäftigten. Dazu gehören höhere und wechselnde Qualifikationsanforderungen, Flexibilität der Arbeitszeit, mehr Team- und Projektarbeit, selbstregulierte Arbeitsformen und eine stärkere Vernetzung und Kooperation von Mensch und Maschine (Böckelmann & Seibt, 2011). Diese Veränderungen führen dazu, dass kognitive/informatorische und emotionale Anforderungen gestiegen sind und potentiell weiter steigen (Schütte & Windel, 2017).

Neben positiven Konsequenzen, die sich in der Kompetenz- und Persönlichkeitsentwicklung der Beschäftigten zeigen, gibt es drastische negative Auswirkungen der veränderten Arbeitsbedingungen auf die psychische Gesundheit der Mitarbeiter, wie sich z.B. an der kontinuierlichen Zunahme von Arbeitsunfähigkeitstagen und Berufsunfähigkeit aufgrund psychischer Erkrankungen zeigt. Hinzu kommen psychosomatische Beschwerden des Muskel-Skelett-Systems und des Herz-Kreislauf-Systems, die sich auf psychische Belastungen am Arbeitsplatz zurückführen lassen (ebd.).

Der Gesetzgeber schreibt seit 2013 im Rahmen des § 5 des Arbeitsschutzgesetzes (ArbSchG) eine regelmäßige Gefährdungsbeurteilung von psychischer Belastung am Arbeitsplatz vor. Die internationale Norm DIN EN ISO 10075-3 (DIN e.V., 2004) „Grundsätze und Anforderungen an Verfahren zur Messung und Erfassung psychischer Arbeitsbelastung" beschreibt Gütekriterien für arbeitsanalytische Messinstrumente.

2. Methode

Eine wichtige Rolle bei der Arbeitsanalyse spielen quantitative Mitarbeiterbefragungen. An der Universität Kassel wurde im Fachgebiet Arbeits- & Organisationspsychologie der Fragebogen MABO (Modulare Analyse der Belastungsfaktoren in Organisationen) entwickelt.

Der MABO – als ganzheitliches Analyseverfahren – erfasst diverse Arbeitsbedingungen sowie gesundheitliche Folgen, die für eine Gefährdungsanalyse und die Erfassung der Mitarbeiterzufriedenheit von Bedeutung sind (Vgl. Tab.1).

Tab. 1: Aufbau des MABO

	Bereich	Skala
Anforderungen	Tätigkeit	Tätigkeitsinhalte
		Tätigkeitsanforderungen
	Kommunikation & Kooperation	Informationsfluss Arbeitsatmosphäre
		Zusammenarbeit mit Kollegen
		Führung Organisationsleitung
	Arbeitsorganisation	Arbeitsabläufe
		Ergonomie
		Entwicklungsmöglichkeiten
		Gratifikation
Outcomes	Zufriedenheit, Gesundheit, Motivation	Burnout
		Psychosomatische Beanspruchung
		Einstellung zum Unternehmen

Neben der Erfassung der Belastungsfaktoren aus den Bereichen *Tätigkeit, Kommunikation & Kooperation* und *Arbeitsorganisation* werden die gesundheitlichen Folgen der Belastung (Outcomes) im MABO relativ ausführlich erfasst. Dadurch lassen sich zum einen Aussagen zur Dringlichkeit von Interventionsmaßnahmen treffen (Metz & Rothe, 2017) und zum anderen sind bessere Schlüsse bezüglich Wirkung und Wechselwirkung der Arbeitsbedingungen möglich. So zeigt das Job-Demand-Control Model (Karasek, 1979), dass z.B. hohe Tätigkeitsanforderungen isoliert kaum Aussagen über das Beanspruchungsniveau des Mitarbeiters zulassen, da diese in Abhängigkeit des Ausmaßes an Handlungsspielraum als positive Belastung oder aber als Fehlbelastung wirken können. Das Job Demands-Resources Model (Bakker & Demerouti, 2014) verfolgt einen ähnlichen Ansatz, verallgemeinert aber die Wirkung des Handlungsspielraums auf weitere Ressourcen, wie soziale Unterstützung oder gesundes Führen.

Aufgrund der komplexen Wechselwirkung aller Arbeitsbedingungsfaktoren – die sich kaum in einem einzelnen Modell abbilden lassen – lässt die ganzheitliche Analyse der Arbeitsbedingungen und die zusätzliche Erfassung psychischer und psychosomatischer Outcomes im Rückschluss eine bessere Bewertung der potentiell gesundheitsgefährdenden Arbeitsbedingungen zu. Darüber hinaus können die Skalen anhand der Daten zu gesundheitlichen Outcomes validiert werden.

3. Bisherige Ergebnisse

Es zeigt sich anhand von Erhebungen mit dem MABO in zwei großen Organisationen mit 1295 bzw. 488 Teilnehmern eine positive Bewertung der Testgütekriterien nach DIN EN ISO 10075-3.

Die Skalen weisen mit durchschnittlich $\alpha=0.8$ eine hohe interne Konsistenz auf und können somit als reliabel bewertet werden.

Im Rahmen der Bestimmung der Kriteriumsvalidität zeigen sich signifikante Zusammenhänge zwischen den Belastungsfaktoren und psychischer sowie psychosomatischer Gesundheitsfaktoren. In einer Regressionsanalyse zeigt sich ein Zusammenhang von durchschnittlich $R=0.45$ zwischen den bedingungsbezogenen Skalen und der Identifikation mit der Organisation, sowie $R=0.49$ bezüglich der Zufriedenheit mit dem Unternehmen. Burnout-Symptome, erfasst durch die Items der Irritationsskala (Mohr, Rigotti & Müller, 2005), können mit durchschnittlich $R=0.36$ durch die bedingungsbezogenen Skalen des MABO vorhergesagt werden.

4. Weiterentwicklung

Den genannten Vorteilen der ganzheitlichen Erfassung aller relevanter Arbeitsbedingungen mit Berücksichtigung psychischer und physischer gesundheitlicher Folgen steht die Problematik gegenüber, dass verschiedene Tätigkeitsfeldern unterschiedliche Belastungsprofile aufweisen (Bakker & Demerouti, 2014). Um den unterschiedlichen Anforderungen verschiedener Tätigkeitsfelder gerecht zu werden und deren Belastungsfaktoren ganzheitlich zu erfassen wird der MABO zukünftig als modulares Verfahren eingesetzt. Neben generischen Skalen zu Themen wie Arbeitsmenge oder Arbeitsatmosphäre, die in sämtlichen Arbeitsfeldern relevant sind, sollen branchenspezifische Schwerpunkte mittels optionaler Skalen berücksichtigt werden. Während bei bestimmten Berufsfeldern (z.B. Lehrer und Krankenschwestern) ein besonderer Fokus auf emotionalen Anforderungen liegt, sind bei Berufen wie Software-Entwickler oder Fluglotsen kognitiv/informatorische Anforderungen besonders salient (ebd.). Der modulare Einsatz entsprechender Skalen bietet den Vorteil, dass bestimmte Themenbereiche relativ ausführlich erfragt werden können, ohne dass der Gesamtumfang der Analyse so hoch wird, dass er nicht mehr mit der Motivation und den kognitiven Ressourcen der Befragten vereinbar ist.

Neben einer Skala, die kurzfristige Beanspruchungssymptome als Indikator für die kognitiven Anforderungen der Tätigkeit erfasst, ist aktuell eine Skala zu Emotionsarbeit geplant. Darüber hinaus sollen Themen, die in Zukunft weiter an Bedeutung gewinnen, wie Digitalisierung, Flexibilisierung und Job Crafting abgedeckt werden. Auch bei diesen Themen bietet sich der modulare, optionale Einsatz an, da nicht alle Tätigkeitsfelder gleichermaßen von der Entwicklung betroffen sind.

Eine maßgeschneiderte Variante der Mitarbeiterbefragung, wie sie häufig von Arbeitgebern oder Betriebsräten gewünscht wird, ist schwer mit dem Anspruch eines validierten und standardisierten Verfahren vereinbar. Eine modulare Erfassung ermöglicht es den Bedürfnissen des Unternehmens und der Art der Tätigkeit zu entsprechen und dennoch wissenschaftliche Teststandards eines objektiven, reliablen und validen Verfahrens zu erfüllen.

Die Auswertung und Interpretation des MABO erfolgt standardisiert und normorientiert. In einer laufend durch weitere Erhebungen wachsenden Datenbank können Auswertungen zum Vergleich aller definierten Organisationseinheiten, Berufsgruppen und demographischen Gruppen ausgegeben werden. Im Anschluss können weitergehende Analysen oder bereits Interventionen abgeleitet werden.

Literatur

Böckelmann, I. & Seibt, R. (2011). Methoden zur Indikation vorwiegend psychischer Berufsbelastung und Beanspruchung — Möglichkeiten für die betriebliche Praxis. *Zeitschrift für Arbeitswissenschaft, 65*(3), 205–222. https://doi.org/10.1007/BF03373839

Deutsches Institut für Normung e.V. (2004). *DIN EN ISO 10075-3 (2004-12) Ergonomische Grundlagen bezüglich psychischer Arbeitsbelastung – Teil 3: Grundsätze und Anforderungen an Verfahren zur Messung und Erfassung psychischer Arbeitsbelastung (ISO 10075-3:2004).* Berlin: Beuth.

Karasek, R. A. (1979). Job Demands, Job Decision Latitude, and Mental Strain: Implications for Job Redesign. *Administrative Science Quarterly, 24*(2), 285-308. https://doi.org/10.2307/2392498

Metz, A.-M. & Rothe, H.-J. (2017). *Screening psychischer Arbeitsbelastung: Ein Verfahren zur Gefährdungsbeurteilung.* Wiesbaden: Springer.

Mohr, G., Rigotti, T. & Müller, A. (2005). Irritation – ein Instrument zur Erfassung psychischer Beanspruchung im Arbeitskontext. Skalen- und Itemparameter aus 15 Studien. *Zeitschrift für Arbeits- und Organisationspsychologie A&O, 49*(1), 44–48. https://doi.org/10.1026/0932-4089.49.1.44

Schütte, M. & Windel, A. (2017). *Psychische Gesundheit in der Arbeitswelt–Wissenschaftliche Standortbestimmung.* Dortmund: Bundesanstalt für Arbeitsschutz und Arbeitsmedizin. doi:10.21934/baua:bericht20170421

Brigitta Gruber
arbeitsleben gruber e.u., Vorchdorf/Österreich

Arbeitsbewältigung ist kein Zufall, sondern muss immer wieder erschaffen werden: Arbeitsbewältigungs-Coaching® unterstützt!

Auch wenn Personen ohne Zutun älter werden, ist es sinnvoll beim Älterwerden im Beruf gelegentlich innezuhalten, nach vorne zu schauen und die Weichen für eine gute Zukunft zu stellen. Die Arbeitsbewältigung ist kein Glücksfall; eine Arbeitskrise ist kein unveränderliches Schicksal. Im Folgenden wird ein betrieblicher Förderprozess vorgestellt, der Individuen stärkt und betriebliche Zukunft sichert.

1. Demografischer Wandel und verlängerte Phase der Erwerbstätigkeit

Der demografische Wandel ist in vollem Gange: Die niedrigen Geburtenzahlen der letzten Jahrzehnte und die kontinuierlich steigende Lebenserwartung schlagen sich in der Altersstruktur der Belegschaften nieder. Unternehmen meistern heute die wirtschaftlichen Herausforderungen mit durchschnittlich älteren Belegschaften. Beschäftigte sollen und können länger aktiv im Erwerbsleben stehen. Wenn die Beschäftigten aber nicht nur bis zur späteren Rente „durchhalten", sondern länger gut, gern und wohlbehalten zum Unternehmenserfolg beitragen sollen, dann muss dafür (rechtzeitig und kontinuierlich) gesorgt werden.

Arbeitsbewältigung ist kein stabiles menschliches Vermögen. Mit Blick auf das Altern wird deutlich, dass das körperliche Bewältigungspotential eines jungen Erwerbstätigen das eines dreißig Jahre älteren Beschäftigten übersteigen kann. Hingegen punktet ein Beschäftigter im höheren Lebens- oder Berufsalter mit Erfahrungswissen, sozialer Kompetenz, beruflicher Routine und/oder Handlungssicherheit. Im Laufe von vierzig Erwerbsjahren wandeln sich persönliche Leistungskapazitäten.

Arbeitsbewältigung ist keine Persönlichkeitseigenschaft, die ausschließlich Beschäftigte zum Arbeitsort mitbringen könnten. Mehrere Faktoren – persönlicher & betrieblicher Natur – sind mitverantwortlich, wie Arbeitsbewältigung aktuell gelingt bzw. sich künftig entwickelt. Arbeit kann anhaltend gemeistert werden, wenn Arbeitsanforderungen einerseits und persönliche Leistungskapazitäten andererseits zusammenpassen. Jede Überforderung bzw. jede Unterforderung auf Dauer stellen ein Risiko für die Arbeitsbewältigung, für das Befinden und für die Gesundheit dar. Folgende Faktoren erweisen sich für die Arbeitsbewältigung bedeutsam:

- Biopsychosoziale Gesundheit
- Kompetenz aus Fähigkeiten, Fertigkeiten und Erfahrung
- Zufriedenheit mit gelebten und erlebten sozialen Werten
- Arbeits- und Organisationsbedingungen
- Vereinbarkeit von Erwerbsarbeit & privaten Verbindlichkeiten
- Gesellschaftliche Rahmenbedingungen.

Sie sind die Bausteine des „Hauses der Arbeitsbewältigung" (in Anlehnung an Ilmarinen „Haus der Arbeitsfähigkeit", 2012). Gleichzeitig beeinflusst ein Baustein die anderen in ihrer Belastbarkeit. Ein Übermaß an Arbeitsanforderungen drückt auf Dauer auf die gesundheitlichen Kapazitäten. Gut ausgeprägte Kompetenzen ohne berufliche Einsatzmöglichkeit gefährden die Statik des Hauses an der Etage „Werte-Zufriedenheit". Verändert sich die Etage „Gesundheit" durch unvorhergesehene Ereignisse (z.B. Unfall) oder durch lebens- bzw. altersbedingten Wandel, dann müsste dies nicht das Ende der Arbeitsbewältigung sein. Vielmehr ist es Auftrag für Person und Personalverantwortliche ausgehend vom gewandelten Baustein eine neue, neuerlich ideale Passung zum gemeinsamen Wohle anzustreben. Selbstredend ist jede vorsorgliche Stärkung bzw. Vorbeugung eines Verschleißes der Bausteine ein Beitrag für die Erhaltung von Lebensqualität und Zukunftsfähigkeit in einem verlängerten Erwerbsleben.

Es wird in Zukunft verstärkt Aufgabenstellung für betriebliche Verantwortungsträger und für Beschäftigte sein, die Arbeitsbewältigung nicht dem Zufall zu überlassen, sondern dem bewusst zu begegnen und kontinuierlich, bedarfsgerechte Passungen herzustellen. Diese Anstrengungen versprechen Nutzen im Sinne anhaltender Arbeitsbewältigung, Gesundheit und Produktivität bzw. die Vorbeugung von individuellen Arbeitsbewältigungskrisen sowie Reduktion von Personalrisiken im Unternehmen.

Das Arbeitsbewältigungs-Coaching (ab-c®) hilft dabei mit einem fachlich begleiteten Betriebs- und Personalpflegeprozess, der Beschäftigte jeden Alters als auch das Unternehmen bzw. die betrieblichen Verantwortungsträger anregt, vorsorglich für den Erhalt und die Entwicklung der Arbeitsbewältigung zu handeln.

2. Arbeitsbewältigungs-Coaching (ab-c®)

Beim ab-c® handelt es sich um ein Prozessberatungswerkzeug (Gruber/Frevel 2012). Es zielt darauf, die Selbstbeobachtung und Selbstregulation der Beschäftigten wie auch der betrieblichen Verantwortungsträger zu mobilisieren. Der Weg führt über offen-vertrauensvolle, ergebnis- und lösungsorientierte Förderdialoge im Betrieb. Diese Förderdialoge organisiert das ab-c® in einem zweistufigen Beratungsprozess

Markt der Möglichkeiten und Posterausstellung | 731

Abb. 1: Ablauf der Prozessberatung als Ermutigung zum Tun und zur dualen Verantwortung mittels Arbeitsbewältigungs-Coaching®

Der erste Schritt ist das Angebot eines einstündigen persönlich-vertraulichen Arbeitsbewältigungs-Gesprächs durch ausgebildete und vertrauensgebundene Berater an alle Beschäftigten. Das Gespräch beginnt mit der Ermittlung der aktuellen Arbeitsbewältigung mittels „Work Ability Index" (Tuomi 2001). Durch die ab-c®-spezifische professionelle Begleitung werden dem Beschäftigten seine Arbeitsbewältigung und die Konsequenzen für die Zukunft greifbar. Die anschließenden Leitfragen a) Was können Sie tun, um Ihre Arbeitsbewältigung zu erhalten bzw. zu fördern? und b) Was brauchen Sie dafür vom Betrieb bzw. von anderen? werden für jede „Etage des Hauses der Arbeitsbewältigung" (Gesundheit, Entwicklungsmöglichkeiten, Führung/Arbeitsorganisation, Arbeitsbedingungen) gestellt. Aktivierendes Nachfragen soll den Gesprächspartner ermuntern, möglichst konkrete Maßnahmen und erste Realisierungsschritte zu finden. So entsteht ein individueller, bedarfs- und umsetzungsnaher Erhaltungs- und Förderplan.

ab-c® beginnt beim Einzelnen, aber bleibt dort nicht stehen. Beschäftigte sollen bei der Umsetzung ihrer Förderbedarfe nicht allein gelassen werden. Der ab-c Berater unterstützt im zweiten Schritt die betrieblichen Verantwortungsträger (Leitungskräfte, Belegschaftsvertretung, Präventionskräfte), sich auf die Fördererfordernisse der Beschäftigten vorzubereiten. In dem etwa vierstündigen Arbeitsbewältigungs-Workshop entsteht ein betrieblicher Aktionsplan als Antwort auf die von der ab-c-Beratung gestellte Leitfrage: Was kann der Betrieb tun/Was können Sie als Verantwortungsträger des Betriebes tun, um die Arbeitsbewältigung der Belegschaft zu fördern? Angestrebtes Ergebnis ist die Konsens-orientierte Vereinbarung einer Maßnahme auf jeder der vier Förderetagen. Dafür liefert der Arbeitsbewältigungsbericht Gestaltungshinweise. Dieser enthält den anonymisierten, zusammengefassten Arbeitsbewältigungsstatus der ab-c-Teilnehmenden und ihre freigegebenen Förderthemen.

Da sich Arbeit und Menschen fortwährend ändern, wird geraten, die Arbeitsbewältigung regelmäßig (in einem zwei- bis dreijährigen Rhythmus) zu beobachten und kontinuierlich Passungs-Maßnahmen zu finden und umzusetzen.

3. Kompetenz zur Anwendung des ab-c®

Die Fähigkeit und Fertigkeit sowie die Befugnis zur Anwendung des ab-c® im Betrieb wird in einem zweitägigen Seminar vermittelt (siehe Trainings auf www.ab-c.eu). Voraussetzung für die Teilnahme sind gesundheits- und arbeitswissenschaftliche Grundkenntnisse und Erfahrungen in der Betriebsberatung. Es gilt die Ethik-Regel, dass ausgebildete ab-c Berater diese Prozesse nie in dem Betriebsbereich durchführen, wo sie durch kollegiale und/oder disziplinarische Beziehungen die Vertrauens-Voraussetzung nicht einhalten könnten.

Literatur

Gruber, Brigitta/Frevel, Alexander (2012): Arbeitsbewältigungs-Coaching®. Der Leitfaden zur Anwendung im Betrieb. Hrsg. von BAuA – Bundesanstalt für Arbeitsschutz und Arbeitsmedizin, INQA-Bericht 38, Berlin.

Ilmarinen, Juhani / European Agency for Safety and Health at Work (2012): Förderung des aktiven Alterns am Arbeitsplatz. Download (14.9.2017): https://osha.europa.eu/de/tools-and-publications/publications/articles/promoting-active-ageing-in-the-workplace

Tuomi, K./Ilmarinen, J./Jahkola, A./Katajarinne, L. & Tulkki, A. (2001): Arbeitsbewältigungsindex. Work Ability Index. Dortmund/Berlin 2001 (Schriftenreihe der Bundesanstalt für Arbeitsschutz und Arbeitsmedizin, Übersetzung Ü14).

Karin Hagenauer & Johanna Klösch
Arbeiterkammer Salzburg/Wien

Arbeitsbedingte psychische Belastung – Entwicklungsbedarf im österreichischen ArbeitnehmerInnenschutz

1. Arbeitsgestaltung und psychische Belastung

Der Schutz der menschlichen Psyche in der Arbeitswelt ist, vor allem seit der Novellierung des ArbeitnehmerInnenschutzgesetzes 2013, ein vieldiskutiertes Thema, das uns alle betrifft und verschiedene Zugangsweisen eröffnet: Sozial-moralisch betrachtet, steht beim psychischen Sicherheits- und Gesundheitsschutz vor allem der arbeitende Mensch – der seine Tätigkeit risikominiert und unter gesundheits- bzw. persönlichkeitsförderlichen Bedingungen ausführen kann – im Fokus. Betriebs- und volkswirtschaftlich gesehen, stehen die Kosten für unfall- und krankheitsbedingte Ausfallzeiten sowie Frühpensionierungen im Zentrum der Aufmerksamkeit. Beide Blickrichtungen vereint: Sichere und gesunde Arbeitsplätzen bilden einen Mehrwert, von dem sowohl der/die Einzelne als auch die Gesellschaft als Ganzes profitiert.

Die Kriterien um Arbeit menschengerecht zu gestalten sind seit vielen Jahren definiert. Erstens: Arbeit soll ausführbar sein und darf nicht schädigen. Körperliche und psychische Bedingungen müssen beachtet werden, um Gesundheitsschäden hintanzuhalten. Zweitens: Arbeit soll erträglich sein und darf nicht beeinträchtigen – das gesundheitliche Befinden darf nur in zumutbarem Rahmen negativ verändert sein. Drittens: Arbeit soll zumutbar sein, auch gesellschaftliche Normen und Werte sind in diesem Kontext zu beachten. Viertens: Arbeit soll persönlichkeitsfördernd sein (Hacker/Sachse, 2014).

Verschiedene Normen (z.B. EN 29241-2:1993, ÖNORM EN 614-2:2008, ÖNORM EN ISO 6385:2017, ÖNORM EN ISO 10075-2:2000) definieren längst die Anforderungen an menschengerechte Arbeitsgestaltung. Dennoch: Immer mehr Beschäftigte in Österreich, halten den Anforderungen der heutigen Arbeitswelt nicht stand. Psychische Krankheiten sind auf dem Vormarsch: Krankenstände aufgrund arbeitsbedingter psychischer Belastung verursachen gesamtwirtschaftliche Kosten von ca. 3,3 Milliarden Euro jährlich (Biffl et al, 2012). Mehr als 1/3 (37,1 %) aller Invaliditätspensionen sind auf die Krankheitsgruppe „Psychische und Verhaltensstörungen" zurückzuführen (HV der österr. Sozialversicherungsträger, 2017, Kapitel 3, S. 4). Das zeigt: Umfangreiche arbeitswissenschaftliche/arbeitspsychologische Konzepte zur Gestaltung einer humanisierten Arbeitswelt sind vorhanden – es harkt an der zielgerichteten Umsetzung bzw. dem legistischen Transfer vorhandenen Wissens.

2. Status Quo: Psychische Belastung im ArbeitnehmerInnenschutzgesetz (AschG)

ArbeitgeberInnen sind im Kontext der Arbeit umfassend für die (psychische und physische) Sicherheit und den (psychischen und physischen) Gesundheitsschutz der ArbeitnehmerInnen verantwortlich (vgl. §§ 3 Abs.1 und 2 Abs. 7a AschG). ArbeitnehmerInnenschutz hat einen präventiven Anspruch – Risiken sind daher vorzeitig auszuschalten oder zu reduzieren (vgl. § 7 AschG). ArbeitgeberInnen müssen psychische Gefahren ermitteln, beurteilen und wirksame Schutzmaßnahmen festlegen (vgl. § 4 AschG). Gefahren sind als arbeitsbedingte physische und psychische Belastungen, die zu Fehlbeanspruchungen führen, definiert (vgl. § 2 Abs. 7 AschG).

Werden im Evaluierungsprozess Belastungen festgestellt, die sich kritisch auswirken können, sind ArbeitgeberInnen verpflichtet Maßnahmen zu setzen, die diese reduzieren oder ausschalten. Die Schutzmaßnahmen müssen an der Quelle der Gefahr ansetzen und kollektiv für alle von einer Gefahr betroffenen Beschäftigten wirksam sein. Darüber hinaus haben diese dem „Stand der Technik" zu entsprechen d.h. sie müssen auf anerkannten arbeitswissenschaftlichen/arbeitspsychologischen Konzepten basieren (vgl. §§ 4 und 7 AschG). Die Wirksamkeit der Schutzmaßnahmen ist in der Folge zu überprüfen und ggf. anzupassen.

3. ArbeitnehmerInnenschutz und Psyche – Entwicklungsbedarf in Österreich

3.1 Arbeits- und OrganisationpsychologInnen als dritte Präventivfachkraft etablieren

Zur wirksamen und dauerhaften Vermeidung von psychischen Gefahren am Arbeitsplatz braucht es fachliche Expertise. Bereits heute nennt das ArbeitnehmerInnenschutzgesetz (sowie weitere Bedienstetenschutzgesetze) ausdrücklich ArbeitspsychologInnen als ExpertInnen für psychische Belange der Prävention – so werden diese in § 4 Abs. 6 AschG insbesondere als geeignete Fachleute hervorgehoben.

Eine aktuelle Studie der Arbeiterkammer Oberösterreich (Specht-Prebanda, 2017) zeigt Zusammenhänge zwischen der erfolgreichen Umsetzung der Evaluierung und der Einbeziehung von ArbeitspsychologInnen: Unter Beiziehung externe ExpertenInnen (so auch ArbeitspsychologInnen) kommt es signifikant häufiger zu einer Maßnahmenentwicklung im Unternehmen. So gaben von den Fällen mit externer Begleitung 73 % der befragten Betriebsräte an, dass eine Maßnahmenentwicklung begonnen wurde. Bei jenen ohne externe Begleitung lag dieser Anteil bei nur 41 %. Trotz des dringenden Bedarfes an arbeitspsychologisch – fachlicher Kompetenz in der betrieblichen Prävention sind Arbeits- und OrganisationspsychologInnen nicht als Präventivfachkräfte, neben Sicherheitsfachkräften (SFK) und ArbeitsmedizinerInnen (AM), im AschG verankert. Um den psychischen Gefahren der Arbeitswelt wirkungsvoll entgegenzutreten bzw. psychisch menschengerechte Arbeitswelten zu schaffen, benötigen Arbeits- und OrganisationspsychologInnen die gleichen Rechte und Pflichten wie AM und SFK. Es ist daher erforderlich, Arbeits- und OrganisationspsychologInnen (bei Erhöhung der Präventivzeiten für alle Präventivfachkräfte) als gleichwertige Präventivfachkräfte im AschG zu verankern.

3.2 Konkretisierung der Evaluierung arbeitsbedingter psychischer Belastungen
Bei der Durchführung der Evaluierung arbeitsbedingter Belastungen ergeben sich in der Praxis – aufgrund gesetzlicher Unklarheiten – nach wie vor Missverständnisse. Die Folge sind fehlerhafte bzw. unvollständig durchgeführte Evaluierungen – trotz Engagements und finanziellem/personellem Aufwand der verantwortlichen ArbeitgeberInnen.

Die konkrete Anwendung der gesetzlichen Bestimmungen ist daher unterstützend mittels Durchführungsverordnung zu präzisieren. Aspekte, die in diesem Zusammenhang erläutert werden können sind z.B. Prozessstandards, Anforderungen an durchführende Personen, Kriterien für Evaluierungsverfahren, inhaltliche Dimensionen, ArbeitnehmerInneninformation, Regelungen zur Maßnahmenumsetzung, Wirksamkeitsprüfung oder Nachevaluierung).

3.3 Anpassung der inhaltlichen Dimensionen der Evaluierung arbeitsbedingter psychischer Belastungen
Das AschG stellt für einige Arbeitsbedingungen wie z.B. Arbeitsaufgaben und Art der Tätigkeiten, Arbeitsumgebung und Arbeitsraum, Arbeitsabläufe und Organisationskultur einen Bezug zu psychischen Belastungen her (§ 4 AschG Abs. 1). Die im AschG angeführten Aspekte umreißen jedoch nur einen Teil der Bedingungen, die mit arbeitsbedingten psychische Belastungen in Zusammenhang stehen und sind daher an die realen Bedingungen der Arbeitswelt anzupassen. Insbesondere Arbeitszeitregelungen (v.a. Schichtpläne), Flexibilisierungsprozesse und Personalbemessungen sind hierbei im AschG zu ergänzen.

3.4 Berufsidentität der Arbeits- und Organisationspsychologie
Im Gegensatz zu anderen Bereichen der Psychologie, fokussiert die Arbeits-und Organisationspsychologie auf den „gesunden Menschen" in der Arbeitswelt: Zielgruppe sind nicht „PatientInnen", sondern „der gesunde, arbeitende Mensch" in seiner Arbeits- und Organisationsumgebung. Ziel ist die Gestaltung von lern- und persönlichkeitsförderlichen Arbeitswelten. Die Arbeits- und Organisationspsychologie ist ein eigenständiges Gebiet mit ebenso eigenen Modellen, Methoden, Theorien, Zielgruppen, Zielen und Aufgaben.

Diese Eigenständigkeit muss sich auch in einer eigenen berufsrechtlichen Identität widerspiegeln: Für die Arbeits- und Organisationpsychologie ist daher eine eigenständige gesetzliche Positionierung im Psychologengesetz 2013 (gleichberechtigt zur Klinischen Psychologie und Gesundheitspsychologie) erforderlich.

3.5 Verantwortlichkeit für die Psyche in der Arbeitswelt enttabuisieren
Auch heute werden die psychischen Gefahren der Arbeitswelt (und deren psychische und körperliche Folgen) oftmals noch als „persönliches Problem" der Beschäftigten betrachtet: Tatsächlich liegt die Verantwortung für die Schaffung gesunder, sicherer und humaner Arbeitsbedingungen bei den ArbeitgeberInnen.

Hier bedarf es noch vieler Informations- und Aufklärungsarbeit in den Betrieben. Zum einen darüber, was genau Ziel der Evaluierung psychischer Belastungen ist. Zum anderen auch darüber, dass psychische Gesundheit ein Teil unserer Gesundheit ist, die durch Arbeit positiv und negativ beeinflusst wird. Psychische Gesundheit ist nichts Schicksalhaftes, sondern wird durch die Gestaltung von Arbeit beeinflusst. ArbeitnehmerInnenschutz wirkt – da er präventiv ansetzt und der Mensch nicht kuriert oder rehabilitiert werden muss.

Literatur
Biffl, G., Faustmann, A., Gabriel, D., Leoni, T., Mayrhuber, C. & Rückert E. (2012). Psychische Belastungen der Arbeit und ihre Folgen: http://media.arbeiterkammer.at/wien/PDF/studien/Psychische_Belastungen_der_Arbeit_2012.pdf (30.4.2018)
Heider A. & Schneeberger K. (2017). ArbeitnehmerInnenschutzgesetz. (7. aktualisierte Aufl.). Wien: ÖGB Verlag.
Hacker, W. & Sachse, P. (2014). Allgemeine Arbeitspsychologie – Psychische Regulation von Tätigkeiten (3. Aufl.). Göttingen: Hogrefe.
Hauptverband der österr. Sozialversicherungsträger (2017). Statistisches Handbuch der österreichischen Sozialversicherung 2017: https://www.sozialversicherung.at/cdscontent/load?contentid=10008.555191&version=1474454013 (30.4.2018)
Specht-Prebanda, M.& Kepplinger, L. (2017). Umsetzung und Wirkung der Evaluierung psychischer Belastungen aus Sicht von Betriebsratsvorsitzenden und Sicherheitsvertrauenspersonen. Institut für Sozial- und Wirtschaftswissenschaften. ISW Forschungsbericht Nr. 73. Linz.

Oliver Hasselmann & Kristina Büttenbender
Institut für Betriebliche Gesundheitsförderung

Prävention 4.0 für Kleine und Mittlere Unternehmen (KMU)

1. Prävention 4.0 – Was heißt das?

Arbeit 4.0, digitale Transformation oder Digitalisierung begegnen uns allgegenwärtig in Wissenschaft, in den Medien und in den Arbeits- und Lebenswelten. Dank technischer Innovationen und Entwicklungen erleben wir Wandel und Veränderung, der die gesamte Arbeitswelt und fast alle Unternehmen erfasst.

Führen technische Innovationen zu Veränderungen der Arbeitsbedingungen, ist es zwingend notwendig, auch die Unternehmenskultur anzupassen, denn technische Entwicklungen gehen immer mit sozio-kulturellen Veränderungen einher. Unternehmen sind aufgefordert neue Strategien und Konzepte für Arbeitssicherheit und Gesundheitsförderung der Beschäftigten zu entwerfen und umzusetzen. Um die Jobfitness (Rump 2016) der Belegschaft im Unternehmen zu fördern, gilt es, die psychischen und die physischen Arbeitsbelastungen zu minimieren und gleichzeitig gesundheitsförderliche Ressourcen sowohl in der Arbeitsorganisation und der Arbeitsplatzgestaltung, als auch in Form eines gesunden Arbeits- und Lebensstils zu fördern. Es geht darum, verhältnis- und verhaltenspräventive Aspekte zu kombinieren und die Verantwortung für Gesundheit und Sicherheit auf den Schultern von Arbeitgebern und Arbeitnehmern zu verteilen. Denn auch in der digitalen Arbeitswelt 4.0 sind zufriedene, motivierte und gesunde Mitarbeiter die Basis für wirtschaftlichen Erfolg und ein wesentlicher Faktor als attraktiver Arbeitgeber auf dem Bewerbermarkt.

1.1 Die neue Qualität – Arbeit 4.0

Digitalisierung begleitet uns bereits seit den 1960er / 1970er Jahren, ist also bereits ein „alter Hut". Mit dem Personalcomputer (PC) und der elektronischen Datenverarbeitung (EDV) sind wir vor rund 40 Jahren in das Zeitalter der Digitalisierung eingestiegen. Aber worin liegt nun die neue Qualität der Digitalisierung, was macht die 4. industrielle Revolution aus, von der in der Wirtschaft beinahe euphorisch gesprochen wird? Auch wenn sich die digitale Transformation eher Schritt für Schritt und eher evolutionär, als revolutionär vollzieht, bringt die 4.0-Technologie völlig neue Qualitäten mit sich, die branchenübergreifend großen Einfluss auf sämtliche Unternehmensbereiche haben.

Das Prinzip der Cyber-Physischen Systeme (CPS) stammt zwar aus der Industrie 4.0, lässt sich jedoch auf nahezu alle anderen Tätigkeitsbereiche, wie zum Beispiel

Büro, Einzelhandel, Handwerk oder mobile Arbeitsplätze übertragen. Jedes Objekt bzw. alle am Arbeitsprozess beteiligten Menschen, Maschinen und Bauteile sind mit Sensoren ausgestattet, die jeweils aktuelle Daten generieren und erfassen. Z. B. sind die Bauteile auf dem Fließband mit RFID-Chips ausgestattet, die u.a. Informationen über Herkunft, Gewicht und Zielbestimmung des Bauteils speichern. Die Handbohrer kennen dank der Sensorik die Kraft, mit der der Facharbeiter sie benutzt, gleichzeitig messen sie die Häufigkeit und die Geschwindigkeit sowie die Fehlerquote bei ihrer Nutzung. Sensoren am Körper oder in der Kleidung (Wearables) zeichnen verschiedene Vitaldaten der Beschäftigten auf, wie z. B. Herzschlag und Puls, Bewegungsradius oder das Stressniveau.

Alle Daten laufen in der Cloud zusammen. Sie liefern so ein virtuelles Abbild der realen Situation des Arbeitsprozesses in Echtzeit. Eine intelligente, selbstlernende und autonome Software, die Systemverwaltungsschale, bündelt die Daten, kombiniert sie, analysiert sie, wertet sie aus und leitet aus den aktuellen Zuständen Entscheidungen ab, mit denen sie den Arbeitsprozess steuert. Zusätzlich sind weitere Akteure in unterschiedlichem Umfang in das System integriert. Z. B. sind die Hardware-Hersteller mit dem CPS vernetzt, denn so gelingt eine vorausschauende Wartung der Maschinen. Software-Hersteller sind ebenfalls am System beteiligt, um z. B. entsprechende Updates automatisch einzuspielen oder Fehler zu beheben. Zulieferer sollten über kompatible Systeme verfügen, um aktuelle Bestellungen bzw. Anforderungen in Echtzeit zu erhalten und reagieren zu können. Crowdworker könnten Zugang zum CPS haben, um entstehende Aufgaben übernehmen zu können.

Ein CPS kann auch mit weiteren CPS vernetzt sein, so dass sich ganze Wertschöpfungsketten automatisieren lassen. Aktuell sind es eher kleine CPS-Lösungen, die sich in der realen Arbeitswelt verbreiten, z. B. für einen Arbeitsplatz oder ein Arbeitsmittel. In diesem Fall spricht man von Insellösungen. Somit halten CPS-Lösungen durchaus auch in KMU Einzug, oftmals ohne, dass die Betriebe das als CPS bzw. als 4.0-Prozess wahrnehmen.

1.2 Arbeitsbedingungen 4.0

Mit den 4.0-Technologien und Prozessen ändern sich die Arbeitsbedingungen in gravierendem Maße. Dies hat auch weitreichende Auswirkungen für die Sicherheit und die Gesundheit am Arbeitsplatz. Ob dies als Chance für gute und gesunde Arbeitsbedingungen genutzt und wahrgenommen wird oder ob die Tätigkeiten aufgrund der Digitalisierung mit zusätzlichen Belastungen und Anforderungen für die Beschäftigten einhergehen, hängt in erster Linie von der Gestaltung der Systeme ab. Wenn das System autonom die Prozesse steuert, stellt sich die Frage nach welchen Kriterien es vorgeht. Z. B. könnte sich die Umgebung automatisch an die Bedürfnisse des Menschen anpassen, der gerade arbeitet. Ergonomische Optimierung, Steuerung und Anpassung des Arbeitstempos bei Stresssymptomen oder Anstieg der Fehlerquote, kognitive Unterstützung durch zielgenaue und individuell angepasste Informationen auf dem Display der Smart-Devices.

Damit das gelingt, ist es notwendig sich im Entwicklungs- und Programmierungsprozess Gedanken über die gesundheitsförderliche und sichere Gestaltung der Arbeitsbedingungen zu machen. Präventionsexperten müssten bereits in dieser Phase hinzugezogen werden. In der Realität werden die Systeme eher von Ingenieuren und IT-Experten gestaltet.

Die folgenden Handlungsfelder sollten zum Thema Jobfitness, Sicherheit und Gesundheit in der Arbeitswelt 4.0 unbedingt Berücksichtigung finden:

- *Mobile und flexible Arbeit:* gewinnt in der digitalen Arbeitswelt an Dynamik, da immer mehr Tätigkeiten orts- und zeitflexibel ausgeführt werden können. Verbessert sich die Vereinbarkeit von Beruf und Privatleben oder kommt es zu einer zunehmenden Entgrenzung der Arbeit durch ständige Erreichbarkeit? Ist mobiles Arbeiten mit zusätzlichen Handlungs- und Entscheidungsspielräumen verbunden oder werden digitale Kontrollmöglichkeiten für exakt getaktete Anweisungen auch unterwegs genutzt?
- *Physische und kognitive Assistenzsysteme:* Assistenzsysteme wie z. B. Roboter oder Exoskelette unterstützen bei körperlich schweren Aufgaben wie Heben und Tragen oder dem Arbeiten unter Zwangshaltungen. Mobile Endgeräte wie z. B. Smartphones, Smartglasses oder Tablets können mit zielgenauen Informationen den Arbeitsprozess erleichtern. Wie lassen sich die Möglichkeiten optimal nutzen?
- *Arbeitsdichte und Arbeitsaufgabe:* Die Mehrzahl der Beschäftigten (Arnold, DGB-Index) empfindet durch die Digitalisierung trotz der Unterstützung durch Assistenzsysteme eine Zunahme der Arbeitsdichte und des Arbeitsumfangs. Die Aufgaben werden komplexer und es müssen zunehmend verschiedene Tätigkeiten parallel erledigt werden. Welche Gestaltungskriterien müssen beachtet werden, um die Anforderungen und Belastungen zu reduzieren?

Weitere betriebliche Handlungsfelder, die unter dem Gesichtspunkt der Jobfitness betrachtet werden müssen sind Führung und Arbeitsorganisation, Unternehmenskultur sowie digitale Sucht.

2. Der Selbstcheck „Prävention 4.0" für KMU

Wie kann es Unternehmen also gelingen, die digitale Transformation nicht nur für Effizienz- und Produktivitätsgewinne zu nutzen, sondern gleichzeitig, die Arbeitsbedingungen gesundheitsförderlich zu gestalten?

Das vom Bundesministerium für Bildung und Forschung (BMBF) geförderte Verbundprojekt Prävention 4.0 (www.praevention40.de) entwickelt konkrete Handlungsempfehlungen für eine präventive Arbeitsgestaltung in der Arbeitswelt 4.0. Die Materialien helfen Unternehmern und deren Beratern die Chancen und Potentiale der Arbeitswelt 4.0 zu erkennen und in die Praxis umzusetzen.

Zentrales Element ist die Potentialanalyse „Arbeit 4.0". Ein Selbstbewertungsinstrument für KMU, das Unternehmen die Handlungsmöglichkeiten für die präventive Gestaltung der Arbeit 4.0 aufzeigt und Hinweise für die Gestaltung gesundheitsförderlicher Arbeitsbedingungen in der Arbeitswelt 4.0 gibt.

Darüber hinaus ist es für viele Unternehmen sinnvoll, auf Hilfe von externen Präventionsexperten zurückzugreifen. Dies z. B. können Berater der Krankenkassen, der Berufsgenossenschaften oder freie Berater sein. Parallel zum Wandel der Arbeitsbedingungen werden auch das betriebliche Gesundheitsmanagement und die Gesundheitsförderung digital. Mit Plattformen und Apps, Gamificationelementen wie z. B. Schrittzählerwettbewerben oder Onlinebefragungen können zielgruppenspezifische Angebote erstellt werden und eine neue Ergebnisqualität erreicht werden (Hasselmann 2018).

Literatur

Arnold, D., Butschek, S., Steffes, S., Müller, D. (2016). Digitalisierung am Arbeitsplatz. Hg. v. Bundesministerium für Arbeit und Soziales. Institut für Arbeitsmarkt- und Berufsforschung, Zentrum für Europäische Wirtschaftsforschung. Berlin (Forschungsbericht, 468).

Hasselmann, O. (2018). Digitales BGM für die Arbeitswelt 4.0. Optionen für das Betriebliche Gesundheitsmanagement. In: D. Matusiewicz und L. Kaiser (Hg.): Digitales Betriebliches Gesundheitsmanagement. Theorie und Praxis (FOM-Edition), S. 57–71.

Hasselmann, O., Meyn, C., Schröder, J., Sareika, C. (2018). Gesundheit in der Arbeitswelt 4.0. In: O. Cernavin, W. Schröter und S. Stowasser (Hg.): Prävention 4.0. Analysen und Handlungsempfehlungen für eine produktive und gesunde Arbeit 4.0. Wiesbaden: Springer, S. 231–268.

Institut DGB-Index Gute Arbeit (Hg.) (2016). DGB-Index Gute Arbeit. Der Report 2016. Wie die Beschäftigten die Arbeitsbedingungen in Deutschland beurteilen. Die Digitalisierung der Arbeitswelt – eine Zwischenbilanz aus Sicht der Beschäftigten. Unter Mitarbeit von Markus Holler. Berlin.

Rump, J., Schiedhelm, M., Eilers, S. (2016). Gesundheit anordnen? Die Rolle der Führungskultur im Rahmen des Betrieblichen Gesundheitsmanagements. In: A. Ducki, H. Schröder, J. Klose, M. Meyer, B. Badura (Hg.): Fehlzeitenreport 2016. Unternehmenskultur und Gesundheit. Berlin, Heidelberg: Springer, S. 95–103.

Holger Muehlan, Sandra Lemanski, Jan Vitera & Silke Schmidt
Lehrstuhl Gesundheit & Prävention, Universität Greifswald

Technologischer Wandel in der Windenergiebranche: Gesundheitliche Auswirkungen und betriebliche Versorgungsstrukturen

1. Einführung

Zwei bedeutsame Handlungsfelder, die gerade den kleinen und mittelständischen Unternehmen (KMU) einiges abverlangen, sind und bleiben der technologische Wandel und der Arbeits- und Gesundheitsschutz (AGS). Der Einsatz moderner Technologien betrifft diverse Industriebranchen, ob produzierende oder dienstleistungsorientierte Unternehmen. Durch die technologischen (vor allem digitalen) Entwicklungen ändern sich die Anforderungen, aber auch die Möglichkeiten für Sicherheit und Gesundheit von Beschäftigten zu sorgen – physisch wie auch psychisch (Arnold et al., 2016). Aber wie genau gestaltet sich der technologische Wandel – und welche konkreten Veränderungen gehen damit einher? Zur Beantwortung dieser Fragen wurden im Rahmen des vom BMBF geförderten Verbundprojekts „Gesunde Arbeit in Pionierbranchen" (GAP) in Kooperation mit dem WindEnergy Network e.V. (WEN) telefonische Befragungen der Mitgliedsunternehmen durchgeführt. Der Beitrag gibt einen Überblick zu wichtigen Ergebnissen, mit Fokus auf dem technologischen Stand der Mitgliedsunternehmen sowie deren Perspektiven und Erfahrungen in Bezug auf den technologischen Wandel sowie dessen präventive Potenziale und gesundheitliche Auswirkungen auf die Beschäftigten.

2. Stichprobe

Die Mitgliedsunternehmen des WEN wurden zunächst schriftlich und anschließend telefonisch kontaktiert. Insgesamt 56 Unternehmen erklärten sich für ein Interview bereit. Es wurde jeweils ein Unternehmensvertreter befragt, der zu den verwendeten Technologien und zum Arbeits- und Gesundheitsschutz auskunftsfähig war. Der branchenspezifischen Kategorisierung des Netzwerkes folgend, zeigte sich für die Tätigkeitsfelder der befragten Mitglieder folgende Verteilung: Windenergie auf See (n=6), Windenergie an Land (n=5) und Maritime Wirtschaft (n=3); Unternehmen mit jeweils zwei zugewiesenen Kategorien (n=15, davon 8 aus den Kategorien Windenergie auf See und an Land, 6 aus den Kategorien Windenergie auf See und Maritime Wirtschaft, 1 Mitglied aus den Kategorien Windenergie an Land und Maritime Wirtschaft); Unternehmen, die alle drei Kategorien auf sich vereinigten (n=6); Mitgliedsunternehmen ohne eine zugewiesene Kategorie/n (n=21).

3. Technologischer Wandel

3.1 Form der eingeführten Technologien
Um eine Übersicht zu ermöglichen, auf welchem technologischen Stand sich die Unternehmen befinden, wurde unter Bezug auf die acatech-Studie eine Einteilung der eingeführten Technologien in solche zur Digitalisierung und solche zur Industrie 4.0 vorgenommen (Schuh et al., 2017). Digitalisierung umfasst dabei Technologien zur Computerisierung und Vernetzung der verwendeten IT-Komponenten. Industrie 4.0-assoziierte Technologien bauen auf denen zur Digitalisierung auf. Zentral ist dafür die datenbasierte Verknüpfung der Prozesse und Bereiche eines Unternehmens. Höhere Stufen der Industrie 4.0 können autonom mögliche Szenarien simulieren oder selbstoptimierend handeln.

3.2 Zeitpunkt der eingeführten Technologien
Von den 56 interviewten Unternehmen hatten 49 bereits neue Technologien eingeführt, befanden sich gerade in der Einführungsphase oder in der Planung. Abbildung 1 gibt einen Überblick, wann und welche Arten von Technologien eingeführt wurden. Bezogen auf die letzten 5 Jahre können diese vorrangig den Digitalisierungstechnologien zugeordnet werden (86 %). Lediglich 14 % haben den Reifestatus einer Industrie 4.0-Technologie. Die Grafik darf nicht darüber hinwegtäuschen, dass eventuell bereits früher Technologien eingeführt wurden, die den Befragten als zu selbstverständlich erschienen, um sie anzugeben.

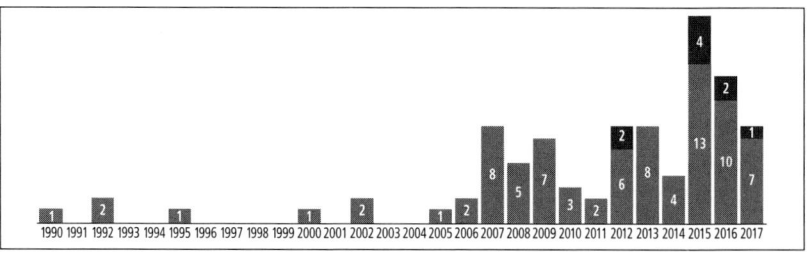

Abb. 1: Zeitpunkt der Technologieeinführung

3.3 Zentrale Komponenten der eingeführten Technologien
Weitere Analysen beziehen sich auf die Technologien, die von den Unternehmen jeweils als für sie am wichtigsten eingeschätzt wurden. Die so verbleibenden Technologien werden hier differenziert nach ihrem Funktionsbereich dargestellt (vgl. agiplan-Studie; Bischoff et al., 2015). Am häufigsten werden Technologien zur Vernetzung und Integration eingesetzt, welche die Zusammenarbeit mit anderen Abteilungen, innerhalb einer Abteilung oder mit Netzwerk-Partnern ermöglichen (z. B.

Cloudlösungen). Technologien zur Datenerfassung und -verarbeitung folgen an zweiter Stelle (z. B. ERP-Systeme). Assistenzsysteme sind Geräte, Maschinen und Systeme, welche die Beschäftigten bei der Arbeit unterstützen. Diese wurden in den befragten Unternehmen seltener eingeführt (z.b. verschiedene Endgerättypen). Gleiches gilt für Technologien zur Dezentralisierung und Serviceorientierung, also Leistungen oder Services, die von anderen Abteilungen oder Partnern angeboten werden oder die von den Unternehmen selbst genutzt werden. Der fünfte Funktionsbereich, der Technologien zur Selbstorganisation und Autonomie umfasst, beinhaltet alle Systeme, die Steuerungsfunktionen übernehmen oder automatische Regelkreise. Derartige Technologien sind innerhalb der befragten Unternehmen bisher lediglich in Planung. Auffällig ist, dass sich der Großteil (75 %) der für die Unternehmen bedeutsamen Technologien auf die Stärkung der digitalen Infrastruktur beziehen. Insgesamt 95,7 % der wichtigsten Technologien können der Digitalisierung, dagegen lediglich 4,3 % der Industrie 4.0 zugeordnet werden.

3.4 Motive für die Einführung der Technologien
Häufig genannte Gründe für die Einführung der bedeutsamsten Technologie sind Einsparung von Kosten, Vereinfachung der Kommunikation, Erhöhung der Mobilität, Minimierung von Fehlern, Erhöhung des Arbeitstempos, Verbesserung der Transparenz, Minimierung des Gefährdungspotenzials, Sicherung der Erreichbarkeit sowie Steigerung der Effizienz. Diese beziehen sich vorrangig auf die Organisation der Arbeit, die mit Hilfe der Technologien vereinfacht, transparenter und sicherer gestaltet werden soll.

4. Auswirkungen des technologischen Wandels

Potenzielle Effekte des technologischen Wandels auf Beschäftigte sind vielfältig. Häufig angenommene Auswirkungen, die von einem Verbundpartner (TU Dresden) in der Literatur identifiziert und gesammelt wurden, wurden den befragten Unternehmen als Liste zur Beurteilung vorgelegt. Es sollte eingeschätzt werden, ob und in welchem Ausmaß sich bestehende Belastungen durch die Technologieeinführung verändert haben, verändern könnten oder, ob neue Belastungen aufgetreten sind. Es zeigte sich, dass vor allem die körperliche Belastung zurückgegangen ist und zwar in Bezug auf den Schweregrad und die Einseitigkeit. Auf psychischer Ebene steigen die Belastungen tendenziell, es werden u. a. höhere Qualifikationsanforderungen gestellt und die kontinuierliche Weiterentwicklung i. S. eines lebenslangen Lernens erforderlich. Zudem wurden Belastungsfaktoren wie ganzheitliches Denken, Kommunikationsfertigkeit und Eigenständigkeit als gestiegen beurteilt. Interessanter Weise wurden neuartige Belastungen jedoch kaum berichtet.

5. Gesundheitsstrukturen in den Unternehmen

Der Arbeits- und Gesundheitsschutz (AGS) hat im Unternehmen u. a. die Aufgabe, Gefährdungen – auf Grund physischer und psychischer Belastungen der Beschäftigten – zu beseitigen bzw. zu minimieren. In den befragten Unternehmen ist es primär die Geschäftsführung, welche für den AGS verantwortlich ist, eine ausschließlich für den AGS zuständige Fachkraft ist seltener anzutreffen. In 53 % der befragten Unternehmen gibt es zusätzlich zum AGS eine betriebliche Gesundheitsförderung (BGF). Die BGF ist bestrebt, Bedingungen zu schaffen und Maßnahmen anzubieten, um die Gesundheit der Beschäftigten nicht nur zu erhalten, sondern zu fördern. Wie auch für den AGS wird hier mit Abstand am häufigsten die Geschäftsführung als hauptverantwortlich genannt.

6. Zusammenfassung

Die Ergebnisse zeigen, dass sich mehr als 85 % der eingeführten Technologien der Digitalisierung und weniger als 15 % der Industrie 4.0 zuordnen lassen. Bezogen auf vorliegende Reifegradmodelle (z. B. agiplan; Bischoff et al., 2015), steht die Mehrzahl der befragten Unternehmen damit am Anfang bzw. in Mitten eines technologischen Wandels, mit vereinzelt auftretenden 4.0 Elementen. Es zeigt sich ein Anstieg psychischer und eine Abnahme körperlicher Belastungen, was bisherigen Befunden entspricht (Arnold et al., 2016). Bezogen auf den technologischen Wandels wurden nur vereinzelt neue Belastungen benannt, wie diese etwa von mobilen Assistenzsystemen bekannt sind (Carstensen, 2015). Das veränderte Belastungsmuster sollte im AGS Berücksichtigung finden und primär den erhöhten psychischen Belastungen Rechnung tragen.

Literatur

Arnold, D., Butschek, S., Steffes, S. & Müller, D. (2016). *Digitalisierung am Arbeitsplatz* (Forschungsbericht 468). Berlin: Bundesministerium für Arbeit und Soziales.

Bischoff, J., Taphorn, C., Wolter, D., Braun, N., Fellbaum, M., Goloverov, A., ... & Scheffler, D. (Hrsg.) (2015). *Erschließen der Potenziale der Anwendung von Industrie 4.0 im Mittelstand*. Mülheim an der Ruhr: agiplan.

Carstensen, T. (2015). Neue Anforderungen und Belastungen durch digitale und mobile Technologien. WSI Mitteilungen, 68, 187–193.

Schuh, G., Anderl, R., Gausemeier J., ten Hompel, M. & Wahlster, W. (Hrsg.) (2017). *Industrie 4.0 Maturity Index. Die digitale Transformation von Unternehmen gestalten* (acatech-Studie), München: Herbert Utz.

Hinweise: Die Studie wurde im Rahmen des BMBF-geförderten Verbundprojekts „Gesunde Arbeit in Pionierbranchen" (GAP) durchgeführt (FKZ: 02L14A072). Wir bedanken uns bei den studentischen Hilfskräften im Projekt für die tatkräftige Unterstützung.

Cornelia Schmon & David Steindl
research-team – Jimenez-Schmon-Höfer GmbH

Betriebliche Gesundheitsförderung (BGF) – mehr als der Obstkorb in der Eingangshalle?

1. BGF – eine Bestandsaufnahme

Der Begriff der Gesundheit ist ein sehr persönlicher. Daher sind die ersten Assoziationen beim Thema „Betriebliche Gesundheitsförderung" (BGF) bei den meisten Menschen im Sinne des pädagogischen Auftrags: MitarbeiterInnen als Firma dabei zu unterstützen durch Verhaltensmaßnahmen gesund zu bleiben (Faller, 2012).

Sich als „gesund" zu bezeichnen, bedeutet aber nicht nur sich gesund zu ernähren, regelmäßig Sport zu treiben o.ä., sondern einen gesunden LebensSTIL (=Einstellung) zu pflegen, welcher dementsprechende Rahmenbedingungen, die gesundheitsförderlich sind, auch zulässt. "Gesundheit ist Voraussetzung und Ergebnis einer kontinuierlichen Auseinandersetzung des Menschen mit Bedingungen und Herausforderungen in Familie, Schule, Arbeitswelt und Freizeit.", meint Badura, 2002.

Im praktischen Sinne bedeutet dies im Bereich der Gesundheitsförderung vor allem den großen Lebensanteil zu berücksichtigen, den wir Menschen im Arbeitsalltag verbringen und dort die Rahmenbedingungen in den Unternehmen zu beleuchten.

2. Commitment als Grundlage der Gesundheitsförderung in Betrieben

Erst wenn man sich etwas näher mit der BGF befasst, stößt man auf den Begriff der Verhältnisprävention. Um ein gesundheitsförderliches Verhalten ausführen zu können, braucht es gesundheitsförderliche Strukturen (Verhältnisse). Faller (2012) bezeichnet diesen Teil der BGF sehr schön „über den pädagogischen Auftrag hinaus" als Organisationsentwicklung, um gesunde Rahmenbedingungen in den Firmen zu schaffen. Und weiter schreibt er „dies sollte die Hauptaufgabe von Unternehmen sein".

Metaanalysen belegen außerdem, dass gerade die Kombination von Verhaltens- und Verhältnisprävention den höchsten Return On Investment bringt (z.B. iga.Report 28, 2015).

Der Beginn einer umfassenden BGF, welche in einem kompakten nachhaltigen Management enden soll, findet sich im Top Management wieder. Ohne Commitment der Führung ist Gesundheitsförderung im Betrieb nur ein Nebenspielplatz mit netten Zusatzkosten.

Das bedeutet, die Führungskräfte müssen zu allererst ins Boot geholt werden, der

Begriff der Gesundheitsförderung von der persönlichen Verhaltensebene um die Möglichkeiten des Unternehmens gesundheitsförderlich zu handeln erweitert werden.

Neben den Führungskräften gibt es jedoch noch andere wichtige Synergien und Schnittstellen im Unternehmen: Betriebsrat, Organisations- und Personalentwicklung, Präventivfachkräfte wie ArbeitsmedizinerInnen, Sicherheitsfachkräfte, vielleicht auch ArbeitspsychologInnen, wenn vorhanden. Durch die Sensibilisierung dieser Personengruppen wird das Boot schon sehr voll – und die Reichweite der Möglichkeiten einer wirksamen BGF immer größer. Die „Aufbauorganisation" eines wirksamen betrieblichen Gesundheitsmanagements lässt sich dabei als Haus darstellen (Abb. 1), unter dessen Dach alle mitwirkenden Verantwortlichen sich wiederfinden sollten.

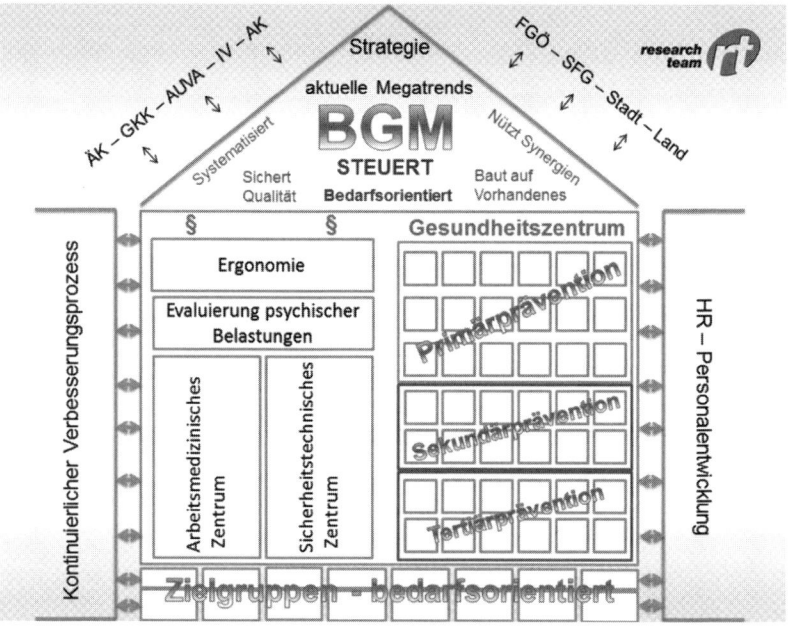

Abb. 1: Haus des Betrieblichen Gesundheitsmanagement, schematische Darstellung, ©research-team

Die Rolle des BGF-Beauftragten verändert sich dahinter ebenfalls eklatant. Er wird vom Veranstaltungsmanager zum wichtigen Prozessverantwortlichen mit vielen Schnittstellen. Kommunikationskompetenz ist daher eine der wichtigsten Eigenschaften im Profil eines BGF-Beauftragten.

Weiter ist es für ein erfolgreiches BGF wesentlich die notwendigen Zeit- und Budgetressourcen zur Verfügung zu haben – die BGF darf nicht „im Alltagsgeschäft untergehen", sondern sie muss „ins Alltagsgeschäft integriert werden".

3. Prozesse und Tools

Der oben genannte Begriff der „Organisationsentwicklung" kann manche vielleicht abschrecken. BGM ist aus unserer Sicht jedoch eine Haltung, eine Brille, mit der man bereits Vorhandenes sieht und um gesundheitsrelevante Aspekte ergänzt – nicht mehr und nicht weniger. Jede Organisation hat in irgendeiner Weise eine Strategie wohin die Reise geht, Ziele, die vielleicht zwar nicht niedergeschrieben, aber in den Köpfen sind. Das gleiche gilt für Prozesse, Abläufe, spezielle Instrumente, Werkzeuge der Mitarbeiter- und Unternehmensführung usw., die jedes Unternehmen, groß oder klein hat. Wenn diese typischen Management-Tools einer Firma einmal mit der „Gesundheitsbrille" betrachtet und um relevante Aspekte ergänzt werden, ist der Begriff Gesundheit in das Unternehmen integriert und man kann auch nicht mehr darauf vergessen. Nachhaltigkeit sicherstellen im Sinne eines wirklichen BGM bedeutet eine Integration in das laufende Qualitätsmanagement. Eine gute Grundlage zur Implementierung bietet hier die neue ISO 45001.

Wir kommen zum Abschluss also noch zur „Ablauforganisation" eines wirksamen betrieblichen Gesundheitsmanagements, die sich gut am klassischen PDCA (plan-do-check-act)-Zyklus orientiert.

- *Planung:* Wie bei jedem erfolgreichen Projektzyklus ist eine großzügige Zeitinvestition in die Planung der Schlüssel zum Erfolg. Hier muss viel durchdacht und festgelegt werden:
  - Erstellung Grundkonzept, Basis-Informationen, Mega-Trends, relevante Basis-Definitionen für das Unternehmen
  - Rollen, Aufgaben, Verantwortlichkeiten
  - Strategie und Ziele: Operationalisierung der Ziele, Definition relevanter Kennzahlen
  - Marketing: Instrumente, Kommunikationskanäle
- *Ist-Stand* bzw. *Bedarfsanalysen:* Quo vadis? Eine sehr entscheidende Phase im Zyklus, weil es um Erkennen von Bedarfen geht – wohin geht die Reise? Wo sollen Maßnahmenschwerpunkte gelegt werden?
  - Heranziehen harter betrieblicher Kennzahlen
  - Weiche Kennzahlen, z. B. erhoben durch laufenden MitarbeiterInnenbefragungen (häufige weiche Kennzahlen sind u. a. Arbeitszufriedenheit, Image, Commitment oder Psychische Belastungen am Arbeitsplatz). Ein weiteres, meist (noch) unterschätztes Tool stellen digitale Hilfsmittel zur Erreichung

und Einbindung der MitarbeiterInnen in Form von Gesundheits-Apps dar. Dieser Zweig wir im Rahmen der Digitalisierung in Zukunft noch mehr Bedeutung bekommen (Jiménez et al, 2017).

- *Interventionen, Maßnahmenumsetzung:* Wurde die Bedarfsanalyse fein nach Zielgruppen durchgeführt, findet man in dieser Phase keine Maßnahmen „nach dem Gießkannenprinzip", sondern abgestimmte Maßnahmen, die genau die Bedürfnisse der Zielgruppen treffen. Ein gutes Marketing ist im laufenden Prozess von enormer Bedeutung: „Tue Gutes und sprich darüber" heißt hier die Devise.
- *Evaluation:* Die Beurteilung der Zielerreichung, sowie ein Überblick über die laufende Prozessevaluation stehen hier genauso im Zentrum, wie bereits der Startschuss für den neuen Zyklus. Daher sollte die Planung der Evaluation gleichzeitig mit der Planung einer erneuten Bedarfsanalyse einhergehen, die wieder die neuen Ziele und Strategien für den neuen Zyklus als Grundlage hat.

4. Ausblick

Eine positive Nachricht für Unternehmen: viele Unternehmen wissen vielleicht gar nicht, wie stark sie schon gesundheitsförderlich handeln, weil manches für sie selbstverständlich ist. „Gesunde und motivierte MitarbeiterInnen" in seiner Vision zu haben, Führungskräfte-Schulungen, die Ein- und Durchführung von MitarbeiterInnengesprächen, ein gut aufgestelltes Präventions- und Sicherheitsmanagement mit einer gut durchgeführten Arbeitsplatzevaluierung – alles Maßnahmen auf der Verhältnispräventionsseite. Oft gilt es nur noch die Strukturen zu straffen, um das „Haus der BGM" fertig zu bauen. Ein gut durchdachtes Marketing, um Gesundheit vermehrt in das Bewusstsein zu bringen, bringt oft mehr als eine kleine verhaltensbezogene Maßnahme.

Literatur
Badura, B. (2002). Betriebliches Gesundheitsmanagement – ein neues Forschungs- und Praxisfeld für Gesundheitswissenschaftler. Journal of Public Health, 2002, Volume 10, Number 2, Page 100.
Faller, G. (2012). Lehrbuch Betriebliche Gesundheitsförderung. Bern: Huber-Verlag.
iga.Report 28 (2015). Wirksamkeit und Nutzen betrieblicher Prävention. Berlin: AOK Bundesverband, BKK Dachverband, DGUV, vdek.
Jiménez, P., Schmon, C., Höfer, M. (2017): Betriebliche Gesundheitsförderung (BGF) wird BGM. Wie können e-Tools helfen? Wien: Präsentation auf der Personal Austria 2017.

Michaela Höfer & Samuel Strunk
research-team GmbH

Stärkung der Sicherheitskultur durch gehirngerechte Sicherheitstrainings

1. Einleitung

1.1 Warum Sicherheitsschulungen neu gedacht werden sollten

Trotz insgesamt rückgängiger Unfallzahlen (BAUA, 2017) bleibt die Frage, was Unternehmen tun können, um das Unfallrisiko aufgrund von individuellen Verhaltensfehlern zu senken. So ist jeder dritte Arbeitsunfall ein SRS-Unfall (= Stolpern, Rutschen, Stürzen; DGUV, 2015). Unsere Erfahrung zeigt, dass das Vorgeben immer neuer Sicherheitsvorschriften nur bedingt Verbesserungen erzielt, wenn es bei reiner Informationsweitergabe bleibt.

Deshalb erarbeitete *research-team* aufbauend auf Szenarien-Trainings, wie sie z.B. in Luftfahrt oder Exekutive genutzt werden, eine neue Form des Sicherheitstrainings: Ziel ist die Stärkung der Sicherheitskultur im Unternehmen durch Selbsterfahrung. Die MitarbeiterInnen entwickeln aus dem Erlebten heraus gemeinsam Kompetenzen und Verhaltensrichtlinien, um ihre eigene Arbeit sicherer und gesünder zu gestalten.

Wir liefern mit unserem arbeits- und neuropsychologischen Know-How das Grundgerüst der Schulung und begleiten die Sicherheitsfachkräfte der Unternehmen dabei, praxisnahe Trainings speziell für ihre MitarbeiterInnen zu entwerfen.

Angelehnt an die Erkenntnisse der Behavior Based Safety stehen positive Erlebnisse und gegenseitige Verstärkung im Vordergrund. Durch den sozialen Kontext, das gezielte Ansprechen von Emotionen und die persönliche Auseinandersetzung mit den Inhalten wird das Lernen erleichtert. Ein gezieltes Projektmarketing mit Erinnerungsankern im Arbeitsbereich (wie Fotos vom Event oder ein gemeinsam erzeugtes Produkt) unterstützt dabei eine nachhaltige Wirkung.

1.2 Warum Menschen Fehler machen

Als PsychologInnen interessiert uns natürlich besonders die Frage, warum Menschen Fehler machen. Einen Erklärungsansatz bietet hier das *Modell von Reason* (Reason, 2016). Menschliche Fehler gliedern sich nach diesem Modell in drei Varianten:

1. *Fehler (Ein passender Plan ist vorhanden, aber die Ausführung erfolgt nicht richtig):*
Aufmerksamkeitsfehler (Slips)
Beispiel: Metallarbeiter Bernd entgratet gefräste Karosserieteile gemäß Sicherheitsvorschrift. Dabei übersieht er eine Kante an der Unterseite. Sein Kollege Frank greift das Teil dort an und verletzt sich an der Hand.
Gedächtnisfehler
Beispiel: Reinigungsmitarbeiter Markus wischt eine Bodenfläche. Dabei vergisst er, wie eigentlich vorgeschrieben, ein Hinweisschild aufzustellen. In der Folge rutscht eine Mitarbeiterin aus und stürzt

2. *Irrtümer (Handlung nach Plan, aber Plan nicht angemessen)*
Regelbasierte Fehler (Falsche Anwendung einer guten Regel oder Anwendung einer schlechten Regel)
Beispiel: Staplerfahrer Harald geht davon aus, dass im Betrieb die Vorschrift „Rechts vor Links" gilt. Daher bremst er nicht, als an einer Wegkreuzung ein Laster von links kommt. Es kommt zur Kollision. Im Nachhinein stellt sich heraus, dass Flurförderfahrzeuge im Betrieb generell nachrangig sind.
Wissensbasierte Fehler (Keine Wissen vorhanden, falsche Handlung)
Beispiel: Die Leiharbeitskraft Ute weiß nicht, dass im Umgang mit bestimmten Produkten Handschuhe getragen werden müssen. Sie greift ein vor kurzem geschweißtes Metallteil an und verbrennt sich.

3. *Verstöße*
Misvention (Abweichen von angemessener sicherheitsrelevanter Prozedur)
Beispiel: Praktikant Tom möchte selbstständig die flackernde Leuchtstoffröhre in seinem Büro richten. Da es ihm zu aufwendig ist eine Leiter zu holen, nutzt er seinen Bürostuhl als Aufstiegshilfe und stürzt.
Fehlanwendung (irrtümliche Einhaltung einer nicht angemessenen Prozedur)
Beispiel: Schlosserlehrling Sabine hat sich von ihren Kollegen abgeschaut, bei kurzen Schweißarbeiten lediglich zur Seite zu schauen und keine Schweißermaske aufzusetzen. Hierdurch kommt es bei ihr zu Verblitzung der Augen.

1.3 Wie wir lernen sollten

Klassische Sicherheitsschulung besteht häufig aus einem animierten Video, einigen mahnenden Worten und der obligatorischen Unterschrift, mit der bestätigt wird, dass die MitarbeiterInnen informiert wurden.

Auch wenn ein solches Vorgehen natürlich sehr ökonomisch ist und alle rechtlichen Verpflichtungen erfüllt, ergibt sich daraus ein großes Potenzial

„Schulungen" effizienter und nachhaltiger zu gestalten. Basierend auf neuropsychologischen Forschungserkenntnissen (Herrmann, 2006) orientieren wir uns an folgenden Annahmen, um Schulungen zu gestalten, die in Erinnerung bleiben und tatsächlich eine Verhaltensänderung bewirken können:
- Veränderung entsteht nur, wenn der Inhalt „unter die Haut geht" (deshalb: *Emotionen ansprechen*)
- Aufmerksamkeit gibt es nur dann, wenn der Lerninhalt von der lernender Person als wichtig beurteilt wird (deshalb: *persönliche Relevanz vermitteln*)
- Durch rein sachliche Anleitung, wie die Lernenden etwas eigentlich machen sollten, entstehen kaum Verhaltensänderung (deshalb: *Interaktivität fördern*)
- Lernen wird effektiver, wenn es in einem sozialen Kontext stattfindet (deshalb: *Teamschulungen*)
- Lernen wird effektiver, wenn Vorwissen mobilisiert wird (deshalb: in die tatsächliche Arbeitsumgebung einbinden)
- Menschen lernen besser, wenn positive Emotionen eingebunden werden (deshalb: *Erfolgserlebnisse schaffen*)

2. Umsetzung

2.1 Wie Trainings entwickelt werden
Die Entwicklung eines gehirngerechten Sicherheitstrainings geschieht immer mit Blick auf den angedachten Arbeitsbereich und unter Einbeziehung der sicherheitsrelevanten Personen (Führungskräfte, Sicherheitsvertrauenspersonen, Sicherheitsfachkräfte, ggf. Arbeitsmedizin). Nur so ist gewährleistet, dass ein Training sich tatsächlich sinnvoll in die Arbeitsrealität der MitarbeiterInnen einfügt.

Die Basis ist die Definition des Ziels: „Wie sieht das gewünschte Verhalten aus?". Zentral für die Planung ist der Miteinbezug der konkreten Arbeitsumgebung und der sicherheitsrelevanten Vorfälle (Beinahe-Unfälle usw.) in der Vergangenheit.

Außerdem sollte schon zu diesem Zeitpunkt geplant werden, wie die Nachhaltigkeit der Trainings gesichert wird. Erinnerungsanker in den Abteilungen (z.B. Fotos vom Training) und Follow-Ups haben sich hier bewährt.

2.2 Ein konkretes Beispiel
Unser Kunde ist ein großer Industriekonzern. Um die Anzahl an SRS-Unfällen zu verhindern, sollen die MitarbeiterInnen für sicheres Geh-Verhalten sensibilisiert werden:

Wir starten das 60-minütige Training mit einer Videosequenz in der tatsächliche SRS-Arbeitsunfälle aus dem Betrieb nachgestellt werden und die betroffenen MitarbeiterInnen erklären, welche persönlichen Auswirkungen der Unfall für sie hatte.

Im Anschluss daran, wird von den TeilnehmerInnen in Teams ein Parcours mit kleinen Hindernissen (z.b. ein schwer sichtbarer Stab, der in den Parcours hinein ragt und ggf. umgestoßen wird) und unternehmenstypischen Situationen (z.b. Gabelstapler muss umgangen werden) absolviert. Dabei tragen die TeilnehmerInnen eine tragbare Kamera am Kopf, die das Geschehen filmt. Einige TeilnehmerInnen werden gebeten, während des Parcours von einem Smartphone abzulesen. Diese TeilnehmerInnen machen erfahrungsgemäß deutlich mehr Fehler im Parcours.

Gemeinsam werden die Videoaufnahmen verglichen und die Lessons Learned in einer angenehmen – Teamfördernden Umgebung erarbeitet. Mit den TeilnehmerInnen wird diskutiert, was getan werden kann, um Unfälle beim Gehen zu vermeiden. Diese persönliche Maßnahmenliste wird später zusammen mit einem Foto vom Team im Arbeitsbereich aufgehängt.

Literatur
Bundesanstalt für Arbeitsschutz und Arbeitsmedizin (2017) Arbeitswelt im Wandel. Zahlen – Daten – Fakten. Ausgabe 2017. BAUA, Dortmund.
Deutsche gesetzliche Unfallversicherungen (2015). Statistik Arbeitsunfallgeschehen 2011. DGUV, Berlin.
Herrmann, U. (2006). *Gehirngerechtes Lehren und Lernen: Gehirnforschung und Pädagogik auf dem Weg zur Neurodidaktik.* na.
Reason, J. (2016). *Managing the risks of organizational accidents.* Routledge.

Sonja Berger & Gudrun Wagner
Berufsgenossenschaft der Bauwirtschaft & Berufsgenossenschaft Holz und Metall

Ideen-Treffen – ein Workshop-Verfahren nicht nur für Kleinstbetriebe

1. Hintergrund und Zielsetzung

Rund drei Millionen kleine und mittlere Unternehmen (KMU) gibt es im gewerblichen Bereich in Deutschland. Die Präventionsdienste der Unfallversicherungsträger erreichen diese kleinen und mittleren Unternehmen im Rahmen ihres Beratungsauftrags selten.

Vor diesem Hintergrund wurden die Ideen-Treffen im Sachgebiet Psyche und Gesundheit in der Arbeitswelt im Fachbereich Gesundheit im Betrieb der DGUV (2017) entwickelt: Die Ideentreffen sind ein Instrument das es kleinen Betrieben ermöglicht, Veränderungen hin zu mehr Sicherheit und Gesundheit bei der Arbeit zu gestalten. Es ist nicht zu erwarten, dass die Zahl der Mitarbeiter der Beratungsdienste in den nächsten Jahren deutlich erhöht wird. Deswegen war es ein wesentliches Ziel, das Instrument so zu entwickeln und zu beschreiben, dass jeder Betrieb das Verfahren ohne externe Hilfe anwenden kann.

2. Broschüre und Erklärfilme

Im ersten Schritt wurde in Abstimmung mit Praktikern die Broschüre DGUV-I „So geht´s mit Ideen-Treffen" (Projekt „Intervention", 2017) entwickelt. Die Broschüre richtet sich an den Unternehmer und spricht ihn in einer einleitenden Selbsteinschätzung direkt an. Im Anschluss WERDEN das Prinzip des kontinuierlichen Verbesserungsprozesses erläutert und Hintergrundinformationen vermittelt.

Danach folgt eine Beschreibung des Prozesses, der Regeln, Tipps für die Moderation sowie eine Übersicht verschiedener Anwendungsfelder. Der eigentliche Text der Broschüre beschränkt sich auf 15 Seiten und ist für den Praktiker gut verständlich formuliert. Im Anhang finden sich Materialien, die bei der Durchführung und nachhaltigen Anwendung der Ideen-Treffen unterstützen.

Der Unternehmer hat seinen Fokus auf dem wirtschaftlichen Erfolg seines Unternehmens. Auch wenn 15 Seiten Text schnell gelesen sind, dauert dies doch länger, als einen gut dreiminütigen Erklärfilm anzuschauen. Deswegen wurde im zweiten Schritt ein Erklärfilm „Was sind Ideen-Treffen? Und wie geht´s?" (Sachgebiet „Psyche und Gesundheit in der Arbeitswelt", 2018) entwickelt, der alles Wesentliche der Ideen-Treffen in einer Bewegt-Bilder-Sequenz mit Sprache beschreibt. Zusätzliche Informationen können dann in der Broschüre nachgelesen werden.

In der zweiten Periode der Gemeinsamen Deutschen Arbeitsschutzstrategie (GDA) von 2013–2018 war das Arbeitsprogramm Psyche ein Hauptthema. Unter dem Titel „Schutz und Stärkung psychischer Gesundheit bei arbeitsbedingter psychischer Belastung" waren die Unfallversicherungsträger aufgefordert, die Betriebe bei der Gefährdungsbeurteilung psychischer Belastung zu unterstützen. In den „Empfehlungen zur Umsetzung der Gefährdungsbeurteilung psychischer Belastung" der GDA (Leitung des GDA-Arbeitsprogramms Psyche, 2017) wurde neben der Beobachtung und der Fragebogenerhebungen auch das Workshop-Verfahren als eine Methode zur Gefährdungsbeurteilung psychischer Belastung beschrieben.

Aus diesem Grund wurde beschlossen, dass das Sachgebiet Psyche und Gesundheit in der Arbeitswelt eine Fortsetzung des ersten Erklärfilms entwickeln sollte. Ziel war es, den Betrieben durch den Erklärfilm „Ideen-Treffen: Ein Workshop-Verfahren für die Gefährdungsbeurteilung" (Sachgebiet „Psyche und Gesundheit in der Arbeitswelt", 2018) zu vermitteln, d. h. wie sie anhand der Ideen-Treffen eine Gefährdungsbeurteilung – insbesondere der psychischen Belastung – mit der Beteiligung der Mitarbeiter durchführen können.

3. Vorgehen, Regeln und Anwendung

Der Prozess der Ideen-Treffen läuft in vier bzw. fünf Schritten ab. Im ersten Schritt (ca. 15 Minuten) der Ideen-Treffen werden die Fragen nach dem „Was gut läuft" und nach dem „Was könnte verbessert werden" gestellt. Insbesondere die erste Frage ist zentral für den Erfolg des Prozesses. Im zweiten Schritt (ca. 5 Minuten) wird das Hauptthema aus den Verbesserungsideen des ersten Schrittes ausgewählt. Im dritten Schritt wird für ca. 30 Minuten anhand lösungsorientierter Fragen an der Lösung gearbeitet. Die Frage nach den negativen Konsequenzen der Zielerreichung ist hilfreich, um bei der Entscheidung für oder gegen eine Realisierung der Lösung zu unterstützen. Im vierten Schritt werden die Arbeitsschritte, Verantwortlichkeiten und Termine auf einem Aufgabenblatt dokumentiert. Ab dem zweiten Ideen-Treffen wird vor dem ersten Schritt noch ein Schritt „Null" eingefügt, der beleuchtet, was sich seit dem letzten Ideen-Treffen verändert hat.

Zu Beginn der Ideen-Treffen werden neben organisatorischen Regeln, wie Pünktlichkeit, auch allgemeine Regeln vereinbart. Dabei handelt es sich um Impulse, wie ausreden lassen, Aussagen gegenseitig ernst zu nehmen, eine wertschätzende Grundhaltung oder Nachzufragen, wenn man sich über eine Äußerung ärgert.

Um Anregungen zur Verwendung der Ideen-Treffen zu geben, wurden in der Broschüre einige Anwendungsfelder beschrieben. Neben einem klassischen themenoffenen kontinuierlichen Verbesserungsprozess zählt dazu die dialogorientierte Unterweisung, die Gestaltung von ASA-Sitzungen oder die Durchführung der Gefährdungsbeurteilung psychischer Belastung. Daneben gibt es noch viele weitere Anwendungsmöglichkeiten.

4. Bedingungen

Obwohl die Ideen-Treffen ohne Anwesenheit einer Führungskraft durchgeführt werden können, ist das Verhalten der Führungskraft bei der Einführung und Fortführung ein elementarer Erfolgsfaktor. Die Führungskraft muss ihre Motivation und die Ziele, die mit den Ideen-Treffen verfolgt werden, klar darlegen. Die Sichtweise der Mitarbeiter als Experten für Probleme als auch Lösungen muss ebenso vermittelt werden, wie der Prozess der Ideen-Treffen.

Es ist wahrscheinlich, dass die Mitarbeiter für den Einstieg organisatorische Probleme oder die Besprechung kleinerer Hindernisse im Arbeitsalltag wählen. Diese Phase dient dem Vertrauensaufbau. Im gesamten Verlauf sind die Reaktionen der Führungskraft von entscheidender Bedeutung. Wie geht die Führungskraft mit den Vorschlägen der Mitarbeiter um. Was wird umgesetzt und wie wird kommuniziert, wenn Vorschläge nicht umgesetzt werden. Insbesondere diese Transparenz hat entscheidende Wirkkraft.

Wird im Gegenteil dazu mit Druck auf schnelle und verwertbare Ergebnisse gepocht, so kann sowohl das Vertrauen zwischen Mitarbeitern und Vorgesetzten als auch das Vertrauen in den Prozess der Ideen-Treffen nicht entstehen.

5. Wirksamkeit

Das Instrument wirkt für Mitarbeiter und Unternehmen auf mehreren Ebenen: Die Ideentreffen wirken sich vordergründig auf der Ebene der besprochenen Themen aus. Es werden Maßnahmen entwickelt und umgesetzt. Darüberhinaus wird das Thema Beteiligung aktiv gelebt. Es werden Verbesserungen in der Arbeitsorganisation, Arbeitsumgebung, Arbeitsaufgabe oder den sozialen Beziehungen angestoßen. Sowohl diese Veränderungen im Unternehmen bzw. in der Arbeit als auch die Kommunikation darüber, warum bestimmte Anregungen nicht umgesetzt werden, wirken auf der Ebene der Mitarbeiter als auch auf die Unternehmenskultur.

In Interviews mit Anwendern der Ideen-Treffen wurde von diesen betont, dass die Einführung der Regeln Folgen auf die Kommunikationskultur im Betrieb haben (Sachgebiet „Psyche und Gesundheit in der Arbeitswelt", 2018). Im Ideen-Treffen wird die Erfahrung gemacht, dass diese einfachen Regeln eine gute Arbeitsatmosphäre fördern und so werden diese gerne in den Arbeitsalltag übertragen.

Die Ideen-Treffen wirken aber auch auf der Ebene der einzelnen Mitarbeiter. Wird im Arbeitsalltag – wiederholt – die Erfahrung gemacht, dass die Ideen von Mitarbeitern realisiert und umgesetzt werden, so beeinflusst dies im Hintergrund psychologisch relevante Faktoren wie die Selbstwirksamkeit (Bandura, 1997) der Mitarbeiter und arbeitsgestaltende Einflüsse wie den Handlungsspielraum (Damberg, 1997).

Diese Wirkfaktoren lassen sich mit der Perspektive des Kohärenzsinns aus dem Konzept der Salutogenese Antonovskys (1987) betrachten. Während die Sinnhaftigkeit im Kohärenzsinn als weitgehend stabil über die Lebenszeit beschrieben wird, werden den Faktoren Handhabbarkeit und Verstehbarkeit Beeinflussungsmöglichkeiten zugeschrieben. Die Regeln der Ideen-Treffen erhöhen die gegenseitige Verstehbarkeit. Die gesteigerte Selbstwirksamkeitserfahrung wirkt auf die Handhabbarkeit. So beeinflusst die erfolgreiche Durchführung der Ideen-Treffen sowohl die Gesundheit der Mitarbeiter wie auch die Kultur im Unternehmen positiv.

Literatur
Antonosky, A. (1987). Unraveling the mystery of health. How people manage stress and stay well., San Francisco: Jossey-Bass Publishers.
Bandura, A. (1997) Self-efficacy: The exercise of control. New York: Freeman.
Damberg, W. (1998). Unternehmensgewinn Arbeitsschutz. Wiesbade: universum-Verlag.
Leitung des GDA-Arbeitsprogramms Psyche (2017). Empfehlungen zur Umsetzung der Gefährdungsbeurteilung psychischer Belastung. Berlin: GDA Psyche
Projekt „Intervention" im Sachgebiet „Psyche und Gesundheit in der Arbeitswelt" im Fachbereich „Gesundheit im Betrieb" der DGUV (2016). DGUV Information 206-007 So geht's mit Ideen-Treffen. Berlin: DGUV Publikation.
Sachgebiet „Psyche und Gesundheit in der Arbeitswelt" im Fachbereich „Gesundheit im Betrieb" der DGUV (2018). www.dguv.de Webcode:d125363 Broschüren, Erklärfilme, Interviews, Materialien. Berlin: Internet

Martin Weßel & Paulino Jiménez
research-team – Jimenez-Schmon-Höfer GmbH; KF-Uni Graz

Arbeitsplatzevaluierung psychischer Belastung

1. Mind the gap – der Schritt von der Bewertung zur Umsetzung von Maßnahmen

Die Grundlagen für eine optimale Umsetzung und Bewertung von Maßnahmen innerhalb der Arbeitsplatzevaluierung psychischer Belastungen (AePB) liegen bereits in der Projektplanungsphase (BMASK, 2013). Hierbei müssen vor allem die Führungskräfte ausreichend für die Thematik und deren Verantwortung sensibilisiert werden. Neben einer erhöhten Projektakzeptanz, kann durch eine ausreichende Sensibilisierung die Umsetzungsmotivation der Führungskräfte gesteigert werden. Die Erfahrung von mehr als 250 durchgeführten Arbeitsplatzevaluierungen psychischer Belastungen zeigt, dass dies am besten durch sogenannte Sensibilisierungsworkshops mit den Führungskräften zum Projektbeginn erzielt wird. Dabei werden die Führungskräfte nicht nur über das Projekt (Hintergrund, Zeitplan und Einteilung ihrer Abteilungen in Tätigkeitsgruppen) informiert, sondern erfassen und beurteilen direkt ihre eigenen psychischen Herausforderungen am Arbeitsplatz und erarbeiten mit einer Moderation gezielt Maßnahmenvorschläge. Dieses Vorgehen bietet mehrere Vorteile:

- Die Führungskräfte durchlaufen den gesamten Prozess und können dadurch auf Fragen und Unsicherheiten bei den MitarbeiterInnen besser reagieren.
- Die Ebene der Führungskräfte ist bereits evaluiert und muss im weiteren Projektverlauf nicht weiter als wichtige Tätigkeitsgruppe evaluiert werden.
- Ressourcen und Möglichkeiten der Führungskräfte können für die Bewertung der weiteren Bereiche berücksichtigt werden.
- Kommt es bereits nach den Sensibilisierungsworkshops zu Maßnahmenumsetzungen, wird die Sinnhaftigkeit des gesamten Projektes erhöht und die Umsetzungsmotivation der Führungskräfte gesteigert.

Als Basis der Erfassung der Belastungsquellen sollte ein geprüftes Verfahren verwendet werden, in diesem Fall wird der OrgFit (Jiménez & Dunkl, 2017) eingesetzt, der alle vier Belastungsdimensionen erfasst und mit Normwerten auch die Maßnahmenableitung unterstützt. Der OrgFit kann online und in Papierform im Rahmen einer MitarbeiterInnenbefragung eingesetzt werden kann, eignet sich aber auch ideal für einen Einsatz in einem Workshop.

Nach der Sensibilisierung der Führungskräfte folgt die Befragung der restlichen MitarbeiterInnen. Dies kann, je nach Unternehmensgröße und Unternehmensstruktur, ebenfalls mit Workshops oder mit einer klassischen Befragung (Online oder Papier) durchgeführt werden (s. a. Beck, Morschhäuser & Richter, 2014). Um im weiteren Projektverlauf besonders herausgeforderte Tätigkeitsgruppen zu erkennen, sollte in der Projektplanungsphase ausreichend Zeit für die Einteilung der MitarbeiterInnen in Tätigkeitsgruppen investiert werden. Hier gilt die Faustregel: „So klein wie möglich und so groß wie nötig". Innerhalb einer Tätigkeitsgruppe sollte:

- die Herausforderung möglichst *homogen* verteilt sein
- nur eine Führungskraft zu beurteilen sein

Nach der Befragung gilt es nun abzuschätzen, in welchen Tätigkeitsbereichen eine besonders hohe psychische Belastung (neutral definiert) besteht. In diesen Tätigkeitsbereichen sollten weiterführende Maßnahmen (Workshops, Einzel- bzw. Gruppeninterviews oder Arbeitsanalysen) durchgeführt werden.

Neben der arbeitspsychologischen Expertise in der Einschätzung, welche Belastung bzw. Kombination von Belastungsquellen u. U. zu Fehlbeanspruchungen führen können, zeigt sich von Vorteil, wenn das gewählte Tool Vergleichswerte bietet (Beck et al., 2014). Der komplexe Prozess der Beurteilung wird in Abbildung 1 dargestellt.

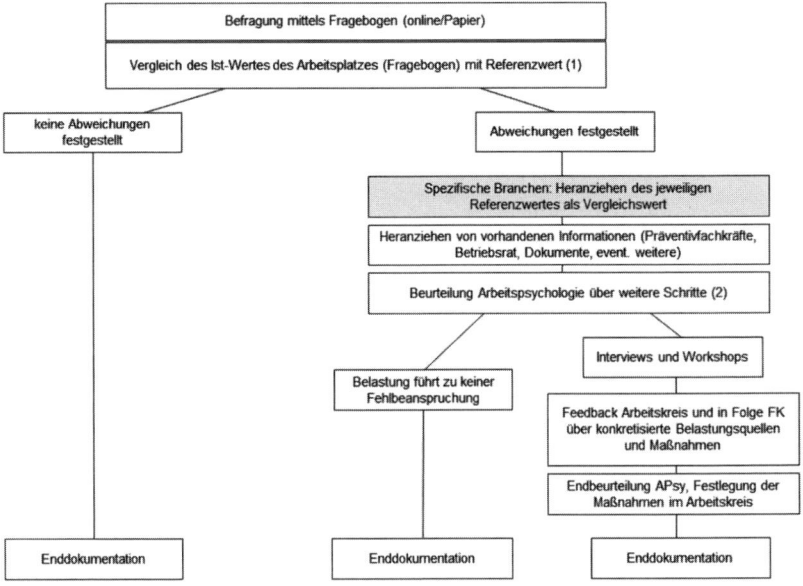

Abb. 1: Prozess zur Beurteilung der psychischen Arbeitsbelastung

Im Prozess der Beurteilung sind bei dem Entscheidungspunkt (2) in Abb. 1 sehr viele Punkte zu berücksichtigen, folgende Aspekte sollten jedenfalls mindestens bei der Beurteilung beachtet werden:
- Anzahl und Arten der psychischen Belastungsquellen
- Stärke/Häufigkeit der auftretenden psychischen Belastung
- Verfügbare Ressourcen (die ist auch gut in Workshops zu erheben)
- Kombinationen von Belastungsquellen (z. B. rein geistig fordernde Tätigkeit muss keine Fehlbeanspruchungsfolgen nach sich ziehen. In Kombination jedoch mit regelmäßigen Unterbrechungen, häufigem Informationsmangel und/oder akustischer Belastung, könnten sich verstärkt Fehlbeanspruchungsfolgen entwickeln)
- Rückmeldungen von Führungskräften, Präventivkräften oder Betriebsräten, andere Dokumentationsquellen sollten in der Beurteilung ebenfalls mit einfließen, da eine Befragung niemals alle Aspekte erfassen kann.
- Integration der Information durch arbeitspsychologische Konzepte

Für die Entwicklung der weiterführenden Maßnahmen werden MitarbeiterInnen aus dem jeweiligen Tätigkeitsbereich eingeladen, die Belastungsquellen zu konkretisieren und mit externen ExpertInnen Maßnahmen abzuleiten, die die Herausforderungen reduzieren sollen. Im Fokus der Beurteilung stehen immer die Rahmenbedingungen des jeweiligen Arbeitsplatzes. Die MitarbeiterInnen werden dabei als ExpertInnen ihres Arbeitsplatzes gesehen. Unter Anleitung einer (ideal) externen Moderation werden die psychischen Belastungsquellen gemeinsam konkretisiert. Vorteilhaft ist, dass zu Beginn klar kommuniziert wird, dass das Ergebnis des Workshops ein Gruppenergebnis ist und damit die gesamte Gruppe hinter den Ergebnissen steht. Darüber hinaus sollte den Teilnehmern eine realistische Erwartungshaltung kommuniziert werden, da auch Themen genannt werden können, die zur Tätigkeit gehören (z. B. In einem Workshop mit CallcentermitarbeiterInnen, wurde das Telefonieren selbst genannt).

Um das lösungsorientierte Denken der TeilnehmerInnen weiter zu stärken, sollte die Eigenverantwortung in der Umsetzung von Maßnahmen auch bei den TeilnehmerInnen ansetzen. So sollte bei der Maßnahmenableitung berücksichtigt werden, in wie weit die TeilnehmerInnen Maßnahmen zur Belastungsreduktion unterstützen können (im Sinne des S-T-O-P Prinzips).

Es zeigt sich aus der Praxis, dass es auch sehr wertvoll ist, positive Rahmenbedingungen (Rahmenbedingungen, die sehr gut funktionieren und unterstützend für die MitarbeiterInnen fungieren) zu erfassen und zu dokumentieren um den Blick auf die Ressourcen zu stärken.

Die Ergebnisse der Entwicklung der Maßnahmen sollten im Workshop stets für alle TeilnehmerInnen sichtbar von der Moderation dokumentiert werden. Dadurch können im Nachhinein Unstimmigkeiten (Formulieren oder Inhalte) vermieden werden.

Im Anschluss an die entwickelten Maßnahmen sollten die Belastungsquellen nochmals hinsichtlich ihres Potentials zur Entwicklung von Fehlbeanspruchungen beurteilt werden. Hierfür sollten wieder ExpertInnen (vor allem ArbeitspsychologInnen) zu Rate gezogen werden.

Bei der Zusammensetzung der Maßnahmen ist darauf zu achten, dass keine unterschiedlichen Hierarchieebenen innerhalb einer Maßnahme vorhanden ist. Die jeweiligen Führungskräfte erhalten erst im Anschluss die Rückmeldung über die Ergebnisse und entscheiden daraufhin, welche Maßnahmen umgesetzt werden können. Im Rückmeldegespräch werden folgende Fragestellungen mit der Führungskraft besprochen und dokumentiert:
- Ist die Belastung auch aus Sicht der Führungskraft nachvollziehbar?
- Setzt die Maßnahme am Ursprung der Belastung an (S-T-O-P Prinzip)?
- Kann die Maßnahme umgesetzt werden und wenn ja, von wem und bis wann?
- Muss der Maßnahmenvorschlag an andere Personengruppen (z. B. Geschäftsführung) kommuniziert werden, da die Führungskraft alleine keine ausreichende Umsetzungsgewalt hat?
- Hat die Führungskraft weitere/andere Maßnahmenvorschläge?
- Wie erfolgt die Rückmeldung der Maßnahmenumsetzung an die TeilnehmerInnen/MitarbeiterInnen?

Eine hohe Qualität des gesamten Prozesses ist wichtig für den Erfolg einer AePB (Jiménez & Glaser, 2015). Besonders in der Umsetzungsphase ist dies essentiell, da nur konkrete Ergebnisse für die MitarbeiterInnen sichtbar werden und dies letztlich auch im Unternehmenserfolg wirksam wird.

Literatur
Beck, D., Morschhäuser, M. & Richter, G. (2014). Durchführung der Gefährdungsbeurteilung psychischer Belastung. In Bundesanstalt für Arbeitsschutz und Arbeitsmedizin (Hrsg.), *Gefährdungsbeurteilung psychischer Belastung. Erfahrungen und Empfehlungen* (S. 45–130). Berlin: Erich Schmidt Verlag.
BMASK. (2013). *Arbeitsplatzevaluierung psychischer Belastungen nach dem ArbeitnehmerInnenschutzgesetz (ASchG). Ermittlung, Beurteilung, Festlegung von Maßnahmen*. Bundesministerium für Arbeit, Soziales und Konsumentenschutz.
Jiménez, P. & Dunkl, A. (2017). Assessment of Psychosocial Risks and Mental Stress at Work: The Development of the Instrument OrgFit. *Journal of Ergonomics and Human Factors, 7*(1), 1–6. https://doi.org/10.4172/2165-7556.1000188
Jiménez, P. & Glaser, J. (2015). Ein Qualitäts-Check für Angebote der Arbeitsplatzevaluierung psychischer Belastungen. In A. Heider & J. Klösch (Hrsg.), *Die Evaluierung arbeitsbedingter psychischer Belastungen* (S. 95–108). Wien: ÖGB Verlag. https://doi.org/10.13140/RG.2.1.3247.4089

Melanie Wicht
Steuerberaterkammer Hessen/Mediationskanzlei Ponschab & Partner

Arbeitszeitregelungen im digitalen Zeitalter und mögliche alternative Schutzmechanismen

Die Vorstellung, Arbeitsverhältnisse seien nach zeitlichen Vorgaben begrenzend zu strukturieren und zu entlohnen, gilt noch immer als tradiertes gesellschaftliches Leitbild. Starre Arbeitszeitvorgaben gehen jedoch an den tatsächlichen Bedarfen solcher Unternehmen vorbei, die in einer zunehmend digitalen Welt qualifizierte „Wissensarbeiter" für sich gewinnen und an sich binden wollen. Der Anspruch dieser Arbeitnehmer ist es, über die eigene Zeit möglichst selbstbestimmt zu verfügen. In solchen Unternehmen ist schon längst die sogenannte „Vertrauensarbeitszeit" eingeführt worden und die Mitarbeiter werden mit diversen Serviceleistungen, wie Gesundheitschecks, Kinderbetreuung etc. in ihrer Alltagsbewältigung unterstützt, während „klassische Arbeitnehmer" nach Dienstschluss oft noch Stunden „privater Arbeit" zur Organisation ihres Lebens leisten müssen. Sollte die Gestaltung der Arbeitswelt deshalb nicht jenseits des tradierten Leitbilds gänzlich neu gedacht werden?

1. Bedeutung des Faktors Zeit für die Arbeitsgestaltung

Die menschengerechte Gestaltung der Arbeit richtet sich unter anderem nach dem ergonomischen Leitbild, das eine Anpassung der Arbeit an den Menschen und nicht umgekehrt fordert. Als Kriterien hierfür gelten u. a. die Erträglichkeit, Schädigungslosigkeit, Beeinträchtigungsfreiheit, Zumutbarkeit, Zufriedenheit und Persönlichkeitsförderlichkeit (Hacker & Richter, 1980). Dem Faktor Zeit kommt eine besondere Bedeutung zu, beispielsweise in Hinblick auf die Dauer, der Unterbrechung oder der Häufigkeit der Arbeit. Belegt ist der positive Einfluss bestimmter Gestaltungsmaßnahmen der Arbeit auf die psychosoziale Gesundheit des arbeitenden Menschen. Hierzu zählen neben Handlungs- und Entscheidungsspielräumen, Kontrollmöglichkeiten und Partizipation auch Zeitspielräume als wesentliche Voraussetzung (Ulich, 1992). Der Faktor Zeit ist demnach nicht alleinige Voraussetzung für eine menschengerechte Gestaltung der Arbeit, aber eine wesentliche. Andererseits ist Zeit auch eine ganz wesentliche Determinante der Beanspruchung – nämlich als Einwirkungsdauer neben der Intensität und der Belastung (Janßen & Nachreiner, 2004). Arbeitszeit steht in Konkurrenz zu anderen Zeitbedürfnissen des Beschäftigten, beispielsweise für Familie, Partnerschaft oder soziale Teilhabe. Die Balance hängt schlussendlich davon ab, wie viel Zeit dem Beschäftigten für diese Lebenstätigkeiten übrig bleibt (Ulich & Wülser, 2010). Dauer, Lage und Verteilung der

Arbeitszeit sind die Grundformen der Arbeitszeitgestaltung und stellen die entscheidenden Dimensionen dar, mit denen Arbeitszeit zu beschreiben ist. Dabei unterliegen diese Elemente einem biologischen / oder sozialen Rhythmus. Effekte der Arbeitszeitdauer sind unter anderem das Nachlassen der Effizienz nach der 7. bis 8. Stunde (Janßen & Nachreiner, 2004). Ebenfalls bedeutsam ist die Circadianperiodik, aufgrund derer der Mensch regelmäßigen Schwankungen seiner Leistungsfähigkeit ausgesetzt ist. Dieselbe Anzahl an Arbeitsstunden kann deshalb zu unterschiedlicher Beanspruchung führen, je nach Lage der Arbeitszeit im Tagesverlauf. Zeitdruck stellt eine Regulationsüberforderung dar (Ulich & Wülser, 2010). Die Wahrnehmung der Zeit kann höchst unterschiedlich sein. Unbeeinflussbare Wartezeiten werden nicht etwa als willkommene Unterbrechungen der Arbeit wahrgenommen, sondern der damit verbundene Kontrollverlust kann zu erheblicher psychischer Beanspruchung führen (Nachreiner, 2008).

2. Was für eine gesetzliche Arbeitszeitregelung spricht:

Unter Hinweis auf Mitarbeiterbefragungen gelten flexible Arbeitszeitmodelle als besonders mitarbeiterorientiert, da sie Möglichkeiten der Abstimmung von Arbeitszeit und privaten Interessen enthalten (BAUA, 2008). Studien belegen jedoch, je nach Ausgestaltung der flexiblen Arbeitszeitmodelle und bei Nichtbeachtung arbeitswissenschaftlicher Kriterien, negative Auswirkungen auf Gesundheit und das soziale Leben, ähnlich wie sie bei der Nacht- und Schichtarbeit als Effekte biologischer oder sozialer Desynchronisation bekannt sind. Selbst Arbeitszeiten, bei denen der Beschäftigte an der Ausgestaltung beteiligt ist, führen nicht zwangsläufig zu positiven Ergebnissen, denn der Beschäftigte ist dem Zeithandeln des Marktes unmittelbar ausgesetzt. Dies kann dazu führen, dass der Beschäftigte sich tendenziell selbst ausbeutet (Herrmann, 2005, S. 226), was gravierende Folgen für Gesundheit und Lebensqualität haben kann. Gesetzliche Arbeitszeitregelungen sind objektiv geeignet, einer solchen Gefährdung entgegenzuwirken, da sie Regelungen zur Arbeitszeithöchstdauer und der arbeitsfreien Zeit treffen (vgl. § 2 ff. ArbZG).

3. Was gegen ein starres Arbeitszeitgesetz spricht

Eine Erhöhung der Planbarkeit und der Möglichkeiten der Selbstregulation jenseits der starren Arbeitszeitregelungen können das Arbeitsleben lebensfreundlicher werden lassen (Ulich & Wülser, 2010). Das Modell der Vertrauensarbeitszeit etwa, bei der Lage und Dauer und oft auch Arbeitsort Sache des Beschäftigten sind, macht diesen zum „Unternehmer im Unternehmen" (BAUA, 2008). Hierdurch eröffnen sich für den Beschäftigten neue Spielräume, eigene Zwecke in die Zeitorganisation einzubringen (Herrmann, 2005). Das „Selbständigen-Paradox", demzufolge Selbständige mit ihrer Arbeit zufriedener sind als abhängig Beschäftigte, obwohl sie mehr Überstunden machen (Obschonka & Silbereisen, 2005) weist in die gleiche Richtung. Als ein wesentlicher Grund hierfür wird das größere Autonomieerleben von selbständig Tätigen ausgemacht. Starre Arbeitszeitregelungen hingegen können zu unproduktiven Wartezeiten und Zeitdruck führen und eine Anpassung der Arbeitsgestaltung auf die individuellen Bedürfnisse eines Arbeitnehmers verhindern. Die Frage nach einem idealen Arbeitszeitsystem lässt sich nur individuell und auf den konkreten Einzelfall bezogen beantworten. Ferner wird die allgegenwärtige Echtzeitvernetzung von Mitarbeitern, Systemen und Maschinen im Sinne einer digitalisierten Wertschöpfungskette ohnehin zu einer zunehmenden Entgrenzung der Arbeit in puncto Arbeitszeit und -ort führen. In diesem Wandel der Arbeitswelt liegen jedoch nicht nur Risiken, die es abzufedern gilt, sondern auch Chancen. Die im Marx'chen Sinne negative "Verfügung über fremde Arbeitskraft, die Individuen in ihrer freien Entwicklung einschränkt" scheint nicht länger ohne ernstzunehmende Alternative zu sein.

4. Welche Schutzmechanismen können gegen die (Selbst-)Ausbeutung als Alternative zur Arbeitszeitregelung entworfen werden?

Für „klassische" Arbeitsverhältnisse, insbesondere bei körperlicher Tätigkeit, mögen die starren gesetzlichen Zeitvorgaben weiterhin ihre Berechtigung haben. Für „moderne Wissensarbeiter" erscheinen diese hingegen bereits jetzt nicht mehr geeignet und hinsichtlich ihres Schutzzweckes nach o.a. Feststellungen sogar kontraproduktiv. Eine Anpassung der Arbeitsgestaltung auf die individuellen Bedürfnisse eines Arbeitnehmers und dessen Arbeitgeber wird wohl nur dann zufriedenstellend gelingen, wenn diese für die Ausgestaltung maßgeblich und individuell verhandelbar sind. Dies kann nur ohne ein starres Arbeitszeitgesetz gelingen. Gleichzeitig muss der Arbeitnehmerschutz nicht geopfert, sondern in anderer Form gewährleistet werden. Der Gesetzgeber verzichtet bereits jetzt auf eine Arbeitszeitregelung für selbständige Unternehmer, Gewerbetreibende und leitende Angestellte (§ 18 ArbZG). Da dieser Personenkreis nicht „abhängig" beschäftigt ist, wird eine arbeitszeitrechtliche Schutzbestimmung offenbar als nicht erforderlich betrachtet. Vor diesem Hintergrund könnten „Wissensarbeiter" dann von den Bestimmungen des Arbeitszeitgesetzes ausgenommen werden, wenn auf andere Weise die Fremd- und Selbstausbeutung des Arbeitnehmers ausgeschlossen und dem Beschäftigten Bewältigungsstrategien zur Verfügung gestellt würden, um die Arbeit für ihn möglichst schädigungslos zu gestalten. An erster Stelle müsste deshalb die Befähigung von Arbeitgeber und Arbeitnehmer stehen, mit dieser Gestaltungsfreiheit (selbst-)verantwortlich umzugehen, was ein Wissen um Gesundheitsförderung einschließt. Eine solche Kompetenzverlagerung erfordert ein Umdenken und eine neue Form der Information und des Wissensmanagements in den Unternehmen, damit das Wissen nicht weiter auf der Leitungsebene kumuliert, sondern an die Basis weitergegeben wird. Zur Absicherung sind weitere Maßnahmen denkbar, die gesetzlich normiert werden können: So ist eine Zertifizierung des Unternehmens und des „Wissensarbeiters" mit regelmäßigen Audits (Überprüfung des Krankenstandes und anderer geeigneter Kennzahlen, regelmäßige ärztliche und psychologische Untersuchungen) denkbar. Auch kann der Kündigungsschutz ausgeweitet werden, um die „Wissensarbeiter" de facto mit den nach § 18 ArbZG ausgenommenen leitenden Angestellten gleichzusetzen.

Literatur
Hacker, W. & Richter. (1980). Psychische Fehlbeanspruchung: Psychische Ermüdung, Monotonie, Sättigung und Stress. (Hrsg. W. Hacker). Lehrtext 2, Berlin: Verlag der Wissenschaften.
Herrmann, C. (2005) Selbstorganisierte Entgrenzung der Arbeitszeit? In: Seifert, H. et al. (Hrsg.): Flexible Zeiten in der Arbeitswelt. Frankfurt / New York: Campus.
Janßen D. und Nachreiner F. (2004) Flexible Arbeitszeiten. Dormund/Berlin/Dresden: Schriftenreihe der Bundesanstalt für Arbeitsschutz und Arbeitsmedizin.
Obschonka, M., Silbereisen, R. K., & Wasilewski, J. (2012). Results from a two-country study on social and economic change. Journal of Vocational Behavior, 80, 211–223
Ulich, E. und Wülser, M. (2004) Gesundheitsmanagement in Unternehmen (4. Überarbeitete und erweiterte Auflage 2010). Wiesbaden: Gabler.

Petra Zander
VDSI e.V. – Zander Management

Systemische Betrachtung und Erfahrung zur Gefährdungsbeurteilung psychischer Belastung mit dem Fokus Maßnahmenumsetzung

1. Ausgangssituation und Ziel

Die Gefährdungsbeurteilung psychischer Belastung ist für manche Unternehmen der Auftakt die Organisation insgesamt auf den Prüfstand zu stellen. Neben der Reduzierung von Fehlbelastungen ist es Ziel die Organisation den sich immer schneller ändernden Anforderungen des Marktes anzupassen, die digitale Transformation zu bewältigen und den zunehmenden Fachkräfte-Engpass zu bewältigen. Eine ganzheitliche systemische Herangehensweise in der Vernetzung, Prozesse, Wechselwirkungen (Königswieser 2011) betrachtet werden, hilft notwendige Veränderungen mit allen Beteiligten voranzutreiben, Bewährtes zu erhalten und das Wohlbefinden der Mitarbeitenden auch über die Verhältnisprävention zu fördern. Fachkräfte sind ein wesentlicher Erfolgsfaktor für die Unternehmen. Die Mitarbeitenden gilt es besser einzubinden und einen der Motivation entsprechenden Rahmen zu bieten. Vieldiskutiert wird die Generation Y (kurz GenY). Sie bevölkert mit Ihren klar geäußerten Erwartungen und Bedürfnissen die Arbeitswelt. *Während die GenY von einer bunt blühenden Blumenwiese träumen, haben sich deren Eltern ein ausreichend nährreiches Grün erhofft.* (Urban 2014). Dabei steht für die GenY nicht immer der berufliche Aufstieg bzw. Karriere oder die Übernahme von Führungsverantwortung an erster Stelle. GenY präferieren einer Studie (Universität Augsburg 2015) zufolge u. a. eine konfliktoffene und selbstkritikfähige Kommunikationskultur, eine ziel- und aufgabenorientierte Führungskultur mit zuverlässiger Vorbildfunktion, ein wertschätzendes, feedbackorientiertes Arbeitsklima, eine proaktive Dialogkultur, eine teamorientierte Entscheidungskultur (Universität Augsburg 2015). Der ganzheitliche Ansatz von der Erhebung der Daten bis hin zu den Maßnahmen zielt auch darauf ab, die GenY mit ihren präferierten Bedürfnissen in den Veränderungsprozess einzubinden, deren Potential zu nutzen und zwar mit Freude und Leidenschaft als wichtige Motivatoren.

2. Datenerhebung und Kommunikation – ein Praxisbeispiel

Mittels einer umfassenden onlinebasierten Mitarbeiterumfrage OD-Map® wurde die Gefährdungsbeurteilung psychischer Belastung in einem mittelständischen Unternehmen durchgeführt. Die Kommunikation erfolgte mit Beauftragung der Durchführung seitens der Geschäftsleitung, der Personalabteilung und des Betriebsrates über mehrere Kanäle an alle Mitarbeitenden, um größtmögliche Transparenz zu gewährleisten.

Mitarbeitende ohne Führungsaufgabe hatten die Möglichkeit in Kleingruppen an Präsentationen der externen Kraft teilzunehmen. Hemmschwellen und Widerstände wurden in den kleinen Gruppen geäußert und aufgearbeitet. Zudem wurde das Online-System, die allgemeine Vorgehensweise erläutert, es gab Auskunft zum Datenschutz und zur Sicherstellung der Anonymität. Somit war ein offener Austausch, bei dem Bedenken ernst genommen und diskutiert wurden, gegeben. Es erhöhte allgemein die Akzeptanz der Teilnahme.

Der Fragebogen ermöglichte neben Standardfragen eine beliebige Anzahl an offenen und geschlossenen Zusatzfragen, so dass unternehmensspezifische Fragestellungen abgebildet werden konnten. Es wurden verschiedenste Gruppen definiert, die eine differenzierte, aussagekräftige Auswertung ermöglichte. Alle Rahmendaten wurden zuvor ins System hochgeladen und jeder Teilnehmer erhielt seinen Zugangscode. In 3 Wochen lag die Teilnahme bei > 85% und teilweise sogar bei 100%.

2. Analyseergebnisse und Handlungsansätze

Neben den Merkmalsbereichen Arbeitsaufgabe, Arbeitsbedingungen etc. zur Erhebung der Gefährdungsbeurteilung psychischer Belastung clustert das Online-System die Fragen zu weiteren Themenblöcken die in Wechselwirkung zum Mitarbeiterengagement, der Mitarbeiterzufriedenheit (Gibbons 2006) stehen. Dazu zählt die Wahrnehmung über das allgemeine Miteinander/die Kultur, das Talentmanagement/die Personalentwicklung, die Prozessabläufe und Organisationsstrukturen, das Vertrauen in die Führung allgemein, die Führung direkter Vorgesetzter und natürlich die Arbeit selbst.

Die Fragestellungen mit den höchsten Korrelationswerten „r" geben eindeutige Hinweise, in welchem Bereich Maßnahmen den größten positiven Effekt bewirken können und somit einen guten Ansatz bieten. Mittels Benchmark zum Gesamtergebnis lässt sich ebenfalls erkennen, wo die größten internen Reibungsverluste bestehen.

Aspekte		r
23. Ich kann meine Fähigkeiten am Arbeitsplatz voll ausschöpfen	17 21 62 -10	0.65
15. Mein Vorgesetzter gibt mir zeitnah wertvolles Feedback über meine Leistung	28 18 54 -8	0.63
8. Mitarbeiter werden unabhängig von ihrem Hintergrund (Ausbildungsstand, Berufserfahrung) behandelt/wertgeschätzt	17 21 62 -8	0.61

Abb. 1: Stärkste Antreiber des Mitarbeiterengagements – Auszug aus OD-Map® Report

Zusammen mit der Möglichkeit für alle definierten Gruppen (wie z.b. Jahre der Betriebszugehörigkeit, demografische Aspekte, Führungslevel, Vollzeit oder Teilzeit beschäftigt, spezifischer Arbeitsplatz, Abteilung oder Projektzugehörigkeit, ...) die Daten auszuwerten, konnte sehr gut ermittelt werden, wo Fehlbelastungen bestanden und wechselseitige Beziehungen den Arbeitsalltag erschwerten.

Alle Teilnehmer an der Umfrage bekamen die Gelegenheit anzumerken, was ihrer Meinung nach verbesserungswürdig ist.

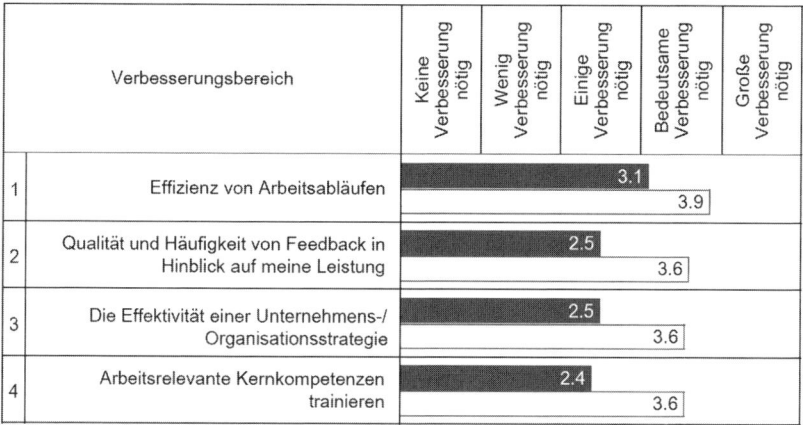

Abb. 2: Leistungsverbesserungsbereich im Vergleich zur vorherigen Erhebung – Auszug aus OD-Map® Report

Bei den gemäß Ergebnis definierten Maßnahmen bietet dieser Berichtsteil die Möglichkeit eine beteiligungsorientierte Umsetzung sicherzustellen. Mitarbeitende wurden an den zu erarbeitenden Verbesserungsansätzen konstruktiv und lösungsorientiert beteiligt.

Durch die umfassende Erhebung, die Beteiligung der Mitarbeitenden von Beginn an und durch die Transparenz des Vorgehens sowie der Gesamtergebnisse, fällt es leichter Betroffene zu aktivieren. So kann bei notwendigen Änderungen der Verhältnisse wie betriebliche Abläufe, Zusammenarbeit oder Umstrukturierungen eine Verständigung und höhere Akzeptanz erreicht werden. Dieses geschieht unter Beachtung der verschiedenen Anforderungen und Perspektiven in Kombination mit den jeweiligen Bedürfnissen der Betroffenen und deren Auswirkungen. Da sich der Einzelne wahr- und ernstgenommen sieht und sein eigener Beitrag als wertvoll Eingang findet sind Widerstände geringer und wird Umsetzungsunterstützung ermöglicht. Vor allem verhältnisbezogene Maßnahmen sollen überlegt und realisiert werden, da die Wirkweise und Reichweite insgesamt größer ist als der alleinige verhaltensorientierte Ansatz. Allerdings erfordern diese Änderungen im Betrieb und stoßen oft eine Wertediskussion an, welche sich positiv auf die Entwicklung des Betriebsklimas auswirken kann.

Im Bereich des Verhaltensansatzes werden Team- oder Personalmaßnahmen unterschieden. Durch Reflexion des eigenen Verhaltens und des Re-Agierens Erkenntnisse der Selbstwirksamkeit wird der eigene Beitrag zum Gelingen einer guten Arbeitssituation deutlich. Diese wichtigen menschlichen Bedürfnisse fördern das Engagement und ermöglichen Verantwortungsübernahme. Selbstverständlich finden sich hier Themen der Personalkompetenzentwicklung wie z.B. Konfliktklärung, Umgang mit schwierigen Situationen, konstruktives Feedback, wertschätzende-gesundheitsförderliche Kommunikation auf Augenhöhe, gegenseitige Unterstützung zum Miteinander, reflektierten und kritischem Erfahrungsaustausch zur Entscheidungsfindung, Ideenmanagement, etc. Über solch eine Mitarbeiterbeteiligung und Einbezug der lebensphasenspezifischen Bedürfnisse und Anforderungen an die Arbeitsgestaltung wird die GenY ebenso angesprochen wie die Generation 50+. Zudem kann über den gruppendynamischen Prozess generationsübergreifende Verständigung und Wertschätzung der Vielfalt entstehen und Vertrauen in die Fähigkeiten und den Beitrag eines Jeden.

Fazit: Am effektivsten haben sich eine Kombination aus Verhältnis- und Verhaltensansatz erwiesen. Hemmschwellen und Stolpersteine werden in Chancen und Potentiale gewandelt und geben andererseits auch Sicherheit, sofern das System und seine Wechselwirkungen mit beachtet wird. Synergieeffekte entstehen, eine nachhaltige positive und gesundheitsförderliche Entwicklung wird umgesetzt, unterstützt durch die Zusammenarbeit der Professionen für Sicherheit und Gesundheit bei der Arbeit.

Literatur
Urban, Tim 31.10.2014 https://www.welt.de/icon/article133276638/Warum-die-Generation-Y-so-ungluecklich-ist.html
Vgl. Königswieser, Roswita (Onlineausgabe 2011) Essenzen der systemischen Organisationsberatung – Unterschiede zwischen dem mechanistischen und dem ganzheitlich-systemischen Weltbild
Universität Augsburg „2 Perspektiven-Umfrage zur Arbeitswelt der Generation Y (2014–2015)" Das Forschungsprojekt war eine Zusammenarbeit von ZWW Zentrum für Weiterbildung und Wissenstransfer und JMS Augsburg e.V. Studentische Unternehmensberatung der Universität Augsburg, http://www.zww.uni-augsburg.de/inhouse_training_consulting/generation_y.html
Gibbons, John "Employee Engagement A Review of Current Research and Its Implications" 2006 – The Conference Board, Inc.

Martina Brandt, Antje Ducki & Daniela Kunze
Beuth Hochschule für Technik Berlin

Arbeitsschutz von Anfang an: Ein Online-Training für Existenzgründer und junge Unternehmen

1. Ausgangssituation und Projekthintergrund

Vor dem Hintergrund der Bewältigung betriebswirtschaftlich determinierter Aufgaben spielen die Themen Gesundheit und Arbeitsschutz in der Wahrnehmung junger Unternehmen häufig eine untergeordnete Rolle. Dabei können arbeitsbedingte Belastungen die Unternehmensentwicklung gravierend beeinflussen (Brandt et al. 2017). Neben Belastungen am Arbeitsplatz und durch die Arbeitsumgebung ist auch die in den letzten Jahren stark gestiegene psychische Belastung bei der Arbeit zu berücksichtigen. Diese betrifft sowohl Führungskräfte als auch Beschäftigte. Zudem sind Gründer keinesfalls von den Verpflichtungen des Gesetzgebers zu Arbeitsschutz und Betriebssicherheit ausgenommen. Diese sind vielfältig und ändern sich mit der Größe des Betriebes.

Es ist daher eine vordringliche Aufgabe des Managements, Überforderungsmechanismen frühzeitig zu identifizieren und die Arbeitsbedingungen so zu gestalten, dass alle Prozesse möglichst störungsfrei ineinander greifen und Beschäftigte ihre Potenziale bestmöglich entfalten und nutzen können.

Innovative digitale Präventionsangebote, die gut in den betrieblichen Alltag integrierbar sind, scheinen besonders geeignet, die häufig sehr technikaffine Zielgruppe dafür zu sensibilisieren, Arbeitsplätze in neuen Unternehmen von Beginn an prospektiv gesundheitsgerecht zu gestalten Im Rahmen des vom BMBF geförderten Verbundprojekts „Digi-Exist" wird ein solches Präventionsprogramm entwickelt (Ducki et al. 2017).

2. Merkmale des Präventionsprogramms „Digi-Exist"

Das Präventionsprogramm „Digi-Exist: Digitale Prävention und Gesundheitsförderung für Existenzgründungen" (Förderkennzeichen: 01FA15113) wird von einem interdisziplinären Forschungsteam aus 5 Institutionen entwickelt (Beuth Hochschule für Technik Berlin, Leuphana Universität Lüneburg, Fachhochschule Lübeck, bbw Bildungswerk der Wirtschaft in Berlin und Brandenburg e. V., CCVOSSEL GmbH Berlin). Es verbindet verhaltens- und verhältnisorientierte Trainings sowie entsprechende Assessments auf einer digitalen Plattform und besteht aus erprobten Einzelkomponenten und Neuentwicklungen. Der modulare Aufbau der Plattform ermöglicht eine bedarfsangepasste Nutzung, die von der Anwendung einzelner Trainings durch Führungskräfte und Beschäftigte bis hin zur Realisierung eines komplexen BGM-Prozesses reicht. Dieser schließt auch eine systematische Belastungsanalyse und moderierte Workshops mit ein. Das hier vorgestellte Training zum Arbeitsschutz ist Teil des Leistungsangebots im Bereich „Meine Arbeit", zu dem sechs weitere Trainings gehören: Gesunde Arbeit, Ressourcenorientierte Führung, Arbeitszeit, Arbeitsorganisation, Unternehmenskultur und Gefährdungsbeurteilung psychischer Belastung. Eine Übersicht über alle Trainings des Präventionsprogramms in den Bereichen „Meine Gesundheit" und „Meine Arbeit" vermittelt die Abbildung 1.

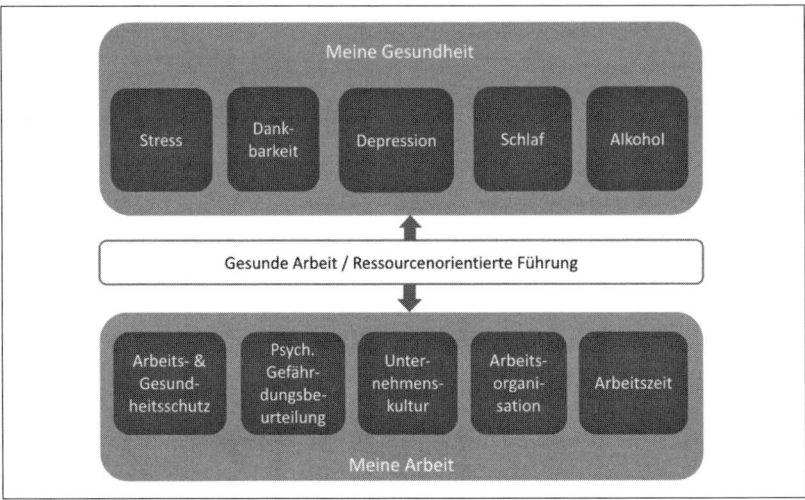

Abb. 1: Trainingsübersicht des Digi-Exist-Präventionsprogramms

3. Online-Training zum Arbeitsschutz
3.1 Inhaltliche Schwerpunkte
Das Online-Training zum Arbeitsschutz fokussiert inhaltlich auf drei Schwerpunkte: *Erstens* lernen die Nutzer (in diesem Fall Führungskräfte und für das Thema Verantwortliche), wie der deutsche Arbeitsschutz funktioniert. Sie setzen sich mit allen Facetten Ihrer Führungsverantwortung im Arbeitsschutz auseinander. und werden angeleitet, Ihre persönliche To-Do-Liste zu erarbeiten und umzusetzen.

Zweitens vermittelt das Training einen Überblick über die wichtigsten Belastungen im Büroalltag und ihre Folgen. Die Nutzer/Anwender entwickeln ein Verständnis für die besonderen Herausforderungen psychischer Belastung am Arbeitsplatz und erfahren, welche Maßnahmen zur Vermeidung bzw. Verringerung von Fehlbelastungen geeignet sind und welche gesetzlichen Vorgaben einzuhalten sind.

Drittens wird eine gezielte Anleitung geboten, den Umsetzungsstand der im Laufe des Trainings identifizierten Handlungsbedarfe kritisch zu hinterfragen und ausstehende Aktivitäten zügig in Angriff zu nehmen.

Die beschriebenen Inhalte werden in vier Lektionen mit jeweils drei bis vier thematischen Abschnitten vermittelt.

3.2 Methodische Gestaltungsansätze

Um das Online-Training zielgruppengerecht, ansprechend und handlungsleitend zu gestalten, kommen verschiedene methodische Gestaltungsansätze zum Einsatz:

Beispielpersonen: Bereits auf den Startseiten des Präventionsprogramms wird der Nutzer mit Beispielpersonen vertraut gemacht, die vor verschiedenen, für die Zielgruppe typischen, Herausforderung in der Unternehmensentwicklung stehen. Sie finden sich auch im Arbeitsschutz-Training wieder und können mit ihrem Verhalten dem Anwender Orientierung und Anregung für das eigene Handeln liefern.

Persönlicher Merkzettel: Am Ende jedes Themenblocks wird der Anwender aufgefordert, seine Ideen, Notizen und Anregungen auf einem Merkzettel festzuhalten. Dieser wird am Ende der Lektion jeweils als Download zur Verfügung gestellt und am Ende des Trainings wird sein Umsetzungsstand kontrolliert.

Vorab-Checks: Um die Trainingsanwendung möglichst effizient zu gestalten, wird jeder Wissen vermittelnde Themenblock mit einem kurzen Vorab-Check eingeleitet. Dieser soll Hinweise auf tatsächliche Wissens- und Handlungsbedarfe liefern und ermöglicht ggf. das Überspringen des jeweiligen Themenblocks.

Ergänzende Informationen und Praxishilfen: Jede Lektion enthält stets auch verdeckt angebotene ergänzende Informationen, die je nach Interesse zur Kenntnis genommen werden können sowie diverse Checklisten, Praxistipps und Plakatvorlagen, die jeweils als Download zur Verfügung gestellt werden.

Übungen und Gaming-Elemente: Im Laufe des Trainings wird der Anwender immer wieder aufgefordert, ausgewählte Fakten, eigene Erwartungen oder das Verhalten beschriebener Personen einzuschätzen und erhält sofort Rückmeldung auf seine Eingabe. Der Wissenszuwachs in puncto Führungsverantwortung im Arbeitsschutz kann in einem kleinen Quiz unter Beweis gestellt werden. Dadurch wird ein hoher Grad an Interaktivität gewährleistet und der Lernprozess unterstützt.

4. Erprobung und Transfersicherung

Die inhaltliche Ausgestaltung des Trainings erfolgte in einem mehrstufigen Entwicklungsprozess. Auf der Grundlage einer umfangreichen Recherche bei allen zuständigen Arbeitsschutzakteuren wurde eine detaillierte Inhaltsübersicht erstellt und zunächst mit Arbeitsschutz-Verantwortlichen der Erprobungsfirma und Experten der Verwaltungsberufsgenossenschaft ausführlich im Hinblick auf Nützlichkeit und Vollständigkeit diskutiert. Nach Einarbeitung der erhaltenen Hinweise erfolgte die vollständige inhaltliche Ausarbeitung und technische Umsetzung in ein Online-Training. Diese Pilotversion wurde von der Erprobungsfirma ausführlich auf Funktionalität, Verständlichkeit und Anschaulichkeit getestet und nach den erhaltenen Hinweisen erneut überarbeitet.

Aufgrund der umfangreichen inhaltlichen Abstimmung zu Beginn der Trainingsentwicklung bezogen sich die bisherigen Hinweise aus der Erprobung erwartungsgemäß überwiegend auf die technische Umsetzung (Verlinkung, Navigation, Farbwahl, Größenverhältnisse von Seitenelementen etc.). Alle Hinweise wurden geprüft und soweit möglich in der nächsten Überarbeitungsrunde berücksichtigt. Das Evaluationskonzept sieht weitere Trainingserprobungen durch zwei neu gegründete Unternehmen vor.

Um die breite Nutzung aller im Rahmen des Präventionsprogramms „Digi-Exist" entwickelten Trainings nach Projektende zu gewährleisten, wurde ein umfangreiches Multiplikatorenkonzept entwickelt. Es sieht u. a. mehrere Optionen für eine fachgerechte institutionelle Anwendungsbegleitung vor, z. B. durch Krankenkassen und Berufsgenossenschaften.

Literatur

Brandt, M., Ducki, A., Kunze, D. (2017). Wachstumskrisen und Gesundheit – das Digi-Exist-Projekt. In: B. Badura, A. Ducki, H. Schröder, J. Klose & M. Meyer (Hrsg.), Fehlzeiten-Report 2017. Krise und Gesundheit – Ursachen, Prävention, Bewältigung. Berlin, Heidelberg, New York: Springer Verlag, S. 53–62

Ducki, A., Boss, L., Behrendt, D., Janneck, M. (2017) Anforderungen an ein digitales Gesundheitsmanagement für Existenzgründer. In: Matusiewicz D & Kaiser L (Hrsg) Digitales Betriebliches Gesundheitsmanagement. Wiesbaden: Springer Gabler, S. 369–387

Anita Bregenzer[1], Paulino Jiménez[1] & Michaela Höfer[2]
[1]*Karl-Franzens-Universität Graz, Institut für Psychologie*
[2]*research-team Jimenez-Schmon-Höfer GmbH*

Gesunde Arbeitsplätze durch Gesundheitsförderliches Führen

1. Gesundheitsförderliches Führen

1.1 Führung und Gesundheit am Arbeitsplatz
Die Erhaltung und Förderung der Gesundheit der MitarbeiterInnen ist eine große Herausforderung für Führungskräfte. Führungskräfte können mit ihrem Verhalten die Gesundheit ihrer MitarbeiterInnen auf verschiedene Wege beeinflussen. Entweder durch direkte Interaktion mit den MitarbeiterInnen, indem Führungskräfte darauf abzielen, das Gesundheitsverhalten der MitarbeiterInnen direkt zu verändern (z. B. Motivation zu einem gesundheitsförderlichen Lebensstil, Aufmerksamkeit auf betriebliche Gesundheitsförderungsprogramme lenken; Franke & Felfe, 2011). Führungskräfte können Gesundheit am Arbeitsplatz auch indirekt beeinflussen, indem sie die Bedingungen am Arbeitsplatz verändern. Durch das Ändern der Arbeitsbedingungen in gesundheitsförderlicher Weise kann die Gesundheit der MitarbeiterInnen langfristig und nachhaltig beeinflusst werden (Jiménez, Bregenzer, Kallus, Fruhwirth & Wagner-Hartl, 2017). Beide Ansätze werden für einen gesundheitsförderlichen Arbeitsplatz benötigt, im Sinne der Verhaltens- und Verhältnisprävention, auf die in den Luxemburger Leitlinien für die Betriebliche Gesundheitsförderung ausdrücklich hingewiesen werden.

Die Mehrheit der Studien im Bereich von Führung und Gesundheit fokussiert auf den erst genannten Ansatz, wobei die direkte Interaktion zwischen Führungskräften und MitarbeiterInnen im Vordergrund steht. Im Gegensatz dazu wird der indirekte Ansatz der Förderung der Arbeitsbedingungen seltener betrachtet.

1.2 Arbeitsplatzgestaltung mit Gesundheitsförderlicher Führung
Gesundheitsförderliches Führen bedeutet, *Arbeitsbedingungen* zu schaffen, die die Erhaltung oder Wiederherstellung der Gesundheit und Leistungsfähigkeit von MitarbeiterInnen ermöglichen. Führungskräfte können mit ihrem Verhalten Arbeitsbedingungen positiv beeinflussen. Basierend auf Konzepten zur Betrieblichen Gesundheitsförderung und dem Konzept der „six areas of worklife" von Maslach und Leiter (2008) konnten folgende Aspekte innerhalb des Arbeitsplatzes identifiziert werden, die Gesundheit am Arbeitsplatz erhalten und fördern können (Jiménez, Winkler & Bregenzer, 2017):

1. *Gesundheitsbewusstsein.* Führungskräfte können die Gesundheit ihrer MitarbeiterInnen direkt beeinflussen, indem sie ihre MitarbeiterInnen zu einem gesunden Lebensstil motivieren.
2. *Arbeitsbelastung.* Führungskräfte können durch die Bereitstellung von Ressourcen darauf achten, dass MitarbeiterInnen mit erhöhter Arbeitsbelastung gut umgehen können.
3. *Handlungsspielraum.* Handlungsspielraum bedeutet, dass die MitarbeiterInnen weitgehend autonom und unabhängig arbeiten können und Ressourcen und Freiräume der Arbeit mitbeeinflussen können.
4. *Anerkennung.* Anerkennung kann in Form von Wertschätzung für alle Beiträge bei der Arbeit (Anstrengungen, Leistung, Erfolge) gegeben werden.
5. *Gemeinschaftsgefühl.* Führungskräfte können das Gemeinschaftsgefühl in ihrem Team stärken, indem sie offene Kommunikation und gegenseitige Unterstützung fördern.
6. *Gerechtigkeit.* Unter den Punkt Gerechtigkeit fallen vor allem das faire Verteilen von Mitteln und das Vermitteln von gerechten Aufstiegschancen.
7. Wertvorstellungen. Hier achtet die Führungskraft bei ihren MitarbeiterInnen auf eine Übereinstimmung der organisationalen Werte mit den persönlichen Werten.

Um die sieben Dimensionen des Gesundheitsförderlichen Führens zu erfassen, wurde der Fragebogen „Health-Promoting Leadership Conditions" (HPLC) entwickelt (Jiménez, Winkler & Bregenzer, 2017; Jiménez, Winkler & Dunkl, 2017). Dieser kann als Selbsteinschätzungsvariante (Führungskräfte schätzen sich selbst ein; HPLC-L) oder Fremdeinschätzungsvariante (MitarbeiterInnen schätzen ihre direkte Führungskraft ein; HPLC-E) vorgegeben werden. Es wird die Häufigkeit des gezeigten Führungsverhaltens in den letzten vier Wochen erfragt.

2. Forschungsergebnisse
2.1 Zusammenhänge mit Gesundheitsindikatoren
Im Zuge der Studie „Arbeitswelt Österreich" (Jiménez et al., 2015) wurde eine repräsentative Stichprobe von 1200 ArbeitnehmerInnen in Österreich zu Themen rund um ihren Arbeitsplatz befragt. Die Ergebnisse zum Gesundheitsförderlichen Führen zeigen hohe negative Zusammenhänge der sieben HPLC-Dimensionen mit arbeitsbezogener Beanspruchung (-.30 bis -.50) und mit der langfristigen Fehlbeanspruchungsfolge Burnout (-.39 bis -.60), sowie hohe positive Zusammenhänge mit arbeitsbezogenen Ressourcen (.39 bis .64).

Zusammenhänge mit weiteren Gesundheitsindikatoren am Arbeitsplatz zeigen ebenfalls interessante Ergebnisse: Die Dimensionen des Gesundheitsförderlichen

Führens zeigen hohe Zusammenhänge mit der Motivation der MitarbeiterInnen (.48 bis .59) sowie moderate negative Zusammenhänge mit Kündigungsabsicht (-.34 bis -.41).

Bezüglich Krankenstandstage konnten keine Zusammenhänge gefunden werden. Das bedeutet, dass eine Gesundheitsförderliche Führung die Krankenstände der MitarbeiterInnen nicht direkt beeinflussen. Dieses Ergebnis könnte jedoch auch darauf zurückzuführen zu sein, dass bei einer Gesundheitsförderlichen Führung kranke MitarbeiterInnen auch eher zu Hause bleiben anstatt krank zur Arbeit zu gehen. Dieses Phänomen, krank zur Arbeit zugehen („Präsentismus") ist unter einer Gesundheitsförderlichen Führung geringer ausgeprägt (Zusammenhänge im Bereich -.10 bis -.15).

2.2 Ressourcenaufbau durch Gesundheitsförderliches Führen
In einer weiteren Studie unter österreichischen ArbeitnehmerInnen zeigte sich, dass der Zusammenhang zwischen Gesundheitsförderlicher Führung und Beanspruchung vollständig von Ressoucen mediiert wird (Jiménez, Bregenzer et al., 2017). Das weist darauf hin, dass Führungskräfte, die gesundheitsförderlich Führen, primär die Ressourcen am Arbeitsplatz stärken. Hohe Ressourcen unterstützen in Folge die MitarbeiterInnen, ihr Beanspruchungserleben zu reduzieren.

3. Gesundheitsförderliches Führen in der Praxis

3.1 Organisationsdiagnostik
Der Fragebogen HPLC kann in der Praxis als Feedback-Instrument für die Führungskräfte eingesetzt werden, sowie als Rückmeldung für das gesamte Unternehmen zur Einschätzung der eigenen Führungskultur. Die erfassten sieben Dimensionen des HPLC können in weiterer Folge verwendet werden, um gezielt Maßnahmen für einzelne Führungskräfte und/oder Führungskräftetrainings zu entwickeln. In der Praxis hat sich eine Kombination aus Feedback, Erarbeitung von Maßnahmen und Umsetzungsbegleitung auf individueller und Organisationsebene bewährt.

3.2 Führungskräfte-Training
Die Basis für die Führungskräfte-Trainings bilden die oben angeführten wissenschaftlichen Erkenntnisse sowie neuropsychologische Forschungserkenntnisse (Herrmann, 2006) für die pädagogische Aufbereitung. Im Zentrum stehen hier die persönliche Relevanz zu vermitteln, Interaktivität und soziales Lernen zu fördern, Emotionen anzusprechen, Erfolgserlebnisse zu schaffen und natürlich die Lerninhalte in die tatsächliche Arbeitsumgebung einzubinden.

Ziel der Trainings ist es die Führungskräfte zum Thema Gesundheitsförderliches Führen zu sensibilisieren, den Begriff selbst handhabbar zu machen, konkrete Führungsaufgaben zu definieren und deren Umsetzung zu diskutieren und die Führungskräfte zur Selbstreflexion anzuregen.

Die Erfahrungen zeigen, dass die Kombination aus den für die Trainingspraxis sehr wertvollen wissenschaftlichen Erkenntnissen in Kombination mit der pädagogischen Konzeption, für Führungskräfte Gesundheitsförderliche Führung gut handhabbar macht.

Eine nachhaltige Verankerung von Gesundheitsförderlichem Führen wird durch die Einbettung in ein Betriebliches Gesundheitsmanagement mit laufenden Aktivitäten gesichert.

Literatur
Franke, F. & Felfe, J. (2011). Diagnose gesundheitsförderlicher Führung – Das Instrument „Health-oriented Leadership". In B. Badura, A. Ducki, H. Schröder, J. Klose & K. Macco (Hrsg.), *Fehlzeitenreport 2011* (Bd. 2011, S. 3–13). Heidelberg: Springer. https://doi.org/10.1007/978-3-642-21655-8_1
Herrmann, U. (2006). *Gehirngerechtes Lehren und Lernen: Gehirnforschung und Pädagogik auf dem Weg zur Neurodidaktik.* na.
Jiménez, P., Bregenzer, A., Kallus, W. K., Fruhwirth, B. & Wagner-Hartl, V. (2017). Enhancing Resources at the Workplace with Health-Promoting Leadership. *International journal of environmental research and public health, 14* (10). https://doi.org/10.3390/ijerph14101264
Jiménez, P., Schmon, C., Höfer, M., Lepold, A., Diebschlag, A. & Dunkl, A. (2015). *AWÖ 2015. Arbeitswelt Österreich. Eine Studie zur Erfassung von psychischer Belastung, Beanspruchung, Erholung und Zufriedenheit am Arbeitsplatz. [AWOe 2015. Working World in Austria. A study for assessing mental stress, strain, recovery and satisfaction at the workplace.].* Graz: University of Graz. https://doi.org/10.13140/RG.2.2.12738.17601
Jiménez, P., Winkler, B. & Bregenzer, A. (2017). Developing Sustainable Workplaces with Leadership. Feedback about Organizational Working Conditions to Support Leaders in Health-Promoting Behavior. *Sustainability, 9* (11), 1944. https://doi.org/10.3390/su9111944
Jiménez, P., Winkler, B. & Dunkl, A. (2017). Creating a healthy working environment with leadership: the concept of health-promoting leadership. *The International Journal of Human Resource Management, 28* (17), 2430–2448. https://doi.org/10.1080/09585192.2015.1137609
Maslach, C. & Leiter, M. P. (2008). Early Predictors of Job Burnout and Engagement. *Journal of Applied Psychology, 93* (3), 498–512. https://doi.org/10.1037/0021-9010.93.3.498

Reinhard Lenz
Institut Input GmbH – Beratung, Qualifizierung, Mediengestaltung

Hebe- und Trageparcours: Aktivierung zwischen Wissenschaft und Praxis

1. Ziel des Parcours

Ziel des Parcours ist es zum einen für die Teilnehmer den Unterschied zwischen fachlichem Wissen über Heben und Tragen und den eigenen Umsetzungsmöglichkeiten dieses Wissens zu erleben. Auf diese Weise kann die oftmals vorhandene Diskrepanz zwischen Theorie und Umsetzung in der Praxis diskutiert werden und die Teilnehmer können Lösungen zum Umgang mit den Herausforderungen des Heben- und Tragens entwickeln.

Zum anderen dient der Parcours als Grundlage zur Diskussion von Experten über die Einsetzbarkeit von erlebnisorientierten Maßnahmen in Arbeitsschutz und Gesundheitsförderung. Hierbei stehen folgende Fragen im Mittelpunkt: Welche Wirksamkeit trauen Experten erlebnisorientierten Maßnahmen zu? Inwiefern kann mittels dieser Herangehensweise eine Einstellungs- und Verhaltensänderung bei den Teilnehmern erreicht werden? Für welche Situationen eignet sich der Einsatz des Parcours und wie kann er sinnvoll eingebunden werden?

2. Ablauf des Parcours-Experimentes

Die Teilnehmer werden gebeten sich auf das Experiment einzulassen, sperrige Gegenstände über und durch verschiedene Hindernisse zu transportieren. Folgende Hindernisarten begegnen den Teilnehmern während des Durchlaufens des Parcours: Beengte Wege, unterschiedliche Untergründe, Wippe und Schräge mit Geländer, Hindernisse auf dem Boden und das Öffnen eines Tores. Die Teilnehmer werden in zwei Gruppen geteilt. Im ersten Durchgang durchläuft Gruppe eins den Parcours und die Gruppe zwei nimmt die Rolle von Schiedsrichtern ein. Wenn alle Teilnehmer der ersten Gruppe den Parcours durchlaufen haben, wird getauscht.

Die Aufgabe der Schiedsrichter ist es, die Teilnehmer der anderen Gruppe zu beobachten und die Lösungsansätze des Heben- und Tragens zu bewerten. Stellt eine Schiedsrichtergruppe fest, dass eine rückenschonendere Variante möglich ist, wird eine Schiffsglocke geläutet. In diesem Fall wird der Transportvorgang unterbrochen und der Moderator unterstützt eine Diskussion über die Alltagstauglichkeit der verwendeten und der vorgeschlagenen Verhaltensweise. Für geschicktes Verhalten der Transportgruppe oder positive Anregungen durch die Schiedsrichtergruppe werden Pluspunkte vergeben. Durch die kontinuierliche Diskussion findet ein Transfer in den Arbeitsalltag statt.

3. Schwerpunkte der Moderation

Der Moderator begleitet die Gruppe während des kompletten Durchlaufs. Er fängt Aussagen ein und stellt gezielte Fragen. Des Weiteren besteht seine Kernaufgabe in der Gestaltung des inhaltlichen Rahmens.

Auf Basis der gemachten Erfahrungen der Teilnehmer werden der Prozess des Heben und Tragens und die Auswirkungen auf die Wirbelsäule genauer betrachtet. Hierbei wird mit zwei verschiedenen Modellen gearbeitet, welche die Funktionalität der Wirbelsäule darstellen. Zum einen wird die Wirbelsäule als Ganzes Modell in den Mittelpunkt gestellt. Es werden verschiedene, von den Teilnehmern, beobachtete Techniken des Heben und Tragens noch einmal aufgegriffen und die Bewegung der Wirbelsäule innerhalb dieser Handlungen nachgestellt, sodass die Veränderungen sichtbar werden. Des Weiteren wird anhand eines zweiten Modells das Zusammenspiel von zwei Wirbeln, in deren Mitte sich eine Bandscheibe befindet, genauer betrachtet. Welche Auswirkungen kann das wiederholte Heben und Tragen von Lasten mit sich bringen?

Im Rahmen der Diskussion werden ebenfalls die zentralen Aspekte des Heben und Tragens thematisiert. Die Teilnehmer werden auf unterschiedliche Aspekte hin sensibilisiert. (1) Was wird getragen? Hierbei spielt nicht nur das Gewicht sondern auch die Maße eine entscheidende Rolle, denn davon ist auch abhängig, wie (2) der Gegenstand getragen wird. Relevant sind die Nähe zum Körper und die Ausrichtung der Wirbelsäule. (3) Wo wird der Gegenstand getragen? Gibt es Hindernisse, wie Treppen, schmale Gänge oder Türen? Kommt es zu Einschränkungen des Sichtfeldes? Und (4) welche Hilfsmittel können verwendet werden? Hier werden verschiedene Arten von Hilfsmitteln besprochen, bis hin zu den helfenden Händen von Kollegen.

Abschließend wird mit Hilfe von einem Posturomed auf verschiedene präventive Aspekte eingegangen. Die Teilnehmer können noch einmal eigene Erfahrungen in Bezug auf ihren Körper machen und erhalten vom Moderator verschiedene kleine Übungen zur Stärkung der Wirbelsäule, die in den Alltag mit übernommen werden können.

Im Rahmen des Experimentes werden den Teilnehmern zum einen verschiedene Handlungsalternativen des Heben und Tragens aufgezeigt als auch konkrete Präventionsübungen, die sie im Alltag umsetzen können, an die Hand gegeben.

Gudrun Wagner
Berufsgenossenschaft Holz und Metall (BGHM)

GDA MSE – Seminarmodul „Gelebte Gesundheit am Arbeitsplatz – Auf das WIE kommt es an"

1. Ausgangssituation zur Gesundheitskompetenz

Aktuelle wissenschaftliche Studien belegen, dass die Hälfte der Bevölkerung über eine eingeschränkte Gesundheitskompetenz verfügt und erhebliche Schwierigkeiten hat, mit gesundheitsrelevanten Informationen umzugehen. Die Förderung der Gesundheitskompetenz stellt aus diesem Grund eine wichtige gesellschaftliche Aufgabe dar, da sie neben dem Gesundheitssystem viele weitere Bereiche des gesellschaftlichen Lebens berührt. So haben u. a. elf Expertinnen und Experten einen „Nationalen Aktionsplan Gesundheitskompetenz" ins Leben gerufen, der Empfehlungen für die folgenden vier Handlungsfelder gibt:

- Förderung der Gesundheitskompetenz in allen Lebenswelten
- gesundheitskompetente und nutzerfreundliche Gestaltung des Gesundheitssystems
- Gesundheitskompetent leben mit chronischen Erkrankungen
- Systematische Erforschung der Gesundheitskompetenz.

Vor diesem Hintergrund hat im Rahmen des GDA Arbeitsprogramms MSE ein Expertenteam[1] aus Unfallversicherungsträgern, Krankenkassen, der Bundesvereinigung der Arbeitgeberverbände und der Gewerkschaft ver.di ein neues Seminarmodul zu dieser Thematik entwickelt.

Es thematisiert die „weichen", aber letztendlich entscheidenden Faktoren wie z.B. Einstellungsänderungen, Verhaltensmuster und Gruppendynamiken.

Die GDA ist ein strategisches Bündnis aus Bund, Ländern, Kranken- und Unfallversicherungsträgern. In ihrem Arbeitsprogramm „Muskel-Skelett-Erkrankungen" hat sie sich zur Aufgabe gemacht, die arbeitsbedingten Gesundheitsgefährdungen zu minimieren. Ziel ist es, über Aufklärung, Schulungen und Handreichungen die Arbeitsverhältnisse in den Betrieben gesundheitsgerechter zu gestalten und ein gesundes Arbeitsverhalten der Beschäftigten fördern.

---

[1] Zum Expertenteam gehörten: Susan Freiberg, IAG der DGUV; Dr.Ludger Michels, SVLFG; Klaus Möhlendick, Barmer; Dr. Irene Preußner-Moritz, SMEO Consult GmbH; Dirk Römer, BGW; Alexandra Theiler, UKBW; Silvia Thimm, ver.di; Dr. Birgit Verworn, BDA; Gudrun Wagner, BGHM

2. Beschäftigte für ein eigenverantwortliches Gesundheitsverhalten gewinnen

Raus aus der Routine? Vielen Mitarbeiterinnen und Mitarbeitern fällt es schwer, Arbeitsroutinen aufzugeben. Im Ergebnis werden Hilfsmittel nicht genutzt, neue Arbeitsabläufe nicht eingehalten, Gelerntes nicht umgesetzt. Hilfsmittel stehen in der Ecke, alte Verhaltensweisen bleiben bestehen. Aber woran liegt das?

Arbeitsroutinen werden ungern aufgegeben, Menschen stehen Veränderungen oft skeptisch gegenüber bzw. brauchen Zeit. Einstellungen von Beschäftigten oder Aspekte der Unternehmenskultur haben oftmals einen großen Einfluss darauf, ob Gesundheit im Unternehmen gelebt wird oder nicht.

Das Alleinstellungsmerkmal dieses Seminarmoduls ist der Ansatz, die Verhaltensprävention in der Verhältnisprävention zu stärken.

3. Widerstände erkennen und überwinden

Hier setzt das Seminarmodul an: Es erklärt die Ursachen und Erscheinungsformen mangelnder Veränderungsbereitschaft und zeigt Wege auf, wie mögliche Widerstände der Beschäftigten gegen Präventionsmaßnahmen behoben und sie für ein eigenverantwortliches Gesundheitsverhalten gewonnen werden können.

4. Ziele, Zielgruppen und Lehrinhalte

Ziele des Seminarmoduls sind:
- Verständnis zu wecken für die Veränderungsschwierigkeiten von Menschen
- Wissen aufzubauen über die Erfolgs- und Misserfolgsfaktoren der betrieblichen und individuellen Gesundheitskompetenz
- Ideen zu entwickeln für eine erfolgreiche Umsetzung im Betrieb

Es richtet sich an
- Unternehmerinnen, Unternehmer und Führungskräfte,
- betriebliche Akteurinnen und Akteure im Bereich Sicherheit und Gesundheit
- außerbetriebliche Präventionsexpertinnen und -experten

Die Teilnehmenden:
- vertiefen ihr Verständnis zur Gesundheitskompetenz und reflektieren anhand von praktischen Beispielen positive und negative Einflussfaktoren
- erkennen, dass das Handeln im Unternehmen überwiegend durch nicht sichtbare Aspekte der Unternehmenskultur beeinflusst wird
- reflektieren anhand von Beispielen die Schwierigkeiten eines Veränderungsprozesses und verstehen, wie Motivation zu gesundem Verhalten entsteht

- tauschen Erfahrungen aus und erarbeiten wichtige Faktoren und Lösungsansätze für die erfolgreiche praktische Umsetzung

Das dreistündige Modul kann als eigenständiges Seminar laufen, mit anderen Veranstaltungsformaten kombiniert und beispielsweise auch mit Fachseminare verbunden werden: als Modul für bestehende Seminare, Inhouse-Seminare oder Führungskräftetrainings. Es umfasst vier Themen mit einer Dauer von insgesamt 3 Stunden.

5. Stimmen aus Pilotseminaren

Die Rückmeldungen auf die Testversion waren durchweg positiv: „Wir haben neue Ansätze kennengelernt, um Kolleginnen und Kollegen besser zu überzeugen", urteilt eine Führungskraft. Eine Betriebsärztin lobt: „Das Seminar geht auf die große Herausforderung ein: Wie unterstütze ich Beschäftigte dabei, Hilfsmittel auch wirklich anzuwenden?". „Ich finde, das Seminar ist ein Superangebot, weil hier die Kommunikation die wichtigste Rolle spielt" meint ein Seminarteilnehmer. Eine Sicherheitsfachkraft resümierte: „Das Seminar hat mich auf jeden Fall in vielen Dingen bestärkt und wird dazu beitragen, dass ich in unserem Arbeitsschutzausschuss dranbleiben werde. Das ich dafür einen langen atem brauche, weiß ich." Auch die Kürze und Kompatibilität des dreistündigen Bausteins stößt auf Zustimmung: Das Modul kann bequem mit fast allen Veranstaltungsformaten kombiniert und gewinnbringend beispielsweise auf Fachseminaren aufgesetzt werden.

6. Folgende Unterlagen stehen zum kostenlosen Download bereit:

- eine kommentierte *PP-Präsentation* als Unterrichtsgrundlage mit allen Inhalten und Aufgaben. Sie kann den Teilnehmenden als *pdf-Handout* zur Verfügung gestellt werden;
- ein *Leitfaden* für die Dozentinnen und Dozenten, der Anlass, Ziele, Aufbau und Methoden des Seminarmoduls erklärt;
- ein *Poster „Gesundheitskompetenz in der Arbeitswelt"* als Handout für die Teilnehmenden, in der Icons und kurze Botschaften das Gelernte zusammenfassen;
- eine *Kurzbefragung* (Feedbackbogen);
- ein *Kurzfilm* zur abschließenden Reflexion der Seminarergebnisse.

Das Seminarmodul steht für Dozentinnen und Dozenten aus dem Bereich Arbeit und Gesundheit zum kostenlosen Download bereit.
  Mehr Informationen > *www.gdabewegt.de/seminarmodul*

Fishbowl

Werner Hamacher
**Bedarf an Fachkräften für Arbeitssicherheit –
Haben wir genug? Haben wir für die Zukunft die Richtigen?
Wie muss die Kooperation mit anderen Professionen
gestaltet werden?**

Waltraud Sawczak
**Das Netzwerk Gesundheitsfördernde Hochschulen
Österreich – Networking als Strategie
für erfolgreiches Setting-orientiertes Gesundheitsmanagement**

Tamara Hammer & Bruno Zwingmann
**Professionen für Sicherheit und Gesundheit bei der Arbeit:
Entwicklung, Einteilung, Kooperation**

Boris Ludborzs
**Gefährdungsbeurteilung zur psychischen Belastung –
Schein und Sein der gesetzlichen
und untergesetzlichen Aktivitäten**

Werner Hamacher
*Systemkonzept – Gesellschaft für Systemforschung und Konzeptentwicklung mbH,
Köln*

Bedarf an Fachkräften für Arbeitssicherheit – Haben wir genug? Haben wir für die Zukunft die Richtigen? Wie muss die Kooperation mit anderen Professionen gestaltet werden?

1. Ausgangslage und methodischer Ansatz

Die Betreuung nach dem Arbeitssicherheitsgesetz beruht bislang auf zwei Säulen: Betriebsärzte und Fachkräfte für Arbeitssicherheit (Sifa). Auf der betriebsärztlichen Seite besteht eine deutliche Betreuungslücke, die sich aufgrund des Mangels an Arbeitsmedizinern eher noch verschärfen wird (Barth, Hamacher, Eickholt 2014).

In einem Forschungsprojekt für die Bundesanstalt für Arbeitsschutz und Arbeitsmedizin wurde untersucht, inwieweit das 2016 verfügbare Angebot sicherheitstechnischer Betreuung quantitativ und qualitativ in der Lage bzw. wie es weiterzuentwickeln ist, um den Anforderungen der Arbeitswelt heute und in der Zukunft gerecht zu werden (Barth, Eickholt, Hamacher, Schmauder 2017).

Anhand von Sekundäranalysen der verfügbaren Daten und Szenariotechniken wurden die quantitativen und qualitativen Betreuungsbedarfe und -kapazitäten ermittelt und bewertet. Aus der Analyse der Wandlungstrends mit Einfluss auf den betrieblichen Arbeitsschutz wurden Anforderungen an die Weiterentwicklung des Kompetenzprofils der Fachkräfte für Arbeitssicherheit (Sifa) abgeleitet und mit den aus Eingangsqualifikation sowie Aus- und Fortbildung erwartbaren Kompetenzen abgeglichen.

2. Haben wir genug Fachkräfte für Arbeitssicherheit?

Die Zahl der tätigen bzw. dem Markt zur Verfügung stehenden Sifas wird bislang nicht systematisch erfasst. Ausgehend von den validen Zahlen der ausgebildeten Sifas wurden alle Einflussgrößen auf Bedarf und Kapazität ermittelt und anhand von verfügbaren Daten abgeschätzt, in je drei Szenarien abgebildet und gegenübergestellt.

Gegenwärtig steht je nach Szenario dem Zeitbedarf an sicherheitstechnischer Betreuung zwischen 17,3 und 37,6 Mio. Stunden pro Jahr eine verfügbare Kapazität zwischen 34,8 und 61 Mio. Stunden pro Jahr gegenüber. Damit können die gegenwärtig verfügbaren 52.400 bis 59.700 Fachkräfte für Arbeitssicherheit den gegenwärtigen Bedarf decken. Eine bundesweite Betreuungslücke ist nicht erkennbar und für die Zukunft aufgrund nicht zu erwartender größerer Bedarfsveränderungen und bei Weiterbestehen des leistungsfähigen Kapazitätssystems nicht zu erwarten.

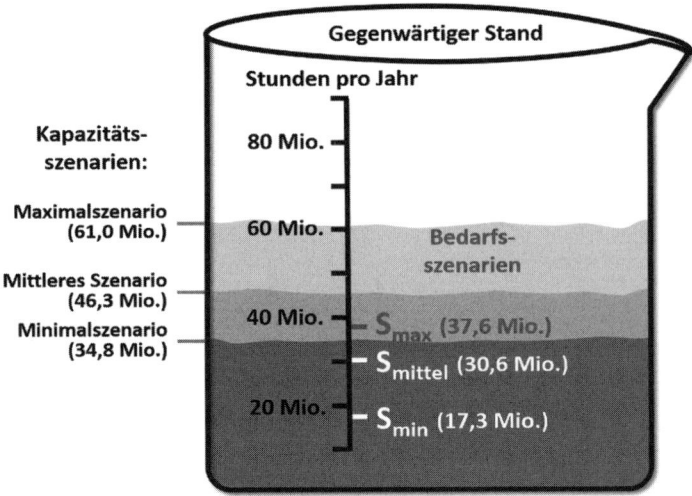

Abb. 1: Bilanzierung der quantitativen Bedarfs- und Kapazitätsszenarien für Fachkräfte für Arbeitssicherheit (Barth, Eickholt, Hamacher, Schmauder 2017)

3. Haben wir heute und in Zukunft die richtigen Fachkräfte für Arbeitssicherheit?

Schon gegenwärtig ist für die sicherheitstechnische Betreuung ein anspruchsvolles, umfassendes Kompetenzprofil der Fachkräfte für Arbeitssicherheit erforderlich, das aus den aktuellen und zukünftigen Anforderungen aus Arbeit und Gesellschaft ableitet wurde (Barth, Eickholt, Hamacher, Schmauder 2017 S. 97ff).

Erwartbare Kompetenzen der Sifas zur Erfüllung dieses anspruchsvollen Profils begründen sich aus der vom ASiG bislang geforderten technischen Eingangsqualifikation, den unterschiedlichen Ausbildungsgängen zur Vermittlung der sicherheitstechnischen Fachkunde und der in Anspruch genommenen Fortbildung von Sifas. Es gibt bislang keine empirischen Daten zur tatsächlichen Kompetenzmessung bei Sifas.

Der Soll-Ist-Abgleich von Kompetenzanforderungen und erwartbaren Kompetenz zeigt, dass die gegenwärtig verfügbaren Fachkräfte für Arbeitssicherheit einerseits durchaus über umfangreiche Kompetenzen zur Bewältigung der Rollenanforderungen und Aufgaben verfügen. Andererseits bestehen aber auch heute schon erhebliche Kompetenzdefizite in bestimmten Bereichen. Diesen soll ab dem Jahr 2018 mit einem weiterentwickelten Ausbildungssystem begegnet werden.

- Aufgrund der Defizite der gegenwärtigen Ausbildung, wie sie seit 2001 bis heute erfolgt (56% aller derzeit tätigen Fachkräfte für Arbeitssicherheit), ist damit zu

rechnen, dass gegenüber dem aktuellen Kompetenzprofil Kompetenzdefizite insbesondere bei den handlungsprägenden Faktoren „Umgang mit anderen" und „Umgang mit sich selbst" bestehen. Hierzu erfolgen auch kaum Fortbildungsmaßnahmen.
- Bei den 44 % der tätigen Fachkräfte für Arbeitssicherheit, die die Ausbildung nach den Grundlehrgängen A, B, C absolviert haben, ist mit weitergehenden grundlegenden Kompetenzdefiziten zu rechnen. Durch erfolgte Anpassungsqualifizierung, Fortbildung, informelles Lernen im Betrieb und in Netzwerken sowie on the job beim praktischen Tätigsein wird nur ein begrenzter Teil dieser Defizite ausgeglichen worden sein.

Die Analyse der in den nächsten 10 Jahre zu erwartenden Veränderungen in Arbeitswelt und Gesellschaft – soweit diese überhaupt klar zu prognostizieren sind – und der daraus resultierenden Anforderungen verschärfen die Problematik. In 10 Jahren werden immer noch 70 % der tätigen Sifas aus diesen Ausbildungssystemen stammen. Eine alleinige technische Grundkompetenz ist immer weniger hinreichende Grundlage zur Bewältigung der Arbeitsschutzanforderungen der sich unter dem Einfluss der Digitalisierung rasch wandelnden Arbeitswelten. Kompetenzzuwächse sind insbesondere bei den sozialen Beratungskompetenzen erforderlich, um die Unternehmen bei der Beherrschung der Wandlungsprozesse unterstützen zu können.

4. Anforderungen an eine wirksame ASiG-Betreuung – heute und in Zukunft

Schlüssel zum Erfolg sind die Beratungs- und Unterstützungskompetenzen und die Anschlussfähigkeit an die Führungskräfte und die konkreten betrieblichen Bedarfe unter Beachtung aller Einflussgrößen auf Sicherheit und Gesundheit bei der Arbeit. Eine solch umfassende bedarfsgerechte Betreuung erfordert die Perspektive auf den betrieblichen Arbeitsschutz aus einer Vielzahl von Professionen. Schon heute lernen Sifas in der Ausbildung den Blick auf die Dinge aus einer Vielzahl von Fachrichtungen. Dies lässt sich unter den derzeitigen Rahmenbedingungen (Eingangsqualifikationen, gesetzlicher Rahmen, berufsbegleitende Ausbildung mit begrenztem Zeitansatz) aber nicht wie notwendig verbreitern und vertiefen. Im Hinblick auf das sehr anspruchsvolle Kompetenzprofil für Fachkräfte für Arbeitssicherheit und die erkennbaren Probleme, dies in der Breite und ggf. Tiefe umfassend erfüllen zu können, empfiehlt sich zukünftig folgender Weg:
- Keine weitere Ausdehnung der Kompetenzanforderungen an Ingenieure, Techniker, Meister auf Know-how-Felder anderer Professionen; stattdessen Einbeziehung anderer Professionen, die aufgrund ihrer Ausgangsqualifikation über bessere

Grundlagen in diesen Feldern verfügen. Somit werden die Kernkompetenzen der Fachkraft für Arbeitssicherheit – um notwendige komplementäre Kompetenzen anderer Akteure erweitert – vielfältiger werden. Dies sollte entsprechend auch für Betriebsärzte gelten.

- Es sind ergänzend zu Sifas und Betriebsärzten insbesondere Professionen erforderlich, die über Kompetenzen verfügen zur Initiierung von sozialen Prozessen in Unternehmen sowie zur Organisations- und Personalentwicklung. Benötigt werden Beratungsstrategien, die auf die Entwicklung von Unternehmens- und Präventionskulturen, Managementkonzepte, Initiierung und Steuerung von kontinuierlichen Verbesserungsprozessen (KVP) sowie von Changeprozessen zur Bewältigung des Wandels von Arbeit und Organisationen ausgerichtet sind.
- Eine solche Bedarfsorientierung erfordert eine Gefügeleistung „aus einem Guss". Das Zusammenwirken von mehreren Professionen benötigt ein wirksames *Kooperationsmanagement*. Eine bloße Koordination im Sinne der Abstimmung, wer macht was, ist zu wenig. Ziel ist es, eine Gefügeleistung zu etablieren, die ausgehend vom konkreten Bedarf die Aktivitäten der Professionen so steuert, dass sie entsprechend konkreter gemeinsamer Ziele die Unternehmen ineinandergreifend unterstützen, passgenaue Gestaltungslösungen zu entwickeln und umzusetzen. Hierzu sind eine interdisziplinäre Kommunikation (Verständigung auf das Problem und seine Behandlung, aus unterschiedlichen Perspektiven miteinander reden, Verständigen auf Ziele) und Kooperation (gemeinsames Handeln) der Arbeitsschutzexperten notwendig.
- Zur Bedarfsermittlung sind neue Instrumente und Konzepte zu entwickeln, die professionsunabhängig und -übergreifend funktionieren.

Literatur
Barth, Ch.; Hamacher, W.; Eickholt, C. (2014): Arbeitsmedizinischer Betreuungsbedarf in Deutschland. BAuA-Forschungsprojekt F 2326. Dortmund/Berlin/Dresden
Barth C., Eickholt, C., Hamacher, W., Schmauder, M. (2017). Bedarf an Fachkräften für Arbeitssicherheit in Deutschland. Dortmund/Berlin/Dresden: Bundesanstalt für Arbeitsschutz und Arbeitsmedizin.

Waltraud Sawczak
Alpen-Adria-Universität Klagenfurt

Das Netzwerk Gesundheitsfördernde Hochschulen Österreich – Networking als Strategie für erfolgreiches Setting-orientiertes Gesundheitsmanagement

1. Fokus

Im Fokus des Beitrages steht die Vernetzung von Hochschulen als erfolgreiche, praxisorientierte Strategie der Implementierung und Weiterentwicklung von settingbezogener Gesundheitsförderung an österreichischen Hochschulen. Nationale Spezifika des tertiären Bildungssektors werden dargestellt und ein im Aufbau begriffenes, nachhaltig wirksames Gesundheitsmanagement im Spannungsfeld zwischen Tradition und modernem Management stellt sich der Diskussion.

2. Hintergrund

Die Universitäten in Österreich blicken zurück auf eine lange Tradition (erste Universität: 1365). Zahlreiche
Epochen gesellschaftlicher und politischer Umbrüche haben das österreichische universitäre Forschungs-, Lehr- und Arbeitsleben geprägt. Aktuell stellen veränderte Studienstrukturen, organisatorische Umgestaltung und verstärkter internationaler Wettbewerb die Hochschulen vor die Herausforderung, sich dem Konzept des ‚New-Public-Management' rasch anzupassen, durch verknappte Ressourcen Umstrukturierungs- und Einsparungsmaßnahmen zu implementieren und sich in der österreichischen Bildungslandschaft zu positionieren.

2009 schlossen sich einige interessierte Hochschulen zum Netzwerk Gesundheitsfördernde Hochschulen Österreich zusammen, um gemäß der Ottawa Charta von 1986 gemeinsam das Setting Hochschule zu einer gesunden Lern,- Lehr- und Arbeitswelt zu entwickeln. Acht Jahre nach seiner Gründung verbindet das Netzwerk mehr als 80 % der österreichischen Universitäten.

3. Methoden

Auf Basis gesundheitswissenschaftlicher Forschungsergebnisse, Qualitätskriterien und Zielen werden vom Netzwerk Gesundheitsfördernde Hochschulen Österreich zielgruppenspezifische Projekte, Tagungen und Workshops konzipiert. Weiteres werden regelmäßig stattfindende Netzwerktreffen einberufen, die den Netzwerkpartnern Raum für konzeptionelle Arbeit, kollegialen Austausch und die Vorstellung von best practice Beispielen bieten.

4. Conclusio

Exzellente Leistungen zu ermöglichen bedeutet gesunde Rahmenbedingungen der Arbeit bereitzustellen und die Verbindlichkeit einer gesundheitsfördernden und nachhaltigen Lehr-, Lern- und Arbeitswelt Hochschule zu schaffen. Aufbauend auf der langen Tradition müssen neue Wege erschlossen werden, um im aktuellen Setting Hochschule Österreich eine gesundheitsfördernde und nachhaltige Personal- und Organisationsentwicklung zu gewährleisten.

Tamara Hammer & Bruno Zwingmann
Basi – Bundesarbeitsgemeinschaft für Sicherheit und Gesundheit bei der Arbeit

Professionen für Sicherheit und Gesundheit bei der Arbeit: Entwicklung, Einteilung, Kooperation

1. Fachlicher Unterstützungsbedarf von Betrieben im Arbeitsschutz

Sicherheit und Gesundheit gehören zu den Kern-Interessen der Beschäftigten. Ihre Bedeutung hat auch für die Unternehmen stark zugenommen. Dazu haben verschiedene Faktoren beigetragen, vor allem:

- Gesellschaftliche Anforderungen wie der gesetzliche Arbeitsschutz und tarifvertragliche Rahmenbedingungen, die betriebliche Gesundheitsförderung wie auch Integration und Inklusion,
- die Veränderung der Arbeit vor allem durch den technologischen Wandel (Arbeit 4.0) und insbesondere auch
- die Notwendigkeit, vor dem Hintergrund von Fachkräftemangel und demographischem Wandel, Personal zu gewinnen, zu halten und seinen Einsatz zu optimieren (Senkung von AU-Zeiten, Erhöhung der Verfügbarkeit, Motivation und Leistungssteigerung).

Damit einhergehend ist auch der Bedarf der Unternehmen an fachlicher Unterstützung bei Maßnahmen zur Sicherheit und Gesundheit bei der Arbeit stark gewachsen.

2. Professionen für Sicherheit und Gesundheit bei der Arbeit: Wachstum und Differenzierung

Heute ist eine große und zunehmende Zahl von Professionen für Sicherheit und Gesundheit in und für Unternehmen tätig. Wachstum und Differenzierung lassen sich anhand der historischen Entwicklung nachvollziehen, in der sowohl

- die heutige gesellschaftliche Infrastruktur von Sicherheit und Gesundheit bei der Arbeit, das Arbeitsschutzsystem, entstanden ist und parallel dazu auch
- das Handlungsfeld der unmittelbar durch die Unternehmen selbst nachgefragten und finanzierten professionellen Unterstützung.

2.1 Das Arbeitsschutzsystem
Die Entwicklung des Arbeitsschutzsystems und damit auch das Wachstum fachlicher Fragestellungen werden an der folgenden Übersicht deutlich.

Abb. 1: Entwicklung von Arbeitsschutzvorschriften

Der fachliche Unterbau von Verordnungen, technischen Regeln und Normen hat wirklich „gewaltige" Ausmaße erreicht.

Die aufgrund des ASiG von 1974 verpflichtend einzustellenden Fachkräfte für Arbeitssicherheit und Betriebsärzte/innen machen den Kern der Beratungsinfrastruktur des Arbeitsschutzes aus, der durch eine große Zahl von (Spezial-) Disziplinen aus Brand- und Katastrophenschutz, Akustik und Vibration, Chemie, Biologie usw. usf. ergänzt wird.

Der weit über den engeren Arbeitsschutz hinausgehende Ausbau der Gesetzgebung hat zudem eine Vielzahl weiterer Professionen ins Spiel gebracht, allerdings ohne eine eigene Verankerung im ASiG. (Dabei nimmt die Arbeitspsychologie eine besondere Stellung als frühester Anwärter für den „inneren Zirkel" der Arbeitsschutzberatung ein.)

2.2 Rationalisierung, Optimierung

Der Bereich, wo Unternehmen aus eigenem ökonomischen Interesse in Sicherheit und Gesundheit der Beschäftigten investieren, hat sich ebenfalls stark entwickelt. Klassischerweise ist hier das Handlungsfeld der Rationalisierung/Optimierung angesprochen, das neben der Steigerung von Effizienz und Effektivität sowie der Einsparung von Kosten und Personal auch Ergonomie im Gepäck hat. Aus diesem, vor allem mit der Tarifpolitik verbundenen Handlungszusammenhang entstanden ebenfalls eine Reihe eigener Professionen, so z. B. Refa-, und MTM-Fachleute, Arbeitsplaner, Arbeitswissenschaftler/Ergonomen, im Unterschied zu der erstgenannten Gruppe der FASI und BÄ allesamt mit der Doppel-Zielsetzung von Ergonomie *und* Produktivität.

In etwa ab den 1980er Jahren haben Unternehmen vor dem Hintergrund von Fachkräftemangel und demographischer Entwicklung wie auch der Gestaltungsprobleme durch den technologischen Wandel begonnen, auf eigene Kosten auch fachliche Unterstützung im Bereich Gesundheit nachzufragen. Dieser Prozess erfasst zwar nicht alle Wirtschaftsbereiche und vor allem nicht die wachsende Zahl „prekärer" Beschäftigungsverhältnisse. Er ist aber in dieser Ausprägung und Dauerhaftigkeit völlig neu und hätte für den klassischen Arbeitsschutz wie auch die klassische Rationalisierung gleichermaßen als nicht möglich gegolten. (Der erste Profiteur dieser neuen Entwicklung war übrigens die Arbeitspsychologie.)

Zunehmend ist auch die Bedeutung der Wirtschaftsbereiche außerhalb des klassischen Industriesektors hervorgetreten. Vor allem ist auch des Bildungssektors (KiTa, Schule, Hochschule) mit ca. 1,5 Millionen Beschäftigten und knapp 17 Millionen Kindern und jungen Erwachsenen als Interventionsfeld erkannt worden. Integrierte Konzepte wie „Gute gesunde Schule" nehmen den Schutz und die Förderung von Sicherheit und Gesundheit als Grundlage und Bestandteil der Qualitätsentwicklung einer Bildungseinrichtung.

Die Arbeitswelt gleicht heute, was die fachliche Unterstützung angeht, einer Art „Laboratorium", in dem ausgetestet wird, was gebraucht wird. So sind unter vielem anderen Demografie-, Mobbing-, Stress- und Burn-Out-Berater/innen, Innovationsmanager und ganz aktuell „Feel-Good-Manager" und „Stimmungsarchitekten" auf dem Markt getreten. Neben den Mode- und zeitgeistbedingten Entwicklungen, die kommen und gehen, werden in diesem Prozess auch wirkliche Lücken im Unterstützungsangebot vorhandener Dienstleister deutlich.

2.3 Einteilung und Gliederung der Professionen
Die fachliche Betreuung, die sich aufgrund gesellschaftlicher Anforderungen entwickelt hat und die „marktgetriebene" Betreuung überschneiden sich heute in der Praxis immer stärker. In Großbetrieben werden die Professionen mit ihren besonderen Stärken ohnehin meist funktional gleichberechtigt eingesetzt. Vor allem bei den großen überbetrieblichen Arbeitsschutzberatungsfirmen wächst der Anteil der Dienstleistungen, der direkt durch die nachfragenden Unternehmen finanziert wird.

Das Gesamtfeld der Professionen für Sicherheit und Gesundheit bei der Arbeit lässt sich ausgehend von den jeweiligen Schwerpunkten und Ausgangsfragestellungen wie folgt einteilen:
- Technik, Organisation, Arbeitsgestaltung
- Gesundheit und Medizin sowie
- Integration, Inklusion und Diversity

3. Professionen für Sicherheit und Gesundheit bei der Arbeit: Tätigkeitsschwerpunkte, Kommunikation und Kooperation

Im Zuge der Entwicklung des Handlungsfeldes wuchs auch die Zahl und Differenzierung der beteiligten Professionen und damit der Bedarf an Qualitätsstandards. Die verschiedenen Prorfessionen haben nicht nur jeweisl besondere Kompetenzen, sondern auch eigene

- Ziele, Leitvorstellungen und Legitimationen,
- Verfahren und Methoden,
- Handlungsressourcen sowie nicht zuletzt auch
- materielle Interessen.

Die Kooperation der Professionen ist auf jeden Fall nicht selbstverständlich und problemlos. So waren z. B. „Leit-"Begriffe durchaus oft auch „Kampf-"Begriffe, die den eigenen Ansatz und die Bedeutung der eigenen Tätigkeit markieren.

Über die genannten Aspekte und vor allem die konkrete Tätigkeit der Professionen und selbst der Kern-Professionen des Arbeitsschutzes ist relativ wenig bekannt. Dies gilt erst recht für deren Kommunikation und Kooperation. Schon die wechselseitigen Kenntnisse übereinander dürften sehr gering sein. Vielen Professionen ist nicht einmal klar, dass sie de facto Akteure im Handlungsfeld von Sicherheit und Gesundheit bei der Arbeit sind.

Kommunikation, Kooperation oder gar eine systematische Arbeitsteilung bei gegenseitiger Zielberücksichtigung dürften außerhalb von gut aufgestellten Großbetrieben selten sein. Die Erfahrungen verschiedener Großbetriebe sind allerdings sehr wichtig, da hier die funktional gleichberechtigte Kooperation schon Praxis ist, so z. B. beim BGM.

Bei der Lösung vieler Aufgaben von Sicherheit und Gesundheit bei der Arbeit sind auf jeden Fall mehrere Professionen und Funktionen angesprochen, so z. B. bei der

- Beurteilung, Planung und Gestaltung der Arbeitsbedingungen
  sowie bei
- Arbeitsmanagementsystemen (AMS, nach deutschem Recht hierarchisch), beim betrieblichen Gesundheitsmanagement (BGM, meist Matrix-Organisation) und weiteren Managementsystemen sowie bei allen umfassenden Ansätzen einer
- Unternehmens- und/oder Präventionskultur als umfassensten Integrationsrahmen.

Es spricht vieles dafür, dass das Erfordernis an multiprofessioneller Kooperation zunimmt. Damit steigen auch die Anforderungen an kommunikative und kooperative Kompetenzen der Professionen und im Bereich von Sicherheit und Gesundheit bei der Arbeit insgesamt.

In der gleichen Richtung wirken auch die überbetrieblichen Integrationsanforderungen durch Gesetze so z. B. explizite durch das
- Präventionsgesetz und vorher schon die GKV-Umsetzung des §20 SGB V und die Liste der im GKV-Leitfaden genannten Professionen, aber auch die
- Berufe und Tätigkeiten aus dem Bereich von Rehabilitation, Integration und Inklusion sowie schließlich durch die anstehende
- Neufassung der DGUV-Vorschrift 2.

Mit der Neufassung der DGUV-Vorschrift 2 ist geplant, über die Betriebsärztinnen und Betriebsärzte und Fachkräfte für Arbeitssicherheit hinaus auch Arbeits- und Organisationspsychologie, Arbeitshygiene, Arbeitswissenschaft/Ergonomie sowie die Gesundheitswissenschaften als Professionen zu verankern.

4. Basi-Umfrage

In der Basi sind viele der genannten Professionen durch ihre Verbände vertreten. Die Basi hat den Auftrag, den Dialog und die Kooperation ihrer Mitglieder und der Fachszene insgesamt zu fördern. Die Vernetzung und Kooperation wird auch durch und über die A+A realisiert mit dem Kongress als zentraler Gemeinschaftsveranstaltung des Handlungsfeldes von Sicherheit und Gesundheit bei der Arbeit und der A+A-Fachmesse als weltweit führender „Marktplatz". Hinzu kommen auch die Basi-Arbeitskreise „Ergonomie", „Gesundheit" sowie „Prävention, Rehabilitation, Integration, Inklusion". Im Rahmen der A+A 2017 hat die Basi unter dem Titel „Focus Professionen" die Themen der Kommunikation und Kooperation der Professionen erstmals systematisch aufgegriffen.

Um mehr über die Tätigkeit wie auch die Kommunikation und Kooperation der Professionen für Sicherheit und Gesundheit bei der Arbeit zu erfahren, hat die Basi eine Umfrage in Zusammenarbeit mit der Bergischen Universität Wuppertal gestartet. Mit dieser soll genauer erkundet werden, welche eigenen Erfahrungen mit dem Thema Kommunikation und Kooperation die (Fach-) Professionen und betrieblichen Akteure, die für die Sicherheit und Gesundheit bei der Arbeit verantwortlich sind, bisher gemacht haben.

Die Inhalte dieser Umfrage beziehen sich auf Fragestellungen wie:
- Wie arbeiten die Professionen, betrieblichen Funktionsträger und Abteilungen zusammen?
- Welchen Beitrag leisten sie in Bezug auf Maßnahmen für Sicherheit und Gesundheit?
- Was kann die eigene bzw. andere Profession besonders gut oder (bei entsprechendem Mut) was gar nicht?

- Welche Konsequenzen sollten für Ausbildung und Praxis gezogen werden? Was sollten z. B. alle über Sicherheit und Gesundheit bei der Arbeit sowie über die Handlungsstrukturen und potenziellen Fach-Partner wissen?

Die Umfrage soll bis zur A+A 2019 laufen. Zwischenergebnisse werden bei den Gremien der Basi wie auch beim PASIG-Workshop präsentiert.

Boris Ludborzs
Berufsverband Deutscher Psychologinnen und Psychologen (BDP)

Gefährdungsbeurteilung zur psychischen Belastung – Schein und Sein der gesetzlichen und untergesetzlichen Aktivitäten

Der Beitrag setzt sich mit den Aktivitäten der gesetzlichen und untergesetzlichen Akteure und deren Kooperationspartnern kritisch auseinander. Es werden Arbeitshypothesen entwickelt, warum einerseits in vielen Kongressen, Tagungen und Gremiensitzungen über die Situation in der Arbeitswelt verhandelt und gestritten wird, es aber kaum Verbesserungen in der Praxis gibt.

Verzeichnis der Autorinnen und Autoren

Altun Ufuk **283**
Amon-Glassl Ulrike **543, 575**
Antoni Conny H. **5**
Arial Marc **181**
Arlinghaus Anna **717**
Ashton Philip **115**

Bacher Inga **361**
Baier Wilhelm **125**
Bald Moritz **515**
Bamberg Eva **5**
Bartel Susanne **693**
Barth Christof **115**
Barz Milena **557**
Bauer Regina **617**
Baum Corinna **257**
Beck David **313**
Beitz Sebastian **155, 343, 347**
Bendel Alexander **535**
Benedictus Ratri Atmoko **227**
Berger Sonja **557, 753**
Berger Ursula **437**
Bianchi Lara **191**
Biernath Gabriele **361**
Bockelmann Martina **143**
Borg Anna **231**
Bothe Patricia **461**
Brachwitz Juliane **103**
Bradtke Elisa **299**
Brands Jasmin **89**
Brandstädter Simone **312, 427**
Brandt Martina **769**
Braun Martin **687**
Bregenzer Anita **547, 773**
Breil Bernhard **599**

Breitling Kai **721**
Büchel Jeannette **439**
Buchinger Laura **711**
Bunner Johanna **165, 521**
Büttenbender Kristina **737**

Ciesinger Kurt-Georg **675**
Clasen Julia **199**
Cordes Anja **477**
Cosmar Marlen **657, 661**

Damrath Arne Bastian **67**
Daniel Fodor **137**
Darteh Judith **569**
Dettmers Jan **299**
Diestel Stefan **351, 355**
Digmayer Claas **231**
Dobernowsky Mario **169**
Ducki Antje **769**

Eickholt Clarissa **443, 665**
Eigenstetter Monika **147, 603, 639**
Eisenmann Franziska **151**
Elke Gabriele **12, 75**
Elsler Dietmar **643**
Englisch Friedrich **725**

Falkenstein Michael **469**
Faller Gudrun **287**
Feigl Markus **125**
Feldmann Elisa **312**
Feuerhahn Nicolas **151, 291**
Fischbach Andrea **561**
Fischmann Wolfgang **325**
Foege Esther **373**

Freywald Jessika **621**
Frieling Anke **263**
Fröhlich Patrik **155**
Frost Martina **383**
Furtner Marco **213**
Füsers Frauke **239**

Gärtner Johannes **717**
Gaukel Sonja **529**
Geiger Laura **679**
Genkova Petia **67, 235**
Gerdenitsch Cornelia **521**
Gericke Gudrun **107, 245**
Gerke Imme **699**
Gerlmaier Anja **679, 683**
Gerstenberg Susanne **111**
Giesert Marianne **337**
Giauque David **181**
Glaser Jürgen **213, 217, 405, 409, 413, 565**
Glassl Markus **539, 543, 575**
Glatz Andreas **57**
Göllner Melanie **295**
Gomoll Katrin **551**
Göpfert Anne-Lena **465**
Graf Maggie **181**
Gregersen Sabine **271, 275**
Gronauer Andreas **159**
Gruber Brigitta **125, 729**
Gurt Jochen **129**

Habenicht Henrik **495, 499, 515**
Hagemann Vera **621**
Hagenauer Karin **733**
Hamacher Werner **639, 665, 785**
Hammer Tamara **791**
Hammes Mike **333**
Härder Sophie **45**

Hasselmann Oliver **737**
Heider Christiane **169**
Hell-Heyland Irmgard **625**
Heptner Jella **675**
Herrmann Alexander **565**
Hessenmöller Anna-Maria **365**
Heu Jörg **195**
Hitzemann Rüdiger **71, 199**
Höfer Michaela **773**
Höfer Stefan **221**
Hoffmann Peter **185**
Höfling Wolfgang **703**
Höge Thomas **209, 221, 401, 409**
Höhn Katrin **115**
Holtz Maik **621**
Hopfgartner Lisa **405**
Hoppe Annekatrin **5**
Hornung Severin **209, 409**
Horst Andreas **305**
Huis Stephan **529**

Iff Samuel **181**
Ihm Andreas **477**
Illger Thomas **71**

Jakl Veronika **169**
Jakobs Eva-Maria **231**
Jandova Alzbeta **119**
Jelenko Marie **445**
Jiménez Paulino **547, 757, 773**
Jungmann Franziska **625**

Kabas Christoph **587, 593**
Kallus Konrad Wolfgang **185**
Kampe Jana **97, 495, 499, 515**
Kardys Claudia **469**
Kastenholz Edgar **503, 507**
Keil Udo **45, 257, 639**

Keller Monika 299
Kemter-Hofmann Petra 369
Kersten Maren 419
Keysers Pia 235
Kieseler Lena 579
Kix Jasmine 71, 199
Klapprott Felix 711
Klein Yannick 217
Kleinlercher Kai-Michael 647
Klesper Günter 707
Klöber Karl 511
Klösch Johanna 733
Klotz Maria 369, 625
Kohl Ines 151
Korn Oliver 263
Korunka Christian 165
Kötter Wolfgang 423
Krampitz Heidi 419
Krampitz Julia 213
Krauss-Hoffmann Peter 239
Kreil Carolin 511
Kremer Lisanne 607
Kriener Birgit 125
Kühnel Jana 291
Kunz Torsten 309
Kunze Daniela 769

Lahme Klaus 443
Latniak Erich 535
Lau Jochen 107, 245
Lauterburg Spori Stephanie 181
Lechleiter Philipp 481
Lemanski Sandra 741
Lenz Reinhard 85, 777
Lichtenthaler Philipp W. 561
Liebrich Anja 337
Limmer Anja 583
Loitzl Gernot 125

Ludborzs Boris 797

Marrenbach Dirk 687
Marschall Jörg 657
Meili Christoph 373
Moder Karl 159
Molnar Martina 49, 451
Morat Joachim 503, 507
Morschhäuser Martina 313
Muehlan Holger 741
Müller Christian 443
Mulzheim Susanne 473

Nachreiner Friedhelm 143, 717
Neuheuser Katrin 45, 75
Nickel Peter 143, 551
Niehaus Michael 525, 693
Niemeyer Monika 507
Nienhaus Albert 271, 275, 419
Niggemann Maike 629
Nold Helmut 669
Nordbrock Constanze 361

Oberdorfer Hans-Peter 485
Oberkötter Rainer 89
Oldenburg Claudia 169
Ortner Tuulia 451

Pangert Christian 317
Pavlovsky Birgit 557
Peifer Corinna 621
Pfeifer Johannes 611
Pieper Ralf 287
Pietrzyk Ulrike 647
Plaschke Eva 279
Plum Tabea 253
Pohrt Ute 557
Polacsek-Ernst Roland 329

Portuné Roland 707
Prem Roman **185**
Prettenhofer Anton **455**
Preußer Julia **107**, **245**
Prümper Jochen **489**
Purbs Alexander **481**

Quendler Elisabeth **159**

Radaca Elvira **355**
Rahnfeld Marlen **377**, **657**, **661**
Rau Renate **295**
Rauch Joachim **119**
Reinartz Jonathan **231**
Reuter Tobias **337**
Riering Gabriele **665**
Ritter Manuela **125**
Roscher Susanne **299**
Roth Sebastian **423**
Rother Kerstin **133**
Ruttke Tobias **103**, **115**

Sandrock Stephan **53**
Sattler Christine **427**
Sawczak Waltraud **279**, **473**, **789**
Schaffernicht Sophie **159**
Schlütter Deike **395**
Schmauder Martin **115**
Schmidt Silke **741**
Schmidt Ulrike **75**
Schmitt-Howe Britta **651**
Schmon Cornelia **745**
Schneider Maureen **257**
Scholtz Oliver **687**
Schoofs Laura Klara **413**
Schreiber-Costa Sabine **443**
Schuller Katja **203**
Schulte Kay **107**, **245**

Schulz-Hardt Stefan **5**
Schumacher Karin **557**
Schürmann Verena **611**
Schütz Astrid **583**
Schützhofer Bettina **119**
Schwaighofer Peter **107**, **245**
Schwärzel Lotte **75**
Schwennen Christian **67**, **191**, **195**, **461**, **465**, **629**
Schwinger-Butz Ellen **361**
Seeling Ute **503**, **507**
Seibt Reingard **647**
Seiferling Nadine **321**, **427**
Seubert Christian **217**, **405**, **565**
Shevkova Olena **257**
Sommer Sabine **387**
Sonntag Karlheinz **321**, **427**, **481**
Splittgerber Bettina **317**
Stahn Catharina **391**
Stangneth Ria **245**
Staupe Jana-Madeline **239**
Stein Maie **275**
Steindl David **745**
Steinhoff Frank **263**
Steputat Anne **647**
Steurer Julia **445**
Stoberock Barbara **611**
Stöver Alina **75**
Strack Micha **455**
Strecker Cornelia **221**
Strobach Thomas **445**, **489**
Strunk Samuel **749**

Tamegger Konrad **587**, **593**
Templer Martin **115**
Teutenberg Andrea **503**, **507**
Tirpitz Alexander **395**
Tisch Anita **525**

Trimpop Leonie **75**
Trimpop Rüdiger **5, 21, 103, 107, 115, 245, 495, 499, 515**
Tscheligi Manfred **521**

Uhle Thorsten **93**
Unterrainer Christine **401**

Vanis Margot **181**
Vincent-Höper Sylvie **271, 275, 419**
Vitera Jan **741**
Voss Amanda **249, 325**
Voss Karl-Friedrich **249**
Vowinkel Julia **489**

Wagner Gudrun **753, 779**
Walter Jürgen **253**
Watz Frank **639**
Weber Arno **173, 177**
Weber Wolfgang G. **185, 401**
Wegner Heidi **57**
Weigl Matthias **409**
Weissbrodt Rafaël **181**
Weßel Martin **757**
Wetzstein Annekatrin **365, 373, 377**
Wicht Melanie **761**
Wiedemann Amelie **137**
Wieland Rainer **5, 30, 333**
Winkelmann Anja **665**
Wittmann Sonja **61, 431**
Wöhrmann Anne M. **111**
Wojak Friedhelm **443**
Wolf Carolin **89**

Zahnreich Francesca **507**
Zander Petra **765**
Zapf Dieter **38, 633**
Zessin Angelique **395**

Zimmermann Verena **257**
Zimolong Bernhard **79**
Zölck Carsten **199**
Zwingmann Bruno **791**